Kurzlehrbücher
für das juristische Studium

Emmerich
Kartellrecht

Kartellrecht

Ein Studienbuch

von

Dr. Volker Emmerich

em. o. Professor an der Universität Bayreuth
Richter am Oberlandesgericht Nürnberg a. D.

13. Auflage, 2014

C. H. BECK

www.beck.de

ISBN 978 3 406 66098 6

Wilhelmstraße 9, 80801 München
Druck und Bindung: Nomos Verlagsgesellschaft mbh & Co. KG
In den Lissen 12, D-76547 Sinzheim

Satz: Jung Crossmedia Publishing GmbH
Gewerbestraße 17, 35633 Lahnau

Gedruckt auf säurefreiem, alterungsbeständigem Papier
(hersgestellt aus chlorfrei gebleichtem Zellstoff)

Vorwort

Im Mittelpunkt der 13. Auflage steht die 8. GWB-Novelle von 2013, die so umfangreiche Änderungen des Buchs erforderlich machte, dass ich große Teile ganz neu geschrieben habe. Ich habe die Gelegenheit genutzt, die Ausführungen überall auf den neuesten Stand zu bringen und zugleich, wo immer möglich, zu kürzen, um den Umfang des Buchs unter keinen Umständen weiter anschwellen zu lassen.

Bayreuth, im Juli 2014 *Volker Emmerich*

Inhaltsverzeichnis

Abkürzungsverzeichnis

a. A. . . . . anderer Ansicht
a. a. O. . . . . am angegebenen Ort
ABl. . . . . Amtsblatt der Europäischen Gemeinschaften/Union
AcP . . . . Archiv für die civilistische Praxis
AEG . . . . Allgemeines Eisenbahngesetz
AER . . . . American Economic Review
a. F. . . . . alte Fassung
AfP . . . . Archiv für Presserecht
AG . . . . Die Aktiengesellschaft (Zeitschrift)
AJP . . . . Aktuelle Juristische Praxis (Schweiz)
ArchPF . . . . Archiv für das Post- und Fernmeldewesen
AWD . . . . Außenwirtschaftsdienst des Betriebsberaters

BAGE . . . . Entscheidungen des Bundesarbeitsgerichts
BB . . . . Betriebs-Berater
Bd. . . . . Band
Begr. z. RegE . . . . Begründung zum Regierungsentwurf
BGBl. . . . . Bundesgesetzblatt
BGE . . . . Entscheidungen des Schweizerischen Bundesgerichts
BGHSt . . . . Entscheidungen des Bundesgerichtshofs in Strafsachen
BGHZ . . . . Entscheidungen des Bundesgerichtshofs in Zivilsachen
BKartA . . . . Bundeskartellamt
BMWi . . . . Bundesminister für Wirtschaft
BR-Drs. . . . . Bundesrats-Drucksache
BReg. . . . . Bundesregierung
BSGE . . . . Entscheidungen des Bundessozialgerichts
BT-Drs. . . . . Bundestags-Drucksache
Bull. . . . . Bulletin der Europäischen Kommission
BVerfGE . . . . Entscheidungen des Bundesverfassungsgerichts
BVerwGE . . . . . . Entscheidungen des Bundesverwaltungsgerichts

CaS . . . . Causa Sport
CDE . . . . Cahiers de droit européen
C. M. L. R. . . . . . Common Market Law Review
Columbia L. R. . . . Columbia Law Review
CR . . . . Computer und Recht

DB . . . . Der Betrieb
ders. . . . . derselbe
dies. . . . . dieselbe
Diss. . . . . Dissertation
DJT . . . . Deutscher Juristentag

EBOR . . . . European Business Organization Law Review
E. C. L. Rev. . . . . European Competition Law Review
EG . . . . Europäische Gemeinschaft (jetzt: Union)
EGKS . . . . (frühere) Europäische Gemeinschaft für Kohle und Stahl (Montanunion)
EGV . . . . Vertrag zur Gründung der EG (früher: EWGV)
E. L. R. . . . . European Law Review
et . . . . Energiewirtschaftliche Tagesfragen
EU . . . . Europäische Union
EuG . . . . Europäisches Gericht 1. Instanz
EuGH . . . . Europäischer Gerichtshof

EuGH Slg.	Sammlung der Rechtsprechung des EuGH
EuR	Europarecht
EuZW	Europäische Zeitschrift für Wirtschaftsrecht
EVU	Energieversorgungsunternehmen
EWG	Europäische Wirtschaftsgemeinschaft
EWGV	EWG-Vertrag (heute: AEUV)
EWR	Europäischer Wirtschaftsraum
EWS	Europäisches Wirtschafts- und Steuerrecht
f.	folgende Seite, für
ff.	folgende
FG	Festgabe
FIW	Forschungsinstitut der Wirtschaft
FKVO	Fusionskontrollverordnung
FLF	Finanzierung, Leasing, Factoring (Zeitschrift)
Fn.	Fußnote
FS	Festschrift
FTC	Federal Trade Commission
GA	Generalanwalt (beim EuGH)
gem.	gemäß
GFVO	Gruppenfreistellungsverordnung
grdl.	grundlegend
grds.	grundsätzlich
GRUR	Gewerblicher Rechtsschutz und Urheberrecht
GRURAusl/GRU-RInt	GRUR Ausländischer/Internationaler Teil
GS	Gedächtnisschrift
GU	Gemeinschaftsunternehmen
GWB	Gesetz gegen Wettbewerbsbeschränkungen
H.	Heft
Halbs.	Halbsatz
Harvard L. R.	Harvard Law Review
HauptGA	Hauptgutachten der Monopolkommission
Hdb.	Handbuch, ohne weiteren Zusatz: *Dauses,* Handbuch des EU-Wirtschaftsrechts, Loseblatt
h. M.	herrschende Meinung
Hrsg.	Herausgeber
i. d. F.	in der Fassung
IIC	International Review of Intellectual Property and Competition Law
IM Bd. I/1 oder 2	*Immenga/Mestmäcker,* EU-Wettbewerbsrecht, 5. Aufl., 2012
IM Bd. II	*Immenga/Mestmäcker,* GWB, Kommentar, 5. Aufl., 2014
i. V. m.	in Verbindung mit
J. des Trib.	Journal des Tribunaux, Paris
JNSt	Jahrbücher für Nationalökonomie und Statistik
JuS	Juristische Schulung
JW	Juristische Wochenschrift
JZ	Juristenzeitung
KartRdsch.	Kartellrundschau
KG	Kammergericht
KK	*Busche/Röhling,* Kölner Kommentar zu Kartellrecht, seit 2013

LKartB . . . . Landeskartellbehörde
LM . . . . Lindenmaier-Möhring, Nachschlagewerk des Bundesgerichtshofs
LMK . . . . *Hirsch/Nasall/Pfeiffer* (Hrsg.), Kommentierte BGH-Rechtsprechung Lindenmaier-Möhring, ab 2003

MA . . . . Der Markenartikel
m. a. W. . . . . mit anderen Worten
MK . . . . Monopolkommission
MMR . . . . Multimedia und Recht
m. N. . . . . mit Nachweisen
MRG . . . . Militärregierungsgesetz
MünchKomm . . . Münchner Kommentar zum Europäischen und Deutschen Wettbewerbsrecht (Kartellrecht), 2007 f.

n. F. . . . . Neue Folge/neue Fassung
NJW . . . . Neue Juristische Wochenschrift
NJWE-WettbR . . . NJW-Entscheidungsdienst-Wettbewerbsrecht
NJW-RR . . . . NJW-Rechtsprechungsreport
NZKart . . . . Neue Zeitschrift für Kartellrecht

ÖBl. . . . . Österreichische Blätter für Gewerblichen Rechtsschutz und Urheberrecht (Zeitschrift)
öOHG . . . . Österreichischer Oberster Gerichtshof
ÖJZ . . . . Österreichische Juristenzeitung
OLGZ . . . . Entscheidungen der Oberlandesgerichte in Zivilsachen
ORDO . . . . Jahrbuch für die Ordnung der Wirtschaft und Gesellschaft

p. . . . . page
PBefG . . . . Personenbeförderungsgesetz

Qu. J. E. . . . . Quarterly Journal of Economics

RefE . . . . Referentenentwurf
RegE . . . . Regierungsentwurf
RevMC. . . . . Revue du Marché Commun
RGBl. . . . . Reichsgesetzblatt
RGSt . . . . Entscheidungen des Reichsgerichts in Strafsachen
RGZ . . . . Entscheidungen des Reichsgerichts in Zivilsachen
Rn. . . . . Randnummer
Rs. . . . . Rechtssache
RTDE . . . . Revue trimestrielle de droit européen

s. . . . . siehe
S. . . . . Seite
Schr. d. Ver. f. Soc.
Pol. . . . . Schriften des Vereins für Socialpolitik
SchweizBG . . . . . Schweizerisches Bundesgericht
SchweizBGE . . . . Entscheidungen des schweizerischen Bundesgerichts
S. Ct. . . . . Supreme Court Reporter
SGb . . . . Die Sozialgerichtsbarkeit (Zeitschrift)
Slg. . . . . Sammlung der Rechtsprechung des EuGH (Teil I) und des EuG (Teil II)
SonderGA . . . . . . Sondergutachten der Monopolkommission
SpuRt . . . . Sport und Recht
SZ . . . . Entscheidungen des österreichischen OGH in Zivilsachen

TB . . . . Tätigkeitsbericht des Bundeskartellamts
TK . . . . Telekommunikation

TKG . . . . Telekommunikationsgesetz
Tz. . . . . Textziffer

u. . . . . unten; und
Unlauterer Wettbewerb . . . . *Emmerich,* Das Recht des unlauteren Wettbewerbs, 9. Aufl., 2012
unstr. . . . . unstreitig
u. ö. . . . . und öfters
US . . . . Entscheidungen des Obersten Bundesgerichts der USA
UWG . . . . Gesetz gegen den unlauteren Wettbewerb von 2004

VEnergR . . . . Veröffentlichungen des Instituts für Energierecht an der Universität zu Köln
VersR . . . . Versicherungsrecht
VO . . . . Verordnung

WB . . . . *Europäische Kommission,* Bericht über die Wettbewerbspolitik (seit 1971)
WBl., WiBl. . . . . . Wirtschaftsrechtliche Blätter (Österreich)
WiB . . . . Wirtschaftliche Beratung (Zeitschrift)
WM . . . . Wertpapiermitteilungen
WRP . . . . Wettbewerb in Recht und Praxis
WuM . . . . Wohnungswirtschaft und Mietrecht
WuW . . . . Wirtschaft und Wettbewerb
WuW/E . . . . Entscheidungssammlung der WuW

ZBB . . . . Zeitschrift für Bankrecht und Bankwirtschaft
ZEuP . . . . Zeitschrift für Europäisches Privatrecht
ZfBR . . . . Zeitschrift für Baurecht
ZfE . . . . Zeitschrift für Energiewirtschaft
ZfgG . . . . Zeitschrift für das gesamte Genossenschaftswesen
ZGR . . . . Zeitschrift für Unternehmens- und Gesellschaftsrecht
ZHR . . . . Zeitschrift für das gesamte Handels- und Wirtschaftsrecht
ZStW . . . . Zeitschrift für die gesamten Staatswissenschaften
ZUM . . . . Zeitschrift für Urheber- und Medienrecht
zust. . . . . zustimmend
ZWeR . . . . Zeitschrift für Wettbewerbsrecht

Literaturverzeichnis

van Bael/Bellis	*van Bael/Bellis,* Competition Law of the European Community, 5. Aufl., 2009
Bauchesne	*Bauchesne,* La protection juridique des entreprises en droit communautaire de la concurrence, 1993
Bechtold	*Bechtold,* Kartellgesetz, 7. Aufl., 2013
Bechtold/Bosch u. a.	*Bechtold/Bosch/Brinker/Hirsbrunner,* EG-Kartellrecht, 2. Aufl., 2009
Bellamy/Child	*Bellamy/Child,* Common Market Law of Competition, 4. Aufl., 1993 (mit Nachtrag 1998)
Dauses	*Dauses* (Hrsg.), Handbuch des EU-Wirtschaftsrechts, Loseblatt, Stand 2014 (Beiträge ohne Autorenangabe stammen von *Emmerich*)
Emmerich/Habersack	*Emmerich/Habersack,* Aktien- und GmbH-Konzernrecht, Kommentar, 7. Aufl., 2013
Emmerich/ Habersack	*Emmerich/Habersack,* Konzernrecht, 10. Aufl., 2013
FK/*Bearbeiter*	*Glassen/v. Hahn u. a.*, Frankfurter Kommentar zum GWB, 3. Aufl., seit 1998 ff.
Frenz	*Frenz,* Handbuch Europarecht, Bd. 2: Europäisches Kartellrecht, 2006
Gloy/Loschelder/ Erdmann	*Gloy/Loschelder/Erdmann,* Handbuch des Wettbewerbsrechts, 4. Aufl., 2010
Goyder	*Goyder,* Goyder's EC Competition Law, 5. Aufl., 2009
Grabitz/Hilf/Nettesheim/ *Bearbeiter*	*Grabitz/Hilf/Nettesheim (Hrsg.),* Das Recht der Europäischen Union, Kommentar, 2013.
v. d. Groeben/Schwarze/ *Bearbeiter*	*v. d. Groeben/Schwarze* (Hrsg.), EU-Vertrag und EG-Vertrag, 6. Aufl., 2003
Herdzina	*Herdzin* (Hrsg.), Wettbewerbspolitik, 5. Aufl., 1999
IM/*Bearbeiter,* Bd. I/1 bzw. I/2	*Immenga/Mestmäcker,* Wettbewerbsrecht, Bd. 1 (in 2 Teilbänden): EU-Wettbewerbsrecht, 5. Aufl., 2012
IM/*Bearbeiter,* Bd. II	*Immenga/Mestmäcker,* Wettbewerbsrecht, Bd. 2: GWB, 5. Aufl., 2014
KK/*Bearbeiter*	*Busche/Röhling* (Hrsg.), Kölner Kommentar zum Kartellrecht, 4 Bde, seit 2014
Korah	*Korah,* EC-Competition Law and Practice, 8. Aufl., 2003
Langen/Bunte/ *Bearbeiter*	*Langen/Bunte* (Hrsg.), Kommentar zum Kartellrecht, 12. Aufl., 2014
LMR/*Bearbeiter*	*Loewenheim/Meessen/Riesenkampff,* Kartellrecht, 2. Aufl., 2009
Mestmäcker/Schweitzer	*Mestmäcker/Schweitzer,* Europäisches Wettbewerbsrecht, 2. Aufl., 2004
Möschel	*Möschel,* Recht der Wettbewerbsbeschränkungen, 1983
MünchKomm/ *Bearbeiter*	*Hirsch/Montag/Säcker* (Hrsg.), Münchener Kommentar zum Europäischen und Deutschen Wettbewerbsrecht (Kartellrecht), Bd. 1, 2007
MünchKomm-UWG/ *Bearbeiter*	*Heermann/Schlingloff* (Hrsg.), Münchener Kommentar zum Lauterbarkeitsrecht (UWG), Bd. 2, 2. Aufl., 2014
Ritter/Braun	*Ritter/Braun,* Competition Law, 3. Aufl., 2004
I. Schmidt	*I. Schmidt,* Wettbewerbspolitik und Kartellrecht, 8. Aufl., 2005
Schulte	*Schulte,* Handbuch Fusionskontrolle, 2. Aufl., 2009
Wiedemann/*Bearbeiter*	*Wiedemann* (Hrsg.), Handbuch des Kartellrechts, 1999
Zäch, Grundzüge	*Zäch,* Grundzüge des europäischen Wettbewerbsrechts, 2. Aufl., 2005
Zäch, Kartellrecht	*Zäch,* Schweizerisches Kartellrecht, 2. Aufl., 2005

1. Teil. Einleitung

§ 1. Grundlagen

Literatur (Auswahl): *Baetge,* Globalisierung des Wettbewerbsrechts, 2008; *J. S. Bain,* Barriers to New Competition, Cambridge/Mass. 1956; *Bartling,* Leitbilder der Wettbewerbspolitik, 1980; *H. Berg,* Wettbewerbspolitik, 7. Aufl., 1999; *Böhm,* Wettbewerb und Monopolkampf, 1933/1964; *R. H. Bork,* The Antitrust Paradox, New York 1978/1993; *E. H. Chamberlin,* The Theory of Monopolistic Competition, 6. Aufl., Cambridge/Mass. 1950; *John M. Clark,* Competition as a Dynamic Process, Washington D. C. 1961; *D. Dewey,* The Theory of Imperfect Competition, A Radical Reconstruction, New York 1969; *Galbraith,* The New Industrial State, 2. Aufl., Boston 1971 (dt. Ausgabe 1968); *Fr. A. v. Hayek,* Individualismus und wirtschaftliche Ordnung, 2. Aufl., 1976; *ders.*, Die Verfassung der Freiheit, 1971; *ders.*, Der Weg zur Knechtschaft, 1946/1971; *ders.*, Mißbrauch und Verfall der Vernunft, 2. Aufl., 1979; *ders.*, Recht, Gesetzgebung und Freiheit, 3 Bde., 1980ff.; *Herdzina* (Hrsg.), Wettbewerbstheorie, 1975; *ders.*, Wettbewerbspolitik, 5. Aufl., 1999; *E. Heuß,* Allgemeine Markttheorie, 1965; *Issing* (Hrsg.), Zukunftsprobleme der sozialen Marktwirtschaft, 1981; *Kantzenbach,* Die Funktionsfähigkeit des Wettbewerbs, 2. Aufl., 1967; *Kaufer,* Industrieökonomik, 1980; *Kerber/Schwalbe,* Ökonomische Grundlagen des Wettbewerbsrechts, in: MünchKomm, Einl. Rn. 960ff. (S. 238ff.); *I. M. Kirzner,* Wettbewerb und Unternehmertum, 1978; *G. Knieps,* Wettbewerbsökonomie, 2. Aufl., 2005; *Lampe,* Wettbewerb, Wettbewerbsbeziehungen, Wettbewerbsintensität, 1979; *Mestmäcker,* Recht und ökonomisches Gesetz, 2. Aufl., 1984; *ders.*, Bausteine zu einer Wirtschaftsverfassung, 1996; *ders.*, Die Interdepentenz von Recht und Ökonomie, in: Monopolkommission (Hrsg.), Zukunftsperspektiven der Wettbewerbspolitik, 2005, S. 19; *C. W. Neumann,* Historische Entwicklung und heutiger Stand der Wettbewerbstheorie, 1982; *J. Robinson,* The Economics of Imperfect Competition, New York/London 1933; *Scherer/Ross,* Industrial Market Structure and Economic Performances, 3. Aufl., Boston 1990; *I. Schmidt,* Wettbewerbspolitik und Kartellrecht, 8. Aufl., 2005; *ders./Binder,* Wettbewerbspolitik im internationalen Vergleich, 1996; *D. Schmidtchen,* Wettbewerbspolitik als Aufgabe, 1978; *Schumpeter,* Die Theorie der wirtschaftlichen Entwicklung, 6. Aufl., 1964; *ders.*, Kapitalismus, Sozialismus und Demokratie, 2. Aufl., Bern 1950; *Schwalbe/Zimmer,* Kartellrecht und Ökonomie, 2006; *Streißler/Watrin,* Zur Theorie marktwirtschaftlicher Ordnungen, 1980; *Triffin,* Monopolistic Competition and General Equilibrium Theorie, Cambridge/Mass. 1940; *Willeke,* Grundsätze wettbewerbspolitischer Konzeptionen, 1973; *ders.*, Wettbewerbspolitik, 1980.

I. Zum Begriff des Wettbewerbs

1 Gegenstand dieses Buchs ist das Kartellrecht. Aufgabe des Kartellrechts ist es in erster Linie, den Wettbewerb umfassend zu schützen. Deshalb wird man am Anfang eines Lehrbuchs des Kartellrechts normalerweise eine „Definition" des Wettbewerbs erwarten. Bei näherem Zusehen erweist sich jedoch der Versuch einer Wettbewerbsdefinition als ausgesprochen schwierig. Vielfach wird sogar bezweifelt, ob eine Definition des Wettbewerbs – verstanden als (normatives) Leitbild der Wettbewerbspolitik – überhaupt möglich ist.[1] Zwar hat jeder eine ungefähre Vorstellung von dem, was Wettbewerb „ist"; aber ob sich daraus eine operationale Definition des Wettbewerbs ableiten lässt, ist angesichts der unübersehbaren Vielgestaltigkeit von Wettbewerbsprozessen in einer modernen Wirtschaft in der Tat eher zweifelhaft. Zu Resignation besteht gleichwohl kein Anlass. Denn „Wettbewerb entsteht in aller Regel dort, wo Rechtssubjekte von ihrer Handlungsfreiheit im Wirtschaftsverkehr Gebrauch machen. Welche wirtschaftlichen Handlungsfreiheiten gegeben sind, hängt von der Wirtschaftsordnung ab".[2]

---

1 Z. B. *Herdzina,* S. 7f.; *Mestmäcker/Schweitzer,* § 2 Rn. 75 (S. 72f.); *D. Schmidtchen,* S. 33ff.

2 So *Mestmäcker/Schweitzer,* § 2 Rn. 73 (S. 72); ebenso betont *Möschel,* (2.) FS Mestmäcker, 2006, S. 355 (366f.).

2 Diese Einsicht genügt vollauf für die begrenzten Zwecke unserer Darstellung. Der Wettbewerb in dem hier interessierenden Sinne ist mit anderen Worten identisch mit dem komplexen **System von Marktprozessen,** das entsteht, wenn die Wirtschaftssubjekte von ihrer wirtschaftlichen Freiheit im Rahmen der Rechtsordnung Gebrauch machen.[3]

3 Beschränkt man den Blick auf das Grundmuster des **Angebotswettbewerbs,** so wird sich der Wettbewerb in der Regel darin äußern, dass mehrere Unternehmen sich gleichzeitig bemühen, durch besondere Angebote in Vertragsbeziehungen zur Marktgegenseite, zu den Abnehmern, zu treten, wobei es keine Rolle spielt, in welcher Beziehung ihr Angebot das der Konkurrenten übertrifft.[4] Häufig wird dies der Preis oder die Qualität der angebotenen Ware oder Leistung sein; notwendig ist das indessen nicht; vielmehr stehen den Unternehmen im Wettbewerb auch noch zahlreiche andere Parameter zur Verfügung. Entsprechend vielgestaltig ist der Wettbewerbsprozess, den man infolgedessen wohl partiell beschreiben, aber nie abschließend definieren kann.

4 Nicht anders als mit dem Begriff des Wettbewerbs (o. Rn. 1f.) verhält es sich im Ergebnis mit dem Gegenbegriff der **Wettbewerbsbeschränkung.** Heute wird zwar vielfach versucht, dem Phänomen des Wettbewerbs über die Definition seines Gegenbegriffs näher zu kommen, wenn es schon nicht gelingen will, den Wettbewerb selbst abschließend zu definieren. Indessen erweist sich auch eine operationale Definition des Begriffs der Wettbewerbsbeschränkung als ausgesprochen schwierig.

5 Gleichwohl besteht hier ebenfalls kein Anlass zu übertriebenem Pessimismus oder gar Resignation: Wenn Wettbewerb überall dort entsteht, wo die Wirtschaftssubjekte von ihrer wirtschaftlichen Handlungsfreiheit Gebrauch machen (o. Rn. 2f.), liegt es auf der Hand, dass eine Wettbewerbsbeschränkung – jedenfalls in erster Annäherung – anzunehmen ist, wenn die **Freiheit unternehmerischer Planung willkürlich eingeschränkt** wird. Die Betonung liegt dabei auf dem Wort „willkürlich", da unternehmerische Freiheit, gleich auf welcher Seite des Marktprozesses, niemals umfassend sein kann,[5] so dass man ohne Wertungen letztlich auch hier nicht auskommt. Im Ergebnis bleibt daher häufig nichts anderes übrig, als (normativ) festzulegen, welche Verhaltensweisen als wettbewerbsbeschränkend *gelten* sollen, weil von ihnen nach unseren Erfahrungen typischerweise der Wettbewerbsordnung besondere Gefahren drohen.[6]

6 Als besonders gefährlich gelten gemeinhin künstliche Marktzutrittsschranken. Folgt man dem, wofür viel spricht, so erweist sich als **Hauptaufgabe** einer rationalen Wettbewerbspolitik die **Offenhaltung der Märkte,** damit die Machtposition von Unternehmen im Wettbewerb bedroht bleibt und im Zeitablauf auch wieder abgebaut werden kann (s. u. Rn. 20).

---

[3] *Mestmäcker/Schweitzer,* § 2 Rn. 74 (S. 72); *Meessen,* JZ 2009, 697, 698ff.
[4] *Zäch,* Kartellrecht, S. 5 Tz. 10; *Meessen,* JZ 2009, 697, 698ff.
[5] *Möschel,* Pressekonzentration und Wettbewerbsgesetz, 1978, S. 43ff.
[6] *Herdzina,* S. 82, 88ff.

II. Wettbewerbsfunktionen

1. Wirtschaftspolitische Funktionen

Der Wettbewerb ist schützenswert, weil man sich von ihm verschiedene **positive Wirkungen** verspricht, die anders als durch Wettbewerb nicht oder doch nur schwer erreichbar wären. Diese erhofften positiven Wirkungen oder Effekte des Wettbewerbs werden in der Theorie als **Wettbewerbsfunktionen** bezeichnet. Im Einzelnen hat man vor allem die wirtschaftspolitischen und die gesellschaftspolitischen Funktionen des Wettbewerbs zu unterscheiden.[7] Im Vordergrund des Interesses der Wettbewerbstheorie stehen durchweg die **wirtschaftspolitischen Funktionen.** Zu ihnen werden in erster Linie die Steuerungs- oder Ordnungsfunktion sowie die Verteilungs- und die Antriebs- oder Leistungsfunktion des Wettbewerbs gezählt. 7

Wegen der Einzelheiten kann auf die wettbewerbstheoretische Literatur verwiesen werden.[8] Im vorliegenden Zusammenhang genügt es, einen kurzen Blick auf das Beispiel des **Angebotswettbewerbs** mehrerer selbständiger Unternehmen zu werfen, um die Vorteile eines Wettbewerbs der Anbieter und damit zugleich die Nachteile jeder Beschränkung dieses Wettbewerbs – hier verstanden als Ausschluss der Freiheit der konkurrierenden Unternehmen zu selbständigem Handeln am Markt (o. Rn. 5) – zu erkennen. Paradigmata sind Preiskartelle oder das Auftreten von Monopolen. In jedem Falle ist die Folge, dass im Gegensatz zu der Situation bei Wettbewerb die Marktgegenseite, in erster Linie also die Verbraucher, **keine Alternativen mehr** haben, unter denen sie entsprechend ihren Präferenzen wählen können, so dass sich die Anbieter nicht mehr um die Wünsche ihrer Kunden zu kümmern brauchen und sie ihre Preise – innerhalb bestimmter äußerster Grenzen – beliebig hoch festsetzen können. Es kommt dann nicht nur zu Kapitalfehlleitungen größten Ausmaßes; sondern für die privilegierten Unternehmungen entfällt auch jeder Anlass, sich um Kostensenkungen, um eine Verbesserung ihrer Produkte oder um neue Produkte zu bemühen. Eine allgemeine Erlahmung der wirtschaftlichen Dynamik ist die nahezu unausweichliche Folge. 8

2. Gesellschaftspolitische Funktionen

Den angedeuteten wirtschaftspolitischen Funktionen des Wettbewerbs (s. o. Rn. 7f.) stehen aus rechtlicher Sicht die gesellschaftspolitischen an Bedeutung nicht nach. Gemeint ist damit in erster Linie die Aufgabe des Wettbewerbs, für die Herstellung einer (einigermaßen) **gleichmäßigen Machtverteilung** in Wirtschaft und Gesellschaft zu sorgen.[9] Dahinter steht die durch die geschichtlichen Erfahrungen immer wieder bestätigte und bisher nicht widerlegte Annahme, dass es vor allem der Wettbewerb ist, der in unserer Gesellschaftsordnung dazu berufen ist, den Aufbau *endgültiger* Machtpositionen zu verhindern, durch die die gleiche Freiheit aller anderen bedroht wird (sog. machtzerstörende oder **machtneutralisierende Wirkung** des Wettbewerbs). 9

Die fundamentale Bedeutung des Wettbewerbs für jede freiheitliche Gesellschafts- und Privatrechtsordnung beruht in erster Linie auf diesen Zusammenhängen, weil 10

---

[7] Zu den letzteren s. u. Rn. 9ff.

[8] S. *Knieps,* S. 4ff.; *Schwalbe/Zimmer,* S. 3ff.; *I. Schmidt,* S. 11ff.; *Zäch,* Kartellrecht, Tz. 20ff. (S. 10ff.).

[9] Dazu insb. *F. Böhm,* in: Kartelle und Monopole im modernen Recht, Bd. I, 1961, S. 3ff.; *J. M. Clark,* AER 45 (1955), 450; *Herdzina,* S. 16ff.; *Mestmäcker,* AcP 168 (1968), 235; *I. Schmidt,* S. 30ff.

eine auf Privatautonomie und Eigentum aufgebaute und durch Verträge gestaltete Privatrechtsordnung nur dann zu „gerechten", d. h. allseits akzeptierten Ergebnissen führt, wenn es keinem Privatrechtssubjekt gelingt, endgültig eine derartige wirtschaftliche Macht zu erringen, dass es ihm möglich wird, an die Stelle des Interessen ausgleichenden Vertragsmechanismus sein einseitiges Diktat zu setzen.

11 **Privatautonomie, Privateigentum und Wettbewerb** gehören daher unmittelbar zusammen. Sie sind die **drei Säulen,** auf denen jede funktionsfähige freie Wirtschafts- und Gesellschaftsordnung ruht. Das sollte heute aufgrund der geschichtlichen Entwicklung – eigentlich – feststehen, so dass sich seitdem im Grunde nur noch die andere Frage stellt, wie viel Privateigentum, Vertragsfreiheit und Wettbewerb jeweils wünschenswert sind und wie namentlich der Wettbewerb gegen seine vielen Feinde geschützt werden kann. Allein mit der zuletzt genannten Frage beschäftigt sich das Kartellrecht; nur sie ist daher Gegenstand der folgenden Darstellung.

III. Entwicklung der Wettbewerbstheorie

1. Von den Klassikern zu John M. Clark

12 Bereits für die **Klassiker** der Nationalökonomie, die den Preismechanismus entdeckt und als erste beschrieben haben (*A. Smith*[10] und *D. Ricardo*[11]), war der Wettbewerb ein Verfahren herrschaftsfreier gesellschaftlicher Koordination, das eine optimale Synthese aus den Zielen Freiheit, Gleichheit und Wohlstand für alle garantiert. Sie hatten sich jedoch noch nicht viele Gedanken darüber gemacht, welche Voraussetzungen im Einzelnen erfüllt sein müssen, damit der Wettbewerb funktioniert. Sie waren vielmehr – sicher nicht ohne Berechtigung – einfach davon ausgegangen, dass sich Wettbewerb überall dort von selbst einstellen wird, wo alle künstlichen Wettbewerbshindernisse beseitigt sind. Deshalb hatten sie auch bereits ganz richtig erkannt, dass (nach wie vor) der **größte Feind** des Wettbewerbs der **Staat** ist (und nicht etwa die Unternehmen), so dass die wichtigste Voraussetzung für möglichst viel Wettbewerb die Beseitigung der zahlreichen staatlichen Wettbewerbshindernisse ist, von Zöllen und Kontingenten über Marktzutrittsbeschränkungen aller Art bis zu gesetzlichen Monopolen.[12]

13 Der umfassende wettbewerbspolitische Ansatz der Klassiker (o. Rn. 12) geriet später zunehmend in Vergessenheit. Vor allem unter dem Einfluss des großen französischen Nationalökonomen *Cournot* verengte sich die Wettbewerbstheorie stattdessen immer mehr auf die **statische Preistheorie** mit ihren Gleichgewichtsmodellen, die nur den Endzustand völlig ausgereifter, keinem Wandel mehr unterliegender Märkte beschreiben.

14 Seitdem wurde es üblich, je nach der Anzahl der Anbieter und Nachfrager bestimmte **Marktformen** zu unterscheiden. Grundformen waren und sind das Polypol, das (weite und enge) Oligopol, das Dyopol[13] und das Monopol bzw. das Polypson, das Oligopson und das Monopson. Aus der Kombination dieser Merkmale ergab sich

[10] An Inquiry into the Nature and Causes of the Wealth of Nations, 5. Aufl., London 1789/München 1974, insb. S. 103, 500ff.; dazu *Benöhr,* JuS 1976, 273; *Mestmäcker,* Recht und ökonomisches Gesetz, S. 100ff.; *Recktenwald,* A. Smith, 1976.

[11] Grundsätze der politischen Ökonomie und der Besteuerung, London 1817; neu hrsg. von *Neumark,* 1972.

[12] Beeindruckende Aufzählung bei MünchKomm/*Kerber/Schwalbe,* Einl. Rn. 965ff.

[13] Häufig auch (unrichtig) Duopol genannt.

dann die jeweilige konkrete Marktform, z. B. die des beiderseitigen Polypols oder des einseitigen Oligopols mit polypsonistischer Nachfrage. Unter Vernachlässigung aller anderen Faktoren und insbesondere des Zeitmoments wurden anschließend anhand dieser Modelle die Auswirkungen von Veränderungen der Preise oder Mengen auf die jeweils andere Größe studiert. Grundformen waren das Polypol und das Monopol.

Nimmt man z. B. ein beiderseitiges Polypol mit vollkommener Markttransparenz, 15
Produkthomogenität, totaler Faktormobilität und -flexibilität sowie unendlicher Anpassungsgeschwindigkeit für alle Marktteilnehmer an (sog. **vollkommene Konkurrenz**), so ist der Preis für jeden Anbieter und Nachfrager ein Datum, auf das er keinen Einfluss besitzt, das er vielmehr aus dem „Markt" entnimmt und auf dessen Veränderungen er durch die Anpassung seiner Produktionsmenge oder seiner Nachfrage reagiert. Unter solchen Voraussetzungen wird nun ein Anbieter, einen U-förmigen Verlauf der Kostenkurven unterstellt, seine Produktion so lange ausdehnen, bis gilt: Grenzkosten = Preis. Denn sobald seine Grenzkosten über den Preis steigen, lohnt sich für ihn eine weitere Produktionsausweitung nicht mehr. Ein **Monopolist** wird dagegen seine Produktion (nur) bis zu dem Punkt ausdehnen, an dem für ihn gilt: Grenzkosten = Grenzerlös, weil er hier sein Gewinnmaximum erreicht (sog. **Cournotscher Punkt**). Dies folgt aus der einfachen Überlegung, dass sich für den Monopolisten eine zusätzliche Produktion nur so lange lohnt, wie die zusätzlichen Kosten (Grenzkosten) unter den zusätzlichen Erlösen (Grenzerlösen) liegen, jedoch nicht mehr, sobald sie darüber hinaus ansteigen.

Die **Preistheorie** zog aus diesen Einsichten die wettbewerbs*politische* Folgerung, dass 16
die Versorgung der Allgemeinheit am besten im Polypol und am schlechtesten im Monopol gewährleistet sei, weil im Polypol – jedenfalls langfristig – die Preise auf die Grenzkosten des Grenzanbieters gedrückt würden, während der Monopolist in der Lage sei, auf Kosten der Allgemeinheit hohe Differentialgewinne zu erzielen. Daher rührt die bis heute anhaltende positive Bewertung des Polypols und des weiten Oligopols sowie die negative Bewertung des Monopols und des engen Oligopols.

In der Konsequenz der Preistheorie, jedenfalls in ihrer herkömmlichen Gestalt, liegt 17
es, das **Modell der vollkommenen Konkurrenz** zum **wettbewerbspolitischen Leitbild** zu erheben, d. h. als Ziel der Wettbewerbspolitik die möglichst weitgehende Annäherung aller Märkte an dieses Modell zu definieren. Noch im Jahre 1957 wurde als Ziel des GWB die „Erhaltung der vollständigen Konkurrenz in einem möglichst großen Umfang" propagiert.[14] Tatsächlich kann dies indessen schwerlich das Ziel einer rationalen Wettbewerbspolitik sein, weil die **Voraussetzungen** der vollkommenen Konkurrenz **weithin irreal** sind, so dass in der wirtschaftlichen Wirklichkeit Märkte, die dem Idealbild der vollständigen Konkurrenz entsprechen, nahezu nirgends anzutreffen sind.[15] Die allermeisten Märkte weisen vielmehr – in unterschiedlichem Ausmaß – sog. „Unvollkommenheiten" auf. Der tatsächliche Wettbewerb trägt daher, wie man seit den dreißiger Jahren des zwanzigsten Jahrhunderts zu sagen pflegt, **„monopolistische Züge"**.

[14] So die Begr. z. RegE des GWB, BT-Drs. II/1158, S. 22.

[15] Allenfalls bestimmte hochliquide Börsen mit zahlreichen aktiven Teilnehmern erfüllen diese Voraussetzungen.

18 Wettbewerbspolitisch hatte man daraus zunächst den Schluss gezogen, die festgestellten Unvollkommenheiten müssten auf allen Märkten so weit wie möglich beseitigt werden, um die **Märkte** dadurch dem **Idealbild** der vollkommenen Konkurrenz wenigstens partiell wieder **anzunähern.** Dieses wettbewerbspolitische Konzept hat auch heute noch – ausgesprochen oder unausgesprochen – zahlreiche Anhänger, zumal ihm eine gewisse Rationalität nicht abzusprechen ist. Gleichwohl überwiegt heute die **Kritik,** seitdem *John M. Clark* mit seiner Gegengiftthese die moderne wettbewerbstheoretische Diskussion einläutete.

19 *J. M. Clark*[16] hielt ebenso wie vor ihm die Vertreter der Theorie der monopolistischen Konkurrenz ursprünglich noch an dem Leitbild der vollkommenen Konkurrenz fest; indessen zog er als Erster entschlossen die Konsequenzen aus dem Umstand, dass die Voraussetzungen dieses Wettbewerbsmodells weithin irreal sind. Das war die Geburtsstunde seiner **Gegengiftthese,** die im Kern besagt, dass auf sämtlichen Märkten, die durch Unvollkommenheiten gekennzeichnet sind, eine möglichst weitgehende Beseitigung dieser Unvollkommenheiten nicht immer und nicht notwendig zu guten ökonomischen Ergebnissen führt, es vielmehr durchaus auch erforderlich sein kann, vorhandene Unvollkommenheiten durch die **Schaffung weiterer Unvollkommenheiten („Gegengift")** zu bekämpfen, wenn es schon nicht gelingt, alle Unvollkommenheiten zu beseitigen (sog. **Theorie des Zweitbesten**).

20 Später hat *Clark* die Orientierung an dem Modell der vollkommenen Konkurrenz ganz aufgegeben. An ihre Stelle setzte er stattdessen die heute herrschende **dynamische Theorie.**[17] Sie versteht den Wettbewerb als einen in der Zeit ablaufenden Prozess, der aus Vorstößen einzelner Pionierunternehmen und aus Verfolgungsaktionen anderer, sog. Nachahmer besteht.[18] Dieser Prozess kommt niemals zum Ende, solange er frei ist. Vorübergehende Machtpositionen einzelner Unternehmen sind mit ihm durchaus vereinbar, sofern nur der Marktzutritt offen bleibt. Als zentrale Aufgabe jeder rationalen Wettbewerbspolitik erweist sich damit in der Tat die **Offenhaltung der Märkte.** Diese Erkenntnis ist heute Allgemeingut der Wettbewerbstheorie (s. schon o. Rn. 6).

2. Workable competition

Literatur: *Herdzina,* S. 33ff.; *Hoppmann,* FS Th. Wessels, 1967, S. 145; *Kaysen/Turner,* Antitrust Policy, Cambridge/Mass. 1959/1965, S. 44, 82ff.; *G. Knieps,* Wettbewerbsökonomie, 2. Aufl., 2005, S. 45, 67ff., 74; *Mestmäcker/Schweitzer,* § 2 Rn. 75ff. (S. 72ff.); *Möschel,* Tz. 66 (S. 44ff.); MünchKomm/*Kerber/Schwalbe,* Einl. Rn. 1002ff.; *I. Schmidt,* S. 9, 56, 77ff.; *Schwalbe/Zimmer,* S. 29ff.; *Zäch,* Kartellrecht, Tz. 100ff. (S. 42ff.).

21 Die Thesen *J. M. Clarks* (s. o. Rn. 18ff.) hatten seinerzeit eine lebhafte, bis heute anhaltende Diskussion vor allem über die Frage ausgelöst, welche Unvollkommenheiten des Wettbewerbs um des technischen und wirtschaftlichen Fortschritts willen nicht nur in Kauf genommen, sondern gegebenenfalls geradezu gefördert werden müssen oder – anders gewendet – welche Voraussetzungen erfüllt sein müssen, damit der Wettbewerb seine Funktionen – unter den gegebenen Umständen (!) – „optimal" erfüllen und die „besten" möglichen Ergebnisse auch tatsächlich hervorbringen kann.

[16] AER 30 (1940), 241 = *Herdzina,* S. 143; AER 45 (1955), 450.
[17] Competition as a Dynamic Process, 1961; Auszug in: *Herdzina,* Wettbewerbstheorie, S. 269ff.
[18] Ebenso z. B. *Meessen,* JZ 2009, 698 (701 m. N.).

Diese Diskussion steht vor allem im Zeichen der Auseinandersetzung um die verschiedenen **Workability-Konzepte** (Stichworte: Harvard School, Chicago School, Konzept der Wettbewerbsfreiheit).

Es gibt zahlreiche unterschiedliche Konzepte des funktionsfähigen Wettbewerbs (workable competition), die hier nicht im Einzelnen aufgezählt werden können.[19] Wichtig ist nur festzuhalten, dass diese ganze Lehre eine **normative Theorie** ist. Denn sie definiert **Leitbilder** (Normen), anhand derer sie zu beurteilen versucht, ob bestimmte ökonomische Zustände positiv oder negativ zu bewerten und deshalb mit dem Instrumentarium der Wettbewerbspolitik anzustreben sind oder nicht. Üblicherweise geht man dabei auf folgende Weise vor: 22

Wenn man feststellen will, ob auf einem Markt funktionsfähiger Wettbewerb herrscht, muss man zunächst den zu betrachtenden sog. **relevanten Markt** möglichst genau in räumlicher, zeitlicher und vor allem sachlicher Hinsicht von anderen Märkten abgrenzen.[20] Als nächstes sind sodann die charakteristischen Eigenschaften (Merkmale) dieses Marktes zu ermitteln. Sie werden gewöhnlich in das **Marktverhalten** der Unternehmen, die **Marktstruktur** und die **Marktergebnisse** unterteilt.[21] Für einzelne, mehrere oder sogar alle genannten Merkmale hat man schließlich **Normen** aufzustellen, die erfüllt sein müssen, wenn auf dem fraglichen Markt Wettbewerb in dem erforderlichen Ausmaß herrschen soll, erforderlich wohlgemerkt, um die jeweils gewünschten Ergebnisse hervorzubringen. 23

Die Konzepte der workable competition lassen sich deshalb zunächst danach unterscheiden, für welche und für wie viele Merkmale eines Marktes sie Normen aufstellen.[22] Besondere Bedeutung kommt in diesem Zusammenhang der Frage zu, ob auch die Marktergebnisse, die sog. **performance,** berücksichtigt werden soll. 24

Weitere Unterschiede ergeben sich daraus, auf **welche Funktionen** des Wettbewerbs bei der Aufstellung der Normen das Schwergewicht gelegt wird.[23] Heute stehen meistens die **dynamischen Funktionen** des Wettbewerbs im Vordergrund des Interesses, so dass die Mehrzahl der Anhänger derartiger Konzepte bereit ist, um eines optimalen technischen Fortschritts willen auf die Verwirklichung der übrigen Wettbewerbsfunktionen (mehr oder weniger) zu verzichten.[24] 25

So einleuchtend alle diese Konzepte auf den ersten Blick auch erscheinen mögen, so umstritten sind sie doch tatsächlich. In den USA befinden sie sich heute infolge des Vordringens der Chicago-Schule (s. u. Rn. 32f.) sogar unverkennbar wieder auf dem Rückzug. Bei uns haben die workability-Konzepte ihre beste Zeit gleichfalls bereits hinter sich. Auslösend für diese Entwicklung war vor allem die **Kritik** *Fr. A. v. Hayeks*[25] und 26

---

19 S. insb. *Sosnick,* Qu. J. E. 72 (1958), 380.

20 Zum Problem des sog. relevanten Marktes s. im Einzelnen u. § 4 Rn. 63ff., § 9 Rn. 8ff. usw.

21 Aufgliederung der einzelnen Marktmerkmale bei *Bartling,* S. 21ff.; *Knieps,* Wettbewerbsökonomie, S. 46ff.; *I. Schmidt,* S. 58ff.; *Sosnick,* Qu. J. E. 72 (1958), 380.

22 S. *Herdzina,* S. 47ff.; *I. Schmidt,* S. 78ff.

23 Vgl. die Zielkataloge bei *John M. Clark,* AER 45 (1955), 450ff. und bei *Sosnick,* Qu. J. E. 72 (1958), 380.

24 Z. B. *Kantzenbach/Kartte,* BB 1969, 54.

25 S. insb. *v. Hayek,* Die Theorie komplexer Phänomene, 1972, S. 25ff.; *ders.,* Die Verfassung der Freiheit, S. 30ff.; *ders.,* Der Wettbewerb als Entdeckungsverfahren, Kieler Vorträge n. F. H. 56, 1968 = Studien, S. 249.

Hoppmanns[26] an den workability-Konzepten in ihren verschiedenen Spielarten. Hervorzuheben sind folgende Punkte:

27 Workability-Konzepte beruhen letztlich auf der Annahme bestimmter kausaler Beziehungen **(Korrelationen)** zwischen Marktstruktur, Marktverhalten und Marktergebnissen.[27] Sie stehen und fallen infolgedessen mit der Möglichkeit, empirisch mit vertretbarem Aufwand Korrelationen zwischen den genannten Größen nachweisen zu können. In den USA hat sich vor allem die sog. **Industrial-Organization-Lehre** darum bemüht, solche Zusammenhänge aufzuspüren, um darauf empirisch fundierte, wettbewerbspolitische Urteile stützen zu können. Dabei sind zunehmend die **strukturellen Besonderheiten** einzelner Wirtschafts- oder Industriezweige (daher der Name) hervorgetreten, da sich gezeigt hat, dass von Industrie zu Industrie unterschiedliche Gesetzmäßigkeiten vorherrschen, ohne deren Beachtung belastbare (robuste) Aussagen über die Korrelationen zwischen Marktverhalten, Marktstruktur und Marktergebnissen nicht möglich sind.[28]

28 Die Ergebnisse, zu denen die industrieökonomischen Untersuchungen gelangt sind, legen zwar auf den ersten Blick in der Tat die Annahme nahe, dass es **positive Korrelationen** zwischen Marktverhalten, Marktstruktur und (wie immer gemessenen) Marktergebnissen gibt. Die zugrunde liegenden theoretischen Annahmen sind gleichwohl **umstritten** geblieben. Heute herrscht sogar die Auffassung vor, dass sich in der Mehrzahl der Fälle belastbare Aussagen über Kausalbeziehungen zwischen Marktstruktur, Marktverhalten und Marktergebnissen, bisher jedenfalls, *nicht* machen lassen, so dass ein **Schluss** von der Struktur eines Marktes auf ein bestimmtes Marktverhalten oder gar auf bestimmte erwünschte Marktergebnisse gewöhnlich **ausscheidet.** Ebensowenig sind im Regelfall offenbar exakte Voraussagen darüber möglich, welche Wirkungen ein Marktverhalten haben wird, da nicht nur das Marktverhalten und die Marktstruktur auf die Marktergebnisse, sondern ebenso die Marktergebnisse auf die Marktstruktur und das Marktverhalten einwirken, wodurch ein vollkommen undurchschaubares Geflecht von Kausalbeziehungen entsteht. Erschwerend kommt noch hinzu, dass die Fülle der zu berücksichtigenden Kausalfaktoren schlicht unbekannt und jedenfalls unübersehbar ist.

3. Konzept der Wettbewerbsfreiheit

Literatur: *Bartling,* S. 23, 41 ff.; *Herdzina,* S. 108 ff.; *Hoppmann,* FS Wessels, 1967, S. 145; *Kaufer,* Industrieökonomik, 1980; *I. M. Kirzner,* Wettbewerb und Unternehmertum, 1978; *G. Knieps,* Wettbewerbsökonomie, 2. Aufl., 2005, S. 67 ff.; *Künzler,* Effizienz oder Wettbewerbsfreiheit?, 2008; *I. Schmidt,* S. 16 ff.; *I. Schmidtchen,* ORDO 39 (1988), 111; *ders.*, Wettbewerbspolitik, 1978; *Stürner,* Markt und Wettbewerb über alles?, 2007; *Willeke,* Wettbewerbspolitik, 1980.

29 Das Konzept der Wettbewerbsfreiheit, begründet in erster Linie von *Fr. A. v. Hayek* und *Hoppmann,* ist im Gegensatz zu den Workability-Konzepten (o. Rn. 21 ff.) gekennzeichnet durch den Verzicht auf normative Ansätze. *Fr. A. v. Hayek* hat es immer wieder geradezu als das „Wesen" von Wettbewerbprozessen bezeichnet, dass ihre Er-

[26] JNSt 179 (1966), 286; 181 (1968), 251; 184 (1971), 397; ebenso *Herdzina,* Wettbewerbstheorie, S. 53 ff.; *Kaufer,* JNSt 1979 (1966), 481.

[27] S. dazu z. B. MünchKomm/*Kerber/Schwalbe,* Einl. Rn. 1003 ff.

[28] Zu der Industrial-Organization-Lehre (einem schillernden, vieldeutigen Begriff) s. statt aller *Kaufer,* Industrieökonomik, passim, sowie *Knieps,* Wettbewerbsökonomie, S. 45 ff.; *I. Schmidt,* S. 58 ff.

gebnisse von niemandem vorausgesagt werden können.[29] Der Wettbewerb ist in seinen Augen vielmehr eine **abstrakte Ordnung** ohne heteronom gesetzte Ziele und Zwecke, die den Vorteil hat, das einzige bekannte Verfahren zu sein, das auf dem Wege über dezentrale Planung die umfassende Nutzung der Fähigkeiten und Kenntnisse jedes einzelnen Wirtschaftssubjekts ermöglicht. Kern des Wettbewerbsprozesses ist aus diesem Blickwinkel letztlich die sich in den unterschiedlichsten Formen äußernde **Rivalität der Unternehmen,** die jeden zwingt, wenn er sich behaupten will, möglichst findiger als seine Konkurrenten zu sein. Das aus diesen Einsichten abgeleitete Wettbewerbskonzept der **Neuklassik** deckt sich im Ergebnis weithin mit der dynamischen Theorie *J. M. Clarks* (s. o. Rn. 20).

Gegen den theoretischen Ansatz der Neuklassik wird vor allem eingewandt, ein Konzept umfassender Wettbewerbsförderung auf allen Ebenen scheitere schon daran, dass es zahlreiche Fälle gebe, in denen die Förderung des Wettbewerbs in Konflikt mit anderen vorrangigen Zielsetzungen ökonomischer und metaökonomischer Art gerate (sog. **Dilemmathese**). Genannt werden insbesondere die sog. optimale Betriebs- und Unternehmensgröße, die Förderung von Forschung und Entwicklung, die internationale Konkurrenzfähigkeit, die Sicherung von Arbeitsplätzen, die Mehrung der allgemeinen Wohlfahrt sowie die Verwirklichung sozialer Gerechtigkeit, insbesondere in Gestalt der wie auch immer definierten Verteilungsgerechtigkeit.[30] 30

Ein besonderer Aspekt in der Auseinandersetzung um die Dilemmathese ist die verbreitete Annahme, im Interesse einer umfassenden Förderung von Forschung und Entwicklung müssten **notfalls Großunternehmen** auch auf Kosten des Wettbewerbsschutzes hingenommen werden. Tatsächlich haben sich indessen bisher keine eindeutigen Korrelationen zwischen Unternehmensgröße, Gewinnen, technischem Fortschritt und wirtschaftlichem Wachstum nachweisen lassen. Im Gegenteil: Das gesamte bisher vorliegende empirische Material zeigt, dass nach wie vor nichts so sehr technischen Fortschritt und wirtschaftliches Wachstum fördert wie **möglichst viel Wettbewerb** auf möglichst vielen Märkten.[31] 31

4. Chicago-School

Literatur: Darstellungen bei *Bittlingmayer,* WuW 1978, 709; *Herdzina,* S. 111; *Kallfass,* WuW 1980, 596; *G. Knieps,* Wettbewerbsökonomie, 2. Aufl., 2005, S. 73f.; *Mestmäcker/Schweitzer,* § 2 Rn. 88ff. (S. 79ff.); *D. Mueller,* WuW 1986, 533; MünchKomm/*Kerber/Schwalbe,* Einl. Rn. 1012ff.; *I. Schmidt,* S. 19ff.; *ders./Rittaler,* WiSt 1986, 233; *Schwalbe/Zimmer,* passim; *Zäch,* Kartellrecht, Tz. 107ff. (S. 46ff.).

Am Anfang der Chicago-Schule[32] steht – nicht anders als bei den Anhängern des Konzepts der Wettbewerbsfreiheit (o. Rn. 29ff.) – die Leugnung empirisch nachweisbarer Zusammenhänge zwischen Marktstruktur, Marktverhalten und Marktergebnissen. 32

[29] *S. v. Hayek,* Die Theorie komplexer Phänomene, 1972, S. 25ff.; *ders.*, Die Verfassung der Freiheit, S. 30ff.; *ders.*, Der Wettbewerb als Entdeckungsverfahren, Kieler Vorträge n. F. H. 56, 1968 = Studien, S. 249; *ders.*, Recht, Gesetzgebung u. Freiheit, Bd. III, S. 97ff.; zustimmend insbesondere *Mestmäcker/Schweitzer,* § 2 Rn. 92ff. (S. 80ff.).

[30] S. eingehend *Herdzina,* S. 37ff.; *I. Schmidt,* S. 17, 34, 83ff; *Stürner,* passim.

[31] S. *Röper* (Hrsg.), Technischer Fortschritt und Unternehmensgröße, 1973; *Goergens,* Wettbewerb und Wirtschaftswachstum, 1969, insb. S. 220, 245ff.; *Kaufer,* Industrieökonomik, S. 600ff.; *Jüttner-Kramny,* Zur Bedeutung der Unternehmensgröße für den technischen Fortschritt, 1970.

[32] Vertreten insb. von *Bork,* The Antitrust Paradox, NY 1978/1993; *H. Demsetz,* Efficiency, Competition and Policy, 1989; *ders.*, AER 72 (1982), 47; *ders.*, in: Assmann/Kirchner/Schanze, Ökonomische Ana-

Die Anhänger der Chicago-Schule ziehen daraus indessen völlig andere Schlussfolgerungen als die Vertreter eines Konzepts der Wettbewerbsfreiheit (o. Rn. 29ff.), da sie als legitime Ziele einer staatlichen Wettbewerbspolitik allein die **Vermehrung der allgemeinen Wohlfahrt,** insbesondere in Gestalt niedriger Verbraucherpreise, durch die Steigerung der Effektivität der einzelnen Unternehmen anerkennen (sog. **Efficiency-Doktrin**). Sie vertrauen außerdem aufgrund langfristiger Betrachtungsweise weitgehend auf die Selbstheilungskräfte des Wettbewerbs, weshalb sich der Staat ihrer Meinung nach im Wesentlichen auf die Bekämpfung künstlicher Marktzutrittsschranken beschränken sollte.

33 Die Efficiency-Doktrin beherrscht heute in Gestalt der **modernen ökonomischen Wohlfahrtstheorie** anglo-amerikanischer Prägung eindeutig die Wettbewerbspolitik der Kommission und färbt von dort auch zunehmend auf die deutsche Wettbewerbspolitik ab. Zugrunde liegt letztlich ein rein **instrumentales Verständnis des Wettbewerbs,** das in dem Wettbewerb nur noch ein Mittel *unter anderen* zur Steigerung der allgemeinen Wohlfahrt, gemessen in der Regel ganz vordergründig an dem Niveau der Verbraucherpreise, sieht. **„Efficiency",** d.h. die Effizienzsteigerung auf allen Märkten, wird damit zum allein ausschlaggebenden Ziel der Wettbewerbspolitik[33] – und damit letztlich auch zum entscheidenden Kriterium für die Zulässigkeit oder Unzulässigkeit von Wettbewerbsbeschränkungen. Ist von einer Wettbewerbsbeschränkung ein größerer Beitrag zur Effizienzsteigerung als vom Wettbewerb zu erwarten, so spricht dies mit anderen Worten grundsätzlich *für* die Zulässigkeit der fraglichen Wettbewerbsbeschränkung. Der Übergang zu dem System der *Legalausnahme* bei dem Kartellverbot des Art. 101 AEUV und des § 1 GWB (s. § 2 GWB und dazu u. § 2 Rn. 27ff.) geht unmittelbar auf derartige wohlfahrtstheoretische Vorstellungen zurück. Auch die neue Fusionskontrollverordnung von 2004 hat hier eine ihrer wichtigsten Wurzeln (s. u. § 16 Rn. 59ff.). Dasselbe gilt für die erneute Anpassung der deutschen Fusionskontrolle an das europäische Vorbild durch die 8. GWB-Novelle von 2013.[34]

34 Alle derartigen Konzepte (Rn. 32f.) sind im Grunde denselben **Einwänden** ausgesetzt, die bereits die Vertreter des Konzepts der Wettbewerbsfreiheit immer wieder gegen die Workability-Lehren vorgebracht haben.[35] Denn derartige Konzepte unterstellen von Marktverhalten, Marktstruktur und Marktergebnissen (o. Rn. 27ff.). Daran ändert es auch nichts, wenn man sich, wie heute weithin üblich, auf Partialanalysen beschränkt. Wer Effizienzvorteile zum alleinigen Maßstab der Wettbewerbspolitik erhebt, muss in der Lage sein, belastbare Aussagen über die Voraussetzungen bestimmter Effizienzvorteile zu machen. Genau daran fehlt es aber nach wie vor. Effizienz taugt allein aus diesem Grund weder als Maßstab für unternehmerisches Verhalten noch als Beurteilungsmaßstab für die Rechtsanwendung. Denn nach wie vor ist tatsächlich niemand in der Lage, einem Unternehmen genau zu sagen, welches Verhalten es konkret am Markt

lyse des Rechts, 1978, S. 330; *R. A. Posner,* Univ. of Pennsylvania L. R. Bd. 127 (1979), 925; *Stigler,* The Organization of Industry, Homewood/Ill 1968.

[33] S. im Einzelnen MünchKomm/*Kerber/Schwalbe,* Einl. Rn. 1012m. N.; *Schwalbe/Zimmer* passim.

[34] S. die Begr. von 2012, BT-Drs. 17/9852, S. 28 (r. Sp. 1. Abs).

[35] S. deshalb schon im Einzelnen o. Rn. 29ff. sowie insb. *Basedow,* WuW 2007, 712; *Mestmäcker/Schweitzer,* § 2 Rn. 88ff. (S. 79f.); *Hellwig,* (2.) FS *Mestmäcker,* 2006, S. 231; *Möschel,* ebenda, S. 355; *Frenz,* WRP 2013, 428; *J. Schmidt,* FS Säcker, 2011, S. 937.

beobachten muss, damit die letztlich angestrebte „efficiency" auch tatsächlich eintritt (Rn. 39).

Es handelt sich dabei zugleich um den zentralen Einwand gegen den von der Kommission seit einigen Jahren propagierten **more economic approach** als Grundlage ihrer Wettbewerbspolitik.[36] Dieser schillernde Begriff hat mehrere **Aspekte.**[37] Im Kern geht es aber wohl durchweg um eine **Akzentverlagerung** weg von dem Freiheitsschutz als Ziel einer rationalen Wettbewerbspolitik hin zur **Effizienzsteigerung** der Unternehmen auch als Kriterium für die Rechtsanwendung, gemessen ganz vordergründig im Wesentlichen an dem Niveau der Verbraucherpreise, und zwar nicht nur dort, wo das Gesetz selbst dies bereits ausdrücklich vorsieht wie in Art. 101 Abs. 3 AEUV und § 2 GWB, sondern auch bei der Anwendung der Missbrauchsverbote des Art. 102 AEUV und des § 19 GWB sowie in der Fusionskontrolle.[38] Damit einher geht die verbreitete Forderung insbesondere in der ökonomischen Literatur nach einer **„effect-based" Rechtsanwendung,** womit gemeint ist, dass sich die Rechtsanwendung fortan nicht mehr in erster Linie an strikten „formalen" Rechtsregeln, sondern an den in jedem Einzelfall zu analysierenden positiven oder negativen Effekten einer wettbewerbsbeschränkenden Maßnahme auf die Effizienz der Unternehmen und namentlich auf die Verbraucherwohlfahrt orientieren solle.[39] Hierher gehört z. B. die Vorstellung der Kommission, die Frage, ob eine Wettbewerbsbeschränkung vorliegt, lasse sich häufig nur an den positiven oder negativen Effekten des fraglichen Verhaltens ablesen.[40] Auch die Bundesregierung neigt neuerdings offenbar zu derartigen Vorstellungen.[41] 35

Die praktischen **Auswirkungen** dieses Ansatzes der Kommission halten sich bisher (noch) in engen Grenzen.[42] Vor allem die europäischen **Gerichte** haben bislang nur wenig Bereitschaft erkennen lassen, sich von der strikten Rechtsbindung zu Gunsten ökonomischer Analysen im Einzelfall zu lösen.[43] In der Tat liegt hier der **schwerwiegendste Einwand** gegen jede Form eines more economic approach in dem angedeuteten Sinne (Rn. 35): Löst man sich erst einmal im Kartellrecht von der strikten Rechtsbindung zu Gunsten einer ökonomischen Analyse der Vor- und Nachteile einer wettbewerbsbeschränkenden Maßnahme, so wird die Rechtsanwendung arbiträr; ihre Ergebnisse sind nicht mehr voraussehbar und vor allem **nicht mehr justiziabel** – mit der unvermeidlichen Folge, dass die Rechtssicherheit verloren geht, ganz abgesehen 36

[36] S. dazu z. B. *Basedow,* WuW 2007, 712; *Behrens,* FS Möschel, 2011, S. 115; *de Bronett,* EWS 2013, 1; *Christiansen,* Der „More Economic Approach" in der EU-Fusionskontrolle, 2010; *Eilmannsberger,* ZWeR 2009, 437; *Ewald,* ZWeR 2011, 15; *Frenz* WRP 2013, 428; *Künzler,* Effizienz oder Wettbewerbsfreiheit?, 2008; *Lademann,* FS Möschel, 2011, S. 381; *Mestmäcker,* ORDO 59 (2008), 185; *ders.,* ZWeR 2010, 1; *ders.,* WuW 2008, 6; *Möschel,* JZ 2009, 1040; *I. Schmidt,* FS Eickhof, 2008, S. 65; *ders.,* FS Säcker, 2011, S. 939; *Schwalbe/Zimmer,* S. 352 ff.; *C. C. v. Weizsäcker,* WuW 2008, 1078; *Wurmnest,* Marktmacht und Verdrängungsmissbrauch, 2. Aufl. 2012, S. 231 ff.

[37] S. statt aller *Basedow,* WuW 2007, 712; *Möschel,* JZ 2009, 1040; *Wurmnest,* Marktmacht und Verdrängungsmissbrauch, S. 231 ff.

[38] So ausdrücklich z. B. die Mitteilung der Kommission zu den Prioritäten bei der Anwendung von Art. 82 EGV von 2009, ABl. Nr. C 47/1 Tz. 28, 30.

[39] Insbesondere *C. C. v. Weiszäcker,* WuW 2008, 1078.

[40] So die Leitlinien zu Art. 81 Abs. 3 EGV von 2004, ABl. Nr. C 101/97 Tz. 24.

[41] S. die Begr. von 2012, BT-Drs. 17/9852, S. 28 (r. Sp. Abs. 1).

[42] Nachw. bei *Möschel,* JZ 2009, 1040 ff.

[43] Ablehnend insbesondere *EuGH* Slg. 2009, I-9374 = WuW/E EU-R 1641, 1645 Tz. 63 – GSK.

von der – offenbar durchaus erwünschten – Überforderung der Gerichte mit derartigen ökonomischen Analysen im Einzelfall.[44] Ohnehin wird man den Verdacht nicht los, dass es der Kommission (und ihren Anhängern) bei ihrem Ansatz nicht zuletzt darum geht, sich unter Berufung auf beliebige ökonomische Theorien und Modelle von Fall zu Fall möglichst der Kontrolle der Gerichte entziehen zu können.[45] Eine Fülle weiterer **Einwände** kommt hinzu.[46] Es bleibt dabei: Verbraucherwohlfahrt kann kein Kriterium zur Beurteilung unternehmerischen Verhaltens im Einzelfall sein.

§ 2. Geschichte

I. Deutsches Kartellrecht

Literatur: *Baums,* Kartellrecht in Preußen, 1990; *Kestner,* Der Organisationszwang, 1912; *Lehnich,* Kartelle und Staat, 1928; *Liefmann,* Kartelle und Trusts, 8. Aufl., 1930; *Rotthege,* Die Beurteilung von Kartellen und Genossenschaften durch die Rechtswissenschaft, 1982; *R. Schröder,* Entwicklung des Kartellrechts und des kollektiven Arbeitsrechts durch die Rechtsprechung des Reichsgerichts vor 1914, 1988; *O. Volckart,* Wettbewerb und Wettbewerbsbeschränkungen im vormodernen Deutschland, 1000 bis 1800, 2002; *ders.,* Wettbewerb und Wettbewerbsbeschränkungen in Politik und Wirtschaft in Deutschland im Mittelalter und Früher Neuzeit, 2002.

1. Von der Kartellfreiheit zum Kartellverbot

1 Die Kartellproblematik ist alt. Bereits in der frühen Neuzeit fanden sich in den „Polizeigesetzen" der Kaiser immer wieder Kartellverbote zum Schutze des freien Handels im Reich. Der Erfolg dieser Gesetze blieb jedoch wegen der notorischen Schwäche der Reichsgewalt und auch deshalb gering, weil Deutschland bis ins 19. Jahrhundert hinein von einer freien Wirtschaft (in der sich Kartelle überhaupt erst „richtig" lohnen) weit entfernt war. Das änderte sich erst mit dem allmählichen Übergang zur Gewerbefreiheit in Deutschland, eingeleitet durch die Stein-Hardenbergschen Reformen ab 1809 und abgeschlossen erst mit der Reichsgründung im Jahre 1871, die (endlich) im gesamten Reichsgebiet die zuvor schon im Norddeutschen Bund eingeführte Gewerbefreiheit brachte. Die Folge war, dass jetzt langsam auch die Kartellproblematik in Deutschland virulent wurde. Mit voller Macht setzte die **Kartellierung der Märkte** bei uns indessen erst im Zuge der wirtschaftlichen Rezession ab Mitte der siebziger Jahre des 19. Jahrhunderts ein, nicht zuletzt dank der „Großzügigkeit" der Gerichte, die unter Berufung auf die damals in der Nationalökonomie vorherrschenden Auffassungen Kartelle nahezu unbeschränkt zuließen.[1] Deutschland wurde so zum **klassischen Land der Kartelle.**

2 Der Gesetzgeber sah dieser bedrohlichen Entwicklung (viel zu) lange tatenlos zu. Erst die allgemeine Verschlechterung der wirtschaftlichen Verhältnisse nach dem ersten Weltkrieg und der wachsende Druck der Öffentlichkeit zwangen ihn 1923 schließlich zum Eingreifen. Die endlich erlassene **Kartellverordnung**[2] enthielt indessen lediglich

[44] Zutreffend *I. Schmidt,* FS Säcker, 2011, S. 939; *Künzler,* Effizienz oder Wettbewerbsfreiheit, 2008; *J. Schmidt,* FS Säcker, 2011, S. 939; *de Bronett,* EWS 2013, 1.

[45] Treffend *I. Schmidt,* FS Säcker, 2011, S. 939, 946.

[46] S. vor allem *Basedow,* WuW 2007, 712; *Mestmäcker,* WuW 2008, 6 (13ff.); *I. Schmidt,* FS Säcker, 2011, S. 939.

[1] Grdl. 1897 für das sächsische Holzstoffkartell RGZ 38, 155 (158ff.); s. dazu *Böhm,* ORDO Bd. 1 (1958), S. 197; *Möschel,* 70 Jahre deutsche Kartellpolitik, 1972; *R. Schröder,* S. 1–150m. N.

[2] NotVO v. 2. 11. 1923, RGBl. I S. 1067, 1090 mit späteren Änderungen.

ein Missbrauchsverbot, das – wie bisher alle anderen Missbrauchsverbote auch – praktisch wirkungslos blieb, da die Reichsregierung tatsächlich nur in ganz wenigen Fällen gegen Kartelle einschritt. Im Ergebnis dürfte die Kartellverordnung sogar ausgesprochen kontraproduktiv gewirkt haben, da sie letztlich als Legalisierung der Kartelle verstanden wurde.

Es blieb infolgedessen den Alliierten nach dem 2. Weltkrieg vorbehalten, erstmals 3
1947 mit ihren **Dekartellierungsgesetzen** in Deutschland ein Kartell- und Monopolisierungsverbot einzuführen.[3] Von einer konsequenten Durchsetzung dieser Verbote konnte indessen gleichfalls keine Rede sein, so dass ihre Wirkung begrenzt blieb. Die Dekartellierungsgesetze waren gleichwohl von nicht zu unterschätzender Bedeutung für die Entwicklung der deutschen Wettbewerbspolitik, weil sie einen „Klimawandel" einleiteten, der ein deutsches Kartellverbot überhaupt erst möglich machte.

2. GWB von 1957 bis heute

Die Bundesregierung bemühte sich ab 1950 um eine Ablösung der alliierten Dekartellie- 4
rungsgesetze durch ein deutsches Kartellgesetz, in dessen Mittelpunkt ein Kartellverbot und eine Fusionskontrolle stehen sollten. Der von ihr zu diesem Zweck 1952 vorgelegte **GWB-Entwurf**[4] löste indessen nicht weniger als einen regelrechten **Glaubenskrieg** zwischen den Anhängern eines Kartellverbots und den Befürwortern einer bloßen Missbrauchsgesetzgebung nach dem Vorbild der Kartellverordnung von 1923 aus, der die Verabschiedung des Gesetzes um Jahre verzögerte.[5] Im Verlauf dieser Auseinandersetzung wurde der Entwurf immer mehr verwässert, insbesondere durch die Zulassung zahlreicher neuer Ausnahmen vom Kartellverbot, durch die Streichung der ursprünglich geplanten Fusionskontrolle, durch die Erlaubnis der Preisbindung für Markenartikel sowie durch die ständige Ausdehnung der sogenannten Ausnahmebereiche (§§ 99ff. GWB a. F.). Dagegen gelang es, an dem grundsätzlichen **Kartellverbot** festzuhalten (§ 1 GWB a. F.). In dieser Form trat das Gesetz schließlich am 1. Januar 1958 in Kraft.

Das GWB ist seit seinem Inkrafttreten im Jahre 1958 immer wieder geändert worden. 5
Besonders wichtig war die **2. Novelle von 1973,** die die überfällige **Fusionskontrolle,** die Abschaffung der Preisbindung für Markenartikel, das Verbot abgestimmter Verhaltensweisen sowie eine Verbesserung der Missbrauchsaufsicht über marktbeherrschende Unternehmen brachte. In der Folgezeit ist vor allem die Fusionskontrolle mehrfach verschärft worden. Hinzu kamen noch zahlreiche andere Änderungen, nicht zuletzt infolge der fortschreitenden **Einschränkung der Ausnahmebereiche,** so dass das GWB zuletzt nahezu unleserlich geworden war.

Die Bundesregierung legte deshalb Ende 1997 den Entwurf eines neuen GWB vor, 6
mit dem außerdem der Zweck verfolgt wurde, das deutsche Kartellrecht nach Möglichkeit an das europäische Kartellrecht anzupassen.[6] Zugleich sollte in das GWB erstmals ein neuer Vierter Teil über die Vergabe öffentlicher Aufträge eingefügt werden, so dass sich **1998** eine **Neuverkündung** des dadurch erheblich angeschwollenen Gesetzes als notwendig erwies.[7]

---

[3] Anm. MRG Nr. 56 v. 28. 1. 1947; brit. VO Nr. 96 v. 9. 6. 1947; franz. VO Nr. 96 v. 9. 6. 1947.
[4] BT-Drs. II/1158.
[5] Dazu z. B. *Mestmäcker,* WuW 2008, 6.
[6] BT-Drs. 13/9720; Ausschussbericht, BT-Drs. 13/10, 633.
[7] BGBl. 1998 I S. 2547.

7 Die folgenden zum Teil tiefgreifenden Änderungen des Gesetzes insbesondere durch die 7. und 8. Novelle von 2005 und 2013 dienten in erster Linie dem Zweck, das GWB Schritt für Schritt weiter der Entwicklung des europäischen Kartellrechts anzupassen. Auslöser für die **7. Novelle von 2005**[8] waren vor allem der Übergang zu dem System der Legalausnahme bei den Ausnahmen vom Kartellverbot (Art. 101 Abs. 3 AEUV i. V. m. Art. 1 Abs. 2 der VO Nr. 1/2003) sowie der wesentlich erweiterte Vorrang der Wettbewerbsregeln (Art. 3 der VO Nr. 1/2003), die den deutschen Gesetzgeber zu einer weitgehenden Anpassung des GWB an die Wettbewerbsregeln des AEUV veranlassten. Insbesondere für **wettbewerbsbeschränkende Vereinbarungen** wurde in toto das europäische Kartellrecht übernommen, so dass jetzt die §§ 1 und 2 GWB im Wesentlichen den Abs. 1 und 3 des Art. 101 AEUV entsprechen (s. u. §§ 21, 22). Besonderheiten gelten seitdem nur noch für Mittelstandskartelle nach § 3 GWB (s. u. § 23). Weitgehend unverändert blieben dagegen (zunächst) die Vorschriften über die Missbrauchsaufsicht über marktbeherrschende Unternehmen (§§ 19 und 20 GWB; dazu u. §§ 27 f.) und über die Fusionskontrolle (§§ 35 bis 43 GWB; u. §§ 31–35).

8 Nach weiteren Änderungen im Jahr 2007 durch das Gesetz zur Bekämpfung von Preismissbräuchen im Bereich der Energieversorgung und des Lebensmittelhandels[9] folgte schließlich im Jahre 2013 die zwischen den Parteien besonders heftig umkämpfte **8. GWB-Novelle,**[10] die zusammen mit weiteren Gesetzen so weitreichende Änderungen des Gesetzes brachte, dass wiederum dessen Neubekanntmachung erforderlich wurde.[11] Unter den zahlreichen Änderungen, die diese Novelle gebracht hat und auf die später jeweils im Zusammenhang einzugehen sein wird, sind hier lediglich zwei besonders hervorzuheben: zunächst die erstmalige Anpassung auch der Vorschriften des Gesetzes über die **Fusionskontrolle** an die europäische Regelung durch den Übergang zu dem so genannten **SIEC-Test** in § 36 Abs. 1 S. 1 (s. dazu u. § 34). Die zweite hier zu erwähnende Änderung besteht in der Einrichtung zweier so genannter **Markttransparenzstellen** für den Großhandel mit Strom und Gas bei der Bundesnetzagentur sowie für Kraftstoffe beim Bundeskartellamt (§§ 47 a ff., 47 k ff). Beide Markttransparenzstellen haben die Aufgabe, laufend den Handel mit den genannten Gütern zu beobachten, u. a. um etwaige Verstöße gegen das Kartellrecht aufzudecken (§§ 47 b Abs. 1 und 47 k Abs. 1).[12]

3. Überblick über das geltende deutsche Kartellrecht

9 Das GWB unterscheidet heute im Wesentlichen **drei Grundformen** von Wettbewerbsbeschränkungen. Es sind dies neben den wettbewerbsbeschränkenden Vereinbarungen die unterschiedlichen Erscheinungsformen des Missbrauchs wirtschaftlicher Macht sowie wettbewerbsbeschränkende Unternehmenszusammenschlüsse (s. §§ 1 ff., 18 ff. und 35 ff.). Die genannten Verbote wurden früher noch ergänzt durch Vorschriften, die eine Umgehung des Gesetzes durch die Anwendung von Druck oder durch Empfehlungen verhindern sollten (§§ 21 Abs. 2, 22 a. F.). Geblieben ist davon nur das

[8] BGBl. I S. 1954.

[9] BGBl. I S. 2966; s. dazu im Einzelnen u. § 29 Rn. 41 ff.

[10] BGBl. I 1738; Begr. BT-Drs. 17/9852; Ausschussbericht BT-Drs. 17/11053; Überblicke z. B. bei *Bechtold,* NZKart 2013, 263; *Brinker,* NZKart 2013, 2; *Bosch/Fritzsche,* NJW 2013, 2225.

[11] BGBl. I S. 1750.

[12] S. u. § 41 Rn. 42 f.

Druckverbot des § 21 Abs. 2, während durch die 7. Novelle von 2005 auch das (bewährte) Empfehlungsverbot des § 22 a. F. gestrichen wurde, weil dem Wettbewerbsrecht der EU eine vergleichbare Regelung fremd sei.

Das GWB enthält neben umfangreichen **Verfahrensvorschriften** (§§ 54ff.) insbesondere noch Vorschriften über Wettbewerbsregeln (§§ 24–27) sowie über die **Sanktionen** bei Verstößen gegen seine Verbote (§§ 32ff., 81ff.). Dagegen sind die weitreichenden **Ausnahmebereiche** insbesondere für Banken und Versicherungen, Verkehrsunternehmen sowie Energieversorgungsunternehmen, die für das GWB ursprünglich kennzeichnend waren (§§ 99–104a a. F.), mittlerweile (erfreulicherweise) weitgehend dem Liberalisierungsdruck, der von der Europäischen Union ausgeht, zum Opfer gefallen.[13] Geblieben sind lediglich die partiellen und praktisch wenig bedeutsamen Ausnahmen für die Landwirtschaft (§ 28), für Zeitungen und Zeitschriften (§ 30) sowie (auf Druck der Länder und der Gemeinden) für Fernwärme- und Wasserversorgungsunternehmen (§ 31–31b von 2013).[14] Weitere Ausnahmen finden sich verstreut in anderen Gesetzen, wobei in letzter Zeit insbesondere die Freistellung der gesetzlichen Krankenkassen und der Krankenhäuser vom Kartellrecht lebhaft umstritten war (s. dazu §§ 69 und 172a SGB V i. d. F. von 2013 und dazu u. § 37 Rn. 5f.). Erweitert wurde das GWB schließlich noch 1998 um das verwickelte **Vergaberecht** (§§ 97–129), auf dessen Erläuterung in diesem Buch jedoch wegen seiner geringen Bedeutung für den akademischen Unterricht verzichtet wird. 10

II. Europäisches Kartellrecht

1. Entwicklung bis 2000

Die Wettbewerbsregeln für Unternehmen finden sich heute in erster Linie in den **Art. 101 bis 106 AEUV.** Während **Art. 101 AEUV** ein umfassendes Verbot wettbewerbsbeschränkender Vereinbarungen und gleichstehender Maßnahmen enthält, wendet sich **Art. 102 AEUV** gegen die missbräuchliche Ausnutzung einer beherrschenden Stellung auf dem Gemeinsamen Markt oder auf einem wesentlichen Teil desselben. **Art. 106 AEUV** bringt ergänzend Vorschriften über öffentliche Unternehmen, über Unternehmen mit besonderen oder ausschließlichen Rechten sowie über Dienstleistungsunternehmen und Finanzmonopole. Hinzugetreten ist seit 1990 die Möglichkeit zur Untersagung von Unternehmenszusammenschlüssen. Maßgebend war zunächst die Fusionskontrollverordnung (FKVO) vom 21. Dezember 1989,[15] an deren Stelle mittlerweile die **FKVO Nr. 139/2004** vom 20. Januar 2004 getreten ist.[16] 11

Die Art. 101 und 102 AEUV waren von Anfang an keine bloßen Programmsätze, sondern traten bereits am 1. Januar 1958, also gleichzeitig mit dem GWB in Kraft. Ihre Wirkung war jedoch bis zum Inkrafttreten der ersten (inzwischen aufgehobenen) **Durchführungsverordnung Nr. 17** vom 6. Februar 1962[17] insofern beschränkt, als gegen Art. 101 AEUV verstoßende Kartelle zunächst als „vorläufig gültig" galten, bis 12

[13] Wegen der Einzelheiten s. u. §§ 37–39.
[14] Wegen der Einzelheiten s. u. § 25.
[15] ABl. 1990 Nr. L 257/13 mit Änderungen.
[16] ABl. 2004 Nr. 24/1.
[17] ABl. 1962, S. 204.

durch die zuständigen Behörden über ihre Nichtigkeit (Art. 101 Abs. 2 AEUV) entschieden war. Erst seit Inkrafttreten der Verordnung Nr. 17 am 13. Februar 1962 konnten daher die Wettbewerbsregeln ihre volle Kraft entfalten. An die Stelle der Verordnung Nr. 17 ist mittlerweile die neue **Kartellverfahrensverordnung Nr. 1/2003** vom 16. Dezember 2002 getreten.[18]

13 Eines der Kennzeichen des durch die VO Nr. 17 eingeführten Kartellverfahrens war das sog. **Freistellungsmonopol** der Kommission aufgrund des Art. 9 Abs. 1 der VO Nr. 17 gewesen, d. h. die alleinige Zuständigkeit der Kommission zur Anwendung des Art. 101 Abs. 3 AEUV. Diese Regelung hatte zunächst zu einer „Überflutung" der Kommission mit buchstäblich abertausenden von Freistellungsanträgen nach Art. 101 Abs. 3 AEUV geführt, so dass sich die Kommission seit Beginn der gemeinsamen Wettbewerbspolitik im Jahre 1962 bemühte, auf die eine oder andere Weise dieses **„Massenproblems"** Herr zu werden. Im Vordergrund standen zunächst der Erlass einer wachsenden Zahl von Gruppenfreistellungsverordnungen (u. Rn. 14ff.) sowie die Erledigung der Mehrzahl der übrigen Fälle durch einfache Verwaltungsschreiben, sog. **comfort letters,** anstelle der aufwendigen, förmlichen Entscheidungen nach Art. 101 Abs. 3 AEUV, die bald zur seltenen Ausnahmeerscheinung wurden.

14 Als **Gruppenfreistellungsverordnungen** (GFVO) bezeichnet man Verordnungen der Kommission aufgrund entsprechender Ermächtigungen des Rates, durch die nach Art. 101 Abs. 3 AEUV Gruppen von Vereinbarungen (daher der Name) von dem Verbot des Art. 101 Abs. 1 AEUV freigestellt werden. Die Gruppenfreistellungsverordnungen sind durchweg nach demselben **Muster** aufgebaut: Nach der Beschreibung der freistellungsfähigen Vereinbarungen folgen ausführliche Kataloge erlaubter und verbotener Klauseln (sog. weiße und schwarze Listen). Hinzu trat später häufig noch eine Aufzählung von Klauseln, die in einem Widerspruchsverfahren Gültigkeit erlangen können. Den Abschluss bilden meistens Vorschriften, die der Kommission bei einem Missbrauch der Freistellung deren Widerruf ermöglichen, eine Möglichkeit, von der sie freilich bislang nie Gebrauch gemacht hat.

15 Die Gruppenfreistellungsverordnungen sind trotz des Übergangs zu dem System der Legalausnahme durch die VO Nr. 1/2003 **weiterhin in Kraft.**[19] Als **Gesetze** im materiellen Sinn binden sie die Behörden und Gerichte der Mitgliedstaaten.[20] Aber es steht im Belieben der Unternehmen, ob sie sich auf die Gruppenfreistellungsverordnungen stützen wollen. Machen die Verordnungen ihre Anwendbarkeit von bestimmten Abreden der Beteiligten abhängig, so sind die Unternehmen nicht etwa gezwungen, derartige Abreden zu treffen; sie können vielmehr darauf auch verzichten und stattdessen nach Art. 101 Abs. 3 AEUV vorgehen, ein in dem neuen System der Legalausnahme naheliegendes, freilich stets riskantes Verfahren.[21]

---

[18] ABl. 2003 Nr. L 1/1 mit späteren Änderungen.

[19] S. die Art. 10, 29 der VO Nr. 1/2003; Leitlinien v. 27.4.2004 zu Art. 101 Abs. 3 AEUV (ABl. Nr. C 101/97), Tz. 3.

[20] *EuGH* Slg. 1976, 111 (118); Slg. 1991, I-977 (992) – Delimitis.

[21] *EuGH* Slg. 1986, 4084 (4087f.) = NJW 1987, 620 – VAG/Magne; Slg. 1991, I-977 (991) – Delimitis; 1996, I-667 (673f. Tz. 15) = EuZW 1996, 216 (217); Slg. 1996, I-692 (698 Tz. 15) = EuZW 1996, 345 – Nissan; Slg. 1998, I-2083 (2100f. Tz. 47f.) = WuW/E EU-R 80 (84) – Cabour; *EuG* Slg. 1990, II-195 (201f.) – Peugeot; 1999, II-93 (106 Tz. 30) – Riviera.

2. Reform

Trotz der genannten Maßnahmen zur Bewältigung des vielberufenen „Massenproblems" (o. Rn. 13ff.) kam die Kommission Mitte der neunziger Jahre zu der Einsicht, dass es ihr auf die Dauer doch nicht gelingen werde, des Massenproblems auf dem eingeschlagenen Weg Herr zu werden. Sie leitete deshalb eine grundlegende Revision ihrer Wettbewerbspolitik ein, um sich durch die Befreiung von der Unzahl der Verfahren nach Art. 101 Abs. 3 AEUV (endlich) auf die in ihren Augen wirklich wichtigen Fälle konzentrieren zu können.[22] Der wichtigste Schritt auf diesem Weg war die erst nach heftigen Auseinandersetzungen Ende des Jahres 2002 gelungene Verabschiedung der neuen Kartellverfahrensverordnung, der **VO Nr. 1/2003,**[23] die mit dem Übergang zu dem System der **Legalausnahme** bei Art. 101 Abs. 3 AEUV nicht weniger als einen Paradigmenwechsel in der europäischen Wettbewerbspolitik einläutete. Wettbewerbsbeschränkende Vereinbarungen, Beschlüsse und aufeinander abgestimmte Verhaltensweisen im Sinne des Art. 101 Abs. 1 AEUV sind seitdem, wenn sie die Voraussetzungen des Art. 101 Abs. 3 AEUV erfüllen, kraft Gesetzes erlaubt, ohne dass es dazu jetzt noch (anders als früher) einer vorherigen Entscheidung der Kommission bedürfte (Art. 1 Abs. 2 der VO Nr. 1/2003; s. dazu u. § 8). 16

Den zweiten großen Schritt in den Reformbemühungen der Kommission markierte der Erlass der neuen **Fusionskontrollverordnung** (FKVO) vom 20. Januar 2004,[24] die durch den Übergang zu dem **SIEC-Test**[25] in Art. 2 Abs. 2 und 3 FKVO gleichfalls deutlich mit der bisherigen Entwicklung bricht, wovon sich die Kommission vor allem eine Verbesserung der Fusionskontrolle in Oligopolfällen sowie die Ermöglichung der umfassenden Berücksichtigung von Effizienzvorteilen in Fusionskontrollfällen erhoffte.[26] Den Abschluss der Reformbemühungen der Kommission bildete schließlich die Verabschiedung eines ganzen Bündels überaus umfangreicher **Mitteilungen, Leitlinien und Bekanntmachungen** zu den unterschiedlichsten Fragen der Wettbewerbspolitik, von der Auslegung des Art. 101 Abs. 1 AEUV bis zu Detailfragen der Fusionskontrolle, in denen die Kommission im Einzelnen ihre Auffassung zu den angesprochenen wettbewerbsrechtlichen Problemen darlegt, natürlich in der Hoffnung, dass sich die Behörden und Gerichte möglichst danach richten werden, obwohl – an sich – diese amtlichen „Lehrbücher" niemanden (außer die Kommission selbst) binden. Gleichwohl haben sie, wie von der Kommission erhofft, eine überragende Bedeutung für die Fortentwicklung des europäischen Wettbewerbsrechts erlangt. In der Praxis der nationalen Kartellbehörden und vieler nationaler Gerichte werden sie tatsächlich (fast) wie Gesetze gehandhabt (sog. soft law).[27] 17

[22] Zusammenfassend *Kommission,* Weißbuch über die Modernisierung der Vorschriften zur Anwendung der Art. 85 und 86 AEUV, ABl. 1999 Nr. C 132/1 = BR-Drs. 310/99; dazu zuletzt z. B. *Brinker,* NZKart 2013, 2ff.

[23] ABl. 2003 Nr. L 1/1.

[24] ABl. 2004 Nr. L 24/1.

[25] SIEC = „Significant impediment to effective competition" (so der englische Text des Art. 2 Abs. 2 und Abs. 3 FKVO).

[26] Wegen der Einzelheiten s. u. § 16 Rn. 51, 59ff.

[27] Zur Kritik s. statt aller *Mestmäcker,* FS Möschel, 2011, S. 409.

2. Teil. Der Schutz des Wettbewerbs gegen Beschränkungen im europäischen Recht[1]

§ 3. Einführung

I. Zweck

Ziel der Europäischen Union ist nach Art. 3 Abs. 3 und Abs. 4 EUV die Errichtung eines Binnenmarktes sowie einer Wirtschafts- und Währungsunion. Dieser Gemeinsame Markt soll nach Art. 26 Abs. 2 AEUV die Züge eines echten **Binnenmarktes** tragen und marktwirtschaftlich geprägt sein (vgl. Art. 3 Abs. 1 S. 2 EUV, Art. 120 S. 2, 127 S. 3 und 157 Abs. 1 UAbs. 2 AEUV).[2] Folgerichtig bestimmte noch Art. 3 Abs. 1 lit. g EGV dass zu den Mitteln, durch die der Binnenmarkt geschaffen werden soll, (u. a.) die Errichtung eines **Systems unverfälschten Wettbewerbs** gehören sollte. Diese Bestimmung ist zwar (bedauerlicherweise) im Vertrag von Lissabon auf französischen Druck hin gestrichen worden. Wie aus dem **Protokoll** über den Binnenmarkt und den Wettbewerb vom 13. Dezember 2007[3] zu folgern ist, ergeben sich daraus indessen im vorliegenden Zusammenhang wohl keine Änderungen.[4] 1

Dem System unverfälschten Wettbewerbs drohen vor allem von zwei Seiten **Gefahren.** Nach wie vor die wichtigste Gefahrenquelle sind die verbreiteten **Wirtschaftsinterventionen der Mitgliedstaaten.** Hier stellt sich deshalb in erster Linie die Aufgabe, die Interventionen der Mitgliedstaaten nach Möglichkeit an bestimmte Regeln zu binden, durch die ihre Verträglichkeit mit dem System unverfälschten Wettbewerbs in der Union sichergestellt werden kann. Diesem Zweck dienen vor allem die Art. 106, 107f. und 110ff. AEUV sowie die vom Gerichtshof entwickelten allgemeinen Regeln, durch die die praktische Wirksamkeit (effet utile) der Wettbewerbsordnung der Gemeinschaft geschützt werden soll (u. Rn. 7ff.). Gefahren drohen dem System unverfälschten Wettbewerbs aber ebenso (zweitens) von den Wirtschaftsteilnehmern, den **Unternehmen,** die deshalb gleichfalls an einem Verhalten gehindert werden müssen, das mit den Grundsätzen der europäischen Wettbewerbsordnung unvereinbar ist. Diese Aufgabe obliegt vorrangig den hier näher ins Auge zu fassenden **Wettbewerbsregeln** der Art. 101 bis 106 des Vertrages. 2

In den Art. 101 bis 106 geht der Vertrag davon aus, dass den Unternehmen in der Gemeinschaft durch die Beseitigung der staatlichen Handelshemmnisse zusätzliche Handlungsmöglichkeiten eröffnet werden. Die Koordinierung der daraus resultierenden unternehmerischen Entscheidungen soll nach dem Gesagten mithin weder die Aufgabe der Mitgliedstaaten sein noch durch die Unternehmen gemeinsam erfolgen, sondern primär dem **Wettbewerb** obliegen, gekennzeichnet in erster Linie durch das autonome Agieren der Unternehmen am Markt (sog. **Selbständigkeitspostulat**). Das daraus entstehende komplexe Interaktionssystem der Unternehmen ist es, was der Vertrag seinerzeit mit der glücklichen Formulierung „System unverfälschten Wettbewerbs" ins Auge 3

---

[1] Artikel ohne Angabe des Gesetzes sind in diesem Teil des Buchs solche des AEUV.

[2] *Mestmäcker/Schweitzer,* § 2 (S. 43ff.); *Mussler,* Die Wirtschaftsverfassung der EG im Wandel, 1998.

[3] ABl. 2007 Nr. C 306/156.

[4] Ebenso *EuGH* Slg. 2011, I-564 = EuZW 2011, 339 Tz. 20 = JuS 2012, 177 – TeliaSolera; BGHZ 188, 326 (337 Tz. 33) = EuZW 2011, 440 = ZIP 2011, 732 (736) – Flughafen Frankfurt-Hahn; str.

fasste. Nicht willkürliche staatliche oder private Eingriffe in die Marktprozesse sollen mit anderen Worten über die Entwicklung des europäischen Binnenmarktes entscheiden, sondern der autonome, herrschaftsfreie Koordinationsprozess des Wettbewerbs.

4 **Zweck** der Wettbewerbsregeln ist es folglich in erster Linie, den vom Vertrag angestrebten, wettbewerblich organisierten Binnenmarkt gegen Beschränkungen seitens der Wirtschaftsteilnehmer zu schützen.[5] Dahinter steht die Erfahrung, dass private Wettbewerbsbeschränkungen weithin dieselben Wirkungen wie die vom Vertrag gerade abgeschafften staatlichen Handelsschranken haben können. Will der Vertrag durch die Beseitigung der staatlichen Handelshemmnisse einen echten Binnenmarkt schaffen, so muss er deshalb zugleich dafür Sorge tragen, dass die staatlichen Handelshemmnisse nicht durch private ersetzt werden.

5 Bei der **Auslegung** der Wettbewerbsregeln ist in erster Linie von dem geschilderten Zweck der Art. 101 bis 106 AEUV (o. Rn. 4) auszugehen.[6] Zu berücksichtigen bleibt freilich, dass die Wettbewerbspolitik nicht allein im Raum steht, sondern allenthalber auf konkurrierende Politiken der Union stößt. Daraus können sich **Zielkonflikte** ergeben, die von Fall zu Fall eine Einschränkung des Wettbewerbs nötig machen.[7]

6 Bisher haben sich Zielkonflikte vor allem zwischen der Wettbewerbspolitik und der gemeinsamen **Landwirtschaftspolitik** ergeben. Hier kann, wie bereits Art. 42 AEUV zeigt, die Wettbewerbspolitik keinen unbedingten Vorrang beanspruchen;[8] vielmehr ist bei Konflikten zwischen der Landwirtschafts- und der Wettbewerbspolitik nach einem praktischen Ausgleich zu suchen, und zwar auf der Ebene des Unionsrechts und mit dessen Mitteln und Verfahren, um das primäre Ziel der Union, die Errichtung des europäischen Binnenmarktes, so wenig wie möglich zu beeinträchtigen.[9]

II. Schutz der Wettbewerbsordnung gegen staatliche Interventionen

Literatur: S. u. § 19 sowie Hdb., H II; *A. Bach,* Wettbewerbsrechtliche Schranken für staatliche Maßnahmen nach europäischem Gemeinschaftsrecht, 1992; *G. Baur,* Wettbewerbsbeschränkungen durch Staaten?, 1990; *Ehricke,* Staatliche Eingriffe in den Wettbewerb und Kontrolle durch Gemeinschaftsrecht, 1994; *Emmerich,* (2.) FS Seuß, 1997, S. 109; *Lange,* EuR 2008, 3; *Mestmäcker/Schweitzer,* § 37 VII (Rn. 54 ff.); *Mikroulea,* Wettbewerbsbeschränkende Maßnahmen der Mitgliedstaaten und EWG-Vertrag, 1995; *Müller,* Dienstleistungsmonopole im EWG-Recht, 1988; *Steinberger,* Wirtschaftsinterventionen als Verstoß gegen die Wettbewerbsregeln des AEUV, 1994.

7 Die Wirtschaftspolitik bleibt auch im europäischen Binnenmarkt weithin Sache der Mitgliedstaaten. Daraus ergeben sich unvermeidlich **Konflikte** mit der gemeinsamen Wettbewerbspolitik. Die Unionsorgane bemühen sich deshalb seit langem, aus dem Vertrag Schranken für derartige mitgliedstaatliche Interventionen zu entwickeln. Im Folgenden können nur einige besonders wichtige Aspekte dieser schwierigen und sensiblen Materie aufgegriffen werden. Weitere Aspekte sind weiter unten im Zusammenhang mit Art. 106 AEUV zu erörtern (u. § 19).

---

[5] *EuGH* Slg. 1973, 215 (244 ff.); 1974, 223 (252 ff.); 1977, 2115 (2145 ff.) – Inno/ATAB; 1979, 461 (552 f.); 1980, 3393 (3421); 1982, 329 (348 f); 1989, 21 919 (2126) = NJW 1989, 3080 – Hoechst.

[6] *Mestmäcker/Schweitzer,* § 3 IV (Rn. 27 ff.).

[7] S. *Everling,* EuR 1982, 1 (12 f.).

[8] S. u. Rn. 55; *EuGH* Slg. 1980, 3393 (3421); 1994, I-5039 (5060 f.) = EuZW 1994, 688 (691) – Bananen.

[9] Grdl. *EuGH* Slg. 1981, 1095 (1119 f.); 1982, 2745 (2757).

Hoheitliches Handeln der Mitgliedstaaten im Bereich der Wirtschaft kann zunächst, sofern es seiner Natur nach als an sich wirtschaftliches Handeln anzusehen ist, als **unternehmerisch** im Sinne der Wettbewerbsregeln zu qualifizieren sein und unterliegt dann – trotz seines hoheitlichen Charakters – der **Bindung an die Wettbewerbsregeln** der Art. 101 bis 106 AEUV (s. u. Rn. 24, 35ff.). Auf diesem Wege wurde es z. B. möglich, die Benutzungsordnungen der früheren Postverwaltungen ebenso wie etwa die Vermittlungstätigkeit der Bundesanstalt für Arbeit aufgrund des AFG, obwohl sie nach nationalem Recht als hoheitlich einzustufen waren, doch an den Wettbewerbsregeln zu messen.[10] 8

Hoheitliches Handeln der Mitgliedstaaten kann sich außerdem an den Wettbewerbsregeln der Union brechen, wenn es um **nationale Marktordnungen** geht, die keine Entsprechung auf der Ebene der Union haben. Beispiele waren die (früheren) **Ausnahmebereiche** für Verkehrsunternehmen, Banken, Versicherungen oder Versorgungsunternehmen (s. u. §§ 37ff.). Zusätzlichen Bindungen unterliegen die Mitgliedstaaten ferner im Verhältnis zu **öffentlichen Unternehmen** sowie zu Unternehmen mit besonderen oder ausschließlichen Rechten aufgrund des Art. 106 Abs. 1 AEUV (s. u. § 19 Rn. 6ff.). Jenseits des Anwendungsbereichs dieser Vorschrift greift schließlich noch bei bestimmten mitgliedstaatlichen Interventionen die effet-utile-Doktrin ein: 9

In einer langen Kette von Entscheidungen hat der Gerichtshof den Wettbewerbsregeln den Grundsatz entnommen, dass die Mitgliedstaaten keine Maßnahmen ergreifen oder aufrechterhalten dürfen, durch die die „praktische Wirksamkeit **(effet utile) der Wettbewerbsregeln**" beeinträchtigt werden könnte. Dadurch sollen *zumindest einzelnen* staatlichen Interventionen Schranken gezogen werden, soweit solche Schranken erforderlich sind, um das System unverfälschten Wettbewerbs in der Union vor einseitigen Eingriffen der Mitgliedstaaten zu schützen.[11] 10

Der **Anwendungsbereich** dieser Doktrin beschränkt sich freilich auf Fälle, in denen die Mitgliedstaaten gegen die Wettbewerbsregeln verstoßende Verhaltensweisen von Unternehmen vorschreiben oder erleichtern oder deren Auswirkungen verstärken oder in denen sie ihrer eigenen Regelung dadurch den staatlichen Charakter nehmen, dass sie die Verantwortung für die Interventionen privaten Wirtschaftsteilnehmern übertragen.[12] Der wichtigste Fall ist der, dass die fragliche staatliche Maßnahme an wettbewerbsbeschränkendes Verhalten der Unternehmen anknüpft und dieses verstärkt, so dass noch eigenes unternehmerisches Verhalten in Ergänzung der hoheitlichen Maßnahmen möglich bleibt, während eine Anwendung der Lehre ausscheidet, wenn der Staat den Unternehmen ein bestimmtes Verhalten definitiv vorschreibt 11

---

[10] *EuGH* Slg. 1985, 880 (885f. Tz. 18ff.) – BT; 1991, I-2010 (2016f. Tz. 20ff.) = EuZW 1991, 349 – Höfer und Elsner/Macrotron; Slg. 1998, I-3886 (3896ff. Tz. 39ff.) = WuW/E EU-R 71 (73f.) – CNSD; s. *Emmerich,* EuR 1983, 216.

[11] *EuGH* Slg. 1969, 1 (14) = NJW 1969, 1000 – Walt Wilhelm usw. bis z. B. Slg. 2003, I-8079 (8093f. Tz. 45ff.) = EuZW 2003, 728 – CIP; Slg. 2003, I-8894 (8908f. Tz. 30ff.) – Altair Chimica; Slg. 2006, I-11455 = NJW 2007, 281 = EuZW 2007, 18 (21 Tz. 46f.) – Cipolla; Slg. 2010, I-12333 (12351ff.); 2011, I-1003 = WuW/E EU-R 1929 Tz. 37ff. – AG2R; *BGH* WuW/E DE-R 2035 (2040ff. Tz. 35ff.).

[12] So die ständige Formulierung seit *EuGH* Slg. 1988, 4769 (4791f.) – van Eycke/Aspa usw. bis Urt. Cipolla Slg. 2006, I-11455 = NJW 2007, 281 = EuZW 2007, 18 (21 Tz. 47); Slg. 2008, I-1404 Tz. 20 = EuZW 2008, 351 (352) – Doulamis; *Lange,* EuR 2008, 3 (9ff.).

(sog. **Akzessorietät der Intervention**).[13] Eine Ausnahme gilt aufgrund des Art. 106 Abs. 1 AEUV lediglich für das Verhältnis der Mitgliedstaaten speziell zu öffentlichen Unternehmen und zu Unternehmen mit besonderen oder ausschließlichen Rechten (s. dazu u. § 19 Rn. 6ff.).

12 Für das Kartellverbot des Art. 101 AEUV folgt aus dem Gesagten (o. Rn. 11), dass der Anwendungsbereich des Verbots zwar nicht davon abhängt, ob die fragliche Vereinbarung nach nationalem Recht als privatrechtlicher oder öffentlich-rechtlicher Vertrag einzustufen ist, wohl aber davon, ob überhaupt eine **Vereinbarung von Unternehmen** (oder eine gleichstehende Maßnahme) vorliegt, während kein Raum mehr für die Anwendung des Kartellverbotes ist, wenn den Unternehmen in einem Mitgliedstaat durch hoheitliche Maßnahmen ein bestimmtes **Verhalten verbindlich vorgeschrieben** wird, selbst wenn die Wirkungen dieselben wie die einer entsprechenden Vereinbarung der Unternehmen selbst sind (sog. **state action defense**).[14] Dasselbe gilt, wenn durch gesetzliche Maßnahmen der Handlungsspielraum der Unternehmen so weitgehend eingeengt wird, dass ihnen im Ergebnis gleichfalls nur noch *eine* einzige Handlungsmöglichkeit offensteht. Wird dagegen der Handlungsspielraum der Unternehmen lediglich *begrenzt,* so dass in diesem (eingeschränkten) Rahmen immer noch ein Wettbewerb der Unternehmen möglich ist, so bleibt auch Raum für die Anwendung des Art. 101 Abs. 1 AEUV auf entsprechende wettbewerbsbeschränkende Vereinbarungen der Unternehmen.[15] Entsprechendes gilt für das Missbrauchsverbot des Art. 102 AEUV (s. u. § 10 Rn. 7).

13 Art. 101 Abs. 1 AEUV findet daher **z. B. keine Anwendung** auf die staatliche Festsetzung der Gebühren von Rechtsanwälten, selbst wenn die festgesetzten Gebühren auf dem Vorschlag eines Gremiums von Anwälten beruhen,[16] auf ein gesetzliches Werbeverbot für Ärzte, dem kein Kartell zugrunde liegt,[17] oder auf die staatliche Festsetzung von Mindestpreisen für Ausfuhren sowie sonstige Maßnahmen im Rahmen von Handelsabkommen.[18] Dagegen steht die **bloße staatliche Förderung, Billigung oder Genehmigung** von (privatrechtlichen oder öffentlich-rechtlichen) wettbewerbsbeschränkenden Vereinbarungen der Anwendung des Art. 101 Abs. 1 AEUV ebensowenig entgegen wie eine nachträgliche Allgemeinverbindlicherklärung solcher Vereinbarungen durch die Behörden eines Mitgliedstaates.[19] Insgesamt zeigt sich aber, dass der Anwendungsbereich der effet-utile-Doktrin ausgesprochen **schmal** ist, zu schmal, um

---

[13] S. *EuGH* Slg. 1999, I-5863 (5883 Tz. 65) = WuW/E EU-R 251 = JuS 2000, 609 Nr. 12 – Albany; NZKart 2014, 66 Tz. 37f.; *OLG Düsseldorf,* EuZW 1999, 188 = NJW-RR 2000, 193 = JuS 1999, 1025 Nr. 14.

[14] S. im Einzelnen IM/*Emmerich,* Bd. I/1, Art. 101 Abs. 1 Rn. 66ff.; z. B. *EuGH* Slg. 2010, I-9601 = WuW/E EU-R 1779 Tz. 80ff. – DTK; *EuG* Slg. 2003, II-5440 (5481ff. Tz. 119ff.); Slg. 2003, II-5523 (5588ff. Tz. 176ff.); Slg. 2003, II-5768 (5867 Tz. 296) – FEG.

[15] *EuGH* Slg. 1997, I-6301 (6312f. Tz. 33f.) – Ladbroke Racing; 2003, I-8894 (8908 Tz. 30f.) – Altair Chimica; *EuG* Slg. 2000, II-3456 (3481ff. Tz. 81ff.) = WuW/E EU-R 386 – Asia Motor France; *Lange,* EuR 2008, 3 (15f.).

[16] *EuGH* Slg. 2002, I-1561 (1572f. Tz. 34ff.) = EuZW 2002, 179 – Arduino; *EuGH* Slg. 2006, I-11455 = EuZW 2007, 19 (21 Tz. 48ff.) – Cipolla; s. u. Rn. 39.

[17] *EuGH* Slg. 2008, I-1404, 1410 Tz. 19f. = EuZW 2008, 351 – Doulamis.

[18] *Kommission,* Entsch. v. 29.11.1974, ABl. Nr. L 343/19 (23) – Kugellager; v. 15.12.1982, ABl. Nr. L 379/1 (10 Tz. 48) – UGAL/BNIC.

[19] *EuGH* Slg. 1984, 19 (64 Tz. 40) – VBVB/VBBB; 1987, 447 (452f.) – Sachversicherer; *Kommission,* Entsch. v. 30.1.1995, ABl. Nr. L 122/37 (49f.) – COAPI.

eine wirkliche Lösung für die Problematik staatlicher Interventionen im Binnenmarkt zu bieten.[20]

III. Internationaler Anwendungsbereich

Art. 101 Abs. 1 AEUV wendet sich nur gegen Wettbewerbsbeschränkungen „innerhalb des Gemeinsamen Marktes". Auch Art. 102 AEUV ist nur anwendbar, wenn es sich um die missbräuchliche Ausnutzung einer beherrschenden Stellung gerade „auf dem Gemeinsamen Markt oder auf einem wesentlichen Teil desselben" handelt. Die Anwendbarkeit der Wettbewerbsregeln auf eine wettbewerbsbeschränkende Handlung setzt mithin als erstes voraus, dass die fragliche Handlung überhaupt wettbewerbsbeschränkende **Wirkungen innerhalb der Union** äußert. Probleme ergeben sich daraus vor allem bei Handlungen, die *außerhalb* der Union veranlasst werden. In solchen Fällen muss entschieden werden, ob die Wettbewerbsregeln des AEUV nur auf Unternehmen mit Sitz in der Union oder auch auf Unternehmen mit Sitz in Drittstaaten anwendbar sind, sofern die von ihnen zu vertretenden wettbewerbsbeschränkenden Maßnahmen Auswirkungen in der Union haben. 14

Der Fragenkreis ist wegen der hier häufig nicht zu vermeidenden Konflikte mit fremden Rechtsordnungen vielfältig umstritten. Zur Lösung derartiger Konfliktsfälle sind vor allem das Personalitäts-, das Territorialitäts- und das **Auswirkungsprinzip** entwickelt worden. Das zuletzt genannte Prinzip, das auch dem deutschen Recht zugrunde liegt (s. § 130 Abs. 2 GWB und dazu u. § 20 Rn. 22 ff.), hat zwar den Vorteil, den Wettbewerbsregeln der Union den größtmöglichen Anwendungsbereich zu sichern. Dem steht jedoch der Nachteil gegenüber, dass es bei Sachverhalten mit Bezug zu Drittstaaten besonders häufig zu Kollisionen mit dem Wettbewerbsrecht anderer Staaten führt. 15

Trotz dieses Konfliktpotentials hat sich die **Kommission** im Interesse ihrer möglichst weitgehenden Zuständigkeit in Kartellsachen für die generelle Maßgeblichkeit des **Auswirkungsprinzips** entschieden, insbesondere bei der Beteiligung von Unternehmen mit Sitz in Drittstaaten an internationalen Kartellen mit Auswirkungen in der Union oder bei missbräuchlichen Verhaltensweisen solcher Unternehmen mit Rückwirkungen auf die Union.[21] Sie hat außerdem nicht gezögert, die Fusionskontrollverordnung auf reine **Auslandszusammenschlüsse** unter der Voraussetzung anzuwenden, dass von ihnen unmittelbare Rückwirkungen auf den Wettbewerb in der Europäischen Union zu befürchten sind (s. u. § 16 Rn. 5 f.). 16

Für Auslandszusammenschlüsse hat sich dieser Praxis der Kommission mittlerweile bereits das **EuG,** wenn auch mit völkerrechtlich bedingten Modifikationen angeschlossen (s. u. § 16 Rn. 5 f.). Dagegen hat der **Gerichtshof** bisher eine endgültige Festlegung auf das Auswirkungsprinzip vermieden, kommt diesem aber nahe, indem er darauf abstellt, ob z. B. ein internationales Kartell in der Union „durchgeführt" wird.[22] Von hier ist es bis zur generellen Anerkennung des Auswirkungsprinzips nur noch ein kleiner Schritt. 17

---

[20] *Lange,* EuR 2008, 3 (16 ff.).

[21] *EuG* NZKart 2014, 267 Tz. 231, 250 ff.; *Kommission,* Bekanntmachung, ABl. 1972 Nr. C 111/13; Entsch. v. 21. 12. 1988, ABl. 1989 Nr. 74/1 (14) u. 21 (34 f.); v. 7. 6. 2000, ABl. Nr. L 152/24 (42 Tz. 182) = WuW/E EU-V 684 (686) – Aminosäuren; zustimmend *Knebel,* EuZW 1991, 265; *Schwarze,* WuW 2000, 1190.

[22] *EuGH* Slg. 1988, 5193 (5242 ff. Tz. 12 ff.) = NJW 1988, 3086 – Ahlström (Zellstoff I); ebenso *EuG* Slg. 2000, II-508 (1450 Tz. 4240 ff.) – Cimenteries (CBR).

IV. Zwischenstaatlichkeitsklausel

Materialien: *Kommission,* Leitlinien über den Begriff der Beeinträchtigung des zwischenstaatlichen Handels von 2004, ABl. Nr. C 101/82 (auch abgedruckt bei *Bechtold,* GWB, S. 1079); *dies.*, Bekanntmachung über Vereinbarungen von geringer Bedeutung v. 9.12.1997, ABl. Nr. C 372/13 = WuW 1998, 159.

18 Die Anwendung der Wettbewerbsregeln des Vertrages setzt nach den Art. 101 Abs. 1 und 102 S. 1 AEUV ferner voraus, dass die fragliche wettbewerbsbeschränkende Maßnahme geeignet ist, den Handel zwischen Mitgliedstaaten zu beeinträchtigen. Dadurch soll der Anwendungsbereich der Wettbewerbsregeln der Union von dem des nationalen Wettbewerbsrechts abgegrenzt werden.[23] Aus Art. 3 Abs. 1 der VO Nr. 1/2003 und § 22 GWB folgt zugleich, dass, wann immer die Voraussetzungen der Zwischenstaatlichkeitsklausel erfüllt sind, die nationalen Wettbewerbsbehörden jedenfalls auch die Wettbewerbsregeln des AEUV anwenden müssen, während es ihnen freisteht, ob sie auf den fraglichen Fall zugleich das nationale Wettbewerbsrecht anwenden wollen oder nicht.[24] Dadurch soll möglichen Konflikten zwischen beiden Rechtsordnungen – wegen des Anwendungsvorrangs des Unionsrechts – vorgebeugt werden (s. u. Rn. 57ff.). Die Zwischenstaatlichkeitsklausel hat dadurch erheblich an Bedeutung gewonnen.

19 Die Zwischenstaatlichkeitsklausel wird von den Unionsorganen meistens **weit** ausgelegt, natürlich zu dem Zweck, den Wettbewerbsregeln des Vertrages einen möglichst großen Anwendungsbereich zu sichern.[25] Erst in jüngster Zeit finden sich in der Kommissionspraxis auch gewisse restriktive Tendenzen (u. Rn. 23). Die Einzelheiten ergeben sich aus den **Leitlinien der Kommission von 2004.**[26]

20 Bereits der Begriff des **„Handels"** ist im denkbar weitesten Sinne zu verstehen. Gemeint ist im Grunde der gesamte Wirtschaftsverkehr, soweit er überhaupt der Anwendung des AEUV unterliegt.[27] Ebenso weit wird der Begriff der Eignung (u. Rn. 22) einer wettbewerbsbeschränkenden Maßnahme zur **Beeinträchtigung des Handels** zwischen Mitgliedstaaten interpretiert. Nach der ständigen Rechtsprechung des EuGH genügt es dafür bereits, wenn die betreffende Maßnahme aufgrund der gesamten Umstände geeignet ist, unmittelbar oder mittelbar den Handel zwischen Mitgliedstaaten in einer Weise zu beeinträchtigen, die der Verwirklichung der Ziele eines einheitlichen zwischenstaatlichen Marktes nachteilig sein kann, indem die Maßnahme zur Errichtung von Handelsschranken im Binnenmarkt beiträgt und die vom Vertrag gewollte, gegenseitige Durchdringung der Märkte erschwert.[28] Dabei sind auch mittelbare und Drittwirkungen der Maßnahme in die Betrachtung mit einzubeziehen. Außerdem darf nicht die einzelne, jeweils gerade zur Beurteilung anstehende Verein-

---

[23] *EuGH* Slg. 2009, I-3226 = WuW/E EU-R 1557 (1559f. Tz. 50) – AEPI.

[24] *Kommission,* Leitlinien von 2004, Tz. 9; s. u. Rn. 57, 68ff.

[25] S. u. Rn. 20f.; kritisch z. B. *Soltesz,* FS Bechtold, 2006, S. 801 (802ff.).

[26] ABl. 2004 Nr. C 101/82.

[27] *Kommission,* Leitlinien, Tz. 19ff.

[28] *EuGH* Slg. 1966, 281 (303) – LTM/MBU usw. bis z. B. Slg. 2006, I-6641 = EuZW 2006, 529 (531f. Tz. 40ff.) = JuS 2006, 1125 Nr. 3 – Manfredi; Slg. 2006, I-11125 = EuZW 2006, 753 (755) = JuS 2007, 877 – Asnaf-Equifax; 2010, I-4088; *EuGH* Slg. 2009, I-3226 = WuW/E EU-R 1557 Tz. 50ff. – AEPI; 2010, I-4088; *EuGH* WuW/E EU-R 2676 Tz. 65 = NZKart 2013, 291 – OTOC; NZKart 2013, 364 Tz. 94 – Ziegler; WuW/E EU-R 2844 Tz. 45f – CNG; *EuG* Slg. 2006, II-5000, 5022f.; WuW/E EU-R 26 Tz. 55ff. – Thyssen-Krupp; *Kommission,* Leitlinien, Tz. 23, 25, 36ff.

barung für sich allein auf ihre Eignung zur Beeinträchtigung des Handels zwischen Mitgliedstaaten überprüft werden; vielmehr muss noch zusätzlich gefragt werden, ob sie nicht Teil eines umfassenderen Vertragssystems ist, das wenigstens in seiner Gesamtheit nach den genannten Kriterien geeignet ist, die Handelsströme (immer im Sinne des wirtschaftlichen Verkehrs) zwischen Mitgliedstaaten zu beeinträchtigen (sog. **Bündeltheorie**).[29]

Maßstab sind die hypothetischen Verhältnisse ohne die fragliche Maßnahme, d. h. bei Wettbewerb.[30] An ihnen ist zu messen, ob die Maßnahme eine (spürbare) Veränderung des Handels zwischen Mitgliedstaaten zur Folge haben *kann.* Keine Rolle spielt, ob die Maßnahme den Handel fördert oder behindert; ausschlaggebend ist vielmehr allein die Zielsetzung des Vertrages, einen Binnenmarkt ohne Wettbewerbsbeschränkungen zu schaffen. 21

Die Beeinträchtigung des Binnenhandels braucht noch nicht tatsächlich eingetreten zu sein; vielmehr genügt bereits die bloße **Eignung** der Maßnahme hierzu.[31] Gleich steht der Zweck einer Vereinbarung, den Wettbewerb innerhalb der Gemeinschaft zu beschränken.[32] All dies zusammengenommen bedeutet im Ergebnis nicht weniger, als dass heute im Grunde sämtliche Wettbewerbsbeschränkungen mit überregionaler Bedeutung von den Wettbewerbsregeln des Vertrags erfasst werden.[33] 22

Die einzige **Einschränkung** dieses umfassenden Geltungsanspruchs der Wettbewerbsregeln des Vertrags ergibt sich daraus, dass die fragliche Wettbewerbsbeschränkung geeignet sein muss, den zwischenstaatlichen Wirtschaftsverkehr *spürbar* zu beeinträchtigen.[34] Nach einer vom Gerichtshof entwickelten Formel ist die **Spürbarkeit** zwar nur zu verneinen, wenn die von einer wettbewerbsbeschränkenden Maßnahme betroffenen Erzeugnisse lediglich einen „unbedeutenden Prozentsatz des Gesamtmarktes dieser Erzeugnisse im Gebiet des Gemeinsamen Marktes ausmachen", so dass die Auswirkungen der Maßnahme, weil nur geringfügig, vernachlässigt werden können.[35] Nach der sog. **NAAT-Regel** der Kommission ist dies jedoch neuerdings bereits anzunehmen, wenn der kumulierte Marktanteil der Beteiligten nicht die Grenze von 5% überschreitet.[36] Im Interesse der **Förderung der Kooperation** kleiner und mittlerer Unternehmen vertritt die Kommission außerdem die Auffassung, dass Vereinbarungen derartiger Unternehmen grundsätzlich nicht mehr zur Beeinträchtigung des Handels zwischen Mitgliedstaaten geeignet seien, so dass sie schon deshalb generell nicht an Art. 101 Abs. 1 AEUV gemessen werden könnten (u. § 8 Rn. 30, § 23 Rn. 8). 23

[29] *EuGH* Slg. 1967, 543 (555f.)= EuR 1968, 132 – Brasserie de Haecht; Slg. 1991, I-935 (983ff.) = EuZW 1991, 376 – Delimitis; Slg. 1994, I-1508 (1518f.) = EuZW 1994, 408 – Almelo; Slg. 2000, I-11 140 (148f. Tz. 25ff.) = EuZW 2001, 631– Neste Markinointi Oy.

[30] *EuGH* Slg. 1979, 3279 (3288f.); Slg. 1980, 3125 (3274).

[31] *Kommission,* Leitlinien, Tz. 26ff.

[32] *EuGH* Slg. 1990, I-45 – Sandoz (nur Leitsatz); *Kommission,* Leitlinien, Tz. 25.

[33] So auch die Begr. z. RegE, BT-Drs. 15/3640, S. 21ff; zahlreiche Beispiele in: *Kommission,* Leitlinien, Tz. 58ff.

[34] S. dazu im Einzelnen *Kommission,* Leitlinien, Tz. 44ff.; Bagatellbekanntmachung von 1997, Tz. 7ff. = WuW 1998, 109.

[35] *EuGH* Slg. 1978, 131 (149ff.); Slg. 1978, 1391 (1415); Slg. 1988, 1935 (1940f.); Slg. 1998, I-1997 (2003 Tz. 17, 2005 Tz. 26) – Javico; Slg. 1999, I-161 (178f Tz. 47ff.) – Bagnasco.

[36] NAAT = No appreciable affectation of trade (i. S. des englischen Textes der Art. 101 Abs. 1 und 102 S. 1 AEUV); s. dazu auch u. § 4 Rn. 56ff.

V. Unternehmen

1. Wirtschaftliche Einheit

24 Die Wettbewerbsregeln wenden sich allein an Unternehmen und Unternehmensvereinigungen, so dass ihr Anwendungsbereich vor allem von der engen oder weiten Fassung des Unternehmensbegriffs abhängt. Der Unternehmensbegriff hat infolgedessen zentrale Bedeutung für die Auslegung der Wettbewerbsregeln erlangt, wobei man insbesondere einen institutionellen und einen funktionalen Unternehmensbegriff unterscheidet.[37] Vorherrschend in der Praxis der Unionsorgane ist heute der funktionale Unternehmensbegriff. Insbesondere der **Gerichtshof** hat immer wieder betont, dass als Unternehmen im Sinne der Wettbewerbsregeln „jede eine wirtschaftliche Tätigkeit ausübende Einheit unabhängig von ihrer Rechtsform und der Art ihrer Finanzierung" zu gelten hat.[38] Letztlich sind es somit **zwei Merkmale,** die den unionsrechtlichen Unternehmensbegriff konstituieren: Es muss sich einmal um eine „wirtschaftliche Einheit" handeln; und diese Einheit muss zum anderen eine „wirtschaftliche Tätigkeit" im Gegensatz insbesondere zu einer privaten oder hoheitlichen Tätigkeit ausüben.[39]

25 Erstes Merkmal des Unternehmensbegriffs im Sinne der Wettbewerbsregeln des Vertrages ist nach dem Gesagten (Rn. 24) das Vorliegen einer **„wirtschaftlichen Einheit".** Im Schrifttum ist umstritten, was darunter zu verstehen ist.[40] Praktische Bedeutung hat die Auseinandersetzung indessen nur in einigen eigenartigen Fallgestaltungen. Hervorzuheben ist die Behandlung von Unternehmensgruppen, die im Wettbewerbsrecht der Union unter bestimmten Voraussetzungen als „Einheit" und damit als *ein* Unternehmen im Sinne der Wettbewerbsregeln angesehen werden (s. unten Rn. 35, 39 und 44ff.), sowie die intrikate Problematik der Unternehmenskontinuität (Rn. 28).

26 Sieht man von diesen beiden problematischen Fallgestaltungen zunächst einmal ab, so kann man ohne Bedenken als wirtschaftliche Einheit im Sinne der Wettbewerbsregeln alle natürlichen und juristischen Personen sowie überhaupt **alle Personenvereinigungen** und sonstigen Einrichtungen bezeichnen, die sich, wie immer, selbständig am wirtschaftlichen Verkehr beteiligen können. Bloße Teilrechtsfähigkeit der fraglichen „Einheit" genügt. Fehlt nach nationalem Recht einer „Einheit" auch diese, so richtet sich das Verbot des Art. 101 AEUV und des Art. 102 AEUV immer noch zumindest an diejenigen Rechtssubjekte, die Träger der wirtschaftlichen Einheit sind. Die **Größe** eines Unternehmens spielt keine Rolle. Einzelkaufleute sind Unternehmen wie andere auch.

27 Der Anwendung der Wettbewerbsregeln steht es ferner nicht entgegen, wenn eine Person nur hinsichtlich *einzelner* ihrer Aktivitäten, nicht jedoch im Übrigen die Voraussetzungen des Unternehmensbegriffs erfüllt. Das wohl wichtigste Beispiel bilden **juris-**

[37] Wegen der Einzelheiten s. IM/*Emmerich,* Bd. I/1, Art. 101 Rn. 6ff.

[38] *EuGH* Slg. 1984, 2999 (3016) – Hydrotherm; Slg. 1991, I-2010 (2016f.) = EuZW 1991, 349 – Macrotron; usw. bis z. B. Slg. 2006, I-12018 = EuZW 2007, 150 (153 Tz. 39) = JuS 2007, 596 – CEPSA; Slg. 2007, I-10925 = WuW/E EU-R 1353, 1356 Tz. 38, 43 = JuS 2008, 382 – ETI; Slg. 2008, I- 4892 = EuZW 2008, 605, 607 Tz. 21f.= JuS 2008, 1131 – MOTOE; *EuGH* WuW/E EuR 2472 Tz. 35ff. = EuZW 2012, 827 – Compass Datenbank; WuW/E EuR 2676 Tz. 35 = NZKart 2013, 291 – OTOC; NZKart 2014, 66 Tz. 27 = WuW/E EU-R 2920 – SoA; NZKart 2014, 177 Tz. 43; 2014, 181 Tz. 125; *EuG* Slg. 2011, II-649 – Areva; Slg. 2011, II-866 – Siemens.

[39] S. *Roth,* FS Bechtold, 2006, S. 393 (394ff.).

[40] S. IM/*Emmerich,* Bd. I/1, Art. 101 Rn. 9ff.

tische Personen des öffentlichen Rechts, die sich zugleich wirtschaftlich betätigen. Ihre Behördenstruktur steht dann der Anwendung der Wettbewerbsregeln auf ihre wirtschaftlichen Aktivitäten nicht entgegen, sofern sich diese von der hoheitlichen Tätigkeit zumindest gedanklich trennen lassen.[41] Erfasst werden außerdem sog. **potentielle Unternehmen.** Eine Person, die in der Lage ist, sich jederzeit am wirtschaftlichen Leben zu beteiligen, ist an die Wettbewerbsregeln gebunden, wenn sie sich, sozusagen im Vorgriff auf ihre zukünftige wirtschaftliche Betätigung, vorweg an wettbewerbsbeschränkenden Vereinbarungen beteiligt.[42]

Zusätzliche Probleme entstehen in den Fällen der **Umstrukturierung oder Veräußerung** von Unternehmen oder Unternehmensteilen, weil dann entschieden werden muss, wen hinfort (allein oder zusätzlich) die Verantwortung für frühere Kartellverstöße trifft. Die Praxis der Unionsorgane ist wenig einheitlich, da sie sich gleichzeitig von zwei häufig einander widersprechenden Grundsätzen leiten lassen. Es sind dies der Grundsatz der persönlichen Verantwortlichkeit sowie der Grundsatz der funktionalen und wirtschaftlichen Kontinuität. Im Regelfall ist von dem **Grundsatz der persönlichen Verantwortlichkeit** auszugehen. Er besagt im Kern, dass die einmal durch einen Kartellverstoß begründete Verantwortlichkeit eines Unternehmens und seines Trägers – das kann auch ein Konzern als wirtschaftliche Einheit sein (u. Rn. 44ff.) – durch Änderungen der Rechtsform, durch sonstige Umstrukturierungen oder durch die Veräußerung von Unternehmensteilen nicht berührt wird.[43] Auf den Grundsatz der **wirtschaftlichen und funktionalen Kontinuität** der beteiligten Unternehmen greifen die Unionsorgane dagegen zurück, wenn das seinerzeit für den Kartellverstoß verantwortliche Unternehmen als selbstständige rechtliche Einheit aufgehört hat zu existieren, z. B. infolge seiner Veräußerung an ein anderes Unternehmen, durch Umwandlung oder durch Verschmelzung mit einem anderen Unternehmen. In diesem Fall wird der Kartellverstoß dem **Rechtsnachfolger** zugerechnet, selbst wenn er diesen seinerzeit nicht gebilligt hat und an ihm auch nicht beteiligt war.[44] 28

2. Wirtschaftliche Tätigkeit

Das zweite zentrale Merkmal des Unternehmensbegriffs ist die „wirtschaftliche Tätigkeit" (Rn. 24). Denn eine „Einheit" in dem genannten Sinne (Rn. 24ff.) erlangt Unternehmensqualität im Sinne der Wettbewerbsregeln, wenn sie eine wirtschaftliche Tätigkeit ausübt.[45] Der **Gerichtshof** versteht darunter grundsätzlich „jede selbstständige Tätigkeit (nur) in der Erzeugung oder Verteilung wirtschaftlicher Güter oder ge- 29

41 *EuGH* Slg. 2007, I-10925 Tz. 38ff. = WuW/E EU-R 1353 – ETI; Slg. 2008, I-4892 Tz. 25ff. = EuZW 2008, 605 – MOTOE (s. dazu *Emmerich,* JuS 2008, 382 und 1131); *EuGH* WuW/E EuR 2472 Tz. 35ff. = EuZW 2012, 827 – Compass Datenbank; *EuG* Slg. 2006, II-4803 Tz. 54 = WuW/E EU-R 1250, 1252f. – SELEX (betr. Eurocontrol); *Roth,* FS Bechtold, 2006, S. 393 (394ff.).

42 Vgl. *Kommission,* Entsch. v. 26.7.1976, ABl. Nr. L 254/40 (45) – Reuter/BASF.

43 *EuGH* Slg. 1984, 1679, 1699 – Rheinzink; Slg. 2004, I-403, 441 = WuW/E Eu-R 899 Tz. 59 – Aalborg; EuG Slg. 1994, II-211, 225 (Tz. 30) = EuZW 1994, 508, 510 – AWS.

44 S. insbes. *EuGH* Slg. 2004, I-403 = WuW/E Eu-R 899 – Aalborg; Slg. 2007, I-10925 Tz. 41 – 50 = EuZW 2008, 93 = WuW/E EU-R 1353 – ETI; *EuG* WuW/E Eu-R 1667 Tz. 106–119 – AcelorMittal; WuW/E Eu-R 1655 Tz. 50–62 – Hoechst; s. dazu *Emmerich,* JuS 2008, 382ff.; *Kling,* WRP 2010, 506, 515ff. m. N. w.; *Kapp/Schumacher,* ZWeR 2009, 503.

45 S. IM/*Emmerich,* Bd. I/1, Art. 101 Rn. 15ff. sowie insb. *Jennert,* WuW 2004, 37; *Mestmäcker/Schweitzer,* § 8 Rn. 16ff. (S. 226ff.); *N. I. Pauer,* WuW 2013, 1080; *Roth,* FS Bechtold, 2006, S. 393 (395ff.); *Kling/Dally,* EuZW 2014, 3.

werblicher Leistungen“, während die Rechtsform, in der die Tätigkeit ausgeübt wird, ebenso wenig eine Rolle spielt wie ihre Finanzierung.[46] Erfasst wird m. a. W. jede Form des entgeltlichen Angebots von Waren oder Dienstleistungen auf dem Binnenmarkt, und zwar ohne Rücksicht darauf, ob im Einzelfall tatsächlich ein Entgelt erzielt oder verlangt oder die Erzielung eines Gewinns beabsichtigt werden.[47] Unerheblich ist ferner, ob dies unmittelbar selbst oder mittelbar durch zwischengeschaltete andere Gesellschaften geschieht. Auch reine Holdinggesellschaften sind Unternehmen. Auszuklammern sind lediglich **marktferne Tätigkeiten,** die keinen Bezug zum Wirtschaftsleben haben, wie z. B. die Lobbytätigkeit von Verbänden, die Vorbereitung und der Erlass von Normen[48] sowie traditionell der Arbeitsmarkt (u. Rn. 31f.) und die Ausübung von Hoheitsgewalt seitens des Staates, wobei freilich die Grenzziehung im Einzelfall erhebliche Schwierigkeiten bereiten kann.[49]

30 Probleme ergeben sich aus diesem Begriffsverständnis insbesondere für die Beurteilung der bloßen **Nachfrage nach** wirtschaftlichen **Gütern** oder gewerblichen Leistungen, da der Gerichtshof betont hat, dass als wirtschaftlich nur solche Tätigkeiten anzusehen seien, die darin bestehen, Güter oder Dienstleistungen auf einem bestimmten Markt *anzubieten,* so dass die Beurteilung der Einkaufstätigkeit einer Einheit „von der späteren Verwendung des erworbenen Erzeugnisses“ abhänge.[50] Die (bedenkliche) Praxis ist, dass die (häufig besonders kritisch zu beurteilende) **Nachfragetätigkeit der öffentlichen Hand** weithin nicht mehr mit den Wettbewerbsregeln des Vertrags erfasst werden kann.[51]

3. Arbeitsmarkt, Sozialversicherungsträger

31 Nur die *selbständige* Teilnahme am wirtschaftlichen Verkehr macht zum Unternehmen i. S. der Wettbewerbsregeln, so dass (wirtschaftlich abhängige) Arbeitnehmer nicht den Wettbewerbsregeln unterfallen. **Arbeitsverträge** können daher nicht an den Art. 101 und 102 AEUV gemessen werden.[52] Dasselbe gilt nach Meinung des Gerichtshofs für **Tarifverträge,** gleichgültig, welchen Inhalt sie haben.[53] Für eine derartige generelle Freistellung der Tarifvertragsparteien von den Wettbewerbsregeln be-

[46] *EuGH* Slg. 1993, I-664, 669 Tz. 17 = NJW 1993, 2497 – Poucet; Slg. 1998, I-3886, 3895f. Tz. 36 = WuW/E EU-R 71 – CNSD; Slg. 2002, I-1653, 1676f. Tz. 47 = NJW 2002, 877 – Wouters; Slg. 2006, I-289 = EuZW 2006, 306, 310 Tz. 108 – Sparkasse Florenz; Slg. 2007, I-10925 Tz. 38 = EuZW 2008, 93 = JuS 2008, 382 – ETI.

[47] *EuGH* Slg. 2008, I-4892 Tz. 22–28 = EuZW 2008, 605 = JuS 2008, 1131 – MOTOE; *EuGH* WuW/E EuR 2676 Tz. 36 = NZKart 2013, 291 – OTOC, *EuG* Slg. 2005, II-4803 Tz. 54ff. = WuW/E EU-R 1250, 1252ff. – SELEX; *Kommission,* Mitteilung Leistungen der Daseinsvorsorge in Europa II v. 19. 1. 2001, ABl. Nr. C 17/4, 9 Tz. 28ff.

[48] *EuGH* WuW/E EuR 2676 Tz. 36 = NZKart 2013, 291 – OTOC; *EuG* Slg. 2005, II-4803 Tz. 57–62 = WuW/E EU-R 1250, 1252ff. – SELEX.

[49] S. *Jennert,* WuW 2004, 37, bes. 42ff.; *Kling/Dally,* EuZW 2014, 3; *Pauer,* WuW 2013, 1080 sowie u. Rn. 37.

[50] *EuGH* Slg. 2006, I-6319 = EuZW 2006, 600 (601 Tz. 26) – FENIN; ebenso zuvor schon *EuG* Slg. 2003, II-360 (372f. Tz. 36) = WuW/E Eu-R 688 – FENIN; Slg. 2006, II-4803 = WuW/E Eu-R 1250 (1254ff. Tz. 65ff.) – Eurocontrol.

[51] S. u. Rn. 36; zur Kritik s. IM/*Emmerich,* Bd. I/1, Art. 101 Rn. 18 m. N.

[52] S. IM/*Emmerich,* Bd. I/1, Art. 101 Abs. 1 Rn. 24f.; *van den Berg/Camesasca,* 25 ELR (2000), 492; *Mestmäcker/Schweitzer,* § 8 Rn. 31ff. (S. 230ff.); *v. Wallwitz,* Tarifverträge und die Wettbewerbsordnung des EGV, 1997.

[53] *EuGH* Slg. 1999, I-5863 (5882ff. Tz. 60ff.) = ZIP 2000, 34 = WuW/E EU-R 251 (m. Anm. *Emmerich,* JuS 2000, 609) – Albany; Slg. 1999, I-6029 (6048f. Tz. 57ff.) = EuZW 2000, 174 – Brentjens;

steht indessen *kein* sachlicher Grund. Beschränken sie sich nicht auf die Regelung der Arbeitsbedingungen, sondern greifen sie darüber hinaus durch die Regelung des Wettbewerbs zwischen den Arbeitgebern oder zwischen diesen und Dritten in das Marktgeschehen ein, so ist schon zum Schutze Dritter die Anwendung der Wettbewerbsregeln unabdingbar.[54]

Ebenso zurückhaltend wie bei den Tarifvertragsparteien (Rn. 31) ist der Gerichtshof ferner bei der Bejahung der Unternehmenseigenschaft der **Sozialversicherungsträger,** in erster Linie wohl, um die fortbestehende Zuständigkeit der Mitgliedstaaten für die Gestaltung ihrer Sozialversicherungssysteme zu schonen.[55] Der Gerichtshof unterscheidet deshalb meistens danach, ob bei den Sozialversicherungsträgern der Charakter einer Versicherung oder der eines aus öffentlichen Mitteln alimentierten Erbringers von Sozialleistungen im Vordergrund steht, gekennzeichnet insbesondere durch die *Unabhängigkeit* seiner Leistungen von den Beiträgen der Mitglieder.[56] Für die deutschen **Krankenkassen** hat der Gerichtshof daraus 2004 den Schluss gezogen, dass sie ebenso wie sonstige Einrichtungen der gesetzlichen Rentenversicherungssysteme keine Unternehmen seien, *sofern* sie einen rein sozialen Zweck verfolgten, nur die Gesetze anwendeten und keine Möglichkeit besäßen, auf die Höhe der Beiträge, die Verwendung der Mittel und die Bestimmung des Leistungsumfangs Einfluss zu nehmen, während bei Einrichtungen, bei denen einzelne der genannten Merkmale fehlten, stattdessen wieder der Unternehmenscharakter überwiegen soll.[57] Ebenso wurde sodann für die **Berufsgenossenschaften** entschieden.[58] Diese Praxis überzeugt nicht. Tatsächlich sind die gesetzlichen Krankenkassen ebenso wie die Berufsgenossenschaften gesetzliche Versicherungsunternehmen und nichts anderes, die wie andere auch durchaus unterschiedliche Leistungen am Markt anbieten, zwischen denen die Adressaten die Wahl haben und die im Wettbewerb mit zahlreichen anderen Versicherungen stehen. 32

4. Freie Berufe

Auch die Angehörigen der freien Berufe bieten wirtschaftlich werthafte Dienstleistungen am Markt im Wettbewerb mit anderen Berufsangehörigen auf eigenes Risiko gegen Entgelt an und werden deshalb *unternehmerisch* tätig.[59] Die Folge ist vor allem, 33

Slg. 1999, I-6125 (6142f. Tz. 47f.) – Drijvende Bokken; Slg. 2000, I-7129 (7139 Tz. 22ff.) = WuW/E EU-R 364 – van de Woude; WuW/E EU-R 1929 Tz. 35ff. – AG2R.

54 *Mestmäcker/Schweitzer,* § 8 Rn. 32ff.

55 S. m. N. *Emmerich,* FS Th. Raiser, 2005, S. 647; IM/*Emmerich,* Bd. I/1, Art. 101 Rn. 27ff.

56 *EuGH* Slg. 1993, I-664 (667ff. Tz. 7ff., 18) = NJW 1993, 2597 – Poucet; Slg. 1995, I-4022 (4028f. Tz. 14ff.) = EuZW 1996, 277 – Fed. franç. des Soc. d' Assurances; Slg. 1997, I-3422 (3433ff. Tz. 27) – Sodemare; 2001, I-8137 (8146 Tz. 20) – Glöckner; 2002, I- 717 (730ff. Tz. 34ff.) – CISAL.

57 *EuGH* Slg. 2004, I-2524 (2542ff.) = EuZW 2004, 241 = NJW 2004, 2723; WuW/EuR 1929 Tz. 44ff. – AG2R; dagegen *Emmerich,* FS Raiser, 2005, S. 647; *ders.,* JuS 2004, 712; *Oppermann,* GS Walz, 2008, S. 485 (497ff.).

58 *EuGH* Slg. 2009, I-1538 = NJW 2009, 1325 Tz. 43, 60ff.; ebenso für die Versorgungsanstalt des Bundes und der Länder (VBL) *LG Mannheim* WuW/E DE-R 2988, 2997ff.

59 *EuGH* Slg. 1998, I-3886 (3896 Tz. 37f.) = WuW/E EU-R 71 – CNSD; Slg. 2000, I-6497 (6521 Tz. 77) – Pavlov; Slg. 2002, I-1653 (1676f. Tz. 48f.) = EuZW 2002, 172 = NJW 2002, 877 – Wouters; ebenso zuletzt z. B. für geprüfte Buchhalter *EuGH* WuW/E EuR 2676 Tz. 38ff. = NZKart 2013, 291 – OTOC, EuG Slg. 2001, II-1090 (1107ff. Tz. 63ff.) – Institut des Mandataires Agréés; Slg. 2004, II-3294 = WuW/E EU-R 892 (898 Tz. 65) – Meca-Medina; ebenso für Apotheker z. B. noch Slg. 2010, II- 5295; zu den Handelsvertretern s. u. § 4 Rn. 90ff.; s. im Einzelnen IM/*Emmerich,* Bd. I/1, Art. 101 Rn. 20f.

dass die verbreiteten **Zusammenschlüsse** der Angehörigen freier Berufe im Sinne des Art. 101 Abs. 1 AEUV Unternehmensvereinigungen darstellen, selbst wenn sie, wie die deutschen Anwalts- oder Ärztekammern, den Status von Körperschaften des öffentlichen Rechts haben.[60] Beschlüsse der Kammern können deshalb, auch wenn sie als **Satzungen** ergehen, an den Wettbewerbsregeln gemessen werden, soweit nicht im Einzelfall aufgrund anderer, vorrangiger Wertungen **Ausnahmen** angebracht sind.[61] Nach Meinung des Gerichtshofs ist dies vor allem dann der Fall, wenn die Kammern bei dem Erlass von Satzungen, die Gesetze im materiellen Sinne sind, an Kriterien des Allgemeininteresses gebunden sind und staatlicher Kontrolle unterliegen, während sonst die Wettbewerbsregeln anwendbar bleiben, z. B. bei einer satzungsmäßigen Regelung der berufsständischen Fortbildung.[62] Unternehmerisch werden außerdem **Künstler, Wissenschaftler** und **Erfinder** bei der Verwertung ihrer Leistungen am Markt tätig.[63] Soweit man hier in einzelnen Beziehungen die Wettbewerbsregeln für unanwendbar halten sollte, hat dies andere, sachliche Gründe und hängt nicht mit der Unternehmenseigenschaft der Beteiligten zusammen.

34 Vergleichbare Differenzierungen sind schließlich in der umstrittenen Frage angebracht, inwieweit auf Berufssportler und Sportverbände die Wettbewerbsregeln anwendbar sind (s. dazu auch u. § 37 Rn. 15ff.): Soweit sich die Genannten wirtschaftlich betätigen, unterliegen sie nach dem bisher Gesagten grundsätzlich den Wettbewerbsregeln.[64] Selbständige **Berufssportler** unterfallen daher bei der Vermarktung ihres Könnens den Wettbewerbsregeln. Dasselbe gilt (erst recht) für die **Sportvereine** sowie für deren Verbände. Vor allem die Satzungen der Verbände können infolgedessen als Beschlüsse von Unternehmensvereinigungen an Art. 101 AEUV gemessen werden. Eine **Ausnahme** gilt nur, soweit Beschränkungen der Handlungsfreiheit der Sportler in derartigen Satzungen durch legitime sportliche Zwecke gerechtfertigt sind und „auf das zum ordnungsgemäßen Funktionieren des sportlichen Wettkampfs Notwendige beschränkt sind".[65]

5. Öffentliche Unternehmen

35 Art. 101 AEUV unterscheidet ebensowenig wie Art. 102 AEUV zwischen privaten und öffentlichen Unternehmen. Es steht daher außer Frage, dass die Wettbewerbsregeln gleichermaßen für private wie für öffentliche Unternehmen gelten (vgl. auch Art. 106 Abs. 1 AEUV).[66] Auf die **Rechtsform,** unter der sich die Mitgliedstaaten

---

[60] *EuGH* Slg. 1998, I-3886 (3896ff. Tz. 39ff.) = WuW/E EU-R 71 – CNSD; Slg. 2002, I-1561 (1572ff. Tz. 34ff.) = EuZW 2002, 179 = NJW 2002, 882 – Arduino; Slg. 2002, I-1653 (1677ff. Tz. 50ff.) = NJW 2002, 877 = EuZW 2002, 172 – Wouters; WuW/E EU-R Tz. 44 = NZKart 2014, 22 – CNG; s. u. Rn. 41 sowie § 4 Rn. 15ff.

[61] Z. B. *EuGH* WuW/E EuR 2676 Tz. 39ff. = NZKart 2013, 291 – OTOC; WuW/E EU-R Tz. 44 = NZKart 2014, 22 – CNG.

[62] S. o. Rn. 13 sowie die Urt. Arduino, Wouters und OTOC (Fn. 60).

[63] *Kommision,* Entsch. v. 2.12.1975, ABl. 1976 Nr. L 6/8, 12 – ADIP/Beyrard; v. 26.5.1978, ABl. 1978 Nr. L 157/39, 40 – RAI/Unitel; v. 10.1.1979, ABl. 1979 Nr. L 19/32, 34 (Tz. 12) – Vaessen/Morris; *Mestmäcker/Schweitzer,* § 8 Rn. 21 (S. 227).

[64] *EuGH* Slg. 2006, I-7006 = EuZW 2006, 593 (595ff. Tz. 22ff.) = JuS 2007, 596 – Meca-Medina; *EuG* Slg. 2005, II-476 = WuW/E EU-R 881 (882f. Tz. 69ff.) – Piau/FIFA; s. im Einzelnen m. N. *Heermann,* WuW 2009, 394, 489; *ders.,* WRP 2009, 285.

[65] Urteil Meca-Medina (vorige Fn.) Tz. 45ff.

[66] S. u. § 19 Rn. 6ff. sowie *EuGH* Slg. 1994, I-1508 (1518) = EuZW 1994, 408 (410) – Almelo; Slg. 1997, I-1580 (1587f. Tz. 16f.) = EuZW 1997, 312 – Diego Calí; Slg. 2002, I-9334 (9362ff.

und ihre Gliederungen wirtschaftlich betätigen, kommt es ebensowenig an wie auf die Ausgestaltung der Leistungsbeziehungen: Sofern nur die fragliche Einheit eine wirtschaftliche Tätigkeit in dem genannten Sinne (o. Rn. 28ff.; u. Rn. 37) ausübt, greifen die Wettbewerbsregeln auch bei einer öffentlich-rechtlichen Gestaltung der Leistungsbeziehungen ein.[67] Das muss schon deshalb so sein, weil andernfalls der Anwendungsbereich der Wettbewerbsregeln zur Disposition der Mitgliedstaaten stände.

Es spielt außerdem keine Rolle, ob das öffentliche Unternehmen rechtlich oder wirt- **36**
schaftlich verselbständigt ist oder einen Teil der staatlichen Organisation selbst bildet. **Regieunternehmen** sind nicht etwa von den Wettbewerbsregeln befreit.[68] Nichts anderes gilt schließlich für die **Mitgliedstaaten** selbst, sofern sie sich wirtschaftlich betätigen. Der Staat muss daher jedenfalls als *Anbieter* wirtschaftlicher Güter ebenso wie andere Unternehmen die Wettbewerbsregeln beachten,[69] während auf die ausschließliche (reine) *Nachfragetätigkeit* der öffentlichen Hand der Gerichtshof jetzt die Wettbewerbsregeln nicht mehr anwenden will (s. schon o. Rn. 30).

Die Wettbewerbsregeln finden nur Anwendung, wenn und soweit sich ein Rechtssub- **37**
jekt wirtschaftlich betätigt (o. Rn. 29ff.). Kein Raum für ihre Anwendung ist daher bei der **hoheitlichen Tätigkeit** der Mitgliedstaaten (vgl. Art. 39 Abs. 4, 45 Abs. 1 und 55 AEUV).[70] Die **Abgrenzung** ist schwierig, zumal angesichts der unterschiedlichen Rechtstraditionen der Mitgliedstaaten. Der Gerichtshof nimmt hoheitliches oder staatliches Handeln i. d. R. an, wenn die fragliche Tätigkeit nach den Traditionen der Mitgliedstaaten zu den wesentlichen Staatsaufgaben gehört, die im öffentlichen Interesse wahrgenommen werden.[71] Den Gegensatz bildet die Erbringung wirtschaftlich werthafter Leistungen, wie sie in gleicher Form auch von privaten Unternehmen erbracht werden könnten (sog. **hypothetischer Wettbewerbstest**).[72] So wurden **z. B.** als wirtschaftliche Tätigkeiten eingestuft: das Angebot von Spielen und Wetten,[73] die Dienstleistungen der (früheren) nationalen Postverwaltungen[74] sowie die Vermittlungstätigkeit der Bundesanstalt für Arbeit aufgrund des AFG.[75] Dagegen wurden als hoheitlich eingestuft: die Überwachung von Hafengewässern zur Bekämpfung der

Tz. 74ff.) = WuW/E EU-R 597 – ADP; Slg. 2007, I-10925 Tz. 43 = WuW/E EU-R 1353 = JuS 2008, 382 – ETI; *BKartA* WuW/E DE-V 1251 (1257ff.) – Lottogesellschaft.

67 *Emmerich,* Das Wirtschaftsrecht der öffentlichen Unternehmen, 1969, S. 376ff.

68 *EuGH* Slg. 1987, 2619 (2621ff.) – Transparenzrichtlinie; Slg. 1993, I-5373 (5379 Tz. 15) – Decoster; 1993, I-5398 (5403 Tz. 14) – Taillandier.

69 *EuGH* Slg. 1997, I-1580 (1587ff. Tz. 16ff.) = EuZW 1997, 312 – Diego Calí; Slg. 2007, I-10925 Tz. 43 = WuW/E EU-R 1353 = JuS 2008, 382 – ETI; *Kommission,* Entsch. v. 20.3.2001, ABl. Nr. L 125/27 (35) – UPS/DPAG.

70 S. schon o. Rn. 8, 29ff.; ebenso ausdrücklich *EuGH* Slg. 1997, I-1580 (1587f. Tz. 16ff.) = EuZW 1997, 312 – Diego Calí; WuW/E EuR 2472 Tz. 36ff. = EuZW 2012, 837 – Compass Datenbank; *Jennert,* WuW 2004, 37; FK/*Roth/Ackermann,* Art. 101 Rn. 43ff. m. N.; *Kling/Dally,* ZWeR 2014, 3; *Pauer,* WuW 2013, 1080.

71 Vgl. für den Umweltschutz *EuGH* Slg. 1997, I-1580 (1588f. Tz. 22ff.) = EuZW 1997, 312 – Diego Calí.

72 *BKartA* WuW/E DE-V 1251 (1258f.) – Lottogesellschaft; IM/*Emmerich,* Bd. I/1, Art. 101 Rn. 34; ebenso weitgehend *EuG* Slg. 2006, II-4803 Tz. 88 (jedenfalls ein starkes Indiz); *N. I. Pauer,* WuW 2013, 1030.

73 *BKartA* (vorige Fn.); *OLG Düsseldorf* WuW/E DE-R 1869 (1872); *BGH* WuW/E DE-R 2035 (2038ff. Tz. 21f.).

74 *EuGH* Slg. 1985, 880 (885 Tz. 18) – BT.

75 *EuGH* Slg. 1991, I-2010 (2016f.) = NJW 1991, 2891 = EuZW 1991, 349 – Höfner/Macrotron.

Umweltverschmutzung, auch wenn dafür Gebühren erhoben werden,[76] die Tätigkeit internationaler Organisationen, die für die Mitgliedstaaten hoheitliche Aufgaben wie etwa die Sicherung des Luftverkehrs wahrnehmen,[77] sowie die Datensammlung durch die Handelsregister, obwohl die Daten Dritten gegen Entgelt zugänglich gemacht werden.[78]

38 **Öffentliche Unternehmen** sind danach insbesondere die Lottogesellschaften der Länder,[79] Krankenhäuser, die (früheren) nationalen Postverwaltungen ohne Rücksicht auf ihre von Mitgliedstaat zu Mitgliedstaat unterschiedliche Organisation,[80] die Börsen – trotz ihrer Rechtsnatur als Anstalten des öffentlichen Rechts–,[81] die Rundfunkanstalten – ebenfalls unabhängig von ihrer Organisation und ihrer Verselbständigung nach nationalem Recht –,[82] die Betreiber von Flughäfen, soweit sie gegen Entgelt Bodenabfertigungsdienste anbieten,[83] sowie Handelsmonopole, und zwar auch dann, wenn sie keine vom Staat getrennte Rechtspersönlichkeit besitzen.[84]

6. Unternehmensvereinigungen

39 Art. 101 Abs. 1 AEUV wendet sich ferner gegen Beschlüsse von Unternehmensvereinigungen. Zu den Adressaten der Wettbewerbsregeln gehören folglich neben den Unternehmen auch die Unternehmensvereinigungen, denen durch die Praxis später noch Zusammenschlüsse von Unternehmensvereinigungen gleichgestellt wurden (u. Rn. 42).

40 Unter einer Unternehmensvereinigung im Sinne des Art. 101 Abs. 1 AEUV versteht man jeden beliebig strukturierten **Zusammenschluss mehrerer Unternehmen,** dessen Zweck (unter anderem) darin besteht, die gemeinsamen Interessen seiner Mitglieder wahrzunehmen.[85] Der Begriff wird üblicherweise weit ausgelegt.[86] Die Organisation der Vereinigung spielt ebensowenig eine Rolle wie ihre Rechtsform oder ihr Sitz. *Nicht* erforderlich ist außerdem, dass der Zusammenschluss eigene Rechtspersönlichkeit besitzt, so dass in Deutschland z. B. auch Zusammenschlüsse in der Rechtsform eines nichtrechtsfähigen Vereins oder einer BGB-Gesellschaft erfasst werden können. Adressaten der Wettbewerbsregeln und etwaiger Beschlüsse der Kommission sind in diesen Fällen die Mitglieder der selbst nicht rechtsfähigen Vereinigung. Zu den Unternehmensvereinigungen im Sinne des Art. 101 Abs. 1 AEUV zählen ferner die **Genos-**

---

76 *EuGH* Slg. 1997, I-1580 (1588f. Tz. 19ff.) = EuZW 1997, 312 – Diego Calí; zu den Sozialversicherungsträgern s. schon o. Rn. 32.

77 *EuGH* Slg. 1994, I-55 (62ff.) = EuZW 1994, 248 – Eurocontrol; enger *EuG* Slg. 2006, II- 4803 (4825ff. Tz. 51ff.) = WuW/E EU-R 1250 (1253ff.) – Eurocontrol; s. dazu *Kunz-Hallstein,* EuZW 1994, 402.

78 *EuGH* WuW/E EuR 2472 Tz. 40ff. = EuZW 2012, 837 – Compass Datenbank.

79 *OLG Düsseldorf* WuW/E DE-R 2003 (2005); *BGH* WuW/E DE-R 2035 (2038 Tz. 23).

80 *EuGH* Slg. 1985, 880 – BT; *Kommission,* Leitlinien, ABl. 1991 Nr. C 233; Bekanntmachung, ABl. 1995 Nr. C 322/3; s. *Emmerich,* ORDO 44 (1993), 55 (58ff.); *ders.*, AJP 1993, 383.

81 *Emmerich/Hoffmann,* FS Selmer, 2004, S. 305ff.

82 *EuGH* Slg. 1974, 407 (430f.) – Sacchi; Slg. 1985, 1117 (1123f.) – CICCE; Slg. 1985, 3270 (3275) – CBEM/CLT; *Emmerich,* in: Steiner (Hrsg.), Sport und Medien, 1990, S. 57.

83 *EuGH* Slg. 2002, I-9334 (9363f. Tz. 77ff.) – ADP.

84 Art. 37 AEUV; s. *EuGH* Slg. 1987, 2619 (2620ff.) – Transparenzrichtlinie; Hdb., H II Rn. 1ff.

85 *EuG* WM 2012, 1271 Tz. 243ff. = WuW/E EU-R 2399 – Mastercard.

86 *BGH* WuW/E DE-R 2408 Tz. 25 = WRP 2008, 1456; *OLG Düsseldorf* WuW/E DE-R 2003 (2005ff.).

senschaften; eine Bereichsausnahme für Genossenschaften ist dem Unionsrecht fremd.[87]

Da der Vertrag keinen Unterschied macht, wird außerdem nicht zwischen privatrechtlichen und **öffentlich-rechtlichen Verbänden** unterschieden. Selbst wenn es sich um Zwangszusammenschlüsse von Unternehmen handelt, bleibt Art. 101 AEUV anwendbar.[88] Unternehmensvereinigungen i. S. d. Art. 101 Abs. 1 AEUV sind insbesondere auch die **Kammern** der freien Berufe (s. o. Rn. 33). Soweit die Vereinigung eigene wirtschaftliche Zwecke verfolgt, ist sie zugleich als Unternehmen zu behandeln. Ein Beispiel ist die Organisation von Sportveranstaltungen durch Sportverbände als Zusammenschlüsse von Berufssportlern. 41

Gleich stehen **Zusammenschlüsse** von Unternehmensvereinigungen.[89] Beispiele sind sog. Dachverbände oder nationale Sportverbände als Zusammenschlüsse von Sportvereinen. Beteiligen sich Zusammenschlüsse von Unternehmensvereinigungen an wettbewerbsbeschränkenden Vereinbarungen, so ist ebenfalls Raum für die Anwendung des Kartellverbots.[90] 42

Art. 101 Abs. 1 AEUV wendet sich seinem Wortlaut nach (allein) gegen **„Beschlüsse"** von Unternehmensvereinigungen. Umstritten ist, ob als solche nur für die Mitglieder *verbindliche* Willensäußerungen des Verbandes in Betracht kommen. Richtiger Meinung nach sollte die Anwendung des Art. 101 AEUV davon *nicht* abhängen.[91] Gegen Art. 101 Abs. 1 AEUV verstoßen **z. B.** Preis- und Quotenregelungen im Rahmen internationaler Zusammenschlüsse von Unternehmensvereinigungen,[92] wettbewerbsbeschränkende Beschlüsse von Sportverbänden und deren Zusammenschlüssen,[93] wettbewerbsbeschränkende Beschlüsse des Deutschen Lotto- und Totoblocks, eines Zusammenschlusses der Lottogesellschaften der Bundesländer,[94] sowie Absprachen von Rundfunkanstalten im Rahmen ihrer Verbände über den gemeinsamen Erwerb von Rechten.[95] 43

7. Konzerne

a) Konzerninterne Wettbewerbsbeschränkungen

Als einen Konzern bezeichnet man gemeinhin die Zusammenfassung mehrerer rechtlich selbständiger Unternehmen unter einheitlicher Leitung (§ 18 AktG). Daraus ergibt sich zunächst die Frage, ob einzelne Konzernunternehmen nicht nur **mit dritten Unternehmen** verbotene wettbewerbsbeschränkende Vereinbarungen abschließen 44

[87] *EuGH* Slg. 1995, I-4520 (4525 f. Tz. 11 ff.) = EuZW 1996, 282 (283); *EuG* Slg. 1992, II-1931 (1952) – DPF.

[88] *EuGH* Slg. 1985, 402 (423 f.) – Clair.

[89] *EuGH* Slg. 1975, 563 (583 f.) – Frubo; *Kommission,* Entsch. v. 30.11.1994, ABl. Nr. L 343/1 (97) – Zement.

[90] *Kommission,* Entsch. v. 30.11.1994, ABl. Nr. L 343/1 (98) – Zement.

[91] *EuGH* Slg. 1980, 3125 (3250) – van Landewyck/FEDETAB; Slg. 1983, 3369 (3410) – Navewa-Anseau; Slg. 1987, 447 (454 f.) – Sachversicherer; *Kommission,* Entsch. v. 5.6.1996, ABl. Nr. L 181/28 – FENEX; *BKartA* WuW/E DE-V 1539, 1542 ff.

[92] *EuG* Slg. 2000, II-508, 848 ff. Tz. 1322 ff. – Cimenteries CBR.

[93] *EuG* Slg. 2005, II-476 = WuW/E EU-R 881, 882 ff. Tz. 69 ff. – Piau/FIFA.

[94] *BGH* WuW/E DE-R 2408, 2412 ff. Tz. 19 ff. = WRP 2008, 1456 – Lottoblock III m. Anm. *K. Westermann,* ZWeR 2010, 81 m. N.

[95] *Kommission,* Entsch. v. 10.5.2000, ABl. Nr. L 151/18 = WuW/E EU-V 481, 482 ff. – EBU.

können,[96] sondern auch **untereinander,** ob z. B. Kartelle zwischen einer Mutter- und einer Tochtergesellschaft oder zwischen verschiedenen Tochtergesellschaften desselben Konzerns im Sinne des Art. 101 AEUV möglich sind. Grundsätzlich ist auch dies der Fall, da es sich in allen genannten Fällen bei den Beteiligten um rechtlich selbständige Unternehmen handelt, die Vereinbarungen i. S. des Art. 101 AEUV miteinander abschließen können.

45 Die Anwendbarkeit des Art. 101 AEUV auf konzerninterne Wettbewerbsbeschränkungen ist indessen nur die Regel, von der es unter im Einzelnen umstrittenen Voraussetzungen Ausnahmen gibt (sog. **Konzernprivileg**). Zwei Gesichtspunkte stehen in der Diskussion über diesen Fragenkreis im Vordergrund. Der erste ist der Hinweis auf den besonderen **Unternehmensbegriff** der Wettbewerbsregeln (o. Rn. 24ff.), der es erlaubt, mehrere zu einem Konzern gehörende Gesellschaften als *ein* Unternehmen im Sinne der Wettbewerbsregeln zu behandeln, sofern die verbundenen Unternehmen tatsächlich eine wirtschaftliche Einheit bilden. Der zweite relevante Gesichtspunkt ist im vorliegenden Zusammenhang das Fehlen eines Wettbewerbsverhältnisses zwischen den beteiligten Konzerngliedern, das zur Folge hat, dass mit konzerninternen Vereinbarungen keine Wettbewerbsbeschränkung im Sinne des Art. 101 Abs. 1 AEUV mehr verbunden sind.

46 Die **Unionsorgane** stellen in der Regel auf den *ersten* genannten Gesichtspunkt ab, d. h. darauf, ob die verbundenen Unternehmen aus wettbewerbsrechtlicher Sicht **eine wirtschaftliche Einheit** bilden. Ergänzend wird häufig noch die fehlende Autonomie der Tochtergesellschaft betont.[97] Richtiger Meinung nach sollte indessen vor allem der *zweite* Gesichtspunkt maßgeblich sein: Besteht zwischen den verbundenen Unternehmen aus rechtlichen oder tatsächlichen Gründen ohnehin **kein Wettbewerb** mehr, der noch i. S. d. Art. 101 Abs. 1 AEUV beschränkt werden könnte, so ist auch kein Raum für die Anwendung des Kartellverbots.[98]

47 Das Vorliegen einer **wirtschaftlichen Einheit** der verbundenen Unternehmen lässt sich nur an Hand der Umstände des Einzelfalls beurteilen. Die Kommission[99] sieht in erster Linie als entscheidend an, ob die fragliche Tochtergesellschaft über **keine Entscheidungsautonomie** gegenüber der Muttergesellschaft mehr verfügt, so dass sie mit dieser nicht selbständig in Wettbewerb treten kann. Maßgebend ist mit anderen Worten, ob die Tochtergesellschaft unabhängig über ihr eigenes Verhalten im Markt befinden kann oder ob sie im Wesentlichen die *Weisungen* ihrer Muttergesellschaft befolgen muss.[100]

48 Beurteilt wird dies vornehmlich anhand der Höhe der Beteiligung der Muttergesellschaft sowie aufgrund ergänzender Umstände wie personellen Verflechtungen oder

---

[96] *EuGH* Slg. 1979, 2435 (2475f.) – BMW.

[97] *EuGH* Slg. 1971, 949 – Béguelin; Slg. 1972, 745 – Bayer usw. bis z. B. Slg. 1996, I-5482 (5495ff. Tz. 15ff.) = EuZW 1997, 84 (m. Anm. *Emmerich,* JuS 1997, 376) – Viho/Parker; Slg. 1999, I-8664 (8673 Tz. 18f.) – Allen; WuW/E EU-R 2110 (2120ff. Tz. 53ff.) – Elf Aquitaine; NZKart 2014, 226 Tz. 71; *EuG* Slg. 2005, II-3319 = WuW/E EU-R 933 (934f. Tz. 85ff.) – DaimlerChrysler; BGHZ 81, 282 (288ff.) = NJW 1982, 1221 (m. Anm. *Emmerich,* JuS 1982, 773) – Gema; *öOGH,* ÖBl. 2001, 121 (123).

[98] *Mestmäcker/Schweitzer,* § 8 Rn. 46 (S. 236f.).

[99] Insb. Entsch. v. 27.7.1994, ABl. Nr. L 239/19 (29 Tz. 44–46) – PVC; v. 27.11.2002, ABl. 2004 Nr. L 38/18 (39 Tz. 203f.) – Methylglukamin.

[100] So wörtlich die Entsch. v. 27.11.2002 (vorige Fn.), Tz. 204.

dem Abschluss von Unternehmensverträgen. Entscheidend ist letztlich ein etwaiges **Weisungsrecht der Muttergesellschaft** gegenüber der Tochtergesellschaft. Hinweise auf die dabei zu berücksichtigenden Kriterien können der Definition der Kontrolle in Art. 3 Abs. 2 FKVO sowie der Verbundklausel des Art. 5 Abs. 4 FKVO entnommen werden.[101]

Unproblematisch ist danach die Situation im Falle einer 100%-igen oder doch fast 49
100%-igen Beteiligung der Muttergesellschaft an der Tochtergesellschaft. Auch eine qualifizierte **Mehrheitsbeteiligung** wird in der Regel für die Annahme einer wirtschaftlichen Einheit in dem genannten Sinne (o. Rn. 47) ausreichen. Dasselbe ist bei Abschluss eines Beherrschungsvertrages nach § 291 AktG zwischen den verbundenen Unternehmen anzunehmen (s. § 308 AktG), grundsätzlich aber wohl auch bei einer sonstigen Mehrheitsbeteiligung, jedenfalls, wenn noch personelle Verflechtungen hinzukommen.[102] Den Gegensatz bilden bloße kapitalmäßige Verflechtungen zwischen den beteiligten Unternehmen, weil allein dadurch noch kein Konzern begründet wird.[103] In Zweifelsfällen sollte vor allem darauf abgestellt werden, ob zwischen den Tochtergesellschaften tatsächlich ein Wettbewerb besteht, da jeder Wettbewerb, gleichgültig, wo er sich entfaltet, schutzwürdig ist.[104]

b) Zurechnung von Verhaltensweisen

Kommission und Gerichtshof haben in einer Vielzahl von Entscheidungen angenom- 50
men, dass in einem Konzern unter bestimmten Voraussetzungen ein gegen die Wettbewerbsregeln verstoßendes Verhalten eines Konzernunternehmens anderen Konzernunternehmen (einschließlich der **Muttergesellschaft**) **zugerechnet** werden kann. Bei dieser konzernweiten Zurechnung von Kartellverstößen handelt es sich gleichsam um den Preis des bereits erwähnten Konzernprivilegs (Rn. 45), d. h. um die Konsequenz der Freistellung konzerninterner Wettbewerbsbeschränkungen vom Kartellverbot, sofern die Beteiligten *ein* Unternehmen im Sinne der Wettbewerbsregeln bilden.[105] Die Folge ist dann, dass die Kommission, wenn ein Konzernunternehmen an einer verbotenen Wettbewerbsbeschränkung beteiligt ist, Verbots- und Bußgeldbeschlüsse aufgrund der VO Nr. 1/2003 nach ihrer Wahl gegen ein oder mehrere Konzernunternehmen richten und insbesondere eine Muttergesellschaft für Kartellverstößen ihrer Tochtergesellschaft haftbar machen kann, so dass die Beteiligten dann im Ergebnis gesamtschuldnerisch insbesondere für eine Geldbuße der Kommission haften müssen.[106] Grundlage dieser sehr weitgehenden Praxis ist somit wiederum der besondere

---

[101] *Mestmäcker/Schweitzer,* § 8 Rn. 48 (S. 237 f.); s. dazu u. § 15 Rn. 4 ff.

[102] S. im Einzelnen *Fleischer,* AG 1997, 493 (498 ff.).

[103] *Kommission,* Entsch. v. 2.8.1989, ABl. Nr. L 260/1 (37 Tz. 178) – Betonstahlmatten; bestätigt durch *EuG* Slg. 1995, II-791 (841 f., Tz. 129, 131) – Trefileurope; Slg. 1995, II-991 (1034 f. Tz. 107) – Betonstahlgewebe.

[104] S. IM/*Emmerich,* Bd. I/1, Art. 101 Abs. 1 Rn. 53.

[105] S. z. B. *Kokott/Dittert,* WuW 2012, 670 (672: „Kehrseite der Medaille").

[106] *EuGH* Slg. 1972, 619 (665 Tz. 632 ff.) – ICI; Slg. 1972, 787 (838) – Geigy; Slg. 1972, 845 – Sandoz; Slg. 1973, 215 (242) – Continental Can; Slg. 1983, 3151 (3199 f.) = NJW 1984, 1281 – AEG usw. bis z. B. Slg. 2009, I- 8237 Tz. 56, 77 = WuW/E EuR 1562 – Akzo; *EuGH* WuW/E EU-R 1899 Tz. 34, 50, 84 ff. = WRP 2011, 335 = JuS 2011, 651 – General Quimica; WuW/E EU-R 2110 (2120 Tz. 56 ff.) – Elf Aquitaine; WuW/E EU-R 2532, 2545 Tz. 101 ff. – Alliance One International; WuW/E EU-R 2689 Tz. 39, 49 = NZKart 2013, 112 – Tomkins; WuW/E EU-R 2726 Tz. 46 ff. = NZKart 2013, 293 – Kautschuk; NZKart 2013, 334, 337 Tz. 101 ff. – Schindler; WuW/E EU-R 2764 Tz. 52 ff. – Versalis; NZKart 2013, 367 Tz. 36 ff.; NZKart 2013, 501 Tz. 37 f. – Alliance One;

Unternehmensbegriff der Wettbewerbsregeln, der, wie gezeigt (Rn. 24ff.), an das Vorliegen einer wirtschaftlichen Einheit anknüpft, die durchaus auch mehrere Rechtssubjekte umfassen kann. Das Vorliegen einer derartigen wirtschaftlichen Einheit wird bei einer 100%-igen oder doch **fast 100%-igen Beteiligung** der Muttergesellschaft an einer Tochtergesellschaft **vermutet,** so dass es dann Sache der Mutter ist, den Gegenbeweis zu führen, d. h. nachzuweisen, dass die Tochtergesellschaft ihr Verhalten im Wettbewerb tatsächlich autonom bestimmen kann.[107] Das gilt auch in **mehrstufigen Konzernen** oder bei Einschaltung von Holdinggesellschaften,, sofern auf jeder Stufe eine (nahezu) 100%-ige Beteiligung besteht,[108] sowie im Verhältnis zwischen **Gemeinschaftsunternehmen** und ihren Müttern.[109] Bei **niedrigeren Beteiligungen** bedarf dagegen das Vorliegen einer wirtschaftlichen Einheit des Nachweises, dass die Tochtergesellschaft über keine Autonomie im Wettbewerb verfügt, sondern im Wesentlichen die Weisungen der Mutter befolgt, wofür zahlreiche wirtschaftliche, organisatorische und rechtliche Faktoren in Betracht kommen – von der Höhe der Beteiligung über den Abschluss von Unternehmensverträgen bis hin zu personellen Verflechtungen.[110] Noch weitgehend ungeklärt sind schließlich die mit der **gesamtschuldnerischen Haftung** von Mutter- und Tochtergesellschaften zusammenhängenden Fragen, z. B. hinsichtlich des internen Ausgleichs zwischen den Beteiligten sowie der Akzessorietät der Haftung zwischen der Mutter- und der Tochtergesellschaft.[111]

51 Die erstaunliche Folge der geschilderten Praxis ist, dass in den fraglichen Fällen die für einen Konzern kennzeichnende Haftungssegmentierung durch Beschränkung der Haftung auf die jeweils unmittelbar verantwortliche Konzerngesellschaft (sog. **Trennungsprinzip**) aufgehoben und insbesondere eine Haftung der Muttergesellschaft für Verbindlichkeiten ihrer Tochtergesellschaften aufgrund von Bußgeldbeschlüssen der Kommission begründet wird. Im Schrifttum wird die von der Kommission damit im Ergebnis angenommene Haftungszurechnung im Konzern genau aus diesem Grunde vielfach kritisiert.[112] Die Unionsorgane lassen sich durch diese Kritik indessen offenkundig nicht beeindrucken, sondern verschärfen im Gegenteil kontinuierlich ihre Praxis gegenüber Konzernen.[113]

WuW/E EU-R 2804 Tz. 48 – Dow Chemical; NZKart 2014, 14 Tz. 99; 2014, 104; 2014, 177; 2014, 181; *EuG* Slg. 2010, II-5334; WuW/E EU-R 2479, 2506f. Tz. 272ff. – E.ON Ruhrgas; Slg. 2011, II-649 – Areva; Slg. 2011, II-866 – Siemens; NZKart 2014, 226 Zz. 71ff.; *EuG* NZKart 2014, 29 Tz. 39ff. – Shell; *Kokott/Dittert,* WuW 2012, 670; GA *Mazak,* WuW/E EU-R 1806ff.

[107] Z. B. *EuGH* Slg. 2011, I-30 = WuW/E EU-R 1899 Tz. 34, 50, 84ff. = WRP 2011, 335 = JuS 2011, 651 – General Quimica; WuW/E EU-R 2110 (2120 Tz. 56ff.) – Elf Aquitaine; NZKart 2013, 501 Tz. 36f. – Alliance One; GA *Mazak,* WuW/E EU-R 1806ff.

[108] *EuGH* Slg. 2011, I-30 = WuW/E EU-R 1899 Tz. 34ff. = WRP 2011, 335 – General Quimica; WuW/E EU-R 2726 Tz. 48 = NZKart 2013, 293 – Kautschuk; NZKart 2013, 367 Tz. 38ff.

[109] *EuGH* NZKart 2013, 504 Tz. 49ff. = WuW/E EU-R 2870 – E I du Pont; *EuG* NZKart 2013, 29 Tz. 48 – Shell.

[110] *EuGH* Slg. 2009, I-8237 = WuW/E EU-R 1562 Tz. 58f., 74 – Akzo Nobel; NZKart 2013, 504 Tz. 44ff. – E l du Pont.

[111] S. dazu z. B. *EuGH* WuW/E EU-R 2689 Tz. 39, 49 = NZKart 2013, 112 – Tomkins; *OLG München* WuW/E DER 3835, 3838f.; *Kokott/Dittert,* WuW 2012, 670, 681f.; *Jüchser,* WuW 2012, 1048.

[112] S. *Bauer/Heisner,* WuW 2007, 737; *Bosch,* ZHR 177 (2013), 454; *Eisele/Koch,* Sanktionsdurchgriff im Unternehmensverbund, 2014; *Hofstetter/Lindacher,* FS v. Büren, 2008, S. 485; *Kellerbauer/Weber,* EuZW 2011, 666; *Kling,* WRP 2010, *506; Köhler,* WRP 2011, 277; *Mansdörfer/Timmerbeil,* EuZW 2011, 214; *van Vormizeele,* WuW 2010, 1006; *D. J. Zimmer/Paul,* WuW 2007, 970.

[113] S. insbes. *Kersting,* WuW 2014, 564; *Kokott/Dittert,* WuW 2012, 670.

VI. Ausnahmebereiche

1. Überblick

Der AEUV gilt einschließlich der Wettbewerbsregeln der Art. 101 bis 106 grundsätzlich für den gesamten wirtschaftlichen Verkehr einschließlich Kohle und Stahl, seitdem der EGKSV außer Kraft getreten ist.[114] Ausnahmebereiche gibt es zwar; ihre Zahl ist jedoch (erfreulich) klein. Im Grunde handelt es sich lediglich um die **Landwirtschaft** (Art. 42 AEUV; s. u. Rn. 55) sowie um die Herstellung von **Kriegswaffen** (Art. 346 Abs. 1 lit. b AEUV). Der Vertrag gestattet außerdem in **Art. 106 Abs. 2** Durchbrechungen der Wettbewerbsregeln zugunsten sog. Dienstleistungsunternehmen und Finanzmonopole, freilich immer nur im Einzelfall und nicht etwa generell, wie vielfach zu Unrecht angenommen wird (s. dazu u. § 19 Rn. 27 ff.). 52

Kennzeichnend für das **deutsche Kartellrecht** waren demgegenüber ursprünglich die zahlreichen unvertretbar weiten Ausnahmebereiche für alle möglichen Unternehmen, denen es seinerzeit im Gesetzgebungsverfahren gelungen war, für sich Privilegien durchzusetzen (§§ 99 bis 104a GWB von 1957). Die wichtigsten dieser Unternehmen waren neben der Landwirtschaft die Banken und Versicherungen sowie die Verkehrs- und Versorgungsunternehmen (s. u. § 37 Rn. 1 ff.). Hinzugetreten war 1998 sogar noch der Sport (s. u. § 37 Rn. 15 ff.). Vergleichbare Privilegien für einzelne Wirtschaftszweige sind dagegen dem AEUV – von der Landwirtschaft abgesehen (Art. 42) – fremd. Er galt und gilt vielmehr seit seinem Inkrafttreten im Jahre 1958 grundsätzlich auch für Banken und Versicherungen sowie für Verkehrs- und Versorgungsunternehmen. Einzelnen Besonderheiten der genannten Unternehmen trägt die Kommission insbesondere durch den Erlass von **Gruppenfreistellungsverordnungen,** z. B. für die Versicherungs- oder Verkehrsunternehmen, Rechnung (s. u. §§ 37 und 38). 53

Die Wettbewerbsregeln finden nach dem Gesagten (o. Rn. 53) z. B. Anwendung auf die urheberrechtlichen Verwertungsgesellschaften,[115] die nationalen Postunternehmen[116] sowie auf die Rundfunkanstalten ohne Rücksicht auf ihre Rechtsform (Art. 106 Abs. 1 AEUV). Absprachen von öffentlich-rechtlichen Rundfunkanstalten über die gemeinsame Beschaffung von Filmmaterial unterliegen folglich dem Art. 101 AEUV.[117] 54

2. Landwirtschaft

Nach Art. 42 AEUV finden die Wettbewerbsregeln auf die Produktion landwirtschaftlicher Erzeugnisse und den Handel mit diesen nur insoweit Anwendung, als Parlament und Rat dies unter Berücksichtigung der Ziele der gemeinsamen Landwirtschaftspolitik und gemäß den dort vorgesehenen Verfahren bestimmen (s. schon o. Rn. 6). Die 55

[114] *EuGH* Slg. 1974, 359 (370); *Emmerich,* EuR 1983, 216 (218 ff.).

[115] *EuGH* Slg. 1983, 483 (504 ff.) = NJW 1984, 2755 = JuS 1985, 141 Nr. 1 – GVL; *Kommission,* Entsch. v. 2.6.1971, ABl. Nr. L 134/15; v. 4.12.1981, ABl. Nr. L 94/12; s. u. § 37 Rn. 13 f.

[116] *EuGH* Slg. 1985, 873 (885 ff.) – BT; *Kommission,* Leitlinien, ABl. 1991 Nr. C 233; Bekanntmachung v. 6.2.1998, ABl. Nr. C 39/2; Entsch. v. 15.9.1999, ABl. Nr. L 275/17 – Reims II; s. o. Rn. 37.

[117] *EuGH* Slg. 1974, 407 (430 f.) – Sacchi; Slg. 1985, 1105 (1123 f.); Slg. 1985, 3261 (3275); *Kommission,* Entsch. v. 15.9.1989, ABl. Nr. L 284/36 (49) – ARD; *Emmerich,* in: Steiner (Hrsg.), Sport und Medien, 1990, S. 57; *Graf,* Rundfunkanstalten im Kartellrecht, 1991; *Ladeur,* WuW 2000, 965; s. o. Rn. 38.

Einzelheiten regelt die **Verordnung Nr. 1184/2006**[118] i.V.m. der **VO Nr. 1234/2007.**[119] Danach tritt die Wettbewerbspolitik nur insoweit hinter der gemeinsamen Landwirtschaftspolitik zurück, wie es zu deren Durchsetzung unbedingt erforderlich ist.[120] Wettbewerbsbeschränkungen, die den Zwecken der gemeinsamen Landwirtschaftspolitik direkt zuwiderlaufen, bleiben verboten.[121]

56 Der **Anwendungsbereich** der genannten beiden Verordnungen beschränkt sich auf die im Anhang I des Vertrags genannten Produkte. Für andere landwirtschaftlichen Produkte, wie etwa Häute und Felle, Branntwein oder Lab, gelten sie nicht.[122] Eine entsprechende Regelung für das deutsche Recht findet sich in § 28 GWB (s. dazu u. § 25 Rn. 2).

VII. Rangverhältnis

1. Überblick

57 Der weite Anwendungsbereich der Wettbewerbsregeln (s. besonders o. Rn. 18, 24ff.) hatte es zusammen mit dem nahezu völligen Fehlen von Ausnahmebereichen im europäischen Wettbewerbsrecht (o. Rn. 52ff.) mit sich gebracht, dass es von Beginn der gemeinsamen Wettbewerbspolitik im Jahre 1958 an in wachsendem Maße zur gleichzeitigen Anwendbarkeit des nationalen und des europäischen Wettbewerbsrechts kam. Dieses Nebeneinander unterschiedlicher Rechtsordnungen stellte in den zahlreichen Kollisionsfällen mit zunehmender Schärfe die **Rangfrage,** d.h. die Frage, welcher Rechtsordnung im Konfliktsfalle der Vorrang zukommen sollte. Bereits in seiner ursprünglichen Fassung bestimmte deshalb der Vertrag in Art. 87 Abs. 2 lit. e EWGV (= heute Art. 103 AEUV), dass das Verhältnis zwischen dem nationalen Kartellrecht und den Wettbewerbsregeln durch eine Ratsverordnung geregelt werden kann.

58 Von dieser Befugnis hat der Rat erst Ende des Jahres 2002 mit Erlass der am 1. Mai 2004 in Kraft getretenen Kartellverfahrensverordnung Nr. 1/2003 Gebrauch gemacht.[123] Seitdem verdrängen die Wettbewerbsregeln der Art. 101 und 102 des Vertrages aufgrund des **Art. 3 der VO Nr. 1/2003** in ihrem Anwendungsbereich weitgehend, wenn auch nicht völlig, das nationale Kartellrecht. Im GWB wiederholt heute **§ 22** von 2005 im Prinzip die Regelung des Art. 3 der VO Nr. 1/2003.

59 Die VO Nr. 1/2003 hat zwar keine erschöpfende Regelung der Rangproblematik gebracht, läuft jedoch im Ergebnis (zusammen mit Art. 21 Abs. 3 FKVO sowie mit den §§ 22 und 35 Abs. 3 GWB) tatsächlich weithin auf eine **Verdrängung des nationalen Rechts** im Anwendungsbereich der Wettbewerbsregeln des AEUV und der FKVO hi-

118 ABl. 2006 Nr. L 214/07; s. dazu *Martinez,* EuZW 2010, 268.

119 ABl. 2007 Nr. L 299/1.

120 *EuGH* Slg. 1995, I-4520 (4527ff.) = EuZW 1996, 282 – Oude Luttikhus; Slg. 1995, I-4497 (4506ff.) = EuZW 1996, 284 – Dijkstra; *EuG* Slg. 2006, II-5000 (5066ff.).

121 *Kommission,* Entsch. v. 7.12.1984, ABl. 1985 Nr. L 35/35 (38); v. 26.11.1986, ABl. Nr. L 348/50 (59f.); v. 18.12.1989, ABl. Nr. L 31/32 (42ff.) – Zuckerrüben; v. 30.7.1992, ABl. Nr. L 246/37 (44); v. 20.10.2004, ABl. 2007 Nr. L 102/14 (17) = WuW/E EU-V 1045 (1049f. Tz. 337ff.) – spanischer Rohtabak.

122 *EuGH* Slg. 1981, 851 (869f.) – Coöperatieve Stremselen Kleurselfabriek; Slg. 1985, 402 (422); *EuG* Slg. 1992, II-1931 (1947) – DPF.

123 ABl. 2003 Nr. L 1/1.

naus.[124] Auf jeden Fall trifft dies zu, soweit es um Unternehmenszusammenschlüsse von unionsweiter Bedeutung sowie um wettbewerbsbeschränkende Vereinbarungen und gleichstehende Maßnahmen geht, also im Anwendungsbereich der **FKVO und** des **Art. 101 AEUV,** deutlich weniger jedoch in dem des Art. 102 AEUV.

Vor Inkrafttreten der Verordnung Nr. 1/2003 ging der **Gerichtshof** von der grundsätzlichen **parallelen Anwendbarkeit** des Wettbewerbsrechts der Union und des nationalen Wettbewerbsrechts aus, modifizierte diese Regel jedoch durch die Betonung des **Vorrangs** des Unionsrechts im Konfliktsfalle.[125] Die Folge ist, dass ein Verhalten, das nach Unionsrecht als missbräuchlich verboten ist (Art. 102 AEUV), nicht durch nationales Recht erlaubt oder gar vorgeschrieben werden kann.[126] **Parallele Bußgeld- und Verwaltungsverfahren** wegen desselben Verhaltens bleiben zwar möglich.[127] Kommt es jedoch in einem der Verfahren zur Verhängung einer Geldbuße, in Deutschland aufgrund des § 81 Abs. 2 Nr. 1 GWB, so muss die andere Behörde, in dem genannten Fall also die später entscheidende Kommission, „nach einem allgemeinen Billigkeitsgrundsatz" die bereits durch die nationale Behörde verhängte Geldbuße bei ihrer Entscheidung angemessen berücksichtigen, d. h. der Sache nach: auf die von ihr verhängte Geldbuße anrechnen, um die doppelte Bestrafung desselben Verhaltens zu vermeiden.[128] Keine Anrechnungspflicht besteht dagegen hinsichtlich Geldbußen, die Behörden aus **Drittstaaten,** etwa aus den USA oder Kanada, gegen die Mitglieder eines internationalen Kartells verhängen.[129] 60

2. Verordnung Nr. 1/2003

Die Kommission hatte ursprünglich vorgehabt, mit der neuen Kartellverfahrensverordnung eine Regelung durchzusetzen, die auf die **generelle Verdrängung** des nationalen Wettbewerbsrechts im Anwendungsbereich der Wettbewerbsregeln des Vertrags (Art. 101 und 102) hinausgelaufen wäre,[130] hatte sich jedoch mit dieser Vorstellung nicht durchzusetzen vermocht. Art. 3 der VO Nr. 1/2003 hält daher an der grundsätzlichen **parallelen Anwendbarkeit** des nationalen Wettbewerbsrechts und der Wettbewerbsregeln des Vertrages fest, stellt aber durch eine neue **Konvergenzregel** sicher, 61

[124] S. *E. Rehbinder,* FS Immenga, 2004, S. 303 (309 2. Abs.); *Weitbrecht,* EuZW 2003, 69 (70f.).

[125] *EuGH* Slg. 2006, I-6641 Tz. 38f. = EuZW 2006, 529 = WuW/E EU-R 1107 (1113) – Manfredi m. Anm. *Emmerich,* JuS 2006, 1125 (1127); *EuGH* WuW/E EU-R 2304 (2318 Tz. 81) = EuZW 2012, 223 –Toshiba.

[126] *EuGH* Slg. 1977, 2115 (2145ff.) – GB-INNO/ATAB; Slg. 1987, 2354 (2359f.) – Albako.

[127] *EuGH* Slg. 1969, 1 (13f.) = NJW 1969, 1000 – Walt Wilhelm/Teerfarben; Slg. 1992, I-4820 (4825f. Tz. 11ff.) = NJW 1993, 251 = EuZW 1992, 671 – AEB; *EuG* Slg. 2003, II-2611 (2641ff. Tz. 85ff.) – Archer Daniels; *BGH* LM § 18 GWB Nr. 16 = NJW 1993, 2445; dagegen *Dannecker,* FS Immenga, 2004, S. 61 (67f.); *ders.*, FS Kohlmann, 2003, S. 593 (612f.).

[128] *EuGH* Slg. 1969, 1 (15) = NJW 1969, 1000 – Walt Wilhelm/Teerfarben; *EuG* Slg. 2003, II-2611 (S. 2642 Tz. 87); *EuG* Slg. 2006, II-3448 = WuW/E 1192 (1202f. Tz. 285ff.) – Jungbunzlauer; Slg. 2006, II-3145 (3230ff. Tz. 277) – Roquette Fr.; BGHSt 24, 54 = NJW 1971, 521; *Kommission,* 4. WB, S. 23; *Röhling,* EuZW 2011, 516f.; *Soltesz/Marquier,* EuZW 2006, 102.

[129] *EuGH* Slg. 2006, I-5977 = WuW/E EU-R 1069 (1075ff. Tz. 32ff.) – Graphitelektroden; Slg. 2007, I-3955 = EuZW 2007, 408 (409 Tz. 27f.) – SGL Carbon; *EuG* Slg. 2003, II-2611 (2642 Tz. 88ff.); 2004, II-1200 (1241f. Tz. 130ff.) = WuW/E EU-R 847 (850 Tz. 130ff.) – Graphitelektroden; Slg. 2006, II-3145 (3232 Tz. 281) – Roquette Fr.; *E. Rehbinder,* FS Immenga, 2004, S. 303 (311); dagegen *Dannecker,* FS Immenga, 2004, S. 90f.

[130] Art. 3 des Verordnungsentwurfs, KOM (2000), 582 endg.; s. *Bechtold,* BB 2000, 2425 (2429f.); *Ehlermann,* WuW 2001, 231; *Mestmäcker,* EBOR 1 (2000), 401 (426ff.).

dass sich das Unionsrecht grundsätzlich, d. h. von verschiedenen Ausnahmen (s. Art. 3 Abs. 2 S. 2 und Abs. 3 VO Nr. 1/2003) abgesehen, gegen das nationale Recht durchsetzt.[131] Grundlage der ganzen Regelung ist der **Grundsatz des Vorrangs** des Unionsrechts vor dem nationalen Recht im Konfliktsfalle, der – als Teil des Primärrechts – durch Art. 3 der VO Nr. 1/2003 (selbstverständlich) nicht tangiert wird.[132] Art. 3 der VO Nr. 1/2003 erweitert oder, wenn man so will, präzisiert lediglich den Grundsatz des Vorrangs des Unionsrechts auch für eine Reihe zuvor umstrittener Grenzfälle. Durch die 7. GWB-Novelle von 2005 ist Art. 3 der VO Nr. 1/2003 in Gestalt des neuen **§ 22 GWB** anschließend nur wenig verändert ins deutsche Recht übernommen worden.

62 Art. 3 Abs. 1 der VO Nr. 1/2003 (im Folgenden immer: VO) bekräftigt zunächst den **Grundsatz der parallelen Anwendbarkeit** des europäischen und des nationalen Kartellrechts. Zu diesem Zweck bestimmt die Vorschrift, dass die Wettbewerbsbehörden und die Gerichte der Mitgliedstaaten neben ihrem Wettbewerbsrecht immer „auch" die Art. 101 und 102 des Vertrages anwenden müssen, wenn sie gegen Vereinbarungen (und gleichstehende Maßnahmen) oder gegen missbräuchliche Verhaltensweisen marktbeherrschender Unternehmen vorgehen *und* die Voraussetzungen der Zwischenstaatlichkeitsklausel (s. o. Rn. 18 ff.) erfüllt sind, so dass überhaupt Raum für die parallele Anwendbarkeit des Unionsrechts ist. Dadurch sollen die einheitliche Anwendung und Durchsetzung der Wettbewerbsregeln in der Union sichergestellt werden.[133] Die entsprechende deutsche Regelung findet sich in **§ 22 Abs. 1 bis Abs. 3 GWB** von 2005. Kommen deutschen Kartellbehörden bei der Prüfung eines Falles auf dieser Grundlage zu dem Ergebnis, dass die Wettbewerbsregeln des Vertrags nicht eingreifen, so sind sie freilich auf die **Entscheidung** beschränkt, dass für sie kein Anlass besteht, tätig zu werden (Art. 5 S. 3 der VO). Dagegen ist ihnen die Entscheidung verwehrt, dass die Voraussetzungen der Wettbewerbsregeln nicht vorliegen, weil sie damit die einheitliche Anwendung der Wettbewerbsregeln in der Union durch einen Eingriff in die alleinige Zuständigkeit der Kommission beeinträchtigen könnten.[134]

3. Genereller Vorrang des Art. 101 AEUV

63 Am weitesten konnte sich die Kommission mit ihren Vorstellungen (s. o. Rn. 61) im Anwendungsbereich des Art. 101 AEUV durchsetzen, d. h. bei wettbewerbsbeschränkenden Vereinbarungen und gleichstehenden Maßnahmen mit zwischenstaatlichem Bezug. Zu diesem Zweck bestimmt **Art. 3 Abs. 2 S. 1 der VO,** dass die Anwendung des nationalen Kartellrechts nicht zum Verbot wettbewerbsbeschränkender Vereinbarungen führen darf, die nicht den Wettbewerb im Sinne des Art. 101 Abs. 1 AEUV einschränken (etwa mangels Spürbarkeit der Wettbewerbsbeschränkung), die die Bedingungen des Art. 101 Abs. 3 AEUV erfüllen (Stichwort: Legalausnahme!) oder die durch eine Gruppenfreistellungsverordnung erfasst sind. Für das deutsche Recht wird diese Regel nochmals – im Wesentlichen wörtlich – durch **§ 22 Abs. 2 S. 1 GWB** von 2005 wiederholt.

---

131 Ebenso *EuGH* Slg. 2006 I-6641 Tz. 38 f. = EuZW 2006, 529 = WuW/E EU-R 1107 (1113) – Manfredi m. Anm. *Emmerich,* JuS 2006, 1125 (1127).

132 Ebenso *EuGH,* Urt. Manfredi (vorige Fn.).

133 S. den Erwägungsgrund Nr. 8 S. 3 zu der VO.

134 *EuGH* Slg. 2011, I-3082 = EuZW 2011, 514 (515 f. Tz. 27 ff.) – Tele2Polska; *Röhling,* EuZW 2011, 516 f.

Durch die **beiden Konvergenzregeln** des Art. 3 Abs. 2 S. 1 der VO und des § 22 Abs. 2 S. 1 GWB von 2005 (o. Rn. 63) soll erreicht werden, dass Vereinbarungen (und gleichstehende Maßnahmen) mit zwischenstaatlichem Bezug nach nationalem Kartellrecht nur verboten werden können, wenn (1.) zugleich die Voraussetzungen des Art. 101 Abs. 1 AEUV erfüllt sind und nicht (2.) Art. 101 Abs. 3 AEUV oder eine Gruppenfreistellungsverordnung eingreifen.[135] Aus dem Grundsatz des Vorrangs des Unionsrechts folgt außerdem, dass sich „umgekehrt" das Unionsrecht auch gegen milderes nationales Recht durchsetzt. 64

Es ist vor allem die Bekräftigung des zuletzt genannten Grundsatzes des **Vorrangs auch strengeren Unionsrechts** (o. Rn. 64), die mit der eigenartigen Bestimmung des **§ 22 Abs. 2 S. 3 GWB** bezweckt wird, nach dem sich in den übrigen Fällen der Vorrang des Art. 101 AEUV nach dem insoweit maßgeblichen Unionsrecht richtet.[136] Durch diesen Grundsatz wird die Reichweite der wenigen noch verbliebenen Ausnahmen von dem Kartellverbot des § 1 GWB insbesondere für Mittelstandskartelle in § 3 GWB und für die Preisbindung bei Zeitungen und Zeitschriften in § 30 GWB spürbar relativiert (s. u. § 23 Rn. 7, § 25 Rn. 8 ff.). 65

4. Eingeschränkter Vorrang des Art. 102 AEUV

Anders als Art. 101 AEUV, der sich nach dem Gesagten (o. Rn. 63 ff.) nahezu ausnahmslos gegen kollidierendes nationales Kartellrecht durchsetzt, ist es der Kommission bei Art. 102 AEUV nicht gelungen, ihre Vorstellung von der generellen Verdrängung des nationalen Kartellrechts im Anwendungsbereich der Wettbewerbsregeln des Vertrags durchzusetzen. Vor allem auf deutschen Druck hin bestimmt vielmehr **Art. 3 Abs. 2 S. 2 der VO,** dass es den Mitgliedstaaten durch die VO nicht verwehrt wird, in ihrem Hoheitsgebiet „strengere innerstaatliche Vorschriften zur Unterbindung oder Ahndung *einseitiger* Handlungen von Unternehmen" zu erlassen oder anzuwenden. Die entsprechende deutsche Regelung findet sich in **§ 22 Abs. 3 S. 3 GWB** von 2005, nach dem durch die Verpflichtung zur Anwendung auch des Art. 102 AEUV auf missbräuchliche Verhaltensweisen die Anwendung weitergehender Vorschriften des GWB nicht berührt wird. 66

Auszugehen ist auch hier von dem grundsätzlichen **Vorrang des Unionsrechts.** *Soweit* das Verbot des Art. 102 AEUV reicht, ist mithin für abweichende nationale Vorschriften kein Raum. Parallele nationale Missbrauchsverbote bleiben dagegen anwendbar (Art. 3 Abs. 1 S. 2 der VO; § 22 Abs. 3 S. 1 GWB). Im Falle der Verhängung von Bußgeldern (§ 81 Abs. 2 Nr. 1 GWB; Art. 23 Abs. 2 lit. a der VO) besteht indessen die bereits erwähnte gegenseitige Anrechnungspflicht (o. Rn. 60). 67

Zusätzliche Regeln gelten im Falle **„strengerer",** d. h. über Art. 102 AEUV hinausgehender **nationaler Verbote.** Ihre Anwendung bleibt nach der sog. **deutschen Klausel** des Art. 3 Abs. 2 S. 2 der VO **möglich,** *soweit* es sich um „*einseitige* Handlungen von Unternehmen" handelt.[137] Deutschland wollte mit dieser Regelung vor allem die unveränderte Beibehaltung der **§§ 18 bis 21 GWB** sicherstellen, auch soweit sie im Einzelfall strenger als Art. 102 AEUV sein sollten. Ein wichtiges Beispiel ist die Regelung 68

[135] So Erwägungsgrund Nr. 8 S. 3 zu der VO.

[136] S. dazu die Begr. z. RegE. BT-Drs. 15/3640, S. 31 (r. Sp. Abs. 1), 47 (l. Sp. Abs. 1).

[137] S. dazu die Erwägungsgründe Nr. 8 S. 5 f. zu der VO.

des Verkaufs unter Einstandspreis durch § 20 Abs. 3 GWB, die deutlich über Art. 102 AEUV hinausgeht.

5. Weitere Ausnahmen

69 Eine zusätzliche Ausnahme von dem durch Art. 3 Abs. 2 der VO eingeführten erweiterten Vorrang der Wettbewerbsregeln des Vertrags findet sich in **Abs. 3 des Art. 3 der VO.** Danach gelten die Abs. 1 und 2 der Vorschrift (über die parallele Anwendbarkeit der Wettbewerbsregeln und über deren erweiterten Vorrang) „unbeschadet der allgemeinen Grundsätze und sonstigen Vorschriften des Gemeinschaftsrechts" *nicht,* wenn die Wettbewerbsbehörden und Gerichte der Mitgliedstaaten einzelstaatliche Gesetze über die Kontrolle von Unternehmenszusammenschlüssen anwenden (s. u. § 14 Rn. 9ff.); sie stehen außerdem nicht der Anwendung von Bestimmungen des nationalen Rechts entgegen, die überwiegend ein von den Wettbewerbsregeln des Vertrags abweichendes Ziel verfolgen. Die entsprechende deutsche Bestimmung findet sich in **§ 22 Abs. 4 GWB** von 2005 (s. Rn. 70f.).

70 Für die **Fusionskontrolle** enthält Art. 21 Abs. 3 FKVO von 2004 eine speziellere Regelung, so dass die Problematik hier nicht weiter zu vertiefen ist (s. u. § 14 Rn. 9ff.). Nähere Ausführungen sind vielmehr im vorliegenden Zusammenhang allein zu dem Vorbehalt für solche Vorschriften angebracht, mit denen ein von den Wettbewerbsregeln **abweichendes Ziel** verfolgt wird (Art. 3 Abs. 3 Halbs. 2 der VO; § 22 Abs. 4 S. 2 GWB von 2005). Zum Verständnis dieser Regelung muss man sich vor allem vergegenwärtigen, dass Art. 3 Abs. 1 und Abs. 2 der VO allein das Verhältnis der Wettbewerbsregeln zu dem „einzelstaatlichen Wettbewerbsrecht" regelt.[138] *Nicht* geregelt ist dagegen das Verhältnis der Wettbewerbsregeln des Vertrags zu sonstigen einzelstaatlichen Vorschriften. Dieses Verhältnis beurteilt sich vielmehr allein nach den „allgemeinen Grundsätzen und sonstigen Vorschriften des Gemeinschaftsrechts" (s. Art. 3 Abs. 3 Halbs. 1 der VO), d. h. nach dem Grundsatz des Vorrangs des Unionsrechts im Konfliktsfall.

71 Grundgedanke der Regelung ist es, dass bei Vorschriften, mit denen **andere Regelungszwecke** als mit den Wettbewerbsregeln verfolgt werden, im Zweifel eine Kollision mit den Wettbewerbsregeln nicht vorstellbar ist, so dass die fraglichen Vorschriften *neben* den Wettbewerbsregeln des Vertrags grundsätzlich **weiterhin Anwendung** finden können. Zu denken ist hier in erster Linie an Vorschriften gegen unlauteren Wettbewerb oder gegen missbräuchliche Geschäftsbedingungen,[139] weiter an Vorschriften über den gewerblichen Rechtschutz wie z. B. das Patentgesetz, ferner an Vorschriften, die der Bundesnetzagentur als Regulierungsbehörde besondere Eingriffsbefugnisse verleihen (insbesondere KWG, TKG, AEG, EnWG usw.), sowie noch an so eigenartige Regelungen wie die §§ 14 bis 16 des Urheberrechtswahrnehmungsgesetzes.[140]

[138] S. die Überschrift zu Art. 3 sowie Art. 3 Abs. 1 S. 1 und 2 und Abs. 2 S. 1 VO.

[139] So der Erwägungsgrund Nr. 9 S. 4 bis 6 zu der VO; ebenso die Begr. z. RegE BT-Drs. 15/3640, S. 32 (l. p. o.), 47 (l. Sp. „Zu Abs. 4").

[140] S. *Mestmäcker/Schweitzer,* § 5 Rn. 31f. (S. 152f.); *E. Rehbinder,* FS Immenga, 2004, S. 303 (316f.).

1. Kapitel. Kartellverbot

§ 4. Tatbestand (Art. 101 Abs. 1 AEUV)

I. Maßnahmen

1. Vereinbarungen

a) Anwendungsbereich

Gemäß Art. 101 Abs. 1 AEUV sind verboten alle Vereinbarungen zwischen Unternehmen, Beschlüsse von Unternehmensvereinigungen und aufeinander abgestimmte Verhaltensweisen, die den Handel zwischen Mitgliedstaaten zu beeinträchtigen geeignet sind und eine Verhinderung, Einschränkung oder Verfälschung des Wettbewerbs innerhalb des Binnenmarktes bezwecken oder bewirken. Erfasst werden – über den Wortlaut des Vertrages hinaus – außerdem noch wettbewerbsbeschränkende Vereinbarungen unter **Beteiligung von Unternehmensvereinigungen** und deren Zusammenschlüssen.[1] Handeln die Vereinigungen im Namen ihrer Mitglieder, so greift Art. 101 Abs. 1 AEUV ohnehin bereits seinem Wortlaut nach ein.[2] Gleich stehen Vereinbarungen von Unternehmensvereinigungen (und deren Zusammenschlüssen) mit einzelnen Unternehmen. **Beispiele** für Vereinbarungen unter Beteiligung von Unternehmensvereinigungen sind umfassende Marktregelungen zwischen Herstellern aus verschiedenen Mitgliedstaaten im Rahmen ihrer Verbände[3] sowie gegenseitige Ausschließlichkeitsbindungen zwischen Unternehmensverbänden, durch die die Mitglieder zum ausschließlichen Geschäftsverkehr mit Mitgliedern des anderen Verbandes veranlasst werden sollen.[4] 1

Den Gegensatz zu Vereinbarungen bilden – neben einseitigen Weisungen einer Partei (u. Rn. 9) – insbesondere **hoheitliche Maßnahmen** der Mitgliedstaaten gegenüber den ihrer Jurisdiktion unterworfenen Unternehmen, so dass kein Raum für die Anwendung des Art. 101 Abs. 1 AEUV ist, wenn den Unternehmen von einem Mitgliedstaat ein bestimmtes Verhalten verbindlich vorgeschrieben wird (sog. **state action defense**).[5] Vom Anwendungsbereich des Art. 101 Abs. 1 AEUV ausgenommen sind ferner **öffentlich-rechtliche Verträge,** durch die die Mitgliedstaaten Hoheitsaufgaben erfüllen; ein Beispiel ist ein Konzessionsvertrag zwischen einer Gemeinde und einem Unternehmen, durch das diesem auf gesetzlicher Grundlage ein Monopol, etwa im Bestattungswesen, eingeräumt wird.[6] Dagegen steht die bloße staatliche Förderung, Billigung oder Genehmigung von (privatrechtlichen oder öffentlich-rechtlichen) wettbewerbsbeschränkenden Vereinbarungen von Unternehmen und Unternehmensverei- 2

---

[1] *EuG* Slg. 2000, II-508 (847ff. Tz. 1321, 1325ff.) – Cimenteries CBR.

[2] *EuGH* Slg. 1975, 563 (583f.) – Frubo; *EuG* Slg. 1994, II-49 (80f.) – CB.

[3] *EuG* Slg. 2000, II-508ff. – Cimenteries CBR (ein bedrückendes Beispiel für die offenbar übliche Missachtung der Wettbewerbsregeln durch große Unternehmen und ihre Verbände).

[4] *Kommission,* Entsch. v. 25.11.1981, ABl. 1982 Nr. L 54/36 (44) – VBVB/VBBB; v. 17.12.1981, ABl. 1982 Nr. L 167/39 (45) – Anseau/Navewa; 26.10.1999, ABl. 2000 Nr. L 39/1 (17) – FEG und TU.

[5] S. schon o. § 3 Rn. 12 sowie *EuGH* Slg. 1997, I-6301 (6312f. Tz. 33f.) – Ladbroke Raising; 2003, I-8894 (8908 Tz. 30f.) – Altair Chemica; *EuG* Slg. 2000, II-3456 (3481ff. Tz. 81ff.) – Asia Motor France; 2003, II-5768 (5867 Tz. 296) – FEG; Slg. 2008, II-85ff. = WuW/E EU-R 1429 – DTK.

[6] *EuGH* Slg. 1988, 2507, 2512 Tz. 18 – Bodson; ähnlich für den Glücksspielstaatsvertrag der Länder zur Absicherung ihres Monopols *BGH* WuW/E DE-R 2408 = WRP 2008, 1456 m. Anm. *K. Westermann,* ZWeR 2010, 81.

nigungen der Anwendung des Art. 101 Abs. 1 AEUV ebensowenig entgegen wie eine nachträgliche Allgemeinverbindlicherklärung solcher Vereinbarungen durch die Behörden eines Mitgliedstaates (o. § 3 Rn. 13).

b) Begriff

3 Der Vertrag wendet sich in Art. 101 Abs. 1 gegen „alle Vereinbarungen" zwischen Unternehmen (und Unternehmensvereinigungen, s. o. Rn. 1 f.), ohne indessen den Begriff der Vereinbarung näher zu definieren. Jedoch zeigt die Wortwahl in Art. 101 AEUV in sämtlichen Vertragssprachen („Vereinbarungen, accords, accordi, agreements") deutlich, dass der Begriff der Vereinbarung zumindest in enger Nachbarschaft zu dem herkömmlichen Vertragsbegriff des bürgerlichen Rechts zu sehen ist. Für die Annahme einer Vereinbarung reicht es daher aus, wenn, wie immer, mehrere Unternehmen ihren *gemeinsamen Willen* zum *Ausdruck* bringen, sich auf dem Markt in einer bestimmten Weise zu verhalten, mag die **Willensübereinstimmung** ausdrücklich oder konkludent, schriftlich oder formlos zustande gekommen sein.[7] Zwei Merkmale müssen folglich zusammentreffen, damit eine Vereinbarung im Sinne des Art. 101 Abs. 1 AEUV angenommen werden kann: der gemeinsame Wille der Beteiligten, gerichtet auf ein bestimmtes Marktverhalten, und dessen Äußerung, wobei der objektive Empfängerhorizont entscheidet. Einem Unternehmen wird dabei das Verhalten aller Personen zugerechnet, die über die nötige Vertretungsmacht für die Beteiligung an der Vereinbarung verfügen; es ist nicht nötig, dass die Geschäftsführung Kenntnis von der Vereinbarung hat.[8] Unerheblich ist ferner, wo und wann die Vereinbarung getroffen wurde und welchen **Zweck** die Beteiligten mit ihr verfolgen: Immer findet unter den genannten Voraussetzungen Art. 101 Abs. 1 AEUV Anwendung, und zwar gleichgültig, ob sich ein Unternehmen freiwillig oder unter dem Druck seiner Konkurrenten an der Vereinbarung beteiligt oder ob ein Kartell formal aufgehoben wurde, sofern nur seine Wirkungen fortbestehen.[9]

4 Ausreichend ist bereits die **Festlegung eines Rahmens** oder Plans für eine gemeinsame Regulierung der Märkte; sämtliche folgenden Maßnahmen zur Konkretisierung des festgelegten Rahmens oder Plans bilden dann eine einzige andauernde Zuwiderhandlung, da generell sämtliche Maßnahmen im Rahmen einer Vereinbarung zu deren Durchführung wettbewerbsrechtlich als Teil der Vereinbarung behandelt werden.[10] Wichtig ist dies einmal für die sachgerechte Beurteilung über längere Zeit praktizierter,

[7] *EuGH* Slg. 1970, 661, 696 (Tz. 112) – ACF; Slg. 1980, 3125 (3250 Tz. 86) – van Landewyck; Slg. 1999, I-4162, (4205f. Tz. 130ff.) = WuW/E 320 – Anic Partecipazioni; Slg. 1999, I-4575 (4627 Tz. 162) – Montecatini; Slg. 2004, I-64 (101, 104f. Tz. 88, 97ff.) = WuW/E EU-R 769 = EuZW 2004, 309 – Bayer/Adalat; Slg. 2006, I-6602 = WuW/E EU-R 1120 Tz. 37 – VW II – m. Anm. *Emmerich,* JuS 2007, 494 (496) Nr. 13.

[8] *EuGH* WuW/E EuR 2644 Tz. 26 = NZKart 2013, 146 – Slov. Banker; *Weck/Camesasca,* WuW 2013, 17 (18ff.).

[9] *EuG* Slg. 1991, II-1091 (1155ff.) – Petrofina; Slg. 1991, II-1180 (1244) – Atochem, usw. bis Slg. 2005, II-3038 (3057) = WuW/E EU-R 967 (970 Tz. 118f.) – Brasserie Nationale; Slg. 2005, II-3326 (3357 Tz. 83) – Daimler Chrysler; Slg. 2005, II-5066 (5089 Tz. 63) – Union Pigments; Slg. 2008, II-1353 (1379ff.) – BPB; Slg. 2010, II-1900; WuW/E EuR 2479 (2503 Tz. 251) – E.ON.

[10] *EuG* Slg. 2010, II-1270 (1296ff. Tz. 89ff.) – Amann; Slg. 2010, II-1457 (1472ff. Tz. 45ff.) – Gütermann; *Kommission,* Entsch. v. 7.6.2000, ABl. 2001 Nr. L 152/24 (47 Tz. 237) – Aminosäuren; v. 18.7.2001, ABl. 2002 Nr. L 100/1 (24ff.) – Graphitelektroden; v. 20.12.2001, ABl. 2004 Nr. L 115/1 (53ff.); v. 20.11.2007, WuW/E EU-V 1255 (1258 Tz. 107ff.) – Videobänder; v. 8.7.2009, WuW/E EU-V1457 (1461ff.).

komplexer Verstöße mehrerer Unternehmen gegen die Wettbewerbsregeln, die unter den genannten Voraussetzungen als **fortgesetzte Zuwiderhandlung** aller beteiligten Unternehmen behandelt werden können,[11] zum anderen z. B. aber auch für die bloße **Ausübung gewerblicher Schutzrechte,** die ebenfalls unter Art. 101 Abs. 1 AEUV subsumiert werden kann, sofern sie Gegenstand, Mittel oder Folge einer gegen Art. 101 Abs. 1 AEUV verstoßenden Vereinbarung ist.[12] Die notwendige Konsequenz ist die ständige Ausweitung des Anwendungsbereichs des europäischen Kartellverbots.

Umstritten ist, ob die Annahme einer Vereinbarung im Sinne des Art. 101 Abs. 1 AEUV die **Verbindlichkeit** der Abrede für die Beteiligten im Sinne einer zumindest faktischen, wirtschaftlichen oder moralischen Bindung voraussetzt. Während das **Schrifttum** überwiegend für ein derartiges Begriffsverständnis eintritt, weil andernfalls die Grenze zur Verhaltensabstimmung flüssig würde,[13] verzichten die **Unionsorgane** in der Regel auf die Verbindlichkeit der Absprache als Voraussetzung für die Annahme einer Vereinbarung, so dass auch unverbindliche Absprachen die Merkmale einer Vereinbarung erfüllen können.[14] Dagegen spricht indessen in der Tat, dass der Vertrag in den Abs. 1 und 2 des Art. 101 deutlich zwischen Vereinbarungen und abgestimmten Verhaltensweisen unterscheidet, wobei der Unterschied letztlich nur darin liegen kann, dass sich die Vereinbarung durch eine gewisse faktische, wirtschaftliche oder moralische Bindungswirkung für die Beteiligten auszeichnet. Die Folge ist vor allem, dass **gentlemen's agreements,** bei denen die Beteiligten von vornherein auf eine rechtliche Verbindlichkeit der Abrede verzichten und sich statt dessen mit einer wirtschaftlichen, moralischen oder gesellschaftlichen Bindung „begnügen", im Rahmen des Art. 101 Abs. 1 AEUV bereits als **Vereinbarungen** (und nicht erst als abgestimmte Verhaltensweisen) erfasst werden können.[15] Wo es jedoch auch daran fehlt, kommt nur noch die Annahme einer Verhaltensabstimmung in Betracht. 5

Die **Beweislast** für das Vorliegen einer Vereinbarung trägt in Kartellverwaltungsverfahren grundsätzlich die Kommission, wobei, da ein so genannter direkter Beweis durch eindeutige Urkunden über die Vereinbarungen nur selten möglich ist, die Kommission in der Regel auf einen indirekten Beweis anhand von Indizien angewiesen ist. Es hängt von den Umständen des Falles ab, wie viele auf eine Vereinbarung hinweisende **Indizien** von der Kommission nachgewiesen werden müssen, um die Annahme einer Vereinbarung zu rechtfertigen (Art. 2 S. 1 VO Nr. 1/2003).[16] Entscheidend ist letztlich immer das Gesamtbild, das sich aufgrund der vorliegenden Dokumente und 6

11 *EuGH* WuW/E EU-R 2600 Tz. 41 ff. = NZKart 2013, 108 – Coppens; NZKart 2014, 59 Tz. 242; *EuG* NZKart 2013, 295 Tz. 57 ff. – Marineschläuche; NZKart 2013, 412 (415 Tz. 90 ff., 186 ff.) – Duravit; NZKart 2013, 420 – Masco; *Weck/Camesasca,* WuW 2013, 17 (21 f).

12 *EuGH* Slg. 1968, 86 (112) – Parke Davis; Slg. 1971, 69 (82 f.) – Sirena; Slg. 1971, 487 (499) – Deutsche Grammophon.

13 S. IM/*Emmerich,* Bd. I/1, Art. 101 Rn. 60 f. m. N.

14 *EuG* Slg. 2000, II-3387 (3409 Tz. 68) = WuW/E EU-R 367 – Bayer; *Kommission,* Entsch. v. 2.4.2003, ABl. Nr. L 209/12 (32 Tz. 121) – Viandes bovines françaises.

15 *EuG* Slg. 1991, II-1091 (1180); 1991, II-1523; 1991, II-1623; 1991, II-1711 und 1991, II-1833; Slg. 1992, II-499, 629, 757, 907, 1021, 1155 und 1274; Slg. 1995, II-791 (830 f. Tz. 96) – Tréfileurope; Slg. 2008, II-1353 (1380 Tz. 82); *Kommission,* Entsch. v. 26.10.1999, ABl. 2000 Nr. L 39/1 (16 Tz. 101) – FEG und TU; v. 13.12.2000, ABl. 2003 Nr. L 10/1 (7 Tz. 56) – Natriumkarbonat.

16 *EuGH* Slg. 2010, I-5406 Tz. 29 ff; *EuG* Slg. 2007 II 965, 1051 ff. – Bolloré; Slg. 2008 II 1353, 1372 f. Tz. 61 ff. – BPB; WuW/E EU-R 1835, 1838 ff. Tz. 48 ff., 74 – E.ON. Energie.

Indizien für den objektiven Betrachter ergibt.[17] Als besonders kritisch gilt durchweg die **Teilnahme an Zusammenkünften,** die wettbewerbswidrige Aktivitäten zum Gegenstand haben.[18] Ein innerer Vorbehalt oder die unterlassene Mitwirkung an einzelnen Maßnahmen des Kartells steht in diesem Fall der Verantwortung für das Kartell insgesamt nicht entgegen.[19] Ein Gegenbeweis ist vielmehr unter diesen Umständen nur durch eine eindeutige, den anderen Beteiligten unmissverständlich zum Ausdruck gebrachte Distanzierung von der verbotenen Vereinbarung möglich, ein Gegenbeweis, der nur selten gelingt.[20]

c) Beispiele

7 Art. 101 Abs. 1 AEUV erfasst unter den genannten Voraussetzungen (Rn. 3ff.) alle denkbaren Erscheinungsformen von Vereinbarungen. Zwischen schuldrechtlichen und dinglichen Verträgen wird dabei ebensowenig unterschieden wie zwischen privatrechtlichen und öffentlich-rechtlichen Verträgen, sofern es sich nur eben um eine Vereinbarung in dem genannten Sinne mit dem Zweck oder der Wirkung der Wettbewerbsbeschränkung handelt. Den Gegensatz bilden – neben den von den Mitgliedstaaten hoheitlich erzwungenen Maßnahmen der Unternehmen (o. Rn. 2) – einseitige Maßnahmen einzelner Unternehmen (u. Rn. 9ff.).

8 Anders als früher das deutsche Recht (s. §§ 1 und 14ff. GWB a. F.) unterscheidet Art. 101 Abs. 1 AEUV insbesondere auch nicht zwischen **Kartellen und Austauschverträgen;** beide werden vielmehr grundsätzlich gleichbehandelt, sofern nur die übrigen Voraussetzungen des Art. 101 Abs. 1 AEUV erfüllt sind (ebenso jetzt § 1 GWB n. F.). Art. 101 AEUV gilt daher gleichermaßen für die klassischen Kartelle zwischen Konkurrenten wie für Vertriebsabreden zwischen Unternehmen auf verschiedenen Wirtschaftsstufen, wie auch durch die Regelbeispiele des Art. 101 Abs. 1 Halbs. 2 lit. a bis lit. e AEUV belegt wird.[21] Vor allem hierauf beruht der **weite Anwendungsbereich** des Art. 101 AEUV, der außer den „klassischen" Kartellen z. B. auch Ausschließlichkeits- und Vertriebsbindungen, Preis- und Konditionenbindungen sowie Lizenzverträge umfasst, und zwar selbst dann, wenn wettbewerbsbeschränkende Abreden auf eine **Vielzahl** wirtschaftlich **zusammenhängender Verträge** aufgeteilt werden; wettbewerbsrechtlich werden diese dann vielmehr als Einheit behandelt.[22]

---

17 S. z. B. aus der umfangreichen Rechtsprechung *EuGH* WuW/E EU-R 2578 (2589f. Tz. 71ff.) E.ON Energie; *EuG* WuW/E EU-R 2703 Tz. 68ff. = NZKart 2013, 244 – GEMA; NZKart 2013, 81 Tz. 32ff. – Flachglas; NZKart 2013, 295 Tz. 50ff. – Marineschläuche; NZKart 2013, 412 (416f. Tz. 93ff.).

18 *EuGH* Slg. 2004, I-403, 439, 447f. = WuW/E EU-R 899 Tz. 53, 81f. – Aalborg; Slg. 2006, I-8873, 8907f. – TU; Slg. 2009, I-1908 = WuW/E EU-R 1551 Tz. 119f. – ADM; *EuG* Slg. 2006, II-4574, 4595 Tz. 75ff., 4601 Tz. 97 – Westf. Gassen Ned.; Slg. 2007, II-965, 1028ff. Tz. 188ff. – Bolloré; Slg. 2008, II-1353 Tz. 83, 90, 232 – BPB; WuW/E EU-R 2446 (2460ff. Tz. 113, 125f.) – Berning.

19 *EuGH* Slg. 2004, I-403 (439, 447f.) – Alborg; *EuG* Slg. 2010, II-1384 (1394ff. Tz. 81ff.) – BST; Slg. 2010, II-1457 (1473f. Tz. 51ff.) – Gütermann.

20 *EuGH* WuW/E EU-R 2578 (2590f. Tz. 75f.) – E.ON; WuW/E EU-R 2644 Tz. 27 = NZKart 2013, 146; NZKart 2013, 370 Tz. 63ff.; *EuG* WuW/E EU-R 2446 (2459 Tz. 113ff.) – Berning; 2479 (2496 Tz. 172ff.) – E.ON Ruhrgas; *Weck/Camesasca,* WuW 2013, 17 (20).

21 *EuGH* Slg. 1966, 281 (302ff.) – LTM/MBU; Slg. 1966, 321 (387f.) = JZ 1966, 673 = JuS 1966, 448 Nr. 1 – Grundig/Consten; Slg. 1966, 457 (485f.); Slg. 1967, 543 (555f.) – de Haecht, usw. bis Slg. 1998, I-1997 (2002 Tz. 11) – Javico; Slg. 2006, I-12018 = EuZW 2007, 150 (153 Tz. 37)– CEPSA m. Anm. *Emmerich,* JuS 2007, 596.

22 *EuGH* Slg. 1982, 2015 (2059ff.) = NJW 1982, 1929 – Nungesser; Slg. 2006, I-11145 = EuZW 2006, 753 = WuW/E EU-R 1235 – Asnef-Equifax = JuS 2007, 877 Nr. 14; *BKartA,* WuW/E DE-V 1579.

d) „Einseitige Maßnahmen"

Eine Vereinbarung kann nur angenommen werden, wenn es sich um eine Willensübereinstimmung zwischen mindestens *zwei* rechtlich verschiedenen Personen handelt (o. Rn. 3ff.). *Keine* Vereinbarungen sind dagegen **einseitige Maßnahmen einer Partei** gegenüber einer oder mehreren anderen wie Empfehlungen, Warnungen oder Weisungen; derartige Maßnahmen sind vielmehr ebenso wie interne Beschränkungen der Produktion oder des Absatzes nach Unionsrecht grundsätzlich erlaubt, sofern nicht im Einzelfall aus sonstigen Gründen die Voraussetzungen der Art. 101 oder Art. 102 AEUV erfüllt sind.[23] Darauf beruht z. B. die (wettbewerbsrechtliche) Zulässigkeit einseitiger Weisungen des herrschenden Unternehmens gegenüber den von ihm abhängigen Unternehmen (s. o. § 3 Rn. 41ff.) sowie der Weisungen des Geschäftsherrn gegenüber Handelsvertretern und Kommissionären (§§ 675 Abs. 1, 665 BGB; u. Rn. 76ff.). 9

Die Grenze zum Anwendungsbereich des Art. 101 Abs. 1 AEUV wird erst überschritten, wenn die fragliche „Weisung" oder „Empfehlung" nur scheinbar eine einseitige Maßnahme, tatsächlich jedoch einen **Antrag** auf Abschluss einer entsprechenden Vereinbarung mit dem Adressaten darstellt, dem dieser (ausdrücklich oder konkludent) zustimmt. Gleich steht der Fall, dass es sich bei der auf den ersten Blick einseitigen Maßnahme eines Unternehmens um die Ausübung eines vertraglich eingeräumten **Leistungsbestimmungsrechts** handelt, etwa im Sinne des § 315 BGB, wobei es bereits genügt, wenn sich ein derartiges Leistungsbestimmungsrecht aus dem rechtlichen und wirtschaftlichen Kontext des Vertragsabschlusses ergibt.[24] Die Unionsorgane tendieren zur Bejahung dieser Voraussetzungen vor allem bei „einseitigen" Maßnahmen eines Unternehmens zur weiteren Konkretisierung oder Durchführung bereits *bestehender,* auf Dauer angelegter Vertriebsvereinbarungen.[25] Ein **Beispiel** sind „einseitige" Aktionen oder öffentliche Erklärungen eines Herstellers, die von den Händlern stillschweigend angenommen werden.[26] 10

Ein kritischer und viel umstrittener Grenzfall ist die „einseitige" **Kontingentierung** eines begehrten Gutes seitens des Herstellers, bei Kraftfahrzeugen z. B. zu dem Zweck, die gefürchteten Reexporte aus Niedrigpreisländern wie Italien in Hochpreisländer wie Deutschland zu unterbinden. Solche Maßnahmen können nach dem Gesagten (Rn. 10) mit Art. 101 AEUV nur erfasst werden, wenn es sich bei ihnen in Wirklichkeit um Handlungen zur weiteren Konkretisierung der schon bestehenden vertraglichen Beziehungen handelt, denen die Abnehmer entweder im Voraus oder doch nachträglich ausdrücklich oder konkludent zugestimmt haben, während *kein* Raum für die Anwendung des Art. 101 Abs. 1 AEUV ist, wenn es – mangels Verlautbarung der Maßnahme oder mangels einer Zustimmung der Abnehmer – bei der **Einseitigkeit der Maßnahme** bleibt, – vorausgesetzt, dass sich aus dem Vertrag der Beteiligten 11

[23] *EuGH* Slg. 2004, I-64 (101f. Tz. 88ff.) = EuZW 2004, 309 – Bayer/Adalat; *EuG* Slg. 2000, II-3387 (3408f. Tz. 66ff.) = WuW/E EU-R 367 – Bayer/Adalat; Slg. 2003, II-4495 (4513 Tz. 58) – GM Opel; 2005, II-3326 (3357ff.) = WuW/E EU-R 933 Tz. 83ff. – Daimler-Chrysler; s. u. § 26.

[24] *EuGH* Slg. 2006, I-6602 Tz. 40ff., 43ff. = WuW/E EU-R 1120 – VW II m. Anm. *Emmerich,* JuS 2007, 494f. Nr. 13 und *Lange,* EWS 2006, 481; *Behrens,* ZWeR 2008, 20 (26ff.).

[25] S. *Lübbig,* WuW 1991, 561.

[26] *EuGH* Slg. 1995, I-3459 (3467f. Tz. 16) = EuZW 1995, 797 – BMW/ALD.

auch nicht die Befugnis des Herstellers zur nachträglichen Konkretisierung der Lieferbeziehungen ableiten lässt.[27]

2. Beschlüsse

12 Die zweite Form wettbewerbsbeschränkender Maßnahmen, gegen die sich Art. 101 Abs. 1 AEUV wendet, sind Beschlüsse von Unternehmensvereinigungen. Gleich stehen Beschlüsse von Zusammenschlüssen derartiger Vereinigungen (o. Rn. 1). Durch die Erstreckung des Anwendungsbereichs des Kartellverbotes auf Beschlüsse von Unternehmensvereinigungen soll verhindert werden, dass das Verbot wettbewerbsbeschränkender Vereinbarungen (Art. 101 Abs. 1 AEUV) durch die Verlagerung der Entscheidungen in eine Organisation umgangen wird, weil das Kartellverbot andernfalls zur Disposition der Beteiligten stände. Keine Rolle spielt die Rechtsnatur der Vereinigung. Ebenso unerheblich ist, ob es sich um einen privatrechtlichen oder öffentlich-rechtlichen Zusammenschluss von Unternehmen handelt.[28] Auch Beschlüsse der Kammern der freien Berufe gehören hierher.

13 Unter **Beschlüssen** sind in Art. 101 Abs. 1 AEUV alle Rechtsakte zu verstehen, durch die eine Unternehmensvereinigung ihren Willen bildet,[29] wobei es auf das Verfahren der Willensbildung und die rechtliche Qualifikation des Beschlusses nach nationalem Recht nicht ankommt.[30] Selbst wenn es sich bei der Vereinigung um eine **öffentlich-rechtliche Körperschaft** handelt, deren Beschlüsse nach nationalem Recht als Verwaltungsakte oder Satzungen zu qualifizieren sind, bleibt doch Art. 101 Abs. 1 AEUV anwendbar, wenn der Sache nach der Beschluss einer Unternehmensvereinigung vorliegt.[31] Bedeutung hat das in erster Linie für die in der Form von **Satzungen** ergehenden „Beschlüsse“ der Kammern der freien Berufe.

14 Bei den Beschlüssen ist ebenso wie bei den Vereinbarungen (s. o. Rn. 3ff.) umstritten, ob die Anwendbarkeit des Art. 101 Abs. 1 AEUV voraussetzt, dass der Beschluss für die Mitglieder zumindest **faktisch verbindlich** ist. Die überwiegende Meinung verneint heute diese Frage.[32] Bloße, ihrem Wortlaut nach an sich unverbindliche Empfehlungen oder Rundschreiben von Unternehmensvereinigungen sind jedenfalls dann als Beschlüsse unter Art. 101 Abs. 1 AEUV zu subsumieren, wenn bereits die soziale Kontrolle und der Druck der anderen Mitglieder ausreichen, um die regelmäßige Befolgung der „Empfehlungen“ oder Rundschreiben der Unternehmensvereinigung sicherzustellen;[33] dasselbe gilt, wenn sich die Mitglieder tatsächlich überwiegend an die Verlautbarungen der Vereinigung halten.[34]

[27] *EuGH* Slg. 2004, I-64, 101, 104f. Tz. 88f., 97ff. = EuZW 2004, 309 = WuW/E EU-R 769, 772ff. – Bayer/Adalat; Slg. 2006, I-6602 Tz. 35ff. = WuW/E EU-R 1120 – VW II; *EuG* Slg. 2005, II-3319 = WuW/E EU-R 933 – Daimler Chrysler.

[28] *EuGH* Slg. 2002, I-1653 (1680f. Tz. 65ff.) = NJW 2002, 877 = EuZW 2002, 172 – Wouters; ebenso im Ausgangspunkt *EuGH* Slg. 2002, I-1561 (1572f. Tz. 34ff.) – Arduino; *Kommission,* Entsch. v. 30.1.1995, ABl. Nr. L 122/37 – COAPI; 23. Wettbewerbsbericht 1993, Tz. 219 (S. 146f) – CNSI (beide für die Kammern der freien Berufe).

[29] *BGH* WuW/E DE-R 2408 Tz. 88f.; *OLG Düsseldorf* WuW/E DE-R 2003 (2006); *BKartA* WuW/E DE-V 1251 (1260f.), 1539; *Kommission,* WuW/E EU-V 1483.

[30] *Kommission,* Entsch. v. 30.1.1995, ABl. Nr. L 122/37 (49 Tz. 46f.) – COAPI.

[31] *Kommission* (vorige Fn.), Tz. 45–47 – COAPI; 23. Wettbewerbsbericht 1993, Tz. 219 (S. 146f.) – CNSI.

[32] S. IM/*Emmerich,* Bd. I/1, Art. 101 Rn. 80.

3. Abgestimmte Verhaltensweisen

a) Begriff

Als dritte Form der verbotenen wettbewerbsbeschränkenden Maßnahmen nennt Art. 101 Abs. 1 AEUV noch die „aufeinander abgestimmten Verhaltensweisen" („pratiques concertées; concerted practices") von Unternehmen und Unternehmensvereinigungen. Der Vertrag unterscheidet insoweit in Art. 101 Abs. 1 AEUV ebensowenig wie bei den Vereinbarungen (o. Rn. 8f.) danach, ob es sich bei den beteiligten Unternehmen um Konkurrenten oder um Unternehmen auf verschiedenen Marktstufen handelt. Auch in **Vertikalbeziehungen** zwischen Herstellern und Händlern sind abgestimmte Verhaltensweisen möglich und häufig. Zu denken ist hier vor allem an gemeinsame Strategien zur Abwehr von Parallelimporten.[35] 15

Art. 101 Abs. 1 AEUV stellt die Verhaltensabstimmung auf eine Stufe mit Vereinbarungen und Beschlüssen von Unternehmen und Unternehmensvereinigungen. Daraus folgt die enge Verwandtschaft zwischen Vereinbarungen und abgestimmten Verhaltensweisen. Die wichtigsten **Elemente** einer Verhaltensabstimmung sieht der Gerichtshof folgerichtig (in Parallele zu dem Begriff der Vereinbarungen) in der Koordinierung (oder: Koordination) der Zusammenarbeit mehrerer Unternehmen am Markt.[36] Den Gegensatz zur Verhaltensabstimmung bilden **einseitige Maßnahmen,** deren Vornahme die Unternehmen autonom, d. h. allein ohne Einflussnahme Dritter beschließen. Dazu gehört insbesondere auch das bewusste Parallelverhalten, bei dem die Unternehmen ihr Verhalten selbständig bestimmen. Eine Verhaltensabstimmung kann demgegenüber nur angenommen werden, wenn zumindest *zwei* Unternehmen in irgendeiner Form **willentlich zusammenwirken,** während die bloße einseitige Anpassung des Verhaltens eines Unternehmens an das eines anderen nicht mehr als Verhaltensabstimmung erfasst werden kann, solange dem nicht eine darauf abzielende „Fühlungnahme", d. h. eine Kontaktaufnahme zwischen beiden Unternehmen, vorausgegangen ist, wobei es keine Rolle spielt, von wem die Initiative ausgegangen ist.[37] 16

Das wichtigste Mittel der Verhaltensabstimmung ist nach den bisherigen Erfahrungen der **gegenseitige Informationsaustausch** der Unternehmen, weil sie dadurch die für unternehmerisches Verhalten unter Wettbewerbsbedingungen charakteristische Unsicherheit über die Reaktionen der Konkurrenten auf ihre eigenen Maßnahmen beseitigen.[38] Vor allem zwei Fallgestaltungen sind hier zu unterscheiden, einmal die Unterrichtung der Konkurrenten *über* das geplante *eigene Verhalten* in der Erwartung, dass sich die Adressaten danach richten werden, zum anderen der Versuch, über das zu- 17

[33] *Kommission,* Entsch. v. 26.10.1999, ABl. 2000 Nr. L 39/1 (16 Tz. 95) – FEG und TU; ebenso *BGH* WuW/E DE-R 2408 Tz. 88f.

[34] *EuGH* Slg. 1980, 3125 (3250 Tz. 86ff.) – van Landewyck; Slg. 1983, 3369 (3410 Tz. 20) – IAZ/Navewa-Anseau; Slg. 1987, 447 (554f. Tz. 29ff.) = NJW 1987, 2150 – Sachversicherer.

[35] S. *Kommission,* Entsch. v. 14.12.1979, ABl. 1980 Nr. L 60/21 (31ff.) – Pioneer (bestätigt im Wesentlichen durch *EuGH* Slg. 1983, 1825 [1897f. Tz. 74f.]); v. 2.12.1981, ABl. 1982 Nr. L 161/18 (26f. Tz. 43ff.) – Hasselblad (bestätigt durch *EuGH* Slg. 1984, 883 [903f. Tz. 24ff.]); s. schon o. Rn. 12.

[36] S. *EuGH* Slg. 1998 I 3138, 3162f. Tz. 86 – John Deere.

[37] Die Frage ist umstritten, wie hier offenbar *EuGH* Slg. 1998, I-3138 (3162f. Tz. 86) – John Deere; Slg. 2009, I-4562 = EuZW 2009, 505 Tz. 32f. = WuW/E EU-R 1589 = JuS 2009, 1056 – T-Mobile Netherlands; s. zu diesem Fragenkreis z. B. noch *Heyers,* NZKart 2013, 99; *Stöcker,* WuW 2012, 935.

[38] S. u. Rn. 21ff. sowie insb. *EUGH* NZKart 2014, 63 Tz. 36ff. – Solvay; *Kommission,* Entsch. v. 13.7.1994, ABl. Nr. L 243/1 (40ff.) – Karton; v. 27.7.1994, ABl. Nr. L 239/14 (25ff.) – PVC.

künftige Verhalten der Konkurrenten Aufschluss zu erhalten.[39] In beiden Fällen verändern die Unternehmen durch ihre Zusammenarbeit im Wege des Informationsaustauschs künstlich die normalen Wettbewerbsbedingungen, die gerade durch die *Unsicherheit* über die Reaktionen der Konkurrenten gekennzeichnet sind.

18 Im Kern entspricht dies wohl dem vom Gerichtshof im vorliegenden Zusammenhang immer wieder betonten **Selbständigkeitspostulat.** Gemeint ist damit die Verpflichtung aller Unternehmen, ihr Verhalten im Binnenmarkt *selbständig* zu bestimmen, woraus der Gerichtshof unter anderem das **Verbot jeder Fühlungnahme** von Unternehmen zwecks Information über das beabsichtigte eigene oder über das geplante Verhalten der Konkurrenten ableitet. Nach einer ständig wiederholten Formulierung erfasst das Verbot abgestimmter Verhaltensweisen deshalb jede Form der Koordinierung zwischen Unternehmen, die bewusst eine praktische Zusammenarbeit an die Stelle des mit Risiken behafteten Wettbewerbs treten lässt und die zu nicht mehr wettbewerbsgerechten Marktbedingungen führt.[40] Den Unternehmen steht es zwar frei, sich *autonom* dem Verhalten ihrer Konkurrenten anzupassen und in deren Preise „einzusteigen". Verboten ist dagegen **jede Form der Fühlungnahme** zwischen ihnen mit dem Ziel oder der Wirkung, andere über das geplante eigene Verhalten zu informieren *oder* dasjenige anderer Unternehmen in Erfahrung zu bringen und zu beeinflussen, um dergestalt die Risiken des autonomen unternehmerischen Verhaltens im Wettbewerb auszuschalten. Hinzutreten muss noch ein entsprechendes **Verhalten** der beteiligten Unternehmen (s. dazu u. Rn. 23).

19 Die Ausarbeitung eines **gemeinsamen Planes** ist für die Annahme einer Verhaltensabstimmung nicht erforderlich; vielmehr genügt bereits die „abgesprochene" Anpassung an die Wünsche eines anderen Unternehmens. Das wichtigste Mittel hierzu ist nach dem Gesagten (o. Rn. 17) die **vorherige gegenseitige Information** der Unternehmen über ihr geplantes zukünftiges Verhalten am Markt durch den Austausch von Preislisten oder sonstiger Daten, vorausgesetzt, dass die Unternehmen dadurch Marktfaktoren ausschalten, die einem einheitlichen (koordinierten) Verhalten am Markt entgegenstehen (u. Rn. 21 f.).

20 Ein **Parallelverhalten** der Unternehmen im Oligopol *kann* dafür ein wichtiges **Indiz** sein, insbesondere, wenn es zu Wettbewerbsbedingungen führt, die nicht mehr durch den sog. oligopolistischen Marktzwang erklärt werden können.[41] Notwendig ist dieser Schluss indessen nicht; er versagt bereits, wenn die Unternehmen auch noch andere einleuchtende Gründe für ihr Parallelverhalten anzuführen vermögen;[42] anders freilich, wenn die Fühlungnahme der Unternehmen, z. B. im Rahmen ge-

[39] IM/*Emmerich,* Bd. I/1, Art. 101 Rn. 89ff.; *Daig,* EuR 1976, 213 (225ff.); *Mestmäcker/Schweitzer,* § 9 Rn. 15ff. (S. 247ff.).

[40] Grdl. sind die sog. Farbstoff-Urteile: *EuGH* Slg. 1972, 619 (658ff.) – ICI; Slg. 1972, 713 (733ff.) – BASF; Slg. 1972, 745 (774ff.) – Bayer; Slg. 1972, 787 (829ff.) – Geigy, usw. bis z. B. Slg. 2006, I-11145 = WuW/E EU-R 1235 (1238 Tz. 52ff.) = JuS 2007, 877 – Asnef-Equifax; Slg. 2009, I-4562 (1589 Tz. 26, 32ff.) = JuS 2009, 1156 – T-Mobile Netherlands; NZKart 2014, 63 Tz. 36ff. – Solvay; *EuG* Slg. 2003, II-5768 Tz. 284ff. – FEG; Slg. 2008, I-1353 – BPB; Slg. 2008, II-2575 Tz. 116ff. – SKT; WuW/E EU-R 2703, 2716 Tz. 114ff. = NZKart 2013, 244 – GEMA; NZKart 2013, 81 Tz. 45ff. – Flachglas; *Kommission,* Horizontalleitlinien v. 14.1.2011, ABl. Nr. C 11/1, Tz. 60ff.

[41] SchweizBGE 129 (2003) II, 18 (27).

[42] *EuGH* Slg. 1984, 1679 (1702) – Rheinzink; Slg. 1993, I-1575 (1613 Tz. 126) = EuZW 1993, 377 (385) – Zellstoff; *EuG* Slg. 1995, II-1127 (1155ff. Tz. 63ff.) – Sotralentz.

meinsamer Sitzungen, feststeht.[43] Dieses Verständnis des Begriffs der Verhaltensabstimmung ist für die **nationalen Gerichte** bei der Anwendung der Wettbewerbsregeln verbindlich.[44]

b) Erscheinungsformen

Die Mittel der Koordinierung oder „Fühlungnahme" der Unternehmen sind beliebig; 21
der Phantasie der Unternehmen sind hier keine Grenzen gesetzt. Die größte Bedeutung hat jedoch nach den bisherigen Erfahrungen der (spontane oder organisierte) **Austausch unternehmensrelevanter Informationen,** z. B. auf gemeinsamen Sitzungen der Unternehmensvertreter.[45] Grundsätzlich kann eine solche Koordinierung auch unter Beteiligung Dritter oder über Dritte erfolgen, insbesondere etwa auf gemeinsamen Sitzungen der Vertreter der beteiligten Unternehmen sowie der Abnehmer oder Lieferanten oder auch durch die Einschaltung von Verbänden, denen der Austausch der Informationen zwischen den beteiligten Unternehmen oder die Überwachung der Einhaltung des gemeinsamen Planes übertragen wird. Es sind vor allem diese Fälle, die heute im Mittelpunkt einer ausgebreiteten Diskussion stehen, wobei einen besonders kritischen Grenzfall die sog. **Koordinierung über den Markt** bildet (Rn. 22). Zurückhaltung ist insbesondere bei der Anwendung des Art. 101 AEUV auf Informationen geboten, die der Marktgegenseite gegeben werden. Preisankündigungen gegenüber den **Kunden** sind ein normales Mittel des Wettbewerbs und für die Kunden häufig von erheblicher Bedeutung. Sie können deshalb nicht über Art. 101 AEUV verboten werden, selbst wenn die Konkurrenten des ankündigenden Unternehmens daraus Schlussfolgerungen über dessen zukünftiges Marktverhalten ziehen können. Um so mehr spricht es für die Anwendbarkeit des Art. 101 AEUV, wenn es sich bei den Informationen um sonst streng geheimgehaltene Unternehmensdaten wie Umsätze und Aufträge sowie geplante Preisänderungen handelt *und* die Informationen nur Konkurrenten unter Ausschluss der Kunden zugänglich gemacht werden.[46]

Bei der sog. **„Koordinierung über den Markt"** geht es um die Frage der Anwendbar- 22
keit des Art. 101 AEUV auf eine Verhaltensabstimmung durch die öffentliche Ankündigung von Preiserhöhungen in der erkennbaren Erwartung, dass sich die Konkurrenten der Preiserhöhung anschließen werden. Der Fragenkreis ist von einer Klärung noch weit entfernt.[47] Das Problem rührt daher, dass auf der einen Seite öffentliche Preisankündigungen schon mit Rücksicht auf das Informationsinteresse der Öffentlichkeit nicht generell nach Art. 101 Abs. 1 AEUV untersagt werden können (o. Rn. 21), auf der anderen Seite aber auch unbestreitbar ist, dass Fallgestaltungen

---

43 *EuG* Slg. 1999, II-945 (1134f. Tz. 727f.) – Limburgse Vinyl.

44 *EuGH* Slg. 2009, I-4562 = WuW/E EU-R 1589 Tz. 50–53 = EuZW 2009, 505 – T-Mobile Netherlands; deshalb ebenso z. B. *BGH* WuW/E DE-R 2408, 2415f. Tz. 40ff. = WRP 2008, 1456 – Lottoblock III; *OLG Düsseldorf* WuW/E DER 3889 = NZKart 2013, 122 – Silostellgebühren; ebenso ferner z. B. SchweizBGE 129 (2003) II, 18, 27.

45 S. IM/*Emmerich,* Bd. I/1, Art. 101 Rn. 92ff.

46 *EuGH* Slg. 1998, I-3138 (3164 Tz. 91) – John Deere.

47 Für die Anwendung des Art. 101 in derartigen Fällen einmal in dem berühmten Zellstoff-Fall di*e Kommission,* Entsch. v. 19.12.1984, ABl. 1985 Nr. L 85/1 (20 Tz. 108); dagegen jedoch *EuGH* Slg. 1993, I-1575 (1601ff. Tz. 73ff.) = EuZW 1993, 377 (381ff.) – Zellstoff; s. dazu insb. *Daig,* EuR 1976, 213 (227); *van Gerven/Varona,* C. M. L. Rev. 31 (1994), 375; *Heyers,* NZKart 2013, 99; *Stöcker,* WuW 2012, 935; *D. Zimmer,* ZHR 154 (1990), 470 (485f.), alle m. N.

vorstellbar sind, in denen öffentliche Preisankündigungen als Mittel zur Abstimmung der Preise mit den ebenfalls angesprochenen Konkurrenten dienen. Deshalb sollte in solchen Fällen Art. 101 Abs. 1 AEUV jedenfalls dann angewandt werden, wenn die Beteiligten **künstlich Marktbedingungen schaffen,** in denen öffentliche Preisankündigungen zur Koordinierung ihres Verhaltens ausreichen.[48]

c) Zweigliedriger Tatbestand

23 Aus dem Wortlaut des Art. 101 Abs. 1 AEUV folgt nach Meinung des Gerichtshofs, dass nicht schon die „bloße" Abstimmung als solche, d. h. ohne Rücksicht auf ihren Erfolg, verboten ist, vielmehr zu der Abstimmung immer noch zusätzlich ein entsprechendes **Verhalten** hinzutreten muss, wohl um eine übermäßige Ausdehnung des Tatbestandes in Richtung auf ein bloßes Gesinnungsstrafrecht zu verhindern.[49] Erforderlich ist außerdem ein **Kausalzusammenhang** zwischen der Abstimmung und dem entsprechenden Marktverhalten, wobei jedoch grundsätzlich vermutet wird, dass die Unternehmen bei ihrem nachfolgenden Verhalten die Verhaltensabstimmung berücksichtigen. Dagegen ist es *nicht* erforderlich, dass es darüber hinaus bereits zu wettbewerbswidrigen **Wirkungen** der Abstimmung gekommen ist; das Verhalten muss vielmehr (sofern möglich) von seinen Wirkungen auf den Markt getrennt werden, so dass für die Anwendung des Art. 101 AEUV die Feststellung solchen Verhaltens in Verbindung mit einer wettbewerbswidrigen Zielsetzung genügt.[50]

d) Beweis

24 Zahlreiche Formen einer Verhaltensabstimmung stehen auf der Grenze zu Vereinbarungen. In vielen Fällen, in denen letztlich „nur" eine Verhaltensabstimmung angenommen wurde, dürfte in Wirklichkeit bereits eine Vereinbarung vorgelegen haben, bei der sich lediglich eine Willensübereinstimmung der Beteiligten hinsichtlich ihres zukünftigen Marktverhaltens (= Vereinbarung, Rn. 3 ff.) nicht nachweisen ließ. In derartigen Fällen gilt für den (direkten) Nachweis einer Verhaltensabstimmung nichts anderes als für den einer Vereinbarung (dazu schon Rn. 6). Als **Beweismittel** kommen mithin in erster Linie Urkunden sowie Zeugenaussagen in Betracht.[51] In der Mehrzahl der Fälle ist der Nachweis einer Verhaltensabstimmung jedoch nur auf dem Weg über einen aufwendigen **Indizienbeweis** möglich, wobei von den Besonderheiten des betreffenden Marktes auszugehen und auf dieser Grundlage anschließend zu prüfen ist, welche Handlungsmöglichkeiten den Unternehmen überhaupt konkret offenstehen. Denn nur, wenn sich bei solcher Prüfung *unterschiedliche* Handlungsmöglichkeiten ergeben, wie sie für Wettbewerbsmärkte typisch sind, ist der Schluss von einer über längere Zeit andauernden Identität des Verhaltens der Unternehmen auf eine Verhaltensabstimmung gerechtfertigt. Dabei ist vor allem große Vorsicht gegenüber den häufig stark vereinfachten Annahmen der **ökonomischen Theorie** mit ihren abstrakten

---

[48] *EuG* Slg. 2001, II-2040 (2059 f. Tz. 60) – Tate & Lyle; *Mestmäcker/Schweitzer,* § 9 Rn. 34 (S. 254); IM/*Emmerich,* Bd. I/1, Art. 101 Abs. 1 Rn. 93.

[49] *EuGH* Slg. 1999, I-4162 (4203 f. Tz. 118 ff.) = WuW/E EU-R 320 – Anic Partecipazioni; Slg. 1999, I-4336 (4686 f. Tz. 161 ff.) = WuW/E EU-R 226 – Hüls; Slg. 1999, I-4575 (4615 f. Tz. 122 ff.) – Montecatini; Slg. 2006, I-8766 (8808 Tz. 139); Slg. 2009, I-4562 = WuW/E EU-R 1589 Tz. 50, 58 ff. = EuZW 2009, 505 = JuS 2009, 1156 – T-Mobile Netherlands; *EuG* Slg. 2008, II-1353 (1410 Tz, 189) – BPB; Slg. 2008, II-2579 Tz. 118 – SKT.

[50] Z. B. *Weck/Camesasca,* WuW 2012, 17 (20 f.).

[51] *EuGH* Slg. 1975, 1663, 1984 (Tz. 285 ff.) – Suiker Unie; Slg. 1983, 1825, 1897 – Pioneer.

mathematischen Modellen geboten, die, zumal im Oligopol, nur allzu oft durch die wirtschaftliche Wirklichkeit widerlegt werden.[52]

25 Insbesondere ein längere Zeit **andauerndes gleichförmiges Verhalten** der Unternehmen *kann* je nach den Marktverhältnissen gleichermaßen der Ausdruck von Wettbewerb wie das Ergebnis wettbewerbsbeschränkender kollusiver Praktiken sein. Die zweite Annahme kommt grundsätzlich nur in Betracht, wenn zu dem fraglichen Verhalten noch weitere Indizien, sog. **Plusfaktoren,** hinzutreten, die bei einer Gesamtbetrachtung der Marktverhältnisse, des gleichförmigen Verhaltens der Unternehmen *und* der Plusfaktoren den Schluss zulassen, dass das Verhalten der Unternehmen vernünftigerweise nicht anders denn durch eine vorherige Abstimmung erklärt werden kann.[53] Derartige Plusfaktoren sind insbesondere eine vorherige Fühlungnahme der Unternehmen oder sonstige Formen des Informationsaustausches zwischen ihnen.[54] Ein weiterer derartiger Plusfaktor ist der Umstand, dass das gemeinsame und identische Verhalten der Unternehmen aus ihren individuellen Interessen heraus unverständlich bleiben muss und daher nur aufgrund gemeinsamer Ziele und Pläne zu erklären ist. Dies gilt freilich nur, wenn die Unternehmen nicht noch andere plausible Gründe für ihr Verhalten anzuführen vermögen.[55]

4. Empfehlungen[56]

26 Anders als das frühere deutsche Kartellrecht (s. § 22 GWB a. F.) enthält das europäische Kartellrecht an keiner Stelle ein ausdrückliches Verbot von Empfehlungen mit wettbewerbsbeschränkender Zielsetzung. Derartige Empfehlungen, insbesondere also vertikale Preisempfehlungen sind folglich grundsätzlich **zulässig** (ebenso Art. 4 lit. a der Gruppenfreistellungsverordnung Nr. 330/2010 vom 20. April 2010 für vertikale Vereinbarungen[57]). Eine andere Beurteilung kommt nur in Betracht, wenn die Empfehlungen z. B. von Verbänden zugleich die Merkmale einer Vereinbarung, eines Beschlusses oder einer abgestimmten Verhaltensweise im Sinne des Art. 101 Abs. 1 AEUV erfüllen.[58]

27 Häufig sind die genannten Voraussetzungen (Rn. 26) für eine Anwendung des Art. 101 AEUV auf Empfehlungen erfüllt. Namentlich sog. **Verbandsempfehlungen** stellen in der Regel Beschlüsse im Sinne des Art. 101 Abs. 1 AEUV dar und verstoßen

[52] *Mestmäcker/Schweitzer,* § 9 Rn. 30 (S. 252f.); *Möschel,* in: Eberhard Karls Universität Tübingen (Hrsg.), Zum 100. Geburtstag von Prof. Dr. Raiser, 2006, S. 29; *Zimmer,* FS U. Huber, 2006, S. 1173; *ders.*, WuW 2007, 1198; *Stürner,* Markt und Wettbewerb, 2007, S. 149ff.

[53] *EuG* Slg. 2008 II 1353, 1398 Tz. 143 – BPB; *EuG* WuW/E EuR 1835, 1839ff. Tz. 53ff. – E.ON. Energie.

[54] S. besonders *EuGH* Slg. 1972, 619 (658f. Tz. 68, 662 Tz. 104ff.) – ICI; Slg. 1975, 1663 (1942 Tz. 26ff., 1965f Tz. 137ff.) – Suiker Unie; Slg. 1981, 2021 (2031 Tz. 13f. = NJW 1982, 505) – Züchner.

[55] S. *EuGH* Slg. 1984, 1679 (1702) – Rheinzink; Slg. 1993, I-1575 (1601f., 1614ff.) = EuZW 1993, 377 (381, 385) – Zellstoff; *EuG* Slg. 1995, II-1127 (1155f., Tz. 63ff.) – Sotralentz; Slg. 1995, II-991 (1022 Tz. 75) – Baustahlgewerbe; Slg. 1995, II-1175 (1805ff. Tz. 66ff.) – Solvay; Slg. 1995, II-1847 (1883ff. Tz. 76ff.) – ICI.

[56] S. u. § 26; *Hirsbrunner/Schwarz,* FS Bechtold, 2006, S. 177; *Köhler,* WuW 2009, 258; *Möschel,* WuW 2010, 1229.

[57] ABl. 2010 Nr. L 102/1; Vertikal-Leitlinien, ABl. 2010 Nr. C 130/1, Tz. 226 – 228.

[58] S. *EuG* Slg. 2004 II 56, 98ff. Tz. 121ff. – JCP Service; *BKartA* WuW/E DE-V 1539, 1543f. Tz. 25ff. – Arzneimittelhersteller; Slg. 1813, 1817f. Tz. 43ff. – Kontaktlinsen; *Hirsbrunner/Schwarz,* FS Bechtold, 2006, S. 177, 185ff.

dann bereits deshalb gegen das Kartellverbot, insbesondere, wenn sie auf die Festlegung von Festpreisen oder Mindestpreisen hinauslaufen.[59] In den verbleibenden Fällen wird oft das Verbot abgestimmter Verhaltensweisen eingreifen, jedenfalls bei Empfehlungen, die von den Adressaten befolgt werden.[60] Werden Empfehlungen im Rahmen schon bestehender wettbewerbsbeschränkender Vereinbarungen ausgesprochen, so können sie je nach den Umständen des Falles auch als Teil dieser Vereinbarungen qualifiziert und dann aus diesem Grunde unter Art. 101 Abs. 1 AEUV subsumiert werden.

II. Wettbewerbsbeschränkung

1. Überblick

28 Die in Art. 101 Abs. 1 AEUV genannten Maßnahmen (o. Rn. 1ff.) sind (nur) verboten, wenn sie eine Verhinderung, Einschränkung oder Verfälschung des Wettbewerbs innerhalb des Binnenmarktes bezwecken oder bewirken. Verhinderung, Einschränkung oder Verfälschung des Wettbewerbs sind nach heute durchaus überwiegender Meinung lediglich verschiedene Aspekte der einen umfassend verstandenen Wettbewerbsbeschränkung, so dass es üblich geworden ist, die drei in Art. 101 AEUV verwandten Begriffe der Verhinderung, der Einschränkung und der Verfälschung des Wettbewerbs unter dem **Oberbegriff der Wettbewerbsbeschränkung** zusammenzufassen. Die Wettbewerbsbeschränkung hat sich infolgedessen zu dem Zentralbegriff des Art. 101 Abs. 1 AEUV entwickelt. Zugleich handelt es sich dabei aber um das am schwierigsten zu fassende Tatbestandsmerkmal der Vorschrift, vor allem deshalb, weil der Wettbewerbstheorie bislang eine allseits akzeptierte Definition des Wettbewerbs (als des Objekts der Beschränkung) nicht gelungen ist, so dass nach wie vor auch keine Einigkeit über den Kern der Wettbewerbsbeschränkung besteht (oben § 1 Rn. 2ff.).

29 In der nicht abreißenden Diskussion über das „richtige" Konzept der Wettbewerbsbeschränkung in Art. 101 Abs. 1 AEUV stehen sich heute **zwei grundverschiedene Betrachtungsweisen** gegenüber, zu denen naturgemäß noch zahlreiche vermittelnde Auffassungen hinzukommen. Im Kern geht es dabei um Folgendes: Man kann entweder, ausgehend von dem Selbständigkeitspostulat des EuGH (s. o. Rn. 18), an die den Unternehmen auf einem bestimmten Markt je offenstehenden Handlungsmöglichkeiten anknüpfen und folgerichtig den Kern der Wettbewerbsbeschränkung in der auf einer Vereinbarung (oder einer gleichstehenden Maßnahme) beruhenden Einschränkung genau dieser Handlungsmöglichkeiten der an der Vereinbarung *beteiligten* Unternehmen erblicken. Die Wettbewerbsbeschränkung ist bei dieser Sicht der Dinge identisch mit der **Beschränkung der wirtschaftlichen Handlungsfreiheit der** an der Maßnahme **beteiligten Unternehmen.** Statt dessen kann man aber auch unter Betonung des Zwecks des Kartellverbots, die Handlungsfreiheit Dritter und insbesondere die Wahlmöglichkeiten der Marktgegenseite zu schützen, die mit einer Vereinbarung zusammenhängenden **Eingriffe in die wettbewerbliche Freiheit Dritter** in den Vordergrund rücken und dementsprechend das Wesen der Wettbewerbsbeschränkung zu-

[59] *EuGH* Slg. 1980, 3125, 3250 Tz. 87f. – van Landewyck/FETEDAB; Slg. 1987, 447, 455 Tz. 30f. = NJW 1987, 2150 – Sachversicherer; Slg. 2008, I-6681 Tz. 70 = EuZW 2008, 668 (672) – CEPSA/Tobar; Slg. 2009, I-2464 = EuZW 22009, 374 (379 Tz. 79) – Pedro IV.

[60] Ebenso *EuGH* Slg. 1980, 3125 (3250 Tz. 86) – van Landewyck/FEDETAB; *BGH* WuW/E DE-R 2408 (2415f. Tz. 40ff.) = WRP 2008, 1456 – Lottoblock III; *BKartA* WuW/E DE-V 1539 (1543f. Tz. 25ff.) – Arzneimittelhersteller; Slg. 1813 (1817f. Tz. 43ff.) – Kontaktlinsen.

sätzlich *oder* sogar allein in den Auswirkungen der fraglichen Maßnahme auf die Wahl- oder Betätigungsmöglichkeiten Dritter erblicken.

Am weitesten geht die Auffassung, die **allein** auf die genannten **Auswirkungen auf Dritte** abstellen will.[61] Dahinter steht die Auffassung, dass es nicht die Aufgabe des Kartellrechts sei, die Handlungsfreiheit der Kartellbeteiligten zu schützen, sondern dass als legitimer Zweck des Kartellrechts ausschließlich der umfassende Schutz *Dritter* gegen die Beeinträchtigung ihrer Handlungsfreiheit durch die Kartellbeteiligten in Betracht komme. Eine vermittelnde Auffassung tritt hingegen dafür ein, generell oder doch in bestimmten Fallgruppen diese Auswirkungen auf Dritte **zusätzlich** ins Auge zu fassen, d. h. eine Wettbewerbsbeschränkung im Sinne des Art. 101 Abs. 1 AEUV nur anzunehmen, wenn zu der Beschränkung der Handlungsfreiheit der an der fraglichen Maßnahme beteiligten Unternehmen noch **Drittwirkungen** hinzutreten.[62] Dieselbe Kontroverse spiegelt sich auch in der nunmehr zu betrachtenden Praxis der Unionsorgane wider (Rn. 31 ff.). 30

2. Unionsgerichte

Der bisherigen Praxis des Gerichtshofs lässt sich kein geschlossenes Wettbewerbskonzept entnehmen; der Gerichtshof verfährt vielmehr pragmatisch, wobei er sich vornehmlich von zwei Topoi leiten lässt, von dem sog. **Selbständigkeitspostulat** (s. dazu schon o. Rn. 18) sowie von den vermutlichen Auswirkungen der fraglichen Maßnahme auf das **Binnenmarktprojekt.** Folgerichtig geht der Gerichtshof im vorliegenden Zusammenhang durchgängig von dem Grundsatz aus, dass im Binnenmarkt jedes Unternehmen selbstständig zu bestimmen habe, welche Politik es am Markt zu verfolgen gedenkt.[63] Eine Wettbewerbsbeschränkung liegt somit grundsätzlich bereits dann vor, wenn diese **geschäftliche Handlungsfreiheit der Unternehmen beschränkt** wird, wenn sich die Unternehmen etwa auf einheitliche Mindestpreise einigen oder wenn sie in Lieferverträgen die Abnehmer in ihrer Freiheit beschränken, die gelieferten Waren nach ihren eigenen wirtschaftlichen Interessen zu verwenden oder an beliebige Dritte zu verkaufen.[64] 31

Aus dem Gesagten (o. Rn. 31) folgt, dass der Gerichtshof jedenfalls den Kern der Wettbewerbsbeschränkung in der Beschränkung der wirtschaftlichen Handlungsfreiheit der an der fraglichen Maßnahme beteiligten Unternehmen sieht.[65] Ausgangspunkt der Überlegungen müssen daher stets die den Unternehmen auf einem bestimmten Markt **tatsächlich offenstehenden Handlungsmöglichkeiten** sein. Aus diesen von Fall zu Fall unterschiedlichen Handlungsmöglichkeiten ergeben sich nämlich, wenn die Unternehmen von ihnen *autonom* Gebrauch machen, je ganz eigenar- 32

---

[61] So z. B. FK/*Roth/Ackermann,* Art. 81 Rn. 296 ff. m. N.

[62] Insbesondere IM/*Zimmer,* Bd. II, GWB § 1 Rn. 151 ff.; *Zimmer/Paul,* JZ 2008, 611, 615 f.

[63] So z. B. *EuGH* Slg. 1975, 1663 (1965) – Suiker Unie; Slg. 1981, 2021 (2031 f.) – Züchner; Slg. 1998, I-1997 (2002 Rn. 13) = WuW/E EU-R 57 = EuZW 1998, 404 – Javico; Slg. 2006, I-11145 Tz. 52 ff. = EuZW 2006, 753 = JuS 2007, 877 Nr. 14 – Asnef-Equifax; *EuG* Slg. 2006, II-5000 (5029 F.) – E.R.U. A.

[64] *EuGH* Slg. 1983, 4173 (4182) – Kerpen; Slg. 1984, 883 (908) – Hasselblad; Slg. 1995, I-3459 (3468 Tz. 19–21) = EuZW 1995, 797 = ZIP 1995, 1776 = GRURInt 1996, 147 – BMW; *EuG* Slg. 2003, II-4495 (4525 f. Tz. 100 ff.) – GM und Opel; Slg. 2006, II-5000 (5029 F.) – E.R.U.A.

[65] S. insb. *EuGH* Slg. 1998, I-1997 (2002 Tz. 13) = WuW/E EU-R 57 = EuZW 1998, 404 – Javico; *EuG* Slg. 2003, II-4495 (4525 Tz. 100) – GM und Opel; ebenso *öOGH* GRURInt 2010, 888 Tz. 2, 8.

tige und im Einzelnen nicht voraussehbare Koordinierungsprozesse. Genau diese bilden dann den jeweils schutzwürdigen Wettbewerb, anhand dessen die fragliche Maßnahme auf ihre wettbewerbsbeschränkende Wirkung zu beurteilen ist.[66]

33 Die Rechtsprechung ist freilich *nicht* einheitlich, weil der Gerichtshof in zahlreichen anderen Fällen durchaus auch – mit unterschiedlichem Gewicht – die **Auswirkungen** der fraglichen Maßnahme **auf den Binnenmarkt** in die Betrachtung miteinbezogen hat.[67] In diesem Sinne hat der Gerichtshof wiederholt entschieden, dass die Vereinbarkeit einer Maßnahme mit den Wettbewerbsregeln nicht abstrakt beurteilt werden dürfe: Nicht jede Maßnahme, durch die die Handlungsfreiheit der Beteiligten oder eines der Beteiligten beschränkt werde, falle zwangsläufig unter das Kartellverbot des Vertrages. Bei der Anwendung des Art. 101 AEUV seien vielmehr der **Gesamtzusammenhang,** in dem die Maßnahme zu Stande gekommen ist oder ihre Wirkungen entfaltet, d. h. der konkrete rechtliche und wirtschaftliche Kontext der Maßnahme, und insbesondere ihre Zielsetzungen zu würdigen.[68] Je gefährlicher eine bestimmte Maßnahme für das Funktionieren des Binnenmarktes ist, desto eher neigt der Gerichtshof folgerichtig zur Annahme einer Wettbewerbsbeschränkung. Zugleich lässt er aber auf der anderen Seite auch immer wieder die Bereitschaft erkennen, bei Maßnahmen, die er als ungefährlich oder sogar förderlich für das Binnenmarktprojekt einstuft, eine Wettbewerbsbeschränkung zu verneinen.

34 In einer Reihe eigenartiger Fallgruppen hat der Gerichtshof aus diesem Ansatz (o. Rn. 33) weitergehend den Schluss gezogen, dass **einzelne Erscheinungsformen** des Wettbewerbs als **nicht schutzwürdig** ganz aus dem Anwendungsbereich des Art. 101 *Abs. 1* AEUV auszuklammern seien, womit zugleich die Notwendigkeit ihrer Prüfung nach *Abs. 3* des Art. 101 AEUV entfällt. Die einschlägigen **Fallgruppen** weisen nur wenige Gemeinsamkeiten auf.[69] Sie reichen von bestimmten Erscheinungsformen der Vertriebsverträge über Arbeitsgemeinschaften von Unternehmen bis hin zu Nebenabreden bei Unternehmenszusammenschlüssen und wettbewerbsbeschränkenden Klauseln in Satzungen der Kammern der freien Berufe (u. Rn. 49ff.).

3. Kommission

35 Die Kommission hat sich in jüngster Zeit wiederholt in grundsätzlicher Form zu dem von ihr verfolgten Konzept der Wettbewerbsbeschränkung geäußert. Hervorzuheben sind die Leitlinien zur Anwendbarkeit des Art. 101 AEUV auf Vereinbarungen über horizontale Zusammenarbeit, die sog. Horizontalleitlinien vom 14. Januar 2011,[70] sowie die Leitlinien zur Anwendung von Art. 81 Abs. 3 EGV vom 27. April 2004.[71] Danach bleibt es bei dem **herkömmlichen Verständnis** der Wettbewerbsbeschränkung

---

[66] S. *EuGH* und *EuG* (vorige Fn.) sowie *EuGH* Slg. 1966, 281 (304) – LTM/MBU; Slg. 1980, 3125 (3264ff.) – van Landenwyck/FEDETAB; Slg. 1980, 3775 (3793) – L'Oréal; Slg. 1981, 2021 (2033) – Züchner; Slg. 1982, 3381 (3400ff.) = NJW 1983, 1255 – Coditel; Slg. 1983, 3369 (3480ff.) – IAZ/Navewa-Anseau; *EuG* Slg. 1992, II-415 (445ff.) – Vichy.

[67] S. dazu insbesondere *Fuchs,* ZWeR 2007, 369 (376ff.); Langen/Bunte/*Hengst,* Art. 101 Rn. 145, 172.

[68] *EuGH* Slg. 2002, I- 1653 Tz. 97 = NJW 2002, 837 (841) – Wouters; Slg. 2006 I 7006 Tz. 42 = EuZW 2006, 593 (596) – Meca-Medina; *Fuchs,* ZWeR 2007, 369, 376, 379ff.

[69] Aufzählung bei *Fuchs,* ZWeR 2007, 369 (378); Langen/Bunte/*Hengst,* Art. 101 Rn. 185ff.; FK/*Roth/Ackermann,* Art. 101 Rn. 269ff.

[70] ABl. Nr. C 11/1 Tz. 23–31; s. dazu IM/*Emmerich,* Bd. I/1, Art. 101 Rn. 114ff.

[71] ABl. Nr. C 101/97.

als Einschränkung der wirtschaftlichen Handlungsfreiheit der an der Maßnahme beteiligten Unternehmen (nur) bei den (freilich durchaus die Masse der relevanten Fälle bildenden) „hardcore-" oder **Kernbeschränkungen.** Darunter fallen insbesondere bei den horizontalen Vereinbarungen alle „klassischen" Preis-, Mengen- und Gebietskartelle sowie bei den vertikalen Vereinbarungen die Preisbindung zweiter Hand, die Festsetzung von Mindestpreisen sowie der absolute Gebietsschutz.[72]

In den verbleibenden Fallgruppen legt die Kommission dagegen heute besonderes Ge- 36
wicht auf die mit den fraglichen Absprachen verbundenen **Auswirkungen auf** die Position **Dritter,** so dass in ihnen für die Anwendung des Art. 101 Abs. 1 AEUV nur noch Raum ist, wenn durch die fragliche Vereinbarung der Wettbewerb im betroffenen Markt in einem Maße beeinträchtigt wird, dass **negative Auswirkungen** hinsichtlich Preisen, Produktion, Innovation oder Vielfalt und Qualität der Waren und Dienstleistungen zu erwarten sind (Stichwort: efficiency).[73] Ob dies der Fall ist, hängt nach Meinung der Kommission vor allem von dem jeweiligen wirtschaftlichen Umfeld ab, wobei auf die Art der Vereinbarung sowie auf die gemeinsame „Marktmacht" der Vertragspartner abzustellen sein soll.[74] Als besonders kritisch sieht es die Kommission an, wenn die fragliche Vereinbarung zur Begründung, Erhöhung oder Stärkung der Marktmacht der Beteiligten beiträgt oder wenn sie es den Parteien ermöglicht, ihre Marktmacht auszunutzen, wobei sie unter **„Marktmacht"** in diesem Zusammenhang die Fähigkeit versteht, den Preis oberhalb des Marktpreises oder die Produktionsmenge oder -qualität unterhalb des Wettbewerbsniveaus aufrechtzuerhalten.[75] Die Kommission hat hinzugefügt, dass das Maß an Marktmacht, das für die Anwendung des Art. 101 Abs. 1 AEUV auf Vereinbarungen erforderlich sei, *unter* der für die Anwendung des Art. 102 AEUV nötigen Marktmacht i. S. einer beherrschenden Stellung liege.[76]

4. Stellungnahme

Bei dem Versuch, den Begriff der Wettbewerbsbeschränkung in Art. 101 Abs. 1 37
AEUV zu präzisieren, ist – in Übereinstimmung mit der Rechtsprechung des Gerichtshofs (o. Rn. 31 f.) – in erster Linie von dem *Zweck* der Wettbewerbsregeln auszugehen, die durch den Vertrag eröffneten, zusätzlichen Handlungsmöglichkeiten der Unternehmen auf dem europäischen Binnenmarkt umfassend gegen künstliche Beschränkungen seitens der Unternehmen selbst zu schützen, indem die Unternehmen daran gehindert werden, die durch den Vertrag gerade beseitigten Handelsschranken durch private Maßnahmen im Sinne des Art. 101 Abs. 1 AEUV zu ersetzen. Dies spricht ebenso wie die im Vertrag in Art. 101 Abs. 1 Halbs. 2 lit. a bis e genannten Erscheinungsformen von Wettbewerbsbeschränkungen deutlich dafür, dass aus der Sicht des Vertrages die Wettbewerbsbeschränkung jedenfalls im Kern identisch ist mit der **Einschränkung der wirtschaftlichen Betätigungsfreiheit** zumindest einzelner der an einer Vereinbarung oder Verhaltensabstimmung beteiligten oder von einem Beschluss betroffenen Unternehmen. Für die sog. **Kernbeschränkungen** ist dies auch, wie gezeigt (Rn. 35), im Wesentlichen unstreitig.

---

[72] So ausdrücklich die Leitlinien zu Art. 81 Abs. 3 EGV (vorige Fn.), Tz. 23.

[73] Horizontalleitlinien, Tz. 26 ff.; Leitlinien zu Art. 81 Abs. 3 EGV, Tz. 24 ff.

[74] Horizontalleitlinien, Tz. 26; ebenso die Leitlinien v. 27.4.2004 zu Technologietransferverträgen, ABl. Nr. C 101/2 (4 Tz. 14 f.).

[75] So die Leitlinien zu Art. 81 Abs. 3 EGV, ABl. 2004 Nr. C 191/97, Tz. 25.

[76] Leitlinien zu Art. 81 Abs. 3 EGV (vorige Fn.), Tz. 26 und 27.

38 In den übrigen Fällen – jenseits der Kernbeschränkungen (Rn. 37) – ist heute in der Praxis der Unionsorgane die Berücksichtigung der Auswirkungen der Maßnahmen auf Dritte fest etabliert. Nach der heute überwiegend vertretenen Meinung ist diese Unterscheidung zwischen den Kernbeschränkungen und den sonstigen Fällen bereits im Wortlaut des Art. 101 AEUV durch die Unterscheidung zwischen bezweckten und bewirkten Wettbewerbsbeschränkungen angelegt.[77] Davon zu trennen ist die andere Frage, **welche Wirkungen** auf Dritte jeweils ergänzend zu berücksichtigen sein sollen. Während die Kommission, wie gezeigt (Rn. 36f.), insoweit sehr weit gehen will, überwiegt im Schrifttum zu Recht die Skepsis.[78] Vor allem die starke Betonung der (kaum fassbaren) **„Marktmacht"** im Rahmen der Prüfung des Art. 101 AEUV ist durchaus problematisch, weil Art. 101 AEUV darauf im Gegensatz zu Art. 102 AEUV gerade *nicht* abstellt. Ebenso zweifelhaft ist die Vorverlegung der **Abwägung der positiven und negativen Effekte** einer Maßnahme bereits in *Abs. 1* des Art. 101, einmal, weil dafür sämtliche Maßstäbe fehlen, zum anderen, weil damit im Grunde Art. 101 *Abs. 3* AEUV überflüssig würde.[79]

39 Ein weiterer, keineswegs zu unterschätzender Nachteil der heute üblichen Berücksichtigung von Drittwirkungen bereits im Tatbestand des Art. 101 *Abs. 1* AEUV besteht darin, dass damit notwendigerweise eine **Beeinträchtigung der Rechtssicherheit** verbunden ist, da letztlich alles eine Frage des Einzelfalles wird. Dies soll hier zum Schluss noch an dem Beispiel der schwankenden Beurteilung besonders **langfristiger Liefer- oder Bezugsverträge,** insbesondere in der Energiewirtschaft, aber nicht nur dort, verdeutlicht werden.[80] Soweit solche Verträge die gesamte oder doch nahezu die *gesamte Nachfrage* des Abnehmers abdecken, stehen sie freilich Ausschließlichkeitsbindungen gleich und sind schon deshalb als Wettbewerbsbeschränkung zu qualifizieren, wobei sich in der Praxis eine Zulässigkeitsgrenze von rund **80%** des geschätzten Jahresbedarfs des Abnehmers und eine Laufzeit von vier bis fünf Jahren herausgebildet hat.

40 Aber auch unterhalb der 80% -Grenze kommt **bei** einer **besonderen Langfristigkeit** von Liefer- oder Bezugsverträgen durchaus eine Anwendung des Art. 101 Abs. 1 AEUV in Betracht. In der Kommissionspraxis zeichnet sich insoweit in der *Energiewirtschaft* als zulässige **Obergrenze** eine Dauer von fünfzehn Jahren ab, während die Kommission auf anderen Märkten zu einer deutlich niedrigeren Obergrenze, etwa in der Gegend von vier bis sechs Jahren tendiert, unterschiedlich je nach der Position der Vertragsparteien, den Marktverhältnissen und dem Vertragsvolumen,[81] – wie gesagt: alles letztlich eine Frage des Einzelfalles.

---

[77] S. IM/*Zimmer,* Bd. II, § 1 GWB Rn. 155ff.; *Fuchs,* ZWeR 2007, 369; FK/*Roth/Ackermann,* Art. 81 Rn. 309ff.

[78] S. *Fuchs,* ZWeR 2007, 369 (385f.); Langen/Bunte/*Hengst,* Art. 101 Rn. 263ff.; *Mestmäcker/Schweitzer,* § 10 Rn. 23–27; *Möschel,* (2.) FS Mestmäcker, 2006, S. 537, 567f.; FK/*Roth/Ackermann,* Art. 81 Rn. 345f.

[79] Ebenso *EuG* Slg. 2006, II-1234 Tz. 69 = WuW/E EU-R 1174, 1178 – O2.

[80] S. zu diesen Fällen *Emmerich,* FS Koppensteiner, 2001, S. 351; *Laumann,* Langfristige Bezugsbindungen in Gaslieferverträgen nach dem europäischen Kartellrecht, 2007; *L. Ritter,* FS Lieberknecht, 1997, S. 496 (512ff.); *Säcker/Jaecks,* Langfristige Energielieferverträge und Wettbewerbsrecht, 2002; *A. Schöler,* Langfristige Energielieferverträge, 2006.

[81] Zur Energiewirtschaft s. *Kommission,* 23. Wettbewerbsbericht 1993, 1994, Tz. 222 (S. 150ff.); zu anderen Märkten s. insbes. *Kommission,* Entsch. v. 12.7.1984, ABl. EG 1984 Nr. L 207/26, 33 Tz. 13 – Carlsberg; v. 26.11.1986, ABl. EG 1986 Nr. L 348/50, 57 Tz. 36, 61 Tz. 64 – Meldoc; v. 11.11.1994, ABl. EG 1994 Nr. L 309/24, 27f. Tz. 21ff. – Olivetti/Digital.

41 Im Ergebnis wird somit der Wettbewerb durch Art. 101 Abs. 1 AEUV **umfassend** auf sämtlichen Märkten der Union und in allen seinen Erscheinungsformen gegen jede Form der Beschränkung geschützt. Zwischen Angebots- und Nachfragewettbewerb wird dabei ebenso wenig unterschieden wie zwischen aktuellem und potentiellem Wettbewerb. Schutzwürdig ist ferner der Restwettbewerb auf bereits weitgehend vermachteten Märkten, so dass Absprachen zu dessen Ausschluss ebenfalls von Art. 101 Abs. 1 AEUV erfasst werden.[82] **Ausnahmen** von dem umfassenden Wettbewerbsschutz werden – jenseits der Art. 101 Abs. 3 AEUV und 106 Abs. 2 AEUV – lediglich unter unterschiedlichen Gesichtspunkten für den nicht schutzwürdigen und den unlauteren Wettbewerb diskutiert (Rn. 49ff.).

5. Spürbarkeit

42 Art. 101 Abs. 1 AEUV enthält nach ständiger Rechtsprechung als ungeschriebenes weiteres Tatbestandsmerkmal das Erfordernis der Spürbarkeit der Wettbewerbsbeschränkung.[83] Gemeint ist damit, dass die Anwendung des Art. 101 AEUV voraussetzt, dass von der Wettbewerbsbeschränkung erkennbare Auswirkungen auf Dritte im Sinne der Beeinträchtigung der ihnen bei Wettbewerb offenstehenden Handlungsalternativen ausgehen müssen. Es handelt sich dabei um eine **De-minimis-Regel,** durch die verhindert wird, dass Art. 101 AEUV auf Bagatellkartelle im weitesten Sinne angewandt wird. **Maßstab** ist die hypothetische Situation ohne die fragliche Wettbewerbsbeschränkung, d. h. bei Wettbewerb, auf dem jeweils relevanten Markt.[84]

43 Die Frage der Spürbarkeit der Auswirkungen einer verbotenen Maßnahme auf Dritte spielt im Rahmen des Art. 101 Abs. 1 AEUV außerdem noch eine Rolle bei der Prüfung der Beeinträchtigung des Handels zwischen Mitgliedstaaten (s. § 3 Rn. 18ff.). Man spricht insoweit auch von der **Doppelfunktion** des Merkmals der Spürbarkeit in Art. 101 AEUV, wobei man früher allgemein davon ausgegangen war, dass der Begriff der Spürbarkeit in beiden Beziehungen in derselben Weise auszulegen ist. Seit der **De-minimis-Bekanntmachung** vom 22. Dezember 2001 nimmt die Kommission jedoch einen abweichenden Standpunkt ein,[85] um zu verhindern, dass die mit der Bekanntmachung von 2001 eingeleitete, unvertretbar großzügige Behandlung zahlreicher Wettbewerbsbeschränkungen (u. Rn. 46ff.) über eine entsprechend enge Auslegung der Zwischenstaatlichkeitsklausel zu einer nicht gewünschten Einschränkung des Anwendungsbereichs der Wettbewerbsregeln führte.[86]

44 Über die Spürbarkeit der Wettbewerbsbeschränkung entscheidet nach der Rechtsprechung des **Gerichtshofs** letztlich eine Gesamtbetrachtung der Verhältnisse des Einzelfalls. Ausschlaggebend ist mit anderen Worten, ob die fragliche Wettbewerbsbeschrän-

[82] *EuGH* Slg. 1975, 1663, 1942 (Tz. 24) – Suiker Unie; Slg. 1980, 3125, 3261ff. (Tz. 126ff.) – van Landewyck/FEDETAB; Slg. 1985, 3860, 3868ff. – SSI.

[83] *EuGH* Slg. 1966, 281 (303f.) – LTM/MBU; Slg. 1969, 295 (302) – Völk/Vervaecke; Slg. 1971, 351 (356) – Cadillon/Höss, usw. bis Slg. 1998, I-1997 (2003 Tz. 17, 2005 Tz. 25f.) = WuW/E EU-R 57 = EuZW 1998, 404 – Javico; Slg. 1999, I-161 (175 Tz. 34, 179 Tz. 50–52) = EuZW 1999, 212 – Bagnasco; Slg. 2000, I-6497 (6525 Tz. 93–97) – Pavlov; WuW/E EU-R 2638 Tz. 16ff. = NZKart 2013, 111 – Expedia; *EuG* Slg. 2005, II-3038 (3083); zuletzt z. B. *OLG Düsseldorf* WuW/E DE-R 3421 (3425ff.) – Private-Label.

[84] *EuGH* Slg. 1966, 281 (303f.) – LTM/MBU; Slg. 1971, 949 (960 Tz. 16–18) – Béguelin; Slg. 1999, I-161 (175 Tz. 33) = EuZW 1999, 212 – Bagnasco.

[85] Bekanntmachung, ABl. Nr. C 368/13, Tz. 3.

[86] S. *Mestmäcker/Schweitzer*, § 10 Rn. 85 (S. 293).

kung quantitativ oder qualitativ von Relevanz für das Binnenmarktprojekt ist – dann wird Art. 101 Abs. 1 AEUV angewandt – oder ob sie unter diesem Gesichtspunkt unbedenklich vernachlässigt werden kann. Ist das Letztere der Fall, so werden von Fall zu Fall auch besonders schwerwiegende Wettbewerbsbeschränkungen wie die Vereinbarung eines absoluten Gebietsschutzes in Alleinvertriebsverträgen hingenommen.[87]

45 Die vom Gerichtshof herangezogenen **Kriterien** wechseln je nach der Struktur des Marktes, der Bedeutung der beteiligten Unternehmen und der Art der Wettbewerbsbeschränkung. Maßgebend sind die gesamten Umstände des Falles, wobei die von den Beteiligten verfolgten **Zwecke** sowie ihre **Marktanteile** deutlich im Vordergrund des Interesses stehen, gemessen wohl durchweg nach Umsatz-, nicht nach Mengenanteilen. Bei Marktanteilen in einer Größenordnung von rund 5 % oder mehr wird meistens Spürbarkeit der Wettbewerbsbeschränkung bejaht.[88] Daneben stehen freilich auch zahlreiche Fälle, in denen die Unionsgerichte auf eine nähere Prüfung der Spürbarkeit der Wettbewerbsbeschränkung verzichtet und sich stattdessen mit einem allgemeinen Blick auf die Bedeutung und Größe der beteiligten Unternehmen und die Schwere der Wettbewerbsbeschränkung begnügt haben, um deren Relevanz für das Binnenmarktprojekt zutreffend würdigen zu können. Das gilt insbesondere für die Kern- oder „hardcore"-Beschränkungen[89] und darüber hinaus überhaupt für alle **bezweckten Wettbewerbsbeschränkungen**[90].

46 Die **Kommission** interpretiert die Spürbarkeit – ungeachtet der geschilderten Rechtsprechung (Rn. 44 f.) – nach der **De-minimis-Bekanntmachung** vom 22. Dezember 2001 durchgängig quantitativ.[91] Die Bedeutung dieser Bekanntmachung besteht vor allem darin, dass sie dem Aufgreifermessen der Kommission sowie ihrem Ermessen bei der Festsetzung von Geldbußen wegen Verstößen gegen Art. 101 Abs. 1 AEUV Schranken zieht, weil sich die Kommission darin (selbst) verpflichtet hat, gegen Kartelle, die unter den Schwellenwerten der Bekanntmachung bleiben, weder von Amts wegen noch auf Antrag einzuschreiten.[92] Die **Unionsgerichte** sind dagegen (natürlich) ebensowenig wie die nationalen Gerichte und Kartellbehörden gebunden, sondern können die Spürbarkeit einer Wettbewerbsbeschränkung auch nach wie vor nach ganz anderen Kriterien als die Kommission beurteilen.[93]

---

[87] *EuGH* Slg. 1969, 295 (302 Tz. 7) – Völker/Vervaecke; Slg. 1971, 351 (356) – Cadillon/Höss; Slg. 1971, 949 (960) – Béguelin; Slg. 1983, 1825 (1900 Tz. 85) – Musique Diffusion Française; insb. Slg. 1998, I-1997 (2003 Tz. 17) = EuZW 1998, 404 = WuW/E EU-R 57 – Javico.

[88] *EuGH* Slg. 1978, 131 (148) – Miller International; Slg. 1983, 3151 (3201) = NJW 1984, 1281 – AEG; Slg. 1984, 883 (902 f.) – Hasselblad; Slg. 1988, 1919 (1940) – La Hesbignonne; WuW/E EU-R 2638 Tz. 21, 35 ff. = NZKart 2013, 111 – Expedia.

[89] Z. B. *EuG* Slg. 1998, I-3146 (3196 f. Tz. 136 f.) – ENS.

[90] So jetzt ausdrücklich *EuGH* WuW/E EU-R 2638 Tz. 21, 35 ff. = NZKart 2013, 111 – Expedia; *EuG* Slg. 2004, II-2405 = WuW/E EU-R 819 Tz. 385 – Dalmine; Slg. 2005, I- 3033 = WuW/E EU-R 967 Tz. 14 – Brasserie Nationale; Langen/Bunte/*Hengst,* Art. 101 Rn. 238 ff.

[91] ABl. Nr. C 368/13; bestätigt durch die Bekanntmachung über vertikale Beschränkungen von 2010 (ABl. 2010 Nr. C 130/1, Tz. 8 – 11); wegen der Einzelheiten s. IM/*Emmerich,* Bd. I/1, Art. 101 Abs. 1 Rn. 148 ff.; *Fuchs,* ZWeR 2007, 369 (382 ff.); *Mestmäcker/Schweitzer,* § 10 Rn. 84 ff. (S. 292 ff.); FK/*Roth/Ackermann,* Art. 101 Rn. 397 ff.

[92] De-minimis-Bekanntmachung, Tz. 4. Alle folgenden Angaben im Text beziehen sich auf die De-minimis-Bekanntmachung von 2001 (ABl. Nr. C 368/13).

[93] *EuGH* WuW/E EU-R 2638 Tz. 27, 31 = NZKart 2013, 111 – Expedia; *EuG* NZKart 2014, 229 Tz. 59, 74.

Die maßgeblichen **Marktanteilsschwellen** betragen nach der De-minimis-Bekanntmachung bei Vereinbarungen (oder gleichstehenden Maßnahmen) zwischen Wettbewerbern (kumulativ) 10% und sonst (isoliert) 15% (Tz. 7 lit. a und b der Bekanntmachung). Handelt es sich um Netze einer Vielzahl paralleler Vereinbarungen (Stichwort: Bündeltheorie, s. u. Rn. 73ff.), so gilt zusätzlich eine Schwelle von 30% für den kumulativen Abschottungseffekt der parallelen Netze. Dies bedeutet, dass die Kommission gegen die an den einzelnen Vereinbarungen eines Netzes beteiligten Unternehmen erst einschreiten will, wenn die 30% -Grenze überschritten ist, vorausgesetzt zudem, dass der Marktanteil der an den Vereinbarungen beteiligten Unternehmen seinerseits zusammen mindestens 5% beträgt (Tz. 8). Überschreiten die Beteiligten diese Schwellenwerte, so zieht dies freilich nach Meinung der Kommission keineswegs automatisch die Anwendbarkeit des Kartellverbotes nach sich; vielmehr sind die Auswirkungen der fraglichen Maßnahme dann im Einzelfall in ihrem rechtlichen und wirtschaftlichen Kontext zu prüfen, wohl entsprechend den vom Gerichtshof entwickelten Regeln.[94] 47

Die De-minimis-Bekanntmachung findet *keine* Anwendung auf **Kernbeschränkungen** (Tz. 11). Dazu gehören bei Vereinbarungen zwischen Wettbewerbern die Festsetzung der Preise, die Beschränkung der Produktion oder des Absatzes sowie die Aufteilung von Märkten oder Kunden (Tz. 11 Nr. 1), während bei Vereinbarungen zwischen Nichtwettbewerbern, in erster Linie also bei vertikalen Vereinbarungen, hierher Preisbindungen und Beschränkungen der Abnehmer hinsichtlich des Verkaufsgebietes oder des Kundenkreises gerechnet werden, mit Ausnahme freilich der Beschränkung des aktiven Verkaufs in andere Absatzgebiete (Tz. 11 Nr. 2 lit. a und b). Eine besonders großzügigen Behandlung erfreuen sich auf der anderen Seite die sog. kleinen und mittleren Unternehmen **(KMUs)** im Sinne der Empfehlung von 2003 zur Definition von Kleinstunternehmen, kleinen und mittleren Unternehmen.[95] Bei ihnen verneint die Kommission heute im Ergebnis *generell* die Spürbarkeit einer etwaigen wettbewerbsbeschränkenden Vereinbarung (Tz. 3 S. 3), – womit es ihr der Sache nach gelungen ist, losgelöst vom Vertragstext einen neuen Ausnahmebereich für KMUs zu schaffen.[96] 48

III. Ausnahmen

1. Unlauterer Wettbewerb

Der Vertrag schützt nach seiner Präambel (4. Abs.) und dem Protokoll Nr. 27 über den Binnenmarkt und den Wettbewerb v. 13. Dezember 2007[97] allein den „redlichen“ und „unverfälschten“ Wettbewerb. Der unlautere oder sonst gesetzwidrige Wettbewerb genießt folglich grundsätzlich *keinen* Schutz nach den Wettbewerbsregeln. Eine verbreitete Meinung zieht daraus den Schluss, dass Abreden und Beschlüsse von Unternehmen zur Unterbindung unlauterer oder sonst gesetzwidriger Verhaltensweisen nicht gegen Art. 101 Abs. 1 AEUV verstoßen, ohne dass es hierzu einer Freistellung nach Art. 101 Abs. 3 AEUV bedürfte. Ein *genereller* Vorrang des nationalen Lauterkeitsrechts vor Art. 101 AEUV kann indessen *nicht* anerkannt werden, wenn man verhindern will, dass die Mitgliedstaaten über das Lauterkeitsrecht ein probates Mittel erlangen, um durch die Umqualifizierung bloß unerwünschten Wettbewerbs in un- 49

[94] Vertikalleitlinien von 2010, ABl. 2010 Nr. C 130/1, Tz. 9, 96ff.
[95] ABl. 2003 Nr. L 124/36.
[96] Zur Kritik s. IM/*Emmerich;* Bd. I/1, Art. 101 Rn. 152.
[97] ABl. EG 2007 Nr. C 306/156.

lauteren Wettbewerb wichtige Teile des Wettbewerbs einseitig wieder dem Schutz der Wettbewerbsregeln zu entziehen.

50 Die Brisanz dieser Frage hat in den letzten Jahren in dem Maße abgenommen, in dem die Kommission Fortschritte auf dem Weg zur Angleichung des Lauterkeitsrechts der Mitgliedstaaten erzielt hat.[98] Hinzuweisen ist in diesem Zusammenhang in erster Linie auf die **Richtlinie über unlautere Geschäftspraktiken** vom 11. Mai 2005,[99] die freilich nur für das Verhältnis zwischen Unternehmen und Verbrauchern **(B2C)** gilt (Art. 3 Abs. 1 der Richtlinie). Halten sich die Vereinbarungen der Unternehmen an diesen Rahmen, so stellt sich grundsätzlich nicht mehr die Frage der Vereinbarkeit mit Art. 101 AEUV, wichtig vor allem für die durch das neue UWG erstmals zugelassenen Verhaltenskodizes für die Unternehmen eines Wirtschaftszweiges (§ 2 Abs. 1 Nr. 5 UWG). Der Anwendungsbereich dieser Problematik beschränkt sich seitdem im wesentlichen, aber nicht ausschließlich, auf den nicht harmonisierten Bereich, insbesondere also auf das Verhältnis **zwischen Unternehmen (B2B)**.

51 In dem verbliebenen Konfliktsbereich (Rn. 50) gibt es **keinen generellen Vorrang** des nationalen Lauterkeitsrechts vor Art. 101 AEUV, so dass Vereinbarungen zur Unterbindung nach *nationalem* Recht unlauteren Verhaltens in jedem Fall einer zusätzlichen Überprüfung anhand des Art. 101 AEUV bedürfen, ob die fraglichen Wertungen des nationalen Rechts auch mit dem Vertrag vereinbar sind. Daraus ergibt sich die Notwendigkeit, im Rahmen der Wettbewerbsregeln zu einer **praktischen Konkordanz** zwischen den Wettbewerbsregeln und den (nicht angeglichenen) nationalen Vorschriften zum Schutze des lauteren Wettbewerbs zu gelangen, um gleichermaßen den gebotenen umfassenden Wettbewerbsschutz, wie den Schutz der Unternehmen gegen unlautere Verhaltensweisen im Wettbewerb sicherzustellen.

52 Die Praxis der Unionsgerichte zielt in dieselbe Richtung. Für den **EuGH** genießt vor allem das Binnenmarktprojekt unbedingten Vorrang vor der (nicht angeglichenen) nationalen Gesetzgebung zum Schutze des lauteren Wettbewerbs. Nationale Vorschriften und Rechtsinstitute zum Schutze des lauteren Wettbewerbs dürfen daher nicht zur Behinderung normaler Parallelimporte eingesetzt werden.[100] Ebenso unzulässig ist es, die bloße **Einfuhr** einer Ware, die in einem anderen Mitgliedstaat rechtmäßig in den Verkehr gebracht wurde, als **unlauter** zu qualifizieren. Dies ist vielmehr immer nur aufgrund *zusätzlicher* Umstände möglich, die von der eigentlichen Einfuhr unabhängig sind.[101] In der Rechtsprechung ist außerdem geklärt, dass der **Verkauf unter Selbstkosten** keinesfalls generell als unlauter angesehen werden kann; er ist z. B. dann unbedenklich, wenn er durch den Wettbewerb erzwungen wird.[102] Folglich bleibt Art. 101 Abs. 1 AEUV auf vertragliche Verbote des Verkaufs unter Kosten anwendbar.[103] Ebenso wenig dürfen sich Unternehmen eine Entscheidung darüber anmaßen, ob die Tätigkeit eines unerwünschten Konkurrenten rechtmäßig oder rechtswidrig ist. Dies zu beurteilen,

98 Überblick bei *Emmerich,* Unlauterer Wettbewerb, § 1 Rn. 23ff.

99 ABl. 2005 Nr. L 149/22; umgesetzt durch das UWG von 2008, BGBl. 2008 I S. 2949.

100 *EuGH* Slg. 1971, 949 (960 Tz. 14/15) – Béguelin.

101 *EuGH* Slg. 1981, 181, 195 Tz. 1 – Dansk Supermarket/Imerco; Slg. 1976, 1039, 1062 Tz. 7 – Terrapin/Terranova; Slg. 1978, 1139, 1164 – Hoffmann-La Roche/Centrafarm; Slg. 1978, 1823, 1840 – American Home Products/Centrafarm; Slg. 1982, 707, 717f. – Beele.

102 *EuG* Slg. 1992 II 1155, 1253 – Montedipe.

103 *EuGH* Slg. 1989, 2181, 2186 = EuZW 1990, 323 – Belasco; *EuG* Slg. 1992 II 1155, 1253 – Montedipe.

obliegt vielmehr allein den zuständigen Behörden der Mitgliedstaaten. Ein Kartell zur Bekämpfung eines (angeblich) rechtswidrig handelnden Konkurrenten stellt daher einen (besonders schweren) Verstoß gegen Art. 101 Abs. 1 AEUV dar.[104]

2. Rule of reason

Unter dem Stichwort „rule of reason“ wird die Fragen diskutiert, ob es jenseits der „geschriebenen“ Ausnahmen vom Kartellverbot (s. insbesondere Art. 101 Abs. 3 AEUV und 106 Abs. 2 AEUV) noch weitere **ungeschriebene Ausnahmen** gibt. Hintergrund dieser Diskussion ist die Bereitschaft des **Gerichtshofs,** trotz des mit Art. 101 AEUV an sich intendierten umfassenden Wettbewerbsschutzes bestimmte Formen des Wettbewerbs als nicht schutzwürdig doch wieder aus dem Anwendungsbereich des Art. 101 *Abs. 1* AEUV auszuklammern, vor allem, aber nicht nur, wenn die Vorteile einer wettbewerbsbeschränkenden Abrede für das Binnenmarktprojekt in seinen Augen ihre Nachteile deutlich überwiegen.[105] 53

Die einschlägigen **Fallgruppen,** die teilweise auch unter dem Stichwort des „nicht schutzwürdigen Wettbewerbs“ diskutiert werden, bieten bei näherem Zusehen kein einheitliches Bild. Das Spektrum reicht von der Hinnahme gewisser wettbewerbsbeschränkender Klauseln in den Satzungen der Kammern der freien Berufe aufgrund vorrangiger berufsrechtlicher Wertungen über die großzügige Behandlung von Konkurrenzverboten, Ausschließlichkeitsbindungen und restriktiven Austrittsklauseln in den Satzungen von Einkaufsgemeinschaften und Genossenschaften, soweit zu deren Funktionieren erforderlich, bis zur Freistellung rein sportlich bedingter Regelwerke der Sportverbände und der Erlaubnis von Arbeitsgemeinschaften, zu denen sich Unternehmen zusammenschließen, um Aufträge durchzuführen, die sie allein nicht ausführen könnten. Auch an die großzügige Behandlung verschiedener wettbewerbsbeschränkender Klauseln in Lizenzverträgen (§ 6 Rn. 10, 15ff.), die Hinnahme selektiver Vertriebssysteme, wenn und soweit zum Eindringen in fremde Märkte notwendig (§ 5 Rn. 25ff.), sowie die weitgehende Billigung wettbewerbsbeschränkender Nebenabreden zu als solchen unbedenklichen Abreden (Rn. 56ff.) ist hier zu erinnern. 54

Die geschilderte Praxis (Rn. 54) hat eine lebhafte **Diskussion** ausgelöst. Im Schrifttum wird aus ihr zum Teil der Schluss gezogen, im Unionsrecht entwickele sich eine Art **rule of reason,** deren Kern darin bestehe, bereits im Rahmen des Art. 101 *Abs. 1* AEUV eine fallbezogene *Abwägung* der Vor- und Nachteile einer wettbewerbsbeschränkenden Abrede zu erlauben – mit der Folge, dass bei einem Überwiegen der Vorteile, etwa in Gestalt der Eröffnung eines neuen Marktes, das Verbot des Art. 101 Abs. 1 AEUV hinter anderen Wertungen zurückzutreten habe.[106] Die überwiegende Meinung lehnt dagegen bisher die Anerkennung einer wie immer verstandenen rule of reason im Unionsrecht ab.[107] Auf denselben Standpunkt hat sich wiederholt mit Nachdruck das **Gericht** gestellt.[108] Auch 55

104 So für ein Kartell von Banken zur Bekämpfung eines unerwünschten Außenseiters *EuGH* WuW/E EU-R 2644 Tz. 19f. = NZKart 2013, 146; dazu *Lettl/Nordemann,* NZKart 2014, 207.

105 Erstmals *EuGH* Slg. 1966, 281, 304 – LTM/MBU.

106 Insbes. *Ackermann,* Art. 85 EGV und die Rule of reason, 1987, S. 190, 207ff.; *ders.*, EuZW 1997, 271 (274f.); s. im Einzelnen IM/*Emmerich,* Bd. I/1, Art. 101 Rn. 135.

107 *Everling,* WuW 1990, 995; *Frenz,* Tz. 67ff.; *Mestmäcker/Schweitzer,* § 7 Rn. 56ff.; *P. Ulmer,* RIW 1985, 517; *G. Wils,* CDE 1990, 19.

108 *EuG* Slg. 2001 II 2464, 2487ff. Tz. 72ff. = WuW/E EU-R 469 – M6/TF1; Slg. 2003 II 4662, 4701 Tz. 106f. – van den Bergh Foods; Slg. 2006 II 1234 Tz. 69 = WuW/E EU-R 1174, 1178 – O2; WuW/E EU-R 2399 Tz. 80 = WM 2012, 1271 – Mastercard; WuW/E EU-R 2479 Tz. 65 – E.ON Ruhrgas.

nach dem **Gerichtshof** kann die „rule of reason", selbst wenn sie einen Platz im Rahmen von Art. 101 Abs. 1 AEUV des Vertrages haben sollte, *keinesfalls* **hardcore-Beschränkungen** rechtfertigen; Beispiele sind neben den „klassischen" Kartellen etwa auch der Ausschluss des Vertriebs von Luxusartikeln über das Internet selbst im Rahmen an sich zulässiger selektiver Vertriebssysteme.[109] Für eine Anerkennung einer rule of reason ist damit definitiv im Unionsrecht kein Raum mehr, und zwar zu Recht angesichts der großen Gefahren, die einer konsistenten Wettbewerbspolitik von derartigen generalklauselartigen Ausnahmen vom Kartellverbot drohen.

3. Nebenabreden

56 Unter dem Stichwort wettbewerbsbeschränkende Nebenabreden („ancillary restraints") wird die Frage diskutiert, ob unter im Einzelnen umstrittenen Voraussetzungen für wettbewerbsbeschränkende Nebenabreden zu als solchen unbedenklichen und möglicherweise sogar im Interesse des Wettbewerbs positiv zu beurteilenden Abreden eine weitere (ungeschriebene) Ausnahme von Art. 101 AEUV angenommen werden kann. Paradigmata sind **Wettbewerbsverbote** in Unternehmensveräußerungsverträgen sowie in kartellrechtsneutralen Gesellschaftsverträgen. In Literatur und Rechtsprechung wird vielfach angenommen, dass Art. 101 AEUV nach seinem Sinn und Zweck auf derartige grundsätzlich positiv zu bewertenden Nebenabreden keine Anwendung finden könne.[110]

57 Praktische Bedeutung hat dieser Fragenkreis vor allem im Rahmen der **Fusionskontrolle** erlangt, da sich nach Art. 6 Abs. 1 lit. b S. 2 und Art. 8 Abs. 2 Unterabs. 3 FKVO eine Entscheidung, durch die ein Zusammenschluss für zulässig erklärt wird, auch auf die mit seiner Durchführung verbundenen und für sie notwendigen Einschränkungen erstreckt. Darunter fallen u. a. wettbewerbsbeschränkende Abreden der beteiligten Unternehmen im Zusammenhang mit der Durchführung des Zusammenschlusses.[111] Offenbar im Anschluss an diese Regelung verstehen die **Unionsgerichte** unter Nebenabreden alle mit der Durchführung einer als solchen zulässigen Hauptmaßnahme unmittelbar verbundenen und für diese notwendigen Einschränkungen des Wettbewerbs. Voraussetzung der Zulässigkeit der Nebenabrede ist folglich einmal ihre objektive *Notwendigkeit* für die Durchführung der zulässigen Hauptmaßnahme, zum anderen die *Verhältnismäßigkeit* der mit der Nebenabrede verbundenen Einschränkung des Wettbewerbs, die deshalb hinsichtlich ihrer Dauer und ihres Anwendungsbereichs nicht über das zur Verwirklichung der zulässigen Hauptmaßnahme notwendige Maß hinausgehen darf.[112]

58 Auf derselben Linie liegt offenbar die Praxis der Kommission, wie sich insbesondere aus ihren **Leitlinien zu Art. 81 Abs. 3 von 2004** ergibt.[113] Als grundsätzlich zulässige

[109] *EuGH* Slg. 1999 I 4575, 4618 Tz. 133 – Montecatini; insbes. Slg. 2011, I-9447 Tz. 40ff. = WuW/E EU-R 2169 – Pierre Fabre; ebenso schon EuGE 1992, II-1155 Tz. 265; 1995, II-1063 Tz. 109.

[110] S. zuletzt für Wettbewerbsverbote in Gesellschaftsverträgen *BGH* NJW-RR 2010, 615 = GRUR 2010, 84 = JuS 2010, 547 – Gratiszeitung Hallo sowie generell *Mestmäcker/Schweitzer,* § 7 Rn. 58ff.; FK/*Roth/Ackermann,* Art. 81 Rn. 325; ebenso wohl *EuGH* Slg. 1998 I 1997, 2004 Tz. 19 = EuZW 1998, 404 – Javico.

[111] S. 1 des Erwägungsgrundes Nr. 21 zu der FKVO; wegen der Einzelheiten s. die Bekanntmachung über Nebenabreden von 2005, ABl. 2005 Nr. C 56/24 und dazu u. § 18 Rn. 18f.

[112] *EuG* WuW/E EU-R 2399, 2406ff. Tz. 77ff. = WM 2012, 1271 – Mastercard; WuW/E EU-R 2479, 2484ff. Tz. 62ff. – E.ON Ruhrgas m. N.

[113] ABl. Nr. C 101/97 Tz. 18, 28ff.

Nebenabreden bezeichnet die Kommission hier „vermutete Wettbewerbsbeschränkungen, die mit der Durchführung der nicht wettbewerbsbeschränkenden Hauptvereinbarung unmittelbar verbunden, dafür notwendig und angemessen sind“ (Tz. 29 der Leitlinien).[114] Als **Beispiele** nennt die Kommission unter anderem Gebietsbeschränkungen in Vertriebsverträgen (Tz. 18 Nr. 2) sowie Beschränkungen, die für die Funktionsfähigkeit eines den Wettbewerb nicht beschränkenden Gemeinschaftsunternehmens erforderlich sind (Tz. 31). Weitergehende Abreden, insbesondere solche, die **Kernbeschränkungen** enthalten, bleiben dagegen verboten.[115]

IV. Relevanter Markt

1. Überblick

Die Abgrenzung des relevanten Marktes hat in den letzten Jahren in der Praxis zu 59
Art. 101 AEUV zunehmende Bedeutung erlangt. Dies hängt in erster Linie damit zusammen, dass die Kommission, wie gezeigt (o. Rn. 46ff.), bei der Prüfung der **Spürbarkeit** einer Wettbewerbsbeschränkung vorrangig auf die Marktanteile der an einer wettbewerbsbeschränkenden Maßnahme beteiligten Unternehmen abstellt, Marktanteile aber nur auf sachlich, räumlich und gegebenenfalls auch zeitlich möglichst genau abgegrenzten Märkten bestimmt werden können.[116] Der Schwerpunkt der Marktabgrenzungsproblematik liegt freilich nicht bei Art. 101 Abs. 1 AEUV, sondern bei der **Missbrauchsaufsicht** über Unternehmen in beherrschender Stellung aufgrund des Art. 102 AEUV und der §§ 18 bis 20 GWB sowie bei der **Fusionskontrolle** nach Art. 2 der der Verordnung Nr. 139/04 vom 20. Januar 2004[117] und nach den §§ 35ff. GWB, so dass wegen der Einzelheiten auf die Ausführungen dazu zu verweisen ist.[118] Gleichwohl kann im vorliegenden Zusammenhang auf eine Erörterung des Fragenkreises nicht ganz verzichtet werden, weil die Marktabgrenzung wegen der unterschiedlichen Zwecke des Kartellverbots, des Missbrauchsverbots und der Fusionskontrolle nicht mit Notwendigkeit überall denselben Regeln folgt. Dies hängt vor allem damit zusammen, dass die Fusionskontrolle eine *Prognose* über die Entwicklung der Märkte notwendig macht, während es bei den Art. 101 und 102 AEUV in erster Linie um eine *Vergangenheitsanalyse* geht.[119]

Die zutreffende Abgrenzung des relevanten Marktes stellt Rechts- und Wirtschaftswis- 60
senschaften gleichermaßen vor ungewöhnliche Schwierigkeiten, weil in der wirtschaftlichen Wirklichkeit alle Märkte nahezu ununterscheidbar ineinander übergehen. In den **Wirtschaftswissenschaften** ist deshalb in den letzten Jahren eine Fülle neuer Konzepte zur Marktabgrenzung entwickelt worden, wobei ökonometrische Verfahren zunehmende Bedeutung erlangen.[120] Hervorzuheben, weil auch von der Kommission

114 Ebenso beiläufig *BGH* NJW 2009, 1751 Tz. 17 = JuS 2010, 449.

115 *EuGH* Slg. 1999, I-4574 (4618 Tz. 133) – Montcatini; *EuG* Slg. 1992, II-1155 (1246ff.) – Montedipe; Slg. 1995, II-1063 (1107f. Tz. 109) – Trefilunion.

116 S. *Kommission*, Bekanntmachung v. 22.12.2001 über Vereinbarungen von geringer Bedeutung, ABl. Nr. C 368/13, Tz. 7.

117 ABl. EG 2004 Nr. L 24/1.

118 Ebenso z. B. *EuG* WuW/E EU-R 2399, 2416 Tz. 171 = WM 2012, 1271 – Mastercard; dazu u. §§ 9 Rn. 7ff., § 16 Rn. 7ff.

119 Ebenso *Kommission*, Bekanntmachung, Tz. 12; FK/*Roth*/*Ackermann*, Art. 81 Rn. 368.

120 Überblicke bei *Ewald*, ZWeR 2004, 512; MünchKomm/*Kerber*/*Schwalbe*, Einleitung Rn. 1114ff. (S. 297ff.) = (wörtlich übereinstimmend) *Schwalbe*/*Zimmer*, Kartellrecht und Ökonomie, S. 65ff.

bevorzugt, sind der sog. **SSNIP-Test,** auch hypothetischer Monopolistentest genannt,[121] sowie verschiedene **Partialanalysen,** unter denen die Ermittlung der Kreuzpreiselastizitäten und die Preiskorrelationsanalyse wohl die wichtigsten sind. Der **SSNIP-Test** stammt aus dem amerikanischen Antitrustrecht. Sein Zweck besteht darin, gegebenenfalls in einer schrittweisen (iterativen) Vorgehensweise die engsten **Substitute** eines Produktes zu **ermitteln,** wobei – anders als nach dem Bedarfsmarktkonzept – nicht mehr auf den verständigen Durchschnittsverbraucher als Referenzperson abgestellt wird, sondern auf den **Grenznachfrager,** bei dessen Ausscheiden aus dem Markt infolge seines Ausweichens auf andere Produkte, d. h. eben auf Substitute, sich eine Preiserhöhung für das betreffende Unternehmen nicht mehr lohnt.[122] In der Rechtswissenschaft wird dagegen nach wie vor das sog. **Bedarfsmarktkonzept** favorisiert. Hinzu treten neuerdings (wieder) mit zunehmendem Gewicht **subjektivistische Ansätze,** die die Orientierung an den **Wirtschaftsplänen** der betroffenen Unternehmen in den Vordergrund rücken, dies deshalb, weil es letztlich allein darauf ankomme, welche anderen Unternehmen ein Unternehmen als seine Konkurrenten ansehe, so dass es auf diese gegebenenfalls Rücksicht nehme.[123]

61 Speziell im Rahmen des Art. 101 AEUV bleibt zu beachten, dass jedes **Unternehmen** den Markt, auf dem es sich betätigt, zunächst einmal **selbst definiert.**[124] Zumindest für die Zwecke des Art. 101 AEUV kann deshalb bei der Marktabgrenzung in zahlreichen Fällen ohne Weiteres von der fraglichen Vereinbarung ausgegangen werden, sofern nämlich in dieser der betroffene (relevante) Markt bereits umschrieben wird. Das gilt insbesondere für den **räumlich relevanten Markt,** so dass sich z. B. alle weiteren Ausführungen zur Marktabgrenzung erübrigen, wenn eine Maßnahme eindeutig die Abschottung des Marktes eines Mitgliedstaates von den Nachbarmärkten bezweckt.[125] Es gilt aber in nicht geringerem Maße auch für die **sachliche Marktabgrenzung,** bei der gleichfalls häufig an die von den Beteiligten in ihrer Vereinbarung selbst vorgenommene Marktabgrenzung angeknüpft werden kann.[126] Erstreckt sich z. B. eine wettbewerbsbeschränkende Vereinbarung auf ganze Erzeugnisgruppen, so besteht kein Anlass, die einzelnen Erzeugnisse scharf gegeneinander abzugrenzen.[127]

[121] SSNIP = Small but Significant Non-Transitory Incraese in Price, d. h. dauerhafte Preiserhöhung von 5–10%.

[122] S. im Einzelnen Langen/Bunte/*Bulst,* Art. 102 Rn. 39f.; Langen/Bunte/*Hengst,* Art. 101 Rn. 101, 251; *Ewald,* ZWeR 2004, 512 (524ff.); *Th. Klein,* WuW 2010, 169; *Lademann/Kn. W. Lange,* WuW 2010, 387; MünchKomm/*Kerber/Schwalbe,* Einl. Rn. 1148; *Schwalbe/Zimmer,* Kartellrecht und Ökonomie, 2006, S. 69ff.; FK/*Roth/Ackermann,* Art. 81 Rn. 373ff., 387f.; *Wurmnest,* Marktmacht und Verdrängungsmissbrauch, 2. Aufl. (2012), S. 279ff.; *Zimmer,* JZ 2008, 611, 614; *ders.,* FS U. Huber, 2006, S. 1173, 1175ff.

[123] S. *Emmerich,* AG 2004, 629 (631ff.); *ders.,* FS Oberender, 2011, S. 61; *Engel,* 2004, FS Immenga, 2004, S. 127; *T. Golz,* Der sachlich relevante Markt bei Verlagserzeugnissen, 2003; *Säcker,* ZWeR 2004, 1; kritisch jedoch insbes. *Ewald,* ZWeR 2004, 512 (539ff.); FK/*Roth/Ackermann,* Art. 81 Rn. 372.

[124] Ebenso *EuG* Slg. 1994, II-905 (934 Tz. 51 und 936 Tz. 56) – Fiatagri; Slg. 1995, II-289 (318ff. Tz. 76–82) – SPO; Slg. 2010, II-4088 Tz. 48ff; *EuG* WuW/E EU-R 2399, 2416 Tz. 171 = WM 2012, 1271 – Mastercard.

[125] *EuG* Slg. 2000, II-2713 (2803 Tz. 231) = WuW/E EU-R 330 (337) – VW.

[126] *EuG* Slg. 1994, II-905 (934 Tz. 51) – Fiatagri.

[127] *Kommission,* Entsch. v. 22. 12. 1987, ABl. 1988 Nr. L 52/51 – Olivetti/Canon (für das Gebiet der Datenverarbeitung und Bürogeräte); vgl. auch für das Gebiet der Unterhaltungselektronik *EuGH* Slg. 1977, 1875 (1903 Tz. 17) – Metro/SABA.

62 Nur wenn man auf diesem Wege nicht weiterkommt, sind daher überhaupt weitere Überlegungen zur Marktabgrenzung im Rahmen des Art. 101 AEUV geboten. Die Unionsgerichte gehen dabei ebenso wie die Kommission grundsätzlich von dem **Bedarfsmarktkonzept** aus.[128] Insbesondere die Kommission verfährt auf diese Weise, ergänzt das Bedarfsmarktkonzept aber, wo immer möglich, durch den Rückgriff auf ökonometrische Partialanalysen oder auf den SSNIP-Test. Auf dem Bedarfsmarktkonzept beruht vor allem die **Bekanntmachung** über die Definition des relevanten Marktes im Sinne des Wettbewerbsrechts der Gemeinschaft vom 9. Dezember 1997.[129] Zu einem Markt werden danach (nur) solche Waren oder Dienstleistungen gerechnet, die für die andere Marktseite ohne ins Gewicht fallende physische und psychische Anpassungslasten *austauschbar* sind.[130] Die Nachfragesubstituierbarkeit oder Austauschbarkeit von Produkten will die Kommission dabei in erster Linie mittels des **SSNIP-Tests** ermitteln, indem sie prüft, ob bei einer Preiserhöhung um 5 bis 10% so viele Abnehmer auf andere Produkte ausweichen, dass sich die Preiserhöhung für das betreffende Unternehmen nicht mehr lohnt (Tz. 5–19 der Bekanntmachung); ergänzend kommen jedoch auch andere Verfahren einschließlich ökonometrischer Partialanalysen zum Einsatz (Tz. 35 – 43).

2. Sachlich relevanter Markt

63 Legt man auf **Angebotsmärkten** bei der Abgrenzung des sachlich relevanten Marktes mit der Kommission das sog. Bedarfsmarktkonzept zugrunde,[131] so wird der sachlich relevante Markt grundsätzlich aus sämtlichen **Produkten oder Dienstleistungen** gebildet, die für die Marktgegenseite ohne Weiteres, d. h. ohne besondere psychische oder physische Anpassungslasten **austauschbar** sind, wobei in erster Linie von einem vernünftigen, durchschnittlichen Käufer, dem sog. Verbrauchsdisponenten, auszugehen ist, der sich bereits für eine bestimmte Ware oder Dienstleistung entschieden *hat.* Entsprechend den wechselnden Präferenzen der Abnehmer kann es dabei auf die unterschiedlichsten **Merkmale** ankommen. Maßgebend sind in erster Linie die Eigenschaften der fraglichen Produkte oder Dienstleistungen, ihre Preislage sowie ihr Verwendungszweck. Waren oder Dienstleistungen, die wegen ihrer besonderen Eigenschaften durch andere nur in geringem Maße oder zeitlich begrenzt ersetzt werden können, bilden einen eigenen Markt.[132]

64 Grundsätzlich dieselben Regeln sind anzuwenden, wenn die **Nachfrageseite** des Marktes ins Auge gefasst wird, um den Beschaffungsmarkt der Unternehmen zu ermitteln. Die Folge ist, dass hier gleichfalls allein auf die Sicht der Marktgegenseite, diesmal der Anbieter, abzustellen und zu prüfen ist, **welche Ausweichmöglichkeiten** für sie, die *Anbieter,* bestehen. Daher gehören hier alle Nachfrager und Produkte zu einen Markt, auf die die Anbieter ohne große Schwierigkeiten ausweichen können, wobei nicht nur an unterschiedliche Vertriebswege und Absatzmärkte, sondern auch

[128] Z. B. *EuG* WuW/E EU-R 2399, 2416 Tz. 171 = WM 2012, 1271 – Mastercard

[129] ABl. Nr. C 372/5 = WuW 1998, 261; s. dazu 27. Wettbewerbsbericht 1997, 1998, Tz. 44 (S. 31 f.).

[130] Bekanntmachung (vorige Fn.), Tz. 7, 13 ff.; Leitlinien v. 13. 10. 2000 (ABl. Nr. C 291/1 [18 ff.]), Tz. 68 ff.; ebenso z. B. *EuG* WuW/E EU-R 2399, 2416 Tz. 171 = WM 2012, 1271 – Mastercard.

[131] S. o. Rn. 59; z. B. *EuG* Slg. 2010, II-1270 (1287 ff. Tz. 54 ff.) – Aman; *EuG* WuW/E EU-R 2399, 2416 Tz. 170 = WM 2012, 1271 – Mastercard; *Kommission,* Bekanntmachung v. 9. 12. 1997 (ABl. Nr. C 372/5 f.), Tz. 7, 13 ff.

[132] Wegen zahlreicher Beispielen s. IM/*Emmerich,* Bd. I/1, Art. 101 Abs. 1 Rn. 161–165.

an unterschiedliche Produktionslinien zu denken ist.[133] Die Spürbarkeit der von einem **Bezugskartell** der Abnehmer ausgehenden Wettbewerbsbeschränkung hängt daher in erster Linie, aber nicht allein, von dem Umfang der Warenbezüge des Kartells im Verhältnis zu den Gesamtlieferungen der Anbieter in den fraglichen Waren ab.[134] Steht es den Mitgliedern des Bezugskartells frei, auch unabhängig von dem Kartell unmittelbar von den Lieferanten zu beziehen, so wird meistens eine wettbewerbsbeschränkende Wirkung verneint.[135]

3. Räumlich relevanter Markt

65 Die exakte Abgrenzung des räumlich relevanten Marktes, das heißt des Hauptabsatzgebietes einer Ware, bereitet in einem durch Marktintegration und Globalisierung gekennzeichneten Umfeld im Grunde noch größere Schwierigkeiten als bereits die Abgrenzung des sachlich relevanten Marktes, da an den Grenzen eigentlich alle Märkte nahezu ununterscheidbar ineinander übergehen. Anders als bei der Kontrolle von Marktmacht nach Art. 102 AEUV oder im Rahmen der Fusionskontrolle aufgrund der FKVO spielt der Fragenkreis gleichwohl im Rahmen des Art. 101 AEUV nur verhältnismäßig selten eine Rolle. Denn auch hier gilt, dass die Unternehmen, wie bereits betont (Rn. 58), ihre **Märkte** zunächst einmal **selbst definieren,** so dass bei Art. 101 AEUV zur Bestimmung des räumlich relevanten Marktes in erster Linie an die Vereinbarungen der Parteien anzuknüpfen ist, die darin selbst festlegen, wo sich die von ihnen vereinbarte Wettbewerbsbeschränkung auswirken soll.[136] Nur wo solche Vorgehensweise versagt, ist die komplizierte Prüfung des räumlich relevanten Marktes nach ökonomischen Kriterien erforderlich (Rn. 66).

66 Soweit ersichtlich, werden in der **ökonomischen Theorie** der räumlichen Marktabgrenzung im Wesentlichen dieselben theoretischen Ansätze wie der sachlichen Marktabgrenzung zugrunde gelegt.[137] Dies bedeutet vor allem, dass auch hier neben ökonometrischen Partialanalysen, die insbesondere an die Entwicklung der Preise und der Handelsströme anknüpfen, primär der **SSNIP-Test** oder hypothetische Monopolistentest Anwendung findet. Es wird mit anderen Worten nicht anders als bereits bei der sachlichen Marktabgrenzung geprüft, auf welche anderen Anbieter die Nachfrager bei einer Preiserhöhung des Unternehmens, dessen Marktposition untersucht wird, um 5 bis 10% ausweichen. Sind dies hinreichend viele, um eine Preiserhöhung als nicht mehr lohnend erscheinen zu lassen, so gehören diese anderen Anbieter räumlich zum selben Markt. Daneben wird insbesondere noch die **Angebotsumstellungsflexibilität** weiterer Anbieter am Marktrand berücksichtigt, sofern von diesen eine disziplinierende Wirkung ausgeht.

---

[133] S. insb. *Kommission,* Entsch. v. 9.7.1980, ABl. Nr. L 260/24 (29 Tz. 37) – National Sulphuric Acid Associaton (für ein Bezugskartell für Schwefel).

[134] *Kommission,* Entsch. v. 17.7.1968, ABl. Nr. L 201/4 (6) – SOCEMAS; v. 14.7.1975, ABl. Nr. L 212/23 (25) – Intergroup.

[135] *Kommission,* (vorige Fn.); ähnlich im Ergebnis *EuGH* Slg. 1994, I-5671 (5687f.) = EuZW 1995, 244 – DLG.

[136] Ebenso *EuGH* Slg. 1969, 295 (301f.) – Völk/Vervaecke; Slg. 1971, 351 (376) – Cadillon/Höss; *EuG* Slg. 1994, II-905 (936 Tz. 56) – Fiatagri.

[137] Übersicht bei *Schwalbe/Zimmer,* Kartellrecht und Ökonomie, 2006, S. 92ff. und bei MünchKomm/*Kerber/Schwalbe,* Einl. Rn. 1175ff. (S. 308ff.) sowie z. B. *Kallfaß,* FS I. Schmidt, 1997, S. 111ff.

Die **Kommission** knüpft in ihrer Bekanntmachung von 1997 an die skizzierten Aussagen der ökonomischen Theorie zur räumlichen Marktabgrenzung an, wobei sie sich in erster Linie an **Art. 9 Abs. 7 S. 1 FKVO** orientiert, nach dem der räumliche Referenzmarkt aus einem Gebiet besteht, auf dem die beteiligten Unternehmen als Anbieter oder Nachfrager von Waren oder Dienstleistungen auftreten, in dem die Wettbewerbsbedingungen hinreichend homogen sind und das sich von den benachbarten Gebieten hinsichtlich der Wettbewerbsbedingungen unterscheidet.[138] Zu einem räumlich relevanten Markt gehören folglich alle Unternehmen an unterschiedlichen Standorten, die für die Marktgegenseite tatsächlich als **alternative Liefer- oder Bezugsquelle** in Betracht kommen, so dass die *Abnehmer* ihre Nachfrage kurzfristig und mit geringen Kosten auf Unternehmen mit anderem Standort umlenken werden, wenn einzelne Anbieter ihre Preise erhöhen. Zentrale Bedeutung haben in diesem Zusammenhang die Struktur der Märkte, die räumlichen Verhältnisse sowie tatsächliche und rechtliche Marktzutrittsschranken.[139] 67

V. Zweck oder Wirkung

1. Alternativität von Zweck und Wirkung

Die Wettbewerbsbeschränkung muss nach Art. 101 Abs. 1 AEUV der Zweck oder die Wirkung der wettbewerbsbeschränkenden Maßnahme sein. Die Unterscheidung zwischen Zweck und Wirkung der Maßnahme in Art. 101 AEUV wird heute meistens, wie bereits ausgeführt (Rn. 38), mit den beiden Aspekten der Wettbewerbsbeschränkung in Art. 101 AEUV identifiziert (oben Rn. 35 ff.). Mit dem **Zweck** der Maßnahme fasst der Vertrag m. a. W. in erster Linie die von einer Maßnahme ausgehende Beschränkung der wirtschaftlichen Handlungsfreiheit der an der Maßnahme *beteiligten* Unternehmen ins Auge (die ihrerseits heute in der Regel mit den sog. Kernbeschränkungen gleichgesetzt wird), während der Vertrag mit den **Wirkungen** der Maßnahme auf die ebenfalls zu berücksichtigenden Auswirkungen der Maßnahme auf *Dritte* zielt. 68

Zweck und Wirkung der Maßnahme stellt der Vertrag in Art. 101 Abs. 1 *gleichberechtigt* nebeneinander. Für die Anwendung des Art. 101 Abs. 1 AEUV genügt daher grundsätzlich bereits die Feststellung eines wettbewerbsbeschränkenden **Zweckes** der Maßnahme, *ohne* dass es dann noch zusätzlich auf die Prüfung ihrer tatsächlichen *Auswirkungen* auf den Markt ankäme. Diese sind vielmehr nur erheblich, wenn sich ein wettbewerbsbeschränkender Zweck der Maßnahme nicht feststellen lässt. Die Folge dieser so genannten **Alternativität** von Zweck und Wirkung ist vor allem, dass die Anwendung des Art. 101 Abs. 1 AEUV unabhängig davon ist, ob die bezweckte Wettbewerbsbeschränkung jemals versucht wurde.[140] Als Grund für diese strenge Haltung 69

[138] *Kommission,* Bekanntmachung v. 9.12.1997 (ABl. Nr. C 372/5), Tz. 8, 28 ff.

[139] *EuG* Slg. 1994, II-762 (805 Tz. 91) – Tetra Pak; Slg. 2000, II-3929 (3974 Tz. 140) = WuW/E EU-R 443 – ADP.

[140] So *EuGH* Slg. 1993, I-1575 (1624) = EuZW 1993, 377 (388) – Zellstoff; Slg. 1997, I-4430 (4434 ff. Tz. 12 f., 14 f.) = EuZW 1997, 632 – Ferrière Nord; Slg. 2002, I-8618 (8762 Tz. 491, 8766 Tz. 508 f.) – Limburgse Vinyl Maatschappij (PVC); Slg. 2006, I-8766 (8807 Tz. 136) – FEG; *EuGH* WuW/E EU-R 1509 Tz. 15 – BIDS; Slg. 2009, I-9374 = WuW/E EU-R 1641 Tz. 55 – GSK; Slg. 2009, I-4562 = EuZW 2009, 505 Tz. 28 = JuS 2009, 1156 – T-Mobile Netherlands; Slg. 2011, I-12860 (12886 f. Tz. 65) – KME I; Slg. 2011, I-13132 (13161 Tz. 75) – KME II; WuW/E EU-R 2696, 2700 f. Tz. 33 ff. = NZKart 2013, 241 – Allianz; *EuG* Slg. 2011, II-490 = WuW/E EU-R 1939 Tz. 135, 259 – Siemens; WuW/E EU-R 2399 Tz. 139 = WM 2012, 1271 – MasterCard; WuW/E

führt der Gerichtshof in der Regel an, dass bestimmte Formen der Koordination unternehmerischen Verhaltens bereits **ihrer Natur nach schädlich** seien, so dass sie eben *immer* von Art. 101 AEUV erfasst werden müssten.[141] Die Alternativität von Zweck und Wirkung hindert aber (natürlich) nicht, im Einzelfall beides auch **nebeneinander** zu prüfen. Vor allem die **Kommission** verfährt vielfach auf diese Weise. Dies hängt nicht zuletzt mit dem Umstand zusammen, dass die Frage der Realisierung einer bezweckten Wettbewerbsbeschränkung naturgemäß von erheblicher Bedeutung für die Höhe eines etwaigen Bußgeldes sein kann.[142]

2. Zweck

70 Der Vertrag spricht in Art. 101 Abs. 1 AEUV zunächst ganz allgemein davon, dass es genüge, wenn die fragliche *Maßnahme* eine Wettbewerbsbeschränkung innerhalb des Binnenmarktes „bezweckt". Maßgebend sind mithin der „Zweck" der Maßnahme selbst, d. h. ihre **wettbewerbsbeschränkende Zielsetzung oder Tendenz,** und *nicht* so sehr die *Zwecke der Beteiligten* im Sinne der von ihnen jeweils (subjektiv) verfolgten Absichten.[143] Das ist schon deshalb gerechtfertigt, weil rational handelnde Unternehmen mit den nach den Umständen naheliegenden Auswirkungen ihrer Maßnahme auf den Markt allemal rechnen werden, so dass sie sie auch zumindest in Kauf nehmen. Hinzu kommen muss freilich noch, dass die intendierte Wettbewerbsbeschränkung im Falle ihrer Verwirklichung zugleich **spürbar** wäre.[144] Daraus folgt, dass neben der Prüfung des Zwecks der Maßnahme immer zumindest noch zusätzlich die ihrer *Eignung* zur Beschränkung des Wettbewerbs erforderlich ist.

71 Der (objektive) Zweck einer Maßnahme ist aufgrund der gesamten Umstände des Einzelfalls unter Berücksichtigung der rechtlichen und wirtschaftlichen Zusammenhänge zu ermitteln.[145] Maßgebend sind vor allem der Inhalt der fraglichen Bestimmungen und die mit ihnen objektiv verfolgten Ziele, die betroffenen Waren oder Dienstleistungen, die Struktur und die Merkmale der betroffenen Märkte sowie gegebenenfalls zusätzlich, soweit feststellbar, die wirklichen Absichten der Beteiligten.[146] Zahlreiche Abreden tragen bereits ihrer Art nach eine wettbewerbsbeschränkende Tendenz, d. h. ein Potenzial zur Entfaltung negativer Marktwirkungen in sich und sind dann, ihre Spürbarkeit unterstellt (o. Rn. 70), *per se* verboten. Paradigmata sind

EU-R 2479, 2493 ff. Tz. 141 ff. – E.ON Ruhrgas; *Kommission,* Leitlinien zu Art. 81 Abs. 3 EGV, ABl. 2004 Nr. C 191/7, Tz. 20.

141 *EuGH* WuW/E EU-R 1509 Tz. 17 – BIDS; Slg. 2009, I-4562 = EuZW 2009, 505 Tz. 29 – T-Mobile Netherlands; WuW/E EU-R 2696, 2700 f. Tz. 35, 38 = NZKart 2013, 241 – Allianz; WuW/E EU-R 2638 Tz. 36 = NZKart 2013, 111 (112) – Expedia.

142 *EUGH,* WuW/E EU-R 2696 Tz. 38 = NZKart 2013, 241 – Allianz; *EuG* Slg. 1992, II-1021 (1125 f.) – ICI.

143 *EuGH* WuW/E EU-R 1509, 1510 Tz. 14 ff. – BIDS; *Kommission,* Leitlinien zu Art. 81 Abs. 3 EGV, ABl. 2004 Nr. C 191/7, Tz. 21; Entsch. v. 5. 12. 2001, ABl. 2002 Nr. L 253/21 (33 Tz. 61) – Luxemburgische Brauereien; v. 8. 7. 2009, WuW/E EU-V 1457/1465 – E.ON/GDF.

144 S. o. Rn. 50 ff.; *EuGH* Slg. 1966, 321 (390 f.) – Grundig/Consten; Slg. 1975, 1663 (2025 ff.) – Suiker Unie; Slg. 1984, 1679 (1704 ff.) – Rheinzink; Slg. 1985, 402 (423 f.) – Clair; Slg. 1987, 447 (457) = NJW 1987, 2150 – Sachversicherer; Slg. 1989, 2117 (2185 ff.) – Belasco.

145 *EuGH* WuW/E EU-R 1509 Tz. 15 – BIDS; Slg. 2009, I-9374 = WuW/E EU-R 1641 Tz. 58 – GSK Services; Slg. 2011, I-9159 Tz. 135 f. = EuZW 2012, 466 (472) – FAPL; *Kommission,* Leitlinien zur Anwendung von Art. 81 Abs. 3 EGV vom 27. 4. 2004 (ABl. EG 2004 Nr. C 101/97), Tz. 22; Horizontalleitlinien von 2011, ABl. 2011 Nr. C11/1, 8 Tz. 24 f.

146 *EuGH* WuW/E EU-R 2696, 2700 f. Tz. 34 ff. = NZKart 2013, 241 – Allianz.

die sog. **Kern- oder „hardcore"-Beschränkungen,**[147] insbesondere also die „klassischen" Kartelle (s. Art. 101 Abs. 1 lit. a bis lit. c AEUV)' über deren wettbewerbsbeschränkende Zielsetzung jedes Wort entbehrlich ist, außerdem aber auch viele vertikale Beschränkungen, insbesondere, wenn sie unmittelbar oder mittelbar eine Preisbindung oder einen absoluten Gebietsschutz für die Abnehmer bezwecken.[148]

3. Wirkung

Der Vertrag stellt in Art. 101 Abs. 1 als Merkmal des Verbotstatbestandes neben den 72 wettbewerbsbeschränkenden Zweck einer Maßnahme (dazu o. Rn. 70f.) gleichberechtigt noch ihre entsprechende Wirkung. Gemeint sind damit nach dem heute überwiegend vertretenen Verständnis des Art. 101 Abs. 1 AEUV die **Auswirkungen** der fraglichen Maßnahme **auf Dritte,** d. h. der Eingriff in die wirtschaftliche Handlungs- oder Bewegungsfreiheit Dritter (s. Rn. 38, 68). Die Ermittlung der so verstandenen Wirkungen einer Maßnahme erfordert die umfassende Berücksichtigung ihres jeweiligen konkreten Rahmens, d. h. des wirtschaftlichen und rechtlichen Zusammenhangs, in dem die betreffenden Unternehmen tätig sind, der Natur der betroffenen Waren und Dienstleistungen sowie der auf den betroffenen Märkten bestehenden tatsächlichen Bedingungen und der Struktur dieser Märkte. Diese Beurteilung darf sich auch nicht auf die tatsächlichen Auswirkungen der betreffenden Maßnahmen beschränken, sondern muss außerdem ihre potentiellen (weiteren) Auswirkungen einbeziehen, wobei zum Vergleich auf den Wettbewerb abzustellen ist, wie er ohne die streitige Maßnahme bestände.[149]

4. Bündeltheorie

Bei der Prüfung der wettbewerbsbeschränkenden Auswirkungen einer Maßnahme (o. 73 Rn. 72) darf diese nicht aus dem Gesamtzusammenhang gelöst werden, in dem sie tatsächlich steht, so dass ergänzend die **Existenz gleichartiger Verträge** zwischen den Beteiligten sowie zwischen Dritten zu berücksichtigen ist.[150] Bedeutsam ist das vor allem für die zutreffende Beurteilung sog. **Vertragsnetze.** wie z. B. umfassender Systeme von Ausschließlichkeitsbindungen, die je für sich genommen harmlos sein mögen, in ihrer Gesamtheit aber eine erhebliche Marktzutrittssperre bedeuten können und jedenfalls dann gegen Art. 101 Abs. 1 AEUV verstoßen. Paradigmata sind die Vertragsnetze der großen Verbundunternehmen auf den Energiemärkten sowie die verbreiteten Bierlieferungsverträge, durch die die Brauereien versuchen, möglichst viele Gastwirte durch Ausschließlichkeitsbindungen und Wettbewerbsverbote an sich zu binden, nicht zuletzt zu dem Zweck, ausländischen Brauereien den Zugang zu ihrem Markt zu versperren.

---

147 *Kommission,* Leitlinien zu Art. 81 Abs. 3 EGV, ABl. 2004 Nr. C 101/97, Tz. 23.

148 *EuGH* Slg. 2011, I-9159 Tz. 139f. – FAPL; WuW/E EU-R 2696, 2700f. Tz. 43 = NZKart 2013, 241 – Allianz;

149 So insbes. *EuGH* Slg. 2006, I-11145 Tz. 48–50 = EuZW 2006, 735 = JuS 2007, 877 Nr. 14 – Asnef-Equifax; *EuG* Slg. 2006, II-1234 Tz. 66ff. = WuW/E EU-R 1174(117) – O2.

150 *EuGH* Slg. 1967, 543 (555f.) – de Haecht I, usw. bis Slg. 2000, I-11 140 (11 148 Tz. 25ff.) = EuZW 2001, 631 = WuW/E EU-R 381 – Neste; Slg. 2002, I-8618 (8760 Tz. 486) – Limburgse Vinyl Maatschappij; Slg. 2006, I-9094 (9115 Tz. 53, 9121 Tz. 84ff.) – Unilever; Slg. 2008, I-6681 Tz. 43 = EuZW 2008, 668 (670) – CEPSA/Toban; *EuG* Slg. 2003, II-4662 (4691 Tz. 82ff., 4702f. Tz. 109ff.) – Van den Bergh Foods; BGHZ 180, 323 (335ff. Tz. 35ff) = NJW-RR 2009, 1635 – Gaslieferungsverträge.

74 Die Prüfung der wettbewerbsbeschränkenden Wirkungen kumulativer Vertragssysteme ist mit erheblichen Schwierigkeiten verbunden. Die **Kommission** hat sich deshalb im Anschluss an das Delimitis-Urteil des Gerichtshofs von 1991[151] zu einer zweistufigen Vorgehensweise entschlossen (sog. **Delimitis-Test**).[152] Der *erste* Prüfungsschritt ist danach die Bewertung der **Gesamtwirkungen** aller einschlägigen, gleichartigen Vereinbarungen auf dem jeweils relevanten Markt, wobei zu beachten ist, dass die kumulative Wirkung mehrerer gleichartiger Vereinbarungen (nur) *ein Umstand* unter mehreren ist, die bei der Entscheidung zu berücksichtigen sind, ob der Wettbewerb verhindert, eingeschränkt oder verfälscht werden kann.[153] Weitere erhebliche Faktoren sind die Möglichkeit des Marktzugangs für andere Unternehmen sowie die Bedingungen, unter denen der Wettbewerb auf dem relevanten Markt stattfindet.[154]

75 Ergibt sich bei dieser Prüfung (Rn. 74), dass die fraglichen (gleichartigen) Vereinbarungen in ihrer Gesamtheit den Marktzutritt von Konkurrenten spürbar behindern, so muss in einem *zweiten* Schritt untersucht werden, inwieweit die Verträge des betreffenden Unternehmens, bei Bierlieferungsverträgen also die Verträge der einzelnen Brauerei, zu der kumulativen Wirkung beitragen, die alle auf diesem Markt bestehenden gleichartigen Verträge in ihrer Gesamtheit entfalten. Die Marktabschließungswirkung ist (nur) denjenigen **Unternehmen** zuzurechnen, die dazu **in erheblichem Maße beitragen.** Ist dies für das Vertragssystem einer Brauerei zu bejahen, so gilt dies dann freilich auch für seine einzelnen Bestandteile, d. h. für die einzelnen Verträge, wobei es insbesondere auf die Stellung der Vertragspartner auf dem relevanten Markt, d. h. auf ihren Marktanteil, sowie auf die Vertragsdauer ankommt.[155] Dabei dürfen aber immer nur die Auswirkungen **gleichartiger** Verträge berücksichtigt werden. Verwendet z. B. eine Brauerei Verträge mit unterschiedlicher Vertragsdauer oder Bindungswirkung, so müssen diese Verträge getrennt gewürdigt werden.[156] Dies alles sind natürlich sehr unbestimmte Kriterien, deren Anwendung im konkreten Einzelfall die *größten* Schwierigkeiten bereitet. Die Kommission hat deshalb den Versuch unternommen, die vom Gerichtshof entwickelten Kriterien zu quantifizieren. Die Einzelheiten finden sich in den Leitlinien für vertikale Beschränkungen von 2010[157] sowie in der **De-minimis-Bekanntmachung** vom 22. Dezember 2001.[158]

VI. Handelsvertreter

76 Die zutreffende kartellrechtliche Behandlung der Handelsvertreter ist umstritten. Das Problem rührt daher, dass die Handelsvertreter zwar – als selbständige Kaufleute (§§ 1,

151 *EuGH* Slg. 1991, I-977 (983ff.) = EuZW 1991, 376.

152 *Kommission,* 28. Wettbewerbsbericht 1998, S. 184f. – Greene King/Roberts; Entsch. v. 24.2.1999, ABl. Nr. L 88/26 (44ff.) – Whitbread; v. 16.6.1999, ABl. Nr. L 186/1 (16ff.) – Bass – und 28 (41ff.) – Scottish and Newcastle; v. 29.6.2000, ABl. Nr. L 195/49 (55f.) – Intrepeneur und Spring; v. 5.12.2001, ABl. 2002 Nr. L 253/21 – Luxemburgische Brauereien.

153 S. statt aller die Entscheidung Whitbread v. 24.2.1999, ABl. Nr. L 88/26 (44 Tz. 107).

154 S. die Entscheidung Whitbread v. 24.2.1999, ABl. Nr. L 88/26 (46 Tz. 119ff.).

155 Entscheidung Whitbread v. 24.2.1999 (vorige Fn.), S. 27f. Tz. 128ff.; ebenso *EuG* Slg. 2001, II-1884 (1909f. Tz. 76ff.) – Roberts (Greene King); Slg. 2003, II-4662 (4691ff. Tz. 82ff.) – Van den Bergh Foods.

156 *EuGH* Slg. 2000, I-11 140 (11 148ff. Tz. 25ff.) = EuZW 2001, 631 = WuW/E EU-R 381 – Neste; *GA Fenelly* (in der Sache Neste), Slg. 2000, I-11 123 (11 135 Tz. 29ff.); *Cumming,* 22 ECLR (2001), 394; *Eccles/Huopalainen,* 22 ECLR (2001), 131; *Mestmäcker/Schweitzer,* § 10 Rn. 78f. (S. 289f.).

157 ABl. Nr. C 130/1 (Tz. 128ff.).

158 ABl. Nr. C 368/13 (14 Tz. 8); s. dazu IM/*Emmerich,* Bd. I/1, Art. 101 Abs. 1 Rn. 184f. m. N.

84 Abs. 1 HGB) – zweifelsfrei Unternehmer sind (o. § 3 Rn. 33), auf ihre Beziehungen zu den von ihnen vertretenen Unternehmen, den Geschäftsherren, Art. 101 AEUV indessen keine uneingeschränkte Anwendung finden kann. Die Voraussetzungen dieser partiellen Freistellung der Handelsvertreter von der Anwendung des Art. 101 AEUV sind jedoch buchstäblich seit Beginn der gemeinsamen Wettbewerbspolitik umstritten. Im Laufe der Zeit haben sie wiederholt gewechselt. Soweit die Handelsvertreter danach heute noch in den Genuss des sog. **Handelsvertreterprivilegs** kommen, spricht man auch von **echten Handelsvertretern** – im Gegensatz zu „unechten" Handelsvertretern, denen, aus welchen Gründen immer, das genannte Privileg verweigert wird (obwohl sie natürlich ebenfalls „Handelsvertreter" sind, etwa i. S. d. § 84 HGB).

Bei der kartellrechtlichen Beurteilung der Stellung von Handelsvertretern muss man 77
beachten, dass Handelsvertreter auf **zwei** verschiedenen **Märkten** tätig sind. Im Vordergrund des Interesses stehen üblicherweise die Güter- oder Dienstleistungsmärkte, auf denen sie **für andere** Unternehmen **Verträge** über von diesen angebotene (oder nachgefragte) Güter oder Dienstleistungen **vermitteln oder abschließen** (s. § 84 HGB). Insoweit erscheinen die Handelsvertreter vornehmlich als Absatzmittler der Unternehmen, für die sie tätig werden und in deren Absatzsystem sie – in unterschiedlichem Ausmaß – eingegliedert sind. Darüber darf man indessen nicht aus dem Blick verlieren, dass sich Handelsvertreter – als selbständige Unternehmer – zugleich auf dem Markt für **Dienstleistungen von Absatzmittlern** betätigen, wo sie untereinander und mit anderen Absatzmittlern um Vertragsabschlüsse mit Unternehmen konkurrieren, die die Leistungen von Absatzmittlern nachfragen. Wettbewerbsbeschränkungen sind auf beiden Tätigkeitsfeldern von Handelsvertretern denkbar und müssen dann an Art. 101 Abs. 1 AEUV gemessen werden (s. Rn. 78). Den Gegensatz zu den Handelsvertreter bilden insbesondere die **Eigenhändler,** die auf eigenes Risiko tätig werden; Art. 101 gilt für sie ohne Einschränkung.[159]

Die **Unionsorgane** haben lange Zeit keine einheitliche Linie in der Frage verfolgt, 78
unter welchen Voraussetzungen im Rahmen des Art. 101 AEUV Raum für die Annahme eines (ungeschriebenen) Handelsvertreterprivilegs ist. Mittlerweile hat sich jedoch die restriktive Linie der **Kommission** weitgehend durchgesetzt, die schon früh die **Risikoverteilung** zwischen Geschäftsherr und Handelsvertreter als maßgebendes Kriterium in den Vordergrund gerückt hatte.[160] Die Einzelheiten finden sich in den **Vertikalleitlinien** von 2010.[161] Für die **Abgrenzung** der „echten" Handelsvertreter (einschließlich der Kommissionsagenten) von anderen Absatzmittlern kommt es danach ausschließlich auf die Risikoverteilung zwischen den Beteiligten, dem Absatzmittler und dem Geschäftsherrn, an, während es keine Rolle spielt, ob der Handelsvertreter für einen oder mehrere Geschäftsherren (Auftraggeber) tätig wird (Tz. 13 der Vertikalleitlinien). Art. 101 AEUV findet nur dann *keine* Anwendung, wenn der Vertreter **keinerlei Risiken** in Bezug auf die vermittelten *Geschäfte* und in Bezug auf die geschäftsspezifischen *Investitionen* für das betreffende Geschäftsfeld trägt (Tz. 14f.). Nur dann sind mit anderen Worten Beschränkungen des Vertreters hinsichtlich seines

[159] Unstr. seit *EuGH* Slg. 1966, 321, 387f = NJW 1966, 1585 – Grundig/Consten; Slg. 1966, 457, 485f. – Italienische Klage.
[160] S. im Einzelnen IM/*Emmerich,* Bd. I/1, Art. 101 Rn. 191f.
[161] ABl. C 130/1, Tz. 12ff.

Tätigkeitsgebietes, hinsichtlich der von ihm zu betreuenden Kunden sowie hinsichtlich der Preise und der Bedingungen des vermittelten Geschäfts zulässig (Tz. 18). Dagegen bleibt es bei Art. 101 AEUV, wenn der Vertrieb über Handelsvertreter eingesetzt wird, um das Kartellverbot zu umgehen (Tz. 20).

79 Der skizzierten Linie der Kommission (Rn. 78) hat sich mittlerweile auch der **Gerichtshof** weitgehend, wenn nicht ganz, angeschlossen.[162] Entscheidend ist seitdem nur noch, **wer** „die finanziellen und kommerziellen **Risiken** des Warenabsatzes an Dritte" trägt. Dies beurteilt sich im Wesentlichen nach denselben Kriterien, wie sie auch die Kommission in ihren Leitlinien von 2010 herausgearbeitet hat.[163] Das Handelsvertreterprivileg in Gestalt der partiellen Freistellung von Art. 101 Abs. 1 AEUV gilt jedoch allein für die Verpflichtungen, die dem Absatzmittler hinsichtlich des Verkaufs der Waren an Dritte auferlegt werden (so dass eine Preisbindung erlaubt sein kann), während auf die Beziehungen zwischen dem Handelsvertreter und dem Geschäftsherrn in jedem Fall Art. 101 AEUV anwendbar bleibt – mit der wichtigen Folge, dass insbesondere Ausschließlichkeits- und Wettbewerbsverbotsklauseln stets an Art. 101 AEUV zu messen sind.[164]

§ 5. Beispiele

I. Regelbeispiele

1. Festsetzung von Preisen und Geschäftsbedingungen

a) Preise

1 Der Vertrag zählt in Art. 101 Abs. 1 Halbs. 2 lit. a–e zur Verdeutlichung des Verbotstatbestandes des Art. 101 Abs. 1 Halbs. 1 AEUV (dazu o. § 4) verschiedene Beispiele wettbewerbsbeschränkender Vereinbarungen auf. Die Aufzählung ist weder abschließend noch folgt aus ihr, dass eine Vereinbarung,[1] die unter eines der Regelbeispiele fällt, damit automatisch gegen Art. 101 Abs. 1 AEUV verstößt. Dies ist vielmehr nur der Fall, wenn zugleich die Voraussetzungen des Art. 101 Abs. 1 Halbs. 1 AEUV erfüllt sind und nicht eine Ausnahme nach Art. 101 Abs. 3 AEUV in Betracht kommt.

2 Als erstes Beispiel nennt Art. 101 Abs. 1 Halbs. 2 AEUV in der **lit. a** „die unmittelbare oder mittelbare Festsetzung der An- oder Verkaufspreise oder sonstiger Geschäftsbedingungen". Gemeint sind damit die „klassischen" **Preis- und Konditionenkartelle,** die schon immer als die gefährlichsten Erscheinungsformen von Kartellen gegolten haben. Die *Kommission* rechnet aus demselben Grund Preis- und Konditionenkartelle zu den immer verbotenen und deshalb streng zu verfolgenden Kernbeschränkungen („hardcore-Kartelle").[2] Art. 101 Abs. 1 Halbs. 2 lit. a AEUV enthält daher der Sache nach insoweit heute ein **per-se-Verbot.**

---

162 Slg. 2006, I-12018 Tz. 42 ff. = EuZW 2007, 150 = JuS 2007, 596; Slg. 2008, I-6681 Tz. 36 f. = EuZW 2008, 668.

163 *EuGH* Slg. 2006, I-12018 Tz. 44, 46, 51 ff. = JuS 2007, 596; Slg. 2008, I-6681 Tz. 39 – 40.

164 *EuGH* Slg. 2006, I-12018 Tz. 61–63 = JuS 2007, 596.

1 Im Folgenden immer pars pro toto für Vereinbarungen, abgestimmte Verhaltensweisen und Beschlüsse im Sinne des Art. 101 Abs. 1 Halbs. 1 (o. § 4 Rn. 3 ff.).

2 S. z. B. die Vertikalleitlinien, ABl. 2010 Nr. C 130/1, Tz. 47 ff.; die Leitlinien zu Art. 101 Abs. 3 AEUV, ABl. 2004 Nr. C 101/97, Tz. 23; Geldbußenleitlinien von 2006, ABl. Nr. C 210/2 (3 Tz. 23): „schwerwiegendste Verstöße"; ebenso *EuG* Slg. 2003, II-3298 (3463 ff. Tz. 498 ff.) – Atlantic Container Line; Slg. 2003, II-2611 (2651 ff. Tz. 117 ff.) – Archer Daniels; NZKart 2014, 229 Tz. 62.

Preiskartelle sind in allen Formen und auf allen Handelsstufen verboten, wobei zwischen der unmittelbaren und der mittelbaren Fixierung von Preisen oder Preisbestandteilen nicht unterschieden wird; verboten ist vielmehr im weitesten Sinne **jede kollektive Einflussnahme** auf die Preisbildungsfreiheit der Unternehmen als einer der wichtigsten Erscheinungsformen des Wettbewerbs überhaupt.[3] **Beispiele** sind die Fixierung von Festpreisen, die Vereinbarung von Mindestpreisen,[4] Absprachen über Preisbestandteile, Preisnachlässe oder Listenpreise sowie Meistbegünstigungs- und Festpreisklauseln,[5] ferner Rabattkartelle einschließlich der Gesamtumsatzrabattkartelle, Absprachen über Skonti und Zahlungsaufschübe, ferner Submissionskartelle, die Vereinbarung sog. gemeinsamer Zielpreise sowie Absprachen über die Einkaufspreise oder über die kollektive Einführung der Preisbindung.[6] Weitere Beispiele aus der Praxis der letzten Jahre sind die umfassenden Kartelle der Reedereien für die Linienschifffahrt sowie die Preisbildungskommissionen der europäischen Eisenbahngesellschaften.[7] 3

Marktinformationsverfahren gehören gleichfalls hierher, *sofern* sie nach den Umständen des betreffenden Marktes, den von den Beteiligten verfolgten Zwecken und der Art der ausgetauschten Daten die **Einschränkung des** auf vielen Märkten wichtigen **Geheimwettbewerbs** bezwecken oder bewirken, wobei das Letztere um so eher anzunehmen ist, je enger der Markt und je kleiner die Zahl der Konkurrenten ist, zumal bei homogenen Gütern auf oligopolistischen Märkten.[8] Eine großzügigere Beurteilung erfahren lediglich Informationsverfahren, die in der Kredit- und Versicherungswirtschaft einen Austausch der Anbieter über solche Daten zum Gegenstand haben, die es ihnen erlauben, die Kreditwürdigkeit neuer Kunden sowie bei den Versicherern das mit neuen Versicherungsnehmern verbundene Risiko zutreffend einzuschätzen.[9] 4

Die **vertikale Preisbindung** fällt gleichfalls unter Art. 101 Abs. 1 Halbs. 2 lit. a AEUV. Für die Anwendung der Gruppenfreistellungsverordnung Nr. 330/2010 für vertikale Vereinbarungen ist hier richtiger Meinung nach kein Raum, weil es sich bei der vertikalen Preisbindung um eine **Kernbeschränkung** handelt (Art. 4 lit. a Halbs. 1 VO). Die Frage ist freilich umstritten. Im Schrifttum wird vielfach im Anschluss an die jüngste Rechtsprechung des amerikanischen **Supreme Courts**[10] auch für die Beurteilung der vertikalen Preisbindung im europäischen Kartellrecht die Aufgabe des per-se-Verbots zu Gunsten einer **„effect based" Einzelfallanalyse** gefordert, weil mit vertika- 5

3 *EuGH* Slg. 1977, 1875 (1906) – Metro; Slg. 1989, 2181 (2185ff.) – Belasco; *EuG* Slg. 2003, II-3298 (3463ff. Tz. 498ff.) – Atlantic Container Line; Slg. 2003, II-2611 (2651ff. Tz. 117ff.) – Archer Daniels.

4 Vgl. z. B. für die Vertragswerke der Kreditkartenunternehmen *Kommission,* Entsch. v. 19.12.2007, ABl. 2009 Nr. C 264/8; bestätigt durch *EuG* WuW/E EU-R 2399 = WM 2012, 1271 – Mastercard.

5 *EuG* NZKart, 2013, 421 – Keramag; *BKartA,* WuW/E D-EV 1953 Tz. 137ff. – HRS.

6 *EuGH* Slg. 1985, 3812 (3822ff.) – NSO; *EuG* Slg. 1995, II-289 (330, 341, 356ff.) – SPO; Slg. 1995, II-791 – Tréfileurope; Slg. 1997, II-1695 (1706ff.); Slg. 1997, II-1739 (1800) – SCK; *Kommission,* Entsch. v. 5.6.1996, ABl. Nr. L 181/28 (32ff.) – FENEX; v. 4.12.1996, ABl. 1997 Nr. L 47/11 (18) – Novalliance.

7 *EuG* Slg. 1997, II-1695 (1706ff.) – Deutsche Bahn AG; Slg. 2003, II-3298 – Atlantic Container Line; *Kommission,* Entsch. v. 16.9.1998, ABl. 1999 Nr. L 95/1 (69ff.); v. 30.4.1999, ABl. Nr. L 193/23 (44).

8 S. u. § 21 Rn. 38ff.; *EuGH* Slg. 1998, I-3138 (3161ff. Tz. 90ff.) = WuW/E EU-R 75 (78f.) – J. Deere; Slg. 2006, I-11145 Tz. 51ff. = EuZW 2006, 753 (756f.) = JuS 2007, 877 Nr. 14 – Asnef-Equifax.

9 S. dazu das Urteil Asnef-Equifax (vorige Fn.) Tz. 51ff.

10 *Leegin v. PSKS,* 127 S. Ct. (2007), 2705 = 168 L. Ed. 2d (2007) = KRInt 185.

len Preisbindungen durchaus positive Effekte verbunden sein könnten.[11] Es geht dabei vor allem um die Lösung der so genannten Trittbrettfahrerproblematik. Indessen handelt es sich dabei um Sonderfälle, die mühelos im Rahmen des Art. 101 Abs. 3 AEUV gelöst werden können und die deshalb schwerlich für die Masse der durchaus kritisch zu beurteilenden Fälle einer vertikalen Preisbindung die Aufgabe des per-se-Verbotes zu rechtfertigen vermögen.[12]

6 Auf der generellen Unzulässigkeit der vertikalen Preisbindung nach dem Unionsrecht (Rn. 5) beruht auch die Problematik der deutschen **Preisbindung für Zeitungen** und Zeitschriften nach § 30 GWB (s. u. § 25) sowie **für Bücher** aufgrund des Buchpreisbindungsgesetzes von 2002.[13] Anders beurteilt wird lediglich der Ausspruch von **Preisempfehlungen** (s. § 4 Rn. 26f.) sowie die Festsetzung von **Höchstverkaufspreisen,** vorausgesetzt, dass sie nicht tatsächlich, etwa wegen der Ausübung von Druck, doch wie Fest- oder Mindestverkaufspreise wirken (Art. 4 lit. a Halbs. 2 VO Nr. 330/2010). Dahinter steht die Auffassung, dass die Festsetzung von Höchstverkaufspreisen seitens des Lieferanten letztlich nur im Interesse der Abnehmer und insbesondere der Verbraucher liege (str.).

b) Geschäftsbedingungen

7 Den Preisabreden (o. Rn. 3f.) stehen Abreden über sonstige Geschäftsbedingungen gleich, wiederum ohne Rücksicht darauf, ob es sich um horizontale oder vertikale Beziehungen handelt. Auch dabei handelt es sich um **Kernbeschränkungen,** bei denen schon deshalb kein Raum für die Anwendung der rule of reason ist.[14] Beispiele sind wettbewerbsbeschränkende Klauseln in den Vertragswerken von **Messen,** durch die die Messeveranstalter versuchen, die Aussteller nach Möglichkeit an sich zu binden und dadurch von der Teilnahme an konkurrierenden Messen abzuhalten.[15] Wettbewerbsbeschränkende Klauseln in den **Satzungen der Kammern** der freien Berufe oder sonstiger Verbände gehören gleichfalls hierher.[16]

2. Einschränkung oder Kontrolle der Erzeugung, des Absatzes, der technischen Entwicklung oder der Investitionen

8 Als Beispiele für wettbewerbsbeschränkende Vereinbarungen nennt Art. 101 Abs. 1 Halbs. 2 lit. b AEUV ferner die Einschränkung *oder* Kontrolle der Erzeugung, des Absatzes, der technischen Entwicklung *oder* der Investitionen (vgl. auch Art. 102 S. 2 lit. b AEUV). Dieser Tatbestand umfasst ebenfalls eine ganze Reihe „klassischer" Kartelle wie Quotenkartelle, Strukturkrisen- und Spezialisierungskartelle. Darüber hi-

---

[11] Z. B. *Inderst,* WuW 2014, 456; *Galle/Nauck,* WuW 2014, 587; *Kasten,* WuW 2007, 994 (1005ff. m. N.).

[12] Ebenso *Chr. Hoffmann,* WM 2010, 920; *M. A. Schwander,* WuW 2008, 653; *Sosnitza/J. Hoffmann,* AG 2008, 107.

[13] BGBl. I 2002, S. 3448 = GRUR 2003, 38; s. u. § 25 Rn. 8ff.

[14] *öOGH* WuW 2005, 220 (221) = WuW/E KRInt 66 (67) – Wärmedämmverbundsysteme.

[15] *EuGH* Slg. 1987, 3131 (3154f.) – Ancides; *EuG* Slg. 1992, II-1931 (1953ff.) – DPF; *Kommission,* Entsch. v. 20.12.1988, ABl. Nr. L 37/11 – Emo; v. 15.2.1991, ABl. Nr. L 60/19 – SIPPA; *Emmerich/J. Hoffmann,* FS F. Selmer, 2004, S. 305.

[16] S. schon o. § 3 Rn. 34, § 4 Rn. 12ff.; *EuGH* Slg. 1989, 1321 (1327ff.) – Royal Pharmaceutical Soc.; Slg. 2002, I-1561 (1572ff. Tz. 34ff.) = NJW 2002, 882 – Arduino; Slg. 2002, I-1653 (1677ff. Tz. 50ff.) = NJW 2002, 877 – Wouters; *EuG* Slg. 1997, II-1739 (1789ff.) – SCK/FNK; *M. König,* Standesrechtliche Wettbewerbsbeschränkungen im gemeinsamen Markt, 1997, S. 134ff.

naus fällt unter Art. 101 Abs. 1 Halbs. 2 lit. b AEUV noch eine Fülle sonstiger wettbewerbsbeschränkender Abreden einschließlich namentlich der **Vertriebsabsprachen** (s. u. Rn. 15ff.). Dies erklärt zugleich die große Zahl von Gruppenfreistellungsverordnungen (GFVO) und Bekanntmachungen, die im vorliegenden Zusammenhang zu berücksichtigen sind. Hervorzuheben sind neben der **GFVO Nr. 330/2010 für vertikale Vereinbarungen** von 2010[17] die beiden GFVOen Nr. 2658/2000 für Spezialisierungsvereinbarungen und Nr. 2659/2000 für Vereinbarungen über Forschung und Entwicklung[18] sowie noch die Bekanntmachung vom 14. Januar 2011 über Vereinbarungen über horizontale Zusammenarbeit, die sog. **Horizontalleitlinien.**[19]

Beispiele für die Einschränkung oder Kontrolle der *Erzeugung* sind außer **Quotenkartellen** von Unternehmen[20] insbesondere **Spezialisierungskartelle** sowie Abreden über **Normen und Typen,**[21] weiter der Austausch von Produktionseinheiten oder langfristige Lohnfertigungsverträge zwischen Konkurrenten, außerdem die Übertragung der Produktion konkurrierender Unternehmen auf Gemeinschaftsunternehmen sowie **Arbeitsgemeinschaften** zwischen aktuellen oder potentiellen Konkurrenten, vorausgesetzt, dass jedes der beteiligten Unternehmen auch alleine zur Ausführung des fraglichen Auftrags in der Lage wäre.[22] Um eine Einschränkung des *Absatzes* im Sinne des Art. 101 Abs. 1 Halbs. 2 lit. b AEUV handelt es sich dagegen insbesondere bei Alleinvertriebs- und Alleinbezugsvereinbarungen, bei selektiven Vertriebssystemen sowie bei Zuliefervereinbarungen (dazu u. Rn. 15ff.). Eine Einschränkung der technischen *Entwicklung* oder der *Investitionen* wird schließlich vor allem bei **Strukturkrisenkartellen** angenommen.[23] Weitere Beispiele sind Vereinbarungen über eine gemeinsame Forschung und Entwicklung, wenn sie zu einer Normung der Teile oder zu einer Spezialisierung der Hersteller führen,[24] sowie überhaupt jeder **gemeinsame Vertrieb oder Bezug,** in erster Linie von Großunternehmen.[25] Auch Selbstbeschränkungsabkommen gehören hierher.[26] 9

3. Aufteilung der Märkte oder Versorgungsquellen

Als weiteres Regelbeispiel nennt Art. 101 Abs. 1 Halbs. 2 lit. c AEUV die Aufteilung der Märkte oder Versorgungsquellen. Darunter fallen vor allem die verbreiteten Versuche der Unternehmen, den europäischen Binnenmarkt wieder künstlich in nationale Märkte aufzuspalten. Derartige Versuche widersprechen so sehr dem Zweck der Wettbewerbsregeln (s. o. § 3 Rn. 1ff.), dass die *Kommission* gegen sie seit Beginn der gemeinsamen Wettbewerbspolitik mit besonderer Strenge vorgeht. Heute zählt die *Kom-* 10

[17] ABl. Nr. L 102/1.

[18] ABl. Nr. L 304/3 und 7; wegen der Einzelheiten s. u. § 8 Rn. 27f.

[19] ABl. Nr. C 11/2; s. dazu im Einzelnen u. § 8 Rn. 23, 31ff.

[20] *EuG* Slg. 1995, II-289 (350ff.) – SPO; Slg. 1995, II-791 (818ff.) – Tréfileurope.

[21] Zu den Standardisierungskooperationen, deren Problematik in Europa erst langsam erkannt wird, s. die Horizontalleitlinien von 2011, Tz. 257ff.; *Walther/Baumgartner,* WuW 2008, 158.

[22] Zu den Arbeitsgemeinschaften s. *Kommission,* Entsch. v. 12.4.1999, ABl. Nr. L 125/12 (21f.) – Versicherungspools.

[23] *EuG* Slg. 1992, II-1155 (1251f.) – Montedipe; *Kommission,* 12. WB, Tz. 38ff.; *P. Jung,* ZWeR 2007, 141 (150ff.).

[24] *EuGH* Slg. 1989, 2117 (2189) – Belasco.

[25] *Kommission,* Entsch. v. 18.12.1985, ABl. Nr. L 376/29 (35f.); v. 28.10.1988, ABl. Nr. L 316/43 (46).

[26] Vgl. die Bekanntmachung v. 21.10.1972 betreffend die Einfuhr japanischer Erzeugnisse in die Gemeinschaft, ABl. Nr. C 111/13.

mission jede Vereinbarung eines **absoluten Gebietsschutzes** für einzelne Unternehmen zu den immer und ohne Weiteres verbotenen **Kernbeschränkungen.**[27]

11 Die Mittel, die die Unternehmen verwenden, sind unerheblich; erfasst wird vielmehr *jede* horizontale oder vertikale Abrede, die auf einen **Heimatschutz** für Unternehmen hinausläuft. Die wichtigsten **Beispiele** sind umfassende internationale Kartelle, nationale Marktordnungen sowie Export- und Importkartelle, für die Art. 101 Abs. 1 AEUV wegen ihrer generellen Unvereinbarkeit mit dem Binnenmarktprojekt einem **per-se-Verbot** gleichkommt.[28] Ebenso zu behandeln sind die Aufteilung der Kunden zwischen Konkurrenten, vertikale Marktaufteilungen, namentlich durch Alleinvertriebsvereinbarungen mit Exportverboten, sowie die Gewährung von Exportbeihilfen durch einen Verband, um die Absatzmöglichkeiten der Konkurrenten zu beschränken.[29]

4. Anwendung unterschiedlicher Bedingungen

12 Der nächste Beispielstatbestand (Art. 101 Abs. 1 Halbs. 2 lit. d AEUV) betrifft die Anwendung unterschiedlicher Bedingungen bei gleichwertigen Leistungen gegenüber Handelspartnern, wodurch diese im Wettbewerb benachteiligt werden. Um diesen Tatbestand richtig einordnen zu können, muss man sich vergegenwärtigen, dass es sich auch bei ihm um einen bloßen Anwendungsfall des Art. 101 Abs. 1 Halbs. 1 AEUV handelt, so dass ihm *nicht* etwa ein generelles Diskriminierungsverbot entnommen werden kann. Ein solches enthalten vielmehr nur **Art. 18 des Vertrages** speziell für Diskriminierungen aus Gründen der Staatsangehörigkeit sowie Art. 102 S. 2 lit. c AEUV für beherrschende Unternehmen. Für die Anwendung des wesentlich weitergehenden Art. 101 Abs. 1 Halbs. 2 lit. d AEUV ist dagegen nur Raum, wenn die Diskriminierung gerade auf einer **Vereinbarung** mehrerer Unternehmen beruht (Art. 101 Abs. 1 Halbs. 1 AEUV).[30] Wichtigster Anwendungsfall ist die Diskriminierung zwischen den Handelspartnern eines Kartells.[31] **Autonome Diskriminierungen** durch ein einzelnes Unternehmen können dagegen, soweit nicht Art. 18 AEUV eingreift, allein unter den zusätzlichen Voraussetzungen des Art. 102 AEUV als Missbrauch einer beherrschenden Stellung erfasst werden (Art. 102 S. 2 lit. c AEUV und dazu u. § 10 Rn. 37 ff.).

5. Koppelungsverträge

13 Als letztes Regelbeispiel erwähnt der Vertrag in Art. 101 Abs. 1 Halbs. 2 lit. e noch die an den Abschluss von Verträgen geknüpfte Bedingung, dass die Vertragspartner *zusätzliche* Leistungen abnehmen, die weder sachlich noch nach Handelsbrauch in Bezie-

[27] S. insb. Art. 4 lit. b Halbs. 1 der GFVO Nr. 330/2010 für Vertikalvereinbarungen; Leitlinien zu Art. 101 Abs. 3 vom 22. April 2004 (ABl. Nr. C 191/97), Tz. 23; Vertikalleitlinien von 2010 (ABl. Nr. C 130/1), Tz. 47 ff.

[28] *EuGH* Slg. 1966, 322 (391) = JuS 1966, 448 Nr. 1 – Grundig/Consten usw. bis z. B. Slg. 2009, I-9374 = WuW/E EU-R 1641 (1644 f. Tz. 59 ff.: kein Ausschluss des Parallelhandels, auch nicht bei Arzneimitteln) – GSK; *EuG* Slg. 2005, II-3038 = WuW/E EU-R 967 (975 f. Tz. 173 ff.) – Brasserie Nationale.

[29] *Kommission,* Entsch. v. 7.12.1984, ABl. 1985 Nr. L 35/35 (40 ff.); ebenso für Wettbewerbsverbote *EuG* Slg. 1992, II-1931 (1961) – DPF.

[30] *EuGH* Slg. 1996, I-5482 (5495 ff.) = EuZW 1997, 84 = JuS 1997, 376 Nr. 11 – Viho Europe; *EuG* Slg. 1995, II-17 (38 f.) = EuZW 1995, 583 (587 f. Tz. 61 f.).

[31] *Kommission,* Entsch. v. 23.7.1974, ABl. Nr. L 237/3 (7 ff.) – Papiers paints belgiques.

hung zum Vertragsgegenstand stehen. Eine Parallelvorschrift findet sich für Unternehmen in beherrschender Stellung in Art. 102 S. 2 lit. d AEUV (s. dazu u. § 10 Rn. 44f.). Mit Rücksicht darauf ist umstritten, ob sich der Anwendungsbereich des Art. 101 Abs. 1 Halbs. 2 lit. e AEUV auf kollektive Koppelungspraktiken beschränkt oder ob er auch Koppelungsverträge umfasst, die nur von einem Unternehmen praktiziert werden.

Entscheidend kann letztlich nur sein, ob zugleich die Voraussetzungen des Art. 101 Abs. 1 Halbs. 1 AEUV erfüllt sind. Trifft dies bei Koppelungsverträgen eines *einzelnen* Unternehmens ausnahmsweise zu, so bestehen keine Bedenken gegen den Rückgriff auf Art. 101 Abs. 1 Halbs. 2 lit. e AEUV. Eine *kollektive* Koppelungspraxis liegt dagegen z. B. vor, wenn Kartelle die Lieferung bestimmter Waren von der Abnahme weiterer Waren oder Leistungen, z. B. vom Transport oder von der Versicherung der Ware seitens des Kartells, abhängig machen.[32] 14

II. Absprachen über den Vertrieb

1. Überblick

Art. 101 Abs. 1 AEUV gilt gleichermaßen für horizontale wie für vertikale Vereinbarungen, so dass in seinen Anwendungsbereich **auch** wettbewerbsbeschränkende **Vertriebsabreden** fallen.[33] Die wichtigsten Erscheinungsformen sind Alleinvertriebs- und Alleinbezugsvereinbarungen, Franchiseverträge sowie selektive Vertriebssysteme. Derartige Vertriebsvereinbarungen sind nach überwiegender Meinung keineswegs *generell* negativ zu beurteilen, da sie in zahlreichen Fällen das einzige Mittel bilden (sollen), das es den Herstellern erlaubt, in die Märkte der anderen Mitgliedstaaten einzudringen. Die Unterstellung aller dieser Vereinbarungen unter Art. 101 Abs. 1 AEUV hatte deshalb nach Inkrafttreten der VO Nr. 17 im März 1962 zu einer Überflutung der Kommission mit buchstäblich abertausenden von Freistellungsanträgen aufgrund des Art. 101 Abs. 3 AEUV geführt (s. schon o. § 2 Rn. 13ff.). 15

Die **Kommission** versuchte zunächst, dieses sog. **Massenproblems** durch den Erlass einer Vielzahl von **Gruppenfreistellungsverordnungen (GFVO)**, ergänzt durch Bekanntmachungen und Mitteilungen, Herr zu werden. Das dadurch geschaffene System sich vielfältig überschneidender, häufig sehr ins Detail gehender Verordnungen für bestimmte Erscheinungsformen von Vertriebsvereinbarungen stieß indessen in den letzten Jahren auf zunehmende **Kritik.** Die Kommission veröffentlichte aus diesem Grunde zunächst Ende des Jahres 1996 ein umfangreiches **Grünbuch** zur Wettbewerbspolitik gegenüber vertikalen Wettbewerbsbeschränkungen, um eine Diskussion über die nötigen Reformschritte einzuleiten.[34] Aufgrund der Stellungnahmen, die darauf hin bei ihr eingingen, wählte sie schließlich die Lösung, die drei GFVOen, die sich bisher vornehmlich mit Vertriebsabreden befasst hatten, durch eine einzige umfassende GFVO für alle vertikalen Vereinbarungen bis zu einem Marktanteil der Beteiligten von 30% zu ersetzen.[35] So kam es Ende des Jahres 1999 zur Verabschie- 16

[32] Vgl. *Kommission,* Entsch. v. 18.7.1988, ABl. Nr. L 284/41 (55) – Napier Brown; v. 23.3.1990, ABl. Nr. L 100/32 (35) – Moosehat; v. 24.7.1991, ABl. Nr. L 72/1 (24ff.) – Tetra Pak II.

[33] S. o. § 4 Rn. 9ff.; grdl. ist der Fall Grundig/Consten von 1964: *Kommission,* Entsch. v. 23.9.1964, ABl. 1964, S. 2545; *EuGH* Slg. 1966, 321 = JuS 1966, 448 Nr. 1.

[34] KOM (96) 721 endg. = BR-Drs. 121/97 = CMLR 1997 I, p. 519.

[35] Vgl. die Mitteilung über die Anwendung der EG-Wettbewerbsregeln auf vertikale Beschränkungen vom 26.11.1998, ABl. Nr. C 365/3 (9ff.); 29. WB 1999, Tz. 8ff. (S. 25ff.).

dung der **GFVO Nr. 2790/1999** über die Anwendung des Art. 101 AEUV auf Gruppen von vertikalen Vereinbarungen[36] in Verbindung mit umfangreichen Leitlinien für vertikale Beschränkungen vom Oktober 2000.[37] An die Stelle dieser Verordnung ist mittlerweile die neue **GFVO Nr. 330/2010** vom 24. April 2010 getreten[38], ergänzt durch neue vertikale **Leitlinien** vom 19. Mai 2010.[39] Sonderregeln gelten seitdem lediglich noch für den Kraftfahrzeugvertrieb (s. u. Rn. 30 ff.).

2. Die GFVO Nr. 330/2010

a) Überblick

17 Die GFVO Nr. 330/2010 hat eine zusammenhängende Regelung für die Mehrzahl der vertikalen Vereinbarungen gebracht. Ihr Merkmal ist ein stärker „wirtschaftlich", d. h. an der Marktmacht der Beteiligten ausgerichteter Regelungsansatz als früher.[40] Dies äußert sich vor allem darin, dass die Verordnung in **Art. 3** vorrangig auf **Marktanteilsschwellen** als Voraussetzungen für die Zulässigkeit von Vertikalvereinbarungen abstellt.

18 Die Verordnung enthält zunächst in Art. 1 Definitionen der wichtigsten von ihr verwandten Begriffe und regelt sodann in Art. 2 ihren **Anwendungsbereich.**[41] Er umfasst danach grundsätzlich *alle* vertikalen Vereinbarungen. Die Verordnung versteht darunter Vereinbarungen zwischen zwei oder mehr Unternehmen, von denen jedes zwecks Durchführung der Vereinbarung auf einer *anderen* Produktions- oder Vertriebsstufe tätig ist, und die die Bedingungen betreffen, zu denen die Parteien bestimmte Waren oder Dienstleistungen beziehen, verkaufen oder weiterverkaufen können (s. die Definition in Art. 1 Abs. 1 lit. a VO). Die Freistellung setzt nach Art. 2 der VO weiter voraus, dass es sich um eine Vereinbarung über den Bezug oder den Verkauf von Waren oder Dienstleistungen zwischen *nicht* miteinander in Wettbewerb stehenden Unternehmen handelt; unerheblich ist, ob der Vertrag Nebenabreden über gewerbliche Schutzrechte enthält, wobei insbesondere an Markenlizenzen in Vertriebsverträgen über Markenartikel zu denken ist, während Verträge zwischen Wettbewerbern nur ausnahmsweise unter zusätzlichen Voraussetzungen freigestellt sind.[42] Ausgenommen ist lediglich der Kraftfahrzeugvertrieb (Art. 2 Abs. 5 VO; s. dazu u. Rn. 30 ff.). Von diesem abgesehen, sind fortan alle genannten Vereinbarungen freigestellt, sofern der **Marktanteil** des Lieferanten sowie bei Alleinbelieferungspflichten der des begünstigten Käufers **30 % nicht übersteigt** (Art. 3 Abs. 1 VO). „Um den Marktanteil zu ermitteln, muss der **relevante Markt** abgegrenzt werden, auf dem das Unternehmen die Vertragsprodukte verkauft oder bezieht".[43] Einzelheiten der Marktabgrenzung entsprechend dem Bedarfsmarktkonzept finden sich dementsprechend in den Art. 7 bis 9 der VO.[44]

---

36 ABl. Nr. L 336/21.

37 ABl. Nr. C 291/1.

38 ABl. Nr. L 102/1; s. dazu *Besen/Jorins,* BB 2010, 1099; *Lettl,* WRP 2010, 807; *Römer,* WRP 2010, 1114; *Schulze,* BB 2009, 2266.

39 ABl. Nr. C 130/1.

40 So *Kommission,* Mitteilung v. 26. 11. 1998, ABl. Nr. C 365/3 f (Tz. 1 f.).

41 S. dazu ausführlich die Vertikalleitlinien, Tz. 23 ff.; *Ackermann,* EuZW 1999, 741 (742); *Mestmäcker/Schweitzer,* § 14 Rn. 5 ff. (S. 363 ff.).

42 S. dazu auch den Erwägungsgrund Nr. 3 zu der VO; Vertikalleitlinien, Tz. 24 ff.

43 So wörtlich die Vertikalleitlinien, Tz. 88 S. 1.

44 Wegen der Einzelheiten s. o. § 4 Rn. 59 ff.; Vertikalleitlinien, Tz. 86 ff.; *Mestmäcker/Schweitzer,* § 14 Rn. 27 ff. (S. 369 ff.).

Die GFVO Nr. 330/2010 gilt *nicht* für die in Art. 4 VO aufgeführten **Kernbeschränkungen,** hinsichtlich derer es folglich bei dem Alles- oder Nichts-Prinzip bleibt.[45] Kernbeschränkungen sind die Festsetzung von Mindest- oder Festpreisen, Weiterverkaufsverbote sowie sämtliche Formen des absoluten Gebietsschutzes.[46] Schranken zieht die Verordnung außerdem in Art. 5 etwaigen Wettbewerbsverboten. Die Verordnung sieht schließlich noch in Art. 6 ein Verfahren vor, mittels dessen den Beteiligten die Rechtswohltat der Freistellung wieder entzogen werden kann, wenn der ganze Markt mit Netzen vertikaler Vereinbarungen überzogen wird. 19

b) Alleinvertriebsverträge

Die vorstehend skizzierten Regeln (o. Rn. 17–19) gelten auch für Alleinvertriebsverträge. Man versteht darunter Vereinbarungen zwischen Herstellern und Händlern, durch die sich der Lieferant verpflichtet, in einem bestimmten Gebiet zum Zwecke des Weiterverkaufs ausschließlich einen bestimmten Abnehmer zu beliefern (sog. **Alleinbelieferungspflicht).** Damit kann, muss aber nicht die Verpflichtung des Abnehmers verbunden sein, die betreffenden Waren ausschließlich von dem Lieferanten zu beziehen (sog. **Alleinbezugspflicht**). **Beispiele** sind die üblichen Tankstellenpachtverträge, weil sie in aller Regel Alleinbelieferungs- und Alleinbezugspflichten vorsehen.[47] 20

Sowohl die Alleinbelieferungs- als auch die Alleinbezugspflicht sind Ausschließlichkeitsbindungen, die an sich unter Art. 101 Abs. 1 AEUV fallen. Alleinvertriebsverträge unterscheiden sich jedoch dadurch von anderen Ausschließlichkeitsbindungen, dass die Abnehmer eine **besondere Absatzförderungspflicht** trifft. Es war vor allem dieser Umstand, der die Alleinvertriebsverträge in den Augen der Kommission schon früh als besonders geeignetes Mittel zur gegenseitigen Durchdringung der Märkte im Binnenmarkt erscheinen ließ. Sie gehörten folgerichtig zu den ersten Verträgen, die durch Gruppenfreistellungsverordnungen unter bestimmten Voraussetzungen von Art. 101 Abs. 1 AEUV freigestellt wurden.[48] Jetzt ist maßgebend die GFVO Nr. 330/2010. 21

c) Franchisevereinbarungen

In den Anwendungsbereich der GFVO Nr. 330/2010 fallen ferner Franchisevereinbarungen (s. Art. 1 Abs. 1 lit. f und g VO). Die frühere Sonderregelung für derartige Verträge durch die GFVO Nr. 4087/1988 ist ersatzlos entfallen.[49] 22

Unter dem Sammelbegriff **Franchising** werden unterschiedliche Kooperationsformen von Unternehmen zusammengefasst, von denen hier allein das **Waren- und das Dienstleistungsfranchising** interessieren, weil es sich nur bei diesen um besondere Vertriebsformen handelt. Kern derartiger Franchiseverträge ist die **Lizenzierung** der Firmen- und Markenrechte des Franchisegebers sowie die Überlassung dessen Know-hows in dem Vertrieb von Waren oder der Erbringung von Dienstleistungen (s. Art. 1 23

45 Vertikalleitlinien, Tz. 47 ff.; *Mestmäcker/Schweitzer,* § 14 Rn. 31 ff. (S. 370 ff.).

46 Beispiele bei *Bechtold/Denzel,* WuW 2998, 1272; für Gaslieferungsverträge in *BKartA* WuW/E DE-V 1827 (1833); für Laborchemikalien, bewerkstelligt über einen Alleinvertriebsvertrag mit einem Konkurrenten, in *BKartA* WuW/E DE-V 1790 (1797 ff.) – Merck.

47 S. *EuGH* Slg. 2008, I-6681 = EuZW 2008, 668 – CEPSA/Tobar; *EuGH* EuZW 2009, 374 – Pedro IV; ein weiteres Beispiel in *BKartA* WuW/E DE-V 1790 (1793 ff.) – Merck.

48 Maßgebend war zunächst die VO Nr. 67/67 (ABl. 1967, S. 849), an deren Stelle später die beiden VO Nr. 1983/83 und 1984/83 getreten waren (ABl. Nr. L 53/1 und 5).

49 ABl. Nr. L 359/46.

Abs. 1 lit. f und g VO), wogegen sich der Franchisenehmer in der Regel zum **ausschließlichen Bezug** der Vertragsware von dem Franchisegeber verpflichten muss.[50] Neben diesen Ausschließlichkeitsbindungen finden sich in den Vertragswerken häufig noch **weitere wettbewerbsbeschränkende Klauseln** zulasten der Franchisenehmer. Hervorzuheben sind Wettbewerbsverbote sowie Absprachen über die Preise oder Konditionen. Im Einzelnen variieren die Erscheinungsformen des Franchising stark, so dass allgemeine Aussagen schwierig sind.

24 Die Voraussetzungen, unter denen das Warenfranchising mit Art. 101 Abs. 1 AEUV vereinbar ist, waren erst im Jahre 1986 durch das **Pronuptia-Urteil** des Gerichtshofs geklärt worden.[51] Dieses Urteil war auch die Grundlage der bereits erwähnten GFVO Nr. 4087/1988, an deren Stelle jetzt die GFVO Nr. 330/2010 getreten ist. Sonderregeln für das Franchising bestehen seitdem nicht mehr.[52]

3. Selektive Vertriebssysteme

25 Unter einem selektiven Vertriebssystem versteht man eine Absatzorganisation, bei der sich der Hersteller in einem bestimmten Gebiet auf einzelne ausgewählte Abnehmer (unter Ausschluss aller übrigen) beschränkt und in denen sich die ausgewählten (privilegierten) Händler verpflichten (müssen), die betreffenden Waren oder Dienstleistungen nicht an Händler zu verkaufen, die nicht zum Vertrieb zugelassen sind (so Art. 1 Abs. 1 lit. e VO Nr. 330/2010). Es gibt verschiedene **Erscheinungsformen** des selektiven Vertriebs. Als unbedenklich gelten lediglich die sog. **offenen Systeme,** bei denen der Hersteller seine Abnehmer (einseitig) nach beliebigen Kriterien auswählt, ohne ihnen irgendwelche Beschränkungen hinsichtlich der Weiterveräußerung der Ware aufzuerlegen. Probleme werfen dagegen die einfache Fachhandelsbindung, die qualifizierte Fachhandelsbindung und der quantitative selektive Vertrieb auf:

26 Von einer **einfachen Fachhandelsbindung** (oder – in der Sprache der Kommission – einem rein qualitativen Selektivvertrieb) spricht man, wenn der Hersteller seine unmittelbaren Abnehmer (den Großhandel) verpflichtet, allein in bestimmter Weise *qualifizierte Fachgeschäfte* unter Ausschluss anderer Formen des Einzelhandels zu beliefern; hinzu tritt häufig noch die Verpflichtung des Einzelhandels, die gebundene Ware allein an Letztverbraucher weiterzuveräußern. Beide Vereinbarungen fallen zwar an sich unter Art. 101 Abs. 1 AEUV; gleichwohl gelten derartige Absatzsysteme als zulässig, sofern sie nach der Art des Produkts **erforderlich** erscheinen, um dessen Qualität sicherzustellen und einen richtigen Gebrauch der Ware zu gewährleisten; hinzu kommen muss noch, dass die **Auswahl** der Wiederverkäufer aufgrund *objektiver* Gesichtspunkte qualitativer Art diskriminierungsfrei erfolgt, dass das System ferner zur Stärkung des Wettbewerbs beiträgt und deshalb im Interesse der Verbraucher liegt und dass die aufgestellten Kriterien nicht über das zur Verwirklichung der genannten Zwecke erforderliche Ausmaß hinausgehen.[53] **Beispiele** für Produkte, für die nach diesen

[50] Wegen der Einzelheiten s. *Emmerich,* JuS 1995, 761.

[51] *EuGH* Slg. 1986, 374 (380ff.) = NJW 1986, 1415 = JuS 1986, 558 Nr. 1.

[52] Wegen der Einzelheiten s. Vertikalleitlinien, Tz. 189ff.; *Metzlaff,* BB 2000, 1201.

[53] *EuGH* Slg. 1977, 1875 (1907ff.) – Metro/Saba I; Slg. 1983, 3151 (3194ff.) = NJW 1984, 1281 = JuS 1984, 476 Nr. 2 – AEG; Slg. 1986, 3021 (3074ff.) – Metro/Saba II; Slg. 2011, I-9447 = WuW/E EU-R 2163 Tz. 40f. = GRURInt 2011, 1077 – P. Fabre; *EuG* Slg. 1992, II-417 (438ff.) – Vichy; Slg. 1996, II-1851 (1897ff.) – Yves St. Laurent; Slg. 1996, II-1961 (2007ff.) – Givenchy; *Kommission,* Vertikalleitlinien, Tz. 175; BGHZ 142, 192 (199f) = NJW 1999, 3043 = JuS 2000, 194 Nr. 14; *OLG*

Kriterien ein selektiver Vertrieb möglich ist, sind Kraftfahrzeuge (s. u. Rn. 30ff.), Computer, Produkte der Unterhaltungselektronik, hochwertiger Schmuck, Kameras, Uhren, sonstige Luxusartikel wie etwa teure Parfüms oder Kosmetika sowie Presseerzeugnisse und sonstige beliebige Markenartikel wie sogar Schulranzen.[54]

Die **qualifizierte Fachhandelsbindung** unterscheidet sich von der einfachen (o. Rn. 26) dadurch, dass die zugelassenen Händler in den Verträgen mit dem Hersteller *zusätzliche,* wettbewerbsbeschränkende Verpflichtungen übernehmen müssen, die mit Rücksicht auf die Eigenschaften des Produkts zur Wahrung seiner Qualität und zur Gewährleistung eines richtigen Gebrauchs *nicht* mehr unbedingt erforderlich sind. **Beispiele** sind eine besondere Absatzförderungspflicht, die Pflicht zur Mindestabnahme, zur Lagerhaltung oder zur Mitwirkung bei der Werbung, die Verpflichtung, das Programm des Herstellers vollständig zu führen oder ein angemessenes Lager zu unterhalten, Ausschließlichkeits- und Vertriebsbindungen, Quer- und Sprunglieferungsverbote sowie Wettbewerbsverbote.[55] Derartige Wettbewerbsbeschränkungen konnten früher nur von Fall zu Fall nach Art. 101 Abs. 3 AEUV freigestellt werden, während heute die **GFVO Nr. 330/2010** maßgebend ist.[56] Infolgedessen gilt heute für die qualifizierte Fachhandelsbindung nichts anderes als für den quantitativen Selektivvertrieb (s. dazu sogleich Rn. 28f.). 27

Als **quantitativen Selektivvertrieb** bezeichnet man Vertriebssysteme, bei denen die Auswahl der Händler zusätzlich von quantitativen Merkmalen abhängt, so dass nicht alle Händler, die den qualitativen Standards des Herstellers an sich genügen, zugelassen werden, sondern zwischen ihnen eine weitere Auswahl („Selektion") stattfindet. Derartige Vertriebssysteme verstoßen an sich gegen Art. 101 Abs. 1 AEUV, sofern die Wettbewerbsbeschränkung auf einer Vereinbarung beruht und spürbar ist.[57] Früher konnten sie daher nur im Einzelfall nach Art. 101 Abs. 3 AEUV freigestellt werden, während heute auch auf sie die GFVO Nr. 330/2010 Anwendung findet, wobei jedoch einige Besonderheiten zu beachten sind: 28

Die Einzelheiten ergeben sich aus Art. 4 lit. c und lit. d sowie aus Art. 5 Abs. 1 lit. c GFVO. Nach den beiden zuerst genannten Vorschriften ziehen **Beschränkungen des aktiven oder passiven Verkaufs** an Endverbraucher für Einzelhändler im Rahmen eines selektiven Vertriebssystems ebenso die Unanwendbarkeit der Verordnung nach sich wie **Querlieferungsverbote** zulasten der zugelassenen Händler. Art. 5 Abs. 1 lit. c GFVO fügt hinzu, dass die Freistellung ferner nicht für Vereinbarungen gilt, durch die Mitglieder eines selektiven Vertriebssystems veranlasst werden sollen, Marken bestimmter konkurrierender Lieferanten nicht zu verkaufen. Zweck dieser Regelung ist 29

Düsseldorf WuW/E OLG 5525 (5537ff.); *OLG* Karlsruhe EuZW 2010, 237 (238) = WuW/E DE-R 2789 (2791 Tz. 49ff.) – Schulranzen.

54 *EuGH* Slg. 1985, 2015 (2041ff.) = NJW 1986, 651 = JuS 1986, 476 Nr. 1 – Binon; Slg. 2011, I-9447 = WuW/E EU-R 2163 Tz. 40f. = GRURInt 2011, 1077 – P. Fabre; *OLG Karlsruhe* EuZW 2010, 237 (238) = WuW/E DE-R 2789 – Schulranzen.

55 S. *Kommission,* Entsch. v. 16.12.1991, ABl. 1992 Nr. L 12/24 (28) – Yves St. Laurent; v. 24.7.1992, ABl. Nr. L 236/11 (15ff.) – Givenchy; v. 21.12.1993, ABl. Nr. L 20/15 (19ff.) – Grundig.

56 Wegen der Einzelheiten s. *Kommission,* Vertikalleitlinien Tz. 176ff. sowie zuletzt z. B. *Gruber,* WuW 2014, 596.

57 *EuGH* Slg. 1980, 2511 (2536 Tz. 21) = NJW 1981, 1151 = JuS 1981, 605 Nr. 1 – Lancôme; Slg. 1980, 3775 (3791 Tz. 17) – L'Oréal; Slg. 1984, 883 (908f.) – Hasselblad; *EuG* Slg. 1992, II-417 (438ff.) – Vichy; *OLG München* WuW/E OLG 5659 (5662f.).

es in erster Linie, kollusiven Praktiken der Lieferanten vorzubeugen.[58] Besonders umstritten war lange Zeit die Frage, ob und gegebenenfalls unter welchen Voraussetzungen der Lieferant in einem selektiven Vertriebssystem zum Schutze des sog. Markenimages den Vertrieb der Ware über das **Internet** ausschließen oder doch beschränken kann.[59] Der EuGH verfolgt in dieser Frage heute eine ausgesprochen restriktive Linie. Danach ist es generell nicht zulässig, den einmal zum Vertrieb (über Geschäftsstellen) zugelassenen Händlern den zusätzlichen Vertrieb über das Internet zu untersagen, weil es sich dabei um eine sachlich nicht zu rechtfertigende Wettbewerbsbeschränkung handele (Art. 101 Abs. 1 AEUV).[60] Das Unionsrecht kennt eben keine rule of reason.[61]

4. Kraftfahrzeugvertrieb

Materialien: Gruppenfreistellungsverordnung (GFVO) für Vereinbarungen im Kraftfahrzeugsektor Nr. 1400/2002 (ABl. Nr. L 203/30) und Nr. 461/2010 (ABl. Nr. L 129/52); *Kommission,* Bekanntmachung, ABl. 1985 Nr. C 17; Bekanntmachung zur Klarstellung der Tätigkeit von Kraftfahrzeugvermittlern v. 18. Dezember 1991 (ABl. Nr. C 329/20); Ergänzender Leitfaden für den Verkauf und die Instandsetzung von Kfz vom 28. Mai 2010 (ABl. Nr. C 138/16); Mitteilung, Der künftige rechtliche Rahmen für den Kfz-Sektor v. 22. Juli 2009, KOM (2009) 388 endg.

a) Entwicklung der Wettbewerbspolitik der Kommission

30 Den Kraftfahrzeugherstellern ist es bisher aufgrund ihrer überragenden Macht gelungen, die Verwirklichung des Binnenmarktes – zum evidenten Schaden der Verbraucher – zu verhindern, so dass der Kraftfahrzeugvertrieb in Europa seit vielen Jahren eines der Sorgenkinder der Kommission bildet. Die Kommission hat deshalb immer wieder Anläufe unternommen, die total verkrusteten Strukturen der Kraftfahrzeugmärkte aufzubrechen.[62] Der erste Schritt war der Erlass sog. Testentscheidungen, mittels derer die Kommission die Zulässigkeitsvoraussetzungen des selektiven Vertriebs auf dem Kraftfahrzeugmarkt zu klären versuchte. Die dabei gewonnen Erkenntnisse flossen sodann in die **GFVO Nr. 123/1985** ein,[63] die indessen nicht die in sie gesetzten Hoffnungen der Kommission erfüllte, zur gegenseitigen Öffnung der nationalen Kraftfahrzeugmärkte beizutragen. Deshalb wurde sie 1995 durch die **GFVO Nr. 1475/1995**[64] ersetzt, die jedoch, wie nicht anders zu erwarten, wiederum ihr Ziel verfehlte, die Kraftfahrzeugmärkte für den Wettbewerb zu öffnen, weil sie nach wie vor, auf massiven Druck der Kfz-Hersteller hin, in viel zu großem Umfang Wettbewerbsbeschränkungen zulasten der Händler gestattete.

31 Die Kommission entschloss sich deshalb, die ganze Materie von Grund auf neu zu regeln.[65] Ergebnis war die **GFVO Nr. 1400/2002 vom 31. Juli 2002,**[66] aufgrund derer

[58] S. *Kommission,* Vertikalleitlinien, Tz. 178.

[59] S. dazu z. B. *Dieselhorst/Luhn,* WRP 2008, 1306; *St. Haslinger,* WRP 2009, 279; *Pischel,* GRUR 2008,1066; *Ruess/Slopak,* WRP 2009, 1021; *Herrlinger,* NZKart 2014, 92; *Pichler/Hertfelder,* NZKart 2014, 47; *Kuntze-Kaufholt,* WuW 2014, 476; *Dethof,* ZWeR 2012, 503; *Rudowicz,* NZKart 2014, 153.

[60] *EuGH* Slg. 2011 I-9447 = WuW/E EU-R 2163 Tz. 44ff. = GRURInt 2011, 1077 – P. Fabre; *KG* WuW/E DE-R 4019 (4022ff.) – Schulranzen II; *LG Kiel* WuW/E DE-R 4075 (4077f.) = NZKart 2014, 39 – Digitalkameras.

[61] Wegen der Einzelheiten s. o. Rn. 56–58 m. N.

[62] Überblick z. B. bei *Böni,* WuW 2013, 479.

[63] ABl. Nr. L 15/16.

[64] ABl. Nr. L 145/25.

[65] 29. WB 1999, Tz. 143ff. (S. 62ff.).

[66] ABl. Nr. L 203/03.

die Kraftfahrzeughersteller ihre Vertriebssysteme mittlerweile wohl durchgängig auf **restriktive quantitative selektive Systeme** umgestellt haben.[67] Zugleich änderte sich auch die Politik der Kommission gegenüber den Kraftfahrzeugherstellern.[68] Infolge ihrer Fixierung auf die Effizienz des Vertriebs von Kraftfahrzeugen (efficiency über alles!) kam die Kommission jetzt zu dem Ergebnis, dass ein besonderer Schutz der Unabhängigkeit der Kraftfahrzeughändler nicht mehr ihre Aufgabe im Rahmen einer GFVO sei und daher dem Privatrecht der Mitgliedstaaten überlassen werden könne. Aus diesem Grunde wurde der Kraftfahrzeugvertrieb ganz aus der neuen **GFVO Nr. 461/2010 vom 28. Mai 2010**[69] herausgenommen und vom 1. Juni 2013 ab der allgemeinen GFVO für vertikale Vereinbarungen Nr. 330/2010 unterstellt, während die GFVO Nr. 461/2010 schon vom 1. Juni 2010 ab nur noch für Vereinbarungen über den Vertrieb von **Ersatzteilen** und über die Erbringung von Instandsetzungs- und Wartungsdienstleistungen gilt.[70] Die Folge ist vor allem, dass seit Juni 2013 sämtliche **Schutzvorschriften** zu Gunsten der Händler entfallen sind, die noch in der GFVO Nr. 1400/2002 enthalten waren. Wichtig waren unter diesem Gesichtspunkt insbesondere die generelle Untersagung von Wettbewerbsverboten, um den Mehrmarkenvertrieb zu ermöglichen, sowie die Bestimmung, dass in die Vertriebsvereinbarungen zwischen den Herstellern und den Händlern eine ganze Reihe von Schutzbestimmungen zu Gunsten der Händler aufgenommen werden musste, vor allem in Gestalt von Kündigungsbeschränkungen und Schiedsklauseln.

Als quantitativen selektiven Vertrieb definierte die frühere GFVO Nr. 1400/2002 ein 32
selektives Vertriebssystem, in dem der Lieferant Merkmale für die Auswahl der Händler und Werkstätten verwendete, durch die deren **Zahl** unmittelbar **begrenzt** wurde (Art. 1 lit. g GFVO). Nach welchen Kriterien die Hersteller dabei vorgehen, war im Wesentlichen ihnen überlassen.[71] Für derartige quantitative selektive Absatzsysteme galt nach Art. 3 Abs. 1 Unterabs. 2 GFVO zunächst bis 2013 noch eine Marktanteilsschwelle von *40%*, an deren Stelle jetzt nach der allgemeinen GFVO Nr. 330/2010 für vertikale Vereinbarungen die **doppelte Marktanteilsschwelle von 30%** getreten ist (Art. 3 GFVO Nr. 330/2010), wobei zu beachten ist, dass sich diese Marktanteilsschwellen nicht etwa auf den gesamten Binnenmarkt, sondern auf den jeweils **relevanten Markt** beziehen, der sich gegenständlich auf die einzelnen Kraftfahrzeugkategorien, von Kleinwagen bis zu Luxussportwagen, und räumlich auf die einzelnen Mitgliedstaaten beschränkt, so dass sich insgesamt sehr enge Märkte ergeben können. Die Folge ist, dass die genannten Marktanteilsschwellen bei den großen Herstellern und den großen Händlerketten häufig überschritten sein werden, so dass dann nur noch eine Freistellung im Einzelfall nach Art. 101 Abs. 3 AEUV in Betracht kommt.[72]

An den **Missständen** auf den europäischen Kraftfahrzeugmärkten hat all dies bisher 33
wenig oder nichts geändert, wobei ein besonderes Ärgernis die nach wie vor verbreite-

[67] S. *Böni,* WuW 2013, 479; *Schumacher,* WuW 2005, 1222.

[68] Mitteilung v. 22.7.2009, KOM (2009) 388 endg.; *Genzow,* FS Graf v. Westphalen, 2010, S. 193.

[69] ABl. Nr. L 129/52, s. u. Rn. 34.

[70] Art. 2 und 3 der VO Nr. 461/2010; s. dazu ausführlich der Erwägungsgründe Nrn. 6ff. zu der VO sowie die ergänzenden Leitlinien v. 28.5.2010, ABl. Nr. C 138/16.

[71] So besonders großzügig *EuGH* WuW/E EU-R 2394 Tz. 36ff. = EuZW 2012, 628 – Auto 24; dazu *Beutelmann,* ZWeR 2013, 346.

[72] *Böni,* WuW 2013, 479 (484f.).

ten massiven Behinderungen von Parallelimporten aus Niedrigpreisländern wie Italien in Hochpreisländer wie Deutschland seitens der Hersteller sind.[73] **Beispiele** sind offene oder versteckte Sanktionen gegen Händler, die Parallelimporte im Interesse ihrer Kunden tätigen, Mindestabnahmepflichten, weil sie wie ein Querlieferungsverbot wirken,[74] ein Lieferboykott gegen selbstständige Leasinggesellschaften oder gegen gewerbliche Zwischenhändler, die im Namen und im Auftrag ihrer Kunden handeln,[75] sowie die Verweigerung von Garantieleistungen oder Konformitätsbescheinigungen für parallelimportierte Fahrzeuge, um ihre Zulassung im Inland zu behindern: Alles klare Verstöße gegen das Kartellverbot.

b) GFVO Nr. 461/2010

34 Für vertikale Vereinbarungen über den Bezug, den Verkauf und den Weiterverkauf von Ersatzteilen sowie über Instandsetzungs- und Wartungsdienstleistungen für Kraftfahrzeuge gilt bereits seit Juni 2010 die GFVO Nr. 461/2010 (Art. 4ff. GFVO). Danach unterstehen die genannten vertikalen Vereinbarungen fortan grundsätzlich der allgemeinen **GFVO Nr. 330/2010** (Art. 4 GFVO), jedoch mit einigen Besonderheiten, die sich aus Art. 5 der Verordnung ergeben, der die Liste der **Kernbeschränkungen** enthält, deren Vereinbarung zur Unanwendbarkeit der GFVO Nr. 461/2010 insgesamt führt. Derartige Kernbeschränkungen sind das Verbot des Weiterverkaufs von Ersatzteilen an unabhängige Werkstätten, Beschränkungen des Verkaufs von Ersatzteilen an zugelassene und an unabhängige Händler und Werkstätten in den Verträgen der Kraftfahrzeughersteller mit den Herstellern der Ersatzteile sowie Beschränkungen der Hersteller der Ersatzteile in den genannten Verträgen mit den Herstellern der Kraftfahrzeuge hinsichtlich der Anbringung von Marken oder Firmen auf den Teilen.

5. Sonstige Vereinbarungen

35 Die GFVO Nr. 330/2010 erfasst trotz ihres umfassenden Geltungsanspruchs keineswegs sämtliche Vertikalvereinbarungen (s. Art. 2 GFVO). Unanwendbar ist sie insbesondere auf vertikale Vereinbarungen, bei denen der Marktanteil des begünstigten Teils die Grenze von 30% überschreitet, sowie auf vertikale Vereinbarungen zwischen Konkurrenten. In diesen Fällen bleibt es bei der unmittelbaren Geltung des **Art. 101 AEUV.** Die Kommission hat sich deshalb in ihren **Leitlinien** vom Mai 2010 auch zur rechtlichen Behandlung dieser Fälle geäußert.[76] Sie unterscheidet hier in wenig klarer Weise verschiedene Typen solcher Vereinbarungen, analysiert sodann deren negativen und positiven Wirkungen und entwickelt schließlich auf dieser Grundlage ein **hochdifferenziertes Beurteilungsschema** für die wichtigsten vertikalen Vereinbarungen, in erster Linie für den sog. Markenzwang,[77] für den Alleinvertrieb und die Alleinbelieferung,[78] für die ausschließliche Kundenzuteilung[79] sowie für den Selektivvertrieb und

[73] *Böni,* WuW 2013, 479 (487f. m. N.).

[74] *BGH* WuW/E DE-R 1335 (1341) = GRUR 2005, 62.

[75] *EuGH* Slg. 1994, I-2742 (2752ff.) – Peugeot; Slg. 1995, I-3459 (3470ff. Tz. 25ff.) – BMW/VAL; *EuG* Slg. 1991, II-653 (664ff.); Slg. 1993, II-493 (510ff. Tz. 40ff.); *BGH* NJW 1996, 3212 = LM § 26 GWB Nr. 90 m. Anm. *Emmerich.*

[76] Leitlinien, ABl. Nr. C 130/1, Tz. 96ff.

[77] Tz. 129ff.

[78] Tz. 151 und 192ff.

[79] Tz. 168ff.

für Franchisevereinbarungen.[80] Die komplizierten Einzelheiten machen letztlich nur deutlich, wohin der „more economic approach" der Kommission tatsächlich führt, nämlich zu **mehr Rechtsunsicherheit** anstatt der erstrebten Rechtssicherheit, weil buchstäblich niemand über die nötigen Marktkenntnisse verfügt, um die von der Kommission jeweils in den Mittelpunkt ihrer rechtlichen Würdigung gerückten wirtschaftlichen Kriterien auf ihre Reichweite abschätzen zu können.[81]

§ 6. Lizenzverträge

Materialien: VO Nr. 772/2004 über die Anwendung von Art. 81 Abs. 3 EGV auf Gruppen von Technologietransfervereinbarungen v. 27. April 2004 (ABl. Nr. L 123/11); Leitlinien zur Anwendung von Art. 81 EGV auf Technologietransfervereinbarungen v. 27. April 2004 (ABl. Nr. C 101/2–42); VO Nr. 1217/2010 über die Anwendung von Art. 101 Abs. 3 AEUV auf Vereinbarungen über Forschung und Entwicklung (ABl. Nr. L 335/6).

I. Problematik

Lizenzverträge sind Verträge, durch die der Inhaber eines Schutzrechts einem anderen 1
die Ausübung an sich dem Rechtsinhaber aufgrund des Schutzrechts vorbehaltener Tätigkeiten gestattet. Handelt es sich bei den Beteiligten um Unternehmen, so ist (auch) der Anwendungsbereich des Kartellrechts eröffnet, – mit der Folge, dass sich sofort die viel diskutierte Frage nach dem Verhältnis zwischen dem Kartellrecht und dem Recht des geistigen Eigentums stellt. Die wichtigsten hierher gehörenden Schutzrechte sind neben dem Patentrecht das Gebrauchsmuster- und das Sortenschutzrecht, das Urheber- und das Geschmacksmusterrecht sowie das Markenrecht. Im Vordergrund des Interesses haben bisher durchweg Lizenzverträge über **Patente und gleichstehende Schutzrechte** gestanden, weshalb sich die folgenden Ausführungen gleichfalls zunächst im Wesentlichen auf Lizenzverträge über diese Rechte beschränken werden (zu den anderen Schutzrechten s. u. Rn. 22 ff.).

Das Patent verleiht ebenso wie die anderen Schutzrechte seinem Inhaber ein **Ausschließlichkeitsrecht,** so dass allein der Patentinhaber während der Laufzeit des 2
Rechts (§ 16 Abs. 1 S. 1 PatG) die patentierte Erfindung benutzen darf (§ 9 PatG). Andere Personen sind dagegen von der Benutzung des Rechts, genauer: des geschützten Erfindungsgedankens so lange ausgeschlossen, wie sie ihnen nicht durch den Inhaber des Patents im Wege der Einräumung einer Lizenz oder auf sonstige Weise gestattet wird (§ 15 PatG). Die **wettbewerbspolitische Berechtigung** dieser Regelung ist umstritten. In der nicht abreißenden Diskussion sind die unterschiedlichsten Theorien zur Rechtfertigung des Patentschutzes entwickelt und wieder verworfen worden.[1] In der Gegenwart wird die **Funktion** eines zeitlich begrenzten Patentschutzes in erster Linie darin gesehen, eine **sofortige Nachahmung** der sonst gemeinfreien Erfindung durch die Konkurrenten des Erfinders zu verhindern und dergestalt zusätzliche **Anreize** für Erfindungen im Interesse des allgemeinen technischen und wirtschaftlichen

[80] Tz. 174, 189 ff.

[81] Ebenso *Ackermann,* EuZW 1999, 741 (746); *F. Müller,* WRP 2004, 1472 (1477 f.).

[1] S. die Überblicke bei *Dahmann,* Patentwesen, technischer Fortschritt und Wettbewerb, 1981, S. 68 ff.; *Landes/Posner,* The Economic Structure of Intellectual Property Law, 2003; *Machlup,* Die wirtschaftlichen Grundlagen des Patentrechts, 1962, S. 19 ff.; *Möschel,* in: Lange/Klippel/Ohly (Hrsg.), Geistiges Eigentum und Wettbewerb, 2009, S. 119 (123 ff.); *Strohm,* Wettbewerbsbeschränkungen in Patentlizenzverträgen, 1971, S. 40 ff.

Fortschritts zu **schaffen.**[2] Über diesen Vorteilen des Patentschutzes dürfen jedoch dessen ebenso offenkundigen **Nachteile** nicht übersehen werden.[3] Hervorzuheben sind zunächst die von dem Patentschutz in seiner heutigen Ausgestaltung ausgehenden **konzentrationsfördernden Wirkungen,** die schon wiederholt empirisch belegt wurden.[4] Namentlich in der chemischen und in der elektrotechnischen Industrie besteht eine ausgeprägte Konzentration des Patentbesitzes bei wenigen Großunternehmen (sog. **Patenthäufung** oder **-akkumulation**). Nahezu unangreifbar wird in solchen Fällen die Position der großen Lizenzgeber, wenn die Lizenznehmer noch zusätzlich durch **Rückgewährklauseln** zum Erfahrungs- und Lizenzaustausch mit dem Lizenzgeber verpflichtet werden, da die unvermeidliche Folge ist, dass sich auf die Dauer das gesamte technische Wissen einer Branche in der Hand weniger großer Lizenzgeber konzentriert, die dergestalt in die Lage versetzt werden, ihre Technologie zum Industriestandard zu erheben.

3 Die Lizenzierung von Patenten kann ferner zur **Begründung oder Absicherung von Wettbewerbsbeschränkungen** missbraucht werden, wovon nach allen Erfahrungen auf nationaler wie internationaler Ebene im denkbar größten Umfang Gebrauch gemacht wird. Denn die Erteilung von Lizenzen kann nicht nur von der Zahlung einer Gegenleistung, sondern ebenso von der Übernahme beliebiger anderer Verpflichtungen einschließlich eben **wettbewerbsbeschränkender Verpflichtungen** der Lizenznehmer abhängig gemacht werden, denen außerdem entsprechende Beschränkungen des Lizenzgebers korrespondieren können. **Beispiele** sind Preisbindungen, mengenmäßige oder territoriale Beschränkungen einer oder beider Parteien, Export- und Reimportverbote, Wettbewerbsverbote, Bezugs- und Vertriebsbindungen sowie Rückgewähr- und (vor allem) Nichtangriffsklauseln.[5]

4 Zusätzlich verstärkt werden die wettbewerbsbeschränkenden Wirkungen von Lizenzverträgen, wenn entsprechende Klauseln in umfassende **Lizenzvertragssysteme** einzelner mächtiger Lizenzgeber oder von Patentgemeinschaften aufgenommen werden.[6] Die Folge sind hier gleichfalls häufig nahezu unübersteigbare, technisch bedingte Marktzutrittsschranken für Newcomer. Als weiterer hiermit zusammenhängender Problemkreis sind in den letzten Jahren die sich immer mehr verbreitenden **Standardisierungsvereinbarungen** in das Blickfeld des Kartellrechts gerückt, seit sich herausgestellt hat, dass sich derartige Vereinbarungen hervorragend zur kollusiven Monopolisierung von Märkten durch die Behinderung von Außenseitern eignen.[7]

---

[2] S. *Lehmann,* GRURInt 1983, 356; *Kraft,* Patent und Wettbewerb in der Bundesrepublik Deutschland, 1972, S. 30ff.; *Möschel,* in: Lange/Klippel/Ohly (Hrsg.), Geistiges Eigentum und Wettbewerb, 2009, S. 119 (123ff.); *Prahl,* Patentschutz und Wettbewerb, 1969, S. 71ff.

[3] S. schon ausführlich *Lieberknecht,* Patente, Lizenzverträge und Verbote von Wettbewerbsbeschränkungen, 1953, S. 19ff.

[4] S. *Monopolkommission,* 2. Hauptgutachten, Tz. 636ff.; str.

[5] S. außerdem *Buxbaum,* WuW 1966, 193; *Kaufer,* Patente, Wettbewerb und technischer Fortschritt, 1968, S. 157ff.; *Walz,* Der Schutzinhalt des Patentrechts im Recht der Wettbewerbsbeschränkungen, 1973, S. 237ff.

[6] Zu den Patentpools s. außerdem z. B. noch *Dreiss,* Die kartellrechtliche Beurteilung von Lizenzvertragssystemen, 1972; *Schulte,* Lizenzaustauschverträge und Patentgemeinschaften, 1971.

[7] Ausführlich *Fuchs,* in: Lange/Klippel/Ohly (Hrsg.), Geistiges Eigentum, 2009, S. 147ff.; *Körber,* WRP 2013, 734 m. N.; *Walther/Baumgartner,* WuW 2008, 158.

II. Infringement-Test

Eine gesetzliche Regelung des Fragenkreises Lizenzverträge und Kartellrecht fand sich für Deutschland erstmals in den alliierten **Dekartellierungsgesetzen von 1948,** die übereinstimmend Absprachen verboten, durch die das gesetzliche Monopol auf Gegenstände ausgedehnt wurde, „die in der gesetzmäßigen Erteilung nicht enthalten sind".[8] Der **Zweck** dieser Bestimmungen wurde vor allem darin gesehen, eine Ausdehnung der Schutzrechte über ihren gesetzlich vorgeschriebenen Umfang hinaus zu verhindern. Dies war die Geburtsstunde des sog. **Infringement-Tests,** der die Rechtsentwicklung in Deutschland bis in die jüngste Zeit geprägt hat, da er auch vom **GWB** zunächst übernommen worden war (§ 17 GWB a. F). Das Gesetz erkannte damit die Schutzrechte ebenso wie zuvor schon die Dekartellierungsgesetze prinzipiell in den ihnen durch die jeweiligen Schutzgesetze gezogenen Grenzen an und verbot lediglich ihre vertragliche Ausdehnung über diesen gesetzlichen Rahmen hinaus.[9] 5

Der Infringement-Test, der auch bei der Auslegung der Wettbewerbsregeln des Vertrags im Ergebnis nach wie vor viele Anhänger hat, ist nur auf den ersten Blick plausibel. Tatsächlich gibt es indessen **keinen** dem Wettbewerbsrecht sozusagen **vom Patentrecht vorgegebenen Inhalt** des Schutzrechts.[10] Der **Schutzrechtsinhalt** kann vielmehr, soweit er zur Rechtfertigung von Wettbewerbsbeschränkungen herangezogen wird, immer nur von Fall zu Fall im Zusammenwirken von Patentrecht *und* Wettbewerbsrecht bestimmt werden, wobei vor allem der **Wert** des jeweiligen **Patents,** die Position und die Zahl der Vertragsbeteiligten, die von ihnen verfolgten **Zwecke** sowie die **Auswirkungen** des Systems auf den Wettbewerb zu berücksichtigen sind. Insbesondere die Frage, ob es sich um ein **starkes oder schwaches Patent** handelt, erlangt in diesem Zusammenhang zentrale Bedeutung. 6

III. Erschöpfungslehre

Eines der Kennzeichen des Patentschutzes ist oder war bisher das sog. **Territorialitätsprinzip,** d. h. der Umstand, dass der Schutz von Ausschließlichkeitsrechten durchweg auf staatlicher Verleihung beruht und sich deshalb auf das Gebiet des betreffenden Staates beschränkt, so dass die **Schutzrechte** in mehreren Staaten, mögen sie auch denselben Gegenstand haben, **rechtlich** doch **voneinander unabhängig** sind.[11] Die Folge ist, dass das Inverkehrbringen des geschützten Gegenstandes in einem Land auch nur zur **Erschöpfung** gerade des **in diesem Lande** bestehenden Schutzrechtes führt, während parallele Schutzrechte in anderen Ländern unberührt bleiben, d. h. *nicht* erschöpft werden – mit der Konsequenz, dass sich gewerbliche Schutzrechte alsbald als hervorragendes Mittel erwiesen, den einheitlichen Binnenmarkt wieder in getrennte nationale Märkte aufzuteilen. Es bedurfte dazu nicht mehr, als der Erwirkung mehrerer paralleler Schutzrechte in mehreren Mitgliedstaaten. Die Kommission bemüht sich deshalb buchstäblich seit Jahrzehnten um die Ersetzung der einzelnen nationalen Patente durch 7

[8] Wegen der Einzelheiten s. IM/*Emmerich,* GWB, 3. Aufl. 2001, § 17 Rn. 8ff.

[9] BGHZ 51, 263 (266) = NJW 1969, 1247; *BGH* LM Nr. 14 zu § 20 GWB = GRUR 1975, 206; WuW/E BGH 696; *Emmerich,* ZHR 140 (1976), 17 (22ff.).

[10] S. zu dieser grundsätzlichen Frage statt aller *Heinemann,* Immaterialgüterschutz in der Wettbewerbsordnung, 2002, S. 147ff.; *ders.*, in: Behrens, Stand und Perspektiven des Schutzes geistigen Eigentums in Europa, 2004, S. 105ff. sowie u. Rn. 8.

[11] S. zum Folgenden schon *Emmerich,* DB 1972, 1275, 1325 sowie zusammenfassend *Mestmäcker/Schweitzer,* § 26 Rn. 3ff. (S. 654ff.).

ein einheitliches **europäisches Patent** (VO Nr. 1257, 2012; ABl. Nr. L 361/1). Diese Bemühungen haben erst in jüngster Zeit durch Abschluss eines entsprechenden zusätzlichen Vertrages zwischen den meisten Mitgliedstaaten zu einem Erfolg geführt. Gleichsam im Vorgriff auf diese Entwicklung ist außerdem der **Gerichtshof** bereits seit den siebziger Jahren des vorigen Jahrhunderts den Gefahren aus den nationalen Patentsystemen für den Binnenmarkt mit der Entwicklung der Lehre von der **unionsweiten Erschöpfung** des Schutzrechtes entgegengetreten, *sofern* der geschützte Gegenstand von dem Berechtigten selbst oder mit dessen Zustimmung in einem Mitgliedstaat der insoweit als Einheit gedachten Union *einmal* in Verkehr gebracht worden ist.[12]

8 Hintergrund dieser im vorliegenden Zusammenhang im Übrigen nicht weiter zu verfolgenden Rechtsprechung des Gerichtshofs ist die von ihm entwickelte **Unterscheidung zwischen** dem vom Vertrag gewährleisteten **Bestand** der nationalen Schutzrechte **und** ihrer dem Vertrag unterworfenen **Ausübung,**[13] wobei der Gerichtshof all das zum Bestand der Rechte zählt, was ihren „spezifischen Gegenstand" ausmacht. Infolgedessen ist in der jüngsten Diskussion der **„spezifische Gegenstand"** der Schutzrechte immer mehr zum **Schlüsselbegriff** der Materie geworden, da in einem Teil des Schrifttums unverkennbar die Neigung besteht, einfach alle gewünschten Wettbewerbsbeschränkungen zum „spezifischen Gegenstand" des jeweiligen Schutzrechtes „hochzustilisieren", um sie so dem Zugriff des Art. 101 AEUV(als schutzrechtsimmanent) entziehen zu können.[14] Der alte, längst überwunden geglaubte Infringement-Test des Dekartellierungsrechts feiert hier in wenig veränderter Gestalt fröhliche Urständ.[15]

9 Es ist dies der wohl wichtigste Grund, warum es die Unionsorgane bisher vermieden haben, sich auf eine abschließende **Definition** des „spezifischen Gegenstandes" der einzelnen Schutzrechte festzulegen. Der Gerichtshof hat sich vielmehr auf die Feststellung zurückgezogen, zum **„spezifischen Gegenstand" des Patentrechts** gehöre zumindest, dass der Inhaber zum Ausgleich für seine schöpferische Tätigkeit das ausschließliche Recht erlange, gewerbliche Erzeugnisse herzustellen und in Verkehr zu bringen, die Erfindung durch Lizenzvergabe zu verwerten und sich gegen jede Zuwiderhandlung zur Wehr zu setzen.[16] Entsprechendes gilt für die **verwandten Schutzrechte** sowie für das **Urheberrecht,**[17] während der spezifische Gegenstand beim **Mar-**

---

[12] S. z. B. für das Urheberrecht *EuGH* Slg. 2006, I-8113 Tz. 22ff. = EuZW 2006, 662 (663) – Laserdisken; sowie allgemein *Kommission,* Leitlinien zur Anwendung von Art. 101 AEUV auf Technologietransfervereinbarungen (TT) v. 27.4.2004, ABl. Nr. C 101/2, Tz. 6; *Mestmäcker/Schweitzer,* § 22 Rn. 32ff. (S. 677ff.) m. N.

[13] *EuGH* Slg. 1971, 69 (83) – Sirena; 1974, 731 (744f.) – Hag I usw. bis z. B. Slg. 1994, I-2836 (2855) = EuZW 1994, 467 – Idealstandard; Slg. 1995, I-808 (823) = EuZW 1995, 339 (342) – RTE/ITP (Magill); Slg. 2004, I-5069 (5081f. Tz. 34ff.) = EuZW 2004, 345 – IMS Health; *Mestmäcker/Schweitzer,* § 27 Rn. 19ff. (S. 672ff.); dagegen *Schwarze,* EuZW 2002, 75 (79m. N.).

[14] So insb. *Sack,* FS Ritter, 1997, S. 753 (757ff.); *ders.,* WRP 1999, 592 (593ff. m. N.).

[15] S. schon o. Rn. 5f.; dagegen auch *Mestmäcker/Schweitzer,* § 28 Rn. 22 (S. 707f.); *Mestmäcker,* FS Immenga, 2004, S. 261 (272ff.); *Heinemann,* in: Behrens, Stand und Perspektiven des Schutzes geistigen Eigentums in Europa, 2004, S. 105, insb. 109ff.; *ders.,* Immaterialgüterschutz in der Wettbewerbsordnung, 2002, S. 147ff. und passim.

[16] Grdl. *EuGH* Slg. 1974, 1147 (1163 Tz. 9) – Centrafarm; Slg. 1988, 1268 (1273 Tz. 11) – Allen und Hanburgs; Slg. 1992, I-818 (824 Tz. 17); Slg. 1992, I-858 (865 Tz. 21) = EuZW 1993, 638 (639).

[17] *EuGH* Slg. 1988, 2625 (2629 Tz. 13) – Warner Brothers; Slg. 2004, I-5069 (5081 Tz. 34) = EuZW 2004, 345 – IMS Health; Slg. 2011, I-9159 = EuZW 2012, 466 (470f. Tz. 106f.) – FAPL; *Kommission,* Entsch. v. 8.10.2002, ABl. 2003 Nr. L 107/58 (69f. Tz. 68) – IFPI m. Anm. *Mestmäcker,* WuW 2004, 754.

kenrecht darin gesehen wird, dass der Inhaber durch das ausschließliche Recht, ein Erzeugnis erstmals in den Verkehr zu bringen und dabei sein Zeichen zu benutzen, Schutz vor Konkurrenten erlangt.[18]

IV. Entwicklung des Unionsrechts

Die Kommission hatte zunächst deutlich zur Übernahme des Infringment-Tests tendiert,[19] sich später jedoch wegen der erwähnten Bedenken gegen diesen Ansatz (Rn. 6) entschieden und um die Entwicklung eigener, **unionsrechtlicher Kriterien** für die Zulässigkeit von Lizenznehmerbeschränkungen bemüht.[20] Als **bedenklich** galten seitdem namentlich Klauseln, durch die das Schutzrecht auf gemeinfreie Produkte erstreckt werden sollte, Wettbewerbsverb7ote, weiter die Verpflichtung, den geschützten Gegenstand nur zusammen mit anderen zu verkaufen, die Berechnung der Lizenzgebühren nach dem ganzen zusammengesetzten Produkt, obwohl nur Teile geschützt waren, Produktions- und Vertriebsverbote für das patentfreie Ausland sowie Nichtangriffsklauseln. Art. 101 Abs. 1 AEUV wurde außerdem grundsätzlich auf Beschränkungen des **Lizenzgebers** angewandt. Wichtig war das insbesondere für **ausschließliche Lizenzen.** Man versteht darunter Verträge, durch die der Lizenzgeber die Verpflichtung übernimmt, für das betreffende Gebiet keine weiteren Lizenzen an Dritte zu vergeben. Damit kann, muss aber nicht, die Verpflichtung des Lizenzgebers einhergehen, von dem Schutzrecht in diesem Gebiet gleichfalls keinen Gebrauch mehr zu machen. Die Kommission unterscheidet insoweit heute zwischen **Exklusiv- und Alleinlizenzen** und unterwirft beide ganz unterschiedlichen Regeln.[21] 10

In den Augen der Kommission war damit der Boden bereitet für eine **gesetzliche Regelung** der Materie. Maßgebend ist heute nach verschiedenen Vorläufern, auf die hier nicht mehr weiter einzugehen ist, die **GFVO für Technologietransfer (TT-)Vereinbarungen Nr. 772/2004** vom 27. April 2004.[22] Die Kommission veröffentlichte gleichzeitig umfangreiche **Leitlinien** zur Anwendung des Art. 101 AEUV auf TT-Vereinbarungen,[23] die sich nicht nur zur Auslegung der GFVO äußern, sondern auch ausführlich auf sonstige Lizenzverträge eingehen.[24] 11

V. GFVO Nr. 772/2004 für Technologietransfervereinbarungen[25]

1. Anwendungsbereich

Der Anwendungsbereich der GFVO ergibt sich ihrem Art. 1. Die GFVO erfasst danach Technologietransfervereinbarungen über Patente, Gebrauchsmuster, Geschmacksmuster, Sortenschutzrechte und Know-how (Art. 1 Abs. 1 lit. h, i GFVO). 12

[18] *EuGH* Slg. 1994, I-2836 (2846ff. Tz. 33ff.) = EuZW 1994, 467 – Ideal-Standard; dazu *Lüder,* EuZW 1995, 15.

[19] S. die sog. Weihnachtsbekanntmachung v. 24.12.1962, ABl. 1962, S. 2922.

[20] Ebenso im Wesentlichen *EuGH* Slg. 1986, 643 (653ff.) – Windsurfing; Slg. 1988, 5249 (5286) – Bayer; Slg. 1989, 1177 (1198ff.) = EuZW 1990, 131 – Ottung; *EuG* Slg. 1991, II-535 (561ff.) – BBC/Magill.

[21] S. die Leitlinien für Technologietransfervereinbarungen, ABl. 2004 Nr. C 101/2 (29ff. Tz. 161ff.); wegen der Einzelheiten s. u. Rn. 12ff.; für einen Nießbrauch an dem Patent s. noch *LG Hamburg* WuW/DE-R 3373 (3379).

[22] ABl. Nr. L 123/11.

[23] Bekanntmachung v. 27.4.2004, ABl. Nr. C 101/2.

[24] Leitlinien, S. 24ff. Tz. 130ff.; dazu u. Rn. 22ff.

[25] Dazu z. B. IM/*Fuchs,* Bd. I/1, TT-GVO (S. 1425ff.); *Rosenberger,* GRURInt 2012, 721.

Gemeint sind damit nach Art. 1 Abs. 1 lit. b GFVO der Sache nach in erster Linie schlicht **Lizenzverträge** und gleichstehende Abreden.[26] Lizenzverträge über **Know-how**, d. h. über nicht patentierte, praktische Kenntnisse insbesondere in der Herstellung von Waren, kommen freilich nur in den Genuss der Freistellung aufgrund der GFVO, wenn sie die engen Voraussetzungen des Art. 1 Abs. 1 lit. i der Verordnung erfüllen, d. h. geheim und wesentlich sind, wobei die Kartellbehörden in der Regel ganz restriktiv verfahren, um der naheliegenden Gefahr zu begegnen, dass auf dem Weg über Lizenzverträge über beliebiges technisches Wissen (das im Grunde jedermann zugänglich ist) letztlich das Kartellverbot ausgehöhlt wird.[27]

13 Innerhalb der unter die Verordnung fallenden Lizenzverträge wird sodann weiter danach unterschieden, ob die Vertragsparteien Konkurrenten sind oder nicht, da **Verträge zwischen Konkurrenten** naturgemäß kritischer zu beurteilen sind als Verträge zwischen sonstigen Unternehmen (Art. 1 Abs. 1 lit. j GFVO).[28] Überhaupt keine Anwendung findet die GFVO schließlich auf Vereinbarungen zwischen mehr als zwei Unternehmen, wobei insbesondere an die verbreiteten Patent- oder Technologiepools zu denken ist.[29] **Patentpools** unterliegen daher weiterhin allein der Beurteilung im Einzelfall nach Art. 101 AEUV.[30] Zwischen aktuellen oder potentiellen Konkurrenten dürften Patentpools danach in der Regel auf erhebliche Bedenken stoßen.

2. Freistellungsvoraussetzungen

14 Lizenzverträge, die unter die GFVO fallen (o. Rn. 12), sind nach **Art. 2 GFVO** generell von dem Verbot des Art. 101 AEUV freigestellt und damit erlaubt, sofern die positiven und negativen Voraussetzungen der Art. 3 bis 5 GFVO erfüllt sind. Art. 3 GFVO führt nach dem Vorbild der GFVO Nr. 2790/1999 für Vertikalvereinbarungen (s. dazu o. § 5 Rn. 17 ff.) erstmals auch für Lizenzverträge Marktanteilsschwellen ein (Rn. 16), während sich in den Art. 4 und 5 GFVO die bekannten Listen schwarzer und grauer Klauseln finden, die in Lizenzverträgen nicht enthalten sein dürfen (Rn. 17 f.).

15 Eine (nicht abschließende) Aufzählung zulässiger **„weißer Klauseln"** (zulässig, wenn nicht die Marktanteilsschwellen des Art. 3 der Verordnung überschritten werden[31]) findet sich in den Leitlinien.[32] Die wichtigsten sind die Verpflichtung zur Wahrung der Vertraulichkeit, das Verbot von Unterlizenzen, Nutzungsverbote nach Ablauf der Vereinbarung, die Verpflichtung zur Anbringung der Marke des Lizenzgebers an den unter Verwendung der lizenzierten Schutzrechte hergestellten Produkten sowie insbesondere die Verpflichtung zur Bezahlung von Lizenzgebühren, sofern sich nicht unter dem Mantel der Vereinbarung einer entgeltlichen Lizenz der Sache nach ein Preiskartell verbirgt, wie es tatsächlich häufig bei Lizenzverträgen über wertlose Patente der Fall ist.[33]

---

[26] S. Leitlinien, S. 9 f. Tz. 46 ff.
[27] *BKartA* WuW/E DE-V 1579 (1582) – KS-Quadro.
[28] S. Leitlinien, S. 6 f. Tz. 26 ff.
[29] S. Leitlinien, S. 8 Tz. 38 ff.
[30] S. Leitlinien, S. 37 ff. Tz. 210 ff.
[31] S. u. Rn. 16; *Lübbig*, GRUR 2004, 483 (485).
[32] S. 28 f. Tz. 155 ff.
[33] S. Leitlinien, S. 28 f. Tz. 155–160.

16 Die für die Freistellung maßgeblichen **Marktanteilsschwellen** ergeben sich aus Art. 3 GFVO.[34] Die Marktanteilsschwelle beträgt für Lizenzverträgen zwischen *Konkurrenten* zusammen 20 %, wobei sowohl die Produkt- als auch die Technologiemärkte ins Auge zu fassen sind, sowie bei Lizenzverträgen zwischen *anderen* Unternehmen für *jedes* beteiligte Unternehmen gesondert 30 % (Art. 3 Abs. 1 und Abs. 2 GFVO). Für die Berechnung der Marktanteilsschwellen enthält Art. 8 GFVO besondere Vorschriften. Im Übrigen richtet sich die (schwierige) Abgrenzung der relevanten Märkte nach der Bekanntmachung von 1997.[35]

3. Kernbeschränkungen

17 In keiner GFVO darf eine Liste schwarzer Klauseln, sog. Kernbeschränkungen, fehlen, deren Vereinbarung zur Unanwendbarkeit der GFVO *insgesamt* führt. Für Lizenzverträge findet sich diese Liste in **Art. 4 GFVO.**[36] Dabei wird wieder danach unterschieden, ob der Vertrag zwischen Konkurrenten oder zwischen anderen Unternehmen abgeschlossen wurde (Art. 4 Abs. 1 und Abs. 2 GFVO). **Zweck** der Regelung ist es, den verbreiteten Versuchen zu begegnen, unter dem Anschein harmloser Lizenzverträge handfeste Preis-, Gebiets- oder Mengenkartelle zu praktizieren und dergestalt die Märkte unter den Beteiligten aufzuteilen, wofür sich vor allem Lizenzverträge über in Wirklichkeit wertlose oder doch ganz schwache Patente oder Know-how hervorragend eignen:

18 Zwischen **Konkurrenten** wendet sich die GFVO in Art. 4 Abs. 1 insbesondere gegen jede Form der Preisbindung, ferner gegen Mengenbeschränkungen sowie gegen die Zuweisung von Märkten und Kunden, d. h. gegen Marktaufteilungen (Art. 4 Abs. 1 lit. a bis c GFVO). Ein Beispiel ist eine Gebietsaufteilung in Sternverträgen über wertloses, weil nicht geheimes und damit jedermann zugängliches „Know-how".[37] Für **ausschließliche Lizenzen** in ihren beiden Spielarten, d. h. für Exklusiv- und Alleinlizenzen, enthält die GFVO jedoch in Art. 4 Abs. 1 lit. c Nr. 3 bis 5 verschiedene Ausnahmen, die im Ergebnis dazu führen, dass Alleinlizenzen generell und Exklusivlizenzen jedenfalls dann erlaubt sind, wenn es sich nicht um wechselseitige Vereinbarungen handelt.[38]

19 Im Kern schließt sich die GFVO mit dieser Regelung wohl der Rechtsprechung des **Gerichtshofs** zu ausschließlichen Lizenzen an, in der der Gerichtshof in erster Linie darauf abstellt, ob die Beteiligten mit der fraglichen Regelung **wettbewerbsbeschränkende Zwecke** verfolgen oder nicht (Art. 101 Abs. 1 AEUV).[39] Darauf beruht nicht zuletzt die Unterscheidung zwischen offenen und geschlossenen ausschließlichen Lizenzen.[40] **Offene ausschließliche Lizenzen** sind solche, bei denen sich der Lizenz-

---

[34] S. dazu Leitlinien, S. 12 ff. Tz. 65 ff.

[35] ABl. Nr. C 372/1.

[36] Wegen der Einzelheiten s. die Leitlinien, S. 14, 29 ff. Tz. 74, 161 ff.; *Lübbig,* GRUR 2004, 483.

[37] *BKartA* WuW/E DE-V 1579 (1582) – KS-Quadro.

[38] S. dazu ausführlich die Leitlinien, S. 29 ff. Tz. 161 ff.; *Lübbig,* GRUR 2004, 483 (486); *Mestmäcker/Schweitzer,* § 28 Rn. 61 ff. (S. 721 ff.).

[39] *EuGH* Slg. 2011, I-9159 = EuZW 2012, 466 (472 f. Tz. 137 ff.) – FAPL m. Anm. *Frenz,* WuW 2013, 41, *Sujecki,* NJW 2012, 213 und *Weck,* EuZW 2012, 477.

[40] *EuGH* Slg. 1982, 2015 (2068 ff.) = NJW 1982, 1929 = JuS 1983, 59 Nr. 2 – Nungesser/Maissaatgut; Slg. 1982, 3381 (3401 f.) = NJW 1983, 1255 = JuS 1983, 549 Nr. 1 – Coditel II; *EuG* Slg. 1997, II-933 (973 ff.) – Tierce Ladbroke; *OLG Düsseldorf* WuW/E DE-R 1573 (1574).

geber lediglich verpflichtet, keine anderen Lizenzen für das betreffende Gebiet zu vergeben, während Parallelimporte seitens anderer Lizenznehmer möglich bleiben. Derartige Lizenzen gelten im Regelfall als unbedenklich, während **geschlossene ausschließliche Lizenzen,** bei denen der Lizenzgeber die zusätzliche Verpflichtung übernimmt, einen Wettbewerb Dritter in dem dem Lizenznehmer vorbehaltenen Gebiet nach Möglichkeit zu unterbinden, grundsätzlich gegen Art. 101 Abs. 1 AEUV verstoßen. Ebenso beurteilt werden alle Beschränkungen des Lizenzgebers, durch die den Lizenznehmern im Ergebnis ein **absoluter Gebietsschutz** im Wege der gegenseitigen Abschottung der nationalen Märkte im Widerspruch zu dem Binnenmarktprojekt verschafft werden soll, wie etwa Wettbewerbsverbote oder Reimportverbote.[41] Im selben Sinne dürfte im Kern die Regelung für Exklusiv- und Alleinlizenzen zwischen Konkurrenten in Art. 4 Abs. 1 lit. c Nr. 3 bis 5 GFVO zu verstehen sein.

4. Graue Klauseln

20 Die in Art. 5 GFVO aufgezählten sog. grauen Klauseln unterscheiden sich von den Kernbeschränkungen des Art. 4 GFVO dadurch, dass ihre Vereinbarung zwar ebenfalls verboten ist, jedoch *nicht* zur Unanwendbarkeit der GFVO *insgesamt* führt. Die GFVO wendet sich hier vor allem gegen zwei ebenso verbreitete wie umstrittene Arten von Abreden in Lizenzverträgen, nämlich gegen Rückgewähr- und gegen Nichtangriffsklauseln. **Rückgewährklauseln** sind deshalb so gefährlich, weil sie zu einer Monopolisierung des technischen Wissens in der Hand von Großunternehmen führen können, die imstande sind, aufgrund ihres umfangreichen Patentbesitzes den ganzen Markt mit Lizenzverträgen abzudecken und auf diese Weise über Rückgewährklauseln alle Zusatz- und Verbesserungserfindungen bei sich zu monopolisieren. Die GFVO zieht deshalb für Rückgewährklauseln in Art. 5 I lit. a und lit. b **gewisse Schranken,** ohne doch einem Erfahrungsaustausch zwischen den Vertragsparteien generell entgegenzutreten.[42]

21 Noch kritischer zu beurteilen sind **Nichtangriffsklauseln,** die die GFVO in Art. 5 Abs. 1 lit. c Halbs. 1 deshalb zu Recht grundsätzlich verbietet.[43] Um die Gefährlichkeit solcher Klauseln zu erkennen, muss man sich vergegenwärtigen, dass in einer Vielzahl von Fällen Lizenznehmer die einzigen sind, die den wirklichen Wert einer Erfindung zu beurteilen vermögen, so dass Angriffe gegen das Schutzrecht von ihrer Seite noch immer den größten Erfolg versprechen. Nichtangriffsklauseln begründen daher die Gefahr, dass zahlreiche im Grunde wertlose Patente weiter zu Wettbewerbsbeschränkungen missbraucht werden können, weil Dritte keine Chance sehen, sie mit Erfolg anzugreifen. Grundsätzlich unbedenklich sind dagegen in den Augen der Kommission sog. Anspruchsregelungs- und Anspruchsverzichtsvereinbarungen. Man versteht darunter Vereinbarungen, meistens zwischen konkurrierenden Unternehmen, zur Beilegung patentrechtlicher Streitigkeiten, wobei insbesondere an **gerichtliche Vergleiche** zu denken ist. Solche Vergleiche kommen Nichtangriffsvereinbarungen sehr nahe und

[41] *EuGH* Slg. 1978, 1391 (1414ff.) – Tepea; Slg. 1982, 2015 (2068ff.) = NJW 1982, 1929 – Maissaatgut; Slg. 1982, 3381 (3401f.) = NJW 1983, 1255 – Coditel II; Slg. 2011, I-9159 = EuZW 2012, 466 (472f. Tz. 137ff.) – FAPL; *EuG* Slg. 1990, II-309 (356ff.) – Tetra Pak.

[42] *OLG Düsseldorf* WuW/E DE-R 1573 (1575).

[43] *OLG Düsseldorf* WuW/E DE-R 1573; Leitlinien, S. 21f. Tz. 112f.; *Cepl/Rüting,* WRP 2013, 305; *Hauck,* WRP 2012, 673; *Mestmäcker/Schweitzer,* § 28 Rn. 78ff. (S. 727ff.); *Mestmäcker,* FS Immenga, 2004, S. 261 (274f.); s. auch u. § 10 Rn. 56.

werden deshalb – zu Recht – im In- und Ausland immer kritischer gesehen, insbesondere in der Pharmabranche.[44]

VI. Andere Schutzrechte

1. Überblick

Der Anwendungsbereich der GFVO Nr. 772/2004 beschränkt sich auf Patente, Gebrauchsmuster, technisches Know-how sowie einige gleichstehende Schutzrechte, zu denen seit 2004 auch Geschmacksmuster zählen (Art. 1 Abs. 1 lit. h GFVO). Auf **Urheber- und Markenrechte** findet sie dagegen grundsätzlich **keine Anwendung.** Eine **Ausnahme** gilt lediglich für **gemischte Verträge,** bei denen die Lizenzierung von Schutzrechten, die unter die GFVO Nr. 772/2004 fallen, im Vordergrund steht.[45] Ein Beispiel ist ein Patentlizenzvertrag, in dem dem Lizenznehmer zugleich die Benutzung der Marke des Lizenzgebers gestattet oder ihre Benutzung vorgeschrieben wird.[46] Jenseits dieser Sonderfälle ist jedoch für eine Anwendung der GFVO Nr. 772/2004 auf die anderen Schutzrechte kein Raum, so dass die Behandlung wettbewerbsbeschränkender Abreden in Lizenzverträgen über diese Schutzrechte nach wie vor wenig geklärt ist. Die Situation wird weiter dadurch erschwert, dass ständig neue Nutzungsformen, z. B. über das Internet auftauchen, die zusätzliche Überlegungen erforderlich machen.[47] 22

Spezielle Regelungen der Materie fehlen; vor allem gibt es keine Gruppenfreistellungsverordnung für Lizenzverträge über Urheber- und Markenrechte, so dass es grundsätzlich bei der **Anwendbarkeit der allgemeinen Regeln** und damit insbesondere auch bei der Unterscheidung zwischen dem vom Vertrag vorausgesetzten Bestand und der Ausübung der Rechte bleibt mit der Folge, dass die letztere durchaus an den Wettbewerbsregeln sowie z. B. an der GFVO für vertikale Vereinbarungen Nr. 330/2010 gemessen werden kann.[48] Ebenso anwendbar ist außerdem der Erschöpfungsgrundsatz.[49] Im Schrifttum wird aus dem Gesagten vielfach der Schluss gezogen, dass ebenso wie bei den Patentrechten (Rn. 8f.) so auch hier die vom „spezifischen Gegenstand" des Rechts gedeckten Wettbewerbsbeschränkungen als **schutzrechtsimmanent** grundsätzlich zulässig seien, selbst wenn im Einzelfall die Voraussetzungen des Art. 101 AEUV erfüllt sind, wobei für die **Abgrenzung** zwischen danach zulässigen und unzulässigen Vereinbarungen meistens an die für Patentlizenzverträge entwickelten Regeln, heute mithin in erster Linie an die Art. 4 und 5 der GFVO Nr. 772/2004, angeknüpft wird.[50] 23

44 Grdl. FTC v. Actavis, 133 *S. Ct.* (2012), 2223; Leitlinien, S. 36f. Tz. 204ff.; *Cepl/Rüting,* WRP 2013, 305 (309ff.); *Lübbig,* GRUR 2004, 483 (488); *Emmerich,* in: Dauser, Hdb. HI § 2 Rn. 71f.; *Picht,* ZWeR 2014, 83; s. Rn. 27.

45 Leitlinien für TT-Vereinbarungen v. 27.4.2004, ABl. Nr. C 101/2 (10 Tz. 50).

46 Leitlinien (vorige Fn.) und S. 28f. Tz. 155f.

47 Vgl. für Musikrechte, insbes. im Internet, *Miersch,* in: Lange/Klippel/Ohly (Hrsg.), Geistiges Eigentum, 2009, S. 177, sowie z. B. noch für Sortenschutzrechte *Seitz/Koch,* GRURInt 2012, 711.

48 *EuGH* Slg. 2011, I-9159 = EuZW 2012, 466 (470 Tz. 106ff.) – FAPL; *OLG Frankfurt a. M.* WuW/E DE-R 4011 (4012f.).

49 S. Art. 4 Abs. 2 der Urheberrecht-Richtlinie von 2002, ABl. Nr. L 167; *Miersch,* in: *Lange/Klippel/Ohly* (Hrsg.), Geistiges Eigentum, 2009, S. 177, 180.

50 *OLG Frankfurt a. M.* WuW/E DE-R 4011 (4012f.); zur Kritik s. *Mestmäcker/Schweitzer,* § 28 Rn. 39, 44ff. (S. 713ff.).

2. Urheberrecht

24 Den wenigen Äußerungen der Unionsorgane zu der Problematik von Urheberlizenzverträgen konnte bis 2004 keine klare Linie entnommen werden. In solchen Lizenzverträgen waren nur gelegentlich geschlossene ausschließliche Lizenzen, Wettbewerbsverbote, Lizenzgebührenpflichten für nichtgeschützte Gegenstände, die Verpflichtung zur Übertragung von Urheberrechten an Verbesserungen des Werks, Gebietsaufteilungen sowie Nichtangriffsklauseln beanstandet worden;[51] lediglich ausschließliche Filmlizenzen erfuhren eine großzügigere Behandlung als sonst üblich, wofür offenbar die Besonderheiten des Filmverleihs maßgeblich waren.[52] **Art. 101 AEUV** wurde ferner z. B. angewandt, wenn die Vergabe ausschließlicher Lizenzen Gegenstand eines Kartells der Urheber war.[53]

25 Im Jahre 2004 hat der **Gerichtshof** sodann im IMS Health/NDC-Urteil entschieden, dass das Vervielfältigungsrecht zu den Vorrechten des Urhebers gehöre, jedoch die Ausübung dieses Rechts im Einzelfall missbräuchlich sein könne.[54] Entsprechend heißt es in dem FAPL-Urteil von 2011,[55] dass es zu dem geschützten spezifischen Gegenstand des Urheberrechts gehöre, das Inverkehrbringen des Gegenstandes kommerziell durch die Erteilung entgeltlicher Lizenzen zu nutzen. Der Gerichtshof hat jedoch einschränkend hinzugefügt, dass eine höchstmögliche Vergütung nicht garantiert sei; die Vergütung müsse vielmehr immer in einem vernünftigen Zusammenhang mit dem wirtschaftlichen Wert der erbrachten Leistungen stehen.[56] Außerdem bleibt es bei dem Verbot aller von den Beteiligten **bezweckten Wettbewerbsbeschränkungen** (Art. 101 Abs. 1 AEUV).[57] Daraus folgt zwar nicht die generelle Unzulässigkeit ausschließlicher Lizenzen, wohl aber dann, wenn mit ihnen eine **Abschottung der nationalen Märkte** bezweckt wird. Eine derartige Kernbeschränkung ist auch in Urheberlizenzverträgen immer verboten.[58] Die Beweislast für den wettbewerbsbeschränkenden Zweck von Lizenzverträgen und vergleichbaren Abreden über Urheberrechte trägt indessen die Kommission, wobei namentlich das Gericht, z. B. mit Bezug auf die Verträge der nationalen Verwertungsgesellschaften, in Deutschland also der GEMA, mit den anderen Verwertungsgesellschaften sehr hohe Anforderungen stellt.[59]

26 Auf derselben Linie liegt die jüngste Praxis der Kommission.[60] Ergänzend heißt es in den **Leitlinien** zur Anwendung des Art. 81 EGV (= Art. 101 AEUV) auf TT-Vereinbarungen vom 27. April 2004[61], auf **Urheberlizenzverträge** seien die Regeln der

---

[51] S. *EuG* Slg. 1991, II-538 (561 ff. Tz. 52 ff.) – BBC/Magill; *Kommission,* Entsch. v. 15.9.1989, ABl. Nr. L 284/36; 12. WB 1982, S. 52, 77 f.; 13. WB 1983, S. 93 ff.; 28. WB 1998, S. 183 f.; *LG München I* NJW-RR 1994, 680; vgl. außerdem die eigenartigen Fälle in: 27. WB 1997, S. 73, 167 f.; 28. WB 1998, S. 175 f. – Nintendo und Sony.

[52] *EuGH* Slg. 1982, 3381 (3401 f.) = NJW 1983, 1255 = JuS 1983, 549 Nr. 1 – Coditel II.

[53] *EuG* Slg. 1997, II-923 (976 ff. Tz. 154 ff.) – Tierce/Ladbroke.

[54] Slg. 2004, I-5069 (5081 f. Tz. 34 ff.) = EuZW 2004, 345; s. im Einzelnen u. § 10 Rn. 56 ff.

[55] *EuGH* Slg. 2011, I-9159 EuZW 2012, 466 (470 Tz. 107 f.) – FAPL.

[56] Urteil FAPL (vorige Fn.), Tz. 108 f.

[57] Urteil FAPL (Fn. 55), Tz. 134 ff.; s. dazu *Frenz,* WuW 2013, 41; *Sujecki,* NJW 2012, 213; *Weck,* EuZW 2012, 472.

[58] Urteil FAPL (Fn. 55), Tz. 136–144.

[59] *EuG* WuW/E EU-R 2703 ff. = NZKart 2013, 244 – GEMA; NZKart 2013, 250 – AKM.

[60] Entsch. v. 8.10.2002, ABl. 2003 Nr. L 107/58 (70 Tz. 66) – IFPI „Simulcasting".

[61] ABl. Nr. C 101/2 (10 Tz. 50–53); ebenso *OLG Frankfurt a. M.* WuW/E DE-R 2018 (2020 ff.).

GFVO für Patentlizenzverträge Nr. 772/2004 (nur) insoweit entsprechend anwendbar, wie es um die Vergabe von Lizenzen für die Vervielfältigung und Verbreitung eines geschützten Werks, d. h. für die Herstellung von Kopien für den Weiterverkauf gehe (Tz. 51 der Leitlinien). Bei der Lizenzierung der anderen Rechte des Urhebers einschließlich des Rechts zur Aufführung des Werks sei jedoch kein Raum für eine Analogie zu der genannten GFVO, weil sich hier spezielle Fragen stellten, die eine andere Beurteilung erforderten (Tz. 52). Festzuhalten ist somit vor allem die Anwendbarkeit der Wettbewerbsregeln auf **alle bezweckten Wettbewerbsbeschränkungen,** und zwar sowohl in Gestalt der Abschottung der nationalen Märkte (Art. 101 AEUV) als auch in Gestalt der Forderung überhöhter Lizenzgebühren (Art. 101 und 102 AEUV).

3. Markenrecht

Bei Markenlizenzverträgen im Zusammenhang mit dem Vertrieb und dem Weiterverkauf von Waren und Dienstleistungen ist nach Meinung der Kommission kein Raum für eine Analogie zu der GFVO Nr. 772/2004 für Patentlizenzverträge, da es sich der Sache nach um Vertriebsvereinbarungen handele, so dass auf diese Verträge die allgemeine GFVO Nr. 330/2010 für Vertikalvereinbarungen anzuwenden sei.[62] In der Tat gibt es keinen Grund und keine Rechtfertigung für eine besondere wettbewerbsrechtliche Behandlung speziell von Markenlizenzverträgen.[63] Verboten sind daher in Markenlizenzverträgen insbesondere **Nichtangriffsabreden** gegenüber prioritätsjüngeren und deshalb unwirksamen Marken sowie **Abgrenzungsvereinbarungen,** sofern mit ihnen eine Wettbewerbsbeschränkung bezweckt wird oder die Rechtslage hinsichtlich der wechselseitigen Ansprüche gar nicht ernstlich zweifelhaft sein konnte.[64] Außerdem darf nicht über Markenlizenzverträge der Schutz von Patenten künstlich über die Laufzeit des Schutzrechtes hinaus verlängert werden.[65] Erst recht verboten ist der Missbrauch von Markenrechten zur Abschottung der nationalen Märkte (Art. 101 Abs. 1 AEUV),[66] erlaubt dagegen die Verpflichtung des Lizenznehmers zur Benutzung der lizenzierten Marke zur Kennzeichnung bestimmter Produkte des Lizenznehmers.[67] 27

§ 7. Rechtsfolgen

Literatur: S. u. bei § 40 sowie *Kommission,* Bekanntmachung über die Zusammenarbeit zwischen der Kommission und den Gerichten, ABl. 2004 Nr. C 101/54; *dies.*, Grünbuch „Schadensersatzklagen wegen Verletzung des EU-Wettbewerbsrechts" v. 19.12.2005, KOM (2005) 672 endg.; *Monopolkommission,* Das allgemeine Wettbewerbsrecht in der 7. GWB-Novelle, 2004, Tz. 35 ff. (S. 19 ff.); *Alexander,* Schadensersatz und Abschöpfung im Lauterkeits- und Kartellrecht, 2010; *Bulst,* Schadensersatzansprüche der Marktgegenseite, 2006; *R. Hempel,* Privater Rechtsschutz im Kartellrecht, 2002; *Jones,* Private Enforcement of Antitrust Law in the EU, UK and USA, 1999.

---

62 Leitlinien (vorige Fn.), Tz. 53; ebenso *BKartA* WuW/E DE-V 1579 (1586) – KS-Quadto.

63 Ebenso *Mestmäcker/Schweitzer,* § 28 Rn. 39 ff. (S. 713 ff.); anders offenbar *OLG Frankfurt a. M.* WuW/E DE-R 4011.

64 S. schon Rn. 21; *EuGH* Slg. 1994, I-2836 (2855 Tz. 59) = EuZW 1994, 467 – Ideal-Standard; *BGH* NJW-RR 2011, 835 = WuW/E DE-R 3275 (3277 ff. Tz. 19 ff.) – Jette Joop; *LG Braunschweig* WuW/E DE-R 4068 (4073) – Kräuterspirituosen; *Kommission,* 19. WB, Tz. 59 (S. 76); sehr str.

65 *Kommission,* 10. WB, S. 98 f.

66 *EuGH* Slg. 1966, 321 (393 f.) = JZ 1966, 673 = JuS 1966, 448 Nr. 1 – Grundig/Consten.

67 So jedenfalls *OLG Frankfurt a. M.* WuW/E DE-R 4011 (4012 f.).

I. Überblick

1 Gegen Art. 101 Abs. 1 AEUV verstoßende Vereinbarungen oder Beschlüsse sind grundsätzlich nichtig (Art. 101 Abs. 2 AEUV; Art. 1 Abs. 1 VO Nr. 1/2003), sofern nicht im Einzelfall die Voraussetzungen des Art. 101 Abs. 3 AEUV oder einer Gruppenfreistellungsverordnung (GFVO) erfüllt sind (s. u. § 8). Weitere Rechtsfolgen eines Verstoßes gegen das Kartellverbot ergeben sich aus der Kartellverfahrensverordnung Nr. 1/2003[1] sowie aus den §§ 32 bis 34a und 81 GWB i. d. F. von 2013 (s. Rn. 3 sowie u. §§ 12 und 13 sowie §§ 40 und 43).

2 Während früher unter der Geltung der Verordnung Nr. 17 von 1962 die **Durchsetzung** der Wettbewerbsregeln des Vertrages im wesentlichen allein der Kommission oblag, trifft diese Pflicht seit dem Übergang zu dem System der Legalausnahme im selben Ausmaß wie die Kommission auch die nationalen Kartellbehörden (u. Rn. 3). Ergänzend soll nach Möglichkeit die „private" Durchsetzung der Wettbewerbsregeln auf dem Wege über Beseitigungs-, Unterlassungs- und Schadensersatzklagen betroffener Dritter verstärkt werden, weil man mit gutem Grund befürchtet, dass andernfalls unter dem System der Legalausnahme keine Gewähr mehr für die Beachtung der Wettbewerbsregeln durch die Unternehmen besteht (s. u. Rn. 8 ff.):

3 Nach § 32 GWB können neben der Kommission auch die **deutschen Kartellbehörden** (§ 48 GWB) Unternehmen oder Vereinigungen von Unternehmen durch Verwaltungsakt, sog. **Abstellungsverfügungen,** zur Abstellung einer Zuwiderhandlung gegen die Wettbewerbsregeln des Vertrages (Art. 101, 102 und 106 AEUV) verpflichten (u. § 43 Rn. 3 ff.). Schuldhafte Verstöße gegen die Wettbewerbsregeln des Vertrags stellen ferner eine **Ordnungswidrigkeit** dar (§ 81 Abs. 1 GWB), die von den deutschen Kartellbehörden mit Geldbußen geahndet werden können (u. § 43 Rn. 20 ff.). § 33 GWB fügt hinzu, dass Mitbewerber und sonstige Marktbeteiligte (einschließlich der Verbraucher), die durch einen Verstoß gegen die Wettbewerbsregeln des Vertrages beeinträchtigt sind, und darüber hinaus verschiedene Verbände von dem Täter **Beseitigung und Unterlassung** (§ 33 Abs. 1 GWB) sowie bei Verschulden (§ 276 BGB) **Schadensersatz** verlangen können (§ 33 Abs. 3 GWB; s. u. Rn. 8 ff. sowie § 40). Außerdem besteht dann noch die Möglichkeit der **Vorteilsabschöpfung** nach den §§ 34 und 34a GWB (u. § 43 Rn. 15).

II. Nichtigkeit (Art. 101 Abs. 2 AEUV)

1. Altkartelle

4 Gegen Art. 101 Abs. 1 AEUV verstoßende Vereinbarungen oder Beschlüsse sind nach Abs. 2 der Vorschrift nichtig. Uneingeschränkt gilt dies freilich nur für die sog. Neukartelle aus der Zeit nach Inkrafttreten der früheren VO Nr. 17 am 13. Februar 1962 (Rn. 6 f.), *nicht* dagegen für die Altkartelle aus der Zeit vor Inkrafttreten der VO Nr. 17, da der Gerichtshof aus dem Zusammenhang von Art. 101 Abs. 1 und Abs. 3 AEUV den Schluss gezogen hat, dass (früher) für eine uneingeschränkte Anwendung des Kartellverbots des Art. 101 Abs. 1 AEUV so lange kein Raum war, wie – nach dem ursprünglichen Verständnis des Art. 101 Abs. 3 AEUV als Ermächtigung der Kommission zur Freistellung von Kartellen – (noch) keine Freistellungsmöglichkeit seitens der Kommission bestand. Auf Altkartelle konnte daher Art. 101 Abs. 2 AEUV zunächst

[1] ABl. 2003 Nr. L 1/1.

nicht angewandt werden. Gleich stehen die sog. **Beitrittskartelle,** d. h. Kartelle aus den neuen Mitgliedstaaten aus der Zeit vor ihrem Beitritt, sowie bestimmte Kartelle aus der **Verkehrswirtschaft,** auf die die Verordnung Nr. 17 zunächst keine Anwendung fand,[2] so dass hier Freistellungsentscheidungen der Kommission ebenfalls erst nach Erlass spezieller Verordnungen möglich wurden.

Die **Altkartelle** (o. Rn. 4) galten – mangels Anwendbarkeit des Art. 101 Abs. 2 und 3 AEUV – zunächst als *„vorläufig gültig"*, sofern sie rechtzeitig nach Art. 5 der früheren VO Nr. 17 bei der Kommission angemeldet worden waren. Die Kartellverträge durften infolgedessen (vorerst) praktiziert werden, ohne dass die Beteiligten Sanktionen befürchten mussten. Ihre Gültigkeit war jedoch **auflösend bedingt** durch eine negative Entscheidung der Kommission oder der Kartellbehörden eines Mitgliedstaates.[3] Entsprechendes gilt heute noch für die **Beitrittskartelle.**[4] 5

2. Neukartelle

Als Neukartelle bezeichnet man im Gegensatz zu den Altkartellen (o. Rn. 4) wettbewerbsbeschränkende Vereinbarungen und Beschlüsse aus der Zeit nach Inkrafttreten der früheren Verordnung Nr. 17 am 13. Februar 1962. Derartige Vereinbarungen und Beschlüsse sind nach Art. 101 Abs. 2 AEUV grundsätzlich nichtig, soweit nicht – nach dem Übergang zu dem System der Legalausnahme – die Freistellungsvoraussetzungen des Art. 101 Abs. 3 AEUV oder einer der GFVOen erfüllt sind.[5] Die **Nichtigkeit** besteht von Anfang an und wirkt gegen jedermann, so dass sie auch von den nationalen Gerichten von Amts wegen zu beachten ist (Art. 1 Abs. 1 VO Nr. 1/2003; § 134 BGB). Die Berufung darauf verstößt grundsätzlich nicht gegen Treu und Glauben (§ 242 BGB), weil die Durchsetzung des Kartellverbots im öffentlichen Interesse liegt.[6] Aus demselben Grund ist ein etwaiger **Schiedsspruch,** der mit Art. 101 Abs. 1 AEUV unvereinbar ist, wegen des darin liegenden Widerspruchs zur öffentlichen Ordnung auf Antrag nach § 1059 Abs. 2 Nr. 2 lit. b ZPO durch Beschluss aufzuheben (§ 1063 Abs. 1 ZPO).[7] 6

Die Nichtigkeit wettbewerbsbeschränkender Vereinbarungen und Beschlüsse nach Art. 101 Abs. 2 AEUV beschränkt sich grundsätzlich auf die gegen Art. 101 Abs. 1 AEUV verstoßenden Klauseln. Die restlichen Vereinbarungen der Parteien werden von der Nichtigkeit nur erfasst, wenn sie sich von den wettbewerbsbeschränkenden Klauseln nicht trennen lassen.[8] Andernfalls richtet sich das Schicksal des Vertragsrestes 7

---

[2] VO Nr. 141 v. 26. 11. 1962, ABl. 1962, S. 2751.

[3] *EuGH* Slg. 1962, 97 (112 f.) – Bosch usw. bis *EuGH* Slg. 1991, I-977 (992) = EuZW 1991, 380 – Delimitis; Slg. 1997, I-2316 (2321 ff.) – Free Record Shop; *Jecht,* JuS 1964, 20.

[4] *EuGH* WuW/E E-UR 2304 (2313 Tz. 49 ff.) = EuZW 2012, 223 – Tschechische Republik.

[5] S. *EuGH* Slg. 2006, I-6641 = EuZW 2006, 529 (533 f. Tz. 57 ff.) = JuS 2006, 1125 – Manfredi. Die abgestimmten Verhaltensweisen sind hier nicht erwähnt, weil sie ohnehin keine rechtliche Verbindlichkeit besitzen.

[6] *BGH* WuW/E BGH 2565 (2567) = NJW-RR 1989, 998; *Pfeiffer,* FS Benisch, 1989, S. 313 (315 ff.).

[7] *EuGH* Slg. 1999, I-3079 (3093 f. Tz. 37 ff.) = EuZW 1999, 565 (567) – Eco Swiss/Benetton; *Spiegel,* EuZW 1999, 568 f.

[8] *EuGH* Slg. 1966, 321 (392 f.) – Grundig/Consten; Slg. 1983, 4173 (4183 f.) – Kerpen; Slg. 1991, I-977 (990) = EuZW 1991, 376 (379 Tz. 40) – Delimitis; Slg. 2008, I- 6681 Tz. 78 ff. = EuZW 2008, 668 (673) – CEPSA/Tobar; *BGH* WuW/E BGH 2288 (2289); 2565 (2569) = NJW-RR 1989, 998; LM Nr. 81 zu § 139 BGB = NJW 1994, 1651 – Pronuptia II.

nach nationalem Recht, in Deutschland also nach **§ 139 BGB.**[9] **Gesellschaftsverträge** sind unter den Voraussetzungen des Art. 101 Abs. 1 AEUV ebenfalls gemäß Art. 101 Abs. 2 AEUV nichtig; für die Anwendung der Regeln über fehlerhafte Gesellschaften ist hier kein Raum.[10] **Folgeverträge** mit Dritten werden von der Nichtigkeit des Kartells grundsätzlich nicht erfasst.[11] Anders dagegen **Ausführungsverträge,** d. h. Verträge zwischen den Kartellmitgliedern oder mit Dritten zur Durchführung oder Vertiefung der verbotenen wettbewerbsbeschränkenden Vereinbarung; derartige Verträge verstoßen gleichfalls gegen Art. 101 Abs. 1 AEUV und sind deshalb nichtig (Art. 101 Abs. 2 AEUV).[12]

III. Schadensersatz

1. Überblick

8 Die Erfahrung lehrt, dass Kartellbehörden allein in der Regel mit der Aufgabe überfordert sind, für eine effektive Durchsetzung der Wettbewerbsregeln zu sorgen. Schon aus Mangel an Ressourcen können sie gewöhnlich nur wenige Fälle aufgreifen. Eine breite „flächendeckende" Durchsetzung der Wettbewerbsregeln ist dagegen nur zu erwarten, wenn es gelingt, das Interesse der durch Wettbewerbsverstöße betroffenen Dritten an einer allseitigen Beachtung der Wettbewerbsregeln zu aktivieren, vornehmlich in Gestalt von Schadensersatz- und Unterlassungsansprüchen. Gleichwohl fristete auf deutscher wie auf europäischer Ebene früher die **private Durchsetzung** des Kartellverbots mittels Unterlassungs- oder Schadensersatzansprüchen Betroffener aus unterschiedlichen Gründen buchstäblich über Jahrzehnte hinweg ein ausgesprochenes **Schattendasein.** Erst in den letzten Jahren hat sich hier ein grundlegender **Wandel,** nachgerade ein Paradigmenwechsel vollzogen, da auf kartellbehördliche Maßnahmen gegen Kartelle (Art. 7 VO Nr. 1/2003; §§ 32, 81 GWB) immer häufiger Schadensersatzklagen Privater auf den Fuß folgen (sog. **Follow-on-Klagen**).

9 Der **Gerichtshof** sieht es seit langem als eine seiner wichtigsten Aufgaben auf dem Gebiet der Wettbewerbspolitik an, mit seinen Mitteln nach Möglichkeit zur Erleichterung privater Schadensersatzansprüche beizutragen. Er hat deshalb in den letzten Jahren wiederholt betont, dass die volle Wirksamkeit des Kartellverbots beeinträchtigt würde, wenn nicht **jedermann** (einschließlich sogar z. B. der Union selbst) **Ersatz des Schadens** verlangen könnte, der ihm durch einen wettbewerbsbeschränkenden Vertrag entstanden ist.[13] Die Regelung der Einzelheiten einschließlich z. B. der Verjährung sowie der Zuständigkeit und des Verfahrens der Gerichte bleibt zwar Sache der Mitgliedstaaten; jedoch müssen sie dabei die Grundsätze der **Effektivität** und der

[9] *EuGH* Slg. 1983, 4173 (4183f.) – Kerpen; Slg. 1986, 4084 (4088) – VAG/Magne; Slg. 1998, I-2083 (2101 Tz. 50) – Cabour; Slg. 2008, I-6681 Tz. 78ff. = EuZW 2008, 668 (673) – CEPSA/Tobar; *BGH* WuW/E BGH 2288 (2289); 2565 (2569) = NJW-RR 1989, 998.

[10] S. *Weyer,* ZEuP 1999, 424 (431 f.); anders *K. Schmidt,* FS Mestmäcker, 1996, S. 763 (767ff.).

[11] *EuGH* Slg. 1983, 4173 (4183f.) – Kerpen; Slg. 1986, 4084 (4088) – VAG/Magne; *Mestmäcker,* WuW 2004, 754 (765).

[12] Wegen der Einzelheiten s. IM/*Emmerich,* Bd. II, § 33 GWB Rn. 114ff. m. N.

[13] *EuGH* Slg. 2001, I-6314 (6323f. Tz. 24ff.) = EuZW 2001, 715 – Courage; Slg. 2006, I-6441 Tz. 60ff., 90f. = EuZW 2006, 529 (533ff., 535) = JuS 2006, 1125 – Manfredi; Slg. 2011, I-5161 Tz. 26 = WuW/E-EU-R 1975; *EuGH* WuW/E-EU-R 2566 (2373 Tz. 40ff.) = NZKart 2013, 70 – Otis; WuW/E-EU-R 2746 (2749 Tz. 21ff.) = NZKart 2013, 330 – Donau Chemie; *EuG* NZKart 2013, 505 (508 Tz. 79) – Bitumenkartell; *Brinker/Balssen,* FS Bechtold, 2006, S. 69; *Lübbig,* EuZW 2006, 536.

Äquivalenz beachten, so dass die nationale Regelung der Ersatzansprüche (s. § 33 GWB) nicht übermäßig restriktiv sein darf, sondern eine Durchsetzung von Schadensersatzansprüchen bei Verstößen gegen Art. 101 AEUV mit zumutbarem Aufwand für jedermann erlauben muss.[14]

2. § 33 GWB

In **Deutschland** wurden früher Unterlassungs- und Schadensersatzansprüche Dritter 10
bei Verstößen gegen Art. 101 AEUV überwiegend auf die §§ 823 Abs. 2 und 1004 BGB gestützt, weil das Kartellverbot des Art. 101 Abs. 1 AEUV als **Schutzgesetz** zugunsten der durch wettbewerbsbeschränkende Vereinbarungen oder Beschlüsse unmittelbar betroffenen Dritten anerkannt war.[15] Eine gesetzliche Regelung des Fragenkreises findet sich erst seit 2005 in § 33 GWB. Danach kann, wer gegen die Wettbewerbsregeln des AEUV verstößt, von den Betroffenen auf Unterlassung, Beseitigung und bei Verschulden auch auf Schadensersatz in Anspruch genommen werden (§ 33 Abs. 1 S. 1 und Abs. 3 S. 1 GWB; wegen der Einzelheiten s. u. § 40).[16]

Anspruchsberechtigt sind nach § 33 Abs. 3 S. 1 in Verbindung mit Abs. 1 S. 3 GWB 11
alle durch den Verstoß gegen Art. 101 Abs. 1 AEUV **Betroffenen,** wozu das Gesetz die Mitbewerber sowie die sonstigen Marktbeteiligten zählt, sofern sie durch den Verstoß beeinträchtigt sind. Bei einem verbotenen Kartell gehören zu den Betroffenen nicht nur die **Konkurrenten** sowie die unmittelbaren Abnehmer und Lieferanten, sondern auch die mittelbaren, d. h. entfernteren **Abnehmer** einschließlich der Endverbraucher sowie (unter zusätzlichen Voraussetzungen) sogar die Kartellmitglieder selbst, sofern sie nicht eine erhebliche Verantwortung für den Kartellverstoß tragen.[17]

Die **Schadensermittlung und -berechnung** richtet sich grundsätzlich nach den 12
§§ 249 bis 252 BGB.[18] Danach kommen im Falle einer verbotenen Liefersperre als Schadensersatz durchaus auch Belieferungsansprüche der betroffenen Abnehmer in Betracht (§ 249 BGB). Außerdem können sie Ersatz des ihnen entgangenen Gewinns verlangen (§ 252 BGB). Besteht der Zweck des Kartells in erster Linie in der Verschlechterung der Austauschbedingungen für die Marktgegenseite (Paradigmata: **Preis- und Konditionenkartelle**), so ist ergänzend § 33 Abs. 3 S. 2 GWB zu beachten, nach dem in diesem Fall ein Schaden der unmittelbaren Abnehmer nicht deshalb verneint werden darf, weil es diesen gelungen ist, die überhöhten Kartellpreise auf ihre weiteren Abnehmer abzuwälzen. Dadurch soll die sog. **„passing-on-defense"** der Kartellmitglieder ausgeschlossen werden. An ihre Stelle tritt vielmehr die unter engen Voraussetzungen grundsätzlich mögliche **Vorteilsausgleichung.**[19]

---

14 Urteil Manfredi (vorige Fn.), Tz. 62, 71, 77 ff.; Urteil Donau Chemie (vorige Fn.), Tz. 27.

15 *EuGH* Slg. 1974, 51 (62) – BRT/SABAM; Slg. 1974, 409 (431) – Sacchi; Slg. 1980, 2481 (2500) – Estée Lauder; Slg. 1991, I-977 (990) = EuZW 1991, 376 (379 Tz. 45) – Delimitis; Slg. 1997, I-1531 (1541 Tz. 39) = EuZW 1997, 762 (764) – Guérin; *EuG* Slg. 1992, II-2250 (2269 Tz. 50) – Automec II; BGHZ 190, 145 (148 f. Tz. 13 ff.) = NJW 2012, 928 = JuS 2012, 847 – ORWI.

16 Ausführlich außerdem IM/*Emmerich,* Bd. II, § 33 GWB.

17 *EuGH* Slg. 2001, I-6314 (6323 f. Tz. 24, 31); BGHZ 190, 145 (149 f. Tz. 16 ff.) = NJW 2012, 928 = JuS 2012, 847 – ORWI.

18 *EuGH* WuW/E-EUR 2566 (2576 Tz. 65 f.) – Otis = NZKart 2013, 70; BGHZ 190, 145 (162 f. Tz. 56) = NJW 2012, 928 = JuS 2012, 847 – ORWI.

19 S. BGHZ 190, 145 (162 f. Tz. 57 ff.) = NJW 2012, 928 = JuS 2012, 847 – ORWI; s. IM/*Emmerich,* Bd. II, § 33 GWB Rn. 61 ff.

§ 8. Ausnahmen (Art. 101 Abs. 3 AEUV)

Materialien: *Kommission,* Leitlinien über horizontale Zusammenarbeit (Horizontalleitlinien) v. 14. 1. 2011, ABl. Nr. C 11/1; *dies.*, Leitlinien zur Anwendung von Art. 81 Abs. 3 EGV v. 22. 4. 2004, ABl. Nr. C 101/97; Gruppenfreistellungsverordnung (GFVO) Nr. 1217/2010 v. 18. 12. 2010 für Vereinbarungen über Forschung und Entwicklung (F&E-GFVO), ABl. Nr. L 335/36; GFVO Nr. 1218/2010 v. 18. 12. 2010 für Spezialisierungsvereinbarungen, ABl. Nr. L 335/43.

I. Einleitung

1 Es gibt kein Kartellverbot ohne Ausnahmen. Auch Art. 101 AEUV macht von dieser Regel nach seinem Abs. 3 keine „Ausnahme". In Betracht kommen danach gleichermaßen generelle Freistellungen für ganze Gruppen von Vereinbarungen und Beschlüssen wie Freistellungen im Einzelfall für bestimmte Vereinbarungen oder Beschlüsse.[1] Das deutsche Recht enthält in **§ 2 GWB** von 2005 eine im Wesentlichen übereinstimmende Regelung. Hervorzuheben ist die Vorschrift des § 2 Abs. 2 GWB, nach der bei der Anwendung des § 2 Abs. 1 GWB die Gruppenfreistellungsverordnungen (GFVO) zu berücksichtigen sind, und dies selbst dann, wenn die betreffende Vereinbarung gar *nicht* geeignet ist, den Handel zwischen Mitgliedstaaten zu beeinträchtigen, so dass an sich kein Raum für die Anwendung des Art. 101 AEUV und damit der GFVOen ist (s. dazu u. § 22).

2 Zusätzlich enthält das deutsche Recht noch – abweichend vom Unionsrecht – eine Sonderregelung für sog. **Mittelstandskartelle** in **§ 3 Abs. 1 GWB** von 2005 (s. u. § 23). Eigenständige Bedeutung hat diese Regelung zwar an sich nur für Vereinbarungen mit lediglich lokaler oder regionaler Bedeutung, weil in Fällen mit zwischenstaatlichem Bezug Art. 101 Abs. 1 und 3 AEUV vorgeht. Jedoch sind nach der betont großzügigen Auslegung der Zwischenstaatlichkeitsklausel durch die Kommission Vereinbarungen zwischen kleinen und mittleren Unternehmen, den sog. **KMUs,** (angeblich) in aller Regel *nicht* geeignet, den Handel zwischen Mitgliedstaaten zu beeinträchtigen, obwohl die Kommission heute zu den kleinen und mittleren Unternehmen bereits sämtliche Unternehmen zählt, die weniger als 250 Mitarbeiter haben und deren Jahresumsatz 50 Mio. Euro oder deren Bilanzsumme 43 Mio. Euro nicht übersteigt;[2] dasselbe soll gelten, wenn der kumulierte Marktanteil der Beteiligten auf dem jeweils relevanten Markt nicht die Schwelle von 5 % überschreitet.[3] Danach bleibt tatsächlich ein gewisser eigenständiger Anwendungsbereich für § 3 Abs. 1 GWB über Mittelstandskartelle, womit denn auch die Bundesregierung 2004 die Aufnahme dieser Vorschrift in das neue GWB gerechtfertigt hat.[4]

3 § 3 Abs. 1 GWB von 2005 (o. Rn. 2) ist der bescheidene Überrest des **früheren deutschen Systems** der Ausnahmen vom Kartellverbot, das vor allem durch zwei Merkmale gekennzeichnet war, für die sich die Bezeichnungen Enumerativprinzip und Prinzip der Administrativfreistellung eingebürgert hatten. Mit **Enumerativprinzip**

[1] Auf die Beschlüsse wird im Folgenden nicht mehr gesondert eingegangen, weil sie in der Praxis des Art. 101 Abs. 3 AEUV keinerlei Bedeutung erlangt haben.

[2] S. schon o. § 3 Rn. 23 sowie u. Rn. 24 sowie die Bagatellbekanntmachung v. 2001, ABl. Nr. C 368/13, Tz. 3; die Leitlinien über den Begriff der Beeinträchtigung des zwischenstaatlichen Handels von 2004 (ABl. Nr. C 101/82), Tz. 52 f., 83 f.; Art. 2 des Anhangs zu der Empfehlung zur Definition von Kleinstunternehmen, kleinen und mittleren Unternehmen von 2003, ABl. Nr. L 124/36.

[3] Leitlinien zum zwischenstaatlichen Handel (vorige Fn.), Tz. 52 lit. a.

[4] S. die Begr. z. RegE, BT-Drs. 15/3640, S. 28 (l. Sp.).

war gemeint, dass das deutsche Recht im Gegensatz zum AEUV (Art. 101 Abs. 3) bis 2005 keine Generalklausel für die Ausnahmen vom Kartellverbot, sondern lediglich einen **Katalog von Einzelfreistellungen** für verschiedene Erscheinungsformen von Kartellen kannte (§§ 2 bis 6 GWB von 1998), ergänzt freilich durch zwei partielle Generalklauseln in den §§ 7 und 8 GWB a. F.[5] Mit dem Begriff der **Administrativfreistellung** wurde dagegen zum Ausdruck gebracht, dass eine Freistellung vom Kartellverbot grundsätzlich – in unterschiedlichem Umfang – der Mitwirkung der Kartellbehörden bis hin zur Erlaubnis im Einzelfall durch Verwaltungsakt bedurfte.

Aufgrund der 7. GWB-Novelle von 2005 ist an die Stelle dieses fast fünfzig Jahre prak- 4
tizierten Systems (o. Rn. 3) auch im deutschen Recht nach dem Vorbild des Art. 101 Abs. 3 AEUV und der VO Nr. 1/2003 das System der **Legalausnahme** auf der Basis einer **Generalklausel** (§ 2 GWB) getreten. Die Bundesregierung hat diesen Paradigmenwechsel mit dem erweiterten Vorrang des Unionsrechts (Art. 3 der VO Nr. 1/ 2003; § 22 GWB) sowie damit begründet, dass die bisherigen deutschen Ausnahmen vom Kartellverbot (§§ 2 bis 8 GWB a. F.), *soweit* sie heute *noch* sachlich *gerechtfertigt* sind, ohne Weiteres auch nach Art. 101 Abs. 3 AEUV und damit nach § 2 Abs. 1 und Abs. 2 GWB n. F. beibehalten werden könnten.[6]

II. Gruppenfreistellungsverordnungen

§ 2 Abs. 2 GWB übernimmt, wie schon betont (Rn. 1), im Wege einer sog. dynami- 5
schen Verweisung die sog. Gruppenfreistellungsverordnungen (GFVO) ins deutsche Recht. Bei diesen handelt es sich, wie ebenfalls bereits im Einzelnen ausgeführt (s. o. § 3 Rn. 27 ff.), um **Verordnungen der Kommission,**[7] durch die entsprechend Art. 101 Abs. 3 AEUV ganze Gruppen von Vereinbarungen (daher der Name) von dem Kartellverbot des Art. 101 Abs. 1 AEUV freigestellt werden, weil bei ihnen unter den in den Verordnungen genannten Voraussetzungen grundsätzlich von dem Vorliegen der Freistellungsvoraussetzungen des Art. 101 Abs. 3 AEUV auszugehen ist. § 2 Abs. 2 GWB besagt somit im Ergebnis, dass die GFVOen (die an sich nur „Freistellungen" von Art. 101 Abs. 1 AEUV enthalten) „entsprechend" auf § 2 Abs. 1 GWB anwendbar sind, so dass unter den in den GFVOen genannten Voraussetzungen auch von der Unanwendbarkeit des deutschen Kartellverbots des § 1 GWB auszugehen ist, und zwar selbst dann, wenn an sich die Voraussetzungen der Zwischenstaatlichkeitsklausel *nicht* erfüllt sind. Oder anders gewendet: Unter den Voraussetzungen der GFVOen ist *in jedem Fall,* d. h. ohne Rücksicht auf die Eignung der fraglichen Vereinbarung zur Beeinträchtigung des Handels zwischen Mitgliedstaaten, von der **Unanwendbarkeit des Kartellverbots** des Art. 101 AEUV ebenso wie des § 1 GWB auszugehen. Oder noch anders gewendet: Über die Unanwendbarkeit des deutschen Kartellverbots des § 1 GWB entscheidet jetzt nicht mehr der deutsche, sondern der europäische Gesetzgeber.[8]

Das verwickelte System der GFVOen unterliegt einem ständigen Wandel. Der (vor- 6
erst) letzte Reformschub datiert vom Dezember 2010.[9] Er brachte neben umfangrei-

[5] Wegen der Einzelheiten s. u. §§ 22, 23.
[6] S. die Begr. z. RegE, BT-Drs. 15/3640, S. 26–29.
[7] Aufgrund entsprechender Ermächtigungsverordnungen des Rats nach Art. 103 Abs. 2 lit. b und c AEUV. Zur Rechtsnatur der GFVO s. *Baron,* WuW 2006, 358; *J. Schütz,* FS Bechtold, 2006, S. 455.
[8] Im Einzelnen str., s. *Bechtold,* GWB, § 2 Rn. 25 f.; LMR/*Nordemann,* § 2 Rn. 154 ff.
[9] S. dazu *Aufmkolk,* WuW 2011, 699; *Fritzsche,* EuZW 2011, 208; *Lübbig,* EWS 2011, 5; *Weitbrecht,* EuZW 2010, 328.

chen neuen Horizontalleitlinien[10] die beiden neuen GFVOen Nr. 1217/2010 für Vereinbarungen über Forschung und Entwicklung[11] sowie Nr. 1218/2010 für Spezialisierungsvereinbarungen,[12] beide vom 18. Dezember 2010. Weitere GFVOen betreffen die Anwendbarkeit der Wettbewerbsregeln auf die **Versicherungswirtschaft**[13] und die **Verkehrsmärkte.** Hervorzuheben ist für den Verkehr die Ratsverordnung Nr. 169/2009 vom 6. Februar 2009 über die Anwendung der Wettbewerbsregeln auf dem Gebiet des Eisenbahn-, Straßen- und Binnenschiffsverkehrs.[14] Soweit zu den GFVOen schon in anderem Zusammenhang Stellung genommen wurde, kann auf diese Ausführungen verwiesen werden.[15]

III. Legalausnahme

7 Bereits während der Beratungen des EWG-Vertrages in den fünfziger Jahren des vorigen Jahrhunderts war umstritten gewesen, ob man bei den Ausnahmen von dem Kartellverbot dem französischen System der Legalausnahme oder dem deutschen System der Administrativfreistellung im Einzelfall (o. Rn. 3) folgen sollte.[16] Durchgesetzt hatte sich in den Beratungen schließlich im Wesentlichen das deutsche Konzept, wie jeder unbefangene Blick auf den Wortlaut des (heutigen) Art. 101 Abs. 3 AEUV (= Art. 85 Abs. 3 a. E.) zeigt. Die erste **Durchführungsverordnung Nr. 17 vom 6. Februar 1962**[17] folgte deshalb im Kern dem System der **Einzelfreistellungen,** noch verstärkt durch das **Freistellungsmonopol** der Kommission aufgrund des Art. 9 Abs. 1 der VO Nr. 17 (o. § 2 Rn. 20). Der Preis war freilich das bekannte **Massenproblem,** d. h. die *(anfängliche)* Überflutung der Kommission mit buchstäblich Tausenden von Freistellungsanträgen nach Art. 101 Abs. 3 AEUV. Einen Ausweg aus diesem Dilemma sah die Kommission – nach zahlreichen, in ihren Augen aber letztlich vergeblichen Anläufen – schließlich nur noch in einem radikalen Kurswechsel in Gestalt der „Umdeutung" des Art. 101 Abs. 3 AEUV in eine **Legalausnahme,** durchgesetzt nach heftigen Auseinandersetzungen mit der neuen **Kartellverfahrensverordnung Nr. 1/2003.**[18]

8 Das System der Legalausnahme ist seitdem verankert in Art. 1 Abs. 2 VO Nr. 1/2003, nach dem wettbewerbsbeschränkende Vereinbarungen und Beschlüsse, die die Voraussetzungen des Art. 101 Abs. 3 AEUV erfüllen, nicht verboten sind, ohne dass dies einer vorherigen Entscheidung bedürfte. Entsprechend formuliert ist seit 2005 § 2 Abs. 1 GWB. **Art. 2 S. 2 der VO Nr. 1/2003** fügt hinzu, dass die **Beweislast** für die Voraussetzungen der Freistellung nach Art. 101 Abs. 3 AEUV bei denjenigen Unternehmen liegt, die sich auf die Freistellung berufen.[19] Aus den **Art. 5 und 6** der ge-

---

10 Horizontalleitlinien v. 14. 1. 2011, ABl. Nr. C 11/1.

11 ABl. 2010 Nr. L 335/36.

12 ABl. 2010 Nr. L 335/43.

13 S. dazu u. § 37 Rn. 6ff.

14 ABl. Nr. L 61/1.

15 S. zu der GFVO für Vertikalvereinbarungen o. § 5 Rn. 17ff., zu der GFVO für vertikale Vereinbarungen im Kraftfahrzeugsektor o. § 5 Rn. 30ff., zu der GFVO für Technologietransfervereinbarungen o. § 6 sowie zu der Verordnung über die Anwendung der Wettbewerbsregeln auf die Landwirtschaft o. § 3 Rn. 56.

16 S. zum Folgenden *Emmerich,* WRP 2000, 858 (862); *Hoeren,* FS Großfeld, 1999, S. 405 (420f.) m. N.

17 ABl. 1962, S. 204; s. schon o. § 2 Rn. 19ff.

18 Wegen der Einzelheiten s. schon o. § 2 Rn. 27ff. sowie u. §§ 12, 13.

19 Z. B. *EuGH* Slg. 2006, I-9094 (9126 Tz. 102f.) – Unilever; *EuGH* Slg. 2009, I-9374 = WuW/E EU-R 1641 (1647 Tz. 82f.) – GSK.

nannten VO folgt schließlich noch, dass die Behörden und Gerichte der Mitgliedstaaten ebenfalls ohne Weiteres zur Anwendung des Art. 101 Abs. 3 AEUV befugt sind.

IV. Generalklausel

Art. 101 Abs. 3 AEUV (§ 2 Abs. 1 GWB) nennt im Einzelnen vier Voraussetzungen 9 für die Freistellung einer wettbewerbsbeschränkenden Vereinbarung (s. im Einzelnen u. Rn. 13ff.). Diese vier Voraussetzungen müssen *gleichzeitig* erfüllt sein, wenn Art. 101 Abs. 3 AEUV anwendbar sein soll.[20] Art. 101 Abs. 3 AEUV ist durch eine ungewöhnliche Anhäufung unbestimmter Rechtsbegriffe gekennzeichnet. In der Rechtsprechung ist daraus der Schluss gezogen worden, dass Art. 101 Abs. 3 AEUV der Kommission einen besonders **weiten Beurteilungsspielraum** eröffnet, der von den Unionsgerichten nur in engen Grenzen auf Verfahrensfehler, Ermessensmissbrauch und offenkundige Beurteilungsfehler überprüft werden kann.[21] Um der daraus, zumal im System der Legalausnahme, resultierenden Rechtsunsicherheit zu begegnen, hat sich die Kommission mehrfach ausführlich zu den einzelnen Freistellungsvoraussetzungen des Art. 101 Abs. 3 AEUV (§ 2 I GWB) geäußert. Hervorzuheben sind insbesondere die **Leitlinien zur Anwendung von Art. 81 Abs. 3 EGV vom 27. April 2004.**[22] Die Kommission verspricht sich davon eine „Methodik" zur Anwendung des Art. 101 Abs. 3 AEUV, beruhend auf einem „ökonomischen Ansatz", der es den Unternehmen und den Gerichten der Mitgliedstaaten ermöglichen soll, im System der Legalausnahme *selbst* über die Anwendbarkeit des Art. 101 Abs. 3 AEUV auf eine wettbewerbsbeschränkende Vereinbarung zu entscheiden. Im selben Sinne spricht die Kommission in den **Horizontalleitlinien von 2011** von einem „analytischen Rahmen", der eine konsistente Beurteilung der positiven und negativen Effekte der verschiedenen Formen der Unternehmenskooperation erlaube.[23] Angesichts der Vielzahl unbestimmter Rechtsbegriffe in Art. 101 Abs. 3 AEUV sowie der Fülle der zu ihrer „Präzisierung" von der Kommission herangezogenen, als solche indessen kaum greifbaren ökonomischen Kriterien muss es indessen als durchaus *zweifelhaft* bezeichnet werden, ob dieses Ziel überhaupt erreichbar ist.[24]

Eine wesentliche Einschränkung des Anwendungsbereichs des Art. 101 Abs. 3 AEUV 10 (§ 2 Abs. 1 GWB) und damit des Beurteilungsspielraums der Kommission ergibt sich freilich daraus, dass im Falle der Vereinbarung sog. **Kernbeschränkungen** von den Unionsorganen zwar nicht immer und nicht notwendig, aber doch in aller Regel das Vorliegen der Voraussetzungen des Art. 101 Abs. 3 AEUV verneint wird.[25] Denn die

[20] *EuGH* Slg. 2006, I-8972 (9024 Tz. 187) – JCB; Slg. 2006, I-11145 Tz. 65f.= EuZW 2006, 753 (757f.) = JuS 2007, 877 Nr. 14 – Asnef-Equifax; *EuG* Slg. 1992, II-1995 (2022 Tz. 69) = EuZW 1993, 254 (258) – Nettobücher, usw. bis z. B. Slg. 2006 II-2969 = WuW/E EU-R 1151 (1159ff. Tz. 234ff.) – GlaxoSmithKline (GSK); *Kommission,* Leitlinien v. 27.4.2004 zu Art. 101 Abs. 3 AEUV (ABl. Nr. C 101/97), Tz. 42.

[21] *EuGH* Slg. 1999, I-240 (251f. Tz. 34) – Upjohn; *EuGH* Slg. 2009, I-9374 = WuW/E EU-R 1641 (1647 Tz. 84f.) – GSK; *EuG* Slg. 2003, II-4662 (4711); Slg. 2006, II-2969 = WuW/E EU-R 1151 (1160 Tz. 244) – GSK.

[22] ABl. 2004 Nr. C 101/97.

[23] Horizontalleitlinien von 2011, Tz. 5.

[24] S. z. B. *F. Müller,* WRP 2004, 1472 (1477f.).

[25] *Kommission,* Entsch. v. 8.5.2001, ABl. Nr. L 302/1 (26 Tz. 124) – Glaxo Wellcome; v. 20.12.2006, WuW/E DE-V 1189 (1194 Tz. 86) – Legierungszuschlag II; v. 8.7.2009, WuW/E DE-V 1457 (1467 Tz. 265) – E.ON/GDF.

Kernbeschränkungen erfüllten „im Allgemeinen nicht die Voraussetzungen für die Anwendung des Art. 101 Abs. 3, da sie für die Verbraucher keine objektiven Vorteile oder einen Gewinn bewirkten".[26] Die Kernbeschränkungen werden in der Regel mit den bezweckten Wettbewerbsbeschränkungen im Sinne des Art. 101 Abs. 1 Halbs. 1 und Halbs. 2 lit. a bis lit. c AEUV gleichgesetzt. Die wichtigsten **Beispiele** sind folglich bei den horizontalen Vereinbarungen Preis-, Mengen- und Gebietsabsprachen sowie bei den vertikalen Vereinbarungen die Preisbindung, die Festsetzung von Mindestpreisen und der absolute Gebietsschutz.[27] Die Vereinbarung derartiger Kernbeschränkungen schließt damit in aller Regel eine Freistellung nach Art. 101 Abs. 3 AEUV aus.

11 Eine Freistellung von Unternehmen vom Kartellverbot des Art. 101 Abs. 1 AEUV ist grundsätzlich *nur* unter den Voraussetzungen des Art. 101 Abs. 3 AEUV möglich, sofern nicht im Einzelfall Art. 106 Abs. 2 S. 1 AEUV weitergehende Ausnahmen zulässt. Art. 101 Abs. 3 AEUV muss insbesondere auch in **Krisensituationen** beachtet werden. Selbst in Strukturkrisen ganzer Branchen kommt eine Freistellung wettbewerbsbeschränkender Vereinbarungen zur „Rettung" der betroffenen Unternehmen allein unter den Voraussetzungen des Art. 101 Abs. 3 AEUV in Betracht.[28]

12 Für eine Anwendung des Art. 101 Abs. 3 AEUV ist ferner kein Raum, wenn die fragliche wettbewerbsbeschränkende Vereinbarung zugleich einen **Missbrauch** i. S. d. Art. 102 AEUV darstellt, da sich Art. 101 Abs. 3 AEUV allein auf Art. 101 AEUV und nicht auch auf Art. 102 AEUV bezieht.[29] Aus demselben Grund kann ein Vertrag, der an sich unter eine der GFVOen fällt, immer noch, wenn er im Einzelfall aufgrund besonderer Umstände als Missbrauch zu qualifizieren ist, wegen des Verstoßes gegen Art. 102 AEUV (trotz seiner „Freistellung") nichtig sein (§ 134 BGB).[30]

V. Die einzelnen Freistellungsvoraussetzungen[31]

1. Verbesserung der Warenerzeugung oder Verteilung

13 Die wichtigste Voraussetzung einer Freistellung nach Art. 101 Abs. 3 AEUV ist, dass die fragliche Vereinbarung einen Beitrag zur Verbesserung der Warenerzeugung *oder* -verteilung *oder* zur Förderung des technischen *oder* wirtschaftlichen Fortschritts leistet. Dies bedeutet, dass für die Anwendung des Art. 101 Abs. 3 AEUV mit der Vereinbarung tatsächlich **spürbare objektive Vorteile für andere Marktteilnehmer** und insbesondere für die Verbraucher (s. u. Rn. 16) verbunden sein müssen, die die mit der Vereinbarung verbundenen **Nachteile** zumindest **aufwiegen,** wobei die Besonder-

[26] Entsch. v. 8.7.2009, WuW/E DE-V 1457 (1467 Tz. 265) – E.ON/GDF.

[27] Vgl. für eine Gebietsaufteilung zwischen Gasversorgern *Kommision* (vorige Fn.).

[28] *EuGH* Slg. 2002, I-8618 (8761 Tz. 487f.) = WuW/E EU-R 601 – Limburgse Vinyl Maatschappij; *P. Jung,* ZWeR 2007, 141 (150ff.).

[29] S. u. § 9 Rn. 5; *EuGH* Slg. 1989, 838 (848) – Flugreisen; 2000, I-1442 (1480f.) = WuW/E EU-R 309 (315 Tz. 130, 135) – CMB; *EuG* Slg. 1990, II-309 (356ff.) – Tetra Pak; Slg. 1993, II-389 (419 Tz. 75) – BPB; *Kommission,* Leitlinien zu Art. 101 Abs. 3 AEUV, Tz. 106; Horizontalleitlinien von 2011, Tz. 16.

[30] *EuG* Slg. 1990, II-309 (356ff.) – Tetra Pak; Slg. 1993, II-389 (419 Tz. 75) – BPB; *Kulka,* FS Rittner, 1991, S. 343; str.

[31] S. zum Folgenden ausführlich Leitlinien zu Art. 81 Abs. 3 EGV, Tz. 48ff.; *Frenz,* Tz. 876ff. (S. 323ff.); *Mestmäcker/Schweitzer,* § 13 Rn. 39ff. (S. 344ff.); *F. Müller,* WRP 2004, 1472 (1475).

heiten der betroffenen Branche in Rechnung zu stellen sind.[32] Die Vorteile müssen konkret nachgewiesen werden; bloße Theorien genügen nicht.[33] Die Kommission spricht insoweit heute zusammenfassend von **Effizienzgewinnen** oder **-vorteilen** und stellt deren Verwirklichung ganz in den Mittelpunkt ihrer Wettbewerbspolitik.[34]

14 Um feststellen zu können, ob mit einer wettbewerbsbeschränkenden Vereinbarung Effizienzgewinne in dem genannten Sinne (o. Rn. 13) verbunden sind, müssen die Nachteile der Vereinbarung mit ihren vermutlichen Vorteilen verglichen werden, wobei es genügt, dass die behaupteten Vorteile mit hoher Wahrscheinlichkeit aufgrund der Vereinbarung in naher Zukunft eintreten werden. Anschließend sind die Vor- und Nachteile gegeneinander abzuwägen, um zu ermitteln, ob die Vorteile tatsächlich die Nachteile zumindest aufwiegen. **Referenzsystem** sind die Verhältnisse *ohne* die betreffende Vereinbarung, d. h. bei Wettbewerb. Vor diesem Hintergrund sind sodann die beiden verglichenen Zustände an den Vertragszielen, insbesondere also an dem Beitrag der Vereinbarung zur Verwirklichung des Binnenmarktprojekts, zu messen.

15 Als mögliche Vorteile einer wettbewerbsbeschränkenden Vereinbarung nennt der Vertrag in Art. 101 Abs. 3 als erstes die **Verbesserung der Warenerzeugung oder -verteilung.** Die Kommission unterscheidet insoweit quantitative und qualitative Effizienzgewinne. Unter **quantitativen Effizienzgewinnen** versteht sie in erster Linie Kosteneinsparungen infolge der fraglichen Vereinbarung, die unterschiedliche Ursachen haben können.[35] Zu nennen sind die Entwicklung neuer Produktionstechniken und -verfahren, Synergieeffekte infolge der Zusammenlegung von Betriebsteilen, Größen- und Verbundvorteile sowie die bessere Auslastung der Kapazität. **Qualitative Effizienzgewinne** äußern sich dagegen vornehmlich in der Verbesserung der Qualität der Produkte, in der Entwicklung neuer Produkte sowie in der Verbesserung des Vertriebs. **Beispiele** sind die Entwicklung neuer Medikamente,[36] die Erschließung neuer Märkte, die Erhaltung von Arbeitsplätzen oder der Schutz der Umwelt.[37] Gedacht ist hier somit im weitesten Sinne an mögliche **Rationalisierungseffekte** einer wettbewerbsbeschränkenden Vereinbarung, die umso größer sein müssen, je schwerwiegender die Wettbewerbsbeschränkung ist.[38] Als **Verbesserung der Warenverteilung** kommt dagegen in erster Linie eine schnellere oder leichtere gegenseitige Durchdringung der Märkte als ohne die fragliche Vereinbarung in Betracht, während bei der **Förderung des technischen oder wirtschaftlichen Fortschritts** vor allem an eine schnellere Entwicklung und Durchsetzung neuer Technologien als bei Wettbewerb zu denken ist.[39]

32 *EuGH* Slg. 2009, I-9374 = WuW/E EU-R 1641 (1648 Tz. 92, 103) – GSK; *EuG* Slg. 1992, II-417 (425f.) – Vichy; Slg. 1994, II-595 (632ff.) – Matra; Slg. 1995, II-1533 (1596ff.) – Langnese-Iglo; Slg. 1995, II-1611 (1662ff.) – Schöller; Slg. 2006, II-2969 = WuW/E EU-R 1151 (1161 Tz. 247) – GSK.

33 *Kommission,* Entsch. v. 19.12.2007, ABl. 2009 Nr. C 264/8, Tz. 19.

34 Leitlinien, Tz. 32, 59ff.; s. o. § 1 Rn. 32ff., u. § 16 Rn. 57ff.

35 Leitlinien, Tz. 64, 69ff.; ebenso *BKartA* WuW/E DE-V 1459 (1468ff.).

36 So jedenfalls *EuG* Slg. 2006, II-2969 Tz. 742ff. = WuW/E EU-R 1151 (1161ff.) – GSK; bestätigt durch *EuGH* Slg. 2009, I-9374 = WuW/E EU-R 1641.

37 Str., s. *Roth,* (2.) FS Mestmäcker, 2006, S. 411.

38 *EuG* Slg. 1994, II-595 (625) – Matra; *Kommission,* Entsch. v. 19.12.1990, ABl. Nr. L 152/54 (59f.) – ANSAC; Leitlinien, Tz. 90.

39 *Mestmäcker/Schweitzer,* § 13 Rn. 42f. (S. 346f.).

2. Angemessene Beteiligung der Verbraucher

16 Die Freistellung setzt nach Art. 101 Abs. 3 AEUV weiter voraus, dass die Verbraucher angemessen an dem mit der wettbewerbsbeschränkenden Maßnahme für die Kartellmitglieder verbundenen Gewinn beteiligt werden. Unter den **„Verbrauchern"** sind in diesem Zusammenhang alle Dritten im Gegensatz zu den Parteien der Vereinbarung, in erster Linie also sämtliche unmittelbaren und mittelbaren Abnehmer des Kartells zu verstehen,[40] während der Begriff des **„Gewinns"** die mit der wettbewerbsbeschränkenden Maßnahme für die Abnehmer mit hoher Wahrscheinlichkeit verbundenen Vorteile in dem schon genannten Sinne, d. h. die mit der Vereinbarung verbundenen Effizienzgewinne, umfasst.[41] Dafür reicht es nach der Rechtsprechung des EuGH bereits aus, wenn die günstigen Auswirkungen einer wettbewerbsbeschränkenden Vereinbarung für die *Mehrzahl* der Verbraucher auf dem relevanten Markt spürbar werden, während es nicht erforderlich sein soll, dass die Vorteile auch für *jeden* einzelnen Verbraucher eintreten.[42]

17 Außerdem ist erforderlich, dass die Vorteile für die Verbraucher (o. Rn. 16) die für sie mit der wettbewerbsbeschränkenden Vereinbarung verbundenen Nachteile zumindest aufwiegen. Dies setzt voraus, dass nach den Merkmalen und der Struktur der betroffenen Märkte, nach der Art der Effizienzgewinne und nach dem Ausmaß des fortbestehenden Wettbewerbs in hinreichendem Maße die **Weitergabe der Effizienzgewinne** an die Verbraucher gewährleistet ist. Am größten ist diese Gewähr natürlich bei Fortbestand wirksamen Wettbewerbs, – woraus zugleich der Ausnahmecharakter einer Freistellung nach Art. 101 Abs. 3 AEUV folgt.[43]

3. Verhältnismäßigkeitsgrundsatz

18 Selbst wenn die genannten Voraussetzungen (Rn. 13ff.) vorliegen, scheidet die Freistellung eines Kartells doch aus, wenn den beteiligten Unternehmen Beschränkungen auferlegt werden, die für die Verwirklichung dieser „Ziele", d. h. der mit der Vereinbarung angestrebten Effizienzgewinne für die Verbraucher, nicht unerlässlich sind (Art. 101 Abs. 3 lit. a AEUV; § 2 Abs. 1 Nr. 1 GWB). Hieraus folgt die Notwendigkeit zu prüfen, ob es zur Erreichung der genannten Effizienzgewinne auch **wettbewerbskonformere Lösungen** als gerade den Abschluss einer wettbewerbsbeschränkenden Vereinbarung gibt. Ist dies der Fall, so ist die Vereinbarung nicht freigestellt.

19 Die Kommission bezieht das Erfordernis der Unerlässlichkeit sowohl auf die Vereinbarung als solche (im Ganzen) als auch auf die einzelnen wettbewerbsbeschränkenden Abreden. Daraus ergibt sich die Notwendigkeit einer zweistufigen Prüfung. Auf der **ersten Stufe** muss geprüft werden, ob vernünftigerweise anzunehmen ist, dass die Effizienzgewinne ohne die betreffende Vereinbarung überhaupt nicht verwirklicht werden könnten. Ist dies anzunehmen, so muss dieselbe Prüfung auf der **zweiten Stufe** nochmals hinsichtlich der einzelnen wettbewerbsbeschränkenden Abreden wiederholt werden. Die Unerlässlichkeit der Wettbewerbsbeschränkung ist insbesondere zu ver-

---

[40] *Kommission,* Entsch. v. 8.5.2001, ABl. Nr. L 302/1 (17f. Tz. 185) – Glaxo Wellcome; v. 17.9.2001, ABl. Nr. L 319/1 (19 Tz. 147ff.) – DSD.

[41] S. o. Rn. 15; *EuGH* Slg. 2006, I-11145 Tz. 70 = EuZW 2006, 753 (756) = JuS 2007, 877 – Asnef-Equifax; *EuG* Slg. 1994, II-595 (634ff.) – Matra.

[42] Urteil Asnef-Equifax (vorige Fn.).

[43] Ebenso ausdrücklich die *Kommission,* Leitlinien, Tz. 105.

neinen, wenn die Effizienzgewinne nach den ganzen Umständen von den Unternehmen auch ohne die fragliche wettbewerbsbeschränkende Vereinbarung, d. h. alleine im Wettbewerb realisiert werden könnten.[44]

4. Ausschaltung des Wettbewerbs

Letzte Voraussetzung der Freistellung eines Kartells ist nach Art. 101 Abs. 3 lit. b AEUV (§ 2 Abs. 1 Nr. 2 GWB), dass den Beteiligten keine Möglichkeiten eröffnet werden, für einen wesentlichen Teil der betreffenden Waren den Wettbewerb auszuschalten. Dies bedeutet, dass ungeachtet der Freistellung auf jedem Markt der Union ein **„funktionsfähiger" Wettbewerb** erhalten bleiben muss, der noch in der Lage ist, seine elementare Steuerungs- und Koordinierungsfunktion zu erfüllen.[45] Die **Grenze** bildet daher, wie auch aus einem Vergleich mit Art. 102 S. 1 AEUV zu folgern ist, die Begründung oder Verstärkung einer **beherrschenden Stellung** auf dem Binnenmarkt oder einem wesentlichen Teil desselben.[46] 20

Die Prüfung einer wettbewerbsbeschränkenden Vereinbarung muss folglich mit der Abgrenzung des **relevanten Marktes** beginnen, um feststellen zu können, welchen Marktanteil die Beteiligten aufgrund ihrer wettbewerbsbeschränkenden Maßnahme vermutlich erreichen werden.[47] Die Marktanteilsschwellen in den einzelnen GFVOen geben in diesem Zusammenhang wichtige Hinweise darauf, von welchen Grenzen hier auszugehen ist.[48] Folgerichtig werden Marktanteile der Beteiligten in der Größenordnung von 20 bis 30% in der Regel noch hingenommen, während **Marktanteile jenseits 40%** durchweg als kritisch gelten. Ergänzend müssen die gesamten sonstigen Marktverhältnisse einschließlich insbesondere des potentiellen Wettbewerbs von Unternehmen am Marktrand in die Betrachtung miteinbezogen werden.[49] 21

Dies bedeutet z. B., dass im **Handel** in jedem Fall die nötige Flexibilität gewährleistet bleiben muss, damit er angemessen auf die Wünsche der Verbraucher reagieren kann.[50] Dafür reicht es zwar aus, wenn neben einem freigestellten selektiven Vertriebssystem eines großen Herstellers noch andere Vertriebsformen mit abweichender Marktpolitik existieren.[51] Anders verhält es sich dagegen, wenn im Falle der Erlaubnis eines Kartells die Lieferanten und Abnehmer von einer marktbeherrschenden Gruppe abhängig würden.[52] Dasselbe gilt, wenn ein großes Bezugskartell die anderen Unternehmen von ihren Versorgungsquellen abzuschneiden droht.[53] 22

[44] S. Leitlinien, Tz. 73–82; ebenso *BKartA* WuW/E DE-V 1459 (1473f.).

[45] *EuGH* Slg. 1973, 215 (245f.) = NJW 1973, 966 – Continental Can; Slg. 1977, 1875 (1905) – Metro/Saba I; Leitlinien, Tz. 188.

[46] *EuGH* Slg. 1980, 3125 (3276ff.) – van Landewyck/FEDETAP; Leitlinien, Tz. 106.

[47] *EuGH* Slg. 1987, 3151 (3154) – Ancides; *Kommission,* Bekanntmachung v. 9.12.1997, ABl. Nr. C 372/5 = WuW 1998, 261.

[48] *Mestmäcker/Schweitzer,* § 13 Rn. 69 (S. 356).

[49] Leitlinien, Tz. 109ff.

[50] *EuGH* Slg. 1980, 3125 (3276ff.) – van Landewyck/FEDETAP; Leitlinien, Tz. 106.

[51] *EuGH* Slg. 1986, 3075 (3090 Tz. 65f.) – Metro/Saba II.

[52] *EuGH* Slg. 1973, 215 (245f.) = NJW 1973, 966 – Continental Can.

[53] *EuG* Slg. 2002, II-3808 (3833ff. Tz. 67ff.) = EuZW 2002, 729 – EBU.

VI. Förderung der Unternehmenskooperation

1. Überblick

23 Einen besonderen Schwerpunkt der bisherigen Praxis der Kommission zu Art. 101 Abs. 3 AEUV bildet seit Beginn der gemeinsamen Wettbewerbspolitik Anfang der sechziger Jahre die umfassende Förderung der Zusammenarbeit oder Kooperation von Unternehmen. Die heute maßgeblichen Rechtsakte sind insbesondere die beiden **GFVOen Nr. 1218/2010** für Spezialisierungsvereinbarungen (s. Rn. 25f.) **und Nr. 1217/2010** für Forschungs- und Entwicklungsvereinbarungen (u. Rn. 27f.) sowie die umfangreichen Leitlinien zur Anwendbarkeit von Art. 101 AEUV auf Vereinbarungen über horizontale Zusammenarbeit vom 14. Januar 2011, die sog. **Horizontalleitlinien,**[54] in denen die Kommission eine Reihe weiterer Vereinbarungen aufzählt, die ihrer Meinung nach häufig nach Art. 101 Abs. 3 AEUV freigestellt sind, weil mit ihnen „Effizienzgewinne" verbunden sind, die die Nachteile der Wettbewerbsbeschränkung i. S. d. Art. 101 Abs. 3 AEUV aufwiegen. Die wichtigsten **Beispiele** sind Vereinbarungen über den Informationsaustausch, Einkaufskooperationen, Vermarktungsvereinbarungen sowie Vereinbarungen über Normen (u. Rn. 31ff.).

24 Besonderer Zuwendung der Kommission erfreuen sich in diesem Zusammenhang die vielberufenen **kleinen und mittleren Unternehmen,** die sog. **„KMUs"** (s. dazu schon im Einzelnen o. Rn. 2). Aber auch die Kooperation von **Großunternehmen** steht hoch in der Gunst der Kommission, vor allem, wenn ihre Zusammenarbeit der Entwicklung und Durchsetzung neuer „Technologien" in der Union dient, da nach Meinung der Kommission die Aufwendungen für deren Entwicklung und die Risiken, die mit ihrer Durchsetzung verbunden sind, häufig selbst die finanziellen Kräfte von Großunternehmen übersteigen.

2. Spezialisierungsvereinbarungen[55]

25 Unter Spezialisierung versteht man die **Arbeitsteilung zwischen Unternehmen,** in erster Linie in der Produktion von Gütern oder in der Erbringung von Dienstleistungen, so dass die Spezialisierung, bei Lichte besehen, nichts anderes als ein freilich besonders wichtiger Anwendungsfall der umfassend verstandenen Unternehmenskooperation ist (o. Rn. 23f.). Der **Vorteil** der Spezialisierung wird vor allem darin gesehen, dass sie es jedem Beteiligten erlaubt, sich auf das zu beschränken, was er besonders gut kann. Man verspricht sich davon erhebliche Kostenersparnisse durch Größen- oder Verbundvorteile. Aus diesen Gründen wurde die Spezialisierung auf deutscher wie auf europäischer Ebene seit den siebziger Jahren des vorigen Jahrhunderts zunehmend erleichtert.

26 Die **GFVO Nr. 1218/2010** (im Folgenden: VO) erfasst einseitige und gegenseitige Spezialisierungen sowie Vereinbarungen über eine gemeinsame Produktion (Art. 1 Abs. 1 lit. a VO). Solche Vereinbarungen werden durch die VO generell freigestellt, auch, soweit sie an sich unter Art. 101 Abs. 1 AEUV fallen (Art. 2 Abs. 1 VO), *sofern* die Vereinbarung die **Marktanteilsschwellen** des Art. 3 VO einhält **(20%)** *und* sich

---

[54] ABl. 2011 Nr. C 11/1.

[55] GFVO Nr. 1218/2010 für Spezialisierungsvereinbarungen v. 14.12.2010 ABl. Nr. L 335/43; Horizontalleitlinien von 2011, Tz. 150ff.

nicht auf die in Art. 4 VO aufgezählten **Kernbeschränkungen** erstreckt.[56] Man bezeichnet diese leicht festzustellenden Voraussetzungen einer Freistellung auch als **„safe harbour"**. Unter den genannten Voraussetzungen sind auch Vereinbarungen über eine Alleinbezugs- oder Alleinbelieferungspflicht sowie Vereinbarungen über eine gemeinsame Produktion und über einen gemeinsamen Vertrieb, d. h. *Syndikate* (!), erlaubt (Art. 2 Abs. 3 VO). Wird die Marktanteilsschwelle überschritten, so kommt dagegen nur im Einzelfall die Anwendung des Art. 101 Abs. 3 AEUV in Betracht. Grundsätzlich dieselben Regeln sollen für sonstige **Produktionsvereinbarungen** gelten.[57] Ein Beispiel ist etwa die Gemeinschaftsproduktion von Zwischenerzeugnissen. Als problematisch sieht die Kommission dabei vor allem eine zu weitgehende Vergemeinschaftung der Kosten an.[58]

3. Forschungs- und Entwicklungsvereinbarungen[59]

Die Förderung von Forschung und Entwicklung (F&E) gehört gemäß **Art. 179 Abs. 1 AEUV** zu den Zielen der Union. Zu diesem Zweck unterstützt die Union, wie Art. 179 Abs. 2 AEUV hervorhebt, die Zusammenarbeit der Unternehmen einschließlich insbesondere der kleinen und mittleren Unternehmen auf dem Gebiet der Forschung und der technologischen Entwicklung. Auch die Kommission verspricht sich von der Förderung der Zusammenarbeit der Unternehmen in Forschung und Entwicklung besonders **große Effizienzgewinne,** in erster Linie in Gestalt der Einsparung von Kosten und der schnelleren Entwicklung und Durchsetzung neuer Technologien.[60] Sie fördert deshalb die Zusammenarbeit der Unternehmen in Forschung und Entwicklung, wo immer möglich. Ausdruck dieser Politik ist vor allem die **GFVO Nr. 1217/2010** vom 14. Dezember 2010 für Vereinbarungen über Forschung und Entwicklung (im Folgenden: VO).[61] 27

Der **Anwendungsbereich** der GFVO Nr. 1217/2010 ergibt sich aus Art. 1 Abs. 1 lit. a. Die GFVO gilt danach insbesondere für die gemeinsame Forschung und Entwicklung von Produkten oder Dienstleistungen sowie für die gemeinsame Verwertung der dabei erzielten Ergebnisse, weiter für die gemeinsame Verwertung der Ergebnisse früherer Forschungs- und Entwicklungsvereinbarungen der Parteien sowie für die gemeinsame Forschung und Entwicklung ohne gemeinsame Verwertung der Ergebnisse. Alle mit derartigen Vereinbarungen verbundenen Wettbewerbsbeschränkungen im Sinne des Art. 101 Abs. 1 AEUV sind grundsätzlich unter den in der GFVO genannten Voraussetzung freigestellt (Art. 2 Abs. 1 VO). 28

Definitionen der wichtigsten in diesem Zusammenhang von der GFVO verwandten Begriffe finden sich in Art. 1 VO. Forschungs- und Entwicklungsarbeiten sind danach insbesondere der Erwerb von Know-how und die Erlangung von gewerblichen Schutzrechten, während unter die Verwertung der Ergebnisse die Herstellung oder 29

[56] S. *Auf'mkolk*, WuW 2011, 699 (706f.); *Fritzsche*, EuZW 2011, 208 (210).
[57] S. die Horizontalleitlinien von 2011, Tz. 150ff.
[58] *Lübbig*, EWS 2011, 5 (6f.).
[59] GFVO Nr. 1217/2010 für Vereinbarungen über Forschung und Entwicklung (F&E) v. 18.12.2010, ABl. Nr. L 304/7; Horizontalleitlinien von 2011, Tz. 111ff.; *Besen/Slobodenjub*, GRUR 2011, 300; *Auf'mkolk*, WuW 2011, 699 (705f.); *Brandi-Dohrn*, WRP 2009, 1348; *Fritzsche*, EuZW 2011, 208; *Gutermuth*, WuW 2012, 237; *Schubert* NZKart 2013, 278.
[60] S. Erwägungsgrund Nr. 10 zu der VO 1217/2010; Horizontalleitlinien von 2011, Tz. 111ff.
[61] ABl. 2010 Nr. L 335/36.

der Vertrieb der Vertragsprodukte fällt (Art. 1 Abs. 1 lit. c und g VO). Die positiven **Voraussetzungen** der Freistellung ergeben sich im Einzelnen aus den Art. 3 und 4 VO. Hervorzuheben ist, dass grundsätzlich alle Vertragsparteien Zugang zu den Ergebnissen der gemeinsamen Forschungs- und Entwicklungsarbeiten für weitere Forschungs- oder Verwertungszwecke haben müssen (Art. 3 Abs. 2 S. 1 VO). Eine **Marktanteilsschwelle** gilt nur, wenn mindestens zwei beteiligte Unternehmen Konkurrenten sind; sie beträgt dann **25%** des relevanten Produkt- oder Technologiemarkts (Art. 4 Abs. 2 VO). Andernfalls gilt die Freistellung ohne Rücksicht auf Marktanteilsschwellen für die Dauer der gemeinsamen Forschungs- und Entwicklungsarbeiten sowie im Falle der gemeinsamen Verwertung auch noch für weitere sieben Jahre (Art. 4 Abs. 1 und Abs. 3 VO). Wegen der Berechnung der Marktanteile ist im Übrigen auf Art. 7 VO zu verweisen.

30 Die Freistellung scheidet auf der anderen Seite nach der schwarzen Liste des **Art. 5 VO** aus, wenn eine der dort genannten **Kernbeschränkungen** vereinbart wird.[62] Der Katalog enthält auf der einen Seite die üblichen Verbote von Produktions-, Absatz-, Preis- und Kundenbeschränkungen (Art. 5 Abs. 1 lit. b bis d VO) und auf der anderen Seite eine Reihe spezifischer Klauseln, unter denen Beschränkungen von Forschung und Entwicklung auf anderen Gebieten und nach Ablauf der Vereinbarung hervorzuheben sind (Art. 5 Abs. 1 lit. a VO). Hinzugekommen ist im Jahre 2010 eine Liste **grauer Klauseln** in Art. 6 der Verordnung. Dazu gehören insbesondere auch Nichtangriffsklauseln. Jedoch sind unter engen Voraussetzungen Preisfestsetzungen bei Vereinbarung eines gemeinsamen Vertriebs nach Art. 5 lit. c der VO zulässig, – womit die VO in Gestalt von *Syndikaten* sogar die wohl schwerwiegendste Wettbewerbsbeschränkung überhaupt gestattet. Liegen die Voraussetzungen der VO nicht vor, so kommt immer noch im Einzelfall eine Freistellung nach Art. 101 Abs. 3 AEUV in Betracht.[63]

4. Einkaufsvereinbarungen[64]

31 Unter Einkaufsvereinbarungen hat man in erster Linie die vielfältigen **Zusammenschlüsse des Handels** zwecks Erzielung möglichst günstiger Konditionen durch den gemeinsamen Einkauf von Waren oder Dienstleistungen zu verstehen. Die deutsche wie die europäische Wettbewerbspolitik steht solchen Einkaufsvereinbarungen – trotz ihrer kartellrechtlichen Relevanz – seit jeher ausgesprochen *positiv* gegenüber, in erster Linie aufgrund der Vorstellung, insbesondere Einkaufsgemeinschaften kleiner und mittlerer Unternehmen könnten die Nachteile ausgleichen, denen diese Unternehmen nach einer verbreiteten Meinung im Wettbewerb mit großbetrieblichen Formen des Einzelhandels ausgesetzt sind, denen es wegen des von ihnen vertretenen Einkaufsvolumens häufig gelinge, bei den Lieferanten günstigere Konditionen als ihre kleineren Konkurrenten durchzusetzen.[65] Daher rührt die verbreitete Vorstellung, kleine und mittlere Unternehmen könnten zu ihren großen Konkurrenten nur aufschließen, wenn sie sich ebenfalls zu großen *Gruppen* zusammenschließen (deshalb häufig auch „Verbundgruppen" genannt), um durch die **Ballung ihrer Einkaufsmacht** dieselben

[62] S. dazu *Gutermuth,* WuW 2012, 237(243ff.); *Schubert,* NZKart 2013, 278 (279ff.).
[63] S. dazu Horizontalleitlinien von 2011, Tz. 111ff.; *Gutermuth,* WuW 2012, 237 (248ff.).
[64] *Kommission,* Horizontalleitlinien von 2011, Tz. 194ff.; Begr. z. RegE der 7. GWB-Novelle, BT-Drs. 15/3640, S. 26f.
[65] S. die Begr. z. RegE der 5. GWB-Novelle, BT-Drs. 11/4610, S. 14ff.

Konditionen bei den Lieferanten wie die großen Einzelhandelsunternehmen durchzusetzen.

Diese unverhohlene Interessentenideologie der mächtigen und gut organisierten Verbundgruppen – und um nichts anderes handelt es sich – hatte erstaunlichen Erfolg gleichermaßen auf deutscher wie auf europäischer Ebene. Selbst der **EuGH** steht den Einkaufskooperationen des Handels offenbar grundsätzlich *positiv* gegenüber, wie die nachsichtige Behandlung von Konkurrenzverboten, Ausschließlichkeitsbindungen und restriktiven Austrittsklauseln in den Satzungen von **Einkaufsgemeinschaften und Genossenschaften** zeigt, soweit die fraglichen Klauseln erforderlich sind, um das ordnungsgemäße Funktionieren der genannten Gruppen sicherzustellen und ihre Vertragsgestaltungsmacht gegenüber der anderen Marktseite zu erhalten, während auf Klauseln mit weitergehenden wettbewerbsbeschränkenden Zwecken oder Wirkungen das Kartellverbot des Art. 101 AEUV anwendbar bleibt.[66] 32

Die **Kommission** beurteilt Einkaufsvereinbarungen zumal kleiner und mittlerer Unternehmen gleichfalls grundsätzlich positiv, weil sie sich von ihnen **Effizienzgewinne** in Gestalt der Erhöhung der Nachfragemacht der beteiligten Unternehmen verspricht, vorausgesetzt, dass der **kumulierte Marktanteil** der beteiligten Unternehmen auf den betroffenen Einkaufs- und Verkaufsmärkten **15%** nicht übersteigt und **keine Kernbeschränkungen** unter dem Mantel der Einkaufsvereinbarung praktiziert werden.[67] Unter diesen Voraussetzungen kann nach Meinung der Kommission im Einzelfall sogar ein **Bezugszwang** gerechtfertigt sein. 33

Auf **deutsche Ebene** waren unter dem Druck der Handelsgruppen die Zulässigkeitsvoraussetzungen von Einkaufskooperationen des Handels ursprünglich ebenfalls fortlaufend gelockert worden. Maßgebend war zuletzt § 4 Abs. 2 GWB von 1998 gewesen (= § 5c von 1989), durch den nicht nur die grundsätzliche Zulässigkeit von Einkaufskooperationen kleiner und mittlerer Unternehmen klargestellt wurde (so schon § 5c von 1998), sondern auch erstmals ein Bezugszwang der Mitglieder der Kooperation (nur) im Einzelfall erlaubt wurde. Im Jahre 2005 wurde diese Regelung indessen durch die 7. GWB-Novelle als überflüssig wieder gestrichen, da Einkaufskooperationen von der Kommission ohnehin in größerem Umfang als nach § 4 II GWB von 1998 zugelassen würden.[68] Es komme hinzu, dass Einkaufskooperationen ihrer Art nach in aller Regel zur Beeinträchtigung des Handels zwischen Mitgliedstaaten geeignet seien. Maßgebend sind seitdem wieder Art. 101 AEUV sowie die §§ 1 und 2 GWB n. F. in der Auslegung durch den Gerichtshof und die Kommission, insbesondere in ihren Leitlinien von 2011, auf die die Verfasser der 7. GWB-Novelle deshalb auch ausdrücklich Bezug genommen haben.[69] 34

[66] S. *EuGH* Slg. 1994, I-5671 (5687f. Tz. 30ff.) = EuZW 1995, 244 – DLG; Slg. 1995, I-4520 (4525f. Tz. 14ff.) = EuZW 1996, 282 (283) – Oude Luttikhuis; *Kommission,* Entsch. v. 24.4.1997, ABl. Nr. L 284/68 (82 Tz. 68ff.) – NSF.

[67] Horizontalleitlinien von 2011, Tz. 205, 208ff.; ebenso *BKartA* TB 2003/2004, S. 91 (r. Sp.); WuW/E DE-V 1392 (1400ff.) – Altglas.

[68] Begr. z. RegE, BT-Drs. 15/3640, S. 26f.

[69] Begr. z. RegE (vorige Fn.), S. 27 (l. Sp. 1. Abs.); zu § 3 GWB n. F. s. u. § 23.

5. Vermarktungsvereinbarungen[70]

35 Unter der Bezeichnung „Vermarktungsvereinbarungen" fasst die Kommission solche Vereinbarungen von Konkurrenten zusammen, deren Gegenstand die Zusammenarbeit beim Verkauf, beim Vertrieb oder bei der Werbung ist. **Beispiele** sind der gemeinsame Vertrieb über eine Tochtergesellschaft, sog. Syndikate, sowie die Zusammenarbeit bei der Werbung oder bei dem Kundendienst.[71] **Syndikate** stellen die wohl schwerwiegendste vertragliche Wettbewerbsbeschränkung überhaupt dar, weil durch sie die Konditionen und die Produktionsmengen vereinheitlicht und die Kunden aufgeteilt werden. Derartige Vereinbarungen haben außerdem i. d. R. die Wirkung, dass die beteiligten Unternehmen vom Markt getrennt werden, da den Lieferanten und Abnehmern nur noch das Gemeinschaftsunternehmen der Beteiligten, über welches der gemeinsame Vertrieb der Beteiligten organisiert wird, gegenübertritt.[72] Diese Wirkungen sind letztlich unabhängig davon, ob die Beteiligten eine ausdrückliche **Andienungspflicht** in Gestalt der Verpflichtung zum Vertrieb über die gemeinsame Tochter trifft oder nicht, weil Syndikate ohne zumindest faktische Andienungspflicht für den größten Teil der Vertragsware nicht funktionsfähig sind.[73]

36 Vereinbarungen von Konkurrenten über den gemeinsamen Vertrieb, und zwar auch in Gestalt von Syndikaten, sind zunächst erlaubt, soweit die Voraussetzungen der **GFVOen Nr. 1218/2010** für Spezialisierungsvereinbarungen (s. Art. 2 Abs. 3 lit. d VO) und **Nr. 1217/2010** für Forschungs- und Entwicklungsvereinbarungen (s. Art. 3 Abs. 4 VO) erfüllt sind (s. o. Rn. 26, 28 f.). Vertriebsvereinbarungen zwischen Konkurrenten können außerdem unter engen Voraussetzungen unter die vertikale GFVO Nr. 330/2010 fallen (Art. 2 Abs. 4 VO). Jenseits dieser Sonderregelungen sieht die Kommission bei Vermarktungsvereinbarungen vor allem die Gefahr der Preisfestsetzung sowie der Aufteilung der Märkte zwischen den beteiligten Unternehmen. Im Falle der Preisfestsetzung, namentlich in Gestalt von Syndikaten, handelt es sich um eine **Kernbeschränkung,** für die keine Freistellungsmöglichkeit besteht.[74] In den restlichen Fällen geht die Kommission – auf zweifelhafter gesetzlicher Grundlage – von einer **Marktanteilsschwelle von 15%** für solche Vereinbarungen aus, die an sich unter Art. 101 Abs. 1 AEUV fallen (sog. safe harbour).[75]

37 Jenseits der Marktanteilsschwelle von 15% kommt außerdem immer noch von Fall zu Fall eine Anwendung des Art. 101 Abs. 3 AEUV in Betracht.[76] Ein Beispiel ist die einheitliche **Vergabe der Fernsehübertragungsrechte** für die Spiele der Champions League durch die UEFA und für die Bundesliga durch den DFB, die von der Kommission 2003 und 2005 freigestellt wurde.[77] Die Kommission ist in diesem Fall davon

[70] *Kommission,* Horizontalleitlinien von 2011, Tz. 225 ff.; *Schürnbrand,* ZWeR 2005, 396.

[71] Horizontalleitlinien von 2011, Tz. 225 ff.

[72] Ein bekanntes Beispiel ist oder war doch die ARAL AG.

[73] So schon BGHZ 50, 357 = NJW 1969, 2376 – ZVN.

[74] Horizontalleitlinien von 2011, Tz. 234 ff.

[75] Horizontalleitlinien von 2011, Tz. 240 f.

[76] Horizontalleitlinien von 2011, Tz. 246 ff.

[77] S. u. § 37 Rn. 15 f. sowie *Kommission,* Entsch. v. 23.7.2003, ABl. Nr. L 291/25 (43, 47 ff.); v. 19.1.2005, WuW/E EU-V 1041 – Bundesliga (nach Art. 9 VO Nr. 1/2003); *Hellmann/Bruder,* EuZW 2006, 359; *Mestmäcker,* FS Sandrock, 2000, S. 689; *ders./Schweitzer,* § 11 Rn. 36 ff. (S. 311 ff.); *Schürnbrand,* ZWeR 2005, 396 (408 ff.).

ausgegangen, dass die Fernsehübertragungsrechte an sich den einzelnen Vereinen – als den Eigentümern oder Mietern der Stadien – zustehen, so dass ihre gemeinsame Wahrnehmung durch die Verbände (UEFA oder DFB) der Sache nach ein **Syndikat** bilde.[78]

Das deutsche Recht hatte früher Syndikate (zu Recht) nur unter ganz engen Voraussetzungen zugelassen (s. § 5 Abs. 2 GWB a. F.). Durch die 7. GWB-Novelle von 2005 ist diese Vorschrift indessen wieder ersatzlos gestrichen worden, in erster Linie mit der Begründung, die fraglichen Vereinbarungen seien in der Regel zur Beeinträchtigung des Handels zwischen Mitgliedstaaten geeignet, so dass wegen des vorrangigen Unionsrechts für deutsche Sonderregelungen kein Raum mehr bleibe.[79] 38

6. Standardisierungsvereinbarungen

Literatur: *Kommission,* Horizontalleitlinien, Tz. 257 ff.; *Babey/Rizvi,* WuW 2012, 808; *Lübbig,* EWS 2011, 5; *Fuchs,* in: Lange/Klippel/Ohly (Hrsg.), Geistiges Eigentum und Wettbewerb, 2009, S. 147; *Koenig/Neumann,* WuW 2009, 382; *Klees,* EWS 2008, 454; *Walther/Baumgartner,* WuW 2008, 158; *Koenig,* WuW 2008, 1259; *Loest/Bartlik,* ZWeR 2008, 141; *Fr. Immenga,* GRUR 2007, 302.

Unter Standardisierungsvereinbarungen versteht man Verträge meistens zwischen zumindest potentiellen Wettbewerbern über die **Entwicklung und Einführung technischer Normen** oder **Spezifikationen** für Produkte oder Prozesse.[80] Von solchen Vereinbarungen verspricht man sich üblicherweise hohe Effizienzgewinne, insbesondere in Gestalt der Verringerung von Forschungsaufwendungen und der Kompatibilität der Produkte verschiedener Hersteller, die auf zahlreichen Märkten einfach unerlässlich ist. Darüber dürfen jedoch nicht die mit ihnen verbundenen **Gefahren** für den Wettbewerb übersehen werden. Zwischen den Beteiligten droht insbesondere eine Vereinheitlichung der Preise, Konditionen und Produkte. Zugleich besteht die Gefahr der Errichtung künstlicher Marktzutrittsschranken für Dritte, vor allem, wenn es den Beteiligten gelingt, ihre Normen als Industriestandard durchzusetzen und obendrein durch gewerbliche Schutzrechte abzusichern.[81] Zusätzliche Gefahren tauchen auf, wenn es einer der Beteiligten schafft, die erforderlichen Schutzrechte für sich zu monopolisieren. Nur einen Aspekt dieser Problematik, der durch den sog. *Rambus-Fall* bekannt geworden ist, stellt die Verheimlichung der relevanten Schutzrechte durch einen Beteiligten dar, der später für deren Benutzung auch von den anderen Beteiligten überhöhte Gebühren verlangt (sog. **patent ambushing**).[82] 39

Durch diese Entwicklung werden vielfältige **Probleme** aufgeworfen – bis hin zu der Frage der Erteilung von Zwangslizenzen (s. unten § 10 Rn. 34, 61 ff.). Hier interessiert allein die Beurteilung von Standardisierungsvereinbarungen nach Art. 101 AEUV. Die 40

[78] S. *Kommission,* Entsch. v. 23.7.2003 (vorige Fn.), S. 44 f. Tz. 120, 122; v. 19.1.2005, WuW/E EU-V 1041 – Bundesliga, Tz. 22 ff.; *Schürnbrand,* ZWeR 2005, 396 (408 ff.); anders *Mestmäcker* (vorige Fn.).

[79] Begr. z. RegE, BT-Drs. 15/3640, S. 27 (l. Sp. 2. Abs.), 32 f.

[80] Horizontalleitlinien von 2011, Tz. 257; *Fuchs,* in: Lange/Klippel/Ohly (Hrsg.), Geistiges Eigentum, 2009, S. 147; zur Kontrolle des bei der Aufstellung der Normen zu beachtenden Verfahrens s. *EuG* Slg. 2010, II-1633 (1659 ff. Tz. 79 ff.) – EMC; *Babey/Rizvi,* WuW 2012, 808.

[81] Horizontalleitlinien von 2011, Tz. 263 ff.; *Babey/Rizvi,* WuW 2012, 808 (810 ff.); *Fuchs,* in: Lange/Klippel/Ohly (Hrsg.), Geistiges Eigentum, 2009, S. 147 ff.; *Koenig/Neumann,* WuW 2009, 382 (387 ff.); *Walther/Baumgartner,* WuW 2008, 158 (160 ff.).

[82] *Kommission,* Entsch. v. 9.12.2009, ABl. 2010 Nr. C 30/17 = (vollständiger) WuW/E DE-V 1513 – Rambus; s. dazu z. B. *Babey/Rizvi* WuW 2012, 808 (813); *Körber,* WRP 2013, 734.

Kommission unterscheidet auch insoweit zwischen den immer verbotenen, bezweckten Wettbewerbsbeschränkungen (als **Kernbeschränkungen**)[83] und „bloßen" bewirkten Wettbewerbsbeschränkungen, die in ihren Augen drohen, wenn es den Beteiligten gelingt, „Marktmacht" zu erringen.[84] Um dieser Gefahr zu begegnen, muss die Standardisierungsvereinbarung nach Meinung der *Kommission* **strengen Anforderungen** an ein offenes und transparentes Verfahren genügen, zu dem jedermann zu fairen, zumutbaren und diskriminierungsfreien Bedingungen Zugang hat. Die Beteiligten müssen sich außerdem verpflichten, jedermann zu diesen Bedingungen später Zugang zu den Normen und etwaigen Schutzrechten zu gewähren (sog. **FRAND- Selbstverpflichtung**).[85] Die Einzelheiten sind noch weitgehend ungeklärt, zumal die Gerichte bisher im In- und Ausland nur selten Gelegenheit hatten, zu den durch die geschilderte Entwicklung aufgeworfenen Fragen Stellung zu nehmen.[86] Nach wie vor unklar ist insbesondere die Wirkung der FRAND-Selbstverpflichtung gegenüber Dritten sowie die Bindung etwaiger Rechtsnachfolger in die Schutzrechte an die Verpflichtung; und besonders umstritten ist natürlich in jedem Einzelfall die Berechnung einer „fairen und vernünftigen" Lizenzgebühr, wofür zahlreiche unterschiedliche Verfahren diskutiert werden.

7. Informationsaustausch[87]

41 Marktinformationsverfahren können je nach den von den Beteiligten verfolgten Zwecken und den Marktverhältnissen ebenso gut wettbewerbsbeschränkend wie wettbewerbsfördernd wirken (s. unten § 21 Rn. 38ff.). Die Kommission vermeidet deshalb in den Horizontalleitlinien weitgehend konkrete Festlegungen und stellt lediglich einen allgemeinen „analytischen" Rahmen vor, in dem sich ihrer Meinung nach von Fall zu Fall die Beurteilung von Marktinformationsverfahren zu bewegen hat. „Safe harbours", wie von der Industrie mit Nachdruck gefordert, gibt es daher bislang nicht.[88] Die Kommission beschränkt sich vielmehr auf die Unterscheidung von bezweckten und bewirkten Wettbewerbsbeschränkungen und erläutert sodann ausführlich, unter welchen **Voraussetzungen** ihrer Meinung nach **wettbewerbsbeschränkende Wirkungen** zu befürchten sind, wobei die Marktstruktur, die Marktnähe der ausgetauschten Daten sowie deren Alter eine zentrale Rolle spielen.[89]

---

[83] Horizontalleitlinien von 2011, Tz. 273ff.

[84] Horizontalleitlinien von 2011, Tz. 277ff.

[85] FRAND = free, reasonable and non discriminatory terms for licensing; Horizontalleitlinien von 2011, Tz. 280, 287ff.; *Kommission,* Entsch. v. 9.12.2009, ABl. 2010 Nr. C 30/17 = WuW/E DE-V 1513 – Rambus; *Babey/Rizvi,* WuW 2012, 808; *Fuchs,* in: Lange/Klippel/Ohly (Hrsg.), Geistiges Eigentum, 2009, S. 147 (156ff.); *Koenig,* WuW 2008, 1259; *ders./Neumann,* WuW 2009, 382 (388ff.); *Lübbig,* EWS 2011, (7); *Walther/Baumgartner,* WuW 2008, 158 (167ff.).

[86] S. ausführlich m. N. *Babey/Rizvi,* WuW 2012, 808.

[87] S. u. § 21 Rn. 38ff.; *Kommission,* Leitlinien zur Anwendung des Kartellrechts auf den Seeverkehr von 2008, ABl. Nr. 245/2, Tz. 38ff.; Horizontalleitlinien von 2011, Tz. 55ff.

[88] Dazu kritisch *Auf'mkolk,* WuW 2011, 699; *Fritzsche,* EuZW 2011, 208 (212f.); *Lübbig,* EWS 2011, 5 (7).

[89] Horizontalleitlinien von 2011, Tz. 72, 75ff.; s. im Einzelnen *Wagner-v.Papp,* Marktinformationsverfahren: Grenzen der Information im Wettbewerb, 2004.

2. Kapitel. Missbrauchsverbot (Art. 102 AEUV)

§ 9. Beherrschende Stellung

Literatur: Hdb., H I § 3; *Kommission,* Diskussionspapier über die Anwendung des Art. 82 EGV auf Behinderungsmissbräuche, Dezember 2005; *dies.*, Mitteilung v. 24.2.2009 zu den Prioritäten der Kommission bei der Anwendung von Art. 82 EGV auf Fälle des Behinderungsmissbrauchs, ABl. Nr. C 45/7; *Mestmäcker,* FS Hallstein, 1966, S. 322; *ders.*, FS Raisch, 1995, S. 441; *Möschel,* Der Oligopolmißbrauch im Recht der Wettbewerbsbeschränkungen, 1974; *Wurmnest,* Marktmacht und Verdrängungsmißbrauch, 2. Aufl., 2012.

I. Überblick

Neben dem Kartellverbot des Art. 101 AEUV bildet das Missbrauchsverbot des Art. 102 AEUV (= Art. 82 EGV) die zweite Säule der gemeinsamen Wettbewerbspolitik. Nach S. 1 des Art. 102 AEUV ist mit dem Binnenmarkt unvereinbar und verboten die missbräuchliche Ausnutzung einer beherrschenden Stellung auf dem Binnenmarkt oder einem wesentlichen Teil desselben durch ein oder mehrere Unternehmen, soweit dies dazu führen kann, den Handel zwischen Mitgliedstaaten zu beeinträchtigen. Gemäß Satz 2 der Vorschrift ist dies „insbesondere" der Fall, wenn eines der hier genannten **Regelbeispiele** eines Missbrauchs vorliegt (dazu u. § 10). In Deutschland entsprechen dem Art. 102 AEUV die freilich in einzelnen Beziehungen weitergehenden §§ 18 bis 20 GWB i. d. F. von 2013 (s. dazu u. §§ 27 und 29). 1

Art. 102 AEUV hat im Binnenmarkt in erster Linie die **Aufgabe,** mächtige Unternehmen daran zu hindern, durch den Einsatz ihrer besonderen Machtmittel das ordnungsmäßige Funktionieren des Systems unverfälschten Wettbewerbs zu stören. Art. 102 AEUV enthält jedoch kein generelles Monopolisierungsverbot, etwa nach dem Vorbild der sec. 2 Sherman Act in den USA.[1] Art. 102 AEUV wendet sich vielmehr „nur" gegen die missbräuchliche Ausnutzung einer bereits bestehenden beherrschenden Stellung auf dem Binnenmarkt oder eines wesentlichen Teils desselben, während der bloße erstmalige Aufbau einer derartigen Stellung ebensowenig wie ihr Bestand für sich allein unter Art. 102 AEUV fallen.[2] Von dem ersten Aufbau und der bloßen Innehabung einer beherrschenden Stellung müssen jedoch deren **weiterer Ausbau sowie** die **Übertragung** der beherrschenden Stellung **auf dritte Märkte** unterschieden werden, so dass in derartigen Fallgestaltungen durchaus Raum für die Anwendung des Art. 102 AEUV ist.[3] 2

Die Verfasser des Vertrags hatten bei der Konzipierung des allgemeinen Missbrauchsverbots des Art. 102 in erster Linie Fälle des **Ausbeutungsmissbrauchs** im Auge, wie die Beispielstatbestände des Art. 102 S. 2 lit. a und b AEUV belegen (u. § 10 Rn. 13, 20ff.). Gleichberechtigt steht daneben jedoch der **Schutz anderer Unternehmen gegen** ihre **Behinderung** im Wettbewerb durch missbräuchliche Verhaltensweisen von Unternehmen in beherrschender Stellung. Darauf deuten vor allem die Beispielstatbestände des Art. 102 S. 2 lit. c und d AEUV hin (s. u. § 10 Rn. 37, 44ff.). Andere Missbrauchsformen können schließlich unbedenklich unter die Generalklausel des 3

[1] *Kommission,* Mitteilung von 2009, Tz. 1; *Bloch/Kamann u. a.*, ZWeR 2005, 325.

[2] Ebenso betont BGHZ 170, 299 (302ff.) = NJW 2007, 1823 Tz. 13f. = JuS 2007, 784 Nr. 13 – National Geographic II.

[3] *Mestmäcker/Schweitzer,* § 15 Rn. 31ff. (S. 386ff.).

Art. 102 S. 1 AEUV subsumiert werden; wichtig ist das namentlich für den sog. **Strukturmissbrauch** (s. u. § 14 Rn. 19ff.). **Geschützt** werden durch Art. 102 AEUV folglich sämtliche Personen im Einflussbereich beherrschender Unternehmen. Vor allem im Lichte dieses umfassend verstandenen Schutzzwecks muss Art. 102 AEUV interpretiert werden.

4 Die Anwendung des Art. 102 AEUV setzt voraus, dass ein oder mehrere Unternehmen über eine beherrschende Stellung auf dem Binnenmarkt oder auf einem wesentlichen Teil desselben verfügen. Aus dieser Formulierung des Vertrags wird überwiegend der Schluss gezogen, dass dem europäischen Wettbewerbsrecht ebenso wie dem deutschen (s. § 18 GWB und dazu u. § 27 Rn. 9) das **Marktmachtkonzept** zugrunde liegt, nach dem sich wirtschaftliche Macht grundsätzlich nur auf einem bestimmten Markt, dem so genannten **relevanten Markt,** bilden kann, so dass Fälle reiner Größenmacht von Art. 102 AEUV ebensowenig wie etwa von § 18 GWB erfasst werden.[4]

II. Konkurrenzen

5 Die Art. 101 und 102 AEUV schließen sich nicht gegenseitig aus, sondern können – als zwei getrennte Verbote – je nach den Umständen des Einzelfalles auch *nebeneinander* anwendbar sein.[5] Der wichtigste Fall ist die missbräuchliche Ausnutzung der beherrschenden Stellung von **Kartellen,** gleichgültig, ob verboten oder erlaubt. Denn auch erlaubte Kartelle (Art. 101 Abs. 3 AEUV) dürfen ihre Machtstellung nicht in einer gegen Art. 102 AEUV verstoßenden Weise missbrauchen (s. u. Rn. 31f.). Selbst Vereinbarungen, die unter eine der **Gruppenfreistellungsverordnungen** fallen, sind daher ungeachtet des Art. 101 Abs. 3 AEUV nichtig, sofern ihr Abschluss im Einzelfall einen Missbrauch darstellt (Art. 102 AEUV i. V. m. § 134 BGB).[6] Ebenso wenig zieht die Fusionskontrollverordnung Nr. 139/2004 dem Anwendungsbereich des Art. 102 AEUV Schranken (str.). **Unternehmenszusammenschlüsse,** die auf der missbräuchlichen Ausnutzung einer beherrschenden Stellung im Sinne des Art. 102 S. 1 AEUV beruhen, sind ohne Rücksicht auf die genannte Verordnung verboten und können infolgedessen z. B. auch von nationalen Behörden und Gerichten untersagt werden (s. u. § 14 Rn. 19ff.).

III. Beherrschende Stellung

1. Grundlagen

6 Art. 102 AEUV enthält kein allgemeines Missbrauchsverbot, sondern wendet sich allein an solche Unternehmen, die über eine beherrschende Stellung auf dem Binnenmarkt oder eines wesentlichen Teils desselben verfügen. Der Vertrag sagt jedoch an keiner Stelle, was unter einer beherrschenden Stellung zu verstehen sein soll; diese Frage wurde vielmehr seinerzeit bewusst offen gelassen, um den Unionsorganen die

[4] *EuGH* Slg. 1973, 215 (248ff.) – Continental Can; Slg. 1974, 223 (248ff.) – Commercial Solvents; Slg. 1978, 207 (280ff.) = NJW 1978, 2439 – Chiquita; Slg. 1979, 461 (514ff.) – Hoffman-La Roche; Slg. 1979, 1869 (1895f.) – Hugin; Slg. 1980, 3775 (3793) – L'Oréral; Slg. 1983, 483 (506f.) = NJW 1984, 2755 – GVL; Slg. 1983, 3461 (3604ff.) – Michelin; Slg. 1989, 803 (849) = NJW 1989, 2192 – Flugtarife.

[5] *Frenz,* Tz. 1124ff. (S. 423ff.); *Mestmäcker/Schweitzer,* § 18 Rn. 16ff. (S. 382f.).

[6] S. schon o. § 8 Rn. 12; *EuG* Slg. 1990, II-309 (356ff.) = EuZW 1990, 447 – Tetra Pak; *Eilmansberger,* EuZW 1992, 625 (629f.); *Kulka,* FS Rittner, 1991, S. 343.

Möglichkeit zu geben, das Missbrauchsverbot dynamisch der Entwicklung des Gemeinsamen Marktes anzupassen, versteht sich: unter Berücksichtigung der sich aus einer Vielzahl verstreuter Vorschriften der Unionsrechtsordnung ergebenden Wertungen.

Art. 102 AEUV soll umfassend den Wettbewerb in dem grundsätzlich marktwirtschaftlich geprägten Binnenmarkt schützen. Aus dem Protokoll Nr. 27 über den Binnenmarkt und den Wettbewerb vom 13. Dezember 2007[7] darf außerdem der Schluss gezogen werden, dass der Binnenmarkt (nach wie vor) „ein System umfasst, das den Wettbewerb vor Verfälschungen schützt“ (vgl. den früheren Art. 3 Abs. 1 lit. g EGV). Wenn nun Art. 102 S. 1 des Vertrages zum Schutze dieses Systems *allein* Unternehmen in beherrschender Stellung einer besonderen Missbrauchsaufsicht unterwirft, so kann daraus nur der Schluss gezogen werden, dass der Vertrag in einer beherrschenden Stellung das genaue **Gegenteil eines Systems unverfälschten Wettbewerbs** sieht. In dieselbe Richtung weisen Art. 101 Abs. 3 lit. b AEUV und Art. 2 Abs. 3 FKVO. 7

Referenzsystem muss mithin ein System unverfälschten Wettbewerbs i. S. d. genannten Vorschriften (Rn. 7) sein. Ein solches System ist vor allem dadurch gekennzeichnet, dass auf einem Markt *so viele* Unternehmen tätig sind, dass von ihnen wechselseitig ein **hinreichender Wettbewerbsdruck** aufeinander ausgeht. Dies entspricht offenkundig auch der Sicht der Kommission, wie sie in ihrer Mitteilung von 2009 zum Ausdruck kommt.[8] Die Ermittlung der beherrschenden Stellung eines Unternehmens setzt deshalb als erstes die **Abgrenzung des Marktes** voraus, auf dem sich das fragliche Unternehmen betätigt, weil nur dann festgestellt werden kann, ob es durch konkurrierende Unternehmen auf seinem Markt einem hinreichenden Wettbewerbsdruck ausgesetzt ist oder nicht, so dass es über einen übermäßigen, vom Wettbewerb nicht mehr hinreichend kontrollierten Verhaltensspielraum verfügt.[9] Daher die zentrale Bedeutung der Abgrenzung des relevanten Marktes, insbesondere im Rahmen der Missbrauchsaufsicht über Unternehmen in beherrschender Stellung nach Art. 102 AEUV. 8

Bei der **Bestimmung des relevanten Marktes** geht es hier folglich darum, in sachlicher (gegenständlicher) und räumlicher sowie gegebenenfalls zeitlicher Hinsicht diejenigen Unternehmen zu identifizieren, die mit dem fraglichen Unternehmen überhaupt konkurrieren, um feststellen zu können, ob nach den Besonderheiten des betreffenden Marktes die danach zu demselben Markt zu rechnenden Unternehmen wechselseitig einen so starken Wettbewerbsdruck aufeinander ausüben, dass keines der konkurrierenden Unternehmen über einen **übermäßigen Verhaltensspielraum** verfügt, so dass eine zusätzliche Kontrolle anhand des Art. 102 AEUV entbehrlich ist. 9

Welche Unternehmen mit einem anderen in dem Sinne „konkurrieren“, dass sie seinem Handlungsspielraum wirksame Schranken setzen (s. Rn. 9), lässt sich nach durchaus unterschiedlichen Kriterien bestimmen. Es bedeutet vor allem einen großen Unterschied, ob man auf die Sichtweise des betreffenden Unternehmens *oder* auf die der Marktgegenseite abstellt. Nach überwiegender Meinung kommt es allein oder doch in erster Linie auf die **Sicht der Marktgegenseite** an, so dass prinzipiell nur sol- 10

[7] ABl. Nr. C 306/156.
[8] ABl. Nr. C 45/7, Tz. 9 f.
[9] Ebenso z. B. *Frenz*, NZKart 2013, 285 m. N.

che Unternehmen als Konkurrenten anerkannt werden, die – auf einem bestimmten räumlichen Markt (u. Rn. 15ff.) – dieselben Waren oder Leistungen anbieten oder nachfragen, so dass ihr Angebot oder ihre Nachfrage für die Marktgegenseite eine echte Alternative darstellt. Maßgebend ist mit anderen Worten – bei dieser Sichtweise der Dinge – in erster Linie die **Austauschbarkeit** der fraglichen Produkte oder Leistungen für die Marktgegenseite (Rn. 11ff.).[10]

2. Sachlich relevanter Markt

11 Wie bereits im Einzelnen ausgeführt (o. § 4 Rn. 63ff.), folgen die Unionsorgane bei der Abgrenzung des sachlich relevanten Marktes dem sog. **Bedarfsmarktkonzept,** nach dem zu einem **Angebotsmarkt** nur diejenigen Produkte oder Leistungen gehören, die aus der Sicht der Marktgegenseite, hier also der **Nachfrager,** wegen ihrer Eigenschaften zur Befriedigung eines gleichbleibenden Bedarfs gleichermaßen geeignet sind, während ihre Austauschbarkeit mit anderen Erzeugnissen oder Leistungen gering ist.[11] Die **Abgrenzungskriterien** schwanken von Fall zu Fall, weil die Abnehmer (von deren Sicht auszugehen ist) bei ihren Entscheidungen gleichfalls unterschiedliche Kriterien zugrunde zu legen pflegen. Maßgebend sind namentlich die Eigenschaften der Produkte oder Leistungen, ihre Preislage und ihr Verwendungszweck. Volle Austauschbarkeit der Produkte oder Dienstleistungen ist nicht erforderlich,[12] während auf der anderen Seite Produkte oder Leistungen am Marktrand aus der Betrachtung auszuscheiden haben.[13] Entscheidend sind letztlich die Wettbewerbsbedingungen auf dem Markt sowie die Struktur von Angebot und Nachfrage,[14] wobei sich die Kommission, wo immer möglich, an der Reaktion der Grenznachfrager auf Preisänderungen bei den verschiedenen Produkten orientiert (sog. **SSNIP-Test**).[15]

12 Die Brauchbarkeit des Bedarfsmarktkonzepts (Rn. 11) im Allgemeinen ist ebenso umstritten wie speziell die Eignung des SSNIP-Tests zur Ermittlung beherrschender Stellungen.[16] Auf zahlreichen Märkten stößt die Anwendbarkeit des Bedarfsmarktkonzepts auf unübersehbare **Schwierigkeiten. Beispiele** sind neben den **Innovationsmärkten**[17] insbesondere die sog. abgeleiteten oder **Sekundärmärkte,** auf denen die Anbieter von Primärgütern, wie insbesondere Maschinen, für diese geeignete Betriebsstoffe, Ersatzteile oder Dienstleistungen anbieten. Bei den Sekundärmärkten geht es vor allem um die Frage, ob ihre wettbewerbsrechtliche Beurteilung dem Pri-

---

[10] Zu einer möglichen anderen Sicht der Dinge s. *Emmerich,* FS Oberender, 2011, S. 61.

[11] *EuGH* Slg. 1991, I-3359 (3439ff.) – Akzo; Slg. 1994, I-693 (701f. Tz. 13ff.) = EuZW 1994, 316 (317) – Hilti; Slg. 1996, I-5987 (6004ff. Tz. 11ff.) – Tetra Pak; Slg. 1998, I-7817 (7829f. Tz. 33ff.) = NJW 1999, 2259 – Bronner/Mediaprint; Slg. 2003, I-5219 (5246f. Tz. 73ff.); Slg. 2008, I-4892 Tz. 32 = EuZW 2008, 605 (608) = JuS 2008, 1131 – MOTOE; *EuG* Slg. 2007, II-117 Tz. 78ff. = WuW/E EU-R 1224 (1225f.) – France Telecom; BGHZ 176, 1 (7f.) = NJW-RR 2008, 896 = JuS 2009, 89 – Soda Club; ausführlich *Kommission,* Bekanntmachung v. 9.12.1997, ABl. Nr. C 372/5 = WuW 1998, 261, Tz. 7, 13ff., 25ff.; ebenso die Bekanntmachung über Vereinbarungen von geringer Bedeutung vom 9.12.1997, ABl. Nr. C 372/13 = WuW 1998, 151 Tz. 14.

[12] *EuGH* Slg. 1983, 3461 (3508) – Michelin.

[13] *EuGH* Slg. 1983, 3461 (3508) – Michelin.

[14] *EuGH* Slg. 1996, I-5987 (6004f. Tz. 11f.) – Tetra Pak; *EuG* Slg. 1994, II-755 (792ff. Tz. 60ff.) – Tetra Pak.

[15] Bekanntmachung v. 9.12.1997, Tz. 15ff.

[16] S. *Frenz,* NZKart 2013, 285 (287); *Mestmäcker/Schweitzer,* § 16 Rn. 8 (S. 395); ablehnend auch BGHZ 176, 1 (7f. Tz. 18) = NJW-RR 2008, 896 = JuS 2009, 89 – Soda Club.

[17] Zu den Innovationmärkten s. *Dreher,* ZWeR 2009, 149.

märmarkt folgt oder ob sie zum Schutze der Abnehmer gesondert zu betrachten sind.[18] Für das Letztere hat sich mittlerweile offenbar in Europa (anders als in den USA) die Rechtsprechung entschieden.[19]

Dieselben Regeln gelten für die Abgrenzung von **Beschaffungsmärkten,** so dass es hier vor allem darauf ankommt, über welche Ausweichmöglichkeiten die **Anbieter** verfügen. In der Mehrzahl der Fälle dürften sich infolgedessen die Nachfragemärkte aus *Gruppen* sachlich verwandter Produkte zusammensetzen.[20] 13

Im Allgemeinen neigen die Unionsorgane zu einer verhältnismäßig **engen Marktabgrenzung,** um zu überschaubaren Marktverhältnissen zu gelangen.[21] Als je eigene Märkte sind **z. B.** in den letzten Jahren angesehen worden: Maschinen und Kartons für die aseptische und für die nichtaseptische Verpackung von Getränken,[22] Kristallzucker für Haushalt und für Gewerbe,[23] die Durchführung von Sportveranstaltungen und die wirtschaftliche Nutzung der Veranstaltungen durch den Abschluss von Sponsoring-, Werbe- und Versicherungsverträgen[24] sowie noch in der Telekommunikation etwa die einzelnen Dienste vom Sprachtelefon bis zur Satellitenübermittlung und alle Endgeräte.[25] 14

3. Räumlich relevanter Markt

Die räumliche Marktabgrenzung spielt im Rahmen des Art. 102 AEUV eine wesentlich größere Rolle als im Rahmen des Art. 101 (s. o. § 4 Rn. 65f.), da ihr hier die Aufgabe zukommt, diejenigen Unternehmen zu identifizieren, die mit dem Unternehmen, um dessen beherrschende Stellung es geht, auf dem jeweils sachlich relevanten Markt (o. Rn. 11ff.) in einem bestimmten Raum tatsächlich konkurrieren, da erst nach Kenntnis dieser Unternehmen die Marktposition des fraglichen Unternehmens (einigermaßen) zutreffend abgeschätzt werden kann. Eine (partielle) gesetzliche Definition findet sich in **Art. 9 Abs. 7 FKVO Nr. 139/2004.** Ein bestimmtes Gebiet bildet danach räumlich einen eigenen Markt, wenn die Wettbewerbsbedingungen in ihm hinreichend homogen sind und sich das Gebiet von benachbarten Gebieten durch spürbar unterschiedliche Wettbewerbsbedingungen unterscheidet. Davon gehen auch die Unionsorgane in ihrer Praxis aus.[26] 15

18 S. dazu Kodak v. Image Technical, 504 US 451 (1992) = 112 SCt 2072; *St. Bechtold,* FS Bechtold, 2006, S. 31; *ders.,* Die Kontrolle von Sekundärmärkten, 2007; *Emmerich,* JuS 2009, 89; *Wendenburg,* Marktmacht auf Sekundärmärkten, 2004.

19 BGHZ 176, 1 (6 Tz. 15f.) = NJW-RR 2008, 896; ebenso im Ergebnis *EuGH* Slg. 2008, I-4892 = EuZW 2008, 605 (608 Tz. 33) – MOTOE; *BGH* NJW-RR 2010, 312 Tz. 18 = WuW/E DE-R 2708 – Reisestellenkarten.

20 S. *EuGH* Slg. 1985, 1117 (1123f. Tz. 21ff.) – CICCE; *Böni/Palzer,* RIW 2012, 528 (532f).

21 Gegen die immer weiter getriebene Aufsplitterung der Märkte jetzt betont BGHZ 170, 299 (305ff. Tz. 19f.) = NJW 2007, 1823 =JuS 2007, 784 Nr. 13 – National Geographic I.

22 S. die Tetra-Pak-Urteile *EuGH* Slg. 1996, I-5987 (6004f. Tz. 11f.) – Tetra Pak; *EuG* Slg. 1994, II-755 (792ff. Tz. 60ff.) – Tetra Pak.

23 *Kommission,* Entsch. v. 14.3.1997, ABl. Nr. 258/1 (15 Tz. 87ff.) – Irish Sugar.

24 *EuGH* Slg. 2008, I-4892 Tz. 33 = EuZW 2008, 605 (608) = JuS 2008, 1131 – MOTOE.

25 *Kommission,* Leitlinien v. 6.9.1991, ABl. 1991 Nr. C 233/1 (7f.); v. 11.7.2002, ABl. 2002 Nr. C 165/6 (11ff., Tz. 44ff.).

26 Z. B. *EuGH* Slg. 2008, I-4892 Tz. 33f. = EuZW 2008, 605 (608) = JuS 2008, 1131 – MOTOE; *Kommission,* Bekanntmachung v. 9.12.1997 über eine Bestimmung des relevanten Marktes (ABl. Nr. C 372/5), Tz. 8, 28ff., 44ff. = WuW 1998, 261; Bagatellbekanntmachung v. 9.12.1997 (ABl. Nr. C 372/13), Tz. 15 = WuW 1998, 159 (162).

16 Die maßgeblichen **Kriterien** wechseln je nach den betroffenen Märkten und deren Eigenarten. Eine zentrale Rolle spielt aber durchweg – neben der immer zu berücksichtigenden Nachfrage- und Angebotssubstituierbarkeit – die **Einheitlichkeit der Preise** im Raum. Abnehmer an unterschiedlichen Orten, die zum selben Preis einkaufen können, gehören zum selben Markt. Besteht dagegen die Möglichkeit zu Preisdiskriminierungen zwischen den Abnehmergruppen an verschiedenen Plätzen, so deutet dies auf getrennte räumliche Märkte hin, weil dafür unter anderem Voraussetzung ist, dass ein Handel der Abnehmer untereinander (sog. Arbitrage-Geschäfte) nicht möglich ist.[27]

17 Im Einzelnen hat man lokale, regionale, nationale, europaweite und Weltmärkte zu unterscheiden, je nach den unterschiedlichen Marktbedingungen. **Lokale Märkte** bestehen z. B. für die Erbringung von Bodenabfertigungsdiensten auf Flughäfen, weil die Anbieter gerade auf diejenigen Flughäfen, auf denen sie tätig werden wollen, angewiesen sind,[28] sowie – aus denselben Gründen – für die Erbringung von Lotsendiensten in einem großen Hafen.[29] Im Bahn- und Flugverkehr bildet außerdem jede Verbindung zwischen zwei Städten einen eigenen Markt, weil die Nachfrager nach Transportleistungen zu einem Ort schwerlich auf Verbindungen nach anderen Orten ausweichen können.[30]

18 Ziel der Union ist bekanntlich die Schaffung eines einheitlichen europäischen Binnenmarktes. Tatsächlich bestehen jedoch immer noch auf zahlreichen Sektoren **getrennte nationale Märkte** fort. Die Gründe sind vielfältig. Hervorzuheben sind fortbestehende staatliche Handelsschranken sowie die Verbrauchsgewohnheiten der Abnehmer. Eine Rolle spielt ferner die Möglichkeit der Abnehmer, räumlich entfernte Produktmärkte überhaupt zu erreichen. Weitere wichtige Gesichtspunkte sind der Standort der Unternehmen sowie die Produkteigenschaften, insbesondere die Haltbarkeit und die Transportfähigkeit von Gütern. Aus den genannten Gründen bestehen z. B. weiterhin gesonderte nationale Märkte bei Kraftfahrzeugen, abzulesen an den immer noch verblüffenden Preisunterschieden zwischen Kraftfahrzeugen in den einzelnen Mitgliedstaaten der Union.

4. Wesentlicher Teil

19 Die genannten Kriterien (o. Rn. 15ff.) können zur Anerkennung sehr enger räumlicher Märkte führen. Art. 102 AEUV hat indessen nicht die Aufgabe, auf kleinen lokalen Märkten den wenigen dort tätigen Unternehmen einen Schutz gegen Machtmissbräuche marktbeherrschender Unternehmen zu verschaffen. Deshalb fügt Art. 102 S. 1 AEUV hinzu, dass das unionsrechtliche Missbrauchsverbot nur Anwendung findet, wenn der jeweilige Markt zugleich einen „wesentlichen Teil" des Binnenmarktes bildet. Maßgebendes Kriterium dafür ist die **Relevanz** des betreffenden Marktes für den Wettbewerb in der Union. Nur Missbräuche auf Märkten, deren Entwicklung für den Wettbewerb in der Union wichtig ist, werden erfasst.

---

27 *Kommission,* Entsch. v. 31.1.2001, ABl. 2002 Nr. L 57/1 (7ff., Rn. 47ff.) – SCA/MT.

28 *EuG* Slg. 2000, II-3929 (3974f. Tz. 140ff.) = WuW/E EU-R 443 – ADP.

29 S. *EuGH* Slg. 1991 I-5923 – Porto di Genova; Slg. 1994, I-1812 – Corsica Ferries.

30 *EuG* Slg. 1994, II-923 (953 Tz. 84) = EuZW 1994, 534 (539) – Air France; Slg. 1998, II-3141 (3179f. Tz. 91ff.) – Europ. Night Services; *Kommission,* Entsch. v. 27.8.2003, ABl. 2004 Nr. L 11/17 (27 Tz. 68).

Um die Relevanz eines Marktes zu beurteilen, stellt der **Gerichtshof** in erster Linie auf die Struktur des betreffenden Marktes sowie auf Größe und Umfang der Produktion und des Verbrauchs auf diesem Markt ab.[31] Daher können selbst Produktions- und Verbrauchsanteile von deutlich unter 10% des unionsweiten Marktvolumens für die Annahme eines wesentlichen Teils des Binnenmarktes ausreichen, vor allem, wenn die nationalen Märkte noch getrennt sind. Einen wesentlichen Teil des Binnenmarktes bilden infolgedessen nicht nur das **Gebiet jedes Mitgliedstaates**[32] sowie bedeutende **Teile** zumindest der großen Mitgliedstaaten,[33] sondern von Fall zu Fall auch schon ein einziger bedeutender **Flug- oder Seehafen.**[34] 20

5. Einzelmarktbeherrschung

a) Begriff

Art. 102 AEUV beruht, wie schon im Einzelnen ausgeführt (Rn. 6), auf der Vorstellung, dass ein System unverfälschten Wettbewerbs vor allem durch den **anonymen Wettbewerbsdruck** gekennzeichnet ist, der dem Verhaltensspielraum der Unternehmen die im Interesse ihrer Konkurrenten und Vertragspartner erforderlichen Schranken zieht. Denn nur bei Vorhandensein eines ausreichenden Wettbewerbsdrucks bleibt das unternehmerische Verhalten auf offenen Märkten **risikobehaftet,** so dass die Unternehmen auf ihre Konkurrenten Rücksicht nehmen und sich außerdem darum bemühen müssen, der Marktgegenseite „bessere" Bedingungen als ihre Konkurrenten anzubieten, um im Geschäft zu bleiben (sog. **Leistungselement** des Wettbewerbs). Solange dies gewährleistet ist, so lange ist es auch gerechtfertigt, von einem System unverfälschten Wettbewerbs i. S. d. früheren Art. 3 Abs. 1 lit. g EGV zu sprechen. Das charakteristische Merkmal der beherrschenden Stellung ist folglich in der Fähigkeit eines Unternehmens zu sehen, sich genau diesem anonymen Wettbewerbsdruck auf seinen Märkten zu entziehen, unabhängige Strategien zu entwickeln und dadurch die Wettbewerbsbedingungen in einer Weise zu beeinflussen, die allein seinen Interessen dient, nicht jedoch denen seiner Vertragspartner oder seiner Konkurrenten. 21

Dabei wird nicht verkannt, dass selbst ein Monopolist wenigstens in gewissen äußersten Grenzen auf seine Vertragspartner Rücksicht nehmen muss, während umgekehrt auch in einem System unverfälschten Wettbewerbs ein Unternehmen durchaus über einen beachtlichen Verhaltensspielraum verfügen kann. Bei der Feststellung einer beherrschenden Stellung handelt es sich mithin um eine **Grad- und Maßfrage,** nämlich um die Entscheidung, von welchem Punkt ab der Verhaltensspielraum eines Unternehmens als **übermäßig** und gerade deshalb als kontrollbedürftig (Art. 102 AEUV) erscheint. 22

[31] *EuGH* Slg. 1975, 1663 (1995f., 2011ff.) – Suiker Unie; Slg. 1978, 207 (283ff.) – Chiquita; Slg. 1979, 461 (514ff.) – Hoffmann-La Roche; *Kommission,* Leitlinien, ABl. 1991 Nr. C 133, Tz. 33.

[32] *EuGH* Slg. 1974, 313 (316) – SABAM usw. bis z. B. Slg. 2001, I-8137 (8150f. Tz. 28) – Ambulanz Glöckner; Slg. 2003, I-5219 (5247 Tz. 79); Slg. 2008, I-4892 Tz. 35 – MOTOE; Slg. 2008, I-9311 = WuW/E EU-R 1513 T. 22 – Kanal 5/STIM; *EuG* Slg. 1997, II-1695 (1714 Tz. 58) – DPAG; *Kommission,* Entsch. v. 27.8.2003, ABl. 2004 Nr. L 11/17 (33 Tz. 115f.) – GVG/FS.

[33] *EuGH* Slg. 1975, 1663 (1995f., 2011ff.) – Suiker Unie; Slg. 2001, I-8137 (8150f. Tz. 38) – Ambulanz Glöckner.

[34] So für die Häfen von Genua und La Spezia *EuGH* Slg. 1991, I-5923 (5928); Slg. 1994, I-1812 (1824f.); Slg. 1997, I-4453 (4465) – GT-Link; Slg. 1998, I-570 (579 Tz. 26) – Raso; Slg. 1998, I-3981 (3994f. Tz. 38) – Corsica Ferries France; für die Pariser Flughäfen *EuG* Slg. 2000, II-3929 (3977 Tz. 152) = WuW/E EU-R 443 – ADP.

23 Im selben Sinne hat der **Gerichtshof** in einer Vielzahl von Entscheidungen die beherrschende Stellung eines Unternehmens als wirtschaftliche Machtstellung definiert, die das Unternehmen in die Lage versetzt, die Aufrechterhaltung eines wirksamen Wettbewerbs auf dem relevanten Markt zu verhindern, indem sie ihm die **Möglichkeit zu einer unabhängigen Marktstrategie** im Verhältnis zu seinen Marktpartnern verschafft. Dafür ist weder ein Monopol noch ein Quasimonopol erforderlich; vielmehr kann eine beherrschende Stellung bereits anzunehmen sein, wenn auf dem Markt noch ein gewisser Wettbewerb herrscht, sofern nur das betreffende Unternehmen in der Lage ist, die Bedingungen, unter denen sich dieser Wettbewerb entwickeln kann, merklich zu beeinflussen, während es seinerseits auf das Verhalten seiner Konkurrenten keine nennenswerte Rücksicht mehr zu nehmen braucht. Die wirtschaftliche Machtstellung eines Unternehmens äußert sich folglich in erster Linie in seiner Fähigkeit, die Preise zu bestimmen und die Produktion oder die Verteilung zu kontrollieren.[35] Dies alles gilt gleichermaßen für Anbieter wie für Nachfrager. Auch **Nachfrager** können eine beherrschende Stellung einnehmen, sobald sie Raum für unabhängige Marktstrategien besitzen.[36] Gleich steht ferner unter im Einzelnen noch nicht endgültig geklärten Voraussetzungen die **Abhängigkeit** bestimmter Unternehmen von anderen, jedenfalls dann, wenn sich die letzteren in einer Position befinden, die sie zum „Zwangspartner" für die Mehrzahl ihrer Lieferanten oder Abnehmer macht.[37] Jedoch haben die verschiedenen Erscheinungsformen der **Nachfragemacht** bisher in der Praxis zu Art. 102 AEUV nur eine marginale Rolle gespielt.[38]

24 Zwei **Kriterien** sind es mithin vornehmlich, die eine beherrschende Stellung charakterisieren: einmal die Fähigkeit zur Verhinderung eines wirksamen Wettbewerbs auf dem relevanten Markt, zum anderen die Möglichkeit zu einer unabhängigen Marktstrategie im Verhältnis insbesondere zu den Marktpartnern. Die Fähigkeit zur Verhinderung eines wirksamen Wettbewerbs äußert sich insbesondere in der **Kontrolle des Marktzugangs** einschließlich des Zugangs zu vor- und nachgeordneten Märkten, namentlich durch die Verweigerung der Belieferung mit den zum Markteintritt erforderlichen Ressourcen zu wettbewerbsfähigen Preisen oder durch vergleichbare Strategien, da solches Verhalten ein besonders deutliches Anzeichen für das Vorliegen von Marktbeherrschung ist.[39]

[35] *EuGH* Slg. 1971, 487 (501) – Deutsche Grammophon/Metro usw. bis z. B. Slg. 2008. I-4892 Tz. 37 = EuZW 2008, 605 = JuS 2008, 1131 – MOTOE; WuW/E EU-R 1513 Tz. 27 – Kanal 5/STIM; Slg. 2010, I-9601 = WuW/E EU-R 1779 (1793 Tz. 170) – DTK; Slg. 2011, I-564 = EuZW 2011, 339 Tz. 23 – TeliaSonera; *EuGH,* WuW/E EU-R 2323 Tz. 38 ff. = EuZW 2012, 741 – Tomra; EuG Slg. 2010, II-2645 (2717 f. Tz. 254 ff.) – ICI; ebenso *Kommission,* Leitlinien v. 11.7.2002, ABl. Nr. C 165/6 (14 ff. Tz. 70 ff.); Mitteilung v. 24.2.2009, ABl. C 45/7.

[36] *EuGH* Slg. 1985, 1105 (1123 f.) – CICCE/TV France; *Kommission,* Leitlinien, ABl. 1991 Nr. C 233/1 (16 Tz. 82).

[37] *EuG* Slg. 2003, Slg. II-4662 (4718 f. Tz. 154 ff.) = WuW/E EU-R 765 – van den Berg Foods; *Kommission,* Entsch. v. 20.6.2001, ABl. 2002 Nr. L 143/1 (33 f. Tz. 202 ff.) – Michelin; *van Bael/Bellis,* p. 126 f.; *Füller,* FS Säcker, 2011, S. 669 ff.; *Ritter/Braun,* p. 401 ff.; gegen diese Ausdehnung des Art. 102 z. B. *Oechsler,* FS Säcker, 2011, S. 879 (885 ff.).

[38] S. ausführlich *Böni/Palzer,* RIW 2012, 528 m. N.

[39] *EuGH* Slg. 2008. I-4892 Tz. 37 = EuZW 2008, 605 = JuS 2008, 1131 – MOTOE; *BGH* NJW-RR 2010, 392 (393 Tz. 25 ff.); *OLG Hamburg* WuW/E DE-R 2381 (2384 ff.).

b) Ursachen, Faktoren

Die Faktoren, die als Ursache für den übermäßigen, vom Wettbewerb nicht mehr hinreichend kontrollierten Verhaltensspielraum eines Unternehmens in Betracht kommen (o. Rn. 21 ff.), sind vielfältig. Sie reichen von der Innehabung eines gesetzlichen Monopols bis zum Besitz wertvoller Schutzrechte oder Marken. Ganz im Vordergrund steht jedoch ebenso wie im deutschen Recht (s. u. § 27 Rn. 33 ff.) der **Marktanteil** des betreffenden Unternehmens,[40] so dass die Prüfung, ob ein Unternehmen über eine beherrschende Stellung verfügt, in aller Regel bei der Bestimmung seines Marktanteils (und deshalb bei der Marktabgrenzung, o. Rn. 8 ff.) zu beginnen hat (u. Rn. 28). Das Gewicht der anderen Faktoren ist in der Regel umso geringer, je höher der Marktanteil eines Unternehmens auf dem fraglichen Markt bereits ist.[41] Der Gerichtshof betont in diesem Zusammenhang außerdem immer wieder die **besondere Verantwortung** der Unternehmen in beherrschender Stellung für die Aufrechterhaltung eines Systems unverfälschten Wettbewerbs auf den Märkten der Union, die sich für sie – im Unterschied zu sonstigen Unternehmen – aus Art. 102 AEUV ergibt und die weitreichende Auswirkungen für die Auslegung des Art. 102 AEUV hat, namentlich in den Fällen des Behinderungs- und des Strukturmissbrauchs.[42] 25

Verfügt ein Unternehmen auf einem wesentlichen Teil des Binnenmarktes, insbesondere also in einem Mitgliedstaat, über ein **Monopol,** so wird automatisch von dem Vorliegen einer beherrschenden Stellung ausgegangen, wobei **faktische und rechtliche Monopole** gleichstehen.[43] Unter Art. 102 AEUV fallen daher z. B., sofern sie noch über gesetzliche oder faktische Monopole verfügen, die nationalen Post- und Eisenbahnunternehmen,[44] die Deutsche Telekom AG zumindest im Ortsvermittlungsbereich und wohl auch darüber hinaus, ein französisches Staatsunternehmen mit dem ausschließlichen Recht zum Betrieb der großen Pariser Flughäfen,[45] die französischen und italienischen Staatsmonopole EdF, GdF und ENEL für Strom und Gas (ein Albtraum) sowie etwa noch die Arbeitsvermittlungsmonopole einzelner Mitgliedstaaten.[46] 26

---

40 Ebenso z. B. BGHZ 176, 1 = NJW-RR 2008, 896 = JuS 2009, 89; *BGH* NJW-RR 2010, 392.

41 *EuGH* Slg. 1982, 3461 (3503 ff.) – Michelin; Slg. 1988, 2507 (2514 f.) – Bodson; Slg. 1991, I-3439 (3452 f.) – Akzo; *EuG* Slg. 1994, II-755 (811 ff.) – Tetra Pak; *EuG* Slg. 2010, II-2645 (2718 f. Tz. 256) – ICI.

42 Z. B. *EuGH* Slg. 1983, 4361 (3511, Tz. 57) – Michelin; Slg. 2010, I-9601 = WuW/E EU-R 1779 Tz. 83, 176 – DTK; WuW/E EU-R 2297 Tz. 23 = EuZW 2012, 540 = JuS 2012, 1133 – Post Danmark; NZKart 2013, 113 Tz. 134 – AstraZeneca; ebenso z. B. *EuG* Slg. 1993, II-389 (417 Tz. 67) – BPB; Slg. 2003, II-4082 (4154 Tz. 217) – Michelin; Slg. 2010, II-2645 (2728 Tz. 295) – ICI; *Kommission,* Mitteilung von 2009, Tz. 1, 9; Entsch. v. 2.6.2004, WuW/E EU-V 1053 (1058 Tz. 217) – Clearstream.

43 *EuGH* Slg. 1988, I-2557 (2514 f.) – Bodson usw. bis z. B. Slg. 1999, I-5863 (5890 Tz. 91) = ZIP 2000, 34 = WuW/E EU-R 251 = JuS 2000, 609 Nr. 12 – Albany; Slg. 2000, I-857 (873 Tz. 37, 878 Tz. 57 ff.) = EuZW 2000, 281 – DPAG/GZS/Citicorp; Slg. 2000, I-3777 (3795 ff.); Slg. 2001, I-4142 (4159 Tz. 43); Slg. 2003, I-6497 (6533 Tz. 126); Slg. 2008. I-4892 Tz. 38 = EuZW 2008, 605 = JuS 2008, 1131 – MOTOE.

44 *EuGH,* Urteil DPAG/GZS/Citicorp (vorige Fn.); *EuG* Slg. 1997, II-1695 (1714 Tz. 57) = WuW/E EU-R 1 (6) – Deutsche Bahn; Slg. 1998, II-3649 (3679 f. Tz. 94 ff.) = ZIP 1998, 1674 (1681) – Remailing/IECC.

45 *EuGH* Slg. 2002, I-9334 (9370 Tz. 106 f.) = WuW/E EU-R 597 – ADP.

46 *EuGH* Slg. 1991, I-2010 (2018) – Macrotron.

27 Eine besondere Bedeutung hat in diesem Zusammenhang ferner der Besitz wertvoller **gewerblicher Schutzrechte:**[47] *Allein* begründen sie freilich nur in Ausnahmefällen eine beherrschende Stellung,[48] und zwar insbesondere, wenn das Schutzrecht seinem Inhaber die Möglichkeit eröffnet, den Zugang zum Markt zu kontrollieren. Die wichtigsten **Beispiele** sind **Schlüsselpatente,** ohne deren Benutzung die Betätigung auf einem bestimmten Markt praktisch nicht möglich ist, sowie die Entwicklung eines Schutzrechts zum **Industriestandard,** dem ebenfalls kein Wettbewerber ausweichen kann, selbst wenn es technische Alternativen geben sollte.[49] Wichtig ist im vorliegenden Zusammenhang vor allem noch der weitere Umstand, dass auf zahlreichen Märkten eine ausgesprochene **Patentkonzentration** in den Händen weniger Großunternehmen besteht (Paradigmata: GE und Siemens), die zur Folge hat, dass die betreffenden Unternehmen über eine beherrschende Stellung verfügen, weil sie aufgrund der *Gesamtheit* ihrer zahlreichen Schutzrechte letztlich über den Zugang ihrer Konkurrenten zu den einzelnen Märkten zu entscheiden vermögen.

28 Liegt kein Monopol oder Quasi-Monopol vor (o. Rn. 26), so kommt es in erster Linie auf die **Höhe** des **Marktanteils** des betreffenden Unternehmens auf dem relevanten Markt an (o. Rn. 25). Kleine Marktanteile **(unter 25%)** schließen daher in der Regel die Annahme einer beherrschenden Stellung aus.[50] Marktanteile zwischen **25 und 40%** rechtfertigen gleichfalls nur im Falle des Zusammentreffens mit anderen Faktoren die Annahme einer beherrschenden Stellung.[51] Die Situation ändert sich erst bei Marktanteilen **deutlich jenseits 40%** auf dem jeweils relevanten, meistens noch nationalen Markt (o. Rn. 15f.). Solche Marktanteile begründen in der Regel, vor allem, wenn noch andere, in dieselbe Richtung weisende Faktoren hinzukommen, eine beherrschende Stellung.[52] Bei noch höheren Marktanteilen **(ab 50%)** wird sogar durchweg ohne weitere Prüfung von dem Vorliegen einer beherrschenden Stellung ausgegangen.[53]

28a In den verbleibenden Fällen ist *ergänzend* das Augenmerk namentlich auf den **Abstand** zu den Konkurrenten, das Gewicht der **Marktzutrittsschranken** sowie die **Dauer** des hohen Marktanteils zu richten, weil die überragende Position eines Unternehmens umso gefestigter erscheint, je länger sie andauert und je höher die Marktzutrittsschranken sind.[54] Weitere auf die beherrschende Stellung eines Unternehmens

[47] S. im Einzelnen *Mestmäcker/Schweitzer,* § 28 Rn. 122ff. (S. 739ff.).

[48] *EuGH* Slg. 1968, 85 (112) – Parke Davis; Slg. 1971, 69 (84) – Sirena; Slg. 1971, 487 (501) – Deutsche Grammophon/Metro; Slg. 1974, 313 (316) – BRT; Slg. 1976, 811 (851) – Emi; Slg. 1976, 871 (909) – Emi; Slg. 1995, I-808 (822 Tz. 46) = EuZW 1995, 339 = JuS 1995, 840 Nr. 11 – RTE und ITP.

[49] S. u. § 27 Rn. 100 (zu Zwangslizenzen); BGHZ 160, 67 (72ff.) = NJW-RR 2005, 269 – Standard-Spundfaß; BGHZ 180, 312 = GRUR 2009, 694 – Orange Book; *OLG Karlsruhe* GRUR-RR 2007, 177 (179) – Orange Book.

[50] *EuGH* Slg. 1977, 1875 (1903f.); Slg. 1986, 3021 (3094) – Metro I und II.

[51] *EuGH* Slg. 1994, I-5671 (5690f. Tz. 47ff.) = EuZW 1995, 244 (247): Bei einer Bezugsgenossenschaft reicht ein Marktanteil von 36% allein für die Anwendung des Art. 102 nicht aus.

[52] *EuGH* Slg. 1978, 207 (290) = NJW 1978, 2439 – Chiquita.

[53] *EuGH* Slg. 1975, 1663 (1996, 2013) – Suiker Unie; Slg. 1979, 461 (519ff.) – Hoffmann-La Roche/ Vitamine; Slg. 1983, 3461 (3503ff.) – Michelin; Slg. 1991, I-3439 (3452f.) – Akzo; *EuG* Slg. 1991, II-1439 (1480f.) – Hilti usw. bis z. B. Slg. 2003, II-4662 (4718ff. Tz. 154ff.) – van den Bergh Foods; Slg. 2010, II-2645 (2718f. Tz. 256) – ICI.

[54] *EuGH* Slg. 1978, 207 (290) = NJW 1978, 2439 – Chiquita; Slg. 1979, 461 (519ff.) – Hoffmann-La Roche; *Kommission,* Mitteilung, ABl. 2009 Nr. C 45/7, Tz. 15–18.

hindeutende Faktoren, so genannte **Plusfaktoren,** sind je nach den Umständen des Falles z. B. hohe Marktzutrittsschranken, geringe Austauschbarkeit der eigenen Produkte mit denen der Konkurrenten, besonders enge Beziehungen zur öffentlichen Hand, sonstige gesetzliche Privilegien, herausragende wirtschaftliche Ressourcen, der Besitz besonderer Kenntnisse und Fähigkeiten, ein erheblicher technischer Vorsprung, ein erstklassiges Vertriebsnetz sowie das Fehlen potentiellen Wettbewerbs, vor allem, wenn es sich dabei um einen lange andauernden Zustand handelt.[55] Unter solchen Umständen stehen auch vorübergehende Verluste eines Unternehmens oder die Größe seiner Konkurrenten der Annahme einer beherrschenden Stellung nicht notwendig entgegen.[56] – Eine ganz herausragende, einem Quasimonopol nahekommende Stellung auf einem Markt kann schließlich noch auf **andere, eng verbundene Märkte** ausstrahlen und einem Unternehmen dort – trotz deutlich niedrigerer Marktanteile – gleichfalls die Fähigkeit zur Verfolgung unabhängiger Marktstrategien und damit eine beherrschende Stellung verleihen.[57]

Daneben können von Fall zu Fall auch **Marktverhaltenskriterien** herangezogen wer- 29
den, wobei in erster Linie an die **Preispolitik** eines Unternehmens zu denken ist.[58] So befindet sich in der Regel in einer beherrschenden Position, wer die Preise auf dem Markt diktiert, vor allem, wenn er dadurch zugleich über den Marktzugang anderer Unternehmen entscheidet.[59] Nur selten liegen freilich die Verhältnisse wegen der bekannten Ambivalenz des Marktverhaltens selbst großer und mächtiger Unternehmen so klar wie in derartigen Fällen. In besonderem Maße trifft dies für **Preisunterbietungen** zu, die auch bei einem großen und mächtigen Unternehmen letztlich darauf beruhen können, dass das Untenehmen im Wettbewerb Rücksicht auf seine Konkurrenten und Abnehmer nehmen muss (Stichwort: meeting competition-defence).[60] Dagegen ist sehr wohl Raum für die Anwendung des Art. 102 AEUV, wenn die Preisunterbietung nichts anderes als der Ausdruck einer gezielten, auf die Verdrängung kleinerer Konkurrenten gerichteten Kampfstrategie ist (u. § 10 Rn. 40ff.).

6. Mehrere Unternehmen

Art. 102 S. 1 AEUV verbietet nicht nur missbräuchliche Verhaltensweisen einzelner 30
Unternehmen in beherrschender Stellung (o. Rn. 21ff.), sondern auch den Missbrauch einer beherrschenden Stellung „durch mehrere Unternehmen". Was darunter zu verstehen ist, ist unklar und umstritten. Im Wesentlichen geht es um drei Fälle, nämlich erstens um die Behandlung von Konzernen, zweitens um die der so genannten Kollektivmonopole i. e. S. (Rn. 31f.) sowie drittens insbesondere um die Stellung von Oligopolen unter Art. 102 AEUV (Rn. 33). **Konzerne** werden, wie bereits ausgeführt (o. § 3 Rn. 44f.), im europäischen Kartellrecht unter bestimmten Voraussetzungen als wirtschaftliche Einheit und damit als *ein* Unternehmen, und zwar auch im Sinne des Art. 102 AEUV, behandelt. Erforderlich ist dafür, dass die verbundenen Unternehmen eine koordinierte Marktstrategie verfolgen, sei es aufgrund der Wei-

[55] *EuGH* Slg. 1979, 461 (519ff.) – Hoffmann-La Roche/Vitamine; Slg. 1983, 3461 (3510f.) – Michelin; Slg. 1988, 2507 (2514f.) – Bodson; Slg. 1991, I-3439 (3452f.) – Akzo.

[56] *EuGH* Slg. 1983, 3461 (3511f.) – Michelin.

[57] *EuG* Slg. II 1994, 755 (815ff.) – Tetra Pak; *EuGH* Slg. 1996, I-5987 (6008f. Tz. 28f.) – Tetra Pak; *OLG Hamburg* WuW/E DE-R 2831 (2835); *Mestmäcker/Schweitzer,* § 18 Rn. 19ff. (S. 441ff.).

[58] *Frenz,* Rn. 1124ff. (S. 463ff.).

[59] S. *EuGH* Slg. 1975, 1663 (1996, 2013) – Suiker Unie.

[60] *EuGH* Slg. 1977, 1875 (1904) – Metro I; Slg. 1986, 3021 (3094) – Metro II.

sungen der Muttergesellschaft, sei es aufgrund einer Abstimmung der Konzernglieder, *und* dass die verbundenen Unternehmen infolgedessen *zusammen* über eine beherrschende Stellung i. S. d. Art. 102 AEUV verfügen.[61] Die Kommission kann in solchen Fällen bei Missbräuchen einer Tochtergesellschaft nach ihrer Wahl gegen dieses Unternehmen, gegen die Muttergesellschaft oder gegen beide vorgehen.[62] Denn aus dem Blickwinkel der Wettbewerbsregeln bilden alle zusammen eben nur *ein* Unternehmen.

31 Mehrere Unternehmen nehmen außerdem dann zusammen eine beherrschende Stellung ein, wenn zwischen ihnen aus strukturellen Gründen kein Wettbewerb mehr besteht *und* sie Dritten gegenüber als Einheit auftreten. Voraussetzung ist, dass zwischen den betreffenden Unternehmen wirtschaftliche Bindungen oder sonstige sie verbindende Faktoren bestehen, die es ihnen erlauben, *gemeinsam* unabhängig von ihren Konkurrenten und Marktpartnern zu handeln.[63] Im Einzelnen hat man dabei Kollektivmonopole im engeren Sinne (Rn. 32) und sonstige Oligopole zu unterscheiden (Rn. 33).

32 **Kollektivmonopole im engeren Sinne** beruhen in erster Linie, aber nicht allein auf dem Abschluss einer wettbewerbsbeschränkenden *Vereinbarung* im Sinne des Art. 101 Abs. 1 AEUV, vorausgesetzt, dass zu solcher Vereinbarung noch wirtschaftliche Bindungen oder sonstige verbindende Faktoren hinzukommen, die den beteiligten Unternehmen ein einheitliches Auftreten am Markt erlauben.[64] Ein **Beispiel** für derartige Kollektivmonopole bilden die Seeschifffahrts- oder Linienkonferenzen, die aufgrund der GFVO Nr. 4056/1986[65] *gemeinsam* den Linienverkehr betreiben.[66] In diesen Fällen sind dann die Art. 101 und 102 AEUV *nebeneinander* anwendbar, sobald die Kartellmitglieder ihre Kollektivmacht missbrauchen.[67] Beispiele sind Kampfstrategien gegen Außenseiter oder die gemeinsame Ausplünderung der Abnehmer.[68]

33 Art. 102 AEUV erfasst schließlich auch noch sonstige **Oligopole** – von der Kommission jetzt immer (entsprechend Art. 102 S. 1 AEUV) „gemeinsame Beherrschung" genannt –, sofern strukturelle Gegebenheiten des Marktes zwischen den beteiligten Unternehmen eine so enge Bindung schaffen, dass ihnen allein aufgrund des sog.

[61] *EuGH* Slg. 1974, 223 (255 f.) – ICI; Slg. 1986, 3021 (3094) – Metro; Slg. 1989, 803 (848 f.) = NJW 1989, 2192 – Flugtarife; *EuG* Slg. 1992, II-1403 (1547) – Vetro; *Pohlmann,* Der Unternehmensverbund im Europ. Kartellrecht, 1999, S. 354 ff.; ein Beispiel in *Kommission,* Entsch. v. 27.8.2003, ABl. 2004 Nr. L 11/17 (28 Tz. 72 ff.) – GVG/FS.

[62] *EuG* Slg. 2006, II-3448 = WuW/E EU-R 1192 (1197 f. Tz. 129 ff.) – Jungbunzlauer; *Pohlmann,* Unternehmensverbund (vorige Fn.), S. 354 ff.

[63] *EuGH* Slg. 2000, I-1442 (1458 ff. Tz. 36 ff.) = WuW/E EU-R 309 – Comp. Maritime Belge; Slg. 2001, I-5335 (5347 f. Tz. 46 f.) – Irish Sugar; *Kommission,* Leitlinien von 2002, ABl. Nr. C 165/6, Tz. 86 ff.; Entsch. v. 26.11.2008, WuW/E EU-V 1380 Tz. 13 ff. – E.ON.

[64] *EuGH* Slg. 2000, I-1442 (1459 f. Tz. 44 f.) – Comp. Maritime Belge (CMB).

[65] ABl. Nr. L 378/4.

[66] *EuGH* Slg. 2000, I-1442 (1460 ff. Tz. 46 ff.) = WuW/E EU-R 309 – Comp. Maritime Belge (CMB); vgl. auch schon *EuGH* Slg. 1975, 1663 (2013) – Suiker Unie; *EuG* Slg. 1992, II-1403 (1548) – Vetro; Slg. 1997, II-1201 (1234 ff.) – Comp. Maritime Belge (CMB).

[67] S. o. Rn. 5 sowie schon o. § 8 Rn. 12; *EuGH* Slg. 1979, 461 (550) – Vitamine; Slg. 1989, 803 (849) = NJW 1989, 2192 – Flugtarife; Slg. 2000, I-1442, (1457 Tz. 33) = WuW/E EU-R 309 – Comp. Maritime Belge (CMB).

[68] *EuG* Slg. 1996, II-1201 (1234 ff.) – Comp. Maritime Belge (CMB); bestätigt durch *EuGH* Slg. 2000, I-1442 (1480 ff. Tz. 129 ff.) = WuW/E EU-R 309 (315 f.).

Marktzwanges bereits ein einheitliches und unabhängiges Verhalten gegenüber Dritten ermöglicht wird, das es rechtfertigt, sie als Einheit zu behandeln.[69] Die (sehr schwer nachzuweisenden) Voraussetzungen dürften im Wesentlichen denen entsprechen, unter denen im Rahmen der Fusionskontrolle heute eine wettbewerbliche Einheit angenommen wird (s. u. § 16 Rn. 49ff.). Folgt man dem, so kommt die Annahme eines marktbeherrschenden Oligopols in Betracht, wenn erstens die weitgehende *Markttransparenz* eine vollständige gegenseitige Kontrolle der Oligopolisten erlaubt, wenn zweitens die *hohe Reaktionsverbundenheit* zwischen den Beteiligten auf Dauer sicherstellt, dass ein abweichendes Verhalten sofort sanktioniert wird, und wenn drittens etwaige *Reaktionen von Kunden oder Konkurrenten* die Position der Oligopolmitglieder nicht mehr infrage stellen können.[70] Ein Beispiel ist der deutsche Großhandelsmarkt für Strom, der gemeinsam von den großen Verbundunternehmen E.ON und RWE beherrscht wird, die die Märkte unter sich aufgeteilt haben und sich keinen Wettbewerb mehr liefern.[71]

§ 10. Missbrauch

Materialien: Hdb., H I § 3 Rn. 51ff.; *Kommission,* Diskussionspapier über die Anwendung des Art. 82 EGV auf Behinderungsmissbräuche, Dezember 2005; *dies.*, Zu den Prioritäten bei der Anwendung von Art. 82 EGV auf Fälle des Behinderungsmissbrauchs durch marktbeherrschende Unternehmen vom 24. Februar 2009, ABl. Nr. C 45/7.

I. Begriff

1. Grundlagen

Nach Art. 102 S. 1 AEUV ist verboten „die missbräuchliche Ausnutzung einer beherr- 1
schenden Stellung auf dem Binnenmarkt oder auf einem wesentlichen Teil desselben“, vorausgesetzt, dass der Missbrauch dazu führen kann, den Handel zwischen Mitgliedstaaten zu beeinträchtigen.[1] Der Vertrag sagt jedoch an keiner Stelle, was unter einem Missbrauch im Sinne des Art. 102 S. 1 AEUV zu verstehen sein soll, sondern beschränkt sich darauf, in S. 2 des Art. 102 AEUV vier sog. **Regelbeispiele** aufzuzählen. Diese Aufzählung ist nicht abschließend, so dass in anderen Fallgestaltungen missbräuchlichen Verhaltens auf die **Generalklausel** des Art. 102 S. 1 AEUV zurückgegriffen werden kann.[2] Zu deren Präzisierung wurde früher meistens ergänzend noch **Art. 66 § 7 Abs. 1** des 2002 außer Kraft getretenen **EGKS-Vertrages** herangezogen,

[69] S. *Kommission,* Leitlinien v. 11.7.2002, ABl. Nr. C 165/6 (17ff. Tz. 86ff.); Entsch. v. 26.11.2008, WuW/E EU-V 1380 Tz. 13ff. – E.ON.

[70] *EuG* Slg. 2002, II-2592 (2611ff., Tz. 58ff.) – Airtours und First Choice; Slg. 2006, II-2298 = WuW/E EU-R 1091 (1093ff., Tz. 245ff.) – Impala; s. *Kommission,* Leitlinien zur Bewertung horizontaler Zusammenschlüsse v. 5.2.2004, ABl. 2004 Nr. C 31/5, Tz. 24, 39ff.; *Bartosch,* EuZW 2006, 619; *Frenz,* WuW 2007, 138.

[71] *Kommission,* Entsch. v. 26.11.2008, WuW/E EU-V 1380 Tz. 13ff. – E.ON; zur Kritik s. Hdb., H I § 3 Rn. 50; *Böni/Palzer,* WuW 2009, 477.

[1] Zur Zwischenstaatlichkeitsklausel s. schon o. § 3 Rn. 18ff.; *Kommission,* Leitlinien über den Begriff der Beeinträchtigung des zwischenstaatlichen Handels in den Art. 81 und 82 EGV (jetzt: Art. 101, 102 AEUV), ABl. 2004 Nr. C 101/82.

[2] Rn. 58ff.; *EuGH* Slg. 1973, 215 (246) – Continental Can; Slg. 1996, I-5987 (6011 Tz. 37) – Tetra Pak; Slg. 2007, I-2373 = EuZW 2007, 306 (308 Tz. 57, 311 Tz. 106) = JuS 2007, 975 Nr. 14 – BA; Slg. 2010, I-9601 = WuW/E EU-R 1779 (1794 Tz. 173) – DTK; Slg. 2011, I-564 = EuZW 2011, 339 Tz. 26 – TeliaSonera.

nach dem der Missbrauch einer beherrschenden Stellung vor allem dadurch gekennzeichnet war, dass die beherrschende Stellung „zu mit diesem Vertrag im Widerspruch stehenden Zwecken" verwendet wird. Davon ist auch weiterhin auszugehen (u. Rn. 6, 9).

2 Das Schwergewicht der Regelbeispiele des Art. 102 S. 2 AEUV liegt bei Fällen einer machtbedingten Schädigung der Vertragspartner, insbesondere in Gestalt der Ausplünderung der Abnehmer durch überhöhte Preise (Art. 102 S. 2 lit. a AEUV). Der Anwendungsbereich des Art. 102 AEUV beschränkt sich indessen nicht auf Fälle des Ausbeutungsmissbrauchs, sondern ist, wie die Generalklausel des Art. 102 S. 1 AEUV sowie die Regelbeispiele des Art. 102 S. 2 lit. c und d AEUV zeigen, *umfassend* zu verstehen. Art. 102 AEUV erfasst daher ebenso wie das GWB in § 19 Abs. 1 und 2 gleichermaßen Fälle des Ausbeutungsmissbrauchs, des Behinderungsmissbrauchs und des Strukturmissbrauchs.[3] Das folgt auch unmittelbar aus der Notwendigkeit, Art. 102 AEUV als (zentrales) Instrument zur Sicherung des Systems unverfälschten Wettbewerbs zu verstehen.[4]

3 Unter **Behinderungsmissbrauch** versteht man schwergewichtig Maßnahmen beherrschender Unternehmen, die gegen Konkurrenten auf dem bereits beherrschten oder auf dritten Märkten gerichtet sind,[5] während man bei dem **Strukturmissbrauch** Fälle im Auge hat, die dadurch gekennzeichnet sind, dass ein beherrschendes Unternehmen gezielt in die Struktur der Märkte zum Nachteil des Wettbewerbs eingreift. Hierher gehören vor allem von dem beherrschenden Unternehmen erzwungene Unternehmenszusammenschlüsse. Insoweit behält Art. 102 AEUV auch neben der FKVO Nr. 139/2004 eigenständige Bedeutung (u. § 14 Rn. 19ff.).

4 Das schwierigste Problem bei der Anwendung des Art. 102 AEUV ist eine operationale Fassung des Missbrauchsbegriffs, und zwar bei jeder Form des Missbrauchs. Bei dem **Ausbeutungsmissbrauch** haben diese Probleme ihre Ursache vornehmlich darin, dass die hier in erster Linie als Maßstab in Betracht kommenden Verhältnisse bei Wettbewerb prinzipiell unbekannt sind, während alle Versuche zur Präzisierung des Begriffs des **Behinderungsmissbrauchs** mit der bekannten Ambivalenz unternehmerischen Verhaltens zu kämpfen haben.[6] Denn bei der Anwendung des Art. 102 AEUV darf man niemals aus den Augen verlieren, dass beherrschenden Unternehmen im Wettbewerb grundsätzlich genauso wie anderen Unternehmen der **Einsatz aller** ihnen zu Gebote stehenden **Aktionsparameter** erlaubt ist und dass sich deshalb ihr Verhalten äußerlich nur selten signifikant von dem sonstiger Unternehmen unter Wettbewerbsbedingungen unterscheidet.

5 Für die Anwendung des Art. 102 AEUV auf Fälle des Behinderungsmissbrauchs ergibt sich daraus die (schwierige) Aufgabe, **Kriterien** zu entwickeln, anhand derer man entscheiden kann, von welchem Punkt ab der als solcher prinzipiell erlaubte Einsatz eines

[3] *EuGH* Slg. 2007, I-2373 = EuZW 2007, 306 (308 Tz. 57, 311 Tz. 106) = JuS 2007, 975 Nr. 14 – BA; WuW/E EU-R 2297 Tz. 20 = EuZW 2012, 540 = JuS 2012, 1133 – Post Danmark.

[4] Ebenso *EuGH* Slg. 2007, I-2373 = EuZW 2007, 306 (308 Tz. 57, 311 Tz. 106) = JuS 2007, 975 Nr. 14 – BA; *Kommission,* Entsch. v. 2.6.2004, WuW/E EU-V 1053 (1058ff. Tz. 217ff.) – Clearstream.

[5] *Kommission,* Mitteilung von 2009, Tz. 19ff.

[6] S. *Kommission,* Entsch. v. 2.6.2004, WuW/E EU-V 1053 (1058ff. Tz. 217ff.) – Clearstream; *Kommission,* Mitteilung von 2009, Tz. 19ff.; Wiedemann/*de Bronett,* § 22 Rn. 39ff. (S. 919ff.); *Koppensteiner,* WRP 2007, 475 (480ff.); *Mestmäcker/Schweitzer,* § 17 Rn. 1.

Aktionsparameters durch ein beherrschendes Unternehmen, z. B. eine Preisunterbietung, wegen bestimmter schädlicher Auswirkungen ausnahmsweise verboten ist.[7] Die Maßstäbe, nach denen sich die Gemeinschaftsorgane dabei zu richten haben, können letztlich allein dem **Zweck des Missbrauchsverbots** entnommen werden, das System unverfälschten Wettbewerbs umfassend gegen Eingriffe von Unternehmen in beherrschender Stellung zu schützen (Art. 102 S. 1 AEUV; s. schon o. Rn. 1). Das ist freilich – zugegebenermaßen – nur ein sehr allgemeiner Maßstab, aus dem man durchaus unterschiedliche Schlüsse ziehen kann. Die Kommission hat deshalb im Jahre 2009 **Leitlinien** vorgelegt, mit denen sie bezweckt, die Anwendung des Art. 102 AEUV auf Fälle des Behinderungsmissbrauchs zu präzisieren, gekennzeichnet vor allem durch ihren neuen „more economic approach".[8]

Art. 102 S. 1 AEUV wendet sich gegen die „missbräuchliche Ausnutzung einer beherr- 6
schenden Stellung ... *durch* ein oder mehrere Unternehmen". Er setzt mithin voraus, dass die missbräuchliche Verhaltensweise dem oder den Unternehmen in beherrschender Stellung zugerechnet werden kann, während für die Anwendung des Art. 102 AEUV kein Raum ist, wenn dem Unternehmen in beherrschender Stellung das fragliche Verhalten durch staatliche Normen, z. B. durch eine Preisverordnung, genau vorgeschrieben wird, so dass dem Unternehmen gar kein Spielraum mehr für eigenes, ihm zurechenbares Verhalten bleibt (sog. **state action defense**).[9] In derartigen Fällen kann sich daher allein die Frage nach der Verantwortlichkeit des betreffenden Mitgliedstaates aufgrund des Art. 106 Abs. 1 AEUV i. V. m. Art. 102 AEUV stellen (s. dazu u. § 19 Rn. 4 ff.). Dagegen ändert die bloße staatliche Veranlassung oder Förderung missbräuchlicher Verhaltensweisen nichts an der Zurechenbarkeit des betreffenden Verhaltens zu dem Unternehmen in beherrschender Stellung und damit an der Anwendbarkeit des Art. 102 AEUV auf das privilegierte beherrschende Unternehmen.[10]

In diesen Zusammenhang gehört auch die Diskussion der Frage, ob zwischen der beson- 7
deren Macht des Unternehmens in beherrschender Stellung und dem missbräuchlichen Verhalten ein **Kausalzusammenhang** in dem Sinne bestehen muss, dass das betreffende Verhalten gerade auf den Umständen beruht, die die besondere Machtstellung dieses Unternehmens ausmachen. Im Schrifttum wird die Frage heute überwiegend verneint.[11] Die **Rechtsprechung** ist nicht eindeutig. Der Gerichtshof hat die Notwendigkeit eines Kausalzusammenhangs zwischen der Machtstellung des fraglichen Unternehmens und dem missbräuchlichen Verhalten in einzelnen Entscheidungen verneint[12] und deshalb wieder-

[7] Auf dieses Problem weisen auch hin *EuGH* WuW/E EU-R 2297 Tz. 21 = EuZW 2012, 540 = JuS 2012, 1133 – Post Danmark; NZKart 2013, 113 Tz. 75 ff. = WuW/E EU-R 2650 – AstraZeneca; *EuG* Slg. 1998, II-2937 (2987 Tz. 39 f.) – ITT Promedia; *Kommission,* Entsch. v. 2. 6. 2004, WuW/E EU-V 1053 (1058 ff. Tz. 217 ff.).

[8] Mitteilung zu den Prioritäten, ABl. Nr. C 45/7.

[9] S. schon o. § 3 Rn. 11; *EuGH* Slg. 2010, I-9601 = WuW/E EU-R 1779 (1784 f. Tz. 80 ff.) – DTK; Slg. 2011, I-564 = EuZW 2011, 339 Tz. 49 – TeliaSonera; *OLG Düsseldorf* WuW/E DE-R 894 (895 f.) – Netzzugangstarife; *BKartA* WuW/E DE-V 1025 (1028) – Konsolidierer.

[10] *Kommission,* Entsch. vom 20. 10. 2004, WuW/E EU-V 1035 (1036 f., Rn. 59 ff.) – Postgesetz/DPAG.

[11] *van Bael/Bellis,* p. 906; Wiedemann/*de Bronett,* § 22 Rn. 99 (S. 962); *Lenz/Grill,* EG-Vertrag, 2. Aufl., 1999, Art. 82 Rn. 25; *Möschel,* Der Oligopolmißbrauch im Recht der Wettbewerbsbeschränkungen, 1974, S. 113; IM/*Möschel/Fuchs,* Bd. I/1, 2012, Art. 102 Rn. 136 f.; *Ritter/Braun,* p. 422 f.

[12] *EuGH* Slg. 1973, 215 (246 Tz. 27) – Continental-Can; vgl. außerdem *EuGH* Slg. 1979, 461 (551) – Hoffman-La Roche; *Kommission,* Entsch. v. 14. 12. 1985, ABl. Nr. L 374/1 (22 f.) – Akzo.

holt in Fällen eines **Missbrauchstransfers,** d. h. bei missbräuchlichen Verhaltensweisen des marktbeherrschenden Unternehmens auf dritten, nicht beherrschten Märkten, die Anwendung des Art. 102 AEUV in Erwägung gezogen.[13] Nach dem jetzigen Stand der Rechtsprechung soll dies aber offenbar nur noch für **eng verbundene Märkte** gelten.[14] Wann Märkte in diesem Sinne „eng verbunden" sind, kann freilich angesichts der Schwierigkeiten, die mit jeder exakten Marktabgrenzung verbunden sind, niemand rational entscheiden. Deshalb sollte richtigerweise daran festgehalten werden, dass es auf eine wie immer geartete **Kausalität** zwischen der besonderen Macht des fraglichen Unternehmens und dem missbräuchlichen Verhalten **nicht ankommt,** und zwar schon deshalb nicht, weil dem Unternehmen in beherrschender Stellung seine Macht, die ja nichts anderes als eine zusammenfassende Bezeichnung seiner besonderen Stellung auf den Märkten ist, schattengleich folgt, so dass man sie bereits gedanklich nicht von dem Verhalten des Unternehmens trennen kann.

8 Die besondere Bedeutung, die der Vertrag dem umfassenden Missbrauchsverbot für Unternehmen in beherrschender Stellung beimisst, äußert sich auch darin, dass der Vertrag, von Art. 106 Abs. 2 S. 1 vielleicht abgesehen, **keine Ausnahmen** von Art. 102 AEUV kennt.[15] Selbst die etwaige Freistellung einer wettbewerbsbeschränkenden Vereinbarung nach **Art. 101 Abs. 3 AEUV** ändert nichts an der Anwendbarkeit des Missbrauchsverbots des Art. 102 AEUV, wenn zugleich dessen Voraussetzungen erfüllt sind, z. B., weil die beteiligten Unternehmen ein Kollektivmonopol im Sinne des Art. 102 S. 1 AEUV bilden (s. o. § 8 Rn. 12, § 9 Rn. 5). Dies hat die Unionsorgane indessen nicht daran gehindert, in besonders gelagerten Ausnahmefällen doch eine **Rechtfertigung** an sich missbräuchlichen Verhaltens durch die Verfolgung legitimer Zwecke seitens eines beherrschenden Unternehmens ins Auge zu fassen (s. u. Rn. 10).

2. Rechtsprechung

9 Der Gerichtshof knüpft zur Präzisierung des Missbrauchsbegriffs in erster Linie an den *Zweck* des Missbrauchsverbots an (s. o. Rn. 1). Er hat dementsprechend wiederholt betont, dass die **Maßstäbe** für die Feststellung eines Missbrauchs primär den **Funktionsbedingungen und Verhaltensabläufen eines Systems unverfälschten Wettbewerbs** zu entnehmen sind, die damit normativen Rang erlangen.[16] Als missbräuchlich bezeichnet er folgerichtig durchgängig solche Verhaltensweisen eines Unternehmens in beherrschender Stellung, die die *Struktur* eines Marktes *beeinflussen* können, auf dem der Wettbewerb gerade wegen der Anwesenheit des fraglichen Unternehmens bereits geschwächt ist, und die die *Aufrechterhaltung des* auf dem Markt noch bestehenden *Wettbewerbs* oder dessen Entwicklung durch die Verwendung von Mitteln *behindern,* die von den Mitteln eines „normalen Produkt- oder Dienstleistungswettbewerbs" auf der Grundlage der *Leistungen* der Marktbürger ab-

[13] Nachw. in *EuGH* Slg. 1996, I-6008 Tz. 25.

[14] So grdl. *EuGH* Slg. 1996, I-5987 (6008f. Tz. 27ff.) – Tetra Pak; Slg. 2011, I-564 = EuZW 2011, 339 Tz. 86f. – TeliaSonera; ebenso zuvor schon *EuG* Slg. 1994, II-755 (813f.) – Tetra Pak; *Kommission,* Entsch. v. 24.7.1991, ABl. 1992, L 27/1 (21f.) – Tetra Pak; ebenso für die Telekommunikationsmärkte *Kommission,* Mitteilung v. 22.8.1998, ABl. Nr. C 265/2 (11f. Tz. 63ff.).

[15] *EuG* Slg. 2003, II-3298 (3654f. Tz. 1109ff.) – Atlantic Container Line.

[16] *EuGH* Slg. 1977, 2115 (2145) – Inno/ATAB; Slg. 1978, 207 (286) = NJW 1978, 2439 – Chiquita; Slg. 1979, 461 (552, 554) – Hoffmann-La Roche; Slg. 2010, I-9601 = WuW/E EU-R 1779 (1793 Tz. 170) – DTK.

weichen.[17] Die anzulegenden Maßstäbe müssen dabei umso strenger sein, je mehr der Wettbewerb bereits gefährdet ist. Keine Rolle spielt dagegen ein etwaiges Verschulden des Unternehmens in beherrschender Stellung; der Missbrauchsbegriff ist vielmehr **objektiv** zu verstehen unter Absehen von allen subjektiven Elementen.[18]

Dadurch wird es aber (natürlich) nicht ausgeschlossen, dass im Einzelfall die von dem 10
beherrschenden Unternehmen verfolgten **Ziele und Zwecke** doch ausschlaggebende Bedeutung erlangen können, da es auf der Hand liegt, dass die **wettbewerbsfeindliche Zielsetzung** eines Unternehmens in beherrschender Stellung ein wichtiges Element bei der Beurteilung seines Verhaltens als missbräuchlich bilden kann,[19] wie etwa das Beispiel der Kampfpreisunterbietung zeigt (u. Rn. 40ff.). Damit ist aber zugleich gesagt, dass in eigenartigen Ausnahmefällen auch – umgekehrt – die **Verfolgung legitimer Zwecke** das Verhalten von Unternehmen in beherrschender Stellung in einem anderen Licht erscheinen lassen kann, so dass dann Verhaltensweisen, die an sich als missbräuchlich einzustufen sind, doch (möglicherweise) hinzunehmen sein mögen, wofür nach der jüngsten Rechtsprechung analog Art. 101 Abs. 3 AEUV sogar die bloße Erreichung von Effizienzvorteilen ausreichen soll, sofern sie nur die mit dem missbräuchlichen Verhalten verbundenen Nachteile ausgleichen oder übertreffen.[20] Ein wichtiges Beispiel ist die Einleitung eines gesetzlich geordneten, behördlichen oder gerichtlichen Verfahrens, das auch Unternehmen in beherrschender Stellung grundsätzlich erlaubt sein muss, sofern sie nicht geradezu unredlich handeln.[21]

Unternehmen in beherrschender Stellung trifft, wie schon weiter oben ausgeführt (§ 9 11
Rn. 25), eine **besondere Verantwortung** für die Aufrechterhaltung eines Systems unverfälschten Wettbewerbs auf den Märkten der Union. Darauf beruht es, dass Unternehmen in beherrschender Stellung aufgrund des Art. 102 AEUV „das Recht zu bestimmten Verhaltensweisen und Maßnahmen abgesprochen werden kann, die für sich genommen nicht missbräuchlich sind und die nicht zu beanstanden wären, wenn sie von nichtbeherrschenden Unternehmen an den Tag gelegt oder vorgenommen würden", wie etwa der Abschluss von Vereinbarungen, der Erwerb von Rechten, die Verweigerung von Lizenzen, die Ablehnung der Belieferung oder die Forderung auf Durchführung einer Vertragsklausel.[22] Sogar **Beschränkungen des Eigentums,** z. B. durch das Verbot der bloßen Vermietung von Produktionsmitteln, oder die An-

---

[17] *EuGH* Slg. 1979, 461 (539ff.) – Hoffmann-La Roche; Slg. 1980, 3775 (3794) – L'Oréal; Slg. 1983, 483 (508f.) – GVL; 1983, 3461 (3512ff.) – Michelin; 1985, 873 (886ff.) – BT; 1985, 3261 (3277f.) – Telemarketing; Slg. 1991, I-3439 (3453ff.) – Akzo; Slg. 2006, I- 9094 (9133 Tz. 129) – Unilever; Slg. 2007, I-2373 = EuZW 2007, 306 (309 Tz. 66) = JuS 2007, 975 Nr. 14 – BA/Virgin; Slg. 2008, I-9311 = WuW/E EU-R 1513 Tz. 15 – Kanal5/STIM; Slg. 2010, I-9601 = WuW/E EU-R 1779 (1794 Tz. 173ff.) – DTK; WuW/E EU-R 2297 Tz. 24f. = EuZW 2012, 540 = JuS 2012, 1133 – Post Danmark.; NZKart 2013, 113 Tz. 74f. = WuW/E EU-R 2650 – AstraZeneca; *EuG* Slg. 2007, II-1607 (1654 Tz. 120); Slg. 2010, II-4370 – Tomra; Slg. 2010, II-2645 (2728 Tz. 294) – ICI.

[18] *EuGH* WuW/E EU-R 2323 Tz. 19f. = EuZW 2012, 741 – Tomra; *EuG* Slg. 1993, II-389 (418 Tz. 70) – BPB; Slg. 2003, II-4082 (4100f. Tz. 54) – Michelin; Slg. 2003, II-4662 (4720 Tz. 157) – van den Bergh Foods.

[19] *EuGH* WuW/E EU-R 2323 Tz. 17 = EuZW 2012, 741 – Tomra.

[20] S. u. Rn. 21; *EuGH* Slg. 2011, I-564 Tz. 75ff. = EuZW 2011, 339 = JuS 2012, 177 – TeliaSonera; WuW/E EU-R 2297 Tz. 40ff. = EuZW 2012, 540 = JuS 2012, 1133 – Post Danmark.

[21] *EuG* Slg. 2000, II-3759 (3818 Tz. 213); *öOGH* ÖBl. 2004, 129; Beispiele für unredliches Handeln s. sogleich u. Rn. 11.

[22] So *EuG* Slg. 1998, II-2937 (2987 Tz. 139f.) – ITT Promedia; *Körber,* WRP 2013, 734.

ordnung von **Zwangslizenzen** können daher gegebenenfalls auf Art. 102 AEUV gestützt werden.[23]

12 Art. 102 AEUV wird heute allgemein als **Gefährdungstatbestand** verstanden.[24] Das Verbot greift mit anderen Worten nicht erst ein, wenn es – in den Fällen des Ausbeutungsmissbrauchs – schon zu einer Schädigung der Abnehmer oder – in den Fällen des Behinderungsmissbrauchs – zu einer Behinderung der Konkurrenten gekommen *ist,* sondern bereits dann, wenn nur solche **Gefahr** ernsthaft **droht,** weil allein bei diesem Verständnis Art. 102 AEUV geeignet ist, einen wirksamen Beitrag zum Schutz der Vertragspartner des Unternehmens in beherrschender Stellung und vor allem zum Schutz des Wettbewerbs in der Union zu leisten.[25] Ebenso können aber auch auf der anderen Seite mit Art. 102 AEUV ohne Weiteres die fortbestehenden **Nachwirkungen** an sich abgeschlossener missbräuchlicher Verhaltensweisen erfasst werden, etwa in Gestalt der weiterhin marktverschließenden Wirkungen langfristiger Verträge.[26]

II. Ausbeutungsmissbrauch (Art. 102 S. 2 lit. a AEUV)

1. Preismissbrauch

13 Nach Art. 102 S. 2 lit. a AEUV kann der Missbrauch einer beherrschenden Stellung zunächst in der unmittelbaren *oder* mittelbaren Erzwingung von unangemessenen Einkaufs- *oder* Verkaufspreisen *oder* sonstigen Geschäftsbedingungen bestehen (zum Konditionenmissbrauch s. u. Rn. 17f.). Kontrolliert wird mit anderen Worten gleichermaßen die Preispolitik mächtiger Nachfrager wie die mächtiger Anbieter, beides freilich nur unter *zwei Voraussetzungen:* Erste Voraussetzung ist, dass die von dem beherrschenden Unternehmen geforderten oder – in der Position des mächtigen Nachfragers – bewilligten Preise erzwungen sind, die zweite, dass die Preise unangemessen sind. Die erste Voraussetzung **(Erzwingung)** wird allgemein *weit* ausgelegt. Es genügt dafür jeder Einsatz der besonderen Macht des Unternehmens in beherrschender Stellung; **nicht erforderlich** ist dagegen, dass das Unternehmen zusätzlich einen **besonderen Druck** auf die Marktgegenseite ausübt. Preise werden vielmehr bereits „erzwungen“, wenn die andere Seite gerade wegen der besonderen Position des Unternehmens in beherrschender Stellung den von ihm angebotenen oder geforderten Preisen nicht mehr auszuweichen vermag, insbesondere, weil es sich bei dem betreffenden Unternehmen um einen sog. **„Zwangspartner“** handelt, auf den praktisch jedermann am Markt als Anbieter oder Nachfrager angewiesen ist (s. o. § 9 Rn. 23; vgl. § 20 Abs. 2 GWB).

14 Die zweite (und entscheidende) Voraussetzung für die Anwendung des Art. 102 S. 2 lit. a AEUV ist, dass die erzwungenen Preise (o. Rn. 13) „unangemessen“ sind. „Unangemessen“ ist natürlich ein Preis, der zum Nachteil der Marktgegenseite negativ vom **Wettbewerbspreis** abweicht. Aber den „Wettbewerbspreis“ kennt – von Ausnahmefällen abgesehen – niemand. Der **Gerichtshof** stellt deshalb meistens darauf ab, ob der geforderte oder gezahlte Preis in keinem vertretbaren Verhältnis zu dem „wirt-

[23] BGHZ 176, 1 (14ff. Tz. 37ff.) = NJW-RR 2008, 896 = JuS 2009, 89 – Soda Club; s. in diesem Zusammenhang außerdem die wahrhaft skandalösen Fälle Rambus (o. § 8 Rn. 39) und AstraZeneca (*EuGH* NZKart 2013, 113 = WuW/E EU-R 2650, s. dazu *Körber,* Standardessentielle Patente, 2012; *Müller-Graff/Teichmann,* GRURInt 2009, 792; *Straus,* GRURInt 2009, 93).

[24] S. *Leupold,* EuZW 2011, 346 (347).

[25] *EuGH* NZKart 2013, 113 = WuW/E EU-R 2650 Tz. 68, 79 – AstraZeneca.

[26] *öOGH* WuW/E KRInt 267 (268f.) – Kombipaket.

schaftlichen Wert" des betreffenden Produkts steht, so dass er, daran gemessen, als „unbillig oder unverhältnismäßig" erscheint.[27] Dies ist in der bisherigen Praxis namentlich erwogen worden bei der Forderung unbilliger, weil außer Verhältnis zu den Kosten stehender Gebühren durch gesetzliche Monopole,[28] durch Fernsehgesellschaften[29] oder z. B. noch durch Schutzrechtsinhaber.[30] Missbräuchlich ist es insbesondere, wenn ein gesetzliches Monopol wie (früher) die Post eine Vergütung für von ihr gar nicht erbrachte Dienstleistungen verlangt.[31] Missbräuchlich können außerdem sachlich nicht zu rechtfertigende Preisunterschiede zwischen den Mitgliedstaaten für dasselbe Produkt oder dieselbe Dienstleistung sein.[32] Schließlich ist auch der umgekehrte Fall, d. h. die Erzwingung unangemessen niedriger **Einkaufspreise** durch marktbeherrschende Nachfrager, vorstellbar.[33]

Das zentrale Problem dieser Praxis ist natürlich die Ermittlung des „wirtschaftlichen Werts einer Ware oder Dienstleistung" als Maßstab für die Angemessenheit eines Preises. Denn den **„wirtschaftlichen Wert"** einer Leistung kann man nach durchaus unterschiedlichen Kriterien beurteilen. In Betracht kommen vor allem die **Kosten** einer Leistung (s. u. Rn. 16) *oder* die **Preise** vergleichbarer Leistungen am Markt. Bei diesem sog. **Vergleichsmarktkonzept** muss man weiter danach unterscheiden, ob die Preise *desselben* Unternehmens auf verschiedenen Märkten oder die Preise des beherrschenden Unternehmens und die *anderer* Unternehmen, gegebenenfalls auch noch auf anderen Märkten, verglichen werden sollen. Ein Vergleich mit den Preisen *anderer* Unternehmen auf *anderen* Märkten scheitert indessen in aller Regel bereits an den „nicht herauszurechnenden" strukturellen Unterschieden zwischen den verschiedenen Unternehmen und Märkten. 15

In der Mehrzahl der Fälle hat der Gerichtshof deshalb bisher auf einen Vergleich zwischen den Preisen und den **Kosten** des Unternehmens in beherrschender Stellung abgestellt und dementsprechend einen Missbrauch angenommen, wenn die Preise in „unangemessener", d. h. übertriebener Weise die „Vollkosten" übersteigen (sog. Konzept der **Gewinnspannenbegrenzung**).[34] Aber auch dieses Konzept hält nicht, was es verspricht. Es scheitert in der Regel bereits an der Unmöglichkeit einer exakten Ermittlung 16

[27] *EuGH* Slg. 1994, I-5097 (5106 Tz. 25) – Centre d'insémination de Crespelle (Rinderbesamung); Slg. 1997, I-4453 (4466 Tz. 39) – GT-Link; Slg. 2001, I-4142 (4160 Tz. 46) = EuZW 2001, 408 – TNT Traco; Slg. 2008, I-9311 = WuW/E EU-R 1513 Tz. 28, 37ff. – Kanal 5/STIM; Slg. 2009, I-6219 = WuW/E EU-R 1596 (1601 Tz. 142) – Grüner Punkt/DSD.

[28] *EuGH* (vorige Fn.).

[29] *EuGH* Slg. 1974, 409 (430f.) – Sacchi.

[30] *EuGH* Slg. 1968, 85 (113) – Parke Davis; Slg. 1971, 69 (84 Tz. 17) – Sirena; Slg. 1971, 487 (501 Tz. 19) – Dt. Grammophon/Metro; Slg. 1989, 2565 (2577ff.) = EuZW 1990, 518 – Tournier; Slg. 1989, 2823 (2831ff.) = EuZW 1990, 515 – Lucazeau; *EuG* Slg. 1991, II-1439 (1482f. Tz. 99) – Hilti.

[31] *EuGH* Slg. 2001, I-4142 (4160 Tz. 47) = EuZW 2001, 408 – TNT Traco/Poste Italiane; ebenso *EuGH* Slg. 2009, I-6219 = WuW/E EU-R 1596 Tz. 142f.; *EuG* Slg. 2007, II/1607 = WuW/E EU-R 1273 Tz. 121.

[32] *EuGH* Slg. 1978, 207 (302f.) = NJW 1978, 2439 – Chiquita; Slg. 1989, 2565 (2577ff.) = EuZW 1990, 518 – Tournier; Slg. 1989, 2811 (2831ff.) = EuZW 1990, 515 – Lucazeau; *EuG* Slg. 1994, II-755 (831, 846) – Tetra Pak II.

[33] *EuGH* Slg. 1985, 1105 (1123f.) – CICCE/TV France.

[34] *EuGH* Slg. 1978, 207 (305) = NJW 1978, 2439 – Chiquita (für Bananen); Slg. 1989, 803 (850) = NJW 1989, 2192 – Flugtarife; zustimmend *Kommission,* Entsch. v. 22.12.1987, ABl. Nr. L 65/19 (36f.) – Hilti; v. 18.7.1988, ABl. Nr. L 284/41 (54f.) – BS; v. 4.11.1988, ABl. Nr. L 317/47 (52) – Sabena; *öOGH* ÖBl. 2001, 137.

der Kosten, zum anderen an der Unlösbarkeit der Frage, *welche* Kosten hier überhaupt berücksichtigt werden können, da künstlich aufgeblähte Kosten wohl kaum geeignet sein dürften, als Rechtfertigung für „überhöhte" Preise zu dienen.[35] Sobald man aber erst einmal mit einer derartigen Prüfung Ernst macht, kommt man schnell „vom Hundertsten ins Tausendste" und endet schließlich bei einer Kontrolle des gesamten Verhaltens des betreffenden Unternehmens, die tatsächlich niemand will und wollen kann. Außerdem fehlen auch nach wie vor alle Maßstäbe, anhand derer die nicht mehr zu vertretende Überhöhung einer Gewinnspanne beurteilt werden könnte, da die Gewinnspannen selbst auf Wettbewerbsmärkten oft eine erhebliche Bandbreite aufweisen. Auf das gefährliche Parkett der Kosten- und Preiskontrolle sollten sich daher Kommission und Gerichtshof **nur in Notfällen** begeben, in denen alle anderen Aushilfen versagen, etwa weil es sich um praktisch nicht mehr angreifbare Monopolisten handelt.

2. Konditionenmissbrauch

17 Der zweite Fall des Ausbeutungsmissbrauchs, den Art. 102 S. 2 lit. a AEUV im Auge hat, ist die unmittelbare oder mittelbare Erzwingung unangemessener Geschäftsbedingungen. Dieses Verbot gilt gleichermaßen für mächtige **Anbieter** wie die Fernsehanstalten[36] wie für bedeutende **Nachfrager** wie z. B. die Eisenbahnen[37] oder die Verwertungsgesellschaften (u. Rn. 19). Ihnen allen ist daher die Erzwingung unangemessener Geschäftsbedingungen untersagt. Da zu dem Begriff der Erzwingung bereits Stellung genommen wurde (o. Rn. 13), ist hier nur noch auf die Frage der Unangemessenheit der Geschäftsbedingungen näher einzugehen.

18 Für die Prüfung der **Unangemessenheit** von Geschäftsbedingungen kommen ebenso wie für die der Unangemessenheit von Preisen (o. Rn. 14ff.) verschiedene **Maßstäbe** in Betracht. Ernsthaft erwogen wird indessen auf Unionsebene allein eine Kontrolle von Geschäftsbedingungen aufgrund einer umfassenden **Interessenabwägung** unter Berücksichtigung der Vertragsziele, des Diskriminierungsverbotes (Art. 18 AEUV) und des Verhältnismäßigkeitsgrundsatzes.[38] Zu berücksichtigen sind außerdem die **Auswirkungen** der fraglichen Klauseln auf den Wettbewerb im Binnenmarkt. Je schädlicher eine Klausel für das System unverfälschten Wettbewerbs und das Funktionieren des Binnenmarktes ist, desto eher ist sie als unangemessen einzustufen.[39] Von Fall zu Fall können danach z. B. unangemessen sein: Verwendungsbeschränkungen, Kunden- und Gebietsbeschränkungen, Preisbindungen, eine übermäßig lange Vertragsdauer, überhöhte Vertragsstrafen sowie Ausschließlichkeitsbindungen (dazu u. Rn. 24ff.). Art. 102 S. 2 lit. a AEUV konkurriert hier häufig mit Art. 101 Abs. 1 AEUV (s. § 9 Rn. 5).

---

[35] Ebenso offenbar *EuGH* Slg. 1989, 2565 (2578 Tz. 42) = EuZW 1990, 518 – Tournier; Slg. 1989, 2823 (2832f. Tz. 29) = EuZW 1990, 515 – Lucazeau; *Kommission,* Mitteilung, ABl. 1998 Nr. C 265/2 (18 Tz. 17f.); ebenso BGHZ 142, 239 (246ff.) = NJW 2000, 76 = JuS 2000, 500 Nr. 12.

[36] *EuGH* Slg. 1974, 409 (430) – Sacchi.

[37] *EuG* Slg. 1997, II-1695 – Deutsche Bahn; *Kommission,* 3. WB 1973, Tz. 68f. (S. 62f.); 20. WB 1990, Tz. 115 (S. 114f.).

[38] *EuGH* Slg. 1974, 313 (316f.) – BRT/SABAM; Slg. 1974, 409 (431) – Sacchi; Slg. 1978, 207 (298) – Chiquita; *Kommission,* Entsch. v. 20.4.2001, ABl. Nr. 166/1 (16 Tz. 112) – DSD; *GA Kirschner,* in: *EuG* Slg. 1990, II-312 (332ff.); *öOGH* ÖBl. 2001, 137.

[39] Vgl. für wettbewerbsbeschränkende Klauseln in den Vertragswerken gesetzlicher Monopole *Kommission,* Entsch. v. 17.6.1998, ABl. Nr. L 252/47 (56ff. Tz. 34ff.) – AAMS; ein langer Katalog derartiger Klauseln findet sich in der Tetra-Pak-Entscheidung v. 24.7.1991, ABl. 1992 Nr. L 72/1 (23ff.).

3. Verwertungsgesellschaften

19 Der Schwerpunkt der Kontrollpraxis der Kommission gegenüber Geschäftsbedingungen lag bisher bei den Urheberrechtsverwertungsgesellschaften (s. dazu u. § 37 Rn. 12f.). Kommission und Gerichtshof erkennen zwar die Notwendigkeit derartiger Gesellschaften für eine effektive Durchsetzung der Urheber- und Leistungsschutzrechte ihrer Mitglieder an.[40] Dies befreit sie indessen nicht von der Bindung an den Vertrag einschließlich namentlich des Art. 102 AEUV. Verboten, weil missbräuchlich, sind deshalb z. B. eine übermäßige Beschränkung oder Bindung der Mitglieder sowie die Diskriminierung von Ausländern im Verhältnis zu Inländern (s. Art. 102 S. 2 lit. a und c AEUV). Außerdem ist es Verwertungsgesellschaften untersagt, **Parallelimporte** von Tonträgern zu behindern, sofern diese einmal in einem Mitgliedstaat rechtmäßig in den Verkehr gelangt sind. Gegen die Wettbewerbsregeln des Vertrags verstoßen ferner **gegenseitige Ausschließlichkeitsverträge** zwischen den Verwertungsgesellschaften (Art. 101 Abs. 1 AEUV).[41] sowie **überhöhte Gebühren** (Art. 102 S. 2 lit. a AEUV), etwa für die Erlaubnis zur öffentlichen Aufführung geschützter Werke, wobei als Maßstab auf einen Vergleich mit den Gebühren in anderen Mitgliedstaaten abzustellen ist, sofern nicht die Differenzen ausnahmsweise sachlich gerechtfertigt sind.[42] Entscheidend ist, ob – in den Augen des Gerichtshofs – noch ein **„vernünftiger Zusammenhang"** zwischen den von der Verwertungsgesellschaft verlangten Preisen und den von ihr erbrachten Leistungen besteht. Das kann auch der Fall sein, wenn eine Verwertungsgesellschaft für die Gestattung der Übertragung von Musikwerken im Rundfunk einen angemessenen Teil der Einnahmen des Rundfunks als Gegenleistung fordert.[43]

III. Einschränkung der Erzeugung, des Absatzes oder der technischen Entwicklung zum Schaden der Verbraucher (Art. 102 S. 2 lit. b AEUV)

1. Überblick

20 Als weiteres Regelbeispiel missbräuchlichen Verhaltens nennt der Vertrag in Art. 102 S. 2 lit. b die Einschränkung der Erzeugung, des Absatzes *oder* der technischen Entwicklung zum Schaden der Verbraucher. Dieser Tatbestand wird allgemein ebenso wie schon der der lit. a des Art. 102 S. 2 AEUV ganz *weit* ausgelegt und insbesondere auch auf die Einschränkung der Erzeugung, des Absatzes oder der technischen Entwicklung bei *anderen* Unternehmen erstreckt. Eine ebenso weite Auslegung erfährt der Begriff der Verbraucher in Art. 102 S. 2 lit. b AEUV, der hier im Ergebnis alle möglicherweise betroffenen *Abnehmer* des beherrschenden Unternehmens umfasst. Gleich stehen ferner entsprechende Verhaltensweisen in

---

40 S. *EuGH* Slg. 1989, 2565 (2575) = EuZW 1990, 518 – Tournier; Slg. 1989, 2823 = EuZW 1990, 515 – Lucazeau; *Mestmäcker,* FS Rittner, 1991, S. 391.

41 *EuGH* Slg. 1974, 313 (316f.) – BRT/SABAM; Slg. 1979, 3275 (3288f.) – SACEM; Slg. 1983, 483 (508f.) = NJW 1984, 2755 – GVL; Slg. 1989, 2565 (2570) = EuZW 1990, 518 – Tournier; Slg. 1989, 2823 (2828f.) = EuZW 1990, 515 (517) – Lucazeau; *Kommission,* Entsch. v. 2.6.1971, ABl. Nr. L 134/15 – Gema I; v. 4.12.1981, ABl. 1982 Nr. L 94/12 (16ff.) – Gema II; v. 29.10.1981, ABl. Nr. L 370/49 (55ff.) – GVL.

42 *EuGH* Slg. 1987, 1763 (1769) – Basset/SACEM; Slg. 1989, 2565 (2571, 2577ff.) = EuZW 1990, 518 – Tournier; Slg. 1989, 2823 (2831ff.) = EuZW 1990, 515 – Lucazeau; s. schon o. Rn. 18.

43 *EuGH* Slg. 2008, I-9311 = WuW/E EU-R 1513 Tz. 29, 32ff. – Kanal5/STIM.

Bezug auf das Angebot von **Dienstleistungen.**[44] Die wichtigsten im vorliegenden Zusammenhang üblicherweise erörterten Fallgruppen sind Ausschließlichkeitsbindungen (u. Rn. 24ff.) sowie die Lieferverweigerung einschließlich der unter dem Stichwort „essential-facilities-Doktrin" erörterten Fallgestaltungen (u. Rn. 30ff.).

21 Die genannten Beispiele (Rn. 20) machen bereits deutlich, dass es hier im Kern durchweg um Fälle des **Behinderungsmissbrauchs** geht, in denen sich eigentlich ausnahmslos die schwierige Frage stellt, wie der (gerade noch) erlaubte Einsatz beliebiger Aktionsparameter im Wettbewerb von dem (schon) missbräuchlichen Verhalten beherrschender Unternehmen abgegrenzt werden kann. Die Grenzziehung wird meistens einzelfallbezogen aufgrund einer umfassenden **Interessenabwägung,** orientiert an dem grundlegenden Ziel der allseitigen Marktöffnung, vorgenommen,[45] wobei der Gerichtshof besonderes Gewicht auf die Verfahren und Mittel eines „normalen Leistungswettbewerbs" legt.[46] „Umfassende Interessenabwägung" bedeutet in den Augen der Kommission zugleich, dass Maßnahmen des Behinderungswettbewerbs im Einzelfall auch **gerechtfertigt** sein können, wenn sie, insbesondere aus Gründen der Gesundheit oder der Sicherheit, sich als objektiv **notwendig** erweisen oder wenn mit ihnen für die Verbraucher **Effizienzvorteile** verbunden sind, die die Nachteile der Wettbewerbsbeschränkung aufwiegen.[47] Die Kommission überträgt insoweit den Gedanken des Art. 101 Abs. 3 AEUV auf den Art. 102 AEUV. Die Bedenken dagegen liegen auf der Hand.[48]

22 Eine Einschränkung der **eigenen Erzeugung** des beherrschenden Unternehmens zum Schaden der Verbraucher liegt insbesondere in einer künstlichen Verknappung des Angebots trotz entsprechender Nachfrage, um die Preise hochzuhalten. Ein **Beispiel** ist die Einstellung der Produktion von Ersatzteilen für ältere Modelle, obwohl nach wie vor eine Nachfrage danach besteht.[49] Zahlreiche weitere Beispiele finden sich auf den *Energiemärkten,* auf denen in den letzten Jahren immer neue Praktiken aufgedeckt wurden, gekennzeichnet durchweg im Kern durch eine künstliche Verknappung des Energieangebots, um die Preise künstlich hochzuhalten und Konkurrenten am Marktzutritt zu hindern.[50] Gleich stehen Maßnahmen zur Einschränkung des **eigenen Absatzes,** vor allem in Gestalt einer grundlosen Lieferverweigerung (s. u. Rn. 30ff.).

23 Ebenso verbreitet sind Maßnahmen einer künstlichen Einschränkung der Erzeugung oder des Absatzes **anderer Unternehmen,** insbesondere durch Wettbewerbsverbote, Spezialisierungsabkommen, Exportverbote, Verwendungs- oder Vertriebsbindungen sowie durch die Praktizierung ganz restriktiver selektiver Vertriebssysteme (Art. 102 S. 2 lit. b AEUV). Ein staatliches Monopolunternehmen, das die Nachfrage nach be-

[44] *EuGH* Slg. 1991, I-2010 (2017f.) = EuZW 1991, 349 – Macrotron.

[45] *Koppensteiner,* WRP 2007, 475 (480ff.).

[46] Insbesondere *EuGH* NZKart 2013, 113 Tz. 74f., 98 = WuW/E EU-R 2650 – AstraZeneca m. N.; eine etwas andere Akzentsetzung dagegen in der Mitteilung der Kommission von 2009, ABl. Nr. C 45/7, Tz. 19ff.

[47] Mitteilung von 2009 (vorige Fn.), Tz. 28–31; dazu *Herrmann,* WuW 2009, 481 (497ff.).

[48] S. o. Rn. 10 sowie *Hellwig,* (2.) FS Mestmäcker, 2006, S. 231; *Hirsbrunner/Schädle,* EuZW 2006, 583; *Schmidt/Voigt,* WuW 2006, 1097; *Wirtz/Möller,* WuW 2006, 226.

[49] *EuGH* Slg. 1988, 6067 (6073 Tz. 16) – Renault; Slg. 1988, 6232 (6235 Tz. 9) – Volvo.

[50] S. m. N. Hdb., H I § 3 Rn. 76; insbes. *Kommission,* Entsch. v. 3.12.2009, ABl. 2010 Nr. C 57/13 = WuW/E EU-R 1490 – GDF.

stimmten Dienstleistungen nicht zu befriedigen vermag, gleichwohl aber private Anbieter unter Berufung auf sein Monopol an der Erbringung solcher Leistungen hindert, verstößt daher z. B. gegen Art. 102 S. 2 lit. b AEUV.[51] Missbräuchlich ist ferner die **Einschränkung des technischen Fortschritts** zum Schaden der Verbraucher. Ein solcher Fall liegt etwa vor, wenn Unternehmen in beherrschender Stellung den Einsatz neuer fortschrittlicher Technologien unterlassen oder bei anderen Unternehmen verhindern.[52]

2. Ausschließlichkeitsbindungen[53]

Der wichtigste Anwendungsfall von Art. 102 S. 2 lit. b AEUV in der bisherigen Praxis waren von beherrschenden Unternehmen praktizierte Ausschließlichkeitsbindungen, da sie häufig, wenn nicht in der Regel zu einer Einschränkung der Erzeugung oder des Absatzes zum Schaden der Verbraucher im Sinne des Art. 102 S. 2 lit. b AEUV führen (o. Rn. 22ff.). Um dies zu erkennen, genügt es, sich die Konsequenzen solcher Bindungssysteme für die Konkurrenten zu vergegenwärtigen. Gelingt es z. B. einem *beherrschenden* Anbieter, eine *erhebliche Zahl* von Abnehmern durch Ausschließlichkeitsbindungen an sich zu binden, so werden dadurch den Konkurrenten dieses Anbieters nahezu zwangsläufig (entgegen Art. 102 S. 2 lit. b AEUV) die Absatzwege verstopft. Entsprechendes gilt im umgekehrten Fall der Verpflichtung wichtiger Lieferanten von Vorprodukten zur ausschließlichen Belieferung eines Abnehmers in beherrschender Stellung. Ein **Beispiel** ist die Praxis eines führenden Speiseeislieferanten mit einem Marktanteil von über 40 %, den Händlern die (sehr begehrten) Kühltruhen nur unter der Bedingung zur Verfügung zu stellen, dass in diesen keine Konkurrenzprodukte gelagert werden dürfen, natürlich, um diesen den Marktzugang zu versperren.[54] 24

Ausschließlichkeitsbindungen verstoßen an sich bereits gegen Art. 101 Abs. 1 AEUV (s. o. § 4 Rn. 10). Sind an ihnen Unternehmen in beherrschender Stellung beteiligt, so wird jedoch auf sie wegen ihrer geschilderten Gefährlichkeit für das System unverfälschten Wettbewerbs (Rn. 24) häufig auch zusätzlich oder allein Art. 102 S. 2 lit. b AEUV angewandt. Das Ergebnis ist in jedem Fall dasselbe: grundsätzliche **Unzulässigkeit** der Ausschließlichkeitsbindung und der gleichstehenden Abreden, und zwar ohne Rücksicht darauf, ob der Wunsch zur Vereinbarung der Ausschließlichkeitsbindung von dem Unternehmen in beherrschender Stellung oder von der anderen Marktseite ausgegangen ist.[55] Ebenso behandelt werden **Abreden mit einer vergleichbaren Wirkung** wie Ausschließlichkeitsbindungen, insbesondere Wettbe- 25

[51] *EuGH* Slg. 1991, I-2010 (2017f.) = EuZW 1991, 349 – Macrotron.

[52] *EuGH* Slg. 1985, 880 (887 Tz. 26) – BT; Slg. 1991, I-5923 (5929 Tz. 19) = EuZW 1992, 248 (249) – Porto di Genova; *Kommission,* Entsch. v. 10. 12. 1982, ABl. Nr. L 360/36 (41) – BT – m. Anm. *Emmerich,* EuR 1983, 216; *Ritter/Braun,* p. 440.

[53] S. dazu Hdb., H I § 3 Rn. 81ff.; *Kommission,* Mitteilung von 2009, Tz. 32ff.

[54] *EuG* Slg. 2003, II-4662 (4720ff. Tz. 157ff.) = WuW/E EU-R 765 – van den Bergh Foods.

[55] *EuGH* Slg. 1975, 1663 (1994, 2015, 2018ff.) – Suiker Unie; Slg. 1979, 461 (539ff.) – Hoffmann-La Roche; Slg. 1989, 2521 (2573) – Tournier; Slg. 1989, 2811 (2828f.) – Lucazeau; Slg. 1991, I-3439 (3473) – Akzo; Slg. 1994, I-1508 (1520) = EuZW 1994, 408 (410) – Almelo; *EuG* Slg. 2001, II-3415 (3440 Tz. 51, 3456f. Tz. 94ff.) = WuW/E EU-R 527 – AAMS; Slg. 2003, II-4662 (4720f. Tz. 157ff.) = WuW/E EU-R 765 – van den Bergh Foods; Slg. 2007, II-1607 Tz. 122ff. = WuW/E EU-R 1273 (1275ff.) – DSD; Slg. 2010, II-2645 (2735 Tz. 315) – ICI; Slg. 2010, II- 4370; insbes. NZKart 2014, 267 Tz. 72, 110ff. – Intel; ausführlich *Kommission,* Mitteilung von 2009, Tz. 32–36.

werbsverbote oder langfristige Bezugsverträge über (nahezu) den gesamten Bedarf der Abnehmer.[56]

26 An der Beurteilung solcher Abreden als grundsätzlich missbräuchlich ändern auch nichts die in der Praxis vielfach anzutreffenden **„abschwächenden“ Klauseln.** Hervorzuheben sind Abreden, durch die ein Unternehmen in beherrschender Stellung seinen Abnehmern „lediglich“ die Verpflichtung auferlegt, einen **Teil ihres Bedarfs** bei ihm zu decken. Beträgt dieser Anteil 80% oder mehr, so handelt es sich ohnehin der Sache nach um eine Ausschließlichkeitsbindung. Aber auch bei niedrigeren Anteilen kann ein Missbrauch anzunehmen sein, wobei besondere Beachtung der Umstand verdient, dass derartige **Bedarfsdeckungsklauseln** den Unternehmen in beherrschender Stellung alle gewünschten Informationen über den Bedarf ihrer Abnehmer *und* über die Liefermöglichkeiten der Konkurrenten verschaffen, wodurch ihnen auch noch andere Strategien zur Monopolisierung der Märkte ermöglicht werden.[57] Dieselbe negative Beurteilung ist bei den sog. **„englischen Klauseln“** angebracht, nach denen das beherrschende Unternehmen auf die Ausschließlichkeitsbindung „verzichtet“, wenn den Abnehmern günstigere Angebote von dritter Seite vorliegen, in die das beherrschende Unternehmen nicht eintreten will.

3. Rabattsysteme

27 Die zutreffende wettbewerbsrechtliche Beurteilung von Rabattsystemen steht heute im Mittelpunkt einer ausgebreiteten Diskussion auf juristischer und ökonomischer Ebene. Das Problem rührt vor allem daher, dass Rabatte zunächst einmal nichts anderes als gewöhnliche, grundsätzlich positiv zu beurteilende *Preisnachlässe* sind. Auf der anderen Seite steht aber auch fest, dass von Rabattsystemen ebenso **negative Wirkungen** wie von Ausschließlichkeitsbindungen ausgehen können. In besonderem Maße gilt dies für sog. **bedingte Rabattsysteme,** bei denen die Gewährung von Rabatten von einem Verhalten der Abnehmer, insbesondere von der Konzentration ihrer Nachfrage auf das marktbeherrschende Unternehmen abhängig gemacht wird. Paradigma sind **Treuerabatte** und vergleichbaren Abreden, die die Aufgabe haben, den *ausschließlichen Bezug* bei dem beherrschenden Unternehmen zu *belohnen.*

28 Der Gerichtshof steht aus den genannten Gründen Treuerabatten und vergleichbaren Abreden über bedingte Rabatte ausgesprochen **kritisch** gegenüber, weil sich mit Abreden der fraglichen Art weitgehend dieselben Wirkungen wie mit Ausschließlichkeitsbindungen (o. Rn. 24ff.) erreichen lassen. Derartige Rabattsysteme werden deshalb vielfach als **missbräuchlich** angesehen, in erster Linie nach Art. 102 S. 2 lit. b AEUV sowie häufig – wegen der mit ihnen oft verbundenen Diskriminierung zwischen den verschiedenen Abnehmergruppen – auch nach Art. 102 S. 2 lit. c AEUV.[58] Dieselbe negative Beurteilung erfahren meistens **individuelle Rabattsysteme** für die

[56] *Kommission,* Entsch. v. 19.12.1990, ABl. 1991 Nr. L 152/21 (33ff.) – Solvay und 40 (50ff.) – ICI; 19. WB 1989, Tz. 62 (S. 78f.) – Industriegase; *OLG Düsseldorf* WuW/E DE-R 1557 (1571ff.); s. schon o. § 4 Rn. 47ff.

[57] *Kommission,* Entsch. v. 19.12.1990, ABl. 1991 Nr. L 152/21 (33ff.) – Solvay; v. 19.12.1990, ABl. 1991 Nr. L 152/40 (50ff.) – ICI; *OLG Düsseldorf* WuW/E DE-R, 1757 (1771ff.).

[58] *EuGH* Slg. 1978, 207 (295) = NJW 1978, 2339 – Chiquita; Slg. 1979, 461 (539ff.) – Hoffmann-La Roche; 1983, 3461 (3514) – Michelin; Slg. 2001, I-2638 (2657f. Tz. 50ff.) – Portugal; Slg. 2007, I-2373 = EuZW 2007, 306 (308ff. Tz. 58ff.) = JuS 2007, 975 Nr. 14 – BA; EuZW 2012, 741 = WuW/E EU-R 2323 (2333f.) – Tomra; *EuG* Slg. 2010, II-2645 (2728ff. Tz. 296ff.) – ICI; NZKart 2014,

einzelnen Abnehmer, insbesondere, wenn diesen die jeweiligen Höchstsätze immer erst nachträglich bekanntgegeben werden,[59] sowie schließlich **Zielvereinbarungen** und vergleichbare, oft nur schwer durchschaubare Vertragsgestaltungen.[60] Den Gegensatz bilden **Mengen- und Funktionsrabatte,** die jedenfalls unbedenklich sind, *sofern* durch sie den Abnehmern *zusätzliche Leistungen* für die Lieferanten *vergütet* werden, insbesondere in Gestalt größerer Abnahmemengen als üblich oder in Gestalt der Abnahme typischer Saisonware außerhalb des Saison. Art. 102 S. 2 lit. b AEUV kommt dagegen auch hier im Spiel, wenn die Rabattstufen in keinem Zusammenhang mehr mit der Kostenersparnis bei dem Lieferanten stehen, sondern offenkundig allein dem Zweck dienen, die Abnehmer durch große Rabattsprünge bei Überschreitung einzelner Umsatzschwellen nach Möglichkeit an den Lieferanten zu binden.[61]

Im Ergebnis ist damit heute i. d. R. eine **zweistufige Prüfung** von Rabattsystemen erforderlich.[62] Auf der ersten Stufe muss geprüft werden, ob von dem fraglichen Rabattsystem eine *Sog- oder Verdrängungswirkung* ausgeht. Ist dies wie in der Regel bei Treuerabatten und individuellen Rabatten sowie häufig bei Zielrabatten der Fall, so ist auf der zweiten Stufe zu prüfen, ob die Rabatte ausnahmsweise *objektiv wirtschaftlich gerechtfertigt* sind, wofür das betreffende Unternehmen die Beweislast trägt. Ergänzend ist außerdem noch zu untersuchen, ob die Rabatte gegen das Diskriminierungsverbot des Art. 102 S. 2 lit. c AEUV verstoßen.[63] 29

4. Geschäftsverweigerung

Literatur: S. u. § 27 Rn. 126ff.; Hdb., H I § 3 Rn. 90ff.; *Kommission,* Mitteilung über die Anwendung der Wettbewerbsregeln auf Zugangsvereinbarungen im Telekommunikationsbereich vom 22.8.1998, ABl. Nr. C 265/2; Diskussionspapier, Dezember 2005, Tz. 217ff.; Mitteilung von 2009, Tz. 75ff.; *Areeda,* Antitrust Law Journal 58 (1990), 841; *Beckmerhagen,* Die essential-facilities-Doktrin im US-amerikanischen und europäischen Kartellrecht, 2002; *K. V. Boesche,* Die zivilrechtsdogmatische Struktur des Anspruchs auf Zugang zu Energieversorgungsnetzen, 2002; *Emmerich,* FS Großfeld 1998, S. 185; *ders.*, FS Söllner, 2000, S. 35; *Oechsler,* FS Säcker, 2011, S. 879; *Wendenburg,* Marktmacht auf Sekundärmärkten, 2004.

Als Einschränkung der Erzeugung oder des Absatzes zum Schaden der Verbraucher im Sinne des Art. 102 S. 2 lit. b AEUV wird es ferner angesehen, wenn ein Unternehmen in beherrschender Stellung die Geschäftsbeziehungen zu einem anderen Unternehmen abbricht oder von vornherein die Aufnahme solcher Beziehungen mit ihm ablehnt (sog. Geschäfts- oder Lieferverweigerung, **refusal to supply**). Gleich steht der Fall, dass ein beherrschendes Unternehmen die Aufnahme oder die Fortsetzung der Geschäftsbeziehungen davon abhängig macht, dass der andere Teil für ihn im Grunde 30

267 Tz. 73, 76ff.; *Kommission,* Mitteilung von 2009, Tz. 37ff.; Entsch. v. 13.5.2009, WuW/E EU-V 1441 (1447ff., Tz. 920ff.).

59 *EuGH* Slg. 1983, 3461 (3512ff.) – Michelin; Slg. 2007, I-2373 = EuZW 2007, 306 (308f., Tz. 63, 71ff.) – BA; *Kommission,* Entsch. v. 17.10.1981, ABl. Nr. L 353/33 (41ff.) – Michelin I, und v. 20.6.2001, ABl. 2002 Nr. L 143/1 (34ff.) – Michelin II.

60 S. die verschiedenen Entscheidungen zu den ausgesprochen raffinierten Rabattsystemen von Michelin und British Airways (vorige Fn.).

61 *EuGH* Slg. 2001, I-2638 (2657ff. Tz. 50ff.) – Portugal; *EuG* Slg. 2003, II-4082 (4100ff. Tz. 54ff.) = WuW/E EU-R 731 – Michelin; Slg. 2003, II-5925 (5985ff.) = WuW/E EU-R 777 (787ff. Tz. 241ff.) – BA; Slg. 2010, II-2645 (2729f. Tz. 298ff.) – ICI.

62 *EuGH* Slg. 2007, I-2373 = EuZW 2007, 306 (309ff. Tz. 67ff.) = JuS 2007, 975 Nr. 14 – BA; s. dazu *Holzinger,* EuZW 2007, 313f.

63 S. u. Rn. 37ff.; *EuGH* Slg. 2007, I-2373 = EuZW 2007, 306 (312f. Tz. 133ff.) = JuS 2007, 975 Nr. 14 – BA; *Kommission,* Entsch. v. 13.5.2009, WuW/E EU-V 1441 (1447ff. Tz. 920ff.) – Intel.

unzumutbare Geschäftsbedingungen akzeptiert. Keine Rolle spielt dabei, ob es sich um die Lieferung von *Waren oder* die Erbringung von *Dienstleistungen* handelt.[64] Der Abbruch von Geschäftsbeziehungen wird, wenn er von einem Unternehmen in beherrschender Stellung ausgeht, von den Unionsorganen vielfach als *missbräuchlich* eingestuft, jedenfalls, sofern davon wettbewerbsbeschränkende Wirkungen, insbesondere auf Drittmärkten, zu besorgen sind, außer wenn der Abbruch im Einzelfall, gemessen an den Vertragszielen, sachlich gerechtfertigt („vernünftig") erscheint, wozu auch erforderlich ist, dass dem Unternehmen in beherrschender Stellung zur Wahrung seiner legitimen Interessen kein milderes Mittel als gerade der Abbruch der Geschäftsbeziehungen zur Verfügung steht **(Verhältnismäßigkeitsgrundsatz).**[65]

31 Bei **mehrstufigen Unternehmen** kommt eine Anwendung des Art. 102 AEUV insbesondere in Betracht, wenn sie die Belieferung ihrer einstufigen Konkurrenten auf den nachgelagerten oder Sekundärmärkten mit Rohstoffen oder Vorprodukten ganz ablehnen oder nur zu überhöhten Preisen anbieten, so dass ihre einstufigen Konkurrenten einer sog. **Kosten-Preis-Schere** ausgesetzt werden. Die *Kommission* hat sich gegen derartige Praktiken von Unternehmen in beherrschender Stellung in erster Linie auf den Telekommunikations-, Post- und Verkehrsmärkten gewandt. Bekannte **Beispiele** sind die Preispolitik der Deutschen Post AG (DPAG) auf dem Paketmarkt[66], der Deutschen Telekom AG (DTAG) bei der Festsetzung der Gebühren für den Zugang ihrer privaten Konkurrenten zu dem nach wie vor von ihr allein beherrschten Ortsnetz[67] sowie der spanischen oder schwedischen Post bei der Festsetzung der Gebühren für den Internetzugang ihrer Konkurrenten im Netz, die bewusst viel zu hoch angesetzt waren, während die Post ihren eigenen Endkunden ganz niedrige Gebühren abverlangte.[68] Die Unionsorgane nehmen in diesen Fällen eine missbräuchliche Preis- oder Kostenschere in erster Linie an, wenn die **Differenz** zwischen den Preisen für die Endkunden auf dem Sekundärmarkt und den Preisen für die Konkurrenten auf dem vorgelagerten Markt entweder **negativ** oder doch so **gering** ist, dass sie auch für effektive Konkurrenten nicht mehr ausreichend ist.[69] Das ist insbesondere anzunehmen, wenn das Unternehmen in beherrschender Stellung mit der von ihm den Konkurrenten zugebilligten niedrigen Spanne ebenfalls nicht mehr auskäme, sondern Verluste machte, wobei es genügt, dass das fragliche Unternehmen für die Vorleistungen marktbeherrschend ist, während Marktbeherrschung bei den Endprodukten nicht erforderlich ist.[70]

---

[64] *Kommission,* Entsch. v. 2.6.2004, WuW/E EU-V 1053 (1058ff., Tz. 220ff.) – Clearstream.

[65] Zusammenfassung der Rechtsprechung in *EuG* Slg. 2005, II-5596 = WuW/E EU-R 977 (984f. Tz. 306ff.) – GE/Honeywell sowie bei *GA Jacobs,* in: Slg. 1998, I-7794 (7802ff. Tz. 33ff.); zuletzt insbes. *EuGH* Slg. 2008, I-7174 = EuZW 2008, 634 = JuS 2009, 479 – GSK; *EuG* Slg. 2007, II- 3601 = WuW/E EU-R 1307 Tz. 317ff. – Microsoft.

[66] *Kommission,* Entsch. vom 20.3.2001, ABl. Nr. L 125/27 (39ff., Rn. 35ff.) – DPAG/UPS.

[67] *EuGH* Slg. 2010, I-9601 Tz. 173ff. – DTK; *EuG* Slg. 2008, II-485 Tz. 166, 186ff. = WuW/E EU-R 1429 (1433ff.); *Kommission,* Entsch. v. 21.3.2003, ABl. Nr. L 263/9 (23ff., Rn. 102ff.) = WuW/E EU-V 908 – DTAG.

[68] *EuGH* Slg. 2011, I-564 Tz. 30ff. – Telia Sonera; *Kommission,* Entsch. v. 4.7.2007, ABl. Nr. C – Telefonica; vgl. auch *BKartA* WuW/E DE-V 1191 (1193f.).

[69] *EuG* Slg. 2008, II-485 Tz. 166, 183ff. = WuW/E EU-R 1429 (1433ff.) – DTAG; s. auch u. Rn. 50.

[70] *EuGH* Slg. 2010, I-9601 = WuW/E EU-R 1779 (1794ff. Tz. 173ff.) – DTK; Slg. 2011, I-564 = EuZW 2011, 339 Tz. 31ff. = JuS 2012, 177 – TeliaSonera; *EuG* Slg. 2008, II-485 (537, 543ff. Tz. 166, 186ff.) = WuW/E EuR 1429 (1433ff.) – DTK; *Kommission,* Mitteilung von 2009, Tz. 75ff., 80; Entsch. v. 21.3.2003, ABl. Nr. L 263/9 (23ff. Tz. 102ff.) = WuW/E EU-V 908 – DTAG; v. 14.7.2007, ABl. 2008 Nr. C 83/6 (7f.) – Telefonica; *Frenz,* NZKart 2013, 60.

32 Entscheidend ist letztlich nach dem gegenwärtigen Stand der Rechtsprechung, ob die Lieferverweigerung geeignet erscheint den Wettbewerb des betroffenen Unternehmens auszuschalten.[71] Die *Kommission* hat hinzugefügt, dass die Anwendung des Art. 102 AEUV danach nur unter den folgenden **drei Voraussetzungen** in Betracht kommt: erstens, wenn das fragliche Produkt oder die fragliche Dienstleistung objektiv zum Markteintritt anderer Unternehmen notwendig ist, zweitens, wenn die Lieferverweigerung deshalb zum Ausschluss des Wettbewerbs durch die genannten anderen Unternehmen auf dem nachgelagerten Markt führen wird, sowie drittens, wenn die Verbraucher dadurch geschädigt werden, wenn mit anderen Worten von der Lieferverweigerung keine Effizienzvorteile für die Verbraucher zu erwarten sind.[72] Soweit nach dem Gesagten hier Raum für die Anwendung des Art. 102 AEUV ist, kann sich daraus in **Krisenzeiten** für beherrschende Unternehmen mit Zugang zu den Rohstoffquellen außerdem die Pflicht zur Repartierung ihrer knappen Ressourcen ergeben. Auf derselben Linie liegt wohl auch die im Einzelnen umstrittene Rechtsprechung des BGH zu dem Fragenkreis.[73]

33 Dieselben Regeln finden grundsätzlich Anwendung, wenn es ein Unternehmen in beherrschender Stellung von vornherein ablehnt, mit einem anderen Unternehmen, das auf seine Leistungen angewiesen ist, Geschäftsbeziehungen aufzunehmen (sog. De-novo-Lieferverweigerung).[74] Aus naheliegenden Gründen kommt jedoch hier eine Rechtfertigung solchen Verhaltens durch die Wahrnehmung legitimer Interessen des beherrschenden Unternehmens (weit) eher in Betracht als bei dem „grundlosen Abbruch" schon bestehender Geschäftsbeziehungen (o. Rn. 30ff.).

5. Essential-facilities-Doktrin

34 Unter dem Stichwort essential-facilities-Doktrin (Verweigerung des Zugangs zu wesentlichen Einrichtungen) diskutiert man die Frage, ob die Inhaber von Infrastruktureinrichtungen *oder* Rechten, die über diese Einrichtungen oder Rechte den Zugang zu vorgelagerten oder nachgeordneten Märkten beherrschen, anderen Unternehmen die Mitbenutzung ihrer Einrichtungen oder Rechte gestatten müssen, selbst wenn ihnen davon eine Konkurrenz auf den genannten Märkten droht. Paradigma für derartige Infrastruktureinrichtungen, in diesem Zusammenhang meistens wesentliche Einrichtungen genannt, sind die Netze der Verkehrs- und Versorgungswirtschaft, ohne deren Mitbenutzung offenkundig in der Regel anderen Verkehrs-, Telekommunikations- und Versorgungsunternehmen ein Zugang zu den nachgeordneten (oder: nachgelagerten) Märkten nicht möglich ist. Gesetzliche Regelungen dieses schwierigen Fragenkreises finden sich außer in § 19 Abs. 2 Nr. 4 GWB von 2013 (s. dazu u. § 27 Rn. 126ff.) vor allem in verschiedenen Richtlinien der Union und den darauf fußenden Regulierungsgesetzen für die Energie-, Bahn-, Post- und Telekommunikationsmärkte (s. dazu u. §§ 38f.). Daneben bleibt aber in jedem Fall Art. 102 AEUV (als vorrangiges Primärrecht) anwendbar.

[71] Grdl. *EuGH* Slg. 2008, I-7174 = EuZW 2008, 634 = WuW/E EU-R 1463 = JuS 2009, 479 – GSK.
[72] Mitteilung von 2009, ABl. Nr. C 45/7, Tz. 81–90.
[73] Vgl. die beiden SIM-Karten-Urteile von 2010: *BGH* WuW/E DE-R 2963 (2967ff.) – SIM-Karte I; WM 2010, 1950 = MMR 2010, 786 – SIM-Karte II.
[74] *Kommission,* Entsch. v. 2.6.2004, WuW/E EU-V 1053 (1058ff. Tz. 219ff.) – Clearstream; *öOGH* ÖBl. 1998, 36; 1998, 256; 1998, 308; 1999, 16; 1999, 50.

35 Entwickelt wurde die essential-facilities-Doktrin schon verhältnismäßig früh in den **Vereinigten Staaten.**[75] Von dort ist sie von der **Kommission** Schritt für Schritt in das Unionsrecht übernommen worden. Ihre erste Ausformulierung fand die essential-facilities-Doktrin in den **Seehafenentscheidungen** der Kommission aus den Jahren 1993 bis 1995, in denen sie wiederholt feststellte, dass die Verweigerung der Mitbenutzung wesentlicher Einrichtungen wie eben Häfen zu diskriminierungsfreien Bedingungen gegen Art. 102 AEUV verstößt, wenn der marktbeherrschende Inhaber der fraglichen Einrichtung diese zwar selbst nutzt, zugleich aber durch die Verweigerung des Zugangs zu der Einrichtung andere Unternehmen an der Aufnahme der Konkurrenztätigkeit auf einem nachgeordneten Markt hindert.[76] Die essential-facilities-Doktrin wurde seitdem in allen Fällen angewandt, in denen ein beherrschendes Unternehmen den Zugang zu einem Markt kontrolliert, weil es über Einrichtungen, Kenntnisse oder Schutzrechte verfügt, ohne die eine Betätigung auf dem nachgeordneten Markt nicht möglich ist. **Beispiele** sind außer den „klassischen" Netzmonopolen und anderen Infrastruktureinrichtungen wie Häfen und Bahnhöfen auch Schlüsselpatente und Urheberrechte sowie überhaupt jede Erlaubnis oder Lizenz, die Dritte als Voraussetzung für die Betätigung auf einem bestimmten Markt von Seiten des Berechtigten benötigen. Der Begriff wird insgesamt im Unionsrecht – anders als im deutschen Recht nach § 19 Abs. 2 Nr. 4 GWB – ganz **weit** ausgelegt.

36 Der **Gerichtshof** hatte sich zunächst sehr zurückhaltend zu einer Übernahme der essential-facilities-Doktrin in das Unionsrecht geäußert,[77] später jedoch eine deutlich positivere Haltung zu dem Fragenkreis erkennen lassen.[78] Voraussetzung für die Anwendung der essential-facilities-Doktrin ist danach vor allem, dass die Mitbenutzung der betreffenden Einrichtungen, Informationen oder Dienstleistungen *unerlässlich* für ein Unternehmen ist, das auf einem bestimmten Markt tätig werden will. Dies ist nur anzunehmen, wenn es keine Produkte oder Dienstleistungen gibt, die technisch und wirtschaftlich als Alternativlösungen in Betracht kommen.[79] Ist dies der Fall, so kann sogar die **Verweigerung der Lizenz** an einem Schutzrecht missbräuchlich sein, wenn (1.) die Zugangsverweigerung das Auftreten eines *neuen* Erzeugnisses verhindert, nach dem eine potentielle Nachfrage der Verbraucher besteht, wenn (2.) die Weigerung willkürlich ist und wenn sie (3.) geeignet ist, jeglichen Wettbewerb auf einem nachgelagerten oder abgeleiteten Markt auszuschließen.[80] Das **Gericht** hat in den verschiedenen Microsoft-Urteilen hinzugefügt, dass sich das besonders umstrittene *Neuheitserfordernis* allein auf die Fälle einer *Zwangslizenz* an gewerblichen Schutzrechten bezieht, so dass in den übrigen Fällen **auch andere Umstände** die Annahme eines Missbrauchs

[75] Wegen der Einzelheiten s. 540 US 398 = 124 SCt. 872 (2004) = WuW/E KRInt 59 – Verizon/Trinko; *Areeda,* Antitrust Law J. 58 (1990), 841; *Glasl,* ECLR 1994, 306; *Mestmäcker/Schweitzer,* § 18 Rn. 33ff. (S. 446ff.); *Subiotto,* ECLR 1992, 234 (242ff.).

[76] *Kommission,* Entsch. v. 21.12.1993, ABl. 1994 Nr. L 15/8 (16 Tz. 66) – Stena Sealink II; v. 21.12.1993, ABl. 1994 Nr. L 55/52 (55 Tz. 12) – Hafen von Rodby; Mitteilung über Zugangsvereinbarungen im Telekommunikationsbereich v. 22.8.1998, ABl. Nr. C 265/2 (15ff. Tz. 87ff.); Beschl. v. 22.6.2011 – ABl. Nr. C 324/7 Tz. 13ff. – TK Polska; *Emmerich,* FS v. Gamm, 1990, S. 581 (592ff.).

[77] *EuGH* Slg. 1998, I-7817 (7831f. Tz. 41ff.) = NJW 1999, 2259 = EuZW 1999, 86 – Bronner/Mediaprint; bestätigt durch *EuGH* Slg. 2004, I-5069 (5079f. Tz. 28ff.) – Tierce Ladbroke; s. dazu *Ehle,* EuZW 1999, 89f.; *Lampert,* NJW 1999, 2235; zustimmend *öOGH* ÖBl. 2001, 41 – Mediaprint III.

[78] *EuGH* Slg. 2004, I-5069 = EuZW 2004, 345 – IMS/NDC.

[79] *EuGH* Slg. 2004, I-5069 (5079 Tz. 28).

[80] *EuGH* Slg. 2004, I-5069 (5081f. Tz. 34–38).

nach Art. 102 S. 2 lit. b AEUV zu rechtfertigen vermögen wie insbesondere eine Beschränkung der technischen Entwicklung zum Schaden der Verbraucher.[81]

Im Ergebnis entsprechen damit heute die **Voraussetzungen,** unter denen ein Zugang zu den genannten Einrichtungen und Rechten verlangt werden kann, im Wesentlichen den Regeln bei der Geschäftsverweigerung (o. Rn. 30ff.). Besonderheiten gelten lediglich für **Zwangslizenzen** an gewerblichen Schutzrechten, wo als zusätzliche Voraussetzung für die Anwendung des Art. 102 AEUV jedenfalls im Regelfall die Verhinderung eines *neuen* Produkts oder einer *neuen* Dienstleistung zum Schaden der Verbraucher verlangt wird. Liegen die genannten Voraussetzungen für die Anwendung des Art. 102 AEUV vor, so scheidet die Annahme eines Missbrauchs nur aus, wenn die Verweigerung des Zugangs zu der wesentlichen Einrichtung objektiv gerechtfertigt ist, etwa wegen fehlender Kapazitäten oder wegen Gefahren für die Funktionsfähigkeit und Betriebssicherheit der Einrichtung bei ihrer Öffnung für Dritte. 37

IV. Anwendung unterschiedlicher Bedingungen bei gleichwertigen Leistungen (Art. 102 S. 2 lit. c AEUV)

1. Überblick

Nach Art. 102 S. 2 lit. c AEUV stellt ferner die Anwendung unterschiedlicher Bedingungen bei gleichwertigen Leistungen gegenüber Handelspartnern, wodurch diese im Wettbewerb benachteiligt werden, einen Missbrauch dar. Wie der Vergleich mit der Parallelvorschrift des Art. 101 Abs. 1 Halbs. 2 lit. c AEUV (o. § 5 Rn. 12) zeigt, hat der Vertrag hier vorrangig *einseitige* Diskriminierungen im Auge, die von Unternehmen in beherrschender Stellung praktiziert werden. 38

Unter einer **Diskriminierung** versteht man die unterschiedliche Behandlung gleichartiger Sachverhalte. Die Auswirkungen auf den Wettbewerb sind ambivalent. Je nach den Umständen können sie positiv oder negativ zu bewerten sein.[82] Lediglich **grundlose Diskriminierungen,** die **von marktstarken Unternehmen** ausgehen, gelten grundsätzlich als unvereinbar mit einer Wettbewerbsordnung, weil mit ihnen durchweg die Gefahr verbunden ist, dass durch sie die gleichen Wettbewerbschancen der Vertragspartner, der Lieferanten wie der Abnehmer des marktstarken Unternehmens, beeinträchtigt und damit der Wettbewerb verzerrt wird. Das ist der Grund, warum sich der Anwendungsbereich der meisten Diskriminierungsverbote auf marktstarke oder marktbeherrschende Unternehmen beschränkt (vgl. neben Art. 102 AEUV noch § 19 Abs. 2 Nr. 1 und Nr. 3 und § 20 Abs. 1 GWB und dazu u. §§ 27 Rn. 84ff. und § 28). 39

Der **Zweck** des Diskriminierungsverbotes des Art. 102 S. 2 lit. c AEUV besteht nach dem Gesagten (Rn. 39) in erster Linie in dem Schutz des unverfälschten Wettbewerbs auf den vor- und nachgelagerten Märkten gegen eine Verzerrung des Wettbewerbs zwischen den Lieferanten oder Abnehmern des Unternehmens in beherrschender Stellung durch ihre grundlose unterschiedliche Behandlung,[83] d. h. – anders gewendet – 40

[81] *EuG* Slg. 2004, II-4483 = WuW/E EU-R 863; Slg. 2007, II-3601 Tz. 643ff., 647ff. = WuW/E EU-R 1307; EuZW 2012, 673 Tz. 139ff.; s. dazu *Frenz,* WuW 2014, 282; *Lange,* in: Lange/Klippel/Ohly (Hrsg.), Geistiges Eigentum und Wettbewerb, 2009, S. 139ff.; *R. Wilhelmi,* WRP 2009, 1431 (1442ff.); *Wirtz/Möller,* WuW 2006, 226 (232f.); kritisch *Oechsler,* FS Säcker, 2011, S. 879 (889f.).

[82] S. *MK,* SonderGA 7, Tz. 217ff.; *Mestmäcker,* WuW 1957, 21, 92; *Mestmäcker/Schweitzer,* § 17 Rn. 14 (S. 413f.).

[83] *EuGH* Slg. 2007, I-2373 Tz. 143 = EuZW 2007, 306, 313 = JuS 2007, 975 – BA.

letztlich in der **allseitigen Öffnung der Märkte** im Binnenmarkt. Speziell in der Europäischen Union kommt noch der weitere Zweck hinzu, das für die Union schlechthin fundamentale Verbot jeder Diskriminierung zwischen den Bürgern der Mitgliedstaaten aus Gründen der Staatsangehörigkeit (Art. 18 AEUV) auch gegen Unternehmen in beherrschender Stellung durchzusetzen, nicht zuletzt wegen der *Staatsnähe* vieler dieser Unternehmen (s. Art. 106 Abs. 1 AEUV). So gesehen, erweist sich Art. 102 S. 2 lit. c AEUV zugleich als Anwendungsfall des allgemeinen Diskriminierungsverbots des Art. 9 EUV und des Art. 18 AEUV, so dass von Fall zu Fall auch beide Verbote *nebeneinander* anwendbar sein können. Im Vordergrund der Praxis zu Art. 102 S. 2 lit. c AEUV stehen folgerichtig Diskriminierungen zwischen den Angehörigen verschiedener Mitgliedstaaten seitens Unternehmen in beherrschender Stellung.

2. Tatbestand

41 Das Diskriminierungsverbot des Art. 102 S. 2 lit. c AEUV soll nach dem Gesagten (o. Rn. 40) vor allem verhindern, dass Unternehmen in beherrschender Stellung durch diskriminierende Eingriffe die Marktchancen der „Handelspartner", d. h. der Unternehmen auf den vor- und nachgeordneten Märkten, beeinträchtigen, indem sie einzelne ihrer **Lieferanten oder Abnehmer** gegenüber anderen **benachteiligen,** und zwar durch Anwendung unterschiedlicher Bedingungen „bei gleichwertigen Leistungen".[84] Mit den **Handelspartnern** meint der Vertrag allein die *gewerblichen* Lieferanten und Abnehmer des Unternehmens in beherrschender Stellung, so dass eine etwaige Diskriminierung zum Nachteil der **Verbraucher** nur über die Generalklausel des Art. 102 S. 1 AEUV erfasst werden kann. Unklar ist, wessen Leistungen gleichwertig sein müssen, um die Anwendung des Art. 102 S. 2 lit. c AEUV zu rechtfertigen. Geht man von dem Regelfall eines Austauschvertrages aus, so zeigt sich jedoch, dass der Vertrag bei den „gleichwertigen Leistungen" nur die **Sachleistungen** des beherrschenden Unternehmens an seine Abnehmer oder die entsprechenden Leistungen der Lieferanten an das beherrschende Unternehmen im Auge haben kann, da die Gegenleistungen des anderen Teils – als Geldleistungen – allemal gleichwertig sind.

42 Die **Gleichwertigkeit von Leistungen,** also entweder der Leistungen der Lieferanten an das beherrschende Unternehmen oder dessen Leistungen an seine Abnehmer, beurteilt sich nach einem **objektiven Maßstab** aus der Sicht der Handelspartner. Ist danach die Gleichwertigkeit der Leistungen zu bejahen, so wird Art. 102 S. 2 lit. c AEUV anwendbar mit der Folge, dass das beherrschende Unternehmen seine Handels- oder besser Vertragspartner hinsichtlich der jeweiligen Gegenleistung gleichbehandeln muss. Unterschiedliche Bedingungen sind daher mit Art. 102 S. 2 lit. c AEUV nur vereinbar, wenn sie durch **sachliche Gründe,** etwa durch unterschiedliche Kosten bei dem beherrschenden Unternehmen als Lieferant oder Abnehmer, gerechtfertigt werden können.[85] Zulässig ist ferner grundsätzlich der Eintritt in günstigere Angebote von Konkurrenten (sog. **meeting-competition-defense**), ohne dass deshalb derartige Preiszugeständnisse sofort nach Art. 102 S. 2 lit. c AEUV auch allen anderen Abnehmern eingeräumt werden müssten.[86] Fehlt es jedoch an derartigen sachlichen

[84] Diesen Zweck betont auch *EuGH* Slg. 2007, I-2373 Tz. 143ff. = EuZW 2007, 306 (313) = JuS 2007, 975 Nr. 14 – BA.

[85] Beispiele: *Kommission,* Entsch. v. 2.6.2004, WuW/E EU-V 1053 (1063ff. Tz. 302ff.) – Clearstream; *OLG Hamburg* WuW/E DE-R 2831 (2836ff. Tz. 51ff.) – CRS/LH.

[86] *Kommission,* Diskussionspapier von 2005, Tz. 77, 204ff.; *van Bael/Bellis,* p. 920ff.; *Hirsbrunner/Schädle,* EuZW 2006, 583 (584f.).

Gründen für die unterschiedliche Behandlung der Handelspartner, so greift das Diskriminierungsverbot des Art. 102 S. 2 lit. c AEUV ein. Die im Vertrag seinem Wortlaut nach noch zusätzlich verlangte **Benachteiligung der Handelspartner** im Wettbewerb (Art. 102 S. 2 lit. c Halbs. 2 AEUV) ergibt sich bereits aus der Diskriminierung, d. h. der Benachteiligung der Handelspartner gegenüber anderen, so dass sich eine selbständige Prüfung für den Regelfall erübrigt.[87]

Als Diskriminierung gilt nach einer verbreiteten Meinung auch die Gleichbehandlung unterschiedlicher Sachverhalte (str.). Ebenso zu beurteilen ist ferner die **Quersubventionierung von Wettbewerbsdiensten** durch Monopolunternehmen mit Gewinnen aus dem Monopolbereich; Paradigma ist die Subventionierung der Paketpreise der Deutschen Post AG aus ihren exzessiven Gewinnen aus dem früher monopolisierten Briefdienst.[88] Fehlt es in derartigen Fallgestaltungen im Einzelfall an den Voraussetzungen des Art. 102 S. 2 lit. c AEUV, so bleibt immer noch der Rückgriff auf die Generalklausel des Art. 102 S. 1 AEUV möglich.[89] Wichtig ist das vor allem für **mittelbare Diskriminierungen,** d. h. für die von dem beherrschenden Unternehmen ausgehende *Veranlassung* diskriminierender Maßnahmen der Handelspartner gegenüber Konkurrenten, wodurch die letzteren im Wettbewerb mit dem Unternehmen in beherrschender Stellung behindert werden (§ 19 Abs. 2 Nr. 5 GWB). 43

3. Beispiele

Unter Art. 102 S. 2 lit. c AEUV fallen zunächst alle Formen einer offenen oder versteckten **Diskriminierung zwischen** den **Angehörigen der Mitgliedstaaten** seitens Unternehmen in beherrschender Stellung (Art. 18 AEUV). Beispiele sind die Festsetzung unterschiedlicher Gebühren für In- und Ausländer durch Telekommunikationsunternehmen,[90] die Benachteiligung ausländischer Unternehmen beim Zugang zum Werbefernsehen,[91] die Anwendung unterschiedlicher Preise durch die nationalen Bahngesellschaften,[92] sowie die Benachteiligung ausländischer Anbieter bei Ausschreibungen der öffentlichen Hand und ihrer Unternehmen.[93] Einen weiteren Schwerpunkt der heutigen Praxis bilden offene und versteckte Diskriminierungen durch **unterschiedliche Rabatte** für die Vertragspartner beherrschender Unternehmen (s. schon o. Rn. 27ff.). Die wichtigsten Beispiele sind Treuerabatte und gleichstehende Rabattsysteme, die wettbewerbsbeschränkendes Verhalten belohnen sollen und die schwerpunktmäßig je nach Fallgestaltung den Beispielstatbeständen des Art. 102 S. 2 44

[87] Ebenso im Ergebnis *EuGH* Slg. 2007, I-2372 Tz. 143ff.= EuZW 2007, 306 (313) = JuS 2007, 975 Nr. 14 – BA.

[88] *Kommission,* Bekanntmachung über die Anwendung der Wettbewerbsregeln auf den Postsektor vom 6.2.1998, ABl. Nr. C 39/2 (10 Tz. 3.3); *Kommission,* Mitteilung von 2009, ABl. Nr. C 45/7 Tz. 64; Schr. vom 23.7.2004, WuW/E EU-V 1097 (1103ff., Tz. 223ff.) – Hafen von Helsingborg im Anschluss an *EuG* Slg. 2002, II-1917 (1934ff., Tz. 55, 61f.) – UPS/DPAG; *van Bael/Bellis,* 939ff.; *Platt,* Quersubventionierung im Wettbewerbsrecht der EU, 2005.

[89] Ebenso ausdrücklich *EuGH* Slg. 2007, I-2372 = EuZW 2007, 306 (308 Tz. 58) – BA.

[90] *Kommission,* Entsch. v. 10.12.1982, ABl. Nr. L 360/36 (42 Tz. 30) – BT; bestätigt durch *EuGH* Slg. 1985, 880 (887 Tz. 26) – BT.

[91] *EuGH* Slg. 1974, 409 (431 Tz. 17) – Sacchi.

[92] Vgl. für die Deutsche Bahn *Kommission,* Entsch. v. 29.3.1994, ABl. Nr. L 104/34 (51ff.) – HOV; *EuG* Slg. 1997, II-1689 (1720f. Tz. 78f.) – Deutsche Bahn.

[93] Vgl. z. B. für die nationalen Bahngesellschaften *Kommission,* 3. WB 1973, Tz. 68f. (S. 62f.); 20. WB 1990, Tz. 115 (S. 105f.).

lit. a, c und d AEUV zugeordnet werden.[94] Gleich stehen willkürliche Rabattstaffeln einschließlich individueller und damit im Zweifel willkürlicher Zielrabatte[95] und gegebenenfalls sogar Mengenrabatte, wenn die einzelnen Rabattsprünge nicht mehr durch Kostenersparnisse bei dem Lieferanten gerechtfertigt werden können, sondern z. B. nur einzelne Unternehmen belohnen und andere bestrafen sollen.[96]

V. Koppelungsgeschäfte (Art. 102 S. 2 lit. d AEUV)

1. Tatbestsand

45 Als letztes Regelbeispiel missbräuchlichen Verhaltens nennt der Vertrag in Art. 102 S. 2 lit. d die an den Abschluss von Verträgen geknüpfte Bedingung, dass die Vertragspartner zusätzliche Leistungen annehmen, die weder sachlich noch nach Handelsbrauch in Beziehung zum Vertragsgegenstand stehen (vgl. auch Art. 101 Abs. 1 Halbs. 2 lit. e AEUV und dazu o. § 5 Rn. 13 f.). Paradigma ist die Koppelung des Bezugs einer begehrten Maschine an die Abnahme der für den Betrieb benötigten Hilfsstoffe, Ersatzteile oder Reparaturleistungen. **Zweck** des Verbots derartiger Geschäfte ist in erster Linie der Schutz der Vertragspartner dagegen, dass ihnen von Unternehmen in beherrschender Stellung Leistungen aufgezwungen werden, die sie gar nicht haben wollen. Zugleich soll dadurch der Wettbewerb auf dem Sekundärmarkt für die gekoppelten Produkte oder Dienstleistungen geschützt werden, da von beherrschenden Unternehmen praktizierte Koppelungsgeschäfte die Gefahr begründen, dass Wettbewerber auf dem Sekundärmarkt für das gekoppelte Produkt oder die gekoppelte Dienstleistung verdrängt werden und so die Macht von dem bereits beherrschten auf den benachbarten Markt übertragen wird (sog. Hebelwirkung oder **leveraging**).[97]

46 Ein Verstoß gegen das Koppelungsverbot liegt nur vor, wenn die Erbringung bestimmter Leistungen von der Annahme **„zusätzlicher Leistungen"** abhängig gemacht wird (Art. 102 S. 2 lit. d AEUV). Zusätzliche Leistungen in diesem Sinne sind solche, die zu einem *anderen* Markt als die Hauptleistung gehören, meistens **Sekundärmarkt** genannt. Den Gegensatz bildet der Verkauf von Sachgesamtheiten und von wirtschaftlich zusammengehörenden Sachen, wie z. B. Kraftfahrzeugen, Maschinen, Wohnungseinrichtungen oder Essservicen. Die **Abgrenzung** kann im Einzelfall Schwierigkeiten bereiten, weil häufig zweifelhaft ist, ob zwei Produkte oder Dienstleistungen noch zum selben Markt oder bereits zu getrennten, wenn auch benachbarten Märkten gehören. In derartigen Fällen sollte im Interesse eines umfassenden Wettbewerbsschutzes grundsätzlich von der *Anwendbarkeit* des Art. 102 S. 2 lit. d AEUV ausgegangen und sodann geprüft werden, ob die Verbindung der fraglichen Leistungen aus Primär- und Sekundärmarkt sachlich gerechtfertigt ist.[98]

47 Für die Annahme einer verbotenen Koppelung genügt die **konditionale Verknüpfung** zweier Leistungen (s. Art. 102 S. 2 lit. d AEUV: „... Bedingung ..."). Die recht-

[94] *EuGH* Slg. 2007, I-2373 = EuZW 2007, 306 (308, 312 ff.) = JuS 2007, 975 Nr. 14 – BA/Virgin.

[95] So für die unterschiedlichen Zielrabatte, die BA den Reisevermittlern trotz gleicher Umsätze gewährte, *EuGH* (vorige Fn.) Tz. 125 ff.

[96] *EuGH* Slg. 2001, I-2638 (2657 ff. Tz. 50 ff.) = WuW/E EU-R 426 – Portugal; Slg. 2007, I-2373 Tz. 125 ff. = EuZW 2007, 306 (308, 312 ff.) = JuS 2007, 975 Nr. 14 – BA/Virgin; *Kommission,* Entsch. v. 13. 12. 2000, ABl. 2003 Nr. L 10/10 (28 f. Tz. 181 ff.) – Solvay.

[97] Ausführlich *Kommission* Mitteilung von 2009, ABl. Nr. C 45/7 Tz. 47–62; Beschl. v. 16. 12. 2009, ABl. 2010 Nr. C 36/7 = (vollständiger) WuW/E EU-V 1499 (1502 f. Tz. 33 ff.).

[98] Vgl. *Mestmäcker/Schweitzer,* § 17 Rn. 23, 27 (S. 417, 419).

liche Konstruktion ist unerheblich. Eine Koppelung kann auch angenommen werden, wenn zwei äußerlich getrennte Verträge miteinander verknüpft werden oder wenn die Gewährung von Rabatten von zusätzlichen Leistungen, insbesondere von wettbewerbsbeschränkendem Verhalten auf demselben oder auf anderen Märkten abhängig gemacht wird.[99] Beispiele sind Treuerabatte und vergleichbare Rabattsysteme. Gleich stehen ferner **technisch bedingte Koppelungen,** d. h. die Integration des einen Produkts in das andere, solange es sich bei den Produkten nur tatsächlich um separate Produkte handelt.[100] Beispiele sind die beiden Microsoft-Fälle, in denen es um die Integration spezieller Programme in das allgemeine Betriebsprogramm Windows ging.

2. Ausnahmen

Die Annahme einer verbotenen Koppelung scheidet gemäß Art. 102 S. 2 lit. d AEUV in zwei Fällen aus: zunächst, wenn die fraglichen zusätzlichen Leistungen sachlich in **Beziehung zum Vertragsgegenstand** stehen. Dies ist anzunehmen, wenn die Koppelung durch vernünftige wirtschaftliche oder technische Gründe gerechtfertigt erscheint. Ein Beispiel ist die Koppelung von Lizenzen an *technisch* bedingte Abnahmepflichten für Vorprodukte oder Rohstoffe.[101] Eine Koppelung kann außerdem noch nach **Handelsbrauch** gerechtfertigt sein. Voraussetzung ist jedoch in diesem Fall, dass der Handelsbrauch nicht seinerseits einen Missbrauch darstellt, etwa, weil er zuvor von dem Unternehmen in beherrschender Stellung in seinem Interesse durchgesetzt wurde.[102] Nach Meinung der Kommission scheidet die Annahme eines Missbrauchs ferner aus, wenn mit der Koppelung oder Bündelung **Effizienzvorteile** für die Verbraucher verbunden sind, die die Nachteile der Marktverschließung überwiegen.[103] Die Kommission nennt in diesem Zusammenhang als mögliche Effizienzvorteile einer Koppelung oder Bündelung an sich getrennter Produkte insbesondere die Einsparung von Produktionskosten, von Transaktionskosten sowie von Verpackungs- und Vertriebskosten. 48

3. Beispiele

Beispiele für gegen Art. 102 S. 2 lit. d AEUV verstoßende Koppelungen finden sich vor allem in den Fällen „Hilti" und „Tetra Pak". In dem **Hilti-Fall** ging es um die Koppelung des Vertriebs patentierter Bolzenschussgeräte mit der Abnahme von Kartuschen und Bolzen, wodurch selbständige Hersteller von Kartuschen und Bolzen vom Markt verdrängt werden sollten,[104] während der **Tetra Pak-Fall** die Koppelung des Vertriebs patentierter Maschinen mit dem Absatz der darauf zu bearbeitenden Materialien und mit dem Bezug von Reparaturleistungen betraf.[105] 49

---

99 *Kommission,* Entsch. v. 11.12.2000, ABl. 2003 Nr. L 10/33 (46ff. Tz. 137ff.) – ICI; v. 5.12.2001, ABl. 2002 Nr. L 61/32 (44ff. Tz. 54ff.) – de Post/La Poste.

100 Mitteilung von 2009, Tz. 48; s. *Lange/Pries,* EWS 2008, 1 (3f.).

101 Ausführlich *Kommission,* Leitlinien für Technologietransfer-Vereinbarungen von 2004, ABl. Nr. C 101/02 (34f. Tz. 191ff.).

102 *EuGH* Slg. 1996, I-5987 (6011 Tz. 37) – Tetra Pak.

103 Mitteilung von 2009, Tz. 62; *Lange/Pries,* EWS 2008, 1 (4f.).

104 *Kommission,* Entsch. v. 22.12.1987, ABl. 1988, L 65/19 (35ff.); bestätigt durch *EuG* Slg. 1991, II-1439 (1488f.); *EuGH* Slg. 1994, I-693 = EuZW 1994, 316.

105 *Kommission,* Entsch. v. 24.7.1991, ABl. 1992 Nr. L 72/1 (23ff.); *EuG* Slg. 1994, II-755 (817ff.); *EuGH* Slg. 1996, I-5987 (6010ff.).

VI. Kampfpreisunterbietung

Literatur: S. u. § 27 Rn. 77 ff.; *Kommission,* Mitteilung von 2009, Tz. 23, 63, 75 ff.; *Areeda/Turner,* 88 Harvard L. Rev. (1975), 637; *Bolton/Brodley/Riordan,* 88 Georgetown L. J. (2000), 2239; *Caspary,* Der Verkauf unter Einstandspreis, 2005, S. 103 ff.; *Henck-Merten,* Die Kostenpreisschere im Kartellrecht, 2004; *Joskow/Klevorik,* 89. Yale Y. L. Bd. 89 (1979), 273; *Kon/Turnbull,* E. C. L. Rev. 2003, 70; *Mastromanolis,* E. C. L. Rev. 1998, 211; *Pries,* Kampfpreisunterbietung im ökonomisierten EG-Kartellrecht, 2009; *Wurmnest,* Marktmacht und Verdrängungsmissbrauch, 2. Aufl., 2012, S. 375, 446 ff.

1. Erscheinungsformen

50 Von einer Kampreisunterbietung **(predatory pricing, predation)** spricht man in der Regel, wenn ein Unternehmen in beherrschender Stellung seine besonderen Ressourcen einsetzt, um Konkurrenten selbst unter Inkaufnahme erheblicher Verluste durch Preisunterbietungen aus dem bereits beherrschten *oder* aus einem anderen Markt zu verdrängen. In der **Wettbewerbstheorie** ist zwar umstritten, ob solche Verhaltensweisen bei rational handelnden Unternehmen überhaupt denkbar sind;[106] die wirtschaftliche Wirklichkeit zeigt indessen immer wieder Fälle, in denen beherrschende Unternehmen tatsächlich Preisunterbietungen rücksichtslos einsetzen, um bestimmte Konkurrenten zu disziplinieren. Ein bekanntes Beispiel ist die Strategie der Seeschifffahrtskonferenzen, bei denen es sich um (erlaubte) marktbeherrschende Preiskartelle handelt, sog. Kampfschiffe zu Verlustpreisen allein auf einzelnen umstrittenen Linien gegen bestimmte freie Reeder einzusetzen, um diese zu verdrängen.[107] Vergleichbare Fälle finden sich auch in der amerikanischen Rechtsprechung.[108]

51 Besondere Erscheinungsformen der Kampfpreisunterbietung sind die **Quersubventionierung** von Preiskämpfen auf Wettbewerbsmärkten durch die Gewinne aus Monopolmärkten (s. dazu schon o. Rn. 42) sowie die sog. **Preis-Kostenschere** (Preissqueezing, s. dazu schon o. Rn. 31), d. h. die Praxis mehrstufiger, vertikal integrierter Unternehmen, die Preise für Rohstoffe oder Vorleistungen für ihre damit belieferten einstufigen Konkurrenten so hoch festzusetzen, dass die letzteren auf dem Markt für die Endprodukte nicht mehr konkurrenzfähig sind.[109] Die Besonderheit der zuletzt genannten Fälle besteht darin, dass mit der fraglichen Preispolitik ebenso wie mit einer Quersubventionierung von Preiskämpfen durch Gewinne aus Monopolmärkten *nicht* notwendig Verluste des Unternehmens in beherrschender Stellung verbunden sind. Deshalb ist umstritten, ob es sich bei ihnen um **selbständige Fallgruppen** des Art. 102 AEUV *oder* um bloße **Erscheinungsformen** der Kampfpreisunterbietung handelt.[110] Der EuGH betont heute die Notwendigkeit, die Fälle der Kosten-Preisschere von denen der Kampfpreisunterbietung zu unterscheiden,[111] und will diese Fälle jetzt offenbar bei Art. 102 S. 2 lit. a AEUV einordnen.[112]

---

106 S. zu dieser Diskussion m. N. *Areeda/Turner,* 88 Harvard L. Rev. (1975), 637; *Bolton/Brodley/Riordan,* 88 Georgetown L. J. (2000), 2239; *Korah,* p. 103 ff.; *Kn. W. Lange,* ZHR 169 (2005), 495 (500 ff.); *Mestmäcker/Schweitzer,* § 18 Rn. 3 ff. (S. 435 f.).

107 *EuGH* Slg. 2000, I-1442 (1475 ff. Tz. 111 ff.) = WuW/E EU-R 309 – Comp. Maritime Belge (CMB).

108 S. 509 US 209 (1993) – Brooke Group v. Brown & Williamson; 127 S. Ct. 1069 (2007) = WuW/E KRInt 180 – Weyerhaeuser v. Ross-Simmons.

109 Vgl. § 20 Abs. 3 Nr. 1 GWB und dazu u. § 28 Rn. 25 ff.

110 S. m. N. *Frenz,* NZKart 2013, 60; *Leupold,* EuZW 2011, 345 (346); *Lommler,* WuW 2011, 244.

111 Slg. 2011, I-564 = EuZW 2011, 339 (344 Tz. 99 ff.) = JuS 2012, 177 – TeliaSonera.

112 Urteil TeliaSonera (vorige Fn.); *Leupold,* EuZW 2011, 345 (346).

2. Voraussetzungen

Unternehmen in beherrschender Stellung dürfen und sollen (selbstverständlich) ebenso wie andere Unternehmen am Preiswettbewerb teilnehmen und können dabei (natürlich) auch durch Preissenkungen ihre Interessen verfolgen. Daraus ergibt sich die schwierige Frage, wie der grundsätzlich unbedenkliche Einsatz des Aktionsparameters Preis im Wettbewerb von einer gezielten Kampfpreisunterbietung abgegrenzt werden kann.[113] In der ausufernden **Literatur** zu diesem schwierigen Fragenkreis werden vor allem ökonometrische und subjektivistische Ansätze diskutiert.[114] Die ökonometrischen Ansätze beruhen durchweg auf einem Vergleich der Kosten des marktbeherrschenden Unternehmens mit seinen Preisen (so genanntes **Kosten-Preis-Paradigma**), wobei unterschiedliche Maßstäbe Anwendung finden. Hervorzuheben sind die durchschnittlichen Grenzkosten und die variablen Kosten, die durchschnittlichen vermeidbaren Kosten sowie die langfristigen durchschnittlichen Grenzkosten, die so genannten inkrementellen Kosten. 52

Am meisten Anklang gefunden hat der sog. **Areeda/Tuner-Test** aus dem Jahre 1975, der die kritische Grenze für die Zulässigkeit der Preisbildung bei der Unterschreitung der durchschnittlichen variablen Kosten des marktbeherrschenden Unternehmens sieht (sog. **AVC-Standard**),[115] heute vertreten meistens in der Form des **AAC-Standards,** der (wegen der Schwierigkeit, die durchschnittlichen variablen Kosten eines Unternehmens zu ermitteln) auf die durchschnittlichen vermeidbaren Kosten des Unternehmens abstellt. Nur: Alle diese Kosten sind eine hoffnungslose Unbekannte und jedenfalls beliebig manipulierbar, wobei noch hinzukommt, dass die Abgrenzung der variablen von den (nicht berücksichtigten) Fixkosten nicht ohne Willkür möglich ist und zudem ganz von dem gewählten Zeithorizont abhängt.[116] Deshalb weicht man allgemein auf die genannten anderen Kostenarten als **Hilfsmaßstäbe** aus, häufig dann verbunden mit weiteren subjektivistischen Kriterien, wobei man vorrangig eine etwaige **Verdrängungs- oder Monopolisierungsstrategie** des fraglichen Unternehmens im Auge hat, sofern im Einzelfall einmal tatsächlich feststellbar. 53

Kommission und **Gerichtshof** favorisieren seit langem eine derartige *zweistufige Vorgehensweise.* Leitentscheidung ist das **Akzo-Urteil** von 1991, in dem der Gerichtshof als maßgebliches Kriterium das Verhältnis zwischen den Preisen und den Kosten des beherrschenden Unternehmens in den Vordergrund rückte.[117] Die Unterschreitung der **variablen Kosten** soll danach grundsätzlich missbräuchlich sein, während bei einer Unterschreitung der **totalen Durchschnittskosten** ein Missbrauch erst angenommen werden darf, wenn **zugleich** der **Zweck** nachgewiesen werden kann, den bekämpften Konkurrenten vom Markt zu verdrängen. **Indizien** für solche Absicht sollen Drohungen gegen die Konkurrenten, Angebote zu ganz ungewöhnlich niedrigen Preisen, 54

113 Ebenso auch *EuGH* WuW/E-EU-R 2297 Tz. 21 ff. = EuZW 2012, 540 = JuS 2012, 1133 – Post Danmark.

114 S. *Pries,* S. 41 ff.; *Wurmnest,* S. 375 ff., beide m. N.

115 *Areeda/Turner,* Harvard L. Rev 88 (1975), 697.

116 Bei hinreichend langfristiger Betrachtungsweise sind fast alle Kosten variabel, kurzfristig dagegen nahezu alle fix.

117 *EuGH* Slg. 1991, I-3439 (3453 ff. Tz. 70 ff.) = EuZW 1992, 21 (25 ff.) – Akzo; ebenso Slg. 1996, I-5987 (6012 Tz. 41) – Tetra Pak; *Kommission,* v. 24.7.1991, ABl. 1992 Nr. L 72/1 (32 ff.) – Tetra Pak II.

Lockvogelangebote und Preisdiskriminierungen zur gezielten Abwerbung der Kunden der Konkurrenten sein.[118] An diesen Kriterien haben die europäischen Gerichte bis in die jüngste Zeit festgehalten.[119]

55 Die **Kommission** hat ihren Standpunkt zuletzt in ihrer Mitteilung aus dem Jahr 2009 präzisiert.[120] Sie sieht danach das entscheidende Merkmal einer missbräuchlichen Kampfpreisunterbietung in der Praktizierung von Preisen, bei denen das Unternehmen in beherrschende Stellung bewusst kurzfristig Verluste oder auch nur Gewinneinbußen in Kauf nimmt, also ein Opfer (Sacrifice) erbringt, um Konkurrenten vom Markt auszuschließen (so genannter **Sacrifice-Test**). Infolgedessen stehen in der aktuellen Praxis der Kommission *objektive Kriterien,* d. h. ein Vergleich der Preise mit den Kosten, ganz im Vordergrund. **Maßstab** des Sacrifice-Tests sind in erster Linie die vermeidbaren Verluste des Unternehmens in beherrschender Stellung, und zwar gemessen am Maßstab der durchschnittlichen vermeidbaren Kosten sowie neuerdings auch der so genannten inkrementellen Kosten.

56 **Beispiele** für eine manifeste Vernichtungsabsicht marktbeherrschender Unternehmen sind neben der bereits erwähnten Praxis der Seeschifffahrtskonferenzen, verlustbringende Kampfschiffe gezielt gegen Außenseiter auf bestimmten Verbindungen einzusetzen (Rn. 50), ein Preiskampf gegen einen kleinen Konkurrenten, der es „gewagt" hatte, in den Markt des beherrschenden Unternehmens einzudringen, „ohne Rücksicht auf Verluste",[121] weiter der Verkauf von Maschinen auf dem beherrschten oder auf eng verbundenen Nachbarmärkten zu Verlustpreisen in Verbindung mit hohen Rabatten für einzelne besonders wichtige Kunden zu dem alleinigen Zweck der Vernichtung der Konkurrenten[122] sowie schließlich die Senkung der Anzeigenpreise durch eine große Zeitung auf ein Sechstel des bisherigen Preises(!), um eine kleine Zeitung endgültig aus dem Markt zu „boxen".[123]

VII. Gewerbliche Schutzrechte

57 Der Vertrag respektiert zwar grundsätzlich den Bestand der gewerblichen Schutzrechte, des Urheberrechts und der gleichstehenden Rechte. Daraus folgt indessen nicht eine generelle Immunität der Schutzrechte gegenüber dem Kartellrecht; vielmehr kann ihre **Ausübung** ebenso wie die jedes anderen Rechts sehr wohl unter den in Art. 102 AEUV genannten Voraussetzungen als missbräuchlich zu qualifizieren sein

[118] Zustimmend *Kommission,* Entsch. v. 20.3.2001, ABl. Nr. L 125/27 (39f. Tz. 35f.) – DPAG; *öOGH* SZ Bd. 71 (1998 I) Nr. 103, S. 642, 646ff.; ÖBl. 2001, 133; vgl. den Areeda/Turner-Test bei *Korah,* p. 103.

[119] *EuGH* Slg. 2010, I-9601 = WuW/E EU-R 1779 Tz. 173ff. – DTK; Slg. 2011, I-564 = EuZW 2011, 339 = JuS 2012, 177 – TeliaSonera; insbesondere *EuGH* WuW/E EU-R 2297 (2300f. Tz. 25f.) = EuZW 2012, 540 = JuS 2012, 1133 – Post Danmark; *EuG* Slg. 1994, II-755 (826f., 840f.) – Tetra Pak; Slg. 1996, II-1201 (1250ff.) – Comp. Maritime belge (CMB); 2007, II-117 = WuW/E EU-R 1224 (1228ff. Tz. 130, 197, 227ff.) – France Télecom.

[120] ABl. Nr. 45/7, Tz. 23, 63ff.

[121] So in dem bekannten Akzo-Fall: *Kommission,* Entsch. v. 14.12.1985, ABl. Nr. L 374/1 (18ff.) = 15. WB 1985 Tz. 82 (S. 90ff.); bestätigt durch *EuGH* Slg. 1991, I-3439 (3453ff.) = EuZW 1992, 21 (25ff.).

[122] So in dem Tetra-Pak-Fall: *Kommission,* Entsch. v. 24.7.1991, ABl. Nr. L 72/1 (20ff.); bestätigt durch *EuG* Slg. 1994, II-755 (826f., 840f.); *EuGH* Slg. 1996, I-5987 (6012f.).

[123] *öOGH* SZ Bd. 69 (1996 I) Nr. 47, S. 279 (285f.) = ÖBl. 1996, 289 – Kronenzeitung/Standard; SZ Bd. 71 (1998 I) Nr. 103, S. 642 (646ff.); ÖBl. 1998, 52; ÖBl. 2001, 133 (135f.).

(s. schon o. § 6 Rn. 1ff.). Die Grenzziehung im Einzelnen ist schwierig und umstritten, die ganze Materie daher ständig im Fluss.[124]

Gewerbliche Schutzrechte begründen *allein* nur in Ausnahmefällen eine **beherrschende Stellung,** können aber *zusammen mit anderen Umständen* durchaus zur Begründung der beherrschenden Position eines Unternehmens beitragen, so dass dann Raum für die Anwendung des Art. 102 AEUV ist (o. § 9 Rn. 27f.). In diesen Fällen ist zu beachten, dass die Inhaber gewerblicher Schutzrechte in der Regel auf **zwei** verschiedenen **Märkten** tätig werden, einmal auf dem Markt für die Verwertung von Schutzrechten (u. Rn. 59f.) und zum anderen auf dem abgeleiteten Markt für diejenigen Produkte, die unter Einsatz des betreffenden Schutzrechtes hergestellt werden (u. Rn. 61). Auf beiden Märkten kommt von Fall zu Fall eine Anwendung des Art. 102 AEUV in Betracht. 58

Der **originäre Erwerb** eines Schutzrechts gilt in der Regel als unproblematisch. Aber auch hier gibt es **Ausnahmen,** etwa, wenn der Hersteller eines marktbeherrschenden Arzneimittels durch unrichtige Angaben gegenüber den Patentämtern eine Schutzrechtsverlängerung erwirkt *oder* durch den Antrag auf den Widerruf der Zulassung einzelner Arzneimittel die Importe von Generika behindern will.[125] Auf dem **Lizenzmarkt** ist gleichfalls von Fall zu Fall Raum für die Anwendung des Art. 102 AEUV, wenn die Beteiligten wettbewerbsbeschränkende Zwecke verfolgen *und* durch die Anwendung des Art. 102 AEUV nicht in den Bestand des Schutzrechts, d. h. in seinen spezifischen Gegenstand eingegriffen wird.[126] Je nach den Umständen fallen daher *z. B.* unter Art. 102 AEUV die Eintragung von Defensivzeichen, um ausländischen Konkurrenten den Zugang zu dem beherrschten nationalen Markt zu versperren,[127] der Einsatz von Sperr- oder Wegelagererpatenten zu dem Zweck, die Konkurrenten an der technischen Fortentwicklung ihrer Produkte zu hindern,[128] sowie in Ausnahmefällen sogar das systematische Bestreiten und Bekämpfen fremder Schutzrechte.[129] 59

Eine weitere, deutlich abgegrenzte Fallgruppe bildet die Problematik der Verweigerung von Lizenzen an Schutzrechten (Stichwort: **Zwangslizenzen**). Es handelt sich dabei um einen besonderen Aspekt der Geschäftsverweigerung und der „essential-facilities"-Doktrin, so dass insoweit auf die Ausführungen weiter oben (Rn. 30, 34ff.) verwiesen werden kann. In den vorliegenden Zusammenhang gehört ferner noch die Forderung **überhöhter Lizenzgebühren** durch marktbeherrschender Inhaber von Schutzrechten (Art. 102 S. 1 und S. 2 lit. a AEUV). Auf diesen Aspekt der Materie 60

---

[124] S. insbesondere *Heinemann,* Immaterialgüterschutz in der Wettbewerbsordnung, 2002, S. 453ff.; *ders.*, GRUR 2006, 705 m. N; *Körber,* WRP 2013, 734; *Lamping,* Patentschutz und Marktmacht, 2010.

[125] So tatsächlich geschehen in dem erstaunlichen und skandalösen Fall AstraZeneca (Losec): *EuGH* NZKart 2013, 113 = WuW/E EU-R 2650 Tz. 75ff.; *EuG* Slg. 2010, II-2805 = NZG 2010, 1380 = EuZW 2010, 564; *Kommission,* Entsch. v. 15.6.2005, ABl. 2006 Nr. L 332/24 m. Anm. *Heinemann,* GRUR 2006, 705 (709); *Hirsbrunner,* EWS 2005, 488; *Tschammler,* WuW 2013, 1071.

[126] S. u. Rn. 61; *EuGH* Slg. 1978, 1139 (1168) – Hoffmann-La Roche/Centrafarm; Slg. 1995, I-808 (822ff. Tz. 48ff.) = EuZW 1995, 339 – RTE und ITP (Magill); *Ehlermann,* EuR 1991, 307 (317f.); *Eilmansberger,* EuZW 1992, 625; a. A. *Beier,* FS Quack, 1965, S. 15.

[127] *Kommission,* 11. WB, 1981, Tz. 97 (S. 73) – Osram/Airam.

[128] Eine gängige Praxis auf den IT-Märkten; s. auch schon *Eilmansberger,* EuZW 1992, 625 (630).

[129] *EuG* Slg. 1998, II-2937 (2960ff. Tz. 54ff.) – ITT Promedia; Wiedemann/*de Bronett,* § 22 Rn. 48; zu Vergleichen über Schutzrechte s. *Picht,* ZWeR 2014, 83 im Anschluss an FTC v. Actavis, 133 *S. Ct* (2012), 2223.

hatte die **Kommission** vorrangig in dem vieldiskutierten **Rambus-Fall** abgestellt, obwohl es in diesem Fall in erster Linie um die Problematik eines sog. **Patenthinterhalts** (patent ambush) ging.[130] Von einem Patenthinterhalt spricht man, wenn ein Teilnehmer an einer Standardisierungs-Kooperation den anderen Teilnehmern seine Schutzrechte auf dem Gebiet der Standardisierung verschweigt – mit dem Ziel, nach Einführung des Industriestandards unter Berufung auf seine (zuvor verschwiegenen) Schutzrechte den ganzen Markt mit Lizenzvereinbarungen überziehen zu können und so allein die Früchte der Kooperation zu ernten.

61 Vielfältige Beispiele für missbräuchliche Verhaltensweisen auf dem abgeleiteten **Produktmarkt** bietet vor allem die Praxis der **Kraftfahrzeughersteller,** ihre Schutzrechte zu dem Zweck einzusetzen, unabhängige Teilehersteller vom Markt zu verdrängen. Hierher gehören die grundlose Verweigerung von Lizenzen (s. o. Rn. 34ff., 60), die Geltendmachung von Urheber- oder Geschmacksmusterrechten, um den Nachbau von Karosserieteilen zu verhindern, sowie Liefersperren oder die Forderung überhöhter Preise.[131] Von Fall zu Fall kann außerdem die Koppelung des Absatzes der geschützten Produkte mit dem anderer ungeschützter Produkte gegen Art. 102 S. 2 lit. d AEUV verstoßen.[132] Dasselbe gilt für die willkürliche Verknappung des Angebots von **Ersatzteilen,** obwohl für diese am Markt nach wie vor eine Nachfrage besteht (Art. 102 S. 2 lit. b AEUV).[133] Unbedenklich ist die Anwendung des Art. 102 AEUV ferner, wenn ein Unternehmen, dessen beherrschende Stellung auf einem Patent beruht, nach dessen Ablauf versucht, mit seinen Konkurrenten zur Aufteilung des Marktes fingierte Lizenzverträge abzuschließen.[134]

VIII. Verwaltungsmonopole

62 Der dritte Grundfall des Missbrauchs einer beherrschenden Stellung neben dem Ausbeutungs- und dem Behinderungsmissbrauch ist der sog. **Strukturmissbrauch.** Man versteht darunter gezielte Eingriffe eines beherrschenden Unternehmens in die Struktur der Märkte zum Nachteil des Systems unverfälschten Wettbewerbs (Art. 102 S. 1 AEUV). Eigenständige Bedeutung hat dieser Tatbestand bisher vor allem in zwei Fallgruppen erlangt, zunächst in den Fällen der grundlosen Verstärkung oder Ausdehnung gesetzlicher Monopole (Rn. 63f.) sowie sodann noch in den (seltenen) Fällen missbräuchlicher Unternehmenszusammenschlüsse (s. dazu u. § 14 Rn. 19ff.).

63 Als Verwaltungsmonopole bezeichnet man Monopole in der Hand der Mitgliedstaaten. Solche Monopole, die früher vor allem in den südlichen Mitgliedstaaten, aber nicht nur dort stark verbreitet waren – einen bizarren Grenzfall bildet das allein aus fiskalischen Gründen eisern verteidigte Glücksspielmonopol der Bundesländer –, sind

130 Entsch. v. 9.12.2009, ABl. 2010 Nr. C 30/17 = WuW/E DE-V 1513; s. dazu *Fuchs,* in: Lange/Klippel/Ohly (Hrsg.), Geistiges Eigentum und Wettbewerb, 2009, S. 147 (153, 173ff.); *Klees,* EWS 2008, 451; *M. Walther/Baumgartner,* WuW 2008, 158 (166f.).

131 *EuG* Slg. 1991, II-485 (519f.) – RTE; Slg. 1991, II-538 (565) – BBC/Magill; Slg. 1991, II-575 (603) – ITT; ebenso schon *Kommission,* 15. WB 1985, Tz. 49 (S. 62) – Ford; *Eilmansberger,* EuZW 1992, 625 (630).

132 S. o. Rn. 44ff.; *EuG* Slg. 1994, II-755 (821ff.) – Tetra Pak II; *Kommission,* 14. WB 1984, Tz. 94ff. (S. 87ff.) – IBM; 15. WB 1985, Tz. 49 (S. 61) – Hilti.

133 *EuGH* Slg. 1988, 6067 (6073) = NJW 1990, 627 – Renault; Slg. 1988, 6232 (6235f.) = NJW 1990, 628 – Volvo; *Eilmansberger,* EuZW 1992, 625 (627).

134 *Kommission,* Entsch. v. 21.12.1988, ABl. 1989 Nr. L 43/27 (39f.) – Decca.

schon ihrer Natur nach mit einem System unverfälschten Wettbewerbs in einem Binnenmarkt kaum zu vereinbaren. Der Vertrag nimmt gleichwohl aus historischen Gründen zu dieser Problematik nur eher beiläufig Stellung (s. Art. 14, 37, 106).[135] Das hat die Unionsorgane indessen nicht daran gehindert, insbesondere die nationalen **Dienstleistungsmonopole** aus den unterschiedlichsten Richtungen „anzugreifen", um so zu einer gegenseitigen Öffnung der Märkte zu gelangen. In diesem Rahmen hat auch Art. 102 AEUV, meistens in Verbindung mit Art. 106 Abs. 2 S. 1 AEUV, eine zentrale Rolle gespielt (s. deshalb auch u. § 19 Rn. 13ff.).

In den Art. 102 und 106 geht der Vertrag zwar von der grundsätzlichen *Zulässigkeit* gesetzlicher Monopole aus; davon zu trennen ist jedoch, vergleichbar mit der Situation bei den gewerblichen Schutzrechten (s. § 6 Rn. 1ff. und o. Rn. 57ff.), die *Ausübung* der Monopolrechte, die daher – im Rahmen der Art. 14 und 106 Abs. 2 S. 1 AEUV – durchaus durch das Unionsrecht anhand des Art. 102 AEUV kontrolliert werden kann. Wichtig ist dies namentlich für eine **Ausdehnung oder Verstärkung** des Monopols im Widerspruch zu dem System unverfälschten Wettbewerbs. Die Kommission hat auf diese Weise in einer Vielzahl von Fällen die Art. 102 und 106 AEUV mit Erfolg zur schrittweisen Deregulierung der vielen überflüssigen nationalen Monopole eingesetzt. In dieser Praxis hat sich mittlerweile eine Reihe von Fallgruppen herausgebildet, in denen vorrangig die Annahme eines Missbrauchs in Betracht kommt. 64

Monopolunternehmen handeln insbesondere dann missbräuchlich, wenn sie durch wettbewerbswidrige Maßnahmen versuchen, ihr Monopol auf zwar **benachbarte,** aber sachlich getrennte **Märkte** zu erstrecken, für die ihnen an sich *kein* Monopolrecht zusteht,[136] z. B. indem sie ihre Leistungen Konkurrenten, die sich auf derartigen Nachbarmärkten betätigen wollen, vorenthalten und diese damit am Marktzutritt hindern.[137] Ebenso ist es zu beurteilen, wenn sie zum Schutze ihrer Monopole die **Entstehung neuer Märkte** verhindern und veraltete Systeme aufrechterhalten,[138] wenn sie das Aufkommen privater Konkurrenten verhindern, obwohl sie selbst zur Befriedigung der Nachfrage gar nicht in der Lage sind,[139] oder wenn sie unzulängliche Dienste zu überhöhten Preisen bereitstellen und den technischen Fortschritt nicht nutzen.[140] In der umfangreichen Praxis der Unionsorgane zu den früheren nationalen **Fernmelde- und Postverwaltungen** und der mittlerweile überall an ihre Stelle getretenen 65

[135] Vgl. in diesem Zusammenhang auch das Protokoll Nr. 26 über Dienste von allgemeinem Interesse v. 13.12.2007 zu dem Vertrag von Lissabon (ABl. Nr. C 306/158).

[136] Grdl. für die Netzmonopole der Mitgliedstaaten *EuGH* Slg. 1991, I-5973 (5979f.) = EuZW 1992, 250 – RTT/GB-Inno-BM; Slg. 1992, I-5859 (5868f. Tz. 36f.) = EuZW 1993, 131 (133) – Wettbewerbsrichtlinie; Slg. 1995, I-808 (824f. Tz. 54ff.) = EuZW 1995, 339 – RTE und ITP (Magill); Slg. 2001, I-8137 (8157ff. Tz. 39ff.) – Ambulanz Glöckner; *Kommission,* Entsch. v. 14.1.1998, ABl. Nr. L 72/30 (43f.) für den Flughafen Frankfurt; v. 20.10.2004, WuW/E EU-V 1035 (1036ff. Tz. 59ff.) – Konsolidierer.

[137] *EuGH* Slg. 1985, 3270 (3277f. Tz. 25f.) – Télemarketing/CLT-IPB.

[138] *EuGH* Slg. 1985, 880 (885ff.) – BT.

[139] So für das Arbeitsvermittlungsmonopol *EuGH* Slg. 1991, I-2010 (2016ff.) = EuZW 1991, 349 – Macrotron; Slg. 1997, I-7140 (7149f. Tz. 32ff.) = EuZW 1998, 274 – Job-Centre; Slg. 1999, I-5863 (5890f. Tz. 93ff.) = JuS 2000, 609 Nr. 12 – Albany; Slg. 1999, I-6125 (6151f. Tz. 83ff.) – Drijvende Bokken; insbesondere zusammenfassend Slg. 2000, I-4231 (4236ff. Tz. 11ff.) = WuW/E EU-R 349 – Giovanni Carra; für den Postdienst *Kommission,* Bekanntmachung v. 6.2.1998, ABl. Nr. C 39/2 (8f. Tz. 2.7ff.).

[140] So sehr kritisch für die Postdienste der Mitgliedstaaten die *Kommission* (vorige Fn.).

Post- und Telekommunikationsunternehmen finden sich noch zahlreiche weitere vergleichbare Beispiele.[141] Wo aber keine derartigen Missbräuche erkennbar sind, bleibt auch die Einrichtung neuer Monopole, wie z. B. eines ausschließlichen Pensionsfonds für Freiberufler, zulässig.[142]

§ 11. Rechtsfolgen

I. Verwaltungsverfahren

1 Im Gegensatz zu Art. 101 AEUV (s. Art. 101 Abs. 2 AEUV und dazu o. § 7) regelt Art. 102 AEUV die Rechtsfolgen eines Verstoßes gegen das Missbrauchsverbot nicht selbst; die Rechtsfolgen ergeben sich vielmehr erst aus der Kartellverfahrensverordnung Nr. 1/2003 und im Übrigen aus dem nationalen Recht, in Deutschland seit der 7. GWB-Novelle von 2005 in erster Linie aus den §§ 32, 33, 34 und 81 GWB sowie aus § 134 BGB.

2 Die verwaltungs- und bußgeldrechtlichen Konsequenzen eines Verstoßes gegen das Missbrauchsverbot des Art. 102 AEUV richten sich vorrangig nach der Kartellverfahrensverordnung Nr. 1/2003[1] sowie nach den entsprechenden Vorschriften des GWB von 2005 und 2013 (§§ 32ff., 34 und 81 Abs. 1). Im Vordergrund des Interesses steht die Befugnis der Kommission nach **Art. 7 Abs. 1 S. 1 VO Nr. 1/2003,** im Falle der Feststellung eines Verstoßes gegen Art. 102 AEUV die beteiligten Unternehmen und Unternehmensvereinigungen durch Beschluss zu verpflichten, die Zuwiderhandlung abzustellen. S. 2 des Art. 7 Abs. 1 VO fügt hinzu, dass die Kommission den Unternehmen hierzu alle erforderlichen Abhilfemaßnahmen verhaltensorientierter *oder* struktureller Art vorschreiben kann, die gegenüber der festgestellten Zuwiderhandlung verhältnismäßig und für eine wirksame Abstellung der Zuwiderhandlung erforderlich sind. Diese Regelung ermöglicht es der Kommission, die Art der von ihr vorgeschriebenen Maßnahmen ganz der Art des Missbrauchs anzupassen. Sie ist insbesondere nicht auf **Abstellungsverfügungen** beschränkt, sondern kann z. B. im Falle einer missbräuchlichen Liefersperre auch die **Belieferung** eines anderen Unternehmens, etwa mit Rohstoffen, anordnen (s. im Einzelnen u. § 13 Rn. 6ff. und § 43 Rn. 3ff.).

3 Die Kommission ist in den genannten Fällen (o. Rn. 2) außerdem befugt, unter engen Voraussetzungen nach Art. 8 VO **einstweilige Maßnahmen** anzuordnen. **Art. 9 VO** ermächtigt die Kommission ferner, von dem Erlass einer Entscheidung (bzw. heute immer: Beschlusses) nach Art. 7 VO abzusehen, wenn die beteiligten Unternehmen Verpflichtungen zur Abstellung der Zuwiderhandlung anbieten.[2] Von dieser Möglichkeit, **Verpflichtungszusagen** der beteiligten Unternehmen entgegenzunehmen, macht die Kommission im Interesse der Verfahrensvereinfachung zunehmend Gebrauch, zumal sie dabei nach der Rechtsprechung des EuGH über ein ganz weites, gerichtlich kaum kontrolliertes Ermessen verfügt.[3] Zur Durchsetzung der genannten

[141] *Kommission,* Entsch. v. 20.10.2004, WuW/E EU-V 1035 (1036ff. Tz. 59ff.) – Konsolidierer; *Emmerich,* FS Keller, 1989, S. 865; *ders.*, ORDO Bd. 44 (1993), 55; *ders.*, (2.) FS Seuß, 1997, S. 109.

[142] *EuGH* Slg. 2000, I-6497 (6532ff. Tz. 122ff.) – Pavlov; Slg. 2009, I-1003 = WuW/E EU-R 1929 Tz. 66ff. – AG2R.

[1] ABl. 2003 Nr. L 1/1; s. dazu u. §§ 12f.

[2] Ein Beispiel in *Kommission,* Entsch. v. 19.2.2005, WuW/E EU-V 1041 (1044 Tz. 40ff.) – Deutsche Bundesliga.

[3] *EuGH* Slg. 2010, I-5949 = EWS 2010, 330 – Alrosa; s. dazu *Kellerbauer,* EuZW 2010, 652.

Entscheidungen (oder heute: Beschlüsse) aufgrund der Art. 7 bis 9 VO kann die Kommission außerdem **Zwangsgelder** festsetzen (Art. 24 VO). Bei einem schuldhaften Verstoß gegen Art. 102 AEUV kommt schließlich noch die Festsetzung von **Bußgeldern** nach Art. 23 VO in Betracht (s. dazu u. § 13).

Die entsprechenden Befugnisse der **deutschen Kartellbehörden** (§ 48 GWB) bei den ihrer Zuständigkeit unterliegenden Verstößen von Unternehmen gegen Art. 102 AEUV ergeben sich aus den §§ 32 bis 32b und aus § 81 Abs. 1 GWB i. d. F. von 2013. § 34 GWB eröffnet außerdem den Kartellbehörden die Möglichkeit der Vorteilsabschöpfung (s. u. §§ 41–43). 4

II. Zivilrechtliche Folgen

Art. 102 AEUV ist ein unmittelbar anwendbares gesetzliches Verbot im Sinne des § 134 BGB, dessen Geltung nicht von einem vorgängigen Beschluss der Kommission abhängt (Art. 1 Abs. 3 VO Nr. 1/2003) und von dem der Vertrag, von Art. 106 Abs. 2 S. 1 AEUV vielleicht abgesehen, auch keine Ausnahmen kennt, so dass die Kommission unter keinem rechtlichen Gesichtspunkt befugt ist, missbräuchliche Verhaltensweisen zu erlauben (s. § 9 Rn. 5). 5

Nach **§ 134 BGB** ist ein Rechtsgeschäft, das gegen ein gesetzliches Verbot wie Art. 102 AEUV verstößt, nichtig, vorausgesetzt, dass sich nicht aus dem Gesetz ein anderes ergibt. Daraus folgt die Möglichkeit, bei den **Rechtsfolgen** im Rahmen des § 134 BGB zu **differenzieren.**[4] Richtschnur muss neben dem Grundsatz der effektiven Durchsetzung des Unionsrechts die Notwendigkeit sein, auf die legitimen Interessen Dritter die gebotene Rücksicht zu nehmen. Dies bedeutet konkret, dass vollständige Nichtigkeit eines Rechtsgeschäfts wegen des Verstoßes gegen Art. 102 AEUV nach § 134 BGB nur in Betracht kommt, wenn der Verstoß gerade in der Beeinträchtigung der wirtschaftlichen Bewegungsfreiheit des Vertragspartners durch die Auferlegung missbräuchlicher Klauseln liegt. 6

Das Interesse der Allgemeinheit an der Durchsetzung des Missbrauchsverbots kann gleichfalls von Fall zu Fall die vollständige Nichtigkeit eines Rechtsgeschäfts bei einem Verstoß gegen Art. 102 AEUV erfordern. In Betracht kommt dies in erster Linie bei missbräuchlichen **Unternehmenszusammenschlüssen.** Vor allem in dieser Rechtsfolge liegt die Besonderheit einer Anwendung des Art. 102 AEUV auf Unternehmenszusammenschlüsse im Verhältnis zur FKVO (s. § 14 Rn. 19ff.). Handelt es sich dagegen um Fälle des **Ausbeutungsmissbrauchs,** so ist vorrangig an eine Anpassung der Verträge zum Schutz der Vertragspartner, insbesondere durch eine Herabsetzung überhöhter Preise, zu denken. Auf dieselbe Weise wird häufig in Diskriminierungsfällen ein Ausgleich möglich sein. Nur eine geringe Korrekturmöglichkeit besteht dagegen in Fällen der Kampfpreisunterbietung; eine Heraufsetzung von Preisen aufgrund des Art. 102 AEUV scheidet wohl meistens aus.[5] 7

Verstöße gegen Art. 102 AEUV lösen seit der 7. GWB-Novelle von 2005 unter den Voraussetzungen des § 33 GWB außerdem Unterlassungs-, Beseitigungs- und **Schadensersatzansprüche** der Betroffenen aus (dazu u. § 40). In den Behinderungsfällen 8

[4] *öOGH* WuW/E KRInt 267 (269f.) – KombiPaket; s. im Einzelnen *Emmerich,* AG 2001, 520 (525f.); *H. Schneider,* FS J. Baur, 1998, S. 177 (186ff.); *H. Weyer,* ZEuP 1999, 424 (444ff.).

[5] Str., anders insbesondere *öOGH* WuW/E KRInt 239 (241) – KombiPaket.

richtet sich die missbräuchliche Verhaltensweise eines beherrschenden Unternehmens gegen bestimmte andere Unternehmen, deren Schaden dann in der Regel in dem ihnen **entgangenen Gewinn** bestehen wird, bei dessen Schätzung im Rahmen des § 287 ZPO und des § 252 BGB nach § 33 Abs. 3 S. 3 GWB der anteilige Gewinn berücksichtigt werden kann, den das beherrschende Unternehmen selbst durch den Verstoß erlangt hat. In Fällen der Geschäftsverweigerung kommen außerdem **Belieferungsansprüche** in Betracht.

9 Andere Fragen stellen sich dagegen in den Fällen des **Ausbeutungsmissbrauchs.** Die häufigen Probleme bei der Schadensberechnung schließen auch in solchen Fällen Schadensersatzansprüche jedenfalls dann nicht aus, wenn der Schaden ausnahmsweise ermittelt und berechnet werden kann. Der BGH hat folgerichtig bereits wiederholt unbillig behinderten Lieferanten Nachzahlungsansprüche zugebilligt.[6] In zahlreichen anderen Fällen wird, zumal bei Berücksichtigung des § 33 Abs. 3 S. 3 GWB, eine Schadensschätzung auf der Grundlage des § 287 ZPO und des § 252 BGB möglich sein. In den Fällen des Konditionenmissbrauchs kommt schließlich noch in geeigneten Fällen eine Ersetzung missbräuchlicher Klauseln durch billige Klauseln in Betracht.

3. Kapitel. Verfahren in Kartellsachen

§ 12. Grundzüge des Verfahrens

Literatur: *Kommission,* Bekanntmachung über die Zusammenarbeit mit den Wettbewerbsbehörden, ABl. 2004 Nr. C 101/43; *dies.*, Bekanntmachung über die Zusammenarbeit mit den Gerichten, ABl. 2004 Nr. C 101/54; *dies.*, Bekanntmachung über die Behandlung von Beschwerden, 2004 Nr. C 101/65; *dies.*, Beratungsschreiben, 2004 Nr. C 101/78; *dies.*, Bericht über das Funktionieren der Verordnung Nr. 1/2003 v. 29.4.2009, KOM (2009) 206 endg.; *de Bronett,* Kommentar zum europäischen Kartellverfahrensrecht – VO 1/2003, 2005; *Klees,* Europäisches Kartellverfahrensrecht, 2005; *Schnelle/Bartosch/Hübner,* Das neue EU-Kartellverfahrensrecht, 2004; *Schwarze/Weitbrecht,* Grundzüge des europäischen Kartellverfahrensrechts, 2004; *Steindorff,* EG-Vertrag und Privatrecht, 1996.

I. Geschichte

1 Die **Kommission** besaß von Anfang an die Befugnis zur Durchsetzung der Wettbewerbsregeln (s. heute Art. 105 AEUV). Die Einzelheiten des von ihr dabei zu beachtenden Verfahrens regelte zunächst die erste Durchführungsverordnung zu den Wettbewerbsregeln, die sog. **Verordnung Nr. 17** vom 6. Februar 1962, in Kraft getreten am 13. März 1962.[1]

2 Kennzeichen des durch die VO Nr. 17 eingeführten Verfahrens war das so genannte **Freistellungsmonopol** der Kommission, d. h. die alleinige Zuständigkeit der Kommission zur Anwendung des (heutigen) Art. 101 Abs. 3 AEUV. Wie schon ausgeführt (s. o. § 2 Rn. 13), hatte diese Regelung (ursprünglich) zu einer „Überflutung" der Kommission mit buchstäblich tausenden von Freistellungsanträgen aufgrund des Art. 101 Abs. 3 AEUV geführt (sog. **Massenproblem**), so dass sich die Kommission schließlich zu einem radikalen Kurswechsel in ihrer Wettbewerbspolitik genötigt sah, gekennzeichnet durch die Aufgabe ihres Freistellungsmonopols zu Gunsten des neuen

[6] BGHZ 119, 335 (345 f.) = NJW 1993, 396; BGHZ 133, 177 (181 f.) = NJW 1996, 3005.
[1] ABl. 1962, S. 204; zuletzt geändert durch die VO Nr. 1216/99, ABl. 1999 Nr. 148/5.

Systems der **Legalausnahme.** Man versteht darunter die Interpretation des Art. 101 Abs. 3 AEUV als gesetzliche Ausnahme von dem Kartellverbot des Art. 101 Abs. 1 AEUV unter den dort genannten Voraussetzungen (s. § 8 Rn. 1 ff.).

Ausdruck dieses Paradigmenwechsels war die **neue Kartellverfahrensverordnung Nr. 1/2003** vom 16. Dezember 2002,[2] in Kraft getreten am 1. Mai 2004.[3] Diese VO brachte neben dem Übergang zu dem System der Legalausnahme (s. dazu o. § 2 Rn. 16, § 8 Rn. 1 ff.) insbesondere den erweiterten Vorrang des Unionsrechts aufgrund des Art. 3 VO Nr. 1/2003 (in Verbindung mit § 22 GWB; s. o. § 3 Rn. 61 ff.). 3

II. Überblick

Die KartellverfahrensVO Nr. 1/2003 (im Folgenden immer: VO) bekräftigt zunächst in Art. 1 Abs. 1 und Abs. 3 die unmittelbare Anwendbarkeit der Verbote der Art. 101 Abs. 1 und 102 AEUV und dehnt zugleich diesen Grundsatz erstmals auf Art. 101 Abs. 3 AEUV aus durch die Bestimmung, dass gegen Art. 101 Abs. 1 AEUV verstoßende Vereinbarungen, die zugleich die Voraussetzungen des Art. 101 Abs. 3 AEUV erfüllen, ohne weiteres erlaubt sind (Art. 1 Abs. 2 VO; sog. System der **Legalausnahme**). Art. 2 S. 2 VO fügt hinzu, dass die **Beweislast** für das Vorliegen der Voraussetzungen des Art. 101 Abs. 3 AEUV die beteiligten Unternehmen und Unternehmensvereinigungen trifft, die sich auf diese Ausnahme von dem Kartellverbot des Art. 101 Abs. 1 AEUV berufen. 4

Eines der wichtigsten Ziele, das die Kommission mit der neuen Kartellverfahrensverordnung anstrebte, war die **Dezentralisierung der Durchsetzung** der Wettbewerbsregeln. Gemeint ist damit die Verlagerung der Durchsetzung der Wettbewerbsregeln, die früher nahezu ausschließlich in den Händen der Kommission lag, wenigstens partiell auf die Behörden und Gerichte der Mitgliedstaaten. Deshalb betont die VO in den Art. 5 und 6 die **Zuständigkeit** der Wettbewerbsbehörden und der Gerichte der Mitgliedstaaten zur Anwendung der Wettbewerbsregeln und verleiht obendrein in Art. 5 S. 2 den Behörden der Mitgliedstaaten im Wesentlichen dieselben weitgehenden Befugnisse, wie sie die Kommission aufgrund der VO Nr. 1/2003 besitzt. Die entsprechenden deutschen Vorschriften, die sich weithin mit den parallelen Bestimmungen der VO Nr. 1/2003 decken, finden sich in den **§§ 32 bis 32e GWB** (s. dazu im Einzelnen u. § 42). Im Ergebnis obliegt damit heute die behördliche Durchsetzung der Wettbewerbsregeln *nebeneinander* der Kommission *und* den Wettbewerbsbehörden sämtlicher Mitgliedstaaten. Die Einzelheiten dieses Nebeneinanders einer Vielzahl konkurrierender Behörden regeln die Art. 11 bis 16 VO.[4] Zugleich musste in dieser Regelung dafür Vorsorge getroffen werden, dass es bei der Anwendung der Wettbewerbsregeln nicht zu widersprüchlichen Entscheidungen der Kommission und der nationalen Wettbewerbsbehörden kommt. Diesem Zweck dient neben dem erweiterten Vorrang des Unionsrechts aufgrund des Art. 3 VO (s. dazu o. § 3 Rn. 61 ff.) insbesondere **Art. 16 VO,** nach dem die Kartellbehörden und die Gerichte der Mitgliedstaaten keine Entscheidungen treffen dürfen, die Entscheidungen oder Beschlüssen der Kommission zuwiderlaufen. 5

[2] ABl. 2003 Nr. L 1/1 mit späteren Änderungen.
[3] Zu den bisherigen Erfahrungen s. die Beiträge von *Mestmäcker, Wils* u. a. in NZKart 2014, 1–22.
[4] S. dazu z. B. *Dannecker,* FS Immenga, 2004, S. 61 (78, 86 ff.).

6 Kartellverstöße werden aus naheliegenden Gründen in der Regel sorgsam vor den Augen der Öffentlichkeit verborgen. Um ihren Aufgaben bei der Durchsetzung der Wettbewerbsregeln nachkommen zu können, verfügt die Kommission deshalb zunächst über umfassende **Ermittlungsbefugnisse** aufgrund der Art. 17 bis 21 VO (s. u. Rn. 18ff.). Die Kommission kann außerdem aufgrund des Art. 22 Abs. 2 und Abs. 3 VO die Wettbewerbsbehörden der Mitgliedstaaten in ihre Untersuchungen einschalten. Die entsprechenden deutschen Vorschriften finden sich in § 32e sowie in den §§ 57 bis 59 GWB (s. u. §§ 13 und 42).

7 Für das Verfahren der Kommission, einer Verwaltungsbehörde, gilt das **Opportunitätsprinzip;** es steht daher im **Ermessen** der Kommission, ob und wie sie auf einen Kartellverstoß auf der Grundlage der VO Nr. 1/2003 reagieren will. Ist sie der Meinung, dass, aus welchen Gründen immer, und sei es auch wegen ihrer Überlastung, momentan keine Reaktion erforderlich oder möglich ist, so ist sie befugt, das Verfahren, gegebenenfalls vorläufig, einzustellen. Will sie jedoch auf den Verstoß reagieren, so hat sie vor allem die Wahl zwischen den Beschlüssen aufgrund der Art. 7 bis 9 VO und der Verhängung von Geldbußen aufgrund des Art. 23 VO, sofern die beteiligten Unternehmen schuldhaft gehandelt haben. Die entsprechenden deutschen Vorschriften finden sich in den §§ 32 bis 32b und 81 GWB. Die mit Abstand bedeutsamste Befugnis der Kommission ist ihr Recht, nach **Art. 7 VO** den beteiligten Unternehmen **durch** Entscheidung oder (so heute) durch **Beschluss** aufzugeben, eine festgestellte Zuwiderhandlung gegen die Wettbewerbsregeln abzustellen (sog. **Abstellungsentscheidung oder -beschluss;** vgl. § 32 GWB von 2005; s. u. § 13 Rn. 6ff.). Unter den weiteren Befugnissen der Kommission sind noch hervorzuheben ihre Befugnis zur Festsetzung von **Zwangsgeldern,** um ihre Beschlüsse durchzusetzen (Art. 24 VO), sowie ihre Befugnis, Unternehmen im Einzelfall die Wirkungen einer Gruppenfreistellungsverordnung bei Missbrauch der **Freistellung** zu **entziehen** (Art. 29 VO). Die Verjährungsfrist für die Festsetzung von Geldbußen und Zwangsgeldern beträgt nach Art. 25 VO im Regelfall fünf Jahre.

8 Freistellungsanträge der an einer wettbewerbsbeschränkenden Vereinbarung beteiligten Unternehmen, durch die früher die große Mehrzahl der Verfahren wegen des ursprünglichen Freistellungsmonopols der Kommission eingeleitet worden war, kennt die VO Nr. 1/2003 unter dem System der Legalausnahme *nicht* mehr. Es war gerade der vorrangige Zweck der neuen Kartellverfahrensverordnung, die Kommission von der Masse dieser Verfahren zu entlasten (Art. 1 Abs. 2 VO). Die **Feststellung der Nichtanwendbarkeit** (unter anderem) des Art. 101 AEUV (weil die Voraussetzungen des Art. 101 Abs. 3 AEUV erfüllt sind) nach **Art. 10 Abs. 1 VO** erfolgt seitdem nur noch aus Gründen des öffentlichen Interesses, d. h. von Amts wegen. „Anträge" der beteiligten Unternehmen auf Erlass eines solchen Feststellungsbeschlusses sind daher der Sache nach nichts anderes als bloße Anregungen beliebiger Dritter zur Einleitung eines Amtsverfahrens seitens der Kommission (s. § 13 Rn. 5).

9 Art. 33 VO verleiht der Kommission außerdem die Befugnis zum Erlass von **Durchführungsverordnungen.** Von dieser Befugnis hat die Kommission mittlerweile mit Erlass der VO Nr. 773/2004 vom 7. April 2004 über die Durchführung von Verfahren aufgrund der Art. 101 und 102 AEUV Gebrauch gemacht.[5]

[5] ABl. Nr. L 123/18, geändert durch die VO v. 30.6.2008, ABl. Nr. L 622/08.

III. Das Beschwerderecht Dritter

Verfahren wegen einer Zuwiderhandlung gegen die Wettbewerbsregeln der Art. 101 und 102 AEUV leitet die Kommission nach Art. 7 Abs. 1 S. 1 VO von Amts wegen oder auf Beschwerde hin ein. Wer beschwerdebefugt ist, ergibt sich aus **Art. 7 Abs. 2 VO.** Das Beschwerderecht steht danach neben den Mitgliedstaaten natürlichen und juristischen Personen zu, die ein *berechtigtes Interesse* darlegen. Von dieser Beschwerdebefugnis beliebiger Dritter wird reger Gebrauch gemacht. Die Grundzüge des durch eine Beschwerde ausgelösten Verfahrens regelt die **Durchführungsverordnung (DVO) Nr. 773/2004** (s. Rn. 9) in den Art. 5 bis 9 i. V. m. einer umfangreichen Bekanntmachung der Kommission ebenfalls von 2004.[6] Danach gilt Folgendes: 10

Der Beschwerdeführer muss sein **berechtigtes Interesse** im Sinne des Art. 7 Abs. 2 VO in der Beschwerde im Einzelnen darlegen, wenn er ein Verfahren der Kommission auslösen will (Art. 5 DVO Nr. 773/2004). Dazu muss er alle tatsächlichen und rechtlichen Gesichtspunkte darlegen und gegebenenfalls beweisen, aus denen sich sein berechtigtes Interesse an der Einleitung eines Verfahrens durch die Kommission und damit sein Beschwerderecht ergeben sollen.[7] Tut er dies nicht, so braucht die Kommission auf die Beschwerde nicht zu reagieren, kann dies aber jederzeit tun, indem sie ihrerseits ein Verfahren von Amts wegen einleitet. In der Praxis geschieht dies häufig. 11

Der Begriff des **berechtigten Interesses** in Art. 7 Abs. 2 VO wird allgemein **weit** ausgelegt. Es genügt, wenn der Beschwerdeführer schlüssig darlegt, dass er durch einen Verstoß gegen die Wettbewerbsregeln des Vertrags in seinen legitimen Interessen beeinträchtigt wird, insbesondere, weil ihm ein Schaden droht,[8] so dass vor allem die **Konkurrenten und** die **Vertragspartner** der Wettbewerbssünder in der Regel beschwerdebefugt sein werden. Dasselbe gilt ferner für einen **Unternehmensverband,** wenn er befugt ist, die Interessen seiner Mitglieder zu vertreten und die beanstandete Verhaltensweise geeignet ist, deren Interessen zu verletzen,[9] sowie sogar für **Verbraucher,** sofern sie geltend machen, durch ein Kartell in ihren Interessen betroffen zu sein.[10] 12

Art. 7 Abs. 2 VO ändert nichts daran, dass für das Verfahren vor der Kommission das Opportunitätsprinzip gilt (Rn. 7). Art. 7 Abs. 2 VO begründet daher **nicht** etwa, so jedenfalls die ganz überwiegende Meinung, einen notfalls gerichtlich durchsetzbaren **Anspruch** des Beschwerdeführers auf eine Sachentscheidung der Kommission nach Art. 7 Abs. 1 VO über das Vorliegen oder Nichtvorliegen einer Zuwiderhandlung gegen die Wettbewerbsregeln (Art. 101 und 102 AEUV); es bleibt vielmehr dabei, dass die Kommission nach ihrem *Ermessen* entscheiden kann, **ob** sie ein Verfahren wegen einer Zuwiderhandlung gegen die Wettbewerbsregeln einleiten will oder nicht.[11] Wegen ihrer beschränkten Ressourcen ist sie dabei befugt, **Prioritäten** zu set- 13

---

6 ABl. 2004 Nr. C 101/65.

7 S. *EuG* WuW/E EU-R 2171 (2176 Tz. 41) – EFIM (nicht in Slg.).

8 S. *Mestmäcker/Schweitzer,* § 20 Rn. 6ff. (S. 486ff.).

9 *EuG* Slg. 1995, II-150 (161 Tz. 28) – BEMIM.

10 *EuG* Slg. 2006, II- 1609 (1645f.) = WuW/E EU-R 1131 (1137f. Tz. 112ff.) – Österreichische Postsparkasse.

11 *EuGH* Slg. 2001, I-3918 (3932 Tz. 35f.) = EuZW 2001, 590 – IECC; NZKart 2013, 500 = WuW/E EU-R 2850 Tz. 57, 82ff. – EFIM; *EuG* Slg. 2010, II- 1633 (1652 Tz. 57f.) – EMC.

zen und sich an dem von ihr definierten Gemeinschaftsinteresse zu orientieren,[12] so dass Wettbewerbsbeschränkungen mit vorrangig lokaler Bedeutung von der Kommission ohne weiteres den nationalen Behörden und Gerichten überlassen werden können (s. Art. 13 Abs. 1 S. 2 VO). Die Kommission kann selbst dann so verfahren, wenn in ihren Augen an sich ein Verstoß gegen die Art. 101 oder 102 AEUV vorliegt, sie im Augenblick aber keine Möglichkeit oder keinen Anlass zum Einschreiten sieht.[13]

14 Das Verfahren, das die Kommission bei dieser Prüfung zu beobachten hat, ist seit 2004 teilweise in der **Durchführungsverordnung (DVO) Nr. 773/2004** geregelt. Danach muss die Kommission, wenn ihrer Meinung nach kein Anlass zur Einleitung eines Verfahrens besteht, dies dem Beschwerdeführer mitteilen, um ihm Gelegenheit zur Stellungnahme zu geben (Art. 7 Abs. 1 DVO). Sieht die Kommission nach Eingang der Stellungnahme des Beschwerdeführers keinen Anlass, ihre ablehnende Haltung zu ändern, so weist sie nunmehr die Beschwerde durch (anfechtbaren) Beschluss ab (Art. 7 Abs. 2 DVO). Durch diese Regelung wird klargestellt, dass der abweisende Beschluss der Kommission von dem Beschwerdeführer nach Art. 263 Abs. 4 AEUV vor dem Gericht angefochten werden kann, wobei als **Klagegründe,** weil *kein* Anspruch auf eine Sachentscheidung der Kommission besteht, in erster Linie die Verletzung wesentlicher Formvorschriften sowie Ermessensmissbrauch in Betracht kommen (Art. 263 Abs. 2 AEUV).

15 Dies bedeutet, dass ein Beschluss der Kommission, eine Beschwerde wegen mangelnder Erfolgsaussicht oder aus anderen Gründen nach Art. 7 Abs. 2 VO Nr. 773/2004 abzuweisen, von den Gerichten *nur* darauf hin überprüft wird, ob er ordnungsgemäß begründet ist (s. Art. 253 AEUV), ob ihm ein zutreffender Sachverhalt zugrunde gelegt wurde und ob die Beurteilung dieses Sachverhalts nicht offensichtlich fehlerhaft ist, weil die Kommission von einer unzutreffenden Rechtsauffassung ausgegangen oder von ihrem **Ermessen** einen **fehlerhaften Gebrauch** gemacht hat, insbesondere durch eine eindeutig unrichtige Gewichtung des Unionsinteresses an der Verfolgung bestimmter Zuwiderhandlungen gegen die Wettbewerbsregeln.[14] Die Begründung des Beschlusses muss deshalb so genau und ausführlich sein, dass die Unionsgerichte in die Lage versetzt werden, die Ausübung der Ermessensbefugnis der Kommission bei der Festlegung ihrer Prioritäten wirksam, d. h. konkret auf ihre Schlüssigkeit zu überprüfen.[15]

---

[12] *EuGH* (vorige Fn.).

[13] In diesem Sinne *EuGH* Slg. 1979, 3173 (3180 f.) – GEMA usw. bis *EuGH* WuW/E EU-R 1557 Tz. 54 ff. – AEPI; *EuG* Slg. 1992, II-2250 (2275 f. Tz. 75 ff.) – Automec II; Slg. 1992, II-2417 (2447 ff.) – Rendo; Slg. 2006, II-3783 (3791 ff.) – Haladjion; WuW/E EU-R 1382 – Scippercercolo; Slg. 2010, II- 5870 = WuW/E EU-R 1862 (1864 Tz. 26 ff.) – CEAHR.

[14] So z. B. *EuG* Slg. 1995, II-147 (160 Tz. 26, 176 Tz. 72) – BEMIM; Slg. 1995, II-1753 (1765 f.) – Guérin; Slg. 1996, II-1 (18 ff.) – Koelmann; Slg. 2000, II-2170 (2185 f. Tz. 42 f.) = WuW/E EU-R 407 – Ufex; Slg. 2002, II-316 (338 f. Tz. 58) = EuZW 2002, 186 – max.mobil; Slg. 2006, II-3783 (3792 Tz. 30); Slg. 2010, II-1633 (1652 f. Tz. 58 f.) – EMC; WuW/E EU-R 2171 Tz. 38 ff., 59 – EFIM usw.

[15] *EuGH* Slg. 2001, I-3950 (3971 Tz. 54) = EuZW 2001, 595 – IECC II; *EuG* Slg. 1995, II-147 (165 Tz. 71); Slg. 1995, II-185 (199 Tz. 29); Slg. 2002, II-316 (337 f. Tz. 58) = EuZW 2002, 186 – max. mobil; WuW/E EU-R 2171 Tz. 40 – EFIM.

Die Kommission muss dazu in ihrem Beschluss (nur) klarmachen, wie sie von ihrem Ermessen in Bezug auf den fraglichen konkreten Fall Gebrauch gemacht hat, von welchen Überlegungen sie ausgegangen ist und warum ihrer Meinung nach kein sachlicher Grund besteht, auf die Beschwerde hin tätig zu werden, wobei die **unterschiedlichsten Gesichtspunkte** Bedeutung erlangen können.[16] Wichtig sind insbesondere der Grad der möglichen Beeinträchtigung des Funktionierens des Binnenmarktes durch das beanstandete Verhalten, die Wahrscheinlichkeit, eine Zuwiderhandlung überhaupt nachweisen zu können, der dafür erforderliche Aufwand, die etwaige Fortdauer eines wettbewerbswidrigen Zustandes sowie insbesondere dessen Schwere.[17] Eigene ergänzende Ermittlungen braucht die Kommission, solange sie kein eigenes Verfahren einleitet, nicht anzustellen, sie kann sich vielmehr auf die Prüfung der von dem Beschwerdeführer vorgebrachten Umstände beschränken.[18] Anders ist die Rechtslage dagegen, wenn die Kommission auf die Beschwerde hin überhaupt nicht oder jedenfalls nicht binnen angemessener Zeit tätig wird. In diesem Fall kommt lediglich eine **Untätigkeitsklage** nach Art. 265 Abs. 3 AEUV in Betracht.[19] 16

Hat die Klage **Erfolg,** so wird das Verfahren an die Kommission zurückverwiesen, um ihr erneut Gelegenheit zur Entscheidung über die Einleitung eines Verfahrens unter Berücksichtigung der Rechtsauffassung des Gerichts zu geben. Eine eigene Entscheidung des Gerichts kommt nicht in Betracht. 17

IV. Ermittlungsbefugnisse

Wettbewerbsverstöße werden aus naheliegenden Gründen nach Möglichkeit vor den Augen der Öffentlichkeit verborgen. Wettbewerbsbehörden sind daher für die Erfüllung ihrer Aufgaben bei der Durchsetzung der Wettbewerbsregeln durchweg auf möglichst umfassende Ermittlungsbefugnisse angewiesen. Grundlage sind die Art. 17 bis 22 i. V. m. den Art. 23 und 24 der KartellverfahrensVO Nr. 1/2003.[20] Über entsprechende Ermittlungsbefugnisse verfügen die deutschen Kartellbehörden (s. §§ 32e, 57 bis 59 GWB und dazu u. § 41 Rn. 5ff.). 18

Da die Aufdeckung von Verstößen gegen die Wettbewerbsregeln „zunehmend schwieriger wird“,[21] sind die Ermittlungsbefugnisse der Kommission durch die VO Nr. 1/2003 in einzelnen Beziehungen erweitert worden. Die wichtigsten Befugnisse der Kommission sind die Untersuchung einzelner Wirtschaftszweige oder einzelner Arten von Vereinbarungen, wenn Anlass zu der Vermutung besteht, dass die betreffenden Unternehmen wettbewerbsbeschränkende Vereinbarungen getroffen haben (sog Sektoruntersuchungen nach Art. 17 VO),[22] die Einholung von Auskünften der 19

[16] *EuGH* Slg. 2001, I-3950 (3972 Tz. 57f.) m. N. = EuZW 2001, 595 – IECC II; *EuG* Slg. 2010, II-5870 = WuW/E EU-R 1862 (1864 Tz. 25f.) – CEAHR; WuW/E EU-R 2171 (2184) Tz. 104ff. – EFIM.

[17] S. m. N. *EuG* Slg. 2000, II-2170 (2185ff. Tz. 41ff.) = WuW/E EU-R 407 – Ufex II; Slg. 1999, II-3587 (3604f.); Slg. 1999, II-3989 (4000f.); Slg. 2001, I-3918 (3932ff.); Slg. 2001, II-633 (645f.); Slg. 2001, II-657 (672ff.); Slg. 2001, II-1057 (10102f. Tz. 58, 64ff.).

[18] *EuG* WuW/E EU-R 2171 Tz. 48f. – EFIM.

[19] *EuGH* Slg. 1997, I-1531 (1543 Tz. 38) = EuZW 1997, 762 – Guérin; *EuG* Slg. 1995, II-115 (132ff.) – Ladbroke; Slg. 1998, II-3649 (3675ff.) = ZIP 1998, 1674 (1679ff.); Slg. 1999, II-2635 = EuR 1999, 649 Tz. 36ff. – UPS.

[20] S. dazu die Erwägungsgründe Nr. 23 bis 26 zu der VO.

[21] So Erwägungsgrund Nr. 25 S. 1 zu der VO.

[22] S. dazu *de Bronett,* WuW 2010, 258.

Unternehmen und einzelner Personen (Art. 18 f. VO, s. Rn. 20) sowie Nachprüfungen in den Geschäftsräumen der beteiligten Unternehmen und neuerdings auch in anderen Räumlichkeiten, wie z. B. privaten Wohnungen (Art. 20 und 21 VO, s. Rn. 21 f.). In den Verfahren müssen die **Grundrechte der Betroffenen gewahrt** werden, wozu insbesondere der Anspruch auf rechtliches Gehör, das Recht auf Hinzuziehung eines Anwalts und die Wahrung der Vertraulichkeit des Verhältnisses zwischen Anwalt und Mandant gehören, nicht jedoch der Grundsatz der Unverletzlichkeit der Wohnung.[23] Ebenso wenig kennt das Unionsrecht ein generelles Auskunftsverweigerungsrecht von Unternehmen, gegen die Ermittlungen wegen Verstößen gegen die Wettbewerbsregeln geführt werden. Zwar braucht sich niemand selbst zu belasten;[24] indessen entbindet dies betroffene Unternehmen nicht von der Verpflichtung, die von der Kommission gestellten Fragen zu beantworten und Unterlagen herauszugeben.[25]

20 Zwischen den genannten Ermittlungsbefugnissen hat die Kommission die Wahl.[26] Hervorzuheben ist ihr **Auskunftsrecht** aufgrund des Art. 18 VO Nr. 1/2003, dessen Grenzen üblicherweise ganz weit gezogen werden.[27] Im Einzelnen hat man einfache Auskunftsverlangen und Auskunftsentscheidungen oder -beschlüsse zu unterscheiden (Art. 18 Abs. 1 bis Abs. 3 VO). Der Unterschied zwischen beiden Verfahren besteht vor allem darin, dass **einfache Auskunftsverlangen keine Auskunftspflicht** begründen, so dass die Nichtbeantwortung des Verlangens *keine* Sanktionen nach sich zieht.[28] Beantworten jedoch die angesprochenen Unternehmen das Auskunftsverlangen, so müssen die (freiwillig gegebenen) Auskünfte auch zutreffen, widrigenfalls die Kommission eine Geldbuße verhängen kann (Art. 18 Abs. 2, 23 Abs. 1 lit. a VO). Auf eine **Auskunftsentscheidung** hin sind die angesprochenen Unternehmen dagegen (in den genannten Grenzen, o. Rn. 19) **auskunftspflichtig,** so dass die Auskunftspflicht in diesem Fall außerdem durch Zwangsgelder nach Art. 24 VO durchgesetzt werden kann (Art. 18 Abs. 3 VO).

21 Genügen der Kommission die durch Auskünfte der Unternehmen oder auf andere Weise erlangten Informationen nicht, so kann sie zusätzlich **Personen** (mit deren Zustimmung) befragen (Art. 19 VO). Sanktionen sind in diesem Fall nicht vorgesehen, auch nicht bei unrichtigen Auskünften. Daher rührt die große praktische Bedeutung der Befugnis der Kommission zur Durchführung von Nachprüfungen in den betroffenen Unternehmen und Unternehmensverbänden (Art. 20 VO). Die Kommission ordnet die Nachprüfung durch Beschluss an, in dem der Gegenstand und der Zweck der **Nachprüfung** möglichst genau bezeichnet werden müssen, um den Betroffenen die

---

23 *EuGH* Slg. 1989, 2919 (2923 f.) – Hoechst; Slg. 1989, 3150 (3156 f.) – Dow; *EuG* Slg. 2002, II-316 (333 ff. Tz. 48 ff.) = EuZW 2002, 186 – max.mobil; Slg. 2004, II-56 (71 ff.) – JCB; Slg. 2004, II-2514 (25102 f. Tz. 178) – JCE; *Mattfeld,* EuR 1993, 47.

24 Erwägungsgrund Nr. 23 S. 2 zu der VO.

25 *EuGH* Slg. 2006, I-5943 (5967) = WuW/E EU-R 1065 (1067 Tz. 41) – SGL Carbon; *EuG* Slg. 2001, II-732 (754 ff. Tz. 61 ff.) = EuZW 2001, 345 – Mannesmannröhren-Werke; kritisch *Dannecker,* FS Immenga, 2004, S. 61 (68 f.); *Roß,* Die Auskunftsverweigerungsrechte im Europäischen Wirtschaftsverwaltungsrecht, 1998; *Weiß,* JZ 1998, 289.

26 *EuGH* Slg. 1980, 2033 (2053 ff.) – National Panasonic; Slg. 1989, 2919 (2925) = NJW 1989, 3080 – Hoechst.

27 *Kühlhorn,* WuW 1986, 7.

28 *EuG* Slg. 2010, II-5295.

Wahrung ihrer Rechte zu ermöglichen (Art. 20 Abs. 4 S. 1 und 2 VO).[29] Eine ungenaue oder zu weite Bezeichnung von Gegenstand und Zweck der Nachprüfung machen den Beschluss anfechtbar. Andernfalls müssen die betroffenen Unternehmen die Nachprüfung dulden (Art. 20 Abs. 4 VO). Die **Nachprüfungsbefugnis** der Kommission umfasst insbesondere das Recht zur Prüfung von Büchern und Geschäftsunterlagen, zur Anfertigung von Kopien, zur Versiegelung von Räumlichkeiten und Büchern und zur Befragung der Vertreter und Mitarbeiter der betroffenen Unternehmen (Art. 20 Abs. 2 lit. b–e VO). Zur **Versiegelung** von Räumen und Büchern schreitet die Kommission, wenn sie nicht sofort sämtliche vorgefundenen Unterlagen sichten und kopieren kann, aber verhindern muss, dass die Unterlagen in der Zwischenzeit beseitigt oder verändert werden. Wird das Siegel später gebrochen, so kann die Kommission Geldbußen verhängen (Art. 21 Abs. 1 lit. e VO).[30] Die Kommission kann außerdem während der Nachprüfungen von Vertretern und Mitgliedern der Belegschaft der betroffenen Unternehmen **Erläuterungen** verlangen. Jedoch darf auch auf diesem Wege keine Selbstbezichtigung der Betroffenen erzwungen werden.[31] Lediglich, wenn unmittelbarer Zwang erforderlich ist, etwa, weil das betroffene Unternehmen den Beauftragten der Kommission den Zutritt verwehrt, ist die Kommission auf die Mitwirkung der nationalen Behörden angewiesen (Art. 20 Abs. 6 VO). Alle diese Befugnisse der Kommission werden üblicherweise ganz *weit* ausgelegt, um ihr den schwierigen Nachweis von Verstößen gegen die Wettbewerbsregeln nach Möglichkeit zu erleichtern.[32]

Hinzugetreten ist im Jahre 2004 aufgrund des Art. 21 der Verordnung Nr. 1/2003 die 22
Befugnis der Kommission zur **Nachprüfung in anderen Räumlichkeiten** einschließlich insbesondere der Wohnungen der Unternehmensleiter, freilich nur bei Bestehen des begründeten Verdachts eines schweren Verstoßes gegen die Wettbewerbsregeln und nur nach vorheriger Genehmigung des zuständigen nationalen Gerichts.[33] Trotz aller dieser Befugnisse der Kommission bleibt es aber dabei, dass die Masse jedenfalls der Kartelle nach wie vor nur aufgedeckt wird, wenn und weil einer oder mehrere der Beteiligten selbst „reden", insbesondere, um in den Genuss der Kronzeugenregelung zu gelangen (s. unten § 13 Rn. 18, 24). Alle anderen Befugnisse der Kommission sind dann bloße Hilfsmittel zur Ergänzung des Sachverhalts.

---

29 *EuG* NZKart 2013, 119f. Tz. 39ff. – Nexans.

30 So in dem E.ON-Fall *Kommission,* Entsch. v. 30.1.2008, WuW/E EU-V 1299 (1304ff. Tz. 99ff.); *EuG* Slg. 2010, II-5765.

31 *De Bronett,* EWS 2011, 8 (10ff.).

32 *EuGH* Slg. 1986, 2607 (2612ff.) – Akzo; Slg. 1989, 2919 (2926ff.) = NJW 1989, 3080 – Hoechst; Slg. 1989, 3150 (3155, 3159f.) – Dow Benelux; Slg. 1989, 3181 (3187f.) = EuZW 1991, 2048 – Dow Chemical Iberica; Slg. 1989, 3343 (3347f.) – Orkem; Slg. 1992, I-41020 (41026f.) = NJW 1993, 251 = EuZW 1992, 671 – AEB; *EuG* Slg. 1991, II-1497 (1510) – SEP; Slg. 2003, II-5440 (5457ff. Tz. 39ff.); Slg. 2003, II-5523 (5542ff. Tz. 45ff.); Slg. 2003, II-5768 (5779ff. Tz. 32ff.) – FEG; WuW/E EU-R 1371 – France Telecom; insbesondere NZKart, 2013, 407ff. – DB m. Anm. *Bischke,* NZKart 2013, 397.

33 *De Bronett,* EWS 2011, 8 (12ff.); Beispiele in *EuG* Slg. 2007, II-526 (545ff.); Slg. 2007, II-575 (621ff.).

§ 13. Entscheidungen und Sanktionen

Materialien: *Kommission,* Mitteilung über den Erlass und die Ermäßigung von Geldbußen in Kartellsachen, sogenannte Kronzeugenmitteilung vom 19.2.2002, ABl. 2002 Nr. C 45/3; *dies.*, Leitlinien für das Verfahren zur Festsetzung von Geldbußen, sogenannte Geldbußenleitlinien vom 1.9.2006, ABl. Nr. C 210/2; *dies.*, Mitteilung über das Funktionieren der VO Nr. 1/2003 v. 29.4.2009, KOM (2009) 206 endg.

I. Überblick

1 Die Befugnisse, die die Kommission bei Zuwiderhandlungen gegen die Wettbewerbsregeln (Art. 101 und 102 AEUV) besitzt, sind im Einzelnen in der VO Nr. 1/2003 geregelt (Art. 4 VO). Hervorzuheben sind die Entscheidungsbefugnisse der Kommission nach den Art. 7 bis 10 VO sowie ihre Befugnis zur Festsetzung von Geldbußen und Zwangsgeldern (Art. 23 und 24 VO). Hinzu kommt noch die Befugnis, den Unternehmen im Einzelfall den Rechtsvorteil einer Gruppenfreistellungsverordnung wieder zu entziehen, wenn die Freistellung missbraucht wird (Art. 29 VO). Entsprechende Befugnisse besitzen die Kartellbehörden der Mitgliedstaaten (Art. 5 VO; s. u. § 43).

2 Von den genannten Entscheidungsbefugnissen der Kommission kommt die größte praktische Bedeutung den in Art. 7 Abs. 1 VO geregelten Verbots- oder Verpflichtungsentscheidungen zu, häufig auch **Abstellungsentscheidungen** genannt. Zu beachten ist, dass durch den Vertrag von Lissabon die „Entscheidungen" der Kommission in „Beschlüsse" umbenannt wurden (Art. 288 Abs. 4 AEUV); eine sachliche Änderung war mit dieser Umbenennung der Rechtsakte der Kommission nicht verbunden, so dass es unbedenklich ist, im vorliegenden Zusammenhang entsprechend der allgemeinen Übung auch weiterhin teilweise von „Entscheidungen der Kommission" (anstatt von „Beschlüssen") zu sprechen.

3 Die Kommission besitzt außerdem die Befugnis, in dringenden Fällen, wenn die Gefahr eines ernsten, nicht wieder gutzumachenden Schadens für den Wettbewerb besteht, **einstweilige Anordnungen** zu erlassen (Art. 8 VO; § 32a GWB). Verfahren nach den Art. 7 und 8 sowie nach den Art. 23 und 24 Abs. 2 VO beginnen grundsätzlich mit der **Mitteilung der Beschwerdepunkte** nach Art. 27 VO, um den Unternehmen so früh wie möglich rechtliches Gehör zu gewähren. Zu diesem Zweck sind in der Mitteilung der Beschwerdepunkte die wesentlichen Tatsachen möglichst vollständig anzugeben, damit sich die Unternehmen dazu äußern können.[1] Die Einzelheiten dieses Verfahrens regelt die Durchführungsverordnung Nr. 773/2004 in den Art. 10 bis 14. Die Mitteilung der Beschwerdepunkte ist ebensowenig selbständig anfechtbar wie die bloße Einleitung des Verfahrens durch die Kommission.[2]

4 Die Kommission besitzt nach Art. 9 VO außerdem die Befugnis, sog. Verpflichtungszusagen der an einem Wettbewerbsverstoß beteiligten Unternehmen durch **Zusagenentscheidungen** (oder -beschlüsse) für verbindlich zu erklären (ebenso § 32b GWB; s. u. Rn. 14f.). Wenn ein öffentliches Interesse der Union besteht, kann die Kommission ferner nach Art. 10 Abs. 1 VO von Amts wegen durch Entscheidung feststellen,

[1] *EuGH* Slg. 1980, 3125 (3285ff.); Slg. 1983, 1825 (1880ff.); *EuGH,* WuW/E EU-R 2966 Tz. 22ff. – Ballast Nedam; *EuG* Slg. 2002, II-1716 (1778f. Tz. 188ff.) – LR AF; Slg. 2003, II-5768 (5779ff. Tz. 32ff.) – FEG.

[2] *EuGH* Slg. 1981, 2639 (2653f.) – IBM; Slg. 1986, 1899 (1904f.) – BAT; Slg. 2009, I-5912 = WuW/E EU-R 1621 (1623f. Tz. 84ff.) – Archer Daniels Midland; *EuG* Slg. 1990, II-367 (383 Tz. 46) = EuZW 1991, 564 (568) – Automec I; *Freund,* EuZW 2009, 839m. N.

dass Art. 101 AEUV auf eine Vereinbarung keine Anwendung findet, entweder, weil der Tatbestand des Art. 101 Abs. 1 AEUV nicht vorliegt oder weil doch die **Freistellungsvoraussetzungen** des Art. 101 Abs. 3 AEUV erfüllt sind. Mit dieser eigenartigen Regelung, die an die Stelle des früheren Freistellungsmonopols der Kommission getreten ist, soll es der Kommission ermöglicht werden, in Zweifelsfällen die Rechtslage zu klären.[3] Eine vergleichbare Regelung für Art. 102 AEUV findet sich in Art. 10 Abs. 2 VO Nr. 1/2003. Die entsprechende deutsche Regelung enthält § 32c GWB von 2005.

Im Jahre 2008 ist noch zur weiteren Vereinfachung des Verfahrens (nur) in schwerwiegenden Kartellfällen nach Art. 101 AEUV das sog. Vergleichsverfahren (oder **Settlement-Verfahren**) hinzugekommen. Der Kern des Verfahrens besteht in dem Eingeständnis eines Verstoßes gegen Art. 101 AEUV durch die beteiligten Unternehmen, um das Verfahren abzukürzen, wofür die Unternehmen mit einer Ermäßigung der verwirkten Geldbußen „belohnt" werden. Die Einzelheiten des Verfahrens sind in der Durchführungsverordnung Nr. 773/2004 in der Fassung von 2008[4] sowie in der umfangreichen Mitteilung der Kommission über die Durchführung von Vergleichsverfahren bei dem Erlass von Entscheidungen nach Art. 7 und 29 der Verordnung Nr. 1/2003 ebenfalls aus dem Jahr 2008 geregelt.[5] Die praktische Bedeutung dieser neuen Verfahrensart ist bisher – anders als in der Praxis des BKartA nach deutschem Recht – gering geblieben.[6] 5

II. Verbotsentscheidungen nach Art. 7 VO Nr. 1/2003

Die wichtigsten Befugnisse der Kommission in Kartellfällen ergeben sich aus Art. 7 der Verordnung Nr. 1/2003. Die Kommission kann danach, wenn sie das Vorliegen eines Verstoßes gegen die Wettbewerbsregeln des Vertrages für erwiesen hält, den Verstoß durch Entscheidung bzw. heute Beschluss feststellen und die beteiligten Unternehmen und Unternehmensvereinigungen verpflichten, die festgestellte Zuwiderhandlung abzustellen (S. 1 des Art. 7 Abs. 1 VO). S. 2 des Art. 7 Abs. 1 VO fügt hinzu, dass die Kommission den beteiligten Unternehmen hierzu alle erforderlichen Abhilfemaßnahmen verhaltensorientierter *oder* struktureller Art vorschreiben kann, die gegenüber der festgestellten Zuwiderhandlung verhältnismäßig und für eine wirksame Abstellung der Zuwiderhandlung erforderlich sind; jedoch kommen Abhilfemaßnahmen struktureller Art nur subsidiär in Betracht (S. 3 a. a. O.). Die entsprechende deutsche Regelung findet sich in **§ 32 GWB von 2005.** Wegen der Einzelheiten kann daher auf die Ausführungen zu dieser Vorschrift verwiesen werden (s. § 43 Rn. 3ff.). 6

Entscheidungen oder (so jetzt) Beschlüsse der Kommission nach Art. 7 VO Nr. 1/2003 umfassen, wie auch die Überschrift der Vorschrift zum Ausdruck bringt, grundsätzlich **zwei Elemente,** die *Feststellung* einer Zuwiderhandlung gegen die Wettbewerbsregeln der Art. 101 und 102 AEUV *und* die *Verpflichtung* der beteiligten Unternehmen *zur Abstellung* der Zuwiderhandlung (Art. 7 Abs. 1 S. 1 VO). Sowohl die Feststellung der Zuwiderhandlung als auch die Festlegung der den beteiligten Unternehmen auferlegten Abhilfemaßnahmen werden regelmäßig in den Tenor der Entscheidung aufgenommen. Als weniger weitgehende Maßnahmen umfasst Art. 7 7

[3] S. den Erwägungsgrund Nr. 14 zu der VO sowie schon o. § 12 Rn. 8.
[4] VO Nr. 622/2008, ABl. Nr. L 171/3.
[5] ABl. 2008 Nr. C 167/1.
[6] *Hirsbrunner,* EuZW 2011, 12; *Pölley/Heinz,* WuW 2012, 14; sehr kritisch zur deutschen Praxis zu Recht *Herrlinger,* ZWeR 2012, 137 (151ff.); *Stockmann,* ZWeR 2012, 20 (40ff.).

Abs. 1 VO außerdem die Befugnis der Kommission, an die Unternehmen bloße **Empfehlungen** zu richten, wenn ihr dies ausreichend erscheint; sie ist ferner befugt, die Unternehmen aufzufordern, ihr Vorschläge für geeignete Abhilfemaßnahmen zu unterbreiten. Wirken sich die von der Kommission angeordneten Abhilfemaßnahmen auf **Dritte** aus, so kann die Kommission die beteiligten Unternehmen schließlich noch verpflichten, diese Dritten über die festgestellte Zuwiderhandlung und die angeordneten Abhilfemaßnahmen zu informieren, damit sie sich entsprechend einrichten können.[7]

8 Art. 7 Abs. 1 S. 2 VO unterscheidet **Abhilfemaßnahmen verhaltensorientierter und struktureller Art,** die gegenüber der festgestellten Zuwiderhandlung verhältnismäßig und für eine wirksame Abstellung der Zuwiderhandlung erforderlich sind. Abhilfemaßnahmen struktureller Art sind jedoch nach h. M. grundsätzlich *subsidiär* gegenüber verhaltensorientierten Abhilfemaßnahmen, weil sie die denkbar schwerwiegendsten Eingriffe in Eigentum und Freiheit der beteiligten Unternehmen darstellen (S. 3 des Art. 7 Abs. 1 VO).[8] Sie kommen infolgedessen nur in Ausnahmefällen in Betracht, wenn andere Maßnahmen zur Wiederherstellung eines rechtmäßigen Zustandes ausscheiden.

9 Im Vordergrund haben nach dem Verhältnismäßigkeitsgrundsatz Anordnungen zur Abstellung des rechtswidrigen Zustandes zu stehen; gemeint sind damit in erster Linie **Unterlassungsanordnungen** in Gestalt des Verbots der konkreten gesetzwidrigen Handlung. Auf derartige Anordnungen muss sich die Kommission insbesondere dann beschränken, wenn den Unternehmen, wie häufig, *mehrere Möglichkeiten* zur Verfügung stehen, die festgestellte Zuwiderhandlung abzustellen, da in die Freiheit der Unternehmen nicht mehr als nötig eingegriffen werden darf.

10 Hinzu tritt die (wichtige) Befugnis der Kommission, den Unternehmen **positive Handlungspflichten** aufzuerlegen, indem sie z. B. die *Belieferung* bestimmter, von einem marktbeherrschenden Unternehmen zu Unrecht gesperrter Unternehmen anordnet, jedenfalls, wenn dies die einzige ernsthaft in Betracht kommende Maßnahme zur Abstellung des rechtswidrigen Zustandes ist.[9] Die Kommission nimmt dabei zum Teil ausgesprochen weitreichende Befugnisse in Anspruch, da ihr Art. 7 Abs. 1 S. 2 VO ausdrücklich auch die Befugnis zu Abhilfemaßnahmen struktureller Art verleiht. **Beispiele** sind die Verpflichtung der Beteiligten zur Änderung von Preis- und Rabattsystemen oder von Geschäftsbedingungen, zur Gewährung von Lizenzen, zur Eröffnung des Zugangs zu bestimmten Informationen oder Infrastruktureinrichtungen sowie (in Ausnahmefällen) sogar die Verpflichtung der Beteiligten zum Verkauf von Tochtergesellschaften, Beteiligungen oder Geschäftsbereichen.[10]

11 Dies zeigt, dass unter den genannten Voraussetzungen (Rn. 7 ff.) in engen Grenzen sogar **Entflechtungsmaßnahmen** möglich sind, wobei insbesondere an die Veräußerung von Beteiligungen oder Tochtergesellschaften sowie an die Freigabe oder Abgabe

---

[7] S. *Mestmäcker/Schweitzer,* § 20 Rn. 37 (S. 495 f.).

[8] Anders z. B. *Maier-Rigaud,* WuW 2012, 487 (496 ff.); der Wortlaut der VO ist in der Tat nicht eindeutig.

[9] *EuGH* Slg. 1974, 223 (257 Tz. 45) – Commercial Solvents; Slg. 1995, I-808 (833 f. Tz. 95 ff.) = EuZW 1995, 339 = JuS 1995, 840 Nr. 11 – RTE und ITP (Magill).

[10] S. im Einzelnen *Schwarze/Weitbrecht,* Grundzüge des europäischen Kartellverfahrens, 2004, § 6 Rn. 21 ff. (S. 101 ff. m. N.).

von Schutzrechten zu denken ist. In den Erwägungsgründen zu der VO heißt es dazu, Änderungen an der Unternehmensstruktur, wie sie vor der Zuwiderhandlung bestand, „sind nur dann verhältnismäßig, wenn ein erhebliches, durch die Struktur eines Unternehmens als solcher bedingtes Risiko anhaltender oder wiederholter Zuwiderhandlungen gegeben ist".[11] Daraus wird allgemein der Schluss gezogen, dass Art. 7 Abs. 1 der VO Nr. 1/2003 *keine* Befugnis der Kommission zur Entflechtung beherrschender Unternehmen begründet, da die bloße Marktbeherrschung allein noch nicht gegen den Vertrag verstößt, sondern erst ihr Missbrauch (Art. 102 AEUV).[12]

Haben die Unternehmen das fragliche Verhalten mittlerweile aufgegeben, ist jedoch 12
jederzeit mit einer Wiederholung zu rechnen, so kann sich die Kommission nach Art. 7 Abs. 1 S. 4 VO darauf beschränken, durch Entscheidung (Beschluss) die **Vertragsverletzung festzustellen.** Voraussetzung ist ein *berechtigtes Interesse* (ebenso § 32 Abs. 3 GWB). Ein solches ist vor allem anzunehmen, wenn Wiederholungsgefahr besteht, wenn es sich um neue klärungsbedürftige Rechtsfragen handelt oder wenn die Wirkungen des rechtswidrigen Verhaltens fortbestehen und deshalb nur über die Feststellung der Zuwiderhandlung für die Zukunft beseitigt werden können.[13] Aus demselben Grund ist die Feststellungsbefugnis der Kommission auch unabhängig von dem Ablauf der Verjährungsfrist des Art. 25 VO, weil sich diese Vorschrift allein auf die Sanktionen der Art. 23 und 24 VO, nicht dagegen auch auf Art. 7 Abs. 1 S. 4 VO bezieht.[14]

III. Zusagenentscheidungen nach Art. 9 VO Nr. 1/2003

Nach Art. 9 Abs. 1 S. 1 der VO Nr. 1/2003 besitzt die Kommission ferner die Befug- 13
nis, unter bestimmten Voraussetzungen Verpflichtungszusagen der von einem Kartellverfahren betroffenen Unternehmen durch Entscheidung oder Beschluss für bindend zu erklären (s. schon oben Rn. 3). Voraussetzung einer derartigen Zusagenentscheidung (oder auch: **commitment decision**) ist, dass die Kommission beabsichtigt, eine Abstellungsentscheidung nach Art. 7 der VO Nr. 1/2003 zu erlassen, sowie, dass die beteiligten Unternehmen Verpflichtungen anbieten, die geeignet sind, die Bedenken der Kommission auszuräumen. Verstoßen die Unternehmen später gegen diese Verpflichtungen, so kann die Kommission gegen sie **Geldbußen** verhängen (Art. 23 Abs. 2 lit. c VO). Die Kommission besitzt außerdem die Befugnis, die von den Unternehmen eingegangenen Verpflichtungen durch **Zwangsgelder** durchzusetzen (Art. 24 Abs. 1 lit. c VO). Dagegen unterbleibt in diesem Fall eine bindende Feststellung der Zuwiderhandlung, worin für die beteiligten Unternehmen vor allem der Charme einer derartigen Verfahrensbeendigung liegt, weil dadurch das Risiko von Schadensersatzansprüchen Dritter reduziert wird. Auch die Verhängung einer Geldbuße durch die Kommission droht dann nicht mehr.[15]

---

[11] Erwägungsgrund Nr. 12 S. 3 zu der VO.

[12] *Mestmäcker/Schweitzer,* § 20 Rn. 38 (S. 496).

[13] *EuGH* Slg. 1983, 483 (502 f. Tz. 23–38) = NJW 1984, 2755 = JuS 1985, 141 f. Nr. 1 – GVL; *EuG* Slg. 2005, II-4073 (4092, 4113 ff.) = WuW/E EU-R 957 (961 Tz. 60 f., 965 Tz. 131 ff.) – Sumitomo; Slg. 2006, II-1439 (1458 Tz. 56); *Kommission,* Entsch. v. 2.6.2004, WuW/E EU-V 1053 (1066 f. Tz. 340–342) – Clearstream; *GA Riuz-Jarabo Colomer,* Slg. 1998, I-1344 (1361 f. Tz. 68 ff.).

[14] *EuG* Slg. 2005, II-4073 (4092, 4113) = WuW/E EU-R 957 (961, 965) – Sumitomo.

[15] S. den Erwägungsgrund Nr. 13 zu der VO Nr. 1/2003.

14 Die Kommission macht von der Möglichkeit, Kartellverfahren durch Zusagenentscheidungen nach Art. 9 der VO Nr. 1/2003 zu beenden, zunehmend Gebrauch.[16] Die **Zusagen** der betroffenen Unternehmen gehen oft erstaunlich weit und umfassen in einzelnen Fällen auch tiefgreifende strukturelle Maßnahmen.[17] Ob diese Praxis mit dem Verhältnismäßigkeitsgrundsatz vereinbar ist, ist im Schrifttum vielfach bezweifelt worden,[18] in dem Alrosa-Fall aber letztlich vom **EuGH** bestätigt worden, nach dem die Kommission im Grunde nur die Geeignetheit der verschiedenen von den Unternehmen angebotenen Maßnahmen unter dem Gesichtspunkt der Verhältnismäßigkeit zu prüfen braucht, mehr nicht.[19]

IV. Geldbußen

1. Überblick

15 Die Kommission verfügt nach der VO Nr. 1/2003 schließlich noch über die Befugnis zur Festsetzung von Geldbußen (Art. 23 VO) und von Zwangsgeldern (Art. 24 VO). **Zweck** der Regelung ist es, die Beachtung der Wettbewerbsregeln des Vertrags (Art. 101 und 102 AEUV) auch gegen widerstrebende Unternehmen sicherzustellen.[20] Konkret gesprochen bedeutet dies, dass mit den Geldbußen gleichermaßen die sich häufig wenigstens teilweise widersprechenden **Ziele** der Prävention, der Repression und der Gewinnabschöpfung verfolgt werden, wobei für die Kommission das Ziel der *Generalprävention* durchaus im Vordergrund des Interesses steht.[21] Die Verjährungsfrist für die Verhängung von Geldbußen wegen Verstößen gegen die Wettbewerbsregeln beträgt grundsätzlich fünf Jahre und beginnt mit dem Tag der Zuwiderhandlung (Art. 25 Abs. 1 und 2 VO).[22]

16 Die von der Kommission verhängten Geldbußen waren ursprünglich relativ niedrig; seit den achtziger Jahren des vorigen Jahrhunderts hat die Kommission indessen das **Niveau der** von ihr verhängten **Geldbußen** kontinuierlich angehoben, vor allem in den sog. „Hardcore-Fällen" wie Preiskartellen oder Abreden über einen absoluten Gebietsschutz. Auf diesen Gebieten sind mittlerweile Geldbußen in vielfacher Millionenhöhe an der Tagesordnung. Selbst Geldbußen in einer Höhe von mehreren hundert Millionen Euro sind heute keine Seltenheit mehr. In besonders kritischen Einzelfällen reichen die Geldbußen mittlerweile sogar an die Grenze von einer Milliarde Euro heran.

17 Nach Art. 23 Abs. 5 der VO Nr. 1/2003 haben die Geldbußen gleichwohl **keinen strafrechtlichen Charakter,** weil die Union keine Kompetenzen auf dem Gebiet des Strafrechts besitzt. Dies ändert indessen nichts daran, dass Geldbußen in einer Höhe von vielen hundert Millionen Euro (natürlich) wie schwere Kriminalstrafen wirken, so dass im Schrifttum immer nachdrücklicher die strikte Beachtung rechtsstaatlicher

[16] Zahlen bei *Klees,* EWS 2011, 14 (15); berechtigte Kritik bei *Podszun,* ZWeR 2012, 48 (59, 63ff.).

[17] Beispiele in: *Kommission,* Entsch. v. 19.2.2005, WuW/E EU-V 1041 – Deutsche Bundesliga; v. 26.11.2008, WuW/E EU-V 1380 – E.ON; v. 9.12.2009, ABl. 2010 Nr. C 90/17 = WuW/E EU-V 1513 – Rambus.

[18] Kritisch insbes. *Klees,* WuW 2008, 374; *ders.,* EWS 2011, 14.

[19] *EuGH* Slg. 2010, I-6012 Tz. 32ff. = EWS 2010, 330 – Alrosa; anders zuvor noch *EuG* Slg. 2007, II-2607 = WuW/E EU-R 1283 – Alrosa; s. dazu *Kellerbauer,* EuZW 2010, 652.

[20] S. den Erwägungsgrund Nr. 29 zu der VO.

[21] Zur Kritik s. *Ackermann,* ZWeR 2012, 3; *Stockmann,* ZWeR 2012, 20 (24ff.).

[22] S. dazu z. B. *EuG* NZKart 2013, 295 Tz. 57ff. – Marineschläuche.

Grundsätze des Straf- und Strafverfahrensrechts in der Bußgeldpraxis der Kommission angemahnt wird.[23] Die **Unionsgerichte** haben jedoch bisher in ständiger Rechtsprechung sämtliche Einwände gegen die Vereinbarkeit der Geldbußenpraxis der Kommission mit rechtsstaatlichen Grundsätzen und insbesondere mit der Europäischen Grundrechte-Charta zurückgewiesen, einmal wegen des umfassenden Rechtsschutzes, über den die betroffenen Unternehmen nach dem Unionsrecht verfügen (s. insbesondere Art. 31 VO), zum anderen wegen der immer wieder betonten Verpflichtung der Kommission, bei der Verhängung von Geldbußen dieselben **Grundrechte und Verfahrensgrundsätze** zu beachten **wie in Strafverfahren.**[24] Die wichtigsten sind die Wahrung der Verteidigungsrechte, die Verpflichtung, den betroffenen Unternehmen umfassendes rechtliches Gehör zu gewähren, insbesondere in Gestalt möglichst ausführlicher und genauer Beschwerdepunkte, das Rückwirkungsverbot, der Gleichbehandlungsgrundsatz sowie der Grundsatz „ne bis in idem".[25] Die an einem Kartell beteiligten Unternehmen müssen deshalb z. B. bei der Festsetzung von Geldbußen grundsätzlich gleichbehandelt werden, so dass nicht bei einzelnen von ihnen ohne sachlichen Grund von dem von der Kommission selbst gewählten Maßstab nach oben oder unten abgewichen werden darf.[26] Sogar die **Geldbußenleitlinien** der Kommission (s. Rn. 18, 24ff.) sind in den Augen der Unionsgerichte unbedenklich, da sie aufgrund des Gleichbehandlungsgrundsatzes allein die Kommission, nicht dagegen die Gerichte binden und im Ergebnis, letztlich im Interesse der betroffenen Unternehmen, für mehr Transparenz und Rechtssicherheit sorgen.[27]

2. Voraussetzungen

a) Wettbewerbsverstoß

Die Verhängung von Geldbußen kommt nach Art. 23 VO bei formellen wie bei materiellen Wettbewerbsverstößen in Betracht. Von einem **formellen Wettbewerbsverstoß** spricht man bei Verstößen gegen die Art. 17, 18 und 20 VO, insbesondere durch die Erteilung unrichtiger Auskünfte (Art. 23 Abs. 1 VO), während ein **materieller Wettbewerbsverstoß** in erster Linie bei einer schuldhaften Verletzung der Wettbewerbsregeln der Art. 101 und 102 AEUV vorliegt; gleich stehen Verstöße gegen die 18

[23] S. m. N. *Dannecker,* FS Immenga, 2004, S. 61 (73ff.); *Frenz,* EWS 2013, 123; *H. Honsell,* ZIP 2008, 621 (627f.); *Schwarze,* WuW 2009, 6f. sowie z. B. *Bechtold/Bosch/Schwarze,* Rechtsstaatliche Defizite im Kartellrecht der Europäischen Gemeinschaft, 2008.

[24] Z. B. *EuGH* WuW/E EU-R 1451 – Degussa; *EuG* Slg. 2008, II-2579 Tz. 27, 36 und 44ff. – SKT usw. bis *EuGH* NZKart 2013, 334 Tz. 36ff. – Schindler; Slg. 2011, I-13132 = WuW/E- EU-R 2213 (2232 Tz. 130f.) – KME Germany II; *EuG* NZKart 2013, 74 Tz. 24ff. – Ecka Granulyte; NZKart, 2013, 412 Tz. 71ff. – Duravit; WuW/E EU-R 2857 Tz. 60ff. – Hansa Metallwerke.

[25] *EuGH* Slg. 2007, I-3955 = EuZW 2007, 408 (412 Tz. 71f.) – SGL Carbon; WuW/E EU-R 1451 Tz. 53ff. – Degussa; Slg. 2009, I-5912 = WuW/E EU-R 1621 Tz. 84ff.; *EuGH* Slg. 2011, I-10413 = WuW/E EU-R 2137 Tz. 52ff. – Solvay; *EuG* Slg. 2006, II-5000 (5114ff.) – FNCB; Slg. 2007, II-965 (1086, 1092ff.); Slg. 2008, II-812 = WuW/E EU-R 1438 (1447 Tz. 420ff.) – Hoechst; Slg. 2009, II-2318 = WuW/E EU-R 1626 Tz. 178ff. – ThyssenKrupp; WuW/E EU-R 2857 Tz. 155ff. – Hansa Metallwerke. *Klees,* WuW 2006, 1222.

[26] *EuGH* Slg. 2000, I-10014 (10060ff. Tz. 97ff.) = WuW/E EU-R 384 (385) – Karton Sarrio; *EuG* Slg. 2003, II-2611 (2636ff. Tz. 69ff.) – Archer Daniels Midland; Slg. 2003, II-5355 (5420ff. Tz. 187ff.) – Adriatica; Slg. 2005, II-4426 (4471ff. Tz. 134ff) – Danone; Slg. 2006, II-913 (929 Tz. 80) – Degussa.

[27] Z. B. *EuGH* NZKart 2013, 334 Tz. 66ff. – Schindler; Slg. 2011, I-13132 = WuWE/E EU-R 2213 (2232 Tz. 127) – KME Germany II; *EuG* NZKart 2013, 74 Tz. 31, 40ff. – Ecka Granulate; WuW/E EU-R 2857 Tz. 60ff. – Hansa Metallwerke.

Verpflichtungen der Unternehmen, die sich aus den auf die Art. 8 oder 9 VO gestützten Entscheidungen oder Beschlüssen der Kommission ergeben (Art. 23 Abs. 2 VO). Die Höhe der Geldbuße richtet sich nach der Schwere der Zuwiderhandlung und deren Dauer (Art. 23 Abs. 3 VO; s. u. Rn. 24ff.). Die Einzelheiten ergaben sich zunächst aus den sog. Geldbußenleitlinien der Kommission vom 15. Januar 1998,[28] an deren Stelle mittlerweile die **neuen Geldbußenleitlinien** vom 28. Juni 2006 getreten sind,[29] sowie aus der **Kronzeugenmitteilung** von 2006 (sog. Leniency-Bekanntmachung).[30]

18a Geldbußen können – als verwaltungsrechtliche Sanktionen – nach Art. 23 Abs. 1 und Abs. 2 VO lediglich **gegen Unternehmen** und Unternehmensvereinigungen, nicht jedoch gegen natürliche Personen (wie nach § 81 GWB) festgesetzt werden. **Konzerne** werden dabei unter den bekannten Voraussetzungen (§ 3 Rn. 44f.) als *ein* Unternehmen behandelt, so dass wegen Kartellverstößen von Tochtergesellschaften Bußgelder auch gegen die Muttergesellschaft verhängt werden können, insbesondere, wenn die Organe der Muttergesellschaft ihre Kontroll- oder Organisationspflichten verletzt haben.[31] Umgekehrt gilt dasselbe, wichtig etwa bei einem Sitz der Muttergesellschaft des Konzerns außerhalb der EU.

b) Opportunitätsprinzip

19 Für das Bußgeldverfahren gilt als Verwaltungsverfahren das Opportunitätsprinzip, so dass es im pflichtgemäßen **Ermessen** der Kommission steht, ob sie in einem Einzelfall ein Bußgeldverfahren einleiten und durchführen will oder nicht. In rechtlich oder tatsächlich zweifelhaften Fällen kann sich daher die Kommission auch mit einer symbolischen Geldbuße begnügen oder sogar ganz auf eine solche verzichten.[32] Diesem Umstand kommt mit Rücksicht darauf besondere Bedeutung zu, dass für die Verhängung von Sanktionen bei Verstößen gegen die Wettbewerbsregeln des Vertrags neben der Kommission grundsätzlich **auch** die Wettbewerbsbehörden der **Mitgliedstaaten zuständig** sind (s. Art. 5 S. 2 VO), wobei die Behörden der Mitgliedstaaten auf der Grundlage ihrer Kartellgesetze, nicht der VO Nr. 1/2003, tätig werden.[33] In Deutschland ist maßgebend **§ 81 Abs. 1 GWB** von 2005, nach dem schuldhafte Verstöße gegen die Art. 101 Abs. 1 und 102 S. 1 AEUV Ordnungswidrigkeiten darstellen, die von den deutschen Kartellbehörden ebenfalls mit Geldbußen geahndet werden können (§ 81 Abs. 4 GWB).

20 Die Folge dieser Regelung ist, dass es wegen desselben Verstoßes gegen die Wettbewerbsregeln des Vertrags zu **parallelen Verfahren** der Kommission *und* der Kartellbehörden der Mitgliedstaaten kommen kann, weil, jedenfalls nach Meinung der Unionsgerichte, insoweit kein Raum für die Anwendung des Grundsatzes „ne bis in idem" ist. Jedoch besteht in den verschiedenen Verfahren eine **wechselseitige Anrechnungs-**

---

[28] ABl. Nr. C 9/3.

[29] ABl. Nr. C 210/2.

[30] ABl. Nr. C 298/11.

[31] Z. B. *EuGH* NZKart 2013, 334 (337 Tz. 103ff.) – Schindler; WuW/E EU-R 2716 = NZKart 2013, 293 Tz. 46ff. – Butadienkautschuk; *Säcker*, WuW 2009, 362.

[32] S. *EuGH* NZKart 2013, 332 Tz. 40ff. = WuW/E EU-R 2754 – Schenk; *Kommission*, Entsch. v. 20.10.2004, WuW/E EU-V 1045 (1051f. Tz. 425ff.) – Spanischer Rohtabak; v. 2.6.2004, WuW/E EU-V 1053 (1067f. Tz. 343ff.) – Clearstream.

[33] S. *Dannecker*, FS Immenga, 2004, S. 61 (78ff.).

pflicht hinsichtlich der ersten verhängten Geldbuße, um im Ergebnis eine doppelte Bestrafung desselben Verstoßes zu vermeiden.[34]

c) Verschulden

Geldbußen können nach Art. 23 Abs. 1 und Abs. 2 VO Nr. 1/2003 von der Kommission (nur) gegen Unternehmen und Unternehmensvereinigungen festgesetzt werden und auch dies nur, wenn sie sich vorsätzlich oder fahrlässig eines formellen oder materiellen Wettbewerbsverstoßes schuldig gemacht haben. Unternehmen gleichgültig welcher Rechtsform können aber (natürlich) nicht selbst schuldhaft handeln. Deshalb wird im Rahmen des Art. 23 Abs. 1 und Abs. 2 VO Nr. 1/2003 den Unternehmen (und Unternehmensvereinigungen) das **Verhalten ihrer Mitarbeiter zugerechnet,** gegebenenfalls sogar konzernweit (Rn. 18a), sofern sie nur überhaupt berechtigt sind, für das Unternehmen tätig zu werden, d. h. sofern sie über die nötige Vertretungsmacht verfügen.[35] 21

Hinzu kommen muss, dass die fraglichen Personen (o. Rn. 21) selbst vorsätzlich oder fahrlässig gehandelt haben (Art. 23 Abs. 1 und Abs. 2 S. 1 VO). Die Voraussetzungen insbesondere **vorsätzlichen** Handelns sind im Unionsrecht noch nicht endgültig geklärt. Die Organe der Union verfahren insoweit in aller Regel ausgesprochen „großzügig", indem sie für die Annahme von Vorsatz bereits die bloße Kenntnis der Tatbestandsmerkmale der fraglichen Handlung genügen lassen, während es nicht erforderlich ist, dass der Täter zusätzlich das Bewusstsein eines Verstoßes gegen die Wettbewerbsregeln hatte; vielmehr soll es genügen, wenn er nur in der Lage war, die Rechtswidrigkeit seines Tuns zu erkennen.[36] Der Gerichtshof hat daraus den (problematischen) Schluss gezogen, dass ein **Irrtum** der Beteiligten über das Vorliegen eines Wettbewerbsverstoßes, z. B. auf der Grundlage eines unzutreffenden anwaltlichen Rates, grundsätzlich unbeachtlich ist.[37] 22

Da es sich bei dem Bußgeldverfahren aufgrund des Art. 23 VO um ein strafähnliches Verfahren handelt (o. Rn. 17), findet hier auch die **Unschuldsvermutung** des Art. 6 Abs. 2 EMRK Anwendung, so dass im Bußgeldverfahren die Beweislast für das Vorliegen eines *schuldhaften* Verstoßes gegen die Wettbewerbsregeln bei der Kommission liegt.[38] Für die abweichende Regelung der Beweislast für die Voraussetzungen einer Freistellung nach Art. 101 Abs. 3 AEUV in Art. 2 S. 2 VO Nr. 1/2003 dürfte im Bußgeldverfahren kein Raum sein.[39] Eine steuerliche Abzugsfähigkeit der Geldbußen 23

[34] S. im Einzelnen o. § 3 Rn. 67; *EuG* Slg. 2004, II-1200 (1241 ff.) = WuW/E EU-R 847 – Tokai/Cárbon; Slg. 2005, II-4426 (4489 ff. Tz. 184 ff.) – Danone; *Klees,* WuW 2006, 1222.

[35] *EuGH* Slg. 1983, 1825 (1903 Tz. 97) – Musique Diffusion Franç.; *öOGH* WuW/E KRInt 231 (234); *Mestmäcker/Schweitzer,* § 21 Rn. 17 ff. (S. 505 f.); *Säcker,* WuW 2009, 362.

[36] *EuGH* Slg. 1983, 1825 (1903); Slg. 1983, 3369 (3415); Slg. 1989, 2117 = EuZW 1990, 323 (325); EuZW 1990, 93 (95) – Tipp-Ex; *EuG* Slg. 2001, II-2040 (2078 Tz. 127 f.) = WuW/E EU-R 497 – Tate & Lyle; Slg. 2003, II-5264 (5285 Tz. 54, 5299 Tz. 92) – Ventouris; Slg. 2003, II-5768 (5896 f. Tz. 396 ff.) – FEG; Slg. 2005, II-3038 (3088 Tz. 155) – Brasserie Nationale; Slg. 2005, II-5013 (5043 Tz. 83) – SNCZ; *Dannecker,* FS Immenga, 2004, S. 61 (80); *Mestmäcker/Schweitzer,* § 21 Rn. 21 f. (S. 506).

[37] *EuGH* NJW 2013, 3083 = NZKart 2013, 332 Tz. 37 ff. = WuW/E EU-R 2754 – Schenker; s. dazu (durchweg kritisch) *Brettel/Thomas,* ZWeR 2013, 272; *Fleischer,* EuZW 2013, 326; *Gussone/Lexow,* NZKart 2013, 327; *Kersting,* WuW 2013, 845; *Weitbrecht,* NJW 2013, 3085.

[38] Z. B. *EuG* NZKart 2013, 295 Tz. 50 – Marineschläuche.

[39] Sehr str., wie hier aber *EuG* Slg. 2004, II-2514 (2581 ff.) = WuW/E EU-R 819 – JFE; Slg. 2006, II-919 (951 Tz. 115) – Degussa; Slg. 2006, II-4446 (4466 f.); Slg. 2006, II-4574 (4595 Tz. 74 ff.); *EuG,*

scheidet auf der anderen Seite in der Regel aus, weil den Geldbußen sonst ihre Wirksamkeit als Mittel zur Durchsetzung der Wettbewerbsregeln genommen würde (§ 12 Nr. 4 EStG).[40]

3. Höhe

24 Die Höhe der Geldbuße richtet sich gemäß Art. 23 Abs. 3 VO Nr. 1/2003 nach der Schwere der Zuwiderhandlung und nach deren Dauer. Das sind naturgemäß sehr allgemeine Kriterien, so dass die Kommission bei der Festsetzung der konkreten Geldbuße über einen **großen Ermessensspielraum** verfügt. Die Unionsgerichte kontrollieren nur die Einhaltung der Grenzen dieses Ermessens (Art. 31 VO).[41] Wegen der damit verbundenen Rechtsunsicherheit, die immer wieder vor dem Gericht gerügt wurde, entschloss sich die Kommission erstmals 1998, **Leitlinien für** das Verfahren zur **Festsetzung** von Geldbußen zu veröffentlichen,[42] an deren Stelle mittlerweile die neuen Leitlinien von 2006 getreten sind.[43] Hinzu getreten ist später noch eine Mitteilung über den Erlass und die Ermäßigung von Geldbußen in Kartellsachen, die so genannte **Kronzeugenmitteilung** von 2006,[44] aus der sich ergibt, dass die Kommission bereit ist, auf die Festsetzung von Geldbußen ganz zu verzichten oder diese doch stark zu reduzieren, wenn Unternehmen, die an einer wettbewerbsbeschränkenden Vereinbarung beteiligt waren, mit ihr bei der Aufdeckung des Kartellverstoßes zusammenarbeiten. Obwohl die Problematik dieser Regelung nicht zu übersehen ist,[45] ist doch auch sie im Interesse der effektiven Durchsetzung der Wettbewerbsregeln von den Unionsgerichten durchweg gebilligt worden,[46] – in der Sache durchaus verständlich, weil nach wie vor die Masse der Kartelle allein aufgrund von Anzeigen beteiligter Unternehmen aufgedeckt wird.

25 Die **Berechnung** der Geldbußen erfolgt in zwei Stufen (Leitlinien, Tz. 9 ff.). Die **erste Stufe** besteht in der Ermittlung eines sog. **Grundbetrages,** der sich, kurz gesagt, nach dem Umsatz des betreffenden Unternehmens mit den auf dem relevanten räumlichen Markt verkauften Waren oder Dienstleistungen richtet, abzüglich der Mehrwertsteuer und der übrigen Steuern und Abgaben (Tz. 13 ff.). Der Umsatz wird aber natürlich nicht in voller Höhe, sondern „nur" je nach Schwere des Verstoßes *bis* zu *30 %* als Grundbetrag angesetzt, *multipliziert* mit der Anzahl der Jahre des Verstoßes (Tz. 19 ff.). Von der Obergrenze von 30 % ist bei den Kernbeschränkungen auszugehen (Tz. 23). Hinzu kommt noch zwecks Abschreckung ein weiterer Zuschlag von 15 bis 25 % des Umsatzes (Tz. 25).

WuW/E EU-R 1939 Tz. 43, 173 ff.– Siemens; s. *Dannecker,* FS Immenga, 2004, S. 61 (65 f.); o. § 12 Rn. 4.

40 *EuGH* Slg. 2009, I-1908 = WuW/E EU-R 1551 Tz. 71 ff. – ADM.

41 *EuGH* Slg. 2004, I-2233 (2291 Tz. 216 f.) – Mannesmann; Slg. 2006, I-4475; Slg. 2006, I-5885 (5904 Tz. 36); Slg. 2007, I-1355 = EuZW 2007, 145 (146 ff. Tz. 25, 37 ff.) – Danone; Slg. 2007, I-3955 = EuZW 2007, 408 (410 ff.) = SGL Carbon; Slg. 2009, I-1908 = WuW/E EU-R 1551 Tz. 71 ff. – ADM; NZKart 2013, 334 Tz. 58 – Schindler.

42 *Kommission,* Leitlinien vom 14. 1. 1998, ABl. Nr. C 9/3.

43 ABl. Nr. C 210/2; s. dazu *v. Ahlemann,* EuZW 2006, 487; *Engelsing,* WuW 2007, 470; *Immenga/Jüttner,* ZWeR 2006, 400; *Sünner,* EuZW 2007, 8.

44 ABl. Nr. C 45/3.

45 *St. Albrecht,* WRP 2007, 417; *Dreher,* ZWeR 2009, 397; *D. Schroeder* u. *Stockmann,* FS Bechtold, 2006, S. 437 und 559; *Säcker,* WuW 2009, 362; *Stockmann,* ZWeR 2012, 20 (29 ff).

46 Z. B. *EuG* Slg. 2006, II-3145 (3213 ff.) – Roquette Frères; NZKart, 2013, 412 Tz. 71 ff. – Duravit.

Der Grundbetrag ist anschließend **(zweitens)** durch die Berücksichtigung mildernder oder erschwerender Umstände an die Besonderheiten des Einzelfalls anzupassen. **Erschwerende Umstände** sind insbesondere das Vorliegen so genannter Kernbeschränkungen, deren Auswirkungen auf den Markt sowie die Dauer oder die Wiederholung von Wettbewerbsverstößen, die Behinderung der Untersuchungen durch die Kommission sowie die Rolle als Anführer oder Anstifter des Verstoßes (Tz. 28).[47] **Mildernde Umstände** sind dagegen neben der Aufdeckung eines Verstoßes durch einen so genannten Kronzeugen z. B. die effektive Kooperation eines Unternehmens mit der Kommission bei der Aufklärung des Verstoßes sowie etwa noch die Geringfügigkeit der Beteiligung eines Unternehmens oder die bloße fahrlässige Begehung des Verstoßes (Tz. 29), *nicht* dagegen das bloße Eingeständnis eines Verstoßes oder die drohende Insolvenz eines Unternehmens infolge der Belastung mit der Geldbuße.[48] Bei **Großunternehmen** kommen, um die abschreckende Wirkung der Geldbuße zu verstärken, weitere Zuschläge hinzu (Tz. 30ff.). Auf keinen Fall darf jedoch die **Obergrenze** des Art. 23 Abs. 2 VO in Höhe von 10% des Gesamtumsatzes des betreffenden Unternehmens in einem Geschäftsjahr überschritten werden (Tz. 32f.). 26

4. Kapitel. Fusionskontrolle

§ 14. Einleitung

Literatur (Auswahl): *Kommission,* Das Problem der Unternehmenskonzentration im Gemeinsamen Markt, Brüssel 1966; *Bos/Stuyck/Wytinck,* Concentration Control in the EEC, 1992; *J. Blank,* Europäische Fusionskontrolle im Rahmen der Art. 85f. EWG-Vertrag, 1991; *Cook/Kerse,* E. C. Merger Control, 3. Aufl. (2000); *Denzel,* Materielle Fusionskontrolle in Europa und USA, 2004; *Drauz/Schroeder,* Praxis der europäischen Fusionskontrolle, 3. Aufl. (1995); *H. Grappe,* Nebenabreden in der europäischen Fusionskontrolle, 2000; *Heinecke,* Entlastungsgründe in der europäischen und amerikanischen Zusammenschlusskontrolle, 2004; *Klump,* Die „Efficiency Defense" in der Fusionskontrolle, 2006; *Lampert,* Die Anwendbarkeit der EG-Fusionskontrollverordnung im Verhältnis zum Fusionskontrollrecht der Mitgliedstaaten, 1995; *Leibenath,* Rechtsprobleme der Zusagenpraxis in der europäischen Fusionskontrolle, 2000; *B. Linder,* Kollektive Marktbeherrschung in der Fusionskontrolle, 2005; *Löffler,* Kommentar zur Europäischen FusionskontrollVO, 2001; *Rosenthal/Thomas,* European Merger Control, 2010; *P. Pohlmann,* Der Unternehmensverbund im europäischen Kartellrecht, 1999; *Schulte* (Hrsg.), Handbuch Fusionskontrolle, 2. Aufl. (2010); *Schwarze* (Hrsg.), Neuere Entwicklungen auf dem Gebiet des europäischen Wettbewerbsrechts, 1999; *ders.* (Hrsg.), Europäisches Wettbewerbsrecht im Zeichen der Globalisierung, 2002; *Stockenhuber,* Die europäische Fusionskontrolle, 1995; *St. Zilles,* Die Anfechtungslegitimation von Dritten im europäischen Fusionskontrollrecht, 1997.

Materialien: *Kommission,* Bekanntmachung vom 14. August 1990 über Nebenabreden,[1] Bekanntmachung vom 9. Dezember 1997 über die Definition des relevanten Marktes,[2] Konsolidierte Mitteilung zu

[47] Z. B. *EuGH* Slg. 2007, I-1355 = EuZW 2007, 145 (146ff. Tz. 37ff.) – Danone m. Anm. *Seitz,* EuZW 2007, 304; NZKart 2013, 334 Tz. 134ff. – Schindler; Slg. 2011, I-13132 = WuW/E EU-R 2213 – KME; *EuG* Slg. 2005, II-4426 (4489f. Tz. 184ff.) – Danone; Slg. 2005, II-5146 (5171f. Tz. 68ff., 5197 Tz. 144) – Heubach; Slg. 2006, II-516 (553ff. Tz. 119ff., 595 Tz. 250) – BASF; Slg. 2006, II-718 (734ff. Tz. 49ff.) – Daiichi; Slg. 2006, II-913 (940ff. Tz. 102ff., 983f. Tz. 222ff.) – Degussa.

[48] Z. B. *EuGH* Slg. 2011, I-13132 = WuW/E EU-R 2213 (2229 Tz. 103ff.) – KME; NZKart 2014, 226 Tz. 83; *EuG* NZKart 2013, 74 Tz. 57, 97ff. – Ecka Granulate; NZKart 2014, 229 Tz. 175, 285f.

[1] ABl. Nr. C 203/5.

[2] ABl. Nr. C 372/5 = WuW 1998, 261.

Zuständigkeitsfragen vom 21. Februar 2009,[3] Mitteilung über die nach der FKVO zulässigen Abhilfemaßnahmen vom 22. Oktober 2008,[4] die Mitteilungen und Bekanntmachungen vom 5. März 2005 über die Verweisung in Fusionssachen, über Einschränkungen des Wettbewerbs, die mit der Durchführung von Unternehmenszusammenschlüssen unmittelbar verbunden und für diese notwendig sind, und über ein vereinfachtes Verfahren für bestimmte Zusammenschlüsse,[5] eine Bekanntmachung aus dem Jahre 2006 über die Auslegung von Art. 6 Abs. 1 lit. c S. 2 FKVO[6] sowie Leitlinien zur Beurteilung horizontaler Zusammenschlüsse vom 30. Januar 2004[7] und Leitlinien zur Bewertung nichthorizontaler Zusammenschlüsse vom 18. Oktober 2008.[8]

I. Geschichte

1 Grundlage der europäischen Fusionskontrolle ist heute – neben den Wettbewerbsregeln des Vertrages (Art. 101 und 102; s. u. Rn. 19ff.) – die VO Nr. 139/2004 vom 20. Januar 2004 über die Kontrolle von Unternehmenszusammenschlüssen, die sog. Fusionskontrollverordnung **(FKVO).**[9] **Zweck** der FKVO ist die Verhinderung einer „dauerhaften Schädigung des Wettbewerbs" durch Unternehmenszusammenschlüsse und damit letztlich der Schutz des Systems unverfälschten Wettbewerbs.[10]

2 Die FKVO von 2004 ist am 1. Mai 2004 an die Stelle der FKVO Nr. 4064/1989 vom 21. Dezember 1989[11] getreten, durch die erstmals die Fusionskontrolle auf europäischer Ebene umfassend geregelt worden war. Ihrer Verabschiedung vorausgegangen waren langwierige Verhandlungen der Mitgliedstaaten, in denen es vor allem um die Frage ging, ob die Fusionskontrolle mehr wettbewerblich oder mehr industriepolitisch ausgerichtet sein sollte.[12] Durchgesetzt hatte sich letztlich – auf deutsches Drängen hin – die Auffassung, dass die Fusionskontrolle **primär wettbewerblich** ausgerichtet sein sollte. Denn als Untersagungskriterium stellte die alte FKVO seinerzeit noch – ebenso wie bis 2013 das deutsche Recht (§ 36 Abs. 1 GWB a. F.) – in erster Linie auf die *Begründung oder Verstärkung einer beherrschenden Stellung* ab.

3 Im Zuge der Revision ihrer Wettbewerbspolitik seit Mitte der neunziger Jahre des vorigen Jahrhunderts strebte die Kommission auch eine weitgehende Novellierung der FKVO von 1989 an. Jedoch gelang die Verabschiedung der neuen FKVO erst Anfang des Jahres 2004. Kennzeichen der **FKVO von 2004** ist – neben zahlreichen Modifikationen des Verfahrens (s. u. § 18) – vor allem eine Änderung der Eingreifkriterien durch **Übergang zu** dem sog. **SIEC-Test.**[13] Die aktuellen Reformüberlegungen der Kommission betreffen vor allem Verfahrensfragen sowie die Ausdehnung der Fusionskontrolle auf Minderheitsbeteiligungen.[14]

4 Seit der Reform von 2004 heißt es in Art. 2 Abs. 3 FKVO, dass (nur) Zusammenschlüsse, durch die wirksamer Wettbewerb im Gemeinsamen Markt oder in einem we-

[3] ABl. Nr. C 43/10.
[4] ABl. Nr. C 267/1.
[5] ABl. Nr. C 56/2, 24 und 32.
[6] S. *Hirsbrunner,* EuZW 2006, 711 (716).
[7] ABl. Nr. C 31/5.
[8] ABl. Nr. C 256/6.
[9] ABl. Nr. L 24/1.
[10] So ausdrücklich die Erwägungsgründe Nr. 4–6 zur FKVO; s. im Übrigen ausführlich u. § 16.
[11] ABl. 1990 Nr. L 257/13 = EuZW 1990, 22.
[12] Dazu *Immenga,* Die europäische Fusionskontrolle im wettbewerbspolitischen Kräftefeld, 1993, S. 23ff.; *Mestmäcker,* EuR 1988, 349.
[13] „Significant impediment to effective competition" (so der englische Text des Art. 2 Abs. 2 und Abs. 3).
[14] *Langeheine/v. Koppenfels,* ZWeR 2013, 299 (306ff.).

sentlichen Teil desselben erheblich behindert würde, *insbesondere* durch Begründung oder Verstärkung einer beherrschenden Stellung, für mit dem Gemeinsamen Markt unvereinbar zu erklären sind, während Zusammenschlüsse, durch die wirksamer Wettbewerb in Gemeinsamen Markt oder in einem wesentlichen Teil desselben nicht erheblich behindert würde, für mit dem Gemeinsamen Markt vereinbar erklärt werden (Art. 2 Abs. 2 FKVO).

Die neue Formulierung des Art. 2 Abs. 2 und Abs. 3 FKVO ist ein **Kompromiss** zwischen dem Wunsch zahlreicher Mitgliedstaaten, an der früheren Rechtslage festzuhalten (o. Rn. 2), und der Forderung des Vereinigten Königreichs sowie Irlands, im Anschluss an das amerikanische Antitrustrecht zu dem sog. SLC-Test[15] überzugehen. In den Erwägungsgründen heißt es dazu, durch die gewählte neue Formulierung (SIEC-Test) solle „ausschließlich" klargestellt werden, dass unter den genannten Voraussetzungen **auch** Zusammenschlüsse in einem **Oligopol** erfasst werden könnten; im Übrigen solle es jedoch bei der bisherigen Rechtslage verbleiben.[16] Dies kommt indessen im Text der FKVO nicht zum Ausdruck, so dass umstritten ist, ob die Einführung des SIEC-Tests in dem genannten engen Sinne zu interpretieren ist oder weitergehende Bedeutung hat. Die Kommission hat in einigen Entscheidungen (oder richtiger: Beschlüssen) aus jüngster Zeit in der Tat zu erkennen gegeben, dass sie zu einem weiteren Verständnis des Art. 2 Abs. 3 FKVO als früher tendiert (Rn. 8). Der ganze Fragenkreis ist jedoch noch weit von einer endgültigen Klärung entfernt. 5

Verfahrensfragen sind ergänzend in der **Durchführungsverordnung Nr. 802/2004** vom 30. April 2004[17] geregelt. Die Kommission hat sich außerdem in einer Vielzahl von **Mitteilungen, Leitlinien und Bekanntmachungen** zu Auslegungsfragen geäußert, auf die jeweils im Zusammenhang einzugehen ist.[18] Hervorzuheben sind die beiden wie Lehrbücher anmutenden (wichtigen) Leitlinien zur Beurteilung horizontaler Zusammenschlüsse vom 30. Januar 2004[19] und zur Bewertung nichthorizontaler Zusammenschlüsse vom 18. Oktober 2008,[20] in denen die Kommission ihre Erfahrungen bei der Beurteilung horizontaler, vertikaler und konglomerater Zusammenschlüsse zusammengefasst hat. Alle diese Bekanntmachungen, Mitteilungen und Leitlinien sind zwar *keine* Rechtsnormen, aber auch keine bloßen Meinungsäußerungen der Kommission, sondern *binden* ebenso wie die anderen Leitlinien aufgrund des Gleichbehandlungsgrundsatzes und des gebotenen Vertrauensschutzes die Kommission selbst, *soweit* sie von den gesetzlichen Vorschriften gedeckt sind, so dass die Kommission von ihnen nur noch ausnahmsweise im Einzelfall abweichen kann, wenn besondere Umstände vorliegen, die eine andere Entscheidung zu rechtfertigen vermögen.[21] Eine Bindung der Gerichte besteht (natürlich) nicht; tatsächlich werden jedoch die Leitlinien der Kommission in der Praxis insbesondere des Gerichts vielfach wie Rechtsnormen gehandhabt. 6

---

15 „Substantial lessening of competition" ist der Maßstab im Vereinigten Königreich und Irland im Anschluss an sec. 7 Clayton-Act von 1914 in den USA.

16 S. die Erwägungsgründe Nr. 25 und 26 zu der VO und dazu u. § 16 Rn. 49ff.

17 ABl. Nr. L 133/1; geändert durch die VO Nr. 1033/2008, ABl. Nr. L 279/3.

18 Aufzählung vor Rn. 1.

19 ABl. Nr. C 31/5.

20 ABl. Nr. C 256/6.

21 So *EuG* Slg. 2003, II-1288 (1335 Tz. 143) – BaByliss; NZKart 2013, 371 Tz. 58 = WuW/E EU-R 2770 – Billa/Aldeg (Spar/Kommission); NZKart 2014, 229 Tz. 59.

II. Bisherige Erfahrungen

7 Wegen der kurzen Fristen, die nach Art. 10 FKVO für die Beurteilung von Zusammenschlüssen gelten, hat die Kommission innerhalb der zuständigen Generaldirektion IV eine sog. **Merger Task Force,** d. h. eine Arbeitsgruppe gebildet, die sich ausschließlich mit der Fusionskontrolle befasst. Die Zahl der von ihr zu prüfenden Zusammenschlüsse schwankt von Jahr zu Jahr, nimmt aber wohl insgesamt langsam zu.

8 Die überwiegende Zahl der angemeldeten Zusammenschlüsse wird ohne Weiteres nach Art. 6 FKVO freigegeben. Zur **Untersagung** eines Zusammenschlusses ist es bis 2013 lediglich in 22 Fällen gekommen.[22] Eine Reihe der Untersagungen ist zudem später wieder von den Gerichten aufgehoben worden.[23] Auf der anderen Seite wächst aber auch die Zahl der Fälle, in denen die Beteiligten wegen der Bedenken der Kommission schließlich auf den Zusammenschluss verzichten. Hinzu kommt noch eine erhebliche Anzahl von Zusammenschlüssen, die erst nach zum Teil weitreichenden **Auflagen und Entflechtungszusagen** der beteiligten Unternehmen von der Kommission freigegeben wurden (s. Art. 6 Abs. 2 Unterabs. 2, 8 Abs. 2 Unterabs. 2 FKVO). Die Auflagen und Entflechtungszusagen sind häufig so einschneidend, dass sie in der Sache für die beteiligten Unternehmen „Teiluntersagungen" nahekommen. Soweit erkennbar, liegt dabei in der Praxis der Kommission, jedenfalls momentan, das Schwergewicht nach wie vor auf den sozusagen „klassischen" Fällen der Begründung oder Verstärkung einer beherrschenden Stellung durch den Zusammenschluss, insbesondere in den intrikaten Oligopolfällen (s. dazu u. § 16 Rn. 49 ff.). Man spricht in diesem Zusammenhang auch von dem **Marktstrukturtest,** d. h. eben der Prüfung, ob durch den Zusammenschluss die Marktstruktur infolge der Begründung oder Verstärkung einer beherrschenden Stellung der verbundenen Unternehmen verschlechtert wird. In einigen Fällen ist die Kommission indessen in jüngster Zeit auch über diesen herkömmlichen Marktstrukturtest hinausgegangen und hat stattdessen bei der Beurteilung des Zusammenschlusses in erster Linie darauf abgestellt, ob durch ihn der **Wettbewerb** im Sinne des Art. 2 Abs. 3 FKVO **erheblich behindert** würde, und zwar (das ist entscheidend) selbst dann, wenn es nicht zugleich zur Begründung einer beherrschenden Stellung kommen sollte.[24] Es geht dabei durchweg um Zusammenschlüsse enger Wettbewerber, bei denen die Kommission aufgrund des so genannten *UPP-Tests*[25] zu dem Ergebnis gelangte, dass der Zusammenschluss für die verbundenen Unternehmen zusätzliche Preiserhöhungsspielräume auf Märkten mit differenzierten Produkten eröffne. Diese Entscheidungen haben eine lebhafte Diskussion ausgelöst, die mittlerweile nach der 8. GWB-Novelle von 2013 infolge des Übergangs zu dem SIEC-Test durch § 36

[22] S. zuletzt die Fälle Ryan Air/Air Lingus (*EuG* Slg. 2010, II-3470), Olympic Air/Aegean Airlines (*Hirsbrunner,* EuZW 2012, 646 [647 f.]), British Midlands/BA (*Kommission* WuW 2012, 713), Deutsche Börse/NYSE (*Hirsbrunner,* EuZW 2013, 657 [658]) und UPS/TNT (*Kommission* WuW 2013, 741).

[23] Darstellung der jüngsten Praxis bei *Emmerich,* AG 2001, 605 usw. bis AG 2013, 23; AG 2014, 25; *Hirsbrunner,* EuZW 2001, 197 usw. bis EuZW 2013, 657.

[24] S. *Kommission,* WuW 2013, 264 – Hutchinson/Orange Austria; WuW 2013, 741 – UPS/TNT Express.

[25] UPP = Upward Pricing Pressure-Test; s. *Esser/Höft,* NZKart 2013, 447; *Zimmer,* WuW 2013, 928 (934 ff.).

Abs. 1 GWB n. F. auch auf die Auslegung des GWB in Deutschland übergegriffen hat.[26]

III. Verhältnis zur nationalen Fusionskontrolle

1. Ausschließliche Zuständigkeit der Kommission

Zusammenschlüsse von unionsweiter Bedeutung i. S. d. Art. 1 Abs. 2 und Abs. 3 FKVO unterliegen nach Art. 21 Abs. 2 und Abs. 3 FKVO im Grundsatz **ausschließlich der europäischen Fusionskontrolle,** so dass daneben für die Anwendung des nationalen Wettbewerbsrechts kein Raum mehr ist (**sog. one-stop-shop;** ebenso § 35 Abs. 3 GWB).[27] Zusammenschlüsse von unionsweiter Bedeutung, die die Kommission genehmigt hat (Art. 6 Abs. 1 lit. b Unterabs. 1 und Art. 8 Abs. 2 Unterabs. 1 FKVO), dürfen daher von den Mitgliedstaaten grundsätzlich nicht mehr untersagt werden (s. aber u. Rn. 11 ff.). Ebensowenig besitzen die Mitgliedstaaten umgekehrt die Befugnis, von der Kommission untersagte Zusammenschlüsse (Art. 8 Abs. 3 FKVO) nachträglich zu genehmigen. 9

Von dem Grundsatz der ausschließlichen Zuständigkeit der Kommission (o. Rn. 9) gibt es verschiedene **Ausnahmen.** Die (komplizierten) Einzelheiten regeln die Art. 4 Abs. 4 und Abs. 5, 9, 21 und 22 FKVO. Danach bleiben die Mitgliedstaaten in bestimmten Fällen neben der Kommission zur Wahrung spezieller Interessen zuständig (u. Rn. 11 ff.). Außerdem sind unter unterschiedlichen Voraussetzungen Verweisungen von der Kommission an die Mitgliedstaaten und umgekehrt von den Mitgliedstaaten an die Kommission möglich (Rn. 14 ff.). 10

2. Schutz anderer berechtigter Interessen

Nach Art. 21 Abs. 4 Unterabs. 1 FKVO bleiben die Mitgliedstaaten zum Schutze *anderer* berechtigter Interessen als derjenigen befugt, die in der FKVO berücksichtigt wurden, vorausgesetzt, dass diese anderen Interessen mit den allgemeinen Grundsätzen und den übrigen Bestimmungen des Unionsrechts vereinbar sind. Als solche anderen Interessen gelten ohne weiteres die öffentliche Sicherheit, die Medienvielfalt und die Aufsichtsregeln im Banken- und Versicherungswesen sowie in anderen regulierten Bereichen (Art. 21 Abs. 4 Unterabs. 2 FKVO). Sonstige öffentliche Interessen müssen vor ihrer Anwendung von dem betreffenden Mitgliedstaat der Kommission mitgeteilt werden, damit diese sie auf ihre Vereinbarkeit mit dem Unionsinteresse prüfen kann (a. a. O. Unterabs. 3).[28] Verstoßen die Mitgliedstaaten gegen ihre **Mitteilungspflicht,** so ändert dies nichts an der Befugnis der Kommission, nach Art. 21 Abs. 4 Unterabs. 3 S. 1 Halbs. 2 FKVO aufgrund der ihr vorliegenden Informationen über die Vereinbarkeit der fraglichen sonstigen Interessen mit dem Unionsrecht zu entscheiden und die Sache bei Verneinung der Vereinbarkeit an sich zu ziehen.[29] 11

[26] S. dazu z. B. *Bardong,* in: Bien (Hrsg.), Das deutsche Kartellrecht nach der 8. Novelle, 2013, S. 12; *ders.*, NZKart 2013, 303; *Emmerich,* FS Köhler, 2014, S. 97; *Ewald,* WuW 2014, 261; *Esser,* NZKart 2013, 135; *Esser/Höft,* NZKart 2013, 447; *Körber,* WuW 2014, 250; *Lettl,* WRP 2012, 274; *Zimmer,* WuW 2013, 928.

[27] S. die Erwägungsgründe Nr. 6 S. 1 und Nr. 8 zur FKVO: „Prinzip der einzigen Anlaufstelle"; *EuGH* Slg. 2003, I-9903 (9914 Tz. 32) – Moser; Slg. 2004, I-6102 (6120 Tz. 50) – Portugal: alleinige Zuständigkeit der Kommission.

[28] S. hierzu *Kommission,* Entsch. v. 20.7.1999, WuW/E EU-V 3102 – BSCH/Champalimaud (in einem Fall, der den Zusammenschluss zweier portugiesischer Banken betraf).

[29] *EuGH* Slg. 2004, I-6102 (6121 f. Tz. 54, 57 f.) – Portugal.

12 Voraussetzung für die Zuständigkeit der Mitgliedstaaten ist in allen genannten Fällen ferner, dass es für die Wahrung der anderen öffentlichen Interessen (o. Rn. 11) noch keine Unionsregelung gibt.[30] **Beispiele** für den Anwendungsbereich des Art. 21 Abs. 4 FKVO sind insbesondere Zusammenschlüsse von Banken und Versicherungen oder im Rüstungssektor.[31] Auch die von den deutschen Ländern praktizierte **Rundfunkkonzentrationskontrolle** aufgrund des Rundfunkstaatsvertrages von 1997 wird auf Art. 21 Abs. 4 FKVO gestützt (s. u. § 31 Rn. 3).

13 In den genannten Fällen (o. Rn. 11 f.) bleibt es an sich bei der ausschließlichen **Zuständigkeit der Kommission** zur Anwendung der FKVO auf den Zusammenschluss, so dass ein Mitgliedstaat, wenn die Kommission den Zusammenschluss nach der FKVO *untersagt* hat, nicht die Befugnis besitzt, ihn gleichwohl zu genehmigen.[32] Nur wenn die Kommission den Zusammenschluss *freigibt,* kann er immer noch von den Mitgliedstaaten mit Rücksicht auf die genannten *anderen* Interessen (o. Rn. 11), etwa bei Banken oder Versicherungen aus aufsichtsrechtlichen Gründen, *untersagt* werden.[33]

3. Verweisungen[34]

a) An die Mitgliedstaaten

14 Nach Art. 9 FKVO, der sog. **deutschen Klausel,** ist unter engen Voraussetzungen die Rückverweisung eines Zusammenschlusses an die nationalen Behörden möglich, sofern ein Mitgliedstaat der Kommission mitgeteilt hat, dass auf einem nationalen Markt durch den Zusammenschluss eine beherrschende Stellung begründet oder verstärkt würde. Voraussetzung ist, dass es sich um einen **gesonderten** sachlich und räumlich relevanten **Markt** handelt, wobei sich die räumliche Marktabgrenzung nach Art. 9 Abs. 7 FKVO richtet. Liegt danach ein gesonderter Markt vor, so wird weiter danach unterschieden, ob der betreffende Markt einen wesentlichen Teil des Binnenmarktes darstellt oder nicht (s. Art. 9 Abs. 2 lit. a und b FKVO). Denn (nur) im zweiten Fall ist die Rückverweisung des Zusammenschlusses an den antragstellenden Mitgliedstaat im Rahmen des Art. 9 Abs. 3 Unterabs. 3 FKVO verbindlich, während in den übrigen Fällen die Kommission nach ihrem Ermessen entscheidet (Art. 9 Abs. 3 Unterabs. 1 und 2 FKVO). Lehnt sie in den zuletzt genannten Fällen die Rückverweisung ab, so kann der antragstellende Mitgliedstaat Klage beim EuGH erheben (Art. 9 Abs. 4 FKVO). Wenn die Kommission dagegen dem Antrag stattgibt, kann die Verweisung immer noch von anderen, durch den Zusammenschluss betroffenen Unternehmen angefochten werden; die Unionsgerichte prüfen darauf hin, ob die Voraussetzungen für eine Verweisung nach Art. 9 FKVO vorlagen.[35]

15 Neben den Mitgliedstaaten (o. Rn. 14) kann der Verweisungsantrag auch von den an dem Zusammenschluss **beteiligten Unternehmen** bei der Kommission gestellt werden. Die Einzelheiten regelt Art. 4 Abs. 4 FKVO. Gibt die Kommission dem Antrag statt und verweist sie den Zusammenschluss mit Zustimmung des betreffenden Mit-

[30] S. dazu die Protokollerklärung der *Kommission,* WuW 1990, 242 f.

[31] Ein weiteres Beispiel in *Kommission,* WuW 1999, 372 – EdF/London Electricity.

[32] S. den erwähnten portugiesischen Fall (o. Fn. 29).

[33] S. *Mestmäcker/Schweitzer,* § 23 Rn. 69 ff. (S. 545 f.).

[34] S. dazu *Kommission,* Mitteilung über Verweisungen in Fusionssachen, ABl. 2005 Nr. C 56/2; zum Stand der Praxis siehe z. B. *Langeheine/v. Koppenfels,* ZWeR 2013, 299 (304 ff.).

[35] *EuG* Slg. 2003, II-4259 (4280 ff. Tz. 48 ff., 4315 ff. Tz. 174 ff.).

gliedstaats an diesen, so wird der Zusammenschluss nur noch nach dem Wettbewerbsrecht dieses Mitgliedstaates geprüft, obwohl er an sich unter die FKVO fällt (Art. 4 Abs. 4 Unterabs. 5 FKVO).[36]

In Deutschland finden dann allein die §§ 35ff. GWB Anwendung. Die Kommission kann daher jetzt auf das Verfahren nur noch im Rahmen des allgemeinen Vertragsverletzungsverfahrens nach Art. 258 AEUV Einfluss nehmen, auf dessen Einleitung Dritte keinen Anspruch haben.[37] 16

b) An die Kommission

Nach der sog. **niederländischen Klausel** des Art. 22 FKVO besteht ferner eine umgekehrte Verweisungsmöglichkeit von den Mitgliedstaaten an die Kommission bei Zusammenschlüssen, die an sich mangels unionsweiter Bedeutung (Art. 1 FKVO) nicht unter die FKVO fallen. Bedeutung hat diese Regelung vor allem für diejenigen Mitgliedstaaten, die nach ihrem nationalen Wettbewerbsrecht keine Fusionskontrolle kennen. Voraussetzung der Verweisung an die Kommission ist, dass der fragliche Zusammenschluss den Handel zwischen Mitgliedstaaten beeinträchtigt und den Wettbewerb im Hoheitsgebiet des antragstellenden Mitgliedstaats erheblich zu beeinträchtigen droht. Der Begriff der Beeinträchtigung des Handels zwischen Mitgliedstaaten wird hier in demselben Sinne wie in den Art. 101 Abs. 1 und 102 S. 1 AEUV ausgelegt.[38] 17

Auf derartigen Verweisungen seitens der Mitgliedstaaten beruhen insbesondere die Entscheidungen der Kommission zu Zusammenschlüssen auf Einzelhandelsmärkten. Herrin des Verfahrens, das die Kommission in solchen Fällen aufgrund des Antrags eines Mitgliedstaates einleitet, ist allein die Kommission. Der antragstellende Mitgliedstaat besitzt keine Befugnis, den Prüfungsvorgang der Kommission zu überwachen oder ihren Untersuchungsbereich einzuschränken.[39] Die Kommission kann den Verweisungsantrag aber auch ablehnen, z. B. wenn ein anderer Mitgliedstaat auf seiner Zuständigkeit besteht. 18

IV. Ergänzende Fusionskontrolle nach den Wettbewerbsregeln

Literatur: *Blank,* Europäische Fusionskontrolle im Rahmen der Art. 85 und 86 des EWG-Vertrages, 1991; *Deimel,* Rechtsgrundlagen einer europäischen Zusammenschlusskontrolle, 1992; *Emmerich,* FS Steindorff, 1990, S. 951; *Krimphove,* Europäische Fusionskontrolle, 1992; *Kronast,* Die „Philip-Morris-Doktrin" und die europäische Fusionskontrolle, 1996; *Kurz,* Das Verhältnis der EG-Fusionskontrollverordnung zu Art. 85 und 86 des EWG-Vertrages, 1993; *Pohlmann,* Der Unternehmensverbund im europäischen Kartellrecht, 1999; *Riesenkampff,* FS Rittner, 1991, S. 29.

Nach Art. 21 Abs. 1 FKVO findet die Kartellverfahrensverordnung Nr. 1/2003 auf Unternehmenszusammenschlüsse im Sinne des Art. 3 FKVO *keine* Anwendung. Damit wird bezweckt, eine **Doppelkontrolle** von Unternehmenszusammenschlüssen 19

---

[36] S. *EuG* Slg. 2003, II-4259 (4317 Tz. 178ff., 4328 Tz. 217) – Cableuropa; Slg. 2005, II-1805 (11020ff. Tz. 38ff.) – Retecal; *Kommission,* Entsch. v. 23.6.2005, WuW/E EU-V 1119 (1120 Tz. 21) – Strabag/Dywidag.

[37] *EuG* Urteil Retecal (vorige Fn.).

[38] S. deshalb o. § 3 Rn. 18ff.; *EuG* Slg. 1999, II-3775 (3811 Tz. 106) – Kesko; s. dazu z. B. *J. Schmidt/I. Simon,* WuW 2011, 1056.

[39] *EuG* Slg. 1999, II-1299 (1318 Tz. 42) = EuZW 1999, 600 = AG 2000, 558 – Endemol.

nach der FKVO *und* nach den Wettbewerbsregeln der Art. 101 und 102 AEUV nach Möglichkeit auszuschließen.[40] Verständlich wird diese eigenartige Regelung nur vor dem Hintergrund der vorausgegangenen Rechtsprechung des Gerichtshofs, nach der auch die Art. 101 und 102 AEUV unter bestimmten Voraussetzungen eine Fusionskontrolle ermöglichen.[41]

20 Diese Rechtsprechung (o. Rn. 19) hatte bei den Mitgliedstaaten die Befürchtung ausgelöst, die Kommission werde schließlich, sofern es nicht in absehbarer Zeit zur Verabschiedung einer FKVO kommt, dazu übergehen, aufgrund der *Wettbewerbsregeln* eine weitreichende Fusionskontrolle gegenüber allen möglichen Unternehmenszusammenschlüssen zu praktizieren. Nicht zuletzt deshalb ist die Zuständigkeit der Kommission zur Kontrolle von Unternehmenszusammenschlüssen durch die FKVO auf unionsweite Zusammenschlüsse im Sinne des Art. 1 Abs. 1 bis Abs. 3 FKVO beschränkt worden, während im Übrigen die Mitgliedstaaten zuständig bleiben sollen.

21 Dabei wurde jedoch „übersehen", dass die FKVO, eine bloße Ratsverordnung aufgrund der Art. 103 und 352 AEUV, (natürlich) nichts an der Geltung des Vertrags einschließlich der Art. 101 und 102 AEUV zu ändern vermochte.[42] Eine **ergänzende Fusionskontrolle** gegenüber Unternehmenszusammenschlüssen **nach den Wettbewerbsregeln** des Vertrags (Art. 101, 102 und 105) bleibt deshalb neben der FKVO möglich, wobei mit Rücksicht auf Art. 21 Abs. 1 FKVO lediglich die Besonderheit zu beachten ist, dass die Kommission (nur) bei Zusammenschlüssen im Sinne des Art. 3 FKVO wegen der Unanwendbarkeit der Verordnung Nr. 1/2003 auf das besondere Verfahren des Art. 105 AEUV verwiesen ist, gegebenenfalls *neben* der FKVO. Nach den Erfahrungen der letzten Jahre macht die Kommission indessen von der Möglichkeit, gegebenenfalls auf die Wettbewerbsregeln des Vertrages zurückzugreifen, in ihrer Praxis zu Fusionskontrolle (vorerst?) keinen Gebrauch mehr.

22 **Art. 101 AEUV** dürfte nach den bisherigen Erfahrungen vor allem Bedeutung bei den zahlreichen Übergangsformen zwischen Kartellen und Unternehmenszusammenschlüssen haben: Beide unterscheiden sich zwar grundsätzlich dadurch, dass Unternehmenszusammenschlüsse in der Regel zur Aufgabe der wirtschaftlichen Selbständigkeit der verbundenen Unternehmen führen, während im Rahmen von Kartellen die beteiligten Unternehmen unter Wahrung ihrer wirtschaftlichen Selbständigkeit lediglich einzelne Aktionsparameter im Wettbewerb abstimmen.[43] Dies ändert indessen nichts daran, dass es in der wirtschaftlichen Wirklichkeit viele Übergangsformen zwischen wettbewerbsbeschränkenden Vereinbarungen und Unternehmenszusammenschlüssen gibt, in denen dann auch durchaus an eine parallele Anwendung des Art. 101 AEUV und der FKVO zu denken ist.

---

[40] Vgl. den Erwägungsgrund Nr. 7 zu der FKVO.

[41] *EuGH* Slg. 1973, 215 (244 f.) = NJW 1973, 966 = JuS 1973, 508 Nr. 1 – Continental Can; Slg. 1987, 4487 (4584) = NJW 1988, 3083 = JuS 1989, 54 Nr. 1 – BAT u. Reynold's/Philip-Morris (Zigarettenurteil); s. dazu u. Rn. 22 ff.

[42] Vgl. *EuG* Slg. 2005, II-3753 (3772) = WuW/E EU-R 943 (945 Tz. 47) – Energias de Portual (EDP); *Kommission,* Entsch. v. 10.11.1992, ABl. 1993 Nr. L 116/21 (27 f.) – Gillette; Bekanntmachung über Konzentrations- und Kooperationstatbestände v. 14.8.1990, ABl. Nr. C 203/6 (Tz. 1, 38); Protokollerklärung Nr. 11 zu der FKVO WuW 1990, 243.

[43] S. *Mestmäcker/Schweitzer,* § 23 Rn. 21 ff. (S. 534 f.).

Das bekannteste **Beispiel** bilden *Gemeinschaftsunternehmen,* die je nach Blickwinkel als Zusammenschluss der beteiligten Unternehmen untereinander oder mit dem Gemeinschaftsunternehmen oder als wettbewerbsbeschränkende Vereinbarung der Mütter erscheinen (s. dazu u. § 17). Weitere Beispiele für derartige Übergangsformen (o. Rn. 22) sind *Minderheitsbeteiligungen* an Konkurrenten in Verbindung mit zusätzlichen wettbewerbsbeschränkenden Abreden, wechselseitige Beteiligungen zwischen Konkurrenten, der gemeinsame Erwerb eines Konkurrenten durch mehrere andere Unternehmen sowie die Gründung von Gleichordnungskonzernen zwischen Konkurrenten.[44] 23

Daneben gibt es auch Fallgestaltungen, in denen **Art. 102 AEUV** mit der FKVO zusammentrifft, in erster Linie bei der Beteiligung eines bereits beherrschenden Unternehmens an einem anderen Unternehmen, wenn der Zweck oder die Folge ist, dass die beherrschende Stellung des Erwerbers *weiter* verstärkt und der Restwettbewerb auf dem Markt unmittelbar bedroht wird.[45] Dafür kann auch schon eine bloße *Minderheitsbeteiligung* ausreichen, sofern sie einen Einfluss auf die Geschäftspolitik des Beteiligungsunternehmens ermöglicht.[46] Art. 102 AEUV ist außerdem auf die Übernahme eines Konkurrenten durch ein Unternehmen in beherrschender Stellung anwendbar, wenn die Folge ist, dass der Erwerber Zugriff auf die einzige Konkurrenztechnologie erlangt, so dass dritten Unternehmen der Marktzutritt endgültig versperrt wird.[47] Weitere derartige Fallgestaltungen sind vorstellbar.[48] 24

§ 15. Zusammenschluss

Literatur: S. o. bei § 14 sowie insbesondere *Kommission,* Konsolidierte Mitteilung zu Zuständigkeitsfragen gemäß der FKVO vom 21. Februar 2009, ABl. Nr. C 43/10; *M. Karl,* Der Zusammenschlussbegriff in der europäischen Fusionskontrollverordnung, 1996; *Staudenmayer,* Der Zusammenschlussbegriff in Art. 3 der EG-FKVO, 2002; *Stockenhuber,* Die europäische Fusionskontrolle, 1995.

I. Überblick

Die FKVO gilt nur für Unternehmenszusammenschlüsse von gemeinschaftsweiter Bedeutung (Art. 1 Abs. 1 FKVO). Was in diesem Sinne unter einem Zusammenschluss zu verstehen ist, ergibt sich im Einzelnen aus Art. 3 FKVO (u. Rn. 3 ff.), während Art. 1 Abs. 2 und Abs. 3 FKVO festlegt, wann ein Zusammenschluss als gemeinschafts- oder jetzt unionsweit anzusehen ist (u. Rn. 11 ff.). Man spricht insoweit häufig auch von Aufgreifkriterien im Gegensatz zu den Eingreifkriterien des Art. 2 FKVO (s. u. § 16). Aus den genannten Vorschriften folgt im Zusammenhang außerdem noch, dass die an einem Zusammenschluss Beteiligten grundsätzlich 1

[44] *Kommission,* Entsch. v. 19.7.1984, ABl. Nr. L 212/1 (5 ff.) – BPCL/ICI; Bekanntmachung v. 14.8.1990, ABl. Nr. C 203/6 (Tz. 37 ff.); *Pohlmann,* Unternehmensverbund, 1999, S. 242 f.

[45] *EuGH* Slg. 1973, 215 (246 Tz. 26) = NJW 1973, 966 = JuS 1973, 508 Nr. 1 – Continental Can; ebenso *EuG* Slg. 2005, II-3753 (3772) = WuW/E EU-R 943 (945 Tz. 47) – Energias de Portugal (EDP).

[46] *EuGH* Slg. 1987, 4566 (4584 Tz. 65) = NJW 1988, 3083 = JuS 1989, 54 Nr. 1 – BAT u. Reynold's/Philip-Morris (Zigarettenurteil); *Kommission,* Entsch. v. 10.11.1992, ABl. 1993 Nr. L 116/21 (27 ff.) – Gillette.

[47] *EuG* Slg. 1990, II-347 (356 ff.) = EuZW 1990, 447 – Tetra Pak I; *Kommission,* Entsch. v. 26.7.1988, ABl. Nr. L 272/27 (39 f.) – Tetra Pak I.

[48] S. Hdb., H I § 2 Rn. 142 ff. m. N.

Unternehmensqualität besitzen müssen (s. aber auch u. Rn. 4). Der **Unternehmensbegriff** ist hier derselbe wie bei den Wettbewerbsregeln der Art. 101 und 102 AEUV, so dass wegen der Einzelheiten auf die Ausführungen zu den Wettbewerbsregeln verwiesen werden kann (oben § 3 Rn. 24ff.). Hervorzuheben ist, dass infolgedessen unter die FKVO auch Zusammenschlüsse mit öffentlichen Unternehmen fallen (§ 3 Rn. 35ff.). Erfasst wird außerdem der Erwerb von Unternehmen durch die Mitgliedstaaten selbst, wie aus Art. 3 Abs. 1 lit. b FKVO zu folgern ist (Rn. 4). Ein Beispiel ist der Erwerb der Skandalbank HRE durch den Bund über den Sonderfonds Finanzmarktstabilität.[1]

2 Als **Zusammenschluss** gelten nach Art. 3 Abs. 1 Halbs. 1 FKVO grundsätzlich nur solche Vorgänge, die zu einer dauerhaften Veränderung der Kontrolle bei den beteiligten Unternehmen führen.[2] Erscheinungsformen des Zusammenschlusses sind nach Art. 3 Abs. 1 lit. a und b FKVO die Fusion (Rn. 3) und der Kontrollerwerb (Rn. 4f.). Die Regelung der FKVO deckt sich insoweit weitgehend mit der entsprechenden deutschen Regelung in § 37 Abs. 1 Nr. 2 GWB (s. dazu deshalb auch u. § 33 Rn. 8ff.). Soweit die FKVO in Art. 3 Abs. 4 außerdem unter bestimmten Voraussetzungen die Gründung eines Gemeinschaftsunternehmens als Zusammenschluss behandelt, ist auf die Ausführungen zu den Gemeinschaftsunternehmen zu verweisen (u. § 17).

II. Fusion

3 Unter einer Fusion i. S. d. Art. 3 Abs. 1 lit. a FKVO ist der Zusammenschluss zweier oder mehrerer Unternehmen zu einer **neuen** rechtlichen oder wirtschaftlichen **Einheit** zu verstehen. Auf die Ausgestaltung der Fusion im Einzelnen kommt es nicht an; entscheidend ist allein, ob im Ergebnis *ein* neues Unternehmen entsteht, mag dies durch Verschmelzung, durch die Übernahme des Geschäfts und der Vermögenswerte des einen Unternehmens seitens des anderen oder auch durch die Neugründung eines Unternehmens nach Auflösung der beiden ursprünglichen Unternehmen geschehen.[3] In Ausnahmefällen kann sogar die Gründung eines Gleichordnungskonzerns genügen, selbst in Gestalt wechselseitiger Minderheitsbeteiligungen, wenn die Beteiligungen mit Abreden über die gemeinsame Leitung der Unternehmen verbunden sind.[4]

III. Kontrollerwerb

1. Begriff

4 Ein Kontrollerwerb ist nach Art. 3 Abs. 1 lit. b FKVO anzunehmen, wenn ein oder mehrere Unternehmen durch den Erwerb von Anteilsrechten oder Vermögenswerten, durch Vertrag oder in sonstiger Weise die unmittelbare oder mittelbare Kontrolle über die Gesamtheit oder die Teile eines oder mehrerer anderer Unternehmen erwerben (vgl. § 37 Abs. 1 Nr. 2 S. 1 GWB von 2005). Als Kontrollerwerber kommen neben

[1] *Kommission,* Entsch. v. 14.5.2009, WuW/E EU-V 1413 Tz. 4ff.; Mitteilung von 2009, Tz. 12, 53f., 153; *Hirsbrunner,* EuZW 2010, 727f.; kritisch *Immenga,* EuZW 2009, 753.

[2] S. dazu auch den Erwägungsgrund Nr. 20 S. 1 zu der FKVO; *Kommission,* Mitteilung von 2009, Tz. 7.

[3] *Kommission,* Entsch. v. 20.5.1998, ABl. 1999 Nr. L 50/27 (28 Tz. 5) – Price Waterhouse/Coopers & Lybrand; v. 26.6.1997, ABl. 1998 Nr. L 316/1 (3f. Tz. 12ff.) – Blokker/Toys'R US; v. 13.6.2000, ABl. 2001 Nr. L 178/1 = WuW/E EU-V 509 Tz. 7ff. – Veba/Viag.

[4] *Kommission,* Entsch. v. 7.11.1990, WuW/E EU-V 1542 – Renault/Volvo; Mitteilung von 2009, Tz. 10.

Unternehmen auch *sonstige Personen* in Betracht, die bereits mindestens ein Unternehmen kontrollieren, wozu nicht zuletzt die Mitgliedstaaten und ihre Gliederungen gehören (Rn. 1, 8).

Die Einzelheiten ergeben sich aus den Abs. 2 und 3 des Art. 3 FKVO (= § 37 Abs. 1 Nr. 2 GWB). Nach Art. 3 Abs. 2 Halbs. 2 FKVO wird die Kontrolle durch Rechte, Verträge oder andere Mittel begründet (s. u. Rn. 7ff.), die einzeln oder zusammen unter Berücksichtigung aller tatsächlichen oder rechtlichen Umstände die Möglichkeit gewähren, einen **bestimmenden Einfluss** auf die Tätigkeit eines anderen Unternehmens auszuüben, so dass dieses letztlich von dem Kontrollerwerber abhängig wird, etwa im Sinne des § 17 Abs. 1 AktG. Dies beurteilt sich danach, ob der oder die Erwerber einer Beteiligung allein oder gemeinsam die strategischen Entscheidungen des Beteiligungsunternehmens zu bestimmen vermögen.[5] Die Unionsgerichte tendieren neuerdings dazu, den Begriff ganz *eng* auszulegen (Rn. 9). 5

Es spielt keine Rolle, ob dieses Ergebnis durch eine einzige oder durch **mehrere** getrennte (gestaffelte) **Transaktionen** erreicht wird, sofern nur die einzelnen Transaktionen „aus ökonomischer Sicht" eine Einheit bilden, weil sie eng miteinander verknüpft sind (vgl. Art. 5 Abs. 2 Unterabs. 2 FKVO).[6] Erforderlich ist lediglich, dass die einzelnen Transaktionen derart in einem Bedingungszusammenhang stehen, dass keine ohne die anderen vorgenommen worden wäre.[7] 6

2. Mittel

Als Mittel des Kontrollerwerbs kommt nach Art. 3 Abs. 2 FKVO in erster Linie der Erwerb von so vielen **Anteilsrechten** in Betracht, dass sie eine Ausübung von Kontrollrechten (o. Rn. 5) ermöglichen; gleich steht der Abschluss von **Verträgen,** die einen entsprechenden Einfluss gewähren (Art. 3 Abs. 2 Halbs. 2 lit. a und b FKVO). Erfasst wird in Ausnahmefällen sogar eine **wirtschaftliche Abhängigkeit,** etwa aufgrund langfristiger Lieferverträge oder aufgrund von Lieferantenkrediten, jedenfalls in Verbindung mit strukturellen Verflechtungen.[8] 7

Wer als **Kontrollerwerber** zu gelten hat, beurteilt sich nach Art. 3 Abs. 3 FKVO. Hervorzuheben ist, dass nach Art. 3 Abs. 3 lit. b FKVO als Kontrollerwerber auch gilt, wer zwar aus den maßgeblichen Rechten oder Verträgen nicht selbst berechtigt wird, aber die Befugnis hat, die sich daraus ergebenden Rechte selbst auszuüben. Dadurch soll naheliegenden Umgehungsversuchen begegnet werden. 8

Ein Kontrollerwerb ist in erster Linie anzunehmen, wenn ein Unternehmen bei einem anderen die **Mehrheit** der Stimmen erlangt, während eine bloße **Minderheitsbeteiligung** – anders als etwa im deutschen Recht (s. § 37 Abs. 1 Nr. 3 lit. b GWB und dazu u. § 33 Rn. 25) – grundsätzlich für die Annahme des Kontrollerwerbs nicht ausreicht.[9] Eine ab- 9

5 *EuG* Slg. 2006, II-331 = WuW/E EU-R 1005 (1006ff.) – Haniel/Cementbouw; *Kommission,* Entsch. v. 21.2.2002, ABl. 2003 Nr. L 136/66 (44 Tz. 66ff.) – Daniel/Fels; v. 9.4.2002, ABl. 2003 Nr. 111/1 (10ff. Tz. 77ff.) – Haniel/Ytong; *Emmerich,* AG 2003, 649 (653f.).

6 Erwägungsgrund Nr. 20 S. 3 zu der VO; *EuG* Slg. 2006, II-331 = WuW/E EU-R 1005 (1010f.); *Kommission* (vorige Fn.); *Emmerich,* AG 2006, 861 (865 r. Sp.).

7 *EuG* Slg. 2006, II-331 = WuW/E EU-R 1005 (1010f.).

8 *Kommission,* Mitteilung, Tz. 18f. m. N.

9 *EuG* Slg. 2012, II-3695 (3721f. Tz. 63ff.) – Air Lingus; *Kommission,* WuW 2013, 233; s. *Emmerich* AG 2013, 23 (26m. N.).

weichende Beurteilung kommt nur unter engen Voraussetzungen in Betracht, wenn die Minderheitsbeteiligung nach den Umständen des Falles ausnahmsweise bereits die Möglichkeit zur Kontrolle über das Beteiligungsunternehmen eröffnet (Art. 3 Abs. 1 lit. b FKVO). Das ist z. B. anzunehmen, wenn die Minderheitsbeteiligung mit Veto- und Sperrechten verbunden ist, die soweit gehen, dass sie dem Erwerber eine negative Alleinkontrolle über das Beteiligungsunternehmen verschaffen,[10] oder wenn sich die restlichen Anteile in Streubesitz befinden, so dass die Minderheitsbeteiligung eine stabile Hauptversammlungsmehrheit verleiht.[11] Ein **Beispiel** war die Beteiligung von Porsche an VW i. H. v. 35%, da Porsche infolgedessen über eine gesicherte und stabile Hauptversammlungsmehrheit verfügte (– bis VW den Spieß umdrehte, weil sich Porsche übernommen hatte).[12] Ebenso wurde es z. B. beurteilt, wenn zu der Minderheitsbeteiligung noch eine Aktionärsvereinbarung mit einem weiteren großen Aktionär über die Besetzung des Aufsichtsrats oder die Führung der Gesellschaft hinzukommt.[13] Wegen dieser sehr engen Voraussetzungen für die Erfassung von Minderheitsbeteiligungen mit der FKVO prüft die Kommission im Augenblick, ob der Anwendungsbereich der Verordnung auch auf Minderheitsbeteiligungen erstreckt werden soll.[14]

9a Ein Kontrollerwerb ist ferner möglich durch den Erwerb des **wesentlichen Vermögens** eines anderen Unternehmens. Als Kontrollerwerb gilt es schließlich z. B. noch, wenn bei einem **Gemeinschaftsunternehmen** die eine Mutter die Beteiligung der anderen hinzuerwirbt und so die alleinige Kontrolle über das Beteiligungsunternehmen erlangt[15] oder wenn von drei gleichmäßig an einem Unternehmen Beteiligten einer ausscheidet, so dass die beiden verbleibenden Gesellschafter paritätisch beteiligt sind, dies deshalb, weil die Gründung oder der Erwerb eines paritätischen Gemeinschaftsunternehmens im Unionsrecht als Zusammenschluss gilt.[16]

3. Ausnahmen

10 Durch Art. 3 Abs. 5 FKVO werden bestimmte Vorgänge aus unterschiedlichen Gründen wieder aus dem Zusammenschlussbegriff ausgeklammert. Praktische Bedeutung hat von diesen Fällen lediglich der des Art. 3 Abs. 5 lit. a FKVO, der Kreditinstituten, sonstigen Finanzinstituten und Versicherungsunternehmen den zu ihrem normalen Geschäft gehörenden **Handel mit Wertpapieren** ermöglichen soll. Der Ankauf von Wertpapieren, insbesondere also von Aktien (der nach Art. 3 Abs. 1 bis Abs. 3 FKVO durchaus einen Zusammenschluss darstellen kann), wird danach unter engen Voraussetzungen von der Anwendung der FKVO freigestellt, sofern der Erwerb der Anteile *nur vorübergehend* zum Zweck der *Veräußerung* binnen eines Jahres erfolgt und aus den erworbenen Anteilen grundsätzlich nicht das Stimmrecht ausgeübt wird. In allen anderen Fällen stellt dagegen auch der Erwerb von Wertpapieren oder Anteilen durch

[10] *Kommission,* Beschl. v. 16.5.2012, WuW 2012, 1171 – Südzucker.
[11] *Kommission,* Entsch. v. 11.11.1998, ABl. Nr. 1999 Nr. L 183/1 (3 Tz. 14ff.) – Skanska/Scancem; *Kommission,* WuW 2013, 262 – Kinnevik; *Emmerich,* AG 2010, 517 (521); *Hirsbrunner,* EuZW 2010, 727, beide m. N.; weitere Nachweise s. u. § 33 Rn. 16.
[12] *Kommission,* Entsch. v. 23.7.2008, WuW/E EU-V 1321.
[13] *Kommission,* Entsch. v.10.6.2009, ABl. Nr. C 179/9, Tz. 10f. – Electrabel/Comp. Nat. du Rhône.
[14] S. *Langheine/v Koppenfels,* ZWeR 2013, 299 (303f.).
[15] *Kommission,* Entsch. v. 28.11.1990, WuW/E EU-V 1551 = EuZW 1991, 187 – Cookson/ICI.
[16] S. u. § 17 Rn. 9ff.; *EuG* Slg. 2006, II-331 = WuW/E EU-R 1005 (1006ff. Tz. 67ff.) – Haniel/Cementbouw.

die genannten Unternehmen einen anmeldepflichtigen Zusammenschluss unter den Voraussetzungen des Art. 3 Abs. 1 bis Abs. 4 FKVO dar.

IV. Gemeinschaftsweite Bedeutung[17]

1. Schwellenwerte

Ein Zusammenschluss von Unternehmen im Sinne des Art. 3 (o. Rn. 1, 3ff.) fällt nur dann unter die FKVO, wenn er zugleich die Schwellenwerte des Art. 1 FKVO erreicht. Seit 1997 muss man insoweit zwei Fälle unterscheiden. Regelfall ist **Art. 1 Abs. 2 FKVO** mit seinen **hohen Schwellenwerten** (weltweiter Gesamtumsatz aller beteiligten Unternehmen zusammen von mehr als fünf Milliarden Euro und unionsweiter Gesamtumsatz von mindestens zwei beteiligten Unternehmen von jeweils mehr als 250 Mio. Euro); hinzukommen muss noch nach der so genannten **Zweidrittelklausel,** dass die am Zusammenschluss beteiligten Unternehmen jeweils mehr als ein Drittel ihres unionsweiten Gesamtumsatzes in verschiedenen Mitgliedstaaten erzielen. 11

Hinzugetreten ist 1997 nach **Art. 1 Abs. 3 FKVO** der eigenartige Fall der **Mehrfachanmeldung** oder Mehrfachnotifizierung. Es handelt sich dabei um Zusammenschlüsse, die zwar noch nicht die Umsatzschwellen des Art. 1 Abs. 2 VO erreichen (o. Rn. 11), durch die jedoch mindestens *drei* Mitgliedstaaten betroffen werden. Um in solchen Fällen den beteiligten Unternehmen eine Anmeldung in mehreren Mitgliedstaaten nebeneinander zu ersparen, greift hier unter engen Voraussetzungen eine ergänzende Zuständigkeit der Kommission ein. 12

Die wichtigsten **Voraussetzungen** sind ein weltweiter Gesamtumsatz aller beteiligten Unternehmen zusammen von mehr als 2,5 Milliarden Euro, ein Gesamtumsatz der beteiligten Unternehmen in mindestens drei Mitgliedstaaten von jeweils mehr als 100 Mio. Euro sowie noch zwei Untergrenzen von 25 und 100 Mio. Euro (s. im Einzelnen Art. 1 Abs. 3 Halbs. 1 lit. a bis d FKVO). Außerdem findet die Zweidrittelklausel hier ebenfalls Anwendung (Art. 1 Abs. 3 Halbs. 2 FKVO). 13

2. Berechnung

Die Umsatzberechnung richtet sich nach Art. 5 FKVO. Die Einzelheiten finden sich in der Mitteilung der Kommission von 2009.[18] Darauf kann verwiesen werden. Hervorzuheben sind lediglich folgende Punkte: 14

Unter den **Umsätzen** versteht die FKVO, wie sich im Einzelnen aus Art. 5 Abs. 1 ergibt, die Erlöse aus dem Verkauf von Waren oder der Erbringung von Dienstleistungen im normalen geschäftlichen Tätigkeitsbereich des Unternehmens abzüglich von Erlösschmälerungen, der Mehrwertsteuer und anderer auf den Umsatz bezogener Steuern, d. h. die sog. **Nettoerlöse.**[19] 15

Die Nettoerlöse (o. Rn. 15) müssen für jedes „**beteiligte Unternehmen**" berechnet werden. Wer damit gemeint ist, ergibt sich aus Art. 5 Abs. 4 FKVO in Verbindung mit der Mitteilung von 2009 (o. Rn. 14). Beteiligte Unternehmen sind danach die *materiell* an dem Zusammenschlussvorgang teilnehmenden Unternehmen im Gegensatz 16

---

[17] Wegen der Einzelheiten s. *Kommission,* Mitteilung von 2009, Tz. 124ff.

[18] ABl. Nr. C 43/10, Tz. 157ff.

[19] *Kommission,* Mitteilung, Tz. 157ff.

zu den lediglich an dem Verfahren vor der Kommission beteiligten, weiteren Unternehmen, also konkret (nur) diejenigen Unternehmen, zwischen denen sich der jeweilige Zusammenschluss im Sinne des Art. 3 FKVO vollzieht, mit Ausnahme des Veräußerers im Falle der Anteils- oder Vermögensveräußerung.[20]

17 Konzerne gelten in der Fusionskontrolle aufgrund der **Verbundklausel** des Art. 5 IV lit. b bis lit. e FKVO als Einheit, so dass ihre Umsätze zu addieren sind. Ein Konzern ist insbesondere anzunehmen, wenn das eine Unternehmen an dem anderen eine Kapital- oder Stimmenmehrheit besitzt (vgl. die §§ 16 und 18 AktG) *oder* wenn das eine Unternehmen das Recht hat, mehr als die Hälfte der Mitglieder des Vorstands oder des Aufsichtsrats des anderen Unternehmens zu bestellen (Art. 5 Abs. 4 lit. b und c FKVO).

18 Erfolgt der **Erwerb durch mehrere Unternehmen,** so sind *alle* erwerbenden Unternehmen als an dem Zusammenschluss *beteiligt* anzusehen. Probleme ergeben sich daraus bei Einschaltung eines Gemeinschaftsunternehmens. Grundsätzlich ist in diesem Fall nur das erwerbende Gemeinschaftsunternehmen neben dem erworbenen Unternehmen an dem Zusammenschluss beteiligt.[21] Anders wird jedoch entschieden, wenn das Gemeinschaftsunternehmen nur formal in den Zusammenschlussvorgang eingeschaltet wird, so dass dann *auch die Mütter* als an dem Zusammenschluss beteiligt gelten mit der weiteren Folge, dass Zusammenschlüsse von Großunternehmen über Gemeinschaftsunternehmen heute wohl durchweg unter die FKVO fallen.[22]

19 Besonderheiten gelten für die Umsatzberechnung bei **Kreditinstituten,** Finanzinstituten und Versicherungsunternehmen nach Art. 5 Abs. 3 FKVO. Danach treten an die Stelle der Umsätze bei Kredit- und Finanzinstituten die Erträge aus ihren verschiedenen Geschäftssparten (Art. 5 Abs. 3 lit. a FKVO) und bei den Versicherungsunternehmen die Summe der Bruttoprämien (s. im Einzelnen Art. 5 Abs. 3 lit. b FKVO).

§ 16. Eingreifkriterien

Literatur: S. o. bei § 14 sowie *Kommission,* Leitlinien von 2004 zur Bewertung horizontaler Zusammenschlüsse vom 5. Februar 2004, ABl. Nr. C 31/5; dies., Leitlinien von 2008 zur Bewertung nichthorizontaler Zusammenschlüsse v. 18. Oktober 2008, ABl. Nr. C 265/6; *Denzel,* Materielle Fusionskontrolle in Europa und USA, 2004; *Drauz/Schroeder,* Praxis der europäischen Fusionskontrolle, 3. Aufl., 1995; *Hansen,* Fusionskontrollpraxis von BKartA und EG-Kommission, 2009; *Hermann,* Die Neufassung der materiellen Untersagungskriterien in Art. 2 Abs. 2 und 3 FKVO, 2008; *Kaufhold,* Eingriffskriterien in der europäischen Fusionskontrolle, 2007; *U. Klumpp,* Die „Efficiency Defense" in der Fusionskontrolle, 2006; *Linder,* Kollektive Marktbeherrschung in der Fusionskontrolle, 2005; *Wrase,* Europäische Fusionskontrolle und der Oligopoltatbestand unter besonderer Berücksichtigung unilateraler Effekte, 2007.

I. Überblick

1 Unter den Eingreifkriterien versteht man in der Fusionskontrolle die Voraussetzungen, unter denen ein Zusammenschluss von unionsweiter Bedeutung im Sinne der Art. 1 und 3 FKVO (dazu o. § 15) von der dafür allein zuständigen Kommission (dazu o. § 14 Rn. 9ff.) tatsächlich untersagt werden kann. Sie ergeben sich im Einzel-

[20] *Kommission,* Mitteilung, Tz. 129ff.

[21] *Kommission,* Mitteilung, Tz. 145ff.

[22] *Kommission,* Entsch. v. 4.2.1991, WuW/E EU-V 1568 – Dresdner Bank/BNP; v. 21.2.1991, WuW/E EU-V 1582 – Asko/Omni.

nen aus Art. 2 FKVO. Die zentrale Aussage findet sich in Abs. 3 des Art. 2 FKVO. Danach sind Zusammenschlüsse, durch die wirksamer Wettbewerb im Gemeinsamen Markt oder in einem wesentlichen Teil desselben erheblich behindert würde, insbesondere durch Begründung oder Verstärkung einer beherrschenden Stellung, für mit dem Gemeinsamen Markt unvereinbar zu erklären (sog. **SIEC-Test**). Fehlen diese Voraussetzungen bei einem unionsweiten Zusammenschluss, so ist er statt dessen für mit dem Gemeinsamen Markt vereinbar zu erklären (Art. 2 Abs. 2 FKVO).

Die bei der Entscheidung über einen Zusammenschluss zu berücksichtigenden **Kriterien** zählt Abs. 1 der Vorschrift (Art. 2 FKVO) auf. Es sind dies neben den Zielen der FKVO (Art. 2 Abs. 1 Unterabs. 1 FKVO)[1] vor allem die Notwendigkeit, im Gemeinsamen Markt (oder heute: Binnenmarkt) wirksamen Wettbewerb aufrechtzuerhalten und zu entwickeln (Unterabs. 2 lit. a a. a. O.), sowie im Einzelnen noch die Marktstellung, die wirtschaftliche Macht und die Finanzkraft der beteiligten Unternehmen, die Wahlmöglichkeiten der Lieferanten und Abnehmer, ihr Zugang zu den Beschaffungs- und Absatzmärkten, rechtliche oder tatsächliche Marktzutrittsschranken, die Entwicklung des Angebots und der Nachfrage bei den jeweiligen Erzeugnissen und Dienstleistungen, die Interessen der Zwischen- und Endverbraucher sowie die Entwicklung des technischen und wirtschaftlichen Fortschritts, sofern diese dem Verbraucher dient und den Wettbewerb nicht behindert (Art. 2 Abs. 1 Unterabs. 2 lit. b FKVO). 2

Die genannten Kriterien (o. Rn. 2) deuten insgesamt auf die vorwiegend wettbewerbliche Ausrichtung der Fusionskontrolle hin (s. schon o. § 14 Rn. 2). Einen anderen Akzent setzt lediglich das Kriterium der Entwicklung des technischen und wirtschaftlichen Fortschritts,[2] worin ursprünglich vielfach ein Einfallstor für **industriepolitische Erwägungen** gesehen wurde. Jedoch gibt die Praxis der Kommission, bisher jedenfalls, nur wenig Anlass zu solchen Befürchtungen oder – je nach Standpunkt – Hoffnungen.[3] Freilich kommt es wie immer auch hier ganz auf die jeweils gewählte Perspektive an. Das Gesagte ist nur richtig, wenn man allein die Praxis der Kommission zur *Untersagung* von Zusammenschlüssen ins Auge fasst. Ein ganz anderes Bild ergibt sich dagegen, wenn man die Freigabepraxis der Kommission wie geboten in die Betrachtung mit einbezieht, weil dann deutlich wird, dass die Kommission über Auflagen und Bedingungen bei der Freigabe von Zusammenschlüssen sehr wohl **industriepolitische Ziele** auf den unterschiedlichsten Märkten verfolgt – frei nach dem Motto: „Wir gestalten Märkte". 3

In der (wohl zu Unrecht) vielfach angenommenen Zurückhaltung der Kommission bei der Berücksichtigung industriepolitischer Erwägungen hat man auch einen der wichtigsten Gründe für den Übergang zu dem **SIEC-Test** in Art. 2 Abs. 3 FKVO zu sehen, da dieser es der Kommission auch ermöglichen soll, bei ihrer Entscheidung die mit einem Zusammenschluss verbundenen **Effizienzvorteile** zu berücksichtigen.[4] Der zweite mit dem Übergang zu dem SIEC-Test vorrangig verfolgte Zweck besteht darin, der Kommission einen Weg zu eröffnen, in engen **Oligopolen** mit Zusammenschlüs- 4

[1] S. die Erwägungsgründe Nr. 4 und 5 zu der VO.
[2] S. dazu die Protokollerklärung der *Kommission,* WuW 1990, 241.
[3] S. aber *EuG* Slg. 1994, II-1247 (1267 Tz. 39) = EuZW 1995, 667 – CCE Vittel; zustimmend *Bechtold,* EuZW 1996, 389; zur Kritik s. *MK,* 11. HauptGA, Tz. 717; *Möschel,* DB 2001, 131.
[4] So Erwägungsgrund Nr. 29 zu der FKVO; s. u. Rn. 57ff.

sen verbundene, nicht koordinierte Auswirkungen zu erfassen, während es im Übrigen bei der bisherigen Rechtslage verbleiben sollte.[5]

II. Auslandszusammenschlüsse

5 Die FKVO enthält keine Aussagen darüber, unter welchen Voraussetzungen sie auf Unternehmenszusammenschlüsse in **Drittstaaten** anwendbar ist. Die Kommission hat daraus den Schluss gezogen, dass sie für solche Zusammenschlüsse ebenfalls zuständig ist, sofern nur die Voraussetzungen der Art. 1 bis 3 FKVO erfüllt sind, d. h. sofern sich der Zusammenschluss in dem in Art. 2 Abs. 3 FKVO genannten Ausmaß nachteilig auf den Wettbewerb in der Europäischen Union auswirkt. Dafür genügen jedoch aus völkerrechtlichen Gründen nicht bloße mittelbare Rückwirkungen auf die Marktverhältnisse in der Union; erforderlich ist vielmehr, dass der Zusammenschluss einen *unmittelbaren und wesentlichen Einfluss* auf die Union haben wird.[6] **Beispiele** für die Kontrolle von Auslandszusammenschlüssen durch die Kommission sind die Fälle „Gencor/Lonrho"[7] und „Boeing/MDC"[8] sowie der spektakuläre Fall „General Electric/Honeywell".[9]

III. Marktabgrenzung

6 Ob die Untersagungsvoraussetzungen des Art. 2 Abs. 3 FKVO in einem Fall erfüllt sind, kann immer nur in Bezug auf den jeweils betroffenen relevanten Markt beurteilt werden. Ebenso wie bei den Art. 101 und 102 AEUV kommt deshalb auch bei der Fusionskontrolle der Abgrenzung des sachlich und räumlich relevanten Marktes zentrale Bedeutung zu, wobei im Grundsatz von denselben Kriterien wie bei den Art. 101 und 102 AEUV auszugehen ist, so dass wegen der Einzelheiten auf die obigen Ausführungen verwiesen werden kann (§ 4 Rn. 59ff., § 9 Rn. 8ff.). Ergänzend sind folgende Bemerkungen erforderlich:

1. Sachlich relevanter Markt

a) Bedarfsmarktkonzept

7 Wie schon im Einzelnen ausgeführt (§ 4 Rn. 59ff.), geht die Kommission bei der Abgrenzung des sachlich relevanten Marktes von dem Bedarfsmarktkonzept aus,[10] so dass sie in erster Linie darauf abstellt, welche Produkte oder Dienstleistungen aus der Sicht der *Marktgegenseite* ohne weiteres *austauschbar* sind.[11] Die Nachfragesubstituierbarkeit ermittelt die Kommission dabei nach Möglichkeit mittels des **SSNIP-Tests,** indem sie

[5] S. schon o. § 14 Rn. 5, u. Rn. 49ff. sowie die Erwägungsgründe Nr. 25 und 26 zu der FKVO.

[6] Grdl. *EuG* Slg. 1999, II-759 (782ff. Tz. 78, 89ff.) = WuW/E EU-R 213 – Gencor/Lonrho; Slg. 2005, II-5596 = WuW/E EU-R 977 – GE; *Kommission,* 27. WB 1997, S. 72ff. (Tz. 167ff.); Entsch. v. 23.4.1997, ABl. 1998 Nr. L 149/21 – AAC/Lonrho; v. 8.7.1998, ABl. 1999 Nr. L 116/1 (26ff. Tz. 136ff.) – World Com/MCI; anders *G. Wiedemann,* FS Lieberknecht, 1997, S. 625ff. m. N.

[7] *Kommission,* Entsch. v. 24.4.1996, ABl. 1997 Nr. L 11/30.

[8] *Kommission,* Entsch. v. 30.7.1997, ABl. Nr. L 336/16.

[9] *Kommission,* Entsch. v. 3.7.2001, WuW/E EU-V 631; *EuG,* Slg. 2005, II-5596 = WuW/E EU-R 977 – GE; Slg. 2005, II-5537 – Honeywell; s. zu diesem Fall z. B. *v. Maibom/Geiger,* EuZW 2002, 261; *Messen,* WuW 2001, 1027; weitere Beispiele bei *Emmerich,* AG 2002, 641 (647 l. Sp. o.).

[10] *Kommission,* Bekanntmachung von 1997, ABl. Nr. C 372/5 = WuW 1998, 261, Tz. 7, 13ff.

[11] *Kommission,* Bekanntmachung. v. 26.6.1997 (vorige Fn.): „Alle Erzeugnisse und Dienstleistungen, die vom Verbraucher hinsichtlich ihrer Eigenschaften, Preise und ihres vorgesehenen Verwendungszwecks als austauschbar angesehen werden".

prüft, ob bei einer Preiserhöhung um 5 bis 10% so viele Abnehmer auf andere Produkte ausweichen, dass sich die Preiserhöhung für das betreffende Unternehmen nicht mehr lohnt; ergänzend kommen jedoch auch andere Verfahren einschließlich ökonometrischer Partialanalysen zum Einsatz. Zusätzlich berücksichtigt werden ferner (mit wachsendem Gewicht) die Angebotssubstituierbarkeit sowie der potentielle Wettbewerb von Unternehmen am Marktrand.[12]

Wo immer möglich, greift die Kommission in diesem Zusammenhang auf **ökonometrische Verfahren** wie die Messung der Kreuzpreiselastizität mehrerer Güter oder die Korrelationsanalyse zurück.[13] Die Anwendung derartiger Verfahren zur Ermittlung der exakten Marktgrenzen stößt indessen in der Praxis durchweg auf größte Schwierigkeiten, vor allem deshalb, weil die zu ihrer Anwendung erforderlichen Daten meistens fehlen oder doch jedenfalls in den kurzen Fristen, die der Kommission für eine Entscheidung in Fusionskontrollsachen lediglich zur Verfügung stehen, unter keinen Umständen zu ermitteln sind. Von Fall zu Fall verzichtet deshalb die Kommission heute auch wieder ganz auf die Anwendung des SSNIP-Tests, auf die Durchführung empirischer Studien oder auf die Verwendung ökonometrischer Verfahren zur Marktabgrenzung (Rn. 7), und zwar mit der Begründung, dass sie in der Auswahl der Beweismittel frei sei und letztlich immer eine Gesamtschau der relevanten Verhältnisse entscheide.[14] Aus demselben Grund lässt die Kommission in einer wachsenden Zahl von Fällen die Frage der Marktabgrenzung offen, sofern nämlich bereits bei der *engsten* denkbaren Marktabgrenzung die Voraussetzungen für eine Untersagung des Zusammenschlusses nicht erfüllt sind.[15] 8

Bei der Marktabgrenzung verfügt die Kommission im Prinzip über einen weiten **Ermessensspielraum.** der von den Unionsgerichten, in erster Linie also von dem *EuG,* im Prinzip nur auf Verfahrensfehler, Begründungsmängel und Ermessensmissbrauch kontrolliert wird.[16] Die Rechtsprechung ist indessen nicht einheitlich, da die Unionsgerichte häufig auch – im Gegensatz zu dem Gesagten – bei der Überprüfung der Fusionskontrollentscheidungen der Kommission bis in die letzten Details der Begründung eindringen,[17] so dass dann doch im Ergebnis von dem Ermessensspielraum der Kommission nicht mehr viel übrig bleibt. 9

12 So *Kommission,* Entsch. v. 11.6.2003, ABl. 2004 Nr. L 92/91 (95 Tz. 24) – Verbund/EnergieAllianz.

13 *Kommission,* Entsch. v. 2.10.1991, ABl. Nr. L 356/1 = AG 1993, 144 – Nestlé/Perrier; v. 12.11.1992, ABl. 1993 Nr. L 144/34 = AG 1993, 475 – Mannesmann/Hoesch; v. 9.11.1994, ABl. Nr. L 346/1 (8 Tz. 43) – MSG; v. 18.10.1995, ABl. 1997 Nr. L 11/1 (3 Tz. 13) – ABB/Daimler-Benz; v. 19.7.2000, ABl. 2003 Nr. L 70/35 (37 Tz. 17ff.) – Pirelli/BICC; v. 21.11.2001, ABl. 2002 Nr. L 333/38 (40 Tz. 17) – UPM/Heindl/Norske Skog; 24. WB 1994, Tz. 280ff. (S. 160f.); zustimmend *EuG* Slg. 1994, II-323 (352f. Tz. 80ff.) = EuZW 1994, 534 – Air France II.

14 So insbes. *Kommission,* Beschl. v. 1.2.2012, M 6166 – Deutsche Börse/NYSE (s. *Hirsbrunner,* EuZW 2013, 657 [658]); v 30.1.2013, WuW 2013, 741 – UPS/TNT.

15 S. *Emmerich,* AG 2010, 517 (519f.); *Rösler,* NZG 2000, 761 (763).

16 *EuGH* Slg. 2005, I-1047 (1069ff. Tz. 39ff.) = WuW/E EU-R 875 – Tetra Laval; *EuG* Slg. 1999, II-1299 (1336 Tz. 106) – Endemol; WuW/E EU-R 1079 (1084 Tz. 44ff.) – easyJet; NZKart 2013, 371 Tz. 51 = WuW/E EU-R 2770 – Billa/Adeg.

17 *EuGH* Slg. 2005, I-1047 = WuW/E EU-R 875 (876 Tz. 38ff.) – Tetra Laval/Sidel; *EuG* Slg. 2005 II-5596 = WuW/E EU-R 977 – GE; WuW/E EU-R 1091 (1098ff. Tz. 327ff.) – Impala; s. *Emmerich,* AG 2005, 857 (863f.).

b) Beispiele

10 Auf dem **Strommarkt** muss man nach Meinung der Kommission Teilmärkte für den Elektrizitätstransport und die Elektrizitätsverteilung, für die Bereitstellung von Ausgleichsenergie, für Großhandelslieferungen an die verschiedenen Abnehmergruppen sowie für Einzelhandelslieferungen an große und kleine gewerbliche Abnehmer sowie noch an Privatkunden unterscheiden.[18] Entsprechendes gilt für den **Gasmarkt.**[19] Der **Kraftfahrzeugmarkt** wird ebenfalls je nach Größe der Fahrzeuge in unterschiedliche Märkte aufgeteilt. Zu trennen ist weiter zwischen dem Groß- und Einzelhandel mit Kraftfahrzeugen. Bei **Ersatzteilen** wird schließlich nicht nur zwischen Originalersatzteilen und sonstigen Ersatzteilen unterschieden, sondern außerdem noch zwischen den Marktstufen Herstellung und Vertrieb.[20]

11 Im **Luftverkehr** bildet jede Flugverbindung zwischen zwei Punkten, z. B. die Verbindung zwischen Dublin und London, einen eigenen Markt (sog. **O- & D-Ansatz**), freilich auf der einen Seite unter Ausklammerung der Anschlussflüge über London hinaus und auf der anderen Seite unter Einbeziehung der Flüge von und zu denjenigen Flugplätzen, die mit dem Hauptflugplatz austauschbar sind, weil sie in einem Umkreis von 100 km um den Hauptflugplatz liegen.[21] Das gilt gleichermaßen für den Personen- wie für den Frachtverkehr, wobei Direktflüge durch indirekte Flüge substituierbar sind, wenn der damit verbundene Zeitaufwand nicht zu groß wird. Je nach Eigenart der Verbindung ist die Marktabgrenzung entweder eindimensional oder zweidimensional. Handelt es sich um Linienflugverbindungen für Endkunden, so gehören zum Ausgangspunkt auch die im weiteren Umkreis liegenden Flughäfen, die leicht über öffentliche Verkehrsmittel zu erreichen sind.[22]

12 Auf den **Handelsmärkten** werden auf der *Angebotsseite* zu einem Markt sämtliche Güter gerechnet, die Bestandteile eines „Korbes täglicher Verbrauchsgüter" sind, die von den Verbrauchern typischerweise in einem Supermarkt im Gegensatz zu den Spezialgeschäften erwartet werden wie namentlich frische und trockene Lebensmittel sowie vergleichbare Produkte.[23] Anderen Kriterien folgt die Marktabgrenzung dagegen auf den *Beschaffungsmärkten,* da hier zusätzlich die Umstellungsflexibilität der Hersteller sowie ihre Absatzalternativen berücksichtigt werden müssen, so dass sich in den Augen der Kommission letztlich eine Marktaufteilung nach rund zwanzig Produktgruppen und den verschiedenen Absatzkanälen empfiehlt.[24]

---

[18] *Kommission,* Entsch. v. 9.12.2004, ABl. 2005 Nr. L 302/69 (70ff. Tz. 7ff.) – EDP/ENI/GDP; bestätigt durch *EuG* Slg. 2005, II-3753 = WuW/E EU-R 943 – EDP; v. 21.12.2005, ABl. 2006 Nr. L 253/20 (22 Tz. 17f.) – E. ON/MOL; v. 14.3.2006, ABl. 2007 Nr. L 133/24 (28ff. Tz. 38ff.) – DONG/Elsam/Energie E 2; *Emmerich,* AG 2007, 517 (520).

[19] S. *Kommission,* Entsch. v. 21.12.2005, ABl. 2006 Nr. L 253/20, S. 20 Tz. 12ff.; v. 14.3.2006, ABl. 2007 Nr. L 133/24, 25ff. Tz. 12ff.

[20] *Kommission,* Entsch. v. 23.7.2008, WuW/E EU-V 1321 (1324f.) – VW/Porsche.

[21] *Kommission,* Entsch. v. 27.6.2007, WuW/E EU-V 1233 Tz. 33, 54ff. – Ryanair/Air Lingus; v. 30.3.2012, WuW 2012, 713 – IAG/BMI; *Emmerich,* AG 2013, 23 (25).

[22] *Kommission,* Entsch. v. 17.12.2008, ABl. 2009 Nr. C 51/4 (5f. Tz. 15ff.) – KLM/Martinair.

[23] *Kommission,* Entsch. v. 20.11.1996, ABl. 1997 Nr. L 110/53 (55 Tz. 18ff.) – Kesko/TUKO; v. 3.2.1999, ABl. Nr. L 274/1 (2ff.) – Rewe/Meinl; vgl. auch für den Käsemarkt *Kommission,* Beschl. v. 12.4.2013, WuW 2013, 738 – Friesland Campina.

[24] *Kommission,* Entsch. v. 3.2.1999 (vorige Fn.), S. 12f.

2. Räumliche Marktabgrenzung

13 Bei der räumlichen Marktabgrenzung folgen die Unionsorgane durchweg der partiellen Begriffsbestimmung in Art. 9 Abs. 7 FKVO (s. im Einzelnen schon o. § 4 Rn. 65 ff.). Der räumlich relevante Markt umfasst danach ein Gebiet, auf dem die beteiligten Unternehmen als Anbieter oder Nachfrager von Waren oder Dienstleistungen auftreten, in dem die Wettbewerbsbedingungen hinreichend homogen sind und das von den benachbarten Gebieten abgegrenzt werden kann, weil sich die in ihm herrschenden Wettbewerbsbedingungen von denen in den benachbarten Gebieten deutlich unterscheiden.[25] Dabei ist besonders auf die Art und die Eigenschaften der betreffenden Waren und Dienstleistungen abzustellen, ferner auf das Vorhandensein von Marktzutrittsschranken, auf Verbrauchergewohnheiten sowie auf das Bestehen erheblicher Unterschiede bei den Marktanteilen der Unternehmen oder – in der Sprache der Kommission – auf die Kriterien der Nachfrage- und Angebotssubstituierbarkeit sowie des potentiellen Wettbewerbs. Zeigt sich bei Berücksichtigung dieser Kriterien, dass die Wettbewerbsbedingungen auf den betroffenen Märkten in einem Mitgliedstaat deutlich verschieden von denen in anderen Mitgliedstaaten sind, so handelt es sich eben um nach wie vor getrennte Märkte.[26] In dieselbe Richtung kann die **Transportkostenempfindlichkeit** vieler Güter weisen, die zur Folge hat, dass sich der räumlich relevante Markt häufig auf einen bestimmten Radius um den Sitz des Herstellers beschränkt; ein Beispiel sind technische Gase, bei denen dieser Radius für die Lieferung durch Tankwagen (angeblich) 200 km beträgt.[27]

14 Ein entscheidendes Kriterium ist ferner die **Einheitlichkeit des Preises** im Raum. Abnehmer an unterschiedlichen Orten, die zum selben Preis einkaufen können, gehören zum selben Markt. Besteht dagegen die Möglichkeit zu Preisdiskriminierungen zwischen Abnehmergruppen an verschiedenen Plätzen, so deutet dies auf getrennte räumliche Märkte hin, weil dafür unter anderem Voraussetzung ist, dass ein Handel der Abnehmer untereinander nicht möglich ist. Oder anders gewendet: Diskriminieren kann man nur zwischen Abnehmern auf verschiedenen Märkten, weil es sonst zu Arbitragegeschäften käme.[28] Wo immer möglich greift die Kommission auch hier auf **ökonometrische Verfahren** zur Marktabgrenzung zurück. Beispiele sind die Preiskorrelationsanalyse sowie die Analyse der Folge unerwarteter Produktionsausfälle auf die Handelsströme.[29]

15 Die Prüfung vollzieht sich in der Regel in mehreren Schritten,[30] wobei die Untersuchung der Homogenität oder Heterogenität der Wettbewerbsbedingungen auf den Märkten, auf denen die verbundenen Unternehmen tatsächlich tätig werden, im Vordergrund steht. Ausschlaggebende Bedeutung haben letztlich die **Merkmale von Angebot und Nachfrage** auf den verschiedenen Märkten, wobei die Kommission neuer-

[25] *EuGH* Slg. 1998, I-1453 (1495) = EuZW 1998, 299 (308 Tz. 143) – K+S/MdK; *EuG* Slg. 2002, II-4075 (4115 Tz. 153 ff.) – Schneider/Legrand; Slg. 2003, II-4259 (4298 f. Tz. 115 f.) = WuW/E EU-R 795 (797) – Cableuropa; *Kommission,* Entsch. v. 11.6.2003, ABl. 2004 Nr. L 92/91 (99 Tz. 55 f.) – Verbund/EnergieAllianz.

[26] *EuG* Slg. 2002, II-4075 (4115 Tz. 153 ff.) – Schneider/Legrand; Slg. 2003, II-4259 (4298 f. Tz. 115 f.) = WuW/E EU-R 795 (797) – Cableuropa; *Kommission* (vorige Fn.).

[27] *Kommission,* Entsch. v. 9.2.2000, ABl. 2002 Nr. L 120/1 Tz. 25 – Linde/AGA.

[28] *Kommission,* Entsch. v. 31.1.2001, ABl. 2002 Nr. L 57/1 (7 ff. Tz. 47 ff.) – SCA/MT.

[29] *Kommission,* Entsch. v. 13.7.2005, ABl. Nr. L 312/60 (61 Tz. 12 ff.).

[30] S. im Einzelnen *Kommission,* Bekanntmachung, Tz. 28 ff.

dings (wieder) häufig mehr die auf vielen Märkten **fortbestehenden Handelsschranken** zwischen den Mitgliedstaaten betont, auch wenn sie lediglich auf Käuferpräferenzen für heimische Produkte beruhen, so dass in ihrer Praxis nationale und regionale Märkte zunehmendes Gewicht erlangen.[31] Infolgedessen unterscheidet die Kommission im Einzelnen lokale, regionale und nationale, ferner mehrere Mitgliedstaaten umfassende und unionsweite Märkte sowie Weltmärkte.

16 Ein **Weltmarkt** wurde z. B. für große zivile Flugzeuge, für Regionalflugzeuge und für Platin anerkannt,[32] ferner für die Exploration von Öl und Gas[33] sowie für die Geräte der Avionic,[34] während ein **unionsweiter Markt** bei Filmen[35] sowie Zeitungspapier, Zeitschriftenpapier und Verpackungskartons angenommen wurde.[36] **Nationale Märkte** bestehen fort bei Mineralwässern, wobei die unterschiedlichen Verbrauchergewohnheiten sowie hohe Marktzutrittsschranken und Transportkosten eine Rolle spielen,[37] bei Produkten der Telekommunikation,[38] bei Arzneimitteln, hier wegen der Unterschiede in den Sozialversicherungssystemen der Mitgliedstaaten,[39] sowie noch bei Produkten der Bahntechnik (beiläufig bemerkt: mit der Folge von Mehrkosten bis zu 60%).[40]

17 Bei **Gas und Strom** sind ebenfalls trotz aller Liberalisierungsbemühungen der Kommission wegen des hartnäckigen Widerstandes der Mitgliedstaaten und der Versorgungsunternehmen nach wie vor die nationalen Märkte streng gegeneinander abgeschottet.[41] Ein wichtiger Grund dafür ist nicht zuletzt, dass, man mag es kaum glauben, die nationalen Versorgungsunternehmen sich nach wie vor strikt weigern, die nationalen Netze über die Grenzen hinweg durch leistungsfähige Kuppelungen zu verbinden.[42] Erschwerend hinzugekommen, weil die Unterschiede zwischen den Mitgliedstaaten vergrößernd, ist noch in jüngster Zeit in Deutschland die überstürzte „Energiewende" mit der Folge exorbitanter Preissteigerungen für Energie nur in Deutschland. Merke: Deutschland hat mittlerweile die *höchsten* Energiepreise der Welt: welch ein Erfolg!

18 **Lokale Märkte** sind schließlich etwa bei dem Druck von Zeitschriften[43] sowie bei Lebensmitteln anzutreffen, da sich der Lebensmitteleinzelhandel in der Regel auf Märk-

---

31 S. *Emmerich,* AG 2001, 605 (608); AG 2004, 629 (634); kritisch *BKartA* TB 1999/2000, S. 69.

32 *Kommission,* Entsch. v. 2.10.1991, ABl. Nr. L 334/42 = AG 1992, 98 – Aerospatiale/de Havilland; v. 30.7.1997, ABl. Nr. L 336/16 – Boeing/MDC; v. 24.4.1996, ABl. 1997 Nr. L 11/30 (39 Tz. 68ff.) – Gencor/Lonrho.

33 *Kommission,* Entsch. v. 29.9.1999, ABl. 2001 Nr. L 18/1 (3 Tz. 16f.) – BP Amoco/Arco.

34 *Kommission,* Entsch. v. 1.12.1999, ABl. 2001 Nr. L 152/1 (8 Tz. 59) – AlliedSignal/Honeywell.

35 *Kommission,* Entsch. v. 11.2.1998, ABl. Nr. L 211/22 (27 Tz. 37ff.) – Agfa/DuPont.

36 *Kommission,* Entsch. v. 25.11.1998, ABl. 1999 Nr. L 245/9 (14ff.) – ENSO/STORA.

37 *Kommission,* Entsch. v. 22.7.1992, ABl. Nr. L 356/1 = AG 1993, 144 (145f.) – Nestlé/Perrier.

38 *Kommission,* Entsch. v. 9.11.1994, ABl. Nr. 364/1 (8ff. Tz. 45ff.) – MSG; v. 17.2.1995, ABl. Nr. L 161/27 (32ff. Tz. 19ff.) – Siemens/Italtel.

39 *Kommission,* Entsch. v. 4.2.1998, ABl. Nr. L 234/14 (16 Tz. 16) – Hoffmann-La Roche/BM.

40 *Kommission,* Entsch. v. 18.12.1995, ABl. 1997 Nr. L 11/1 (5 Tz. 23) – ABB/Daimler-Benz; v. 3.4.2001, ABl. 2002 Nr. L 69/50 (Tz. 17ff., 24) – Bombardier/ADtranz.

41 Wegen der Einzelheiten s. u. § 39 sowie *Emmerich,* AG 2001, 605 (608); AG 2002, 641 (644f.); AG 2003, 649 (653); AG 2004, 629 (634); AG 2006, 861 (864); zuletzt *Kommission,* Entsch. v. 9.12.2004, ABl. 2005 Nr. L 302/69 (71f. Tz. 23ff.) – EDP/ENI/GDP; v. 14.3.2006, ABl. 2007 Nr. L 133/24 (27f. Tz. 28ff., 29 Tz. 43ff.) – DONG/Elsam/Energie E 2.

42 *Kommission* (vorige Fn.).

43 *Kommission,* Entsch. v. 3.5.2005, ABl. 2006 Nr. L 61/17 (18f. Tz. 12ff.) – Bertelsmann/Springer.

ten in einem Umkreis von rund zwanzig Autominuten um die einzelnen Standorte abspielt.[44] Aber auch hier gilt, dass die Unternehmen ihre Märkte letztlich selbst definieren. Eine abweichende Beurteilung kommt daher z. B. in Betracht, wenn ein „nationaler" Zusammenschluss eine Vielzahl zusammenhängender lokaler Märkte betrifft, die insgesamt eine größere Region oder sogar das gesamte Gebiet eines Mitgliedstaats abdecken, so dass dann – entsprechend der Strategie der beteiligten Unternehmen – von einem nationalen Markt auszugehen ist.[45]

IV. Untersagungsvoraussetzungen

1. Überblick

Die Eingreiftkriterien, d. h. die Voraussetzungen, unter denen ein unionsweiter Zusammenschluss im Sinne der Art. 1 und 3 FKVO untersagt werden kann, ergeben sich aus Art. 2 Abs. 3 FKVO, nach dem Zusammenschlüsse, durch die wirksamer Wettbewerb im Gemeinsamen Markt oder in einem wesentlichen Teil desselben erheblich behindert würde, *insbesondere* durch Begründung oder Verstärkung einer beherrschenden Stellung, für mit dem Gemeinsamen Markt unvereinbar zu erklären sind. Eine entsprechende Regelung findet sich seit der 8. GWB-Novelle von 2013 für das deutsche Recht in § 36 Abs. 1 S. 1 GWB. In beiden Rechtsordnungen ist damit jetzt an die Stelle der früheren Regelungen, die als Eingreifkriterien *allein* die Begründung oder Verstärkung einer beherrschenden Stellung durch einen Zusammenschluss kannten, der sog **SIEC-Test** getreten.[46] 19

Mit dem Übergang zu dem SIEC-Test wurden mehrere **Ziele** verfolgt (o. Rn. 3f.). Im Vordergrund standen die erstmalige Erfassung bestimmter Effekte von Zusammenschlüssen in Oligpolen (u. Rn. 49ff.) sowie die Ermöglichung der Berücksichtigung von Effizienzvorteilen (u. Rn. 57ff.). Im Übrigen sollte es dagegen nach den **Erwägungsgründen** zu der FKVO dabei bleiben, dass ebenso wie nach der früheren Fassung des Art. 2 Abs. 3 FKVO von 1989 die Behinderung wirksamen Wettbewerbs „im Allgemeinen aus der Begründung oder Stärkung einer beherrschenden Stellung" durch den Zusammenschluss resultiere, wobei die bisherige Praxis der Gerichte und der Kommission „weiterhin als Orientierung dienen" sollte.[47] Da dies indessen in dem Text der FKVO nicht zum Ausdruck gelangt ist, ist der Fragenkreis umstritten geblieben, wobei es in erster Linie um die Erfassung von Zusammenschlüssen auf engen oligopolistischen Märkten mit differenzierten Produkten geht (s. schon o. § 14 Rn. 8 sowie im Einzelnen u. Rn. 49ff., 56 und § 36 Rn. 11ff.). 20

Im Interesse der Rechtssicherheit hat mittlerweile die Kommission ihre Vorstellungen über die Interpretation des Art. 2 Abs. 2 und 3 FKVO in zwei umfangreichen, wie Lehrbücher anmutenden **Leitlinien,** den so genannten Horizontalleitlinien von 2004[48] und den Vertikalleitlinien von 2008 präzisiert.[49] In den Horizontalleitlinien von 2004 betont die Kommission, es sei zu erwarten, dass weiterhin in den meisten 21

[44] *Kommission,* Entsch. v. 20.11.1996, ABl. 1997 Nr. L 110/53 (56 Tz. 21, 57 Tz. 32) – Kesko/Tuko (für Finnland); Entsch. v. 3.2.1999, ABl. 1999 Nr. L 274/1 (4) – Rewe/Meinl.

[45] *Kommission,* Entsch. v. 3.2.1999 (vorige Fn.); s. auch *MK,* 13. HauptGA 1998/99, Tz. 112a ff.

[46] Entsprechend der englischen Formulierung des Art. 2 Abs. 3 FKVO: „... significant impediment to effective competition"; s. im Einzelnen schon o. § 14 Rn. 1f.

[47] So wörtlich der Erwägungsgrund Nr. 26 S. 1 und 2 Halbs. 1 zu der FKVO.

[48] ABl. Nr. C 31/5.

[49] ABl. Nr. C 265/6.

Fällen der Untersagung eines Zusammenschlusses die Feststellung von Marktbeherrschung zugrunde liegen werde, wobei von der bisherigen Entscheidungspraxis auszugehen sei.[50] Für die Mehrzahl der Fälle trifft dies in der Tat auch heute noch zu, aber eben nicht mehr generell.

22 Die Leitlinien sind keine Gesetze und binden nur die Kommission, werden aber in der Praxis, insbesondere des Gerichts, tatsächlich vielfach wie Gesetze gehandhabt, worauf unmittelbar ihre große praktische Bedeutung beruht – trotz der Problematik dieser Entwicklung. Deshalb soll im Folgenden zunächst auf die Kriterien eingegangen werden, anhand derer die Kommission vorrangig die Begründung oder Verstärkung einer beherrschenden Stellung durch einen Zusammenschluss prüft (Rn. 23ff.). Diese Ausführungen haben naturgemäß Bedeutung vornehmlich für horizontale Zusammenschlüsse, bei denen ohnehin eindeutig das Schwergewicht der Fusionskontrolle liegt. Erst im Anschluss daran soll auf die Besonderheiten vertikaler und konglomerater Zusammenschlüsse eingegangen werden (Rn. 41, 44ff.).

2. Begründung oder Verstärkung einer beherrschenden Stellung

a) Begriff

23 Die FKVO wendet sich in Art. 2 Abs. 3 in erster Linie gegen die Begründung oder Verstärkung einer beherrschenden Stellung durch einen Zusammenschluss. Der Begriff der **beherrschenden Stellung** stammt aus Art. 102 S. 1 AEUV und bezeichnet deshalb in der Fusionskontrolle (ebenso wie bei Art. 102 S. 1 AEUV) eine „wirtschaftliche Machtstellung eines oder mehrerer Unternehmen, die diese in die Lage versetzt, die Aufrechterhaltung eines wirksamen Wettbewerbs auf dem relevanten Markt zu verhindern, indem sie ihnen die Möglichkeit verschafft, sich ihren Konkurrenten, ihren Kunden und letztlich den Verbrauchern gegenüber in nennenswertem Umfang unabhängig zu verhalten".[51] Das wichtigste Kriterium ist der **Marktanteil** der verbundenen Unternehmen, wobei gleichermaßen der absolute wie der relative Marktanteil zu beachten sind. Ein sehr hoher Marktanteil (jenseits der 50%) weist nahezu unwiderleglich auf das Vorliegen einer beherrschenden Stellung hin.[52] Jedoch besteht **kein zwingender Zusammenhang** zwischen der Höhe des Marktanteils und der beherrschenden Stellung. Auch Unternehmen mit einem relativ niedrigen Marktanteil können eine große Bedeutung für den Wettbewerb haben, so dass ein Zusammenschluss mit einem derartigen Unternehmen die Dynamik des Wettbewerbs signifikant beeinträchtigen kann, vor allem, wenn der Markt bereits hochkonzentriert ist.[53] Auf der Basis des SIEC-Tests versteht sich das ohnehin von selbst.

24 Entscheidend ist letztlich die Fähigkeit eines Unternehmens, dauerhaft **unabhängig** von seinen Wettbewerbern und Abnehmern **zu agieren.**[54] Eine solche Stellung

[50] *Kommission,* Horizontalleitlinien von 2004, Tz. 4 S. 2–4.

[51] *EuG* Slg. 2005, II-3753 = WuW/E EU-R 943 (946 Tz. 48f.) – EDP; Slg. 2006, II-331 (399ff.) = WuW/E EU-R 1005 (1015f. Tz. 201ff.) – Haniel/Cementbouw; NZKart 2013, 371 Tz. 50 = WuW/E EU-R 2270 – Billa/Adeg; *Kommission,* Horizontalleitlinien, Tz. 9.

[52] S. Rn. 26; z. B. *EuG* Urteil Haniel/Cementbouw (vorige Fn.), Tz. 201ff.; Urteil Billa/Adeg (vorige Fn.), Tz. 107; *Kommission,* Horizontalleitlinien, Tz. 17.

[53] *Kommission,* Entsch. v. 21.1.2010. ABl. Nr. C 91/7 – Sun Microsystems/Oracle; s. dazu *Hirsbrunner,* EuZW 2010, 727 (728).

[54] *Kommission,* Entsch. v. 2.10.1991, ABl. Nr. L 334/32 = AG 1992, 98 – Aerospatiale/de Havilland; v. 22.7.1992, ABl. Nr. L 356/1 = AG 1993, 144 (147ff.) – Nestlé/Perrier; v. 12.11.1992, ABl. 1993 Nr.

schließt einen gewissen Restwettbewerb nicht aus, versetzt aber das begünstigte Unternehmen in die Lage, die Bedingungen unter denen sich dieser Wettbewerb entwickeln kann, zu bestimmen oder doch merklich zu beeinflussen, jedenfalls aber in seinem Verhalten auf Konkurrenten und Abnehmer weitgehend keine Rücksicht mehr zu nehmen, ohne dass ihm dies zum Schaden gereichte.[55] Ihr Augenmerk richtet die Kommission in diesem Zusammenhang in erster Linie auf die Frage, ob die aktuellen und potentiellen Konkurrenten den **Preiserhöhungsspielraum** der verbundenen Unternehmen hinreichend begrenzen oder nicht. Ist dies der Fall, so lässt sie auch Zusammenschlüsse, die zu hohen Marktanteilen führen, passieren, während sie umgekehrt interveniert, wenn sie den Eindruck hat, dass der Zusammenschluss dazu führen wird, dass die verbundenen Unternehmen vom Wettbewerb nicht mehr begrenzte Preiserhöhungsspielräume gewinnen.[56] Um dies feststellen zu können, bedient sich die Kommission neuerdings gelegentlich, nicht generell ökonometrischer Modelle, für die sich die Bezeichnungen **UPP-Test**[57] und (als vereinfachtes Modell) **GUPPI**[58] eingebürgert haben.[59] Diese Modelle sollen es ermöglichen, auf engen oligopolistischen Märkten mit differenzierten Produkten zu berechnen, welche Preiserhöhungsspielräume die verbundenen Unternehmen nach dem Zusammenschluss haben werden, indem geprüft wird, welcher Teil der Abnehmer, die das eine Unternehmen infolge einer Preiserhöhung vermutlich verliert, zu dem anderen verbundenen Unternehmen abwandern wird (sog. diversion rate).[60]

Die Faktoren, die bei dieser Prüfung im Rahmen von Fusionskontrollverfahren zu berücksichtigen sind, ergeben sich im Einzelnen aus Art. 2 Abs. 1 Unterabs. 2 lit. b FKVO, wobei es auch erst das Zusammentreffen mehrerer derartiger Faktoren sein kann, das die Annahme einer beherrschenden Stellung rechtfertigt.[61] Besonderes Gewicht legt die Kommission dabei auf die folgenden **vier Faktoren,** (1.) auf die Marktstruktur im Allgemeinen und die Marktstellung der beteiligten Unternehmen im Besonderen (Rn. 26f.), (2.) auf den Abstand zu den Konkurrenten und deren Ressourcen (Rn. 29), (3.) auf die Stärke der Abnehmer (Rn. 31) sowie (4.) auf den potentiellen Wettbewerb (Rn. 30).[62] 25

L 144/34 = AG 1993, 475 (477ff.) – Mannesmann/Hoesch; v. 21.6.1994, ABl. Nr. L 354/32 (57 Tz. 154) – Procter & Gamble/VP Schickedanz II; v. 9.6.1994, ABl. Nr. L 332/48 (61 Tz. 72) – Shell/Montecatini; 24. WB 1994, Tz. 298ff. (S. 166f.).

55 *Kommission,* Entsch. v. 11.6.2003, ABl. 2004 Nr. L 92/91 (106f. Tz. 105f.) – Verbund/EnergieAllianz; *Emmerich,* AG 2003, 639 (658m. N.).

56 *Kommission,* Entsch. v. 1.12.1999, ABl. 2000 Nr. L 294/1 (21 Tz. 158) – Sanitec/Sphinx; v. 6.10.2004, ABl. 2006 Nr. 61/11 (13f. Tz. 14ff.) – Areva/Urenco; v. 26.10.2004, ABl. 2005, Nr. L 218/6 (10ff. Tz. 33ff.) – Oracle/People Soft; v. 13.7.2005, ABl. Nr. L 312/60 (61f. Tz. 17ff.) – Blackstone/Acetex; v. 26.4.2006, ABl. 2007 Nr. L 88/44 = WuW/E EU-V 1153 (1155ff. Tz. 41, 72ff.) – T-Mobile Austria/tele.ring; v. 14.3.2006, ABl. 2007 Nr. L 133/24 (29ff. Tz. 51ff.) – DONG/Elsam/E2.

57 UPP = Upward Pressure Pricing-Test.

58 GUPPI = Gross Upward Pressure Pricing Index.

59 *Kommission,* Beschl. v. 12.12.2012, WuW 2013, 264 – Hutchinson/Orange Austria; v. 30.1.2013, WuW 2013, 741 – UPS/TNT Express.

60 S. dazu insbes. *Esser/Höft,* NZKart 2013, 448; *Zimmer,* WuW 2013, 928 (934ff.).

61 S. *Kommission,* Entsch. v. 11.6.2003, ABl. 2004 Nr. L 92/91 (106f. Tz. 105f.) – Verbund/EnergieAllianz.

62 *Kommission,* Horizontalleitlinien von 2004, Tz. 14, 24ff.; z. B. Entsch. v. 14.3.2000, ABl. 2001 Nr. L 143/74 (87 Tz. 71ff.) – Volvo/Scania.

26 Bei dem ersten Faktor, der Marktstellung der beteiligten Unternehmen, kommt dem absoluten wie dem relativen **Marktanteil** der beteiligten Unternehmen zentrale Bedeutung zu (Rn. 23). Die Kommission rechtfertigt dies damit, dass Markanteile einen ersten Hinweis für die Bestimmung der relativen Marktstellung der verschiedenen Wettbewerber aus Kundensicht liefern, da sie echte Kaufentscheidungen der Kunden in einem bestimmten Jahr widerspiegeln und deshalb wichtige Informationen enthalten.[63] Gemessen wird der Marktanteil in erster Linie auf wertmäßiger Basis.[64]

27 Bei der Gewichtung der Marktanteile bedient sich die Kommission häufig ökonometrischer Methoden, wobei sie den sog. **Herfindahl-Hirschmann-Index (HHI)** bevorzugt,[65] ohne dass freilich für die Kommission eine Verpflichtung bestände, dieses oder ein anderes ökonometrisches Verfahren zur Messung des Monopolgrades vor und nach dem Zusammenschluss (so genannter Deltawert) heranzuziehen.[66] Dieser Index beruht auf der Summe der Quadrate der Marktanteile der Unternehmen und führt deshalb zu einer (durchaus gewollten) Übergewichtung der Marktanteile der führenden Unternehmen, wobei offenbar die kritische Grenze deutlich oberhalb eines **HHI von 2000** gesehen wird. Konkret gesprochen bedeutet das, dass **Marktanteile jenseits 50%** (HHI 2500) grundsätzlich zur Anwendung der FKVO führen, während Marktanteile der beteiligten Unternehmen **unterhalb 30 bis 35%** (HHI 1000) in der Regel als unbedenklich gelten. In der Zwischenzone (**35 bis 50%;** HHI 1000–2500) müssen zu den hohen Marktanteilen noch weitere Faktoren hinzukommen, um – je nach den Umständen des Falles – eine beherrschende Stellung bejahen oder verneinen zu können.[67] Ergänzende Berücksichtigung findet jeweils der bereits erwähnte *Deltawert,* d. h. die Erhöhung des Indexes durch den Zusammenschluss. Wie schon ausgeführt, ist dabei letztlich entscheidend, ob nach der Marktstruktur noch damit zu rechnen ist, dass die aktuellen und potentiellen Konkurrenten den Preiserhöhungsspielraum der verbundenen Unternehmen hinreichend begrenzen oder nicht (Rn. 24).

28 **Beispiele** für die Untersagung von Zusammenschlüssen unter besonderer Betonung der Höhe des Marktanteils der verbundenen Unternehmen finden sich in jüngster Zeit in erster Linie, aber nicht nur auf den **Verkehrsmärkten.** Wie bereits ausgeführt (Rn. 11), bildet im Luftverkehr grundsätzlich jede Verbindung zwischen zwei Flughäfen einen eigenen Markt, so dass Zusammenschlüsse von Fluggesellschaften kritisch sind, wenn sie auf einzelnen wichtigen Strecken zu Marktanteilen jenseits 50% führen.[68] Beispiele sind die Zusammenschlüsse von Ryan Air und Air Lingus,[69] von Olympic Air und Aegean Airlines[70] sowie von British Midlands und

63 *Kommission,* Horizontalleitlinien von 2004, Tz. 17f.; Entsch. v. 2.9.2003, ABl. 2004 Nr. L 109/1 (42 Tz. 262) – GE/Instrumentarium.

64 *Kommission,* Entsch. v. 21.6.1994, ABl. Nr. L 354/32 (57 Tz. 154) – Procter & Gamble/VP Schickedanz; *Mestmäcker/Schweitzer,* § 25 Rn. 38 (S. 608).

65 *Kommission,* Horizontalleitlinien von 2004, Tz. 19–21; *Ulshöver,* ZWeR 2004, 50.

66 *EuG* NZKart 2013, 371 Tz. 65f. = WuW/E EU-R 2270 – Billa/Adeg.

67 Erwägungsgrund Nr. 32 S. 2 zu der FKVO: Grenze bei 25%; *Kommission,* Horizontalleitlinien von 2004, S. 7 Tz. 17–21; Leitlinien von 2008, Tz. 20f.; zustimmend *EuG* NZKart 2013, 371 Tz. 67ff. = WuW/E EU-R 2270 – Billa/Adeg; z. B. *Kommission,* Entsch. v. 11.11.2003, ABl. 2005 Nr. L 138/18 (21f. Tz. 17, 22, 24 Tz. 39) – SEB/Moulinex; v. 26.4.2006, ABl. 2007 Nr. L 88/44 = (vollständiger) WuW/E EU-V 1153 (1155ff. Tz. 41ff.) – T-Mobile Austria/tele.ring.

68 S. *Emmerich,* AG 2013, 25 (28m. N.).

69 *EuG* Slg. 2010, II-3470.

70 *Kommission,* Entsch. v. 26.11.2011 (s. *Hirsbrunner,* EuZW 2012, 646 [647f.]).

BA.[71] In denselben Zusammenhang gehört die Untersagung des Zusammenschlusses der Transportunternehmen UPS und TNT Express, weil er in mehreren Ländern zu einer starken Verengung des Marktes für die Zustellung von Express-Paketen mit hohen Marktanteilen der verbundenen Unternehmen geführt hätte. Als letztes Beispiel mag hier noch die Untersagung der Fusion zwischen der Deutschen Börse und der NYSE Euronext genannt werden, in diesem Fall, weil die Fusion eine Monopol der beiden Unternehmen für an Börsen gehandelte Finanzderivate begründet hätte.[72]

Neben dem Marktanteil werden ergänzend (mit von Fall zu Fall unterschiedlichem Gewicht) die **anderen** in Art. 2 Abs. 1 Unterabs. 2 lit. b FKVO genannten **Faktoren** berücksichtigt, soweit sie der jeweiligen Marktstruktur ihr Gepräge verleihen, d. h. – in den Augen der Kommission – den Preiserhöhungsspielraum der verbundenen Unternehmen wirksam begrenzen oder nicht. Als besonders wichtig hat sich dabei in der jüngsten Praxis der **Abstand zu den Konkurrenten** erwiesen. Seitdem gelten zumal Zusammenschlüsse zwischen den engsten Wettbewerbern auf Märkten mit differenzierten Produkten als besonders gefährlich, sofern der UPP-Test ergibt, dass sich dadurch der Preiserhöhungsspielraum der verbundenen Unternehmen deutlich erweitert (Rn. 24). Je nach den Umständen des Falles sind ferner z. B. wichtig die Größe der Konkurrenten sowie die Marktzutrittsschranken, wobei die Bedeutung von Innovationen und Werbeaktivitäten, die Markentreue der Verbraucher, ihre Preisempfindlichkeit sowie die Existenz von Alleinvertriebsverträgen hervorzuheben sind. 29

Großes Gewicht wird außerdem durchweg auf den **potentiellen Wettbewerb** von Unternehmen am Marktrand gelegt. Ist ein alsbaldiger Markteintritt von Unternehmen am Marktrand hinreichend wahrscheinlich, so kann dadurch die Bedeutung eines Zusammenschlusses selbst bei hohen Marktanteilen wieder relativiert werden, einfach deshalb, weil der Zusammenschluss dann den verbundenen Unternehmen keine neuen Spielräume für Preiserhöhungen eröffnet.[73] 30

Ebenso wie der potentielle Wettbewerb von Unternehmen am Marktrand (o. Rn. 30) kann ferner von Fall zu Fall die **Nachfragemacht** großer Abnehmer die Entstehung oder Verstärkung der beherrschenden Stellung mehrerer Anbieter infolge eines Zusammenschlusses verhindern. Voraussetzung ist jedoch, dass die Abnehmer, die einen erheblichen Teil des Absatzes der (sich zusammenschließenden) Anbieter auf sich vereinen, ohne Weiteres auf andere Anbieter ausweichen können, und dass sie außerdem die erforderliche technische Ausstattung sowie das nötige Verhandlungsgeschick besitzen, um diese Vorteile nutzen zu können; die konkurrierenden Anbieter müssen mit anderen Worten als *glaubwürdige Alternative* für die von dem Zusammenschluss betroffenen Nachfrager jederzeit zur Verfügung stehen.[74] 31

Bei komplexen, d. h. zahlreiche Märkte gleichzeitig betreffenden, großen Zusammenschlüssen ist es außerdem geboten, die sog. **marktübergreifenden Effekte** in die Be- 32

[71] *Kommission,* Beschl. v. 30.1.2013, WuW 2013, 741.

[72] *Kommission,* Beschl. v. 1.2.2012 (s. *Hirsbrunner,* EuZW 2013, 657 f.).

[73] Ausführlich *Kommission,* Horizontalleitlinien von 2004, S. 12 f. Tz. 68–75.

[74] *Kommission,* Horizontalleitlinien von 2004, S. 12 Tz. 64–67; Entsch. v. 15.10.1997, ABl. 1998 Nr. L 288/24 (33 Tz. 68) – Guiness/Gran Metropolitan; v. 21.11.2001, ABl. 2003 Nr. L 88/1 (26 Tz. 168) – Newco; v. 3.5.2005, ABl. 2006 Nr. L 61/17 (19 f. Tz. 18 ff.) – Bertelsmann/Springer (NewCo).

trachtung mit einzubeziehen.[75] Ein Anwendungsfall ist die sog. **Portfolio-Theorie.**[76] Man versteht darunter den Umstand, dass der Besitz führender Marken einem Unternehmen eine *zusätzliche Marktmacht* verleiht, die sich vor allem in einer größeren Preisflexibilität und in einer Vielzahl handelsstrategischer Möglichkeiten niederschlägt, durch die der Zugang zu den Absatzmärkten verbessert und die Gefahr einer Abhängigkeit der Abnehmer vergrößert werden. Die Kommission schließt daraus z. B., dass die Aufnahme starker Marken in ein Getränkesortiment potentiell die Marktmacht *jeder einzelnen Marke* wachsen lässt, selbst wenn die Marken getrennten Märkten zuzuordnen sind.[77]

33 In den Horizontalleitlinien unterscheidet die Kommission weiter noch **nichtkoordinierte und koordinierte Wirkungen** horizontaler Zusammenschlüsse.[78] Bedeutung hat diese Unterscheidung freilich, soweit erkennbar, im Wesentlichen nur für enge oligopolistische Märkte (s. dazu deshalb u. Rn. 49 ff.).

b) Insbesondere Verstärkung einer beherrschenden Stellung

34 Die FKVO erfasst in Art. 2 Abs. 3 neben dem Fall der Begründung einer beherrschenden Stellung durch den Zusammenschluss auch den weiteren Fall der erheblichen Wettbewerbsbehinderung durch die „bloße" Verstärkung einer bereits *bestehenden* beherrschenden Stellung eines oder mehrerer der beteiligten Unternehmen durch den Zusammenschluss auf einem bestimmten Markt (ebenso § 36 Abs. 1 GWB).[79] Dieser Fall liegt insbesondere vor, wenn auf dem bereits beherrschten Markt der (besonders schutzwürdige) **Restwettbewerb** durch den Zusammenschluss **weiter beschränkt** und dadurch die **Position** der verbundenen Unternehmen zusätzlich **abgesichert** wird. Dazu ist nicht eine weitere Erhöhung des Marktanteils erforderlich; vielmehr genügt z. B. bereits die Erhöhung bestehender oder die Errichtung neuer Marktzutrittsschranken oder eine sonstige Erweiterung des Verhaltensspielraums des beteiligten beherrschenden Unternehmens, insbesondere durch den Wegfall ernstzunehmender potentieller Konkurrenten am Marktrand, ebenso aber z. B. auch durch eine für die Beurteilung der Marktstruktur ins Gewicht fallende Erweiterung des Sortiments oder der Ressourcen der verbundenen Unternehmen.[80] Ein besonders deutliches **Beispiel** ist die Verbindung des marktbeherrschenden Stromversorgungsunternehmens mit einem marktbeherrschenden Gasversorgungsunternehmen, einfach deshalb, weil dadurch jeweils der wichtigste potentielle Konkurrent am Marktrand wegfällt.[81]

[75] *EuG* Slg. 2003, II-1288 (1391 ff. Tz. 326 ff.) – BaByliss (SEB/Moulinex).

[76] *EuG* Slg. 2003, II-1288 (1395, 1398, 1400 ff. Tz. 339, 349, 354 ff., insb. 359 und 361) BaByliss; *Hirsbrunner,* EuZW 1999, 389 (392).

[77] *Kommission,* Entsch. v. 22.1.1997, ABl. Nr. L 218/15 – Coca-Cola/AG; v. 15.10.1997, ABl. 1998 Nr. L 288/24 (29 f. Tz. 38 ff.) – Guiness/Gran Metropolitan; WuW 1997, 973 – Coca-Cola/Carlsberg; 27. WB 1997, S. 75 (Tz. 176 ff.); vgl. aber auch *EuG* Slg. 1997, II-2137 (2207 ff. Tz. 174 ff.) – Kaysersberg.

[78] *Kommission,* Horizontalleitlinien von 2004, Tz. 22 ff.

[79] Beispiele bei *Emmerich,* AG 2003, 649 (658); AG 2004, 629 (638 f.); AG 2006, 861 (869).

[80] *Kommission,* Entsch. v. 7.2.2001, ABl. 2002 Nr. L 59/1 (8 f. Tz. 51, 69 ff.) – EDF/EnBW; v. 20.12.2001, ABl. 2003 Nr. L 103/1 (14 f. Tz. 78–83) – Südzucker/SLS; v. 21.2.2002, ABl. 2003 Nr. L 103/36 (47 f. Tz. 86 ff.) – Haniel/Fels; v. 9.4.2002, ABl. 2003 Nr. L 111/1 (17 ff. Tz. 121 ff., insb. 126) – Haniel/Ytong; v. 9.12.2004, ABl. 2005 Nr. L 302/69 (72 f. Tz. 33 ff.) – EDP/ENI/GDP; v. 14.3.2006, ABl. 2007 Nr. L 133/24 (30 f. Tz. 59 ff.) – DONG/Elsam/E 2; v. 18.7.2007, ABl. Nr. C 316/57 (59 f.) – Vivendi/Tele 2.

[81] *Kommission,* Entsch. v. 9.12.2004, ABl. 2005 Nr. L 302/69 (72 ff. Tz. 63 ff.) – EDP/ENI/GDP (bestätigt durch *EuG* Slg. 2005, II-3753 = WuW/E EU-R 943 [955 f. Tz. 229 ff.]) – EDP; v. 14.3.2006, ABl.

Gleich steht der Fall, dass der Zusammenschluss den verbundenen Unternehmen ein **zusätzliches Vergeltungspotential** gegen potentielle oder aktuelle Konkurrenten eröffnet, die es „wagen" sollten, in den beherrschten Markt einzudringen oder dort den Wettbewerb zu eröffnen.[82] Ebenso genügt (erst recht), zumal in Verbindung mit den genannten anderen Umständen, eine **geringfügige Erhöhung des Marktanteils** infolge des Zusammenschlusses für die Annahme der Verstärkung einer bereits bestehenden beherrschenden Stellung.[83] Eine *spürbare* Erhöhung des Marktanteils ist *nicht* erforderlich (heute str.). Bei **vertikalen Zusammenschlüssen** kommt schließlich noch eine Verstärkung der beherrschenden Position eines Unternehmens im Wege der Vorwärts- oder Rückwärtsintegration vor allem durch die Absicherung der Versorgungsquellen oder der Absatzwege in Betracht (s. u. Rn. 41 f.). 35

c) Kausalität

Die Untersagungsvoraussetzungen des Art. 2 Abs. 3 FKVO sind nur erfüllt, wenn gerade *durch* einen Zusammenschluss (im Sinne des Art. 3 FKVO) wirksamer Wettbewerb im Gemeinsamen Markt oder in einem wesentlichen Teil desselben erheblich behindert würde. Die Anwendung des Art. 2 Abs. 3 FKVO erfordert mithin Kausalität zwischen dem Zusammenschluss und den kritischen Wirkungen, gegen die sich die FKVO wendet. 36

Die Kommission muss daher, wenn bei ihr ein Zusammenschluss*vorhaben vor* seinem Vollzug nach Art. 4 Abs. 1 FKVO angemeldet wird, vorausschauend die Situation *nach* dem (unterstellten) *Vollzug* des Zusammenschlusses prüfen, so dass sie im Ergebnis hier zu einer (allemal problematischen) **Prognose** über die (vermutete) *zukünftige* Entwicklung der Märkte bei Unterstellung des angemeldeten Zusammenschlusses genötigt wird. Die Kommission muss sich dazu nach der Rechtsprechung der Unionsgerichte die verschiedenen Ursache-Wirkungen-Ketten (mit und ohne Zusammenschluss) vor Augen führen und sodann bei ihrer Entscheidung von derjenigen Kette ausgehen, für die die größte Wahrscheinlichkeit spricht.[84] 37

Als **Maßstab** für die Beurteilung des danach anzunehmenden Zustandes bei Durchführung des Zusammenschlusses kommt (natürlich) nur der Zustand *ohne* Zusammenschluss in Betracht, wobei freilich auch dessen hypothetische Entwicklung zu berücksichtigen ist.[85] Zur Ermittlung dieser verschiedenen hypothetischen Zustände bedient sich die Kommission gelegentlich ökonometrischer Modelle, wobei sie das **ADS-Modell** favorisiert, jedoch die Problematik der zugrunde liegenden, durchweg ganz unrealistischen Annahmen nicht verkennt.[86] 38

2007 Nr. L 133/24 (30 f. Tz. 59 ff.) – DONG/Elsam/E 2; ein weiteres Beispiel in *Kommission,* Entsch. v. 28.5.2005, ABl. 2006 Nr. L 173/16 (18 f. Tz. 18 ff.) – Johnson & Johnson/Gidant; s. dazu *Emmerich,* AG 2006, 861 (869 r. Sp.).

[82] *Kommission,* Entsch. v. 7.2.2001, ABl. 2002 Nr. L 59/1 (8 f., Tz. 52, 69 ff.) – EDF/EnBW; v. 20.12.2001, ABl. 2003 Nr. L 103/1 (14 f.) – Südzucker/SLS.

[83] *EuG* Slg. 2003, II-1288 (1390 f. Tz. 320 ff.) – BaByliss.

[84] S. dazu auch u. § 34 Rn. 2 ff., 9 sowie *EuGH* Slg. 2008, I-5628 = WuW/E EU-R 1498 Tz. 46 ff. – Impala; *EuG* Slg. 2009, II- 2033 = WuW/E EU-R 1576 Tz. 88 – Qualcomm Wireless; NZKart 2014, 26 Tz. 47 ff. – Microsoft/Skype.

[85] *Kommission,* Entsch. v. 28.8.2009, ABl. 2010 Nr. C 16/11 Tz. 14 ff. – Lufthansa/Austrian Airlines.

[86] *Kommission,* Entsch. v. 17.12.2008, WuW/E EU-V 1429 (1424 ff.) – Friesland Foods/Campina; s. dazu *Emmerich,* AG 2010, 517 (522); *Epple,* ZWeR 2009, 220; *Seehafer,* WuW 2009, 728; *Säcker,* WuW 2010, 370.

39 Wie immer man im Übrigen vorgeht, Prognosen über die Entwicklung der ökonomischen Verhältnisse mit und ohne Zusammenschluss sind von vornherein nur möglich, wo gesicherte wirtschaftliche **Erfahrungssätze** über die Entwicklung von Marktstrukturen unter bestimmten Bedingungen „ceteris paribus" vorliegen (s. u. § 34 Rn. 2ff.). *Ein* derartiger Erfahrungssatz (auf dem letztlich die gesamte Fusionskontrolle beruht) ist z. B. die Annahme, dass der gemeinsame Marktanteil der an einem Zusammenschluss auf einem Markt beteiligten Unternehmen nach Vollzug des Zusammenschlusses die **Summe ihrer Marktanteile** vor dem Zusammenschluss erreichen wird, ungeachtet des Umstandes, dass es häufig zu Abschmelzungseffekten kommt.[87] Die Voraussetzungen des Art. 2 Abs. 3 FKVO sind somit z. B. als erfüllt anzusehen, wenn die verbundenen Unternehmen vor dem Zusammenschluss noch nicht über eine beherrschende Stellung verfügten, jedoch mit hinreichender Sicherheit anzunehmen ist, dass ihr gemeinsamer Marktanteil nach dem Zusammenschluss so hoch sein wird, dass dann die Annahme von Marktbeherrschung gerechtfertigt ist.[88]

40 Die Kausalität eines Zusammenschlusses für die Auswirkungen auf den Markt, gegen die sich die FKVO in Art. 2 wendet, kann bei **Sanierungsfusionen** fehlen. Von einer Sanierungsfusion spricht man bei der Übernahme von Unternehmen, die vor dem Zusammenbruch stehen und deshalb ohne den Zusammenschluss ohnehin aus dem Markt ausscheiden müssten. Die **Voraussetzungen** für die darauf gestützte **„failing firm defense"** gegen die drohende Untersagung eines Zusammenschlusses waren ursprünglich ausgesprochen eng. Heute lässt es die *Kommission* dagegen bereits genügen, wenn (1.) das betreffende Unternehmen ohne den Erwerb durch ein anderes Unternehmen kurzfristig aus dem Markt ausscheiden würde, wenn es (2.) keine weniger wettbewerbswidrige Erwerbsalternative gibt und wenn (3.) ohne die Fusion die zur Übernahme anstehenden Aktiva unweigerlich für den Markt verlorengingen.[89] Dagegen ist kein Raum für die Bejahung einer zulässigen Sanierungsfusion, wenn anzunehmen ist, dass sich ohne den Zusammenschluss der Marktanteil des gefährdeten Unternehmens auf *mehrere* Konkurrenten verteilte.[90]

V. Vertikale Zusammenschlüsse

41 Innerhalb der Zusammenschlüsse unterscheidet man üblicherweise horizontale, vertikale und konglomerate Zusammenschlüsse, früher gelegentlich auch diagonale Zusammenschlüsse genannt, je nachdem, ob an dem Zusammenschluss konkurrierende Unternehmen aus einem Markt, Unternehmen auf verschiedenen Marktstufen oder Unternehmen aus verschiedenen Märkten beteiligt sind.[91] Im Mittelpunkt des Interesses haben bisher durchweg horizontale Zusammenschlüsse gestanden, einfach deshalb, weil ihre Wirkungen auf die betroffenen Märkte im Wege „bloßer" Marktanteilsaddition immer noch am leichtesten abzuschätzen sind. Ganz anders verhält es sich

[87] *Kommission,* Horizontalleitlinien von 2004, Tz. 15 S. 3m. N.

[88] *EuG* Slg. 2006, II-331 (425ff.) = WuW/E EU-R 1005 (1016f. Tz. 270ff.) – Haniel/Cementbouw; wegen einer Ausnahme trotz sehr hohen Marktanteils der verbundenen Unternehmen s. *EuG* NZKart 2014, 26 Tz. 61ff. – Microsoft/Skype.

[89] *Kommission,* Horizontalleitlinien von 2004, Tz. 89ff.; Entsch. v. 2.4.2003, ABl. 2004 Nr. L 110/73 (105f. Tz. 205ff.) – News Corp/Telepiu; s. *Ehricke,* FS Kilian, 2004, S. 623; *Fiedler,* EuZW 2001, 585; *Heinecke,* Entlastungsgründe in der europäischen und amerikanischen Zusammenschlusskontrolle, 2004; *Mestmäcker/Schweitzer,* § 25 Rn. 150ff. (S. 646ff.); *Strohm,* WuW 2001, 1203.

[90] *Kommission,* Entsch. v. 10.5.2007, ABl. 2009 Nr. C 241/12, Tz. 9ff. – ICI/FIAMM.

[91] *Kommission,* Vertikalleitlinien von 2008, Tz. 4ff.

dagegen insoweit mit vertikalen und konglomeraten Zusammenschlüssen. Deshalb sind hier noch einige ergänzende Bemerkungen zunächst zu vertikalen Zusammenschlüssen nötig (zu den konglomeraten Zusammenschlüssen s. u. Rn. 44ff.).

Von einem vertikalen Zusammenschluss spricht man bei Zusammenschlüssen zwischen Unternehmen auf verschiedenen Marktstufen, z. B. zwischen einem Hersteller und seinen Lieferanten oder seinen Abnehmern (sog. **Vorwärts- oder Rückwärtsintegration**). Vertikale Zusammenschlüsse werfen in erster Linie Probleme wegen der mit ihnen häufig verbundenen **Ausschlusseffekte** gegenüber anderen Unternehmen auf vor- oder nachgelagerten Märkten auf. Deshalb ist hier das Augenmerk vorrangig darauf zu richten, ob der Zusammenschluss die Gefahr heraufbeschwört, dass Konkurrenten von ihren Versorgungsquellen oder Absatzkanälen abgeschnitten werden oder doch durch die Erhöhung ihrer Einstandspreise in eine gefährliche Preisschere hineinmanövriert werden können.[92] Ist eines der vertikal verbundenen Unternehmen strukturell mit anderen Unternehmen verflochten, so kann der Zusammenschluss außerdem zur Folge haben, dass letztlich alle Unternehmen eines Marktes in den Einflussbereich der verbundenen Unternehmen geraten.[93] 42

Die *Kommission* unterscheidet in ihren **Leitlinien von 2008** zur Bewertung nichthorizontaler Zusammenschlüsse[94] im Einzelnen ebenso wie bei den horizontalen Zusammenschlüssen zwischen nichtkoordinierten und koordinierten Wirkungen. Die gefährlichsten **nichtkoordinierten Wirkungen** vertikaler Zusammenschlüssen sieht die Kommission in der möglichen **Abschottung** der Konkurrenten von ihren Lieferquellen oder ihren Kunden (Leitlinien Tz. 29, 58ff.). Ob im Einzelfall diese Gefahren tatsächlich drohen, untersucht die Kommission jeweils in drei Schritten, deren Gegenstand (1.) die Möglichkeit der Abschottung, (2.) der Anreiz dazu und (3.) die zu erwartenden nachteiligen Auswirkungen auf den Wettbewerb sind (Leitlinien Tz. 32, 59ff.). Als mögliche *andere* nichtkoordinierten Wirkungen vertikaler Zusammenschlüssen fasst die Kommission insbesondere noch den Zugang der verbundenen Unternehmen zu vertraulichen Unternehmensdaten über die vorgelagerten oder nachgeordneten Tätigkeiten der Konkurrenten ins Auge (Leitlinien Tz. 76). Als mögliche negative **koordinierte Wirkungen** betrachtet die Kommission dagegen in erster Linie die Erhöhung der Reaktionsverbundenheit der Unternehmen in Oligopolen (Leitlinien Tz. 79ff.). Besonders verbreitet (und gefährlich) sind die geschilderten Strategien der Vorwärts- und Rückwärtsintegration zur Absicherung der Versorgungsquellen und der Absatzwege auf den **Energiemärkten.** Beispiele sind Zusammenschlüsse wichtiger Stromerzeuger mit großen Stromverteilern oder mit den Lieferanten von Primärenergien, die damit für die Konkurrenten ausfallen.[95] Die großen deutschen Verbund- 43

[92] *EuG* Slg. 2005, II-5596 = WuW/E EU-R 977 (982ff.) – GE; *Kommission,* Entsch. v. 3.5.2000, ABl. 2002 Nr. L 58/25 (Tz. 116, 124, 129ff.) – Alcoa/Reynolds; v. 11.10.2000, ABl. 2001 Nr. L 268/28 (Tz. 46ff.) – AOL/Time Warner; v. 21.12.2005, ABl. 2006 Nr. L 253/20 (23ff. Tz. 31ff.) = (ausführlicher) WuW/E EU-V 1145 (1146ff. Tz. 399ff.) – E. ON/MOL – m. Anm. *Hirsbrunner,* EuZW 2006, 711 (715).

[93] *Kommission,* Entsch. v. 23.7.2003, ABl. 2004 Nr. L 82/73 (79ff. Tz. 51ff.) – DSM/Roche Vitamins.

[94] ABl. Nr. C 265/6.

[95] *Kommission,* Entsch. v. 17.12.2002, ABl. 2003 Nr. L 48/51 – EnBW/ENI/Newco; v. 11.6.2003, ABl. 2004 Nr. L 92/91 (106ff. Tz. 104ff.) – Verbund/EnergieAllianz; v. 9.12.2004, ABl. 2005 Nr. L 302/69 (73f. Tz. 35ff.) – EDP/ENI/GDP; insb. 21.12.2005, ABl. 2006 Nr. L 253/20 (23ff.) = WuW/E EU-V 1145 (1146ff. Tz. 399ff.) – E. ON/MOL; v. 14.3.2006, ABl. 2007 Nr. L133/24 (29ff. Tz. 51ff.) – DONG/Elsam/E 2; s. *Emmerich,* AG 2004, 629 (639m. N.).

unternehmen **RWE und E. ON** praktizieren beide Strategien schon seit langem mit großem Erfolg. Hervorzuheben sind auf der einen Seite die Übernahme von Primärenergielieferanten wie Ruhrgas und Thyssengas und auf der anderen Seite die systematische Beteiligung an allen erreichbaren, regionalen und lokalen Verteilerunternehmen wie insbesondere den Stadtwerken in den Versorgungsgebieten der genannten Verbundunternehmen.[96] Ein weiteres Beispiel aus anderen Märkten bietet der spektakuläre Zusammenschluss von *GE und Honeywell*, von dem die Kommission befürchtet hatte, die verbundenen Unternehmen könnten die Konkurrenten bei der Herstellung von Triebwerken durch die Verweigerung der Belieferung mit Startern von Honeywell in Zukunft in eine überaus schwierige Situation bringen.[97]

VI. Konglomerate Zusammenschlüsse

44 Von konglomeraten Zusammenschlüssen spricht man bei einer Verbindung zwischen Unternehmen aus verschiedenen Märkten, wobei man häufig weiter zwischen Marktverkettungszusammenschlüssen und reinen „conglomerates" unterscheidet. **Marktverkettungszusammenschlüsse** sind Zusammenschlüsse zwischen Unternehmen aus benachbarten Märkten oder vertikale Zusammenschlüsse, die gleichsam eine Marktstufe überspringen, während **reine „conglomerates"** Unternehmen aus Märkten zusammenführen, die, jedenfalls auf den ersten Blick, nichts miteinander zu tun haben wie etwa bei der Fusion eines Rüstungsunternehmens mit einem Hersteller von Haushaltsgeräten.

45 Konglomerate Zusammenschlüsse können den Wettbewerb ebensowohl fördern wie beschränken. Gefahren drohen von ihnen vor allem, wenn sie zu einer **künstlichen Verbindung von Märkten** führen, wodurch den verbundenen Unternehmen Strategien zur Übertragung ihrer Macht von einem schon beherrschten auf einen anderen Markt ermöglicht werden (sog. Hebelwirkung oder **„leveraging"**). Beispiele sind Koppelungs- oder Bündelungsstrategien (sog. **„bundling"** und **„tying"**) sowie etwa noch Treuerabatte und Kampfpreisunterbietungen. Paradigma ist die Koppelung der Triebwerke von General Electric (GE) mit dem Angebot anderer Flugzeugkomponenten, insbesondere auf dem Gebiet der Avionik, durch Honeywell.[98]

46 Die Kommission unterscheidet in ihren **Leitlinien von 2008**[99] wiederum nichtkoordinierte und koordinierte Wirkungen. Als besonders kritisch sieht die Kommission ebenso wie schon bei den vertikalen Zusammenschlüssen (Rn. 43) die Gefahr der Abschottung der Konkurrenten im Wege der künstlichen Verbindung an sich getrennter Märkte durch Praktiken des **„leveraging"** (d. h. der Hebelwirkung) an, wobei sie als Mittel die **„Koppelung"** oder **„Bindung"** der verschiedenen Angebote hervorhebt (Leitlinien Tz. 93, 95 ff.). Voraussetzung für die Annahme derartiger Gefahren sind nach Meinung der Kommission (1.) ein deutliches Maß von Marktmacht der verbundenen Unternehmen, (2.) ein entsprechender Anreiz sowie (3.) das Risiko

[96] Ein Beispiel in *Kommission,* Entsch. v. 21.12.2005, ABl. 2006 Nr. L 253/20 (23 f.) = (ausführlicher) WuW/E EU-V 1145 (1146 ff. Tz. 399 ff.) – E. ON/MOL.

[97] *Kommission,* Entsch. v. 3.7.2001, ABl. 2004 Nr. L 48/1 = WuW/E EU-V 631; kritisch *EuG,* Slg. 2005 II-5596 (5687 ff.) = WuW/E EU-R 977 (991 ff. Tz. 286 ff.) – GE; s. dazu auch u. Rn. 45 f.

[98] S. dazu auch schon Rn. 43; *EuG* Slg. 2005 II-5596 = WuW/E EU-R 977–995 – GE; Slg. 2005, II-5539 – Honeywell; s. dazu *Loest,* FS Bechtold, 2006, S. 287; *Montag,* FS Bechtold, 2006, S. 339.

[99] ABl. Nr. C 265/6 Tz. 91 ff.; zustimmend offenbar *EuG* NZKart 2014, 26 Tz. 115 ff. – Microsoft/Skype; s. dazu *Körber,* WuW 2008, 522; *Rosenthal/Thomas,* Merger Control, 2010, S. 173 ff.

negativer Auswirkungen auf die Absatzchancen der Konkurrenten. Bei den **koordinierten** Wirkungen hat die Kommission dagegen erneut die Gefahr einer Erhöhung der Reaktionsverbundenheit der Unternehmen in engen Oligopolen im Auge (Leitlinien Tz. 119ff.).

Nicht zu übersehen ist freilich, dass die genannten Strategien der verbundenen Unternehmen zur Übertragung ihrer Macht von einem Markt auf einen anderen, *sofern* von Unternehmen in beherrschender Stellung praktiziert, wegen ihrer besonderen Gefährlichkeit eigentlich durchgängig **zugleich** gegen **Art. 102 AEUV** verstoßen (s. o. § 10 Rn. 30, 53 und 58ff.). Das *Gericht* hat daraus den Schluss gezogen, dass die fraglichen Gefahren konglomerater Zusammenschlüsse nicht einfach unterstellt werden dürften, sondern nur, wenn zusätzlich *Anhaltspunkte* für ein *zukünftiges* rechtswidriges (weil gegen Art. 102 AEUV verstoßendes) Verhalten der verbundenen Unternehmen vorliegen, (sog. **Art. 102-Einwand**).[100] Trotz verbreiteter Kritik[101] ist die geschilderte Praxis des Gerichts doch im Wesentlichen vom **EuGH** gebilligt worden,[102] da der Gerichtshof ebenfalls verlangt, dass der Aspekt des möglichen Verstoßes gegen Art. 102 AEUV im Rahmen der umfassenden Würdigung der relevanten Faktoren berücksichtigt wird. 47

Die *Kommission* hat aus der geschilderten Rechtsprechung (Rn. 47) den (durchaus zweifelhaften) Schluss gezogen, sie brauche nicht festzustellen, ob überhaupt ein Verstoß gegen Art. 102 AEUV bei den fraglichen Praktiken vertikal oder konglomerat verbundener Unternehmen vorliegen werde, da es völlig offen sei, ob die fraglichen missbräuchlichen Praktiken überhaupt jemals aufgedeckt und dann auch sanktioniert würden, zumal angesichts der bekannten Intransparenz der hier fraglichen Märkte.[103] Mit anderen Worten: Es soll bereits die *Wahrscheinlichkeit* der geschilderten kritischen Praktiken für die Anwendung des Art. 2 Abs. 3 FKVO genügen, gleichgültig, ob sie nun im Einzelfall bereits zugleich gegen Art. 102 AEUV verstoßen würden oder noch nicht.[104] 48

VII. Oligopole (gemeinsame Beherrschung)

Literatur: S. u. § 34 Rn. 34ff. sowie *Kommission,* Horizontalleitlinien von 2004, Tz. 24, 39ff.; *BKartA,* Leitfaden zur Marktbeherrschung in der Fusionskontrolle v. 29.3.2012, Tz. 81ff.; *Baron,* FS Bechtold, 2006, S. 9; *E. Ganz,* Die Beurteilung von Fusionen kollektiv marktbeherrschender Unternehmen, 2004; *Lettl,* WRP 2012, 294; *B. Linder,* Kollektive Marktbeherrschung in der Fusionskontrolle, 2005; *Mestmäcker/Schweitzer,* § 25 Tz. 104ff. (S. 631ff.); *Schwalbe,* FS Bechtold, 2006, S. 465; *Zimmer,* FS Bechtold, 2006, S. 677; *ders.,* WuW 2013, 928.

1. Koordinierte Wirkungen

Als **Oligopol** bezeichnet man in erster Annäherung einen Markt, der gemeinsam von mehreren Unternehmen, den so genannten Oligopolisten, beherrscht wird, die in enger Reaktionsverbundenheit stehen (vgl. § 18 Abs. 5 GWB n. F.). Zusammenschlüsse zwischen und mit Oligopolisten stellen die Wettbewerbspolitik überall vor erhebliche Schwierigkeiten, weil die Auswirkungen auf den Wettbewerb nur schwer abzuschät- 49

100 So sehr eng *EuG* Slg. 2002, II-4389 (4442ff. Tz. 142ff.) – Tetra Laval/Sidel; Slg. 2005 II-5596 = WuW/E EU-R 977 (982 Tz. 70, 986, 992ff. Tz. 286, 399ff.) – GE; Slg. 2005, II-5539 – Honeywell.

101 S. *BKartA* TB 2001/2002, S. 15; *v. Bonin,* WuW 2006, 466; *Brei,* WuW 2003, 585; *Drauz/König,* ZWeR 2006, 107 (125ff.); *Feddersen,* WuW 2003, 15; *Pflanz,* ZWeR 2006, 139.

102 *EuGH* Slg. 2005, I-1047 (1086ff. Tz. 74ff.) = WuW/E EU-R 875 – Tetra Laval/Sidel; s. dazu *Denzel,* BB 2005, 1062; *Wessely,* ZWeR 2003, 117.

103 So *Kommission,* Entsch. v. 21.12.2005, WuW/E EU-V 1145 (1150f. Tz. 442ff.) – E. ON/MOL.

104 Zur Kritik s. statt aller *Körber,* WuW 2008, 522 (532ff. m. N.).

zen sind. Wie bereits ausgeführt (Rn. 20), wurde im Jahre 2004 der Übergang zu dem sog. SIEC-Test (Art. 2 Abs. 3 FKVO n. F.) von den Verfassern der neuen FKVO nicht zuletzt mit der Notwendigkeit begründet, der Kommission ein Instrumentarium zur Verfügung zu stellen, das es ihr erlaubt, auch die nicht koordinierten Auswirkungen von Zusammenschlüssen in engen Oligopolen mit der FKVO zu erfassen.[105] Daraus ergibt sich als erstes die Notwendigkeit zur Prüfung der Frage, unter welchen Voraussetzungen auf Unionsebene überhaupt ein Oligopol angenommen wird (Rn. 50). Anschließend ist der Frage nachzugehen, was unter koordinierten und nicht koordinierten Wirkungen eines Zusammenschlusses im Oligopol zu verstehen ist (Rn. 51, 54f.).

50 Mehrere Unternehmen, die gemeinsam einen Markt beherrschen, bilden ein **marktbeherrschendes Oligopol,** wenn zwischen den Mitgliedern der Oligopolgruppe kein wirksamer Wettbewerb mehr besteht *und* die Gruppe im Außenverhältnis keinem spürbaren Wettbewerb ausgesetzt ist.[106] An den Nachweis dieser Voraussetzungen werden hohe Anforderungen gestellt, wobei der Gerichtshof besonderes Gewicht auf das Vorliegen *verbindender Faktoren* zwischen den Oligopolisten legt, die ihnen überhaupt erst die Möglichkeit zu einem *einheitlichen Vorgehen* auf dem Markt eröffnen; weitere Voraussetzungen sind namentlich noch eine hohe Konzentration bei Markttransparenz, Homogenität der Produkte und Marktreife.[107]

51 Die besondere wettbewerbspolitische Problematik von Oligopolen beruht darauf, dass es in einem Oligopol unter bestimmten, im Einzelnen umstrittenen Voraussetzungen zu einer **stillschweigenden** oder **impliziten Koordinierung** des Verhaltens der Oligopolisten kommen kann, wenn es nämlich für keinen von ihnen mehr Sinn macht, die Position der anderen, etwa durch Preissenkungen, anzugreifen, vor allem, weil jeder mit *sofortigen Reaktionen* seiner wenigen Konkurrenten rechnen muss.[108] Man spricht dann auch von *kollusivem Parallelverhalten* oder (neudeutsch) von tacit collusion.[109] Die **Voraussetzungen** derartiger koordinierter Effekte eines Oligopols sind nach dem gegenwärtigen Stand der Rechtsprechung der Unionsgerichte, dass (1.) die hohe Markttransparenz eine vollständige gegenseitige Kontrolle der Oligopolisten erlaubt, (2.) dass die hohe Reaktionsverbundenheit zwischen den Beteiligten auf Dauer sicherstellt, dass ein abweichendes Verhalten sofort sanktioniert wird, und dass (3.) etwaige Reaktionen von Kunden oder Konkurrenten die Position der Oligopolmitglieder fortan nicht mehr infrage stellen können.[110]. Ein **Zusammenschluss** unter den Oligo-

---

[105] Erwägungsgrund Nr. 25 zu der FKVO.

[106] *Kommission,* Entsch. v. 22.7.1992, ABl. Nr. L 356/1 = AG 1993, 144 (147ff.) – Nestlé/Perrier; v. 27.4.1992, WuW/E EU-V 1836 – Thorn EMI/Virgin; v. 31.1.1994, ABl. Nr. L 102/15 (24 Tz. 53) – Mannesmann/Ilva; v. 18.12.1995, ABl. 1997 Nr. L 11/1 (17 Tz. 86) – ABB/Daimler Benz; v. 24.4.1996, ABl. 1997 Nr. L 11/30 (52 Tz. 140) – Gencor/Lonhro; v. 13.6.2000, WuW/E EU-V 509f. Tz. 60ff. – Veba/Viag.

[107] *EuGH* Slg. 1998, I-1453 (1501, 1519ff. Tz. 165, 221ff.) = EuZW 1998, 209 (309ff.) – K+S/MdK; *EuG* Slg. 1999, II-759 (793ff.) = WuW/E EU-R 213 – Gencor/Lonrho; *Kommission,* 29. WB 1999, S. 70ff. (Tz. 160ff.).

[108] *Kommission,* Entsch. v. 31.1.2001, ABl. 2002 Nr. L 57/1 (Tz. 148f., 204ff.); v. 20.6.2001, ABl. 2002 Nr. L 116/35 (Tz. 32, 37ff.) – MAN/Auwärter.

[109] S. z. B. *BKartA,* Leitfsden von 2012, Tz. 84ff.

[110] *EuG* Slg. 2002, II-2592 (2611ff. Tz. 58ff.) – Airtours/First Choice; WuW/E EU-R 1091 (1093ff. Tz. 245ff.) – Impala; Slg. 2007, II-2153 = WuW/E EU-R 1301 (1304ff. Tz. 115ff.) – Sun; ebenso sodann *Kommission,* Entsch. v. 19.7.2004, ABl. 2005 Nr. L 62/30 (31 Tz. 13ff.) – Sony/BMG; v.

polmitgliedern verstößt folglich jedenfalls dann gegen Art. 2 Abs. 3 FKVO, wenn er erstmals dazu führt, dass auf einem bestimmten Markt die genannten Voraussetzungen für koordinierte Effekte unter den Oligopolmitglieder vorliegen. Gleich steht der Fall – unter dem Gesichtspunkt der Verstärkung einer bereits bestehenden marktbeherrschenden Stellung der Oligopolmitglieder –, dass die strukturellen Voraussetzungen für koordinierte Effekte auf dem relevanten Markt verbessert, erleichtert oder doch stabilisiert werden.[111]

Die **Kommission** hat die genannten Voraussetzungen für den Eintritt koordinierter 52
Effekte infolge eines Zusammenschlusses zwischen Oligopolmitgliedern in einzelnen Entscheidungen dahin präzisiert, erforderlich seien *kumulativ* ein einfaches und stabiles wirtschaftliches Umfeld in Verbindung mit hoher Markttransparenz, die die gegenseitige Überwachung der Unternehmen gewährleistet, weiter ein glaubhafter Sanktionsmechanismus für den Fall der Abweichung einzelner Unternehmen von der gemeinsamen Strategie der Gewinnmaximierung sowie schließlich das Fehlen von Außenwettbewerb im Sinne eines erheblichen Wettbewerbsdrucks von Außenseitern, potentiellen Konkurrenten oder Kunden.[112] Dagegen lassen eine komplexe Marktstruktur, die fehlende Homogenität der Produkte, eine Vielzahl von Anbietern und asymmetrische Marktanteile die Entstehung koordinierter Effekte in einem Oligopol als unwahrscheinlich erscheinen, so dass dann ein Zusammenschluss von Oligopolisten, selbst wenn er zu hohen Marktanteilen führt, letztlich unproblematisch sein kann.[113]

Beispiele für die Annahme koordinierter Wirkungen eines Zusammenschlusses in 53
einem Oligopol waren auf dem Strommarkt die Zusammenschlüsse der vier großen Verbundunternehmen zu den beiden Gruppen Veba/Viag (E. ON)[114] und RWE/VEW (RWE (neu))[115] sowie bei Platin die von der Kommission wiederholt angegriffenen Zusammenschlüsse der wenigen weltweit tätigen Platinhersteller.[116] Aus jüngster Zeit gehört in diesen Zusammenhang ferner der Zusammenschluss zwischen den beiden bei der Paketzustellung führenden Unternehmen UPS und TNT Express, der zur Folge hatte, dass sich auf den meisten Märkten die Zahl der Unternehmen im Ergebnis von vier auf drei, verschiedentlich sogar auf zwei verringerte, weil von der Nummer drei des Marktes (FedEx) auf den meisten Märkten kein nennenswerter Wettbewerbsdruck mehr ausgeht.[117] Dieselbe Situation kann entstehen, wenn durch den Zusammenschluss der einzige ernstzunehmende potentielle Konkurrent zweier großer Unter-

14.3.2006, ABl. 2007 Nr. L 133/24 (32 Tz. 82f.) – DONG/Elsam/E 2; zusammenfassend Horizontalleitlinien von 2004 von 2004, ABl. Nr. C 31/5 (9f. Tz. 39ff.).

[111] *EuG* (vorige Fn.); ebenso wohl *EuGH* Slg. 2008, I-5628 = WuW/E EU-R 1498 – Impala; s. dazu *Emmerich,* AG 2009, 597 (603); *Hirsbrunner/Köckritz,* EuZW 2008, 591; *Hirsbrunner,* EuZW 2009, 239 (245).

[112] Entsch. v. 20.12.2006, ABl. 2007 Nr. C 151/41 = WuW/E EU-V 1221 (1229f. Tz. 118ff.) – Glatfelter/Crompton.

[113] Entsch. v. 20.12.2006, ABl. 2007 Nr. C 151/41 = WuW/E EU-V 1221 (1229f. Tz. 120f.) – Glatfelter/Crompton.

[114] *Kommission,* Entsch. v. 13.6.2000, ABl. 2001, Nr. L 188/1 = WuW/E EU-V 509 Tz. 60ff. – Veba/Viag.

[115] *BKartA* WuW/E DE-V 301 – RWE/VEW.

[116] *Kommission,* Entsch. v. 24.4.1996, ABl. 1997 Nr. L 11/30 (39ff.) – Gencor/Lonrho; v. 23.4.1997, ABl. 1998 Nr. L 149/21 (37f.) – Anglo American Corp./Lonrho.

[117] *Kommission,* Beschl. v. 30.1.2013, WuW 2013, 741.

nehmen wegfällt, so dass diese sich jetzt den Markt untereinander aufteilen können,[118] oder wenn die zusammengeschlossenen Unternehmen mit dem einzigen bedeutenden Konkurrenten strukturell über ein Gemeinschaftsunternehmen verbunden sind.[119]

2. Nicht koordinierte Wirkungen

54 Von den koordinierten Wirkungen eines Zusammenschlusses im Oligopol (dazu o. Rn. 49ff.) müssen die nicht-koordinierten oder **unilateralen Effekte** unterschieden werden. Gemeint sind damit Fallgestaltungen, die dadurch gekennzeichnet sind, dass es infolge eines Zusammenschlusses in einem engen Oligopol auch *ohne kollusive Praktiken* der beteiligten Unternehmen zu einer *Erlahmung des Wettbewerbs* kommt, *ohne* dass damit notwendigerweise die Begründung einer gemeinsamen beherrschenden Stellung der Oligopolmitglieder verbunden ist. Nach Meinung der Kommission konnten solche Fälle zwar auch schon früher erfasst werden. Da dies indessen mit Rücksicht auf den früheren Wortlaut des Art. 2 Abs. 3 FKVO durchaus zweifelhaft war, hielten es die Verfasser der FKVO von 2004 für ratsam, durch den **Übergang zu dem SIEC-Test** in Art. 2 Abs. 3 FKVO diese vermeintliche oder tatsächliche Lücke („Gap") in dem gebotenen umfassenden Wettbewerbsschutz zu schließen (daher auch häufig „Gapfälle" genannt). Deshalb wurde der Kommission durch den SIEC-Test die Möglichkeit eröffnet, in solchen Fällen ebenfalls zu intervenieren, sofern durch den Zusammenschluss der Wettbewerbsdruck wegfällt, den die verbundenen Unternehmen bisher aufeinander ausübten, vorausgesetzt, dass dadurch zugleich der Wettbewerbsdruck auf die anderen Oligopolmitglieder nachhaltig gemindert wird,[120] d. h., wenn damit der Wettbewerb auf dem betreffenden Markt insgesamt erheblich behindert wird (Art. 2 Abs. 3 FKVO).

55 Eine Präzisierung dieser Vorstellungen findet sich in den **Horizontalleitlinien von 2004.**[121] Der Eintritt nicht-koordinierter Wirkungen eines Zusammenschlusses im engen Oligopol hängt danach von einer ganzen Reihe von Faktoren ab. Die wichtigsten sind ein möglichst hoher Marktanteil der verbundenen Unternehmen, enge Sustitutionsbeziehungen zwischen den Konkurrenten, die fehlende Möglichkeit der Abnehmer zum Ausweichen auf andere Anbieter sowie die Fähigkeit der verbundenen Unternehmen, Kampfmaßnahmen gegen ihre verbliebenen Konkurrenten zu ergreifen, wodurch diese diszipliniert werden können. Nicht-koordinierte Effekte sind dagegen unwahrscheinlich, wenn eine große Zahl von Konkurrenten über freie Kapazitäten verfügt, so dass die Abnehmer nach wie vor über ausreichende, alternative Versorgungsquellen verfügen, um sich gegebenenfalls dem Versuch von Preiserhöhungen durch die zusammengeschlossenen Unternehmen entziehen zu können, selbst wenn diese nach dem Zusammenschluss über einen hohen Marktanteil verfügen sollten.[122]

118 *Kommission,* Entsch. v. 31.1.2001, ABl. 2002 Nr. L 57/1 (Tz. 145ff.) – SCA/MT; v. 26.4.2006, ABl. 2007 Nr. L 88/44 = WuW/E EU-V 1153 (1155, 1157ff. Tz. 41, 72ff.) – T-Mobile Austria/tele.ring.

119 *Kommission,* Entsch. v. 14.3.2000, ABl. 2002 Nr. L 90/1 (Tz. 48, 55, 81ff.) – Alcoa/Reynolds; ebenso im Ergebnis *Kommission,* Entsch. v. 13.7.2005, ABl. 2006 Nr. L 353/19 – Siemens/VA Tech m. Anm. *Hirsbrunner,* EuZW 2006, 711 (714).

120 Erwägungsgrund Nr. 25 S. 3–5 zu der VO.

121 *Kommission,* Horizontalleitlinien von 2004, Tz. 24ff.; zustimmend *EuG* Slg. 2007, II-2153 = WuW/E EU-R 1301 (1303f. Tz. 63ff.) – Sun; s. dazu *Baron, U. Schwalbe* und *Zimmer,* FS Bechtold, 2006, S. 9, 465 und 677.

122 *EuG* Slg. 2007, II-2153 = WuW/E EU-R 1301 Tz. 63ff. – Sun; *Kommission,* Entsch. v. 20.12.2006, ABl. 2007 Nr. C 151/41 = WuW/E EU-V 1221 (1224ff. Tz. 79ff.) – Glatfelter/Crompton.

Im **Schrifttum** finden sich vergleichbare Überlegungen vor allem für Märkte mit differenzierten oder inhomogenen Produkten, wobei man wohl ebenfalls im Regelfall oligopolistisch strukturierte Märkte im Auge hat: Auf derartigen Märkten sei unter bestimmten Voraussetzungen anzunehmen, dass ein Zusammenschluss zweier Unternehmen, die die engsten Wettbewerber sind, auch ohne Begründung oder Verstärkung einer marktbeherrschenden Stellung zu einer deutlichen *Vergrößerung des Preiserhöhungsspielraums* der zusammengeschlossenen Unternehmen führen könne, sofern nach den Umständen des Falles ein Großteil der Kunden, die das eine Unternehmen im Falle einer Preiserhöhung verliert, zu dem anderen verbundenen Unternehmen (und nicht zu den Konkurrenten) abwandert, weil die fraglichen Unternehmen ohnehin die engsten Wettbewerber sind und die Gefahr einer Abwanderung der Kunden zu anderen Anbietern bei differenzierten Produkten gering ist. Eine Quantifizierung der Vergrößerung des Preiserhöhungsspielraums der zusammengeschlossenen Unternehmen wird dabei mittels des bereits erwähnten **UPP-Tests** (Rn. 24) versucht.[123] Ergibt dieser Test tatsächlich eine signifikante Vergrößerung des Preiserhöhungsspielraums der zusammengeschlossenen Unternehmen, so wird folgerichtig eine **erhebliche Behinderung des Wettbewerbs** im Sinne des Art. 2 Abs. 3 FKVO angenommen, so dass der Zusammenschluss, und zwar auch *ohne Begründung* oder Verstärkung einer *marktbeherrschenden Stellung* der zusammengeschlossenen Unternehmen, untersagt werden kann. Die Kommission ist auf diese Weise tatsächlich in einzelnen Fällen vorgegangen. Hervorzuheben sind die Fälle „Siemens/VA Tech“,[124] „T-Mobile Austria/tele.ring“[125] sowie insbesondere aus jüngster Zeit noch die Fälle „Hutchinson/Orange Austria“[126] und „UPS/TNT Express“,[127] wobei sich die Kommission in dem vorletzten Fall „Hutchinson/Orange Austria“ tatsächlich hilfsweise auch des UPP-Tests – als einer „anerkannten Methode“ – zur Ermittlung des Preiserhöhungsspielraums der zusammengeschlossenen Unternehmen bedient hat. Ob diese Annahmen und die daraus gezogenen Schlussfolgerungen für die Fusionskontrolle zutreffen, wird neuerdings auf nationaler Ebene gleichfalls lebhaft diskutiert, seitdem auch das GWB mit der 8. Novelle von 2013 zu dem SIEC-Test übergegangen ist (s. dazu im Einzelnen u. § 34 Rn. 11 ff.). 56

VIII. Effizienzvorteile

Literatur: *Kommission,* Horizontalleitlinien von 2004, Tz. 76 ff.; *van Bergeij/Kloosterhuis,* Modelling European Mergers, Cheltenham 2005; *Hellwig,* (2.) FS Mestmäcker, 2006, S. 231; *Kleemann,* FS Lieberknecht, 1997, S. 379; *U. Klumpp,* Die „Efficiency Defense“, 2006; *Mestmäcker/Schweitzer,* § 25 Rn. 141 ff. (S. 642 ff.); *Möschel,* (2.) FS Mestmäcker, 2006, S. 257; *I. Schmidtchen,* in: Oberender, Effizienz und Wettbewerb, 2005, S. 9; *Schwalbe/Zimmer,* Kartellrecht und Ökonomie, 2006.

Durch den Übergang zu dem SIEC-Test in Art. 2 Abs. 3 FKVO sollte es der Kommission ferner ermöglicht werden, in der Fusionskontrolle mit einem Zusammenschluss verbundene Effizienzvorteile (oder -gewinne) zu berücksichtigen. In den Erwägungsgründen heißt es dazu, die durch einen Zusammenschluss bewirkten Effizienzvorteile 57

[123] S. insbes. *Esser,* NZKart 2013, 135 (142); *ders./Höft,* NZKart 2013, 447; *Zimmer,* WuW 2013, 928.

[124] *Kommission,* Entsch. v. 13.7.2005, ABl. 2006 Nr. L 353/19 m. Anm. *Hirsbrunner,* EuZW 2006, 711 (714); *Zimmer,* WuW 2013, 928 (931 f.).

[125] *Kommission,* Entsch. v. 26.4.2006, ABl. 2007 Nr. L 88/44 = (vollständiger) WuW/E EU-V 1153; dazu *Emmerich,* AG 2007, 517 (525); *St. Holzwarth,* ZWeR 2007, 338.

[126] Beschl. v. 12.12.2012, WuW 2013, 264.

[127] Beschl. v. 30.1.2013, WuW 2013, 741.

könnten die (negativen) Auswirkungen des Zusammenschlusses auf den Wettbewerb ausgleichen, so dass im Ergebnis durch den Zusammenschluss wirksamer Wettbewerb nicht erheblich behindert werde; deshalb sollte begründeten und wahrscheinlichen Effizienzvorteilen, die von den Unternehmen dargelegt werden müssten, in der Fusionskontrolle Rechnung getragen werden.[128]

58 Bei der Berücksichtigung mit einem Zusammenschluss verbundener Effizienzvorteile ist **große Zurückhaltung geboten,** weil nach allen Erfahrungen die mit Zusammenschlüssen angeblich verbundenen Effizienzvorteile, meistens in Gestalt von Synergieeffekten, erheblich überschätzt zu werden pflegen. Die **Kommission** verlangt daher für ihre Berücksichtigung, dass die Effizienzvorteile nur und gerade auf dem Zusammenschluss beruhen, dass sie überprüfbar sind und dass sie den Verbrauchern zugute kommen, und zwar innerhalb eines überschaubaren Zeitraums. Als **Beispiele** nennt sie neue oder verbesserte Waren oder Dienstleistungen, die sich z. B. aus Effizienzvorteilen in den Bereichen von Forschung und Entwicklung ergeben könnten. Einschränkend fügt die Kommission indessen hinzu, dass die Effizienzvorteile um so größer sein müssten, je schwerwiegender die möglichen negativen Auswirkungen des Zusammenschlusses auf den Wettbewerb sind, wobei die beteiligten Unternehmen die volle Beweislast trifft.[129] In der Praxis der europäischen Fusionskontrolle hat die Berücksichtigung von Effizienzvorteilen bei der Entscheidung über die Untersagung von Zusammenschlüssen bisher, soweit ersichtlich nur selten eine Rolle gespielt.[130]

§ 17. Gemeinschaftsunternehmen

Literatur: S. u. § 33 Rn. 31 ff. sowie *Kommission,* Mitteilung zu Zuständigkeitsfragen vom 11. Februar 2009, ABl. Nr. C 43/10, Tz. 62, 89 ff.; *Iliopoulos,* Gemeinschaftsunternehmen im EGKS- und EWG-Kartellrecht, 1986; *Langefeld/Wirth,* Joint Ventures im internationalen Wirtschaftsverkehr, 1990; *Lohse,* Kartellfreie Gemeinschaftsunternehmen im europäischen Wettbewerbsrecht, 1992; *Mestmäcker,* Gemeinschaftsunternehmen, in: Mestmäcker/Blaise/Donaldson, Gemeinschaftsunternehmen im Konzern- und Kartellrecht, 1979 = in: *Mestmäcker,* Recht und ökonomisches Gesetz, 2. Aufl., 1984, S. 414; *Pohlmann,* Der Unternehmensverbund im europäischen Kartellrecht, 1999.

I. Überblick

1 Gemeinschaftsunternehmen (joint venture companies [JV]) sind Unternehmen, die der gemeinsamen Kontrolle durch mindestens zwei andere Unternehmen, die sog. Gründer oder Mütter (parents), unterliegen (Art. 3 Abs. 1 lit. b und Abs. 4 FKVO). Als Mittel der Kooperation von Unternehmen stehen sie auf der Grenze zwischen Kartellen und Unternehmenszusammenschlüssen. Ihre wirtschaftliche **Bedeutung** ist erheblich, da sich die Kooperation von Unternehmen heute vor allem in Gemeinschaftsunternehmen vollzieht. Die Folge ist, dass mittlerweile bereits knapp die Hälfte der von der Kommission durchgeführten Fusionskontrollverfahren Gemeinschaftsunternehmen betrifft.

2 Diese Entwicklung ist nicht unproblematisch, weil die Mütter, selbst wenn sie formal Wettbewerber bleiben, auf dem vergemeinschafteten Markt ebenso wie auf anderen Märkten vielfach auf ihre Zusammenarbeit in dem Gemeinschaftsunternehmen

128 Erwägungsgrund Nr. 29 zu der FKVO.

129 *Kommission,* Horizontalleitlinien von 2004, S. 13 f. Tz. 76–88.

130 Ein Beispiel bei *Zimmer,* WuW 2013, 928 (932).

Rücksicht nehmen werden. Eine Erlahmung des Wettbewerbs zwischen den Müttern ist daher auf die Dauer nicht auszuschließen.

Die Wettbewerbsgesetze versuchen auf unterschiedlichen Wegen, diesen sog. **Gruppeneffekt** (neudeutsch: spillover-effect) der Gründung von Gemeinschaftsunternehmen in den Griff zu bekommen. Im **deutschen Recht** steht die Fiktion einer Teilfusion der Mütter auf dem Markt des Gemeinschaftsunternehmens im Vordergrund (§ 37 I Nr. 3 S. 3 GWB), wodurch jedoch die Anwendung des Kartellverbots des § 1 GWB auf die Mütter nicht ausgeschlossen wird (sog. Zweischrankentheorie; s. u. § 33 Rn. 40ff.). 3

Einen anderen Ansatz wählt seit 1997 das **europäische Kartellrecht.** Die einschlägige Regelung findet sich jetzt in Art. 2 Abs. 4 und Abs. 5 sowie in Art. 3 Abs. 1 lit. b und Abs. 4 FKVO von 2004. Auszugehen ist von Art. 3 Abs. 1 lit. b FKVO, nach dem ein Zusammenschluss auch dadurch bewirkt wird, dass mehrere Personen, die bereits mindestens ein Unternehmen kontrollieren, oder mehrere Unternehmen gemeinsam die Kontrolle über ein anderes Unternehmen erwerben. Abs. 4 der Vorschrift fügt hinzu, dass (nur) die Gründung eines Gemeinschaftsunternehmens, das auf Dauer alle Funktionen einer selbständigen wirtschaftlichen Einheit erfüllt, einen Zusammenschluss im Sinne des erwähnten Art. 3 Abs. 1 lit. b FKVO darstellt. Vorausgesetzt wird dabei die Erfüllung der Aufgreifkriterien des Art. 1 Abs. 2 und Abs. 3 FKVO. Ist danach die FKVO auf die Gründung eines Gemeinschaftsunternehmens anwendbar, so wird dieses *allein* nach der **FKVO,** d. h. insbesondere auch in dem von der FKVO vorgeschriebenen Verfahren und in den hier angeordneten kurzen Fristen (s. im Einzelnen u. § 18), darauf geprüft, ob durch seine Gründung wirksamer Wettbewerb im Gemeinsamen Markt oder in einem wesentlichen Teil desselben erheblich behindert würde, insbesondere durch die Begründung oder Verstärkung einer beherrschenden Stellung (Art. 2 Abs. 3 FKVO). 4

Die FKVO, eine bloße Ratsverordnung, konnte indessen nichts an dem vorrangigen Art. 101 AEUV ändern. Deshalb bestimmt ergänzend Art. 2 Abs. 4 FKVO, dass in dem genannten Falle (o. Rn. 4), d. h. bei Anwendbarkeit der FKVO auf die Gründung eines Gemeinschaftsunternehmens, die mit der Gründung des Gemeinschaftsunternehmens bezweckte oder bewirkte **Koordinierung** des Wettbewerbsverhaltens unabhängig bleibender Unternehmen – gemeint sind in erster Linie die Mütter – **nach Art. 101 Abs. 1 und Abs. 3 AEUV** zu beurteilen ist, um festzustellen, ob das Vorhaben mit dem Gemeinsamen Markt vereinbar ist. Die dabei insbesondere zu berücksichtigenden Kriterien nennt Art. 2 Abs. 5 FKVO (s. u. Rn. 20ff.). 5

Dies alles gilt aber, um es zu wiederholten, nur für diejenigen Gemeinschaftsunternehmen, die die besonderen Voraussetzungen des Art. 1 Abs. 2 und Abs. 3 sowie des Art. 3 Abs. 1 lit. b und Abs. 4 FKVO erfüllen (o. Rn. 4). Alle **anderen Gemeinschaftsunternehmen,** also auch die sog. Vollfunktionsgemeinschaftsunternehmen im Sinne des Art. 3 Abs. 4 FKVO, die *nicht* die Schwellenwerte des Art. 1 Abs. 2 und Abs. 3 FKVO überschreiten, werden dagegen weiterhin allein nach Art. 101 AEUV und damit im Verfahren nach der **VO Nr. 1/2003** geprüft. 6

II. Geschichte

Vor Inkrafttreten der ersten FKVO im Jahre 1990 konnte sich die Kommission bei der Kontrolle von Gemeinschaftsunternehmen allein auf Art. 101 AEUV (ex-Art. 81) 7 stützen. Von dieser Kontrolle **ausgenommen** wurden lediglich die sog. **echten konzentrativen Gemeinschaftsunternehmen,** die dadurch gekennzeichnet sind, dass sich die Mütter endgültig von dem Markt des Gemeinschaftsunternehmens zurückziehen, so dass dieses fortan allein auf dem betreffenden Markt als selbstständige wirtschaftliche Einheit tätig wird.[1] Hieran knüpfte noch die **ursprüngliche** gesetzliche **Regelung** des Fragenkreises in der alten FKVO von 1989 an. Danach stellte zunächst nur die Gründung eines Gemeinschaftsunternehmens, das auf Dauer alle Funktionen einer selbständigen wirtschaftlichen Einheit erfüllt *und* das keine Koordinierung des Wettbewerbsverhaltens der Gründerunternehmen im Verhältnis zueinander oder im Verhältnis zu dem Gemeinschaftsunternehmen mit sich bringt, einen Zusammenschluss dar. Die Verordnung unterschied mithin ursprünglich zwischen sog. Vollfunktionsgemeinschaftsunternehmen und sonstigen Gemeinschaftsunternehmen und innerhalb der *ersteren* weiter zwischen kooperativen und konzentrativen Gemeinschaftsunternehmen. Allein die letzteren, also *nur* die **konzentrativen Vollfunktionsgemeinschaftsunternehmen** unterlagen damit ursprünglich der **FKVO** (Art. 3 Abs. 2 Unterabs. 2 FKVO von 1989 a. F.), während die anderen Gemeinschaftsunternehmen dem Art. 101 AEUV zugewiesen wurden (Art. 3 Abs. 2 Unterabs. 1 FKVO von 1989 a. F.).[2]

8 Diese Regelung hatte mehr Fragen aufgeworfen als gelöst. Deshalb wurde durch die Ratsverordnung Nr. 1310/97 vom 30. Juni 1997 die Rechtslage (erneut) grundlegend geändert.[3] Bezweckt wurde damit die einheitliche Behandlung (nur) sämtlicher **Vollfunktionsgemeinschaftsunternehmen nach** Maßgabe der **FKVO.**[4] Hieran hat auch die neue FKVO von 2004 festgehalten, wie sich aus dem Zusammenhang der Bestimmungen des Art. 2 Abs. 4 und 5 sowie des Art. 3 Abs. 1 lit. b und Abs. 4 FKVO von 2004 ergibt. Im Vordergrund der Prüfung muss seitdem die Frage stehen, ob ein Gemeinschaftsunternehmen unter die Art. 1 und 3 FKVO fällt, weil es sich bei ihm um ein Vollfunktionsgemeinschaftsunternehmen handelt, und zwar gerade um ein solches von unionsweiter Bedeutung (u. Rn. 11 ff.).

III. Gemeinsame Kontrolle

9 Nach Art. 3 Abs. 1 lit. b FKVO ist ein Zusammenschluss (unter anderem) anzunehmen, wenn *mehrere* Unternehmen, insbesondere durch den Erwerb von Anteilsrechten, die unmittelbare oder mittelbare Kontrolle über ein anderes Unternehmen erwerben (sog. gemeinsame Kontrolle). Art. 3 Abs. 4 der Verordnung fügt hinzu, dass (auch oder nur) die *Gründung* eines sog. Vollfunktionsgemeinschaftsunternehmens einen Zusammenschluss in diesem Sinne darstellt. Das Verhältnis zwischen diesen beiden Vorschriften (Abs. 1 lit. b und Abs. 4 des Art. 3 FKVO) ist unklar und im Einzelnen umstritten. Überwiegend wird angenommen, dass der **Erwerb der gemeinsamen Kontrolle** über ein bereits *bestehendes* Unternehmen durch mehrere andere Personen oder Unternehmen nur dann zu einem Zusammenschluss im Sinne der Verordnung führt, wenn das übernommene Unternehmen auch nach seiner Übernahme durch mehrere andere Personen oder Unternehmen die Merkmale eines Vollfunktionsgemeinschaftsunternehmens erfüllt, und dass durch Abs. 4 des Art. 3 der Verordnung

---

1 *Kommission,* Entsch. v. 20.12.1974, ABl. 1975 Nr. L 38/14 – SHV/Chevron.
2 S. die frühere (inzwischen aufgehobene) Bekanntmachung vom 2.3.1998 (ABl. Nr. C 66/1), Tz. 5 f.
3 ABl. Nr. L 180/1.
4 S. den Erwägungsgrund Nr. 5 zu der ÄnderungsVO Nr. 1310/97 (vorige Fn.).

diesem Fall außerdem die **Neugründung** (de novo) solcher Gemeinschaftsunternehmen gleich gestellt wurde.[5] Erstes Merkmal eines Gemeinschaftsunternehmens im Sinne der Verordnung ist mit anderen Worten die gemeinsame Kontrolle durch die Mütter im Sinne des Art. 3 Abs. 1 lit. b FKVO.

Gemeinsame Kontrolle ist nach Art. 3 Abs. 1 lit. b und Abs. 2 FKVO anzunehmen, 10
wenn mehrere Unternehmen zusammen aufgrund ihrer Beteiligungen und der getroffenen Abreden nach den Umständen des Falles die Möglichkeit besitzen, einen bestimmenden Einfluss auf die Tätigkeit ihrer gemeinsamen Tochtergesellschaft, des Gemeinschaftsunternehmens auszuüben. Dies wird in der Fusionskontrollpraxis meistens ganz *weit* ausgelegt. Ein bestimmender Einfluss mehrerer Unternehmen auf ein anderes Unternehmen ist danach bereits dann anzunehmen, wenn diese die Möglichkeit besitzen, *Aktionen zu blockieren,* die das strategische Wirtschaftsverhalten des Gemeinschaftsunternehmens bestimmen.[6] Keine Rolle spielt, *wann* die gemeinsame Kontrolle begründet wurde. Das kann bereits *bei Gründung* des Gemeinschaftsunternehmens geschehen (so Art. 3 Abs. 4 FKVO), ebensogut aber auch *später* durch Beteiligung weiterer Unternehmen an einem anderen Unternehmen unter Umständen, die zur Annahme der gemeinsamen Kontrolle führen (so wohl Art. 3 Abs. 1 lit. b FKVO),[7] wobei auch nicht danach unterschieden wird, ob sich dieser Vorgang in einem oder mehreren zusammenhängenden Schritten vollzieht.[8]

Gemeinsame Beherrschung liegt danach insbesondere vor, wenn es sich um ein sog. 11
paritätisches (50:50) **Gemeinschaftsunternehmen** handelt,[9] kommt aber auch bei ungleicher Beteiligung der Mütter in Betracht, vorausgesetzt, dass die nur **minderheitlich beteiligte** Mutter aufgrund von Rechten, Verträgen oder sonstigen Umständen über zusätzliche Einflussrechte verfügt, die über die eines Minderheitsgesellschafters hinausgehen und die es ihr ermöglichen, ein **Veto** gegen strategische Entscheidungen bei dem Gemeinschaftsunternehmen einzulegen, weil die Beteiligten dann letztlich ebenfalls auf eine Verständigung, d. h. auf die gemeinsame Beherrschung angewiesen sind.[10] Gemeinsame Kontrolle kann schließlich noch **von mehreren Minderheitsgesellschaftern zusammen** ausgeübt werden, vorausgesetzt, dass sie sich vertraglich zur *gemeinsamen* Vorgehensweise gegenüber dem Gemeinschaftsunternehmen verpflichtet haben oder dass sonst aufgrund besonderer Umstände ihre Interessenidentität und damit die gemeinsame Vorgehensweise in dem Gemeinschaftsunternehmen gewährleistet sind.[11]

Keineswegs alle Gemeinschaftsunternehmen in dem soeben entwickelten Sinne (o. 12
Rn. 10f.) unterfallen freilich der FKVO, sondern nur diejenigen, bei denen (außer-

[5] So offenbar *Bechtold/Bosch u. a.*, EG-Kartellrecht, FKVO Art. 3 Rn. 15, 19ff.; LMR/*Lindemann,* FKVO Art. 3 Rn. 33, 41ff.; FK/*Schröer,* FKVO Art 3 Rn. 76, 123ff; – anders offenbar *Kommission,* Mitteilung von 2009 (ABl. Nr. C 43/10), Tz. 91ff.; s. dazu *Rosenthal/Thomas,* European Merger Control, 2010, S. 39ff.

[6] *EuG* Slg. 2006, II-331 (356ff.) = WuW/E EU-R 1005 (1006ff. Tz. 67ff.) – Cementbouw; *Kommission* Mitteilung von 2009, Tz. 62; s. auch u. § 33 Rn. 34ff.

[7] *Kommission,* Mitteilung, Tz. 83ff.

[8] *EuG* Slg. 2006, II-331 (367ff.) = WuW/E EU-R 1005 (1006ff. Tz. 104ff.) – Cementbouw.

[9] *Kommission,* Mitteilung, Tz. 64; Entsch. v. 12.11.1992, ABl. 1993 Nr. L 114/34 = AG 1993, 475 (476) – Mannesmann/Hoesch.

[10] *Kommission,* Mitteilung, Tz. 65ff.

[11] *EuG* Slg. 2006, II-331 (352f.) = WuW/E EU-R 1005 (1006f. Tz. 54) – Cementbouw.

dem) die Voraussetzungen des Art. 1 Abs. 1 und Abs. 2 sowie des Art. 3 Abs. 4 FKVO vorliegen. Erforderlich ist mit anderen Worten **zusätzlich,** dass das Gemeinschaftsunternehmen die **Schwellenwerte** des Art. 1 Abs. 2 und Abs. 3 FKVO überschreitet (s. dazu o. § 15 Rn. 11ff.) sowie dass es ein sog. **Vollfunktionsgemeinschaftsunternehmen** im Sinne des Art. 3 Abs. 4 FKVO darstellt, weil es auf Dauer alle Funktionen einer selbständigen wirtschaftlichen Einheit erfüllt (dazu u. Rn. 13ff.). Daraus folgt zugleich, dass alle *anderen* Gemeinschaftsunternehmen von der FKVO *nicht* erfasst werden und daher weiterhin allein dem Regime des Art. 101 AEUV unterstehen. Die wichtigsten Erscheinungsformen solcher anderen (nach Art. 101 AEUV zu beurteilenden) Gemeinschaftsunternehmen sind außer denjenigen, bei denen nicht die Schwellenwerte des Art. 1 Abs. 2 und Abs. 3 FKVO überschritten werden, noch die sog. Teilfunktionsgemeinschaftsunternehmen, Gemeinschaftsunternehmen, die nicht auf Dauer, sondern nur für vorübergehende Zwecke gegründet werden, sowie Gemeinschaftsunternehmen, bei denen die Gründer zusätzliche wettbewerbsbeschränkende Nebenabreden getroffen haben, die über den Rahmen des Art. 2 Abs. 4 FKVO hinausgehen.

IV. Abgrenzung

1. Voll- und Teilfunktionsgemeinschaftsunternehmen

13 Die Regelung der Gemeinschaftsunternehmen in der FKVO zwingt vor allem zu der (schwierigen) Unterscheidung zwischen Voll- und Teilfunktionsgemeinschaftsunternehmen (Art. 3 Abs. 4 FKVO). Die *Kommission* stellt dazu vor allem darauf ab, ob das fragliche Gemeinschaftsunternehmen über die erforderlichen Ressourcen und das nötige Management verfügt, um seine Tätigkeit auf Dauer unabhängig auszuüben zu können.[12] Teilfunktionsgemeinschaftsunternehmen sind dagegen dadurch gekennzeichnet, dass sie lediglich *einzelne* Aufgaben für die Mütter übernehmen, wobei in erster Linie an gemeinsame Töchter zu denken ist, die für die Mütter die Forschung und Entwicklung neuer Produkte betreiben, die Vorprodukte herstellen oder die den Einkauf oder den Verkauf für die Mütter koordinieren.[13]

14 **Maßstab,** anhand dessen beurteilt wird, ob es sich bei dem fraglichen Gemeinschaftsunternehmen um ein Vollfunktions- oder um ein bloßes Teilfunktionsgemeinschaftsunternehmen handelt, sind die Funktionen, die die *anderen Unternehmen* auf dem betreffenden Markt ausüben. Nur wenn das Gemeinschaftsunternehmen mit diesen Unternehmen hinsichtlich seiner Funktionen, seiner Ressourcen und seiner Tätigkeit am Markt vergleichbar ist, so dass es selbständig mit ihnen auf dem Markt in Wettbewerb treten kann, wird ein Vollfunktionsgemeinschaftsunternehmen im Sinne des Art. 3 Abs. 4 FKVO angenommen. Beschränkt sich dagegen das Gemeinschaftsunternehmen ganz oder doch überwiegend z. B. auf Geschäftsbeziehungen mit den Müttern, so handelt es sich im Zweifel um ein bloßes Teilfunktionsgemeinschaftsunternehmen, das etwa Vorprodukte für die Mütter herstellt. Die *Kommission* verfährt in der Regel bei der Annahme eines Vollfunktionsgemeinschaftsunternehmens verhältnismäßig *großzügig* (um die alleinige Kontrolle nach der FKVO sicherzustellen), vorausgesetzt, dass nach einer Übergangszeit von zwei bis drei Jahren nach der Grün-

[12] *Kommission,* Mitteilung von 2009, Tz. 94.

[13] *Kommission,* Mitteilung von 2009, Tz. 95ff.; *Ehlermann,* EuR 1991, 307 (309ff.); *Montag/Heinemann,* ZIP 1992, 1367 (1370ff.); *Sedemund,* FS Deringer, 1993, S. 379 (381ff.).

dung mit der Aufnahme der vollen Geschäftstätigkeit des Gemeinschaftsunternehmens am Markt zu rechnen ist.

2. Konzentrative und kooperative Gemeinschaftsunternehmen

15 Die eigenartige Regelung des Art. 2 Abs. 4 und Abs. 5 FKVO zwingt dazu, innerhalb der Vollfunktionsgemeinschaftsunternehmen im Sinne des Art. 3 Abs. 4 FKVO (dazu o. Rn..13f.) weiter ebenso wie schon früher (s. o. Rn. 8) zwischen kooperativen und konzentrativen Vollfunktionsgemeinschaftsunternehmen zu unterscheiden, da im Ergebnis allein auf die kooperativen Gemeinschaftsunternehmen zusätzlich zur FKVO Art. 101 AEUV Anwendung findet. Ein *kooperatives* Vollfunktionsgemeinschaftsunternehmen liegt nach Art. 2 Abs. 4 FKVO vor, wenn die Gründung des Gemeinschaftsunternehmens die Koordinierung des Wettbewerbsverhaltens unabhängig bleibender Unternehmen (d. h. der Mütter) bezweckt oder bewirkt. Ist dies der Fall, so findet auf das Gemeinschaftsunternehmen *zusätzlich* zu Art. 2 Abs. 3 FKVO auch **Art. 101 Abs. 1 und Abs. 3 AEUV** Anwendung (s. schon o. Rn. 5). Art. 2 Abs. 5 FKVO fügt noch hinzu, dass bei der Beurteilung eines Gemeinschaftsunternehmens nach Art. 2 Abs. 4 FKVO die Kommission „insbesondere" berücksichtigt, ob es (1.) auf dem Markt des Gemeinschaftsunternehmens oder einem diesem vor- oder nachgelagerten Markt oder auf einem benachbarten oder eng mit ihm verknüpften Markt eine nennenswerte und gleichzeitige Präsenz von zwei oder mehr Gründerunternehmen („parents") gibt, sowie (2.) ob die unmittelbar aus der Gründung des Gemeinschaftsunternehmens erwachsende Koordinierung den beteiligten Unternehmen die Möglichkeit eröffnet, für einen wesentlichen Teil der betreffenden Waren und Dienstleistungen den Wettbewerb auszuschalten. Mit dieser Regelung soll in erster Linie der häufig mit der Gründung von Gemeinschaftsunternehmen verbundene **Gruppeneffekt** erfasst werden (s. schon o. Rn. 2f.).

16 Für die (schwierige) Unterscheidung zwischen konzentrativen und kooperativen Gemeinschaftsunternehmen stellt Art. 2 Abs. 4 FKVO darauf ab, ob das Gemeinschaftsunternehmen die Koordinierung des Wettbewerbsverhaltens unabhängig bleibender Unternehmen bezweckt oder bewirkt. Gedacht ist dabei in erster Linie, wie aus Abs. 5 der Vorschrift zu entnehmen ist, an die an dem Gemeinschaftsunternehmen beteiligten Gründerunternehmen, die sog. *Mütter.* Mit Bezug auf diese ist folglich gemäß Art. 2 Abs. 4 FKVO zu prüfen, ob die Gründung des Gemeinschaftsunternehmens eine *Koordinierung ihres Wettbewerbsverhaltens* nach den Abreden der Beteiligten *bezweckt oder* doch nach den Umständen, insbesondere aufgrund der Verhältnisse der betroffenen Märkte, in Zukunft *bewirken* wird. Maßgebliches *Kriterium* ist dafür, wie dem Art. 2 Abs. 5 Fall 1 FKVO zu entnehmen ist, die **nennenswerte und gleichzeitige Präsenz der Mütter** entweder auf dem Markt des Gemeinschaftsunternehmens, auf einem diesem vor- oder nachgelagerten Markt oder auf einen benachbarten oder eng mit ihm verknüpften Markt. Für diese Märkte hat sich die Bezeichnung „Kandidatenmärkte" **(candidate markets)** eingebürgert. Hinter dieser Regelung steht die Erfahrung, dass der von der Zusammenarbeit mehrerer Unternehmen in einem Gemeinschaftsunternehmen ausgehende **Gruppeneffekt** vor allem auf einem dieser Märkte zu befürchten ist, nicht dagegen, wenn die betreffenden Unternehmen mehr oder weniger zufällig auf einem anderen, weit entfernten Markt aufeinandertreffen.

17 Erste **Voraussetzung** für die Anwendung des Art. 2 Abs. 4 FKVO auf die Gründung eines Vollfunktionsgemeinschaftsunternehmens im Sinne des Art. 3 Abs. 4 FKVO ist

Kausalität zwischen der Gründung des Gemeinschaftsunternehmens und der befürchteten Koordinierung des Wettbewerbsverhaltens der Mütter auf einem der candidate markets, wobei meistens aus Art. 2 Abs. 5 Fall 2 FKVO der weitere Schluss gezogen wird, dass diese Kausalität eine „unmittelbare", d. h. naheliegend sein muss und nicht nur theoretischer Art sein darf.

18 Die zweite Voraussetzung für die Anwendung des Art. 2 Abs. 4 FKVO ist eine nennenswerte, d. h. erhebliche und gleichzeitige **Präsenz von** wenigstens **zwei Müttern** auf einem der candidate markets, weil nämlich die Zusammenarbeit mehrerer Unternehmen in einem Gemeinschaftsunternehmen nur unter der Voraussetzung ihrer gleichzeitigen Präsenz auf einem Markt eine Verhaltskoordinierung zwischen zwei oder mehr Müttern auf dem Markt des Gemeinschaftsunternehmens oder auf einem anderen candidate market nach sich ziehen kann. Besonders naheliegend ist diese Gefahr bei einer Präsenz zumindest zweier Mütter *neben* dem Gemeinschaftsunternehmen auf dessen Markt, da dann nach allgemeiner wirtschaftlicher Erfahrung anzunehmen ist, dass alle Beteiligten, die Mütter wie das Gemeinschaftsunternehmen, aufeinander Rücksicht nehmen werden, schon, um ihre Zusammenarbeit nicht zu gefährden, *vorausgesetzt,* dass die Betätigung auf diesem Markt für die Mütter wichtig, d. h. eben „nennenswert" ist. Die Kommission beurteilt dies in erster Linie nach der Höhe der Marktanteile der Beteiligten, wobei in ihren Augen offenbar die addierte Marktanteilsschwelle in der Gegend von 20 bis 30% liegt.[14] Erschwerend kommt hinzu, dass sämtliche Beteiligten dann häufig in der Lage sein werden, zum Schaden der Verbraucher eine Politik der gemeinsamen Gewinnmaximierung zu betreiben.

19 Zu den candidate markets, die bei der Prüfung der kooperativen Aspekte eines Vollfunktionsgemeinschaftsunternehmens nach Art. 2 Abs. 5 Fall 1 FKVO ins Auge zu fassen sind, gehören außerdem die vor- oder nachgelagerten Märkte, benachbarte Märkte sowie eng mit dem Markt des Gemeinschaftsunternehmens **verknüpfte Märkte.** Sind auf einem dieser Märkte wenigstens zwei Mütter in nennenswertem Umfang gleichzeitig präsent, so wird in erster Linie geprüft, ob der Umsatz der Mütter mit dem Gemeinschaftsunternehmen einen erheblichen Anteil an dem Umsatz der Mütter hat, um feststellen zu können, welche Bedeutung für die Mütter überhaupt die Zusammenarbeit in dem Gemeinschaftsunternehmen hat. Denn nur, wenn diese Bedeutung erheblich ist, ist auf den genannten Märkten je nach den Umständen des Falles mit einem Gruppeneffekt durch gegenseitige Rücksichtnahme der Mütter aufeinander zu rechnen.[15] Ein **Beispiel** ist die sich kontinuierlich ausdehnende Zusammenarbeit der großen Telekommunikationsunternehmen auf den unterschiedlichsten Märkten, weil sie sich hier im Grunde durchweg zumindest als potentielle Konkurrenten gegenüberstehen.[16]

[14] S. *Kommission,* Entsch. v. 30.9.1999, WuW/E EU-V 371 (374f. Tz. 62ff.) – Fujitsu/Siemens; v. 28.2.2000, WuW/E EU-V 493 (495f. Tz. 26ff.) – Bertelsmann/Planeta/NEB.

[15] S. z. B. *Kommission,* Entsch. v. 11.8.1999, WuW/E EU-V 473 – KLM/ALITALIA; v. 28.2.2000, WuW/E EU-V 493 (495f. Tz. 23ff.) – Bertelsmann/Planeta/NEB; v. 22.12.2000, WuW/E EU-V 572 – Sora Enso/Assidomän/JV.

[16] *Kommission,* Entsch. v. 27.7.1994, ABl. Nr. L 221/36 – BT/MCI; v. 17.7.1996, ABl. Nr. L 239/23 – Atlas; v. 17.7.1996, ABl. L 239/57 – Phoenix; v. 29.10.1997, ABl. Nr. L 318/1 und 24 – Unisource und Uniworld; v. 20.5.1999, ABl. Nr. L 218/14 – Cegetel; v. 27.7.1999, ABl. Nr. L 218/24 – TD; v. 15.9.1999, ABl. Nr. L 321/1 (20ff. Tz. 145ff.) – BiB/Open; vgl. außerdem grdl. *EuG* Slg. 1999, II-203 (228ff. Tz. 66ff.) = WuW/E EU-R 261 (263ff.) – Assicurazioni Generali und Unicredito.

V. Rechtliche Behandlung der kooperativen Vollfunktionsgemeinschaftsunternehmen

20 Die kooperativen Vollfunktionsgemeinschaftsunternehmen unterliegen seit 1998 der FKVO, vorausgesetzt, dass sie die Schwellenwerte des Art. 1 Abs. 2 und Abs. 3 FKVO überschreiten (Art. 3 Abs. 4 FKVO). Verfahrensrechtlich richtet sich daher ihre Prüfung *allein* nach den Vorschriften der **FKVO** und nicht zugleich nach der VO Nr. 1/2003. Die Folge ist, dass sich seitdem die Prüfung der kooperativen Vollfunktionsgemeinschaftsunternehmen im Rahmen des einheitlichen Fusionskontrollverfahrens in zwei Schritten vollzieht. Der **erste Schritt** besteht in der Kontrolle der Gründung des Gemeinschaftsunternehmens anhand des Art. 2 Abs. 2 und Abs. 3 FKVO, d. h. in der Prüfung, ob durch die Gründung des Gemeinschaftsunternehmens auf einem Markt der Union wirksamer **Wettbewerb** erheblich **behindert** würde, insbesondere durch die Begründung oder Verstärkung einer beherrschenden Stellung, wobei vor allem, aber nicht allein, an das Gemeinschaftsunternehmen zu denken ist.[17] Ergibt diese Prüfung, dass die Voraussetzungen des Art. 2 Abs. 3 FKVO erfüllt sind, so wird der in der Gründung des Gemeinschaftsunternehmens liegende Zusammenschluss nach Art. 8 Abs. 3 FKVO für unvereinbar mit dem Gemeinsamen Markt erklärt, d. h. untersagt.

21 Führt jedoch die Prüfung auf der ersten Stufe nicht zur Untersagung des Zusammenschlusses (o. Rn. 20), so schließt sich als **zweite Stufe** die Prüfung der Gründung des Gemeinschaftsunternehmens nach Art. 2 Abs. 4 und Abs. 5 FKVO, d. h. der Sache nach gemäß **Art. 101 Abs. 1 und 3 AEUV** an. In diesem Stadium der Prüfung wird somit untersucht, ob die Gründung des Gemeinschaftsunternehmens eine **Koordinierung des Wettbewerbsverhaltens der Mütter** auf einem der candidate markets i. S. von Art. 101 AEUV bezweckt oder bewirkt. Insoweit ist eine *Prognose* über die Entwicklung der Situation auf den candidate markets im Falle der Gründung des Gemeinschaftsunternehmens in den nächsten Jahren erforderlich, über deren Schwierigkeit man sich keinen Illusionen hingeben darf. Auszugehen ist von den beiden **Beispielstatbeständen** des Art. 2 Abs. 5 FKVO, wobei der erste Tatbestand (Präsenz von mindestens zwei Müttern auf einem candidate market) ganz im Vordergrund des Interesses steht.[18] Denn der zweite Tatbestand – Eröffnung der Möglichkeit zur Ausschaltung des Wettbewerbs für einen wesentlichen Teil der betreffenden Waren oder Dienstleistungen – stellt bei Lichte besehen nur einen Anwendungsfall des ersten Tatbestandes des Art. 2 Abs. 5 FKVO dar.

22 Auch mit der Prüfung des Art. 101 Abs. 1 AEUV (o. Rn. 21) ist die Prüfung noch nicht abgeschlossen, wie Art. 2 Abs. 4 FKVO zeigt, der auch den Art. 101 Abs. 3 AEUV in Bezug nimmt.[19] Deshalb muss jetzt noch abschließend geprüft werden, ob (ausnahmsweise) eine **Freistellung** des kooperativen, an sich gegen Art. 101 Abs. 1 AEUV verstoßenden Vollfunktionsgemeinschaftsunternehmens nach Art. 101 Abs. 3 AEUV in Betracht kommt. Ergibt diese Prüfung, dass vermutlich die Freistellungsvoraussetzungen des Art. 101 Abs. 3 AEUV erfüllt sein werden, so wird das Gemeinschaftsunternehmen für mit dem Gemeinsamen Markt vereinbar erklärt, d. h. freigegeben (Art. 8 Abs. 1 FKVO).

---

17 Ein Beispiel in *Kommission,* Entsch. v. 6.10.2004, ABl. 2006 Nr. L 61/11 (13f. Tz. 14ff.) – Areva/Urenco.

18 *EuG* Slg. 2006, II-3089 (3118ff.).

19 S. *Mestmäcker/Schweitzer,* § 24 Rn. 80–84 (S. 583ff.).

VI. Andere Gemeinschaftsunternehmen

23 Die FKVO gilt nur für Gemeinschaftsunternehmen, die Vollfunktionsgemeinschaftsunternehmen im Sinne des Art. 3 Abs. 4 FKVO sind *und* bei denen die Schwellenwerte des Art. 1 Abs. 2 und Abs. 3 FKVO überschritten sind. Auf alle anderen Gemeinschaftsunternehmen findet sie dagegen keine Anwendung, so dass sie **allein** dem **Art. 101 AEUV** unterstehen, und zwar einschließlich der Vollfunktionsgemeinschaftsunternehmen, die *unterhalb* der Schwellenwerte des Art. 1 Abs. 2 und Abs. 3 FKVO liegen, sowie solcher Vollfunktionsgemeinschaftsunternehmen, die zwar die Schwellenwerte des Art. 1 Abs. 2 und Abs. 3 FKVO überschreiten, deren Gründung jedoch mit zusätzlichen, wettbewerbsbeschränkenden **Nebenabreden** der Mütter, insbesondere über Preise, Gebiete oder Mengen verbunden ist. Insoweit bleibt es bei der gegebenenfalls zusätzlichen Anwendbarkeit des **Art. 101 AEUV,** und zwar im Rahmen der VO Nr. 1/2003.[20]

24 Weitere Fälle, in denen von der alleinigen Anwendbarkeit des Art. 101 AEUV auszugehen ist, sind schließlich noch **Teilfunktionsgemeinschaftsunternehmen** (o. Rn. 15ff.), die bei Lichte besehen ohnehin nichts anderes als ein Mittel der Kooperation der Mütter auf einzelnen Märkten und damit reine Kartelle sind. Vor allem Gemeinschaftsunternehmen, die Forschungs- und Entwicklungsaufgaben für die Mütter übernehmen, die als Verkaufs- oder Einkaufsgemeinschaften fungieren oder die Vorprodukte herstellen, gehören vielfach hierher.[21]

§ 18. Verfahren

Materialien: *Kommission,* Mitteilung über im Rahmen der Fusionskontrolle zulässige Abhilfemaßnahmen, ABl. 2001 Nr. C 68/3; *dies.*, Mitteilung über interne Verfahrensvorschriften für die Behandlung von Anträgen auf Akteneinsicht, ABl. 1997 Nr. C 23/3; *dies.*, Bekanntmachung über Nebenabreden v. 5. März 2005, ABl. Nr. C 56/24; *dies.*, Bekanntmachung über ein vereinfachtes Verfahren für bestimmte Zusammenschlüsse v. 5. März 2005, ABl. Nr. C 56/32; Merger Remedies Study v. 21. Oktober 2005 (unveröffentlicht).

I. Überblick

1 Das Verfahren in der Fusionskontrolle hat eine eigenständige Regelung in der **FKVO Nr. 139/2004** gefunden, da sich der Anwendungsbereich der Kartellverfahrensverordnung Nr. 1/2003 auf das Verfahren bei der Durchsetzung der Wettbewerbsregeln des Vertrages (Art. 101 und 102) beschränkt. Ergänzende Vorschriften finden sich in der **Durchführungsverordnung (DVO) Nr. 802/2004,**[1] die Einzelheiten der Anmeldung von Zusammenschlüssen (Art. 2ff.), der Fristberechnung (Art. 7ff.), der Anhörung der Beteiligten (Art. 11ff.) sowie der Akteneinsicht und des Verfahrens bei dem Angebot von Verpflichtungszusagen regelt (Art. 17f., 19f.).

2 Weitere Erläuterungen zu Einzelheiten des Verfahrens enthält wie üblich eine Reihe von **Bekanntmachungen** der Kommission. Hervorzuheben ist schon hier die Bekanntmachung vom 5. März 2005 über ein vereinfachtes Verfahren für bestimmte Zu-

[20] Zu der schwierigen Grenzziehung s. etwa *Bier,* NZKart 2014, 214; *Hirsbrunner,* EuZW 1999, 389 (390); sehr großzügig *OLG Düsseldorf* NZKart 2013, 377 (379f.) = WuW/E DE-R 3993 (gegen BKartA WuW/E DE-V 1915) – Chemikalien-Handel.

[21] S. schon *Kommission,* Entsch. v. 20.10.1978, ABl. Nr. L 322/26 (30ff.) – WANO Schwarzpulver.

[1] ABl. Nr. L 133/1; zuletzt geändert durch die VO Nr. 1033/2008, ABl. Nr. L 279/3.

sammenschlüsse.[2] Das vereinfachte Verfahren findet danach in solchen Fällen Anwendung, in denen in der Regel keine Bedenken gegen einen angemeldeten Zusammenschluss bestehen. Nach Meinung der Kommission gilt dies grundsätzlich für konglomerate Zusammenschlüsse sowie für horizontale Zusammenschlüsse mit einem Marktanteil von weniger als 15% und für vertikale Zusammenschlüsse mit Marktanteilen bis 25%.[3] Diese Kriterien geben auch wichtige Hinweise auf die Auslegung des Art. 2 Abs. 3 FKVO durch die Kommission.

Das Verfahren in der Fusionskontrolle ist ebenso wie nach deutschem Recht (s. § 39 Abs. 1 GWB) **präventiv,** da Zusammenschlüsse grundsätzlich bereits *vor* ihrem *Vollzug* bei der Kommission angemeldet werden müssen (Art. 4 Abs. 1 Unterabs. 1 FKVO), dies deshalb, weil erfahrungsgemäß die *nachträgliche Auflösung* eines einmal vollzogenen Zusammenschlusses auf große Schwierigkeiten stößt. Aus diesem Grunde gilt während der Prüfung des Zusammenschlusses durch die Kommission ferner ein **Vollzugsverbot** (Art. 7 Abs. 1 FKVO). Verstöße gegen die Anmeldepflicht (Art. 4 FKVO) oder gegen das Vollzugsverbot (Art. 7 FKVO) können von der Kommission mit Geldbußen sanktioniert werden (Art. 14 Abs. 2 FKVO). 3

Das Vollzugsverbot für einen Zusammenschluss (o. Rn. 3) belastet die Unternehmen naturgemäß erheblich. Zum Ausgleich sieht die FKVO im Interesse der beteiligten Unternehmen ein streng gegliedertes Verfahren mit **kurzen Fristen** für die jeweils abschließenden Entscheidungen der Kommission vor (s. insbesondere die Art. 6, 8 und 10). Hält die Kommission diese Fristen nicht ein, so gilt der Zusammenschluss grundsätzlich kraft Gesetzes als erlaubt (Art. 10 Abs. 6 FKVO). 4

Die Kommission besitzt in dem Verfahren ebenso wie nach der Kartellverfahrensverordnung Nr. 1/2003 umfangreiche **Auskunfts- und Ermittlungsbefugnisse** (Art. 11 bis 13 FKVO),[4] die durch Zwangsgelder durchgesetzt werden können (Art. 15 FKVO). Verstöße gegen die genannten Pflichten ziehen ferner Geldbußen nach sich (Art. 14 Abs. 1 FKVO). 5

In dem Fusionskontrollverfahren müssen die Grundrechte der Beteiligten gewahrt werden.[5] Dazu gehört insbesondere das Recht auf rechtliches Gehör. Seiner Verwirklichung dient vornehmlich die in Art. 18 FKVO vorgeschriebene **Mitteilung der Beschwerdepunkte.** Den beteiligten Unternehmen soll dadurch eine sachgerechte Verteidigung sowie die Prüfung ermöglicht werden, ob die drohende Untersagung des Zusammenschlusses noch durch bestimmte Zusagen abgewandt werden kann.[6] Deshalb müssen die wettbewerbsrechtlichen **Bedenken** der Kommission gegen ein Zusammenschlussvorhaben in den Beschwerdepunkten deutlich herausgearbeitet werden; geschieht dies nicht, stützt die Kommission die Untersagung des Zusammenschlusses vielmehr auf Gründe, die in den Beschwerdepunkten nicht klar angesprochen wurden, so werden die Verteidigungsrechte der beteiligten Unternehmen verletzt, so dass die Entscheidung auf Klage hin selbst dann aufzuheben ist, wenn sie im Übrigen an sich sachlich zutref- 6

[2] ABl. Nr. C 56/32.

[3] Bekanntmachung (vorige Fn.), Tz. 5 lit. b und c.

[4] S. o. § 12 Rn. 18ff.; *EuG* Slg. 2009, II-152 = WuW/E EU-R 1536 (1537ff.) – Omya; s. dazu *Hirsbrunner,* EuZW 2010, 727 (730).

[5] S. die Erwägungsgründe Nr. 36 und 37 zu der FKVO.

[6] *EuG* Slg. 2002, II-4075 (4191ff. Tz. 440ff.) – Schneider/Legrand.

fend sein sollte.[7] Jedoch haben die Beschwerdepunkte nur vorläufigen Charakter, so dass die Kommission ihre Meinung aufgrund der Anhörung der Beteiligten immer noch ändern kann.[8] Stößt die Kommission dabei auf **zusätzliche Einwände** gegen den Zusammenschluss, so darf sie diese bei ihrer Entscheidung freilich *nicht* mehr berücksichtigen, außer wenn sie den Beteiligten erneut die Gelegenheit zur Stellungnahme gibt.[9]

II. Anmeldung

1. Zeitpunkt

7 Zusammenschlüsse von gemeinschaftsweiter Bedeutung im Sinne der Art. 1 und 3 FKVO müssen grundsätzlich *nach* Vertragsabschluss, nach Veröffentlichung des Übernahmeangebots oder *nach* Erwerb einer die Kontrolle begründenden Beteiligung, jedoch *vor* ihrem Vollzug bei der Kommission angemeldet werden (Art. 4 Abs. 1 Unterabs. 1 FKVO); die Einzelheiten ergeben sich aus der Durchführungsverordnung Nr. 802/2004 vom 7. April 2004 (Rn. 1). Eine Anmeldung ist aber auch schon früher möglich, sofern die Unternehmen glaubhaft machen, dass sie ernsthaft gewillt sind, einen bestimmten Vertrag abzuschließen (Art. 4 Abs. 1 Unterabs. 2 FKVO).[10] Mehrere denselben Markt betreffende Anmeldungen werden nach dem **Prioritätsprinzip** streng nach ihrer zeitlichen Reihenfolge behandelt, so dass bei der Prüfung der früheren Anmeldung die spätere – trotz Berührung desselben Marktes – grundsätzlich nicht berücksichtigt wird.[11]

8 Bei dem anzumeldenden **Vertrag** oder Vertragsvorhaben (Art. 4 Abs. 1 FKVO; o. Rn. 7) handelt es sich in erster Linie um die dem (geplanten) Zusammenschluss zugrundeliegenden **Kausalgeschäfte,** die dem (dinglichen) Vollzug, z. B. durch Übertragung der Anteile oder des Vermögens (u. Rn. 10), vorausgehen. Dagegen erledigt sich das Verfahren, wenn die beteiligten Unternehmen den Vertrag noch vor der Entscheidung der Kommission wieder aufheben.[12]

9 Der förmlichen Anmeldung eines Zusammenschlusses geht in aller Regel ein inoffizielles **„Pränotifizierungsverfahren"** voraus, in dem durch Gespräche der Beteiligten mit den zuständigen Beamten der Kommission geklärt wird, welche Angaben die Kommission in der Anmeldung für unbedingt erforderlich hält. Der Kommission soll dadurch eine zügige Bearbeitung der Anmeldung in den kurzen Fristen der FKVO ermöglicht werden – im Interesse aller Beteiligten.[13]

2. Vollzugsverbot

10 Die förmliche Anmeldung löst bereits das Vollzugsverbot des Art. 7 Abs. 1 FKVO bis zur Freigabe des Zusammenschlusses nach den Art. 6 Abs. 1 lit. b und 8 Abs. 1 und Abs. 2 FKVO aus (o. Rn. 3f.) Mit **Vollzug** sind hier die **Erfüllungsgeschäfte** im Gegensatz zu den Kausalgeschäften gemeint, die nach Art. 4 Abs. 1 FKVO anzumelden sind (s. o. Rn. 8). Eine **Ausnahme** von dem Vollzugsverbot findet sich für öffentliche

[7] *EuG* Slg. 2002, II-4075 (4192 Tz. 444; 4194 Tz. 453f.) – Schneider/Legrand.
[8] *EuGH* Slg. 2008, I-5628 = WuW/E EU-R 1498 (1501ff. Tz. 63ff.) – Impala.
[9] *EuG* Slg. 2009, II-2033 = WuW/E EU-R 1576 Tz. 76ff. – Qualcomm/Wireless.
[10] Anders früher *Kommission,* Entsch. v. 28.11.1990, EuZW 1991, 187 – Cookson/ICI.
[11] S. m. N. *P. Schmidt/I. Simon,* EuZW 2013, 213 (215).
[12] *EuG* Slg. 2004, II-3256 = WuW/E EU-R 840 (843 Tz. 89) – MCI/Sprint; s. dazu *Staebe,* EuZW 2005, 14.
[13] *P. Schmidt/I. Simon,* EuZW 2013, 213 (215).

Übernahmeangebote sowie für bestimmte Wertpapiergeschäfte in Art. 7 Abs. 2 FKVO; außerdem kann die Kommission Befreiung von dem Vollzugsverbot erteilen (Art. 7 Abs. 3 FKVO). Verstöße gegen das Vollzugsverbot ziehen zivil- und bußgeldrechtliche Sanktionen nach sich (s. Art. 7 Abs. 4, 14 Abs. 2 lit. b FKVO). In der Praxis ist es üblich geworden, das erworbene Unternehmen, das so genannte Zielunternehmen, bereits während des Vollzugsverbots anderweitig und insbesondere bei Banken zu „parken", um den Zusammenschluss unmittelbar nach dessen Freigabe vollziehen zu können. Die Vereinbarkeit dieser Praxis mit dem Vollzugsverbot des Art. 7 FKVO ist, soweit nicht Art. 3 Abs. 5 lit. a FKVO eingreift, zweifelhaft.[14]

III. Vorprüfverfahren

Durch die Anmeldung wird das Vorprüfverfahren des Art. 6 FKVO ausgelöst, für das kurze Fristen gelten (Art. 10 Abs. 1 FKVO). Die Vorprüfung kann zu dem Ergebnis führen, dass die FKVO nicht anwendbar ist (Art. 6 Abs. 1 lit. a FKVO), dass gegen den Zusammenschluss keine Bedenken bestehen (lit. b des Art. 6 Abs. 1 FKVO) oder dass das Hauptverfahren eröffnet wird, weil ernsthafte Bedenken gegen die Vereinbarkeit des Zusammenschlusses mit dem Gemeinsamen Markt zu erheben sind (lit. c des Art. 6 Abs. 1 FKVO; dazu u. Rn. 15). Bei der Entscheidung zwischen diesen drei Alternativen verfügt die Kommission über einen weiten Ermessensspielraum.[15] 11

Der größte Teil der Anmeldungen wird bereits im Vorprüfverfahren des Art. 6 FKVO erledigt, zumal die Kommission seit 1997 die Befugnis besitzt, schon im Vorprüfverfahren bei ihrer Entscheidung bzw. ihrem Beschluss **Zusagen** der beteiligten Unternehmen über etwaige Änderungen des Zusammenschlusses zu berücksichtigen sowie ihre Entscheidung (d. h. den Bechluss) mit **Bedingungen** und **Auflagen** zu verbinden, um sicherzustellen, dass die beteiligten Unternehmen die übernommenen Verpflichtungen auch tatsächlich erfüllen (Art. 6 Abs. 2 Unterabs. 1 und 2 FKVO von 2004). Bei der Formulierung von Bedingungen und Auflagen verfügt die Kommission zwar über einen erheblichen Beurteilungsspielraum, muss aber den Verhältnismäßigkeitsgrundsatz beachten.[16] 12

Bei Nichterfüllung einer **Bedingung** wird die Freigabeentscheidung hinfällig, während **Auflagen** zusätzliche Verpflichtungen der Beteiligten begründen (s. u. § 36 Rn. 34, 41 ff.). Kommen sie diesen Verpflichtungen nicht nach, so kann die Kommission entweder die Freigabeentscheidung widerrufen (Art. 8 Abs. 6 lit. b FKVO) oder gegen die Beteiligten Geldbußen oder Zwangsgelder festsetzen (Art. 14 Abs. 2 lit. d, 15 Abs. 1 lit. c FKVO).[17] Am häufigsten sind so genannte **Veräußerungszusagen,** d. h. Zusagen der beteiligten Unternehmen, sich von bestimmten Unternehmensteilen oder Tochtergesellschaften durch ihre Veräußerung an Dritte zu trennen, um die mit dem Zusammenschluss verbundenen nachteiligen Wirkungen für den Wettbewerb auf andere Weise als durch Verzicht auf den Zusammenschluss auszugleichen. Zur Überwachung der Einhaltung der Zusagen werden von der Kommission häufig Beauftragte eingesetzt, deren Unabhängigkeit von den Beteiligten gerichtlich, insbesondere auf Klagen 13

[14] S. *EuG,* Urt. v. 9.6.2010 – T 279/04; *Emmerich,* AG 2013, 23 (29); *Hirsbrunner,* EuZW 2011, 549.

[15] *EuG* Slg. 2003, II-1442 (1470 Tz. 77 ff.) – Royal Philips (SEB/Moulinex).

[16] *EuGH* Slg. 2007, I-12154 = WuW/E EU-R 1358 (1360 Tz. 52 ff.) – Cementbouw.

[17] S. dazu die Mitteilung der *Kommission* über zulässige Abhilfemaßnahmen, ABl. 2008 Nr. C 267/1; *Leibenath,* Probleme der Zusagenpraxis, 2000; *P. Linsmeier,* FS Bechtold, 2006, S. 269; *Papadopoulos/Tajana,* ECLR 2006, 443.

anderer Interessenten hin, überprüft werden kann.[18] Die **Erfahrungen,** die die Kommission bisher mit derartigen Zusagen gemacht hat, sind keineswegs ermutigend: In knapp der Hälfte der Fälle hatten die Zusagen keinerlei positive Effekte.[19]

14 Bieten die Unternehmen **Zusagen** über Abhilfemaßnahmen an, so muss die Kommission den Zusammenschluss im Lichte der vorgeschlagenen Änderungen erneut auf seine Vereinbarkeit mit Art. 2 Abs. 3 FKVO prüfen. Dazu gehört die Prüfung, ob die Zusagen ernst gemeint, wirksam und bindend sind. Die Kommission verfügt insoweit ebenfalls im Prinzip über einen weiten Beurteilungsspielraum, so dass es grundsätzlich ausreicht, wenn sie ohne Beurteilungsfehler zu der Auffassung gelangen konnte, dass die gegebenen Zusagen zur Zerstreuung ihrer Bedenken ausreichen.[20]

IV. Hauptprüfverfahren

15 Der zweite Abschnitt des Verfahrens besteht aus dem sog. Haupt- oder Hauptprüfverfahren. Das Hauptprüfverfahren wird durch eine Entscheidung (bzw. einen Beschluss) der Kommission im Vorverfahren nach Art. 6 Abs. 1 lit. c FKVO eingeleitet. Voraussetzung ist, dass nach Meinung der Kommission der Zusammenschluss Anlass zu ernsthaften Bedenken hinsichtlich seiner Vereinbarkeit mit dem Gemeinsamen Markt gibt. In diesem Verfahren muss die Kommission grundsätzlich binnen 90 Arbeitstagen (s. Art. 10 Abs. 3 und Abs. 4 FKVO) eine abschließende Entscheidung im Sinne des Art. 8 Abs. 1 bis Abs. 3 FKVO treffen. Die Frist von rund drei Monaten, die der Kommission für die genannten Entscheidungen oder Beschlüsse zur Verfügung steht, ist angesichts der ungewöhnlichen Komplexität vieler der von der Kommission zu beurteilenden Fälle ausgesprochen *kurz,* wodurch die zuständige Generaldirektion „Wettbewerb" der Kommission vor große Schwierigkeiten gestellt wird.

16 Bei der Entscheidung über die Freigabe oder die Untersagung eines Zusammenschlusses nach Art. 2 Abs. 2 und Abs. 3 FKVO verfügt die Kommission an sich über einen weiten **Beurteilungsspielraum,** d. h. über ein „gewisses Ermessen", vor allem bei der Beurteilung wirtschaftlicher Zusammenhänge, das von den Unionsgerichten grundsätzlich nur darauf hin überprüft werden kann, ob die Verfahrens- und Begründungsvorschriften eingehalten wurden, ob der Sachverhalt zutreffend festgestellt wurde und ob kein offensichtlicher Beurteilungsfehler und kein Ermessensmissbrauch vorliegt, während es nicht Sache der Gerichte ist, ihre wirtschaftliche Beurteilung an die Stelle derer der Kommission zu setzen.[21] Als **Maßstab** verwendet das Gericht dabei von Fall zu Fall auch die Leitlinien der Kommission und beschränkt sich dann auf die Prüfung, ob sich die Kommission widerspruchsfrei an ihre Leitlinien gehalten hat.[22] Die Praxis ist indessen nicht einheitlich, da das Gericht in anderen Urteilen tatsächlich die Un-

[18] *EuG* Slg. 2010, II-4715 (4738ff.) – Ed. Odile Jacob.

[19] S. im Einzelnen *Kommission,* Merger Remedies Study v. 21.10.2005 und dazu ausführlich *P. Linsmeier,* FS Bechtold, 2006, S. 269.

[20] *EuG* Slg. 2005, II-3753 = WuW/E EU-R 943 (948f. Tz. 63ff., 89f.) – Energias de Portugal (EDP); Slg. 2006, II-331 = WuW/E EU-R 1005 (1020ff.) – Cementbouw; *EuG* Slg. 2006, II-1940 = WuW/E EU-R 1079 (1086ff. Tz. 128ff.) – easyJet.

[21] So z. B. *EuG* Slg. 2005, II-5596 = WuW/E EU-R 977 (978f. Tz. 60ff.) – GE; Slg. 2006, II-331 = WuW/E EU-R 1005 (1014 Tz. 196ff.) – Cementbouw; WuW/E EU-R 1079 (1084 Tz. 44ff.) – easyJet; NZKart 2013, 371 Tz. 51 = WuW/E EU-R 2770 – Billa/Adeg.

[22] *EuG* Slg. 2007, II-2251 = WuW/E EU-R 1397 Tz. 131ff. – Schneider/Legrand; NZKart 2013, 371 Tz. 51 = WuW/E EU-R 2770 – Billa/Adeg.

tersagungsentscheidungen *ebenso* wie die Freigabeentscheidungen der Kommission (s. o. Rn. 15) bis in die letzten Details auf ihre Schlüssigkeit und Tragfähigkeit überprüft hat.[23]

Die Freigabe eines Zusammenschlusses kann nach Art. 8 Abs. 2 S. 2 FKVO auch mit **Bedingungen und Auflagen** versehen werden (s. Rn. 12). War dagegen der Zusammenschluss – entgegen Art. 7 FKVO – bereits vollzogen worden, so kommen noch **Auflösungsanordnungen** nach Art. 8 Abs. 4 FKVO in Betracht.[24] 17

V. Nebenabreden

Freigabeentscheidungen oder -beschlüsse der Kommission erstrecken sich auch auf die Nebenabreden der am Zusammenschluss beteiligten Unternehmen. Man versteht darunter Abreden über die Einschränkung der wirtschaftlichen Handlungsfreiheit eines oder mehrerer beteiligter Unternehmen, die an sich gegen Art. 101 Abs. 1 AEUV verstoßen, jedoch mit der Durchführung des Zusammenschlusses unmittelbar verbunden und für diese notwendig sind, so dass sich die Prüfung des Zusammenschlusses nach Art. 2 Abs. 2 FKVO auch auf diese Nebenabreden erstreckt (Art. 6 Abs. 1 lit. b Unterabs. 2, 8 Abs. 1 Unterabs. 2 und Abs. 2 Unterabs. 3 FKVO). Die Einzelheiten ergeben sich aus der **Bekanntmachung** der Kommission über Nebenabreden vom 5. März 2005.[25] 18

Das wichtigste Beispiel derartiger Nebenabreden sind **Wettbewerbsverbote** zu Lasten des Veräußerers eines Unternehmens, ohne die die Veräußerung eines Unternehmens häufig nicht durchführbar ist. Wettbewerbsverbote gelten deshalb als unbedenklich, *sofern* sie sich gegenständlich und räumlich auf den Markt des veräußerten Unternehmens beschränken und zeitlich auf eine kurz bemessene Übergangsfrist von wenigen Jahren begrenzt werden.[26] Weitere Beispiele für Nebenabreden sind **Lizenzvereinbarungen,** z. B. zugunsten des Erwerbers, der auf die Benutzung einer bestimmten, nicht mitveräußerten Technologie angewiesen ist,[27] sowie **Bezugs- oder Lieferpflichten** für eine Übergangszeit, die den beteiligten Unternehmen eine Fortsetzung ihrer bisherigen wirtschaftlichen Tätigkeit ermöglichen sollen.[28] 19

VI. Rechtsschutz

Sämtliche in der Sache ergehenden Entscheidungen oder Beschlüsse der Kommission können zunächst von den beteiligten Unternehmen vor dem Gericht angefochten werden (Art. 263 Abs. 4 AEUV), sofern sie durch die Entscheidung **beschwert** sind. Daran fehlt es z. B. bei Freigabeentscheidungen, sofern sich der Adressat lediglich gegen Feststellungen der Kommission in der Begründung wendet, etwa, weil er die Marktabgrenzung der Kommission für falsch hält. Denn diese Feststellungen der Kommission binden niemanden und beziehen sich ausschließlich auf den Zeitpunkt der Entscheidung, so dass sie in späteren Fällen jederzeit überprüft werden können.[29] 20

---

[23] S. insbes. das Impala-Urteil, WuW/E EU-R 1091; ebenso *Hirsbrunner,* EuZW 2010, 727 (730).

[24] S. aber *EuG* Slg. 2008, II-417 = WuW/E EU-R 1415 (1419ff. Tz. 51ff.) – Air Lingus.

[25] ABl. Nr. C 56/24; dazu z. B. *Grappe,* Nebenabreden in der europäischen Fusionskontrolle, 2000.

[26] S. o. § 4 Rn. 56ff.; *Kommission,* Bekanntmachung (vorige Fn.), Tz. 18ff.

[27] *Kommission,* Bekanntmachung, Tz. 27ff.; *Albert,* Patente in der Fusionskontrolle, 2011, S. 213ff.

[28] *Kommission,* Bekanntmachung, Tz. 32ff.

[29] *EuG* Slg. 2000, II-1733 (1763ff. Tz. 80ff.) – Coca-Cola.

21 Unter den Voraussetzungen des Art. 263 Abs. 4 AEUV können ferner Dritte und insbesondere die **Konkurrenten** der beteiligten Unternehmen eine Freigabeentscheidung der Kommission anfechten. Voraussetzung ist, dass sie durch die fragliche Entscheidung oder den Beschluss unmittelbar und individuell betroffen sind (Art. 263 Abs. 4 FKVO). Dies ist insbesondere anzunehmen, wenn sie am Verwaltungsverfahren beteiligt waren und ihre Marktstellung durch den Zusammenschluss unmittelbar beeinträchtigt wird, wie es wohl in der Regel bei einem Zusammenschluss der wichtigsten Konkurrenten eines klagenden Dritten tatsächlich der Fall sein dürfte.[30] Wenden sich Dritte gegen die Freigabe eines Zusammenschlusses aufgrund von *Zusagen* der beteiligten Unternehmen, so müssen sie in dem Rechtsstreit dartun, dass die Kommission die Zusagen falsch beurteilt hat, so dass ihre Entscheidung zweifelhaft erscheint. Gelingt ihnen dies, so trägt fortan wieder die Kommission die volle Beweislast für die Richtigkeit ihrer Entscheidung.[31]

22 Bei der Bejahung der Klagebefugnis der Beteiligten und Dritter (Rn. 21) verfahren die Unionsgerichte meistens *großzügig*.[32] Dagegen verwehrt ihnen der *EuGH* in aller Regel den Zugang zu den *Dokumenten*, die zwischen den Anmeldern, Dritten und der Kommission im Fusionskontrollverfahren ausgetauscht wurden, um die Vertraulichkeit dieser Informationen zu wahren (s. Art. 17 und 18 Abs. 3 FKVO). Dem Interesse der Beteiligten an der Wahrung ihrer Geschäftsgeheimnisse wird mit anderen Worten grundsätzlich der Vorrang vor dem Informationsinteresse Dritter gegeben, die z. B. gegen Freigabebeschlüsse der Kommission gerichtlich vorgehen wollen. Großzügiger behandelt wird dagegen der Zugang Dritter zu den internen Dokumenten der Kommission.[33]

5. Kapitel. Art. 106 AEUV

§ 19. Monopole, öffentliche Unternehmen und Dienstleistungsunternehmen

Literatur: *Emmerich/Hoffmann*, Hdb., H II, 2014, Rn. 69–191; *Kommission*, Mitteilung zu Leistungen der Daseinsvorsorge in Europa, ABl. 2001 Nr. C 17/4; Bericht: Leistungen der Daseinsvorsorge, KOM (2001) 598 endg.; Grünbuch zu Dienstleistungen von allgemeinem Interesse v. 21.5.2003, KOM (2003) 770 endg.; Weißbuch zu Dienstleistungen von allgemeinem Interesse, v. 12.5.2004, KOM (2004) 374 endg.; *Bach*, Wettbewerbsrechtliche Schranken für staatliche Maßnahmen nach europäischem Unionsrecht, 1992; *Basedow* (Hrsg.), Das neue Wirtschaftsrecht der Postdienste, 1995; *Benesch*, Die Kompetenzen der EG-Kommission aus Art. 90 Abs. 3 EWG-Vertrag, 1993; *Cox*, Daseinsvorsorge und öffentliche Dienstleistungen in der EU, 2000; *Dutheil de la Rochère/Vandame*, Interventions publiques et droit communautaire, 1988; *Ehricke*, Staatliche Eingriffe in den Wettbewerb, Kontrolle durch Unionsrecht, 1994;

[30] *EuG* WuW/E EU-R 1079 (10102f. Tz. 30ff.) – easyJet; NZKart 2014, 26 Tz. 34ff. – Microsoft/Skype.

[31] *EuG* Slg. 2009, II-2033 = WuW/E EU-R 1576 Tz. 76ff. – Qualcomm/Wireless; *Hirsbrunner*, EuZW 2010, 727 (730).

[32] S. *EuGH* Slg. 1998, I-1453 (1469ff.) = EuZW 1998, 299 (301f. Tz. 48ff.) – K+S/MdK (SCPA/EMC); Slg. 2003, I-9903 (9912ff. Tz. 27ff.) – Schlüsselverlag Moser; *EuG* Slg. 1993, II-449 (457ff.) – CCE Vittel I; Slg. 1994, II-121 (161f.) – Air France I; Slg. 1994, II-323 (340ff.) = EuZW 1994, 534 – Air France II; Slg. 1994, II-1247 (1266ff.) = EuZW 1995, 677 – CCE Vittel II; Slg. 2001, II-340 (357ff. Tz. 59ff.) – RJB (RAG/Saarbergwerke/Preußag); Slg. 2009, II-2033 = WuW/E EU-R 1576 Tz. 76ff. – Qualcomm/Wireless; NZKart 2014, 26 Tz. 34ff. – Microsoft/Skype; *Montag/Leibenath*, ZHR 164 (2000), 176; *Motyka*, EuZW 2007, 463.

[33] *EuGH* WuW/E EU-R 2434 Tz. 103ff. – Ed. Odile Jacob; 2624 Tz. 49, 62, 71ff. – Agrofert.

Eichhorn (Hrsg.), Perspektiven öffentlicher Unternehmen in der Wirtschafts- und Rechtsordnung der EU, 1995; *Emmerich,* Das Wirtschaftsrecht der öffentlichen Unternehmen, 1969; *ders.*, Staatliche Interventionen, Arzneimittelmarkt und EWG-Vertrag, 1980; *ders.*, FS Keller, 1989, S. 685; *ders.*, (2.) FS Seuß, 1997, S. 109; *ders.*, FS Steiner, 2009, S. 173; *ders.*, FS Dauses, 2014, S. 77; *ders./J. Hoffmann,* FS Selmer, 2004, S. 305; *Fesenmair,* Öffentliche Dienstleistungsmonopole im europäischen Recht, 1996; *Frömke,* Die Stellung der Kreditinstitute im Wettbewerbsrecht der EWG nach Art. 90 Abs. 2 EWGV, 1987; *Giesen,* Sozialversicherungsmonopol und EG-Vertrag, 1995; *Haar,* Marktöffnung in der Telekommunikation, 1995; *Hailbronner,* Rechtsstellung und Tätigkeitsbereich der öffentlich-rechtlichen Pflicht- und Monopolversicherungsanstalten in der EG, 1991; *Heinemann,* Grenzen staatlicher Monopole im EG-Vertrag, 1996; *Hrbek/Nettesheim,* EU und mitgliedschaftliche Daseinsvorsorge, 2002; *Löwenberg,* Service public und öffentliche Dienstleistungen in Europa, 2001; *Manthy,* Bindung und Schutz öffentlicher Unternehmen durch die Grundfreiheiten der Europäischen Unionen, 2001; *Mestmäcker,* FS Böhm, 1965, S. 345; *ders.*, FS Deringer, 1993, S. 79 = *ders.*, Recht in der offenen Gesellschaft, 1993, S. 254; *ders.*, RabelsZ 52 (1988), 526 = in: *ders.*, Recht in der offenen Gesellschaft, 1993, S. 183; *ders.*, FS Raisch, 1995, S. 441; *ders.* (Hrsg.), Kommunikation ohne Monopole Bd. II, 1995; *Mikroulea,* Wettbewerbsbeschränkende Maßnahmen der Mitgliedstaaten und EWGV, 1995; *J. Müller,* Dienstleistungsmonopole im System des EWGV, 1988; *Müller-Graff,* Unternehmensinvestitionen und Investitionssteuerung im Marktrecht, 1984; *Oldiges,* Daseinsvorsorge durch Privatisierung – Wettbewerb oder staatliche Gewährleistung, 2001; *Pielow,* Grundstrukturen öffentlicher Versorgung, 2001; *Schröder,* Das Arbeitsvermittlungsmonopol der Bundesanstalt für Arbeit im europäischen Binnenmarkt, 1995; *Schwarze* (Hrsg.), Daseinsvorsorge im Lichte des Wettbewerbsrechts, 2001; *H. Schweitzer,* Daseinsvorsorge, service public, Universaldienst, 2002.

I. Einleitung

Nach Art. 106 Abs. 1 AEUV werden die Mitgliedstaaten in Bezug auf öffentliche Unternehmen und auf Unternehmen, denen sie besondere oder ausschließliche Rechte gewähren, keine dem AEUV und insbesondere dem Diskriminierungsverbot des Art. 18 und den Wettbewerbsregeln der Art. 101 bis 109 AEUV widersprechende Maßnahmen treffen oder beibehalten. Einschränkend fügt jedoch Abs. 2 S. 1 der Vorschrift hinzu, dass für Unternehmen, die mit Dienstleistungen von allgemeinem wirtschaftlichem Interesse betraut sind oder den Charakter eines Finanzmonopols[1] haben, die Vorschriften des Vertrags und insbesondere die Wettbewerbsregeln (nur) gelten, soweit die Anwendung dieser Vorschriften nicht die Erfüllung der ihnen übertragenen besonderen Aufgaben rechtlich oder tatsächlich verhindert. Gemäß S. 2 des Art. 106 Abs. 2 AEUV darf aber (durch die genannte Ausnahmeregelung des S. 1 des Art. 106 Abs. 2 AEUV) die Entwicklung des Handelsverkehrs nicht in einem Ausmaß beeinträchtigt werden, das dem Interesse der Union zuwiderläuft. Die Kommission achtet auf die Anwendung des Art. 106 AEUV und richtet erforderlichenfalls geeignete Richtlinien oder Beschlüsse an die Mitgliedstaaten (Art. 106 Abs. AEUV 3). 1

Der Vorschrift des Art. 106 AEUV kommt in dem Verfassungsgefüge der Union **zentrale Bedeutung** zu. Denn Art. 106 AEUV regelt zusammen mit einer Reihe weiterer Vorschriften (s. insbesondere noch die Art. 14, 37, 93 und 107 AEUV) einzelne Aspekte der bereits während der Vertragsverhandlungen zwischen den Gründungsmitgliedern umstrittenen Frage, welchen Stellenwert in dem von dem Vertrag angestrebten, marktwirtschaftlich geordneten Binnenmarkt die in den Mitgliedstaaten unterschiedlich verbreiteten Monopole und öffentlichen Unternehmen haben sollen *und* in welchem Umfang die Mitgliedstaaten sich dieser Unternehmen auch in Zukunft noch für die Verfolgung spezieller öffentlicher Interessen bedienen dürfen.[2] 2

1 Auf die Finanzmonopole wird im Folgenden nicht näher eingegangen, da ihre praktische Bedeutung heute nur noch gering ist (wegen der Einzelheiten s. Hdb., H II Rn. 67 f.).

2 S. im Einzelnen *Emmerich,* FS Steiner, 2009, S. 173 (174 ff.).

3 Einzelne Aspekte dieses schwierigen Fragenkreises sind bereits an anderen Stellen behandelt worden. Zu erinnern ist hier zunächst daran, dass die Wettbewerbsregeln der Art. 101 und 102 AEUV grundsätzlich auch für öffentliche Unternehmen einschließlich der nationalen Monopole ebenso wie für private Unternehmen gelten (s. o. § 3 Rn. 35ff.). Wie ebenfalls bereits gezeigt, haben die Unionsorgane daraus schon verhältnismäßig früh in verschiedener Hinsicht substantielle Schranken insbesondere für die weitere Ausdehnung nationaler Monopole abgeleitet (s. o. § 10 Rn. 61ff.). Schließlich ist auch schon dargelegt worden, dass der Gerichtshof aus den Wettbewerbsregeln in Verbindung insbesondere mit den Art. 4 EUV und Art. 106 AEUV gewisse äußerste Schranken für staatliche Interventionen im Binnenmarkt zu entwickeln versucht hat, soweit dadurch das ordnungsmäßige Funktionieren des Systems unverfälschten Wettbewerbs unmittelbar bedroht wird (sog. **effet-utile-Doktrin,** o. § 3 Rn. 7ff.).

II. Umgehungsverbot (Art. 106 Abs. 1 AEUV)[3]

1. Zweck, Mitgliedstaaten

4 Art. 106 Abs. 1 AEUV bestimmt, dass die Mitgliedstaaten in Bezug auf öffentliche Unternehmen und auf Unternehmen, denen sie besondere oder ausschließliche Rechte gewähren, keine dem Vertrag widersprechenden Maßnahmen treffen oder beibehalten. Damit wird in erster Linie bezweckt, die Mitgliedstaaten daran zu hindern, Unternehmen, auf die sie einen besonderen Einfluss auszuüben vermögen, zu einem vertragswidrigen Verhalten zu veranlassen *oder* sich dieser Unternehmen zur eigenen Umgehung des Vertrags zu bedienen.[4]

5 Daraus folgt zunächst, dass der Vertrag mit den **„Mitgliedstaaten"** hier die Gesamtheit der Träger öffentlicher Gewalt in dem Gebiet eines der Vertragsschließenden meint. Dazu gehören in Bundesstaaten wie Deutschland nicht nur der Zentralstaat, sondern ebenso die Länder und Gemeinden sowie die sonstigen Verwaltungsträger bis hin zu den Anstalten und Stiftungen des öffentlichen Rechts.[5]

2. Öffentliche Unternehmen

6 Art. 106 Abs. 1 AEUV begründet besondere Pflichten der Mitgliedstaaten zunächst in Bezug auf „öffentliche Unternehmen". Der **Unternehmensbegriff** ist hier derselbe wie auch sonst im Rahmen der Wettbewerbsregeln (s. deshalb o. § 3 Rn. 24ff.). Erfasst wird folglich jede eine wirtschaftliche Tätigkeit ausübende Einheit, unabhängig von ihrer Rechtsform, von dem Vorliegen oder dem Fehlen der Gewinnerzielungsabsicht sowie von der Art ihrer Finanzierung, aber unter Ausklammerung der Nachfragetätigkeit der öffentlichen Hand.[6]

[3] Alle Einzelheiten in Hdb., H II Rn. 81–115m. N.

[4] *EuGH* Slg. 19102, 2545 (2577ff.) – Transparenzrichtlinie; Slg. 1987, 2619 (2621f.); Slg. 1997, I-5768 (5777 Tz. 30) – Niederlande; Slg. 1997, I-5819 (5832 Tz. 47) – Frankreich; *Ehricke,* Staatliche Eingriffe in den Wettbewerb, 1994, S. 160ff.; *Heinemann,* Grenzen staatlicher Monopole, 1996, S. 59ff.; *Mestmäcker/Schweitzer,* § 33 Rn. 1ff. (S. 833f.); *Pais Antunes,* RTDE 1991, 187 (189f.).

[5] *EuGH* Slg. 1988, 2507 (2516) – Bodson; *Kommission,* Mitteilung v. 29.11.2005, ABl. Nr. C 297/4 (5 Tz. 11); vgl. für die Kommunalwirtschaft *Scharpf,* EuZW 2005, 295; *Stern,* FS Stober, 2008, S. 97.

[6] *EuGH* Slg. 2006, I-325 (357 Tz. 108) = EuZW 2006, 306 (310) – Sparkasse Florenz; Slg. 2006, I-6319 = EuZW 2006, 600 (601 Tz. 25)– FENIN; Slg. 2008, I-4892 Tz. 21ff. = EuZW 2008, 605 (607) = JuS 2008, 1131 – MOTOE.

Den Gegensatz bilden namentlich die Verfolgung sportlicher, sozialer oder kultureller Zwecke sowie die Hoheitsverwaltung der Mitgliedstaaten.[7] Die **Abgrenzung** bereitet gerade im Anwendungsbereich des Art. 106 Abs. 1 AEUV erhebliche Schwierigkeiten. Üblicherweise wird im vorliegenden Zusammenhang darauf abgestellt, ob bei der fraglichen Tätigkeit wirtschaftliche Ziele nicht ganz in den Hintergrund treten, so dass diese auch von Privaten mit dem Zweck der Gewinnerzielung ausgeübt werden könnte (sog. **hypothetischer Wettbewerbstest**).[8] Außerdem können ohne Weiteres wirtschaftliche Ziele mit anderen Tätigkeiten **kombiniert** werden. Eine juristische Person, die wirtschaftliche Ziele verfolgt, verliert nicht ihren Status als öffentliches Unternehmen, wenn sie zugleich soziale, sportliche oder kulturelle Aufgaben wahrnimmt oder mit hoheitlichen Aufgaben betraut ist.[9] 7

Unternehmen in dem genannten Sinne (o. Rn. 7) sind zugleich **„öffentliche"** i. S. d. Art. 106 Abs. 1 AEUV, wenn sie in einer *besonderen Nähebeziehung* zu einem Mitgliedstaat stehen. Dafür ist nach dem Zweck der Regelung (o. Rn. 6) erforderlich und ausreichend, dass der Mitgliedstaat (o. Rn. 5) auf das fragliche Unternehmen, unmittelbar oder mittelbar, einen **beherrschenden Einfluss** auszuüben vermag.[10] 8

Bei Unternehmen in **Privatrechtsform** ist ein derartiger Einfluss insbesondere anzunehmen, wenn der Staat die **Mehrheit** des gezeichneten Kapitals des Unternehmens besitzt oder die Mehrheit der mit den Anteilen verbundenen Stimmrechte auszuüben oder mehr als die Hälfte der Mitglieder des Verwaltungs-, Leitungs- oder Aufsichtsorgans zu bestellen vermag. Unternehmen in **öffentlich-rechtlicher Form** sind dagegen gleichsam qua definitione öffentliche Unternehmen, und zwar auch, wenn sie wie z. B. Regieunternehmen nicht verselbständigt sind. 9

3. Privilegierte Unternehmen

Als zweite Gruppe von Unternehmen, hinsichtlich derer Art. 106 Abs. 1 AEUV den Mitgliedstaaten besondere Pflichten auferlegt, nennt die Vorschrift Unternehmen mit besonderen *oder* ausschließlichen Rechten (sog. privilegierte Unternehmen). Es handelt sich dabei um *zwei* verschiedene Kategorien von Unternehmen, zwischen denen daher sorgfältig unterschieden werden muss.[11] 10

Bei den Unternehmen mit **ausschließlichen Rechten** hat der Vertrag in erster Linie *Monopolunternehmen* im Auge. Beispiele sind das frühere Arbeitsvermittlungsmonopol des Bundes,[12] das einem Unternehmen vom italienischen Staat verliehene Recht zur ausschließlichen Organisation der Hafenarbeiten in Genua[13] sowie eine Krankenversicherung mit Zwangsmitgliedschaft der Arbeitnehmer und Arbeitgeber einer bestimmten Branche.[14] 11

---

[7] S. *Mestmäcker/Schweitzer,* § 33 Rn. 18ff. (S. 840ff.); *Kling/Dally,* ZWeR 2014, 3.

[8] IM/*Mestmäcker/Schweitzer,* Bd. I/1, Art. 37, 106 AEUV Rn. C 9ff.

[9] *EuGH* Slg. 2008, I-4892 Tz. 21ff. = EuZW 2008, 605 (607) = JuS 2008, 1131 – MOTOE.

[10] *EuGH* Slg. 1982, 2545 (2575 Tz. 12) – Transparenzrichtlinie; Slg. 1997, I-5768 (5777 Tz. 29) – Niederlande; Slg. 1997, I-5819 (5832 Tz. 46) – Frankreich; *Benesch,* Kompetenzen, 1993, S. 5ff.

[11] Vgl. *Kommission,* Änderungsrichtlinie v. 13.10.1994, ABl. Nr. L 268/15; ebenso 24. WB 1994, Tz. 219 (S. 136f.).

[12] *EuGH* Slg. 1991, I-2010 (2016ff.) – Macrotron.

[13] *EuGH* Slg. 1991, I-5923 (5926f.) = EuZW 1992, 248, – Porto di Genova.

[14] *EuGH* Slg. 2011, I-1003 = WuW/E EU-R 1929 (1937 Tz. 66) – AG2R.

12 Von den Monopolunternehmen (Rn. 11) müssen die Unternehmen mit **besonderen Rechten** unterschieden werden. Mit dieser Formulierung erfasst der Vertrag sämtliche Situationen, in denen die Mitgliedstaaten bestimmte Rechte nur einer von vornherein **begrenzten Anzahl** von Unternehmen (nicht allen) gewähren, deren Auswahl sich nicht nach objektiven, diskriminierungsfreien Kriterien richtet, vorausgesetzt, dass die fraglichen Unternehmen dadurch **besondere Vorteile** erhalten, durch die die Wettbewerbsfähigkeit anderer Unternehmen auf dem betreffenden Markt wesentlich beeinträchtigt wird.[15] Maßstab ist die Situation bei Wettbewerb, die durch prinzipiell gleiche Ausgangsbedingungen der Unternehmen gekennzeichnet ist.[16] Hinzu kommen muss noch, dass die Folge der Privilegierung eine besondere Nähebeziehung zum Staat ist, die dem Staat zusätzliche Einflussmöglichkeiten gegenüber dem begünstigten Unternehmen verleiht.[17] **Beispiele** sind in Deutschland außer den beliehenen Unternehmen etwa Sanitätsorganisationen, denen gesetzlich das Recht vorbehalten ist, Leistungen des Krankentransports durchzuführen.[18]

4. Verbotene Maßnahmen

a) Maßnahmen

13 Nach Art. 106 Abs. 1 AEUV werden die Mitgliedstaaten in Bezug auf öffentliche und privilegierte Unternehmen (o. Rn. 6, 10f.) keine dem Vertrag und insbesondere dessen Art. 18 und 101 bis 109 widersprechende Maßnahmen treffen *oder* beibehalten. Der Vertrag verbietet hier mithin den Mitgliedstaaten in Bezug auf die genannten Unternehmen vertragswidrige Maßnahmen, um sie daran zu hindern, von ihren besonderen Einflussmöglichkeiten auf diese Unternehmen zum Zwecke der Vertragsumgehung Gebrauch zu machen (s. o. Rn. 4). Mit den „Maßnahmen" der Mitgliedstaaten ist folglich in Art. 106 Abs. 1 AEUV **jede Art der** rechtlichen oder tatsächlichen **Einflussnahme** der Mitgliedstaaten auf die genannten Unternehmen gemeint, die den Mitgliedstaaten deren Einsatz zum Zwecke der Vertragsumgehung ermöglicht. Auf die rechtliche Form, in der sich die Einflussnahme vollzieht, kommt es ebensowenig an wie auf die positive oder negative Fassung der Maßnahme (s. u. Rn. 14). Den Gegensatz bilden **allgemeine staatliche Interventionen,** die lediglich von Fall zu Fall an den vom Gerichtshof entwickelten allgemeinen, die Mitgliedstaaten bindenden Grundsätzen (Stichwort: **effet-utile-Doktrin**) gemessen werden können (s. o. § 3 Rn. 7ff.).

14 **Privatrechtliche Maßnahmen** sind z. B. das Abstimmungsverhalten der Mitgliedstaaten in ihren Unternehmen sowie Weisungen oder Empfehlungen gegenüber den Gesellschaftsorganen. Als **öffentlich-rechtliche Formen** der Einflussnahme kommen dagegen in erster Linie Gesetze und Verordnungen in Betracht, vorausgesetzt, dass sie einen speziellen Bezug gerade auf ein öffentliches oder privilegiertes Unternehmen aufweisen.[19] **Beispiele** sind die gesetzliche Ausweitung der Monopole öffentlicher oder privilegierter Unternehmen[20] sowie öffentlich-rechtliche Konzessionsbedingungen, durch die dem begünstigten Unternehmen ein bestimmtes vertragswidriges Ver-

---

[15] *EuGH* Slg. 2001, I-8137 (8146f. Tz. 24) = EuZW 2002, 25 – Ambulanz Glöckner.
[16] *Mestmäcker,* FS Deringer, 1993, S. 79ff. = *ders.*, Recht in der offenen Gesellschaft, 1993, S. 254.
[17] Ebenso *Kommission,* 24. WB 1994, Tz. 219 (S. 136f.).
[18] *EuGH* Slg. 2001, I-8137 (8146f. Tz. 24) = EuZW 2002, 25 – Ambulanz Glöckner.
[19] *Kommission,* Entsch. v. 20.12.1989, ABl. 1990 Nr. L 10/47 (49) – Eilkurierdienstleistungen in den Niederlanden; 21. WB 1991, Tz. 324 (S. 212f.); *Ehricke,* Staatliche Eingriffe, 1994, S. 164ff.
[20] *Kommission,* Entsch. v. 20.12.1989, ABl. 1990 Nr. L 10/47 (49).

halten vorgeschrieben wird.[21] Gleich steht (negativ) die Behinderung privater Konkurrenten der öffentlichen Unternehmen durch die Verweigerung von Genehmigungen zur Aufnahme des Wettbewerbs[22] oder die Verleihung von Konzessionen unter Verstoß gegen die Art. 49 und 56 AEUV allein an Inländer oder an die Angehörigen anderer Mitgliedstaaten nur zu ungünstigeren Konditionen als an Inländer.[23]

Der Vertrag wendet sich in Art. 106 Abs. 1 AEUV gegen zweierlei, nicht nur – wie meistens unreflektiert unterstellt wird – gegen den **Erlass** vertragswidriger Maßnahmen, sondern **auch** gegen die bloße **Beibehaltung** solcher Maßnahmen. Das hat die (weitreichende) Konsequenz, dass die Mitgliedstaaten verpflichtet sind, ihre Rechtsordnungen kontinuierlich darauf hin zu überprüfen, ob sich aus ihnen vertragswidrige Maßnahmen ergeben. Ist das der Fall, so müssen die festgestellten vertragswidrigen Maßnahmen im Interesse der Durchsetzung des Systems unverfälschten Wettbewerbs aufgehoben werden.[24] 15

b) Widerspruch zum Vertrag

Maßnahmen in dem genannten Sinne (o. Rn. 13f.) dürfen die Mitgliedstaaten nach Art. 106 Abs. 1 AEUV weder treffen noch beibehalten (Rn. 15), *sofern* sie dem Vertrag und insbesondere dessen Art. 18 und 101 bis 109 „widersprechen". Man muss deshalb bei der Anwendung des Art. 106 Abs. 1 AEUV genau zwischen zwei verschiedenen Fallgestaltungen unterscheiden. Unproblematisch ist die Anwendung der Vorschrift zunächst, soweit sie sich gegen eine Umgehung der **unternehmensbezogenen Vorschriften** wendet, allen voran der Wettbewerbsregeln der Art. 101 und 102 AEUV, indem z. B. ein Mitgliedstaat ein öffentliches oder privilegiertes Unternehmen zur Forderung missbräuchlicher, weil überhöhter oder diskriminierender Tarife veranlasst.[25] 16

Die zweite Fallgruppe umfasst die (besonders gefährliche) Instrumentalisierung öffentlicher oder privilegierter Unternehmen durch die Mitgliedstaaten zur **Umgehung staatengerichteter Normen** wie insbesondere des Diskriminierungsverbotes (Art. 18 AEUV) und der Grundfreiheiten (Art. 30, 34, 49 und 56 AEUV). In diesen Fällen findet Art. 106 Abs. 1 AEUV bereits Anwendung, wenn das fragliche Unternehmensverhalten nicht selbst gegen den Vertrag verstößt, wohl aber die dahinter stehende Maßnahme eines Mitgliedstaates, die mittels eines öffentlichen oder privilegierten Unternehmens im Ergebnis **dieselbe Wirkung** wie eine Vertragsverletzung des Mitgliedstaates selbst hat. Denn nur auf diese vertragswidrige *Wirkung* kommt es an.[26] Im Ergebnis wird hier somit das Verhalten der Mitgliedstaaten und der öffentlichen oder privilegierten Unternehmen im Hinblick auf die verletzte Vertragsvorschrift *als Einheit* gewertet. Art. 106 Abs. 1 AEUV ist daher insbesondere auch dann anwendbar, wenn öffentliche oder privilegierte Unternehmen durch die Mitgliedstaaten zu vertragswidrigen Verhaltensweisen geradezu **gezwungen** werden, so dass den Unternehmen selbst – 17

21 *EuGH* Slg. 1988, 2507 (2517) – Bodson.
22 *Kommission,* Entsch. v. 21.12.1993, ABl. 1994 Nr. L 55/52 (54) – Hafen von Rodby.
23 *EuGH* Slg. 2008, I-5660 (5681 Tz. 58, 63) – ASM Brescia.
24 S. Rn. 26; *EuGH* Slg. 2005, I-106 12 (106 31 Tz. 52) – Parking Brixen.
25 *EuGH* Slg. 1994, I-1812 (1825) – Corsica Ferries.
26 Ebenso *EuGH* Slg. 1997, I-5768 (5777 Tz. 30) – Niederlande; Slg. 1997, I-5793 (5806 Tz. 41) – Italien; insbesondere Slg. 1997, I-5819 (5832 Tz. 47) = EuZW 1998, 76 – Frankreich; Hdb., H II Rn. 106ff.

mangels eines autonomen Verhaltens – kein Verstoß gegen die Wettbewerbsregeln vorgeworfen werden kann (sog. „state action defense").[27]

18 Art. 106 Abs. 1 AEUV nimmt neben den Wettbewerbsregeln (o. Rn. 16) ferner besonders das **Diskriminierungsverbot** der Art. 18 und 102 S. 2 lit. c AEUV in Bezug. Ein Verstoß gegen diese Vorschriften in Verbindung mit Art. 106 Abs. 1 AEUV kommt z. B. in Betracht, wenn die Mitgliedstaaten öffentliche oder privilegierte Unternehmen, die über eine beherrschende Stellung verfügen, zu diskriminierenden Verhaltensweisen veranlassen oder verpflichten. **Beispiele** sind von den Mitgliedstaaten veranlasste Diskriminierungen zwischen den Angehörigen der Mitgliedstaaten bei der Gewährung von Tarifvergünstigungen durch öffentliche Verkehrsunternehmen,[28] die Genehmigung diskriminierender Tarife von Monopolunternehmen[29] sowie die Anordnung eines Mitgliedstaats, bei der Einstellung von Mitarbeitern die eigenen Staatsangehörigen zu bevorzugen.[30]

19 Weitere hierher gehörende **Beispiele** sind die grundlose Ausdehnung von Ausschließlichkeitsrechten auf Nachbarmärkte (o. § 10 Rn. 61 ff.) oder die Forderung überhöhter Tarife auf Veranlassung oder mit Genehmigung eines Mitgliedstaates,[31] die Hinderung privater Unternehmen an der Aufnahme des Wettbewerbs zu öffentlichen Monopolunternehmen, indem ihnen die Benutzung von Anlagen verweigert wird, derer sie zur Aufnahme der Tätigkeit bedürfen,[32] sowie schließlich noch die Veranlassung öffentlicher oder privilegierter Unternehmen zu mengenmäßigen Beschränkungen (entgegen Art. 34 AEUV), etwa durch die Anordnung, dass nur bestimmte Mengen von Waren aus anderen Mitgliedstaaten bezogen werden dürfen.[33]

20 Aus dieser Rechtsprechung haben die Unionsorgane den wichtigen Grundsatz abgeleitet, dass, wenn bereits die **Organisationsstruktur** eines öffentlichen oder privilegierten Unternehmens *Missbräuche* unter Verstoß gegen Art. 102 AEUV *begünstigt,* sich für die Mitgliedstaaten aus Art. 106 Abs. 1 AEUV die Verpflichtung ergeben kann, diese Struktur in einer Weise zu verändern, die die fragliche Missbrauchsgefahr ausschließt (sog. **unbundling**). Die Konsequenzen sind weitreichend. Die Kommission hat auf diese Weise z. B. die Trennung der hoheitlichen von den unternehmerischen Funktionen bei den früheren Fernmeldeunternehmen der Mitgliedstaaten durchgesetzt.[34] Ebenso ist es im Ergebnis zu beurteilen, wenn ein Mitgliedstaat einem Sportverband (der selbst Veranstaltungen durchführt, um sich zu finanzieren) das Recht verleiht, über die Genehmigung konkurrierender Veranstaltungen anderer Verbände zu entscheiden, weil die notwendige Folge Wettbewerbsverzerrungen zum Nachteil der privaten Konkurrenten des privilegierten marktbeherrschenden Verbandes sind.[35]

---

27 S. im Einzelnen Hdb., H II Rn. 102–115.

28 Eine endlose Geschichte: vgl. für Spanien *Kommission,* Entsch. v. 22.6.1987, ABl. Nr. L 194/28 – Tarifermäßigungen im Luft- und Seeverkehr; 23. WB 1993, Tz. 364 (S. 240); 24. WB 1994, Tz. 226 (S. 142).

29 *EuGH* Slg. 1994, I-1812 (1102 5) = EuZW 1994, 475 – Corsica Ferries.

30 *EuGH* Slg. 1991, I-5923 (5927 ff.) = EuZW 1992, 248 für den Hafen von Genua.

31 S. *EuGH* Slg. 1988, 2507 (2517) – Bodson.

32 *Kommission,* Entsch. v. 21.12.1993, ABl. 1994 Nr. L 55/52 (55, Tz. 12 f.) = 23. WB, S. 497 – Hafen von Rodby.

33 *EuGH* Slg. 1983, 545 (566 f.) – Inter-Huiles; *Kommission,* 24. WB 1994, Tz. 215 ff. (S. 133 ff.).

34 S. Hdb., H II Rn. 112 m. N.

35 *EuGH* Slg. 2008, I-4892 Tz. 43 ff. = EuZW 2008, 605 (607) = JuS 2008, 1131 – MOTOE.

Auf der anderen Seite bleibt es aber dabei, dass sich der Vertrag, wie die Art. 102 bis 106 deutlich zeigen, *nicht* gegen die **bloße Privilegierung** einzelner Unternehmen, z. B. durch die Verleihung von Ausschließlichkeitsrechten wendet, selbst wenn dadurch im Ergebnis der Wettbewerb verzerrt wird; hinzu kommen muss vielmehr immer noch eine darauf beruhende **Missbrauchsdisposition** des privilegierten Unternehmens, wenn Raum für die Anwendung des Art. 106 Abs. 1 i.V. m. Art. 102 AEUV sein soll.[36]

III. Rechtsfolgen

1. Ermessen

Nach Abs. 3 des Art. 106 AEUV achtet die Kommission auf die Anwendung dieses Artikels und richtet „erforderlichenfalls" geeignete Richtlinien oder Beschlüsse an die Mitgliedstaaten. Es sind diese **weitreichenden Befugnisse** der Kommission, die den besonderen Rang des Art. 106 AEUV ausmachen. Deutlich wird das vor allem bei einem Vergleich mit den Befugnissen, über die die Kommission sonst nur zur Durchsetzung der sich für die Mitgliedstaaten aus dem Vertrag ergebenden Verpflichtungen verfügt (s. Art. 258 AEUV). Zwischen diesen verschiedenen Befugnissen hat die Kommission die **Wahl;** sie kann jederzeit von dem einen Verfahren zu dem anderen übergehen und ist nicht etwa genötigt, in Fällen des Art. 106 AEUV gerade nach Art. 106 Abs. 3 AEUV gegen einen Mitgliedstaat einzuschreiten.[37] 21

Der Vertrag räumt der Kommission in Art. 106 Abs. 3 AEUV ein weites Ermessen bei der Entscheidung ein, ob und in welcher Form sie von ihren Befugnissen aufgrund des Art. 106 Abs. 3 AEUV Gebrauch machen will, woraus überwiegend der Schluss gezogen wird, dass Einzelne **keinen Anspruch** auf ein Tätigwerden der Kommission aufgrund des Art. 106 Abs. 3 AEUV haben. Lehnt die Kommission einen entsprechenden „Antrag" ab, so stellt dies daher keinen Beschluss i. S. d. Art. 288 Abs. 4 AEUV dar, der nach Art. 263 Abs. 4 AEUV angefochten werden könnte.[38] 22

2. Richtlinien

Die Kommission besitzt aufgrund des Art. 106 Abs. 3 AEUV zunächst die Befugnis, „erforderlichenfalls" (s. Rn. 22) zur Durchsetzung des Art. 106 AEUV „geeignete" Richtlinien i. S. d. Art. 288 Abs. 3 AEUV an die Mitgliedstaaten zu richten. Die Kommission verfügt hier folglich (ausnahmsweise) in beschränktem Umfang über **quasi-gesetzgeberische Befugnisse,** indem sie auch ohne konkreten Anlass die sich für die Mitgliedstaaten aus Art. 106 Abs. 1 AEUV ergebenden Verpflichtungen durch Richtlinien konkretisieren kann, um die Durchsetzung des Art. 106 Abs. 1 AEUV in der Praxis zu erleichtern und zu fördern.[39] 23

---

[36] So jetzt wieder sehr eng mit ausführlicher Begründung *EuG* WuW/E EU-R 2550 Tz. 85, 95, 103 ff. – DIE gegen *Kommission,* Entsch. v. 5.3.2008, WuW/E EU-V 1287 Tz. 155, 180, 238 ff. – Griechisches Braunkohlenmonopol; sehr str.

[37] *EuGH* Slg. 2001, I-2638 (2648 f.) – Portugal; s. Rn. 22.

[38] *EuGH* Slg. 1997, I-957 (965 Tz. 27 ff.) – Bundesverband der Bilanzbuchhalter; Slg. 2005, I-1316 (1338 f. Tz. 69 ff.) = EuZW 2005, 247 (248 Tz. 69 ff.) – Kommission/max.mobil Telekommunikation GmbH.

[39] *EuGH* Slg. 1991, I-1259 (1263 ff.) = EuZW 1991, 345 – Endgeräte; Slg. 1992, I-627 (635) – Eilkurierdienste in den Niederlanden; 1992, I-5859 (5106 3 ff.) – Wettbewerbsrichtlinie.

24 **Beispiele** für auf Art. 106 Abs. 3 AEUV gestützte Richtlinien sind neben der Transparenzrichtlinie von 1982 noch besonders die Endgeräterichtlinie von 1988[40] und die Wettbewerbsrichtlinie von 1990[41] sowie die Postdiensterichtlinie von 1997, mit der die Liberalisierung der Postdienste eingeleitet wurde.[42]

3. Beschlüsse

25 Die Kommission kann ferner zur Durchsetzung der sich für die Mitgliedstaaten aus Art. 106 Abs. 1 AEUV ergebenden Verpflichtungen an diese Beschlüsse i. S. d. Art. 288 Abs. 4 AEUV richten. Daraus ergibt sich die Befugnis der Kommission, in Beschlüssen die Verletzung des Abs. 1 der Vorschrift durch vertragswidrige Maßnahmen eines Mitgliedstaats festzustellen *und* diesem zugleich die Beseitigung des vertragswidrigen Zustandes binnen einer bestimmten Frist aufzugeben.[43]

26 In der Auswahl der **Maßnahmen,** die zur Beseitigung des vertragswidrigen Zustandes in Betracht kommen, verfügt die Kommission über einen weiten Ermessensspielraum (o. Rn. 22). Möglich ist auch die Verpflichtung eines Mitgliedstaates zur Änderung seiner Gesetzgebung, wenn der vertragswidrige Zustand nur so beseitigt werden kann.[44] In Betracht kommt dies etwa bei der nicht mehr gerechtfertigten „Beibehaltung" von Monopolrechten, *soweit* diese *heute* gegen den Vertrag in der Auslegung des Gerichtshofs verstoßen.[45]

IV. Dienstleistungsunternehmen (Art. 106 Abs. 2 AEUV)

Materialien: *Kommission,* Mitteilung Leistungen der Daseinsvorsorge in Europa I, ABl. 1996 Nr. C 281/3; *dies.*, Mitteilung Leistungen der Daseinsvorsorge in Europa II, ABl. 2001 Nr. C 17/4; *dies.*, Mitteilung über die Anwendung der Vorschriften über staatliche Beihilfen auf den öffentlich-rechtlichen Rundfunk, ABl. 2001 Nr. C 320/5; Grünbuch zu Dienstleistungen von allgemeinem Interesse v. 21.5.2003, KOM (2003) 270 endg. und KOM (2004) 374 endg.; Unionsrahmen für staatliche Beihilfen, die als Ausgleich für die Erbringung öffentlicher Dienstleistungen gewährt werden, ABl. 2005 Nr. C 297/4; wegen der Literatur s. o. vor Rn. 1 sowie Hdb., H II Rn. 128ff.

1. Geschichte, Zweck

27 Nach Art. 106 Abs. 2 S. 1 AEUV gelten die Vorschriften des Vertrages einschließlich der Wettbewerbsregeln grundsätzlich auch für Unternehmen, die mit Dienstleistungen von allgemeinem wirtschaftlichem Interesse betraut sind, dies freilich *nur, soweit* nicht durch die Anwendung der genannten Vorschriften die Erfüllung der diesen Unternehmen übertragenen besonderen Aufgabe rechtlich oder tatsächlich verhindert wird. Jedoch darf durch die Anwendung der Ausnahmevorschrift des Art. 106 Abs. 2

[40] ABl. Nr. L 131/73.

[41] ABl. Nr. L 292/10; alle genannten Richtlinien wurden vom *EuGH* gebilligt, s. Slg. 1982, 2545; Slg. 1987, 2619; Slg. 1991, I-1259; Slg. 1992, I-5859 = EuZW 1993, 191 und Slg. 1993, I-3283.

[42] Richtlinie v. 15.12.1997 über die Entwicklung des Binnenmarktes der Postdienste, ABl. 1998 Nr. L 15/14.

[43] *EuGH* Slg. 1992, I-627 (635ff.) – Eilkurierdienste in den Niederlanden; Slg. 1997, I-957 (964 Tz. 23) = EuZW 1997, 211 – Bilanzbuchhalter; Slg. 2005, I-1316 (1379 = EuZW 2005, 247 (248 Tz. 66) – Kommission/max.mobil Telekommunikation GmbH.

[44] *Kommission,* 6. WB 1977, Tz. 274 (S. 167f.).

[45] Vgl. zu dieser schwierigen und umstrittenen Frage schon o. § 10 Rn. 61ff. sowie *Emmerich,* FS Keller, 1989, S. 685; *ders.*, BB 1989, Beil. 3 zu Heft 4, S. 9; *ders.*, (2.) FS Seuß, 1997, S. 109; *ders./J. Hoffmann,* FS Selmer, 2004, S. 305 (313ff.); *Mestmäcker/Schweitzer,* § 33 Rn. 52ff. (S. 852ff.); *Mestmäcker,* in: Wirtschaft und Verfassung in der EU, 2003, S. 275.

S. 1 AEUV nach S. 2 der Vorschrift die Entwicklung des Handelsverkehrs in der Union nicht in einem Ausmaß beeinträchtigt werden, das dem Interesse der Union zuwiderläuft.[46]

Art. 106 Abs. 2 AEUV muss im Zusammenhang mit Art. 106 Abs. 1 AEUV gesehen werden, der die Mitgliedstaaten bei der Einflussnahme auf öffentliche und privilegierte Unternehmen an das Unionsrecht bindet, um die Instrumentalisierung der genannten Unternehmen zu Vertragsumgehungen nach Möglichkeit zu unterbinden (o. Rn. 4). Diese Regelung (Art. 106 Abs. 1 AEUV), die ihren Ursprung in der Angst vor allem der Beneluxstaaten vor der übermächtigen Konkurrenz des öffentlichen Sektors in Frankreich und Italien hatte, stellt einen erheblichen Eingriff in die Souveränität der Mitgliedstaaten auf dem Gebiet der Wirtschaftspolitik dar. Insbesondere Frankreich war zur Hinnahme der Regelung daher nur bereit, wenn zugleich **Ausnahmeregelungen** vorgesehen wurden.[47] Nach zähen Verhandlungen erklärten sich die Beneluxstaaten schließlich bereit, in den Vertrag in Gestalt des Art. 106 Abs. 2 S. 1 eine bewusst unklar formulierte *„Escape-Klausel"* aufzunehmen, die es Frankreich und Italien gestatten sollte, in engen, letztlich offen gebliebenen Grenzen weiterhin ihren öffentlichen Sektor für die Zwecke ihrer (nationalen) Wirtschaftspolitik einzusetzen. Die Beneluxstaaten bestanden jedoch darauf, dass dies auf keinen Fall das letzte Wort sein dürfe. So erklärt sich zugleich die **Gegenausnahme** in **S. 2** des Art. 106 Abs. 2 AEUV. 28

Abs. 2 des Art. 106 AEUV unterscheidet sich von Abs. 1 der Vorschrift vor allem dadurch, dass er sich direkt an die dort genannten *Unternehmen* wendet, während Abs. 1 eine an die Mitgliedstaaten gerichtete Vorschrift darstellt. Aus diesem Unterschied darf indessen nicht der Schluss gezogen werden, die Abs. 1 und 2 des Art. 106 AEUV hätten unterschiedliche Regelungsbereiche; vielmehr zeigt bereits die Entstehungsgeschichte der Vorschrift (o. Rn. 28), dass beide Absätze des Art. 106 AEUV von Anfang an **als Einheit gedacht** waren und deshalb auch so gelesen werden müssen.[48] Daraus folgt vor allem, dass, soweit Art. 106 Abs. 2 S. 1 AEUV bestimmten Unternehmen Vertragsdurchbrechungen erlaubt, dasselbe sinngemäß den *Mitgliedstaaten* gestattet ist, die die Dienstleistungsunternehmen (und Finanzmonopole) überhaupt erst durch die Übertragung besonderer Aufgaben – eine Maßnahme im Sinne des Art. 106 Abs. 1 AEUV – zu ihrem vertragswidrigen Verhalten veranlasst haben.[49] 29

2. Begriff

Der Kompromiss, der letztlich dem Art. 106 Abs. 2 AEUV zugrundeliegt, ist bis auf den heutigen Tag umstritten geblieben. Vor allem, aber nicht allein Frankreich versucht immer wieder, den Art. 106 Abs. 2 AEUV (der nur Vertragsdurchbrechungen unter engen Voraussetzungen *im Einzelfall* zulässt) im Sinne eines allgemeinen **Souve-** 30

[46] Zu den in Art. 106 Abs. 2 S. 1 außerdem erwähnten, hier aber nicht weiter behandelten Finanzmonopolen s. Hdb., H II Rn. 67 ff.

[47] *Emmerich,* FS Steiner, 2009, S. 173 (174 ff.).

[48] Ebenso *EuGH* Slg. 1993, I-2533 = EuZW 1993, 422 (423 Tz. 13) – Corbeau; Slg. 2001, I-4142 (4161 f. Tz. 52 ff.) – TNT Traco.

[49] *EuGH* Slg. 1993, I-2533 = EuZW 1993, 422 (423 Tz. 13); *Bach,* Wettbewerbsrechtliche Schranken für staatliche Maßnahmen, 1992, S. 49; *Ehricke,* Staatliche Eingriffe, 1994, S. 109 ff.; *ders.,* EuZW 1993, 211 (214); *Emmerich,* Das Wirtschaftsrecht der öffentlichen Unternehmen, 1969, S. 450 f.; *Heinemann,* Grenzen staatlicher Monopole, 1996, S. 67 f.; *Mestmäcker/Schweitzer,* § 34 Rn. 10 (S. 873).

ränitätsvorbehalts umzuinterpretieren.[50] Im Lichte dieser Zielsetzung einzelner Mitgliedstaaten muss insbesondere der Kranz von Vorschriften gesehen werden, mit dem Art. 106 Abs. 2 AEUV im Zuge der verschiedenen Vertragsrevisionen umgeben wurde, um die besonderen Befugnisse der Mitgliedstaaten bei der Instrumentalisierung von Unternehmen, die sie mit Dienstleistungen von allgemeinem wirtschaftlichem Interesse betraut haben, für die Zwecke ihrer nationalen Wirtschafts- und Sozialpolitik zu betonen. Hervorzuheben sind **Art. 14 AEUV,** ferner das **Protokoll Nr. 26** über Dienste von allgemeinem Interesse vom 13. Dezember 2007[51] sowie noch **Art. 36 der Grundrechtecharta.** Keine dieser Vorschriften hat indessen, mag dies auch insbesondere von Frankreich beabsichtigt gewesen sein, irgendetwas an dem Wortlaut und der Stellung des Art. 106 Abs. 2 AEUV im Verfassungsgefüge der Union geändert, so dass es letztlich bei dem ursprünglichen engen Regelungskonzept des Vertrages geblieben ist (str.).

31 Art. 106 Abs. 2 S. 1 AEUV bezieht sich auf Unternehmen, denen die Mitgliedstaaten durch die Betrauung mit Dienstleistungen von allgemeinem wirtschaftlichem Interesse eine besondere Aufgabe übertragen haben. Dabei kann es sich, weil der Vertrag insoweit nicht unterscheidet, gleichermaßen um **private wie** um **öffentliche Unternehmen** handeln. In aller Regel, aber nicht notwendig werden die Dienstleistungsunternehmen zugleich zu den öffentlichen oder privilegierten Unternehmen im Sinne des Art. 106 Abs. 1 AEUV gehören,[52] dies schon deshalb, weil die Mitgliedstaaten gewöhnlich nur derartige Unternehmen für die Zwecke ihrer Wirtschaftspolitik mit Dienstleistungen von allgemeinem wirtschaftlichem Interesse betrauen. Dadurch erklärt sich zugleich der enge systematische Zusammenhang der Abs. 1 und 2 des Art. 106 AEUV (o. Rn. 29).

32 Das entscheidende Merkmal, das die in Art. 106 Abs. 2 S. 1 AEUV angesprochenen Unternehmen von anderen Unternehmen unterscheidet, ist der Umstand, dass sie von einem Mitgliedstaat mit „Dienstleistungen" betraut sind, die im „allgemeinen wirtschaftlichen Interesse" dieses Mitgliedstaates liegen. Der Begriff der **Dienstleistungen** ist in diesem Zusammenhang nicht im Sinne des Art. 57 AEUV, sondern **umfassend** zu verstehen ist, so dass darunter z. B. auch die Erbringung von Sachleistungen oder die Lieferung von Energie fällt. Die Anwendung der Ausnahmevorschrift des Art. 106 Abs. 2 S. 1 AEUV hängt folglich in erster Linie davon ab, ob gerade die Erbringung dieser Leistungen im allgemeinen wirtschaftlichen Interesse eines Mitgliedstaates liegt. Dabei handelt es sich um einen Begriff des Unionsrechts ohne Entsprechung in den Rechtsordnungen der Mitgliedstaaten. Es geht daher insbesondere nicht an, den Begriff einfach, wie es vielfach unreflektiert geschieht, z. B. mit dem französischen Begriff des **„service public"** oder mit dem deutschen Begriff der **„Daseinsvorsorge"** gleichzusetzen – allein zu dem Zweck, immer neue Wirtschaftsbereiche insbesondere dem Zugriff der Wettbewerbsregeln des Vertrages zu entziehen. Nur das letzte Beispiel aus einer langen Kette derartiger Interventionen der Mitgliedstaaten gegen den Wettbewerb ist die bizarre Vorschrift des **§ 30 Abs. 2a GWB von 2013,** durch die kurzerhand die Presseverlage und -grossisten sowie deren Verbände zu Unternehmen erklärt wurden, die mit Dienstleistungen von allgemeinem wirt-

[50] S. *Emmerich,* FS Steiner, 2009, S. 173 (176ff.).
[51] ABl. Nr. C 306/158.
[52] *EuG* Slg. 2008, II-95 (167 Tz. 179) – BUPA.

schaftlichem Interesse betraut sind, ebenfalls nur zu dem Zweck, die Preisbindung für Zeitungen und Zeitschriften (die eindeutig gegen Art. 101 Abs. 1 AEUV verstößt) auf Druck der Verlage zu „retten" (s. dazu im Einzelnen u. § 25 Rn. 8, 47ff.). Die Unionsorgane setzen (bedauerlicherweise) diesen Versuchen der Mitgliedstaaten, sich unter formaler Berufung auf Art. 106 Abs. 2 S. 1 AEUV der Bindung an den Vertrag wieder zu entziehen, nur noch geringen Widerstand entgegen, wie nunmehr zu zeigen ist.

Der Anwendungsbereich des Art. 106 Abs. 2 AEUV beschränkt sich auf „Unternehmen" sowie auf „wirtschaftliche Interessen". Daraus folgt als erstes, dass der Vertrag hier allein den weiten Bereich der **Wirtschaft** im Auge hat, während die Vertragsbindung anderer Einrichtungen, z. B. kultureller und sozialer Einrichtungen oder der Hoheitsträger selbst jedenfalls *nicht* Gegenstand des Art. 106 Abs. 2 AEUV ist.[53] Daraus ist der weitere Schluss zu ziehen, dass mit den allgemeinen (wirtschaftlichen) Interessen hier ausschließlich (beliebige) **öffentliche Interessen** der Mitgliedstaaten im Rahmen ihrer (weitgehend autonomen) **Wirtschafts- und Sozialpolitik** gemeint sind, vorausgesetzt, dass die Verwirklichung dieser Ziele den Einsatz von Unternehmen erfordert, denen zu diesem Zweck besondere Aufgaben übertragen werden, die unmittelbar auf die Verwirklichung der genannten öffentlichen Zwecke, d. h. der Wirtschafts- und Sozialpolitik der Mitgliedstaaten gerichtet sind. Hinzu kommen muss noch, dass es sich zugleich auch um **„allgemeine" öffentliche Interessen** im Gegensatz zu besonderen oder partikulären Interessen einzelner Gruppen handelt.[54] In erster Linie, aber wohl nicht ausschließlich, dürfte hier an die Interessen der **Verbraucher** – als Repräsentanten der Allgemeinheit – zu denken sein.[55] 33

Die genannten Tatbestandsmerkmale des Art. 106 Abs. 2 S. 1 AEUV (Rn. 32f.) werden heute im Ergebnis von den Unionsorganen durchweg ganz weit zu Gunsten der Mitgliedstaaten ausgelegt. Der *EuGH* betonte zwar vor allem früher immer wieder die Notwendigkeit einer *engen* Auslegung der Ausnahmevorschrift des Art. 106 Abs. 2 S. 1 AEUV.[56] Tatsächlich zeigt er sich indessen seit dem mit dem Corbeau-Urteil von 1993[57] offenbar eingeleiteten Paradigmenwechsel gleichfalls *zunehmend großzügiger* bei der Annahme eines Dienstleistungsunternehmens im Sinne des Art. 106 Abs. 2 S. 1 AEUV, vor allem, aber nicht allein **bei** den sog. **Universaldiensten,** d. h. in erster Linie bei den Telekommunikations-, Verkehrs- und Versorgungsunternehmen mit einem allgemeinen (flächendeckenden) Versorgungsauftrag, der diese Unternehmen (angeblich) zwingt, gegebenenfalls auch *unrentable* Leistungen zu erbringen.[58] Das Ergebnis dieser Entwicklung ist, dass die Unionsgerichte heute ebenso wie die Kommission den Mitgliedstaaten ausdrücklich einen **„weiten Ermessensspielraum"** bei der Definition der Dienstleistungen von allgemeinem wirtschaftlichem Interesse zubilligen, der von der Kommission nur auf „offenkundige Fehler" überprüft werden 34

[53] Protokoll Nr. 26 über Dienste von allgemeinem Interesse Art. 2; ebenso offenbar *EuGH* Slg. 2008, I-4892 Tz. 46 – MOTOE.

[54] *EuG* Slg. 2008 II-95 (169 Tz. 178) – BUPA.

[55] Ebenso ausdrücklich *Kommission,* Mitteilung v. 19. 1. 2001, ABl. Nr. C 17/4 (6 Tz. 8ff.).

[56] Z. B. *EuGH* Slg. 1997, I-5768 (5778 Tz. 31) – Niederlande; Slg. 1997, I-5819 (5834 Tz. 53) = EuZW 1998, 76 – Frankreich; zur Praxis der Kommission s. u. Rn. 35.

[57] *EuGH* Slg. 1993, I-2563 (2568ff. Tz. 14ff.) = EuZW 1993, 422.

[58] *Kommission,* Mitteilung „Leistungen der Daseinsvorsorge in Europa II" v. 19. 1. 2001, ABl. 2001 Nr. C 17/4 (11ff. Tz. 37ff.).

könne.[59] Die **Besonderheit** solcher Dienstleistungen sieht die Kommission vor allem darin, dass die fraglichen Leistungen auch dann erbracht werden müssen, wenn der Markt nicht genug Anreize dafür bietet, so dass den betreffenden Unternehmen gegebenenfalls besondere Rechte eingeräumt werden müssten, damit sie die ihnen übertragenen besonderen Aufgaben überhaupt erfüllen können,[60] wobei nach Meinung der Kommission insbesondere die **Grundsätze der Neutralität, der Gestaltungsfreiheit und der Verhältnismäßigkeit** zu beachten sind.[61]

35 **Beispiele** für nach Art. 106 Abs. 2 S. 1 AEUV privilegierte Universaldienste (Rn. 34) sind (natürlich) insbesondere die Erbringung postalischer Universaldienste,[62] ferner etwa **Luftverkehrsgesellschaften,** sofern sie nach nationalem Recht durch Hoheitsakt damit betraut sind, aus Gründen des öffentlichen Interesses auch unrentable Strecken zu betreiben,[63] sowie **Energieversorgungsunternehmen,** die durch öffentlich-rechtliche Konzessionen oder Vertrag damit betraut sind, die Gas- oder Stromversorgung zu einheitlichen Konditionen und Tarifen in einem bestimmten Gebiet sicherzustellen.[64] Auch bei den **Sozialversicherungssysteme** gehen die Unionsgerichte, soweit bei ihnen nicht bereits das Vorliegen einer wirtschaftlichen Tätigkeit verneint wird (s. o. § 3 Rn. 32), heute doch durchweg ohne Weiteres von der Anwendbarkeit des Art. 106 Abs. 2 S. 1 AEUV aus, in der Regel, um damit die Übertragung von Monopolrechten auf einzelne Leistungserbringer zu rechtfertigen.[65] Weitere **Beispiele** für Dienstleistungen von allgemeinem wirtschaftlichem Interesse sind medizinische Notfalltransportleistungen,[66] eine gesetzliche Zusatzkrankenversicherung für bestimmte Branchen mit Zwangsmitgliedschaft,[67] ebenso aber auch private Krankenversicherungen, wenn ihnen im Interesse der Solidarität der Versicherten durch Gesetz unrentable gemeinwirtschaftliche Verpflichtungen auferlegt werden,[68] sowie etwa noch die Bundesanstalt für Arbeit, die durch das AFG mit der Aufgabe der Arbeitsvermittlung betraut ist;[69] – *nicht* dagegen solche Unternehmen, die nur durch besondere Gesetze einer *staatlichen Aufsicht* unterstellt sind,[70] wie die Verwertungsgesellschaften[71] oder die Banken.[72]

---

[59] *EuG* Slg. 2005, II-2036 (2100f. Tz. 216) – Olsen; Slg. 2008. II-95 (162ff. Tz. 166ff.) – BUPA; Slg. 2008, II-1165 (1214ff.) – SIC; Slg. 2008, II-2938 (2969ff. Tz. 101ff.) – TV 2; *Kommission,* Mitteilung (vorige Fn.), ABl. 2001 Nr. C 17/4, Tz. 14ff.

[60] Mitteilung, Tz. 14ff.

[61] Mitteilung, Tz. 20ff.

[62] *EuGH* Slg. 2001, I-4142 (4162ff. Tz. 53ff.) = EuZW 2001, 408 – TNT Traco; vgl. in diesem Zusammenhang auch die Richtlinie über den Universaldienst, ABl. 2002 Nr. L 108/51.

[63] *EuGH* Slg. 1989, 838 (853) – Ahmed Saaed.

[64] *EuGH* Slg. 1994, I-1508 (1520f.) = EuZW 1994, 408 = JuS 1994, 8102 Nr. 2 – Almelo; Slg. 1997, I-5768 (5777ff. Tz. 29ff.) – Niederlande; Slg. 1997, I-5819 (5834ff. Tz. 55f.) – Frankreich.

[65] S. insb. *EuGH* Slg. 1999, I-5106 3 (5892ff. Tz. 103ff.) = ZIP 2000, 34 = JuS 2000, 609 Nr. 12 – Albany; Slg. 2001, I-8137 (8154ff. Tz. 51ff.) – Ambulanz Glöckner.

[66] *EuGH* Slg. 2010, I-3759 = EuZW 2010, 543 Tz. 125.

[67] *EuGH* Slg. 2011, I-1003 = WuW/E EU-R 1929 (1938 Tz. 37f.) – AG2R.

[68] *EuG* Slg. 2008. II-95 (172ff. Tz. 191ff.) – BUPA.

[69] *EuGH* Slg. 1991, I-2010 (2017) – Macrotron.

[70] *EuG* Slg. 2008. II-95 (165 Tz. 178) – BUPA.

[71] *EuGH* Slg. 1974, 313 (318) – BRT II; Slg. 1983, 483 (504) – GV; *Kommission,* Entsch. v. 16.7.2008, WuW/E EU-V 1357 (1377f.) – CISAG.

[72] *EuGH* Slg. 1981, 2021 (2030) – Züchner; *Emmerich,* Das Wirtschaftsrecht der öffentlichen Unternehmen, 1969, S. 464ff.; *Mikroulea,* Wettbewerbsbeschränkende Maßnahmen der Mitgliedstaaten, 1995, S. 115ff.

Unklar war lange Zeit dagegen die Rechtslage der **öffentlich-rechtlichen Rundfunkanstalten** unter dem Unionsrecht.[73] Namentlich die Frage der Anwendbarkeit des Art. 106 Abs. 2 AEUV auf sie war wegen der erheblichen Wettbewerbsvorteile der öffentlich-rechtlichen Rundfunkanstalten – hervorzuheben ist ihre Finanzierung über „Gebühren", sprich: Steuern – umstritten. Aufgrund des massiven Drucks aller Mitgliedstaaten hat sich indessen mittlerweile weitgehend die Auffassung durchgesetzt, dass der öffentlich-rechtliche Rundfunk grundsätzlich unter Art. 106 Abs. 2 AEUV fällt, so dass sich aus dem Vertrag und insbesondere aus den Beihilferegeln (Art. 107ff. AEUV) im Ergebnis keine substantiellen Schranken für seine Finanzierung über Gebühren oder über Werbeeinnahmen ergeben.[74] In dem **Protokoll Nr. 29** zu dem Vertrag von Lissabon haben die Mitgliedstaaten dies ausdrücklich festgelegt.[75] Der Betrauungsakt wird seitdem in Deutschland überwiegend in § 11 des revidierten Rundfunkstaatsvertrages erblickt.[76] 36

3. Betrauung, besondere Aufgaben

Die Privilegierung eines Unternehmens durch Art. 106 Abs. 2 S. 1 AEUV setzt ferner voraus, dass das betreffende Unternehmen mit den fraglichen Dienstleistungen von allgemeinem wirtschaftlichem Interesse (o. Rn. 32f.) von einem Mitgliedstaat geradezu „betraut" wurde *und* dass ihm zur Verwirklichung dieses ihm anvertrauten öffentlichen Interesses „besonderer Aufgaben" übertragen wurden, deren Erfüllung das Unternehmen in Konflikt mit dem Vertrag bringen kann. Erforderlich ist also als erstes ein besonderer **Betrauungsakt,** der von einem Mitgliedstaat ausgehen muss und der vornehmlich die Aufgabe hat, diejenigen **Unternehmen** zu **individualisieren,** bei denen Vertragsdurchbrechungen mit Rücksicht auf ihren Charakter als Dienstleistungsunternehmen infolge ihrer Indienstnahme für Aufgaben der nationalen Wirtschafts- oder Sozialpolitik nach Art. 106 Abs. 2 S. 1 AEUV überhaupt in Betracht kommen.[77] Der *Gerichtshof* verlangt deshalb, dass die Betrauung eines Unternehmens mit Dienstleistungen **ausdrücklich** und unmissverständlich **durch Hoheitsakt,** d. h. durch Gesetz oder Verwaltungsakt, erfolgt.[78] Die *Kommission* hat daraus den Schluss gezogen, dass dem fraglichen Unternehmen der Versorgungsauftrag klar definiert und ausdrücklich durch Hoheitsakt (Verträge eingeschlossen) auferlegt sein müsse, um ihr die Beurteilung der Verhältnismäßigkeit der Maßnahme zu ermöglichen, wobei sich aus dem Hoheitsakt Art und Dauer der Gemeinwohlverpflichtungen, das beauftragte Unternehmen und der geographische Geltungsbereich, Art und Dauer der dem Unternehmen gewährten ausschließlichen oder besonderen Rechte sowie gegebenenfalls die Parameter für die Berechnung, Überwachung und etwaige Änderungen von Ausgleichszahlungen ergeben müssten.[79] Dementsprechend sieht tatsächlich das **Sekun-** 37

---

[73] S. statt aller m. N. *Gundel,* ZUM 2008, 758.

[74] S. Rn. 42; *EuG* Slg. 2008, II-1165 (1200ff. Tz. 141ff.) – SIC; Slg. 2008, II-2933 (2969ff. Tz. 101ff., insbes. 2972f. Tz. 111ff.) – TV 2.

[75] ABl. 2007 Nr. C 306/165.

[76] Wegen der Einzelheiten s. *Kommission,* Mitteilung über die Anwendung der Vorschriften über staatliche Beihilfen auf den Rundfunk aus dem Jahre 2001, ABl. Nr. C 320/5.

[77] S. *Kommission* (vorige Fn.).

[78] *EuGH* Slg. 1974, 313 (318) – BRT II; Slg. 1981, 2021 (2030) = NJW 1982, 505 – Züchner; Slg. 1989, 838 (853) = NJW 1989, 2192 – Ahmed Saaed; Slg. 1997, I-5819 (5836f. Tz. 65ff.) = EuZW 1998, 76 – Frankreich; *EuG* Slg. 2005, II-2036 (2092 Tz. 1106) – Olsen; Slg. 2008, II-95 (165 Tz. 121, 168 Tz. 181) – BUPA.

[79] Mitteilung v. 29.11.2005, ABl. Nr. C 297/4 (5 Tz. 11f.); Entsch. v. 28.11.2005, ABl. 2005 Nr. L 312/67 Nr. 3 und 8f.; – dagegen z. B. *V. Götz,* FS Maurer, 2001, S. 921 (931ff.).

därrecht an verschiedenen Stellen ausdrücklich die Möglichkeit vor, unter den genannten Voraussetzungen Verkehrs- und Versorgungsunternehmen mit Dienstleistungen zu betrauen (s. u. Rn. 47).

38 Von der Betrauung (Rn. 37) muss außerdem noch die **Übertragung besonderer Aufgaben** im Sinne des Art. 106 Abs. 2 S. 1 AEUV unterschieden werden.[80] Die Aufgabenübertragung und die Betrauung eines Unternehmens verhalten sich zueinander wie Mittel und Zweck: Während mit der Betrauung allein der Zweck verfolgt wird, die Dienstleistungsunternehmen zu *individualisieren* und aus der Masse der anderen Unternehmen herauszuheben, für die der Grundsatz der Vertragsbindung ohne Ausnahme gilt, bezeichnen die ihnen übertragenen besonderen Aufgaben die *Mittel,* durch die das fragliche Unternehmen die Dienstleistungen, mit denen es von einem Mitgliedstaat betraut wurde, gegebenenfalls auch unter Durchbrechung des Vertrags verwirklichen soll. Von den sonstigen, sozusagen „normalen" Unternehmen unterscheiden sich die Dienstleistungsunternehmen mithin (lediglich) dadurch, dass, *wenn* ihnen zusätzlich von den Mitgliedstaaten *besondere Aufgaben* übertragen werden, diese **Aufgabenerfüllung** im Einzelfall nach Art. 106 Abs. 2 S. 1 AEUV **Vorrang** vor der sonst geltenden strikten Vertragsbindung hat (Rn. 39 f.). Nötig ist dazu vor allem eine präzise Umschreibung der übertragenen besonderen Aufgaben des Dienstleistungsunternehmens, um der Kommission die Prüfung zu ermöglichen, ob ein unmittelbarer (spezifischer) Zusammenhang zwischen der Betrauung eines Unternehmens mit Dienstleistungen im öffentlichen Interesse und seinen besonderen Aufgaben besteht (wie es der Gerichtshof verlangt)[81] sowie ob, wenn das der Fall ist, tatsächlich im Einzelfall die Erfüllung der übertragenen besonderen Aufgaben durch die Anwendung des Vertrags im Sinne des Art. 106 Abs. 2 S. 1 geradezu verhindert würde (u. Rn. 39 ff.).

4. Freistellung nur im Einzelfall

39 Art. 106 Abs. 2 S. 1 AEUV enthält nach dem bisher Gesagten (Rn. 38) – entgegen einer verbreiteten Annahme, insbesondere in der deutschen Kommunalwirtschaft[82] – **keine Bereichsausnahme** für Dienstleistungsunternehmen. Im Gegenteil: Der Vertrag *gilt* für diese Unternehmen grundsätzlich ebenso wie für andere private und öffentliche Unternehmen. Während jedoch bei den anderen Unternehmen die Bindung an den Vertrag unbedingt ist, d. h. grundsätzlich keine Ausnahmen kennt, verhält es sich bei den Dienstleistungsunternehmen (und den hinter ihnen stehenden Mitgliedstaaten) nach Art. 106 Abs. 2 S. 1 AEUV *anders,* wenn **im Einzelfall** (ausnahmsweise) durch die Anwendung des Vertrages die Erfüllung der ihnen übertragenen besonderen Aufgabe rechtlich oder tatsächlich geradezu *verhindert* würde (u. Rn. 40 ff.), *vorausgesetzt* zudem, dass dadurch die Entwicklung des Handelsverkehrs in der Union nicht in einem Ausmaß beeinträchtigt wird, das dem Interesse der Union zuwiderläuft (Art. 106 Abs. 2 S. 2 AEUV; dazu u. Rn. 45 ff.).

40 Ob diese Voraussetzungen für eine Freistellung erfüllt sind, ist eine Frage des Einzelfalles. Bei ihrer Prüfung sind die Unionsorgane *früher* in der Regel ausgesprochen **restriktiv** verfahren, natürlich zu dem Zweck, Vertragsdurchbrechungen aufgrund des

[80] S. *Emmerich,* FS Steiner, 2009, S. 173 (178 ff.); Hdb., H II Rn. 163 ff.; str.
[81] *EuGH* Slg. 1997, I-5819 (5837 Tz. 68 f.) = EuZW 1998, 76 – Frankreich; Slg. 2010, I-3759 = EuZW 2010, 543 (548 f. Tz. 127 – 129) – Krankentransporte.
[82] S. *Scharpf,* EuZW 2005, 295 m. N.

Art. 106 Abs. 2 S. 1 AEUV in einem möglichst engen Rahmen zu halten. Eine Anwendung der Ausnahmevorschrift des Art. 106 Abs. 2 S. 1 AEUV kam danach nur in Betracht, wenn es *keinen anderen* technisch möglichen und wirtschaftlich wie rechtlich zumutbaren *Weg* gibt, um die übertragene Aufgabe ohne Vertragsverletzung zu erfüllen, während eine bloße Behinderung oder Erschwerung der Aufgabenerfüllung nicht ausreichte.[83] Diese strenge Linie gehört jedoch seit den Urteilen „Corbeau" und „Almelo"[84] des EuGH aus den Jahren 1993 und 1994 der Geschichte an. Seit diesen Urteilen lässt es der Gerichtshof für die Anwendung des Art. 106 Abs. 2 S. 1 AEUV stattdessen genügen, wenn ohne die besonderen Rechte des Dienstleistungsunternehmens die **Erfüllung** der ihm übertragenen besonderen Aufgaben (bloß) **gefährdet** wäre **oder** wenn die **Beibehaltung** der besonderen Rechte **erforderlich** ist, um dem Unternehmen die Erfüllung seiner Aufgaben zu wirtschaftlich annehmbaren Bedingungen zu ermöglichen.[85] Bei der Bejahung dieser Voraussetzungen verfährt der Gerichtshof zudem immer großzügiger, so dass der Kommission schließlich nichts anderes übrig blieb, als den Regelungsgehalt der S. 1 und 2 des Art. 106 Abs. 2 AEUV auf einen weit gefassten **Verhältnismäßigkeitsgrundsatz** zu reduzieren.[86]

Selbst die Ausdehnung von Ausschließlichkeitsrechten auf andere, wenn auch eng benachbarte Märkte gilt seitdem als zulässig, wenn nur so den Dienstleistungsunternehmen ein Weg zu einem **Verlustausgleich** zwischen rentablen und unrentablen Diensten eröffnet werden kann.[87] Aber es bleibt dabei, dass ein **enger Zusammenhang** zwischen der Erfüllung der übertragenen Aufgaben und der Vertragsdurchbrechung bestehen muss; Art. 106 Abs. 2 AEUV ist kein „Freifahrtschein" für beliebige Verstöße gegen das Unionsrecht durch Dienstleistungsunternehmen oder die hinter ihnen stehenden Mitgliedstaaten. Wenn es an dem erforderlichen sachlichen Zusammenhang zwischen der Aufgabenerfüllung und der Vertragsdurchbrechung fehlt, bleibt es bei der Maßgeblichkeit allein des Vertrages.[88] Dasselbe gilt, wenn die Aufgabenerfüllung ohne Weiteres auch ohne die umstrittene Vertragsverletzung, z. B. ohne Verstoß gegen die Wettbewerbsregeln, möglich ist.[89] 41

Besonders großzügig verfahren die Unionsorgane bei der Anwendung des Art. 106 Abs. 2 AEUV zunächst bei den sog. **Universaldiensten,** insbesondere also bei Telekommunikations-, Verkehrs- und Versorgungsunternehmen, die einen flächendeckenden Dienst zu gleichen Preisen und Konditionen anbieten müssen.[90] Besteht die Verpflichtung zur Leistungserbringung auch dann, *wenn einzelne Dienstleistungen* 42

[83] So noch *EuGH* Slg. 1974, 409 (431) – Sacchi; Slg. 1982, 2015 (2056f.) = NJW 1982, 1929 – Nungesser; Slg. 1985, 3217 (3275) – Télemarketing; *EuG* Slg. 1997, II-233 (281 Tz. 173) – FFSA; Slg. 1997, II-1000 (1043f. Tz. 138ff.) – Air Inter.

[84] *EuGH* Slg. 1993, I-2563 = EuZW 1993, 422; Slg. 1994, I-1508 = EuZW 1994, 408.

[85] *EuGH* Slg. 1993, I-2563 (2568 Tz. 14ff.) = EuZW 1993, 422 – Corbeau; Slg. 2000, I-857 (876ff. Tz. 49ff.) = EuZW 2000, 281 – DPAG/GZS; insb. Slg. 1997, I-5819 (5835 Tz. 59, 5843ff. Tz. 95ff.) = EuZW 1998, 76 – Frankreich; Slg. 2001, I-4142 (4161ff. Tz. 52ff.) = EuZW 2001, 408 – TNT-Traco.

[86] Mitteilung v. 19.1.2001, ABl. Nr. C 17/4 (8f. Tz. 20ff.); v. 15.11.2001, ABl. Nr. C 320/5 (8 Tz. 29 Nr. 3); ebenso *EuG* Slg. 2005, II-2036 (2100f. Tz. 216) – Olsen.

[87] *EuGH* Slg. 2001, I-8137 (8156f. Tz. 56ff.) = EuZW 2002, 25 – Ambulanz Glöckner.

[88] *EuGH* Slg. 1991, I-2010 (2018) – Macrotron; *EuGH* Slg. 2010, I-3759 = EuZW 2010, 543 (548f. Tz. 127–129).

[89] *Kommission,* Entsch. v. 16.7.2008, WuW/E EU-V 1357 (1378 Tz. 258f.) – CISAG.

[90] S. dazu insb. *Basedow,* EuZW 1996, 143 (145); *Bright,* ECLR 1993, 263 (269); *Heinemann,* Grenzen staatlicher Monopole, 1996, S. 183ff.; *Mestmäcker,* Kommunikation ohne Monopole II, 1995,

unrentabel sind, so dass sie von privaten Konkurrenten nicht erbracht würden, so wird es durchweg als gerechtfertigt angesehen, private Konkurrenten vorübergehend oder dauernd, partiell oder total von dem betreffenden Markt auszuschließen, um dem Dienstleistungsunternehmen einen Verlustausgleich zwischen den rentablen und unrentablen Diensten zu ermöglichen (sog. **Quersubventionierung**).[91] Einer ebenso großzügigen Beurteilung können sich durchweg die **Sozialversicherungssysteme** und hier namentlich die Krankenversicherungssysteme erfreuen. Soweit auf sie heute überhaupt noch die Wettbewerbsregeln angewandt werden (s. o. § 3 Rn. 32), wird doch im Grunde jeder Verstoß gegen den Vertrag einschließlich vor allem der Wettbewerbsregeln unter Berufung auf Art. 106 Abs. 2 hingenommen, um die Funktionsfähigkeit dieser Systeme nicht zu beeinträchtigen.[92]

43 Der Sache nach geht es in der Regel um die Rechtfertigung von **Ausschließlichkeitsrechten** und vergleichbaren Privilegien für einzelne Dienstleistungsunternehmen, – womit sich zugleich, nüchtern betrachtet, die erstaunliche Hartnäckigkeit erklärt, mit der viele Mitgliedstaaten, allen voran Frankreich und Italien, ebenso aber auch die deutschen Gemeinden und Länder ihre diversen Pfründe unter Berufung auf Art. 106 Abs. 2 S. 1 AEUV – meistens mit ganz vorgeschobenen, durchsichtigen Gründen – verteidigen, in erster Linie durchweg zur Versorgung korrupter Politiker. Ein „schönes“ Beispiel aus jüngster Zeit sind die bizarren Spiel- und Wettmonopole der Länder.[93]

44 Art. 106 Abs. 2 S. 1 AEUV vermag als Ausnahmevorschrift Vertragsdurchbrechungen im Einzelfall nur zu rechtfertigen, wenn seine Voraussetzungen zweifelsfrei feststehen. Die **Beweislast** hierfür tragen (im Rahmen des Art. 106 Abs. 2 AEUV) das betreffende Dienstleistungsunternehmen und (im Rahmen des Art. 106 Abs. 1 AEUV) der Mitgliedstaat, der das Dienstleistungsunternehmen mit der fraglichen Aufgabenerfüllung betraut hat.[94] Anders verhält es sich freilich, wenn die Kommission (nicht nach Art. 106 Abs. 3 AEUV, sondern) im Rahmen eines Vertragsverletzungsverfahrens nach Art. 258 AEUV unter Berufung auf Art. 106 Abs. 2 S. 1 AEUV gegen einen Mitgliedstaat vorgeht, so dass die Beweislast dann wieder die Kommission trifft.[95]

S. 137 ff.; *Wachsmann/Berrod,* RTDE 1994, 39 (49 ff.); *Everling,* EuR 1996, 58 (76 ff.); zur Kritik s. *Gröner/Knorr,* EWS 1996, 225 ff. m. N.

[91] *EuGH* Slg. 1989, 838 (853) – Ahmed Saeed (für den Betrieb unrentabler Fluglinien); Slg. 1993, I-2533 = EuZW 1993, 422 – Corbeau, und Slg. 2001, I-4142 (4162 ff. Tz. 53 ff.) – TNT Traco (für die Briefpost); Slg. 1994, I-1508 (1521) – Almelo; Slg. 1997, 5768 (5779 ff. Tz. 38 ff.) – Niederlande, und Slg. 1997, I-5819 (5833 ff. Tz. 51 ff.) – Frankreich (für die Stromversorgung zu einheitlichen Tarifpreisen in einem Gebiet); *Kommission,* Mitteilung, ABl. 2001 Nr. C 17/4 (11 ff. Tz. 40 ff.).

[92] S. zuletzt z. B. *EuGH* Slg. 2010, I-3759 = EuZW 2010, 543 (548 Tz. 128) – Krankentransporte; Slg. 2011, I-1003 = WuW/E EU-R 1929 (1938 f. Tz. 76 ff.) – AG2R (für die Zwangsmitgliedschaft in einer zusätzlichen Krankenversicherung für eine Branche); *EuG* Slg. 2008, II-95 172 ff. Tz. 191 ff. – BUPA.

[93] S. zu diesem schwierigen und umstrittenen Fragenkreis *Dederer,* NJW 2010, 198; *ders.*, EuZW 2010, 771; *Hilf/Ploeckl,* EuZW 2010, 694.

[94] *EuGH* Slg. 1989, 838 (853) – Ahmed Saeed; Slg. 2001, I-4142 (4163 Tz. 59) = EuZW 2001, 408 – TNT Traco; Slg. 2010, I-3759 = EuZW 2010, 543 Tz. 126; *EuG* Slg. 2008, II-95 (165 Tz. 171) – BUPA.

[95] So jedenfalls *EuGH* Slg. 1997, I-5768 (5784 f. Tz. 58 ff.) – Niederlande; Slg. 1997, I-5819 (5845 f. Tz. 101 ff.) – Frankreich.

5. Interesse der Union

Die Freistellung der Dienstleistungsunternehmen von der Bindung an den Vertrag durch S. 1 des Art. 106 Abs. 2 AEUV ist *nicht unbegrenzt;* sie ist vielmehr nach **S. 2** aufgrund des bereits erwähnten Kompromisses zwischen Frankreich und den Beneluxstaaten (o. Rn. 28) von der *zusätzlichen* Voraussetzung abhängig, dass durch die Freistellung die Entwicklung des Handelsverkehrs nicht in einem Ausmaß beeinträchtigt werden darf, das dem Interesse der Union zuwiderläuft. Obwohl diese Vorschrift an sich eine wichtige Korrektur des S. 1 des Art. 106 Abs. 2 AEUV darstellt, hat sie doch in der bisherigen Praxis nahezu keine Rolle gespielt. 45

S. 2 des Art. 106 Abs. 2 AEUV ist ein typischer **Formelkompromiss,** gekennzeichnet durch eine Anhäufung gänzlich unbestimmter Begriffe. Insbesondere ist nach wie vor unklar, was im Sinne des S. 2 des Art. 106 Abs. 2 AEUV unter dem **„Interesse der Union"** zu verstehen ist. Der Gerichtshof hat lediglich einmal angedeutet, dass die Definition des Unionsinteresses primär die Aufgabe der Kommission im Rahmen der ihr durch Art. 106 Abs. 3 verliehenen weitreichenden Befugnisse sei, so dass, solange die Kommission hiervon keinen Gebrauch mache, auch keine Möglichkeit für die Anwendung des Art. 106 Abs. 2 S. 2 AEUV als Schranke für S. 1 des Art. 106 Abs. 2 AEUV bestehe.[96] 46

Dies bedeutet der Sache nach, dass zur Definition des Unionsinteresses in erster Linie bei dem **Sekundärrecht** anzusetzen ist, da es gerade die Aufgabe insbesondere der verschiedenen Liberalisierungsrichtlinien ist, das Interesse der Union an der Liberalisierung einzelner Märkte zu verdeutlichen, so dass Vertragsdurchbrechungen hier unter Berufung auf Art. 106 Abs. 2 S. 1 AEUV nur ausnahmsweise in Betracht kommen, soweit die Richtlinien dafür selbst eine Grundlage abgeben (o. Rn. 37). Jenseits dieser Fälle erweist sich jedoch – entgegen einer verbreiteten Meinung – der Begriff des Unionsinteresses so lange als nicht justiziabel, wie die Kommission davon absieht, von ihren Befugnissen aufgrund des Art. 106 Abs. 3 AEUV zur Präzisierung des Unionsinteresses Gebrauch zu machen.[97] Auf diesen weitgehenden Befugnissen der Kommission hatten die Benelux-Staaten seinerzeit gerade bestanden, um das Binnenmarktprojekt notfalls auch gegen den erwarteten Widerstand der französischen und italienischen Staatsmonopole durchsetzen zu können. Die darin liegende Aufgabe ist bis heute nicht gelöst; im Gegenteil: ihre Lösung rückt in immer weitere Ferne. 47

6. Rechtsfolgen

Soweit im Einzelfall die Voraussetzungen des S. 1 des Art. 106 Abs. 2 AEUV erfüllt sind und nicht Raum für die Anwendung der Gegenausnahme des S. 2 der Vorschrift ist, ist die Vertragsdurchbrechung seitens des Dienstleistungsunternehmens unmittelbar kraft Gesetzes erlaubt. Beruft sich ein Mitgliedstaat oder ein Unternehmen zur Rechtfertigung von Vertragsverletzungen auf Art. 106 Abs. 2 S. 1 AEUV, so sind folglich auch die nationalen Gerichte verpflichtet, die Voraussetzungen dieser Vorschrift selbstständig zu prüfen. 48

---

[96] So die Energiemonopolurteile v. 1997 Slg. 1997, I-5768 (57106f. Tz. 67ff.) – Niederlande; Slg. 1997, I-5793 (5811f. Tz. 63ff.) – Italien; insb. Slg. 1997, I-5819 (5848f. Tz. 112ff.) = EuZW 1998, 76 – Frankreich.

[97] S. *Emmerich,* FS Steiner, 2009, S. 173 (183f.).

3. Teil. Der Schutz des Wettbewerbs gegen Beschränkungen im deutschen Recht

1. Kapitel. Einführung

§ 20. Anwendungsbereich

I. Vorbemerkung

Das deutsche Kartellrecht, dem sich nunmehr im Anschluss an das europäische Kartellrecht (§§ 1–19) die Darstellung zuzuwenden hat, ist im Wesentlichen im GWB geregelt (zur Geschichte s. schon o. § 2 Rn. 4ff.). Die Regelung wich ursprünglich in zahlreichen Punkten von dem europäischen Kartellrecht ab, ist aber in der Folgezeit immer mehr dem großen Vorbild des europäischen Kartellrechts angeglichen worden. Hervorzuheben sind insoweit insbesondere die 7. GWB-Novelle von 2008 und die 8. GWB-Novelle von 2013 (s. o. § 2 Rn. 6f.). Das gilt heute gleichermaßen für das Kartellverbot wie für die Fusionskontrolle, seitdem auch das GWB im Jahre 2013 bei der Fusionskontrolle zu dem so genannten SIEC-Test in § 36 Abs. 1 S. 1 GWB übergegangen ist. 1

Soweit nach dem Gesagten (o. Rn. 1) im Wesentlichen das europäische Kartellrecht in das deutsche Recht übernommen wurde, kann im Folgenden weithin auf die Ausführungen zu dem europäischen Kartellrecht verwiesen werden. Nähere Ausführungen sind nur dort nötig, wo im deutschen Recht Besonderheiten gelten (dazu u. §§ 23–25). 2

Eigenständige materiell-rechtliche Regelungen enthält das GWB darüber hinaus heute vor allem noch bei der Missbrauchsaufsicht über marktbeherrschende Unternehmen (§§ 18 bis 20), ebenso aber auch weiterhin noch bei zahlreichen Einzelfragen der Fusionskontrolle (§§ 35–43). Insbesondere auf diesen Fragenkreisen wird daher der Schwerpunkt der Ausführungen zum deutschen Recht zu liegen haben (s. u. §§ 27–30 und 31–36). 3

II. Unternehmen

1. Begriff

Die Vorschriften des GWB gelten, von wenigen Ausnahmen abgesehen, ebenso wie die Wettbewerbsregeln des AEUV (Art. 101, 102 und 106) allein für Unternehmen (s. insbesondere die §§ 1, 18, 19, 20 und 35f. GWB). Der Anwendungsbereich des GWB hängt daher nicht anders als der der Wettbewerbsregeln des AEUV zu einem guten Teil von der engen oder weiten Fassung des Unternehmensbegriffs ab. 4

Die Definition des Unternehmensbegriff deckt sich im GWB im Kern mit der im europäischen Kartellrecht (s. o. § 3 Rn. 24ff.). Ebenso wie bei den Art. 101, 102 und 106 AEUV genügt deshalb im Anwendungsbereich des GWB für die Annahme eines Unternehmens grundsätzlich jede selbständige geschäftliche oder wirtschaftliche Tätigkeit, d. h. jede selbständige, nicht rein private und außerhalb des Erwerbslebens liegende Tätigkeit einer Person in der Erzeugung oder Verteilung von Waren oder gewerblichen Leistungen.[1] Die 5

---

[1] BGHZ 64, 232 (234f.) = NJW 1975, 1223 = JuS 1975, 662 Nr. 8; BGHZ (GS) 67, 81 (84) = NJW 1976, 1941; BGHZ 74, 359 (364f.) = NJW 1979, 2401 = JuS 1980, 227 Nr. 11; BGHZ 137, 297 (304) = NJW 1998, 756 = JuS 1998, 461 Nr. 10 – DFB; WuW/E DE-R 4037 (4042f. Tz. 43ff.) = AG 2014, 158 – VBL Gegenwert; ebenso z. B. *BVerfG* NZKart 2013, 62 Tz. 49 = NJW 2013, 1418.

Funktion des Begriffs beschränkt sich im Wesentlichen darauf, die Sphäre des privaten Verbrauchs und die hoheitliche Tätigkeit des Staates sowie noch den Arbeitsmarkt von der Anwendung des Gesetzes auszuklammern (Rn. 8).

6 Um dem GWB einen möglichst umfassenden Anwendungsbereich zu sichern, wird der Unternehmensbegriff in der Regel *weit* ausgelegt. Die **Rechtsform,** die für ein Unternehmen gewählt wird, ist ebenso unerheblich wie etwa die Frage der Gewinnerzielungsabsicht. **Öffentliche Unternehmen** sind genauso wie gemeinnützige Unternehmen an das GWB gebunden (§ 130 Abs. 1 GWB; Rn. 13ff.). Zwischen aktuellen und **potentiellen Unternehmen** wird gleichfalls nicht unterschieden; auch die letzteren sind vielmehr dem GWB unterworfen, sofern sie nur die Möglichkeit besitzen, sich in absehbarer Zeit in das Wirtschaftsleben einzuschalten.[2]

7 Die Anwendung des GWB setzt ferner nicht voraus, dass die betreffende Person in jeder Beziehung Unternehmen ist; es reicht vielmehr aus, dass sie gerade *in der fraglichen Beziehung* (und nur in ihr) unternehmerisch tätig wird, mag sie auch im Übrigen außerhalb des Wirtschaftslebens tätig sein, insbesondere also als Privatperson oder Hoheitsträger handeln. Ein Verein, eine Privatperson oder ein Hoheitsträger, die sich, durch welche Tätigkeit immer, im Wettbewerb mit anderen Unternehmen selbständig am wirtschaftlichen Verkehr beteiligen, müssen daher das GWB genauso wie z. B. die Steuergesetze beachten.

2. Beispiele

8 Unternehmen i. S. d. GWB sind nach dem Gesagten (o. Rn. 5–7) z. B. eine „Privatperson“, die mehrere Unternehmen beherrscht,[3] die auf einem Grundstück ein Hotel betreiben will,[4] die Lizenzen an gewerblichen Schutzrechten erteilt oder die Geschäftsräume verpachtet und dafür Automatenaufstellverträge abschließt,[5] weiter ein Hundezüchterverband[6] sowie die **Kammern** der freien Berufe (u. Rn. 9f.). Unternehmen sind ferner z. B. die Börsen trotz ihrer Rechtsnatur als Anstalten des öffentlichen Rechts mit Verwaltungsaufgaben,[7] der Deutsche Fußballbund ebenso wie die einzelnen Bundesligavereine bei ihren ausgreifenden wirtschaftlichen Aktivitäten, vom Verkauf von Eintrittskarten bis hin zur Vergabe von Fernsehübertragungsrechten oder Reklamemöglichkeiten,[8] außerdem Künstler bei der Verwertung ihrer Werke,[9] die Technischen Überwachungsvereine,[10] der Deutsche Lotto- und Totoblock und die Lottogesellschaften der Länder[11] sowie die Kirchen bei ihren wirtschaftlichen Aktivitäten.[12] – *Keine* Unternehmen sind dagegen in der Regel Verbraucherzentralen,[13] Ama-

[2] BGHZ 31, 105 (109ff.) = NJW 1960, 145; *OLG Koblenz* NJW-RR 1989, 1057 (1059).

[3] BGHZ 74, 359 (364f.) = NJW 1979, 2401 = JuS 1980, 227 Nr. 11 – WAZ.

[4] *BGH* LM § 1 GWB Nr. 53 (Bl. 2f.) = NJW-RR 2000, 90 – Beschränkte Ausschreibung.

[5] *BGH* WuW/E BGH 1521; 1745 (1746); 1841 (1842); *OLG Düsseldorf* WuW/E OLG 2396 (2398f.).

[6] *BGH* WuW/E BGH 1725 (1726); *OLG Karlsruhe* WuW/E DE-R 2606 (2607 Tz. 19).

[7] *H. Beck,* WM 2000, 597; *Emmerich/J. Hoffmann,* FS Schmitt Glaeser, 2003, S. 527.

[8] BGHZ 101, 100 (102) = NJW 1987, 307 = JuS 1988, 158 Nr. 10; BGHZ 137, 297 (303ff.) = NJW 1998, 756 = JuS 1998, 461 Nr. 10 – UEFA-Pokal; *BGH* NJW 2006, 377 = WuW/E DE-R 1597 (1599f.) – Hörfunkrechte; *OLG Düsseldorf* WuW/E DE-R 3974 = NZKart 2013, 253.

[9] *BGH* LM § 26 GWB Nr. 64 = NJW-RR 1988, 1187; *KG* WuW/E OLG 4040 (4044f.); zurückhaltend *Mestmäcker,* in: Schwarze/Becker (Hrsg.), Geistiges Eigentum und Kultur im Spannungsfeld von nationaler Regelungskompetenz und europäischem Wirtschafts- und Wettbewerbsrecht, 1998, S. 53.

[10] *BKartA* TB 1977, S. 76f.; TB 1981/82, S. 80; TB 1987/80, S. 99; WRP 1976, S. 344; s. *Emmerich,* Sicherheit und Wettbewerb, 1986; *ders.,* FS Hoppmann, 1994, S. 241.

teursportverbände,[14] Gütezeichengemeinschaften[15] sowie die Tarifvertragsparteien bei dem Abschluss von Tarifverträgen, und zwar nach herrschender Meinung selbst dann, wenn Tarifverträge nachteilig in die Wettbewerbslage Dritter eingreifen.[16]

3. Freie Berufe

Literatur: *Emmerich,* FS Gernhuber, 1993, S. 857; *ders./J. Hoffmann,* FS Selmer, 2004, S. 305; *M. König,* Standesrechtliche Wettbewerbsbeschränkungen im Gemeinsamen Markt, 1997, S. 42ff.; *Leisner,* Berufsordnungsrecht und Werbeverbote, 1984; *Messer,* FS Pfeiffer, 1988, S. 973; *Michalski,* Das Gesellschafts- und Kartellrecht der berufsrechtlich gebundenen freien Berufe, 1989; *Prinz,* Anwaltswerbung – eine rechtsvergleichende Darstellung des deutschen und des amerikanischen Rechts, 1986; *Ring,* Wettbewerbsrecht der freien Berufe, 1989; *M. Schmidt,* Standesrecht und Standesmoral, 1993; *Taupitz,* Die Standesordnungen der freien Berufe, 1991.

Rechtsanwälte, Steuerberater, Wirtschaftsprüfer, Ärzte, Architekten und Apotheker 9
sind Unternehmer wie andere auch; das gilt im GWB nicht anders als im europäischen Kartellrecht.[17] Die Abstimmung von Gebühren zwischen Ärzten verstößt daher (auch) gegen die §§ 1 und 81 Abs. 2 Nr. 1 GWB.[18] Für die Standesorganisationen der freien Berufe einschließlich der **Kammern** folgt daraus, dass sie unter dem Blickwinkel des Art. 101 AEUV und des § 1 GWB, ungeachtet ihrer öffentlich-rechtlichen Rechtsform, nichts anderes als Unternehmensvereinigungen sind, die daher gleichfalls – neben den Wettbewerbsregeln des AEUV – das GWB zu beachten haben, soweit sie sich *unternehmerisch* betätigen. Wichtig ist das vor allem, soweit sie in den Wettbewerb zwischen den Berufsangehörigen und Dritten eingreifen, insbesondere in Gestalt sog. **Berufsordnungen.**[19] Ein herausragendes Beispiel ist die von der Vertreterversammlung der Rechtsanwälte 1996 aufgrund des § 59b BRAO als Satzung beschlossene und im März 1997 in Kraft getretene Berufsordnung für Rechtsanwälte **(BORA).**[20]

Für die genannten Berufsordnungen der freien Berufe folgt aus dem Gesagten (Rn. 9), 10
dass sie im Sinne des § 1 GWB und des Art. 101 AEUV schlicht als Beschlüsse von Unternehmensvereinigungen zu behandeln sind (s. schon o. § 3 Rn. 33). Sie verstoßen folglich gegen das Kartellverbot (Art. 101 Abs. 1 AEUV; § 1 GWB), soweit in ihnen der Wettbewerb zwischen Berufsangehörigen oder mit Dritten beschränkt wird, es sei

11 *BGH* LM § 1 GWB Nr. 52 (Bl. 3 R f.) = NJW-RR 1999, 1266 = JuS 1999, 1131 Nr. 11; *OLG Düsseldorf* WuW/E DE-R 1869 (1872); *BKartA* WuW/E DE-V 1517 (1525ff.); unstr.

12 BGHZ 19, 72 (79f.). = NJW 1956, 341.

13 *OLG Hamburg* WuW/E OLG 2092; s. *Skoda,* FS Rittner, 1991, S. 651.

14 *OLG Frankfurt a. M.* WuW/E OLG 2784.

15 *OLG Frankfurt a. M.* NJW-RR 1986, 133.

16 S. o. § 3 Rn. 31; BAGE 62, 171 (182ff.); *BAG* AP § 5 TVG Nr. 25 (Bl. 7) = NJW 1990, 3036 (3038); *KG* WuW/E OLG 4531 (4533); *Bechtold,* RdA 1983, 99; *Büdenbender,* ZIP 2000, 44; *Chr. Jäger,* Die Anwendbarkeit des GWB auf die Verbandsarbeit der deutschen Arbeitgeberverbände, 1998, *Kulka,* RdA 1988, 483; *Riehle,* Arbeitsmarkt und Wettbewerb, 1999; zur Kritik s. *BKartA* WuW 1989, 563; *MK,* SonderGA Nr. 51 von 2007 – Postmindestlohn, WuW/E DE-V 1534 (1538 Tz. 78).

17 S. im Einzelnen o. § 3 Rn. 34, 41; ebenso schon BGHZ 42, 318 (324f.) = NJW 1965, 500; BGHZ (GS) 67, 81 (84) = NJW 1976, 1941; *BGH* LM § 25 GWB Nr. 6 = WuW/E BGH 1474; LM § 1 GWB Nr. 43 = NJW-RR 1991, 1067.

18 *OLG München* WuW/E OLG 3395 = NStZ 1985, 175; *BGH* LM § 34 GWB Nr. 22 = NJW 1983, 1493.

19 Wegen der Einzelheiten s. IM/*Emmerich,* Bd. II, § 130 Abs. 1 Rn. 54–58 m. N.

20 BRAK-Mitteilungen 1996, 241 = NJW 1997, Beil. zu Heft 19.

denn, der Berufsordnung komme – als Gesetz im materiellen Sinne – ausnahmsweise der **Vorrang** vor dem GWB zu. Dies ist, soweit es z. B. um das Verhältnis der **BORA** (nur) zum GWB geht, unproblematisch, weil die BORA auf einer bundesrechtlichen Ermächtigung beruht, so dass sie – im Rahmen der Ermächtigung (§ 59b BRAGO) – gegebenenfalls vom *GWB* abweichen kann. Noch nichts gesagt ist damit freilich über ihre (durchaus problematische) Vereinbarkeit mit dem (vorrangigen) Art. 101 AEUV (s. dazu o. § 3 Rn. 33 m.w.N.).

11 Soweit dagegen wie in der Mehrzahl der Fälle die Ermächtigungen für den Erlass von Berufsordnungen durch Kammern dem **Landesrecht** angehören, muss darüber hinaus noch die Vereinbarkeit mit dem vorrangigen Bundesrecht (einschließlich des GWB) hinzukommen, wenn Wettbewerbsbeschränkungen, etwa in Gestalt von Werbeverboten, in Berufsordnungen Bestand vor dem GWB und vor dem AEUV (Art. 101) haben sollen. Zwar wird vielfach die Auffassung vertreten, die Kammern handelten bei Erlass berufsrechtlicher Regelungen *hoheitlich,* so dass für eine Anwendung des GWB hier generell kein Raum sei.[21] Das trifft indessen zumindest dann *nicht* zu, wenn die Kammern wettbewerbsbeschränkende Regelungen **ohne gesetzliche Grundlage** erlassen. In solchem Fall werden sie vielmehr – mangels Hoheitsgewalt – als normale Unternehmensvereinigungen tätig und unterliegen deshalb dem GWB.[22] Aber auch wenn die fragliche Berufsordnung formal durch eine landesrechtliche Ermächtigung gedeckt ist, bedarf es doch immer noch zusätzlich der Prüfung, ob die Berufsordnung *mit höherrangigem Recht,* insbesondere also mit dem AEUV, dem Grundgesetz und dem GWB vereinbar ist.[23] Im Ergebnis bedeutet dies, dass der Landesgesetzgeber die Kammern der freien Berufe heute nur noch zu solchen wettbewerbsbeschränkenden Berufsregelungen ermächtigen kann, die zur ordnungsmäßigen Erfüllung der den Berufsangehörigen übertragenen öffentlichen Aufgaben unerlässlich sind (vgl. Art. 106 Abs. 2 S. 1 AEUV). Für **generelle Werbe- oder Wettbewerbsverbote** in Kammersatzungen ist dagegen kein Raum mehr.[24]

12 Architektenkammern dürfen daher **z. B.** nicht entgegen § 1 GWB ohne wirksame gesetzliche Ermächtigung ihre Mitglieder an bestimmte Honorarsätze binden und deren Unterschreitung als standeswidrig verbieten.[25] Unzulässig sind außerdem Berufsordnungen, in denen die Kammern versuchen, den lauteren Wettbewerb ihrer Mitglieder ohne gesetzliche Grundlage durch **Werbeverbote** zu beschränken.[26] Beispiele sind ein generelles Verbot von Zugaben oder jeder Werbung für das Randsortiment der Apotheken.[27] Versuchen die Kammern derartige Wettbewerbsbeschränkungen durch die

---

[21] So insb. BayObLGZ 1981, 367 (375ff.); *OLG Stuttgart* NJW-RR 1992, 551 = WuW/E OLG 4726; der Sache nach auch *OLG Düsseldorf* WuW/E OLG 4998 (5000f.); *Messer,* FS Pfeiffer, 1988, S. 973; *Michalski,* Gesellschafts- und Kartellrecht, 1989, S. 88, 420, 431ff.

[22] S. IM/*Emmerich,* Bd. II, § 130 Rn. 59.

[23] IM/*Emmerich,* Bd. II, § 130 Rn. 57m. N.; *Wolf,* BB 2011, 648; *ders.*, NZKart 2013, 17.

[24] BGHZ (GS) 67, 81 (84ff.) = NJW 1976, 1941; *BGH* LM § 25 GWB Nr. 6 = WuW/E BGH 1474; LM § 1 GWB Nr. 43 = NJW-RR 1991, 1067 = JuS 1991, 863 Nr. 12; WuW/E BGH 2141 (2143f.) = GRUR 1985, 986; LM § 1 UWG Nr. 459 = NJW-RR 1987, 485; anders aber für ein Werbeverbot zulasten von Apothekern BVerwGE 89, 30 = NJW 1992, 994; dagegen mit Recht *BKartA* TB 1991/92, S. 44f.

[25] *BGH* LM § 25 GWB Nr. 6 = WuW/E BGH 1474.

[26] BVerfGE 76, 171 = NJW 1988, 191; *KG* WuW/E OLG 4008; *OLG Celle* WuW/E OLG 3535; *BKartA* WuW/E BKartA 2232; TB 1974, S. 74f.; 1977, S. 78f.

[27] *BGH* LM § 1 GWB Nr. 43 = NJW-RR 1991, 1067 = JuS 1991, 863 Nr. 12.

Androhung berufsrechtlicher oder gerichtlicher Maßnahmen gegen ihre Mitglieder durchzusetzen, so verstoßen sie damit zugleich gegen das **Druckverbot** des § 21 Abs. 2 GWB.[28]

III. Öffentliche Hand

Literatur: S. IM/*Emmerich,* Bd. II, § 130 Abs. 1 sowie *Emmerich,* Das Wirtschaftsrecht der öffentlichen Unternehmen, 1969; *ders.*, (2.) FS Böhm, 1975, S. 119; *ders.*, AG 1976, 225; 1985, 293; *ders.*, in: Steiner (Hrsg.), Sport und Medien, 1990, S. 57; *ders.,* FS Raiser, 2005, S. 647; *ders./Hoffmann,* FS Schmitt Glaeser, 2003, S. 527; *dies.*, FS Selmer, 2004, S. 305; *Emmerich/U. Steiner,* Möglichkeiten und Grenzen der wirtschaftlichen Betätigung der öffentlich-rechtlichen Rundfunkanstalten, 1986.

1. Überblick

Nach **§ 130 Abs. 1 S. 1 GWB** findet das Gesetz „auch Anwendung auf Unternehmen, die ganz oder teilweise im Eigentum der öffentlichen Hand stehen oder die von ihr verwaltet oder betrieben werden". Jedoch fügt S. 2 der Vorschrift seit 2013 auf Druck der wettbewerbsfeindlichen Länder und Gemeinden hinzu, dass die Missbrauchsverbote der §§ 19, 20 und 31 b Abs. 5 GWB auf öffentlich-rechtliche Gebühren und Beiträge keine Anwendung finden – dies vor allem zum „Schutz" der kommunalen Wasserversorgungsunternehmen (s. §§ 31 ff. GWB). Aus S. 1 des § 130 Abs. 1 GWB in Verbindung mit dem weiten Unternehmensbegriff des Gesetzes wird heute allgemein der Schluss gezogen, dass das GWB auf die wirtschaftlichen Aktivitäten des Staates und seiner Gliederungen ebenso anzuwenden ist wie etwa auf die freien Berufe einschließlich ihrer Kammern und Verbände, soweit nicht im Einzelfall öffentlich-rechtliche Sonderregelungen wie eben § 130 Abs. 1 S. 2 GWB eingreifen (s. o. Rn. 9 ff. und u. Rn. 20). Die Rechtslage unter dem GWB entspricht auch insoweit im Kern der im europäischen Kartellrecht (s. o. § 3 Rn. 35 ff.). 13

Die **Rechtsform,** unter der sich der Staat am wirtschaftlichen Verkehr beteiligt, spielt ebensowenig eine Rolle wie die von ihm verfolgten Zwecke.[29] Entscheidend ist vielmehr allein, ob der Staat bei der fraglichen Handlung in zulässiger Weise im Wettbewerb mit anderen Unternehmen wirtschaftlich tätig wird.[30] Hinzu kommen muss lediglich noch, dass die fragliche **Wettbewerbsbeziehung privatrechtlich geregelt** ist.[31] Diese Frage beurteilt sich nicht etwa nach den Leistungsbeziehungen der öffentlichen Hand, sondern unabhängig davon allein danach, ob der Staat seine Leistungen neben anderen auf dem Markt anbietet oder nachfragt.[32] Für die Anwendung des GWB auf den wirtschaftenden Staat und seine Gliederungen ist infolgedessen nur dort *kein* Raum, wo die **Wettbewerbsbeziehungen** der öffentlichen Hand unter Ausschluss des 14

[28] *BGH* LM § 1 GWB Nr. 43 = NJW-RR 1991, 1067 = JuS 1991, 863 Nr. 12; *Odersky,* AG 1991, 281 (283 ff.); s. u. § 28 Rn. 11 ff.

[29] BGHZ 36, 91 (102 ff.) = NJW 1962, 196; BGHZ 64, 232 (234 f.) = NJW 1975, 1223 = JuS 1975, 662 Nr. 8; BGHZ 65, 147 (149) = NJW 1976, 194; BGHZ (GS) 67, 81 (84) = NJW 1976, 1941; BGHZ 101, 273 (276 f.) = NJW 1989, 3010; BGHZ 152, 347 (351 f.) = WuW/E DE-R 1087; *BGH* WuW/E DE-R 4037 (4042 f. Tz. 43 ff.) = NZKart 2014, 31 – VBL Gegenwert; *OLG Düsseldorf* WuW/E DE-R 4189 (4191 ff.) – Berliner Wasserversorgung.

[30] Vgl. zuletzt BGHZ 175, 333 (337 Tz. 21) = NJW-RR 2008, 1426 = JuS 2008, 1038 – Rhön-Klinikum/Landkreis Rhön-Grabfeld.

[31] S. *BGH* LM § 1 GWB Nr. 52 (Bl. 4 ff.) = NJW-RR 1999, 1266 = JuS 1999, 1131 Nr. 11 – Lottoblock; WuW/E DE-R 4037 (4042 f. Tz. 43 ff.) = NZKart 2014, 31 – VBL Gegenwert.

[32] Wegen der Einzelheiten s. IM/*Emmerich,* Bd. II, § 130 Rn. 14 ff.; *BGH* LM § 20 GWB Nr. 23 (Bl. 4 f.) = NJW 2000, 866 – Kartenlesegerät; NJW 2012, 1150 Tz. 9 ff. = WuW/E DE-R 3497 – Niederbarnimer Wasserverband.

GWB **öffentlich-rechtlich geregelt** sind oder wo der Staat hoheitlich tätig wird.[33] Die Gerichte nehmen deshalb z. B. an, dass eine Anwendung des GWB nicht mehr in Betracht komme, wenn etwa eine Rettungsleitstelle hoheitlich über die Auswahl von Krankentransportunternehmen entscheidet[34] oder wenn eine Landesbehörde als Ordnungsbehörde die Erlaubnis einer bestimmten gewerblichen Tätigkeit widerruft.[35]

15 Unerheblich ist dagegen, ob die wirtschaftlichen Aktivitäten des Staates verselbständigt sind. Zwischen rechtlich selbständigen öffentlichen Unternehmen in privatrechtlicher oder öffentlich-rechtlicher Form, **Regieunternehmen** und dem wirtschaftenden Staat selbst wird wettbewerbsrechtlich nicht unterschieden; unter den genannten Voraussetzungen ist vielmehr in jedem Fall das gesamte Wettbewerbsrecht einschließlich des GWB und des UWG auf den wirtschaftenden Staat anwendbar (u. Rn. 16ff.). Daraus folgt z. B., dass Universitätskliniken, mögen sie als Regieunternehmen betrieben oder als juristische Personen des öffentlichen Rechts verselbständigt sein, mit der sie tragenden Gebietskörperschaft in wettbewerbsrechtlicher Hinsicht eine wirtschaftliche Einheit im Sinne des § 36 Abs. 2 GWB bilden, auf die das Fusionskontrollrecht Anwendung findet, etwa bei einem Zusammenschluss mit anderen Kliniken.[36]

2. Der Staat als Unternehmer

16 Der Staat handelt wirtschaftlich – mit der Folge der Bindung an das Wettbewerbsrecht einschließlich des GWB (o. Rn. 15) – auch bei der Nachfrage nach oder dem Angebot von Waren oder gewerblichen Leistungen.[37] Für das **Angebot** von Waren oder gewerblichen Leistungen durch den Staat und seine Gliederungen ist das heute im wesentlichen unstreitig, während die staatliche **Nachfragetätigkeit** neuerdings im Anwendungsbereich der Wettbewerbsregeln des AEUV aufgrund der Rechtsprechung des **EuGH**[38] vielfach aus dem Anwendungsbereich der Wettbewerbsregeln ausgeklammert wird. Dieser Praxis, der schon für die Wettbewerbsregeln des AEUV zu widersprechen ist (s. o. § 3 Rn. 30), ist jedenfalls für den Anwendungsbereich des GWB nicht zu folgen (str., s. Rn. 20f.). Der Staat muss vielmehr gleichermaßen bei der Nachfrage wie bei dem Angebot von Waren oder gewerblichen Leistungen das GWB und damit insbesondere die §§ 18 bis 20 GWB beachten, so dass ihm die willkürliche Bevorzugung oder Benachteiligung einzelner Anbieter oder Nachfrager verboten ist.[39] Eine ausführliche Sonderregelung hat diese immer wichtiger werdende Materie mittlerweile in den §§ 97 bis 129 GWB über die Vergabe öffentlicher Aufträge gefunden, neben denen indessen die §§ 18 bis 20 GWB ebenso wie die Wettbewerbsregeln des AEUV anwendbar bleiben.

---

[33] S. zuletzt z. B. *Wolf,* BB 2011, 648; *ders.*, NZKart 2013, 17.

[34] *BGH* WuW/E DE-R 2144 (2146 Tz. 17).

[35] *BGH* NZKart 2013, 508 = WuW/E DE-R 4007 Tz. 29, 32 – Anybet.

[36] *OLG Düsseldorf* WuW/E DE-R 2347 (2349ff.) = AG 2008, 859 (860f.) – Universitätsklinikum Greifswald.

[37] BGHZ 152, 347 (350ff.) = GRUR 2003, 633 = WuW/E DE-R 1087; s. IM/*Emmerich,* Bd. II, § 130 I Rn. 46ff.; *Emmerich,* in: Deutsche Gesellschaft für Baurecht e. V. (Hrsg.), Seminar Ausschluß von Unternehmern von der Teilnahme am Wettbewerb aus strafrechtlicher, verwaltungsrechtlicher sowie zivilrechtlicher Sicht, 1995, S. 27, 35ff.

[38] *EuGH* Slg. 2006, I-6319 = EuZW 2006, 600 (601 Tz. 25) – FENIN.

[39] Ebenso z. B. *Möschel,* JZ 2007, 601 (602f.).

Das Gesagte bedeutet vor allem, dass sich der Staat und seine Unternehmen nicht schon durch die bloße Verfolgung beliebiger öffentlicher Zwecke von der Bindung an die vom Staat selbst gesetzten Wettbewerbsregeln dispensieren können.[40] **Ausnahmen** von der Unterwerfung des Staates unter das GWB kommen vielmehr entsprechend Art. 106 Abs. 2 S. 1 AEUV (s. o. § 19 Rn. 27ff.) nur in Betracht, wenn dem Staat oder seinen Unternehmen ausnahmsweise durch Gesetz besondere Aufgaben übertragen worden sind, deren Erfüllung nicht ohne Verletzung des GWB möglich ist.[41] Auch ein Kartell der Lottogesellschaften der Länder ist daher nicht etwa wegen der von ihm (angeblich) verfolgten öffentlichen (polizeilichen) Zwecke der Reichweite des Kartellverbots (§ 1 GWB; Art. 101 Abs. 1 AEUV) entzogen.[42] Ebenso unberührt bleibt die Anwendbarkeit der §§ 18 bis 20 GWB auf die genannten Ländergesellschaften. Einkaufgemeinschaften von Gemeinden sind, da sie das Wettbewerbsverhalten der Gemeinden bei der Nachfrage nach Gütern koordinieren sollen, gleichfalls als verbotene Kartelle im Sinne des § 1 GWB zu qualifizieren, sofern nicht im Einzelfall eine Freistellung nach § 2 GWB oder § 3 GWB in Betracht kommt.[43] 17

Ebensowenig ändert die **staatliche Regulierung** einzelner Wirtschaftszweige oder deren Zugehörigkeit zu der sog. „Daseinsvorsorge" etwas an der Anwendbarkeit des GWB (oder des AEUV) auf die betreffenden Unternehmen (s. o. § 19 Rn. 27ff.). Die Unternehmen des **öffentlichen Personennahverkehrs** mögen ebenso wie etwa die **kommunalen Versorgungsunternehmen oder Krankenhäuser** einen Teil der „Daseinsvorsorge" bilden; ungeachtet dessen sind sie gleichwohl ohne Ausnahme Unternehmen wie andere auch und daher dem GWB (und dem AEUV) unterworfen, soweit nicht im Einzelfall gesetzliche Sonderregelungen eingreifen wie der bereits erwähnte (problematischen) § 130 Abs. 1 S. 2 GWB, durch den öffentlich-rechtliche Gebühren und Beiträge der kartellrechtlichen Missbrauchsaufsicht (zur Schonung der kommunalen Finanzen) entzogen wurden. Besondere Bedeutung hat das Gesagte in den letzten Jahren für die Fusionskontrolle erlangt: Entgegen massivem Widerstand der Gemeinden wie der Länder sowie ihrer Vertreter in Wissenschaft und Politik halten die Gerichte indessen daran fest, dass die Vorschriften über die **Fusionskontrolle** (§§ 35ff. GWB) auf Zusammenschlüsse zwischen Unternehmen des öffentlichen Personennahverkehrs ebenso Anwendung finden wie auf Zusammenschlüsse von und mit öffentlichen Krankenhäusern einschließlich der Universitätskliniken.[44] Dasselbe gilt heute nach § 172a SGB V von 2013 für die freiwillige Vereinigung von Krankenkassen (s. Rn. 20). 18

[40] S. schon o. Rn. 14; ebenso *BGH* LM § 15 GWB Nr. 10 = WuW/E BGH 1661 (1663); *BKartA* WuW/E BKartA 2150 (2153); *Immenga*, AG 1998, 547 (551); *Möschel*, Tz. 107; str.

[41] *KG* WuW/E OLG 5821 (5838).

[42] *BGH* LM § 1 GWB Nr. 52 = NJW-RR 1999, 1266 = WuW/E DE-R 289 = JuS 1999, 1131 Nr. 11 – Lottoblock; WRP 2007, 970 (972ff. Tz. 23ff.) – Lotto im Internet; *OLG Düsseldorf* WuW/E DE-R 1869ff.

[43] BGHZ 152, 347 (350ff.) = GRUR 2003, 633 = WuW/E DE-R 1087 – Feuerlöschzüge; *BKartA* TB 2001/2002, S. 46f.

[44] BGHZ 166, 165 (171ff. Tz. 19ff.) = NJW-RR 2006, 836 – DBRegio/üstra; BGHZ 168, 295 (300f. Tz. 18ff.) = NJW-RR 2006, 1548 – DBAG/KVS; BGHZ 175, 333 (335, 338ff. Tz. 14, 22ff.) = NJW-RR 2008, 1426 – Rhön-Klinikum/Landkreis Rhön-Grabfeld; *BMWi* WuW/E DE-V 1691 (1694 Tz. 31); *Emmerich*, AG 2008, 597 (601 m. N.); *M. Lange*, ZWeR 2007, 445.

19 Das GWB gilt nach dem Gesagten ferner **z. B.** für den Bund bei der Nachfrage nach militärischen Ausrüstungsgegenständen,[45] für die Vergabestellen der Länder,[46] für die Bundesländer bei der Lieferung von Waren[47] sowie für die **Gemeinden** bei der Nachfrage nach Schulbüchern oder Bauleistungen.[48] Das GWB findet ferner – selbstverständlich – Anwendung auf sämtliche Verkehrsunternehmen des Bundes, der Länder und der Gemeinden sowie auf die öffentlich-rechtlichen **Rundfunkanstalten** aufgrund ihrer ausgreifenden wirtschaftlichen Aktivitäten, und zwar nicht nur bei der Nachfrage nach Sendegut und bei den sog. wirtschaftlichen Hilfstätigkeiten, sondern generell und daher insbesondere auch in ihren Wettbewerbsbeziehungen zu den privaten Veranstaltern.[49] Es gibt außerdem keine Ausnahmen für die **Gemeinden;** sie handeln vielmehr unternehmerisch, wenn sie z. B. ein Bestattungsunternehmen, ein Krankenhaus oder einen Großmarkt betreiben[50] oder wenn sie Räume an Unternehmen vermieten (s. u. § 27 Rn. 83).

20 Besonders umstritten ist bis auf den heutigen Tag die Stellung der **gesetzlichen Krankenkassen** unter dem GWB.[51] Nach einer verbreiteten Meinung soll für die Beziehungen der Krankenkassen untereinander, zu den Versicherten und zu den privaten Leistungserbringern wie Ärzten, Apothekern und Krankenhäusern ausschließlich das öffentlich-rechtliche Sozialversicherungsrecht gelten, für dessen Anwendung zudem allein die Sozialgerichte unter Ausschluss der ordentlichen Gerichte zuständig seien; für eine Anwendung des Kartellrechts sei daneben heute *kein* Raum mehr.[52] Dem stand und steht die Auffassung gegenüber, dass die Sozialversicherungsträger einschließlich der Krankenkassen, der Ersatzkassen und der Kassenärztlichen Vereinigungen bei der Beschaffung und Abgabe von Heil- und Hilfsmitteln sowie bei dem Angebot von Zusatzversicherungen oder ärztlichen Sachleistungen unternehmerisch handeln und deshalb an das GWB ebenso wie an das UWG gebunden sind.[53] Die Bundesregierung hatte deshalb ursprünglich das Ziel verfolgt, den Fragenkreis durch die **8. GWB-Novelle** von 2013 im Sinne der generellen Anwendbarkeit des Kartellrechts auf die genannten Rechtsbeziehungen zu entscheiden, war damit aber auf den erbitterten Widerstand der wettbewerbsfeindlichen Länder und Gemeinden gestoßen.[54] In den langwierigen und ausgesprochen schwierigen Verhandlungen über diese Streitfrage, die zur Folge hatten, dass sich das Inkrafttreten der 8. GWB-Novelle um mehrere Monate verzögerte, ist schließlich im Gesetzgebungsverfahren ein wenig überzeugender **Kompromiss** gefunden worden, der seinen Niederschlag zum Teil im

[45] *OLG Frankfurt a. M.* WuW/E OLG 4354; *BKartA* TB 2003/2004, S. 90f. – Polizeiuniformen.

[46] *BKartA* WuW/E BKartA 2150.

[47] *OLG Frankfurt a. M.* WuW/E OLG 3134.

[48] *OLG Düsseldorf* WuW/E OLG 3613; 3873; *KG* NJW/E-WettbR 1998, 284; WuW/E DE-R 150.

[49] S. IM/*Emmerich,* Bd. II, § 130 Rn. 44f.; *Emmerich,* in: Steiner (Hrsg.), Sport und Medien, 1990, S. 57.

[50] S. IM/*Emmerich,* Bd. II, § 130 Rn. 25ff.

[51] Wegen der Einzelheiten s. IM/*Emmerich,* Bd. II, § 130 Rn. 28–36b: *Emmerich,* FS Raiser, 2005, S. 647; *Burholt,* WuW 2013, 1164; *H. Schweitzer,* in: Bien (Hrsg.), Das deutsche Kartellrecht nach der 8. GWB-Novelle, 2013, S. 157; *Temme,* ZWeR 2013, 402.

[52] *Baltzer,* SGb 2007, 537, 638; *ders.*, FS Beuthien, 2009, S. 511; *Bechtold,* GWB, § 87 Rn. 12–15; *ders.*, WuW 2010, 727; *Stumpf,* WRP 2008, 286; wohl auch (kritisch) *Oppermann,* GS Walz, 2008, S. 485 (490ff.).

[53] BGHZ 36, 91 (100ff.) = NJW 1962, 196; *BGH* LM § 20 GWB Nr. 23 = NJW 2000, 866 = WuW/E DE-R 349 – Kartenlesegerät; LM § 21 GWB Nr. 8 (Bl. 3) = NJWE-WettbR 1999, 212 = WuW/E DE-R 303; NJW 2007, 1819 (1820 Tz. 12f.).

[54] S. im Einzelnen IM/*Emmerich,* Bd. II, § 130 Rn. 3ff. m. N.

GWB, überwiegend aber an abgelegenen Stellen im Sozialrecht gefunden hat. Danach gilt das GWB heute im wesentlichen (nur) für die Beziehungen der Krankenkassen und ihrer Verbände zu den Leistungserbringern (gemeint sind in erster Linie die Ärzte und Apotheker) und deren Verbänden (§ 69 Abs. 2 S. 1 SGB V) sowie außerdem für die freiwillige Vereinigung von Krankenkassen (§ 172a SGB V), wobei aber in dem zuletzt genannten Fall der Rechtsweg erstaunlicherweise nicht zu den ordentlichen Gerichten, wie es sich gehört hätte, sondern zu den notorisch wettbewerbsfeindlichen Sozialgerichten führt (§ 202 S. 3 SGG und § 63 Abs. 4 S. 3 EGBGB) – ein Musterbeispiel eines „faulen Kompromisses" (s. im Einzelnen u. § 32 Rn. 32; § 37 Rn. 5–5b). Ein Teil dieses Kompromisses hat sich zudem bereits wenige Monate nach Inkrafttreten der 8. GWB-Novelle im Mai 2013 wieder dadurch erledigt, dass der EuGH im Oktober desselben Jahres entschieden hat, dass die gesetzlichen Krankenkassen, ungeachtet des Umstandes, dass es sich bei ihnen um Körperschaften des öffentlichen Rechts handelt, doch dem **UWG** unterworfen sind,[55] – womit die abweichende Regelung in § 4 Abs. 3 S. 2 SGB V von 2013 hinfällig geworden ist.

IV. Internationaler Anwendungsbereich

Literatur: *Autenrieth,* Die grenzüberschreitende Fusionskontrolle in Theorie und Praxis, 1982; *Beck,* Die extraterritoriale Anwendung nationalen Wettbewerbsrechts, 1986; *St. Habermeier,* Neue Wege zum Wirtschaftskollisionsrecht, 1997; *Kevekordes,* Auslandszusammenschlüsse im internationalen und materiellen Kartellrecht, 1986; *Martinek,* Das internationale Kartellprivatrecht, 1987; *Meessen,* Kollisionsrecht der Zusammenschlusskontrolle, 1984; *ders.*, Völkerrechtliche Grundsätze des internationalen Kartellrechts, 1975; *Mestmäcker,* FS Coing, Bd. II, 1982, S. 373; *ders.*, RabelsZ 52 (1988), 205; *E. Rehbinder,* Extraterritoriale Wirkungen des deutschen Kartellrechts, 1965; *Schmidt-Preuß,* Grenzen internationaler Unternehmensakquisition, 1983; *I. Schwartz,* Deutsches internationales Kartellrecht, 2. Aufl., 1968.

1. § 130 Abs. 2 GWB

Der deutsche Gesetzgeber kann für Wettbewerb *nur im Inland* sorgen,[56] während es 21
sich seinem Einfluss entzieht, ob auch im Ausland Wettbewerb herrscht. Für Staaten mit einer strengen Wettbewerbsordnung ergibt sich daraus angesichts der fortschreitenden Globalisierung der Märkte ein nur schwer lösbares **Dilemma.** *Ein Ausweg* ist die möglichst weite Ausdehnung des internationalen Anwendungsbereichs der nationalen Wettbewerbsregeln, ein *anderer* der Beitritt zu einer mehrere Staaten umfassende Wettbewerbsordnung. Deutschland hat sich im Interesse eines effektiven Wettbewerbsschutzes entschlossen, *beide* Wege gleichzeitig zu gehen: Für einen weiten internationalen Anwendungsbereich des GWB sorgt § 130 Abs. 2 GWB. Durch den Beitritt zur Europäischen Union ist außerdem neben das GWB eine fast ganz Europa umspannende Wettbewerbsordnung in Gestalt der Wettbewerbsregeln des AEUV (Art. 101 bis 106) getreten, denen heute zudem in großem Umfang nach Art. 3 der KartellverfahrensVO Nr. 1/2003 und § 22 GWB der Vorrang vor dem GWB zukommt (Rn. 25 ff.). Von der Frage der Anwendbarkeit des GWB auf Auslandssachverhalte muss außerdem noch die Frage unterschieden werden, welches Deliktsrecht zur Anwendung berufen ist, wenn Schadensersatzansprüche, in Deutschland nach § 33 GWB, aus Sachverhalten mit Auslandsbezug hergeleitet werden sollen. Diese Frage

[55] *EuGH* GRUR 2013, 1159 – BKK Mobil Oil.

[56] Vgl. BGHSt 24, 54 = NJW 1971, 529 = WuW/E BGH 1147 (1150) = JuS 1971, 259 Nr. 1 – Teerfarben.

beurteilt sich nicht mehr nach § 130 Abs. 2 GWB, sondern nach Art. 6 Abs. 3 der Rom II-Verordnung Nr. 864/2007.[57]

22 Nach § 130 Abs. 2 GWB gilt das GWB für sämtliche Wettbewerbsbeschränkungen, die sich im Inland auswirken, selbst wenn sie im Ausland veranlasst wurden (sog. **Auswirkungsprinzip**). Jedoch genügen aus völkerrechtlichen Gründen für die Anwendung deutschen Rechts nicht schon bloße mittelbare und entfernte Rückwirkungen im Ausland veranlasster Wettbewerbsbeschränkungen; erforderlich ist vielmehr, um den nötigen unmittelbaren Inlandsbezug herzustellen, dass die im Ausland veranlasste Wettbewerbsbeschränkung ein durch die verschiedenen Sachnormen des GWB im Inland geschütztes **Rechtsgut spürbar und unmittelbar** beeinträchtigt.[58] Um dies zu prüfen, muss der fragliche „Auslandsfall" als *hypothetischer Inlandsfall* gedacht und auf dieser Grundlage geprüft werden, ob durch ihn der Wettbewerb auf einem Inlandsmarkt spürbar beeinträchtigt würde. Dies ist z. B. zu bejahen bei einem im Ausland vereinbarten Importkartell für Deutschland, zweifelhaft dagegen für deutsche Exportkartelle.[59] Noch nicht endgültig geklärt ist die Frage, ob die genannten Inlandswirkungen tatsächlich eintreten müssen oder ob für die Anwendung des GWB die bloße Eignung dazu genügt.

23 Ein besonderes Problem stellt nach dem Gesagten überall die Anwendung des nationalen Kartellrechts auf **Auslandszusammenschlüsse** dar. Man versteht darunter Zusammenschlüsse von Unternehmen in Drittstaaten, von denen jedoch negative Rückwirkungen auf den Wettbewerb im Inland befürchtet werden. Wie schon ausgeführt (s. o. § 16 Rn. 5 f.), wenden die Unionsorgane die Fusionskontrolle grundsätzlich auch auf derartige **Auslandszusammenschlüsse** an, *sofern* der Zusammenschluss einen unmittelbaren und wesentlichen Einfluss auf die Union haben wird. Ebenso ist im Ausgangspunkt der Standpunkt der deutschen Gerichte, nach denen Auslandszusammenschlüsse aufgrund der §§ 36 und 130 Abs. 2 GWB gleichfalls nur untersagt werden können, wenn von ihnen **spürbare Auswirkungen im Inland** zu befürchten sind, etwa, weil die zusammengeschlossenen ausländischen Unternehmen über Niederlassungen oder Tochtergesellschaften im Inland tätig sind oder weil der Auslandszusammenschluss einen Absatzrückgang oder Produktionskürzungen im Inland zur Folge hätte. Gleich steht der Fall, dass durch den Zusammenschluss der Marktanteil eines der beteiligten Unternehmen im Inland um 5 bis 10% erhöht würde[60] oder dass die verbundenen Unternehmen beide hohe Umsätze in Deutschland erzielen.[61] Hinzu kommen muss noch in jedem Fall die Überschreitung der sog. zweite Inlandsumsatzschwelle des § 35 Abs. 1 Nr. 2 GWB in Höhe von 5 Millionen Euro, die im Jahre 2009 gerade zu dem Zweck in das Gesetz eingefügt wurde, die Anwendbarkeit des GWB auf Auslandszusammenschlüsse zu begrenzen.[62] Nicht er-

[57] ABl. 2007 Nr. L 199/46; s. dazu *U. Scholz/Rixen,* EuZW 2008, 327.

[58] BGHSt 25, 208 = NJW 1973, 1609 – Ölfeldrohre; *BGH* WM 2007, 2343 (2345 f. Tz. 18 f.) – Sulzer/Kelmix; *OLG Stuttgart* WuW/E OLG 5895; *OLG Frankfurt a. M.* WuW/E DE-R 801 f.; *Meessen,* WuW 2005, 1115 (1119 ff.); ebenso für die USA Hoffmann-La Roche v. Empagran, 542 US 155 = 124 S. Ct. 2359 (2004) = WuW/E KRInt 37.

[59] S. *Bechtold,* GWB, § 130 Rn. 19.

[60] *OLG Düsseldorf* WuW/E DE-R 2477 (2482 ff. Tz. 28 ff.) – Phonak/Resound; dazu *Wertenbruch,* ZWeR 2008, 109.

[61] S. m. N. *Emmerich,* AG 2008, 517 (520).

[62] Zur Kritik s. *MK,* 17. HauptGA 2006/2007, Tz. 529; *Wagner-v.Papp,* WuW 2008, 1167.

forderlich ist dagegen, dass der Schwerpunkt des Zusammenschlusses geradezu im Inland liegt.[63]

Im Falle der Anwendung des GWB auf Auslandszusammenschlüsse droht naturgemäß stets ein Konflikt mit der gleichzeitig betroffenen ausländischen Rechtsordnung. Deshalb wird vielfach angenommen, dass das BKartA in einem derartigen Fall aus völkerrechtlichen Gründen grundsätzlich nur einen etwaigen gleichzeitigen Zusammenschluss der deutschen Tochtergesellschaften angreifen dürfe[64] oder sich gegebenenfalls auf eine *Teiluntersagung* des Zusammenschlusses (soweit er deutsche Märkte betrifft) beschränken müsse.[65] Dagegen hat sich das BKartA bisher in der Regel für befugt gehalten, auch **reine Auslandszusammenschlüsse,** also etwa den Zusammenschluss zweier amerikanischer Unternehmen in den USA, *insgesamt* zu untersagen, sofern die beteiligten Unternehmen infolge ihrer Verflechtung eine wirtschaftliche Einheit bilden *und* der Schwerpunkt des Zusammenschlusses in Deutschland liegt.[66] Dem haben die Gerichte mittlerweile jedenfalls für den Fall zugestimmt, dass der Zusammenschluss *nicht teilbar* ist, wofür es vor allem darauf ankommt, ob sich der den Inlandsbezug ergebende Sachverhalt isoliert, d. h. ohne Einbeziehung des Auslandsachverhaltes sinnvoll regeln lässt.[67] 24

2. Rangverhältnis

Neben der deutschen Kartellrechtsordnung steht die europäische, beruhend vor allem auf den Wettbewerbsregeln des AEUV (Art. 101 – 106) sowie auf der FKVO von 2004. Aus diesem Nebeneinander zweier Kartellrechtsordnungen ergeben sich notwendigerweise Probleme, weil beide weitgehend dieselben Sachverhalte erfassen. Voraussetzung ist lediglich, dass die wettbewerbsbeschränkenden Vereinbarungen oder die etwaigen missbräuchlichen Verhaltensweisen von Unternehmen geeignet sind, den Handel zwischen Mitgliedstaaten zu beeinträchtigen (Art. 101 Abs. 1 Halbs. 1, 102 S. 1 AEUV und dazu o. § 3 Rn. 18ff.), während die Anwendbarkeit der FKVO voraussetzt, dass ein unionsweiter Zusammenschluss im Sinne des Art. 1 Abs. 2 und Abs. 3 und des Art. 3 FKVO vorliegt (s. dazu o. § 15). 25

Soweit danach die beiden Kartellrechtsordnungen *nebeneinander* auf denselben Sachverhalt Anwendung finden, stellt sich spätestens im Konfliktsfall die Frage nach dem **Rangverhältnis,** konkret die Frage, welche Rechtsordnung sich letztlich durchsetzt, wenn z. B. die eine ein Kartell verbietet, die andere es dagegen gestattet. Zu diesem Fragenkreis wurde bereits weiter oben für die Wettbewerbsregeln des Vertrags (s. o. § 3 Rn. 57ff.) sowie für die Fusionskontrolle Stellung genommen (s. o. § 14 Rn. 9ff.). Deshalb genügt hier eine kurze Zusammenfassung der maßgeblichen Regeln unter dem Blickwinkel der einschlägigen Vorschriften des GWB. 26

---

63 *OLG Düsseldorf* WuW/E DE-R 2477 (2482ff. Tz. 35) – Phonak/Resound.

64 *KG* WuW/E OLG 1993 (1995f.); 2106 (2107), 2411 = AG 1981, 285 – Bayer/Firestone; WuW/E OLG 3051 = AG 1984, 130 (138ff.) – Ph. Morris/Rothmanns; AG 1990, 545 – Linde/Lansing.

65 BGHZ 155, 214 (225f.) = NJW 2003, 3776 – Habet/Lekkerland.

66 *BKartA* AG 1992, 363 (367) – Gillette/Willkinson; AG 1993, 478 – ZF Friedrichshafen/Allison; WuW/E DE-V 227 (228) – IBM/Cisco; AG 2004, 557 (558 Tz. 26ff.) – Synthes-Stratec/Mathys; WuW/E DE-V 777 (781f.) – Ajinomoto/Orsan; WuW/E DE-V 905 (906f. Tz. 8f.) – Ontex/Rostam; WuW/E DE-V 1105 (1106) – Frankfurter Börse/Londoner Börse; AG 2007, 833 Tz. 22ff. = WuW/E DE-V 1340 – Sulzer/Kelmix; WuW/E DE-V 1365 – Phonak Holding/GNStore Nord; WuW/E DE-V 1442 (1453) – Kalmar/CVS Ferrari.

67 *OLG Düsseldorf* WuW/E DE-R 2477 (2484, 2490 Tz. 36, 126ff.) – Phonak/Resound.

27 Im GWB befassen sich mit der Rangproblematik vornehmlich die §§ 22 und 35 Abs. 3. Am einfachsten gestaltet sich danach die Rechtslage bei der **Fusionskontrolle:** Nach § 35 Abs. 3 GWB findet in Übereinstimmung mit Art. 21 Abs. 3 Unterabs. 1 FKVO das GWB *keine* Anwendung, soweit die Kommission nach Art. 21 Abs. 2 FKVO ausschließlich zuständig ist, weil der fragliche Zusammenschluss nach Art. 1 Abs. 2 und Abs. 3 und Art. 3 FKVO in den Anwendungsbereich der europäischen Fusionskontrolle fällt. Zusammenschlüsse von unionsweiter Bedeutung unterliegen daher grundsätzlich *allein* der Kontrolle anhand der FKVO, wovon es nur wenige Ausnahmen gibt (sog. **one-stop-shop;** § 14 Rn. 9 ff.).

28 Anders ist die Rechtslage dagegen (nur) im Ausgangspunkt, soweit es um **wettbewerbsbeschränkende Vereinbarungen** (und gleichstehende Maßnahmen) mit zwischenstaatlichem Bezug im Sinne des Art. 101 AEUV geht: Auf solche Vereinbarungen können zwar grundsätzlich die Vorschriften des deutschen Rechts (insbesondere die §§ 1–3, 28 und 30 GWB) *und* Art. 101 AEUV nebeneinander angewandt werden (sog. **modifizierte Zweischrankentheorie**); jedoch muss im Falle der Anwendung deutschen Rechts immer zugleich das europäische Recht angewandt werden, um im Konfliktsfalle den *Vorrang* des Unionsrechts sicherzustellen, und zwar selbst dann, wenn im Einzelfall das Unionsrecht weniger streng als das deutsche Recht sein sollte (§ 22 Abs. 1 und Abs. 3 S. 1 GWB in Übereinstimmung mit Art. 3 Abs. 1 S. 1 und Abs. 2 S. 1 VO Nr. 1/2003).

29 Die praktische Folge ist bei wettbewerbsbeschränkenden Vereinbarungen letztlich ebenso wie bei der Fusionskontrolle (o. Rn. 27) eine **weitgehende Verdrängung des deutschen Rechts** durch das vorrangige Unionsrecht (nur) in allen Fällen mit zwischenstaatlichem Bezug (o. § 3 Rn. 61 ff.). Mit Rücksicht darauf ist das deutsche Recht insoweit durch die 7. GWB-Novelle von 2005 nahezu vollständig dem Unionsrecht angepasst worden, weil eine abweichende Regelung für die wenigen ausschließlich lokalen oder regionalen Fälle ohne zwischenstaatlichen Bezug nicht sinnvoll erschien.[68]

30 Weniger rigoros als bei den wettbewerbsbeschränkenden Vereinbarungen (o. Rn. 28 f.) ist die Regelung bei **missbräuchlichen Verhaltensweisen** im Sinne der §§ 18 bis 21 GWB ausgefallen. Zwar muss auch hier in Fällen mit zwischenstaatlichem Bezug (in denen infolgedessen der Anwendungsbereich des Art. 102 AEUV eröffnet ist) immer neben der weiter möglichen Anwendung des deutschen Rechts zusätzlich Art. 102 AEUV angewandt werden (so § 22 Abs. 3 S. 1 GWB und Art. 3 Abs. 1 S. 2 VO Nr. 1/ 2003). Soweit jedoch die §§ 18 bis 21 GWB *strenger* als Art. 102 AEUV sind, bleiben sie anwendbar, sofern es um die „Unterbindung oder Ahndung *einseitiger* Handlungen" geht (so Art. 3 Abs. 2 S. 2 VO Nr. 1/2003). Dies wird in Deutschland allgemein gemäß § 22 Abs. 3 S. 3 GWB ganz *weit* ausgelegt, um insbesondere die fernere Anwendung des § 20 GWB auch in Fällen mit zwischenstaatlichem Bezug sicherzustellen (s. dazu o. § 3 Rn. 66 ff.).

[68] S. Begr. z. RegE, BT-Drs. 15/3640, S. 21, 44 f.

§ 21. Kartellverbot

I. Einleitung

1 Das GWB beginnt seit seiner Verabschiedung im Jahre 1957 in § 1 mit einem grundsätzlichen Kartellverbot, dessen Fassung jedoch im Laufe der Zeit wiederholt gewechselt hat. Die heutige Fassung des § 1 entspricht Art. 101 Abs. 1 Halbs. 1 AEUV, freilich unter Verzicht auf die Zwischenstaatlichkeitsklausel und auf die Regelbeispiele des Art. 101 Abs. 1 Halbs. 2 AEUV, die die Verfasser der 7. GWB-Novelle von 2005 neben dem ohnehin häufig zugleich anwendbaren Art. 101 Abs. 1 AEUV für entbehrlich hielten.[1]

2 Hintergrund der weitgehenden Anpassung des deutschen Kartellverbots (§ 1 GWB) an das europäische (Art. 101 AEUV) ist der erweiterte Vorrang des Unionsrechts aufgrund des Art. 3 Abs. 2 S. 1 der VO Nr. 1/2003, der dem nationalen Gesetzgeber nahezu keinen Raum mehr für eine eigenständige Gesetzgebung belässt (s. schon o. § 20 Rn. 29). Infolgedessen enthält das deutsche Recht heute besondere Regelungen nur noch an wenigen Stellen, insbesondere für Mittelstandskartelle in § 3 GWB, für Wettbewerbsregeln in den §§ 24 bis 27 GWB, für die Landwirtschaft in § 28 GWB, für die Preisbindung bei Zeitungen und Zeitschriften in § 30 GWB sowie für die herkömmlichen, offenbar nicht zu beseitigenden wettbewerbsbeschränkenden Verträge in der Wasserwirtschaft in den §§ 31 bis 31b GWB (s. dazu im Einzelnen u. §§ 23 bis 25).

II. Geschichte

3 Kartellverbote können auf eine lange Tradition zurückblicken, da Kartelle die älteste und in ihrer Relevanz auch am frühesten erkannte Form von Wettbewerbsbeschränkungen darstellen. Bereits im alten Rom und im frühen Mittelalter waren Kartelle verbreitet und wurden deshalb von den Kaisern ebenso energisch wie erfolglos bekämpft.[2] Hieran hat sich im Grunde bis heute nichts geändert.

4 Trotz der somit buchstäblich seit vielen Generationen bekannten Gefahren und Nachteile von Kartellen hatte es in Deutschland Jahrzehnte gedauert, bis sich der Gesetzgeber endlich im Jahre **1957** zu einem **Kartellverbot** aufzuraffen vermochte (s. o. § 2 Rn. 1, 4ff.). Wegen der verbreiteten Widerstände gegen die Einführung eines Kartellverbotes war das Kartellverbot freilich ursprünglich von **zahlreichen Ausnahmen** durchbrochen gewesen, wobei man Einzelfreistellungen und Ausnahmebereiche unterschied. Von einer **Einzelfreistellung** spricht man, wenn sich die Ausnahme von dem Kartellverbot auf konkrete Vereinbarungen beschränkt, die bestimmte zusätzliche Merkmale erfüllen, wobei nach früherem Recht in der Regel noch hinzukommen musste, dass die zuständige Kartellbehörde, meistens also das BKartA (s. § 48 GWB), an der Erlaubnis mitwirkte. Die Einzelheiten ergaben sich aus den **§§ 2 bis 8 GWB a. F.**, zuletzt in der Fassung von 1998 (s. dazu schon o. § 8 Rn. 2–5). Von diesen Ausnahmeregelungen ist nur die des § 4 Abs. 1 GWB a. F. für sog. **Mittelstandskartelle** als neuer **§ 3** in das jetzige GWB übernommen worden (s. u. § 23), während auf alle

[1] So die Begr. z. RegE, BT-Drs. 15/3640, S. 23 (r. Sp.).

[2] S. die constitutio des Kaisers Zeno v. 483, C 4, 59, 2; *Höffner*, Wirtschaftsethik und Monopole im 15. und 16. Jahrhundert, 1941.

anderen Freistellungsmöglichkeiten mit Rücksicht auf Art. 101 Abs. 3 AEUV in der großzügigen Auslegung seitens der Kommission verzichtet wurde (s. § 8).

5 Von den Einzelfreistellungen (o. Rn. 4) musste man die **Ausnahmebereiche** für bestimmte, hochprivilegierte Wirtschaftszweige unterscheiden. Die Liste dieser Ausnahmebereiche umfasste ursprünglich so ungefähr alles, was in der deutschen Wirtschaft Rang und Namen hat, von der Landwirtschaft über die Banken und Versicherungen sowie die Verkehrsunternehmen bis hin zu den allmächtigen Energieversorgungsunternehmen.[3] Unter dem massiven Deregulierungsdruck der Europäischen Union sind diese Ausnahmebereiche seit den achtziger Jahren indessen zunehmend abgebaut worden. Übrig geblieben sind davon im heutigen GWB lediglich die Regelungen der **§§ 28, 30 und 31 bis 31 b** für die Landwirtschaft, für Zeitungen und Zeitschriften sowie für die Wasserversorgung. Ergänzend enthält noch seit 2007 § 29 GWB ein spezielles, ursprünglich bis Ende 2012, nunmehr bis Ende 2017 befristete Missbrauchsverbot für die Energieversorgungsunternehmen (§ 131 Abs. 1 GWB). Alle anderen Sonderregelungen finden sich heute außerhalb des GWB (s. im Einzelnen u. §§ 25, 37–39).

6 Neben den Ausnahmen vom Kartellverbot des § 1 GWB a. F. (o. Rn. 4f.) war für das deutsche Recht bis in das Jahr 2005 die **Unterscheidung zwischen horizontalen** und **vertikalen Vereinbarungen** kennzeichnend gewesen, die letzteren geregelt in den früheren §§ 14 bis 18, die im geltenden Recht keine Entsprechung mehr haben, da Art. 101 AEUV zwischen horizontalen und vertikalen Vereinbarungen nicht unterscheidet. Anders als für die Kartellvereinbarungen enthielt das Gesetz zudem für die Vertikalvereinbarungen keine einheitliche Regelung; es unterschied vielmehr zwischen Preis- und Konditionenbindungen (§§ 14 und 15 GWB a. F.), Verwendungsbeschränkungen, Ausschließlichkeits- und Vertriebsbindungen (§ 16 GWB a. F.) sowie Beschränkungen des Lizenznehmers in Lizenzverträgen über Patente, Know-how und gleichstehende Schutzrechte (§§ 17 und 18 GWB a. F.). Von diesen Sonderregelungen für Vertikalvereinbarungen findet sich im geltenden Recht im Wesentlichen nur noch die Erlaubnis der Preisbindung bei Zeitungen und Zeitschriften in **§ 30 GWB** (dazu u. § 25). Dagegen hat die weit wichtigere Buchpreisbindung mittlerweile eine gesetzliche Regelung außerhalb des GWB in dem **Buchpreisbindungsgesetz** vom 2. September 2002 gefunden.[4]

7 Die unterschiedliche Regelung der Horizontal- und Vertikalvereinbarungen (§§ 1 ff. und 14 ff. GWB a. F.) beruhte auf der (zweifelhaften) wettbewerbspolitischen Annahme, dass vertikale Wettbewerbsbeschränkungen (Paradigma: Ausschließlichkeitsbindungen), von den Preis- und Konditionenbindungen abgesehen, weit **weniger gefährlich** für den Wettbewerb seien als horizontale Wettbewerbsbeschränkungen. Daraus ergab sich die Notwendigkeit, Kriterien zu entwickeln, anhand derer horizontale und vertikale wettbewerbsbeschränkende Vereinbarungen mit hinreichender Sicherheit unterschieden werden konnten. Diese Aufgabe erwies sich jedoch als im Grunde unlösbar. Obwohl die **Abgrenzungskriterien** wiederholt gewechselt hatten, gelang es doch bis zuletzt nicht, eine allseits befriedigende Lösung zu finden, so dass

[3] S. §§ 99–104 a GWB i. d. F. von 1957 und 1973 und dazu *Emmerich,* Das Wirtschaftsrecht der öffentlichen Unternehmen, 1969, S. 349 ff.; *Immenga,* Wettbewerbsbeschränkungen auf staatlich gelenkten Märkten, 1967.

[4] BGBl. I S. 3448, 3670 = GRUR 2003, 38.

von daher gesehen die grundsätzliche Aufgabe der Unterscheidung zwischen horizontalen und vertikalen wettbewerbsbeschränkenden Vereinbarungen nur begrüßt werden kann. **Ausnahmen** finden sich freilich nach wie vor in den §§ 3 Abs. 1, 19 Abs. 3 S. 2, 28 Abs. 2 und 30 Abs. 1 S. 1 GWB, bei denen indessen offenbar die Unterscheidung horizontaler und vertikaler Vereinbarungen keine Schwierigkeiten mehr aufwirft, so dass sich heute die Abgrenzungsproblematik im Wesentlichen auf **Altverträge** beschränkt.[5] Soweit danach noch relevant, kann deshalb zu der Abgrenzungsproblematik heute unbedenklich auf die Ausführungen in früheren Auflagen verwiesen werden.[6]

§ 1 GWB gilt seit der 7. GWB-Novelle von 2005 ebenso wie schon immer Art. 101 AEUV gleichermaßen für (horizontale) Kartellvereinbarungen wie für (vertikale) Austauschverträge, wobei sich die Behandlung der Letzteren gemäß § 2 Abs. 2 GWB in erster Linie nach der GFVO Nr. 330/2010 vom 24. April 2010 richtet (s. § 5 Rn. 16ff.). Der BGH hat daraus den Schluss gezogen, dass heute für die herkömmliche unterschiedliche Behandlung horizontaler und vertikaler Verträge im Kartellrecht *kein* Raum mehr ist, beide vielmehr entsprechend der Praxis zum europäischen Kartellrecht grundsätzlich in jeder Hinsicht gleich behandelt werden müssen.[7] Die früher übliche großzügige Behandlung wettbewerbsbeschränkender Klauseln in zahlreichen vertikalen Verträgen ist deshalb heute nicht mehr möglich.[8] Für solche Klauseln gelten jetzt vielmehr nur noch dieselben engen Ausnahmen vom Kartellverbot wie schon immer in horizontalen Verträgen (u. Rn. 19ff.). Für zahlreiche früher verbreitete Wettbewerbsbeschränkungen in Austauschverträgen bedeutet dies nicht weniger als einen **Paradigmenwechsel,** da sie jetzt nur noch erlaubt sind, soweit im Einzelfall die Voraussetzungen des § 2 GWB in Verbindung mit der Gruppenfreistellungsverordnung Nr. 330/2010 für vertikale Vereinbarungen erfüllt sind.[9] 8

III. Tatbestand

1. Maßnahmen

§ 1 GWB wendet sich, und zwar bereits seit der 6. GWB-Novelle von 1998, im unmittelbaren Anschluss an Art. 101 Abs. 1 Halbs. 1 AEUV gleichermaßen gegen Vereinbarungen zwischen Unternehmen, Beschlüsse von Unternehmensvereinigungen sowie aufeinander abgestimmte Verhaltensweisen, während sich das Kartellverbot in seiner ursprünglichen Fassung noch allein auf „Verträge" und Beschlüsse bezogen hatte (§ 1 Abs. 1 S. 1 und Abs. 2 GWB von 1957). Das Verbot abgestimmter Verhaltensweisen war erst im Jahre 1973 hinzugekommen (§ 25 Abs. 1 GWB von 1973). 9

Die Begriffe „Vereinbarungen zwischen Unternehmen, Beschlüsse von Unternehmensvereinigungen und aufeinander abgestimmte Verhaltensweisen" werden in § 1 10

[5] S. *Kirchhain,* Die Anwendung der Vertikal-GVO, auf innerstaatliche Wettbewerbsbeschränkungen, 2007; *dies.*, WuW 2008, 167; ein Beispiel in *BGH* NJW 2009, 1751 = JuS 2010, 449 m. Anm. *St. Thomas,* WuW 2010, 177.

[6] S. zuletzt 12. Aufl., S. 316f. m. N.

[7] *BGH* NJW 2009, 1751 Tz. 17ff. = JuS 2010, 449 – Subunternehmer II; ebenso sogar für § 298 StGB infolge der mittelbaren Bezugnahme auf § 1 GWB *BGH* WuW/E DE-R 3691 Tz. 4 = NJW 2012, 3318.

[8] *BGH* NJW 2009, 1751 Tz. 17ff. = JuS 2010, 449 – Subunternehmer II.

[9] Die Einzelheiten sind str.; s. *S. Kirchhain,* Die Anwendung der Vertikal-GVO (Fn. 5); *dies.*, WuW 2008, 167; *St. Thomas,* WuW 2010, 177.

GWB seit 1998 genauso wie in Art. 101 Abs. 1 Halbs. 1 AEUV ausgelegt.[10] Wegen der Einzelheiten kann daher auf die Ausführungen zu den entsprechenden Begriffen in Art. 101 Abs. 1 AEUV verwiesen werden (o. § 4 Rn. 1, 12, 15 ff.). Während jedoch das **Verbot abgestimmter Verhaltensweisen** im europäischen Kartellrecht eine zentrale Rolle spielt, vor allem als Auffangtatbestand in Fällen, in denen sich die Voraussetzungen einer Vereinbarung nicht nachweisen lassen (o. § 4 Rn. 15 ff.), hat es in Deutschland trotz seiner Einführung bereits im Jahre 1973 bis heute nahezu keine praktische Bedeutung erlangt. Nicht viel besser ist es bisher dem Verbot wettbewerbsbeschränkender **Beschlüsse** im deutschen Recht ergangen. Aus den wenigen Beispielen seien genannt Beschlüsse eines Organs des Deutschen Fußballbundes über die Vergabe von Fernsehübertragungsrechten,[11] Beschlüsse von Taxivereinigungen über die Begrenzung der Zahl der Wagen je Mitglied[12] sowie Beschlüsse von Industrieverbänden, von Industrie- und Handelskammern oder von Kammern der freien Berufe über die gemeinsam zu fordernden Preise und Honorare oder über die einheitliche Anwendung von Geschäftsbedingungen.[13]

2. Wettbewerbsbeschränkung

11 Vereinbarungen zwischen Unternehmen, Beschlüsse von Unternehmensvereinigungen und aufeinander abgestimmte Verhaltensweisen (o. Rn. 9 ff.) sind seit 1998 nach § 1 GWB ebenso wie nach Art. 101 Abs. 1 AEUV (nur) verboten, wenn sie eine Verhinderung, Einschränkung oder Verfälschung des Wettbewerbs bezwecken oder bewirken. Wegen der Einzelheiten kann insoweit gleichfalls auf die Ausführungen zu Art. 101 Abs. 1 AEUV verwiesen werden (s. deshalb o. § 4 Rn. 28 ff.). Hervorzuheben sind wiederum nur wenige Punkte:

12 Der Kern der Wettbewerbsbeschränkung besteht nach herkömmlicher (und im Kern immer noch zutreffender) Auffassung in Deutschland in der **Beschränkung der wirtschaftlichen Handlungsfreiheit** derjenigen Unternehmen, die an einer der in § 1 GWB genannten Maßnahmen beteiligt sind. Der Wettbewerb wird deshalb beschränkt, wenn von den Beteiligten einzelne Aktionsparameter wie insbesondere der Preis oder die Menge gemeinsam fixiert oder andere wie etwa bestimmte Werbemaßnahmen oder sonstige Aktivitäten ganz ausgeschlossen werden. Die Wettbewerbsbeschränkung braucht nicht für sämtliche an dem Kartell beteiligten Unternehmen identisch zu sein. Nichts hindert die Anwendung des Kartellverbots, wenn die Parteien *unterschiedliche Beschränkungen* auf sich nehmen. Selbst wenn *nur eine* der Parteien durch den Vertrag in ihrer wettbewerblichen Handlungsfreiheit beschränkt wird, kann das Kartellverbot angewandt werden, so dass z. B. auch das Abkaufen von Wettbewerb sowie vergleichbare Absprachen mit § 1 GWB erfasst werden können.[14]

13 Geschützt wird der Wettbewerb durch § 1 GWB in allen seinen Erscheinungsformen einschließlich z. B. der Werbung, immer vorausgesetzt, dass es sich um Erscheinungs-

[10] Vgl. z. B. für gentlement's agreements *OLG Düsseldorf* WuW/E DE-R 1315 (1318).
[11] S. u. § 37 Rn. 15 ff.; BGHZ 137, 297 (303) = NJW 1998, 756 = JuS 1998, 461 Nr. 10 – UEFA-Pokal.
[12] *BGH* LM § 1 GWB Nr. 23 = NJW 1980, 2813.
[13] *BGH* WuW/E BGH 1474; s. im Übrigen o. § 4 Rn. 12 ff.
[14] BGHZ 31, 105 (112 f.) = NJW 1960, 145 – Gasglühkörper; BGHZ 68, 6 (9) = NJW 1977, 804.

formen des **lauteren Wettbewerbs** handelt.[15] Der unlautere oder sonst unerlaubte Wettbewerb genießt dagegen aufgrund des § 1 GWB ebensowenig Schutz wie nach Art. 101 AEUV, so dass Verträge über die Unterlassung eines derartigen verbotenen Wettbewerbs unbedenklich sind (s. § 4 Rn. 49ff.).

3. Spürbarkeit

Art. 101 Abs. 1 Halbs. 1 AEUV enthält als ungeschriebenes Tatbestandsmerkmal das Erfordernis der Spürbarkeit der Wettbewerbsbeschränkung (o. § 4 Rn. 42ff.). Die Einzelheiten ergeben sich aus der Bagattelbekanntmachung der Kommission von 2001.[16] Maßgebend sind danach vor allem verschiedene **Marktanteilsschwellen.** Ebenso ist im Kern von Anfang an das deutsche Kartellverbot verstanden worden. Bereits in seiner ursprünglichen Fassung aus dem Jahr 1957 richtete sich § 1 GWB a. F. allein gegen solche Verträge und Beschlüsse, die überhaupt *geeignet* waren, die Erzeugung oder die Marktverhältnisse für den Verkehr mit Waren oder gewerblichen Leistungen zu beeinflussen. Zu der Wettbewerbsbeschränkung (o. Rn. 11ff.) musste also noch ihre Eignung zur Marktbeeinflussung hinzutreten, wenn das Kartellverbot anwendbar sein sollte. Voraussetzung dafür war, dass die mit dem Vertrag oder Beschluss verbundene **Veränderung der Marktverhältnisse** für Güter und Dienstleistungen auf dem jeweils relevanten Markt **spürbar** war, und zwar im Sinne einer konkret feststellbaren Veränderung der Produktions- oder Marktfaktoren zum Nachteil Dritter durch die Beschränkung ihrer Alternativen.[17] 14

Indizien der Spürbarkeit einer Wettbewerbsbeschränkung waren (und sind) die Zahl der Beteiligten und insbesondere der **Marktanteil** des Kartells. Insoweit decken sich offenkundig weithin die Kriterien der Spürbarkeit einer Wettbewerbsbeschränkung in der früheren deutschen und in der europäischen Praxis. Jedenfalls im Prinzip gilt dasselbe auch für die unterschiedliche Behandlung von Kernbeschränkungen und sonstigen Wettbewerbsbeschränkungen. Denn schon früher stellten die Gerichte besonders geringe Anforderungen an den Nachweis der Spürbarkeit der Wettbewerbsbeschränkung, wenn die Wettbewerbsbeschränkung von den Beteiligten geradezu **bezweckt** wurde oder wenn es sich um Kartelle handelte, die wie z. B. Submissionskartelle wegen ihrer großen Verbreitung **besonders gefährlich** sind. In derartigen Fällen konnten bereits Marktanteile der Beteiligten in der Gegend von 1 % zur Anwendung des Kartellverbots führen,[18] während sich die Gerichte sonst in der Regel bisher mit Marktanteilen der Beteiligten in einer Größenordnung von **4 bis höchstens 5%** begnügten.[19] 15

Heute richtet sich die Praxis in erster Linie nach der **Bagatellbekanntmachung** Nr. 18/2007 des Bundeskartellamts vom 13. März 2007,[20] die sich eng an die Baga- 16

---

15 BGHZ 36, 105 (111) = NJW 1962, 247 – WBS; *BGH* LM § 1 GWB Nr. 43 = NJW-RR 1991, 1067 = JuS 1991, 863 Nr. 12; s. aber *Lettl/Nordemann*, NZKart 2014, 207.

16 ABl. Nr. C 368/13.

17 BGHZ 37, 194 (200f.) = NJW 1962, 1955 – SPAR; BGHZ 68, 6 (11) = NJW 1977, 804 = JuS 1977, 622 Nr. 6 – Transportbeton; BGHZ 114, 40 (52) = NJW 1991, 3152 – Golden Toast; BGHSt 30, 270 = NJW 1982, 938 = JuS 1982, 627 Nr. 9.

18 *BGH* WuW/E BGH 2000 (2002); *KG* WuW/E OLG 2789; 4885 (4891); *OLG Celle* WuW/E OLG 3330.

19 Vgl. z. B. für die Gründung von Gemeinschaftsunternehmen *OLG Düsseldorf* AG 2006, 506 (509 Tz. 877) = WuW/E DE-R 995 – Rethmann/GfA Köthen.

20 WuW 2007, 369; s. dazu *Pfeffer/A. C. Wegner*, BB 2007, 1173.

tellbekanntmachung der Europäischen Kommission von 2001 anlehnt. Die **Marktanteilsschwelle** für horizontale Vereinbarungen beträgt danach nach deutschem Recht ebenso wie auf europäischer Ebene 10% und für vertikale Vereinbarungen für jedes beteiligte Unternehmen 15% (Bekanntmachung Tz. 7). Auch die Herabsetzung der Marktanteilsschwellen auf generell 5% bei einem kumulativen Marktabschottungseffekt von ganzen Vertragsnetzen entspricht der europäischen Praxis (Bekanntmachung Tz. 11). Ausgenommen sind ferner hier gleichfalls alle **Kernbeschränkungen** (Bekanntmachung Tz. 13ff.), unter denen das BKartA die Festsetzung von Preisen oder Preisbestandteilen sowie generell die Beschränkung von Produktion, Bezug oder Absatz von Waren oder Dienstleistungen, insbesondere durch die Aufteilung von Versorgungsquellen, Märkten oder Abnehmern versteht.[21]

4. Zweck oder Wirkung

17 Die Anwendung des Kartellverbots auf eine Vereinbarung, eine abgestimmte Verhaltensweise oder einen Beschluss setzt nach § 1 GWB schließlich noch voraus, dass die Wettbewerbsbeschränkung (o. Rn. 11ff.) der Zweck oder die Wirkung der fraglichen Maßnahme ist. Das Kartellverbot des § 1 GWB entspricht heute auch in diesem Punkt dem des Art. 101 Abs. 1 AEUV, während das Verbot nach der ursprünglichen Fassung des § 1 GWB von 1957 lediglich solche Verträge (zu einem gemeinsamen Zweck) erfasste, die geeignet waren, die Marktverhältnisse durch Beschränkung des Wettbewerbs zu beeinflussen. Daraus waren im Schrifttum sehr unterschiedliche Folgerungen für das Verhältnis zwischen der Wettbewerbsbeschränkung als dem zentralen Tatbestandsmerkmal des Kartellverbots und dem Vertrag (zu einem gemeinsamen Zweck) als dem Gegenstand des Verbots gezogen worden. Der ganze Fragenkreis war schließlich zu einem **Tummelplatz unterschiedlicher „Theorien“** geworden.

18 Der Theorienstreit endete indessen abrupt im Jahre 1998 mit der ersten Anpassung des § 1 GWB an Art. 101 AEUV, da das Gesetz seitdem ebenso wie Art. 101 Abs. 1 Halbs. 1 AEUV den Zweck und die Wirkung einer Maßnahme gleichberechtigt nebeneinander stellt. Infolgedessen wird § 1 GWB heute in diesem Punkt ebenfalls in jeder Hinsicht ebenso wie Art. 101 Abs. 1 AEUV ausgelegt, so dass insoweit wiederum auf die Ausführungen zu Art. 101 AEUV verwiesen werden kann (o. § 4 Rn. 68ff.).

IV. Tatbestandsrestriktionen

1. Immanenztheorie

19 Kein Kartellverbot kommt ohne Ausnahmen aus, geschriebenen und ungeschriebenen. Das deutsche Kartellverbot macht von dieser Regel ebensowenig wie das europäische „eine Ausnahme“. Geschriebene Ausnahmen von dem umfassenden Verbot wettbewerbsbeschränkender Vereinbarungen durch § 1 GWB finden sich an vielen Stellen innerhalb und außerhalb des GWB. Aus dem GWB sind hervorzuheben die §§ 2 und 3 (dazu u. §§ 22 und 23) sowie die §§ 28, 30 und 31 (dazu u. § 25 und § 39 Rn. 38ff.). Daneben werden schon seit langem auch *ungeschriebene* Ausnahmen unter unterschiedlichen Gesichtspunkten diskutiert.

20 Die Situation ist auf **europäischer Ebene** im Ausgangspunkt nicht anders. Auch die Unionsorgane haben sich in verschiedenen Fallgruppen bereit gezeigt, über Art. 101

[21] Ebenso z. B. *KG* WuW/E DE-R 4019 (4029ff.) – Schulranzen II; *OLG Düsseldorf* NZKart 2014, 68 Tz. 49 = WuW/E EU-R 4117 – Sanitär.

Abs. 3 AEUV hinaus bereits den Tatbestand des Art. 101 **Abs. 1** AEUV mit Rücksicht auf andere, in ihren Augen vorrangige Wertungen einzuschränken (s. o. § 4 Rn. 49ff. und § 18 Rn. 18f.). Auf die Notwendigkeit derartiger Tatbestandsrestriktionen weisen für sog. Nebenabreden bereits die Art. 6 Abs. 1 lit. b Unterabs. 2 und Art. 8 Abs. 2 Unterabs. 2 FKVO hin (s. o. §§ 4 Rn. 56ff., 18 Rn. 18f.). Die Einzelheiten ergeben sich aus der **Bekanntmachung der Kommission über Nebenabreden** von 2005.[22] Paradigmata sind Wettbewerbsverbote zulasten eines Unternehmensveräußerers (s. o. § 4 Rn. 56ff.). Soweit wettbewerbsbeschränkende Vereinbarungen geeignet sind, den Handel zwischen Mitgliedstaaten zu beeinträchtigen, ist anzunehmen, dass in Zukunft die Auslegung des § 1 GWB der skizzierten Praxis der Unionsorgane folgen wird. In den verbleibenden Fällen ohne zwischenstaatlichen Bezug bleibt dagegen Raum für die Fortschreibung der bisherigen deutschen Tatbestandsrestriktionen.[23] Die wichtigste ist die sog. Immanenztheorie (zu weiteren Tatbestandsrestriktionen s. u. Rn. 29ff.).

Kern der **Immanenztheorie** ist die Annahme, dass bestimmte wettbewerbsbeschränkende Nebenabreden wie etwa Wettbewerbsverbote in kartellrechts*neutralen* Verträgen, die zur Durchführung solcher Verträge unentbehrlich sind, – ebenso wie nach der Praxis der Unionsorgane zu Art. 101 Abs. 1 AEUV (o. Rn. 20) – Bestand vor § 1 GWB haben.[24] **Beispiele** sind in erster Linie Wettbewerbsverbote in Unternehmensveräußerungs- und in Gesellschaftsverträgen (u. Rn. 22f.). Indessen: So einleuchtend dieser Gedanke auch sein mag, er krankt doch daran, dass er bislang nicht die Billigung des **BGH** gefunden hat.[25] In den einschlägigen Fällen hat der BGH vielmehr bisher durchweg darauf abgestellt, ob an der fraglichen wettbewerbsbeschränkenden Nebenabrede in einem als solchem unbedenklichen Hauptvertrag „bei wertender Betrachtungsweise im Hinblick auf die Freiheit des Wettbewerbs *anzuerkennende Interessen*“ bestehen.[26] Der BGH will daran offenbar auch unter der Geltung des an Art. 101 AEUV angepassten § 1 GWB festhalten, wie vor allem ein Urteil aus dem Jahre 2003 zeigt.[27] Bedeutung hat dies vor allem für die Beurteilung von Wettbewerbsverboten in Unternehmensveräußerungs- und in Gesellschaftsverträgen (u. Rn. 22, 25ff.). 21

2. Wettbewerbsverbote in Unternehmensveräußerungsverträgen

Zu dem typischen Inhalt von Unternehmensveräußerungsverträgen gehören Wettbewerbsverbote für den Veräußerer.[28] Die kartellrechtliche Problematik derartiger Abreden beruht darauf, dass durch sie häufig zugleich der (potentielle) Wettbewerb zwischen den Vertragsparteien geregelt wird. Daraus kann aber schwerlich der Schluss gezogen werden, dass Wettbewerbsverbote in Unternehmensveräußerungsverträgen, 22

[22] ABl. Nr. C 56/24 (= in: *Bechtold/Bosch u. a.*, EG-Kartellrecht, S. 1157ff.).

[23] Ebenso im Ausgangspunkt *Mäger/Fr. Ringe,* WuW 2007, 18 (19ff.).

[24] *Steindorff,* BB 1977, 569 (570f.); *H. Köhler,* ZHR 148 (1984), 487 (491ff.); *ders.*, BB 1996, 2577; *Rittner,* WuW 2000, 696; *K. Schmidt,* ZHR 149 (1985), 1 (7, 11ff.); *Schwintowski,* WuW 1997, 769.

[25] So *Bornkamm,* FS Geiß, 2000, S. 539 (547).

[26] *BGH* LM § 1 GWB Nr. 47 = NJW 1997, 2324 = JuS 1998, 272 Nr. 11– Druckgußteile; LM § 1 GWB Nr. 47a = NJWE-WettbR 1997, 211 = WuW/E BGH 3121 (3124f.) – Bedside-Testkarten; LM § 1 GWB Nr. 51 (Bl. 2 R f.) = WuW/E DE-R 131 (133) = NJW-RR 1998, 508 – Subunternehmervertrag I; WuW/E DE-R 505f. – Subunternehmervertrag II; s. *Bornkamm,* FS Geiß, 2000, S. 549ff.

[27] BGHZ 154, 21 (26ff.) = WuW/E DE-R 1119 = NVwZ 2003, 1140 – Verbundnetz II; ebenso *Mäger/Fr. Ringe,* WuW 2007, 18 (19f.).

[28] Vgl. BGHZ 16, 71 (76ff.) = NJW 1955, 337; s. schon o. § 18 Rn. 18f.

Spürbarkeit der Wettbewerbsbeschränkung vorausgesetzt, heute grundsätzlich verboten seien (§ 1 GWB). Für Art. 101 Abs. 1 AEUV folgt das Gegenteil bereits aus den genannten Bestimmungen der FKVO für Nebenabreden zu Unternehmenszusammenschlüssen (o. Rn. 20), so dass für § 1 GWB in Fällen mit zwischenstaatlichem Bezug nicht anders entschieden werden kann.

23 In den verbleibenden Fällen wird man je nach dem Zweck und den Wirkungen der fraglichen Klauseln danach zu unterscheiden haben, ob an ihnen ein **anzuerkennendes Interesse** besteht (s. o. Rn. 21). Wettbewerbsverbote sind daher zulässig, sofern tatsächlich ein Unternehmensveräußerungsvertrag vorliegt und sich das Wettbewerbsverbot gegenständlich, räumlich und zeitlich auf das Maß desjenigen beschränkt, was *erforderlich* ist, um dem Erwerber überhaupt die Chance zu verschaffen, den Kundenstamm des Veräußerers zu erwerben. Darüber hinausgehende Wettbewerbsverbote können dagegen von Fall zu Fall durchaus gegen § 1 GWB verstoßen.

24 Wo hier genau die **Grenze** verläuft, lässt sich nur im Einzelfall unter Berücksichtigung der Besonderheiten der betreffenden Branche und der Position der Beteiligten festlegen. Jedoch ist deutlich, dass Wettbewerbsverbote für einen längeren *Zeitraum* als vier bis fünf Jahre in der Regel in den Gefahrenbereich des § 1 GWB geraten werden. Dasselbe gilt, wenn sich das Wettbewerbsverbot nicht streng *räumlich* auf das Hauptabsatzgebiet des veräußerten Unternehmens und *gegenständlich* auf dessen Produkte beschränkt, sondern darüber hinausgreift, weil dann offenkundig ist, dass für die Beteiligten marktregelnde Zwecke im Vordergrund standen.[29] Kein Raum für eine Freistellung ist außerdem, wenn sich unter dem „Unternehmensveräußerungsvertrag" in Wirklichkeit ein – immer verbotenes – Abkaufen von Wettbewerb verbirgt.[30]

3. Wettbewerbsverbote in Gesellschaftsverträgen

25 Wettbewerbsverbote in Gesellschaftsverträgen werden bisher grundsätzlich nach denselben Regeln behandelt wie in Unternehmensveräußerungsverträgen (o. Rn. 22f.). Im Vordergrund steht infolgedessen auch bei ihnen durchweg die Prüfung, ob das Verbot nach Art und Umfang für die Aufrechterhaltung der Funktionsfähigkeit der als solcher zulässigen Gesellschaft bei Berücksichtigung der Wertungen des GWB unerlässlich ist, so dass an seiner Vereinbarung ein anzuerkennendes Interesse besteht; dies wird heute vor allem dann bejaht, wenn das Wettbewerbsverbot nach Art und Umfang für die Aufrechterhaltung der Funktionsfähigkeit der Gesellschaft erforderlich ist, um zu verhindern, dass die Gesellschaft durch Gesellschafter mit Einfluss auf die Geschäftsführung von innen her ausgehöhlt wird.[31] Das gilt gleichermaßen für Personengesellschaften (s. §§ 112, 165 HGB) wie für Kapitalgesellschaften.[32]

[29] S. aus der keineswegs einheitlichen Praxis *BGH* LM § 1 GWB Nr. 46 = NJW 1994, 384; WuW/E BGH 1597 = NJW 1980, 185 = JuS 1980, 67 Nr. 12; WuW/E BGH 1898 (1899f.) = NJW 1982, 2000; *KG* WuW/E DE-R 384 (385); *OLG Hamm* GRUR 1973, 421 = JuS 1973, 783 Nr. 8; *OLG Stuttgart* WuW/E DE-R 224 (225) = NZG 1999, 252 (253: für eine Ärztesozietät); *OLG Naumburg* WuW/E DE-R 3918 (3020f); *Bechtold*, GWB, § 1 Rn. 59.

[30] Zur Abgrenzung s. *Mäger/Fr. Ringe*, WuW 2007, 18 (19ff.).

[31] BGHZ 38, 306 (311ff.) = NJW 1963, 646 = JuS 1963, 245 Nr. 4; BGHZ 70, 331 (334ff.) = NJW 1978, 1001; BGHZ 104, 246 (251f.) = NJW 1988, 2737; *BGH* LM § 157 (D) BGB Nr. 54 = BB 1990, 11; *BGH* NZG 2010, 76 Tz. 17 = WuW/E DE-R 2742 = JuS 2010, 547 – Gratiszeitung Hallo.

[32] So z. B. für eine GmbH *BGH* NZG 2010, 76 Tz. 17 = WuW/E DE-R 2742 = JuS 2010, 547 – Gratiszeitung Hallo.

Bei den **Personengesellschaften** sind danach Wettbewerbsverbote für persönlich haftende Gesellschafter (§§ 112, 161 Abs. 2 HGB) grundsätzlich unbedenklich.[33] Anders kann es sich jedoch verhalten, wenn der betreffende Gesellschafter lediglich kapitalistisch beteiligt ist und keinen Einfluss auf die Geschäftsführung besitzt.[34] Wettbewerbsverbote zulasten von Kommanditisten können gleichfalls mit § 1 GWB kollidieren (§ 165 HGB).[35] Auf jeden Fall aber setzt sich das Kartellverbot durch, wenn mit der Gesellschaft selbst *wettbewerbsbeschränkende Zwecke* verfolgt werden, weil es sich dann letztlich um eine immer verbotene Kernbeschränkung handelt.[36] Paradigma sind so genannte kooperative Gemeinschaftsunternehmen zwischen Konkurrenten, wobei es im Ergebnis keine Rolle spielt, ob die Gesellschaft die Rechtsform einer Personen- oder einer Kapitalgesellschaft hat.[37] 26

Das Gesagte gilt auch für **Genossenschaften.** Zwar findet sich im genossenschaftlich ausgerichteten Schrifttum vielfach die These, das GWB enthalte eine stillschweigende Ausnahme vom Kartellverbot zugunsten der Genossenschaften, weil anders diese Gesellschaftsform nicht lebensfähig sei.[38] Tatsächlich besteht jedoch kein Anlass für eine Privilegierung von Genossenschaften.[39] Wettbewerbsbeschränkende Klauseln in den Satzungen von Genossenschaften sind vielmehr nach denselben Regeln wie bei anderen Gesellschaftsformen zu beurteilen, so dass sie nur zulässig sind, wenn und soweit sie „genossenschaftsimmanent", d. h. zur Sicherung des Zwecks oder der Funktionsfähigkeit der fraglichen konkreten Genossenschaft erforderlich sind, vorausgesetzt, dass diese selbst erlaubte Zwecke verfolgt. Darüber hinausgehende Beschränkungen der Mitglieder im Wettbewerb verstoßen gegen das Kartellverbot.[40] 27

4. Vergleiche

In der Praxis kommt es häufig vor, dass eine Partei in einem Vergleich zur Beilegung von Wettbewerbs- oder Patentstreitigkeiten wettbewerbsbeschränkende Verpflichtungen übernimmt. In solchen Fällen stellt sich wiederum die Frage nach der Anwendbarkeit des Kartellverbots. Die deutschen Gerichte, traditionell ausgesprochen vergleichsfreundlich (s. § 278 ZPO), neigen hier zu ähnlichen Restriktionen des Kartellverbots 28

[33] BGHZ 70, 331 (334ff.) = NJW 1978, 1001; BGHZ 104, 246 (251f.) = NJW 1988, 2737; *BGH* WM 1984, 996 (997) = NJW 1984, 2366 (2367) (insoweit nicht in BGHZ 91, 1 [8] abgedruckt); *Bechtold,* GWB, § 1 Rn. 55f.; *Klett/Klett,* WRP 2011, 1536.

[34] BGHZ 38, 306 (311ff.) = NJW 1963, 646 = JuS 1963, 245 Nr. 4; *OLG Hamburg* WuW/E OLG 3320 (3322f.); *OLG Karlsruhe* BB 1984, 2015; WM 1986, 1473 (1475) *KG* WuW/E DE-R 4269.

[35] *OLG Hamburg* WuW/E OLG 3320 (3322f.); *OLG Düsseldorf* WuW/E OLG 3328; 3491.

[36] BGHZ 70, 331 (335) = NJW 1978, 1001; BGHSt 30, 270 = NJW 1982, 938 = JuS 1982, 627 Nr. 9; *BKartA* WuW/E, BKartA 1771 (1778).

[37] *BGH* NZG 2010, 76 Tz. 17 = WuW/E DE-R 2742 = JuS 2010, 547 – Gratiszeitung Hallo; *Bechtold,* GWB, § 1 Rn. 55.

[38] *Baumann,* ZfgG 1985, 229; *Großfeld/Strümpell,* Genossenschaften, Kartellgesetz und Mittelstandsempfehlungen, 1976; *Olesch,* Das Kartellrecht der Einkaufszusammenschlüsse, 1983; *Rotthege,* Die Beurteilung von Kartellen und Genossenschaften durch die Rechtswissenschaft, 1984.

[39] BGHZ 70, 331 (335) = NJW 1978, 1001.

[40] Grdl. BGHZ 70, 331 (335) = NJW 1978, 1001; BGHZ 78, 190 (197) = NJW 1981, 634 – Rote Liste; LM § 1 GWB Nr. 35 = NJW-RR 1986, 1298; LM § 100 GWB Nr. 3 = WuW/E BGH 1977= MDR 1983, 199; LM § 1 GWB Nr. 39 = NJW-RR 1988, 50; LM § 1 GWB Nr. 45 = WuW/E BGH 2828 = WM 1993, 917.

wie bei den Unternehmensveräußerungsverträgen,[41] indessen zu Unrecht.[42] § 1 GWB enthält keinen Vorbehalt zugunsten von Vergleichen. Auf Vergleiche ist daher das Kartellverbot des GWB ebenso wie Art. 101 AEUV ohne Einschränkungen anwendbar (s. o. § 6 Rn. 27).

5. Rechtsgüter- und Interessenabwägung

29 Das BKartA hatte in den ersten Jahren seiner Tätigkeit wiederholt an sich tatbestandsmäßige Wettbewerbsbeschränkungen nach den Grundsätzen der Rechtsgüter- und Interessenabwägung wegen der Verfolgung (angeblich) höherrangiger Rechtsgüter zugelassen. Es ging dabei vor allem um Wettbewerbsbeschränkungen **im Interesse des Gesundheits- und Umweltschutzes,** etwa in Gestalt des vertraglichen Verbots besonders gefährlicher Produkte oder durch vertragliche Beschränkung der Werbung für Zigaretten.[43] Später hatte das BKartA diese Praxis indessen – zu Recht – wieder aufgegeben, weil es allein Sache des Gesetzgebers sei, über Ausnahmen vom Kartellverbot zu entscheiden.[44]

30 Wieder akut geworden ist der „Konflikt“ zwischen dem Kartellverbot und dem Umweltschutz erst Jahre später bei den verbreiteten Bemühungen der **Abfallwirtschaft,** in unheiliger Allianz mit den Kommunen und den Ländern diesen zukunftsträchtigen Markt in den Händen weniger zu monopolisieren.[45] Grundlage ist das **Kreislaufwirtschafts- und Abfallgesetz von 1994,**[46] durch das die Hersteller und Vertreiber von Produkten verpflichtet wurden, bestimmte Abfälle zurückzunehmen und einer Verwertung zuzuführen. Die grundsätzliche Rücknahmepflicht der Hersteller und Vertreiber von Verpackungen entfällt jedoch, wenn sie sich an einem *System* beteiligen, das die regelmäßige flächendeckende Abholung der Verpackungen beim Verbraucher gewährleistet.[47]

31 Zu diesem Zweck wurde die Gesellschaft „Der grüne Punkt – Duales System Deutschland **(DSD)“** – gegründet, die für die Hersteller und Vertreiber die Abholung und Verwertung der Verpackungen organisiert. Hierzu schließt die DSD Verträge mit Entsorgungsunternehmen, denen praktisch ein lokales Monopol eingeräumt wird, sowie mit den sog. Garantiegebern, aufgrund derer die DSD verpflichtet ist, die gesammelten und aufgeteilten Rohstoffe allein an die jeweiligen Garantiegeber weiterzuleiten, die dergestalt ebenfalls eine Monopolstellung erlangen.

---

41 BGHZ 3, 193 (195ff.) = NJW 1952, 101; BGHZ 16, 296 (303ff.) = NJW 1955, 630; BGHZ 65, 147 (151ff.) = NJW 1976, 194; *BGH* LM § 242 (Bb) BGB Nr. 105 = NJW 1983, 2143 (2144); GRUR 2005, 845 = WuW/E DE-R 1537 (1539) – Abgasreinigung; *OLG München* NJWE-WettbR 1997, 46 (47).

42 Zutreffend *OLG Hamburg* WuW/E OLG 1724; *OLG Stuttgart* WuW/E OLG 4118 (4120); *K. Schmidt,* JuS 1978, 736; *Picht* ZWeR 2014, 83.

43 *BKartA* TB 1959, S. 114; 1966, S. 58; 1976, S. 79; WuW/E BKartA 145; 370; zustimmend *Biedenkopf,* BB 1966, 1133; *Kloepfer,* JZ 1980, 781.

44 *BKartA* WuW/E BKartA 339f.; 1126; TB 1995/96, S. 39.

45 Wegen der Einzelheiten s. *M. Bock,* WuW 1996, 187; *Emmerich,* WiB 1996, 1070; *Ekkenga,* BB 1993, 945; *Kloepfer,* JZ 1991, 737; *H. Köhler,* BB 1996, 2577; *Riesenkampff,* BB 1995, 833; *Sacksofsky,* WuW 1994, 320; *K. Schumacher,* WuW 2002, 121; *Versteyl,* NVwZ 1991, 848.

46 BGBl. 1994 I, S. 2705 mit späteren Änderungen.

47 Wegen der Einzelheiten s. die Genannten (o. Fn. 45); ausführliche Schilderung der Rechtslage auch in: *Kommission,* Entsch. v. 17.9.2001, ABl. Nr. L 319/1 (2ff.) – DSD.

Schon auf den ersten Blick ist erkennbar, dass mit diesem Vertragssystem eine **Vielzahl von Wettbewerbsbeschränkungen** verbunden ist, unter denen die Bündelung der Nachfrage der Hersteller und Vertreiber nach Entsorgungsleistungen sowie die Begründung von Monopolen für die Entsorgungsunternehmen und die Garantiegeber herausragen. Das BKartA hatte gleichwohl zunächst die mit dem Dualen System verbundenen Wettbewerbsbeschränkungen bei *Haushaltsverpackungen* toleriert,[48] während es gegen die Ausdehnung des Systems auf *Transportverpackungen* sofort unter Berufung auf § 1 GWB eingeschritten war.[49] 32

In der Folgezeit hat die rechtliche Beurteilung der mit Entsorgungssystemen verbundenen Wettbewerbsbeschränkungen infolge der wiederholten Änderungen der einschlägigen Vorschriften des GWB, insbesondere der §§ 1 und 7 a. F. geschwankt.[50] Jetzt sind maßgebend allein die Vorschriften des **Art. 101 Abs. 3 AEUV,** weil es sich um ein das ganze Bundesgebiet umspannendes Kartell handelt, sowie des **§ 2 Abs. 1 GWB.** In der Begründung zu der 7. GWB-Novelle wird insoweit ausdrücklich auf die Ausführungen der Kommission zu sog. „Umweltschutzvereinbarungen" in den alten Horizontalleitlinien von 2001 Bezug genommen.[51] Danach bietet aber weder Art. 101 Abs. 3 AEUV noch § 2 Abs. 1 GWB irgendeine Grundlage für derart umfassende Monopolisierungen von Märkten, wie sie bisher mit dem DSD verbunden waren (Art. 101 Abs. 3 lit. b AEUV, § 2 Abs. 1 Nr. 2 GWB).[52] In den neuen Leitlinien von 2011[53] ist die Kommission daher auf den Fragenkreis nicht mehr zurückgekommen. Daraus folgt insgesamt, dass für eine Rechtfertigung tatbestandsmäßiger Wettbewerbsbeschränkungen unter Berufung auf den Gedanken einer Rechtsgüter- und Interessenabwägung heute neben Art. 101 Abs. 3 AEUV und § 2 Abs. 1 GWB von 2005 endgültig *kein* Raum mehr ist. 33

V. Beispiele

§ 1 GWB von 2005 hat zwar nicht den Beispielskatalog des Art. 101 Abs. 1 Halbs. 2 AEUV ins deutsche Recht übernommen (dazu o. § 5); wegen der nahezu vollständigen Anpassung des deutschen an das europäische Kartellverbot des Art. 101 AEUV ist der Katalog gleichwohl bei der Auslegung des § 1 GWB zu berücksichtigen (s. o. Rn. 1), so dass hier zunächst auf die Ausführungen zu Art. 101 Abs. 1 Halbs. 2 AEUV zu verweisen ist (o. § 5). Im Übrigen genügen folgende Bemerkungen: 34

[48] TB 1991/92, S. 38f.; 1993/94, S. 32f., 126ff.; 1995/96, S. 39; 1997/98, S. 43f.; zu den Gründen s. *Hossenfelder/Müller/Parlasca,* ZHR 160 (1996), 1 (14ff.); offengelassen in *OLG Frankfurt a. M.* WiB 1996, 1068.

[49] *BKartA* WuW/E BKartA 2561 (2568ff.); vgl. in diesem Zusammenhang auch *OLG Düsseldorf* WuW/E OLG 5213; *OLG Frankfurt a. M.* (vorige Fn.); *MK,* 11. HauptGA, Tz. 90ff. (S. 34ff.); *H. Köhler,* BB 1996, 2577; vgl. auch für sog. Selbstbeschränkungsabkommen der Wirtschaft (angeblich) im Interesse des Umweltschutzes (sehr kritisch) *BKartA* TB 1995/96, S. 39ff.; 1997/98, S. 43; positiver dagegen offenbar *MK,* 11. HauptGA, Tz. 94ff. (S. 35).

[50] S. Voraufl. S. 326f.

[51] S. die Begr. z. RegE, BT-Drs. 15/3640, S. 27 (r. Sp. 3. Abs.); *Kommission,* Leitlinien von 2001, ABl. Nr. C 3/2, Tz. 179ff.

[52] Ebenso ausdrücklich die Leitlinien (vorige Fn.), Tz. 197; *BKartA* WuW/E DE-V 1392 – Altglas; zum gegenwärtigen Stand der Verfahren s. *BKartA,* TB 2008/09, S. 43.

[53] ABl. Nr. C 11/1.

35 Die gefährlichsten Kartelle bilden auf deutscher ebenso wie auf europäischer Ebene die sog. **Kernbeschränkungen,** auch hardcore-Kartelle genannt, für die kennzeichnend ist, dass bei ihnen die Wettbewerbsbeschränkung von den Beteiligten geradezu *bezweckt* wird. Beispiele sind Absprachen über Preise, Mengen, Gebiete oder Produkte sowie über einen absoluten Gebietsschutz für einzelne Vertragsteile.[54] Die gefährlichste Erscheinungsform derartiger Kartelle bilden umfassende **„Marktregelungen"** zur Beseitigung des Wettbewerbs auf ganzen Märkten mit Preisabsprachen, festen Quoten, Auftragssteuerung, Meldesystemen und Sanktionsmechanismen, auf die das BKartA auch heute noch, über fünfzig Jahre nach Inkrafttreten des Kartellverbots (!), in immer neuen Branchen stößt.[55] Ebenso verbreitet sind nach wie vor offenbar die mittlerweile sogar strafbaren **Submissionskartelle** (s. § 298 StGB).[56] Erfasst werden ferner z. B. Vereinbarungen zur **Beschränkung des Nachfragewettbewerbs.** Beispiele aus jüngster Zeit sind Nachfragekartelle von Gemeinden, etwa für den Feuerwehrbedarf,[57] sowie das eigenartige Nachfragekartell der Kraftfahrzeugversicherer, mit dem sie bezweckten, einen Druck auf die Preise der Kraftfahrzeugvermieter im Unfallersatzgeschäft auszuüben.[58]

VI. Fallgruppen

1. Arbeitsgemeinschaften

36 Von Arbeitsgemeinschaften spricht man, wenn mehrere Unternehmen vereinbaren, einen oder mehrere größere Aufträge gemeinsam durchzuführen. Besonders verbreitet sind derartige Absprachen in der Bauwirtschaft. Die **Kommission** wollte ursprünglich derartige Arbeitsgemeinschaften nur freistellen, wenn die beteiligten Unternehmen weder in aktuellem noch in potentiellem Wettbewerb stehen, etwa, weil sie aus verschiedenen Branchen kommen oder weil sie alleine nicht in der Lage gewesen wären, den Auftrag auszuführen.[59] Beurteilt wurde dies mit Bezug auf das konkrete Projekt, so dass unter der genannten Voraussetzung auch eine Zusammenarbeit von Unternehmen möglich war, die sich sonst als Konkurrenten gegenüberstehen. Paradigmata sind große Bauprojekte wie der Eurotunnel oder neue Flughäfen, die die Kapazität selbst von Großunternehmen übersteigen.[60] In ihren **Leitlinien von 2001**[61] stellte die Kommission dagegen in erster Linie darauf ab, ob sich an der Arbeitsgemeinschaft Unternehmen mit einer erheblichen Marktmacht beteiligen und die Zusammenarbeit deshalb zu Abschottungsproblemen gegenüber Dritten führen kann, während sie im Übrigen wohl keine Bedenken gegen die Zusammenarbeit von Unternehmen in Ar-

---

54 Vgl. *BKartA,* Bagatellbekanntmachung v. 13.3.2007, Tz. 13–15 (WuW 2007, 369 [370]).

55 S. für das seit 1902 praktizierte Quotenkartell für Starkstromkabel *BKartA* WuW/E BKartA 2892 = TB 1997/98, S. 108; weitere Beispiele in: TB 1993/94, S. 29ff.; 1995/96, S. 29ff.; 1997/98, S. 34ff.; 2001/2002, S. 43ff.; 2003/2004, S. 35ff.; 2009/2010, S. 37ff.; WuW/E DE-V 132 (133: für ein Quotenabkommen zwischen Konkurrenten in Verb. mit Ausgleichslieferungen bei Überschreitung der Quote).

56 Ausführlich *BKartA* TB 1995/96, S. 29ff.; 1997/98, S. 34ff.

57 BGHZ 152, 347 = WuW/E DE-R 1087 = GRUR 2003, 633 (Vorinstanz: *OLG Celle* NJW-RR 2002, 476).

58 *BGH* LM § 1 GWB Nr. 50 (m. Anm. *Emmerich*) = NJW 1998, 2825 = WuW/E DE-R 115 – Carpartner; *KG* WuW/E OLG 5677 (5688ff.) = NJW-RR 1997, 874.

59 So schon die Kooperationsbekanntmachung v. 29.7.1968 (ABl. Nr. C 75/3), Nr. II 5.

60 Entsch. v. 24.10.1988, ABl. Nr. L 311/36 (38) – Eurotunnel; v. 18.12.1996, ABl. 1997 Nr. L 18/87 (91f.) – Iridium; v. 12.4.1999, ABl. Nr. L 125/12 (21f.) – Versicherungspools.

61 ABl. Nr. C 3/2 (4 Tz. 24, 21 Tz. 143).

beitsgemeinschaften mehr hatte (Stichwort: Efficiency). In ihren neuen **Leitlinien von 2011** ist die Kommission darauf jedoch nicht mehr zurückgekommen, sodass der Fragenkreis wieder offen ist.[62]

In der **deutschen Praxis** sind Arbeitsgemeinschaften früher i. d. R. (nur) dann als unbedenklich angesehen worden, wenn die beteiligten Unternehmen alleine nicht in der Lage gewesen wären, sich an dem betreffenden Projekt zu beteiligen,[63] während es der **BGH** jetzt offenbar genügen lassen will, wenn sich die Zusammenarbeit für die beteiligten Unternehmen aus ihrer Sicht als „wirtschaftlich sinnvoll und kaufmännisch vernünftig" darstellt; unter dieser Voraussetzung soll dann auch eine längerfristige Kooperation von Konkurrenten möglich sein.[64] Dies ist nur vertretbar, wenn die Merkmale „wirtschaftlich sinnvoll und kaufmännisch vernünftig" nicht rein subjektiv, sondern *objektiv* verstanden werden, d. h. wenn jeweils aufgrund der Marktdaten geprüft wird, ob danach – objektiv gesehen – die Zusammenarbeit der Unternehmen bei der Abwicklung des Projekts die wirtschaftlich sinnvollste Lösung ist.[65] 37

2. Marktinformationsverfahren

Als Marktinformationsverfahren bezeichnet man vertragliche Systeme organisierter Markttransparenz zwischen Konkurrenten. Die Erscheinungsformen reichen von Angebotsmeldeverfahren bis zu Verbandsstatistiken über die unterschiedlichsten Daten.[66] Eine besonders umstrittene Erscheinungsform sind identifizierende **Open-Price-Systems (OPS),** bei denen die Mitglieder vor oder nach einem Angebot oder einem Vertragsabschluss die Konditionen des Geschäfts unter Nennung des Kunden – direkt oder indirekt über eine Zentrale – den Konkurrenten melden müssen. 38

Die **Wirkungen** solcher Informationssysteme auf den Wettbewerb sind unterschiedlich. Entsprechend differenziert muss ihre rechtliche Beurteilung ausfallen. Die **Unionsorgane** stellen vor allem darauf ab, ob das Marktinformationsverfahren nach den Umständen des betreffenden Marktes die *Einschränkung des* auf vielen Märkten wichtigen *Geheimwettbewerbs* bezweckt oder bewirkt. Das ist um so eher anzunehmen, je enger der Markt und je kleiner die Zahl der Konkurrenten ist, insbesondere, wenn es sich um homogene Güter handelt, bei denen die Markttransparenz ohnehin schon hoch ist; eine große Rolle spielt außerdem die Art der ausgetauschten Informationen, der Grad der Aggregierung der Daten sowie insbesondere die Möglichkeit der Individualisierung von Konkurrenten. Der Austausch sensibler Daten über individualisierte Konkurrenten verstößt wohl immer, Spürbarkeit vorausgesetzt, gegen Art. 101 AEUV,[67] 39

---

62 ABl. Nr. C 11/1, Tz. 53.

63 Zuletzt *OLG Stuttgart* WuW/E OLG 3108 (3109); *KG* WuW/E OLG 3115; 3737 (3745); 5565 (5575ff.).

64 *BGH* WuW/E BGH 2050 = BB 1984, 364 m. Anm. *Hootz,* BB 1984, 557; insbesondere LM Nr. 56 zu § 1 GWB = WuW/E DE-R 876 = NJW 2002, 2176 – Jugendnachtfahren; ebenso für Kundenschutzabreden mit Subunternehmern *BGH* LM § 1 GWB Nr. 51 = WuW/E DE-R 131 (133) = WM 1998, 1739; *OLG Düsseldorf* AG 2006, 506 (509) = WuW/E DE-R 1625.

65 S. insbesondere *BKartA* WuW/E DE-V 759 (766); 995 (1007f. Tz. 209ff.) – Rethmann/GfA Köthen; 1459 (1463f. Tz. 125f.) – WP-Haftpflicht; auch schon TB 1983/84, S. 82f.; *Koenig/Kühling/Chr. Müller,* WuW 2005, 126 (131ff.).

66 S. z. B. *Kommission,* Leitlinien von 2011, ABl. Nr. C11/1, Tz. 55ff.; *Emmerich,* JuS 2007, 877; *Pischel/Hausner,* EuZW 2013, 498m. N.

67 S. o. § 5 Rn. 4; *EuGH* Slg. 1998, I-3138 (3161ff.) = WuW/E EU-R 75 (Tz. 90ff.) – J. Deere; Slg. 1998, I-3198 (3226) – Fiatagri; Slg. 2003, I-10 885 (10913ff. Tz. 81–89) – Thyssen Stahl; Slg.

während z. B. der Austausch von Daten über Produkte, mit denen die Beteiligten nicht in Wettbewerb stehen, meistens unbedenklich sein dürfte.[68] Hintergrund dieser Praxis ist das vom Gerichtshof immer wieder nachdrücklich betonte Selbständigkeitspostulat, da die Selbständigkeit unternehmerischer Entscheidungen unter der Bedingung der Ungewissheit auf Wettbewerbsmärkten beeinträchtigt wird, wenn sich Konkurrenten über sensible Daten wie Preise, Mengen, Investitionen oder Aufträge austauschen (s. § 4 Rn. 18).

40 In **Deutschland** ist bisher meistens – idealtypisch – zwischen den (grundsätzlich bedenklichen) identifizierenden Marktinformationsverfahren und den unbedenklichen reinen Verbandsstatistiken unterschieden worden. **Identifizierende OPS** verstoßen, jedenfalls in der Regel, gegen das Kartellverbot, weil und soweit sie auf überschaubaren Märkten mit homogenen Gütern durch den Ausschluss heimlicher Preiszugeständnisse und Rabatte künstlich die für enge Oligopole typische Reaktionsverbundenheit der Beteiligten herstellen und dadurch eine auch empirisch belegte Preisstarrheit nach unten schaffen.[69] Maßgebend sind letztlich immer, nicht anders als auf europäischer Ebene (Rn. 39), die Umstände des Einzelfalls, so dass generelle Aussagen schwierig sind. Besonderheiten gelten für so genannte **unselbständige Informationssysteme,** die mit wettbewerbsbeschränkenden Abreden verbunden sind und deren Stabilisierung durch Kontrolle des Marktverhaltens der Kartellmitglieder bezwecken. Derartige Marktinformationsverfahren teilen in jedem Fall ohne weiteres das Schicksal der wettbewerbsbeschränkenden Abreden, zu denen sie gehören (Art. 101 AEUV; § 1 GWB).[70]

VII. Rechtsfolgen

1. Nichtigkeit

41 Vereinbarungen und Beschlüsse, die gegen § 1 GWB verstoßen, sind verboten und nichtig (§ 134 BGB; ebenso Art. 101 Abs. 2 AEUV und dazu o. § 7 Rn. 6ff.). Etwas anderes gilt unter dem System der Legalausnahme nur dann, wenn eine der gesetzlichen Ausnahmen vom Kartellverbot eingreift, da dann die fragliche Vereinbarung kraft Gesetzes erlaubt ist – ohne vorherige behördliche Kontrolle wie früher in Deutschland üblich (s. §§ 2, 3, 28 und 30 GWB und dazu u. §§ 23–25). Die Verletzung des Kartellverbots zieht selbst dann die Nichtigkeit des entsprechenden Vertrags nach sich, wenn das Kartell die Rechtsform einer **Personengesellschaft** hat, weil bei Verstößen von Gesellschaftsverträgen gegen gesetzliche Verbote wie § 1 GWB grundsätzlich kein Raum für die Anwendung der Regeln über fehlerhafte Gesellschaften ist.[71] Lediglich bei Kartellen in der Rechtsform **juristischer Personen** kommt es zur

2006, I-11145 = EuZW 2006, 753 (756f. Tz. 51ff.) = JuS 2007, 877 Nr. 14 – Asnef-Equifex/Ausban; *EuG* Slg. 1994, II-905 (949ff. Tz. 91ff.) – Fiatagri; Slg. 1994, II-961 (986ff. Tz. 51ff.) – John Deere; Slg. 1995, II-289 (330ff.) – SPO; Slg. 2004, II-2233 (2276 Tz. 166ff.) – Mannesmann; Slg. 2004, II-2405 (2449 Tz. 188) – Dalmine; NZKart 2013, 412 (418 Tz. 210f.) – Duravit; Slg. 2013, 421 Tz. 54 – Keramag; Slg. 2013, 424 Tz. 121 – Villeroy & Boch; zuletzt *Pichel/Hausner,* EuZW 2013, 498 m. N.

[68] *EuG* NZKart 2013, 423 Tz. 79 – Wabco.

[69] BGHSt 26, 56 = NJW 1975, 788 = JuS 1975, 532 Nr. 9; *OLG Düsseldorf* WuW/E DE-R 949 (950ff.); *Fl. Wagner-v. Papp,* WuW 2005, 732 (bes. 735ff.); ebenso für Angebotsmeldeverfahren *BGH* LM § 1 GWB Nr. 37 = NJW 1987, 1821.

[70] *Mestmäcker/Schweitzer,* § 9 Rn. 36ff., 40 (S. 255ff.).

[71] *BGH* LM § 1 GWB Nr. 42 = NJW-RR 1991, 1002 = AG 1991, 274 = WuW/E BGH 2675 (2678); *OLG Frankfurt a. M.* WuW/E OLG 4323 (4324f.) = AG 1989, 402f.; WuW/E OLG 5035 = GmbHR 1992, 666; *OLG Düsseldorf* WuW/E DE-R 344 (348); s. *Emmerich,* ZHR 139 (1975), 501 (514f.);

Anwendung der allgemeinen Vorschriften über die Nichtigkeit der Satzungen solcher Gesellschaften (§ 248 AktG, § 75 GmbHG).[72] Dies ändert indessen nichts an der Nichtigkeit der gegen § 1 verstoßenden Bestimmungen der Satzung (§ 134 BGB).[73]

Die Nichtigkeit des Vertrages beschränkt sich nach § 134 BGB grundsätzlich auf die 42
gegen § 1 GWB verstoßenden Vertragsklauseln. Ob davon auch der *Vertragsrest* erfasst wird, beurteilt sich nach § 139 BGB.[74] Die Folge wird jedenfalls dann **Gesamtnichtigkeit** des Vertrages sein, wenn die Wettbewerbsbeschränkung den Hauptzweck der Beteiligten darstellte.[75] Die Vertragspraxis versucht verbreitet, diesem durchaus unerwünschten Ergebnis durch die Aufnahme so genannter **salvatorischer Klauseln** i. V. m. Ersetzungsklauseln zu begegnen. In diesem Fall tendierte die Rechtsprechung früher unverkennbar dahin, den Vertragsrest nach Möglichkeit aufrechtzuerhalten.[76] Heute werden dagegen salvatorische Klauseln nur noch als Beweislastregeln verstanden, so dass von Fall zu Fall durchaus Raum für die Anwendung des § 139 BGB mit der Folge der *Gesamtnichtigkeit* des Vertrages trotz Vereinbarung einer salvatorischen Klausel bleibt.[77]

2. Ausführungsverträge, Folgeverträge[78]

Die Nichtigkeit erfasst bei einem Verstoß gegen § 1 GWB neben dem eigentlichen 43
Kartellvertrag auch die sog. **Ausführungsverträge,** und zwar einfach deshalb, weil sie gleichfalls die Voraussetzungen des Kartellverbots (Art. 101 Abs. 1 AEUV und § 1 GWB) erfüllen (Art. 101 Abs. 2 AEUV, § 134 BGB). Man versteht darunter Verträge zwischen den Kartellmitgliedern oder mit Dritten, die der Durchführung, Verstärkung oder Ausdehnung der verbotenen Wettbewerbsbeschränkung dienen. Beispiele sind Verträge über den Beitritt Dritter oder über Kollegenlieferungen bei verbotenen Spezialisierungskartellen oder Syndikaten, Lizenzverträge zwischen den Mitgliedern von Patentpools sowie Preis-, Vertriebs- oder Ausschließlichkeitsbindungen, über deren parallele Einführung die Konkurrenten sich zuvor unter Verstoß gegen § 1 GWB verständigt haben. § 1 GWB hat insoweit auch den Vorrang vor § 30 GWB oder dem Buchpreisbindungsgesetz.[79] Ebenso zu behandeln sind sog. **Vertragssysteme,** d. h. Systeme aus Horizontal- und Vertikalverträgen, auf die die Beteiligten künstlich die eigentlichen Kartellabsprachen aufteilen und die deshalb bei einem Verstoß gegen § 1 GWB in ihrer Gesamtheit nichtig sind.[80]

---

anders *K. Schmidt,* AcP 186 (1986), 448; AG 1997, 333 und FS Mestmäcker, 1996, S. 775; *ders.,* ZIP 2014, 863 und BB 2014, 515; s. dazu im Einzelnen *Kort,* Bestandsschutz fehlerhafter Strukturveränderungen, 1998, S. 36 ff.; *Palzer,* ZGR 2012, 685; *C. Schäfer,* Die Lehre vom fehlerhaften Verband, 2002, S. 257 ff.; *Theurer,* BB 2013, 137; *Wessels,* ZIP 2014, 101 und 857.

72 *BGH* NZG 2010, 76 Tz. 17 = WuW/E DE-R 2742 (2744 f.) = JuS 2010, 547 – Gratiszeitung Hallo; *OLG Frankfurt a. M.* WuW/E OLG 5035 = GmbHR 1992, 666.

73 *BGH* NZG 2010, 76 Tz. 17 = WuW/E DE-R 2742 (2744 f.) = JuS 2010, 547 – Gratiszeitung Hallo.

74 *BGH* WuW/E BGH 1733 (1735).

75 *OLG Frankfurt a. M.* WuW/E OLG 3498 (3500 f.).

76 *BGH* LM Nr. 81 zu § 139 BGB (Bl. 3 R f.) = NJW 1994, 1651 – Pronuptia II; zur Kritik s. *Steindorff,* FS Hefermehl, 1971, S. 177; *Emmerich,* ZHR 139 (1975), 476 (512); *K. Schmidt,* FS Aicher, 2012, S. 685; differenzierend dagegen *P. Ulmer,* FS Steindorff, 1990, S. 799.

77 *BGH* NJW 2003, 347 = NZM 2003, 61 = JuS 2003, 497; *K. Schmidt,* FS Aicher, 2012, S. 685.

78 S. zum Folgenden ausführlich IM/*Emmerich,* Bd. II, § 33 Rn. 114 ff.

79 *BGH* LM § 38 GWB Nr. 12 (Bl. 2 R) = NJW 1984, 1354; WuW/E BGH 205 (211); *OLG Düsseldorf* WuW/E OLG 3271 (3275 f.); s. IM/*Emmerich,* Bd. II, § 30 Rn. 39 ff.

80 BGHZ 65, 30 (34 f., 40) = NJW 1975, 1837 = JuS 1976, 121 Nr. 7 – ZVN – m. Anm. *Emmerich/Gansweid,* JuS 1976, 432.

44 Von den Ausführungsverträgen (o. Rn. 43) muss man die **Folgeverträge** unterscheiden. Gemeint sind damit die von den Kartellmitgliedern in Vollzug des verbotenen Kartells **mit** unbeteiligten **Dritten** abgeschlossenen Verträge, wie z. B. Lieferverträge aufgrund verbotener Preis-, Konditionen- oder Rabattkartelle. Diese Verträge werden aus Gründen der Rechtssicherheit allgemein als wirksam behandelt, zumal sie ohnehin in aller Regel nicht die Voraussetzungen des Kartellverbots (Art. 101 Abs. 1 AEUV, § 1 GWB) erfüllen dürften, wie bei Verträgen mit Verbrauchern unmittelbar einleuchtet.[81] Unberührt bleiben jedoch etwaige Schadensersatzansprüche der Vertragspartner der Kartellmitglieder aufgrund des § 33 GWB in Verbindung mit § 1 GWB (u. Rn. 45).

3. Schadensersatzansprüche

45 Verstöße gegen das Kartellverbot des § 1 GWB lösen Unterlassungs- und Beseitigungsansprüche sowie bei Verschulden Schadensersatzansprüche der Betroffenen aus (§ 33 Abs. 1 und Abs. 3 GWB von 2005). Derartige Ansprüche können, wie insbesondere das Beispiel der USA zeigt, einen wesentlichen Beitrag zur Durchsetzung des Kartellverbots leisten. In Deutschland nimmt ihre Bedeutung in den letzten Jahren offenbar gleichfalls zu.

4. Kartellbehördliche Sanktionen

46 Das Schwergewicht der Durchsetzung des Kartellverbots lag in Deutschland bisher bei den **kartellbehördlichen und bußgeldrechtlichen Sanktionen.** Die Einzelheiten ergeben sich seit der 7. GWB-Novelle aus den §§ 32 bis 32e sowie aus § 81 GWB (s. dazu u. §§ 42, 43). Anders als nach US-amerikanischem Recht stellen indessen Verstöße gegen das Kartellverbot grundsätzlich *keine* Straftaten dar. Eine Ausnahme bilden lediglich die besonders verbreiteten und schädlichen **Submissionskartelle,** die schon immer von Fall zu Fall als Betrug gewertet wurden.[82] Ist dies nicht der Fall, so greift heute § 298 StGB von 1997 ein.[83]

47 Die Kriminalisierung von Submissionsabsprachen im Jahre 1997 hatte zunächst die groteske Folge, dass wegen der notorischen Überlastung der Staatsanwaltschaften (die ausschließlich zur Verfolgung von Straftaten zuständig sind) die besonders schweren und deshalb strafbaren Submissionsabsprachen de facto überhaupt nicht mehr verfolgt wurden.[84] Deshalb bestimmt seit 1998 **§ 82 GWB** ergänzend, dass die Kartellbehörden auf jeden Fall zur Anwendung der §§ 30 und 130 OWiG zuständig bleiben und daher weiterhin zumindest Bußgelder gegen die an den Submissionskartellen beteiligten Unternehmen festsetzen können.

[81] RGZ 133, 51 (58ff.); *BGH* NJW 1956, 1201; BGHSt 32, 389 = NJW 1984, 2372; *OLG Frankfurt a. M.* WiB 1996, 1068 m. Anm. *Emmerich,* WiB 1996, 1070f.

[82] BGHSt. 38, 186 = NJW 1992, 921; BGHSt 41, 385 = NJW 1996, 1973; BGHSt 47, 83 = NJW 2001, 3718.

[83] S. *Achenbach,* WuW 1997, 958; *Kleinmann/Berg,* BB 1998, 277.

[84] S. dazu die Kritik des *BKartA* TB 1995/96, S. 29ff.; 1997/98, S. 34ff.; 2003/2004, S. 36f.; *Kleinmann/Berg,* BB 1998, 277 (282).

§ 22. Ausnahmen (§ 2 GWB)

Material: *BKartA,* Merkblatt über Kooperationsmöglichkeiten kleiner und mittlerer Unternehmen, so genannte Bekanntmachung KMU, 2007.

I. Überblick

Die auffälligste Änderung, die die 7. GWB-Novelle von 2005 im Text des GWB gebracht hatte, war neben der bereits besprochenen Aufgabe der Unterscheidung zwischen horizontalen und vertikalen Vereinbarungen (dazu o. § 21 Rn. 6ff.) die weitgehende **Streichung der zahlreichen Ausnahmen** vom Kartellverbot, die früher für das deutsche Recht kennzeichnend gewesen waren. An ihre Stelle sind die Generalklausel des § 2 GWB, die ergänzende Einzelfreistellung für Mittelstandskartelle durch § 3 GWB (dazu u. § 23) und die Bereichsausnahmen für die Landwirtschaft (§ 28 GWB), für Zeitungen und Zeitschriften (§ 30 GWB; s. dazu u. § 25) sowie für die Wasserversorgung getreten (§§ 31 ff. GWB; u. § 39 Rn. 38ff.). 1

Mit der Generalklausel des § 2 Abs. 1 GWB ist auch das deutsche Kartellrecht im Anschluss an Art. 101 Abs. 3 AEUV und Art. 1 Abs. 2 der Kartellverfahrensverordnung Nr. 1/2003 zu dem **System der Legalausnahme** auf der Basis einer Generalklausel übergegangen (s. schon o. § 8 Rn. 7ff.). § 2 Abs. 1 GWB bestimmt dementsprechend seit 2005, dass Vereinbarungen zwischen Unternehmen,[1] die unter angemessener Beteiligung der Verbraucher an dem entstehenden Gewinn zur Verbesserung der Warenerzeugung oder -verteilung oder zur Förderung des technischen oder wirtschaftlichen Fortschritts beitragen, vom Verbot des § 1 GWB freigestellt sind, sofern außerdem die folgenden beiden Voraussetzungen erfüllt sind: Den beteiligten Unternehmen dürfen erstens keine Beschränkungen auferlegt werden, die für die Verwirklichung dieser Ziele nicht unerlässlich sind (§ 2 Abs. 1 Halbs. 2 Nr. 1 GWB); und ihnen dürfen zweitens keine Möglichkeiten eröffnet werden, für einen wesentlichen Teil der betreffenden Waren den Wettbewerb auszuschalten (§ 2 Abs. 1 Halbs. 2 Nr. 2 GWB). Abs. 2 des § 2 GWB fügt hinzu, dass bei der Anwendung von Abs. 1 der Vorschrift die Gruppenfreistellungsverordnungen (GFVO) des Rats und der Kommission im Wege einer dynamischen Verweisung entsprechend gelten (S. 1), und zwar auch dann, wenn es sich um einen Fall *ohne* zwischenstaatlichen Bezug handelt, so dass an sich für eine Anwendung der genannten unionsrechtlichen Vorschriften kein Raum ist (S. 2 des § 2 Abs. 2 GWB; s. schon o. § 8 Rn. 5). 2

Das durch § 2 GWB von 2005 eingeführte System der Legalausnahme unterscheidet sich grundlegend von dem früheren deutschen System der Ausnahmen vom Kartellverbot, für das das Zusammenspiel von Einzelfreistellungen durch die Kartellbehörden für bestimmte Kartellarten und von Bereichsausnahmen für verschiedene hochprivilegierte Wirtschaftszweige kennzeichnend war. Die Gesetzesverfasser haben diesen **Systemwechsel** vor allem damit begründet, dass der größte Teil der früheren Einzelfreistellungen, soweit heute noch sachlich gerechtfertigt, ohne weiteres auch von Art. 101 Abs. 3 AEUV i. V. m. den GFVOen und damit zugleich von § 2 Abs. 1 GWB erfasst werde.[2] Deshalb wurde lediglich die in ihren Augen besonders wichtige Einzelfreistellung für Mittelstandskartelle in § 3 beibehalten (dazu u. § 23). 3

---

[1] Auf Beschlüsse und abgestimmte Verhaltensweisen wird im Folgenden nicht mehr gesondert eingegangen.

[2] S. die Begr. z. RegE, BT-Drs. 15/3640, S. 24ff., 44f.

II. Die neue Generalklausel

4 Die neue Generalklausel des § 2 Abs. 1 GWB entspricht im Wesentlichen dem Art. 101 Abs. 3 AEUV. Bezweckt wird damit letztlich die nahezu vollständige Übernahme der unionsrechtlichen Regelung für Ausnahmen vom Kartellverbot ins deutsche Recht.[3] Dies wird auch an der Verweisung auf die GFVOen in § 2 Abs. 2 GWB sowie an der Anordnung des Vorrangs der **GFVOen** durch § 22 Abs. 2 S. 1 GWB (entsprechend Art. 3 Abs. 2 S. 1 VO Nr. 1/2003) deutlich. Ergänzend zu berücksichtigen sind die verschiedenen **Leitlinien,** in denen sich die Kommission zur Auslegung des Art. 101 Abs. 3 AEUV geäußert hat und die nach dem Willen der Gesetzesverfasser gleichfalls bei der Auslegung des § 2 GWB zu berücksichtigen sind.[4] Wegen der Einzelheiten kann daher auf die Ausführungen zu Art. 101 Abs. 3 AEUV sowie zu den GFVOen verwiesen werden (o. § 5 Rn. 17, 30ff., § 6 Rn. 12ff., § 8 Rn. 9ff.). Die Voraussetzungen des § 2 Abs. 1 GWB sind z. B. nicht erfüllt, wenn eine Funktaxizentrale ihren Mitgliedern eine Ausschließlichkeitsbindung auferlegt, weil diese schwerwiegende Wettbewerbsbeschränkung in keinem sachlich vertretbaren Verhältnis zu den angestrebten Effizienzvorteilen steht.[5]

5 Die Verfasser der 7. GWB-Novelle haben die Auffassung vertreten, mit dem Übergang zu dem System der Legalausnahme, fußend auf der Generalklausel des § 2 GWB, sei „in aller Regel" *keine sachliche Änderung* gegenüber dem früheren Rechtszustand verbunden, „da sich die Freistellungsvoraussetzungen in Art. 101 Abs. 3 AEUV im Ergebnis weitgehend mit den speziellen gesetzlichen Regelungen in den bisherigen §§ 2 bis 8 GWB a. F. decken."[6] Dies gibt Anlass, im Folgenden auf die wichtigsten **früheren Einzelfreistellungen** unter dem Blickwinkel einzugehen, ob und in welchem Ausmaß heute tatsächlich noch eine entsprechende Freistellung aufgrund des § 2 GWB von 2005 bzw. des Art. 101 Abs. 3 AEUV i. V. m. den GFVOen in Betracht kommt (s. auch schon o. § 8 Rn. 1ff.).

III. Konditionenkartelle

6 Konditionenkartelle sind Kartelle, durch die sich die beteiligten Unternehmen zur Anwendung einheitlicher Geschäftsbedingungen in ihren Verträgen mit der Marktgegenseite verpflichten (s. schon o. § 5 Rn. 7). Ihre Freistellung fand sich bis 2005 in § 2 Abs. 2 GWB a. F. Konditionenkartelle waren Widerspruchskartelle (§ 9 Abs. 3 GWB a. F.) und unterlagen einer Missbrauchsaufsicht (§ 12 Abs. 1 GWB a. F.). Erlaubt waren außerdem noch seit der zweiten Novelle von 1973 sog. **Konditionenempfehlungen** von Wirtschafts- und Berufsvereinigung (§ 22 Abs. 3 Nr. 2 GWB von 1998; s. u. § 26).

7 Die Zulassung der Konditionenkartelle auf Druck der Industrie und entgegen der ursprünglichen Absicht der Gesetzesverfasser(!) war ein schwerer wettbewerbspolitischer **Fehler** gewesen. Denn durch sie wurden die ohnehin erheblichen Nachteile von Geschäftsbedingungen noch potenziert, weil sie der Marktgegenseite ein Ausweichen unmöglich machten. Dieser Fehler ist erst 2005 durch die Streichung des § 2 GWB korrigiert worden.

[3] Begr. (vorige Fn.).
[4] S. die Begr. z. RegE, BT-Drs. 15/3650, S. 23 (l. Sp. 2. Abs.).
[5] *OLG Frankfurt a. M.* WuW/E DE-R 2721 (2723f.).
[6] Begr. z. RegE, BT-Drs. 15/3640, S. 26 (l. Sp. unter cc).

Konditionenkartelle gehören heute zu den grundsätzlich verbotenen **Kernbeschränkungen** (Art. 101 Abs. 1 Halbs. 2 lit. a AEUV).[7] Die Gesetzesverfasser haben zwar die Auffassung vertreten, Konditionenkartelle und -empfehlungen blieben nach Art. 101 Abs. 3 AEUV „grundsätzlich zulässig"; sie seien außerdem im Einzelfall nach § 3 GWB freigestellt.[8] Tatsächlich kann davon jedoch nach dem Gesagten keine Rede sein. 8

IV. Spezialisierungskartelle[9]

Nach § 3 GWB von 1998 konnten Vereinbarungen und Beschlüsse, die die Rationalisierung wirtschaftlicher Vorgänge durch Spezialisierung zum Gegenstand haben, im Widerspruchsverfahren des § 9 GWB a. F. vom Kartellverbot freigestellt werden, vorausgesetzt, dass die Wettbewerbsbeschränkung nicht zur Entstehung oder Verstärkung einer marktbeherrschenden Stellung führte. Gemeint war damit jede Form der Arbeitsteilung zwischen mehreren Unternehmen hinsichtlich beliebiger betrieblicher Vorgänge, vom Einkauf über die Produktion bis zum Vertrieb.[10] **Beispiele** waren (und sind) Abreden über die Arbeitsteilung bei der Entwicklung neuer Produkte[11] oder bei der Lagerhaltung.[12] 9

§ 3 GWB von 1998 ist ebenso wie der frühere § 2 GWB (o. Rn. 6ff.) durch die 7. GWB-Novelle von 2005 ersatzlos gestrichen worden, weil er neben Art. 101 Abs. 3 AEUV i. V. m. der GFVO Nr. 1218/2010 vom 18. Dezember 2010 für Spezialisierungsvereinbarungen[13] entbehrlich sei. Die Gesetzesverfasser haben dabei besonderes Gewicht auf die Marktanteilsschwelle von 20 % gelegt.[14] 10

V. Rationalisierungskartelle

Materialien: *BKartA,* Verwaltungsgrundsätze, BAnz Nr. 66 v. 7.4.1978 (= WuW 1978, 268); Merkblatt über Kooperationsmöglichkeiten kleiner und mittlerer Unternehmen, Bekanntmachung KMU 2007.

1. Überblick

Als Rationalisierungskartelle bezeichnete das Gesetz in § 5 Abs. 1 S. 1 GWB a. F. früher Vereinbarungen und Beschlüsse, die der Rationalisierung wirtschaftlicher Vorgänge dienen. Besondere **Erscheinungsformen** der Rationalisierungskartelle waren die Spezialisierungskartelle (o. Rn. 9f.) sowie die Mittelstandskartelle, deren Regelung sich jetzt in § 3 GWB von 2005 findet (dazu u. § 23). Paradigma waren die bekannten **Syndikate,** die schwerste Form vertraglicher Wettbewerbsbeschränkungen überhaupt.[15] Weitere **Beispiele** aus der früheren Praxis waren Spezialisierungsabreden, soweit sie nicht bereits unter § 3 GWB a. F. fielen,[16] die gemeinsame Verwertung von 11

[7] S. o. § 5 Rn. 7; *öOGH* WuW/E KRInt 66 (67) – Wärmedämmverbundsysteme.
[8] So die Begr. z. RegE, BT-Drs. 15/3640, S. 26 (r. Sp. 1. Abs.).
[9] S. dazu z. B. aus der früheren Diskussion *Emmerich,* Die Zulässigkeit der Kooperation aufgrund des reformierten GWB, 1974; *ders.*, ZGR 1976, 167.
[10] *BKartA* WuW/E BKartA 994; TB 1970, S. 73f.; 1973, S. 95.
[11] *BKartA* TB 1987/88, S. 67; 1991/92, S. 94.
[12] *BKartA* TB 1977, S. 56.
[13] ABl. Nr. L 335/43; wegen der Einzelheiten s. o. § 8 Rn. 25f. m. N.
[14] S. die Begr. z. RegE, BT-Drs. 15/354 D, S. 26 (r. Sp. 2. Abs.).
[15] Beispiele in BGHZ 50, 357 (36ff.) = NJW 1968, 2376 = (vollständiger) WuW/E BGH 967 (971ff.) – ZVN; *BGH* LM § 5 GWB Nr. 1 = NJW 1965, 2153; *BKartA* Verwaltungsgrundsätze; TB 1979/80, S. 66f.
[16] *BKartA* WuW/E BKartA 1605; 1794; 2047.

Neben- und Abfallprodukten, gemeinsame Verwaltungs- und Forschungseinrichtungen sowie gemeinsame Beschaffungseinrichtungen mehrerer Unternehmen.[17]

12 Im Einzelnen hatte man einfache und höherstufige Rationalisierungskartellen zu unterscheiden. Die **Zulässigkeitsvoraussetzungen** beider Formen von Rationalisierungskartellen ergaben sich zunächst aus § 5 Abs. 1 GWB a. F. Die wichtigste Voraussetzung war danach, dass die fragliche Vereinbarung der „Rationalisierung wirtschaftlicher Vorgänge" diente. Dasselbe bestimmt noch heute § 3 Abs. 1 GWB für die Mittelstandskartelle als besonderer Erscheinungsform der Rationalisierungskartelle (u. § 23 Rn. 12). Eine **Rationalisierung** wirtschaftlicher Vorgänge in diesem Sinne wird nur angenommen, wenn durch die fragliche Vereinbarung bei jedem beteiligten Unternehmen während der Vertragsdauer der *innerbetriebliche Aufwand* für wirtschaftliche Vorgänge wie Forschung und Entwicklung, Verwaltung, Finanzierung, Investitionen, Einkauf, Produktion und Absatz – umgerechnet auf die Produktionseinheit und verglichen mit der Situation *ohne* die Abrede, d. h. bei Wettbewerb – *verringert* wird.[18] Die Rationalisierung muss sich daher ausdrücken lassen in einer *relativen* Kostensenkung, d. h. in einer *Senkung der Kosten pro Produktionseinheit,* so dass die bloße allgemeine Verbesserung der Ertragssituation des Unternehmens, z. B. durch eine Erhöhung der Preise oder eine Einschränkung der Leistungen, nicht ausreicht, da sonst jedes Preiskartell zugleich ein Rationalisierungskartell wäre.[19] Generell unzulässig waren daher bloße Preis- oder Quotenvereinbarungen, während Vertriebskooperationen, *sofern* sie im Wege der Auftragssteuerung zu einer Kostensenkung führten, von Fall zu Fall erlaubt werden konnten.[20] Hinzu kommen musste außerdem, dass die so verstandene Rationalisierung tatsächlich *bei jedem einzelnen Mitglied* des Kartells eintritt. Fehlte es hieran nur bei einem einzigen Mitglied, z. B. bei einem Großunternehmen, das mit allen Problemen auch alleine fertig werden konnte, so schied eine Genehmigung des Kartells aus.[21]

13 Die Erlaubnis eines einfachen Rationalisierungskartells setzte nach § 5 Abs. 1 S. 1 GWB a. F. *weiter* voraus, dass das Kartell geeignet war, die **Leistungsfähigkeit** oder die Wirtschaftlichkeit der beteiligten Unternehmen wesentlich zu heben und dadurch die Befriedigung des Bedarfs zu verbessern, sowie, dass der Rationalisierungserfolg in einem **angemessenen Verhältnis** zu der Wettbewerbsbeschränkung stand (§ 5 Abs. 1 S. 2 GWB a. F.). Schließlich war noch seit der sechsten Novelle von 1998 erforderlich, dass die Wettbewerbsbeschränkung nicht zur Entstehung oder Verstärkung einer marktbeherrschenden Stellung führte (§ 5 Abs. 1 S. 3 GWB a. F.). Die kollektive Rationalisierung war danach grundsätzlich nur zulässig, wenn die damit verbundenen Vorteile an die Verbraucher weitergegeben wurden. Für die Kartellpreise folgte daraus, dass sie im Regelfall spürbar unter den (hypothetischen) Wettbewerbspreisen liegen mussten.[22]

[17] *BKartA* WuW/E BKartA 1695 für die gemeinsame Versorgungsagentur der Energieversorgungsunternehmen für Kernbrennstoffe.

[18] *BKartA* WuW/E BKartA 2267 (2268); 2696 (2697); 2903 f.; WuW/E DE-V 127 (129) – Fleurop; 1142 (1146) – Hintermauerziegelkartell; zustimmend (beiläufig) *BGH* LM § 5 GWB Nr. 4 = NJW 1983, 2383; ebenso heute *BKartA* Merkblatt KMU 2007, Tz. 29 ff.; *Pfeffer/A. C. Wegner,* BB 2007, 1173 (1177).

[19] BGHZ 137, 297 (314) = NJW 1998, 756 (760) = JuS 1998, 461 (462) Nr. 10 – UEFA-Pokal.

[20] *BKartA* Merkblatt KMU 2007, Tz. 33 ff.

[21] *BGH* LM § 5 GWB Nr. 4 = NJW 1983, 2383; *KG* WuW/E OLG 3279; *BKartA* TB 1989/90, S. 62.

[22] *BGH* LM § 5 GWB Nr. 1 = NJW 1965, 2153 = JuS 1966, 39 f. Nr. 4.

2. Insbesondere höherstufige Rationalisierungskartelle

Höherstufige Rationalisierungskartelle waren Kartelle i. S. d. § 5 Abs. 1 GWB a. F. (o. Rn. 12 f.), die mit Preisabreden verbunden waren oder bei denen die Rationalisierung durch die Schaffung gemeinsamer Beschaffungs- oder Vertriebseinrichtungen verwirklicht werden sollte. Derartige **Syndikate** waren früher in Deutschland verbreitet gewesen. Traurige Berühmtheit hatten vor allem die großen Kohle-, Kali- und Stahlsyndikate aus den achtziger und neunziger Jahren des 19. Jahrhunderts erlangt, die mit ihrer Politik der Preisstarrheit nach unten maßgeblich zur Verschärfung der Weltwirtschaftskrise Anfang der dreißiger Jahre des vorigen Jahrhunderts beigetragen hatten. Insgesamt waren ihre Wirkungen so nachteilig gewesen, dass der Gesetzgeber die Zulässigkeitsvoraussetzungen in § 5 Abs. 2 GWB a. F. ganz eng gefasst hatte. Trotzdem gab es zuletzt immer noch mehrere Dutzend Syndikate. 14

Höherstufige Rationalisierungskartelle mussten zunächst sämtliche Zulässigkeitsvoraussetzungen der einfachen Rationalisierungskartelle nach § 5 Abs. 1 GWB a. F. erfüllen (o. Rn. 12 f.). Darüber hinaus war erforderlich, dass der Rationalisierungszweck auf andere Weise nicht erreicht werden konnte (§ 5 Abs. 2 GWB a. F.; sog. Unerlässlichkeit der Wettbewerbsbeschränkung). Das BKartA berücksichtigte bei der Prüfung dieses Merkmals nicht nur die oft ganz kurzfristigen Vorteile derartiger Kartelle, sondern auch ihre langfristigen, negativen Auswirkungen auf die Märkte. Wettbewerbskonformere Lösungen hatten in jedem Fall den Vorrang, so dass Syndikate immer nur als allerletztes Mittel in Betracht kamen.[23] 15

3. Neue Rechtslage

§ 5 GWB a. F. ist ebenso wie die §§ 2 und 3 GWB a. F. durch die 7. GWB-Novelle von 2005 gestrichen worden, weil die Gesetzesverfasser der Auffassung waren, dass Rationalisierungskartelle meistens die Freistellungsvoraussetzungen des Art. 101 Abs. 3 AEUV erfüllten, vorausgesetzt, dass die Weitergabe des Rationalisierungserfolgs an die Verbraucher durch das Bestehen wesentlichen Wettbewerbs gesichert erscheint.[24] Dieselbe Auffassung vertritt offenbar das BKartA.[25] 16

§ 23. Mittelstandskartelle (§ 3 GWB)

Literatur: *BKartA,* Bagatellbekanntmachung v. 13. März 2007, WuW 2007, 369; Merkblatt über Kooperationsmöglichkeiten kleiner und mittlerer Unternehmen vom März 2007, sog. Merkblatt KMU; *Dittrich,* Horizontale Rationalisierungskooperationen kleiner und mittlerer Unternehmen, 2009; *Grauel/Mack,* Das Mittelstandskartell in der Praxis, 1980; *Herresthal,* Die Praxis der Mittelstandskooperation nach § 5 b GWB, 1984; *Kapteina,* § 5 b GWB – Mittelstandskooperationen, 1980; *Veltins,* Die Zulässigkeit von sog. Mittelstandskartellen nach § 5 b GWB, 1981.

I. Überblick

Nach § 3 GWB, der letzten im GWB nach der 7. GWB-Novelle von 2005 noch verbliebenen Einzelfreistellung von Kartellen, erfüllen Vereinbarungen zwischen mit- 1

[23] Vgl. zuletzt für die gemeinsame Beschaffung von Polizeiuniformen durch mehrere Länder *BKartA* TB 2003/2004, S. 91.

[24] Begr. z. RegE, BT-Drs. 15/3640, S. 27 (l. Sp. 2. Abs.).

[25] S. *BKartA* TB 2003/2004, S. 39, 146 – Fleurop.

einander im Wettbewerb stehenden Unternehmen,[1] die die Rationalisierung wirtschaftlicher Vorgänge durch zwischenbetriebliche Zusammenarbeit zum Gegenstand haben, kraft einer gesetzlichen Fiktion die Voraussetzungen des § 2 Abs. 1 GWB (so dass sie ohne Weiteres freigestellt sind), wenn dadurch der Wettbewerb auf dem Markt nicht wesentlich beeinträchtigt wird (§ 3 Nr. 1 GWB) und außerdem die Vereinbarung dazu dient, die Wettbewerbsfähigkeit kleiner oder mittlerer Unternehmen zu verbessern (§ 3 Nr. 2 GWB).

2 § 3 GWB von 2005 entspricht im Wesentlichen dem früheren § 4 Abs. 1 GWB von 1998, der seinerseits auf die zweite Novelle von 1973 zurückging (§ 5b GWB a. F.). Mit der Erlaubnis der Mittelstandskartelle, früher meistens Kooperationskartelle genannt, durch die genannten Vorschriften wurde seinerzeit in erster Linie der **Zweck** verfolgt, kleinen und mittleren Unternehmen einen Ausgleich ihrer strukturellen Nachteile im Wettbewerb mit Großunternehmen zu ermöglichen.[2] § 4 Abs. 1 GWB a. F. hatte sich infolgedessen schließlich zu der bei weitem **wichtigsten Ausnahme** vom Kartellverbot entwickelt. Bereits in den neunziger Jahren zählte man über 180 solcher Kartelle mit mehr als 1500 Beteiligten.[3] Die meisten dieser Kartelle waren (und sind) Vertriebsgemeinschaften, d. h. Syndikate.[4]

3 Die Verfasser der 7. GWB-Novelle haben die Beibehaltung der Einzelfreistellung von Mittelstandskartellen in § 3 GWB damit gerechtfertigt, Kooperationen der mittelständischen Wirtschaft seien, auch wenn sie streng genommen den Wettbewerb beschränken, aufs Ganze gesehen nützlich und **strukturell wettbewerbsfördernd,** so dass bei ihnen häufig die positiven Wirkungen auf den Wettbewerb überwögen. Der nationale Gesetzgeber habe hier einen weiten Regelungsspielraum, weil Kooperationen kleiner und mittlerer Unternehmen in der Regel nicht geeignet seien, den Handel zwischen Mitgliedstaaten zu beeinträchtigen.[5]

4 Praktische Bedeutung hat § 3 GWB lediglich in Fällen ohne zwischenstaatlichen Bezug, da in anderen Fällen, gekennzeichnet durch die Eignung der Vereinbarung zur Beeinträchtigung des Handels zwischen Mitgliedstaaten (s. dazu o. § 3 Rn. 18ff.), **Art. 101 Abs. 1 und 3 AEUV** den **Vorrang** vor § 3 GWB von 2005 hat (Art. 3 Abs. 2 S. 1 VO Nr. 1/2003; § 22 Abs. 2 S. 1 GWB).[6] Dabei ist freilich zu berücksichtigen, dass nach Meinung der Kommission heute Vereinbarungen zwischen kleinen und mittleren Unternehmen grundsätzlich *nicht* mehr zur Beeinträchtigung des Handels zwischen Mitgliedstaaten geeignet sind (s. o. § 8 Rn. 2), woraus die Verfasser der 7. GWB-Novelle von 2005, wie gezeigt (Rn. 3), überhaupt erst die Berechtigung abgeleitet haben, an einer eigenständigen Regelung für Mittelstandskartelle festzuhalten. Verhält es sich im Einzelfall doch einmal anders, so bleibt es indessen bei dem Vorrang des (strengeren) Art. 101 AEUV.[7]

---

[1] Auf Beschlüsse wird im Folgenden nicht gesondert eingegangen.

[2] S. die ausführliche Begr. z. RegE der 6. GWB-Novelle, BT-Drs. 13/9720, S. 32f.

[3] S. *BKartA* TB 1991/92, S. 39; 1993/94, S. 29.

[4] Zur Kritik s. *Emmerich,* ZGR 1976, 167 (182).

[5] Begr. z. RegE, BT-Drs. 15/3640, S. 28 (l. Sp.).

[6] Ebenso die Begr. z. RegE, BT-Drs. 15/3640, S. 28 (l. Sp. 2. Abs.); *Dittrich,* WuW 2009, 1006 (1007).

[7] *BKartA* WuW/E DE-V 960 (964) – Vetra/Danzer; WuW/E DE-V 1142ff. = WuW 2006, 190; TB 2005/2006, S. 10f., 96.

Auf der anderen Seite bleibt aber auch zu berücksichtigen, dass (natürlich) für kleine 5
und mittlere Unternehmen, die Adressaten des § 3 GWB (Rn. 6), ergänzend gleichfalls die Generalklausel des § 2 GWB gilt. Die wichtige Folge ist, dass, selbst wenn im Einzelfall ein Mittelstandskartell nicht die Voraussetzungen des § 3 GWB erfüllt, immer noch eine Freistellung nach § 2 GWB (= Art. 101 Abs. 3 AEUV) in Betracht kommen kann, da sich die Freistellungsvoraussetzungen der §§ 2 und 3 GWB nicht decken, sondern erhebliche Unterschiede aufweisen.[8]

II. Anwendungsbereich

Der Anwendungsbereich des § 3 GWB von 2005 beschränkt sich auf „Vereinbarun- 6
gen zwischen miteinander im Wettbewerb stehenden Unternehmen", bei denen es sich zudem, wie aus § 3 Nr. 2 GWB zu folgern ist, grundsätzlich um kleine oder mittlere Unternehmen handeln muss (dazu u. Rn. 7ff.). Ebenso wie § 4 Abs. 1 GWB von 1998 erfasst mithin der neue § 3 GWB von 2005 „nur die Freistellung **horizontal wirkender Wettbewerbsbeschränkungen**",[9] während vertikale Kooperationen von einer Freistellung aufgrund des § 3 GWB ausgeschlossen bleiben.

Aus § 3 Nr. 2 GWB ist ebenso wie aus dem **Zweck** der Vorschrift, speziell mittelstän- 7
dischen Unternehmen einen Ausgleich ihrer strukturellen Nachteile im Wettbewerb mit Großunternehmen durch das Mittel der zwischenbetrieblichen Kooperation zu ermöglichen (Rn. 2), der Schluss zu ziehen, dass sich der Anwendungsbereich der Vorschrift grundsätzlich auf horizontale Vereinbarungen (Rn. 6) gerade **zwischen kleinen und mittleren Unternehmen** beschränkt (s. aber Rn. 9). Den Gegensatz bilden Großunternehmen. Für die Grenzziehung zwischen mittelständischen und großen Unternehmen wird in Deutschland seit jeher in erster Linie auf die relativen Größenverhältnisse auf dem betreffenden Markt abgestellt,[10] wobei Unternehmensgruppen, die i. S. d. § 36 Abs. 2 GWB eine sog. **wettbewerbliche Einheit** bilden – namentlich also Konzerne i. S. d. § 18 Abs. 1 AktG – im Rahmen des § 3 GWB gleichfalls als Einheit zu behandeln sind.[11] Umstritten ist, ob daneben – etwa in Anlehnung an § 35 GWB – auch absolute Kriterien berücksichtigt werden können,[12] wobei die Angaben über die Umsatzgrenzen im Schrifttum zwischen 25 und 125 Mio. Euro schwanken.[13]

Durch die 7. GWB-Novelle von 2005 hat die Frage einen neuen Akzent erhalten, da 8
jetzt durchgängig die Vorschriften des GWB über wettbewerbsbeschränkende Vereinbarungen (§§ 1 bis 3 GWB) im Lichte des europäischen Kartellrechts auszulegen sind, so dass zu berücksichtigen ist, dass die Kommission heute zu den vielberufenen KMUs alle Unternehmen mit weniger als 250 Beschäftigten zählt, deren Umsatz nicht die Grenze von 50 Mio. Euro und deren Jahresbilanzsumme nicht die Grenze von 43 Mio. Euro überschreitet.[14] Das spräche an sich für den generellen Übergang zu ab-

[8] S. im Einzelnen *Dittrich*, WuW 2009, 1006 (1008f.).

[9] So wörtlich die Begr. z. RegE, BT-Drs. 15/3640, S. 44 (r. Sp. u.).

[10] S. z. B. *Teichmann*, FS Großfeld, 2006, S. 1227 (1229ff.).

[11] BGHZ 99, 1 (5) = NJW 1987, 1639; *KG* WuW/E OLG 3663; *BKartA*, Merkblatt KMU, Tz. 13.

[12] So noch der Ausschussbericht von 1976, BT-Drs. 7/765, S. 3; *BMWi*, 2. Kooperationsfibel, S. 48; dagegen dann aber die Begr. z. RegE der 5. GWB-Novelle von 1989, BT-Drs. 11/4610, S. 15f.

[13] S. *Bechtold*, GWB, § 3 Rn. 11; *Teichmann*, FS Großfeld, 2006, S. 1227 (1230f.).

[14] S. die Empfehlung zur Definition von Kleinstunternehmen, kleinen und mittleren Unternehmen von 2003, ABl. Nr. L 124/36 (Anhang Art. 2); dazu o. § 8 Rn. 2.

soluten Kriterien auch bei § 3 GWB. Indessen lehnt das **BKartA** in Übereinstimmung mit der nach wie vor durchaus h.M. bislang die Übernahme der genannten absoluten Kriterien ins deutsche Recht ab; das Amt will sich statt dessen ebenso wie früher bei der Abgrenzung vorrangig an den **relativen Größenverhältnissen** der Beteiligten auf dem betreffenden Markt orientieren.[15]

9 Entgegen der hier vertretenen Auffassung (Rn. 7) können sich nach h. M. an Kartellen kleiner oder mittlerer Unternehmen nach § 3 GWB **auch Großunternehmen** beteiligen, zumindest dann, wenn die Leistungsfähigkeit der kleinen und mittleren Unternehmen erst durch die Beteiligung ihrer großen Konkurrenten gefördert werden kann.[16] Dies widerspricht indessen gleichermaßen dem richtig verstandenen Wortlaut wie dem Zweck des § 3 GWB. Gegen die h. M. spricht ferner, dass Mittelstandskartelle unter Beteiligung von Großunternehmen meistens den Wettbewerb wesentlich beeinträchtigen dürften (§ 3 Nr. 1 GWB), weil die Beteiligung andernfalls für ein Großunternehmen ohne Interesse wäre.[17]

III. Voraussetzungen

1. Zwischenbetriebliche Zusammenarbeit

10 § 3 GWB lässt Vereinbarungen und Beschlüsse insbesondere kleiner und mittlerer Unternehmen (Rn. 7–9) zu, „die die Rationalisierung wirtschaftlicher Vorgänge durch zwischenbetriebliche Zusammenarbeit zum Gegenstand haben". Diese Formulierung ist (mit Absicht) denkbar *weit,* da letztlich alle Kartelle nichts anderes als Ausdruck einer (freilich eigenartigen) „Zusammenarbeit" von Unternehmen sind. Das (erstaunliche, aber erwünschte) Ergebnis ist, dass unter § 3 GWB praktisch **sämtliche wettbewerbsbeschränkenden Abreden i. S. d. § 1 GWB** fallen können, vorausgesetzt lediglich, dass die Zusammenarbeit tatsächlich der Rationalisierung wirtschaftlicher Vorgänge bei den Beteiligten dient.[18] § 3 GWB ermöglicht damit eine Zusammenarbeit kleiner und mittlerer Unternehmen namentlich im Einkauf und im Verkauf sowie bei der Forschung, der Produktion und der Werbung.[19]

11 Die **Rechtsform,** die für die Kooperation gewählt wird, spielt keine Rolle, so dass insbesondere auch die Ausgliederung von Unternehmensfunktionen und deren Zusammenfassung in einem **Gemeinschaftsunternehmen** unter § 3 GWB fällt.[20] Die Folge ist, dass nach § 3 GWB selbst gemeinschaftliche Einkaufs- und Verkaufseinrichtungen, d. h. **Syndikate** kleiner oder mittlerer Unternehmen legalisiert werden können,[21] *sofern* die meistens großzügig gehandhabten, weiteren Voraussetzungen des § 3 Nr. 1 und 2 GWB erfüllt sind (s. dazu u. Rn. 12ff.).

---

15 *BKartA,* Merkblatt KMU; zustimmend *Bechtold,* GWB, § 3 Rn. 11; *Dittrich,* WuW 2009, 2006 (2009f.); *K. Rißmann,* WuW 2006, 881 (887); *Pfeffer/Wegener,* BB 2007, 1173 (1177).

16 BGHZ 99, 1 (7) = NJW 1987, 1639; Ausschussbericht, BT-Drs. 7/765, S. 3; *BKartA,* Merkblatt KMU; zustimmend *K. Rißmann,* WuW 2006, 881 (887f.); *Pfeffer/Wegener,* BB 2007, 1173 (1177).

17 Ebenso im Ergebnis BGHZ 99, 1 (7) = NJW 1987, 1639; *KG* WuW/E OLG 3663 (3665f.); *BKartA* WuW/E BKartA 2384 (2391); WuW/E DE-V 1142 (1146) – Ziegel.

18 Begr. z. RegE von 1971, BT-Drs. VI/2520, S. 20; Begr. z. RegE der 6. GWB-Novelle, BT-Drs. 13/9720, S. 79.

19 *BKartA* WuW/E DE-V 1142 (1146) = WuW 2006, 190.

20 Ausschlussbericht, BT-Drs. 7/765, S. 3; *BKartA* (vorige Fn.).

21 *BKartA* WuW/E DE-V 1142 (1146) = WuW 2006, 190.

2. Rationalisierung

12 Die Zulässigkeit eines Mittelstandskartells setzt weiter voraus, dass die Vereinbarung die Rationalisierung wirtschaftlicher Vorgänge bei den beteiligten Unternehmen (o. Rn. 7 ff.) zum Gegenstand hat (§ 3 Halbs. 1 GWB) und gerade deshalb dazu dient, die Wettbewerbsfähigkeit dieser Unternehmen zu verbessern (§ 3 Nr. 2 GWB; dazu Rn. 13). Das Kartell ist mithin nur erlaubt, wenn die Kooperation tatsächlich einen **Rationalisierungseffekt** hat, d. h., wenn durch die Kooperation das Verhältnis zwischen betrieblichem Aufwand und betrieblichem Ertrag, bezogen auf die Produktionseinheit, bei sämtlichen Beteiligten, verglichen mit der Situation ohne die Abrede, d. h. bei Wettbewerb, verbessert wird.[22] *Nicht* ausreichend ist dagegen eine bloße Verbesserung der Unternehmenserträge; auch durch § 3 GWB sind daher *reine* Quoten- oder Preiskartelle nicht gedeckt.[23] Dasselbe gilt für sonstige Kartelle, die lediglich durch den Ausschluss des Wettbewerbs (und nicht durch Kostensenkung) zu einer Ertragssteigerung führen,[24] sowie überhaupt für Vereinbarungen, bei denen (bezweckte) **Kernbeschränkungen** in Gestalt von Abreden über Preise, Gebiete, Mengen und Produkte und nicht die Rationalisierung im Vordergrund stehen.[25] Nach anderen kommt dagegen auch in solchen Fällen eine Anwendung des § 3 in Betracht, sofern nur die übrigen Voraussetzungen der Vorschrift erfüllt sind, worin dann gerade der wesentliche Unterschied zwischen § 3 GWB zu § 2 Abs. 1 GWB (bei dem eine Erlaubnis von Kernbeschränkungen grundsätzlich ausscheidet) gesehen wird.[26] Dieser Meinung ist nach dem Gesagten nicht zu folgen.

13 Hinzu kommen muss noch, dass die Vereinbarung *infolge* der mit ihr verbundenen Rationalisierung (o. Rn. 12) dazu dient, die **Wettbewerbsfähigkeit** der an dem Kartell beteiligten Unternehmen zu **verbessern** (§ 3 Nr. 2 GWB). In der Praxis wird beides, der Rationalisierungseffekt und die Verbesserung der Wettbewerbsfähigkeit, in der Regel zusammenfallen. Denn wenn die Vereinbarung tatsächlich einen Rationalisierungseffekt im Sinne einer spürbaren Kostensenkung bei den an dem Kartell beteiligten kleinen oder mittleren Unternehmen auslöst, dürfte dadurch meistens zugleich ihre Wettbewerbsfähigkeit gefördert werden.

3. Wettbewerbsbeeinträchtigung

14 Die Zulässigkeit eines Mittelstandskartells hat nach § 3 Nr. 1 GWB schließlich noch zur Voraussetzung, dass durch das Kartell der Wettbewerb auf dem Markt nicht wesentlich beeinträchtigt wird. Insoweit wird allgemein im Anschluss an eine Bemerkung der Gesetzesverfasser[27] die Zulässigkeitsgrenze für Mittelstandskartelle, je nach der Schwere der mit ihnen verbundenen Wettbewerbsbeschränkung, bei einem **Marktan-**

[22] S. o. § 22 Rn. 12 m. N.; *OLG Frankfurt a. M.* WuW/E OLG 2271; 4495 (4498); *BKartA,* Merkblatt KMU, Tz. 28 ff.; *Dittrich,* WuW 2009, 1006 (1010 ff.); *K. Rißmann,* WuW 2006, 881 (886 f.); *Pfeffer/Wegener,* BB 2007, 1173 (1177).

[23] *OLG Frankfurt a. M.* WuW/E OLG 2271; 4495 (4498); *BKartA,* Merkblatt KMU, Tz. 33 f.

[24] *OLG Frankfurt a. M.* WuW/E OLG 4495 (4498); *BKartA* TB 1976, S. 49.

[25] Ebenso die Begr. z. RegE, BT-Drs. 15/3540, S. 28 (l. Sp. 3. Abs.).

[26] *BKartA* WuW/E DE-V 1142 (1146) = WuW 2006, 190; *Dittrich,* WuW 2009, 1006 (1011); *K. Rißmann,* WuW 2006, 881 (886).

[27] Begr. z. RegE, BT-Drs. IV/2520, S. 20; Ausschussbericht, BT-Drs. 7/765, S. 3; Begr. z. RegE, BT-Drs. 11/4610, S. 16.

teil zwischen 10% und 15% gezogen.[28] Ergänzend müssen die Marktverhältnisse berücksichtigt werden. Die Folge ist, dass für die Zulässigkeit von Mittelstandskartellen umso engere Grenzen gelten, **je** mehr Kartelle auf einem Markt bereits (legal) tätig sind.[29] In der Praxis wurden (zu Recht) als bedenklich ferner Verflechtungen zwischen Kooperationsgruppen[30] oder deren Versuch angesehen, durch die Aufnahme von Außenseitern das gesamte Bundesgebiet mit einem Netz derartiger Kartelle zu überziehen.[31]

§ 24. Wettbewerbsregeln

Literatur: *Chr. Alexander,* ZWeR 2007, 239; *Ehricke,* FS Möschel, 2011, S. 169; *Emmerich,* Die Zulässigkeit der Kooperation von Unternehmen, 1974; *ders.*, ZGR 1976, 167; *Gaertner,* AfP 2006, 413; *H. Herrmann,* Interessenverbände und Wettbewerbsrecht, 1984; *Koppensteiner,* WRP 2007, 475; *Lessmann,* Die öffentlichen Aufgaben und Funktionen privatrechtlicher Wirtschaftsverbände, 1976; *Mestmäcker,* Der verwaltete Wettbewerb, 1984; *Oehler,* Wettbewerbsregeln als Instrumente der Wettbewerbspolitik, 1968; *Sosnitza,* FS Bechtold, 2006, S. 515; *Wolff,* Wettbewerbsregeln, Zweck und System nach dem GWB, 1972.

I. Überblick

1 In den §§ 24 bis 27 regelt das GWB mit den Wettbewerbsregeln ein im Grunde lauterkeitsrechtliches Institut. Wettbewerbsregeln sind nichts anderes als *private* Sammlungen von „Vorschriften" über das Verhalten der Unternehmen im Wettbewerb, wie sie grundsätzlich jedermann „aufstellen" kann, wenn er Lust und Laune dazu verspürt. Tatsächlich kommen freilich als Aufsteller in aller Regel wohl nur Unternehmensverbände in Betracht, weshalb sich auch der Anwendungsbereich der §§ 24 bis 27 GWB auf Wettbewerbsregeln von Verbänden beschränkt (§ 24 Abs. 1 GWB).[1] Das Gesetz sieht heute für derartige Verbandsregeln in den §§ 24 bis 27 GWB ein eigenartiges **Anerkennungsverfahren** vor. Die **Wirkung** der Anerkennung besteht nach § 26 Abs. 1 S. 2 GWB (lediglich) darin, dass die Kartellbehörden von ihren Befugnissen nach den §§ 32 bis 32d GWB keinen Gebrauch machen werden, wenn sich Unternehmen an die Wettbewerbsregeln halten, selbst wenn ihr Verhalten an sich gegen § 1 GWB verstößt.

2 Auch die von Verbänden aufgestellten Wettbewerbsregeln (o. Rn. 1) verpflichten an sich niemanden zu ihrer Befolgung, da sie *keine* Rechtsnormen sind. Ihren Zweck, das Verhalten der Verbandsmitglieder zu steuern, können sie daher nur erreichen, wenn sich die Beteiligten zusätzlich durch eine besondere **Vereinbarung** zur Einhaltung der Wettbewerbsregeln verpflichten. Derartige Vereinbarungen sind indessen nach § 1 GWB und Art. 101 AEUV nur erlaubt, wenn sie sich **allein gegen unlaute-**

[28] BGHZ 99, 1 (7f.) = NJW 1987, 1639; *KG* WuW/E OLG 3663 (3669f.) – Bituminöses Mischgut; *OLG Frankfurt a. M.* WuW/E OLG 2771 (2774); *OLG Stuttgart* WuW/E OLG 2807 (2810); *BKartA* WuW/E BKartA 1699 (1700); *BKartA,* Merkblatt KMU, Tz. 35f.; WuW/E DE-V 1122 (1146) = WuW 2006, 190; *Dittrich,* WuW 2009, 1006 (1012f.); *Pfeffer/Wegener,* BB 2007, 1173 (1177f.); *K. Rißmann,* WuW 2006, 881 (888).

[29] *BKartA* TB 1976, S. 13.

[30] *BKartA* TB 1981/82, S. 8, 43.

[31] *BKartA* TB 1979/80, S. 9; 2009/10, S. 43; zur früheren Missbrauchsaufsicht s. noch Voraufl. S. 345f.

[1] Eingehend zur Verbreitung solcher Wettbewerbsregeln mit zahlreichen Beispielen MünchKomm-UWG/*Sosnitza,* Bd. II, 2006, S. 794ff.; weitere Beispiele in BGHZ 166, 154 = NJW 2006, 2627 = JuS 2006, 1030 Nr. 11 – Probeabonnement; *BGH* ZIP 2011. 590 = GRUR 2011, 431 – FSA-Kodex.

res oder sonst verbotenes Verhalten im Wettbewerb wenden, da (nur) der gesetzwidrige Wettbewerb keinen Schutz nach dem AEUV und dem GWB genießt, während Eingriffe in den lauteren Wettbewerb ohne weiteres die Anwendung des Art. 101 AEUV und des § 1 GWB nach sich ziehen.[2]

Zumindest partielle **Eingriffe in** den an sich **erlaubten Wettbewerb** der Mitglieder 3
des Verbandes, von dem die Regeln stammen, waren aber bisher durchweg gerade der eigentliche Zweck der Wettbewerbsregeln. Die Praxis bietet dafür zahlreiche Beispiele, die von Rabatt- und Zugabeverboten über die Einschränkung von Sonderveranstaltungen bis hin zu einem Verbot der vergleichenden Werbung reichen.[3] Früher entsprach solche Handhabung des Rechtsinstituts der Wettbewerbsregeln auch durchaus den Intentionen des Gesetzgebers, weshalb noch § 26 Abs. 2 S. 1 GWB von 1998 bestimmte, dass die Kartellbehörde Wettbewerbsregeln, die an sich unter das Kartellverbot (§ 1 GWB a. F.) fielen, nach pflichtgemäßem Ermessen von dem Kartellverbot *freistellen* konnte, so dass es sich der Sache nach bei der Anerkennung von Wettbewerbsregeln um eine **weitere** eigenartige **Ausnahme** von dem Kartellverbot handelte.

Von dieser Sonderrolle der Wettbewerbsregeln – als weiterer Ausnahme vom Kartell- 4
verbot des § 1 GWB – ist unter der 7. GWB-Novelle von 2005 nichts übrig geblieben, da nach § 26 Abs. 2 GWB n. F. die Kartellbehörde den Antrag auf Anerkennung von Wettbewerbsregeln ablehnen *muss,* soweit eine Wettbewerbsregel gegen § 1 GWB verstößt und nicht nach den §§ 2 und 3 GWB freigestellt ist *oder* andere Bestimmungen, insbesondere des UWG, verletzt. Außerdem führt die Anerkennung einer Wettbewerbsregel *nicht* mehr zur *Unanwendbarkeit* des Kartellverbots auf eine entsprechende Vereinbarung von Unternehmen, sondern lediglich dazu, dass (nur) die Kartellbehörden gegen die Vereinbarung nicht nach den §§ 32ff. GWB vorgehen können (§ 26 Abs. 1 S. 2 GWB), solange die zuständige Kartellbehörde die Anerkennung nicht zurückgenommen oder widerrufen hat (§ 26 Abs. 4 GWB), während – und das ist entscheidend – mit Wettbewerbsregeln heute ein Eingriff in Rechte Dritter nicht mehr verbunden ist. Ebensowenig sind heute noch die Gerichte, z. B. in Rechtsstreitigkeiten nach dem UWG, durch die Anerkennung von Wettbewerbsregeln in irgendeiner Hinsicht präjudiziert; sie haben vielmehr jetzt selbstständig– ungeachtet der Anerkennung von Wettbewerbsregeln durch das BKartA – über die Vereinbarkeit eines bestimmten Verhaltens mit dem UWG zu entscheiden, wobei Wettbewerbsregeln allenfalls noch eine gewisse **Indizwirkung** zugebilligt wird.[4]

Folgerichtig besitzen die Kartellbehörden jetzt auch **keinen Ermessensspielraum** 5
mehr bei der Anerkennung an sich gegen das Kartellverbot verstoßender Wettbewerbsregeln, sondern *müssen* in diesem Fall die Anerkennung ablehnen (§ 26 Abs. 2 GWB). Die Gesetzesverfasser haben diese Änderung mit dem Übergang zu dem System der Legalausnahme begründet, unter dem sich die Zulässigkeit von Wettbewerbsregeln allein nach § 2 GWB und Art. 101 Abs. 3 AEUV richte, so dass die Kartellbehörden keine Möglichkeit mehr hätten, durch die Anerkennung an sich gesetz-

[2] S. im Einzelnen o. § 4 Rn. 49ff., § 21 Rn. 13; BGHZ 36, 105 (111f.) = NJW 1962, 247.

[3] Ausführlich *Sosnitza* (Fn. 1); *ders.*, FS Bechtold, 2006, S. 515 (522ff.).

[4] BGHZ 166, 154 (161ff. Tz. 19ff.) = NJW 2006, 2627 = JuS 2006, 1030 (1031f. Nr. 11) – Probeabonnement, betreffend die Wettbewerbsregeln des VDZ; *BGH* ZIP 2011, 590 = GRUR 2011, 431 – FSA-Kodex; *Alexander,* ZWeR 2007, 239 (246, 250ff.); *Sosnitza,* FS Bechtold, 2006, S. 515 (519); sehr str.

widriger Wettbewerbsregeln in die dadurch begründete Rechtsstellung Dritter einzugreifen.[5]

II. Zulässigkeit

6 Die Zulässigkeit von Wettbewerbsregeln beurteilt sich heute nach den §§ 24 Abs. 2 und 26 Abs. 2 GWB. § 24 Abs. 2 GWB enthält mit dem lauteren und dem leistungsgerechten Wettbewerb **zwei Maßstäbe** für die Zulässigkeit von Wettbewerbsregeln. Grund für diese eigenartige Regelung ist die verwickelte Entstehungsgeschichte der Vorschrift, in der die Zulässigkeitsvoraussetzungen für Wettbewerbsregeln immer wieder gewechselt haben, um die Akzeptanz des Rechtsinstituts in der Praxis zu erhöhen.[6] Aus demselben Grund muss man außerdem zwischen Regeln unterscheiden, die einem gegen die fraglichen Maßstäbe verstoßenden Verhalten entgegenwirken sollen, und solchen Regeln, die ein diesen Grundsätzen entsprechendes Verhalten im Wettbewerb anregen sollen (Rn. 7ff.).

1. Lauterer Wettbewerb

7 Nach § 24 Abs. 2 GWB kommt eine Anerkennung von Wettbewerbsregeln zunächst in Betracht, wenn die Regeln den Zweck haben, einem den Grundsätzen des lauteren Wettbewerbs zuwiderlaufenden Verhalten im Wettbewerb entgegenzuwirken (sog. Lauterkeitsregeln) *oder* ein diesen Grundsätzen entsprechendes Verhalten im Wettbewerb anzuregen (sog. Förderungsregeln; dazu u. Rn. 8). Über das Ausmaß, in dem zunächst die **Lauterkeitsregeln** zulässig sind, bestand von Anfang an Einigkeit: Da ihr Zweck darin bestehen muss, unlauteres Wettbewerbsverhalten zu verhindern (§ 24 Abs. 2 Fall 1 GWB), können sie sich grundsätzlich nur gegen Verhaltensweisen wenden, die ohnehin nach dem UWG verboten sind (s. § 26 Abs. 2 GWB). Solche Wettbewerbsregeln dürften vor allem dann sinnvoll sein, wenn sie den Zweck haben, die Verbote des UWG für einzelne Branchen zu konkretisieren oder Zweifelsfragen zu klären.

8 Umstritten war dagegen lange Zeit das Ausmaß, in dem Regeln zur Anregung eines den Grundsätzen des lauteren Wettbewerbs entsprechenden Verhaltens, sog. **Förderungsregeln,** zugelassen werden können.[7] Mittlerweile besteht jedoch Einigkeit darüber, dass auch Förderungsregeln in jedem Fall **lauterkeitsbezogen** sein müssen.[8] Ein Verbot an sich erlaubten Verhaltens im Wettbewerb durch Förderungsregeln kam daher schon immer nur in Betracht, wenn dem fraglichen Verhalten eine **Tendenz zur Unlauterkeit** innewohnt und die Regeln geeignet sind, dieser Tendenz wirksam zu begegnen. Daher wurden zu Recht schon früher Wettbewerbsregeln, die den Zweck hatten, den normalen Preis- und Konditionenwettbewerb zu beschränken, ebensowenig anerkannt wie solche Regeln, die versuchten, eine seit Jahrzehnten bestehende, auf einer umfassenden Kartellierung beruhende Marktstruktur einschließlich fester Vertriebswege festzuschreiben.[9]

---

[5] S. die Begr., BT-Drs. 15/3640, S. 47 (r. Sp. u.: „Zu Nr. 13").

[6] S. im Einzelnen m. N. Voraufl. S. 348f.

[7] S. *Emmerich,* Die Zulässigkeit der Kooperation von Unternehmen, 1974, S. 46ff.

[8] BGHZ 46, 168 (174ff., 183f.) = NJW 1966, 2261 = JuS 1967, 89f. Nr. 6 – Bauindustrie; *BGH* LM § 28 GWB Nr. 3 = NJW 1968, S. 1723 – Fahrlehrer; *KG* WuW/E OLG 1553 (1556); *BKartA* WuW/E BKartA 1090; 1165; 1213 (1214); 1233; 1633.

[9] *BKartA* WuW/E BKartA 1186 (1188); 1327 (1336ff.); *KG* WuW/E OLG 1553 (1556).

2. Leistungswettbewerb

9 Seit der zweiten GWB-Novelle von 1973 verweist § 24 Abs. 2 GWB außerdem als Maßstab für die Zulässigkeit von Wettbewerbsregeln neben dem lauteren Wettbewerb (dazu o. Rn. 7 f.) auf den „leistungsgerechten" Wettbewerb. Die Bundesregierung verstand darunter seinerzeit den „funktionsfähigen Wettbewerb", dessen Auslesefunktion vor allem durch das Auftreten von Marktmacht bedroht werde.[10] Im Schrifttum wurde daraus zum Teil der Schluss gezogen, für die Zulässigkeit von Wettbewerbsregeln genüge fortan bereits eine bloße **Missbrauchstendenz** des durch die fragliche Regel verbotenen Verhaltens im *Vorfeld* der Verbote des GWB *oder* des UWG.[11] Dieser Linie folgte eine Zeit lang auch das **BKartA,**[12] indessen zu Unrecht, weil der (wie immer definierte) Leistungswettbewerb gänzlich *ungeeignet* ist, als Maßstab für die Zulässigkeit unternehmerischen Verhaltens in Wettbewerbsregeln zu dienen.[13] Wettbewerbsregeln sind Verhaltensnormen. Als solche können sie nur an die den Unternehmen bei der Vornahme der fraglichen Handlung bekannten oder erkennbaren Umstände anknüpfen, weshalb es nicht möglich ist, in ihnen auf bestimmte (spätere) Marktergebnisse oder Marktstrukturen abzustellen. Bereits daran müssen Wettbewerbsregeln mit strukturpolitischer Zielsetzung scheitern. Insbesondere für ein Diskriminierungsverbot ist in Wettbewerbsregeln kein Raum.[14] Ebenso ungeeignet sind Wettbewerbsregeln zur Verhinderung missbräuchlicher Verhaltensweisen.

10 Dies alles gilt – erst recht – heute nach der Abschaffung des Ermessensspielraums, über den die Kartellbehörden bis 2005 aufgrund des § 26 Abs. 2 S. 1 GWB a. F. verfügten (s. § 26 Abs. 2 GWB n. F.). Es kommt hinzu, dass jetzt infolge der fortschreitenden Liberalisierung des deutschen Lauterkeitsrechts seit Beginn des 21. Jahrhunderts viele Handlungen im Vorfeld (früher) verbotener Zugaben und Rabatte, denen seinerzeit noch eine gewisse Tendenz zur Unlauterkeit innegewohnt haben mochte, als völlig unbedenklich gelten, so dass sie auch aus diesem Grunde nicht mehr auf dem Weg über Wettbewerbsregeln unterbunden werden dürfen.[15] Für die Interpretation des neuen § 24 Abs. 2 GWB folgt daraus, dass Wettbewerbsregeln in jedem Fall einen konkreten Lauterkeitsbezug, und zwar nach *heutigem* Verständnis, aufweisen müssen, indem sie Verhaltensweisen bekämpfen, denen eine **eindeutige Tendenz zur Unlauterkeit** innewohnt.[16]

---

10 Begr. z. RegE der 2. GWB-Novelle, BT-Drs. VI/2520, S. 34 f.; Bericht des Ausschusses für Wirtschaft, BT-Drs. 7/765, S. 10.

11 *Herrmann,* Interessenverbände und Wettbewerbsrecht, 1984, S. 404 f.; *Hönn,* GRUR 1977, 141 (143 ff.); *Kartte,* WRP 1976, 1; *Merkel,* BB 1977, 473; 705; *Sack,* GRUR 1975, 297; *P. Ulmer,* GRUR 1977, 565.

12 *BKartA* WuW/E BKartA 1633; 1760.

13 Ebenso BGHZ 46, 168 (183 f.) = NJW 1966, 2261 = JuS 1967, 89 f. Nr. 6; *Mestmäcker,* Der verwaltete Wettbewerb, 1984, S. 19 ff.; *Möschel,* Der Oligopolmißbrauch im Recht der Wettbewerbsbeschränkungen, 1974, S. 214 f.; *Oehler,* Wettbewerbsregeln als Instrumente der Wettbewerbspolitik, 1968, S. 52 ff.; anders *Koppensteiner,* WRP 2007, 475 (478, 484 ff.).

14 *Mestmäcker,* Der verwaltete Wettbewerb, 1984, S. 229 f.; *Skiba,* WuW 1972, 220.

15 BGHZ 166, 154 (164 f. Tz. 27) = NJW 2006, 2627 = JuS 2006, 1030 (1031 f.) Nr. 11 – Probeabonnement; *BGH* ZIP 2011, 590 Tz. 11, 13, 15 = GRUR 2011, 431 – FSA-Kodex.

16 Ebenso schon BGHZ 46, 168 (174 ff.) = NJW 1966, 2261 = JuS 1967, 89 f. Nr. 6; *KG* WuW/E OLG 1553 (1556); jetzt insbesondere BGHZ 166, 154 = NJW 2006, 2627 = JuS 2006, 1030.

III. Verfahren

11 Das Anerkennungsverfahren, das seit 1985 an die Stelle des früheren, umständlichen Eintragungsverfahrens getreten ist, wird durch einen Antrag der Wirtschafts- oder Berufsvereinigung eingeleitet, von der die Wettbewerbsregeln stammen (§ 24 Abs. 3 GWB). Den Inhalt des Antrags regelt § 24 Abs. 4 GWB. Entspricht der Antrag den gesetzlichen Vorschriften, so wird er im Bundesanzeiger bekannt gemacht (§ 27 Abs. 1 GWB). Anschließend gibt die Kartellbehörde betroffenen Dritten Gelegenheit zur Stellungnahme (§ 25 GWB). Aufgrund der daraufhin von Dritten eingereichten Stellungnahmen entscheidet sodann die Kartellbehörde über die **Anerkennung** der Wettbewerbsregeln. Anders als früher (§ 26 Abs. 2 GWB von 1998) verfügt sie dabei *nicht* mehr über einen Ermessensspielraum; die Anerkennung *muss* vielmehr versagt werden, wenn die betreffende Wettbewerbsregel gegen das GWB, gegen das UWG oder gegen eine andere Rechtsvorschrift verstößt (§ 26 Abs. 2 GWB von 2005). Die entscheidende Frage wird dabei immer sein, ob hier Raum für die **Freistellung** einer auf die betreffende Wettbewerbsregel bezogenen Vereinbarung nach Art. 101 Abs. 3 AEUV oder nach den §§ 2 und 3 GWB ist, auf die auch § 26 Abs. 2 GWB ausdrücklich Bezug nimmt. Eine weitergehende Freistellungsmöglichkeit besitzen die Kartellbehörden heute – anders als früher – nicht mehr.[17]

12 Die Verfügung, durch die eine Wettbewerbsregel nach § 26 Abs. 1 GWB durch die Kartellbehörde anerkannt wird, ist ein **begünstigender Verwaltungsakt,**[18] der mangels einer gesetzlichen Grundlage nicht mit Auflagen oder Bedingungen versehen werden kann.[19] Die Anerkennung wird, um die nötige Publizität von Wettbewerbsregeln sicherzustellen, im Bundesanzeiger bekanntgemacht (§ 27 Abs. 2 Nr. 3 GWB). Die Anerkennung ist von der Kartellbehörde zurückzunehmen oder zu widerrufen, wenn sich nachträglich herausstellt, dass die Voraussetzungen für die Ablehnung der Anerkennung nach § 26 Abs. 2 GWB vorlagen (§ 26 Abs. 4 GWB).

13 Die **Wirkung** der Anerkennung beschränkt sich seit 2005 darauf, dass die Kartellbehörden (nur) von ihren Befugnissen nach den §§ 32ff. GWB *keinen* Gebrauch machen werden, soweit sich Unternehmen zur Einhaltung anerkannter Wettbewerbsregeln verpflichten. Die Unternehmen müssen mit anderen Worten nicht mit einer Verfügung nach § 32 GWB rechnen. Weitergehende Wirkungen, etwa im Sinne einer „echten“ Freistellung vom Kartellverbot über die §§ 2 und 3 GWB hinaus, hat die Anerkennung dagegen nicht mehr; insbesondere ist mit ihr *kein* Eingriff in die Rechte Dritter verbunden,[20] so dass Dritte von den Unternehmen, die sich zur Einhaltung anerkannter Wettbewerbsregeln verpflichtet haben, nach wie vor nach § 33 GWB **Unterlassung und Schadensersatz** verlangen können, wenn ihrer Meinung nach tatsächlich die Voraussetzungen für eine Anerkennung nicht vorlagen, insbesondere, weil die fragliche Wettbewerbsbeschränkung nicht nach Art. 101 Abs. 3 AEUV oder nach den §§ 2 und 3 GWB freigestellt war.

[17] So ausdrücklich die Begr. z. RegE, BT-Drs. 15/3640, S. 47 (r. Sp. u.), 48 (l. Sp. o.).
[18] Begr. z. RegE (vorige Fn.); BGHZ 91, 178 (182) = NJW 1984, 2697.
[19] BGHZ 91, 178 (179ff.) = NJW 1984, 2697.
[20] So ausdrücklich die Begr. z. RegE, BT-Drs. 15/3640, S. 47 (r. Sp. u.).

§ 25. Zeitungen und Zeitschriften (§ 30 GWB)

Literatur: *B. v. Becker,* Vertrieb von Verlagserzeugnissen, in: Martinek/Semler/Habermeier (Hrsg.), Handbuch des Vertriebsrechts, 2. Aufl., 2003, § 44 (S. 1178 ff.) = ZUM 2002, 171; *Böck,* Die Auswirkungen neuer Markt- und Vertriebsformen auf Preisbindung und Sortiment, 1980; *Fr. Böhm,* ORDO Bd. 13 (1963), 197; *Emmerich,* EBOR 2 (2001), 553 = in: Liber Amicorum Mestmäcker, Den Haag 2003, S. 125; *ders.*, FS Immenga, 2004, S. 111; *ders.*, FS H. P. Westermann, 2008, S. 899; *ders.*, FS Dauses, 2014, S. 77; *M. Engelmann,* Die Zukunft der Buchpreisbindung im europäischen Binnenmarkt, Diss. Würzburg 2002; *Everling,* Buchpreisbindung im deutschen Sprachraum und europäisches Gemeinschaftsrecht, 1997; *Fezer,* Teilhabe und Verantwortung, 1986; *Franzen/Wallenfels/Russ,* Preisbindungsgesetz, 6. Aufl., 2011; *Freytag/Gerlinger,* WRP 2004, 537; *R. Goldschmitt,* Grenzüberschreitende Buchpreisbindung und internationaler Buchmarkt, 2000; *Großhardt,* Die Preisbindung für Verlagserzeugnisse nach europäischem Gemeinschaftsrecht, 1995; *Grundmann,* Literatur ohne Preisbindung, 3. Aufl., 1986; *Löffler/Ricker,* Handbuch des Presserechts, 5. Aufl., 2005, S. 662 ff.; *Meyer-Dohm,* Der westdeutsche Büchermarkt, 1957; *K. van Miert,* Markt, Macht und Wettbewerb, 2000; *A. Obert,* Preisbindung im Buchhandel in Deutschland und im Vereinigten Königreich, 2000; *R. Podszun,* GRUR Int. 2007, 485; *R. Schröder,* Die Entwicklung des Kartellrechts und des kollektiven Arbeitsrechts durch die Rechtsprechung des Reichsgerichts vor 1914, 1988; *Strauss,* Der feste Ladenpreis im Buchhandel, 1963.

I. Überblick

Das GWB enthält seit der 7. Novelle von 2005 und der 8. Novelle von 2013 im 5. Abschnitt unter der Überschrift „Sonderregeln für bestimmte Wirtschaftsbereiche" immer noch vier Bereichsausnahmen für die Landwirtschaft (§ 28 GWB; s. u. Rn. 2), für Zeitungen und Zeitschriften (§ 30 GWB), ferner eine (vorerst) bis Ende des Jahres 2017 befristete spezielle Missbrauchsaufsicht für Energieversorgungsunternehmen (s. im Einzelnen u. § 39 Rn. 18 ff.) sowie schließlich noch (auf Druck der wettbewerbsfeindlichen Kommunen und Länder), um das Maß voll zu machen, in den §§ 31 bis 31 b in der Fassung von 2013 (wieder) eine „klassische" Bereichsausnahme für die Wasserwirtschaft (dazu u. § 39 Rn. 38 ff.). Die anderen Bereichsausnahmen, die früher für das GWB kennzeichnend waren, sind in den achtziger und neunziger Jahren des vorigen Jahrhunderts Schritt für Schritt unter dem Deregulierungsdruck der Europäischen Union abgebaut und schließlich ganz gestrichen worden. 1

Die Bereichsausnahme für die **Landwirtschaft** in § 28 GWB, auf die hier nur kurz einzugehen ist, entspricht im Kern der entsprechenden Regelung auf europäischer Ebene durch die VO Nr. 1184/2006.[1] § 28 I GWB beschränkt sich infolgedessen auf die Freistellung von Vereinbarungen von landwirtschaftlichen Erzeugerbetrieben über die Erzeugung oder den Absatz landwirtschaftlicher Erzeugnisse oder die Benutzung gemeinschaftlicher Einrichtungen, vorausgesetzt, dass sie keine Preisbindung enthalten und den Wettbewerb nicht ausschließen. Nach Abs. 2 der Vorschrift gilt § 1 GWB außerdem nicht für vertikale Preisbindungen, die die Sortierung, Kennzeichnung oder Verpackung von landwirtschaftlichen Erzeugnissen betreffen. 2

§ 30 GWB gestattet seit 2005 in Abs. 1 die vertikale Preisbindung für Zeitungen und Zeitschriften. Abs. 2 der Vorschrift fügt hinzu, dass die Vereinbarung der Preisbindung der Schriftform bedarf. Aus Abs. 3 des § 30 GWB folgt schließlich noch, dass die Preisbindung einer Missbrauchsaufsicht durch das BKartA unterliegt. Bereits diese Regelung war nur schwer verständlich (u. Rn. 6 ff.). Gleichwohl ist sie durch die 8. GWB-Novelle von 2013 obendrein noch um eine Freistellung der so genannten Branchenvereinbarungen zwischen den Verbänden der Presse-Verlage und der Presse- 3

[1] ABl. Nr. L 214/7; s. dazu o. § 3 Rn. 52.

Grossisten vom Kartellverbot des § 1 GWB und (über die Betrauung nach Art. 106 Abs. 2 AEUV) auch von dem des Art. 101 AEUV ergänzt worden, um das herkömmliche Presse-Vertriebssystem kartellrechtlich abzusichern, nachdem dessen Vereinbarkeit mit dem Unionsrecht in jüngster Zeit zunehmend angezweifelt worden war (s. § 30 Abs. 2a GWB und dazu u. Rn. 47ff.).

4 § 30 GWB entspricht, wenn man einmal von dem neuen § 30 Abs. 2a GWB von 2013 absieht, im Kern dem **§ 15 GWB von 1998,** der zuletzt in der Fassung des Gesetzes zur Regelung der Preisbindung bei Verlagserzeugnissen vom 2. September 2002 galt.[2] Dieses Gesetz, ein Artikelgesetz, hatte zugleich ein neues **Buchpreisbindungsgesetz** gebracht, durch das erstmals – nach österreichischem und französischem Vorbild – eine gesetzliche Preisbindung für Bücher eingeführt worden war. Deshalb beschränkte sich der Anwendungsbereich des § 15 GWB a. F. bereits seit 2002 auf Zeitungen und Zeitschriften. In dieser Form wurde § 15 GWB a. F. schließlich als neuer § 30 in das GWB von 2005 übernommen.

5 § 15 GWB von 1998 ging seinerseits letztlich auf die **§§ 16, 17 und 34 GWB von 1957** zurück. In seiner ursprünglichen Fassung hatte § 16 GWB von 1957 neben der Preisbindung für Verlagserzeugnisse auch noch die **Preisbindung für Markenartikel** geregelt, die jedoch bereits 1973 abgeschafft worden war. An deren Stelle war seinerzeit die Erlaubnis „bloßer" **Preisempfehlungen** für Markenartikel getreten (§ 23 GWB von 1973), die indessen mittlerweile im Zuge der Anpassung des deutschen an das europäische Kartellrecht gleichfalls wieder entfallen ist, da der AEUV keine besonderen Bestimmungen für Empfehlungen kennt (s. u. § 26 Rn. 3).

II. Geschichte

1. Entstehung, Rechtfertigung

6 Das **System fester Endverkaufspreise** für Bücher (im Folgenden zunächst immer einschließlich der Zeitungen und Zeitschriften) ist in Deutschland erst 1887 nach langen Kämpfen von dem Börsenverein des Deutschen Buchhandels, einem Kartell, gegen den Widerstand der Verleger als Kampfmittel gegen den damaligen, überaus leistungsfähigen Leipziger Versandbuchhandel durchgesetzt worden. Daraus wurden dann später – nach bewährtem Muster – sog. „kulturpolitische Gründe", die nach Meinung des Gesetzgebers[3] und der Gerichte[4] die Preisbindung für Verlagserzeugnisse auch heute noch rechtfertigen sollen, wobei vor allem an den **Schutz** eines „leistungsfähigen" **Sortimenterstandes** durch „auskömmliche" Spannen gedacht wird. Bei Zeitungen und Zeitschriften kommt noch das (merkwürdige) Argument hinzu, allein die Preisbindung ermögliche deren **„Überallerhältlichkeit"** zum selben Preis. Ergänzend wird bei Zeitungen und Zeitschriften noch auf die (angeblichen) Eigenarten des Vertriebs dieser Presseerzeugnisse hingewiesen, gekennzeichnet durch die **Gebietsmonopole** der meisten (nicht aller) Großhändler, der sog. Grossisten, durch das **Dispositionsrecht** der Verlage und der Grossisten gegenüber ihren Abnehmern (womit das Bestim-

[2] BGBl. I 2002, S. 3438, 3670 = GRUR 2003, 38; s. zum Folgenden IM/*Emmerich,* Bd. II, § 30 Rn. 1ff.; *Emmerich,* EBOR 2 (2001), 553 = in: Einhorn (Hrsg.), Liber Amicorum Mestmäcker, 2003, S. 125; *ders.*, FS Immenga, 2004, S. 111; *ders.*, FS H. P. Westermann, 2008, S. 899.

[3] Ausschussbericht, BT-Drs. 7 (1973)/765; Begr. zum RegE der 6. GWB-Novelle, BT-Drs. 13/9720, S. 35; anders noch *BReg.,* Kartellbericht, BT-Drs. IV/617, S. 33ff.

[4] *BVerfG* NJW 1987, 1397; BGHZ 135, 74 (77) = NJW 1997, 1911 – CD-ROM; *öOGH* SZ Bd. 58 (1985) Nr. 53, S. 258 (262ff.).

mungsrecht der Verlage und Grossisten über die von den Händlern zu vertreibenden Presseerzeugnisse gemeint ist), sowie das korrespondierende **Remissionsrecht** der Händler, d. h. das Recht zur Rückgabe nicht verkaufter Exemplare.[5]

Dispositionsrecht der Verlage und Grossisten sowie Remissionsrecht des Handels 7
mögen sich gegenseitig bedingen. Sie rechtfertigen jedoch ebensowenig wie die anderen angeführten Argumente in irgendeiner Hinsicht die Preisbindung, deren Bedeutung für den Vertrieb von Zeitungen und Zeitschriften ohnehin infolge des zunehmenden Vertriebs im Abonnement (natürlich ohne Preisbindung) ständig zurückgeht. Bei Lichte besehen, handelt es sich deshalb hier um eine typische **Interessentenideologie,** wie sie noch zur Rechtfertigung jeder Art von Wettbewerbsbeschränkungen vorgebracht wurde, lediglich dazu bestimmt, eine überkommene wettbewerbsfeindliche Marktstruktur gegen die Konkurrenz neuer Vertriebsformen abzusichern. § 30 GWB ist daher heute ebenso wie das BuchpreisbindungsG wettbewerbspolitisch tatsächlich **nicht** mehr zu **rechtfertigen.**[6] Umso mehr zu bedauern ist, dass die Freistellung, anstatt sie wie geboten endlich zu streichen, durch die Erstreckung auf so genannte Branchenvereinbarungen in § 30 Abs. 2a GWB von 2013 nochmals verschärft wurde – ein deutliches Zeichen für den Niedergang der Wettbewerbspolitik in Deutschland.

2. Verstoß gegen den AEUV?

Die Vereinbarkeit der Erlaubnis der vertikalen Preisbindung für Bücher und Presseer- 8
zeugnisse durch das deutsche Recht mit dem Unionsrecht ist zweifelhaft. Das wird sofort deutlich, wenn man sich vergegenwärtigt, dass – an sich – jede Form der vertikalen Preisbindung, sofern sie nur zur Beeinträchtigung des Handels zwischen Mitgliedstaaten geeignet ist, als sog. **Kernbeschränkung** gegen Art. 101 Abs. 1 — Halbs. 2 lit. a AEUV verstößt. Eine Ausnahme für Bücher und Presseerzeugnisse kennt das Unionsrecht nicht. Auch der nötige zwischenstaatliche Bezug (s. o. § 3 Rn. 18 ff.) ist in einer Vielzahl von Fällen gegeben, jedenfalls bei Büchern, vor allem deshalb, weil ungefähr 80 % der in Österreich verkauften Bücher, ebenso aber auch zahlreiche Presseerzeugnisse aus Deutschland stammen. Die deutschen Verlage stellten deshalb sofort nach dem Beitritt Österreichs zur EU im Jahre 1993 einen Antrag auf **Freistellung** der grenzüberschreitenden Preisbindung für Bücher und Presseerzeugnisse nach Art. 101 Abs. 3 AEUV. Die Folge waren jahrelange heftige Auseinandersetzungen mit der Kommission, so dass der Antrag erst im Jahre 2002 Erfolg hatte,[7] nachdem sich die Verlage endlich auf Druck der Kommission mit der grundsätzlichen **Preisbindungsfreiheit des grenzüberschreitenden Handels** einverstanden erklärt hatten,[8] woraufhin die Kommission (endlich) am 17. April 2002 den ersehnten **Negativattest** für den Sammelrevers von 2000 für die Buchpreisbindung erteilte.

Zur Absicherung dieses Kompromisses dient letztlich das bereits erwähnte **Buchpreis-** 9
bindungsgesetz vom 2. September 2002,[9] das die frühere vertragliche Preisbindung

[5] Wegen der Einzelheiten s. *v. Becker,* ZUM 2002, 171; *Möschel,* WRP 2004, 857.

[6] Ebenso *MK,* 11. HauptGA, Tz. 970 (S. 404 f.); 13. HauptGA, Tz. 685, 730 ff. (S. 492, 513 ff.); ebenso für die Schweiz *SchweizBG* v. 11.7.2006, WuW/E KRInt 137 (141 ff.) (grdl.).

[7] Die schlichtweg skandalösen Einzelheiten bei *K. van Miert,* Markt, Macht und Wettbewerb, 2000, S. 144 ff. sowie in der Voraufl. S. 356.

[8] Börsenblatt 2002 Nr. 24, S. 4 f.

[9] BGBl. I 2002, S. 3448.

für Bücher durch eine gesetzliche Preisbindung ersetzte. Hintergrund ist die Rechtsprechung des EuGH, nach der (nur) eine gesetzliche Buchpreisbindung grundsätzlich mit dem Vertrag vereinbar ist, vorausgesetzt, dass sie *nicht* auf importierte Bücher erstreckt wird; etwas anderes soll nur gelten, wenn sich aus objektiven Umständen ergibt, dass die betreffenden Bücher allein zum Zwecke ihrer Wiedereinfuhr ausgeführt wurden, um die gesetzliche Regelung zu umgehen.[10] Dieselbe Formel findet sich jetzt in § 4 Abs. 2 des BuchpreisbindungsG von 2002. Dagegen enthält § 30 GWB *keinen Vorbehalt* für reimportierte Zeitungen und Zeitschriften, weil die Kommission der Preisbindung für Zeitungen und Zeitschriften im Gegensatz zu der für Bücher mit Rücksicht auf das sog. Remissionsrecht des Handels grundsätzlich positiv gegenüberstehe.[11] Deshalb blieb es (nur) bei Presseartikeln bei der vertraglichen Preisbindung nach Maßgabe des § 30 Abs. 1 GWB, so dass sich zumindest *insoweit* weiterhin die Frage nach der Vereinbarkeit der gesetzlichen Regelung (§ 30 Abs. 1 GWB) mit dem vorrangigen Art. 101 Abs. 1 AEUV stellt.

10 Der Fragenkreis ist noch nicht endgültig geklärt, weil die Situation bei Presseerzeugnissen in der Tat in verschiedener Hinsicht unter dem Blickwinkel des Art. 101 Abs. 1 und 3 AEUV von der bei Büchern abweicht.[12] In vielen Fällen dürfte es bei dem Vertrieb von Presseerzeugnissen bereits an der Eignung der Preisbindung zur **Beeinträchtigung des Handels** zwischen Mitgliedstaaten fehlen, so dass sich schon deshalb nicht die Frage nach der Anwendbarkeit des Art. 101 AEUV stellt.

11 In den verbleibenden Fällen muss geklärt werden, ob auf den Vertrieb von Presseerzeugnissen mit Rücksicht auf das Dispositionsrecht der Verlage und Grossisten sowie auf das Remissionsrecht der Händler das **Handelsvertreterprivileg** angewandt werden kann, wie vielfach angenommen wird. Dagegen spricht indessen bereits die selbstständige Stellung der meisten Zeitschriftenhändler, mit der eine Anwendung des Handelsvertreterprivilegs nicht vereinbar ist.[13] Stattdessen ist von Art. 4 lit. a der GFVO für vertikale Vereinbarungen von 2010[14] auszugehen, nach dem jede unmittelbare und mittelbare Preisbindung in Vertikalvereinbarungen eine nicht freistellungsfähige **Kernbeschränkung** darstellt – so dass § 30 GWB im Handel zwischen den Mitgliedstaaten der Europäischen Union nicht mehr angewandt werden darf. Daran hat auch der neue Abs. 2a des § 30 GWB, der sich allein auf Branchenvereinbarungen bezieht, nichts geändert.

III. Bindungsfähige Produkte

1. Zeitungen und Zeitschriften.

12 Der Anwendungsbereich des § 30 GWB beschränkt sich heute auf Zeitungen und Zeitschriften (S. 1 des § 30 Abs. 1 GWB) sowie eine Reihe gleichstehender Produkte (S. 2 der Vorschrift; dazu u. Rn. 16ff.). Dagegen richtet sich die Zulässigkeit der (ge-

[10] *EuGH* Slg. 1985, 17 (32ff. Tz. 15ff.); Slg. 2000, I-8224 (8234 Tz. 24ff.); Slg. 2009, I-3768 Tz. 21ff. = EuZW 2009, 768 – Libro; dazu *Alexander,* GRURInt 2010, 335; *Oberwexer,* EuR 2008, 736.

[11] So die *BReg.*, BT-Drs. 14/9196, S. 14 unter Hinweis auf *Kommission,* 29. WB 1999, 2000, S. 181f. – AMP.

[12] Wegen der Einzelheiten s. *Emmerich,* FS H. P. Westermann, 2008, S. 899; *ders.,* FS Dauses, 2014, S. 77.

[13] S. o. § 4 Rn. 76ff.; ebenso *öOGH* GRURInt 2010, 885 (888); 2010, 888 (890f.); *Alexander,* GRURInt 2010, 803 (807f.); IM/*Emmerich,* Bd. II, § 30 Rn. 18.

[14] ABl. Nr. L 102/1.

setzlichen) Preisbindung für Bücher seit 2002 nach dem Buchpreisbindungsgesetz. Daraus ergibt sich als erstes die Notwendigkeit, innerhalb er Verlagserzeugnisse (u. Rn. 13) weiter zwischen einerseits Büchern und andererseits Zeitungen und Zeitschriften im Sinne des § 30 GWB zu unterscheiden.[15]

Weder das GWB noch das Buchpreisbindungsgesetz noch ein sonstiges Gesetz enthalten eine **Definition** der Begriffe Buch, Zeitung und Zeitschrift. Klar ist nach dem Zweck der gesetzlichen Regelung lediglich, dass es sich bei allen drei genannten Produkten um **Verlagserzeugnisse** handeln muss, die jedenfalls auch auf dem herkömmlichen Weg über den Großhandel und das Sortiment vertrieben werden. Das Buchpreisbindungsgesetz bestimmt lediglich ergänzend in § 2 Abs. 1 Nr. 1 bis 4, dass Bücher im Sinne des Gesetzes auch Musiknoten, kartographische Produkte sowie Produkte sind, die Bücher, Musiknoten oder kartographische Produkte reproduzieren oder substituieren und bei Würdigung der Gesamtumstände als überwiegend verlags- oder buchhandelstypisch anzusehen sind; gleich stehen kombinierte Produkte, bei denen eines der genannten Erzeugnisse die Hauptsache bildet. 13

Das entspricht dem herkömmlichen Begriffsverständnis unter den Vorläufern des § 30 GWB, wonach Bücher **Werke der Literatur, Tonkunst, Kunst und Fotographie** sind, sofern sie durch ein graphisches Verfahren vervielfältigt werden und eine im Vordergrund stehende Informations- oder Anleitungsaufgabe haben.[16] Ebenso behandelt wurden schon früher die neuen elektronischen Medien mit Buchersatzfunktion wie namentlich elektronische Wörterbücher, CD-ROM's oder Bücher auf Mikrofiches.[17] Im Ergebnis wurden auf diese Weise mit Rücksicht auf den Zweck der Vorschrift, das System des festen Ladenpreises im Buchhandel zu legalisieren, alle Verlagserzeugnisse erfasst, die herkömmlich zu festen Preisen über den traditionellen Buchhandel vertrieben werden.[18] 14

Zeitungen und Zeitschriften unterscheiden sich von den sonstigen Verlagserzeugnissen einschließlich insbesondere der Bücher, die heute dem BuchpreisbindungsG von 2002 unterliegen, vor allem durch ihre *periodische Erscheinungsweise* und ihre typischerweise von dem Buchvertrieb *abweichenden Vertriebswege.*[19] 15

2. Substitute

Nach § 30 Abs. 1 S. 2 GWB zählen zu den Zeitungen und Zeitschriften außer Kombinationsprodukten (Rn. 17) insbesondere noch sog. Substitute. Als Substitute bezeichnet das Gesetz in § 30 Abs. 1 S. 2 Halbs. 1 Produkte, die Zeitungen oder Zeitschriften reproduzieren oder substituieren und bei Würdigung der Gesamtumstände als überwiegend verlagstypisch anzusehen sind (ebenso § 2 Abs. 1 Nr. 3 BuchpreisbindungsG). Gemeint sind damit insbesondere die **neuen elektronischen Medien mit Ersatzfunktion** für Zeitungen oder Zeitschriften, so dass das betreffende Medium *Lesestoff* enthalten muss, der üblicherweise dem Benutzer auf dem Weg über Zeitungen 16

[15] S. zum Folgenden ausführlich IM/*Emmerich,* Bd. II, § 30 Rn. 19 ff.

[16] *BReg.*, Kartellbericht, S. 33.

[17] BGHZ 135, 74, 78 ff. = NJW 1997, 1911 – CD-ROM; *OLG Hamburg* GRUR 1995, 830 (832); *Fezer,* NJW 1997, 2150; *Kort,* WiB 1997, 719.

[18] BGHZ 46, 74, 77 ff. = NJW 1967, 343 – Schallplatten; BGHZ 135, 74, 78 ff. = NJW 1997, 1911 – CD-ROM; *BGH* WuW/E BGH 1463 = LM Nr. 16 zu § 16 GWB – Briefmarkenalben; LM Nr. 17 zu § 16 GWB = NJW 1986, 1256 – Schulbuch-Preisbindung; *Fezer,* WRP 1994, 669.

[19] *Waldenberger,* NJW 2002, 2914 (2918).

oder Zeitschriften zur Verfügung gestellt wird. Ein Beispiel ist eine Internetzeitung. Hinzukommen muss noch, dass das betreffende elektronische Medium bei Würdigung der Gesamtumstände als überwiegend *verlagstypisch* anzusehen ist, womit gemeint ist, dass sein Vertriebsweg im Wesentlichen dem herkömmlichen Vertriebsweg für Zeitungen oder Zeitschriften entsprechen muss.

3. Kombinationsprodukte

17 Erfasst werden von der gesetzlichen Regelung ferner noch kombinierte Produkte, bei denen eine Zeitung oder Zeitschrift im Vordergrund steht (§ 30 Abs. 1 S. 2 Halbs. 2 GWB). Hintergrund dieser Regelung ist die zunehmende Beliebtheit von Kombinationsprodukten aus Zeitungen oder Zeitschriften und anderen Produkten, womit bezweckt wird, den Absatz der Zeitungen zu fördern. Der Anwendungsbereich dieser Regelung ist umstritten.[20] Nach einer Meinung kommt mit Rücksicht auf den Zweck des § 30 GWB und die Problematik der ganzen Regelung allein eine Kombination mit Produkten mit Informationsgehalt in Betracht.[21] Dem hat sich indessen die Rechtsprechung unter Berufung auf den Wortlaut des § 30 Abs. 1 S. 2 Halbs. 2 GWB nicht angeschlossen und die Kombination von Presseerzeugnissen *mit beliebigen anderen,* an sich nicht preisbindungsfähigen *Waren,* wie z. B. die Kombination einer Frauenzeitschrift mit einer Sonnenbrille oder mit einem Lippenstift, zugelassen.[22] Die Vereinbarkeit dieser weiten Auslegung des Preisbindungsprivilegs des § 30 GWB mit Art. 101 Abs. 1 AEUV ist jedoch durchaus zweifelhaft.

IV. Beteiligte

1. Hersteller

18 Die vertikale Preisbindung kann nach § 30 Abs. 1 S. 1 GWB nur durch „Unternehmen" eingeführt werden, die Zeitungen oder Zeitschriften „herstellen". In der ursprünglichen Fassung des GWB (§ 16 Abs. 1 Nr. 2 GWB von 1957) war dagegen noch ausdrücklich von „Verlagsunternehmen" die Rede gewesen. Daran hat sich der Sache nach trotz der Änderung des Wortlauts der Vorschrift nichts geändert, da „Hersteller" von Zeitungen oder Zeitschriften **allein** die **Verlage** im Gegensatz insbesondere zu den Groß- und Einzelhändlern sowie zu den Importeuren sind. Als Hersteller wurde außerdem ursprünglich allein derjenige Verlag bezeichnet, der die verlegerische, redaktionelle und fertigungstechnische Arbeit selbst durchführt oder von anderen Unternehmen für sich durchführen lässt,[23] worunter freilich auch Fortdrucke durch Bezug des fertigen Satzes von einem anderen Verlag, insbesondere bei sog. Kopfzeitungen und sonstigen lokalen Ausgaben fallen.[24] Gleich steht heute auch die Herstellung einer Internetzeitung (Rn. 16), so dass es für die Annahme eines Verlages letztlich nur noch auf die redaktionelle und wirtschaftliche oder finanzielle Verantwortlichkeit für die Herausgabe und den Inhalt der Zeitung oder Zeitschrift ankommt. **Importeure** oder bloße **Handelsunternehmen** sind dagegen, weil keine Hersteller, *nicht* zur Einführung der Preisbindung berechtigt.

---

[20] S. IM/*Emmerich,* Bd. II, § 30 Rn. 25–30; *Freytag/Gerlinger,* WRP 2004, 537; *Soppe,* WRP 2005, 565.

[21] So *Emmerich,* FS H. P. Westermann, 2008, S. 899 (909); *Soppe* (vorige Fn.).

[22] *BGH* WuW/E DE-R 1604 (1606 f.) = GRUR 2006, 161 = NJW-RR 2006, 409 (411 f. Tz. 30) – Zeitschrift mit Sonnenbrille.

[23] *BKartA* TB 1970, S. 82.

[24] *BKartA* TB 1972, S. 106.

Erzeugnisse, die einmal in den **preisbindungsfreien Handel** geraten sind, insbesondere also aus dem preisbindungsfreien Ausland stammende Zeitungen und Zeitschriften, bleiben nach dem Zweck des § 30 GWB preisbindungsfrei. Auch Verlage, z. B. Tochtergesellschaften ausländischer Verlage, können die Händler nicht verpflichten, die von ihnen im preisbindungsfreien Ausland bezogenen Erzeugnisse im Inland nur zu gebundenen Preisen zu vertreiben.[25] 19

2. Abnehmer

Gebunden werden können nach § 30 Abs. 1 GWB alle „Abnehmer" der fraglichen Zeitungen und Zeitschriften mit Ausnahme der Endverbraucher sowie der Einkaufsgemeinschaften von Endverbrauchern. Mögliche Vertragspartner der Verlage bei der Einführung der Preisbindung sind mithin in erster Linie der Einzel- und der Zwischenhandel, das sog. **Pressegrosso,** sowie schließlich Reise- und Versandbuchhändler und Kommissionäre. 20

In die Preisbindung sind nach den üblichen Vertragsmustern, den sog. Reversen, auch die Verkäufe von Zeitungen und Zeitschriften über die Grenzen hinweg, d. h. der **grenzüberschreitende Handel,** insbesondere im Verhältnis zwischen Deutschland und Österreich einbezogen. Dies verstößt, wie gezeigt (Rn. 10f), gegen Art. 101 AEUV und führt im Zweifel zur Nichtigkeit der gesamten Preisbindung (Art. 101 Abs. 2 AEUV i. V. m. § 139 BGB; str.). 21

V. Nur Preise

§ 30 Abs. 1 S. 1 GWB enthält eine Ausnahme von § 1 GWB allein „für vertikale Preisbindungen" (einschließlich der sog. Preisbindung der zweiten Hand), soweit ihr Gegenstand gerade „bestimmte Preise" sind (vgl. für Bücher § 5 Buchpreisbindungsgesetz). Gemeint sind die Verkaufspreise des Handels für Zeitungen und Zeitschriften. Den Gegensatz bilden die sonstigen *Geschäftsbedingungen* sowie die Preise von *Dienstleistungen;* insoweit bleibt es daher auch für Zeitungen und Zeitschriften bei dem Verbot des § 1 GWB (u. Rn. 28). Bindungsfähig ist mithin nach § 30 Abs. 1 GWB alles, aber auch nur das, was sich für die Abnehmer unmittelbar als **Preisnachlass** auswirkt einschließlich einzelner Preisbestandteile (s. § 30 Abs. 2 S. 1 GWB).[26] Erlaubt ist danach **z. B.** die Bindung von Brutto- oder Nettopreisen, von Höchst- oder Mindestpreisen,[27] von Sonderpreisen für bestimmte Abnehmer wie Studenten oder Büchereien[28] sowie von Preisnachlässen einschließlich der Rabatte und Zugaben,[29] *nicht* dagegen z. B. eine Bindung der Skonti, weil Skonti ein Entgelt für die vorzeitige Zahlung und damit eine sonstige Geschäftsbedingung darstellen.[30] 22

Kein bindungsfähiger Preisbestandteil ist die **genossenschaftliche Rückvergütung,** da sie unmittelbar auf dem Gesellschaftsrecht beruht (§ 19 Abs. 2 i. V. m. § 1 Abs. 1 Nr. 5 23

---

[25] *BKartA* TB 1978, S. 84 (l. Sp.).

[26] S. dazu IM/*Emmerich,* Bd. II, § 30 Rn. 37, 83ff.

[27] BGHZ 54, 227 (235) = NJW 1971, 35; str.

[28] *BGH* LM Nr. 17 zu RabattG = WuW/E BGH 951; *KG* WuW/E OLG 3154 (3157); *OLG Düsseldorf* WuW/E OLG 3613 (3622f.).

[29] BGHZ 36, 370 (372ff.) = NJW 1962, 1010 = JuS 1962, 286 Nr. 10.

[30] *BGH* (vorige Fn.); LM § 1 GWB Nr. 32 = NJW-RR 1986, 259; LM § 16 GWB Nr. 17 = NJW 1986, 1256.

GenG).[31] Dasselbe gilt für andere Formen einer umsatzbezogenen Gewinnverteilung bei Handelsgesellschaften.[32] Anders soll es sich freilich verhalten, wenn der Zusammenschluss der Abnehmer allein eine Umgehung der Preisbindung durch die Abschöpfung der Einzelhandelsspanne bezweckt, da die Rechtsprechung in diesem Fall dem § 30 GWB den Vorrang vor dem Gesellschaftsrecht zubilligt.[33]

VI. Preisbindungsvereinbarung

1. Vertrag mit den Abnehmern

24 § 30 Abs. 1 S. 1 GWB enthält eine Ausnahme von dem generellen Verbot wettbewerbsbeschränkender Vereinbarungen (§ 1 GWB) (nur) für vertikale Preisbindungen zwischen Verlagen und ihren Abnehmern (vgl. auch § 30 Abs. 2 GWB). Daraus folgt, dass anders als die Buchpreisbindung die Preisbindung für Presseerzeugnisse **allein durch** Vereinbarung, d. h. durch einen **Vertrag** zwischen Herstellern, d. h. Verlagen, und Abnehmern (o. Rn. 18ff.) begründet werden kann, da es sich bei der rechtlichen ebenso wie bei der wirtschaftlichen Bindung der Abnehmer i. S. d. § 30 Abs. 1 S. 1 GWB[34] gleichermaßen um *rechtsgeschäftliche* Beschränkungen ihrer Vertragsfreiheit hinsichtlich der von ihnen mit ihren Abnehmern abzuschließenden Zweitverträge handelt, die an sich, d. h. ohne die Freistellung durch § 30 GWB unter das Verbot des § 1 GWB fielen.[35] Keine Rolle spielt, ob der Preisbindungsvertrag mit dem Kaufvertrag über die gebundene Ware, die Zeitung oder die Zeitschrift verbunden oder unabhängig davon als Rahmenvertrag für die späteren Veräußerungsgeschäfte vereinbart wird. Im zweiten Fall spricht man auch von **Reversen,** deren Inhalt sich dann auf die Verpflichtung der Abnehmer beschränkt, bei späteren Veräußerungsgeschäften über die gebundenen Zeitungen oder Zeitschriften die vorgeschriebenen Preise einzuhalten oder die Preisbindung weiterzugeben (Rn. 26).

25 Im Falle des mehrstufigen Vertriebs durch Einschaltung des Großhandels, bei Zeitungen durchweg **Pressegrosso** genannt, kann der Preisbindungsvertrag mit den Zwischenhändlern, den sog. Grossisten, die dann zur Weitergabe der Preisbindung verpflichtet werden müssen, oder direkt mit den Händlern abgeschlossen werden. In jedem Fall ist noch zusätzlich erforderlich, dass die **Bindung der Abnehmer gleichmäßig** ist.[36] Willkürliche Unterscheidungen zwischen den Abnehmern beeinträchtigen die Lückenlosigkeit des Bindungssystems und stellen zugleich einen Missbrauch im Sinne des § 30 Abs. 3 Nr. 1 GWB dar.

2. Sammelreverse

26 Die Buchpreisbindung beruhte bis zum Erlass des Buchpreisbindungsgesetzes im Jahre 2002 auf einem sog. Sammelrevers, worunter man die Zusammenfassung der Preisbindungen mehrerer Verlage in einer einzigen, von dem Abnehmer zu unterzeich-

[31] *BGH* LM Nr. 25 zu RabattG = NJW 1975, 215; LM § 1 UWG Nr. 130 = WuW/E BGH 580; LM § 17 GWB Nr. 7 = NJW 1979, 1411 = JuS 1979, 593 Nr. 8; WuW/E BGH 715 (724); *Michalski,* BB 1983, Beil. 2 zu H. 8.

[32] *BGH* (vorige Fn.).

[33] *BGH* LM § 17 GWB Nr. 7 = NJW 1979, 1411; NJW 1979, 1412 = JuS 1979, 593 Nr. 8.

[34] Zur Unterscheidung zwischen rechtlicher und wirtschaftlicher Bindung s. IM/*Emmerich,* Bd. II, § 30 Rn. 51–54.

[35] *OLG Düsseldorf* NZKart 2013, 130 – Handelsblatt.

[36] Rn. 29; *BGH* LM Nr. 17 zu RabattG = WuW/E BGH 951 – Büchereinachlass.

nenden Urkunde verstand.[37] Durch die Einführung der gesetzlichen Preisbindung für Bücher hat der herkömmliche Sammelrevers mittlerweile weitgehend seine praktische Bedeutung eingebüßt. Er wird lediglich noch in beschränktem Umfang für *Zeitschriften* fortgeführt, während die Preisbindung für *Zeitungen* auf Verträgen zwischen den Verlagen und den wenigen Monopolgrossisten beruht, in denen diese zur Weitergabe der Preisbindung an die Einzelhändler verpflichtet werden. Besonderheiten gelten für den Bahnhofsbuchhandel.

Die überwiegende Meinung hatte bisher **keine Bedenken** gegen die Zulässigkeit des Sammelreverses, solange nur die Händler die Befugnis behielten, einzelne Verlage aus dem Sammelrevers zu streichen.[38] Tatsächlich beruhte und beruht jedoch die Praxis des Sammelreverses auf **Absprachen** der Verleger, so dass das ganze System (eindeutig) gegen das Kartellverbot des **§ 1 GWB und** des **Art. 101 Abs. 1 AEUV** verstößt.[39] Etwas anderes gilt heute lediglich dann, wenn die zusätzliche Ausnahme für Branchenvereinbarungen der Verbände nach § 30 Abs. 2a GWB eingreift (Rn. 47ff.). 27

3. Nur autonome Preisbindung

§ 30 Abs. 1 S. 1 GWB gestattet allein die „vertikale" Bindung der Preise eines einzelnen Verlegers in Vereinbarungen gerade mit seinen Abnehmern (dazu o. Rn. 18ff.). Damit ist gesagt, dass für eine Anwendung des § 30 GWB, verstanden als Ausnahme von dem Preisbindungsverbot des heutigen § 1 GWB (= Art. 101 Abs. 1 Halbs. 2 lit. a AEUV), in Horizontalbeziehungen kein Raum ist. Insoweit bleibt es vielmehr bei der Anwendbarkeit der Verbote des § 1 GWB und des Art. 101 Abs. 1 AEUV (s. schon o. Rn. 22, 27), immer vorbehaltlich des neuen § 30 Abs. 2a GWB von 2013 (Rn. 47ff.). Absprachen mehrerer Verlage untereinander oder mit anderen Unternehmen über die Einführung der Preisbindung verstoßen folglich gegen § 1 GWB sowie bei zwischenstaatlichem Bezug (der hier immer vorliegt) gegen Art. 101 Abs. 1 AEUV und sind deshalb **nichtig.**[40] Die Nichtigkeit des Kartells erfasst dann auch die aufgrund des Kartells vereinbarten Preisbindungsverträge als Ausführungsverträge.[41] Speziell bei Verträgen zwischen den beteiligten Verbänden bleibt jedoch die weitere Ausnahme des § 30 Abs. 2a GWB für Branchenvereinbarungen zu beachten (Rn. 47f.). 28

4. Pflichten der Parteien

Allein aufgrund des § 30 GWB ist kein Verleger zur Einführung oder Aufrechterhaltung der Preisbindung verpflichtet. Ihre Zulässigkeit setzt im Gegenteil gerade voraus, dass der Verleger in der Entscheidung frei ist und bleibt, ob er die Preisbindung einführen will oder nicht und wie lange er sie gegebenenfalls aufrechterhalten will.[42] So- 29

---

[37] S. dazu *v. Becker,* ZUM 2002, 171 (173).

[38] *BGH* LM Nr. 32 zu § 1 GWB = NJW-RR 1986, 259; LM Nr. 18 zu § 16 GWB (Bl. 2f.) = NJW 1990, 1993.

[39] S. u. Rn. 28f.; *LG Düsseldorf* WuW/E LG/AG 589ff.; ebenso für die Schweiz *SchweizBGE* 129 (2003) II, 18 (29ff.); *schweiz. Wettbewerbskommission,* KRInt 89 (90f. Tz. 31ff.) = WuW 2005, 683 (684ff.); *Zäch,* Kartellrecht, Tz. 478ff. (S. 230ff.).

[40] *Kommission,* Entsch. v. 12.12.1988, ABl. 1989 Nr. L 22/12 – Nettobücher; *BKartA* WuW/E BKartA 40; 41 (48f.).

[41] S. o. § 7 Rn. 9 und § 21 Rn. 43; *BGH* LM Nr. 1 zu GWB – Allgemeines = NJW 1958, 589; LM Nr. 32 zu § 1 GWB = NJW-RR 1986, 259.

[42] S. o. Rn. 28; *OLG Frankfurt a. M.* NJW-RR 1986, 262 = WuW/E OLG 3609; *KG* WuW/E OLG 4065 (4069).

bald er aber die Preisbindung einmal eingeführt hat, ergeben sich aus dem Preisbindungsvertrag auch für den Verleger gewisse Pflichten oder besser: **Obliegenheiten.** Hervorzuheben sind die Verpflichtung, alle Abnehmer gleichmäßig zu binden (Rn. 25, sog. **gedankliche Lückenlosigkeit**), sowie die Pflicht, die Preisbindung zu verteidigen und gegen Verstöße durch gebundene Abnehmer oder durch Außenseiter mit geeigneten Maßnahmen vorzugehen (sog. **praktische Lückenlosigkeit**).[43] Die **Abnehmer** sind demgegenüber verpflichtet, die vertraglich vorgeschriebenen Preise bei der Weiterveräußerung der Verlagserzeugnisse einzuhalten oder – bei der Preisbindung zweiter Hand – diese mit ihren Abnehmern zu vereinbaren;[44] sie können jedoch ebenso wie die Verlage die Preisbindung jederzeit kündigen (§ 242 BGB).

30 Fehlt die Lückenlosigkeit des Preisbindungssystems, so bricht das System zusammen, da dann den übrigen gebundenen Abnehmern ein Festhalten an den vorgeschriebenen Preisen nicht mehr zuzumuten ist (§§ 242, 273, 320 BGB). Dieselbe Wirkung hat es, wenn der bindende Verleger seinen Abnehmern dadurch Konkurrenz macht, dass er die gebundenen Artikel selbst und zudem noch billiger, z. B. in etwas anderer Aufmachung oder über Bücherclubs, an die Verbraucher verkauft (sog. **Preisspaltung**).[45] Zugleich handelt es sich dann um einen Missbrauch i. S. d. § 30 Abs. 3 Nr. 1 GWB (s. u. Rn. 45). Vertraglich nicht gebundene Dritte brauchen die Reisbindung ohnehin nicht zu beachten; gelingt es ihnen, Zeitungen oder Zeitschriften auf dem Markt ohne Preisbindung zu erwerben, so können sie diese (selbstverständlich) auch unter dem gebundenen Preis weiter verkaufen.[46]

VII. Schriftform

1. Überblick

31 Nach § 30 Abs. 2 S. 1 GWB sind Preisbindungsvereinbarungen zwischen einem Verleger von Zeitungen oder Zeitschriften und seinen Abnehmern (o. Rn. 18, 24f.) „schriftlich abzufassen", freilich nur, „soweit" die Vereinbarungen Preise und Preisbestandteile betreffen. Es genügt, wenn die Beteiligten Urkunden unterzeichnen, die auf eine Preisliste oder auf Preismitteilungen Bezug nehmen (§ 30 Abs. 2 S. 2 GWB). Gemäß S. 3 des § 30 Abs. 2 GWB findet ferner die Vorschrift des § 126 Abs. 2 BGB keine Anwendung.

32 § 30 Abs. 2 GWB geht auf **§ 34 GWB von 1957** zurück, der freilich noch einen wesentlich weiteren Anwendungsbereich als der heutige § 30 Abs. 2 GWB hatte, weil nach § 34 GWB a. F. das Schriftformerfordernis nicht allein für Preisbindungsverträge (§ 16 GWB a. F.), sondern für überhaupt alle wettbewerbsbeschränkenden Verträge und Beschlüsse, und zwar in ihrer Gesamtheit, galt. Jedoch wurde bereits durch die 6. GWB-Novelle von 1998 das Schriftformerfordernis für wettbewerbsbeschränkende Vereinbarungen bis auf die Preisbindungsvereinbarungen gestrichen (s. § 15 Abs. 2 GWB von 1998 = § 30 Abs. 2 GWB von 2005). Auf **europäischer Ebene** gibt es keine dem § 30 Abs. 2 entsprechende Formvorschrift. Spezielle Formvorschriften finden sich lediglich in verschiedenen Durchführungsverordnungen zu Art. 101 Abs. 3

[43] Wegen der Einzelheiten s. IM/*Emmerich,* Bd. II, § 30 Rn. 99ff.; *Emmerich,* FG 50 Jahre BGH, Bd. II, 2000, S. 627 (634ff.).

[44] *OLG Frankfurt a. M.* WuW/E OLG 4306 (4308).

[45] *OLG Frankfurt a. M.* NJW-RR 1986, 262.

[46] *OLG Düsseldorf* NZKart 2013, 130 – Handelsblatt; früher sehr str.

AEUV. Soweit sie eingreifen, ist wegen des Vorrangs des Unionsrechts kein Raum für die Anwendung des § 30 Abs. 2.[47]

Das Schriftformerfordernis hat in erster Linie den **Zweck,** dem BKartA die ihm nach § 30 Abs. 3 GWB obliegende Missbrauchsaufsicht zu ermöglichen.[48] Mit Rücksicht auf diesen Zweck gilt das Schriftformerfordernis auch für den Beitritt neuer Parteien sowie für Vertragsänderungen, soweit sie Preise oder Preisbestandteile betreffen (s. § 30 Abs. 2 S. 1 GWB).[49] 33

2. Umfang

Das Schriftformerfordernis erfasst gemäß § 30 Abs. 2 S. 1 GWB die Preisbindungsvereinbarung heute nur noch, *soweit* sie Preise und Preisbestandteile betrifft, im Übrigen also *nicht,* so dass die weiteren Vereinbarungen formlos getroffen werden können. Dies bedeutet (natürlich) nicht, dass lediglich die Abrede über die Höhe des gebundenen Preises schriftlich fixiert werden müsste; gemeint ist vielmehr, dass alles, aber auch nur das, was gerade die Preise „betrifft" und deshalb der Missbrauchsaufsicht des BKartA nach § 30 Abs. 3 GWB unterliegt, schriftlich abzufassen ist, also sämtliche Abreden, die unmittelbar mit der Preisbindungsvereinbarung zusammenhängen und deren Kenntnis unerlässlich ist, um die Reichweite und Bedeutung der Preisbindungsabrede in der Missbrauchsaufsicht zutreffend abschätzen zu können.[50] Für die übrigen Abreden der Parteien besteht dagegen seit 1998 kein Formzwang mehr. 34

Beurkundungsbedürftig sind danach insbesondere die Abreden über die Parteien, über den Vertragsgegenstand, über die Höhe des gebundenen Preises, über die **Art** der Preisbindung, insbesondere, ob es sich um eine Preisbindung der zweiten Hand handelt, sowie über ein etwaiges Preisbestimmungsrecht des Verlegers, wie aus S. 2 des § 30 Abs. 2 GWB zu folgern ist. Die Bezugnahme auf Preislisten, Preismitteilungen oder „Tagespreise" in der Preisbindungsvereinbarung bleibt möglich (s. u. Rn. 39). 35

3. § 126 I BGB

§ 30 Abs. 2 GWB enthält der Sache nach eine Bezugnahme auf § 126 I BGB mit den sich aus § 30 Abs. 2 S. 2 und 3 GWB ergebenden Einschränkungen. Dies bedeutet, dass die Preisbindungsvereinbarung, soweit sie unter § 30 Abs. 2 S. 1 GWB fällt (s. o. Rn. 34f.), grundsätzlich in **eine von beiden** Parteien **unterschriebene Urkunde** aufgenommen werden muss (s. aber § 30 Abs. 2 S. 3 GWB und dazu u. Rn. 38). Nicht ausreichend ist dagegen die einseitige schriftliche Bestätigung der (mündlichen) Abreden der Parteien oder die konkludente Annahme des schriftlichen Antrags des anderen Teils.[51] 36

Aus § 126 BGB wird allgemein der Grundsatz der **Einheitlichkeit der Urkunde** gefolgert, womit gemeint ist, dass die von den Parteien unterzeichnete Urkunde grundsätzlich *alle* formbedürftigen Abreden enthalten muss. Besteht die Urkunde aus mehreren Blättern, so genügt dafür freilich bereits die fortlaufende Paginierung der Seiten 37

[47] *BGH* LM Nr. 155 zu § 13 GVG = NJW 1983, 519; *OLG Naumburg* NJWE-WettbR 1998, 161 (162); *OLG Düsseldorf* WuW/E DER 3421 (3424).

[48] BGHZ 53, 304 (306f.) = NJW 1970, 1131; BGHZ 54, 145 (148) = NJW 1970, 2157; BGHZ 72, 371 (377) = NJW 1979, 490; *BGH* LM § 20 GWB Nr. 21 = NJW-RR 1998, 1502.

[49] Vgl. *BGH* LM § 34 GWB Nr. 30 = NJW-RR 1993, 118; *OLG Frankfurt a. M.* WuW/E OLG 5337f.

[50] IM/*Emmerich,* Bd. II, § 30 Rn. 63ff.

[51] *OLG Düsseldorf* WuW/E OLG 5341 (5342); *OLG Hamburg* WuW/E OLG 3993 (3994); *OLG Stuttgart* WuW/E OLG 5895 (5897).

oder die durchgehende Nummerierung des Textes.[52] Außerdem ist zu beachten, dass § 30 Abs. 2 GWB in den Sätzen 2 und 3 **zwei** wichtige **Ausnahmen** von dem Grundsatz der Einheitlichkeit der Urkunde normiert.

38 Nach **S. 3** des § 30 Abs. 2 GWB findet zunächst § 126 Abs. 2 BGB keine Anwendung. § 126 Abs. 2 S. 1 BGB bestimmt, dass bei einem Vertrag die Unterzeichnung der Parteien auf *derselben* Urkunde erfolgen muss. Wegen der Unanwendbarkeit dieser Vorschrift im Rahmen des § 30 Abs. 2 GWB genügt hier – anders als im Regelfall – ausnahmsweise auch ein bloßer **Briefwechsel,** vorausgesetzt, dass es sich bei den beiden Schriftstücken tatsächlich um Antrag und Annahme handelt, wozu erforderlich ist, dass sie eindeutig aufeinander Bezug nehmen.[53] Unzulässig ist es dagegen, die Abreden der Parteien auf verschiedene Urkunden aufzuteilen, die sich nicht wechselseitig aufeinander beziehen.[54]

39 Eine weitere Ausnahme von dem Grundsatz der Einheitlichkeit der Urkunde ergibt sich aus § 30 Abs. 2 S. 2 GWB, nach dem zur Erfüllung des Schriftformerfordernisses auch die Unterzeichnung von Urkunden ausreicht, die auf eine **Preisliste oder** auf **Preismitteilungen** Bezug nehmen. Der Anwendungsbereich dieser Ausnahme beschränkt sich nicht streng auf die im Gesetz aufgezählten Urkunden, sondern umfasst außerdem noch andere vergleichbare Urkunden, die für eine größere Zahl von Fällen einheitlich gelten sollen und die für die Behörden zweifelsfrei bestimmbar und überprüfbar sind.[55] Die Anwendung dieser Ausnahmevorschrift setzt aber voraus, dass dem Verleger tatsächlich ein einseitiges Preisbestimmungsrecht zustehen soll (§ 315 BGB); hinzu kommen muss noch die Beurkundung auch dieser Abrede (§ 30 Abs. 2 S. 1 GWB).[56]

40 Das Schriftformerfordernis gilt nicht nur für die Abgabe, sondern **auch** für den **Zugang** der Willenserklärungen der Parteien (§ 130 BGB).[57] Ausnahmen kommen nach § 151 BGB nur bei einem Verzicht auf den schriftlichen Zugang der Willenserklärung in Betracht, wovon bei dem Sammelreversverfahren der Verlage verbreitet Gebrauch gemacht wird oder doch gemacht wurde.[58]

4. Rechtsfolge

41 Ein Verstoß gegen das Schriftformerfordernis des § 30 Abs. 2 GWB hat nach § 125 BGB die Nichtigkeit der Preisbindungsvereinbarung zur Folge, soweit sie unter § 30 Abs. 2 S. 1 GWB fällt. Das Schicksal des Vertragsrestes, der nicht formbedürftig ist, beurteilt sich nach § 139 BGB. Die Praktizierung eines wegen Verstoßes gegen § 30 Abs. 2 nichtigen Preisbindungssystems fällt – mangels Anwendbarkeit der Freistellung des § 30 – unter das Verbot des § 1 GWB und stellt zugleich einen Missbrauch dar, so dass die Kartellbehörden dagegen gleichermaßen aufgrund des § 30 Abs. 3 GWB wie des § 32 GWB einschreiten können.

[52] S. für § 34 a. F. *BGH* LM § 34 GWB Nr. 33 = NJW-RR 1997, 1357; BGHZ 136, 357 = NJW 1998, 58 = JuS 1998, 266 Nr. 6.

[53] *BGH* LM § 34 GWB Nr. 2 = NJW 1968, 403; LM § 34 GWB Nr. 26 = NJW 1986, 2435; WuW/E BGH 2064 (2065).

[54] S. *BGH* LM § 34 GWB Nr. 33 = NJW-RR 1997, 1357; LM § 34 GWB Nr. 32 = WuW/E BGH 3110 (3111 f.).

[55] BGHZ 72, 371 (376 ff.) = NJW 1979, 490; *BGH* LM § 34 GWB Nr. 24 = NJW-RR 1986, 336.

[56] Vgl. BGHZ 77, 1 (5 ff.) = NJW 1980, 1529; BGHZ 83, 234 (237) = NJW 1982, 2066; BGHZ 119, 283 (288 f.) = NJW 1993, 64.

[57] RGZ 61, 414 (415); BGHZ 160, 97 (101) = NJW 2004, 2962; IM/*Emmerich,* Bd. II, § 30 Rn. 71 ff.

[58] *BGH* LM § 34 GWB Nr. 27 = NJW 1986, 1300.

VIII. Missbrauch

1. Begriff

Das BKartA kann gemäß § 30 Abs. 3 S. 1 GWB (= § 17 GWB von 1957 und § 15 Abs. 3 GWB von 1998) die Preisbindung von Amts wegen oder auf Antrag eines gebundenen Abnehmers für unwirksam erklären, wenn sie missbräuchlich gehandhabt wird (Nr. 1) oder wenn sie allein oder in Verbindung mit anderen Wettbewerbsbeschränkungen geeignet ist, die gebundenen Waren zu verteuern, ein Sinken ihrer Preise zu verhindern oder ihre Erzeugung oder ihren Absatz zu beschränken (Nr. 2). Hinzu gekommenen ist noch im Jahre 2013 die Missbrauchsaufsicht über die neuen Branchenvereinbarungen des § 30 Abs. 2a GWB (§ 30 Abs. 3 S. 2 GWB, s. u. Rn. 52). 42

Die Missbrauchsaufsicht über die Preisbindung für Zeitungen und Zeitschriften (§ 30 Abs. 3 S. 1 GWB) soll verhindern, dass von der Preisbindung in einer mit dem Gesetzeszweck unvereinbaren Weise Gebrauch gemacht wird. **Zweck** des § 30 Abs. 1 GWB ist die Legalisierung des Systems des festen Ladenpreises bei Zeitungen und Zeitschriften, in erster Linie zum Schutz eines „leistungsfähigen" Sortimenterstandes sowie im Interesse der Überallerhältlichkeit von Zeitungen und Zeitschriften zum selben Preis (s. o. Rn. 6). Folglich stellt eine Handhabung der Preisbindung, die mit diesem Zweck der Vorschrift unvereinbar ist, einen Missbrauch im Sinne des § 30 Abs. 3 S. 1 Nr. 1 GWB dar.[59] 43

Die praktische **Bedeutung** der ganzen Materie ist seit 1973, d. h. seit Abschaffung der Preisbindung für Markenartikel nur noch gering. Seit der Herausnahme der Buchpreisbindung und deren Verlagerung auf das eigenartige Buchpreisbindungsgesetz von 2002 hat § 30 Abs. 3 GWB vollends jegliche praktische Bedeutung eingebüßt. Verfahren des Bundeskartellamts aufgrund des § 30 Abs. 3 S. 1 GWB sind seit vielen Jahren nicht mehr bekannt geworden, so dass es genügt, im Folgenden auf einige Beispiele aus der früheren Praxis zu § 17 GWB von 1957, dem Vorläufer des heutigen § 30 Abs. 3 S. 1 GWB, einzugehen, um die Reichweite der Regelung zu verdeutlichen. 44

2. Beispiele

Die **Nr. 1 des § 30 Abs. 3 S. 1 GWB** wendet sich zunächst gegen jede **missbräuchliche,** weil zweckwidrige **Handhabung** der Preisbindung. Ein Beispiel ist der *zweigleisige Vertrieb* desselben Verlagserzeugnisses (im wirtschaftlichen Sinne) mit und ohne Preisbindung. Die Preisbindung verstößt in diesem Fall bereits gegen § 30 Abs. 1 GWB (s. o. Rn. 30). Wird sie gleichwohl praktiziert, so liegt darin zugleich ein Missbrauch i. S. d. § 30 Abs. 3 S. 1 Nr. 1 GWB.[60] Umstritten ist, ob hierher auch die Festsetzung des **Abonnementspreises** für Zeitschriften deutlich **unter** dem gebundenen **Einzelverkaufspreis** gehört, wie das Bundeskartellamt lange Zeit angenommen hatte, wobei es die kritische Grenze meistens bei einer Differenz von mehr als 15% gesehen hatte.[61] Diese Praxis ist indessen überholt.[62] Denn bei dem Einzelverkauf von Presseerzeugnissen und dem Vertrieb im Abonnement handelt es sich tatsächlich um verschiedene Märkte, so dass ein Vergleich der auf den beiden Märkten geforderten unterschied- 45

---

59 *BGH* LM § 16 GWB Nr. 17 = NJW 1986, 1256; LM § 17 GWB Nr. 7 = NJW 1979, 1411 = JuS 1979, 593 Nr. 8.

60 BGHZ 53, 76 (86 ff.) = NJW 1970, 858 – Schallplatten II; *KG* WuW/E OLG 1128 (1130).

61 *BKartA* TB 1987/88, S. 33, 94; 1995/96, S. 92.

62 Vgl. für Probeabonnements BGHZ 166, 154 (163 ff. Tz. 24 ff.) = NJW 2006, 2627 = JuS 2006, 1030 Nr. 11 m. Anm. *Chr. Alexander,* ZWeR 2007, 239.

lichen Preise – von Extremfällen abgesehen – ohne Aussagekraft für die Annahme eines Missbrauchs ist.[63]

46 Nach **§ 30 Abs. 3 S. 1 Nr. 2 GWB** liegt ein Missbrauch ferner vor, wenn die Preisbindung allein oder infolge ihrer Verbindung mit einer anderen Wettbewerbsbeschränkung, insbesondere mit einer Vertriebsbindung, geeignet ist, die gebundenen Waren zu verteuern oder ein Sinken ihrer Preise zu verhindern oder ihre Erzeugung oder ihren Absatz zu beschränken. Vorläufer der Nr. 2 des § 30 Abs. 3 S. 1 GWB war § 17 Abs. 1 Nr. 2 GWB von 1957. In der Rechtsprechung zu dieser Vorschrift war ein Missbrauch angenommen worden, wenn die Preisbindung in erster Linie den Zweck hatte, den Abnehmern überhöhte Handelsspannen zu gewährleisten,[64] oder wenn der gebundene Preis weit über dem (hypothetischen) Wettbewerbspreis festgesetzt wurde.[65] Weitere Beispiele waren ein übermäßiger Preisabstand zwischen Parallelausgaben sowie noch Subskriptionspreise, die 20 % unter dem späteren Ladenpreis liegen oder für einen längeren Zeitraum als ungefähr drei Monate gewährt werden.[66]

IX. Branchenvereinbarungen

1. Freistellung von § 1 GWB

47 Nach § 30 Abs. 2a S. 1 GWB gilt das Kartellverbot des § 1 GWB nicht für so genannte Branchenvereinbarungen zwischen den Verbänden der Zeitungsverlage und der Großhändler, der so genannten Grossisten, für die von ihnen vertretenen Unternehmen, d. h. für die Verlage und die Großhändler, soweit darin der flächendeckende und diskriminierungsfreie Vertrieb von Zeitungen und Zeitschriften, insbesondere dessen Voraussetzungen und dessen Vergütungen sowie die dadurch abgegoltenen Leistungen geregelt sind. Nach S. 2 der Vorschrift sind insoweit die genannten Unternehmen und ihre Verbände im Sinne des Art. 106 Abs. 2 AEUV mit Dienstleistungen von allgemeinem wirtschaftlichem Interesse betraut, dies deshalb, um die Freistellung auch auf Art. 101 AEUV erstrecken zu können (Rn. 50 f.). Unberührt bleiben jedoch die §§ 19 und 20 GWB (§ 30 Abs. 2a S. 3 GWB); außerdem unterliegen die Branchenvereinbarungen einer besonderen Missbrauchsaufsicht durch das BKartA (§ 30 Abs. 2 S. 2 GWB, Rn. 52 f.).

48 Durch diese neue Vorschrift soll das (angeblich) bewährte Presse-Vertriebssystem kartellrechtlich abgesichert werden.[67] Die Vorschrift wurde nötig, nachdem das LG Köln[68] im Jahre 2012 die Vereinbarkeit des herkömmlichen Vertriebssystems mit dem Kartellverbot angezweifelt hatte. Die Freistellung gilt allein für **Vereinbarungen zwischen Verbänden** oder Vereinigungen von Presse-Verlagen und Presse-Großhändlern, den so genannten Grossisten, für ihre jeweiligen Mitglieder aufgrund einer entsprechenden Vollmacht der Mitglieder.

49 Voraussetzung der Freistellung ist, dass in der fraglichen Vereinbarung der flächendeckende und diskriminierungsfreie Vertrieb von Zeitungs- und Zeitschriftensortimenten

---

63 IM/*Emmerich,* Bd. II, § 30 Rn. 126.

64 BGHZ 51, 21 (22 ff.) = NJW 1969, 323; *BKartA* WuW/E BKartA 725; 1320.

65 *BGH* LM § 17 GWB Nr. 2 = WuW/E BGH 852; WuW/E BGH 853; *KG* WuW/E OLG 1244; *BKartA* WuW/E BKartA 355; 725; 835; 867; 1103; zur Kritik s. IM/*Emmerich,* Bd. II, § 30 Rn. 137; *Bunte,* NJW 1997, 3127 (3128 f.).

66 *BKartA* TB 1983/84, S. 103; 1987/88, S. 33, 94.

67 S. den Ausschussbericht von 2012, BT-Drs. 17/11053, S. 25.

68 WuW/E DE-R 3532.

durch die Großhändler, die so genannten Grossisten, insbesondere dessen Voraussetzungen und dessen Vergütungen sowie die dadurch abgegoltenen Leistungen geregelt werden (§ 30 Abs. 2a S. 1 Halbs. 2 GWB). Gemeint sind damit wohl die Handelsspannen und die Konditionen, die auf diese Weise – entgegen der vorausgegangenen Rechtsprechung – auch *vereinheitlicht* werden können, weil die Verhandlungen von den Vereinigungen einheitlich für ihre Mitglieder geführt werden. Daraus folgt jedenfalls, dass in den Branchenvereinbarungen das **Dispositionsrecht** der Verlage, das **Remissionsrecht** der Großhändler und die **Handelsspannen** festgelegt werden können, zusätzlich zu den Preisen für die Weiterveräußerung der Presseartikel, die bereits unter § 30 Abs. 1 GWB fallen. Die Freistellung der Branchenvereinbarungen vom Kartellverbot geht somit im Ergebnis sehr weit. Daraus ergeben sich mit Notwendigkeit Abgrenzungsprobleme zu der wesentlich enger formulierten Freistellung der Preisbindungsvereinbarungen zwischen Verlagen und Großhändlern durch § 30 Abs. 1 GWB.[69] Es bleibt aber jedenfalls dabei, dass in Branchenvereinbarungen *keine Verpflichtung* zur Einführung der Preisbindung durch die Verlage begründet werden kann, schon, weil es sich dabei um eine schwerwiegende, immer gegen Art. 101 AEUV verstoßende Kernbeschränkung handelte.

2. Betrauung nach Art. 106 Abs. 2 AEUV.

Branchenvereinbarungen verstoßen gegen Art. 101 AEUV, wenn sie zur Beeinträchti- 50
gung des Handels zwischen Mitgliedstaaten geeignet sind. Das ist keineswegs selbstverständlich, aber auch nicht ausgeschlossen, insbesondere nicht im Verhältnis zwischen Deutschland und Österreich oder anderen deutschsprachigen Gebieten wie etwa Südtirol. Um den deshalb den Branchenvereinbarungen vom Unionsrecht her drohenden Gefahren zu begegnen, verfielen die Gesetzesverfasser auf die (absonderliche) Idee, die genannten Verbände und die von ihnen vertretenen Unternehmen, also die Presseverlage und die Großhändler, im Sinne des Art. 106 Abs. 2 S. 1 AEUV mit Dienstleistungen von allgemeinem wirtschaftlichem Interesse zu betrauen, um den flächendeckenden und diskriminierungsfreien Vertrieb von Zeitungen und Zeitschriften im stationären Einzelhandel sicherzustellen. Die Vorstellung war dabei offenbar, die Betrauung führe automatisch zur Freistellung vom Kartellverbot des Art. 101 AEUV.

Tatsächlich kann davon keine Rede sein; vielmehr sind auch Dienstleistungsunterneh- 51
men grundsätzlich an den Vertrag *gebunden*. Anders verhält es sich nur ausnahmsweise, wenn die Anwendung des Kartellverbots *im Einzelfall* die **Erfüllung dieser Aufgabe** durch die Verlage, die Großhändler und ihre Verbände **verhinderte** (s. im Einzelnen o. § 19 Rn. 40ff.). Soweit für diese *kühne* Annahme im Schrifttum überhaupt eine Begründung genannt wird, beschränkt sie sich durchweg auf die unbewiesene Behauptung, im Falle der Abschaffung des Konditionenkartells der Verlage und Grossisten bestehe die Gefahr, dass die großen Verlage in den Vertriebsverträgen mit dem Großhandel für sich besonders günstige Konditionen durchzusetzen in der Lage wären, wodurch auf die Dauer – zum Schaden der Pressevielfalt und damit der Allgemeinheit – kleine und unabhängige Verlage verdrängt zu werden drohten.[70] Das läuft auf die Behauptung hinaus, Kartelle und Monopole seien für die Allgemeinheit besser als Wettbewerb, – wovon in einer Wettbewerbsordnung natürlich keine Rede sein kann. Tatsächlich verhält es sich auch so, dass das für das herkömmliche Pressevertriebssystem kennzeichnende Dispositions- und Remissionsrecht gewiss nicht eine gegen Art. 101 AEUV verstoßende Vereinheitlichung

[69] S. IM/*Emmerich*, Bd. II, § 130 Rn. 159ff.
[70] So in der Tat *Bechthold*, ZWeR 2013, 387 (398f.); *Kühling*, ZUM 2013, 18 (24f.).

der Spannen und Konditionen sowie Gebietsmonopole erfordert.[71] Die ganze Regelung dürfte daher im Ergebnis wohl letztlich ihren Zweck verfehlen.

3. Missbrauch

52 Die Freistellung der Branchenvereinbarungen jedenfalls von dem deutschen Kartellverbot (§ 1 GWB) durch § 30 Abs. 2a S. 1 GWB ist (natürlich) nicht schrankenlos. Unberührt bleibt einmal die allgemeine Missbrauchsaufsicht über marktbeherrschende Verlage und Großhändler auf der Grundlage der §§ 19 und 20 GWB (so S. 3 des § 30 Abs. 2a GWB). Zum anderen unterliegen die Branchenvereinbarungen aber auch einer speziellen Missbrauchsaufsicht durch das Bundeskartellamt nach Maßgabe des S. 2 des § 30 Abs. 3 GWB in der Fassung von 2013. Nach dieser Vorschrift kann das Bundeskartellamt eine Branchenvereinbarung ganz oder teilweise für unwirksam erklären, *soweit* sie einen Missbrauch der Freistellung darstellt. Die praktische Bedeutung dieser Vorschrift dürfte vermutlich ebenso gering bleiben wie die des § 30 Abs. 3 S. 1 GWB (Rn. 44).

53 Der Begriff des **Missbrauchs** ist in S. 2 des § 30 Abs. 3 GWB ebenso **objektiv** wie in § 30 Abs. 3 S. 1 Nr. 1 GWB zu verstehen (s. Rn. 45), so dass darunter **jeder zweckwidrige Einsatz** von Branchenvereinbarung, nicht zur Sicherstellung eines flächendeckenden und diskriminierungsfreien Vertriebs von Presseartikeln, sondern z. B. zum Zwecke der Wettbewerbsbeschränkung zu verstehen ist. Dies kommt insbesondere in Betracht, wenn mit einer Branchenvereinbarung über den Zweck der Freistellung hinausgehende wettbewerbsbeschränkende Zwecke verfolgt werden oder wenn mit ihr übermäßige, d. h. unverhältnismäßige Nachteile für die Verbraucher durch eine unnötige Verteuerung von Presseartikeln verbunden sind, wenn die Voraussetzungen der Freistellung fehlen, und zwar ungeachtet des Umstandes, dass die Branchenvereinbarung dann schon wegen des Verstoßes gegen § 1 GWB nichtig ist (§ 134 BGB), oder wenn die Branchenvereinbarung mit weiteren nicht freigestellten Wettbewerbsbeschränkungen verbunden wird, wobei neben Verstößen gegen die §§ 19 und 20 GWB (s. § 30 Abs. 2a S. 3 GWB) insbesondere an die kollektive Einführung der Preisbindung auf dem Weg über Branchenvereinbarungen zu denken ist.

§ 26. Empfehlungen

Materialien: *BKartA,* Merkblatt über Kooperationsmöglichkeiten für KMU v. März 2007; Bewertung von Verhaltensweisen in Verhandlungen zwischen Herstellern von Markenartikeln, Großhändlern und Einzelhandels-Unternehmen, Brief vom 13.4.2010, WuW 2010, 786; *BMWi,* 2. Kooperationsfibel, 1976, S. 51ff.; WuW 1986, 111.

I. Überblick

1 Das GWB enthielt bis 2005 neben dem generellen Verbot wettbewerbsbeschränkender Vereinbarungen (§§ 1 und 14 GWB von 1998) ergänzend noch verschiedene Umgehungsverbote, unter denen das Empfehlungsverbot des § 22 Abs. 1 S. 1 GWB von 1998 herausragte. Nach dieser Vorschrift waren Empfehlungen verboten, die eine Umgehung der im GWB ausgesprochenen Verbote durch gleichförmiges Verhalten bezweckten oder bewirkten (S. 1 a. a. O.). Dasselbe galt für vertikale Preisempfehlun-

[71] *OLG Düsseldorf* NZKart 2014, 154 (159f.) = WuW/E DE-R 4242; *Emmerich,* FS Dauses, 2014, S. 77 (81ff.); *Langen/Bunte/Bahr,* § 30 Rn. 131f.; *Paschke,* AfP 2012, 431 (bes. 440ff); *ders* AfP 2012, 501, 544ff.; dagegen wieder *Schwarze* NZKart 2013, 270.

gen nach S. 2 der Vorschrift. Das Empfehlungsverbot war jedoch durch verschiedene **Ausnahmen** durchbrochen, unter anderem für sog. Mittelstandsempfehlungen (§ 22 Abs. 2 GWB a. F., u. Rn. 5 f.) sowie insbesondere für Preisempfehlungen für Markenwaren (§ 23 GWB a. F.).

Alle diese Regelungen sind durch die 7. GWB-Novelle gestrichen worden, weil der AEUV weder ein Empfehlungsverbot noch folgerichtig Ausnahmen davon kennt (s. o. § 4 Rn. 26). Seitdem richtet sich im deutschen Recht die **Zulässigkeit** von Empfehlungen ebenso wie schon immer auf europäischer Ebene allein nach den allgemeinen Vorschriften (Art. 101 AEUV; §§ 1–3 GWB, s. Rn. 3 ff.). 2

II. Zulässigkeit

Als **Empfehlung** bezeichnet man gemeinhin eine Erklärung, durch die jemand etwas als für einen anderen gut oder vorteilhaft bezeichnet und ihm deshalb anrät oder vorschlägt; ihr wohnt zwar das Bestreben inne, den Willen des Adressaten zu beeinflussen; sie ist jedoch rechtlich unverbindlich und stellt deshalb einen streng *einseitigen Tatbestand* dar.[1] Dadurch unterscheidet sich die Empfehlung von den durch § 1 GWB und Art. 101 AEUV verbotenen Maßnahmen, die, insbesondere als Vereinbarung, in jedem Fall eine Willensübereinstimmung von zumindest *zwei* Personen voraussetzen (o. § 4 Rn. 3 ff.). Daraus folgt die grundsätzliche **Zulässigkeit** der Empfehlungen, einschließlich namentlich der Preisempfehlungen, etwa für Markenartikel. Dies wird bestätigt durch Art. 4 lit. a der GFVO Nr. 330/2010 für Vertikalvereinbarungen[2] sowie durch die Vertikalleitlinien ebenfalls von 2010.[3] Die genannte Vorschrift der GFVO Nr. 330/2010 erstreckt die Freistellung von vertikalen Vereinbarungen nach den Art. 2 und 3 der Verordnung auf den Ausspruch von Preisempfehlungen durch Lieferanten, sofern sich die Empfehlungen nicht infolge der Ausübung von Druck oder der Gewährung von Anreizen durch eine der Vertragsparteien tatsächlich wie Fest- oder Mindestverkaufspreise auswirken. 3

Aus dem Gesagten folgt, dass das Kartellverbot (§ 1 GWB und Art. 101 AEUV) dann auf „Empfehlungen" anwendbar ist, wenn sich hinter ihnen in Wirklichkeit eine Maßnahme im Sinne der beiden Kartellverbote verbirgt, wenn sich z. B. die Empfehlung als Antrag auf Abschluss einer Vereinbarung erweist, den die Adressaten durch entsprechendes Verhalten (konkludent) annehmen (s. § 4 Rn. 3 ff.). Empfehlungen sind außerdem verboten, wenn sie auf Vereinbarungen oder abstimmten Verhaltensweisen beruhen oder zu einer abgestimmten Verhaltensweise der Adressaten führen.[4] Dasselbe gilt häufig für **Verbandsempfehlungen,** da sie in der Regel auf Beschlüssen im Sinne des Art. 101 Abs. 1 AEUV und des § 1 GWB beruhen.[5] Empfehlungen sind schließlich noch (nur) nach deutschem Recht untersagt, wenn zugleich die Voraussetzungen des **Druckverbots** des § 21 Abs. 2 erfüllt sind (s. u. § 29 Rn. 11 ff.). Paradigma 4

[1] So zu § 22 a. F. BGHZ 28, 208 (211, 222 f.); 125, 315 (318 f.); 140, 342 (345) = JuS 1999, 123 – Sixt; *Hirsbrunner/Schwarz,* FS Bechtold, 2006, S. 171 (183).

[2] ABl. Nr. L 102/1.

[3] ABl. Nr. C 130/1, Tz. 226–228.

[4] S. insbesondere *EuGH* Slg. 1980, 3125 (3250 Tz. 86 ff.) – FEDETAB; Slg. 1987, 447 (455 Tz. 30 f.) = NJW 1987, 2150 – Sachversicherer; *BGH* WuW/E DE-R 2408 (2415 f. Tz. 40 ff.) = WRP 2008, 1456 – Lottoblock III.

[5] *BKartA* WuW/E DE-V 1539 (1543 ff. Tz. 25 ff.) – Arzneimittelhersteller (für Preisempfehlungen der Apothekerverbände); *Köhler,* WuW 2009, 258 (266 ff.).

ist die Androhung einer Liefersperre oder von Rabattkürzungen seitens des Herstellers eines Markenartikels, wenn die Händler seine Preisempfehlungen nicht befolgen.[6]

III. Ausnahmen

5 Greift im Einzelfall das Kartellverbot ein (o. Rn. 3f.), so ist ergänzend zu prüfen, ob Raum für die Anwendung der Ausnahmen des Art. 101 Abs. 3 AEUV und der §§ 2 und 3 GWB ist. Nach Meinung der Verfasser der 7. GWB-Novelle soll dies insbesondere regelmäßig bei sog. **Mittelstandsempfehlungen** der Fall sein, sofern sie die Voraussetzungen des früheren § 22 Abs. 2 GWB a. F. erfüllen.[7] § 22 Abs. 2 GWB a. F. erlaubte Empfehlungen, die von Vereinigungen kleiner oder mittlerer Unternehmen unter Beschränkung auf den Kreis der Beteiligten ausgesprochen wurden, wenn die Empfehlungen (1.) dazu dienten, die Wettbewerbsfähigkeit der Beteiligten gegenüber Großbetrieben oder großbetrieblichen Unternehmensformen zu verbessern und (2.) gegenüber den Empfehlungsempfängern ausdrücklich als unverbindlich bezeichnet waren und zu ihrer Durchsetzung kein wirtschaftlicher, gesellschaftlicher oder sonstiger Druck angewandt wurde.

6 § 22 Abs. 2 GWB a. F. ist 2005 ebenfalls gestrichen worden. Die Zulässigkeit von Mittelstandsempfehlungen (o. Rn. 5) beurteilt sich seitdem – bei Anwendbarkeit des Kartellverbotes (o. Rn. 3f.) – allein nach **Art. 101 Abs. 3 AEUV** und nach den **§§ 2 Abs. 1** und **3 Abs. 1 GWB.** Generelle Aussagen sind dazu nicht mehr möglich.[8] Als ein **Beispiel** für danach noch mögliche Mittelstandsempfehlungen wird im Schrifttum eine Verbandsempfehlung über Ladenöffnungszeiten genannt.[9]

2. Kapitel. Behinderungswettbewerb

§ 27. Missbrauchsaufsicht

Literatur (Auswahl): *BKartA,* Leitfaden zur Marktbeherrschung in der Fusionskontrolle vom 29.3.2013 (abgedruckt bei *Bechtold,* GWB, S. 889ff.); *J. Baur,* Der Mißbrauch im deutschen Kartellrecht, 1972; *St. Bechtold,* Die Kontrolle von Sekundärmärkten, 2007; *T. Caspary,* Der Verkauf unter Einstandspreis, 2005; *Emmerich,* Die höchstrichterliche Rechtsprechung zum GWB, ZHR 140 (1976), 97; *Hölzler/Satzky,* Wettbewerbsverzerrungen durch nachfragemächtige Handelsunternehmen, 1980; *Ittner,* Die Vermutungen des GWB, 1998; *Jickeli,* Marktzutrittsschranken im Recht der Wettbewerbsbeschränkungen, 1990; *Jüngst,* Marktbeherrschungsbegriff, „überragende Marktstellung" und Diversifikation, 1980; *Köhler,* Nachfragewettbewerb und Marktbeherrschung, 1986; *ders.*, Wettbewerbs- und kartellrechtliche Kontrolle der Nachfragemacht, 1979; *Markert,* Die Wettbewerbsbehinderung im GWB nach der 4. Kartellnovelle, 1982; *Mestmäcker,* Das marktbeherrschende Unternehmen im Recht der Wettbewerbsbeschränkungen, 1959; *ders.*, Medienkonzentration und Meinungsvielfalt, 1978; *ders.*, Der verwaltete Wettbewerb, 1984; *Möschel,* Oligopolmißbrauch, 1974; *J. Pohlmeier,* Netzwerkeffekte und Kartellrecht, 2004; *Röper* (Hrsg.), Die Mißbrauchsaufsicht vor dem Hintergrund der Entwicklungen der neueren Wettbewerbstheorie, 1982; *Sandrock,* Grundbegriffe des GWB, 1968; *M. Stoll,* Drittmarktbehinderungen im deutschen und europäischen Kartellrecht, 2002; *P. Ulmer,* Schranken zulässigen Wettbewerbs marktbeherrschender Unternehmen, 1977; *U. Westen,* Unbillige Behinderung von Wettbewerbern durch Verkauf unter Einstandspreis, 1987; *Wurmnest,* Marktbeherrschung und Verdrängungsmissbrauch, 2. Aufl., 2012; *Zohlnhöfer,* Wettbewerbspolitik im Oligopol, 1968.

[6] *BKartA* WuW/E DE-V 1813 (1817f. Tz. 43f.) – Kontaktlinsen; Brief v. 13.4.2010, WuW 2010, 786 (788f.).

[7] Begr. z. RegE, BT-Drs. 15/3640, S. 30 (r. Sp. 3. Abs.).

[8] S. *Pfeffer/Wegener,* WuW 2007, 1173 (1178); *K. Rißmann,* WuW 2006, 881 (888f.).

[9] *K. Rißmann,* WuW 2006, 881 (888f.).

I. Geschichte

§ 19 GWB wendet sich gegen den Missbrauch marktbeherrschender Stellungen im Sinne des § 18 GWB. Die Vorschrift des § 19 GWB für marktbeherrschende Unternehmen wird in § 20 GWB ergänzt durch entsprechende Verbote für so genannte marktstarke Unternehmen. Die geltende Fassung der §§ 18 bis 20 GWB beruht auf der 8. GWB-Novelle von 2013, durch die die früheren Verbote missbräuchlichen und diskriminierenden Verhaltens marktbeherrschender und marktstarker Unternehmen in den §§ 19 und 20 GWB, zuletzt geändert durch die 7. GWB-Novelle von 2005, umgestellt und sprachlich überarbeitet wurden. Sachliche Änderungen waren mit diesen Änderungen nicht bezweckt, so dass Schrifttum und Rechtsprechung zu den früheren Vorschriften weiterhin uneingeschränkt ihre Bedeutung behalten.[1] In der Literatur ist die neue Systematik der Vorschriften der §§ 18 bis 20 GWB allgemein begrüßt worden.[2] 1

Die Vorschriften des GWB gegen missbräuchliches und diskriminierendes Verhalten marktbeherrschender und marktstarker Unternehmen (§§ 18 bis 20 GWB von 2013 = §§ 19 und 20 GWB von 2005) sind seit Inkrafttreten des Gesetzes im Jahr 1958 immer wieder geändert und dabei ständig verschärft und erweitert worden, insbesondere durch die Einfügung von Generalklauseln (s. jetzt § 19 Abs. 1 GWB) und die Umgestaltung der verschiedenen Vorschriften in gesetzliche Verbote, womit vor allem bezweckt wurde, den Rechtsschutz betroffener Dritter zu verbessern (s. § 33 GWB).[3] 2

Mit der Umgestaltung des Missbrauchsverbots in ein gesetzliches Verbot wurde 1998 außerdem noch der weitere Zweck verfolgt, den § 19 GWB partiell an Art. 102 AEUV anzugleichen (s. o. §§ 9–11). Auf eine darüber hinausgehende Angleichung des § 19 GWB an Art. 102 AEUV wurde dagegen bisher bewusst verzichtet. Zur Rechtfertigung hatten sich die Verfasser der 7. GWB-Novelle von 2005 in erster Linie auf die **„deutsche Klausel"** des Art. 3 Abs. 2 S. 2 der Kartellverfahrensverordnung Nr. 1/2003 berufen, die es den Mitgliedstaaten gestattet, in ihrem Hoheitsgebiet weiterhin *strengere* innerstaatliche Vorschriften „zur Unterbindung oder Ahndung einseitiger Handlungen" von Unternehmen zu erlassen oder anzuwenden (s. o. § 3 Rn. 66ff.). Diese Klausel wird in Deutschland allgemein dahin ausgelegt, dass Deutschland uneingeschränkt an den §§ 18 bis 20 GWB festhalten kann, auch soweit sie über Art. 102 AEUV hinausgehen (s. § 22 Abs. 3 S. 3 GWB).[4] 3

II. Zweck

Die deutsche Rechtsordnung kennt bisher – von wenigen Ausnahmen abgesehen – **keine** Möglichkeiten zur **Entflechtung** von Großunternehmen. Beschränkte Ausnahmen finden sich lediglich im Aufsichtsrecht über Kreditinstitute und Versicherungen in Gestalt der eigenartigen Anteilseignerkontrolle nach dem KWG und dem VAG.[5] Entsprechende Regelungen gibt es auch für die Börsen aufgrund des BörsenG. Die für die letzte Legislaturperiode geplante Einführung einer generellen Entflechtungsmöglichkeit für Großunternehmen ist dagegen wohl endgültig gescheitert. 4

[1] Begr. z. RegE von 2012, BT-Drs. 17/9852, S. 20, 23.

[2] Statt aller *Alexander,* WuW 2012, 1025; *Wagner-v.Papp,* in: Bien, Das deutsche Kartellrecht nach der 8. Novelle, 2013, S. 95ff.

[3] Wegen der Einzelheiten s. Voraufl. S. 371f.

[4] Begr. z. RegE, BT-Drs. 15/3640, S. 29f.

[5] Wegen der Einzelheiten s. *C. van de Sande,* Die Unternehmensgruppe im Banken- und Versicherungsaufsichtsrecht, 2003, S. 152, 189ff.

5 Zwar gestattet § 32 GWB im Anschluss an Art. 7 Abs. 1 S. 2 und 3 der Kartellverfahrensverordnung Nr. 1/2003 strukturelle Eingriffe bis hin zu Entflechtungsmaßnahmen (s. u. § 43 Rn. 8f.). Daraus ergibt sich jedoch **keine Befugnis** der Kartellbehörden **zur Entflechtung** marktbeherrschender oder marktstarker Unternehmen, weil „das Wettbewerbsrecht eine – aus eigener Kraft gewachsene – marktbeherrschende oder marktstarke Stellung als solche nicht missbilligt, sondern nur den Missbrauch einer solchen Marktstellung.“[6]

6 Die deutsche Rechtsordnung nimmt folglich einmal entstandene Marktmacht als sozusagen naturgegeben hin und beschränkt sich im Wesentlichen darauf, besonders nachteilige Auswirkungen dieser Marktmacht auf den Wettbewerb zu bekämpfen. § 19 und § 20 GWB fügen sich damit in die allgemeine **Zielsetzung** des Gesetzes ein, den Wettbewerb auf allen Märkten, wo immer möglich, zu schützen, indem sich das Gesetz hier gegen solche „missbräuchlichen“ Verhaltensweisen marktbeherrschender und marktstarker Unternehmen wendet, die sich als besonders gefährlich für die Wettbewerbsordnung erwiesen haben.

7 Die **Maßstäbe** für die Missbrauchsaufsicht über marktbeherrschende und marktstarke Unternehmen sind daher in erster Linie unseren Vorstellungen über die Funktionsbedingungen und die Funktionsweise eines Systems hinreichend freien und fairen Wettbewerbs zu entnehmen. Von daher ist zu entwickeln, welche konkreten Verhaltensweisen mächtiger Unternehmen – in unseren Augen – als in einem solchen Maße gefährlich, weil wettbewerbsbeschränkend erscheinen, dass Reaktionen der Rechtsordnung (§ 19 Abs. 1 GWB) unerlässlich sind. Fingerzeige, in welcher Richtung sich dabei die Überlegungen des Rechtsanwenders zu bewegen haben, geben vor allem die wichtigen Beispielstatbestände des § 19 Abs. 2 GWB und in Art. 102 S. 2 AEUV sowie von Fall zu Fall auch die weiteren Beispielstatbestände in § 20 Abs. 3 GWB, jedenfalls in seiner endgültigen Fassung ab 2018 (s. § 28 Rn. 25ff.).

8 Geschützt werden durch § 19 GWB alle Dritten im Einflussbereich marktbeherrschender Unternehmen. Wenn eine freiheitliche Rechtsordnung schon darauf verzichtet, wirtschaftliche Machtpositionen wieder zu beseitigen (o. Rn. 4f.), so muss sie zumindest dafür Sorge tragen, dass marktbeherrschende Unternehmen ihre Macht nicht durch übermäßige Eingriffe in die wirtschaftliche Bewegungsfreiheit Dritter missbrauchen können. § 19 GWB erlaubt insbesondere auch die Erfassung von **Drittmarktbehinderungen,** sofern nur zwischen dem missbräuchlichen Verhalten auf dem dritten Markt und der Beherrschung des Ausgangsmarktes ein Kausalzusammenhang besteht. Denkbar ist das vor allem in den Fällen des sog. **Missbrauchstransfers.**[7]

III. Marktmachtkonzept

9 Das Missbrauchsverbot des § 19 Abs. 1 GWB gilt nur für marktbeherrschende Unternehmen. Die Definition dieses Zentralbegriffs des GWB (s. insbesondere noch § 36 Abs. 1 GWB) findet sich heute in § 18 GWB von 2013. § 18 GWB unterscheidet zwei Formen der Marktbeherrschung, für die sich die Begriffe Einzelmarktbeherrschung (§ 18 Abs. 1 GWB) und marktbeherrschendes Oligopol (§ 18 Abs. 5 GWB) eingebürgert haben. **Ein-**

[6] So wörtlich die Begr. z. RegE, BT-Drs. 15/3640, S. 33 (r. Sp. 3. Abs.); ebenso BGHZ 170, 299 (302ff.) = NJW 2007, 1823 Tz. 13ff. = JuS 2007, 784 Nr. 13 – National Geographic II.

[7] Begr. z. RegE von 2012, BT-Drs. 17/9852, S. 23 (r. Sp. o.); BGHZ 156, 379 (382f.) = GRUR 2004, 255; *BGH* WuW/E DE-R 1210 = GRUR 2004, 259 – Strom und Telefon I und II; *OLG Düsseldorf* WuW/E DE-R 1307(1309) – GETECnet; zu der umstr. Rechtslage bei Art. 102 AEUV s. o. § 10 Rn. 9f.

zelmarktbeherrschung ist in drei Fällen anzunehmen, nämlich erstens, wenn ein Unternehmen als Anbieter oder Nachfrager „einer bestimmten Art von Waren oder gewerblichen Leistungen auf dem sachlich und räumlich relevanten Markt" ohne Wettbewerber ist (Nr. 1 des § 18 Abs. 1 GWB), zweitens, wenn das Unternehmen keinem wesentlichen Wettbewerb ausgesetzt ist (Nr. 2 des § 18 Abs. 1 GWB) oder drittens, wenn es im Verhältnis zu seinen Wettbewerbern eine überragende Marktstellung besitzt (Nr. 3 des § 18 Abs. 1 GWB). Das **marktbeherrschende Oligopol,** neuerdings auch vielfach im Anschluss an die Terminologie der Kommission „gemeinsame Beherrschung" genannt, ist demgegenüber nach § 18 Abs. 5 GWB dadurch gekennzeichnet, dass zwischen zwei oder mehr Unternehmen auf einem bestimmten Markt kein wesentlicher Wettbewerb mehr besteht *und* die betreffenden Unternehmen in ihrer Gesamtheit, d. h. „gemeinsam" über eine marktbeherrschende Stellung in dem genannten Sinne verfügen.

Das Gesetz bezieht die Marktbeherrschung in § 18 Abs. 1 GWB auf eine ganz bestimmte 10
Art von Waren oder gewerblichen Leistungen, und zwar, wie das Gesetz seit der 7. GWB-Novelle von 2005 hinzufügt, „auf dem sachlich und räumlich relevanten Markt". Damit sollte das sog. **Marktmachtkonzept** festgeschrieben werden.[8] Gemeint ist damit die Vorstellung, dass sich wirtschaftliche Macht immer **nur auf** genau abgegrenzten **(relevanten) Märkten** bilden kann, so dass sich die Prüfung der Marktbeherrschung grundsätzlich *in zwei Schritten* zu vollziehen hat, wobei der erste Schritt in der Abgrenzung des relevanten Marktes (u. Rn. 11ff.) und der zweite in der Messung des Monopolgrades auf diesem Markt besteht (u. Rn. 33ff.).[9] Fälle reiner **Größenmacht** werden dagegen von § 19 GWB grundsätzlich nicht erfasst, auch nicht von § 20 Abs. 1 GWB.

IV. Marktabgrenzung

Als **Markt** bezeichnet man in der Theorie den idealen Ort, wo Angebot und Nachfrage 11
zusammentreffen, wo sich, anders gewendet, mehrere Anbieter um dieselben Kunden oder mehrere Nachfrager um dieselben Anbieter bemühen.[10] Dieser ideale Ort hat eine **sachliche,** eine **räumliche** und (in Ausnahmefällen) eine zeitliche **Dimension.** Marktabgrenzung ist daher nichts anderes als der Versuch einer möglichst genauen Fixierung der genannten Dimensionen des Marktes im Einzelfall, um, wie es der BGH treffend ausgedrückt hat, die **Wettbewerbskräfte zu ermitteln,** denen ein bestimmtes Unternehmen (um dessen Marktposition es geht) tatsächlich ausgesetzt ist, weil man nur dann – wertend – feststellen kann, ob es schon als marktbeherrschend behandelt werden muss – mit allen Konsequenzen (s. insb. § 19 und § 36 GWB) – oder ob es noch hinreichendem Wettbewerb ausgesetzt ist, so dass sich eine spezielle Aufsicht der Kartellbehörden erübrigt.[11] Dementsprechend unterscheidet man üblicherweise den sachlich, den räumlich und den zeitlich relevanten Markt (u. Rn. 13, 24ff., 32).

Zu der Frage der Marktabgrenzung ist schon wiederholt im Rahmen der Ausführun- 12
gen zu den Art. 101 und 102 AEUV sowie zur europäischen Fusionskontrolle Stellung

[8] So ausdrücklich die Begr. z. RegE zur 7. GWB-Novelle von 2005, BT-Drs. 15/3640, S. 45 (r. Sp.: Zu Nr. 7, zu a).

[9] Zur neuerdings wieder wachsenden Kritik an dem Marktmachtkonzept, insbesondere als tautologisch, s. *Wagner-v. Papp,* in: Bien (Hrsg.), Das deutsche Kartellrecht nach der 8. GWB-Novelle, 2013, S. 95 (112ff. m. N.); *Wurmnest,* Marktmacht, 2012, S. 259ff.

[10] *BKartA* WuW/E DE-V 275 = AG 2000, 571 – Melitta/Schultink.

[11] BGHZ 170, 299 (305f. Tz. 19) = NJW 2007, 1823= JuS 2007, 784 Nr. 13 – National Geographic II.

genommen worden.[12] Die dort im Einzelnen analysierten Konzepte zur sachlichen und räumlichen Marktabgrenzung beanspruchen grundsätzlich auch Gültigkeit im Rahmen des deutschen Wettbewerbsrechts. Im Folgenden soll lediglich in Ergänzung zu den bisherigen Ausführungen und zum Teil im Vorgriff auf die Ausführungen zur Fusionskontrolle ein Überblick über den heutigen Stand der deutschen Diskussion gegeben werden.

1. Sachlich relevanter Markt

a) Bedarfsmarktkonzept

13 Bei der Marktabgrenzung geht es letztlich um die Beantwortung der (schwierigen) Frage, welchen Wettbewerbskräften ein Unternehmen ausgesetzt ist,[13] d. h. welche Unternehmen aus der *Sicht des betreffenden Unternehmens,* um dessen Marktstellung es geht, zu seinen Konkurrenten gehören, so dass es auf diese Rücksicht nimmt. Denn nur danach kann man beurteilen, ob ein Unternehmen über einen besonders großen, vom Wettbewerb nicht mehr hinreichend kontrollierten Verhaltensspielraum verfügt, so dass es als marktbeherrschend anzusehen ist (u. Rn. 33ff.). Deshalb läge es an sich nahe, bei der Marktabgrenzung, jedenfalls vorrangig, auf die **Sicht des** möglicherweise **marktbeherrschenden Unternehmens,** d. h. auf dessen Wirtschaftspläne abzustellen. Derartige subjektivistische Ansätze zur Marktabgrenzung werden auch tatsächlich diskutiert,[14] überwiegend aber bisher abgelehnt, weil die Wirtschaftspläne der Unternehmen eine hoffnungslose Unbekannte seien, so dass man daran in der praktischen Wettbewerbspolitik nicht anknüpfen könne. Stattdessen folgt die deutsche Praxis ebenso wie die europäische einer *indirekten* Methode, indirekt deshalb, weil statt des fraglichen, möglicherweise marktbeherrschenden Unternehmens selbst die *Marktgegenseite* ins Auge gefasst wird, einfach deshalb, weil über deren Sichtweise der Dinge immer noch leichter etwas in Erfahrung zu bringen ist als eben über die Sichtweise eines einzelnen möglicherweise marktbeherrschenden Unternehmens.

14 Das ist letztlich der Grund, warum sich für die Marktabgrenzung auf europäischer wie auf deutscher Ebene für den Regelfall das sog. Bedarfsmarktkonzept durchgesetzt hat, das auf die **Sicht der Marktgegenseite** abstellt und dementsprechend „nur" prüft, welche Güter und Leistungen aus deren Sicht **austauschbar** sind, freilich modifiziert durch die ergänzende Berücksichtigung der Produktions- und Angebotsumstellungsflexibilität der Hersteller sowie des Sortimentsgedankens. Auf der **Angebotsseite** werden dementsprechend – in einer ersten Annäherung – zu demselben Markt solche Güter und Leistungen gerechnet, die nach dem Urteil des durchschnittlichen, vernünftigen Verbrauchers (des sog. Bedarfsdisponenten), der sich bereits für eine bestimmte Waren- oder Leistungsart entschieden *hat,* geeignet sind, denselben Verwendungszweck zu befriedigen, wobei allein **realistische Wahlmöglichkeiten** berücksichtigt werden und Überschneidungen in Randbereichen, weil unvermeidbar, unberücksichtigt bleiben.[15]

---

[12] S. im Einzelnen o. § 4 Rn. 59ff., § 9 Rn. 11ff. und § 16 Rn. 7ff.

[13] So BGHZ 170, 299 (305 Tz. 19) = NJW 2007, 1823 = JuS 2007, 784 Nr. 13 – National Geographic II.

[14] *Emmerich,* FS Oberender, 2011, S. 61; zur räumlichen Marktabgrenzung s. auch u. Rn. 27.

[15] BGHZ 160, 321 (326) = NJW 2004, 3711– Melitta/Schultink; BGHZ 170, 299 (303ff.) = NJW 2007, 1823 = JuS 2007, 784 Nr. 13 – National Geographic II; BGHZ 176, 1 (6ff. Tz. 15ff.) = NJW-RR 2008, 996 = JuS 2009, 89 – Soda Club II; BGHZ 178, 285 (289 Tz. 15) = AG 2009, 503 – E.ON/Stadtweke Eschwege; BGHZ 192, 18 (25ff. Tz. 27ff.) = AG 2012, 502 (504) – Total/OMV; *Wurmnest,* Marktmacht, 2012, S. 270ff.

Dabei darf die Prüfung jedoch nicht stehen bleiben. Insbesondere um eine zu enge und deshalb unrealistische Marktabgrenzung zu vermeiden, ist vielfach, wenn nicht in der Regel, die ergänzende Prüfung erforderlich, ob *andere* Hersteller kurzfristig und mit wirtschaftlich vertretbarem Aufwand bereit und in der Lage sind, ihre Produktion umzustellen, um das fragliche Marktsegment zu bedienen, so dass es für die Marktabgrenzung in solchen Fällen zusätzlich auf die **Produktions- und Angebotsumstellungsflexibilität** der Hersteller ankommt.[16] Voraussetzung ist, dass die fraglichen Anbieter ähnlicher Produkte (die infolgedessen in den Markt mit einzubeziehen sind) *tatsächlich bereit und in der Lage* sind, ihre Produktion kurzfristig und mit wirtschaftlich vertretbarem Aufwand umzustellen.[17] 15

Zu demselben Markt werden folglich alle, aber auch nur diejenigen Güter und Leistungen gerechnet, die **„marktgleichwertig"** sind, weil die Nachfrager zwischen ihnen ohne große Überlegungen und ohne besondere Anpassungslasten wählen können. Wo immer dagegen die Nachfrager technisch, sachlich oder auch nur psychisch bedingte **Hemmschwellen** überwinden müssen, wenn sie von einem Angebot zu einem anderen überwechseln wollen, gehören die betreffenden Waren oder Dienstleistungen zu verschiedenen Märkten.[18] Nur eine untergeordnete Rolle spielt in diesem Zusammenhang die **physikalische oder chemische Zusammensetzung** der fraglichen Produkte. Selbst wenn sie an sich „identisch" sind, können sie doch zu verschiedenen Märkten gehören, weil sie z. B. in verschiedenen Verpackungen angeboten werden, die den Abnehmern ein Ausweichen auf den anderen Markt unmöglich machen.[19] Ein deutliches Anzeichen dafür ist die Zugehörigkeit der verglichenen Produkte zu unterschiedlichen Preisklassen. Überhaupt ist die Existenz substantieller **Preisunterschiede** zwischen verschiedenen Waren oder Dienstleistungen häufig ein deutlicher Hinweis darauf, dass die betreffenden Waren oder Dienstleistungen zu unterschiedlichen Märkten gehören, weil es sonst vermutlich infolge der Preisunterschiede zu Arbitragegeschäften zwischen den Abnehmern käme.[20] Zwingend ist freilich auch dieser Schluss nicht; denn Preisunterschiede können ebensogut auf bloßen Präferenzen der Abnehmer beruhen, die keine Wechselbereitschaft zeigen. In diesem Fall sind Preisunterschiede *kein* Anzeichen für getrennte Märkte,[21] – dies im Übrigen nur ein deutlicher Hinweis auf die Ambivalenz der meisten hier üblicherweise zur Marktabgrenzung herangezogenen Kriterien. 16

Zusätzliche Probleme entstehen, wenn ein Produkt **nur in einzelnen** seiner **Anwendungsmöglichkeiten** mit anderen Produkten **austauschbar** ist, während es hinsicht- 17

[16] BGHZ 160, 321 (326) = NJW 2004, 3711 – Melitta/Schultink; BGHZ 170, 299 (305ff.) = NJW 2007, 1823 = JuS 2007, 784 Nr. 13 Tz. 18ff. – National Geographic II; BGHZ 174, 12 (15 Tz. 13) = AG 2008, 122 – Sulzer/Kelmix; BGHZ 176, 1 (9 Tz. 21) – Soda Club II.

[17] BGHZ 170, 299 (305 Tz. 19) = NJW 2007, 1823 = JuS 2007, 784 Nr. 13 – National Geographic II.

[18] BGHZ 71, 102 (108f.) = NJW 1978, 1320 = JuS 1978, 784 Nr. 7 – Sachs/GKN; BGHZ 73, 65 (71f.) = NJW 1979, 918 – Erdgas Schwaben; BGHZ 82, 1 (4f.) = NJW 1982, 337 – Springer/MZV; BGHZ 101, 100 (103f.) = NJW 1987, 3007 = JuS 1988, 158 Nr. 10 – Inter Mailand; BGHZ 131, 107 (110) = NJW 1996, 595 – Krupp/Daub (Backofenmarkt).

[19] S. für hochwertige Kosmetika *KG* AG 1986, 196 (198) = WuW/E OLG 3577 – Hussel/Mara; für Zucker *BKartA* WuW/E DE-V 1269 (1270 Tz. 18) – Pfeiffer & Langen/Zuckerfabrik Jülich; für Edelstahlbestecke *BGH* LM § 24 GWB Nr. 15 = NJW-RR 1986, 525 – Rheinmetall/WMF; für Industrie- und Haushaltsmehl *BGH* AG 1989, 275 = WuW/E BGH 2575 – Kampffmeyer/Plange.

[20] Vgl. für teure Uhren und Luxusuhren *BKartA* AG 2006, 503 (506) = WuW/E DE-V 385 (386f.) – Richemont/LMH.

[21] *BGH* WuW/E DE-R 2905 Tz. 30 – Phonak/ReSound.

lich der übrigen „konkurrenzlos" ist. In derartigen Fällen muss man unterscheiden: Beschränkt sich die Austauschbarkeit eines Produkts mit einem anderen auf unbedeutende Randbereiche, so werden diese vernachlässigt; anders dagegen, wenn die Überschneidungsbereiche so sehr ins Gewicht fallen, dass die Unternehmen auf den verschiedenen Marktsegmenten unterschiedliche Strategien verfolgen können, die dann folgerichtig auch als selbstständige Teilmärkte anzuerkennen sind.[22] Denn von **Teilmärkten** ist stets auszugehen, wenn die Anbieter eine nach Preis, Menge, Qualität und Absatzwegen differenzierte Absatzstrategie auf den verschiedenen Märkten betreiben können, insbesondere, weil die Abnehmer unterschiedliche Interessen verfolgen.[23]

18 Grundsätzlich dieselben Regeln wie vorstehend entwickelt (o. Rn. 13ff.) sind anzuwenden, wenn die Nachfrageseite des Marktes (statt wie üblich die Angebotsseite) ins Auge gefasst wird, um den **Beschaffungsmarkt** der Unternehmen abzugrenzen. Folglich ist hier gleichfalls auf die Sicht der Gegenseite, d. h. in diesem Fall der *Anbieter* abzustellen und zu prüfen, welche Ausweichmöglichkeiten für sie, die Anbieter, bestehen, so dass *aus ihrer Sicht* (!) alle Nachfrager und Produkte zu demselben Markt gehören, auf die sie ohne große Schwierigkeiten ausweichen können, wobei nicht nur an unterschiedliche Vertriebswege und Absatzmärkte, sondern auch an unterschiedliche Produktionslinien zu denken ist. Produkte, auf die die Herstellung ohne unzumutbaren Aufwand kurzfristig umgestellt werden kann, zählen mithin auf Beschaffungsmärkten zum selben Markt, so dass sich solche Märkte gewöhnlich aus **Gruppen sachlich verwandter Produkte** zusammensetzen dürften.[24]

b) Beispiele

19 Es gibt keinen einheitlichen **Wärmemarkt,** auf dem die verschiedenen Energieträger miteinander konkurrierten. Die nur geringfügige Austauschbarkeit der Energieträger in Randbereichen ihrer Anwendungsmöglichkeiten wird wegen der großen Umstellungsschwierigkeiten für die Verbraucher vernachlässigt.[25] Aus demselben Grund sind z. B. auch Benzin und Dieselkraftstoff für die Halter von Kraftfahrzeugen nicht austauschbar.[26]

20 Ebensowenig bildet der **Gas**- oder **Strommarkt** eine Einheit; vielmehr muss man hier weiter nach Umwandlungsstufen, Spannungsebenen und Abnehmern trennen. Beherrscht werden der Gas- wie der Strommarkt von dem nahezu allmächtigen **Duopol** (richtiger: Dyopol) **aus RWE und E.ON,** dem es – mit tatkräftiger Hilfe der Kartellbehörden und der Politik – gelungen ist, die deutschen Gas- und Strommärkte unter sich aufzuteilen.[27] Um die unterschiedlichen Preiselastizitäten der Abnehmer optimal ausnutzen zu können, hatten RWE und E.ON den Markt über Jahrzehnte hinweg

[22] BGHZ 77, 279 (287ff.) = NJW 1980, 2583 – Mannesmann/Brueninghaus.

[23] *OLG Düsseldorf* WuW/E DE-R 1845 (1849) – SES/DPC.

[24] *BGH* LM § 20 GWB Nr. 24 (Bl. 2 R f.) = ZIP 2000, 426 – Tariftreueerklärung; LM § 26 GWB Nr. 63 = NJW-RR 1988, 1069 – Sonderungsverfahren; LM § 22 GWB Nr. 25 = NJW 1996, 1820 – HaGe Kiel/RHG Hannover (Raiffeisen); s. auch sogleich u. Rn. 23.

[25] *BGH* NJW 2008, 2172 Tz. 12; NJW 2009, 1212 – Stadtwerke Uelzen; NJW-RR 2010. 618 = WuW/E DE-R 2739; NJW-RR 2011, 774 – Entega I und II; *BKartA* WuW/E DE-V 1704 Tz. 12ff. – RheinEnergie; str., anders BGHZ 172, 315 (327 Tz. 34) = WuW/E DE-R 2243 (2247); *OLG Celle* WuW/E DE-R 2249; *Chr. Schmidt,* WuW 2008, 550; *Scholtka/A. Baumbach,* NJW 2010, 1128 (1132).

[26] BGHZ 192, 18 (25f. Tz. 28) – Total/OMV.

[27] S. u. § 39 sowie BGHZ 178, 285 (288ff. Tz. 12ff.) = NJW-RR 2009, 264 = JuS 2009, 670 – E.ON/Stadtwerke Eschwege; zusammenfassend *Kommission,* Entsch. v. 26.11.2008, WuW/E EU-V 1380

vielfach weiter aufgesplittert. Er war namentlich durchgängig **vertikal gegliedert** in die großen Verbundunternehmen, die regionalen Unternehmen und die Stadtwerke. Außerdem wurde **horizontal** nach der Art der Kunden und ihrer Preiselastizität unterschieden, insbesondere zwischen großen und kleinen gewerblichen Abnehmern und Tarifabnehmern, wobei es vor allem die kleinen gewerblichen und die Tarifabnehmer sind, die ausgeplündert wurden und werden – abzulesen an den ständig steigenden Strompreisen, obwohl die Preise an den Strombörsen infolge der Überproduktion von Strom ständig sinken, das einzige bisher greifbare Ergebnis der so genannten Energiewende der Bundesregierung. Hieran hat sich bis heute bei **Gas** trotz der Abschaffung der Gebietsmonopole der Versorgungsunternehmen im Jahre 1998 nichts geändert.[28] Dagegen ist bei **Strom** inzwischen wenigstens ein bundesweiter Markt für den Erstabsatz von Strom seitens der Stromerzeuger und -importeure entstanden, beherrscht von den vier großen Verbundunternehmen, neben E.ON und RWE noch EnBW und Vattenfall.[29]

Eine weitgehende Aufsplitterung in Teilmärkte findet sich ferner auf den **Zeitungsmärkten.** Hier muss man nicht nur zwischen dem Leser- und dem Anzeigenmarkt trennen; vielmehr bildet auch der **Lesermarkt** keine Einheit, sondern zerfällt weiter in die Märkte für Abonnements- und Straßenverkaufszeitungen, Tages- und Sonntagszeitungen, politische Wochenzeitungen, sonstige Wochenblätter, Publikumszeitschriften, populärwissenschaftliche Zeitschriften, Special-Interest-Zeitschriften sowie Fachzeitschriften.[30] Bei den **Tageszeitungen** wird außerdem noch zwischen solchen mit lokaler Berichterstattung sowie regionalen und überregionalen Zeitungen unterschieden, während bei den populärwissenschaftlichen oder **Special-Interest-Zeitschriften** je nach Themenschwerpunkt zu trennen ist.[31] 21

Andere Abgrenzungskriterien werden auf dem **Anzeigenmarkt** zugrunde gelegt. Bieten z. B. Straßenverkaufszeitungen und Anzeigenblätter vergleichbare Anzeigenbelegungseinheiten wie Abonnementstageszeitungen an, so gehören sie zu einem Markt, nicht jedoch die Werbung im Internet oder in Stadtmagazinen und das sog. Direktmarketing durch die Verteilung von Drucksachen. Dadurch wird es aber nicht ausgeschlossen, dass zwischen den einzelnen Märkten enge **Wechselbeziehungen,** hier in Gestalt der bekannten Auflagen-Anzeigespirale bestehen, neudeutsch „indirekte Netzwerkeffekte“ genannt, weshalb hier jetzt häufig auch von *„zweiseitigen Märkten“* die Rede ist.[32] 22

Zusätzliche Schwierigkeiten wirft die Marktabgrenzung im **Einzelhandel** auf, weil Einzelhändler typischerweise mit einer Vielzahl unterschiedlicher Produkte handeln. 23

Tz. 13, 48ff. – E.ON; *BKartA* AG 2007, 506 = (auszugsweise) WuW/E DE-V 1357 – RWE/SFG; TB 2009/2010, S. 113f.

28 S. *Emmerich,* AG 2009, 517 (519).

29 BGHZ 178, 285 (289f. Tz. 17) = NJW-RR 2009, 264 = JuS 2009, 670 – E.ON/Stadtwerke Eschwege.

30 BGHZ 82, 1 (3ff.) = NJW 1982, 337 – Springer/MZV; BGHZ 92, 223 (227ff.) = NJW 1985, 1626 – Gruner + Jahr/Zeit I; BGHZ 96, 337 (341ff.) = NJW 1986, 1877 – Abwehrblatt I; *BGH* WuW/E DE-R 336 (341) = AG 2000, 81 – WAZ/IKZ; OLG *Düsseldorf* WuW/E DE-R 3173 (3181ff) – ZVSH/NPG; kritisch z. B. *Dobler,* FS Bechtold, 2006, S. 121.

31 BGHZ 170, 299 (302ff. Tz. 18ff.) = NJW 2007, 1823 – National Geographic II.

32 *OLG Düsseldorf* WuW/E DE-R 3173 (3181ff.) – ZVSH/NPG; *BKartA* AG 2004, 560 – Wochenkurier/ Lausitzer Rundschau; AG 2005, 311 (314f.) – MDS/Bonner Zeitungsdruckerei; AG 2006, 893 = WuW/ E DE-V 1163 (1175f.) – Springer/ProSiebenSat1; WuW/E DE-V1643 (1645f.); 1745 und 1754.

Auf der **Angebotsseite,** d. h. im Verhältnis zu den Verbrauchern, wird deshalb schon seit geraumer Zeit das gesamte übliche Sortiment des Einzelhandels zu einem Markt zusammengefasst (sog. **Sortimentsgedanke**).[33] Dieses Konzept ist vom BKartA trotz verbreiteter Kritik mittlerweile auch auf die **Nachfrageseite** des Marktes erstreckt worden, so dass hier gleichfalls der relevante Markt jeweils einzelne Sortimentsbereiche aus der Sicht der Hersteller umfasst.[34]

2. Räumlich relevanter Markt

a) Abgrenzung

24 Bei der räumlichen Marktabgrenzung geht es um die Frage, welche Unternehmen, die austauschbare, d. h. sachlich vergleichbare Güter oder Leistungen anbieten oder nachfragen (dazu o. Rn. 13ff.), auch tatsächlich miteinander konkurrieren, weil sie *in demselben Gebiet,* d. h. auf demselben räumlich relevanten Markt und nicht in weit voneinander entfernten Märkten tätig sind, zwischen denen, wenn überhaupt, so nur schwache Wettbewerbsbeziehungen bestehen. Je nach den Marktverhältnissen kann es sich dabei um lokale, regionale, nationale, mehrere Länder umfassende, europaweite oder Weltmärkte handeln, wie durch die 7. GWB-Novelle von 2005 in dem jetzigen § 18 Abs. 2 GWB von 2013 (= § 19 Abs. 2 S. 3 GWB von 2005) klargestellt wurde.[35] Freilich bilden wegen der ausgeprägten Präferenz der Nachfrager für die ihnen bekannten Anbieter aus ihrem Umfeld überregionale und erst recht mehrere Länder umfassende Märkte nach wie vor die Ausnahme.[36] Man spricht insoweit vielfach auch von dem „ökonomisch relevanten Markt" im Gegensatz zu der früher üblichen normativen Begrenzung des räumlich relevanten Marktes auf das Bundesgebiet. **Europaweite Märkte** bestehen z. B. bei Staubsaugerbeuteln[37] oder bei Lacken für die Kraftfahrzeugindustrie,[38] während ein **Weltmarkt** heute etwa bereits im Großanlagenbau oder im Schiffs- oder Flugzeugbau existiert, wo, soweit es um die Zivilluftfahrt geht, im Grunde nur noch Airbus und Boeing konkurrieren.[39]

25 Auch bei der räumlichen Marktabgrenzung folgt die Praxis grundsätzlich dem **Bedarfsmarktkonzept.** Dies bedeutet, dass, wenn man **Angebotsmärkte** ins Auge fasst, in erster Linie zu prüfen ist, welche anderen Anbieter für die Abnehmer des Unternehmens, um dessen Marktstellung es geht, überhaupt als **echte Versorgungsalternativen** in Betracht kommen.[40] Dabei wird allein auf die aus der Sicht der Nachfrager bestehenden, **realen räumlichen Ausweichmöglichkeiten** abgestellt, während bloße theo-

[33] *BGH* LM § 22 GWB Nr. 22 = NJW 1992, 2289 – Kaufhof/Saturn; LM § 22 GWB Nr. 17 = AG 1986, 288 – Metro/Kaufhof.

[34] S. schon o. Rn. 18; *BKartA* WuW/E BKartA 2161 = AG 1984, 332 – Coop/Wandmaker; AG 1985, 281 (282) – Pillsbury/Sonnen-Bassermann; kritisch dazu *KG* AG 1985, 167 (171) – Metro/Kaufhof; AG 1987, 285 – Coop/Wandmaker.

[35] S. dazu die Begr. z. RegE, BT-Drs. 15/3640, S. 30 (l. Sp.), 45 (r. Sp.: Zu Nr. 7); ebenso schon BGHZ 160, 321 (327ff.) = NJW 2004, 3711 – Melitta/Schultink (Staubsaugerbeutel).

[36] BGHZ 166, 165 (176ff. Tz. 29ff.) = NJW-RR 2006, 836 – DB Regio/üstra.

[37] BGHZ 160, 321 (327ff.) = NJW 2004, 3711 – Melitta/Schultink.

[38] *BKartA* WuW/E DE-V 165 (168f.) – PPG/ICI; ebenso für Anlagen zur Lackierung von Kfz *BKartA* WuW/E DE-V 235 (237f.) – Dürr/Alston.

[39] So ausdrücklich die Begr. zum RegE, BT-Drs. 13/9720, S. 56.

[40] BGHZ 166, 165 (175ff. Tz. 28ff.) = NJW-RR 2006, 836 – DB Regio/üstra; BGHZ 175, 333 (352) = NJW-RR 2008, 1426 – Rhön-Klinikum/Landkreis Rhön-Grabfeld; BGHZ 192, 16 (27ff. Tz. 33ff.) = AG 2012, 502 (505f.) – Total/OMV.

retische Ausweichmöglichkeiten vernachlässigt werden.[41] Eine (partielle) Definition des räumlich relevanten Marktes findet sich in Art. 9 Abs. 7 der Fusionskontrollverordnung. Trotz der beschränkten Zwecke dieser Definition[42] wird in der deutschen wie in der europäischen Kartellpraxis doch zunehmend auf sie Bezug genommen.[43]

Das **BKartA** hat dementsprechend als räumlich relevanten Markt wiederholt das Gebiet bezeichnet, in dem die jeweils betroffenen Unternehmen beim Absatz der fraglichen Produkte oder Dienstleistungen dem wirksamen Wettbewerb aktueller Konkurrenten ausgesetzt sind, in dem die Wettbewerbsbedingungen hinreichend homogen sind und das sich von benachbarten Gebieten durch spürbar unterschiedlichen Wettbewerbsbedingungen unterscheidet, womit vor allem die Marktzutrittsschranken ins Visier genommen werden.[44] Bei der Prüfung dieser Voraussetzungen geht das BKartA in der Regel schrittweise vor. Ausgangspunkt für die Betrachtung ist das Gebiet, in dem das fragliche Unternehmen Produkte oder Dienstleistungen anbietet (sog. angebotsseitige Betrachtung). Hinzu tritt sodann eine nachfragebezogene Betrachtung, in der es darum geht, welche alternativen Versorgungsquellen für die im ersten Schritt identifizierten Nachfrager neben dem betreffenden Unternehmen sonst noch ernsthaft in Betracht kommen.[45] Die Folge ist, dass es im Einzelfall zur Annahme sehr **kleiner lokaler oder regionaler Märkte** kommen kann, wenn sich die Nachfrager nur auf solchen Märkten eindecken. Unberücksichtigt bleibt dabei, dass sich in den Grenzgebieten naturgemäß alle Märkte überlappen; maßgebend ist vielmehr immer nur, wo sich bei einer Gesamtwürdigung der Marktverhältnisse der **Schwerpunkt des Wettbewerbsgeschehens** befindet.[46] 26

Tatsächlich passt hier das Bedarfsmarktkonzept im Grunde noch weniger als schon bei der sachlichen Marktabgrenzung (s. schon o. Rn. 13). Denn es liegt auf der Hand, dass sich die Marktabgrenzung – räumlich gesehen – letztlich allein danach richten kann und darf, **welche** anderen Unternehmen ein bestimmtes **Unternehmen** (um dessen Marktstellung es geht) selbst **als** seine **Konkurrenten** in seinem engeren oder weiteren Umkreis ansieht, so dass es in seinen Planungen auf deren mögliche Reaktionen Rücksicht nimmt, weil es – aus seiner Sicht – allein durch diese Unternehmen in seinem Verhaltensspielraum (mehr oder weniger) beschränkt wird.[47] Eine derartige **„subjektivistische" Marktabgrenzung** stößt zwar nach wie vor auf zahlreiche Einwände (Rn. 13). Dies ändert indessen nichts daran, dass es sehr wohl auch Fallgestaltungen gibt, in denen ein solcher die (bekannten) Wirtschaftspläne der Unternehmen in den Mittelpunkt rückender Ansatz durchaus bei der Marktabgrenzung hilfreich sein kann.[48] 27

[41] So BGHZ 175, 333 (350f. Tz. 65) – Röhn-Klinikum/Landkreis Rhön-Grabfeld.

[42] Art. 9 FKVO regelt (nur) die Verweisung an nationale Behörden; s. o. § 14 Rn. 14ff.

[43] S. z. B. *EuGH* Slg. 1998, I-1453 (1495 Tz. 143) = EuZW 1998, 299 (308) – K + S/MDK.

[44] *BKartA* AG 2000, 378 (380) – Emerson/NUKEM; WuW/E DE-V 235 (237) – Dürr/Alston; WuW/E DE-V 165 (168f.) – PPG/ICI; 275 = AG 2000, 571 – Melitta/Schultink; WuW/E DE-V 1635 (1637); 1669 (1672f.).

[45] *BKartA* AG 2013, 42 Tz. 116ff. – Tönnies/Tummel; AG 2013, 38 Tz. 34ff. – Klinikum Worms/HDV.

[46] *BGH* LM § 24 GWB Nr. 5 = NJW 1980, 1389 – Zementmahlanlage II; LM § 23 GWB Nr. 8 = AG 1982, 255 – SZ/Münchener Wochenblatt.

[47] Vgl. BGHZ 156, 379 (383ff.) = GRUR 2004, 255 = WuW/E DE-R 1206 – Strom und Telefon I; *BGH* GRUR 2004, 259 = WuW/E DE-R 1210 – Strom und Telefon II.

[48] Ein Beispiel bei *Emmerich,* FS Oberender, 2011, S. 61ff.

b) Beispiele

28 **Regionalmärkte** bestehen z. B. bei Transportbeton, bei dem sich wegen der hohen Transportkosten das Absatzgebiet im Regelfall auf einen Umkreis von ungefähr 30 bis 50 km um den Sitz eines Werkes beschränkt.[49] Dasselbe gilt für zahlreiche sonstige Güter, die sich wie etwa Mehl, Schnittblumen oder bituminöses Mischgut nicht für längere Transporte eignen,[50] nicht dagegen z. B. für den Pharmagroßhandel, weil hier – jedenfalls nach Meinung des BGH[51] – eine derartige **Radiusbetrachtung** zu einer unvertretbaren Ausdehnung des relevanten räumlichen Teilmarktes führte; maßgebend seien vielmehr allein die tatsächlichen Absatzgebiete der einzelnen Händler, die je nach den geographischen Verhältnissen und dem Verhalten der Abnehmer, der Apotheker, unterschiedlich sein könnten.

29 Bei **Zeitungen** bilden die großen Städte je eigene Märkte, weil das besondere Informationsbedürfnis der dort wohnenden Leser nicht von den wenigen überregionalen Zeitungen, sondern in erster Linie von den lokalen Zeitungen befriedigt wird.[52] Für Einzeitungskreise gilt naturgemäß dasselbe.[53] – Bei **Krankenhausdienstleistungen** ist gleichfalls von engen regionalen Märkten auszugehen, weil die Patienten in ihrer großen Mehrzahl nur die wenigen Krankenhäuser in ihrer unmittelbaren Umgebung als echte Alternativen ansehen – ungeachtet des Umstandes, dass natürlich in besonders kritischen Fällen selbst weit entfernte Spezial- oder Universitätskliniken aufgesucht zu werden pflegen.[54]

30 Ähnlich ist die Situation im **Einzelhandel,** wo zum selben Markt schwerpunktmäßig nur diejenigen Geschäfte gehören, die für die Käufer einer Stadt oder Region als Alternativen in Betracht kommen, so dass im Grunde jeder größere Ort mit seinem Einzugsgebiet einen eigenen Markt bildet.[55] Ebenso wird die Rechtslage z. B. auf dem Tankstellenmarkt beurteilt.[56]

31 In der Linienschifffahrt werden ebenso wie in der **Zivilluftfahrt** jeweils die einzelnen Linien grundsätzlich als eigene räumlich relevante Märkte anerkannt.[57] Dagegen ist der öffentliche Personennahverkehr **(ÖPNV)** regional abzugrenzen, wobei die Regio-

---

[49] *BGH* LM § 24 GWB Nr. 5 = NJW 1980, 1389 = WuW/E BGH 1655 (1658) – Zementmahlanlage II; *BKartA* WuW/E DE-V 465 (466) – Readymix/Thomas.

[50] *BGH* WuW/E BGH 2575 = AG 1989, 275 – Kampffmeyer/Plange; BGHZ 166, 165 = NJW-RR 2006, 836 = AG 2006, 369 – DB Regio/üstra; *OLG Düsseldorf* AG 2006, 506f. = WuW/E DE-R 1625; AG 2006, 506f. – Rethmann/GfA Köthen; *BKartA* WuW/E DE-V 1507 (1509f.).

[51] GRUR 2004, 1048 = AG 2004, 674 (675)– Sanacorp/ANZAG; ebenso sodann für den Papiergroßhandel *BKartA* WuW/E DE-V 117 (118ff.) – Schneider/Classen.

[52] *BGH* AG 1980, 251 (253) = NJW 1980, 1381 (insoweit nicht in BGHZ 76, 55 [72] abgedruckt) – Springer/Elbe Wochenblatt; BGHZ 82, 1 (6ff.) = NJW 1982, 337 – Springer/MZV; *BGH* LM § 23 GWB Nr. 8 = AG 1982, 255 – SZ/Münchener Wochenblatt; *OLG Düsseldorf* WuW/E DE-R 1361 (1363f.) – Tagesspiegel/BZ II; 3173 (3185f.) – ZVSH/NPG.

[53] *OLG Düsseldorf* WuW/E DE-R 3173 (3185f.) – ZVSH/NPG.

[54] BGHZ 175, 333 (350ff.) – Rhön-Klinikum/Landkreis Rhön-Grabfeld; *BGH,* Beschl. v. 8.11.2011 – KVZ 14/11 – GNH/GHWM; *BKartA* AG 2013, 38 Tz. 43ff. – Klinikum Worms/HDV; *A. Bangard,* ZWeR 2007, 183 (223ff.).

[55] *BGH* LM § 22 GWB Nr. 22 = NJW 1992, 2289 – Kaufhof/Saturn; *OLG Düsseldorf* AG 2005, 847 (849) = WuW/E DE-R 1495; WuW/E DE-R 2798.

[56] BGHZ 192, 18 (27 Tz. 34ff.) = AG 2012, 502 (504f.) – OMV/Total.

[57] Vgl. für die Linienschifffahrt *BKartA* WuW/E DE-V 122 (123) – WITASS.

nen durch zusammenhängende Netze von Linien um den zentralen Ort der Region definiert werden.[58]

3. Zeitlich relevanter Markt[59]

Die zeitlichen Marktgrenzen spielen nur in Ausnahmefällen eine Rolle, die dadurch 32
gekennzeichnet sind, dass ein Unternehmen aufgrund zeitlich begrenzter Umstände eine **vorübergehende Machtposition** erlangt. Beispiele sind Messen, Volksfeste oder sonstige große Veranstaltungen wie z. B. eine Olympiade oder große Fußballländerspiele.[60]

V. Marktbeherrschung

1. Überblick

Wie sich aus § 18 GWB ergibt, kennt das Gesetz **mehrere** unterschiedliche **Formen** 33
der Marktbeherrschung. Hinzu kommt noch nach § 20 Abs. 1 GWB der besonderen Fall der Marktstärke (dazu u. § 28). Bei der hier zunächst allein interessierenden Marktbeherrschung hat man zunächst zwischen der Einzelmarktbeherrschung des § 18 Abs. 1 GWB (Rn. 34 ff.) und der gemeinsamen Beherrschung eines Marktes durch mehrere Unternehmen, dem so genannten Oligopol des § 18 Abs. 5 GWB zu unterscheiden (Rn. 48 ff.). Bei der Einzelmarktbeherrschung muss man zumindest äußerlich gemäß § 18 Abs. 1 Nr. 1 bis 3 GWB weiter zwischen dem Monopol (Nr. 1 a. a. O.), dem Fehlen wesentlichen Wettbewerbs (Nr. 2 a. a. O.) und der überragenden Marktstellung trennen (Nr. 3 a. a. O.), wobei jedoch das Monopol der Nr. 1 des § 18 Abs. 1 GWB bei Lichte besehen lediglich einen besonders herausgehobenen Grenzfall des fehlenden Wettbewerbs im Sinne der Nr. 2 des § 18 Abs. 1 GWB darstellt. § 18 Abs. 3 und 4 GWB regeln Einzelheiten der Einzelmarktbeherrschung einschließlich insbesondere der Voraussetzungen, unter denen Einzelmarktbeherrschung vermutet wird (§ 18 Abs. 4 GWB und dazu u. Rn. 54 ff.). Die Oligopolvermutung hat ihre Regelung dagegen in § 18 Abs. 6 und 7 GWB gefunden.

Das Verhältnis dieser verschiedenen Formen der Einzelmarktbeherrschung (Rn. 33) 33a
zueinander ist nicht ohne Weiteres einsichtig. Unklar ist vor allem das **Verhältnis zwischen der Nr. 2 und der Nr. 3** des § 18 Abs.. 1 GWB, d. h. die Frage, ob die beiden hier geregelten Formen von Marktbeherrschung in einem Alternativverhältnis stehen oder ob die Nr. 3 des § 18 Abs. 1 GWB den weiteren Marktbeherrschungsbegriff enthält, der letztlich auch die Nr. 2 (und damit erst recht zugleich die Nr. 1) der Vorschrift umfasst. Überwiegend wird zwar bisher das erstere angenommen mit der Folge, dass die überragende Marktstellung eines Unternehmens i. S. d. Nr. 3 des § 18 Abs. 1 GWB auch dann bejaht werden kann, wenn an sich noch wesentlicher Wettbewerb auf dem Markt herrscht (s. die Nr. 2 des § 18 Abs. 1 GWB).[61] Tatsächlich wird indessen zumindest in der Fusionskontrolle de facto schon lange kaum noch zwischen den

---

58 BGHZ 166, 165 (176 ff. Tz. 29 ff.) = NJW-RR 2006, 836 – DB Regio/üstra; *M. Lange,* ZWeR 2007, 445 (457 ff.).

59 Dazu *v. Ungern-Sternberg,* WuW 1984, 707.

60 BGHZ 52, 65 (68) = NJW 1969, 1716 – Sportartikelmesse; BGHZ 101, 100 (103 f.) = NJW 1987, 3007 = JuS 1988, 158 Nr. 10 – InterMailand.

61 BGHZ 67, 104 (112 ff.) = NJW 1976, 2259 – Vitamin B 12; BGHZ 68, 23 (28 ff.) = NJW 1977, 675 – Valium; BGHZ 119, 117 (131) = NJW 1993, 264 – Melitta/Kraft (Frapan); kritisch *Offterdinger,* FS Pfeiffer, 1988, S. 727 (735 ff.).

beiden Fällen des § 18 Abs. 1 GWB unterschieden (s. u. § 34 Rn. 14ff.); der Grund ist einfach der, dass über die Frage der Marktbeherrschung ohnehin immer nur im Einzelfall aufgrund einer Gesamtbetrachtung sämtlicher relevanten Faktoren entschieden werden kann (Rn. 39), die schwerlich je nach dem gewählten Ausgangspunkt (Nr. 2 oder Nr. 3 des § 18 Abs. 1 GWB) unterschiedlich ausfallen kann. Damit hängt letztlich auch die weitere Frage zusammen, ob marktbeherrschend im Sinne des § 18 Abs. 1 GWB immer nur *ein* Unternehmen oder gegebenenfalls **auch mehrere Unternehmen nebeneinander** sein können. Überwiegend wird bisher das Erstere angenommen; aber es mehren sich die Anzeichen, dass unter besonderen Umständen, namentlich bei ergänzender Berücksichtigung der Vertikalbeziehungen (s. § 18 Abs. 3 Nr. 7 und 8 GWB) auch mehrere Unternehmen zugleich die Voraussetzungen der Marktbeherrschung nach § 18 Abs. 1 GWB erfüllen können.[62]

2. Monopol (§ 18 Abs. 1 Nr. 1 GWB)

34 Marktbeherrschung liegt nach § 18 Abs. 1 Nr. 1 GWB zunächst vor, wenn ein Unternehmen als Anbieter oder Nachfrager einer bestimmten Art von Waren oder gewerblichen Leistungen auf dem jeweils relevanten Markt ohne Wettbewerber ist, d. h. über eine Monopolstellung verfügt. Es handelt sich dabei lediglich um eine besondere Erscheinungsform des Fehlens wesentlichen Wettbewerbs im Sinne des § 18 Abs. 1 Nr. 2 GWB (Rn. 33). Keine Rolle spielt, ob die Monopolstellung rechtliche oder tatsächliche Gründe hat. Beispiele für **rechtliche Monopole** waren früher vor allem die (inzwischen weitgehend abgeschafften) Verwaltungsmonopole des Staates, die (gleichfalls mittlerweile schon stark erodierten) Prüfmonopole der TÜV sowie die Monopole vieler Gebäudeversicherer nach Landesrecht. Bis heute geblieben ist dagegen z. B. das bizarre Glücksspielmonopol der Bundesländer, während wenigstens das Wettmonopol der Länder inzwischen an dem EuGH gescheitert ist.[63]

35 Über **tatsächliche Monopole** verfügen demgegenüber z. B. die Wasserversorgungsunternehmen aufgrund der schlichtweg skandalösen Privilegien der §§ 31–31b GWB von 2013 sowie außerdem noch die Energieversorgungsunternehmen in ihren „angestammten" Versorgungsgebieten (s. § 103 Abs. 1 GWB a. F.), die Telekom AG im Ortsvermittlungsbereich, die Deutsche Post AG bei Briefen, die Bahn zumindest im Personenfernverkehr, die meisten Verwertungsgesellschaften sowie die Regional- oder Lokalzeitungen in den Einzeitungskreisen.[64] Zwar sollte an sich schon lange bei Gas und Strom, bei Telefon und Briefen sowie im Schienenverkehr Wettbewerb herrschen; jedoch ist es den genannten Monopolisten mit tatkräftiger Hilfe korrupter Politiker bislang gelungen, das Aufkommen jeden Wettbewerbs, insbesondere seitens ausländischer Unternehmen, erfolgreich zu verhindern – mit der Folge, dass die deutschen Verbraucher inzwischen die höchsten Strom-, Gas-, Telefon- Brief- und Bahnpreise zahlen müssen, und das bei häufig miserabler Qualität der angebotenen Dienste. Man nennt das in Deutschland „Daseinsvorsorge für Kommunal- und Landespolitiker!

[62] So in der Tat *BGH* WuW/E DE-R 2708 (2712 Tz. 32) = WM 2009, 1863 – Reisestellenkarte (für das Verhältnis von LH und DB); *Füller,* FS Säcker, 2011, S. 669 (672ff.).

[63] S. o. § 19 Rn. 44; *EuGH* EuZW 2010, 503; 2010, 759ff.; 2011, 674; *Dreher,* NJW 2010, 198 und EuZW 2010, 771.

[64] *OLG Düsseldorf* WuW/E DE-R 3173 (3187ff.) – ZVSH/NPG.

3. Fehlen wesentlichen Wettbewerbs (§ 18 Abs. 1 Nr. 2 GWB)

Ein Unternehmen ist nach § 18 Abs. 1 Nr. 2 GWB ferner dann marktbeherrschend, 36
wenn es als Anbieter oder Nachfrager einer bestimmten Art von Waren oder gewerblichen Leistungen auf dem relevanten Markt „keinem wesentlichen Wettbewerb ausgesetzt“ ist.[65] Diese Voraussetzung ist erfüllt, wenn der Wettbewerb seine zentrale Steuerungsfunktion gegenüber dem betreffenden Unternehmen nicht mehr zu erfüllen vermag, so dass es in der Lage ist, sich weitgehend **unabhängig von** seinen **Konkurrenten zu verhalten.**[66] Ob diese Voraussetzung erfüllt ist, lässt sich nur aufgrund einer sorgfältigen Analyse der Marktverhältnisse beurteilen, wobei gleichermaßen Marktverhaltens- wie Marktstrukturkriterien zu berücksichtigen sind (u. Rn. 37ff.).

Als **Marktverhaltenskriterien,** die auf die Fähigkeit zu unabhängigen Strategien und 37
damit auf Marktbeherrschung hindeuten, kommen von Fall zu Fall **„eindeutige“ Formen missbräuchlichen Verhaltens** wie Kampfpreisunterbietungen oder Lieferverweigerungen in Betracht, da solche Maßnahmen – aus der Sicht des betreffenden Unternehmens – nur dann sinnvoll sind, wenn es bereits über ein gewisses Maß von Marktmacht verfügt.[67] Ein sicherer Rückschluss vom Verhalten eines Unternehmens auf seine Marktposition ist freilich nur selten möglich, da dasselbe unternehmerische Verhalten vielfach ebensowohl Ausdruck von Wettbewerb wie von Wettbewerbsbeschränkungen sein kann.[68] Das ist der Grund, weshalb heute in der Praxis bei der Ermittlung der Marktbeherrschung **Marktstrukturkriterien** deutlich bevorzugt werden. Die wichtigsten dieser Merkmale zählt das Gesetz bereits selbst in § 18 Abs. 3 GWB auf; es sind dies neben dem durchweg ganz im Vordergrund des Interesses stehenden **Marktanteil** eines Unternehmens[69] insbesondere noch der **Abstand** zu den Konkurrenten, eine etwaige Zersplitterung der Konkurrenz, der von Unternehmen am Marktrand im In- oder Ausland ausgehende Wettbewerbsdruck, weiter die **Finanzkraft** des Unternehmens (Rn. 44), sein Zugang zu den Beschaffungs- und Absatzmärkten sowie seine Verflechtungen mit anderen Unternehmen (s. u. Rn. 45).

Jedes der genannten Merkmale (o. Rn. 37) kann freilich durch andere Strukturmerk- 38
male wieder entkräftet werden. Selbst ein hoher Marktanteil korreliert nicht notwendig mit Marktbeherrschung.[70] So verhält es sich z. B., wenn ein Unternehmen mächtigen Abnehmern oder Konkurrenten gegenübersteht, die über erhebliche Ressourcen verfügen, vorausgesetzt, dass die Märkte offen sind. Doch handelt es sich dabei – aufs Ganze gesehen – um Ausnahmefälle.[71]

---

[65] Dazu ausführlich insbesondere *BKartA,* Leitfaden zur Marktbeherrschung von 2012 (bei *Bechtold,* GWB, S. 889), Tz. 22ff.

[66] *BKartA,* Auslegungsgrundsätze von 2005, Tz. I A 2 I B; *Mestmäcker,* Das marktbeherrschende Unternehmen im Recht der Wettbewerbsbeschränkungen, 1959, S. 8ff.; *Möschel,* Oligopolmißbrauch, 1974, S. 164ff.; *ders.,* Pressekonzentration und Wettbewerbsgesetz, 1978, S. 78ff.; zu Art. 102 AEUV s. schon o. § 9 Rn. 19ff.

[67] *Hoppmann,* Marktmacht und Wettbewerb, 1977, S. 24ff.; ebenso *BKartA* WuW/E BKartA 2488 = AG 1991, 183 (185f.) – BAM/H + W.

[68] S. zur Kampfpreisunterbietung schon o. § 10 Rn. 40ff.

[69] S. Rn. 43; BGHZ 165, 181ff. Tz. 42ff. = NJW-RR 2006, 836 – DB Regio/üstra; BGHZ 170, 299 = NJW 2007, 1823 = JuS 2007, 784 Nr. 13 – National Geographic II.

[70] *KG* WuW/E OLG 2539 = AG 1982, 190 – Braun/Almo.

[71] *BKartA* WuW/E DE-V 1127 (1129 Tz. 144f.) – CIE/Ish.

39 Die Rechtsprechung hat aus dem Gesagten den (naheliegenden) Schluss gezogen, dass über die Marktbeherrschung eines Unternehmens letztlich nur eine **Gesamtbetrachtung der relevanten Faktoren** entscheiden kann, d. h. eine zusammenfassende Würdigung („Schau") der Auswirkungen der Wettbewerbsbedingungen sowie des Wettbewerbsverhaltens des betreffenden Unternehmens auf dem jeweils relevanten Markt. Allein aufgrund eines so gewonnenen Marktbildes kann in der Tat entschieden werden, ob das betreffende Unternehmen wirklich die **Fähigkeit zu unabhängigen Marktstrategien** besitzt, die sich vor allem in der **Fähigkeit** äußert, **die Preise zu bestimmen.**[72] Wer in der Lage ist, der Marktgegenseite die Preise zu diktieren, beherrscht den Markt, weil er offenkundig auf die Konkurrenten ebenso wie auf die Abnehmer keine Rücksicht mehr zu nehmen braucht. Dasselbe gilt für Unternehmen, die den Zugang zu ihrem Markt kontrollieren können, z. B. aufgrund des Besitzes von Schlüsselpatenten oder aufgrund der Verfügungsmacht über wesentliche Einrichtungen im Sinne des § 19 Abs. 2 Nr. 4 GWB.

4. Überragende Marktstellung (§ 18 Abs. 1 Nr. 3 GWB)

a) Begriff

40 Als marktbeherrschend gilt nach § 18 Abs. 1 Nr. 3 GWB ferner ein Unternehmen, das für eine bestimmte Art von Waren oder gewerblichen Leistungen auf dem relevanten Markt „eine im Verhältnis zu seinen Wettbewerbern überragende Marktstellung" besitzt; dabei sind nach § 18 Abs. 3 GWB insbesondere sein Marktanteil, seine Finanzkraft, sein Zugang zu den Beschaffungs- und Absatzmärkten, Verflechtungen mit anderen Unternehmen, Marktzutrittsschranken, der tatsächliche oder potentielle Wettbewerb von Unternehmen aus dem In- oder Ausland sowie bei Nachfragern seit 1990 zusätzlich noch ihre Umstellungsflexibilität und die Ausweichmöglichkeiten der Marktgegenseite zu berücksichtigen. Die Gesetzesverfasser hatten bei diesem Tatbestand seinerzeit vor allem Fälle einer ausgeprägten **asymmetrischen Machtverteilung** auf einem Markt im Auge, in denen trotz der Größenunterschiede zwischen den Unternehmen häufig nur mit Mühe feststellbar ist, ob das herausragende Unternehmen noch wesentlichem Wettbewerb ausgesetzt ist (s. die Nr. 2 des § 18 Abs. 1 GWB). Deshalb sollte Marktbeherrschung (auch) anzunehmen sein, wenn ein Unternehmen aufgrund der in § 18 Abs. 3 GWB genannten Marktstrukturkriterien über einen **besonders großen,** vom Wettbewerb **nicht mehr hinreichend kontrollierten Verhaltensspielraum** verfügt.[73]

41 Dahinter steht die Erfahrung, dass bei einseitiger Verteilung der die Marktposition eines Unternehmens vor allem prägenden Merkmale zusätzliche Verhaltensspielräume entstehen können, die es einem Unternehmen erlauben, seine Konkurrenten nachhaltig an dem normalen Einsatz ihrer Aktionsparameter zu hindern (vgl. auch § 20 Abs. 3 GWB).[74] In solchen Fällen wird die Annahme einer überragenden Marktstellung auch

---

[72] BGHZ 71, 102 (109ff.) = NJW 1978, 1320 = JuS 1978, 784 Nr. 7 – Sachs/GKN; BGHZ 79, 62 (66ff.) = NJW 1981, 1786 – Klöckner/Becorit; BGHZ 82, 1 (5ff.) = NJW 1982, 337 – Springer/MZV; BGHZ 88, 284 (290f.) = NJW 1984, 270 – Texaco/Zerssen; BGHZ 131, 107 (115) = NJW 1996, 595 – Krupp/Daub; *Zimmer,* FS Huber, 2006, S. 1173.

[73] S. die Begr. z. RegE, BT-Drs. VI/2520, S. 21ff.

[74] BGHZ 77, 279 (291f.) = NJW 1980, 2583 – Mannesmann/Brueninghaus; *Ramrath,* Die überragende Marktstellung als Merkmal der Fusionskontrolle, 1978, S. 60ff.

nicht notwendig dadurch ausgeschlossen, dass auf dem Markt noch andere potente Konkurrenten oder ein mächtiger Nachfrager anzutreffen sind.[75]

Ob auf einem konkreten Markt eine ausgeprägte asymmetrische Machtverteilung in dem genannten Sinne besteht, lässt sich ebenso wie bereits das Fehlen wesentlichen Wettbewerbs (Rn. 39) allein aufgrund einer umfassenden Würdigung der Marktverhältnisse feststellen, wobei alle für einen Markt typischen Abläufe Bedeutung erlangen können (Stichwort: **Gesamtbetrachtungsweise**).[76] Die Annahme einer überragenden Marktstellung ist insbesondere gerechtfertigt, wenn ein Unternehmen ohne weiteres zu ausdauernden Verlustpreisstrategien in der Lage ist oder wenn es über lange Zeit hinweg doppelt so hohe Preise wie seine Konkurrenten verlangen kann, ohne dass dadurch seine führende Marktstellung beeinträchtigt würde.[77] Denn dann ist eindeutig, dass dieses Unternehmen über die **Fähigkeit zur Preisbestimmung** verfügt, die allgemein als wesentliches Merkmal der Marktbeherrschung gilt (o. Rn. 39). Freilich liegen die Verhältnisse nur selten so einfach wie in den genannten Fällen, so dass meistens nichts anderes übrig bleibt, als von bestimmten verhältnismäßig leicht feststellbaren Marktstrukturmerkmalen wie insbesondere dem Marktanteil und der Finanzkraft eines Unternehmens auf dessen besonderen Verhaltensspielraum zurückzuschließen (u. Rn. 43ff.). 42

b) Marktanteil

Als maßgebliches Marktstrukturkriterium nennt das Gesetz in § 18 Abs. 3 Nr. 1 GWB zunächst den Marktanteil, weil sich vor allem in ihm der bleibende Erfolg eines Unternehmens ausdrückt (s. schon o. Rn. 37). Dabei kommt es ebensowohl auf den **absoluten wie** auf den **relativen Marktanteil** eines Unternehmens, d. h. auf seinen *Vorsprung* vor den Konkurrenten an. Verbundene Unternehmen gelten in diesem Zusammenhang gemäß § 36 Abs. 2 S. 1 GWB als **wettbewerbliche Einheit.**[78] **Gemessen** wird der Marktanteil grundsätzlich an den gesamten auf dem jeweils relevanten Markt getätigten **Umsätzen** und nur gelegentlich, wenn die Umsätze aus bestimmten Gründen keine Aussagekraft besitzen, an den auf einem Markt umgesetzten Stückzahlen oder Mengen, einschließlich jeweils der Importe und der Lieferungen an Tochtergesellschaften, sofern diese über den Markt nachgefragt und angeboten werden, jedoch abzüglich der konzerninternen Umsätze, der Kollegenlieferungen und der Exporte.[79] Umsatzanteile sind insbesondere dann vorzuziehen, wenn bei den angebotenen Produkten erhebliche Preisunterschiede bestehen.[80] Das gilt auch auf Ausschreibungsmärkten.[81] Bei hohen Marktanteilen 43

---

75 S. Rn. 33; *KG* WuW/E OLG 2182 (2184ff.) – Klöckner/Becorit; AG 1988, 311 = WuW/E OLG 4167 – Kampffmeyer/Plange.

76 BGHZ 67, 104 (112, 115f.) = NJW 1976, 2259 – Vitamin-B12; BGHZ 77, 279 (291f.) = NJW 1980, 2583 – Mannesmann/Brueninghaus; BGHZ 79, 62 (66ff.) = NJW 1981, 1786 – Klöckner/Becorit; ausführlich *BKartA,* Leitfaden von 2012 (Fn. 65), 22–80.

77 S. o. Rn. 39; *KG* WuW/E OLG 2849 = AG 1983, 191 (192) – Lufthansa/f. i. r. s.t.; WuW/E OLG 2862 = AG 1983, 194 (195) – Rewe/Florimex; *BKartA* WuW/E BKartA 1709 = AG 1979, 24.

78 S. BGHZ 71, 102 (116ff.) = NJW 1978, 1320; BGHZ 79, 62 (68f.) = NJW 1981, 1786; BGHZ 82, 1 (5ff.) = NJW 1982, 337; *BGH* AG 2009, 742 = WuW/E DE-R 2739 Tz. 15 – Entega I.

79 BGHZ 119, 117 (129f.) = AG 1993, 36 – Melitta/Kraft (Frapan); *BGH* LM § 24 GWB Nr. 16 = AG 1985, 334 = NJW-RR 1986, 525 – Rheinmetall/WMF; AG 1989, 275 = WuW/E BGH 2574 – Kampffmeyer/Plange.

80 *BKartA* WuW/E DE-V 1643 (1647) – Intermedia.

81 BGHZ 166, 165 (181ff. Tz. 42ff.) = NJW-RR 2006, 836 – DB Regio/üstra.

eines Unternehmens spielen außerdem die **Gegenmacht** großer Nachfrager oder die Existenz bedeutender potentieller Wettbewerber am Marktrand nur eine untergeordnete Rolle, weil in erster Linie maßgeblich das Verhältnis zu den aktuellen Konkurrenten ist.[82] Anders jedoch, wenn den **potentiellen Konkurrenten** am Marktrand jederzeit ohne besonderen Aufwand ein Markteintritt möglich ist, weil dadurch der Preiserhöhungsspielraum des fraglichen Unternehmens notwendigerweise begrenzt wird.[83]

c) Finanzkraft

44 Fast dieselbe Bedeutung wie dem Marktanteil (Rn. 43) kommt nach der Nr. 2 des § 18 Abs. 3 GWB der Finanzkraft eines Unternehmens für die Beurteilung seiner Marktstellung zu, weil sie eine der wichtigsten Ursachen besonderer Verhaltensspielräume eines Unternehmens ist.[84] Unter der Finanzkraft eines Unternehmens versteht man in diesem Zusammenhang seine besondere Wirtschaftskraft, die sich in erster Linie in seinen **Finanzierungsmöglichkeiten,** d. h. in dem Umfang der eigenen Mittel, in der Ertragslage, in dem Ausmaß der Investitionen und in dem Zugang zu den Kapitalmärkten äußert.[85] Wichtigste Kennzahl zur Ermittlung der Finanzkraft eines Unternehmens ist der sog. **Cash-flow,** d. h. die Summe aus Periodengewinnen, Abschreibungen und Rückstellungen.[86] Feste Kennzahlen gibt es nicht.

d) Weitere Faktoren

45 Neben dem Marktanteil und der Finanzkraft (o. Rn. 43f.) können gemäß den Nrn. 3 bis 8 des § 18 Abs. 3 GWB von Fall zu Fall auch noch andere Faktoren mit unterschiedlichem Gewicht eine Rolle spielen. Hervorzuheben sind der **Zugang** zu den Beschaffungs- und Absatzmärkten (Nr. 3 a. a. O.) sowie die **Verflechtungen** mit anderen Unternehmen, wobei alle rechtlichen, wirtschaftlichen und persönlichen Beziehungen zu anderen Unternehmen berücksichtigt werden, selbst wenn sie noch keine Abhängigkeit und damit keine wettbewerbliche Einheit begründen, sofern nur dadurch ein Vorsprung vor anderen Unternehmen begründet oder befestigt wird, weil die nahezu zwangsläufige Folge solcher Verflechtungen ist, dass zwischen den verflochtenen Unternehmen infolge der gegenseitigen Rücksichtnahme kein funktionsfähiger Wettbewerb mehr besteht (Nr. 4 a. a. O.).[87] Erhebliche Bedeutung kommt außerdem regelmäßig etwaigen **Marktzutrittsschranken** zu, da die Position eines Unternehmens auf einem Markt umso weniger angreifbar ist, je höher die Marktzutrittsschranken sind (Nr. 5 a. a. O.).

e) Nachfrageseite

46 Für die Ermittlung der Marktbeherrschung auf der Nachfrageseite eines Marktes sind grundsätzlich dieselben Erwägungen wie auf der Angebotsseite maßgebend. Daher kommt es hier gleichfalls in erster Linie darauf an, ob ein bestimmter Nachfrager

[82] *OLG Düsseldorf* AG 2005, 847 (850); *BKartA* WuW/E DE-V 1127 (1129 Tz. 144f.) – CIE/Ish.

[83] BGHZ 170, 299 (305ff.) = NJW 2007, 1823 = JuS 2007, 784 Nr. 14 – National Geographic II; *OLG Düsseldorf* (vorige Fn.).

[84] *BKartA* WuW/E BKartA 2729 (2750f.) = AG 1995, 472 – Hochtief/Ph. Holzmann.

[85] *OLG Düsseldorf* WuW/E DE-R 1973 (1978) – SZ/Lokalzeitung; *BKartA* (vorige Fn.); WuW/E DE-V 1734 – GNH/GHWN.

[86] *BKartA* AG 1995, 472 = WuW/E BKartA 2729 (2750f.) – Hochtief/Holzmann.

[87] *BGH* LM Nr. 25 zu § 22 GWB = NJW 1996, 1820 – HaGe Kiel/RHG Hannover; *BKartA* WuW/E DE-V 1607 (1610) – Edeka/Tengelmann.

wegen seines Anteils an dem Beschaffungsmarkt und wegen seiner Ressourcen keine Rücksicht mehr auf konkurrierende Nachfrager zu nehmen braucht, so dass er über einen besonderen Verhaltenspielraum verfügt.[88] Bei der Parallelvorschrift des Art. 102 AEUV spricht man in diesem Zusammenhang meistens von unausweichlichen oder *Zwangspartnern;* gemeint sind Absatzkanäle, auf die jeder Anbieter angewiesen ist.

Nach § 18 Abs. 3 Nr. 7 und 8 GWB sind in diesem Zusammenhang insbesondere die besondere **Umstellungsflexibilität** des Abnehmers sowie die dadurch **eingeschränkten Ausweichmöglichkeiten** der Marktgegenseite zu berücksichtigen. Zweck dieser Regelung war es, die schwierige Feststellung überragender Marktstellungen im Handel zu erleichtern, weil die Gesetzesverfasser der Meinung waren, es seien gerade die beiden genannten Umstände zusammen, die den Großen des Einzelhandels einen besonderen, zusätzlichen Verhaltensspielraum verschaffen, so dass es gerechtfertigt sei, bei ihnen Marktbeherrschung bereits bei **Marktanteilen** deutlich **unter 40%** (s. § 18 Abs. 4 GWB) anzunehmen.[89] In der Praxis hat diese Regelung bisher, soweit ersichtlich, nur geringe Bedeutung erlangt. Für den Regelfall bleibt es auch im Handel dabei, dass Marktbeherrschung grundsätzlich nur im Einzelfall auf bestimmten lokalen oder regionalen Märkten festgestellt werden kann, wenn dort einer der Großen des Handels (ausnahmsweise) über eine deutlich überragende Position im Verhältnis zu seinen Konkurrenten verfügt.[90] 47

5. Oligopol (gemeinsame Beherrschung)[91]

a) Überblick

Nach § 18 Abs. 5 Nr. 1 und 2 GWB (= § 19 Abs. 2 S. 2 GWB a. F.) gelten als marktbeherrschend ferner zwei oder mehr Unternehmen, soweit zwischen ihnen für eine bestimmte Art von Waren oder gewerblichen Leistungen ein wesentlicher Wettbewerb nicht besteht (Nr. 1 a. a. O.) *und* sie in ihrer Gesamtheit die Voraussetzungen des § 18 Abs. 1 GWB erfüllen (Nr. 2 a. a. O.), d. h. marktbeherrschend sind. Gemeint ist mit dieser Formulierung das sog. marktbeherrschende Oligopol, nach europäischem Vorbild jetzt häufig auch „gemeinsame Beherrschung" genannt. Hinter der gesetzlichen Regelung steht die Vorstellung, marktbeherrschende Oligopole seien aus wettbewerbspolitischer Sicht deshalb als besonders gefährlich einzustufen, weil die häufig festzustellende **Gleichförmigkeit des Auftretens** der Oligopolmitglieder der Marktgegenseite in vielen Fällen ein Ausweichen nahezu unmöglich mache. Im Einzelnen unterscheidet man koordinierte und nicht koordinierte Effekte, wobei wegen aller Einzelheiten auf die Ausführungen zum Unionsrecht verwiesen werden kann (§ 16 Rn. 49ff.), von dem sich das deutsche Recht heute allenfalls noch in Nuancen unterscheidet. Das gilt insbesondere auch für die Voraussetzungen, unter denen nach § 18 Abs. 5 Nr. 1 und 2 GWB im deutschen Recht die Annahme eines marktbeherrschen- 48

---

88 *KG* AG 1987, 285 = WuW/E OLG 3917 – Coop/Wandmaker; *Köhler,* Nachfragewettbewerb und Marktbeherrschung, 1986, S. 84ff.

89 So die Begr. z. RegE, BT-Drs. 11/4610, S. 17f.; Bericht des Rechtsausschusses BT-Drs. 11/5949, S. 19f.; zustimmend *BGH* LM § 20 GWB Nr. 24 (Bl. 4 R) = ZIP 2000, 426 – Tariftreueerklärung.

90 *BGH* LM § 22 GWB Nr. 22 = NJW 1992, 2289 – Kaufhof/Saturn; *BKartA* AG 1990, 313 (314) = WuW/E BKartA 2441 – Tengelmann/Gottlieb.

91 S. dazu schon o. § 16 Rn. 49ff. sowie ausführlich insbesondere *BKartA,* Leitfaden von 2012, Tz. 81ff. (abgedruckt bei *Bechtold,* GWB, S. 889, 913ff.).

den Oligopols in Betracht kommt (Rn. 49ff.; wegen der Voraussetzungen der Oligopolvermutungen nach § 18 Abs. 6 und 7 GWB s. u. Rn. 54ff.).

b) Voraussetzungen

49 Erste Voraussetzung für die Annahme eines marktbeherrschenden Oligopols ist nach § 18 Abs. 5 Nr. 1 GWB, dass zwischen zwei oder mehr Unternehmen für eine bestimmte Art von Waren oder gewerblichen Leistungen, d. h. auf einem bestimmten (relevanten) Markt kein wesentlicher Wettbewerb mehr besteht. Entscheidend ist mit anderen Worten das **Fehlen wesentlichen Binnenwettbewerbs.** Bei der Bejahung dieses Merkmals verfuhren die deutschen Gerichte ursprünglich ausgesprochen restriktiv,[92] während sich heute die Rechtsprechung zur Oligopolklausel des § 18 Abs. 5 GWB nahezu uneingeschränkt an der europäischen Praxis insbesondere zur Fusionskontrollverordnung orientiert (s. deshalb auch o. § 16 Rn. 49ff.).

50 Die Annahme eines marktbeherrschenden Oligopols kommt folglich in erster Linie in Betracht, wenn die viel zitierten **drei Merkmale** der hohen Markttransparenz, des Vorhandenseins wirksamer Vergeltungsmechanismen für abweichende Verhaltensweisen einzelner Oligopolisten sowie des Fehlens wirksamen Außenwettbewerbs auf einem Markt bei mehreren Unternehmen vorliegen. Ob dies der Fall ist, kann nur aufgrund einer **Gesamtbetrachtung** des Marktes auf der Basis seiner Strukturmerkmale *und* des tatsächlichen Verhaltens der vermutlichen Oligopolisten entschieden werden. Ein dauerhaft einheitliches Verhalten von Unternehmen ist danach zu erwarten, wenn zwischen den fraglichen Unternehmen eine enge Reaktionsverbundenheit besteht, worauf in erster Linie eine hohe Markttransparenz, eine Symmetrie der beteiligten Unternehmen, die Homogenität der vertriebenen Produkte sowie eine Verflechtung der Unternehmen hindeuten. Hinzu kommen muss noch, dass die beteiligten Unternehmen über glaubhafte und wirksame Abschreckungsmechanismen zur Disziplinierung ihrer Konkurrenten verfügen.[93]

51 **Indizien** für eine derartige Marktstruktur sind eine Symmetrie der Unternehmen hinsichtlich ihrer Produktpalette, ihrer Technologie und ihrer Kosten, hohe Marktzutrittsschranken sowie eine geringe Preiselastizität der Nachfrage, *nicht* dagegen eine Angleichung der Marktanteile, die im Gegenteil auch Ausdruck von Wettbewerb sein kann. Vor allem dauerhafte Marktanteilszuwächse einzelner Unternehmen deuten auf tatsächlichen Binnenwettbewerb hin und schließen damit die Annahme eines Oligopols aus. Für eine reine Strukturbetrachtung ist daher hier kein Raum; vielmehr muss auch das Marktverhalten der Beteiligten ins Auge gefasst werden. Wenn dieses wie häufig ambivalent ist, sind ergänzend die Vermutungen des § 18 Abs. 6 GWB zu berücksichtigen, so dass im Zweifel von dem *Vorliegen* eines Oligopols (und nicht von dem Gegenteil) auszugehen ist (s. Rn. 54f.). Die Wahrscheinlichkeit koordinierte Effekte ist dabei umso größer, je enger das Oligopol ist.[94]

---

[92] S. im Einzelnen Voraufl. S. 390.

[93] Grdl. zuletzt BGHZ 192, 18 (31ff. Tz. 46ff.) = AG 2012, 502 (506ff.) – Total/OMV.

[94] BGHZ 178, 285 (293ff.) = AG 2009, 503 = JuS 2009, 670 – E.ON/Stadtwerke Eschwege; BGHZ 192, 18 (31ff. Tz. 46ff.) = AG 2012, 502 (506ff.) – Total/OMV; *BGH* WuW/E DE-R 2905 = WM 2010, 1071 (1076f.) – Phonak/ReSound; AG 2010, 832 = WuW/E DE-R 3067 Tz. 15ff. = JuS 2011, 464 – Springer/ProSiebenSat.1 II; *BKartA* WuW/E DE-V 1837 (1839ff.) – Webasto/Edeka; *Emmerich,* AG 2009, 597 (600f.); 2010, 517 (520f.); 2011, 565 (566); 2013, 23 (25f); *K. Westermann,* ZWeR 2011, 333 (342ff.).

Wegen der früher ausgesprochen restriktiven Haltung der Gerichte ist das Vorliegen eines marktbeherrschenden Oligopols bislang nur in verhältnismäßig wenigen Fällen bejaht worden. **Beispiele** sind der Zigarettenmarkt,[95] die Märkte für technische Gase[96] und für Zement,[97] weiter die Märkte für Asphaltmischgut[98] sowie insbesondere die Märkte für die Fernsehwerbung und für Gas und Strom. Während der Markt für Fernsehwerbung von einem stabilen, wettbewerbslosen Duopol aus RTL und ProSiebenSAT1 beherrscht wird,[99] sind die Gas- und Strommärkte in Deutschland bundesweit zwischen RWE und E.ON aufgeteilt.[100] Dagegen wurde z. B. für das durch das SGB V geschaffene Nachfragekartell der gesetzlichen Krankenkassen die Anwendbarkeit der Oligopolklausel verneint weil die einzelnen Krankenkassen durch das SGB V nicht an einem eigenständigen Vorgehen am Markt gehindert würden und von dieser Möglichkeit auch tatsächlich Gebrauch machten.[101] Ebenso wurde schließlich für den Hörgerätemarkt entschieden.[102] 52

c) Rechtsfolgen

Liegen die genannten Voraussetzungen eines marktbeherrschenden Oligopols (o. Rn. 49–52) vor, so gilt nach § 18 Abs. 5 GWB *jedes* einzelne Oligopolmitglied für sich *allein* als marktbeherrschend, da die „gebündelte" Macht der Unternehmensgruppe den einzelnen Mitgliedern der Gruppe zugerechnet wird. Hinzu kommen muss lediglich, dass ein etwaiges missbräuchliches Verhalten des betreffenden Unternehmens gerade durch das einheitliche Auftreten der Oligopolgruppe am Markt ermöglicht wird.[103] Typische **Oligopolmissbräuche,** die unter den genannten Voraussetzungen bekämpft werden können, sind neben der gemeinsamen Forderung überhöhter Preise[104] insbesondere noch die Identität der Geschäftsbedingungen der Gruppenmitglieder, wodurch den Kunden ein Ausweichen unmöglich gemacht wird (man denke nur an die Banken-AGB und die ADSp), die Versperrung des Marktzugangs durch geschlossene Systeme von Ausschließlichkeitsbindungen, sonstige gemeinsame Abwehrstrategien gegen Außenseiter[105] sowie die Kombination des Oligopols mit Kartellen.[106] 53

---

95 *KG* AG 1984, 130 (135 ff.) = WuW/E OLG 3051 – Ph. Morris/Rothmans.

96 *BKartA* AG 1988, 387 = WuW/E BKartA 2319 – Messer Griesheim/Buse.

97 *BKartA* AG 1988, 352 = WuW/E BKartA 2297 – Heidelberger Zement/Malik.

98 *BKartA* WuW/E DE-V 1306 (1311 f. Tz. 52 ff.) – Strabag/Werhahn.

99 *BGH* AG 2010, 832 = WuW/E DE-R 3067 Tz. 15 ff. – Springer/ProSiebenSat.1 II.

100 BGHZ 178, 285 (293 ff.) = AG 2009, 503 = JuS 2009, 670 – E.ON/Stadtwerke Eschwede; *BKartA* WuW/E DE-V 1357 = AG 2007, 506 – RWE/SFG.

101 *BGH* GRUR 2003, 979 = WuW/E DE-R 1139 (1141 f.); anders zu Recht *OLG Jena* WuW/E DE-R 500 (502).

102 *BGH* WM 2010, 1071 (1076 f.) = WuW/E DE-R 2905 – Phonak/ReSound.

103 BGHZ 96, 337 (345) = NJW 1986, 1877 = JuS 1986, 736 Nr. 11 – Abwehrblatt II; *OLG Düsseldorf* WuW/E OLG 2646; ebenso für die Fusionskontrolle *BGH* AG 2010, 832 = WuW/E DE-R 3067 Tz. 45 = JuS 2011, 464 – Springer/ProSiebenSat.1 II.

104 *BGH* LM § 5 GWB Nr. 1 = NJW 1965, 2153 = JuS 1966, 39 Nr. 4; *KG* WuW/E OLG 2053.

105 BGHZ 96, 337 (345 ff.) = NJW 1986, 1877 = JuS 1986, 736 Nr. 11 – Abwehrblatt II.

106 *Möschel,* Oligopolmißbrauch, 1974, S. 171, 185 ff.

6. Vermutungen

a) Bedeutung

54 Der Nachweis der marktbeherrschenden Stellung eines oder mehrerer Unternehmen ist häufig schwierig. Deshalb enthält das GWB in § 18 Abs. 4 und 6 zwei Vermutungen, für die sich die Bezeichnungen Monopol- und Oligopolvermutung eingebürgert haben. Die **Monopolvermutung** greift bereits ein, wenn *ein* Unternehmen allein einen Marktanteil von mindestens 40% hat (§ 18 Abs. 4 GWB).[107] Bei der **Oligopolvermutung** wird dagegen weiter zwischen einem Dreier- und einem Fünferoligopol unterschieden (§ 18 Abs. 5 Nr. 1 und 2 GWB): Während bei einem **Dreieroligopol** für die Vermutung der Marktbeherrschung nach § 18 Abs. 6 GWB ab einem Marktanteil von 50% Raum ist, liegt bei dem **Fünferoligopol** die kritische Grenze bei einem Marktanteil von zwei Dritteln. Die Formulierung des § 18 Abs. 6 GWB deutet zwar auf das Vorliegen einer (unwiderleglichen) gesetzlichen Fiktion hin („... gilt ..."). Jedoch zeigt der unmittelbar folgende Abs. 7 der Vorschrift, dass es sich auch bei der Abs. 6 des § 18 GWB tatsächlich um eine bloße widerlegliche Vermutung handelt.

55 Die Besonderheit der Vermutungen des § 18 Abs. 4 und 6 GWB besteht darin, dass sie allein an den *Marktanteil* anknüpfen, obwohl dieser nur *ein* Umstand unter anderen ist, die für die Bestimmung der Marktbeherrschung nach § 18 Abs. 3 Nr. 1 GWB maßgebend sind (s. o. Rn. 43ff.). Daraus folgt, dass die Vermutungen „lediglich" **Aufgreifkriterien** in Verbindung **mit** einer formellen und materiellen **Beweislastregel** entsprechend § 292 ZPO darstellen.[108] Sie befreien infolgedessen die Kartellbehörden nicht etwa von der Würdigung des Marktanteils im Zusammenhang mit den übrigen jeweils relevanten Faktoren im Rahmen einer Gesamtbetrachtung. Jedoch bleibt es die Aufgabe des oder der betroffenen Unternehmen, die gegen die Marktbeherrschung sprechenden Umstände vorzutragen. Tun sie dies nicht und können infolgedessen die Kartellbehörden oder die Gerichte trotz umfassender Würdigung der relevanten Faktoren die marktbeherrschende Position eines Unternehmens oder einer Unternehmensgruppe *weder* ausschließen *noch* bejahen, so ist Raum für die Anwendung der Vermutungen, so dass dann von dem **Vorliegen** von Marktbeherrschung (und nicht etwa von dem Gegenteil) auszugehen ist. Dies alles gilt nicht nur im Rahmen der Missbrauchsaufsicht nach den §§ 19 und 20 GWB, sondern auch im Rahmen der Fusionskontrolle aufgrund des § 36 Abs. 1 GWB.[109]

56 In engen asymmetrischen Oligopolen kann die **Monopolvermutung** (zugunsten des größten Unternehmens der Gruppe) **mit** der **Oligopolvermutung** (zugunsten der ganzen Gruppe) zusammentreffen. In solchen Fällen schließen sich die Vermutungstatbestände nicht etwa gegenseitig aus. Ebensowenig hat eine Vermutung den Vorrang

[107] Zur Erhöhung der Marktanteilsschwelle von einem Drittel auf 40% durch die 8. GWB-Novelle von 2013 s. zustimmend *Wagner-v. Papp,* in: Bien (Hrsg.), Das deutsche Kartellrecht nach der 8. GWB-Novelle, 2013, S. 95 (109ff.).

[108] BGHZ 71, 102 (108) = NJW 1978, 1320 – Sachs/GKN; BGHZ 79, 62 (65) = NJW 1981, 1786 – Klöckner/Becorit; *BGH* LM § 26 GWB Nr. 63 = NJW-RR 1988, 1069; LM § 22 GWB Nr. 25 = NJW 1996, 1820 – HaGe Kiel/RHG Hannover; *OLG Düsseldorf* WuW/E DE-R 2593 (2596ff.); *Ittner,* Die Vermutungen im GWB, 1998; *P. Pohlmann,* ZHR 164 (2000), 589; *Prütting,* FS Vieregge, 1995, S. 733 (743ff.).

[109] BGHZ 192, 18 Tz. 58, 65, 72ff. = AG 2012, 502 – Total/OMV.

vor der anderen;[110] vielmehr ist nach heute wohl h. M. darauf abzustellen, wo der *Schwerpunkt* des Sachverhalts liegt, d. h. für welche Alternative bei realistischer Betrachtung der Marktverhältnisse die größere Wahrscheinlichkeit spricht.[111] Trotz gleichzeitiger Erfüllung der Oligopolvermutung ist folglich von der Monopolvermutung auszugehen, wenn dem hohen Marktanteil eines Unternehmens und dessen großem Abstand vor seinen Konkurrenten nach der Struktur des Marktes das entscheidende Gewicht zukommt,[112] während die Oligopolvermutung eingreift, wenn mehrere der beteiligten Unternehmen, vor allem wegen personeller oder kapitalmäßiger Verflechtungen, am Markt gemeinsam auftreten.[113]

b) Widerlegung

Die Vermutungen des § 19 Abs. 4 und 6 GWB sind widerleglich, wobei es in erster Linie die Sache der betroffenen Unternehmen ist, die zur Widerlegung der Vermutungen geeigneten Tatsachen vorzutragen (Rn. 55). Im Einzelnen hat man zwischen der Monopolvermutung und den Oligopolvermutungen zu unterscheiden hat. 57

Die **Monopolvermutung** des § 18 Abs. 4 GWB knüpft allein an den Marktanteil eines Unternehmens und damit an ein besonders wichtiges Strukturmerkmal an. Folglich kommt auch eine Widerlegung dieser Vermutung grundsätzlich nur in Betracht, wenn der fragliche Markt **strukturelle Besonderheiten** aufweist, die den Fortbestand wesentlichen Wettbewerbs erwarten lassen. Das frühere oder gegenwärtige Verhalten der Unternehmen besitzt demgegenüber nur eine untergeordnete Bedeutung.[114] Die Vermutung ist z. B. widerlegt, wenn auf einem Markt, etwa infolge von Importen, heftiger Preiswettbewerb herrscht,[115] nicht aber, wenn ein Unternehmen offenbar keinem Wettbewerbsdruck mehr ausgesetzt ist und sein Marktanteil trotz des Eindringens von Newcomern unaufhörlich steigt.[116] 58

Die beiden **Oligopolvermutungen** des § 18 Abs. 6 Nr. 1 und 2 GWB sind nach § 18 Abs. 7 Nr. 1 und 2 GWB widerlegt, wenn die Unternehmen nachweisen, dass die Wettbewerbsbedingungen zwischen ihnen wesentlichen Wettbewerb erwarten lassen (Nr. 1 a. a. O.) *oder* dass die Gesamtheit der Unternehmen, d. h. die Oligopolmitglieder zusammen, im Verhältnis zu den übrigen Wettbewerbern auf dem betreffenden Markt keine überragende Marktstellung besitzen (Nr. 2 a. a. O.). Die Widerlegung der Oligopolvermutung muss sich folglich entweder auf den **Fortbestand des Binnenwettbewerbs** (s. § 18 Abs. 4 Nr. 1 GWB) *oder* auf das **Fehlen einer überragenden Marktstellung** der Oligopolmitglieder im Außenverhältnis beziehen (s. § 18 Abs. 4 Nr. 2 GWB). Da der Beweis fortbestehenden Binnenwettbewerbs nur durch den Nachweis entsprechender „Wettbewerbsbedingungen" geführt werden kann, ist die Vermutung hier gleichfalls erst widerlegt, wenn trotz des äußerlichen Vorliegens eines 59

[110] So früher *KG* WuW/E OLG 2234 = AG 1980, 228 – Tonolli/Metallgesellschaft; WuW/E OLG 5549 = AG 1996, 268 (270f.) – Fresenius/Schiwa; offen gelassen in *BGH* WuW/E BGH 1824 = AG 1982, 44 (45) – Tonolli/Metallgesellschaft.

[111] *BKartA* WuW/E DE-V 427 (428 Tz. 41) – 3 M/Espe; dagegen für kumulative Anwendung der Vermutungen *Füller*, FS Säcker, 2011, S. 669 (676).

[112] *MK*, 4. HauptGA, Tz. 585; *BKartA* WuW/E BKartA 1882 = AG 1981, 294 – Krupp/Total.

[113] *KG* AG 1988, 306 = WuW/E OLG 4095 – Weiß/SW-Verlag.

[114] *BKartA* TB 1974, S. 9.

[115] *BKartA* TB 1974, S. 34; 1975, S. 37; 1976, S. 66.

[116] *BKartA* WuW/E BKartA 1561 (1564ff.) – Hahn/Johnson (o. b.).

Oligopols die *strukturellen* Voraussetzungen für einen wesentlichen Wettbewerb fortbestehen. Das frühere oder gegenwärtige Verhalten der Unternehmen hat in diesem Zusammenhang lediglich insofern Bedeutung, als es Schlüsse auf die allein maßgeblichen strukturellen Gegebenheiten zulässt.

60 Zu den **strukturellen Gegebenheiten** eines Marktes gehören z. B. die Marktzutrittsschranken, der potentielle Wettbewerb und der Substitutionswettbewerb von Produkten am Marktrand, die Absatzbedingungen, die Produktbeschaffenheit sowie der Grad des Wachstums und der Innovationen.[117] Entscheidend ist letztlich immer, ob nachgewiesen wird, dass die Voraussetzungen für einen funktionsfähigen Preis- oder Qualitätswettbewerb vorliegen. Dafür spricht es z. B., wenn auf dem Markt lebhafter Preis- oder Kundenwettbewerb herrscht, insbesondere, wenn dieser auf strukturellen Gegebenheiten wie z. B. der fortlaufenden Öffnung der Märkte im europäischen Binnenmarkt beruht, oder wenn sich die Zusammensetzung der Spitzengruppe des Oligopols ständig ändert. Dagegen werden die Vermutungen des § 16 Abs. 6 GWB in der Regel bestätigt, wenn die in der europäischen Praxis zur Fusionskontrolle entwickelten Oligopolmerkmale (besonders hohe Markttransparenz, wirksame Sanktionsmechanismen und Fehlen wirksamen Außenwettbewerbs) auf einem Markt erfüllt sind (Rn. 52).

VI. Missbrauch – Allgemeines

Literatur: S. o. bei § 10 sowie *Kommission,* Erläuterung zu den Prioritäten bei der Anwendung des Art. 102 AEUV von 2009, ABl. Nr. C 45/7; *J. Baur,* Der Mißbrauch im deutschen Kartellrecht, 1972; *Bien* (Hrsg.), Das deutsche Kartellrecht nach der 8. GWB-Novelle, 2013; *St. Bechtold,* Die Kontrolle von Sekundärmärkten, 2007; *T. Caspary,* Der Verkauf unter Einstandspreis, 2005; *H. Fleischer,* Behinderungsmißbrauch durch Produktinnovation, 1997; *Lux,* Der Tatbestand der allgemeinen Marktbehinderung, 2006; *Meinhold,* Diversifikation, konglomerate Unternehmen und GWB, 1977; *Mestmäcker,* Der verwaltete Wettbewerb, 1984; *ders.*, Medienkonzentration und Meinungsvielfalt, 1978; *Möschel,* Oligopolmißbrauch, 1974; *ders.*, Pressekonzentration und Wettbewerbsgesetz, 1978; *Nette,* Die kartell- und wettbewerbsrechtliche Beurteilung der Preisunterbietung, 1984; *J. Pohlmeier,* Netzwerkeffekte und Kartellrecht, 2004; *Pries,* Kampfpreismissbrauch im ökonomisierten EG-Kartellrecht, 2009; *M. Stoll,* Drittmarktbehinderungen im deutschen und europäischen Kartellrecht, 2002; *P. Ulmer,* Schranken zulässigen Wettbewerbs marktbeherrschender Unternehmen, 1977; *H. Westen,* Unbillige Behinderung von Wettbewerbern durch Verkauf unter Einstandspreis, 1987; *Wurmnest,* Marktmacht und Verdrängungsmissbrauch, 2. Aufl., 2012.

61 Nach der Generalklausel des § 19 Abs. 1 GWB ist ebenso wie nach Art. 102 S. 1 AEUV jede missbräuchliche Ausnutzung einer marktbeherrschenden Stellung durch ein oder mehrere Unternehmen verboten. In Abs. 2 des § 19 GWB i. d. F. von 2013 (= § 19 Abs. 4 GWB a. F.) zählt das Gesetz außerdem seit 1980 zur Erläuterung der Generalklausel des Abs. 1 der Vorschrift verschiedene Regelbeispiele auf. Die wichtigsten sind die unbillige Behinderung oder grundlose Diskriminierungen anderer Unternehmen (§ 19 Abs. 2 Nr. 1 GWB; dazu u. Rn. 65, 84ff.), der Preismissbrauch (§ 19 Abs. 2 Nr. 2 GWB; dazu u. Rn. 114ff.), die Diskriminierung zwischen gleichartigen Abnehmern (§ 19 Abs. 2 Nr. 3 GWB; dazu u. Rn. 123ff.), die Verweigerung des Zugangs zu wesentlichen Einrichtungen (§ 19 Abs. 2 Nr. 4 GWB; dazu u. Rn. 126ff.) sowie seit der 8. GWB-Novelle von 2013 noch das so genannte Anzapfverbot (§ 19 Abs. 2 Nr. 5 GWB = § 20 Abs. 3 S. 1 GWB a. F.; Rn. 137ff.). Ergänzende Regelungen

[117] *BKartA* TB 1981/82, S. 23; *MK,* 5. HauptGA, Tz. 488ff.

finden sich ferner in § 20 Abs. 1 und 2 GWB, in § 29 GWB sowie noch in dem neuen § 31 Abs. 4 und 5 GWB.

Die geltende Fassung des § 19 GWB beruht auf der **8. GWB-Novelle von 2013,** durch die die Systematik der §§ 18 bis 20 GWB – ohne sachliche Änderungen – völlig verändert wurde.[118] Hervorzuheben ist zunächst die Zusammenfassung des früheren Behinderungsverbots des § 19 Abs. 4 Nr. 1 GWB a. F. und des früheren Diskriminierungsverbots des § 20 Abs. 1 GWB a. F. in der neuen Nr. 1 des § 19 Abs. 2 GWB, wobei zugleich das noch aus der alten KartellVO von 1923 stammende Tatbestandsmerkmal des Geschäftsverkehrs, der gleichartigen Unternehmen üblicherweise zugänglich ist, als heute bedeutungslos gestrichen wurde.[119] Außerdem wurde das neue umfassende Behinderungsverbot zusammen mit dem Anzapfverbot (§ 19 Abs. 2 Nr. 1 und 5 GWB) auf die wenigen noch erlaubten Kartelle (s. §§ 2, 3, 28 Abs. 1, 30 Abs. 2a und 31 Abs. 1 GWB) erstreckt (§ 19 Abs. 3 S. 1 GWB = § 20 Abs. 1 GWB a. F.). Die Erstreckung auf Preisbinder (§§ 28 Abs. 2, 30 Abs. 1 und 31 Abs. 1 Nr. 3 GWB), die sich früher ebenfalls in § 20 Abs. 1 GWB fand, ist jetzt in § 19 Abs. 3 S. 2 GWB enthalten. Die Ausdehnung des Anzapfverbots des § 19 Abs. 2 Nr. 5 GWB auf marktstarke Unternehmen in Vertikalbeziehungen (§ 20 Abs. 3 S. 2 GWB a. F.) ist seit der 8. GWB-Novelle in § 20 Abs. 2 GWB geregelt. Die Folge aller dieser Änderungen ist, dass sich nunmehr der Anwendungsbereich des § 20 GWB auf marktstarke Unternehmen im Sinne des § 20 Abs. 1 GWB (= § 20 Abs. 2 GWB a. F.) beschränkt (s. u. § 28). 61a

Nach Art. 3 Abs. 1 S. 2 der Kartellverfahrensverordnung Nr. 1/2003 findet in Fällen mit zwischenstaatlichem Bezug neben § 19 GWB immer zugleich der (vorrangige) **Art. 102 AEUV** Anwendung (ebenso § 22 Abs. 3 S. 1 und 2 GWB; s. o. § 3 Rn. 66 ff.). Dies zwingt zu einer möglichst *einheitlichen Auslegung* der beiden Missbrauchsverbote, so dass wegen der Einzelheiten durchweg zunächst auf die Ausführungen zu Art. 102 AEUV verwiesen werden kann (s. o. § 10). Ergänzend ist Folgendes zu bemerken: 62

Der Versuch einer Konkretisierung des Missbrauchsbegriffs in § 19 Abs. 1 GWB hat ebenso wie bei Art. 102 AEUV bei dem **Zweck** der Vorschrift anzusetzen. Dieser besteht, wie bereits gezeigt (s. o. Rn. 4 ff.), in erster Linie darin, die wirtschaftliche Bewegungsfreiheit Dritter im Einflussbereich marktbeherrschender Unternehmen zu schützen, um Raum für die Entfaltung kompetitiver Prozesse zu schaffen. Denn Wettbewerb entsteht immer dort, wo Unternehmen von ihrer wirtschaftlichen Handlungsfreiheit (im Rahmen der Gesetze) Gebrauch machen, ohne daran von anderen Unternehmen in unzulässiger Weise gehindert zu werden (s. o. § 1 Rn. 2 ff.). Missbräuchlich sind von daher gesehen grundsätzlich solche Verhaltensweisen eines marktbeherrschenden Unternehmens, die ihm nur aufgrund seiner Marktmacht offenstehen und durch die andere Unternehmen in einer Weise behindert oder geschädigt werden, die bei wirksamem Wettbewerb nicht möglich wäre.[120] **Ziel** der Missbrauchsaufsicht muss es vor allem sein, den schon beherrschten Markt offen zu halten *und* die Über- 63

[118] Begr. z. RegE von 2012, BT-Drs. 17/9852, S. 20, 23; s. dazu z. B. *Alexander,* WuW 2012, 1025; *Wagner-v. Papp,* in: Bien (Hrsg.), Das deutsche Kartellrecht nach der 8. GWB-Novelle, 2013, S. 95 (104 ff.).

[119] Begr. z. RegE (vorige Fn.), 23 (r. Sp. 1. Abs); *Alexander,* WuW 2012, 1025 (1031); s. Rn. 87 ff.

[120] *Mestmäcker,* FS Hallstein, 1966, S. 329; *ders.,* AcP 168 (1968), 251; *ders.,* DB 1968, 1800; *ders.,* Medienkonzentration und Meinungsvielfalt, 1977, S. 107 ff.

tragung der Macht auf dritte Märkte zu verhindern, eben, um anderen Unternehmen den nötigen Raum zu verschaffen, damit sie von ihrer wirtschaftlichen Handlungsfreiheit (als Voraussetzung des Wettbewerbs) auch tatsächlich Gebrauch machen können.

64 **Geschützt** werden durch das Missbrauchsverbot nach dem Gesagten zunächst alle **Konkurrenten** des marktbeherrschenden Unternehmens, und zwar gleichermaßen auf dem bereits beherrschten wie auf dritten, (noch) nicht beherrschten Märkten, sofern nur ein Kausalzusammenhang zwischen der Marktbeherrschung und dem missbilligten Verhalten oder seiner Wirkung auf dem Drittmarkt besteht. Die Anwendbarkeit des Missbrauchsverbots auf derartige **Drittmarktbehinderungen** folgt bereits daraus, dass die Generalklausel des § 19 Abs. 1 GWB nicht zwischen missbräuchlichen Verhaltensweisen auf dem beherrschten und auf dritten Märkten unterscheidet.[121] Geschützt werden ferner, wie die Regelbeispiele der Nr. 2 und 3 des § 19 Abs. 2 GWB deutlich machen, die Angehörigen der vor- und nachgeordneten Wirtschaftsstufen einschließlich insbesondere der **Verbraucher,** vor allem gegen ihre Ausplünderung oder ihre Fesselung an das marktbeherrschende Unternehmen. Paradigmata sind missbräuchliche Preise oder Konditionen sowie Ausschließlichkeitsbindungen (dazu u. Rn. 81, 114ff.). Die wichtigsten Erscheinungsformen des Missbrauchs sind folglich im deutschen Recht nicht anders als im europäischen Recht der Behinderungsmissbrauch (u. Rn. 65ff.), die Diskriminierung gleichartiger Unternehmen im Geschäftsverkehr (Rn. 84ff.), der Ausbeutungsmissbrauch (u. Rn. 114ff.) sowie der Strukturmissbrauch (u. Rn. 146).

VII. Behinderungsmissbrauch

1. Einleitung

65 Nach § 19 Abs. 2 Nr. 1 GWB in der Fassung von 2013 liegt ein Missbrauch (im Sinne des § 19 Abs. 1 GWB) insbesondere vor, wenn ein marktbeherrschendes Unternehmen als Anbieter oder Nachfrager einer bestimmten Art von Waren oder gewerblichen Leistungen ein anderes Unternehmen unmittelbar oder mittelbar unbillig behindert oder ohne sachlich gerechtfertigten Grund unmittelbar oder mittelbar anders behandelt als gleichartige Unternehmen. § 19 Abs. 2 Nr. 1 GWB enthält somit heute nebeneinander das herkömmliche Behinderungsverbot und das „klassische" Diskriminierungsverbot, die früher ihre Regelung separat in §§ 19 Abs. 4 Nr. 1 und 20 Abs. 1 GWB a. F. gefunden hatten und die durch die 8. GWB-Novelle von 2013 in einer Vorschrift zusammengefasst wurden, um die Regelung zu vereinfachen (Rn. 61a). § 19 Abs. 4 Nr. 1 GWB a. F. hatte dagegen bestimmt, dass ein Missbrauch insbesondere vorliegt, wenn ein marktbeherrschendes Unternehmen die Wettbewerbsmöglichkeiten anderer Unternehmen in einer für den Wettbewerb auf dem Markt erheblichen Weise ohne sachlich gerechtfertigten Grund beeinträchtigt. Dieselbe Regelung fand sich nochmals nur wenig verändert zusammen mit dem Diskriminierungsverbot in § 20 Abs. 1 GWB a. F. durch das Verbot einer unbilligen Behinderung anderer Unternehmen in einem Geschäftsverkehr, der gleichartigen Unternehmen üblicherweise zugänglich ist; hinzu trat noch das Verbot, andere Un-

[121] S. o. Rn. 8; Begr. z. RegE von 2012, BT-Drs. 17/9852, S. 23 (r. Sp. o.); sowie BGHZ 156, 379 (382f.) = GRUR 2004, 255 – Strom + Telefon I; *BGH* GRUR 2004, 259 = WuW/E DE-R 1210 – Strom + Telefon II; BGHZ 158, 334 (338ff.) = NJW 2004, 2375; *OLG Düsseldorf* WuW/E DE-R 2387 (2389); *Alexander,* WuW 2012, 1025 (1031); *M. Stoll,* Drittmarktbehinderungen, 2002; früher str.

ternehmen in einem derartigen Geschäftsverkehr gegenüber gleichartigen Unternehmen unmittelbar oder mittelbar unterschiedlich zu behandeln (sog. Diskriminierungsverbot). Bei der Zusammenfassung beider Vorschriften in dem neuen § 19 Abs. 2 Nr. 1 GWB von 2013 ist nicht nur das Merkmal des gleichartigen Unternehmen üblicherweise zugänglichen Geschäftsverkehrs aus § 20 Abs. 1 GWB a. F. als heute bedeutungslos gestrichen worden (Rn. 61 a), sondern auch das Merkmal der Beeinträchtigung „in einer für den Wettbewerb auf dem Markt erheblichen Weise" aus § 19 Abs. 4 Nr. 1 GWB a. F., weil dieses quantitative Merkmal bereits bei der nach § 19 Abs. 2 Nr. 1 GWB von 2013 ohnehin immer erforderlichen Interessenabwägung berücksichtigt werden kann und muss (Rn. 75). Zu beachten ist, dass die beiden Verbote der § 19 Abs. 2 Nr. 1 GWB auch für marktstarke Unternehmen i. S. des § 20 Abs. 1 GWB gelten (u. § 28).

Behinderungs- und Diskriminierungsverbot, heute ohnehin in § 19 Abs. 2 Nr. 1 GWB zusammengefasst, lassen sich allenfalls idealtypisch voneinander unterscheiden. Während durch das Behinderungsverbot vornehmlich die **Wettbewerber** des marktstarken Unternehmens gegen Maßnahmen des Behinderungswettbewerbs geschützt werden sollen, bezweckt das Verbot der sachlich nicht gerechtfertigten, d. h. grundlosen unterschiedlichen Behandlung gleichartiger Unternehmen in erster Linie den Schutz der **Abnehmer und Lieferanten** marktbeherrschender Unternehmen gegen die ungünstige Beeinflussung ihrer Marktchancen im Geschäftsverkehr durch ihre Benachteiligung im Verhältnis zu ihren Konkurrenten.[122] Da jedoch durch eine unterschiedliche Behandlung das benachteiligte Unternehmen immer *zugleich* im Wettbewerb mit seinen bevorzugten Konkurrenten *behindert* wird, deckt sich tatsächlich der Anwendungsbereich des Verbots unterschiedlicher Behandlung gleichartiger Unternehmen weitgehend mit dem des Behinderungsverbots. Insofern erweist sich die Zusammenfassung beider Verbote in einer Vorschrift durch die 8. GWB-Novelle von 2013 als durchaus sinnvoll oder doch jedenfalls gut vertretbar. Dies ändert indessen nichts daran, dass die Akzente bei beiden Verboten, schon wegen ihrer verschiedenen Schutzrichtung, unterschiedlich gesetzt werden – mit der weiteren Folge, dass bestimmte Fallgruppen traditionellen mehr dem einen oder dem anderen Verbot zugeordnet werden.[123] Deshalb soll auch hier zunächst gesondert auf das Behinderungsverbot und erst im Anschluss daran auf das Diskriminierungsverbot eingegangen werden (unten Rn. 65, 84 ff.). 66

2. Behinderung, Tatbestand

§ 19 Abs. 2 Nr. 1 GWB wendet sich im Anschluss gleichermaßen an § 19 Abs. 4 Nr. 1 GWB a. F. wie an § 20 Abs. 1 GWB a. F. zunächst gegen die unmittelbare oder mittelbare unbillige Behinderung eines anderen Unternehmens durch ein oder mehrere marktbeherrschende Unternehmen (§ 18 Abs. 1 und 5 GWB) als Anbieter oder Nachfrager einer bestimmten Art von Waren oder gewerblichen Leistungen. Der Begriff der (unmittelbaren oder mittelbaren) Behinderung anderer Unternehmen wird in § 19 Abs. 2 Nr. 1 GWB im denkbar weitesten Sinne verstanden und umfasst im Grunde 67

[122] BGHZ 38, 90 (101 f.) = NJW 1963, 293; BGHZ 41, 271 (278) = NJW 1964, 1617 = JuS 1964, 456 Nr. 2 – Werkmilchabzug; BGHZ 49, 90 (93) = NJW 1968, 400 = JuS 1968, 186 Nr. 6 – Jägermeister; BGHZ 52, 65 (70) = NJW 1969, 1716 – Sportartikelmesse.

[123] *Bechtold,* GWB, § 19 Rn. 6, 33 ff.

jede Beeinträchtigung der Betätigungs- und Wettbewerbsmöglichkeiten anderer Unternehmen. Irgendeine Bewertung der betreffenden Maßnahme ist damit noch nicht verbunden; diese folgt vielmehr erst im Rahmen der Prüfung ihrer Unbilligkeit.[124] Eine **unmittelbare Behinderung** von Konkurrenten liegt vor allem in direkt gegen sie gerichteten Wettbewerbsmaßnahmen, z. B. durch die Unterbietung ihrer Preise (s. § 20 Abs. 3 GWB) oder durch die Verweigerung ihrer Aufnahme in Verbände oder zulässige Kartelle (s. § 20 Abs. 5 GWB; dazu u. § 30). Die **mittelbare Behinderung** von Konkurrenten ist hingegen dadurch gekennzeichnet, dass in die Maßnahme *andere* Unternehmen eingeschaltet werden. Beispiele sind Ausschließlichkeitsbindungen, Treuerabatte und ähnliche Maßnahmen, durch die die Angehörigen der vor- oder nachgeordneten Marktstufen zum ausschließlichen Geschäftsverkehr mit dem marktbeherrschender Unternehmen veranlasst – und zugleich dessen Konkurrenten von ihren Versorgungsquellen oder Absatzkanälen abgeschnitten, d. h. (mittelbar) behindert werden. Einen Sonderfall regelt seit der 4. GWB-Novelle von 1980 der jetzige § 19 Abs. 2 Nr. 5 GWB (= § 20 Abs. 3 S. 1 GWB a. F., dazu u. Rn. 137 ff.).

68 **Beispiele** sind außer den bereits genannten Fällen der Preisunterbietung (Rn. 77 f.), der Ausschließlichkeitsbindungen und der Treuerabatte (Rn. 81 f.) insbesondere noch Koppelungspraktiken (Rn. 79 f.) sowie missbräuchliche Vergabepraktiken der öffentlichen Hand (Rn. 82 f.). Entscheidend ist in diesen und in zahlreichen anderen Fällen durchweg nicht so sehr die im Wettbewerb letztlich allgegenwärtige Behinderung anderer Unternehmen, sondern deren Unbilligkeit (Rn. 69 ff.).

3. Unbilligkeit

69 Die Behinderung anderer Unternehmen durch marktbeherrschende Unternehmen ist nur verboten, wenn sie „unbillig" ist (§ 19 Abs. 2 Nr. 1 GWB von 2013). Dieselbe Formulierung fand sich bereits früher in § 20 Abs. 1 GWB a. F., während § 19 Abs. 4 Nr. 1 GWB a. F., der andere in § 19 Abs. 2 Nr. 1 GWB von 2013 aufgegangene Vorläufer der heutigen Regelung, darauf abgestellt hatte, ob durch die fragliche Maßnahme die „Wettbewerbsmöglichkeiten anderer Unternehmen in einer für den Wettbewerb auf dem Markt erheblichen Weise ohne sachlich gerechtfertigten Grund beeinträchtigt" werden. Aus der unterschiedlichen Formulierung der beiden früheren Behinderungsverbote (§§ 19 Abs. 4 Nr. 1 und 20 Abs. 1 GWB a. F.) war früher zum Teil der Schluss gezogen worden, beide Vorschriften müssten auch verschieden ausgelegt werden, wobei der Akzent im Rahmen des § 19 Abs. 4 Nr. 1 GWB a. F., und zwar auch in der Rechtsprechung, zum Teil auf einen Verstoß gegen die Grundsätze des Leistungswettbewerbs gelegt wurde, während bei § 20 Abs. 1 GWB a. F. eigentlich durchweg schon damals auf eine umfassende Interessenabwägung abgestellt wurde.[125] Diese Diskussion, die bereits unter dem früheren Rechtszustand weitgehend überholt war, ist durch die 8. GWB-Novelle von 2013, die nur noch auf die Unbilligkeit der Behinderung abstellt, wohl endgültig erledigt.[126]

70 Bei der Prüfung der Unbilligkeit einer behindernden Maßnahme eines marktbeherrschenden Unternehmens muss man berücksichtigen, dass sich (selbstverständlich)

[124] BGHZ 116, 47 (56 f.) = NJW 1992, 1817 = JuS 1992, 700 Nr. 9 – Stadtkurier; *OLG München* NZKart 2013, 251 = WuW/E DE-R 3901 (3905 Tz. 39) – Münchener Residenz; s. u. Rn. 69 ff.

[125] S. Voraufl. S. 396, 435 ff.

[126] Ebenso *Bechtold,* GWB, § 19 Rn. 10.

marktbeherrschende Unternehmen ebenso wie andere Unternehmen im Wettbewerb betätigen und zu diesem Zweck grundsätzlich alle ihnen zu Gebote stehenden Aktionsparameter einsetzen dürfen; insbesondere bleiben sie – versteht sich: im Rahmen der Gesetze – grundsätzlich frei, ihre Preise beliebig hoch oder niedrig festzusetzen oder ihr Absatzsystem nach ihren Vorstellungen zu gestalten.[127] Anders verhält es sich nur, wenn die mit den genannten Maßnahmen verbundene Behinderung der Konkurrenten im Wettbewerb (ausnahmsweise) unbillig ist (§ 19 Abs. 2 Nr. 1 GWB). Ob dies der Fall ist, kann letztlich nur im Einzelfall aufgrund einer sorgfältigen **Abwägung der Interessen** der jeweils Betroffenen unter Berücksichtigung der auf die Freiheit des Wettbewerbs gerichteten Zielsetzung des Gesetzes entschieden werden.[128]

Das ist natürlich nur ein sehr allgemeiner Maßstab, so dass näheren Aufschluss über die Reichweite des § 19 Abs. 2 Nr. 1 GWB allein eine Betrachtung der wichtigsten Fallgruppen zu geben vermag (Rn. 77 ff.). Aus diesen Fallgruppen lassen sich außerdem einige **allgemeine Regeln** für die jeweils erforderliche Interessenabwägung ableiten. So bleiben zunächst generell unberücksichtigt die Interessen unbeteiligter Dritter oder gar öffentliche Interessen unbestimmten Inhalts, da andernfalls der Abwägungsprozess beliebig würde.[129] Soweit ein marktstarker Nachfrager wie insbesondere die öffentliche Hand bei der Auswahl seiner Vertragspartner legitimerweise **Gemeinwohlerwägungen,** wie z. B. die Beschäftigung sonst nur schwer zu vermittelnder Personen, berücksichtigen will, muss dies im Rahmen und nach Maßgabe des GWB, d. h. grundsätzlich auf der Basis einer **Ausschreibung** geschehen, die allen Interessierten eine Chance auf ihre Berücksichtigung gibt (Rn. 97, 110).[130] 71

Auch die Interessen der Beteiligten finden keineswegs generell Berücksichtigung. Auszuklammern sind vielmehr von vornherein etwaige **gesetzeswidrige Zielsetzungen.** Bedeutung hat dies insbesondere für solche Zwecke marktbeherrschende Unternehmen, die mit dem AEUV, dem GWB oder dem UWG unvereinbar sind, so dass z. B. ihr Interesse an der Ausschaltung des Wettbewerbs oder an der Durchsetzung einer gegen das GWB oder den AEUV verstoßenden Preis- oder Vertriebsbindung in keinem Fall eine behindernde Maßnahme zu rechtfertigen vermag.[131] Soweit dagegen Wettbewerbsbeschränkungen wie z. B. Ausschließlichkeitsbindungen nach Art. 101 AEUV und den dazu ergangenen Gruppenfreistellungsverordnungen zulässig sind, ist auch kein Raum für eine Anwendung des § 19 Abs. 2 Nr. 1 GWB. Ein Beispiel sind Bezugsbindungen zu- 72

---

127 *BGH* NJW-RR 2005, 49 = WuW/E DE-R 1377 (1379); NJW 2005, 2014 – Sparberaterin I und II; ständige Rechtsprechung.

128 BGHZ 81, 322 (331 ff.) = NJW 1982, 46; BGHZ 82, 238 (244 f.) = NJW 1982, 644; *BGH* NJW 2008, 1753 Tz. 14 = WuW/E DE-R 2514 – Praktiker; NJW 2012, 2110 Tz. 29 ff. = WuW/E DE-R 3549 (3554) – Werbeanzeigen; s. *Emmerich,* AG 1976, 92 (93 ff.); *Schockenhoff,* FS Bechtold, 2006, S. 419 (427 ff.).

129 BGHZ 114, 218 (232 f.) = NJW 1991, 2963 – Krankentransporte; *BGH* LM § 20 GWB Nr. 24 (Bl. 5 ff.) = NZA 2000, 327 = ZIP 2000, 426 – Tariftreueerklärung; LM § 26 GWB Nr. 92 (Bl. 2 R f.) = NJW-RR 1998, 1730 – Bahnhofsbuchhandel.

130 *BGH* WuW/E DE-R 1951 (1952 f. Tz. 15 ff.) – Behindertenwerkstatt I; NJW-RR 2008, 634 = NZM 2008, 208 Tz. 12 ff. = WuW/E DE-R 2163 (2164 f.) – Behindertenwerkstatt II; *OLG Nürnberg* NJW-RR 2010, 1412.

131 *BGH* LM § 26 GWB Nr. 27 = NJW 1976, 801 = JuS 1976, 398 Nr. 8 – Rossignol; LM EGV Nr. 15 (Bl. 3) = NJW-RR 1999, 189 (191) – Depotkosmetik; NJW-RR 2005, 49 = WuW/E DE-R 1377 (1379); NJW 2005, 2014 – Sparberaterin I, II.

lasten der Franchisenehmer im Rahmen eines mit der Gruppenfreistellungsverordnung für vertikale Vereinbarungen Nr. 330/2010[132] vereinbaren Franchisesystem.[133] Dasselbe gilt – erst recht –, wenn eine bestimmte Maßnahme einem marktbeherrschenden Unternehmen durch Gesetz oder aufgrund eines Gesetzes verbindlich vorgeschrieben ist; für eine Anwendung des § 19 GWB ist darin grundsätzlich *kein* Raum.[133a]

73 Der Maßstab für die Abwägung der verbleibenden legitimen Interessen (nur) der Beteiligten (Rn. 71) ist sodann vorrangig dem **Zweck** der gesetzlichen Regelung (o. Rn. 4f.) zu entnehmen, den Wettbewerb wo immer möglich umfassend zu schützen. Dabei gilt, dass sich ein marktbeherrschendes Unternehmen um so größere Einschränkungen seiner wirtschaftlichen Bewegungsfreiheit aufgrund des § 19 Abs. 2 Nr. 1 GWB gefallen lassen muss, *je mächtiger* es ist.[134] Marktbeherrschende Unternehmen sind außerdem verpflichtet, sich nach Möglichkeit des mildesten Mittels zu bedienen, das zur Verwirklichung ihrer legitimen Interessen (noch) geeignet ist **(Verhältnismäßigkeitsgrundsatz).** Insbesondere eine Lieferverweigerung kommt nur als äußerstes Mittel in Betracht, wenn dem marktbeherrschendes Unternehmen keine weniger einschneidenden Mittel zur Durchsetzung legitimer Zwecke zur Verfügung stehen und zumutbar sind.[135]

74 Aus dem Gesagten (o. Rn. 73) folgt weiter, dass bei der Abwägung die Frage im Vordergrund zu stehen hat, ob es sich bei der Maßnahme des marktbeherrschenden Unternehmens (noch) um einen legitimen Einsatz seiner Aktionsparameter im Wettbewerb handelt oder ob die davon ausgehenden **wettbewerbsbeschränkenden Wirkungen** so **schwerwiegend** sind, dass eine Intervention der Rechtsordnung im Interesse der allseitigen Öffnung der Märkte geboten erscheint. Das letztere ist um so eher anzunehmen, je mehr die behindernden Wirkungen der Maßnahme ihre Ursache letztlich in der Marktstärke des fraglichen Unternehmens finden (s. o. Rn. 73). Vor allem Maßnahmen marktbeherrschender Unternehmen, die gerade wegen dessen besonderer Macht geeignet sind, den Zugang zu dem beherrschten Markt endgültig zu schließen oder Wettbewerber zu verdrängen, sollten deshalb grundsätzlich verboten werden.[136] Wichtig ist das insbesondere für die üblichen systematischen Behinderungen ihrer privaten Konkurrenten seitens der Staatsmonopolisten DPAG, DTAG und DBAG auf allen denkbaren Märkten.[137]

75 Zu der Unbilligkeit der Behinderung anderer Unternehmen im Wettbewerb musste nach § 19 Abs. 4 Nr. 1 GWB a. F. als Voraussetzung für die Annahme eines Missbrauchs noch hinzukommen, dass die Beeinträchtigung der Wettbewerbsmöglichkeiten der anderen Unternehmen in einer für den Wettbewerb auf dem Markt **erheblichen Weise** erfolgte. Dieses zusätzliche quantitative Tatbestandsmerkmal wies lediglich auf die Notwendigkeit hin, im Rahmen der ohnehin gebotenen Interessenabwägung (u. a. auch) die Marktwirkungen der betreffenden Maßnahme zu berücksichtigen. Daran hat sich der Sache nach durch die Streichung des genannten Tatbestands-

[132] ABl. Nr. L 102/1.

[133] *BGH* NJW 2008, 1753 Tz. 14ff. = WuW/E DE-R 2514 – Praktiker/Bau und Hobby.

[133a] *OLG Düsseldorf* WuW/E DE-R 3505/3523 m. N.

[134] *BGH* LM § 26 GWB Nr. 29 = BB 1976, 1334 = JuS 1977, 124 Nr. 12 – Asbach Uralt; *OLG München* WuW/E OLG 1473 = JuS 1974, 668 Nr. 8; *OLG Hamburg* WuW/E OLG 3795 (3803).

[135] BGHZ 81, 322 (340ff.) = NJW 1982, 46 – VW-Ersatzteile; *BGH* NJW-RR 2005, 49 (50) = WuW/E DE-R 1377 (1379); NJW 2005, 2014 – Sparberaterin I und II; *KG* WuW/E OLG 3957 (3960ff.).

[136] *OLG München* WuW/E OLG 1473 = JuS 1974, 668 Nr. 9.

[137] *BGH* NJW-RR 2005, 49 = WuW/E DE-R 1377 (1379f.); NJW 2005, 2014 – Sparberaterin I, II; *BKartA* WuW/E DE-V 1025 (1035ff.) – Konsolidierer.

merkmals durch die 8. GWB-Novelle von 2013 nichts geändert, so dass es dabei bleibt, dass allein **erhebliche Wettbewerbsbeschränkungen** zugleich unbillig im Sinne des § 19 Abs. 2 Nr. 1 GWB von 2013 sind, schon, um eine übermäßige Ausdehnung des Tatbestandes zu vermeiden.[138]

Die **Beweislast** für das Vorliegen einer unbilligen Behinderung trägt derjenige, der Ansprüche aus den §§ 19 und 33 GWB herleiten will, im Regelfall also der *Kläger.*[139] Das gilt auch hinsichtlich der Unbilligkeit der Behinderung. Insoweit verhält es sich bei dem ersten Tatbestand des § 19 Abs. 2 Nr. 1 GWB anders als bei dem zweiten, dem Diskriminierungsverbot, bei dem anerkannt ist, dass die Beweislast für die Rechtfertigung der unterschiedlichen Behandlung das diskriminierende marktbeherrschende Unternehmen trifft.[140] 76

4. Fallgruppen

a) Kampfpreisunterbietung

Zu dem Behinderungsverbot des § 19 Abs. 2 Nr. 1 GWB werden im Wesentlichen dieselben Fallgruppen wie zu Art. 102 AEUV diskutiert. Deshalb ist hier zunächst auf die Ausführungen zu Art. 102 S. 2 AEUV (§ 10 Rn. 13ff.) sowie zu der Generalklausel des Art. 102 S. 1 AEUV (§ 10 Rn. 49ff.) zu verweisen, zumal sich die deutsche Praxis wegen der Vorbildfunktion und des Vorrangs des Unionsrechts (Art. 3 Abs. 1 S. 2 der Verordnung Nr. 1/2003 und § 22 Abs. 3 S. 2 GWB) ohnehin immer mehr an der Praxis der Unionsorgane ausrichtet, soweit nicht Deutschland wie hinsichtlich des Diskriminierungsverbotes von dem Vorbehalt des Art. 3 Abs. 2 S. 2 der Verordnung Nr. 1/2003 Gebrauch gemacht hat (§ 22 Abs. 3 S. 2 GWB). Das ist bei den folgenden Ausführungen zu einigen Fallgruppen aus der bisherigen Praxis zu § 19 Abs. 2 Nr. 1 GWB von 2013 (= § 19 Abs. 4 Nr. 1 GWB a. F.) stets im Auge zu behalten. Zu beginnen ist mit einem Blick auf den Grenzfall der Kampfpreisunterbietung. 77

Anders als auf europäischer Ebene (§ 10 Rn. 49ff.) haben Fälle der Kampfpreisunterbietung in der deutschen Rechtsprechung zu dem Missbrauchsverbot bisher nur eine untergeordnete Rolle gespielt.[141] Ein **Beispiel** war die frühere Praxis des Reiseveranstalters TUI, allein für einzelne Zielgebiete seine Preise weit unter seinen Kosten zu kalkulieren, um auf diese Zielgebiete spezialisierte kleine Konkurrenten zu vernichten.[142] Weitere Beispiele sind massive Preissenkungen der Lufthansa nur auf einzelnen innerdeutschen Strecken, um dort erstmals tätig gewordene billigere Konkurrenten sofort wieder zu verdrängen,[143] sowie das sog. Preissplitting marktbeherrschender Zeitungsverlage, d. h. die gezielte Herabsetzung der Abonnementspreise nur auf einzelnen Märkten zur Verdrängung der dortigen Lokalzeitungen.[144] In diesen Fällen ist in 78

---

138 Ebenso *Alexander,* WuW 2012, 1025 (1030f.); *Bechtold,* GWB, § 19 Rn. 12.

139 BGHZ 116, 47 (56f.) = NJW 1992, 1817 = JuS 1992, 700 Nr. 9 – Stadtkurier.

140 *BGH* LM § 26 GWB Nr. 71 = WuW/E BGH 2683 (2687) – Zuckerrüben; WuW/E BGH 1671 (1675f.) – Robbe-Modellsport; WuW/E DE-R 839 (842) = NJW-RR 2002, 763 – Privater Pflegedienst.

141 Beispiele in *KG* WuW/E OLG 1767 = BB 1977, 569 = JuS 1977, 689 Nr. 7 – Kombinationstarife; *OLG Düsseldorf* WuW/E OLG 2647ff.; WuW/E DE-R 867 (869f.) – LH/Germania; *OLG Karlsruhe* WuW/E OLG 5395 (5398f.); außerdem z. B *öOGH* ÖBl. 2003, 244.

142 *BKartA* TB 1975, S. 76f.; 1976, S. 81f.

143 *OLG Düsseldorf* WuW/E DE-R 867 (869ff.) – LH/Germania; *BKartA* TB 2001/2002, S. 31 – LH/Germania.

144 *BKartA* TB 1993/94, S. 120; s. außerdem *J. Baur,* JA 1987, 118 (120).

Deutschland früher meistens auf die Vernichtungsabsicht des marktbeherrschenden Unternehmens als maßgebliches Kriterium für die Annahme eines Missbrauchs abgestellt worden.[145] Neuerdings bevorzugt die Praxis dagegen nach europäischem Vorbild das so genannte **Kosten-Preis-Paradigma** und rückt infolgedessen ebenso wie die Unionsorgane den allemal problematischen Kosten-Preis-Vergleich in den Vordergrund.[146]

b) Koppelungspraktiken

79 Einen gleichsam „klassischen" Fall des Behinderungsmissbrauchs stellen ferner Koppelungspraktiken marktbeherrschender Unternehmen dar, weshalb sich das Unionsrecht in Art. 102 S. 2 lit. d AEUV zum Schutze der Vertragspartner marktbeherrschender Unternehmen sowie des Wettbewerbs auf dem Sekundärmarkt ausdrücklich gegen derartige Verhaltensweisen von Unternehmen in beherrschender Stellung wendet (dazu o. § 10 Rn. 44–48). In der Rechtsprechung zum GWB ist gleichfalls anerkannt, dass von marktbeherrschenden oder marktstarken Unternehmen praktizierte Koppelungen grundsätzlich verboten sind, sofern dadurch die Konkurrenten auf dem Markt für die gekoppelten Produkte oder Leistungen unbillig behindert werden (§ 19 Abs. 2 Nr. 1 GWB).[147] **Beispiele** sind die Ausdehnung eines Monopols für Handpreisauszeichner auf den nachgeordneten Etikettenmarkt durch eine Bezugsbindung für die Etiketten,[148] die Bindung des Verkaufs von Eintrittskarten für begehrte Sportveranstaltungen an die gleichzeitige Abnahme von Karten für andere, weniger begehrte Veranstaltungen,[149] die Koppelung eines günstigen Preises für Fernwärme an den gleichzeitigen Bezug von Gas oder Strom durch ein marktbeherrschendes Energieversorgungsunternehmen[150] sowie die Bewilligung eines Aufpreises für die Lieferanten seitens eines marktbeherrschender Nachfragers, sofern die Lieferanten zugleich andere Produkte bei dem Nachfrager beziehen.[151]

80 Maßgebend sind letztlich die Umstände des Einzelfalles, d. h. die Frage, ob von der fraglichen Koppelungspraktik eines marktbeherrschenden Unternehmens tatsächlich erhebliche **wettbewerbsschädliche Wirkungen,** insbesondere in Gestalt von Marktverschließungseffekten ausgehen. Der BGH hat dies **z. B.** *verneint* für die häufige Zwangskombination von Zeitungen, durch die die werbende Wirtschaft gezwungen werden soll, neben einer marktbeherrschenden und deshalb unverzichtbaren Zeitung auch noch andere Blätter desselben Verlags zu belegen.[152] Ebenso großzügig beurteilt wurde die Koppelung der Abgabe von Baugrundstücken durch eine Gemeinde an den

---

[145] So schon 1931 zum UWG RGZ 134, 342 – Benrather Tankstellenfall.

[146] *OLG Düsseldorf* WuW/E DE-R 867 (869 f.) – LH/Germania; *BKartA* TB 2001/2002, S. 31 – LH/Germania.

[147] Z. B. BGHZ 158, 334 (340 ff.) = NJW 2004, 2375 (m. Anm. *Emmerich,* LMK 2004, 191 m. N.) – Der Oberhammer.

[148] *BKartA* WuW/E BKartA 1189 = JuS 1968, 483 Nr. 2; *KG* WuW/E OLG 995 = JuS 1969, 590 Nr. 6 – Handpreisauszeichner.

[149] BGHZ 101, 100 (104 ff.) = NJW 1987, 3007 = JuS 1988, 158 Nr. 10 – InterMailand.

[150] *OLG Düsseldorf* WuW/E DE-R 2289 (2297 f.) – Stadtwerke Düsseldorf.

[151] *KG* WuW/E OLG 3124 (3129 ff.) für eine marktbeherrschende Molkerei, die auf diese Weise zugleich ihren Futtermittelabsatz förderte; vgl. auch für die Koppelung der Lieferung dringend benötigter Blutprodukte durch das DRK an die Abnahme anderer Produkte durch die Krankenhäuser *LG Düsseldorf* WuW/E DE-R 1073 (1075 f.).

[152] *BGH* NJW 1984, 1116 = WuW/E BGH 1965; *OLG Stuttgart* WuW/E OLG 2624 (2627 f.); anders zu Recht *KG* WuW/E OLG 1767 = BB 1977, 569 = JuS 1977, 689 Nr. 7; *OLG Stuttgart* WuW/E

Anschluss an ein Blockheizkraftwerk der Gemeinde[153] sowie die Koppelung eines günstigen Stromtarifs seitens eines kommunalen Energieversorgungsunternehmens an die Inanspruchnahme der Dienste des kommunalen Telefonunternehmens, in diesem Fall in erster Linie deshalb, weil dadurch die übermächtige Position der Deutschen Telekom AG in keiner Weise tangiert werden konnte.[154]

c) Ausschließlichkeitsbindungen, Rabatte

In der Praxis zu Art. 102 S. 2 lit. b AEUV gelten Ausschließlichkeitsbindungen und Treuerabatte marktbeherrschender Unternehmen wegen ihrer besonderen Gefährlichkeit für die Wettbewerbsordnung als geradezu typische Missbrauchsfälle (s. o. § 10 Rn. 24, 27ff.). Die deutsche Praxis war dagegen lange Zeit bei der Anwendung des Missbrauchsverbots auf Ausschließlichkeitsbindungen deutlich zurückhaltender. Erst in jüngster Zeit setzt sich auch in der deutschen Rechtsprechung eine grundsätzlich *negative* Beurteilung von Ausschließlichkeitsbindungen und gleichstehenden Praktiken in der Hand marktbeherrschender Unternehmen durch.[155] Ebenso verhält es sich grundsätzlich in der freilich schmalen deutschen Praxis mit Treuerabatte.[156] 81

d) Öffentliche Hand

Die öffentliche Hand, die auf zahlreichen Märkten aus rechtlichen oder tatsächlichen Gründen über ein *Nachfragemonopol* verfügt, hat sich nie gescheut, von dieser Macht zum Nachteil ihrer privaten Lieferanten in einer häufig geradezu erschreckenden Weise Gebrauch zu machen.[157] Das wichtigste **Beispiel** sind die verbreiteten Verstöße gegen die Vergabe- und Verdingungsordnungen durch Verzicht auf jede Ausschreibung und Vergabe der Aufträge nach politischen Gesichtspunkten, wobei neuerdings unter der falschen Flagge eines sozialmoderierten Kapitalismus sogar so abenteuerliche Gesichtspunkte wie die Frauenförderung oder die „Tariftreue" Beachtung finden.[158] Weitere hierher gehörende Fälle sind sonstige Formen des willkürlichen Ausschlusses einzelner Lieferanten,[159] die systematische Abwälzung von Entwicklungsrisiken auf die Privatwirtschaft,[160] die ständige Zusammenarbeit mit einzelnen „Hoflieferanten", 82

OLG 2126; *Mestmäcker,* Medienkonzentration und Meinungsvielfalt, 1978, S. 122ff.; *Möschel,* Pressekonzentration und Wettbewerbsgesetz, 1978, S. 133ff.

153 BGHZ 151, 274 (282f., 285) = NJW 2002, 3779 m. Anm. *Emmerich,* LMK 2003, 93.

154 BGHZ 156, 379 (387ff.) = GRUR 2004, 255 m. Anm. *Emmerich,* LMK 2004, 69 – Strom + Telefon I; *BGH* GRUR 2004, 259 = WuW/E DE-R 1210 – Strom + Telefon II.

155 *OLG Düsseldorf* WuW/E DE-R 854 (860f.) – Stadtwerke Aachen; *KG* WuW/E DE-R 1595 (1596) – Blumendistanzhandel; *BKartA* TB 2001/2002, S. 32, 125f. – Gewürze; WuW/E DE-V 1177 (1185ff.).

156 Vgl. *KG* WuW/E OLG 1983; 2403 = JuS 1982, 144 Nr. 11; *BKartA* WuW/E BKartA 1817; TB 1985/86, S. 20f.; *öOGH* ÖBl. 2000, 82; s. *J. Baur,* JA 1987, 118 (119f.); *Wurmnest,* Marktmacht, 2012, S. 517ff.

157 Ebenso *BKartA* TB 1989/90, S. 27ff.; 1997/98, S. 32ff.; 2003/2004, S. 34; *MK,* 7. HauptGA, Tz. 355ff.; s. ausführlich *Emmerich,* in: Deutsche Gesellschaft für Baurecht e. V. (Hrsg.), Seminar Ausschluß von Unternehmern von der Teilnahme am Wettbewerb aus strafrechtlicher, verwaltungsrechtlicher sowie zivilrechtlicher Sicht,, 1995, S. 27.

158 Dagegen auch *BGH* LM § 20 GWB Nr. 24 = ZIP 2000, 426; *KG* WuW/E Verg. 111 = NJWE-WettbR 1998, 284; *BKartA* TB 1995/96, S. 28f.; 1997/98, S. 32ff.; s. *Schultes,* WuW 1982, 731 (747ff.); anders freilich (ohne Begründung) BVerfGE 116, 202 Tz. 108f. = NJW 2007, 51 (56).

159 *OLG Düsseldorf* WuW/E OLG 2274 = NJW 1981, 585 = JuS 1981, 228 Nr. 9; *MK,* 7. HauptGA, Tz. 355ff. für die Autobahnraststätten.

160 *BKartA* TB 1989/90, S. 28f.

denen auf diese Weise mit Bedacht eine nahezu unangreifbare Position auf dem Markt zugeschanzt wird,[161] ganz unverhältnismäßige Vertragsstrafenforderungen, insbesondere der Bahn,[162] sowie die verbreiteten Behinderungen der industriellen Eigenversorgung durch die in aller Regel öffentlichen Energieversorgungsunternehmen.[163]

83 Zur Bekämpfung dieser offenen und versteckten Behinderungen und Diskriminierungen von Lieferanten seitens der öffentlichen Hand hat sich in den letzten Jahren ein kompliziertes **Vergaberecht** entwickelt, das seine Regelung mittlerweile in den §§ 97 bis 129 GWB gefunden hat. Daneben bleibt jedoch das Behinderungsverbot der **§ 19 Abs. 2 Nr. 1 GWB** anwendbar (§ 104 Abs. 3 GWB).[164] Daraus ergibt sich z. B., dass Gemeinden die besonders begehrten Räumlichkeiten für Schilderprägeunternehmen in unmittelbarer Nachbarschaft zu den Kraftfahrzeugzulassungsstellen nicht unter der Hand an Gemeindeunternehmen oder „lokale Matadore" vergeben dürfen, sondern grundsätzlich *ausschreiben* müssen, damit alle Interessenten eine faire Chance erhalten, zum Zuge zu kommen (§ 19 Abs. 1 Nr. 1 GWB).[165]

VIII. Diskriminierungsverbot

Literatur: *Busche,* Preisbindungsverbot und Markenwarenvertrieb, 1990; *Carlhoff,* Das Diskriminierungsverbot nach § 26 Abs. 2 GWB in der Rechtsprechung des BGH, 1988; *Emmerich,* Die höchstrichterliche Rechtsprechung zum Diskriminierungsverbot, AG 1976, 57, 92; *Heidmeier,* Maßstäbe für die Wirksamkeit von Fachhandelsvertriebsbindungen, 1983; *Heuchert,* Die Normadressaten des § 26 Abs. 2 S. 2 GWB, 1987; *Immenga/Markert,* Selektiver Vertrieb und SB-Warenhäuser, 1982; *Kahrs,* Zivilrechtliche Ansprüche aufgrund einer Verletzung des Diskriminierungsverbots, 1965; *Kapp,* Wettbewerbsbeschränkung durch vertikale Vertriebsbindung?, 1984; *Köhler,* Wettbewerbs- und kartellrechtliche Kontrolle der Nachfragemacht, 1979; *ders.*, Wettbewerb, Konzentration und Nachfragemacht im Lebensmittelhandel, 1989; *Markert,* Die Wettbewerbsbehinderung im GWB nach der 4. Kartellnovelle, 1982; *Möschel,* Oligopolmißbrauch, 1974; *ders.*, Pressekonzentration, 1978; *Pescher,* Der äußere Kartellzwang, 1984; *Richter,* Die Diskriminierung als Kartellordnungswidrigkeit, 1982.

1. Überblick

84 Das GWB enthält seit seinem Inkrafttreten im Jahre 1958 im Gegensatz zu dem AEUV ein im Kern bisher unverändertes umfassendes Diskriminierungsverbot, das seine Regelung ursprünglich in § 26 Abs. 1 GWB von 1957 und später in § 20 Abs. 1 GWB a. F. gefunden hatte. Nach dieser Vorschrift war marktbeherrschenden Unternehmen, Kartellen und Preisbindern gleichermaßen die unbillige Behinderung (dazu schon o. Rn. 65ff.) wie die sachlich nicht gerechtfertigte unterschiedliche Behandlung anderer Unternehmen in einem Geschäftsverkehr untersagt, der gleichartigen Unternehmen üblicherweise zugänglich ist. Erst durch die 8. GWB-Novelle von 2013 wurde sodann das herkömmliche Diskriminierungsverbot (§ 20 Abs. 1 GWB a. F.) mit dem Behinderungsverbot des früheren § 19 Abs. 4 Nr. 1 GWB in dem neuen § 19 Abs. 2 Nr. 1 GWB zusammengefasst, wobei zugleich auf das Tatbestandsmerkmal des gleichartigen Unternehmen üblicherweise zugänglichen Geschäftsverkehrs als

161 So die jahrzehntelange Politik der Bundespost gegenüber Siemens.

162 BGHZ 105, 24 (29ff.) = NJW 1988, 2536; *OLG Frankfurt a. M.* WuW/E OLG 3831; *BKartA* TB 2003/2004, S. 34; *MK,* 4. HauptGA, Tz. 497ff.

163 S. *BKartA* TB 1977, S. 86f. – RWE; *MK,* 1. HauptGA, Tz. 706, 745.

164 *BKartA* TB 1997/98, S. 32.

165 *BGH* LM Nr. 94 zu § 26 GWB = NJW 1998, 3778; LM Nr. 10 zu § 21 GWB (mit Anm. *Emmerich*) = NJW 2000, 809; NJW 2003, 752 = GRUR 2003, 167; NJW 2003, 2684 = NZM 2003, 597 m. Anm. *Emmerich,* LMK 2003, 169f. m. N.; NJW 2006, 1979 (1980).

weitgehend überflüssig verzichtet wurde (Rn. 87ff.). Deshalb beschränkt sich jetzt § 19 Abs. 2 Nr. 1 GWB auf die Bestimmung, dass ein Missbrauch insbesondere (auch) vorliegt, wenn ein marktbeherrschendes Unternehmen als Anbieter oder Nachfrager einer bestimmten Art von Waren oder gewerblichen Leistungen ein anderes Unternehmen unmittelbar oder mittelbar anders behandelt als gleichartige Unternehmen. Die Ausdehnung dieses „neuen" Diskriminierungsverbots auf marktstarke Unternehmen ergibt sich erst aus dem neuen § 20 Abs. 1 GWB von 2013 (dazu u. § 28).

Das generelle Diskriminierungsverbot des GWB für marktbeherrschende und markt- 85
starke Unternehmen, für Kartelle und Preisbinder (Rn. 84) hat in dieser Form **keine Entsprechung auf europäischer Ebene.** Neben Art. 18 AEUV finden sich hier nur partielle Diskriminierungsverbote in Art. 101 Abs. 1 lit. d und in Art. 102 S. 2 lit. c AEUV (s. dazu o. § 5 Rn. 12ff. und § 10 Rn. 37ff.). Die unveränderte Beibehaltung des umfassenderen deutschen Diskriminierungsverbots, auch soweit es über die Art. 101 und 102 AEUV hinausgeht, war deshalb eines der Hauptanliegen der Bundesregierung bei der Durchsetzung der **deutschen Klausel** des Art. 3 Abs. 2 S. 2 der VO Nr. 1/2003 (§ 22 Abs. 3 S. 3 GWB), und zwar aus der Überlegung heraus, das Diskriminierungsverbot erfülle einschließlich des Verbots des Verkaufs unter Einstandspreis (s. § 20 Abs. 3 GWB n. F.) eine wichtige wettbewerbs- und mittelstandspolitische Funktion und sollte deshalb nach Möglichkeit beibehalten werden.

Unter einer **Diskriminierung** versteht man die *unterschiedliche* Behandlung *gleich-* 86
artiger Sachverhalte. Die Auswirkungen auf den Wettbewerb sind *ambivalent;* je nach den Umständen können sie positiv oder negativ zu bewerten sein.[166] Lediglich Diskriminierungen, die von marktstarken Unternehmen ausgehen, stellen *generell* eine ernstzunehmende Gefahr für die Wettbewerbsordnung dar. Das ist der Grund, warum sich der Anwendungsbereich des Diskriminierungsverbots auf marktstarke und marktbeherrschende Unternehmen beschränkt (s. § 19 Abs. 2 Nr. 1 und § 20 Abs. 1 GWB).

2. Gleichartigkeit

Das Gesetz wendet sich in § 19 Abs. 2 Nr. 1 GWB nur gegen die grundlose unter- 87
schiedliche Behandlung „gleichartiger" Unternehmen. Dagegen hatte noch § 20 Abs. 1 GWB a. F. bestimmt, dass marktbeherrschende Unternehmen andere Unternehmen nicht „in einem Geschäftsverkehr, der gleichartigen Unternehmen üblicherweise zugänglich ist", diskriminieren dürfen. Dieses Tatbestandsmerkmal ist jedoch durch die 8. GWB-Novelle als heute im Wesentlichen bedeutungslos gestrichen worden.[167] Das ist deshalb nicht unproblematisch, weil durch das fragliche Merkmal, richtig verstanden, der Maßstab festgelegt wurde,, den man benötigt, um feststellen zu können, ob Unternehmen „gleichartig" sind und deshalb durch eine unterschiedliche Behandlung seitens eines marktbeherrschenden Unternehmens überhaupt diskriminiert werden können.[168] Um dies zu erkennen, muss man sich Folgendes vergegenwärtigen:

[166] S. *MK,* SonderGA 7, Tz. 217ff.; *Mestmäcker,* WuW 1957, 21; 92.
[167] Begr. z. RegE von 2012, BT-Drs. 17/9852, S. 23 (r. Sp. 1. Abs).
[168] S. Voraufl. S. 432ff.

88 Auch aufgrund eines noch so weit formulierten Diskriminierungsverbotes können unmöglich alle „gleichartigen" Unternehmen auf der Welt ohne Rücksicht auf ihren Tätigkeitsbereich und ihren Sitz nach § 19 Abs. 2 Nr. 1 GWB von dem marktbeherrschenden Unternehmen Gleichbehandlung verlangen; das kommt vielmehr von vornherein nur bei solchen Unternehmen in Betracht, die gerade *im Verhältnis zu dem marktbeherrschenden Unternehmen* gleichsam auf *einer* Stufe nebeneinander stehen. Denn nur dann können sie überhaupt sinnvollerweise miteinander verglichen werden. Das war es, was das Gesetz mit der fraglichen 2013 gestrichenen Formulierung zum Ausdruck bringen wollte. Oder anders gewendet: Aus dem gleichartigen Unternehmen üblicherweise zugänglichen *Geschäftsverkehr* ergab sich überhaupt erst der Rahmen oder besser: **Maßstab,** anhand dessen die Diskriminierung einzelner Unternehmen durch das markbeherrschende Unternehmen im Vergleich mit anderen Unternehmen ermittelt werden konnte.

89 Im Ergebnis hat sich daran nichts geändert, weil das Gesetz nach wie vor in § 19 Abs. 2 Nr. 1 GWB auf die unterschiedliche Behandlung gerade (nur) „gleichartiger" Unternehmen abstellt, die Gleichartigkeit von Unternehmen aber sinnvollerweise allein *mit Bezug und im Rahmen ihres Geschäftsverkehrs* mit dem herrschenden Unternehmen beurteilt werden kann. Eine Beurteilung der Gleichartigkeit von Unternehmen gleichsam ins Blaue hinein ohne Bezug auf die konkreten Marktverhältnisse verbietet sich von selbst. Darauf weist auch hin, dass nach § 19 Abs. 2 Halbs. 1 GWB die Diskriminierung immer auf einen bestimmten relevanten Markt bezogen werden muss. Oder anders gewendet: Der übliche Geschäftsverkehr mit dem herrschenden Unternehmen auf dem relevanten Markt gibt nach wie vor den Rahmen oder Maßstab, d. h. das *Referenzsystem* ab, mit Bezug auf das allein die Gleichartigkeit von Unternehmen beurteilt werden kann.

90 Daraus folgt als erstes, dass eine nicht marktübliche **Individualbeziehung** zwischen Unternehmen *keinen* Maßstab für die Behandlung anderer Unternehmen abzugeben vermag. Ein Beispiel ist ein konzerninterner Verkehr, so dass etwa Konzernverrechnungspreise (natürlich) nicht mit Marktpreisen verglichen werden können.[169] Der Grund ist einfach der, dass **Konzernunternehmen** nicht mit anderen Unternehmen im Verhältnis zu dem marktbeherrschenden Unternehmen auf einer Stufe stehen; sie gehören vielmehr verschiedenen „Sphären" an. Anders verhält es sich freilich, wenn das marktbeherrschende Unternehmen gesetzlich verpflichtet ist, *alle* Abnehmer einschließlich seiner Tochtergesellschaften gleichzubehandeln, wie es etwa für die Gesellschaft zutrifft, die das Schienennetz der DBAG verwaltet, so dass diese Gesellschaft bei den Benutzungsentgelten nicht konzernfremde Gesellschaften gegenüber anderen Tochtergesellschaften der DBAG benachteiligen darf.[170] Relevant, d. h. maßstabsetzend, ist folglich grundsätzlich nur ein Geschäftsverkehr, der für andere Unternehmen, und zwar gerade für gleichartige andere Unternehmen, üblicherweise (tatsächlich) zugänglich ist, weil sie sich auf demselben Markt bewegen und deshalb auch dieselben Chancen haben sollen – ganz so, wie es das Gesetz bis 2013 in § 20 Abs. 1 GWB a. F. zutreffend zum Ausdruck gebracht hatte.

---

[169] *BGH* NJW 2012, 773 Tz. 30f. = WuW/E DE-R 3446 (3450f.) – Grossistenkündigung; NJW 2012, 2110 Tz. 13ff. = WuW/E DE-R 3549 (3591f.) – Werbeanzeigen; *OLG Frankfurt a. M.* WuW/E DE-R 1901 (1904) – Bahnstrom.

[170] *OLG Düsseldorf* WuW/E DE-R 1184 (1185); 2806 (2808f.).

Zum **Geschäftsverkehr** in dem genannten Sinne (Rn. 89f.) wird jeder privatrechtlich geordnete Verkehr mit Waren oder gewerblichen Leistungen unter Ausschluss rein privater und hoheitlicher Tätigkeiten gerechnet.[171] Die weitere Frage, ob dieser Geschäftsverkehr auch **üblicherweise zugänglich** ist, beurteilt sich objektiv danach, was innerhalb der in Betracht kommenden Kreise in natürlicher wirtschaftlicher Entwicklung allgemein geübt und als angemessen, d. h. eben als „üblich" (§ 20 Abs. 1 GWB a. F.), empfunden wird.[172] Keine Rolle spielt, ob der betreffende Geschäftsverkehr hergebracht oder neu, verbreitet oder singulär ist. Eine Ausnahme bildet lediglich der *gesetzwidrige* Geschäftsverkehr.[173] Üblich ist daher **z. B.** die Belieferung von Autoleasingunternehmen mit neuen Kraftfahrzeugen[174] oder der Teilehändler und Wartungsunternehmen mit Originalersatzteilen durch deren Hersteller.[175] Hinzu kommen muss noch, dass der Geschäftsverkehr gerade für *gleichartige* Unternehmen zugänglich ist. Der Grund ist, dass Maßstab für die Feststellung einer Diskriminierung im Sinne der unterschiedlichen Behandlung *zweier* Unternehmen auf demselben Markt nur die Behandlung vergleichbarer anderer Unternehmen in dem betreffenden, für die verglichenen Unternehmen gleichermaßen zugänglichen Geschäftsverkehr sein kann.[176] 91

Die **Gleichartigkeit** mehrerer Unternehmen ist nach objektiven Gesichtspunkten zu beurteilen. Kriterien sind die wirtschaftliche Funktion und die Tätigkeit der Unternehmen, d. h. Produktion und Leistung sowie Absatzwege und Absatzgebiete der verglichenen Unternehmen, wobei Unterschiede in den Einzelheiten keine Rolle spielen. Ausschlaggebend ist vielmehr allein, ob die verglichenen Unternehmen im Großen und Ganzen dieselbe wirtschaftliche Funktion erfüllen und dieselbe unternehmerische Tätigkeit ausüben.[177] Gleichartig sind **z. B.** sämtliche Formen des Einzelhandels oder des Großhandels,[178] Buchhandlungen und Kioske, die auf Flughäfen und Bahnhöfen Zeitschriften vertreiben,[179] sowie die Hersteller und die Importeure von Arzneimitteln im Verhältnis zu dem mächtigen Pharmagroßhandel,[180] **verschieden** dagegen konzernabhängige Unternehmen und beliebige dritte selbständige Unternehmen (o. Rn. 90), Franchisenehmer und andere Abnehmer, so dass den Ersteren günstigere Preise als den 92

---

171 S. z. B. *OLG Düsseldorf* WuW/E DE-R 1473 (1478) – Konsolidierer; *BKartA* WuW/E DE-V 1025 (1034) – Konsolidierer.

172 BGHZ 81, 322 (329f.) = NJW 1982, 46; BGHZ 119, 335 (338f.) = NJW 1993, 396 = JuS 1993, 600 Nr. 9 – Stromeinspeisung; s. *Emmerich,* AG 1976, 57 (61f.).

173 BGHZ 81, 322 (329f.) = NJW 1982, 46; *BGH* LM § 26 GWB Nr. 21 = NJW 1972, 483; LM § 26 GWB Nr. 22 = NJW 1973, 280.

174 BGHZ 81, 322 (329f.) = NJW 1982, 46; *BGH* LM § 26 GWB Nr. 21 = NJW 1972, 483; LM § 26 GWB Nr. 22 = NJW 1973, 280.

175 BGHZ 81, 322 (329) = NJW 1982, 46; *BGH* WuW/E DE-R 357 (358) = NJW-RR 2000, 773; a. A. *BGH* LM § 26 GWB Nr. 9 = WuW/E BGH 509 – VW-Ersatzteile; *KG* WuW/E OLG 4522.

176 *Belke,* Die Geschäftsverweigerung im Recht der Wettbewerbsbeschränkungen, 1966, S. 343ff.; *Emmerich,* AG 1976, 56 (60f.).

177 BGHZ 129, 53 (60) = NJW 1995, 2415; *BGH* WuW/E DE-R 1954 (1955 Tz. 11) – PETCYCLE; WuW/E DE-R 3549 (33551 Tz. 12) = NJW 2012, 2110 – Werbeanzeigen; *OLG Düsseldorf* WuW/E DE-R 1471 (1478f.) – Konsolidierer; WuW/E DE-R 2806 (2808).

178 *BGH* LM § 26 GWB Nr. 35 = NJW 1979, 2515; LM § 26 GWB Nr. 31 = NJW 1979, 107; LM § 26 GWB Nr. 43 = NJW 1981, 2355; *OLG Hamburg* WuW/E OLG 4195.

179 *BGH* LM § 26 GWB Nr. 92 (Bl. 2) = NJW-RR 1998, 1730.

180 BGHZ 129, 53 (60) = NJW 1995, 2415.

anderen Abnehmern berechnet werden dürfen,[181] Groß- und Einzelhandel[182] oder Groß- und Versandhandel[183].

3. Unterschiedliche Behandlung

93 § 19 Abs. 2 Nr. 1 GWB (= § 20 Abs. 1 GWB a. F.) verbietet es marktbeherrschenden Unternehmen, andere Unternehmen ohne sachlich gerechtfertigten Grund, d. h. grundlos, unmittelbar oder mittelbar anders als gleichartige Unternehmen (Rn. 87ff.) zu behandeln. Durch dieses Verbot sollen vor allem die gleichen Marktchancen der Abnehmer und Lieferanten marktbeherrschender Unternehmen auf dem jeweils relevanten Markt gegen eine Beeinträchtigung durch diskriminierende Maßnahmen ihrer Marktpartner geschützt werden.

94 Diskriminierung ist die Ungleichbehandlung gleichartiger Unternehmen im üblichen Geschäftsverkehr, vorausgesetzt, dass sich die Bevorzugung anderer Unternehmen überhaupt nachteilig auf die Wettbewerbsposition des betroffenen Unternehmens auswirken kann, da andernfalls kein Anlass für das Eingreifen des GWB besteht.[184] **Vergleichsmaßstab** ist folglich die Behandlung, die andere gleichartige Unternehmen in dem für derartige Unternehmen üblicherweise zugänglichen Geschäftsverkehr erfahren (s. o. Rn. 87ff.). Davon zu unterscheiden ist die *Gleich*behandlung *unterschiedlicher* Unternehmen, z. B. die Gleichbehandlung des Groß- und Einzelhandels bei der Rabattgewährung. § 19 Abs. 2 Nr. 1 GWB ist auf solche Fälle nicht anwendbar, so dass der Großhandel aus ihm nicht etwa einen Anspruch auf einen zusätzlichen Funktionsrabatt herleiten kann.[185]

95 Der Begriff der unterschiedlichen Behandlung ist letztlich ebenso formal und umfassend wie der der Behinderung (s. o. Rn. 67ff.). Eine negative Bewertung ist damit noch nicht verbunden; eine solche ist vielmehr nur angebracht, wenn die unterschiedliche Behandlung gleichartiger Unternehmen „ohne sachlich gerechtfertigten Grund", d. h. schlicht: **grundlos** erfolgt (§ 19 Abs. 2 Nr. 1 GWB). Diese Frage beurteilt sich nach denselben Kriterien, wie sie für die Beurteilung der Unbilligkeit einer Behinderung im Sinne des § 19 Abs. 2 Nr. 1 GWB maßgebend sind (s. o. Rn. 69ff.). Über die Rechtfertigung der Diskriminierung einzelner Unternehmen gegenüber anderen kann daher ebenfalls nur aufgrund einer **Abwägung der Interessen** (allein) der Betroffenen unter Berücksichtigung der auf die Freiheit des Wettbewerbs gerichteten Zielsetzung des Gesetzes entschieden werden. Dabei sollte besonderes Gewicht auf das legitime Interesse aller Unternehmen auf freien Zugang zu den Märkten gelegt werden.

4. Liefersperre

96 Von einer Liefersperre (oder Geschäftsverweigerung) spricht man, wenn ein marktbeherrschendes Unternehmen in einem üblicherweise zugänglichen Geschäftsverkehr einzelne Unternehmen im Gegensatz zu anderen vergleichbaren Unternehmen nicht beliefert. Eine derartige Diskriminierung ist nach § 19 Abs. 2 Nr. 1 GWB nur zulässig,

[181] *OLG Düsseldorf* WuW/E DE-R 2585 (2589: sachlich gerechtfertigte Differenzierung).
[182] *OLG Hamburg* WuW/E OLG 3195 (3197).
[183] *OLG Düsseldorf* WuW/E OLG 1945 (1946).
[184] Rn. 86; *BGH* NJW 2012, 773 Tz. 30f. = WuW/E DE-R 3446 (3450f.) – Grossistenkündigung.
[185] BGHZ 38, 90 (100ff.) = NJW 1963, 293 – Grote-Revers; *Emmerich,* AG 1976, 92 (96ff.); str.

wenn sie sachlich gerechtfertigt ist, wobei einerseits zu berücksichtigen ist, dass Liefersperren mit zu den schwersten denkbaren Eingriffen in die wirtschaftliche Bewegungsfreiheit Dritter gehören. Auf der anderen Seite bleibt jedoch zu bedenken, dass marktbeherrschende Unternehmen in dem **Aufbau ihrer Vertriebsorganisation** grundsätzlich ebenso freibleiben müssen wie andere Unternehmen, da sie auch alleine die Verantwortung für den Absatz ihrer Produkte tragen.[186] Deshalb kann über die Anwendung des § 19 Abs. 2 Nr. 1 GWB auf Fälle der Liefersperre immer nur im Einzelfall aufgrund einer sorgfältigen Abwägung der kollidierenden Interessen der Beteiligten entschieden werden (Rn. 95). § 19 Abs. 2 Nr. 1 GWB macht marktbeherrschenden Unternehmen insbesondere keine Vorschriften darüber, ob sie den **Großhandel** in ihren Vertrieb einschalten sollen oder nicht.[187] Aus § 19 Abs. 2 Nr. 1 GWB folgt ebensowenig eine Bindung an das einmal gewählte Absatzsystem. Es steht vielmehr auch marktbeherrschenden Unternehmen frei, nachträglich vom Vertrieb über den Fachhandel zum **Direktvertrieb** an die Verbraucher überzugehen sowie eine Vertriebsbindung einzuführen oder dieses Vertriebssystem wieder aufzugeben.[188] Erst **innerhalb dieses** von ihnen selbst gezogenen **Rahmens** müssen sie § 19 Abs. 2 Nr. 1 GWB beachten, woraus sich (i. V. m. § 33 GWB und § 249 BGB) für zu Unrecht übergangene Händler dann im Einzelfall tatsächlich ein **Anspruch auf Belieferung** ergeben kann.[189] Unter denselben (engen) Voraussetzungen ist zugleich die **Kündigung** bereits bestehender langfristiger Vertragsbeziehungen wegen Verstoßes gegen § 19 Abs. 2 Nr. 1 GWB unwirksam (§ 134 BGB), da das marktbeherrschende Unternehmen andernfalls sofort nach Wirksamwerden der Kündigung zum Neuabschluss des Vertrages verpflichtet wäre.[190]

Die Maßstäbe für die Zulässigkeit einer Liefersperre sind **um so strenger, je mächtiger** das die Liefersperre praktizierende Unternehmen ist (o. Rn. 73) und je schwerwiegender sich infolgedessen die Liefersperre für die betroffenen Unternehmen auswirkt.[191] Generell unzulässig ist eine Lieferverweigerung, wenn mit ihr **gesetzwidrige Zwecke** wie z. B. die Durchsetzung einer verbotenen Preisbindung oder die Zementierung der bisherigen Versorgungsmonopole bei Gas und Strom verfolgt werden (vgl. 97

[186] BGHZ 101, 72 (81 ff.) = NJW 1988, 772 – Krankentransporte; BGHZ 107, 273 (279) = NJW 1989, 3010; *BGH* NJW-RR 2005, 49 (50) = GRUR 2005, 117 = WuW/E DE-R 1377 (1379); NJW 2005, 2014 – Sparberaterin I, II; NJW 2007, 83 (85) = WuW/E DE-R 1832 (1834 f.) – Lesezirkel; NJW 2012, 773 Tz. 38 f. = WuW/E DE-R 3446 (3450 f.) – Grossistenkündigung; NJW 2012, 2110 Tz. 29 f. = WuW/E DE-R 3549 (3554) – Werbeanzeigen.

[187] BGHZ 38, 90 (100 ff.) = NJW 1963, 293 – Grote-Revers; *BGH* LM § 26 GWB Nr. 58 = GRUR 1987, 393; LM § 26 GWB Nr. 92 (Bl. 3 f.) = WuW/E DE-R 133 = NJW-RR 1998, 1730 – Bahnhofsbuchhandel.

[188] *BGH* LM § 26 GWB Nr. 65 = NJW-RR 1989, 485 – Lüsterbehangsteine; WuW/E DE-R 1954 (1955 Tz. 11) – PETCYCLE; NJW 2012, 773 Tz. 32 f. = WuW/E DE-R 3446 (3450 f.) – Grossistenkündigung; WuW/E DE-R 3549 (33551 Tz. 29 f.) = NJW 2012, 2110 – Werbeanzeigen; *OLG Celle* WuW/E DE-R 581 – VAG.

[189] BGHZ 101, 72 (81 ff.) = NJW 1988, 772 – Krankentransporte; BGHZ 107, 273 (278 ff.) = NJW 1989, 3010; *BGH* NJW-RR 2005, 49 (50) = WuW/E DE-R 1377 (1379); NJW 2005, 2014 – Sparberaterin I, II; *KG* WuW/E DE-R 1726 (1729) = NVwZ 2006, 962; s. außerdem u. § 40 Rn. 13, 17 ff.

[190] BGHZ 107, 273 (279 ff.) = NJW 1989, 3010; *BGH* LM Nr. 92 zu § 26 GWB = NJW-RR 1998, 1730 und WuW/E DE-R 220 – Bahnhofsbuchhandel I u. II; NJW-RR 2003, 1348 f. = WuW/E DE-R 1144 – Schülertransporte.

[191] Ebenso *BGH* WuW/E DE-R 357 (359) = NJW-RR 2000, 773 – Feuerwehrgerät; *KG* WuW/E DE-R 35 (39).

auch § 21 Abs. 2 GWB).[192] Die Lieferverweigerung ist dagegen berechtigt, wenn die damit verfolgten Zwecke im Lichte des GWB als legitim einzustufen sind,[193] insbesondere, wenn dem Lieferanten die Belieferung eines bestimmten Abnehmers mit Rücksicht auf dessen vorausgegangenes Verhalten **unzumutbar** ist, z. B., weil sich der Abnehmer einer schweren Vertragsverletzung oder gravierender Verstöße gegen das UWG schuldig gemacht hat oder weil der Hersteller in einer vorausgegangenen Insolvenz des Abnehmers Ausfälle erlitten hatte.[194] Mit besonderer Strenge sollte schließlich im Interesse der Öffnung der Märkte und mit Rücksicht gleichermaßen auf Art. 3 Abs. 1 GG und auf Art. 102 AEUV das Diskriminierungsverbot auf den wirtschaftenden **Staat** und seine Unternehmen angewandt werden. Daraus ergibt sich z. B. für den Staat als **Nachfrager** die grundsätzliche Verpflichtung, die von ihm benötigten Güter und Leistungen **auszuschreiben,** damit alle Anbieter eine faire Chance haben, zum Zuge zu kommen (s. o. Rn. 71 und u. Rn. 110).

98 Unzulässig ist ferner der generelle undifferenzierte Ausschluss bestimmter Vertriebsformen, wie z. B. der **Selbstbedienungsmärkte.** Gliedern sich solche Geschäfte sog. Fachmärkte an, die allen legitimen Anforderungen an ein Fachgeschäft gerecht werden, so haben sie unter den Voraussetzungen des § 19 Abs. 2 Nr. 1 GWB selbst im Falle einer Fachhandelsbindung Anspruch auf Belieferung.[195] Bei der Interessenabwägung ist freilich auch zu berücksichtigen, ob dem Hersteller im Falle einer Belieferung von Selbstbedienungsmärkten ernsthaft eine Abwanderung des Fachhandels zu anderen Lieferanten droht.[196]

99 **Wartungs- oder Reparaturunternehmen** sind in der Regel von den Herstellern der Originalersatzteile abhängig i. S. d. § 20 Abs. 1 GWB, so dass sie von den letzteren die Belieferung mit Ersatzteilen verlangen können, sofern dem nicht im Einzelfall legitime Interessen des Herstellers entgegenstehen.[197] Die Lieferpflicht entfällt jedoch, wenn der Service des Reparaturunternehmens mangelhaft ist oder wenn diesem durch die Belieferung mit Ersatzteilen der Zugang zu dem Kundenkreis des Herstellers eröffnet würde, so dass dem Hersteller Konkurrenz im Neugeschäft droht.[198]

5. Zwangslizenzen

Literatur: *de Bronett,* WuW 2009, 819; *Deichfuß,* WuW 2012, 1156; *Emmerich,* JuS 2010, 77; *Franz,* Die kartellrechtliche Zwangslizenz im Verfahren: Geltendmachung eines kartellrechtlich begründeten Kontrahierungszwangs, Dissertation Bayreuth 2014; *Hilty,* GRUR 2009, 633; *Höppner,* ZWeR 2010, 393; *Jes-*

[192] *BGH* LM § 26 GWB Nr. 55 = NJW-RR 1987, 929; *OLG Stuttgart* WuW/E OLG 3343.

[193] Beispiele in *BGH* NJW-RR 2004, 687 = WuW/E DE-R 1203 (1204f.) – Depotkosmetik im Internet; *BGH* NJW 2006, 377 = WuW/E DE-R 1597 (1600ff.) – Hörfunkrechte.

[194] *BGH* LM § 26 GWB Nr. 61 = NJW-RR 1988, 1502= WuW/E BGH 2491 (2495) – Opel-Blitz; LM § 26 GWB Nr. 65 = NJW-RR 1989, 485 = WuW/E BGH 2535 (2539ff.) – Lüsterbehangsteine.

[195] *BGH* WuW/E BGH 1885 = GRUR 1981, 917 (918) – adidas; LM § 26 GWB Nr. 50 = MDR 1983, 820 – Modellbauartikel III; LM § 26 GWB Nr. 55 = NJW-RR 1987, 929.

[196] *BGH* WuW/E BGH 1885 = GRUR 1981, 917 (918) – adidas; LM § 26 GWB Nr. 55 = NJW-RR 1987, 929.

[197] *BGH* LM § 26 GWB Nr. 22 = NJW 1973, 280; LM § 26 GWB Nr. 62 = NJW-RR 1988, 1504 – Reparaturbetrieb; LM § 26 GWB Nr. 65 = NJW-RR 1989, 485 = WuW/E BGH 2535 – Lüsterbehangsteine; WuW/E BGH 1891 (1982f.) – Ölbrenner II; WuW/E DE-R 357 = NJW-RR 2000, 773 – Feuerwehrgerät.

[198] *BGH* LM § 26 GWB Nr. 24 = NJW 1974, 141 = LM § 26 GWB Nr. 66 = NJW-RR 1989, 1310 – Frankiermaschine; *OLG Düsseldorf* NZKart 2014, 35; kritisch dazu *BKartA* TB 1989/90, S. 27, 66; 1991/92, S. 86, 101.

taedt, GRUR 2009, 801; *Körber,* Standardessentielle Patente, FRAND-Verpflichtungen und Kartellrecht, 2013; *ders.,* NZKart 2013, 87; *ders.,* WRP 2013, 734; *Nägeli/Jacob,* WRP 2009, 1067; *Plöger,* FS Reuter, 2010, S. 1123.

Einen Sonderfall der Problematik der Liefersperren (Rn. 96ff.) bildet die viel umstrittene Zwangslizenzproblematik, die in jüngster Zeit insbesondere in den „Patentkriegen" auf den Märkten für Smartphones und Tablet Computern überragende praktische Bedeutung erlangt hat. Es geht dabei um die Frage, unter welchen Voraussetzungen der Inhaber eines gewerblichen Schutzrechts und insbesondere eines Patents kartellrechtlich verpflichtet ist, einem anderen Unternehmen auf dessen Antrag hin eine Lizenz an seinem Schutzrecht zu erteilen. Auf Unionsebene wird solcher Anspruch heute unter bestimmten Voraussetzungen aus Art. 102 S. 1 AEUV hergeleitet (s. o. § 10 Rn. 34ff.). In Deutschland kommt als Anspruchsgrundlage in erster Linie § 19 Abs. 2 Nr. 1 GWB in Betracht, weil anders als im Unionsrecht § 19 Abs. 2 Nr. 4 GWB nicht auf Patente angewandt wird (s. u. Rn. 129ff.). Auszugehen ist davon, dass § 24 PatG (der die behördliche Anordnung von Zwangslizenzen erlaubt) die Anwendung des Kartellrechts hier nicht ausschließt.[199] Voraussetzung ist jedoch, dass der Patentinhaber (ausnahmsweise) aufgrund seines Schutzrechts über eine **marktbeherrschende Stellung** verfügt, weil er den Zugang zu einem Markt kontrolliert. Dies ist nur der Fall bei den seltenen Schlüsselpatenten sowie dann, wenn ein Schutzrecht zum Industriestandard geworden ist (sog **standardessentielle Patente**).[200] Unter diesen engen Voraussetzungen ist dann auch Raum für die Anwendung des § 19 Abs. 2 Nr. 1 GWB, wenn die Lizenzverweigerung eine unbillige Behinderung oder Diskriminierung des Antragstellers darstellt, insbesondere also, wenn der Patentinhaber mit der Verweigerung der Lizenz wettbewerbsbeschränkende Zwecke verfolgt.[201] Praktische Bedeutung hat das Gesagte wegen der unnötig restriktiven Praxis der deutschen Gerichte bisher nicht erlangt.[202] **100**

Die Kehrseite des Anspruchs auf Erteilung von Lizenzen an den genannten standardessentiellen Patenten ist der sog. **Zwangslizenzeinwand.** Man meint damit den Einwand des Patentsuchers, der von dem Patentinhaber aufgrund seines Schutzrechts auf Unterlassung und Schadensersatz in Anspruch genommen wird, die Rechtsverfolgung des Patentinhabers sei missbräuchlich, weil dieser an sich zur Lizenzerteilung verpflichtet sei und deshalb jetzt nicht von ihm Unterlassung der Benutzung des Schutzrechtes verlangen könne. Dieser Einwand wird grundsätzlich zugelassen, freilich nur unter so engen Bedingungen, dass er praktisch bisher keine Bedeutung erlangt hat Der BGH verlangt als Voraussetzung des Einwandes insbesondere ein *unbedingtes Angebot* des Patentsuchers auf Abschluss eines Lizenzvertrages, wozu der Patentsucher tatsächlich in der Regel gar nicht in der Lage ist.[203] Hier ist dringend Abhilfe geboten, auch zwecks Angleichung des deutschen Rechts an das wesentlich weitergehende Unionsrecht. **101**

199 BGHZ 160, 67 (72f.) = NJW-RR 2005, 269 – Standard-Spundflasche.

200 S. o. § 9 Rn. 27; BGHZ 160, 67 (73f.) = NJW-RR 2005, 269.

201 BGHZ 160, 67 (76ff.) = NJW-RR 2005, 269; BGHZ 180, 312 (316f. Tz. 27) = NJW-RR 2009, 1074 = JuS 2010, 77 – Orange Book Standard; *OLG Karlsruhe* WuW/E DE-R 3347 (3354ff.); 4185.

202 S. Rn. 101; ausführlich *Franz,* Zwangslizenz, passim m. N.

203 BGHZ 180, 312 (317ff. Tz. 29ff.) = NJW-RR 2009, 1074 = JuS 2010, 77 – Orange Book Standard; *OLG Karlsruhe* WuW/E DE-R 3556; *LG Düsseldorf* WuW/E DE-R 3638; 3922; w. N. bei *Deichfuß,* WuW 2012, 1156; zur Kritik s. *Franz,* Zwangslizenz, passim; *Körber,* NZKart 2013, 87ff. m. N.

6. Selektive Vertriebssysteme

102 Unter einem selektiven Vertriebssystem versteht man eine Absatzorganisation, bei der sich der Hersteller aus vertriebspolitischen Erwägungen bewusst auf einzelne ausgewählte Händler (unter vielen) als Abnehmer beschränkt und in denen sich die ausgewählten Händler verpflichten müssen, die Waren, die Gegenstand des Vertrages sind, nicht an Händler zu verkaufen, die nicht zum Vertrieb zugelassen sind (s. o. § 5 Rn. 25). Die Zulässigkeit solcher Vertriebssysteme beurteilt sich heute in erster Linie nach der Gruppenfreistellungsverordnung (GFVO) Nr. 330/2010 i. V. m. § 2 Abs. 2 GWB (dazu o. § 5 Rn. 25–29 und § 8 Rn. 6). Soweit danach selektive Vertriebssysteme zulässig sind, bleibt jedoch nach herrschender Meinung aufgrund der deutschen Klausel des Art. 3 Abs. 2 S. 2 der Verordnung Nr. 1/2003 noch Raum für die Anwendung des § 19 GWB. Die praktische Bedeutung dieser Restzuständigkeit des deutschen Rechts ist indessen nur noch gering, da sich aus § 19 Abs. 2 Nr. 1 GWB im Ergebnis kaum über die GFVO Nr. 330/2010 hinausgehende Schranken ergeben.

103 Deshalb genügt hier die Bemerkung, dass die Rechtsprechung die **einfache Fachhandelsbindung** (s. o. § 5 Rn. 26) bisher unter dem Blickwinkel des § 19 Abs. 2 Nr. 1 GWB grundsätzlich als unbedenklich angesehen hat, sofern nur die Zulassungsvoraussetzungen für die Händler zumutbar, d. h. nach der Art des vertriebenen Produkts legitim sind und diskriminierungsfrei gehandhabt werden, so dass sämtliche Händler, die die Voraussetzungen für eine Zulassung erfüllen, auch tatsächlich zugelassen werden.[204] Damit ist zugleich gesagt, dass nicht bestimmte Vertriebsformen wie Kaufhäuser oder Selbstbedienungsgeschäfte prinzipiell ausgeschlossen werden dürfen.[205] Der **quantitative selektive Vertrieb** (o. § 5 Rn. 28) ist bisher von den deutschen Gerichten – trotz der mit ihm verbundenen wettbewerbsbeschränkenden Wirkungen – im Rahmen des § 19 Abs. 2 Nr. 1 GWB gleichfalls durchweg gebilligt worden, jedenfalls, wenn er sich, wie z. B. bei hochwertigen Kosmetika, bei Kraftfahrzeugen und ähnlichen Produkten, sachlich rechtfertigen lässt.[206]

7. Verlage[207]

104 Die Buchverlage sind heute im Gegensatz zu den Zeitungs- und Zeitschriftenverlagen nicht mehr generell dem Diskriminierungsverbot des § 19 Abs. 2 Nr. 1 GWB unterworfen, sondern nur noch, wenn sie ausnahmsweise **marktbeherrschend** oder marktstark im Sinne des § 18 Abs. 1 oder des § 20 Abs. 1 GWB sind. Infolgedessen hat das Diskriminierungsverbot im Verlagswesen erheblich an praktischer Bedeutung eingebüßt – eine unerwartete, aber von den Verlagen sicher begrüßte Konsequenz des eigenartigen Buchpreisbindungsgesetzes von 2002.

105 Auf dem Buchmarkt herrscht heftiger Wettbewerb, so dass tatsächlich nur die *wenigsten* Buchverlage als marktbeherrschend oder auch nur marktstark i. S. d. § 20 Abs. 2

[204] *BGH* LM § 26 GWB Nr. 55 = NJW-RR 1987, 929 = WuW/E BGH 2351 – SABA.

[205] *BGH* LM § 26 GWB Nr. 55 = NJW-RR 1987, 929; LM § 26 GWB Nr. 46 = NJW 1981, 2357; LM § 26 GWB Nr. 50 = MDR 1983, 820 – Modellbauartikel III.

[206] *KG* WuW/E OLG 3288; *OLG Frankfurt a. M.* WuW/E DE-R 73 (77) – Guerlain; *OLG Celle* WuW/E DE-R 581 – VAG; kritisch *Mäsch,* ZIP 1999, 1507 (1509).

[207] S. zum Folgenden *Bunte,* FS Koppensteiner, 2001, S. 307; *Emmerich,* FS Immenga, 2004, S. 111; *ders.*, FS H. P. Westermann, 2008, S. 899.

GWB anzusehen sein dürften. Eine Ausnahme bildet aber z. B. der *C.H. BECK-Verlag* bei juristischer Literatur, so dass eine Versandbuchhandlung grundsätzlich von diesem die Belieferung mit juristischer Literatur verlangen kann und nicht etwa für den Bezug z. B. von Kommentaren zum BGB auf den (wesentlich teureren) Buchhandel verwiesen werden darf.[208] Gleich steht die *DTAG* bei der Herausgabe der örtlichen Telefonbücher. Bei der Aufnahme von Inseraten muss sie deshalb alle Interessenten gleich behandeln und darf nicht einzelne willkürlich benachteiligen,[209] z. B. wegen der Zusammenarbeit mit sog. Sparberatern, die den Kunden der Werbeagenturen (die auf Inserate in den Telefonbüchern angewiesen sind) bei der kostengünstigen Gestaltung der Inserate helfen.[210] Anders ist die Situation dagegen bei **Zeitungs- und Zeitschriftenverlagen:** Sie unterliegen als Preisbinder weiterhin generell dem Diskriminierungsverbot (s. §§ 30 Abs. 1 S. 1, 20 Abs. 1 GWB). Hinzu kommt seit 2013 ihre Mitgliedschaft in den Branchenvereinbarungen genannten umfassenden Kartellen mit den Grossisten, die neuerdings durch § 30 Abs. 2a GWB freigestellt sind (s. o. § 25 Rn. 47 ff.). Zeitungen dürfen deshalb den Abdruck von Anzeigen nur aus sachlichen Gründen ablehnen, etwa, wenn die fragliche Anzeige gegen das UWG verstößt oder sonst unseriös erscheint.[211] Ein Zeitschriftenverlag ist zwar grundsätzlich frei in der Formulierung der Bedingungen, zu denen er Lesezirkel beliefern will, muss aber, wenn ein Unternehmen diese Bedingungen erfüllt, dieses dann auch tatsächlich beliefern.[212]

Kennzeichnend für den Zeitungs- und Zeitschriftenvertrieb ist in Deutschland das ei- 106
genartige System der **Monopolgrossisten,** das überwiegend mit dem sog. Dispositionsrecht der Verlage und dem entsprechenden Remissionsrecht der Zeitungs- und Zeitschriftenhändler gerechtfertigt wird (s. o. § 25 Rn. 6 f.). Deswegen wurde es bisher durchweg gebilligt, dass die Verleger die Belieferung anderer Großhändler neben einem bereits belieferten Großhändler ablehnen.[213] Zum Ausgleich trifft freilich die Monopolgrossisten die Pflicht zur Belieferung jedes Zeitungskiosks ohne Rücksicht auf dessen Größe.[214] Außerdem dürfen sie nicht zwischen den Zeitungen diskriminieren und z. B. Anzeigenblätter vom Vertrieb ausschalten.[215] Schließlich bleibt es auch dabei, dass jeder Verlag, soweit er nicht durch eine neuerdings zulässige Branchenvereinbarung nach § 30 Abs. 2a GWB gebunden ist, sein Absatzsystem nach seinen Vorstellungen organisieren kann (Rn. 96 ff.), so dass er nicht etwa gehindert ist, die Belieferung einzelner Monopolgrossisten einzustellen und zum Vertrieb über Tochtergesellschaften überzugehen.[216]

---

208 *OLG Karlsruhe* NJW-RR 2008, 563 = WuW/E DE-R 2213 (2214 ff.).

209 *BGH* NJW-RR 2002, 834 = GRUR 2002, 542 = WuW/E DE-R 1051 (1053 f.) – Vorleistungspflicht.

210 *BGH* NJW-RR 2005, 49 (50) = GRUR 2005, 177 = WuW/E DE-R 1377 (1379) – Sparberaterin I; NJW 2005, 2014 (2015) – Sparberaterin II; *LG Düsseldorf* WuW/E DE-R 772 f.

211 *OLG Düsseldorf* WuW/E OLG 3560; *OLG Stuttgart* NJW-RR 1986, 1488; WuW/E DE-R 1191.

212 *BGH* NJW 2007, 83 (85) = WuW/E DE-R 1832 (1834 f.) – Lesezirkel.

213 *OLG Celle* WuW/E DE-R 2853 (2858 f.).

214 *KG* WuW/E OLG 5875 (5877 f.); *OLG Karlsruhe* WuW/E OLG 2289; *OLG Koblenz* WuW/E OLG 2898; *OLG Frankfurt a. M.* WuW/E OLG 4038.

215 *LG Düsseldorf* und *LG Köln* WuW/E LG/AG 520 und 521.

216 *BGH* NJW 2012, 773 Tz. 38 ff. = WuW/E DE-R 3446 (3451 f.) = GRUR 2012, 84 m. Anm. *Alexander,* ZWeR 2012, 215.

8. Energieversorgungsunternehmen

107 Die Energieversorgungsunternehmen (EVU) sind aufgrund ihrer faktischen Gebietsmonopole in aller Regel *marktbeherrschend* und damit dem Diskriminierungsverbot des § 19 Abs. 2 Nr. 1 GWB unterworfen, woran sich bis heute trotz der Abschaffung der Gebietsmonopole im Jahre 1998 jedenfalls auf den lokalen und regionalen Märkten (fast) nichts geändert hat (s. § 130 Abs. 3 GWB i. V. m. § 111 EnWiG sowie für die Wasserwirtschaft § 31 GWB). Mit Rücksicht auf § 103 GWB a. F. hatten die Gerichte indessen früher von der Möglichkeit zur Anwendung des Diskriminierungsverbotes auf die EVU im Interesse der Auflockerung des Marktes nur sehr zurückhaltend Gebrauch gemacht. Eine Ausnahme bildete lediglich die Bekämpfung der üblichen **Diskriminierungen der industriellen Eigenerzeuger,** so dass die Versorgungsunternehmen mittlerweile durchweg als verpflichtet angesehen werden, fremden Strom zu angemessenen Preisen, berechnet nach dem Prinzip der vermiedenen Kosten, zu übernehmen.[217] Darüber hinaus ist erst in jüngster Zeit ein verstärkter Einsatz des Diskriminierungsverbotes im Interesse der **Marktöffnung** festzustellen. In diesem Zusammenhang ist vor allem zu beachten, dass die Gemeinden und ihre Versorgungsunternehmen (als Eigentümer des Straßen- und Wegenetzes) eine **Monopolstellung** innehaben, so dass die Ablehnung der Leitungsverlegungen oder die Forderung überhöhter Gegenleistungen für die Gestattung der Leitungsverlegung oder von Durchleitungen von Gas und Strom in Gestalt von Konzessionsabgaben durchaus an § 19 Abs. 2 Nr. 1 GWB gemessen werden kann.[218] Es verstößt schließlich noch gegen § 19 Abs. 2 Nr. 1 GWB, wenn ein regionales Versorgungsunternehmen die Belieferung von Stadtwerken nur deshalb ablehnt, weil es die Bewohner der betreffenden Stadt weiterhin selbst direkt beliefern will, um das Aufkommen jeden Wettbewerbs zu verhindern.[219]

108 Die EVU praktizieren noch auf zahlreichen anderen Gebieten versteckte oder offene Diskriminierungen. Beispiele sind die (skandalösen) **Installationsmonopole,** die darauf beruhen, dass sich die EVU anmaßen, darüber zu entscheiden, wer zur Installation ihrer Anlagen zugelassen wird (s. Art. 12 Abs. 1 GG),[220] sowie die nicht minder verwerflichen **Wechselgebühren,** die vor allem die kommunalen EVU von ihren Kunden sowie – man glaubt es kaum – obendrein noch von konkurrierenden Stromanbietern verlangen, wenn es ihre Tarifabnehmer „wagen" sollten, von dem seit 1998 eröffneten Stromwettbewerb Gebrauch zu machen und zu anderen Anbietern zu wechseln, wobei die Wechselgebühren so hoch kalkuliert zu werden pflegen, dass sie den Wechsel für die anderen Anbieter ebenso wie für die Tarifabnehmer unwirtschaftlich machen.[221]

---

217 BGHZ 119, 335 (336ff.) = NJW 1993, 396 = JuS 1993, 600 Nr. 9 – Stromeinspeisung I; BGHZ 134, 1 (6ff.) = NJW 1997, 574 – Stromeinspeisung II; *BGH* LM § 26 GWB Nr. 95 (Bl. 1 R) = NJW-RR 1999, 690 = WuW/E DE-R 248 (249) – Kraft-Wärme-Koppelung II; *BKartA* TB 1977, S. 86f. – RWE.

218 *BGH* WuW/E DE-R 2581 (2584 Tz. 17f.) = WRP 2009, 746 – Neue Trift; WuW/E DE-R 3879 (3882 Tz. 17ff.) – Gasversorgung Ahrensburg; *OLG Schleswig* WuW/E DE-R 3746 (3760ff.) – Gemeindliche Konzessionsvergabe; WuW/E DE-R 4139 (4141ff.) – Heiligenhafen; NZKart 2014, 151 – Berkenthin; *LG Düsseldorf* WuW/E DE-R 4201; *BKartA* WuW/E DE-V 1729 (1731f.) – GGEW Bergstraße; *Lecheler,* WuW 2009, 1249; s. auch u. § 39 Rn. 47f. zur Wasserwirtschaft sowie zu § 46 EuWG.

219 *BGH* WuW/E DE-R 1726 (1729 Tz. 18) = NVwZ 2006, 962 – Stadtwerke Dachau.

220 Dagegen zutreffend *OLG Düsseldorf* WuW/E OLG 4692.

221 *OLG Naumburg* NJW-RR 2001, 1617 = WuW/E DE-R 805 = JuS 2002, 298f. Nr. 1 m. N.; *OLG München* WuW/E DE-R 790 (793ff.) – Bad Tölz; *LKartB Bayern* WuW/E DE-V 347ff.

9. Missbrauch der Nachfragemacht

a) Bezugssperren

Das Diskriminierungsverbot gilt, wie sich unmittelbar aus § 18 Abs. 1 und § 19 Abs. 2 Halbs. 1 GWB ergibt, auch für marktbeherrschende (sowie über § 20 Abs. 1 GWB ferner noch für marktstarke) Nachfrager. Diskriminierungen, die von ihrer Seite ausgehen, können daher ebenfalls ohne weiteres mit § 19 GWB erfasst werden. Die wichtigsten Formen sind neben Diskriminierungen zwischen den Anbietern bei den Rabatten und den Konditionen (u. Rn. 111 f.) insbesondere noch Bezugssperren. Bezugssperren durch marktbeherrschende Nachfrager sind freilich bisher nur selten als verbotene Behinderung der Anbieter qualifiziert worden. Im Vordergrund stehen Fälle, in denen die **öffentliche Hand** wie etwa bei der Nachfrage nach Straßenbauleistungen, nach Heil- und Hilfsmitteln oder nach Kriegswaffen nahezu über ein **Nachfragemonopol** verfügt. In solchen Fällen folgt bereits aus der Ausstrahlungswirkung des Art. 3 Abs. 1 GG auf das Privatrecht, dass die öffentliche Hand zur Gleichbehandlung der in Betracht kommenden Anbieter verpflichtet ist. Für den Regelfall wird sich daraus für sie die Verpflichtung zur **Ausschreibung** ihres Bedarfs ergeben, damit die privaten Anbieter überhaupt eine faire Chance erhalten, mit ihr in Vertragsbeziehungen zu treten.[222] **109**

Jenseits des Sonderfalles der Beschaffungstätigkeit der öffentlichen Hand (Rn. 110) ist die Rechtsprechung aus guten Gründen mit der Annahme von Bezugspflichten marktstarker Nachfrager ausgesprochen *zurückhaltend,* da in einer freien Wirtschaft selbst marktbeherrschende Unternehmen grundsätzlich in der Entscheidung frei bleiben müssen, von wem sie welche Waren zu welchen Bedingungen beziehen, schon, weil sie auch allein das Risiko der Weiterveräußerung zu tragen haben.[223] **Ausnahmen** sind freilich denkbar. Ein Beispiel ist der Markt für **Arzneimittel,** auf dem der BGH zum Schutz der Arzneimittelimporteure eine Abnahmepflicht der wenigen marktbeherrschenden Pharmagroßhändler angenommen hat, weil anders hier offenbar gegen den Widerstand der Pharmagroßhändler eine Öffnung des deutschen Marktes für billige ausländische Arzneimittel nicht möglich erschien.[224] **110**

b) Rabatt- und Konditionenspreizung

Bei dem Problem der Rabatt- und Konditionenspreizung geht es in erster Linie um die verbreiteten Versuche marktstarker Nachfrager, für sich die unterschiedlichsten **Sondervergünstigungen** bei ihren Lieferanten durchzusetzen. Das Spektrum reicht von der Zahlung von Eintrittsgeldern über die Gewährung besonderer Rabatte bis zur Gestellung von Verkaufspersonal. In der Rechtsprechung wurden derartige Zuwendungen der Lieferanten eine Zeitlang als unlauter angesehen (§ 3 UWG nF).[225] Später dis- **111**

---

[222] S. schon o. Rn. 97 sowie BGHZ 101, 72 (82 f.) = NJW 1988, 772 – Krankentransporte; *BGH* LM § 26 GWB Nr. 74 = WuW/E BGH 2683 (2687) – Zuckerrüben; *OLG Düsseldorf* WuW/E OLG 2274 (2277 ff.) = JuS 1981, 228 Nr. 9; *Emmerich,* in: Deutsche Gesellschaft für Baurecht e.V. (Hrsg.), Ausschluß von Unternehmern von der Teilnahme am Wettbewerb aus strafrechtlicher, verwaltungsrechtlicher sowie zivilrechtlicher Sicht, 1995, S. 27 (40 ff.).

[223] BGHZ 101, 72 (81 ff.) = NJW 1988, 772 – Krankentransporte; BGHZ 129, 53 (60 ff.) = NJW 1995, 2415 – Importarzneimittel; *BGH* LM § 26 GWB Nr. 91 a = NJWE-WettbR 1997, 161 – Zuckerrüben II.

[224] BGHZ 129, 53 (60 ff.) = NJW 1995, 2415; zustimmend *BVerfG* WuW/E DE-R 557.

[225] *BGH* LM § 1 UWG Nr. 298 = NJW 1977, 631 = JuS 1977, 409 Nr. 9 – Schaufensteraktion; LM § 1 UWG Nr. 299 = NJW 1977, 1242 = JuS 1977, 410 Nr. 10 – Eintrittsgeld.

tanzierte sich die Rechtsprechung jedoch wieder deutlich von dieser negativen Beurteilung zugunsten einer mehr differenzierten Haltung, da es sich bei den genannten Sondervergünstigungen durchweg der Sache nach um nichts anderes als um **normale Preisnachlässe** handelt, die nur deshalb in zugegebenermaßen zum Teil abenteuerliche Formen gekleidet werden, um sie vor den Konkurrenten so lange wie möglich verborgen halten zu können.[226] § 19 Abs. 2 GWB würde geradezu in sein Gegenteil verkehrt, wollte man ihm ein Verbot solcher Preisnachlässe entnehmen, zumal die Folge nur eine bedenkliche Preisstarre im Handel wäre, deren Nachteile letztlich die Verbraucher zu tragen hätten.

112 Eine Anwendung des Diskriminierungsverbots wird daher hier immer **nur in Ausnahmefällen** in Betracht kommen. Beispiele sind das gezielte Vorgehen marktstarker Nachfrager gegen einzelne dadurch besonders benachteiligte Lieferanten, weiter Versuche der Nachfrager, die Gewährung gleicher Vergünstigungen an die Konkurrenten zu verhindern, wobei insbesondere an Meistbegünstigungsklauseln zu denken ist, sowie schließlich Preisstrukturmissbräuche. Selbst in derartigen Fällen ist indessen der Nachweis der Voraussetzungen des Diskriminierungsverbotes immer noch ausgesprochen schwierig. Der Gesetzgeber hat deshalb 1980 den heutigen § 19 Abs. 2 Nr. 1 GWB (= § 20 GWB a. F.) durch ein speziell auf Fälle der genannten Art gemünztes Verbot passiver Diskriminierungen in § 19 Abs. 2 Nr. 5 i. V. m. § 20 Abs. 2 GWB i. d. F. von 2013 ergänzt (s. u. Rn. 137 ff.).

IX. Weitere Fälle

1. Preismissbrauch

a) Überblick

113 Der dritte Grundfall eines Missbrauchs neben dem Behinderungsmissbrauch und der Diskriminierung gleichartiger Unternehmen (§ 19 Abs. 2 Nr. 1 GWB und dazu o. Rn. 65, 84 ff.) ist der Preismissbrauch. Ein solcher liegt nach § 19 Abs. 2 Nr. 2 GWB vor, wenn ein marktbeherrschendes Unternehmen Entgelte fordert, die von denjenigen abweichen, die sich bei wirksamem Wettbewerb mit hoher Wahrscheinlichkeit ergäben, wobei insbesondere die Verhaltensweisen von (anderen) Unternehmen auf vergleichbaren Märkten mit wirksamem Wettbewerb zu berücksichtigen sind. Auf Unionsebene entspricht dem § 19 Abs. 2 Nr. 2 GWB die Vorschrift des Art. 102 S. 2 lit. a AEUV, die sich insbesondere gegen die Erzwingung unangemessener Einkaufs- oder Verkaufspreise durch marktbeherrschende Unternehmen wendet (dazu o. § 10 Rn. 13 ff.). Weitere gegen spezielle Formen des Ausbeutungsmissbrauchs gerichtete Vorschriften finden sich noch an mehreren anderen Stellen des Gesetzes. Hervorzuheben sind die Preisspaltung (§ 19 Abs. 2 Nr. 3 GWB und dazu u. Rn. 123 ff.) und der Preismissbrauch durch Elektrizitäts- und Gasversorgungsunternehmen (§ 29 GWB und dazu u. § 39 Rn. 22 ff.) sowie durch Wasserversorgungsunternehmen (§ 31 Abs. 4 Nr. 2 und 3 GWB und dazu u. § 39 Rn. 38 ff.). In den vorliegenden Zusammenhang gehören ferner noch die verschiedenen Formen des Konditionenmissbrauchs (dazu u. Rn. 121 ff.). Die große Zahl dieser sich vielfältig überschneidenden Vorschriften, die noch durch zahlreiche parallele Regelungen in den Regulierungsgesetzen für die Bereiche Energie und Verkehr ergänzt werden, deutet bereits auf die **un-**

[226] *BGH* LM § 1 UWG Nr. 371 = NJW 1983, 171 = JuS 1983, 150 Nr. 11 – Unentgeltliche Preisauszeichnung; LM § 1 UWG Nr. 377 = NJW 1983, 169 – Eröffnungsrabatte.

gewöhnlichen Schwierigkeiten hin, die mit jeder Preiskontrolle gegenüber marktbeherrschenden Unternehmen verbunden sind. Dieser Eindruck wird bestätigt durch einen kurzen Rückblick auf die Entwicklung der Preismissbrauchsaufsicht aufgrund des (heutigen) § 19 Abs. 2 Nr. 2 GWB (= § 22 GWB von 1957, Rn. 114f.).

Die Preiskontrolle gegenüber marktbeherrschenden Unternehmen durch die Kartell- 114 behörden setzte Anfang der siebziger Jahre ein.[227] Die Ergebnisse dieser Verfahren waren indessen alles andere als ermutigend, da sich die Ermittlung der Grenze, jenseits derer ein Preis als missbräuchlich überhöht anzusehen ist, als ein nahezu **unlösbares Problem** erwies. Der wichtigste Grund ist, dass der hypothetische Wettbewerbspreis, der an sich in erster Linie als Maßstab für eine Preiskontrolle durch die Kartellbehörden in Betracht kommt, prinzipiell unbekannt ist, so dass sich die Preismissbrauchsaufsicht der Kartellbehörden von Anfang an auf schwierige, *indirekte Verfahren* verwiesen sah, um sich dem vermutlichen Wettbewerbspreis zumindest anzunähern.

Unter den zahlreichen hierfür entwickelten Verfahren hatte sich zuletzt allgemein das 115 **Vergleichsmarktkonzept** durchgesetzt, nach dem als Maßstab für die Preismissbrauchsaufsicht in erster Linie die tatsächlich gezahlten Preise auf einem sog. Vergleichsmarkt fungieren sollen (Rn. 116f.). Daneben wurde gelegentlich noch das Zeitvergleichskonzept diskutiert (dazu u. Rn. 119). Beide Verfahren brachten indessen gleichfalls nicht die erhofften Fortschritte, so dass die kartellbehördliche Preiskontrolle gegen Ende der siebziger Jahre wieder weitgehend zum Erliegen kam.[228] Dies zeigt, dass eine Preiskontrolle in einer Wettbewerbsordnung immer nur ein **Notbehelf** in besonderen Situationen sein kann, in denen jede andere Abhilfe versagt.[229] Als solche ist die Missbrauchsaufsicht über Preise jedoch unverzichtbar, insbesondere auf total vermachteten Märkten (s. §§ 29 und 31 Abs. 4 GWB).

b) Vergleichsmarktkonzept

Das Gesetz favorisiert in § 19 Abs. 2 Nr. 2 Halbs. 1 GWB das Vergleichsmarktkon- 116 zept, schließt damit aber andere Verfahren zur Ermittlung des Preismissbrauchs nicht prinzipiell aus. Das Vergleichsmarktkonzept wird in einer räumlichen und in einer zeitlichen Variante diskutiert. Das **räumliche** Vergleichsmarktkonzept beruht auf der Annahme, dass bei Vorhandensein zweier ähnlicher Märkte, auf denen in unterschiedlichem Maße Wettbewerb herrscht, die Preise auf dem wettbewerbsintensiveren Markt zumindest einen *Anhaltspunkt* für den hypothetischen Wettbewerbspreis auf dem anderen Markt abzugeben vermögen, so dass sie als Maßstab zur Kontrolle der Preise auf diesem Markt herangezogen werden können.[230] Voraussetzung ist freilich, dass der Vergleichsmarkt überhaupt eine genügend breite, d. h. aussagekräftige Vergleichsbasis abgibt, so dass der bloße Vergleich mit den Preisen eines *einzigen Konkurrenten* auf einem anderen Markt lediglich in Ausnahmefällen in Betracht kommen

---

[227] Vgl. *BKartA* WuW/E BKartA 1482; 1535.

[228] *BKartA* TB 1976, S. 24ff.; 1977, S. 23ff.

[229] S. *BKartA* TB 1997/98, S. 21: ultima ratio.

[230] BGHZ 59, 42 (47ff.) = NJW 1972, 1369 = JuS 1972, 603 Nr. 10 – Stromtarif; BGHZ 67, 104 (112) = NJW 1976, 2259 = JuS 1977, 123 Nr. 11 – Vitamin B 12; BGHZ 68, 23 (30ff.) = NJW 1977, 675 – Valium I; BGHZ 76, 142 (150ff.) = NJW 1980, 1164 – Valium II; *OLG Stuttgart* WuW/E DE-R 3389 (3396ff.) – Tarifwasser-Kunden; *OLG Düsseldorf* WuW/E DE-R 4189 (4195ff.) – Berliner Wasserversorgung; s. ausführlich zuletzt m. N. *Weyer*, FS Säcker, 2011, S. 999ff.

wird, nämlich nur, sofern trotz der schmalen Basis die Vergleichbarkeit der Preise gewährleistet ist.[231]

117 Die **Problematik** des Vergleichsmarktkonzepts beruht vor allem darauf, dass es nur selten zwei Märkte gibt, die in so vielen Merkmalen übereinstimmen, dass von dem Preisniveau auf dem einen Markt auf den hypothetischen Wettbewerbspreis auf dem anderen geschlossen werden kann. Denn jeder Markt (ohne Ausnahme) weist Besonderheiten auf, die einen derartigen Vergleich erschweren, wenn nicht unmöglich machen. Die Folge ist, dass die Anwendung des Vergleichsmarktkonzepts wohl in jedem Fall dazu zwingt, (nur) die strukturellen Unterschiede (im Gegensatz zu den unternehmensindividuellen Unterschieden) zwischen den verglichenen Märkten (o. Rn. 116) zur Ermittlung des sog. **wettbewerbsanalogen Preises** durch **Zu- und Abschläge** auszugleichen.[232] Wegen der damit notwendigerweise verbundenen Unsicherheiten kann eine missbräuchliche Überhöhung der Preise des marktbeherrschenden Unternehmens außerdem nur angenommen werden, wenn die geforderten Preise den wettbewerbsanalogen Preis *erheblich,* d. h. um mindestens 5 %, übersteigen (sog. Erheblichkeits- oder **Sicherheitszuschlag**).[233]

118 Aber auch damit ist die Prüfung noch nicht abgeschlossen; vielmehr ist jetzt noch zusätzlich eine **Interessenabwägung** erforderlich ist, da nach Meinung der Gerichte (unter Widerspruch des BKartA[234]) ein „Preis*missbrauch*" nur angenommen werden kann, wenn die (an sich überhöhte) Preisforderung des marktbeherrschenden Unternehmens auch sachlich *nicht gerechtfertigt* ist (s. § 19 Abs. 1 GWB)[235] Daraus wird z. B. der Schluss gezogen, dass kein Unternehmen im Wege der Preismissbrauchsaufsicht gezwungen werden könne, seine *Selbstkosten zu unterschreiten* und so auf die Dauer aus dem Markt auszuscheiden.[236] – Gegen die geschilderte Vorgehensweise bei der Ermittlung des wettbewerbsanalogen Preises spricht vor allem, dass dabei gänzlich unberücksichtigt bleibt, welche Auswirkungen eine etwaige Preissenkung auf dem relevanten Markt hätte, – von denen dann überdies wiederum Rückwirkungen auf die Preisstruktur zu erwarten wären, alles völlig unbekannte Daten.[237] Der wettbewerbsanaloge Preis ist daher der Sache nach nichts anderes als ein bloßes theoretisches Konstrukt ohne jede Aussagekraft.

[231] BGHZ 76, 142 (152f.) = NJW 1980, 1164 – Valium II; BGHZ 163, 282 (291f.) = WuW/E DE-R 1513 (1517) = NVwZ 2006, 853 – Stadtwerke Mainz.

[232] BGHZ 163, 282 (292f.) = WuW/E DE-R 1513 (1518) = NVwZ 2006, 853 – Stadtwerke Mainz; *BGH* NJW-RR 2011, 774 (776 Tz. 32) = WuW/E DE-R 3145 = JuS 2011, 843 – Entega II; *OLG Stuttgart* WuW/E DE-R 3389 (3397f.).

[233] BGHZ 76, 142 (152f.) – Valium II; BGHZ 163, 282 (291ff.) = WuW/E DE-R 1513 (1517f.) = NVwZ 2006, 853 – Stadtwerke Mainz; *BGH* NJW-RR 2011, 774 (776 Tz. 32) = WM 2011, 517 – Entega II; *OLG Frankfurt a. M.* WuW/E DE-R 3238 (3244) – Wasserversorgung O 1.

[234] WuW/E DE-V 722 (730) – TEAG; 750 (755) – RWE Net.

[235] BGHZ 142, 239 (246ff.) = NJW 2000, 76 = JuS 2000, 500 (501) Nr. 11 – Lufthansa (Flugpreisspaltung); *BGH* WuW/E BGH 1965 = NJW 1984, 1116; *KG* WuW/E DE-R 124 (127f.) – Lufthansa; *Goette,* FS Geiß, 2000, S. 593 (599ff.).

[236] BGHZ 142, 239 (246ff.) = NJW 2000, 76 = JuS 2000, 500 (501) Nr. 11 – Lufthansa; *BGH* WuW/E BGH 1965 = NJW 1984, 1116; *KG* WuW/E OLG 2617 (2618f.) = AG 1982, 332; *Goette,* FS Geiß, 2000, S. 593 (599ff.); sehr str.

[237] S. *Weyer,* FS Säcker, 2011, S. 999 (1004ff.).

c) Alternativen?

Angesichts der hier nur angedeuteten Probleme bei der Durchführung des Vergleichsmarktkonzepts (o. Rn. 116ff.) verwundert es nicht, dass die Praxis zunehmend auf andere Lösungen ausweicht, wobei in erster Linie an das vom EuGH entwickelte Konzept der **Gewinn-** oder **Gewinnspannenbegrenzung** zu denken ist.[238] Die Problematik besteht hier freilich darin, dass dieses Konzept einen Vergleich der Gewinne mit den tatsächlichen Kosten eines Produkts voraussetzt, wofür es jedoch kein praktikables Verfahren gibt.[239] Gegen das Konzept der Gewinnbegrenzung spricht ferner, dass es die Kosten des marktbeherrschenden Unternehmens letztlich als gegeben, als „Datum" hinnimmt. Das ist im Grunde derselbe Einwand, der auch gegen die gelegentlich diskutierte zeitliche Variante des Vergleichsmarktkonzepts besteht (sog. **Sockeltheorie**). So bleibt letztlich nur die (unerfreuliche und frustrierende) **Kostenkontrolle.** Zwar gibt das Gesetz in § 19 Abs. 2 Nr. 2 GWB (anders als in § 29 GWB) den Kartellbehörden an sich *keine* Möglichkeit, die Ansätze einzelner *Kosten* in der Kalkulation marktbeherrschender Unternehmen *zu überprüfen* und gegebenenfalls zu beanstanden, da § 19 Abs. 2 Nr. 2 GWB allein die „Entgelte" marktbeherrschender Unternehmen der Kontrolle der Kartellbehörden unterwirft, nicht aber die einzelnen Kostenansätze.[240] Der Ansatz von Preisbildungsfaktoren, die bei Wettbewerb nicht durchsetzbar wären, kann aber sehr wohl ein *Indiz* für eine missbräuchliche Preisüberhöhung sein, wozu der BGH – faute de mieux – in jüngster Zeit offenbar zunehmend tendiert.[241] 119

2. Konditionenmissbrauch

Ein Konditionenmissbrauch liegt nach § 19 Abs. 2 Nr. 2 GWB vor, wenn ein marktbeherrschendes Unternehmen Geschäftsbedingungen fordert, die von denjenigen abweichen, die sich bei wirksamem Wettbewerb mit hoher Wahrscheinlichkeit ergäben, wofür wiederum als Maßstab in erster Linie auf die Situation auf Wettbewerbsmärkten abzustellen ist (s. o. Rn. 116ff.). Eine vergleichbare Vorschrift enthält Art. 102 S. 2 lit. a AEUV (s. dazu o. § 10 Rn. 17ff.). 120

Die geltende Fassung des § 19 Abs. 2 Nr. 2 GWB beruht auf der 4. GWB-Novelle von 1980. Vorher war ein Konditionenmissbrauch in erster Linie angenommen worden, wenn die Geschäftsbedingungen eines marktbeherrschenden Unternehmens ohne Not zum Nachteil der anderen Seite vom dispositiven Gesetzesrecht abwichen (vgl. heute § 307 Abs. 2 BGB).[242] Dieses wohlbegründete Konzept hat die Rechtsprechung jedoch mittlerweile unter dem Eindruck der Betonung des Vergleichsmarktkonzepts in der Nr. 2 des § 19 Abs. 2 GWB wieder aufgegeben. Die Folge ist, dass als **Maßstab** für die Kontrolle der Konditionen marktbeherrschender Unternehmen heute nicht mehr das dispositive Gesetzesrecht, sondern die **hypothetischen Konditionen auf Wettbewerbsmärkten** fungieren, wobei auch nicht etwa einzelne Klauseln, sondern 121

---

[238] S. o. § 10 Rn. 13ff.; *KG* WuW/E OLG 2892 (2894f.); *OLG Düsseldorf* WuW/E DE-R 914 (916f.) – Netznutzungsentgelt.

[239] *MK,* 2. HauptGA, Tz. 384f.

[240] BGHZ 164, 336 (346) = NJW 2006, 684 (687 Tz. 29) – Stromnetznutzungsentgelt/Stadtwerke Mannheim; *OLG Düsseldorf* WuW/E DE-R 1239 (1242ff.) – TEAG.

[241] BGHZ 164, 336 (346) = NJW 2006, 684 (687 Tz. 29); *BGH* NJW 2012, 3243 Tz. 14ff. = WuW/E DE-R 3632 (3635ff.) – Wasserpreise Calw; zur Kritik s. *Weyer,* FS Säcker, 2011, S. 999 (1005ff.).

[242] *BKartA* TB 1976, S. 85f., 99; 1977, S. 62, 87; 1978, S. 98.

sog. „Leistungsbündel" miteinander zu vergleichen sein sollen.[243] Derartige Vergleiche sind indessen – mangels aller Maßstäbe – gar *nicht möglich,* so dass die Missbrauchsaufsicht über Konditionen (bedauerlicherweise) ebenso wie zuvor schon die Preismissbrauchsaufsicht praktisch zum Erliegen gekommen ist.[244]

3. Preis- und Konditionenspaltung

122 § 19 Abs. 2 **Nr. 3** GWB hebt als Erscheinungsformen des Missbrauchs weiter die Fälle der Preis- und der Konditionenspaltung hervor. Das Gesetz versteht darunter die Forderung ungünstigerer Entgelte oder sonstiger Geschäftsbedingungen, als sie das marktbeherrschende Unternehmen *selbst* auf vergleichbaren Märkten von gleichartigen Abnehmern fordert, es sei denn, dass der Unterschied sachlich gerechtfertigt ist. Eine entsprechende Regelung findet sich in Art. 102 S. 2 lit. c AEUV (s. dazu o. § 10 Rn. 37ff.). Bei der Preis- oder Konditionenspaltung der Nr. 3 des § 19 Abs. 2 GWB handelt es sich im Kern um einen reinen **Diskriminierungsfall** im Sinne des § 19 Abs. 2 Nr. 1 GWB, lediglich mit der Besonderheit, dass durch das Missbrauchsverbot der Nr. 3 des § 19 Abs. 2 GWB anders als nach der Nr. 1 der Vorschrift auch **Verbraucher** geschützt werden,[245] während bei sonstigen Diskriminierungen von Verbrauchern durch marktbeherrschende Unternehmen auf die Generalklausel des § 19 Abs. 1 GWB zurückgegriffen werden muss.[246]

123 Für den **Preisvergleich** gilt im Rahmen des § 19 Abs. 2 Nr. 3 GWB dasselbe wie bei der Nr. 2 des § 19 Abs. 2 GWB (s. deshalb o. Rn. 116ff.), nur, dass hier die Preise *desselben marktbeherrschenden Unternehmens* auf Märkten mit unterschiedlicher Wettbewerbsintensität verglichen werden, wobei nur erforderlich ist, dass zwischen den verglichenen Märkten keine so signifikanten Unterschiede bestehen, dass sich ein Vergleich von vorneherein verbietet, die Märkte vielmehr im Großen und Ganzen übereinstimmen.[247] Ist ein Vergleich danach möglich und ergibt er, dass auf dem wettbewerbsintensiveren Markt von dem marktbeherrschenden Unternehmen günstigere Preise als auf dem beherrschten Markt gefordert werden, so liegt grundsätzlich ein **Missbrauch** vor, außer wenn es dem marktbeherrschenden Unternehmen gelingt, den Unterschied sachlich zu rechtfertigen, wofür es die Beweislast trägt, wobei die Gerichte in der Mehrzahl der Fälle bisher erstaunlich **großzügig** verfahren sind.[248] Ein Beispiel aus jüngster Zeit ist der Entega-Fall, in dem es einem marktbeherrschenden Energieversorgungsunternehmen gestattet wurde, in den von einer seiner *eigenen* Tochtergesellschaften beherrschten Markt durch das Angebot deutlich niedrigerer Preise, als sie die Tochtergesellschaft fordert, einzudringen, und zwar mit der erstaunlichen Begründung, auch ein marktbeherrschendes Unternehmen müsse die Möglichkeit haben, unterschiedliche Vertriebswege mit differierenden Preisen nebeneinander zu verfolgen.[249]

---

[243] *BGH* LM § 22 GWB Nr. 16 = NJW 1986, 846 – Favorit; *KG* WuW/E OLG 3091 (3095ff.); strenger aber wieder *BGH* WuW/E DE-R 4037 (4042f. Tz. 43ff.) = AG 2014, 158 – VBL Gegenwert.

[244] *J. Baur,* JA 1987, 118 (123).

[245] *BGH* NJW-RR 2011, 774 (776 Tz. 32) = WuW/E DE-R 3145 = JuS 2011, 843– Entega II.

[246] S. Rn. 126; *BGH* NJW-RR 2011, 774 (776 Tz. 55) = WuW/E DE-R 3145 = JuS 2011, 843– Entega II.

[247] *BGH* NJW-RR 2011, 774 (776 Tz. 18) = WuW/E DE-R 3145 = JuS 2011, 843– Entega II.

[248] S. insbes. den Lufthansa-Fall BGHZ 142, 239 (246ff.) = NJW 2000, 76 = JuS 2000, 500 (501) Nr. 12; zustimmend *Goette,* FS Geiß, 2000, S. 593 (597); – anders zu Recht *OLG Düsseldorf* WuW/E DE-R 867 – Germania; *BKartA* TB 2001/2002, S. 31.

[249] *BGH* NJW-RR 2011, 774 (776 Tz. 20ff.) = WuW/E DE-R 3145 = JuS 2011, 843 – Entega II.

Neben § 19 Abs. 2 Nr. 3 GWB bleibt insbesondere zum Schutze der Verbraucher gegen diskriminierende Praktiken marktbeherrschender Unternehmen ein Rückgriff auf die **Generalklausel** des § 19 Abs. 1 GWB möglich (Rn. 122). § 19 Abs. 1 GWB greift z. B. ein, wenn ein marktbeherrschendes Unternehmen von seinen Abnehmern ohne Grund auf *demselben* Markt unterschiedliche Preise verlangt.[250] 124

4. Verweigerung des Zugangs zu wesentlichen Einrichtungen

a) Einleitung

Nach der Nr. 4 des § 19 Abs. 2 GWB (= § 19 Abs. 4 Nr. 4 GWB von 1998) stellt es grundsätzlich einen Missbrauch dar, wenn sich ein marktbeherrschendes Unternehmen weigert, einem anderen Unternehmen gegen angemessenes Entgelt Zugang zu seinen Netzen oder zu anderen Infrastruktureinrichtungen zu gewähren, sofern es dem anderen Unternehmen, dem sog. Antragsteller oder Petenten, aus rechtlichen oder tatsächlichen Gründen ohne die Mitbenutzung der fraglichen Infrastruktureinrichtung nicht möglich ist, auf dem vor- oder nachgelagerten Markt als Wettbewerber des marktbeherrschenden Unternehmens tätig zu werden; etwas anderes gilt nur, wenn das marktbeherrschende Unternehmen nachweist, dass ihm die Mitbenutzung seiner Infrastruktureinrichtung durch einen anderen aus betriebsbedingten oder sonstigen Gründen nicht möglich oder nicht zumutbar ist. 125

Wie schon weiter oben ausgeführt (o. § 10 Rn. 34ff.), gibt es eine Reihe von Märkten, auf denen eine Betätigung nur auf dem Weg über den Aufbau oder die Mitbenutzung kostspieliger Netze oder vergleichbarer Infrastruktureinrichtungen möglich ist. Bekannte **Beispiele** sind die Märkte für Gas und Strom, für Telekommunikationsleistungen und für den Bahnverkehr, da hier durchweg konkurrierende Anbieter, wenn sie nicht zu dem teuren und schwierigen Aufbau eigener Netze schreiten wollen, die vorhandenen Netze mitbenutzen müssen, falls sie die Absicht haben, in Konkurrenz zu dem Netzeigentümer zu treten. In derartigen Fällen stellt sich daher die schwierige Frage, unter welchen Bedingungen Konkurrenten von dem Netzeigentümer verlangen können, ihnen die Mitbenutzung der Netze zu gestatten. 126

Zur Beantwortung dieser Frage ist im amerikanischen Antitrust-Recht schon verhältnismäßig früh die viel diskutierte (und immer noch umstrittene) **essential-facilities Doktrin** entwickelt worden, die später – unter engen Voraussetzungen – auch in das Unionsrecht (s. o. § 10 Rn. 34f.) sowie schließlich 1998 – in Gestalt des § 19 Abs. 2 Nr. 4 GWB i. d. F. von 2013 – ins deutsche Recht übernommen wurde. Ergänzend finden sich noch zahlreiche Sonderregelungen in den verschiedenen **Regulierungsgesetzen** für die Verkehrs- und Energiemärkte. Das Verhältnis dieser Regulierungsgesetze, für deren Anwendung und Durchsetzung ausschließlich die Bundesnetzagentur zuständig ist, zu dem GWB ist unklar (s. u. § 38 Rn. 14–16 und § 39 Rn. 29). Partielle gesetzliche Regelungen dieses schwierigen Fragenkreises finden sich in § 2 Abs. 3 TKG, § 111 EnWiG sowie seit 2013 für die Wasserwirtschaft in § 31 Abs. 5 GWB. Welche Folgerungen aus diesen Vorschriften für die Anwendbarkeit des Missbrauchsverbots des § 19 Abs. 2 Nr. 4 GWB zu ziehen sind, ist noch nicht endgültig geklärt. Hier genügt die Bemerkung, dass die Regulierungsgesetze jedenfalls keinen Vorrang vor dem unionsrechtlichen Missbrauchsverbot des Art. 102 AEUV beanspruchen können, so dass schwer vorstellbar ist, dass für das entsprechende deutsche Miss- 127

[250] *BGH* NJW-RR 2011, 774 (776 Tz. 18) = WuW/E DE-R 3145 = JuS 2011, 843 – Entega II.

brauchsverbot etwas anderes gelten sollte. § 19 Abs. 2 Nr. 4 bleibt somit neben den Regulierungsgesetzen (entsprechend § 2 Abs. 3 TKG) anwendbar, soweit nicht wie insbesondere in § 111 EnWiG für bestimmte Fragen ausdrücklich das Gegenteil bestimmt ist. Auch der BGH geht offenbar davon aus, dass § 19 GWB in der hier besonders interessierenden Frage der Regelung des Zugangs zu den Netzen neben den Regulierungsgesetzen anwendbar bleibt; jedoch sollen, soweit die Prüfung eines Missbrauchs nach deutschem oder nach Unionsrecht eine Interessenabwägung erforderlich macht, die *Entscheidungen der Bundesnetzagentur berücksichtigt* werden, so dass, wenn diese den Zugang zu einem Netz unter bestimmten Bedingungen geöffnet hat, aufgrund des GWB grundsätzlich *kein* weitergehender Zugang mehr verlangt werden kann.[251] Unklar bleibt dabei, wieso dies auch für den (vorrangigen) Art. 102 AEUV gelten soll.[252]

b) Wesentliche Einrichtung

128 Der Anwendungsbereich des § 19 Abs. 2 Nr. 4 GWB beschränkt sich auf sog. wesentliche Einrichtungen. Das Gesetz versteht darunter in § 19 Abs. 2 Nr. 4 GWB Netze oder andere Infrastruktureinrichtungen, ohne deren Mitbenutzung es anderen Unternehmen aus rechtlichen oder tatsächlichen Gründen unmöglich ist, auf dem vor- oder nachgelagerten Markt als Wettbewerber des marktbeherrschenden Inhabers der fraglichen Infrastruktureinrichtung tätig zu werden. Die Gesetzesverfasser hatten bei dieser Regelung in erster Linie Fälle im Auge, die dadurch gekennzeichnet sind, dass der Inhaber der wesentlichen Einrichtung infolge dieser Position de facto zugleich über den Zugang seiner Konkurrenten zu dem vor- oder nachgelagerten Markt entscheidet. Als Paradigmata dienten durchweg die bereits erwähnten Netzmonopole; jedoch wurde die Regelung bewusst nicht auf solche beschränkt.[253] Die genaue Grenzziehung ist umstritten.[254] Unter **Netzen** versteht man üblicherweise die physische oder virtuelle Verbindung zwischen zwei Punkten zwecks Transports von Personen, Gütern oder Daten. Aus der Formulierung des Gesetzes folgt, dass das Gesetz in den Netzen lediglich eine besondere Erscheinungsform der **anderen Infrastruktureinrichtungen** sieht. Die herrschende Meinung folgert daraus, dass der Begriff der Infrastruktureinrichtungen **weit** auszulegen ist, so dass darunter im Ergebnis sämtliche Einrichtungen fallen, deren Benutzung erforderlich ist, um auf einem vor- oder nachgelagerten Markt Wettbewerbshandlungen vornehmen zu können.

129 Den Gegensatz bilden **Produktionsstätten** (weil sie jederzeit duplizierbar sind) sowie – anders als im Unionsrecht (s. o. § 10 Rn. 36f.) – **gewerbliche Schutzrechte,** da sie nicht mit Netzen vergleichbar sind.[255] Zwangslizenzen an gewerblichen Schutzrechten können daher nicht auf § 19 Abs. 2 Nr. 4 GWB, wohl aber gegebenenfalls auf das Diskriminierungsverbot des § 19 Abs. 2 Nr. 1 GWB (o. Rn. 100f.) sowie auf Art. 102 S. 1

---

[251] So die beiden SIM-Karten- oder auch GSM-Wandler-Urteile von 2010: WuW/E DE-R 2963 (2968ff.) und WM 2010, 1950 = MMR 2010, 786; zustimmend *Haus,* WuW 2010, 1237; *Heise,* WuW 2009, 1024; *Schmidt-Volkmar,* ZWeR 2012, 230 (235ff.).

[252] Auch insoweit zustimmend aber (ohne Begründung) *Schmidt-Volkmar,* ZWeR 2012, 230 (235ff.).

[253] S. ausführlich die Begr. z. RegE, BT-Drs. 13/9720, S. 36f., 51f.; die Stellungnahme des Bundesrats, das. BT-Drs. 13/9720, S. 73ff.; den Ausschussbericht, BT-Drs. 13/10 633, S. 68, 72 (l. Sp. o.).

[254] S. insbes. *OLG Brandenburg* WuW/E DE-R 2824 (2827 Tz. 56); *Bechtold,* GWB, § 19 Rn. 69; *Deselaers,* WuW 2008, 179; LMR/*Götting,* § 19 Rn. 89f.; Langen/Bunte/*Nothdurft,* § 19 Rn. 174ff.

[255] So ausdrücklich der Ausschussbericht, BT-Drs. 13/10633, S. 72 (l. Sp. o.).

AEUV gestützt werden (o. § 10 Rn. 36f.). Für die Anwendung des § 19 Abs. 2 Nr. 4 GWB ist ferner kein Raum, wenn das den Netzzugang suchende Unternehmen, der sog. *Petent,* selbst die Möglichkeit besitzt, ein Netz aufzubauen, mag dieses auch weniger leistungsfähig als das schon vorhandene Netz des Anspruchsgegners sein.[256] **Beispiele** für wesentliche Einrichtungen sind die *Netze* in den Bereichen der Energieversorgung,[257] des Bahnverkehrs und der Telekommunikation sowie Bahnhöfe, Flughäfen und Seehäfen,[258] aber auch *virtuelle Netze* wie umfassende Datenverarbeitungssysteme, ohne deren Mitbenutzung die Betätigung auf bestimmten Märkten heute nicht mehr möglich ist, etwa bei der Reservierung von Flug- oder Bahnreisen oder Hotels.[259] Weitere Beispiele sind besondere Zugangsmöglichkeiten zu den Telekommunikationsnetzen über sog. SIM-Karten, auch GSM-Wandler genannt,[260] die nach Steuerrecht erforderliche Gestattung des Umsatzsteuerausweises für Reiseleistungen, die über Reisestellenkarten abgerechnet werden[261] oder auch die Nordschleife des Nürburgrings, auf deren Mitbenutzung etwa die Vermieter von Rennwagen angewiesen sind, da diese für andere Straßen keine Zulassung besitzen.[262]

§ 19 Abs. 2 Nr. 4 GWB wendet sich gegen die Verweigerung des **„Zugangs"** zu der **130**
fraglichen Infrastruktureinrichtung, die zur Folge hat, dass deren „Mitbenutzung" durch den Petenten unmöglich wird (s. Rn. 132). Die Art der Mitbenutzung richtet sich nach der Art der Infrastruktureinrichtung. Beispiele sind vor allem **Durchleitungen** durch fremde Gas- oder Stromleitungen und die Mitbenutzung fremder Verkehrsnetze sowie schließlich noch der Anschluss an fremde Netze. Die Verweigerung des Zugangs zu einer Infrastruktureinrichtung durch deren Inhaber stellt nach § 19 Abs. 2 Nr. 4 GWB grundsätzlich einen **Missbrauch** dar, sofern (1.) der Inhaber der Einrichtung auf einem Markt marktbeherrschend ist (u. Rn. 131) und es (2.) dem abgelehnten Unternehmen aus rechtlichen oder tatsächlichen Gründen ohne die Mitbenutzung der Infrastruktureinrichtung nicht möglich ist, auf dem vor- oder nachgelagerten Markt als Wettbewerber des marktbeherrschenden Inhabers der Infrastruktureinrichtung tätig zu werden (u. Rn. 132). Etwas anderes gilt (3.) nur unter den Voraussetzungen des § 19 Abs. 2 Nr. 4 Halbs. 2 GWB, für deren Vorliegen der Inhaber der Infrastruktureinrichtung die Beweislast trägt (Rn. 133). Der Petent muss außerdem grundsätzlich zur Zahlung eines Entgelts in angemessener Höhe bereit sein (Rn. 134).

---

256 *OLG Hamburg* WuW/E DE-R 1076 (1078f.).

257 BGHZ 163, 296 = WuW/E DE-R 1520 – Arealnetz; BGHZ 164, 336 = NJW 2006, 684 – Stromnetznutzungsentgelt; *OLG Düsseldorf* WuW/E DE-R 1246 und 1307 – Arealnetze; *Walter/v. Keussler,* RdE 1999, 223 (226f.); *Theobald/I. Zenke,* WuW 2001, 19.

258 BGHZ 152, 84 = NJW 2003, 748 – Fährhafen Puttgarden I; *BGH* WuW/E DE-R 703 – Puttgarden II; NJW 2013, 1095 = NZKart 2013, 160 = WuW/E DE-R 3821 – Fährhafen Puttgarden II; *BKartA* WuW/E DE-V 1879 (1885ff.) – Scandlines.

259 *BKartA* TB 1995/96, S. 21, 135f. – SABRE; *öOGH* ÖBl. 2003, 46; zurückhaltend *OLG Hamburg* WuW/E DE-R 1076 (1078f.).

260 *BGH* WuW/E DE-R 2963 (2968ff.) und WM 2010, 1950 = MMR 2010, 786 = GRURInt 2011, 165; *Schmidt-Volkmar,* ZWeR 2012, 230.

261 *BGH* NJW-RR 2010, 392 Tz. 17ff. = WuW/E DE-R 2708; *Deselaers,* WuW 2008, 179.

262 *OLG Koblenz* WuW/E DE-R 3727 (3740ff. = NZKart 2013, 164.

c) Marktbeherrschung

131 § 19 Abs. 2 Nr. 4 GWB bezieht sich allein auf **marktbeherrschende Unternehmen** im Sinne des § 18 Abs. 1 GWB. Nur wenn also der Inhaber der fraglichen Infrastruktureinrichtung zugleich auf einem Markt marktbeherrschend ist, trifft ihn gegebenenfalls auch die Pflicht, Wettbewerbern die Mitbenutzung seiner Einrichtung nach § 19 Abs. 2 Nr. 4 GWB zu gestatten. Noch nicht gesagt ist damit, **auf welchem Markt** die Marktbeherrschung bestehen muss. Überwiegend wird angenommen, das Merkmal der marktbeherrschenden Stellung des Inhabers der Infrastruktureinrichtung beziehe sich gerade auf den Markt für die **Benutzung solcher Einrichtungen.**[263] Die Frage ist jedoch umstritten, weil der Wortlaut des Gesetzes nicht eindeutig ist, vielmehr auch dahin verstanden werden kann, dass Marktbeherrschung zusätzlich *oder* sogar allein auf dem vor- oder nachgelagerten Markt bestehen muss.[264] Auszugehen ist von dem Zweck der Vorschrift, marktbeherrschende Unternehmen daran zu hindern, ihre Herrschaft über den Marktzugang dazu zu missbrauchen, ihre Macht auf dem nachgelagerten Produkt- oder Dienstleistungsmarkt abzusichern. Daraus folgt, dass für die Anwendung der Vorschrift tatsächlich alternativ Marktbeherrschung auf dem vorgelagerten Markt für die Nutzung der Infrastruktureinrichtung *oder* auf dem nachgelagerten Produkt- oder Dienstleistungsmarkt ausreichen muss.

d) Zugangsverweigerung

132 § 19 Abs. 2 Nr. 4 GWB wendet sich gegen die grundlose Verweigerung des Zugangs oder der Mitbenutzung gegen angemessenes Entgelt. Darunter fällt gleichermaßen die Ablehnung jeder Verhandlung über einen Zugang zu der wesentlichen Einrichtung[265] wie die „Gewährung" des Zugangs nur zu unangemessenen Bedingungen, insbesondere zu einem überhöhten Nutzungsentgelt oder zu diskriminierenden Bedingungen, wobei **Maßstab** die Bedingungen sind, die der Inhaber der Infrastruktureinrichtung *selbst* für die Benutzung seines Netzes kalkulatorisch ansetzt.[266] Um diese Bedingungen möglichst exakt erfassen zu können, ist notfalls eine kalkulatorische Trennung des Netzbereichs und des Wettbewerbsbereichs erforderlich (sog. **unbundling**).[267]

e) Rechtfertigungsgründe

133 Nach § 19 Abs. 2 Nr. 4 Halbs. 2 GWB ist die Verweigerung der Mitbenutzung der Infrastruktureinrichtung durch Konkurrenten nur berechtigt, wenn der Inhaber der Einrichtung nachweist, dass die Mitbenutzung aus betriebsbedingten oder sonstigen Gründen nicht möglich oder ihm doch nicht zumutbar ist. Tatsächliche und rechtliche **Unmöglichkeit** der Mitbenutzung der Einrichtung durch Dritte stehen gleich; Voraussetzung ist jedoch, dass die *rechtliche Unmöglichkeit* der Mitbenutzung, z. B. wegen der fehlenden Genehmigungsfähigkeit der beantragten Mitbenutzung nach öf-

---

263 BGHZ 163, 296 (304 f.) = WuW/E DE-R 1520 (1524) – Arealnetz; *OLG Naumburg* NJW-RR 2001, 1617; *LG Dortmund* WuW/E DE-R 565 (567) = BB 2000, 2325 – Ruhrgas; s. *Emmerich,* FS Großfeld, 1999, S. 185 (192).

264 So *Bechtold,* GWB, § 19 Rn. 72 f.; Langen/Bunte/*Nothdurft,* § 19 Rn. 168.

265 So in dem Fall BGHZ 152, 84 = NJW 2003, 748 – Fährhafen Puttgarden.

266 *BKartA* WuW/E DE-V 722 (730); 750 (757); s. *Deselaers,* EuZW 1995, 563 (566 f.); *Montag,* EuZW 1997, 71 (74).

267 S. *Deselaers,* EuZW 1995, 563 (566 f.); *Büdenbender,* RdE 1999, 1.

fentlichem Recht, endgültig feststeht. Eine bloß vorübergehende und durchaus noch behebbarer Unmöglichkeit reicht nicht zur Rechtfertigung der Zugangsverweigerung aus.[268] Ebensowenig steht die Notwendigkeit baulicher Veränderungen im Falle der Mitbenutzung der Infrastruktureinrichtung durch Dritte deren Zumutbarkeit generell entgegen.[269] Der Anspruch eines Petenten auf Gestattung der Mitbenutzung entfällt dagegen, wenn dem marktbeherrschenden Unternehmen die Gestattung der Mitbenutzung aufgrund einer Interessenabwägung **unzumutbar** ist. **Beispiele** sind die fehlende Kapazität der Netze, die Gefahr von Betriebsstörungen im Falle der Mitbenutzung der Netze durch Dritte sowie die mangelnde Seriosität des Antragsstellers,[270] *nicht* dagegen die Gefahr, dass durch die Mitbenutzung seitens Dritter der Wettbewerb auf den vor- oder nachgelagerten Märkten eröffnet wird, und ebensowenig persönliche Aversionen oder Unterschiede in der Geschäftspolitik der Beteiligten.[271] Die (materielle) **Beweislast** für das Vorliegen dieses Ausnahmetatbestandes trägt das in Anspruch genommene marktbeherrschende Unternehmen.[272]

f) Entgelt

Der Antragsteller muss bereit sein, ein angemessenes Entgelt für die Mitbenutzung der Infrastruktureinrichtung zu bezahlen (§ 19 Abs. 2 Nr. 4 Halbs. 1 GWB). Ein Anspruch auf unentgeltliche Gestattung der Mitbenutzung besteht grundsätzlich nicht.[273] Als **Maßstab** für die Angemessenheit des Entgelts kommt naturgemäß in erster Linie, sofern vorhanden, ein etwaiger Marktpreis in Betracht.[274] Wegen der Intransparenz der hier betroffenen Märkte hilft dies indessen in der Regel nicht weiter.[275] Als **Richtlinie** kommt in Betracht, dass die angemessene Gegenleistung die durch die Mitbenutzung entstehenden variablen Kosten, einen Beitrag zu den fixen Kosten und eine angemessene Verzinsung des investierten Kapitals umfassen muss. Bei Strom wird dementsprechend allgemein angenommen, dass maximal *ein Drittel* des Preises auf die Netzkosten entfällt. Außerdem darf das Entgelt nicht überhöht oder diskriminierend sein (§ 19 Abs. 2 Nr. 1, 2 und 3 GWB).[276] 134

g) Rechtsfolgen

Der Anspruch Dritter auf Zugang zu wesentlichen Einrichtungen aufgrund des § 19 Abs. 2 Nr. 4 GWB kann sowohl von den Kartellbehörden nach § 32 als auch von den Dritten selbst aufgrund des § 33 Abs. 1 und Abs. 3 GWB i. V. mit § 249 BGB durchgesetzt werden.[277] Weigert sich der Inhaber der Einrichtung, überhaupt in **Verhandlungen** über den Zugang einzutreten, so können sich die Kartellbehörden aufgrund 135

[268] BGH NJW 2013, 1095 = NZKart 2013, 160 = WuW/E DE-R 3821 – Fährhafen Puttgarden II.

[269] *BKartA* WuW/E DE-V 235 (258) – Seehafen Puttgarden; TB 1997/98, S. 120 (121) – Elektromark Hagen/Enron; str. anders z. B. *Bechtold*, GWB, § 19 Rn. 101.

[270] S. *LG Köln* NJW-RR 2002, 766.

[271] *BKartA* WuW/E DE-V 149 (152 ff.); 253 (255 f.).

[272] *BGH* NJW 2013, 1095 = NZKart 2013, 160 = WuW/E DE-R 3821 – Fährhafen Puttgarden II.

[273] *BGH* NJW- RR 2010, 392 (394 f. Tz. 46 ff.) = WuW/E DE-R 2708.

[274] *Heise*, WuW 2010, 1024 (1028 f.).

[275] S. BGHZ 164, 336 = NJW 2006, 684 – Stromnutzungsentgelt; *OLG Naumburg* WuW/E DE-R 388; *OLG Hamburg* WuW/E DE-R 403 (406 f.); *Büdenbender*, RdE 1999, 1; *ders.*, ZIP 2000, 2225; *Kühne*, NJW 2006, 654.

[276] *BKartA* WuW/E DE-V 811 (821 f.) – GETEK net; 1879 (1891) – Scandlines; *Büdenbender*, ZIP 2000, 2225 ff.

[277] S. *Emmerich*, AG 2001, 520 (522 f.).

des § 32 GWB zunächst darauf beschränken, dem Inhaber der Einrichtung diese Verweigerung zu untersagen, um die Aufnahme von Verhandlungen zu erzwingen (§ 32 Abs. 1 GWB).[278] Erst wenn diese Verhandlungen zu keinem Erfolg führen, kann die Kartellbehörde in einem zweiten Schritt auf Grundlage konkreter Vorschläge der Unternehmen eine Interessenabwägung vornehmen und sodann die **Eröffnung des Zugangs** zu bestimmten Konditionen aufgrund des § 32 GWB anordnen.[279]

5. Passive Diskriminierung

a) Überblick

136 Nach § 19 Abs. 2 Nr. 5 GWB von 2013 dürfen marktbeherrschende Unternehmen ihre Marktstellung nicht dazu ausnutzen, andere Unternehmen im Geschäftsverkehr dazu aufzufordern *oder* zu veranlassen, ihnen ohne sachlich gerechtfertigten Grund Vorteile zu gewähren. Gemäß § 20 Abs. 2 GWB von 2013 (= § 20 Abs. 3 GWB i. d. F. von 2007) gilt das Verbot auch für marktstarke Unternehmen und Kartelle im Verhältnis zu den von ihnen abhängigen Unternehmen. Man spricht im Zusammenhang mit § 19 Abs. 2 Nr. 5 GWB (= § 20 Abs. 3 GWB a. F.) häufig auch von einem *Anzapfverbot*. Die praktische Bedeutung der Vorschrift war bisher gering.

137 Der heutige § 19 Abs. 2 Nr. 5 GWB entspricht § 20 Abs. 3 S. 1 GWB in der Fassung von 2007. Die Vorschrift geht im Kern auf die 4. GWB-Novelle von 1980 zurück. Mit ihr sollten vor allem bestimmte Fälle der sog. passiven Diskriminierung, d. h. des Sich-Diskriminieren-Lassens seitens marktmächtiger Nachfrager auf dem Weg über die Durchsetzung von Vorzugsbedingungen bei den Lieferanten erfasst werden. Gemeint sind Fälle einer **mittelbaren Behinderung** der weniger glücklichen Konkurrenten, die an sich bereits unter § 19 Abs. 2 Nr. 1 GWB fallen. Wegen der großen Schwierigkeiten, auf die die Anwendung des § 19 Abs. 2 Nr. 1 GWB hier jedoch häufig stößt, hat der Gesetzgeber 1980, um das kartellrechtliche Instrumentarium gegen Missbräuche der Nachfragemacht zu verbessern, die passive Diskriminierung – als verselbstständigten Anstiftungstatbestand – nochmals gesondert in § 20 Abs. 3 GWB a. F. untersagt.[280] Die Vorschrift galt zuletzt in der Fassung von 2007. Durch die 8. GWB-Novelle von 2013 ist sie ohne sachliche Änderungen auf § 19 Abs. 2 Nr. 5 GWB und § 20 Abs. 2 GWB n. F. aufgeteilt worden. Während sich der Anwendungsbereich des § 19 Abs. 2 Nr. 5 GWB auf marktbeherrschende Unternehmen im Sinne des § 18 Abs. 1 GWB beschränkt, findet sich die Ausdehnung des Anwendungsbereichs auf Kartelle und marktstarke Unternehmen (§ 20 Abs. 3 S. 1 und 2 GWB a. F.) jetzt zusammengefasst in § 20 Abs. 2 GWB von 2013.

138 Durch § 20 Abs. 2 GWB n. F. (= § 20 Abs. 3 S. 2 GWB a. F.) wird der Anwendungsbereich des Anzapfverbots des § 19 Abs. 2 Nr. 5 GWB zunächst auf **marktstarke Unternehmen** im Verhältnis zu den von ihnen abhängigen Unternehmen – das können Anbieter oder Nachfrager sein –, d. h. im vertikalen Verhältnis ausgedehnt (zum Begriff s. u. § 28 Rn. 5ff.). Bereits diese Regelung bedeutet eine erhebliche Ausweitung des Anwendungsbereichs der Vorschrift, da marktbeherrschende Positionen im Handel

[278] BGHZ 152, 84 (87ff.) = NJW 2003, 748 = WuW/E DE-R 977 – Fährhafen Puttgarden I; ein Beispiel in *BKartA* WuW/E DE-V 1879 – Scandlines.

[279] *BKartA* TB 2001/2002, S. 30, 57.

[280] S. *H. Köhler*, BB 1998, 113; 1999, 1017; *ders.*, FS Tilmann, 2003, S. 693; *ders.*, WRP 2006, 13; *Säcker/Mohr*, WRP 2010, 1.

ausgesprochen selten sind. Eine weitere Ausweitung ergibt sich aus der Einbeziehung von **Vereinigungen von Unternehmen** in den Anwendungsbereich der Vorschrift (§ 20 Abs. 2 GWB n. F.), womit hier in erster Linie die mächtigen *Einkaufsgemeinschaften des Handels* gemeint sein dürften, die durch § 3 GWB weitgehend vom Kartellverbot freigestellt sind und bei denen deshalb der wichtigste Anwendungsbereich des § 20 Abs. 2 i. V. m. § 19 Abs. 2 Nr. 5 GWB liegen wird (s. o. § 23 Rn. 6 ff.). Nicht nötig ist, dass die Einkaufsgemeinschaft eine marktbeherrschende Stellung einnimmt; nach § 20 Abs. 2 GWB genügt es vielmehr, wenn der Lieferant von der Einkaufsgemeinschaft *abhängig* ist, weil er über keine ausreichenden und zumutbaren Ausweichmöglichkeiten verfügt.[281] Umstritten ist, ob sich der Schutzbereich der Vorschrift auf *kleine und mittlere Lieferanten* im Sinne des § 20 Abs. 1 S. 1 GWB beschränkt (s. dazu u. § 28 Rn. 7 ff.), da große Lieferanten, selbst wenn sie abhängig sind, schwerlich eines Schutzes nach § 20 Abs. 2 GWB bedürfen, da sie in der Regel selbst in der Lage sind, sich zu helfen.[282] Durch die 8. GWB-Novelle von 2013 sollte dies ursprünglich in § 20 Abs. 2 GWB durch eine Bezugnahme auf Abs. 1 der Vorschrift klargestellt werden.[283] Dieser Zusatz ist indessen später wieder gestrichen worden, so dass die Frage weiterhin offen ist.[284]

Der **Zweck** des § 19 Abs. 2 Nr. 5 GWB ist umstritten. Für die Gesetzesverfasser stand nach dem Gesagten (o. Rn. 137) seinerzeit der Schutz der **Konkurrenten** marktmächtiger Nachfrager im Vordergrund. Denn es ging ihnen in erster Linie darum, diese Konkurrenten davor zu bewahren, dass mächtige Nachfrager durch Einsatz ihrer Macht sich einen nicht mehr leistungsgerechten Vorteil im Wettbewerb mit ihnen verschaffen.[285] In diesem Konkurrentenschutz erschöpft sich indessen der Schutzzweck der Vorschrift nicht; vielmehr soll durch § 19 Abs. 2 Nr. 5 GWB, jedenfalls aus heutiger Sicht, offenkundig auch eine machtbedingte Ausplünderung der **Lieferanten** durch ihre mächtigen Abnehmer verhindert werden, so dass sich im Ergebnis der Schutzzweck des § 19 Abs. 2 Nr. 5 GWB gleichermaßen auf das horizontale Verhältnis zu den Konkurrenten marktmächtiger Nachfrager wie auf das Vertikalverhältnis zu den von ihnen abhängigen Anbietern oder Lieferanten erstreckt.[286] **139**

b) Tatbestand

Marktbeherrschenden Nachfragern ist es durch § 19 Abs. 2 Nr. 5 GWB untersagt, ihre Marktstellung dazu auszunutzen, andere Unternehmen, typischerweise also ihre Lieferanten, im Geschäftsverkehr dazu aufzufordern *oder* zu veranlassen, ihnen ohne sachlich gerechtfertigten Grund, d. h. grundlos „Vorteile" zu gewähren. Mit dem Merkmal „Ausnutzung der Marktstellung" wird zum Ausdruck gebracht, dass zwischen der Marktmacht des betreffenden Nachfragers und der möglichen Gewährung von Vorteilen seitens der Lieferanten ein **Kausalzusammenhang** bestehen muss, und zwar in dem Sinne, dass die Vorteile letztlich nur mit Rücksicht auf die Marktmacht des Nachfragers von den Lieferanten gewährt werden. Nach dem Zweck der gesetzlichen Rege- **140**

281 S. BGHZ 152, 97 (109 ff.) = NJW 2003, 205 – Metro/Konditionenanpassung.
282 BGHZ 152, 97 (107 ff.) = NJW 2003, 205 – Metro/Konditionenanpassung; *MK,* SonderGA Nr. 47, 2007, Tz. 12 ff.; kritisch *Köhler,* WRP 2006, 139 (141).
283 Begr. z. RegE von 2012, BT-Drs. 17/9852, S. 24 (l. Sp.).
284 Anders *Bechtold,* GWB, § 20 Rn. 26, der jetzt für eine Beschränkung des Anwendungsbereichs der Vorschrift keinen Raum mehr sieht.
285 Ebenso BGHZ 152, 97 (112) = NJW 2003, 205 – Metro/Konditionenanpassung.
286 *Köhler,* WRP 2006, 139 (140); str., anders z. B. *Bechtold,* GWB, § 19 Rn. 84.

lung dürfte dieser Zusammenhang überdies wohl zu *vermuten* sein. Er fehlt jedoch z. B., wenn der Lieferant die Vorteile von sich aus anbietet, etwa, um die Geschäftsbeziehungen mit dem nächtigen Nachfrager zu festigen.

141 Verboten ist durch § 19 Abs. 2 Nr. 5 seit der 7. GWB-Novelle von 2005 gleichermaßen die Aufforderung zur Gewährung von Vorteilen wie deren Veranlassung. Eine **Veranlassung** liegt vor, wenn die Vorteile dem mächtigen Abnehmer auf seinen Wunsch hin tatsächlich gewährt werden, während die **Aufforderung** nichts anderes als die (erfolglose) Anstiftung zu solcher Vorteilsgewährung ist. Der Bundesrat wollte mit der Ausdehnung des Tatbestandes auf diesen Fall erreichen, dass die Kartellbehörden auch schon *vorbeugend* nach § 32 GWB einschreiten können, sobald nur mächtige Abnehmer von ihren Lieferanten besondere Vorteile verlangen.[287] Die Kartellbehörden müssen in derartigen Fällen mit anderen Worten nicht erst abwarten, bis es tatsächlich zur Vorteilsgewährung kommt, sondern können sogleich tätig werden. Die Folge kann freilich sein, dass die übliche Forderung günstiger Bedingungen im Rahmen von Vertragsverhandlungen in die Reichweite des Verbots des § 19 Abs. 2 Nr. 5 GWB gerät.[288] Um dem vorzubeugen, sollte der Anwendungsbereich der Vorschrift nach Möglichkeit auf Fälle machtbedingter Schädigungen begrenzt werden.[289]

142 Das Gesetz wendet sich in § 19 Abs. 2 Nr. 5 GWB ganz allgemein gegen die Forderung oder Veranlassung von "Vorteilen", und zwar ohne sachlich gerechtfertigten Grund (dazu u. Rn. 144). Früher sprach das Gesetz dagegen noch von "Vorzugsbedingungen", wobei die Gesetzesverfasser seinerzeit vor allem **„nicht leistungsgerechte Vergünstigungen"**, d. h. solche Vergünstigungen im Auge hatten, die ihren Grund weder in der Menge der abgenommenen Waren noch in anderen betriebswirtschaftlich kalkulierbaren Gegenleistungen des Nachfragers haben, sondern lediglich auf der Ausnutzung von Marktmacht beruhen und deshalb anderen gleichartigen Nachfragern, die nicht über eine vergleichbare Macht verfügen, verweigert werden.[290]

143 Der neue Begriff der **„Vorteile"** in § 19 Abs. 2 Nr. 5 GWB dürfte im Kern dasselbe wie früher der Begriff der Vorzugsbedingungen (Rn. 142) besagen. **Beispiele** bilden eine nachträglich durchgesetzte Verschlechterung der Konditionen für die Lieferanten in Verbindung mit Ausgleichszahlungen,[291] ferner verschiedene Erscheinungsformen des sog. „Missbrauchs" der Nachfragemacht wie Eintrittsgelder, Regalmieten, Werbekostenzuschüsse oder Inventurhilfen sowie wohl überhaupt *jede Besserstellung* („Vorteil") im Verhältnis *zu den Konkurrenten,* deren Behandlung folglich den **Maßstab** für die Annahme eines Vorteils abgibt. Das Problem ist „nur", dass die Mehrzahl dieser Vergünstigungen tatsächlich nichts anderes als *Preisnachlässe* sind und deshalb heute durchweg ganz anders beurteilt werden als noch zurzeit des Erlasses der vierten Novelle im Jahre 1980. Daraus ist der Schluss zu ziehen, dass § 19 Abs. 2 Nr. 5 GWB

287 BT-Drs. 15/3640, S. 74 (r. Sp. 1. Abs.).

288 *Kahlenberg/Haellmigk,* BB 2005, 1509 (1511 r. Sp.); *Wagner-v. Papp,* in: Bien (Hrsg.), Das deutsche Kartellrecht nach der 8. GWB-Novelle, 2013, S. 95 (143 ff.); sehr kritisch auch *MK,* SonderGA, Nr. 47, 2007, Tz. 12 ff.

289 S. auch u. Rn. 143 f.; *Köhler,* WRP 2006, 139 (144); *Wagner-v. Papp,* in: Bien (Hrsg.), Das deutsche Kartellrecht nach der 8. GWB-Novelle, 2013, S. 95 (143 ff.).

290 Begr. z. RegE, BT-Drs. 8/2136, S. 25; *KG* WuW/E DE-R 367 (368) – Berliner Schulbuchbeschaffung; *BKartA* WuW/E DE-V 94 (98) = BB 1999, 706 – Metro.

291 BGHZ 152, 97 (112) = NJW 2003, 205 – Metro/Konditionenanpassung.

ganz *restriktiv* interpretiert werden muss, um eine nicht akzeptable Beschneidung der Vertragsfreiheit der Beteiligten zu verhindern (s. schon Rn. 141).

Auf die Notwendigkeit von Restriktionen (o. Rn. 141, 143) weist ferner hin, dass sich der Tatbestand ohnehin auf die Forderung oder Veranlassung von Vorteilen **„ohne sachlich gerechtfertigten Grund"** beschränkt. Auch dadurch wird die Forderung von Vergünstigungen im Rahmen normaler Vertragsverhandlungen wohl aus dem Tatbestand ausgeschlossen (s. o. Rn. 141); erfasst wird vielmehr nur der Einsatz von Macht zur Erlangung von Vorteilen, auf die kein Anspruch besteht, insbesondere unter Durchbrechung bestehender Verträge. Die Forderung zusätzlicher Vergünstigungen ist dagegen z. B. gerechtfertigt, wenn ein Unternehmen mit seiner Nachfrage eine neue Rabattstufe erreicht und deshalb zusätzliche Rabatte verlangt.[292] Die **Beweislast** dürfte insoweit den marktmächtigen Nachfrager treffen.[293] 144

c) Rechtsfolgen

§ 19 Abs. 2 Nr. 5 GWB ist ein gesetzliches Verbot im Sinne des § 134 BGB, so dass entgegenstehende Vereinbarungen nichtig sind. Gleichwohl gewährte Vorteile können kondiziert werden (§ 812 Abs. 1 S. 1 Fall 1 BGB); § 817 BGB steht nicht entgegen. Außerdem kommen Unterlassungs-, Beseitigungs- und Schadensersatzansprüche der Betroffenen nach § 33 Abs. 1 und Abs. 3 GWB in Betracht, zu denen nach dem zum Zweck der Vorschrift Gesagten (o. Rn. 139) gleichermaßen die Konkurrenten des marktmächtigen Nachfragers wie die betroffenen Lieferanten gehören. Schließlich können auch die Kartellbehörden gegen den marktmächtigen Nachfrager, wenn Wiederholungsgefahr besteht,[294] mit Abstellungsverfügungen nach § 32 Abs. 1 GWB vorgehen 145

6. Strukturmissbrauch

§ 19 Abs. 2 GWB enthält lediglich Beispielstatbestände, so dass in Missbrauchsfällen, die nicht unter eine der Nrn. 1 bis 5 des § 19 Abs. 2 GWB subsumiert werden können, immer noch der Rückgriff auf die **Generalklausel** des § 19 Abs. 1 möglich bleibt. Wichtig ist das vor allem in den Fällen des sog. Strukturmissbrauchs. Es geht dabei um Fallgestaltungen, in denen marktbeherrschende Unternehmen durch ihre Maßnahmen gezielt die *Marktstruktur* verschlechtern, wobei das Schwergewicht, anders als in den Behinderungsfällen, weniger auf den Eingriffen in die wirtschaftliche Bewegungsfreiheit Dritter, sondern in erster Linie auf den *langfristigen wettbewerbsfeindlichen Auswirkungen* der Maßnahmen auf die Marktstruktur insgesamt liegt. Das Spektrum der einschlägigen Fälle reicht von Investitionen und Produktinnovationen mit dem Ziel der endgültigen Marktverschließung bis hin zu Zusammenschlussaktivitäten mit dem Zweck der Beseitigung der letzten unabhängigen Konkurrenten.[295] 146

X. Rechtsfolgen

Bei Verstößen gegen das Behinderungs- und Diskriminierungsverbot des § 19 GWB können die **Kartellbehörden** zunächst nach § 32 GWB dem marktbeherrschende Unternehmen das fragliche verbotene Verhalten untersagen. Jedoch müssen sie, insbe- 147

[292] Ebenso BGHZ 152, 97 (113f.) = NJW 2003, 205 – Metro/Konditionenanpassung.
[293] BGHZ 152, 97 (113f.) = NJW 2003, 205 – Metro/Konditionenanpassung.
[294] BGHZ 152, 97 (102ff.) = NJW 2003, 205.
[295] Beispiele in *BKartA* AG 1979, 20 (23); *KG* WuW/E OLG 2109 = AG 1979, 161f. – Springer/Elbe Wochenblatt; *Emmerich,* (2.) FS Böhm, 1975, S. 119 (132f.).

sondere bei einem Verstoß gegen das Diskriminierungsverbot, in der Regel es dem betroffenen Unternehmen überlassen, auf welcher Ebene es die nötige Gleichbehandlung anderer Unternehmen wiederherstellen oder eine Behinderung beseitigen will. Die Kartellbehörden können ihm deshalb grundsätzlich nicht auch positiv ein bestimmtes Verhalten, z. B. die Belieferung anderer Unternehmen, vorschreiben.[296] – Behördliche Verfügungen dieser Art setzen *kein* Verschulden aufseiten des betroffenen Unternehmens voraus. Die Einleitung eines Verfahrens steht jedoch im Ermessen der Kartellbehörden.[297] Bei schuldhaften Verstößen gegen das Diskriminierungsverbot kommt außerdem die Verhängung von **Geldbußen** aufgrund des § 81 Abs. 2 Nr. 1 GWB in Betracht.[298]

148 In der Praxis weit wichtiger als die erwähnten behördlichen Sanktionen (o. Rn. 147) sind die an Verstöße gegen das Diskriminierungsverbot anknüpfenden **zivilrechtlichen Sanktionen,** da behinderte oder diskriminierte Unternehmen selbst nach § 33 GWB Unterlassung und Schadensersatz verlangen können. Der **Unterlassungsanspruch** steht im Vordergrund, weil es auch hier grundsätzlich dem Diskriminierenden überlassen bleiben muss, wie er die Diskriminierung beseitigen will.[299] Ein **Belieferungsanspruch** kann daher nur dann unmittelbar auf § 19 Abs. 2 Nr. 1 oder Nr. 4 GWB in Verbindung mit § 33 Abs. 1 GWB (als Beseitigungsanspruch) oder mit § 33 Abs. 3 GWB und § 249 Abs. 1 BGB (als Schadensersatzanspruch) gestützt werden, wenn Abhilfe *allein* auf diesem Wege möglich ist und der Antrag die notwendige Bestimmtheit hinsichtlich der zu liefernden Gegenstände und der Konditionen aufweist (§ 253 ZPO).[300]

149 Das Behinderungs- und Diskriminierungsverbot stellt zugleich ein **gesetzliches Verbot** i. S. d. § 134 BGB dar, so dass in sich diskriminierende Vertragssysteme ebenso nichtig sind[301] wie z. B. eine gegen § 19 Abs. 2 Nr. 1 GWB verstoßende Vertragskündigung, dies jedenfalls dann, wenn das kündigende Unternehmen aufgrund des § 19 Abs. 2 Nr. 1 GWB einem Kontrahierungszwang unterliegt, darüber hinaus aber auch dann, wenn die Kündigung nur gegenüber einzelnen betroffenen Vertragspartnern ausgesprochen wird, so dass diese gegenüber den anderen Vertragspartnern diskriminiert werden.[302]

---

[296] BGHZ 67, 104 (107ff.) = NJW 1976, 2259 – Vitamin B12; *BGH* LM § 37a GWB Nr. 1 = NJW 1975, 1282 – Polyester.

[297] *BGH* WuW/E BGH 2058 – Internord; *KG* WuW/E OLG 4973 (4976); 4988 (4989) – Besteckversand.

[298] Ein Beispiel in *BGH* WuW/E BGH 2145.

[299] S. *OLG Hamburg* WuW/E OLG 5861 (5862); *KG* WuW/E OLG 5875 (5876).

[300] BGHZ 36, 91 (100) = NJW 1962, 196; BGHZ 41, 271 (280) = NJW 1964, 1617; BGHZ 49, 90 (98f.) = NJW 1968, 400; BGHZ 107, 273 (279) = NJW 1989, 3010; *BGH* WuW/E DE-R 1726 = NVwZ 2006, 962 Tz. 18; *OLG Düsseldorf* WuW/E DE-R 1057 (1062f.).

[301] *OLG Düsseldorf* WuW/E OLG 4056 (4058); *OLG Koblenz* GRUR 1990, 64 (67).

[302] BGHZ 107, 273 (279ff.) = NJW 1989, 3010; *BGH* NJW-RR 1998, 1730 = LM Nr. 92 zu § 26 GWB m. Anm. *Götting* (Bl. 4ff.); WuW/E DE-R 220 – Bahnhofsbuchhandlung I und II; NJW-RR 2003, 1348 (1349) = WuW/E DE-R 1144 – Schülertransporte.

§ 28. Marktstarke Unternehmen

I. Überblick

§ 20 GWB i. d. F. von 2013 regelt heute, wie seiner Überschrift zu entnehmen ist, nur noch verbotenes Verhalten von Unternehmen gerade mit relativer oder überlegener Marktmacht. Früher enthielt § 20 GWB darüber hinaus ein wesentlich weitergehendes Behinderungs- und Diskriminierungsverbot insbesondere auch für marktbeherrschende Unternehmen im Sinne von (heute) § 18 GWB (§ 20 Abs. 1 GWB a. F. = § 19 Abs. 2 Nr. 1 GWB von 2013, s. schon o. § 27 Rn. 1 ff.). Im Zuge der Bereinigung der Systematik der §§ 19 und 20 GWB wurden jedoch alle Vorschriften über missbräuchliches Verhalten von *marktbeherrschenden* Unternehmen erstmals in § 19 GWB zusammengefasst, so dass § 20 GWB jetzt nur noch in Abs. 1 die früher in § 20 Abs. 2 GWB bestimmte Ausdehnung des Anwendungsbereichs des Missbrauchs- und des Diskriminierungsverbots für marktbeherrschende Unternehmen aus § 19 Abs. 2 Nr. 1 GWB auf Fälle relativer Marktmacht enthält, während die früher ebenfalls in § 20 Abs. 1 GWB angeordnete Ausdehnung des Anwendungsbereichs auf erlaubte Kartelle und Preisbinder nunmehr in § 19 Abs. 3 GWB normiert ist (s. u. Rn. 4). 1

Entsprechende Änderungen hat die umstrittene Regelung über das Verbot einer passiven Diskriminierung (so genanntes Anzapfverbot) erfahren, die sich früher in § 20 Abs. 3 a. F. GWB befand. Soweit dieses Verbot für marktbeherrschende Unternehmen gilt, ist es nunmehr in § 19 Abs. 2 Nr. 5 GWB enthalten (o. § 27 Rn. 137 ff.), während § 20 Abs. 2 GWB (= § 20 Abs. 3 S. 2 GWB a. F.) die Ausdehnung des Anwendungsbereichs auf marktstarke Unternehmen in Vertikalverhältnissen bringt. Soweit § 20 Abs. 2 GWB n. F. als Adressaten des § 19 Abs. 2 Nr. 5 GWB neben den marktstarken Unternehmen auch „Vereinigungen von Unternehmen" nennt, ist der Sinn dieser Regelung neben § 19 Abs. 3 S. 1 GWB unklar (s. Rn. 4). Keine Änderungen sind dagegen bei den Vorschriften des § 20 Abs. 3 bis § 20 Abs. 5 GWB zu verzeichnen. Sie entsprechen wörtlich den früheren Bestimmungen des § 20 Abs. 4 bis § 20 Abs. 6 GWB. 2

II. Relative Marktmacht (Marktstärke)

1. Zweck

Das Gesetz unterscheidet in den §§ 18 bis 20 GWB verschiedene Formen der Marktbeherrschung und der relativen Marktmacht, häufig auch zum Unterschied von der Marktbeherrschung als bloße Marktstärke bezeichnet (s. schon o. § 27 Rn. 33 ff.). Während nach § 18 Abs. 1 Nr. 1–3 GWB Einzelmarktbeherrschung anzunehmen ist, wenn ein Unternehmen ohne Wettbewerber ist (so genanntes Monopol), wenn es keinem wesentlichen Wettbewerb ausgesetzt ist oder wenn es eine im Verhältnis zu seinen Wettbewerbern überragende Marktstellung hat, definiert das Gesetz in § 20 Abs. 1 S. 1 GWB (= § 20 Abs. 2 S. 1 GWB a. F.) die relative Marktmacht (so genannte Marktstärke) als eine **besondere Form der Abhängigkeit kleiner und mittlerer Unternehmen** von anderen Unternehmen. Voraussetzung ist, dass die kleinen oder mittleren Unternehmen gerade als Anbieter oder Nachfrager einer bestimmten Art von Waren oder Dienstleistungen, also im vertikalen Verhältnis, von dem fraglichen Unternehmen in einer Weise abhängig sind, dass für sie keine (objektiv) ausreichenden 3 und (subjektiv) zumutbaren Möglichkeiten bestehen, auf andere Unternehmen auszuweichen. Ob diese Voraussetzungen vorliegen, wird außerdem unter den besonderen Voraussetzungen des § 20 Abs. 1 S. 2 GWB vermutet (dazu u. Rn. 23f.).

4 Die Ausdehnung des Anwendungsbereichs des Behinderungs- und Diskriminierungsverbot (heute § 19 Abs. 2 Nr. 1 GWB) auf marktstarke Unternehmen (§ 20 Abs. 1 S. 1 GWB von 2013) geht auf die 2. GWB-Novelle von 1973 zurück. Mit dieser Regelung wurde seinerzeit in erster Linie die **Schließung von Schutzlücken** bezweckt, die sich im Rahmen des § 20 Abs. 1 GWB a. F. infolge der Abschaffung der Markenartikelpreisbindung im Jahre 1973 ergeben hatten. Unklar ist, welche Bedeutung die Erwähnung von **„Vereinigungen von Unternehmen“** in dem heutigen § 20 Abs. 1 S. 1 GWB hat. Die Formulierung stammt ebenfalls aus dem früheren § 20 Abs. 2 S. 1 GWB und wurde dort allgemein als Bezugnahme auf erlaubte Kartelle (s. §§ 2, 3, 28 Abs. 1, 30 Abs. 2a und 31 GWB) verstanden.[1] Diese Auslegung ist indessen seit der 8. GWB-Novelle von 2013 nicht mehr möglich, weil sich heute die Ausdehnung des Anwendungsbereichs des § 19 Abs. 2 Nr. 1 GWB auf erlaubte Kartelle bereits aus § 19 Abs. 3 S. 1 GWB von 2013 ergibt, so dass man bei den Vereinigungen von Unternehmen in § 20 Abs. 1 S. 1 GWB n. F. allenfalls an verschiedene Formen einer kartellfreien Kooperation von Unternehmen denken könnte.[2] Näher liegt jedoch die Annahme, dass es sich schlicht um ein Redaktionsversehen handelt. Entsprechendes gilt für die Bezugnahme auf „Vereinigungen von Unternehmen“ in § 20 Abs. 2 GWB, die ebenfalls neben § 19 Abs. 3 S. 1 GWB ohne Sinn ist (Rn. 2).

2. Abhängigkeit

5 Das Gesetz hat in S. 1 des § 20 Abs. 1 GWB solche Unternehmen im Auge, von denen (kleine oder mittlere) Angehörige der vor- oder nachgeordneten Marktstufe deshalb abhängig sind, weil sie keine Ausweichmöglichkeiten besitzen (sog. **Zwangspartner**). Gemeint sind damit Fälle einer *relativen Marktmacht,* wie das Gesetz jetzt selbst in § 20 Abs. 1 S. 1 GWB in einem Klammerzusatz (als Legaldefinition) hinzufügt und die ihren Grund gerade in den *(vertikalen)* Beziehungen zwischen den Beteiligten hat. Für entsprechende horizontale Beziehungen gilt ergänzend das Behinderungsverbot des § 20 Abs. 3 GWB (s. u. Rn. 25ff.). In diesen Fällen spricht man heute häufig auch zum Unterschied von der Marktbeherrschung des § 18 GWB von bloßer „Marktstärke“.

6 Um die Abhängigkeit eines kleinen oder mittleren Lieferanten oder Abnehmers von einem marktstarken Unternehmen zu ermitteln, bedarf es zunächst der **Abgrenzung des relevanten Marktes.** Auf diesem ist sodann zu prüfen, ob der betreffende Anbieter oder Nachfrager, um dessen Schutz es geht, über objektiv ausreichende und ihm zugleich subjektiv zumutbare **Ausweichmöglichkeiten** auf andere Unternehmen verfügt. Das hängt davon ab, ob sich der Nachfrager die fragliche Ware über *andere Kanäle* beschaffen kann bzw. ob der Anbieter sie über andere Kanäle abzusetzen vermag sowie ob diese anderen Kanäle den Genannten nach ihren individuellen wirtschaftlichen Verhältnissen auch *zumutbar* sind. Daran fehlt es bereits, wenn der betreffende Anbieter oder Nachfrager bei einen Ausweichen auf andere Kanäle so erhebliche Nachteile in Kauf nehmen müsste, dass seine Wettbewerbsfähigkeit da-

[1] S. Voraufl. S. 425.
[2] *Bechtold,* GWB, § 20 Rn. 8.

durch nachhaltig beeinträchtigt würde.[3] Geschützt werden auf diese Weise nicht etwa nur die schon auf einem Markt etablierten Unternehmen, sondern ebenso (kleine oder mittlere) „Newcomer", die auf bestimmte Absatz- oder Versorgungskanäle angewiesen sind, um in einen neuen Markt überhaupt eindringen zu können.[4] Die wichtigsten **Fallgruppen** sind die sortimentsbedingte, die mangelbedingte, die unternehmensbedingte und die nachfragebedingte Abhängigkeit (dazu im Einzelnen u. Rn. 10ff.).

3. Nur kleine und mittlere Unternehmen

Seit der 5. GWB-Novelle von 1989 setzt die Anwendbarkeit des § 20 Abs. 1 S. 1 GWB 7
zusätzlich voraus, dass die abhängigen Unternehmen (Rn. 5f.) zu dem Kreis der „kleinen oder mittleren Unternehmen", den sog. **„KMUs"**, gehören, deren Schutz dem Gesetzgeber heute besonders am Herzen liegt (s. insb. noch § 3 Abs. 1 GWB und dazu schon o. § 23 Rn. 11ff.). Der Gesetzgeber wollte damit vor allem den von den Markenartikelherstellern (angeblich) besonders gefürchteten *Belieferungszwang* gegenüber den Großen des Einzelhandels einschränken.[5]

Die Gesetzesverfasser hatten seinerzeit betont, dass bei der Abgrenzung des Kreises der 8
kleinen oder mittleren Unternehmen im Rahmen des § 20 Abs. 1 S. 1 GWB von denselben Kriterien wie bei dem heutigen § 3 Abs. 1 GWB auszugehen sei.[6] Das würde bedeuten, dass es primär auf die **relativen (horizontalen) Machtverhältnisse** auf den Märkten der fraglichen Unternehmen für die Frage ankäme, wer schon zu den besonders schutzbedürftigen „KMUs" gehört.[7] Genauso wird denn auch in der Tat der Begriff in der Mehrzahl der Fälle und insbesondere bei der *sortimentsbedingten* Abhängigkeit verstanden (u. Rn. 10ff.). Lediglich bei der *unternehmensbedingten* Abhängigkeit (u. Rn. 17f.) wird dagegen in erster Linie auf das **vertikale Machtgefälle** zwischen den abhängigen Unternehmen und dem marktstarken Unternehmen auf der anderen Marktseite abgestellt, woraus der BGH z. B. den Schluss gezogen hat, dass die VW-Händler (ungeachtet ihrer absoluten Größe) im Verhältnis zu VW zu den kleinen oder mittleren Unternehmen gehörten.[8]

§ 20 Abs. 1 S. 1 GWB bedeutet nur eine **Erweiterung des Adressatenkreises** des Be- 9
hinderungs- und Diskriminierungsverbots (§ 19 Abs. 2 Nr. 1 GWB), nicht jedoch eine Änderung seines Zwecks oder seiner Schutzrichtung. In den Schutzbereich des § 19 Abs. 2 Nr. 1 GWB i. V. m. § 20 Abs. 1 S. 1 GWB sind daher **auch** die **Konkurrenten** des marktstarken Unternehmens ebenso wie die der abhängigen Unternehmen gegen mittelbare Behinderungen, z. B. durch Systeme von Ausschließlichkeitsbindun-

[3] Zur Kritik an diesem wettbewerbspolitischen Konzept s. *Wagner-v. Papp,* in: Bien (Hrsg.), Das deutsche Kartellrecht nach der 8. GWB-Novelle, 2013, S. 93 (149ff.).

[4] *BGH* LM § 26 GWB Nr. 71 = NJW-RR 1991, 825.

[5] S. die Begr. z. RegE, BT-Drs. 11/4610, S. 20ff.; zur Kritik s. *Emmerich,* AG 1989, 261 (264f.): in Wirklichkeit ein Phantom oder besser: Popanz.

[6] Begr. z. RegE (vorige Fn.), S. 22 (l. Sp.).

[7] S. o. § 23 Rn. 10ff.; dagegen für ergänzende Berücksichtigung absoluter Kriterien in Anlehnung an § 35 Abs. 1 Nr. 1 und 2 *Bechtold,* GWB, § 20 Rn. 10.

[8] *BGH* LM EWGV Nr. 31 = WM 1993, 1062 (1065f.) = WuW/E BGH 2875 – VW-Leasing; *BKartA* WuW/E DE-V 94 (95f.) – Metro; *Habersack/P. Ulmer,* Rechtsfragen des Kfz-Vertriebs durch Vertragshändler, 1998, S. 103ff.

gen, einzubeziehen,[9] jedenfalls, wenn es sich auch bei ihnen um kleine oder mittlere Unternehmen handelt.[10]

4. Sortimentsbedingte Abhängigkeit

10 Die praktisch bedeutsamste Erscheinungsform der Abhängigkeit eines Unternehmens von einem anderen im Sinne des § 20 Abs. 1 S. 1 GWB ist die sog. sortimentsbedingte Abhängigkeit. Man versteht darunter die *Angewiesenheit* vieler kleiner oder mittlerer Händler auf die Belieferung mit bestimmten Artikeln wie insbesondere den bekannten Markenartikeln, die ihren Grund in der Erwartung der Verbraucher hat, bei ihren Händlern ein möglichst vollständiges Sortiment vorzufinden. Für die Annahme der sortimentsbedingten Abhängigkeit genügt es deshalb, wenn Qualität und Werbung dem betreffenden Artikel eine derartige Stellung auf dem Markt verschafft haben, dass jeder Abnehmer, der seinen Kunden ein vollständiges Sortiment anbieten möchte, auf die Führung des fraglichen Artikels angewiesen ist. Ob dies der Fall ist, hängt in erster Linie von **Ansehen** und Geltung der Ware, von ihrer **Verbreitung** im Handel, der sog. Distributionsrate, sowie von der **Marktstufe** und der Vertriebsform ab.[11] Maßgebend sind deshalb letztlich die von Markt zu Markt unterschiedlichen Umstände des Einzelfalls.[12]

11 Eine Abhängigkeit der Nachfrager bei der Belieferung mit besonders bekannten Artikeln kann gegenüber einem **einzelnen** Unternehmen oder gegenüber einer **Gruppe** von Unternehmen bestehen. Im ersten Fall spricht man von Spitzenstellungsabhängigkeit, im zweiten von Spitzengruppenabhängigkeit. Die Regel ist die **Spitzenstellungsabhängigkeit,** so dass sich die folgenden Ausführungen zur sortimentsbedingten Abhängigkeit zunächst auf diese Abhängigkeitsform beschränken werden (zur Spitzengruppenabhängigkeit s. u. Rn. 14).

12 Unerheblich sind die Umsätze oder der Marktanteil des Anbieters, so dass (angeblich) sogar lebhafter Wettbewerb auf einem Markt der Annahme von Spitzenstellungsabhängigkeit nicht notwendig entgegenstehen soll.[13] Ebensowenig spielt es eine Rolle, ob die Wettbewerbsfähigkeit des abhängigen Unternehmens insgesamt auf der Belieferung durch den betreffenden Markenartikelhersteller beruht. Denn § 20 Abs. 1 S. 1 GWB stellt auf die Abhängigkeit gerade bei „einer *bestimmten* Art" von Waren oder gewerblichen Leistungen ab, so dass folglich allein hinsichtlich dieser (und nicht auch hinsichtlich anderer) Waren oder Leistungen die Abhängigkeit zu prüfen ist. Die Größe und Lebensfähigkeit des Nachfragers im Übrigen sind infolgedessen im vorliegenden Zusammenhang ebenso wie das sonst noch von ihm geführte Sortiment ohne Belang. Für den Regelfall kann daher, jedenfalls in einer ersten Annäherung, davon ausgegangen werden, dass die Mehrzahl der **bekannten Markenartikelhersteller** im Verhältnis (nur) zu kleinen und mittleren Handelsunternehmen als marktstark im Sinne des § 20 Abs. 1 S. 1 GWB einzustufen ist.[14] Je nach den Umständen des Einzel-

[9] *OLG Düsseldorf* WuW/E OLG 5105 (5111) – Ford; *BKartA* WuW/E BKartA 2459 (2460).

[10] So *Bechtold,* GWB, § 20 Rn. 10; str.

[11] S. *BGH* NJW-RR 2000, 1286 = WuW/E DE-R 481 (482) – Designer-Polstermöbel.

[12] *BGH* WuW/E DE-R 3967 (3970 Tz. 18f.) = NZKart 2013, 462 – Rabattstaffel.

[13] *BGH* LM § 26 GWB Nr. 52 = NJW 1985, 2135 – Technics; dagegen mit guten Gründen *Wagner-v. Papp,* in: Bien (Hrsg.), Das deutsche Kartellrecht nach der 8. GWB-Novelle, 2013, S. 95 (151ff.).

[14] So *BGH* LM § 26 GWB Nr. 52 = NJW 1985, 2135 – Technics; LM § 26 GWB Nr. 27 = NJW 1976, 801 = JuS 1976, 398 Nr. 8 – Rossignol; LM § 26 GWB Nr. 29 = BB 1976, 1334 = JuS 1977, 124

falls kann aber auch selbst bei berühmten Markenartikeln eine Abhängigkeit des Handels zu verneinen sein.[15]

Marktstärke unter dem Gesichtspunkt der sortimentsbedingten Abhängigkeit ist **z. B.** angenommen worden bei der DTAG als Mitherausgeberin der regionalen Telefonverzeichnisse, weil diese für viele Branchen als Werbeträger schlicht unverzichtbar sind,[16] bei einem Hersteller begehrte Laborchemikalien,[17] bei den Gemeinden als Veranstaltern von Volksfesten im Verhältnis zu den Ausstellern[18] sowie bei einer führenden Kunstmesse im Verhältnis zu den Galerien.[19] Außerdem gehören hierher noch die meisten größeren Industrieunternehmen als Anbieter von *Original-Ersatzteilen,* weil die Reparaturunternehmen durchweg auf die Belieferung mit solchen Ersatzteilen angewiesen sind.[20] 13

Eine **Spitzengruppenabhängigkeit** wird im Gegensatz zu der die Regel bildenden Spitzenstellungsabhängigkeit (Rn. 11 f.) angenommen, wenn alle oder doch die meisten führenden Hersteller bekannter Markenartikel die Belieferung eines kleinen oder mittleren Abnehmers ablehnen, so dass dieser keine Möglichkeit mehr besitzt, durch das Ausweichen auf andere Hersteller sein Sortiment in einer Weise zu vervollständigen, wie es nötig ist, um wettbewerbsfähig zu bleiben, weil die Kunden von ihm ein vollständiges Sortiment der wichtigsten Anbieter erwarten.[21] Ein bekanntes **Beispiel** ist der Markt für *Unterhaltungselektronik,* auf dem zur Spitzengruppe heute die meisten großen Hersteller gehören, so dass hier die Abnehmer nach ihrer Wahl von den Mitgliedern der Spitzengruppe so lange Belieferung verlangen können, bis sie über ein wettbewerbsfähiges Sortiment verfügen.[22] Dasselbe gilt z. B. für Markenparfüms,[23] für Designer-Polstermöbel[24] sowie für Brillengläser sowie für Hotels im Verhältnis zu den großen Hotelportalen,[25] nicht dagegen für Luxusuhren.[26] Insgesamt scheint die Bedeutung dieser Fallgruppe heute nur noch gering zu sein – wie überhaupt die praktische Bedeutung des § 20 Abs. 1 GWB in dem Maße kontinuierlich abnimmt, in dem die *Zweifel an der wettbewerbspolitischen Sinnhaftigkeit* der ganzen Regelung wachsen. 14

Nr. 12 – Asbach Uralt; LM § 26 GWB Nr. 34 = NJW 1979, 2152 = JuS 1979, 820 Nr. 7 – Nordmende; LM § 26 GWB Nr. 37 = MDR 1980, 204 – Modellbauartikel.

15 So jedenfalls für Rolex-Uhren *OLG Düsseldorf* WuW/E DE-R 1480 (1482 ff.).

16 *BGH* NJW-RR 2005, 49 = GRUR 2005, 177 = WuW/E DE-R 1377 (1378); NJW 2005, 2014 – Sparberaterin I und II.

17 *BGH* WuW/E DE-R 3967 = NZKart 2013, 462 – Rabattstaffel.

18 *OLG Koblenz* GRUR 1990, 65.

19 *OLG Düsseldorf* WuW/E OLG 4173.

20 § 27 Rn. 99; *BGH* LM § 26 GWB Nr. 62 = NJW-RR 1988, 1504; WuW/E DE-R 357 f. = NJW-RR 2000, 773; *OLG Frankfurt a. M.* WuW/E OLG 4017; 4233; 4681; s. u. Rn. 36, 59.

21 *BGH* NJW-RR 2004, 689 = WuW/E DE-R 1203 (1204) – Depotkosmetik; *OLG Düsseldorf* WuW/E DE-R 1480 (1484 f.) – Rolex-Uhren.

22 BGHZ 129, 53 (58 f.) = NJW 1995, 2415 – Importarzneimittel; *BGH* LM § 26 GWB Nr. 34 = NJW 1979, 2152 = JuS 1979, 820 Nr. 7 – Nordmende; LM § 26 GWB Nr. 55 = NJW-RR 1987, 929; LM § 26 GWB Nr. 38 = NJW 1980, 941; LM § 26 GWB Nr. 46 = NJW 1981, 2357; LM § 26 GWB Nr. 52 = NJW 1985, 2135 – Technics.

23 *BGH* NJW-RR 2004, 689 = WuW/E DE-R 1203 (1204) – Depotkosmetik.

24 *BGH* NJW-RR 2000, 1286 = WuW/E DE-R 481 (482 ff.).

25 *OLG Stuttgart* WuW/E OLG 2693 (2695 f.); *BKartA* WuW/E DE-V 1953 (1964), 236 ff. – HRS.

26 *OLG Düsseldorf* WuW/E DE-R 1480 (1484 f.) – Rolex-Uhren.

5. Mangelbedingte Abhängigkeit

15 Mit mangel- oder knappheitsbedingter Abhängigkeit bezeichnet man vornehmlich die Abhängigkeit *einstufiger* Unternehmen von ihren *mehrstufigen,* vertikal integrierten Konkurrenten mit Zugang zu den Rohstoffquellen. § 20 Abs. 1 S. 1 GWB hat in derartigen Fallgestaltungen die Aufgabe, die Praxis mehrstufiger Unternehmen zu bekämpfen, bei einer Verknappung der Rohstoffe vorrangig die dem Konzern angehörenden Verarbeitungs- und Handelsunternehmen zu versorgen, die Belieferung ihrer einstufigen Konkurrenten dagegen einzuschränken. Paradigma sind die einschlägigen Praktiken der vertikal integrierten **Mineralölkonzerne** während der verschiedenen Ölkrisen.[27] Eine mangelbedingte Abhängigkeit kommt jedoch auch noch in anderen Situationen vor.

16 Aus der Anwendbarkeit des § 20 Abs. 1 GWB können sich in derartigen Fällen für mehrstufige Unternehmen weitreichende Pflichten ergeben.[28] Die wichtigste ist, dass sie auch in Krisensituationen zur **Weiterbelieferung** ihrer traditionellen (kleinen und mittleren) Abnehmer verpflichtet sind, die im Rahmen einer laufenden Geschäftsbeziehung bereits früher regelmäßig versorgt wurden. Diese müssen zudem grundsätzlich gleich behandelt werden, so dass die Ressourcen gegebenenfalls auf sie aufzuteilen sind.[29]

6. Unternehmensbedingte Abhängigkeit

17 Von unternehmensbedingter Abhängigkeit spricht man, wenn sich ein Unternehmen, vor allem durch eine langjährige Geschäftsbeziehung, so sehr auf ein anderes Unternehmen eingestellt hat, dass ihm eine sofortige Umstellung im Falle des Abbruchs der Beziehungen nur noch mit unverhältnismäßigen Opfern möglich ist.[30] Der bekannteste hierher gehörende Fall ist die Abhängigkeit vieler kleiner und mittlerer Zulieferer und Händler von den großen **Kraftfahrzeugherstellern,** bedingt in erster Linie durch ihre umfangreichen, speziell auf die Bedürfnisse des betreffenden Herstellers ausgerichteten Investitionen, die bei einer plötzlichen Beendigung der Vertragsbeziehung weitgehend entwertet würden.[31] Ebenso zu beurteilen ist die Situation anderer **Vertragshändler,** die sich mit großem Aufwand auf den Vertrieb der Waren eines bekannten Herstellers spezialisiert haben.[32] Für die Annahme von Abhängigkeit ist dagegen kein Raum, wenn dem fraglichen Unternehmen wettbewerbliche Alternativen zur Verfügung stehen.[33]

18 In den genannten Fällen verlangen bereits die §§ 241 Abs. 2 und 242 BGB, dass das marktstarke Unternehmen nicht ohne Rücksicht auf die Interessen seiner abhängigen

[27] Dazu eingehend *BKartA* TB 1979/80, S. 44ff. mit Zahlen; *KG* WuW/E OLG 1497 (1499) – AGIP.
[28] *EuGH* Slg. 1978, 1513 (1524); *BKartA* TB 1979/80, S. 44ff.
[29] Ausschussbericht, BT-Drs. 7/765, S. 9f.
[30] Ausschussbericht, BT-Drs. 7/765, S. 9f.
[31] *BGH* LM § 26 GWB Nr. 61 = NJW-RR 1988, 1502 – Opel-Blitz; LM EWG-Vertrag Nr. 31 = WM 1993, 1062 (1065) = WuW/E BGH 2875 – VW-Leasing; WuW/E BGH 1455 (1457) = WM 1976, 1067; LM § 9 (Bm) AGBG Nr. 21 = NJW-RR 1995, 1260 – Citroën; WuW/E DE-R 1621 (1623) – Mercedes/Benz; *Habersack/P. Ulmer,* Rechtsfragen des Kfz-Vertriebs durch Vertragshändler, 1998, S. 103ff.; *Pfeffer,* Der kartellrechtliche Schutz der Zulieferindustrie in der Automobilbranche, 1985.
[32] *Rittner,* WuW 1993, 592.
[33] *BGH* NJW 2011, 2730 – freie Kfz-Werkstätten; *KG* WuW/E OLG 4566; *Ernsthaler,* NJW 2011, 2701.

Zulieferer oder Abnehmer von heute auf morgen die Geschäftsbeziehungen abbricht. Es muss ihnen vielmehr im Falle der Kündigung der Geschäftsbeziehung zumindest eine längere **Übergangsfrist** einräumen, um ihnen eine Amortisation ihrer Investitionen und eine Umstellung auf andere Geschäftspartner zu ermöglichen.[34] In dieselbe Richtung weist § 20 Abs. 1 S. 1 GWB.

Für einen noch weitergehenden **Investitionsschutz** zugunsten abhängiger kleiner und mittlerer Unternehmen bietet § 20 Abs. 1 S. 1 GWB dagegen keine Grundlage.[35] § 20 Abs. 1 S. 1 GWB hat nicht die Aufgabe, solche Unternehmen vor den Folgen eigener geschäftlicher Fehlentscheidungen zu schützen, sondern soll lediglich den übermäßigen Handlungsspielraum mächtiger Unternehmen im Interesse Dritter sachgemäß einschränken.[36] Folglich kann sich ein Unternehmen, wenn es ohne weiteres durch entsprechende Maßnahmen den Risiken eines etwaigen Abbruchs der Geschäftsbeziehungen durch seinen Vertragspartner vorbeugen konnte, später nicht zu seinem Schutz auf § 20 Abs. 1 S. 1 GWB berufen.[37] 19

7. Nachfragebedingte Abhängigkeit

a) Begriff

Die nachfragebedingte Abhängigkeit, eine besondere Erscheinungsform der unternehmensbedingten Abhängigkeit (o. Rn. 17–19), stand eine Zeitlang im Mittelpunkt der ausgebreiteten Diskussion über das Phänomen der Nachfragemacht. Es ging dabei vornehmlich um die (angebliche) **Abhängigkeit** zahlreicher kleiner und mittlerer **Lieferanten** von ihren großen Abnehmern, auf die sie als Absatzkanäle nur schwer verzichten zu können glaubten. In der Praxis haben diese Fälle bisher nur eine untergeordnete Rolle gespielt, weil sich der **Nachweis** der Abhängigkeit der Lieferanten von den Abnehmern in der Mehrzahl der Fälle letztlich doch nicht führen ließ. Durch die vierte Novelle von 1980 ist deshalb § 20 Abs. 1 GWB noch um eine Abhängigkeitsvermutung speziell für die hier interessierenden Fälle ergänzt worden, um den betroffenen Lieferanten den Nachweis der Abhängigkeit zu erleichtern (§ 20 Abs. 1 S. 2 GWB; Rn. 23f.). 20

Ob ein **Lieferant** von seinen Abnehmern tatsächlich im Sinne des § 20 Abs. 1 S. 1 GWB abhängig ist, hängt davon ab, ob er für den *Absatz* seiner Waren oder Leistungen auf dem fraglichen Markt über ausreichende und zumutbare Ausweichmöglichkeiten verfügt oder nicht. Dies kann immer nur für bestimmte Waren oder Leistungen geprüft werden, wobei der sachlich relevante Markt sämtliche Absatzmöglichkeiten für das betreffende Produkt *und* solche weiteren Produkte umfasst, auf die der Lieferant jederzeit mühelos ausweichen kann (Stichwort: Angebotsumstellungsflexibilität).[38] Für diese Produktpalette ist sodann zu prüfen, ob der betreffende **Absatzkanal** für 21

[34] *BGH* NJW-RR 1995, 1260 = LM § 9 (Bm) AGBG Nr. 22 m. Anm. *Emmerich* – Citroën; *OLG München* NJW-RR 1995, 1137 (1138f.); WuW/E OLG 4203; 4228; *OLG Celle* WuW/E DE-R 581 (583) – VAG.

[35] *Foth,* BB 1987, 1270; *Sack,* GRUR 1975, 511.

[36] *BGH* LM § 26 GWB Nr. 79 = NJW 1993, 1653.

[37] *BGH* LM § 26 GWB Nr. 79 = NJW 1993, 1653; LM § 26 GWB Nr. 27 = NJW 1976, 801 = JuS 1976, 398 Nr. 8 – Rossignol; LM § 26 GWB Nr. 61 = NJW-RR 1988, 1502 – Opel-Blitz; *OLG Hamburg* WuW/E OLG 3795 (3797ff.); *KG* WuW/E OLG 4566; *OLG Düsseldorf* WuW/E OLG 2428; *OLG München* NJW-RR 1995, 1137 (1138f.); *OLG Köln* NJW-RR 1995, 1140 (1141).

[38] *BGH* LM § 26 GWB Nr. 71 = NJW-RR 1991, 825 (für Zuckerrüben).

den Lieferanten **unverzichtbar** ist. Als Ursache kommt in erster Linie der Marktanteil des Nachfragers in Betracht, wobei sich die Praxis bei Konsumgütern einschließlich Lebensmitteln für die Annahme von Abhängigkeit bereits mit einem Abnahmeanteil des betreffenden Nachfragers an der Produktion des Lieferanten in einer Größenordnung von 7,5 bis 10% begnügt.[39]

22 Weitere Gründe für eine nachfragebedingte Abhängigkeit können sein: eine Spezialisierung des Lieferanten auf bestimmte, nicht allgemein nachgefragte Produkte oder Marken (so die Situation bei zahlreichen Zulieferern der Kraftfahrzeugindustrie), die besondere Bedeutung eines Nachfragers, die Angewiesenheit vieler Hersteller von Markenartikeln auf ihre Vertretung in dem als vollständig oder doch repräsentativ bekannten Sortiment bedeutender Nachfrager sowie insbesondere das *Nachfragemonopol der öffentlichen Hand* auf vielen Märkten, von Kriegswaffen über Uniformen und Schulbücher bis hin zum Verkehrswegebau. Marktstark sind nach dem Gesagten **z. B.** die Firma Metro bei Lebensmitteln,[40] die Länder als Polizeibehörden bei der Nachfrage nach Polizeiausrüstungen oder nach den Dienstleistungen der Abschleppunternehmen[41] sowie die gesetzlichen Krankenkassen als Nachfrager nach Heil- und Hilfsmitteln.[42]

b) Vermutung

23 Die Abhängigkeit des Anbieters wird nach § 20 Abs. 1 S. 2 GWB vermutet, wenn ein Nachfrager bei dem Anbieter zusätzlich zu den verkehrsüblichen Preisnachlässen oder sonstigen Leistungsentgelten regelmäßig besondere Vergünstigungen erlangt, die gleichartigen Nachfragern nicht gewährt werden. Die Gesetzesverfasser hatten dabei vor allem **„Vergünstigungen“** wie Schaufenster- oder Regalmieten, Eintrittsgelder, Werbekostenzuschüsse oder Jubiläumsrabatte im Auge. Hinzu kommen muss, dass sie dem Nachfrager von dem Anbieter **„regelmäßig“**, d. h. über einen längeren Zeitraum hinweg, typischerweise gewährt werden, während die einmalige Durchsetzung von Sondervergünstigungen die Vermutung noch nicht auslöst. Ausgeklammert sind außerdem **verkehrsübliche Preisnachlässe** und sonstige Leistungsentgelte, so dass es sich um Vergünstigungen handeln muss, die nur einem oder einigen bedeutenden Abnehmern im Gegensatz zu anderen Abnehmern über längere Zeit hinweg gewährt werden, wenn die Vermutung des § 20 Abs. 2 S. 2 GWB eingreifen soll.

24 Bei der Würdigung dieser Regelung muss man bedenken, dass es sich bei den fraglichen Vergünstigungen durchweg um nichts anderes als um *normale Preisnachlässe* handelt, deren frühere, negative Beurteilung heute weitgehend überwunden ist, so dass insgesamt die gesetzliche Vermutung einer Abhängigkeit der Industrie im Falle der Gewährung solcher Preisnachlässe (§ 20 Abs. 1 S. 2 GWB) auf schwachen Füßen steht.[43] Die praktische Bedeutung der Regelung ist dementsprechend gering; genauer: Sie tendiert mittlerweile gegen Null.

---

[39] *KG* AG 1987, 285 = WuW/E OLG 3917 – Coop/Wandmaker; *BKartA* WuW/E DE-V 94 (96f.) – Metro.

[40] *BKartA* WuW/E DE-V 94ff. – Metro.

[41] *OLG Düsseldorf* WuW/E OLG 2495 (2496).

[42] *BGH* LM § 26 GWB Nr. 28 = NJW 1976, 2302; *BKartA* TB 1993/94, S. 98; s. § 69 SGB V.

[43] *MK*, SonderGA 7, Tz. 230ff.

III. Horizontales Behinderungsverbot

1. Überblick

Nach § 20 Abs. 3 S. 1 GWB ist es Unternehmen mit gegenüber kleinen und mittleren Wettbewerbern überlegener Marktmacht verboten, ihre Marktmacht dazu auszunutzen, solche Wettbewerber unmittelbar oder mittelbar unbillig zu behindern. S. 2 der Vorschrift i. d. F. von 2007 fügt hinzu, dass eine unbillige Behinderung in diesem Sinne insbesondere in drei Fällen anzunehmen ist, nämlich (1.), wenn ein Unternehmen Lebensmittel im Sinne des § 2 Abs. 2 LMFG unter Einstandspreis (Nr. 1 a. a. O.) oder (2.) andere Waren oder gewerbliche Leistungen nicht nur gelegentlich unter Einstandspreis anbietet (Nr. 2 a. a. O.), oder wenn (3.) ein Unternehmen von kleinen oder mittleren Unternehmen, mit denen es auf dem nachgelagerten Markt beim Vertrieb von Waren oder gewerblichen Leistungen im Wettbewerb steht, für deren Lieferung einen höheren Preis fordert, als es selbst auf diesem Markt anbietet (sog. Kosten-Preisschere, Nr. 3 a. a. O.), außer wenn dies sachlich gerechtfertigt ist. Einzelne Rechtfertigungsgründe regeln die S. 3 und 4 der Vorschrift. Die Geltung der S. 2 bis 4 war ursprünglich befristet bis zum 31. Dezember 2012. Durch die 8. GWB-Novelle von 2013 wurde indessen die Geltung des § 20 Abs. 3 S. 2 Nr. 1 GWB über das Verbot des Verkaufs von Lebensmitteln unter Einstandspreis trotz seiner bisherigen Bedeutungslosigkeit wegen seiner angeblichen „präventiven Vorfeldwirkung" bis Ende 2017 verlängert. Zugleich wurde die gegen Preis-Kostenscheren gerichtete Bestimmung des § 20 Abs. 3 S. 2 Nr. 3 GWB in Dauerrecht überführt, weil auf dem Mineralölmarkt weiterhin ein Bedürfnis für eine derartige Regelung bestehe.[44] Erfolgt keine erneute Verlängerung, so tritt Anfang 2018 wieder die alte Fassung des S. 2 des § 20 Abs. 3 GWB in Kraft, nach der es generell verboten war, dass ein Unternehmen Waren oder gewerbliche Leistungen nicht nur gelegentlich unter Einstandspreis anbietet (jetzt § 20 Abs. 3 S. 2 Nr. 1 GWB von 2018), ergänzt um das in Dauerrecht verwandelte Verbot von Preis-Kostenscheren (§ 20 Abs. 3 S. 2 Nr. 2 GWB von 2018). Verstärkt wird die Regelung durch die Vermutung des § 20 Abs. 4 GWB (dazu u. Rn. 35). 25

§ 20 Abs. 3 S. 1 GWB geht auf den durch die vierte Novelle von 1980 in das Gesetz eingefügten und bereits 1989 wieder gestrichenen § 37a Abs. 3 zurück, an dessen Stelle seinerzeit zunächst § 26 Abs. 4 GWB a. F. getreten war. Mit beiden Vorschriften war ein verstärkter **Schutz kleiner und mittlerer Unternehmen** im Handel gegen aggressive Preis- und Rabattpraktiken ihrer großbetrieblichen Konkurrenten bezweckt gewesen. Wegen der restriktiven Auslegung beider Vorschriften durch die Rechtsprechung war dieser Zweck indessen in den Augen der Gesetzesverfasser nicht erreicht worden, weshalb 1998 die Vorschrift noch um ein ausdrückliches Verbot des nicht nur gelegentlichen (systematischen) Untereinstandspreisverkaufs ergänzt wurde (jetzt § 20 Abs. 3 S. 2 Nr. 2 GWB). Von der **Bundesregierung** war diese Regelung seinerzeit vor allem mit der Notwendigkeit begründet worden, dem Grundsatz der freien Preisbildung dort Schranken zu ziehen, wo vorsätzliche Verdrängungspraktiken *oder* systematische Untereinstandspreisverkäufe zu einer Gefährdung des funktionierenden Wettbewerbs auf den betroffenen Märkten führten. An dem scharfen Preiswettbewerb namentlich im Lebensmitteleinzelhandel (um den es der Sache nach allein geht) hatte die Vorschrift indessen – natürlich – nichts geändert. Deshalb griff die Bundesregie- 26

[44] Begr. z. RegE von 2012, BT-Drs. 17/9852, S. 24.

rung erneut ein, weil hier der „ruinöse" Preiswettbewerb die Existenz zahlreicher kleiner und mittlerer Händler bedrohe, wodurch (angeblich) zugleich eine Gefahr für die „breite Versorgung vor allem im ländlichen Raum" begründet werde.[45] Deshalb wurde durch das Gesetz vom 18. Dezember 2007[46] noch zusätzlich ein freilich (zunächst) befristetes generelles Verbot des Verkaufs unter Einstandspreis für Lebensmittel eingeführt (jetzt § 20 Abs. 3 S. Nr. 1 GWB und S. 3–4 von 2013).

27 Das Gesetz enthält seitdem in Gestalt des § 20 Abs. 3 S. 2 Nr. 1 GWB, wie besonderer Hervorhebung bedarf, eine direkt *gegen* den *Preiswettbewerb* und damit gegen den Kern des Wettbewerbsprozesses selbst gerichtete Vorschrift, die zudem völlig ungeeignet zum Schutz kleiner und mittlerer Unternehmen im Handel ist, sondern lediglich den großen Markenartikelherstellern nutzt, für die sich das Verbot des Verkaufs ihrer Waren im Lebensmitteleinzelhandel unter Einstandspreis als bequemer **Ersatz für** die seit 1971 verbotene **Preisbindung** erwiesen hat:[47] ein abschreckendes Beispiel erfolgreicher Lobbyarbeit und korrupter Politik. Dass die ursprünglich bis Ende 2012 befristete Vorschrift durch die 8. GWB-Novelle von 2013 gleichwohl jetzt bis Ende 2017 verlängert wurde, muss unter diesen Umständen als völlig unverständlich bezeichnet werden und weckt größte Zweifel an dem fortbestehenden wettbewerbspolitischen Engagement der Bundesregierung.

2. Tatbestand

28 § 20 Abs. 3 S. 1 GWB gilt nur für Unternehmen, die über eine gegenüber kleinen und mittleren Wettbewerbern **überlegene Marktmacht** verfügen. Erfasst werden damit Fälle einer relativen *horizontalen* „Übermacht" eines großen Unternehmens gegenüber seinen kleinen und mittleren Konkurrenten.[48] § 20 Abs. 3 GWB ergänzt damit § 20 Abs. 1 GWB, dessen Anwendungsbereich sich auf entsprechende *vertikale* Verhältnisse beschränkt (o. Rn. 5ff.). Daraus ist der Schluss zu ziehen, dass der Begriff der kleinen und mittleren Unternehmen hier ebenso wie in § 20 Abs. 1 S. 1 GWB auszulegen ist (s. deshalb o. Rn. 7ff.); ergänzend ist das Begriffsverständnis in § 3 Abs. 1 GWB zu berücksichtigen (o. § 23 Rn. 10ff.). Für die Annahme eines geschützten **kleinen oder mittleren Unternehmens** kommt es folglich in erster Linie auf das *relative* Größenverhältnis zwischen den Beteiligten auf dem fraglichen Markt an,[49] so dass ausschlaggebend ist, ob dieser Markt durch ein derartiges **Machtgefälle** zwischen dem betreffenden Unternehmen und seinen kleinen und mittleren Konkurrenten gekennzeichnet ist, dass die Folge ein **besonderer,** vom Wettbewerb nicht mehr hinreichend kontrollierter **Verhaltensspielraum** des größeren Unternehmens ist. Kriterien sind das Verhältnis der Marktanteile der Beteiligten sowie die unterschiedliche Größe ihrer Ressourcen.[50] Erfasst werden damit in erster Linie die großbetrieblichen Formen des

---

[45] Begr. z. RegE, BT-Drs. 16/5847, S. 9f.

[46] BGBl. I 2007, S. 2966.

[47] *MK,* SonderGA Nr. 47, 2007, Tz. 8–11; *Neumann,* FS Möschel, 2011, S. 441 (449); völlig unkritisch dagegen *Lettl,* WRP 2008, 1299.

[48] Begr. z. RegE v. 1989, BT-Drs. 8/3690, S. 23.

[49] *BKartA,* Bekanntmachung Nr. 124/2003 (unter B. 1.); WuW/E DE-V 289 (290) – Freie Tankstellen; WuW/E DE-V 1481 – Netto Marken Discount; WuW 2000, 1221; *Bechtold,* GWB, § 20 Rn. 29f.

[50] BGHZ 129, 203 (209f.) = NJW 1995, 2293 – Hitlisten-Urteil; *OLG München* WuW/E OLG 2738; *KG* WuW/E OLG 2620 (2622); WuW/E DE-R 380 (382) – Milchlieferungsverträge; *BKartA* WuW/E DE-V 289 (290) – Freie Tankstellen; WuW/E DE-V 2029; *Markert,* Die Wettbewerbsbehinderung im GWB, 1982, S. 47ff.; *P. Ulmer,* FS v. Gamm, 1990, S. 677 (681ff.).

Einzelhandels, deren Niedrigpreisstrategien auf den Einzelhandelsmärkten ohnehin bei der Regelung ganz im Mittelpunkt des Interesses der Gesetzesverfasser gestanden haben.[51]

Den genannten Unternehmen (o. Rn. 28) ist durch § 20 Abs. 3 S. 1 GWB die unmittelbare oder mittelbare **unbillige Behinderung** ihrer kleinen und mittleren Konkurrenten untersagt. Einzelne Beispielstatbestände zählt (befristet bis Ende 2017) S. 2 des § 20 Abs. 3 GWB auf. Hervorzuheben ist der Verkauf unter Einstandspreis (Nrn. 1 und 2 des § 20 Abs. 3 S. 2 GWB; dazu u. Rn. 30ff.). § 20 Abs. 3 S. 1 GWB knüpft schon seinem Wortlaut nach unmittelbar an § 19 Abs. 2 Nr. 1 GWB an, so dass wegen des Begriffs der unbilligen Behinderung auf die Ausführungen zu dem Behinderungsverbot des § 19 Abs. 2 Nr. 1 GWB verwiesen werden kann (s. o. Rn. 67ff.). Es genügt folglich jede objektiv nachteilige Maßnahme seitens des marktstarken Unternehmens im Horizontalverhältnis, durch die seine kleinen oder mittleren Konkurrenten im Wettbewerb geschädigt werden können.[52] **Beispiele** sind der offenbar besonders gefürchtete Verkauf unter Einstandspreis (dazu Rn. 30ff.), weiter Koppelungspraktiken, durch die die Konkurrenten mächtiger Unternehmen auf den Märkten für die gekoppelten Produkte behindert werden können,[53] sowie eine „übermäßige" Rabattspreizung, jedenfalls, wenn diese mit dem Versuch verbunden ist, die Gewährung gleicher Vergünstigungen an kleine und mittlere Konkurrenten auf derselben Marktstufe nach Möglichkeit zu verhindern. Über die Frage der Unbilligkeit derartiger Verhaltensweisen kann hier ebenso wie im Rahmen des § 19 Abs. 2 Nr. 1 nur aufgrund einer **Interessenabwägung** unter Berücksichtigung der auf die Freiheit des Wettbewerbs gerichteten Zielsetzung des Gesetzes entschieden werden (s. o. § 27 Rn. 69ff.). Daraus folgt, dass vor allem bei Eingriffen in die Preisfreiheit der Unternehmen große Zurückhaltung geboten ist.[54] 29

3. Verkauf unter Einstandspreis

Nach § 20 Abs. 3 S. 2 Nr. 1 GWB liegt eine unbillige Behinderung kleiner und mittlerer Wettbewerber durch ein marktstarkes Unternehmen insbesondere vor, wenn dieses Unternehmen **Lebensmittel** im Sinne von § 2 Abs. 2 LMFG unter Einstandspreis anbietet, außer wenn dies sachlich gerechtfertigt ist. Einzelne Fälle der sachlichen Rechtfertigung des Verkaufs von Lebensmittel unter Einstandspreis finden sich in den S. 3 und 4 des § 20 Abs. 3 GWB. Hervorzuheben sind der Verderb oder eine drohende Unverkäuflichkeit der Lebensmittel sowie die Abgabe an gemeinnützige Einrichtungen (s. Rn. 32). 30

§ 20 Abs. 3 S. 2 Nr. 1 GWB verbietet bereits das bloße **Angebot** von Lebensmitteln unter Einstandspreis. Als **Einstandspreis** gilt in diesem Zusammenhang der an den Lieferanten tatsächlich gezahlte Preis,[55] berechnet grundsätzlich an Hand des Listenpreises des Herstellers oder Lieferanten ohne Mehrwertsteuer abzüglich aller Rabatte 31

[51] S. o. Rn. 26; *BKartA* WuW/E DE-V 289 (290) – Freie Tankstellen; WuW/E DE-V 314 = NJWE-WettbR 2000, 310 – Aldi Nord; WuW/E DE-V 316 (317f.) – WalMart.

[52] *OLG Düsseldorf* WuW/E DE-R 829 (832) – Freie Tankstellen.

[53] S. *Emmerich,* LMK 2003, 93f. gegen BGHZ 151, 274 (283f.) = NJW 2002, 3779 – Fernwärme für Börnsen.

[54] *OLG Düsseldorf* WuW/E DE-R 829 (836ff.) – Freie Tankstellen.

[55] BGHZ 152, 361 (367, 373f.) = GRUR 2003, 363 = WuW/E DE-R 1042 m. Anm. *Lettl,* JZ 2003, 662 – WalMart.

und sonstiger auf den einzelnen Warenbezug bezogener Vergünstigungen, wie z. B. Jahresboni, Werbekostenzuschüsse, Verkaufsförderungsentgelte und Umsatzvergütungen.[56] Die Einzelheiten sind wie immer bei derartigen Preisinterventionen umstritten. Ein Beispiel ist die Frage, wie pauschale Werbekostenzuschüsse eines Herstellers zu berücksichtigen sind. Während das Bundeskartellamt ihre Anrechnung auf sämtliche von dem betreffenden Hersteller bezogenen Waren favorisiert, gestatten es die Gerichte dem Händler, die Zuschüsse gezielt allein mit denjenigen von dem Hersteller bezogenen Waren zu verrechnen, die tatsächlich von ihm „beworben" werden – so dass natürlich der Einstandspreis für diese Waren sinkt und kein Raum mehr für die Anwendung des § 20 Abs. 3 S. 2 Nr. 1 GWB verbleibt.[57] Auf der anderen Seite soll § 20 Abs. 3 S. 2 Nr. 1 GWB auch anzuwenden sein, wenn das marktstarke Unternehmen lediglich an seinem Preis festhält, obwohl sein Einstandspreis inzwischen infolge von Preiserhöhungen der Lieferanten über den gleichgebliebenen Verkaufspreis hinaus gestiegen ist.[58]

32 Liegt ein Angebot von Lebensmitteln unter Einstandspreis im Sinne des § 20 Abs. 3 S. 2 Nr. 1 GWB vor, so ist nur noch zu prüfen, ob das Angebot ausnahmsweise **sachlich gerechtfertigt** ist. Beispiele finden sich in den S. 3 und 4 der Vorschrift. Gleich stehen sonstige **betriebliche Notlagen,** wie z. B. eine drohende Insolvenz oder Zahlungsunfähigkeit sowie der Eintritt in einen neuen Markt oder in dauernd niedrigere Wettbewerbspreise.[59] *Nicht* ausreichend soll dagegen der Eintritt in ebenfalls kartellrechtswidrige, weil gegen § 20 Abs. 3 S. 2 Nr. 2 GWB verstoßende Preise der Konkurrenten sein, da dem marktstarken Unternehmen in diesem Fall zuzumuten sei, sich gegen die kartellrechtswidrigen Preise der Konkurrenten auf dem dafür vorgesehenen Weg über § 33 Abs. 1 GWB in Verbindung mit den §§ 19 Abs. 2 Nr. 1 GWB und 20 Abs. 3 GWB zu wehren.[60]

33 § 20 Abs. 3 S. 2 Nr. 2 GWB wendet sich außerdem gegen das nicht nur gelegentliche **Angebot anderer Waren** oder gewerblicher Leistungen unter Einstandspreis. Erfasst werden hier folglich – anders als bei Lebensmitteln – nur *auf Dauer* angelegte Aktionen im Gegensatz zu sporadischen Sonder- oder Lockvogelangeboten. Eine auf Dauer angelegte Aktion wird bereits angenommen, wenn sie für mindestens drei Wochen auf einem bestimmten Markt, wenn auch gegebenenfalls mit wechselnden Waren und immer nur zum Wochenende, praktiziert wird.[61] Für die in Ausnahmefällen anzunehmende sachliche Rechtfertigung des nicht nur gelegentlichen Verkaufs anderer Waren oder Dienstleistungen unter Einstandspreis gilt im Übrigen dasselbe wie bei Lebensmitteln (s. deshalb o. Rn. 32).

---

[56] *BKartA* WuW/E DE-V 314 = NJW/E-WettbR 2000, 310 – Aldi/Nord; WuW/E DE-V 316 (318) – WalMart; WuW/E DE-V 911 (914f.) = WuW 2004, 653 – Photoarbeitstasche; WuW/E DE-V 1481 (1482) – Netto Marken Discount; Bekanntmachung Nr. 124/2003, Tz. B 3.

[57] S. *BKartA* TB 2009/2010, S. 30, 80f. m. N.

[58] BGHZ 152, 361 (367, 373f.) = GRUR 2003, 363 = WuW/E DE-R 1042; *BKartA,* Bekanntmachung Nr. 124/2003, Tz. B 4 (7. Abs.).

[59] *BKartA,* Bekanntmachung Nr. 124/2003, Tz. B 4 (Abs. 4–6).

[60] So BGHZ 152, 361 (370ff.) – WalMart; zustimmend *BKartA* WuW/E DE-V 911 (914ff.) – Photoarbeitstasche; *Lettl,* WRP 2008, 1299 (1303f.).

[61] *BKartA* WuW/E DE-V 1481 (1483ff.) – Netto Marken Discount; *Lettl,* WRP 2008, 1299 (1303).

4. Preis-Kostenschere

In § 20 Abs. 3 S. 2 Nr. 3 GWB erfasst das Gesetz ferner noch einen besonderen Anwendungsfall der Preis-Kostenschere, gekennzeichnet dadurch, dass ein marktstarkes Unternehmen von kleinen oder mittleren Unternehmen, mit denen es auf dem nachgelagerten Markt beim Vertrieb von Waren oder gewerblichen Leistungen im Wettbewerb steht, für die Lieferung dieser Waren oder Leistungen einen höheren Preis fordert, als es selbst auf dem nachgelagerten Markt anbietet. Die Vorschrift greift somit nur in dem wohl eher theoretischen Fall ein, dass das marktstarke Unternehmen von seinen Konkurrenten auf dem vorgelagerten Markt *höhere Preise* verlangt, als es selbst auf dem nachgelagerten Markt von den Endkunden fordert, theoretisch deshalb, weil sich Konkurrenten dann selbst günstiger auf dem Endkundenmarkt eindecken können. Dagegen ist die Vorschrift nicht anwendbar, wenn das marktstarke Unternehmen seinen einstufigen Konkurrenten auf dem vorgelagerten Markt lediglich eine ungenügende Marge zubilligt (s. dazu o. § 10 Rn. 49 ff.).[62] 34

5. Vermutung

Nach § 20 Abs. 4 GWB wird die Erfüllung des Tatbestands des § 20 Abs. 3 GWB vermutet, wenn sich „aufgrund bestimmter Tatsachen nach allgemeiner Erfahrung der Anschein" einer unbilligen Behinderung ergibt; die Folge soll sein, dass das marktstarke Unternehmen dann diesen „Anschein" widerlegen und solche anspruchsbegründenden Umstände aus seinem Geschäftsbereich aufklären muss, deren Aufklärung den betroffenen Konkurrenten nicht möglich, ihm selbst aber leicht möglich und zumutbar ist. Im Schrifttum ist diese Regelung auf nahezu einhellige **Kritik** gestoßen, da in einer Wettbewerbsordnung keine Fälle vorstellbar sind, in denen normale Wettbewerbsparameter wie eine Preisunterbietung oder der Druck auf die Preise der Anbieter geeignet sind, den „Anschein" einer unbilligen Behinderung von Konkurrenten hervorzurufen.[63] Die praktische Bedeutung der Vorschrift tendiert folgerichtig gegen Null. 35

IV. Rechtsfolgen

§ 20 Abs. 1 und 2 GWB erweitert lediglich den Anwendungsbereich des Behinderungs- und Diskriminierungsverbots in § 19 Abs. 2 Nr. 1 und Nr. 5 GWB unter bestimmten zusätzlichen Voraussetzungen auf marktstarke Unternehmen im Sinne des § 20 Abs. 1 S. 1 GWB. Wegen der Rechtsfolgen kann daher auf die Ausführungen zu § 19 GWB verwiesen werden (§ 27 Rn. 147–149). Dasselbe gilt im Prinzip für das besondere Behinderungsverbot des § 20 Abs. 3 GWB. Eine Besonderheit besteht hier lediglich insoweit, als bei einem gegen § 20 Abs. 3 S. 2 Nr. 1 und 2 GWB verstoßenden Verkauf unter Einstandspreis kein Raum für die Anwendung des § 134 BGB ist. Ein Anspruch etwa auf Nachzahlung der Preisdifferenz gegen die Abnehmer scheidet offenbar aus.[64] 36

---

[62] *Lettl,* WRP 2008, 1299 (1304).
[63] Ebenso *Bechtold,* GWB, § 20 Rn. 49; *Hucko,* WuW 1990, 618.
[64] *Lettl,* WRP 2008, 1299 (1305).

§ 29. Boykott, sonstiges wettbewerbsbeschränkendes Verhalten

I. Boykott

1. Überblick

1 Konkurrenten können in besonderem Maße dadurch behindert werden, dass ihre Lieferanten oder Kunden aufgefordert werden, ihre Geschäftsbeziehungen zu dem betreffenden Unternehmen abzubrechen. Deshalb wendet sich das Gesetz in § 21 Abs. 1 auch gegen derartige Boykottaufrufe, die allgemein als besonders gefährlich gelten.[1] Als gezielte Behinderung von Mitbewerbern verstoßen Boykottaufrufe in aller Regel zugleich gegen § 4 Nr. 10 UWG sowie (als Eingriffe in den Gewerbebetrieb) gegebenenfalls zusätzlich gegen § 823 Abs. 1 BGB.[2] Aus allen genannten Vorschriften im Zusammenhang ergibt sich heute ein nahezu **generelles Boykottverbot** im deutschen Recht, von dem nur noch ganz wenige Ausnahmen anerkannt werden (s. Rn. 7 und 9). Das Unionsrecht kennt dagegen kein ausdrückliches Boykottverbot, so dass nur im Einzelfall Art. 102 S. 1 AEUV auf solche Verhaltensweisen angewandt werden kann.[3]

1a Nach § 21 Abs. 1 GWB dürfen Unternehmen und Vereinigungen von Unternehmen nicht ein anderes Unternehmen (oder Vereinigungen von Unternehmen) in der Absicht, bestimmte Unternehmen unbillig zu beeinträchtigen, zu Liefer- oder Bezugssperren auffordern. Der Boykott war früher vor allem ein Mittel des Organisationszwangs von Kartellen gegen Außenseiter, die durch Abschneiden von ihren Versorgungsquellen oder Absatzkanälen zum Anschluss an das Kartell oder zum Ausscheiden aus dem Markt gezwungen werden sollten.[4] Heute liegt die **praktische Bedeutung** von Boykotten in erster Linie bei Aufforderungen in speziellen Informationsdiensten der Wirtschaft, einzelne besonders wettbewerbsaktive Unternehmen zu „sperren", d. h. nicht mehr von ihnen zu beziehen oder nicht mehr an sie zu liefern, um sie „im Interesse aller" zu disziplinieren. Betroffen von derartigen Praktiken des Fachhandels und seiner Organe sind vornehmlich die großbetrieblichen Formen des Einzelhandels.

2. Beteiligte

2 Das Boykottverbot des GWB wendet sich nur an Unternehmen und schützt auch nur Unternehmen; alle Beteiligten müssen daher **Unternehmen** i. S. d. GWB sein. Besonderheiten gelten insoweit nicht (s. deshalb o. § 20 Rn. 4ff.). Unternehmen sind daher z. B. auch eine Universität, soweit sie Werbeflächen in ihren Räumen vermietet,[5] sowie Landwirte, so dass ein Verband von Milchviehhaltern gleichfalls das Boykottverbot beachten muss.[6]

---

[1] Der Name geht auf einen amerikanischen Unternehmer namens „Boycott" zurück, der Anfang des 20. Jahrhunderts dieses Kampfmittel in den USA besonders propagierte.

[2] S. Unlauterer Wettbewerb, § 6 Rn. 19ff.

[3] *Bechtold*, GWB, § 21 Rn. 23.

[4] S. *I. Schmidt*, US-amerikanische und deutsche Wettbewerbspolitik gegenüber Marktmacht, 1973, S. 88, 230ff.

[5] *OLG Karlsruhe* WuW/E DE-R 2650 (2651 Tz. 24ff.) = NJW 2009, 2143 – Freiburger Repetitor.

[6] *BKartA* WuW/E DE-V 1679 (1680); TB 2009/2010, S. 64.

Außerdem ist erforderlich, dass alle Beteiligten rechtlich und wirtschaftlich voneinander **unabhängig** sind, so dass z. B. Weisungen innerhalb eines Konzerns oder Anweisungen eines Geschäftsherrn an seine Handelsvertreter nicht am Boykottverbot gemessen werden können.[7] Boykottaufrufe von **Verbänden** an ihre Mitglieder fallen dagegen in den Anwendungsbereich des § 21 Abs. 1 GWB, wenn und solange die Mitglieder wirtschaftlich und rechtlich selbstständig sind.[8] Boykottaufrufe der Krankenkassen und ihrer Verbände gegenüber Krankenhäusern und Ärzten verstoßen daher gegen das Boykottverbot, weil die Adressaten, die Ärzte und Krankenhäuser, nicht von den Krankenkassen und ihren Verbänden abhängig sind.[9] 3

3. Tatbestand

Der Boykottatbestand des § 21 Abs. 1 GWB ist erfüllt, wenn ein Unternehmen ein anderes Unternehmen auffordert, ein drittes Unternehmen, den Boykottierten oder Verrufenen zu sperren, d. h. nicht mehr an ihn zu liefern oder von ihm zu beziehen. Dies wird allgemein *weit* ausgelegt.[10] Gegenstand der Sperre können insbesondere auch *Dienstleistungen* sein.[11] Nicht erforderlich ist ferner, dass die Aufforderung Erfolg hatte, da sich das Gesetz in § 21 Abs. 1 bereits gegen die bloße *Aufforderung* zum Boykott wendet.[12] 4

Es stellt daher **z. B.** einen verbotenen Boykott dar, wenn ein gewerblicher Vermieter andere Vermieter auffordert, nicht an Konkurrenten zu vermieten.[13] Ebenso zu beurteilen ist die Aufforderung eines kommunalen Entsorgungsträgers an seine Vertragspartner, keine Vertragsbeziehungen zu anderen Entsorgungsträgern aufzunehmen.[14] Selbst ein vertragliches Verbot, einem anderen Unternehmen eine Beteiligungsmöglichkeit zu eröffnen, kann als Boykott zu behandeln sein.[15] Voraussetzung ist aber immer, dass der Aufforderung eine Zielrichtung gegen *andere* Unternehmen innewohnt (u. Rn. 7), während die bloße Werbung für das *eigene* Angebot ohne Bezugnahme auf andere Unternehmen nicht als Aufforderung zur Bezugs- oder Absatzsperre qualifiziert werden kann.[16] Dasselbe gilt für die verbreitete **Beratungstätigkeit der Verbände,** solange sich die Beratung aus der Sicht der Mitglieder nicht der Sache nach als Aufruf zum Boykott bestimmter anderer Unternehmen darstellt.[17] Der bloße Hinweis auf günstige Bezugsmöglichkeiten bei dritten Unternehmen seitens eines Verbandes erfüllt daher noch nicht in den Boykott-Tatbestand,[18] wohl aber die Warnung vor der Fortsetzung von Geschäftsbeziehungen zu bestimmten anderen Unternehmen, weil davon Nachteile drohten. Befolgen einzelne Mitglieder einen entsprechenden Aufruf des Verbandes, so 5

---

7 *BGH* LM § 26 GWB Nr. 68 (Bl. 1 R) = NJW 1990, 1531; LM § 21 GWB Nr. 8 (Bl. 3) = NJWE-WettbR 1999, 212.

8 *KG* WuW/E OLG 3199 (3200f.); 5299 (5308); *OLG Düsseldorf* WuW/E OLG 3550 (3553); *Köhler,* WuW 2009, 258 (262ff.).

9 *BGH* LM § 21 GWB Nr. 8 = NJWE-WettbR 1999, 212 – Sitzender Krankentransport.

10 Kritisch *Möschel,* FS Benisch, 1989, S. 339ff.

11 *BGH* LM § 21 GWB Nr. 8 (Bl. 3 R f.) = NJWE-WettbR 1999, 212; WuW/E BGH 3006 (3008); Beispiele s. Rn. 5.

12 *BGH* LM § 26 GWB Nr. 68 = NJW 1990, 1531.

13 *OLG Celle* WuW/E DE-R 1197 (1198f.) – Vermietungsverbot.

14 *OLG Düsseldorf* WuW/E DE-R 1453 (1455f.) – PPK Entsorgung.

15 *BGH* LM § 21 GWB Nr. 10 (Bl. 3) = NJW 2000, 809.

16 *BGH* LM § 20 GWB Nr. 23 (Bl. 4f.) = NJW 2000, 866– Kartenlesegerät.

17 *Köhler,* WuW 2009, 258 (263ff.).

18 *BGH* NJW 2000, 3426 (3428).

ist auch das Kartellverbot des § 1 GWB und des Art. 101 AEUV anwendbar, weil es sich dann um ein abgestimmtes Verhalten der Beteiligten handelt.[19]

6 Die bloße **Warnung** vor einem wettbewerbswidrigen Verhalten anderer Unternehmen stellt noch keinen Boykottaufruf dar.[20] Dasselbe gilt für die **Durchsetzung vertraglicher Rechte,** namentlich für die Aufforderung, eine (zulässige) Ausschließlichkeits- oder Vertriebsbindung einzuhalten.[21] Dagegen kann es nicht zugelassen werden, dass sich beliebige Dritte aus eigenem Antrieb zum „Anwalt" des gebundenen Fachhandels aufschwingen und den Fachhandel zum Boykott aufrufen, wenn der Hersteller auch sog. „Außenseiter" beliefert (§ 21 Abs. 1 GWB).[22]

4. Subjektive Voraussetzungen

7 Das Boykottverbot des GWB weicht vor allem dadurch von dem Boykottverbot des § 823 Abs. 1 BGB und des § 4 Nr. 10 UWG (s. o. Rn. 1) ab, dass sich § 21 Abs. 1 GWB nicht mit dem äußeren Vorliegen eines Boykottaufrufs (o. Rn. 4ff.) begnügt, sondern zusätzlich die Absicht des Verrufers verlangt, den Verrufenen oder Boykottierten *unbillig* zu beeinträchtigen. Der Verrufer muss mithin in einer **wettbewerbsfeindlichen Absicht** gehandelt haben (vgl. o. Rn. 5), wofür es aber bereits ausreicht, dass dieser Zweck mitbestimmend war und gegenüber sonstigen Zielen nicht völlig zurücktritt.[23] Es genügt mit anderen Worten, wenn der Verrufer in Kenntnis aller maßgeblichen Umstände und insbesondere der unbilligen Beeinträchtigung des Boykottierten handelt.[24]

8 Hinzu kommen muss noch, dass die beabsichtigte Beeinträchtigung des Boykottierten durch eine Bezugs- oder Absatzsperre **unbillig** wäre. Nach überwiegender Meinung kann darüber ebenso wie bei § 19 Abs. 2 Nr. 1 GWB (s. u. § 27 Rn. 69ff.) nur im Einzelfall aufgrund einer **Interessenabwägung** unter Berücksichtigung der auf die Freiheit des Wettbewerbs gerichteten Zielsetzung des Gesetzes entschieden werden.[25] Als unbillig ist ein Boykottaufruf danach **z. B.** anzusehen, wenn es um die bloße Durchsetzung vermeintlicher vertraglicher Rechte geht, da dieses Anliegen nicht das Recht gibt, in die geschäftlichen Beziehungen des Vertragspartners *zu Dritten* einzugreifen,[26] während die Abwehr unfairen, insbesondere unlauteren oder rechtswidrigen Verhaltens im Wege eines Boykottaufrufs von Fall zu Fall möglich bleibt (sog. **Abwehreinwand**).[27]

9 Gegen diese betont auf die Umstände des Einzelfalls abstellende Praxis (o. Rn. 8) spricht vor allem, dass heute außerhalb des GWB der Boykott **grundsätzlich** als **rechtswidrig** gilt, wovon es nur wenige, praktisch nicht bedeutsame Ausnahmen gibt (s. o. Rn. 1). Für das GWB kann unter diesen Umständen schwerlich etwas anderes

---

19 *Köhler,* WuW 2009, 258 (267ff.).

20 *OLG Düsseldorf* WuW/E OLG 2401 (2402).

21 *BGH* WuW/E BGH 2562 = MDR 1989, 427 = BB 1989, 931 – marktintern; *OLG Düsseldorf* WuW/E DE-R 1453 (1455f.) – PPK Entsorgung; Gegenbeispiel in *BKartA* TB 2005/2006, S. 24.

22 Anders zu Unrecht *BGH* WuW/E BGH 2562 = MDR 1989, 427 = BB 1989, 931 – marktintern; dagegen auch *Markert,* BB 1989, 921.

23 *BGH* LM § 21 GWB Nr. 8 (Bl. 5) = NJWE-WettbR 1999, 212.

24 *BKartA* WuW/E DE-V 1679 (1687f.).

25 So *BGH* LM § 21 GWB Nr. 8 (Bl. 4) = NJWE-WettbR 1999, 212; LM § 21 GWB Nr. 10 (Bl. 3) = NJW 2000, 809; WuW/E BGH 1786; 2562 = MDR 1989, 427 = BB 1989, 931; *OLG Karlsruhe* WuW/E DE-R 2650 (2652f.) = NJW 2009, 2143 – Freiburger Repetitor.

26 *OLG Düsseldorf* WuW/E DE-R 1453 (1456ff.) – PPK-Entsorgung.

27 *OLG Düsseldorf* WuW/E DE-R 1381 (1384ff.) – DSD.

gelten, da nicht vorstellbar ist, dass es Boykottformen gibt, die zwar nach dem BGB und dem UWG, nicht jedoch nach dem GWB verboten sind.[28] Deshalb ist anzunehmen, dass *jeder* nach dem BGB und dem UWG verbotene Boykott zugleich auch *unbillig* im Sinne des § 21 Abs. 1 GWB ist. Ausnahmen kommen allenfalls in Abwehrfällen in Betracht (o. Rn. 8).[29]

5. Rechtsfolgen

§ 21 Abs. 1 GWB enthält ein *Verbot* des Boykottaufrufs, das von den Kartellbehörden durch Verfügungen nach § 32 GWB durchgesetzt werden kann. Ein schuldhafter Verstoß gegen das Boykottverbot seitens des Verrufers stellt ferner eine Ordnungswidrigkeit nach § 81 Abs. 3 Nr. 1 GWB dar. Daneben kann der Boykottierte nach § 33 GWB selbst von dem Verrufer Schadensersatz und Unterlassung verlangen.[30] Dasselbe folgt, wie gezeigt (Rn. 1), bereits aus den §§ 8 und 9 UWG sowie ergänzend aus § 823 Abs. 1 BGB. 10

II. Druckverbot

1. Überblick

Unternehmen und Vereinigungen von Unternehmen dürfen nach § 21 Abs. 2 Nr. 1 bis 3 GWB i. d. F. von 2013 anderen Unternehmen keine Nachteile androhen oder zufügen und keine Vorteile versprechen oder gewähren, um sie zu einem Verhalten zu veranlassen, das nach dem GWB, nach den Art. 101 und 102 AEUV oder nach einer aufgrund des AEUV oder des GWB ergangenen Verfügung der Kommission oder der Kartellbehörde nicht zum Gegenstand einer vertraglichen Bindung gemacht werden darf. Das Druckverbot hat vor allem den **Zweck,** die Erzwingung wettbewerbsbeschränkenden Verhaltens zu verhindern (s. u. Rn. 13). Es zieht damit zugleich im deutschen Recht der grundsätzlichen Zulässigkeit von Empfehlungen eine unübersteigbare Schranke (s. § 26 Rn. 3). 11

Verstöße gegen § 21 Abs. 2 GWB lösen in erster Linie kartellbehördliche Sanktionen nach den §§ 32ff. GWB aus. Schuldhafte Verstöße stellen außerdem eine Ordnungswidrigkeit nach § 81 Abs. 3 Nr. 2 GWB dar. Schließlich können sich die durch die verbotene Druckausübung betroffenen Unternehmen auch selbst dagegen nach § 33 Abs. 1 und Abs. 3 GWB durch Unterlassungs- und Schadensersatzansprüche wehren, im Falle einer Lieferverweigerung z. B. in der Form des Anspruchs auf Weiterbelieferung (§ 249 Abs. 1 BGB).[31] 12

2. Tatbestand

Durch das Druckverbot des § 21 Abs. 2 GWB soll vor allem die wirtschaftliche Bewegungsfreiheit der Abnehmer eines Unternehmens gegen jede Form der einseitigen Einflussnahme seitens des Lieferanten geschützt werden (o. Rn. 11). Eine **Androhung von Nachteilen** ist daher bereits dann anzunehmen, wenn dem anderen 13

---

[28] So aber *Bauer/Wrage-Molkenthin,* wistra 1988, 336; *dies.,* BB 1989, 1495.

[29] Ebenso *KG* WuW/E OLG 4065 (4068); 4108 (4111); 5102 (5104); *OLG Hamburg* WuW/E OLG 3233 (3235); *OLG Stuttgart* WuW/E OLG 4254; *OLG München* NJW 1989, 1554; WuW/E OLG 4166; *Markert,* BB 1989, 921.

[30] BGHZ 44, 279 (285) = NJW 1965, 2249; *BGH* LM § 25 GWB Nr. 3 = NJW 1966, 1919; LM § 21 GWB Nr. 8 (Bl. 5) = NJWE-WettbR 1999, 212.

[31] BGHZ 44, 279 (283) = NJW 1965, 2249; BGHSt 20, 333 = NJW 1966, 460; *BGH* LM § 25 GWB Nr. 3 = NJW 1966, 1919; LM § 25 GWB Nr. 5 = NJW 1973, 94; *OLG München* WuW/E OLG 4668.

Teil nachteilige Folgen für den Fall in Aussicht gestellt werden, dass er der „Empfehlung" zu einem bestimmten wettbewerbsbeschränkenden Verhalten nicht folgt (s. Rn. 11). Als Nachteil gilt in diesem Zusammenhang *jedes Übel*, das objektiv geeignet ist, den Adressaten der Drohung zu einem bestimmten Verhalten zu veranlassen; nicht erforderlich ist, dass das angedrohte Verhalten rechtswidrig ist.[32] Unter § 21 Abs. 2 GWB kann daher z. B. auch die Androhung der Klageerhebung fallen.[33]

14 § 21 Abs. 2 GWB wendet sich außerdem gegen das **Versprechen oder Gewähren von Vorteilen** in wettbewerbsbeschränkender Absicht, wobei jedoch nur solche Vorteile erfasst werden, die deutlich über das hinausgehen, was im Einzelfall ohnehin als Gegenleistung geschuldet wird.[34] Dieser Fall hat aus leicht einsehbaren Gründen – im Gegensatz zu dem Verbot der Nachteilszufügung (o. Rn. 13) – in der bisherigen Praxis nur eine untergeordnete Rolle gespielt. Ein Beispiel wäre etwa die Inaussichtstellung eigenen wettbewerbsbeschränkenden Verhaltens als Belohnung für entsprechendes Verhalten des Adressaten.[35]

3. Absicht der Wettbewerbsbeschränkung

15 Eine Nachteilszufügung oder Vorteilsgewährung (o. Rn. 13f.) ist nach § 21 Abs. 2 Nr. 1–3 GWB nur verboten, wenn die **Absicht** hinzukommt, den Adressaten zu einem Verhalten zu veranlassen, das nach dem GWB, den Wettbewerbsregeln des AEUV oder nach einer auf der Grundlage des GWB oder des AEUV ergangenen Verfügung des Kommission oder einer Kartellbehörde nicht zum Gegenstand einer vertraglichen Bindung gemacht werden darf. Zu denken ist hier in erster Linie an das **Kartellverbot** des Art. 101 AEUV oder des § 1 GWB. Erlaubt ist dagegen die Aufforderung zur Unterlassung verbotenen, z. B. unlauteren Verhaltens.[36]

16 Die Rechtsprechung folgert aus § 21 Abs. 2 GWB, dass **Liefersperren** nur untersagt sind, wenn der Abnehmer durch sie zu einem verbotenen Verhalten, z. B. zu einem Verstoß gegen das Kartellverbot in Gestalt der Einhaltung bestimmter Preise gezwungen werden soll, *nicht* dagegen, wenn sie als *endgültige* Maßnahmen gedacht sind, etwa als Vergeltung für eine dem Lieferanten nicht genehme Preispolitik des Adressaten.[37] Gegen diese unnötig restriktive Interpretation des § 21 Abs. 2 GWB spricht jedoch, dass mit solchen Maßnahmen immer auch zumindest eine Drohung gegenüber *Dritten* verbunden ist.

4. Beispiele

17 § 21 Abs. 2 GWB ist z. B. anwendbar, wenn den Mitgliedern eines Vereins, die sich nicht an einer verbotenen Wettbewerbsbeschränkung beteiligen, der Ausschluss aus dem Verein angedroht wird,[38] wenn einem Unternehmen eine Liefersperre für den

---

[32] *OLG Düsseldorf* WuW/E OLG 1822; *KG* WuW/E OLG 2822 (2823f.).

[33] *BGH* LM § 1 GWB Nr. 43 = NJW-RR 1991, 1067 = JuS 1991, 863 Nr. 12; *OLG Bremen* WuW/E OLG 4367 (4372ff.); weitere Beispiele s. u. Rn. 17.

[34] *KG* WuW/E OLG 4398.

[35] *OLG Düsseldorf* WuW/E OLG 2137 (2138); sehr eng *BGH* WuW/E BGH 2377 (2378).

[36] *BGH* WuW/E BGH 2347; *OLG Karlsruhe* WuW/E DE-R 109 (111ff.) für einen Verstoß gegen das RBeratG.

[37] So sehr engherzig BGHZ 44, 279 (283f.) = NJW 1965, 2249 = JuS 1966, 40 Nr. 5 – Brotkrieg; BGHSt 20, 333 = NJW 1966, 460 – Saba; *BGH* LM § 25 GWB Nr. 3 = NJW 1966, 1919; LM § 25 GWB Nr. 5 = NJW 1973, 94; *OLG Düsseldorf* WuW/E OLG 4481.

[38] BGHZ 36, 105 (109f.) = NJW 1962, 247 – WBS.

Fall angekündigt wird, dass es sich nicht an die empfohlenen Preise hält,[39] oder wenn ein Fahrlehrer anderen Fahrlehrern einen Preiskampf in Aussicht stellt, sofern sie sich nicht seiner Preiserhöhung anschließen.[40] Ebenso ist es zu beurteilen, wenn Architekten oder Apothekern von ihren Kammern bei einer Unterschreitung der behördlich festgesetzten Gebührenhöchstsätze oder bei Verstößen gegen (unwirksame) berufsrechtliche Werbeverbote gerichtliche Schritte angekündigt werden[41] oder wenn eine Verbandszeitschrift Herstellern für den Fall weiterer Direktlieferungen unter Umgehung einer Handelsstufe androht, zum Boykott gegen sie aufzurufen.[42]

III. § 21 Abs. 3 GWB

Nach § 21 Abs. 3 Nr. 1–3 GWB dürfen Unternehmen und Vereinigungen von Unternehmen andere Unternehmen nicht zwingen, einer wettbewerbsbeschränkenden Vereinbarung i. S. d. §§ 2, 3 und 28 Abs. 1 GWB beizutreten, sich mit einem anderen Unternehmen i. S. d. § 37 GWB zusammenzuschließen oder sich zum Zwecke der Wettbewerbsbeschränkung auf einem Markt gleichförmig zu verhalten. Das Gesetz stellt dadurch sicher, dass die genannten Formen *zulässigen,* wettbewerbsbeschränkenden Verhaltens von den beteiligten Unternehmen *nur freiwillig* vorgenommen werden, nicht dagegen aufgrund eines Zwanges durch andere Unternehmen, die an dem betreffenden Verhalten besonders interessiert sind. Eine gewisse praktische Bedeutung hat von den drei Fällen des § 21 Abs. 3 GWB allein der erste Fall (Nr. 1 des § 21 Abs. 3 GWB) erlangt (u. Rn. 19). 18

Nach der **Nr. 1 des § 21 Abs. 3 GWB** dürfen Unternehmen und Vereinigungen von Unternehmen andere Unternehmen nicht dazu *zwingen* (Rn. 20), einer Vereinbarung oder einem Beschluss im Sinne der §§ 2, 3 und 28 Abs. 1 GWB, insbesondere also einem erlaubten Kartell, beizutreten; erfasst werden aber auch vertikale wettbewerbsbeschränkende Vereinbarungen, wie z. B. Preisbindungsvereinbarungen.[43] 19

Das Gesetz wendet sich in § 21 Abs. 3 in den genannten Fällen nur gegen die Ausübung geradezu von **Zwang** auf andere Unternehmen. Nach der Rechtsprechung ist darunter nur eine qualifizierte Form der Willensbeeinflussung zu verstehen,[44] die so intensiv sein muss, dass dem Außenseiter allenfalls formal Alternativen gegenüber dem geforderten Verhalten verbleiben. Ein **Beispiel** war die Weigerung des Pharmaverbandes, die Produkte von Außenseitern in die (marktbeherrschende) „Rote Liste" aufzunehmen, sofern sie sich nicht bestimmten, wettbewerbsbeschränkenden Verbandsbeschlüssen anschließen, weil die Wirkung einer nahezu totalen Marktzutrittssperre gleichkam.[45] In minder schweren Fällen bleibt nur von Fall zu Fall der Rückgriff auf § 19 Abs. 2 Nr. 1 GWB möglich. 20

Verstöße gegen § 21 Abs. 3 Nr. 11 GWB lösen Unterlassungs- und Schadensersatzansprüche der Betroffenen aus (§ 33 Abs. 1 und Abs. 3 GWB). Die Kartellbehörden 21

[39] *KG* WuW/E OLG 2205; 2822; 5053 (5058 ff.); *OLG Stuttgart* WuW/E OLG 3981.

[40] *OLG Düsseldorf* WuW/E OLG 1822.

[41] *BGH* LM § 25 GWB Nr. 6 = WuW/E BGH 1474 (1478 ff.); LM § 1 GWB Nr. 43 = NJW-RR 1991, 1067 = JuS 1991, 863 Nr. 12.

[42] *BGH* WuW/E BGH 1736 = BB 1980, 1652 = WM 1980, 1209 – marktintern; *OLG Bremen* WuW/E OLG 4367 (4372 ff.).

[43] S. die Begr. z. RegE, BT-Drs. 15 (2004)/3640, S. 46 (l. Sp. – Zu Nr. 9).

[44] BGHZ 78, 190 (200 f.) = NJW 1981, 634 – Rote Liste; *OLG Celle* WuW/E DE-R 327 (333).

[45] So mit Recht *KG* WuW/E OLG 2210 (2211 f.); enger hingegen BGHZ 78, 190 (200 f.) = NJW 1981, 634 – Rote Liste.

können außerdem gegen solches Verhalten mit Abstellungsverfügungen nach § 32 vorgehen. Schuldhafte Verstöße stellen nach § 81 Abs. 2 Nr. 1 GWB ferner eine Ordnungswidrigkeit dar.

IV. § 21 Abs. 4 GWB

22 § 21 Abs. 4 GWB bestimmt, dass es verboten ist, einem anderen wirtschaftliche Nachteile zuzufügen, weil dieser ein Einschreiten der Kartellbehörde beantragt oder angeregt hat. Durch dieses Verbot wird die Freiheit geschützt, sich bei der Kartellbehörde über andere wegen vermuteter Kartellverstöße zu beschweren.[46] Anders als bei § 21 Abs. 2 GWB ist hier eine Nachteilszufügung erforderlich, während die bloße Androhung nicht ausreicht. Schuldhafte Verstöße gegen § 21 Abs. 4 GWB stellen nach § 81 Abs. 2 Nr. 1 GWB eine Ordnungswidrigkeit dar. Die praktische Bedeutung der Vorschrift ist ganz gering.

§ 30. Aufnahmezwang

I. Überblick

1 Nach § 20 Abs. 5 GWB dürfen Wirtschafts- und Berufsvereinigungen sowie Gütezeichengemeinschaften die Aufnahme eines Unternehmens nicht ablehnen, wenn die Ablehnung eine sachlich nicht gerechtfertigte ungleiche Behandlung darstellte und zu einer unbilligen Benachteiligung des Unternehmens im Wettbewerb führte. Sind diese Voraussetzungen erfüllt, so ergibt sich aus § 20 Abs. 5 GWB i. V. m. § 33 GWB ein Anspruch auf Aufnahme in die fragliche Vereinigung (u. Rn. 15).

2 Neben § 20 Abs. 5 GWB kann sich bei anderen Verbänden ein Aufnahmeanspruch im Einzelfall auch aus § 19 Abs. 2 Nr. 1 i. V. m. § 33 GWB ergeben. Ein Beispiel ist ein erlaubtes **Kartell** (§§ 2 und 3 GWB), das ein Stoffkreislaufsystem betreibt und das deshalb zur Aufnahme aller Unternehmen verpflichtet ist, die die Aufnahmevoraussetzungen erfüllen.[1] Als weitere Anspruchsgrundlagen kommen bei allen Verbänden außerdem noch die §§ 3 und 8 UWG sowie § 826 BGB in Betracht, wobei die Rechtsprechung häufig zu einer Übertragung der Wertungen des § 20 Abs. 5 GWB auf die genannten anderen Vorschriften tendiert, sofern es sich um einen sog. **„sozialmächtigen" Verband** handelt. Man versteht darunter Verbände, die im wirtschaftlichen oder sozialen Bereich eine überragende Machtstellung erlangt haben, so dass die Mitgliedschaft bei ihnen für die Betroffenen von Wichtigkeit ist, um ihre Interessen verfolgen zu können.[2]

II. Adressaten

1. Wirtschafts- und Berufsvereinigungen

3 § 20 Abs. 5 GWB begründet einen Aufnahmezwang zunächst für Wirtschafts- und Berufsvereinigungen. Gemeint sind damit solche Unternehmensvereinigungen, die die **Aufgabe** haben, die wirtschaftlichen oder beruflichen *Interessen* ihrer Mitglieder

[46] *Bechtold,* GWB, § 21 Rn. 22.

[1] *BGH* WuW/E DE-R 1954 (1955 Tz. 12, 1957 Tz. 22ff.) = NVwZ 2007, 1219 – PETCYCLE.

[2] BGHZ 33, 259 (263) = NJW 1961, 172; BGHZ 63, 282 (285) = NJW 1975, 771; BGHZ 93, 151 (153f.) = NJW 1985, 1216; BGHZ 140, 74 (77f.) = NJW 1999, 1326; *BGH* LM § 25 BGB Nr. 35 (Bl. 3 R) = NJW 1997, 3368; LM § 38 BGB Nr. 10 = NJW 1985, 1214; LM § 27 GWB Nr. 6 = NJW-RR 1986, 583; *OLG München* WuW/E DE-R 2695 (2696) – Taekwondo; *Grunewald,* AcP 182 (1982), 181; *V. Steinbeck,* WuW 1996, 91 (94); dagegen *Scholz-Hoppe,* FS Pfeiffer, 1988, S. 785.

zu fördern, und zwar *insgesamt* und nicht nur in einzelnen Beziehungen. Dies kann entweder durch interne Hilfestellung gegenüber den Mitgliedern oder durch die gemeinsame Vertretung ihrer Interessen gegenüber der Öffentlichkeit geschehen. Voraussetzung ist zunächst, dass die Mitgliedschaft *freiwillig* ist, so dass die Kammern der freien Berufe nicht hierher gehören. Hinzu kommen muss noch, dass sich die Vereinigung nicht auf die Verfolgung bloßer *Einzelzwecke* beschränkt, sowie, dass sie nicht selbst *wirtschaftlich* tätig wird. Die beiden zuletzt genannten Punkte sind wichtig, um eine Abgrenzung der Wirtschaftsvereinigungen von den Kooperationskartellen des § 3 GWB zu ermöglichen (Rn. 2).[3] Nicht ausreichend ist außerdem die bloße Verfolgung ideeller oder sozialpolitischer Ziele.[4]

Beispiele für Wirtschafts- und Berufsvereinigungen sind der Börsenverein des Deutschen Buchhandels,[5] Tierzüchtervereine,[6] Entsorgungsgemeinschaften,[7] der Großhandelsverband Haustechnik,[8] sowie ein Verband von Kunstversteigerern.[9] Dagegen gehören **nicht** hierher wegen der Verfolgung *sozial*politischer Ziele die Gewerkschaften und die Arbeitgeberverbände sowie wegen der Verfolgung bloßer *Einzel*zwecke die Kartelle des § 3 GWB (o. Rn. 3) und z. B. noch die Funktaxigemeinschaften und die Molkereigenossenschaften.[10] Unklar ist die Stellung der meisten **Dachverbände** der verschiedenen Sportarten. Bei ihnen spricht wohl mehr für die Anwendung des § 826 BGB,[11] freilich letztlich mit demselben Ergebnis wie die gleichfalls erwogene Anwendung des § 20 Abs. 5 GWB auf sie.[12] 4

Die genannten Vereinigungen (o. Rn. 3f.) sind aufgrund ihrer **Satzungsautonomie** grundsätzlich in der Entscheidung frei, welche Voraussetzungen sie für die Mitgliedschaft aufstellen wollen.[13] Sie können diese nach ihrem Belieben eng oder weit fassen, so dass z. B. ein Großhändlerverband bestimmen kann, dass Großhändler, die sich zugleich auf den vor- oder nachgelagerten Marktstufen oder als Versandhändler betätigen, von der Mitgliedschaft ausgeschlossen sind.[14] Entsprechende Satzungsbestimmungen können auch noch *nachträglich* eingeführt oder wieder geändert werden, und zwar selbst noch nach der Beantragung der Mitgliedschaft durch ein Unternehmen, das die geänderten Voraussetzungen der Satzung für die Mitgliedschaft nicht erfüllt, so dass dessen Aufnahmeantrag dann grundsätzlich aufgrund der geänderten Satzung abgelehnt werden darf.[15] Voraussetzung ist freilich, dass die fragliche Satzungsbestimmung nicht ihrerseits gegen § 19 Abs. 2 oder § 20 Abs. 5 GWB verstößt (s. u. Rn. 11). 5

---

[3] *Bechtold,* GWB, § 20 Rn. 54ff.

[4] *BGH* WuW/E BGH 1725; 2191 = NJW-RR 1986, 339; *OLG Hamburg* WuW/E OLG 2775 (2776); *OLG München* WuW/E OLG 2781; *BKartA* WuW/E BKartA 2770 (2773ff.); 2899 (2900); Beispiele in Rn. 4.

[5] *BKartA* WuW/E BKartA 2770 (2773ff.); ursprünglich ein reines Preiskartell (s. o. § 25 Rn. 6ff.).

[6] *BGH* WuW/E BGH 1725; 2191 = NJW-RR 1986, 339.

[7] *BKartA* TB 1997/98, S. 162 (163).

[8] *OLG Düsseldorf* WuW/E DE-R 3841 = NZKart 2013, 125.

[9] *BKartA* TB 1981/82, S. 74f.

[10] *OLG Frankfurt a. M.* WuW/E OLG 3011.

[11] *OLG Frankfurt a. M.* WuW/E OLG 3752; WuW/E DE-R 2648 (2649) – Handballverband; *OLG München* WuW/E DE-R 2695 (2696) – Taekwondo.

[12] So *V. Steinbeck,* WuW 1996, 91 (96f.); wohl auch BGHZ 140, 74 (77ff.) = NJW 1999, 1326.

[13] *OLG München* WuW/E DE-R 1527 (1528f.) – Apothekenumschau.

[14] *OLG Düsseldorf* WuW/E DE-R 3841 = NZKart 2013, 125 (126); *BKartA* TB 1976, S. 76.

[15] *OLG Düsseldorf* WuW/E DE-R 3841 = NZKart 2013, 125 (126) – Großhandelsverband Haustechnik.

2. Gütezeichengemeinschaften

6 Ein Aufnahmezwang besteht aufgrund des § 20 Abs. 5 GWB ferner für Gütezeichengemeinschaften. Man versteht darunter freiwillige Zusammenschlüsse von Unternehmen, die als Träger von Gütezeichen Qualitätsstandards für Waren oder Dienstleistungen aufstellen, das Recht zur Führung des Gütezeichens verleihen und die Erfüllung der jeweils satzungsmäßig vorgeschriebenen Qualitätsstandards durch die Mitglieder überwachen.[16] Im Einzelfall können Gütezeichengemeinschaften zugleich unter die §§ 97 ff. MarkenG fallen; notwendig ist dies jedoch nicht.

7 **Beispiele** sind die Gütezeichengemeinschaft „Kachelofen“,[17] der Zusammenschluss von Weingutsbesitzern, der das „Deutsche Weinsiegel“ verleiht,[18] sowie ein Verein von Gas- und Wasserfachleuten und -unternehmen, der einschlägige Produkte aufgrund einer Prüfung durch die Verleihung von Gütezeichen „zertifiziert“.[19] Durch die Anwendung des § 20 Abs. 5 GWB auf derartige Gütezeichengemeinschaften soll eine objektive und gleichmäßige Anwendung der in der Satzung der Gemeinschaft vorgeschriebenen **Voraussetzungen** für die Mitgliedschaft und damit für die Verleihung des Gütezeichens auf in- und ausländische Unternehmen sichergestellt werden.[20] Der Verein darf die Verleihung des Gütezeichens nicht willkürlich aus unsachlichen Gründen ablehnen.[21]

III. Voraussetzungen

1. Ungleichbehandlung

8 Wirtschafts- und Berufsvereinigungen (o. Rn. 3 ff.) sowie Gütezeichengemeinschaften (o. Rn. 6 f.) sind nach § 20 Abs. 5 GWB zur Aufnahme weiterer Unternehmen auf deren Antrag hin verpflichtet, wenn die Ablehnung der Aufnahme eine sachlich nicht gerechtfertigte, d. h. grundlose ungleiche Behandlung des Antragstellers darstellte (Rn. 9–12) *und* zu seiner unbilligen Benachteiligung im Wettbewerb führte (Rn. 13 f.). Gleich stehen die Nichtbescheidung des Aufnahmeantrags binnen angemessener Frist sowie der Ausschluss aus der Vereinigung, während der bloße Entzug *einzelner* Mitgliedschaftsrechte als verbandsinterner Vorgang nur in den engen Grenzen überprüft werden kann, die für die gerichtliche Kontrolle von Vereinsstrafen gelten.[22] Für die erwähnten **sozialmächtigen Verbände,** (Rn. 2), insbesondere also etwa für Sportverbände, gilt im Ergebnis aufgrund des § 826 BGB dasselbe.[23]

9 Erste Voraussetzung für die Aufnahmepflicht der Vereinigung ist nach § 20 Abs. 5 GWB, dass die Ablehnung der Aufnahme des Antragstellers eine sachlich nicht gerechtfertigte ungleiche Behandlung des Antragstellers gegenüber anderen erfolgreicheren Unternehmen bildete. **Maßstab** ist folglich die Behandlung anderer gleichartiger Unternehmen

---

16 *OLG Frankfurt a. M.* NJW-RR 1986, 133 (134); *LG Köln* WuW/E DE-R 2090 (2091); *LG Köln* WuW/E DE-R 2388 (2390 f.) – DVGW; *BKartA* WuW/E BKartA 1170 (1172).

17 *OLG Düsseldorf* WuW/E OLG 4698.

18 *OLG Frankfurt a. M.* NJW-RR 1986, 133.

19 *LG Köln* WuW/E DE-R 2388 (2390 f.) – DVGW.

20 *OLG Düsseldorf* WuW/E OLG 4698; *LG Köln* WuW/E DE-R 2388 (2390 f.) – DVGW; *BKartA* WuW/E BKartA 1170; 2185.

21 *LG Köln* WuW/E DE-R 2388 (2390 f.) – DVGW.

22 *OLG Frankfurt a. M.* NJW-RR 1986, 133 = WM 1986, 302; *OLG Hamburg* WuW/E OLG 4309; *OLG Karlsruhe* WuW/E OLG 4313; *KG* WuW/E OLG 4560.

23 Ebenso *OLG Frankfurt a. M.* WuW/E DE-R 2648 (2649) – Handballverband.

durch die Vereinigung auf der **Grundlage ihrer Satzung;** maßgebender Zeitpunkt ist der der gerichtlichen Entscheidung, so dass auf die gegebenenfalls geänderte Fassung der Satzung des Verbandes in diesem Zeitpunkt abzustellen ist.[24] Gleich stehen Aufnahmebedingungen, die der Verband mit Billigung sämtlicher Mitglieder über die Satzung hinaus generell praktiziert.[25] Für die **Gleichartigkeit** der verglichenen Unternehmen kommt es folglich letztlich darauf an, ob sie objektiv gesehen unter dem Blickwinkel der Satzung der Vereinigung dieselben Funktionen im Wirtschaftsleben erfüllen.

Hinzu kommen muss, dass die Diskriminierung des Antragstellers (o. Rn. 9) sachlich nicht gerechtfertigt, d. h. grundlos ist. Dies kann nur im Einzelfall aufgrund einer **Interessenabwägung** beurteilt werden (s. o. § 27 Rn. 69 ff). Auszugehen ist von den satzungsmäßigen Voraussetzungen der Mitgliedschaft (Rn. 9). Leitlinie muss letztlich wie durchweg im Anwendungsbereich der §§ 19 und 20 GWB die auf die Freiheit des Wettbewerbs gerichtete Zielsetzung des GWB sein, wobei um so strengere Maßstäbe anzulegen sind, je schwerwiegender die Auswirkungen einer Aufnahmeverweigerung für den Antragsteller sind.[26] **10**

Steht der Aufnahme des Antragsstellers eine **Satzungsbestimmung** entgegen, so muss noch ergänzend geprüft werden, ob die fragliche Satzungsbestimmung nicht ihrerseits gegen das Gesetz und insbesondere gegen die §§ 19 Abs. 2 Nr. 1 und 20 Abs. 5 GWB verstößt.[27] Willkürliche oder übermäßig beschwerende Satzungsbestimmungen, durch die gezielt einzelne Unternehmen von der Mitgliedschaft ausgeschlossen werden sollen, sind mit den §§ 19 Abs. 2 Nr. 1 und 20 Abs. 5 GWB unvereinbar und deshalb unbeachtlich (§ 134 BGB).[28] Eine Aufnahmepflicht der Vereinigung aufgrund des § 20 Abs. 5 GWB kommt außerdem in Betracht, wenn sie sich bei den übrigen Mitgliedern gleichfalls nicht an die betreffende Bestimmung ihrer Satzung gehalten hat.[29] Es handelt sich dabei freilich um Ausnahmefälle, da der Verband in der Gestaltung der Voraussetzungen seiner Mitgliedschaft grundsätzlich frei ist und diese auch noch nachträglich ändern oder verschärfen kann, selbst wenn er damit zugleich bestimmten Unternehmen den Weg in die Mitgliedschaft versperren will, sofern nur die fragliche Regelung der Satzung sachlich gerechtfertigt ist, d. h. aus den Aufgaben und den Interessen des Verbandes heraus vernünftig und nicht geradezu willkürlich erscheint.[30] **11**

Maßgebend ist letztlich immer eine sorgfältige Abwägung der Interessen der Beteiligten aufgrund der Umstände des Einzelfalles nach Maßgabe der Satzung des Verbandes. Die Ablehnung eines Aufnahmeantrags kann danach z. B. ferner noch **gerechtfertigt** sein bei Verbindung des Antragstellers zu anderen Unternehmen oder bei schwerwiegenden Verstößen gegen das UWG oder gegen andere Gesetze,[31] sowie wenn der An- **12**

---

24 *OLG Düsseldorf* WuW/E DE-R 3841 = NZKart 2013, 125 (126) – Großhandelsverband Haustechnik.

25 *OLG Frankfurt a. M.* WuW/E DE-R 2648 (2649 Tz. 34) – Handballverband.

26 *BGH* LM § 38 BGB Nr. 5 = NJW 1969, 316; LM § 27 GWB Nr. 4 = MDR 1970, 307 = WuW/E BGH 1061; LM § 27 GWB Nr. 6 = NJW-RR 1986, 583 – Aikido-Verband; WuW/E BGH 291; 1725; 2191 = NJW-RR 1986, 339; *OLG Frankfurt a. M.* WuW/E DE-R 2648 (2649).

27 *OLG München* WuW/E DE-R 1527 (1529 ff.) – Apothekenumschau.

28 BGHZ 140, 74 (82 f.) = NJW 1999, 1226.

29 *BKartA* WuW/E BKartA 2770 (2773 ff.).

30 Rn. 5; *OLG Düsseldorf* WuW/E DE-R 3841 = NZKart 2013, 125 (126 f) – Großhandelsverband Haustechnik.

31 *BGH* LM § 27 GWB Nr. 4 = WuW/E BGH 1061; *OLG Hamburg* WuW/E OLG 4309 (4311); *OLG Karlsruhe* WuW/E OLG 4313 (4314 ff.).

tragsteller Ziele verfolgt, die mit der Tätigkeit des Verbandes in keinem Zusammenhang stehen,[32] oder wenn er nicht aus dem Gebiet stammt, auf das der Verband nach seiner Satzung seine Tätigkeit beschränkt.[33] Die Ablehnung der Aufnahme ist dagegen **ungerechtfertigt,** wenn ihr einziger Grund die Furcht der Mitglieder vor der Konkurrenz des Antragstellers ist[34] oder wenn nach einer Satzungsänderung die neuen Aufnahmekriterien lediglich gegen etwaige Bewerber, nicht aber auch gegenüber den bisherigen Mitgliedern durchgesetzt werden.[35]

2. Wettbewerbsnachteil

13 Der Aufnahmeanspruch eines Unternehmens setzt außer der grundlosen Diskriminierung des Antragstellers durch die Ablehnung seines Aufnahmeantrags (o. Rn. 9ff.) nach § 20 Abs. 5 GWB noch zusätzlich voraus, dass er infolge der Ablehnung seines Antrags im Wettbewerb unbillig benachteiligt wird. Dadurch soll der Marktbezug der Regelung sichergestellt werden.

14 In der Praxis lässt sich regelmäßig die Prüfung des Wettbewerbsnachteils von der der grundlosen Ungleichbehandlung nicht trennen; vielmehr geht die Prüfung beider Merkmale meistens in der ohnehin erforderlichen umfassenden Interessenabwägung auf (o. Rn. 9), da bereits bei dieser die **Auswirkungen** zu berücksichtigen sind, die die Ablehnung des Aufnahmeantrags auf die Wettbewerbsposition des Antragstellers hat.[36] Unter diesem Gesichtspunkt kann es bei der Interessenabwägung **z. B.** ins Gewicht fallen, wenn die Marktgegenseite nur mit Verbandsangehörigen verkehrt oder nur diesen einen besonderen Rabatt zubilligt oder wenn der Antragsteller durch die Verweigerung der Mitgliedschaft von der für ihn wichtigen Beratung und Betreuung durch den Verband ausgeschlossen würde.[37] Eine Benachteiligung des Antragstellers im Wettbewerb *fehlt* dagegen, wenn die Ablehnung keine erkennbaren negativen Auswirkungen für ihn hat,[38] etwa, weil ein Konkurrenzverband zu seiner Aufnahme bereit ist oder weil der fragliche Verband seine Leistungen auch Nichtmitgliedern erbringt.[39]

IV. Rechtsfolgen

15 § 20 Abs. 5 GWB ist ein gesetzliches Verbot, so dass ein abgelehntes Unternehmen nach § 33 Abs. 1 GWB ohne Weiteres gegen den betreffenden Verband **Klage** auf Aufnahme erheben kann, wenn die Voraussetzungen des § 20 Abs. 5 GWB erfüllt sind. Als Beseitigungsanspruch setzt dieser Anspruch kein Verschulden aufseiten des Verbandes voraus (§ 33 Abs. 1 S. 1 GWB). Anwendbar ist außerdem § 32 GWB, so dass die Kartellbehörden ebenfalls eine **Aufnahmeanordnung** erlassen können, vorausgesetzt, dass jede andere Entscheidung mit § 20 Abs. 5 GWB unvereinbar wäre. Schuldhafte Verstöße gegen § 20 Abs. 5 GWB stellen ferner eine Ordnungswidrigkeit dar (§ 81 Abs. 2 Nr. 1 GWB).

---

32 *BGH* NJW-RR 1986, 339 (340) = WuW/E BGH 2191; *OLG München* WuW/E OLG 2781.

33 *BGH* NJW-RR 1986, 339 (340) = WuW/E BGH 2191; *KG* WuW/E OLG 3475.

34 *OLG Hamburg* WuW/E OLG 2775 (2779); 4309 (4311); *OLG Düsseldorf* WuW/E OLG 4698.

35 *OLG Düsseldorf* WuW/E DE-R 3841 = NZKart 2013, 125 (127) – Großhandelsverband Haustechnik.

36 *Bechtold,* GWB, § 20 Rn. 6.

37 *BGH* WuW/E BGH 288 (291) = NJW 1959, 880 (insoweit nicht in BGHZ 29, 344 [351] abgedruckt); *KG* WuW/E OLG 3159 (3162f.); *BKartA* WuW/E BKartA 359; TB 1978, S. 71f., 87.

38 *BGH* LM § 38 BGB Nr. 7 = NJW 1980, 186 = JuS 1980, 145 Nr. 5 – Anwaltsverein.

39 *V. Steinbeck,* WuW 1996, 91 (98).

3. Kapitel. Wettbewerbsbeschränkungen durch Unternehmenszusammenschlüsse

§ 31. Einführung

Literatur: S. schon o. §§ 14–18 sowie (Auswahl): *Albath,* Unternehmensbeteiligungen unter 25% Kapitalanteil, 1988; *E. van Arnheim,* Der räumlich relevante Markt in der Fusionskontrolle, 1991; *Bergmann,* Nachfragemacht in der Fusionskontrolle, 1990; *A. Beyer,* Zusammenschlusskontrolle im englischen und deutschen Recht unter besonderer Berücksichtigung der Sanierungsfusionen, 1986; *Bien,* Fusionskontrolle und subjektiver Drittschutz, 2007; *R. Büscher,* Diagonale Unternehmenszusammenschlüsse im amerikanischen und deutschen Recht, 1983; *Dirrheimer,* Ressourcenstärke und Abschreckungswirkungen in der Fusionskontrolle, 1988; *U. Dormann,* Drittklagen im Recht der Zusammenschlusskontrolle, 2000; *Dreher,* Konglomerate Zusammenschlüsse, Verbotsvermutungen und Widerlegungsgründe, 1987; *Ebel/Funke,* Fusionskontrolle beim Unternehmenskauf, 2002; *Eggers,* Finanzkraft, 1988; *K. Fischer,* Wettbewerbliche Einheit und Fusionskontrolle, 1986; *Hansen,* Fusionskontrollpraxis von BKartA und EG-Kommission, 2009; *H. Hermann,* Die Neufassung des materiellen Untersagungskriteriums in Art. 2 Abs. 2 und 3 FKVO, 2008; *Jickeli,* Marktzutrittsschranken im Recht der Wettbewerbsbeschränkungen, 1990; *Jüngst,* Marktbeherrschungsbegriff, „überragende Marktstellung“ und Diversifikation, 1980; *U. Klumpp,* Die „Efficiency Defense“ in der Fusionskontrolle, 2006; *T.* Körber, Die Konkurrentenklage im Fusionsrecht der USA, Deutschlands und der EU, 1996; *Lenßen,* Der kartellrechtlich relevante Markt, 2009; *P. Mailänder,* Konzentrationskontrolle zur Sicherung von Meinungsvielfalt im privaten Rundfunk, 2000; *Paschke,* Der Zusammenschlussbegriff des Fusionskontrollrechts, 1989; *Pellmann,* SIEC, 2006; *Purrucker,* Banken in der kartellrechtlichen Fusionskontrolle, 1983; *B. Richter,* Teiluntersagung in der Fusionskontrolle, 1987; *Schmidt-Preuß,* Grenzen internationaler Unternehmensakquisition, 1985; *Schulte* (Hrsg.), Handbuch Fusionskontrolle, 2. Aufl. (2009); *J.-M. Schultze,* Marktzutrittsschranken in der Fusionskontrolle, 1988; *Schwalbe/Zimmer,* Kartellrecht und Ökonomie, 2006; *Spieler,* Fusionskontrolle im Medienbereich, 1988; *K.-D. Stephan,* Die Anwendung des Zusammenschlussbegriffs auf Personalgesellschaften, 1989; *Trafkowski,* Medienkartellrecht, 2002; *Wrase,* Europäische Fusionskontrolle und Oligopoltatbestand, 2007; *J. Wertenbruch,* Die Rechtsfolgen der Doppelkontrolle bei Gemeinschaftsunternehmen nach dem GWB, 1990.

I. Einleitung

Der dritte Schwerpunkt des GWB – neben der Kontrolle wettbewerbsbeschränkender Vereinbarungen (§§ 1–3) und der Kontrolle missbräuchlicher Verhaltensweise marktbeherrschender und marktstarker Unternehmen (§§ 19, 20) – ist seit 1973 die heute in den §§ 35 bis 43 GWB geregelte Fusionskontrolle, die bisher neben der europäischen Fusionskontrolle aufgrund der FKVO Nr. 139/2004 vom 20. Januar 2004[1] wegen der hohen Schwellenwerte der FKVO (s. Art. 1) nur wenig an praktischer Bedeutung eingebüßt hat. 1

Das BKartA hat seit Einführung der Fusionskontrolle im Jahre 1973 mehrere tausend Zusammenschlüsse auf ihre Vereinbarkeit mit dem GWB überprüft. Von diesen wurden bis 2013 ungefähr einhundertundneunzig untersagt, wobei freilich die Untersagungsverfügungen des Amtes nur in rund einhundertzwanzig Fällen letztlich Bestand hatten.[2] Um ein vollständiges Bild zu bekommen, muss man freilich zu den untersagten Zusammenschlüssen noch diejenigen hinzurechnen, in denen die beteiligten Unternehmen bereits im informellen Verfahren aufgrund der Bedenken des BKartA auf den Zusammenschluss verzichtet, diesen modifiziert oder wieder rückgängig gemacht haben (sog. **Vorfeldwirkung**). Das BKartA beziffert diese Fälle auf rund vierhundertfünfzig. Hinzu kommt schließlich noch eine ständig wachsende Zahl von Zusammen- 2

[1] ABl. Nr. L 24/1; dazu o. §§ 14–18.
[2] S. z. B. BKartA, TB 2009/2010, S. 22.

schlüssen, die gemäß § 40 Abs. 3 S. 1 GWB lediglich unter **Bedingungen oder Auflagen** freigegeben wurden, wobei von Fall zu Fall besonders einschneidende Bedingungen oder Auflagen der Sache nach durchaus einer (an sich nicht möglichen) „Teiluntersagung" des Zusammenschlusses nahekommen können.

3 Neben der Fusionskontrolle nach dem GWB gibt es in Deutschland noch eine weitere **Konzentrationskontrolle** „zur Sicherung der Meinungsvielfalt" **im privaten Rundfunk,** die von den Ländern aufgrund ihrer Zuständigkeit für das Rundfunkrecht für sich reklamiert wird und die unionsrechtlich auf die Vorbehaltsklausel des Art. 21 Abs. 2 der FKVO gestützt wird. Maßgebend ist neben den Landesmediengesetzen in erster Linie der revidierte **Rundfunkstaatsvertrag von 1997.** Die Einzelheiten interessieren hier nicht.[3] Festzuhalten ist lediglich, dass daneben bei Zusammenschlüssen auf dem Rundfunkmarkt immer **auch** das **GWB und** die **FKVO** Anwendung finden, sofern die jeweiligen Schwellenwerte überschritten werden (s. § 35 GWB, Art. 1 FKVO), da die Rundfunkkonzentrationskontrolle und die Fusionskontrolle nach dem GWB oder der FKVO Zusammenschlüsse unter unterschiedlichen Gesichtspunkten erfassen.[4] Während das GWB mit § 36 Abs. 1 ebenso wie die FKVO (Art. 2) den Erhalt wettbewerblicher Strukturen auch auf den Medienmärkten bezweckt, hat die Rundfunkkonzentrationskontrolle die Gewährleistung der Meinungsvielfalt im Auge, so dass ein Zusammenschluss gegebenenfalls *beide* Hürden überwinden muss. Ein spektakuläres Beispiel war der Versuch des Springer Verlags, die Sendergruppe ProSiebenSat.1 zu übernehmen, ein Versuch, der gleichermaßen an dem Widerspruch des BKartA[5] wie an dem der Kommission zur Kontrolle der Konzentration im Rundfunk gescheitert ist.[6] Eine mit der Fusionskontrolle in mancher Hinsicht vergleichbare Funktion hat außerdem noch die auf verschiedenen regulierten Märkten praktizierte **Anteilseignerkontrolle,** insbesondere nach dem KWG, dem VAG und dem BörsenG.[7]

4 Von den späteren Änderungen ist zunächst die durch das sog. Dritte Mittelstandsentlastungsgesetz von 2009[8] in § 35 Abs. 1 Nr. 2 GWB eingefügte zweite Inlandschwelle von 5 Mio. Euro hervorzuheben. Vor allem aber die **8. GWB-Novelle** von 2013 ist hier zu nennen. Die wichtigste Änderung, die diese Novelle bei der Fusionskontrolle gebracht hat, ist der Übergang zu dem SIEC-Test im Anschluss an Art. 2 Abs. 3 FKVO in § 36 Abs. 1 S. 1 GWB n. F. (s. dazu u. § 34). Außerdem wurde die Bagatellmarktklausel zurück in die materielle Fusionskontrolle verlagert, um die Prüfung der Voraussetzungen, unter denen ein Zusammenschluss nach § 39 GWB anzumelden ist, in wichtigen Punkten zu vereinfachen (§ 36 Abs. 1 S. 2 Nr. 2 GWB n. F.; dazu u. § 32). Zugleich wurden der Anwendungsbereich der Fusionskontrolle bei Pressefusio-

3 S. dazu *E. Clausen-Muradian,* ZUM 1996, 334; *Hess,* AfP 1997, 680, 777; *Knothe/Lebens,* AfP 2000, 125; *U. Koch,* AfP 2007, 305; *P. Mailänder,* Konzentrationskontrolle zur Sicherung von Meinungsvielfalt im privaten Rundfunk, 2000; *H. Schweitzer,* ZUM 1998, 597; *Pelny,* AfP 1998, 35; *Trafkowski,* Medienkartellrecht, 2002; insb. IM/*Mestmäcker/Veelken,* Bd. II, Vor § 35 Rn. 62 ff.

4 *BGH* NJW-RR 2007, 480 = AG 2007, 204 Tz. 6 = WuW/E DE-R 1890 – Radio TON; s. u. § 32 Rn. 2 und 4.

5 *BKartA* AG 2006, 893 = WuW/E DE-V 1163.

6 Die Klage von Springer wurde hier vom VG Köln abgewiesen.

7 Dazu ausführlich *C. van de Sande,* Die Unternehmensgruppe im Banken- und Versicherungsaufsichtsrecht, 2003, S. 136, 152 ff.

8 BGBl. I 2009, S. 550; s. dazu *Wagner-v. Papp,* WuW 2008, 1167.

nen im Interesse der betroffenen Verlage eingeschränkt (§ 38 Abs. 3 GWB n. F. und dazu u. § 32) sowie mit demselben Ziel Sanierungsfusionen im Pressewesen erleichtert (§ 36 Abs. 1 S. 2 Nr. 3 GWB n. F. und dazu unten § 34 Rn. 49 ff.). Zahlreiche weitere Änderungen haben insbesondere noch die Verfahrensvorschriften in der Fusionskontrolle erfahren (dazu u. § 36). Bezweckt ist mit den Änderungen eine weitere Angleichung der deutschen an die europäische Fusionskontrolle aufgrund der FKVO von 2004. Jedoch hat der Gesetzgeber in wichtigen Punkten an der eigenständigen Regelung der Fusionskontrolle im GWB festgehalten. Hervorzuheben sind die Erstreckung der Fusionskontrolle auf Minderheitsbeteiligungen (§ 37 Abs. 1 Nr. 3 lit. b GWB), die Abwägungsklausel (jetzt § 36 Abs. 1 S. 2 Nr. 1 GWB) sowie die Ministererlaubnis des § 42 GWB, die allesamt keine Entsprechung auf Unionsebene haben.

II. Überblick

Kern der gesetzlichen Regelung ist die Vorschrift des **§ 36 Abs. 1 S. 1 GWB,** die ein grundsätzliches Verbot solcher Unternehmenszusammenschlüsse enthält, durch die wirksamer Wettbewerb erheblich behindert würde, insbesondere von denen zu erwarten ist, dass sie zur Entstehung oder Verstärkung einer marktbeherrschenden Stellung i. S. d. § 18 GWB führen werden (u. § 34). Wann ein Zusammenschluss vorliegt, ergibt sich aus § 37 GWB (u. § 33). Hinzu kommen muss noch, dass der Zusammenschluss die verschiedenen Umsatzschwellen des § 35 und § 36 Abs. 1 S. 2 Nr. 2 GWB überschreitet (u. § 32). Einzelheiten der Berechnung der Umsatzerlöse und der Marktanteile finden sich in § 38 GWB (u. § 32 Rn. 9 ff.). 5

Anders als früher ist die Fusionskontrolle heute ebenso wie nach der FKVO **präventiv** (u. § 36). Dies bedeutet, dass Zusammenschlüsse grundsätzlich *vor* ihrem *Vollzug* beim BKartA angemeldet werden müssen, wobei bestimmte Angaben zu machen sind, die dem BKartA die Beurteilung des Zusammenschlusses ermöglichen sollen (§ 39 GWB). Die Anmeldung löst ein **Vollzugsverbot** aus, von dem das BKartA jedoch im Einzelfall Befreiung erteilen kann (§ 41 GWB). 6

An die Anmeldung schließt sich ein **zweistufiges Prüfverfahren** an (§ 40 GWB). Die erste Phase besteht aus einem kurzen, maximal **einmonatigen Vorprüfverfahren,** in dem das BKartA untersucht, ob es in das eigentliche Hauptprüfverfahren eintreten will (§ 40 Abs. 1 GWB); verneint das Amt dies, so kann der Zusammenschluss ohne weiteres vollzogen werden. Wenn das BKartA dagegen in das **Hauptprüfverfahren** eintritt, bleibt es bei dem Vollzugsverbot. In diesem Verfahren, dessen Dauer grundsätzlich auf **vier Monate** seit Anmeldung begrenzt ist, entscheidet das BKartA über die Freigabe *oder* die Untersagung des Zusammenschlusses (§ 40 Abs. 2 GWB). Auch ein vom BKartA untersagter Zusammenschluss kann jedoch immer noch im Einzelfall vom Bundesminister für Wirtschaft nach § 42 GWB aus gesamtwirtschaftlichen Gründen erlaubt werden (sog. **Ministererlaubnis;** u. § 35). 7

III. Zweck

Die Fusionskontrolle hat die Aufgabe, eine „übermäßige" Unternehmenskonzentration zu verhindern.[9] **Ziel** der Fusionskontrolle sind daher „ausgewogene Marktstrukturen", durch die einseitige, nicht mehr leistungsbedingte Verhaltensspielräume der 8

[9] Vgl. die Begr. z. RegE der 2. GWB-Novelle von 1973 (BT-Drs. VI/2520), S. 14 ff.; den Ausschussbericht (BT-Drs. 7/765), S. 7 f.

Unternehmen im Interesse des umfassenden Schutzes der Handlungsfreiheit anderer Unternehmen verhindert werden.[10] Da jedoch keineswegs alle Zusammenschlüsse negativ zu beurteilen sind, erfasst das Gesetz in den §§ 35 bis 43 lediglich die für den Bestand des Wettbewerbs besonders gefährlichen Zusammenschlüsse, die die Wettbewerbsbedingungen auf dem Markt derart verändern, dass die Funktionsfähigkeit des Wettbewerbs nicht mehr gewährleistet ist.[11]

9 Zusätzliche Zwecke verfolgt die **Pressefusionskontrolle.** Bei ihr kommt zu den genannten Aufgaben (o. Rn. 8) noch die weitere hinzu, durch die Erhaltung der Wettbewerbsstruktur auf den privatwirtschaftlich organisierten Pressemärkten die Meinungsvielfalt im Pressewesen zu sichern und dadurch einen Beitrag zur Lösung der schwierigen Aufgabe zu leisten, das gesellschaftliche Substrat der Pressefreiheit (Art. 5 Abs. 1 GG) zu erhalten.[12] **Ziel** der Pressefusionskontrolle ist es vor allem, nach Möglichkeit die noch vorhandenen Wettbewerbsimpulse auf den Pressemärkten zu schützen, wobei zu berücksichtigen ist, dass die meisten Pressemärkte bereits hochkonzentriert sind und dass hier jede weitere Verschlechterung der Wettbewerbsstruktur wegen der hohen Marktzutrittschranken weitgehend irreversibel ist.[13] Gleichwohl hat der Gesetzgeber auf Drängen der Presseverlage die Pressefusionskontrolle durch die 8. GWB-Novelle von 2013 in wichtigen Beziehungen erleichtert (s. schon Rn. 4).

§ 32. Anwendungsbereich

Materialien: *BKartA,* Merkblatt zum Anwendungsbereich der EU-Fusionskontrolle vom Juli 2004; Merkblatt zur deutschen Fusionskontrolle vom Juli 2005.

I. Überblick

1 Die deutsche Fusionskontrolle greift nur ein, wenn es sich bei der fraglichen Unternehmensverbindung um einen Zusammenschluss im Sinne des § 37 GWB handelt (dazu u. § 33), der zwar die verschiedenen Umsatzschwellen des § 35 GWB überschreitet, aber nicht unter die Bagatellmarktklausel des § 36 Abs. 1 S. 2 Nr. 2 GWB und auch nicht in den Anwendungsbereich der europäischen Fusionskontrolle fällt (§ 35 Abs. 3 GWB, Art. 21 Abs. 1 FKVO). Bei Auslandszusammenschlüssen muss noch hinzukommen, dass sie sich im Inland auswirken (§ 130 Abs. 2 GWB; s. o. § 20 Rn. 21 ff.).

2 Weitere Voraussetzungen bestehen nicht. Insbesondere kennt die deutsche Fusionskontrolle nur ganz wenige **Ausnahmebereiche** (s. Rn. 31 ff.). Sie findet vielmehr unter den genannten Voraussetzungen (Rn. 1) grundsätzlich auf sämtliche Wirtschaftszweige (einschließlich des Rundfunks, o. § 31 Rn. 4) Anwendung, mögen sie einer besonderen staatlichen Aufsicht unterliegen oder nicht, sofern nicht im Einzel-

[10] So BGHZ 71, 102 (115) = NJW 1978, 1320 = JuS 1978, 784 Nr. 7 – Sachs/GKN; BGHZ 74, 359 (364) = NJW 1979, 2401 = JuS 1980, 227 Nr. 11 – WAZ; BGHZ 119, 346 (363) = NJW 1993, 1265 – Springer/Beig (Pinneberger Tageblatt).

[11] BGHZ 74, 322 (325 f.) = NJW 1979, 2613 – Organische Pigmente.

[12] BGHZ 76, 55 (64 ff.) = NJW 1980, 1381 – Springer/Elbe Wochenblatt; BGHZ 82, 1 (10 ff.) = NJW 1982, 337 – Springer/MZV; BGHZ 102, 180 (191) = NJW 1988, 1850 – Springer/Singener Wochenblatt.

[13] BGHZ 82, 1 (10 ff.) = NJW 1982, 337 – Springer/MZV.

fall einer der wenigen Ausnahmebereiche oder die FKVO eingreift. Zwar wurde von interessierter Seite eine Zeitlang eifrig die These propagiert, die Unternehmen der sog. **„Daseinsvorsorge“** seien generell oder doch jedenfalls auf regulierten Märkten der Fusionskontrolle entzogen, wobei man neben den Krankenhäusern und den Energieversorgungsunternehmen insbesondere die Unternehmen des öffentlichen Personennahverkehrs **(ÖPNV)** im Auge hat.[1] Diese Behauptung entbehrt indessen jeder Grundlage und ist deshalb von den ordentlichen Gerichten – als offenkundige Interessentenideologie – zu Recht zurückgewiesen worden.[2] Auch die Tatsache, dass es sich bei den Krankenhäusern oder den Verkehrsunternehmen ebenso wie bei den Rundfunkanstalten zum Teil um **Anstalten oder Körperschaften des öffentlichen Rechts** handelt, ändert gemäß § 130 Abs. 1 GWB nichts an der Anwendbarkeit der Fusionskontrollvorschriften des GWB oder der FKVO (Art. 106 S. 1 AEUV).[3] Lediglich das **hoheitliche Handeln** des Staates ist der Anwendung des GWB entzogen.[4] Dagegen ist das GWB sehr wohl anwendbar, wenn ein Land, wenn auch in Vollzug seiner Gesetzgebung, durch privatrechtlichen Vertrag Anteile an einer privatrechtlichen Gesellschaft wie z. B. einer GmbH erwirbt, mag diese auch das Glücksspiel betreiben.[5]

II. Beteiligte Unternehmen

1. Unternehmensbegriff

Nach § 35 Abs. 1 GWB finden die Vorschriften über die Zusammenschlusskontrolle (§§ 35 bis 43 GWB) nur Anwendung, wenn die beteiligten Unternehmen (u. Rn. 4ff.) im letzten Geschäftsjahr vor dem Zusammenschluss insgesamt weltweit Umsatzerlöse von mehr als 500 Mio. Euro ereichten (§ 35 Abs. 1 Nr. 1 GWB) und außerdem mindestens ein beteiligtes Unternehmen im Inland Umsatzerlöse von mehr als 25 Mio. Euro und ein anderes von mehr als 5 Mio. Euro erzielt hat (§ 35 Abs. 1 Nr. 2 GWB). Die Berechnung der Umsatzerlöse richtet sich nach § 38 GWB (u. Rn. 9ff.). 3

Der **Unternehmensbegriff** ist in der Fusionskontrolle derselbe wie sonst im GWB.[6] 4
Ergänzend bestimmt die 1980 in das Gesetz eingefügte **Flick-Klausel** des § 36 Abs. 3 GWB, dass eine Person oder Personenvereinigung auch dann als Unternehmen gilt, wenn sie zwar an sich kein Unternehmen ist, ihr aber eine Mehrheitsbeteiligung an einem Unternehmen zusteht. Unternehmen im Sinne der Fusionskontrolle sind danach **z. B.** die Formkaufleute des § 6 HGB ohne Rücksicht auf ihren Geschäftsumfang und ihre momentanen Aktivitäten,[7] Personen oder Personengruppen wie Familien, die

[1] Z. B. *Bunte,* GRUR 2004, 913.

[2] BGHZ 166, 165 = NJW-RR 2006, 836 – DBRegio/üstra; BGHZ 168, 295 (300f. Tz. 18ff.) = NJW-RR 2006, 1548 – DBAG/KVS Saarlouis; BGHZ 175, 333 (335, 338ff.) = NJW-RR 2008, 1426 – Rhön-Klinikum/Landkreis Rhön-Grabfeld; *BKartA* WuW/E DEV 1937 Tz. 13 – Kliniken des Main-Taunus-Kreises/Kliniken Höchst.

[3] S. Rn. 4; *OLG Düsseldorf* WuW/E DE-R 1397 (1400f.) – ÖPNV Hannover; WuW/E DE-R 2347 = AG 2008, 859 – Universitätsklinikum Greifswald.

[4] *OLG Düsseldorf* WuW/E DE-R 2436 (2439ff.) – Lotto Rheinland-Pfalz.

[5] *BKartA* WuW/E DE-V 1517 – Lotto Rheinland-Pfalz; *Emmerich,* AG 2009, 597 (601f.); anders zu Unrecht *OLG Düsseldorf* WuW/E DE-R 2436 (Fn. 4).

[6] S. o. § 20 Rn. 4ff.; BGHZ 74, 359 (364ff.) = NJW 1979, 2401 = JuS 1980, 227 Nr. 11 – Brost und Funke/WAZ.

[7] *KG* WuW/E OLG 2601 (2602) – IBB.

einen bestimmenden Einfluss auf ein Unternehmen besitzen, sofern zwischen ihnen eine wirtschaftliche Interessenbindung besteht, die ein einheitliches Vorgehen erwarten lässt,[8] sowie **Gebietskörperschaften** und Körperschaften und Anstalten des öffentlichen Rechts einschließlich z. B. der Krankenkassen, der Rundfunkanstalten oder der Universitätskliniken bei dem Erwerb von oder der Beteiligung an Unternehmen (s. § 38 Abs. 3 GWB).[9] Besonderheiten gelten seit 2013 lediglich für die Krankenkassen (u. Rn. 32f.).

2. Beteiligte

5 § 35 Abs. 1 GWB stellt für die Berechnung der Umsatzschwellen auf die Umsatzerlöse der an dem Zusammenschluss „beteiligten Unternehmen" ab. Das Gesetz erwähnt diesen Begriff noch an mehreren anderen Stellen,[10] ohne ihn indessen zu definieren. Eine nähere Analyse der einschlägigen Vorschriften zeigt, dass man vor allem zwischen materiell und formell beteiligten Unternehmen unterscheiden muss.[11]

6 Als **formell beteiligt** bezeichnet man diejenigen Unternehmen, die nach § 54 Abs. 2 GWB an dem Fusionskontrollverfahren vor dem BKartA (§ 40 GWB) kraft Gesetzes *oder* auf ihren Antrag hin teilnehmen. Materiell beteiligte Unternehmen sind dagegen diejenigen, zwischen denen sich der Zusammenschluss im Sinne des § 37 GWB vollzieht und denen deshalb die Anmeldepflicht nach § 39 Abs. 2 Nr. 1 GWB obliegt. Von diesem materiellen Beteiligtenbegriff geht auch **§ 35 Abs. 1 GWB** aus, wenn er eine Addierung der Umsätze der am Zusammenschluss „beteiligten Unternehmen" verlangt. Welche Unternehmen dazu gehören, richtet sich nach den einzelnen Zusammenschlusstatbeständen des § 37 GWB in Verbindung mit der Verbund- und der Mehrmütterklausel des § 36 Abs. 2 GWB.[12]

7 Beteiligtes Unternehmen ist danach im Falle eines Zusammenschlusses durch Vermögenserwerb (§ 37 Abs. 1 Nr. 1 GWB) neben dem Erwerber auch der Veräußerer (str.), jedenfalls mit dem veräußerten Vermögen (vgl. § 38 Abs. 5 S. 1 und § 39 Abs. 2 Nr. 2 GWB). Im Falle des Kontrollerwerbs (§ 37 Abs. 1 Nr. 2 GWB) sind dagegen (nur) beteiligt das oder die Unternehmen, die die Kontrolle über ein anderes Unternehmen erwerben, sowie das (kontrollierte) Beteiligungsunternehmen, während im Falle des Anteilserwerbs (§ 37 Abs. 1 Nr. 3 GWB) allein der Erwerber und das Beteiligungsunternehmen beteiligt sind, nicht dagegen der Anteilsveräußerer, der lediglich Vertragspartner ist (s. aber § 39 Abs. 2 Nr. 2 GWB).[13] Behält der Veräußerer so viele Anteile zurück, dass ein Gemeinschaftsunternehmen entsteht (§ 37 Abs. 1 Nr. 2 S. 1 und Nr. 3 S. 3 GWB), oder handelt es sich um eine sonstige Verbindung im Sinne des § 37 Abs. 1 Nr. 4 GWB, so ist auch der Veräußerer an dem Zusammenschluss (mate-

[8] BGHZ 74, 359 (365) = NJW 1979, 2401 = JuS 1980, 227 Nr. 11 – Brost und Funke/WAZ.

[9] S. schon o. Rn. 2 u. § 31 Rn. 3 sowie z. B. BVerfGE 73, 118 (174) = NJW 1987, 239; *BKartA* WuW/E BKartA 1457 (1458) = JuS 1974, 666 Nr. 7 – Veba/Gelsenberg; TB 1993/94, S. 124; 2005/06, S. 17; *A. Bangard,* ZWeR 2007, 183 (202ff.).

[10] S. insb. die §§ 36 Abs. 2, 39 Abs. 2, Abs. 3, Abs. 5 und Abs. 6, 41 Abs. 2 und Abs. 4 sowie 54 Abs. 2 GWB.

[11] S. *Kommission,* Mitteilung, ABl. 1998 Nr. C 66/15; *BKartA,* Merkblatt zur deutschen Fusionskontrolle vom Juli 2005; *Hempel,* in: Bien (Hrsg.), Das deutsche Kartellrecht nach der 8. GWB-Novelle, 2013, 65 (69ff).

[12] S. u. Rn. 7f., 12, 16ff.; Einzelheiten bei *Hempel,* in: Bien (Hrsg.), Das deutsche Kartellrecht nach der 8. GWB-Novelle, 2013, S. 65 (74ff).

[13] *OLG Düsseldorf* WuW/E DE-R 1651 (1652); *Hempel* (vorige Fn.), S. 76f.

riell) beteiligt und daher im Rahmen des § 35 Abs. 1 GWB mit seinen Ressourcen mitzuzählen (s. auch § 38 Abs. 5 S. 2 GWB n. F.).

Zu beachten sind in den genannten Fällen (o. Rn. 7) zusätzlich die **Verbundklausel** des § 36 Abs. 2 S. 1 GWB (s. u. Rn. 12ff.) sowie die **Mehrmütterklausel** des § 36 Abs. 2 S. 2 GWB (s. dazu u. Rn. 16ff.). Die Verbundklausel hat z. B. zur Folge, dass im Falle des mittelbaren Erwerbs eines anderen Unternehmens über Tochtergesellschaften auch die Muttergesellschaft als materiell beteiligt gilt, so dass sie im Rahmen des § 35 Abs. 1 GWB mit ihren Umsätzen mitgezählt wird; außerdem trifft dann die Muttergesellschaft nach § 39 Abs. 2 Nr. 1 GWB ebenfalls die Anmeldepflicht.[14] 8

3. Berechnung

Die Fusionskontrolle greift nur ein, wenn die Umsatzerlöse der am Zusammenschluss beteiligten Unternehmen (o. Rn. 6ff.) im letzten Geschäftsjahr vor dem Zusammenschluss insgesamt mehr als 500 Mio. Euro betrugen und außerdem mindestens eines der beteiligten Unternehmen Inlandsumsätze in Höhe von mehr als 25 Mio. Euro und ein anderes von mehr als 5 Mio. Euro erzielte (§ 35 Abs. 1 Nr. 1 und Abs. 2 GWB, so genannte zweite Inlandsschwelle, die 2009 eingeführt wurde, um den Anwendungsbereich der Fusionskontrolle bei Auslandszusammenschlüssen zu reduzieren).[15] Maßgebender **Zeitpunkt,** in dem diese Voraussetzungen für die Anwendung der §§ 35ff. GWB erfüllt sein müssen, ist der der Entscheidung des Bundeskartellamts, nicht der häufig wesentlich spätere Zeitpunkt der Entscheidung des Beschwerdegerichts.[16] Unerheblich ist, ob später während des Verfahrens die Umsatzschwellen doch noch überschritten werden, wenn es daran zunächst gefehlt hat; gegebenenfalls muss dann ein neues Verfahren eingeleitet werden. 9

Die **Berechnung** der Umsatzerlöse richtet sich nach § 38 GWB i. V. m. § 277 HGB, aus dem sich ergibt, dass auf **Nettoerlöse** (ohne Umsatzsteuer) abzustellen ist.[17] Hervorzuheben sind folgende Punkte: Bei **Handelsunternehmen** werden nur drei Viertel der Umsatzerlöse in Ansatz gebracht (§ 38 Abs. 2 GWB), weil von Zusammenschlüssen im Handel dem Wettbewerb (angeblich) geringere Gefahren als von einem Zusammenschluss von Warenherstellern drohen.[18] Dagegen ist für den Verlag, die Herstellung und den Vertrieb von **Zeitungen,** Zeitschriften und deren Bestandteilen seit 2013 nur noch das Achtfache sowie für die Herstellung, den Vertrieb und die Veranstaltung von **Rundfunkprogrammen** und für den Absatz von Rundfunkwerbezeiten ebenso wie früher schon das Zwanzigfache der Umsatzerlöse anzusetzen (§ 38 Abs. 3 GWB), so dass bei Zusammenschlüssen auf dem Zeitungsmarkt die **Umsatzschwelle** des § 35 Abs. 1 Nr. 1 GWB erst bei einem Umsatz der beteiligten Unternehmen von 62,5 Mio. Euro, auf dem Rundfunkmarkt dagegen bereits bei einem Umsatz von 25 Mio. Euro erreicht wird. Dadurch soll dem Umstand Rechnung getragen werden, dass es bei Zeitungen und Rundfunkleistungen zahlreiche regionale und lokale Märkte gibt, die trotz der verhältnismäßig niedrigen Umsätze der hier tätigen Unternehmen für sich schutzwürdig sind.[19] 9a

[14] *KG* AG 1979, 158 (159) = WuW/E OLG 1993 – Bayer/HCC.
[15] Zur Kritik s. *MK,* 17. HauptGA, 2006/2007, Tz. 529; *Wagner-v. Papp,* WuW 2008, 1167.
[16] *OLG Düsseldorf* WuW/E DE-R 2347 = AG 2008, 859 (862).
[17] S. die Begr. z. RegE, BT-Drs. 13/9720, S. 57f.; *BKartA,* Merkblatt vom Juli 2005, unter Tz. V 5.
[18] So die Begr. z. RegE von 1998, BT-Drs. 13/9720, S. 58 (l. Sp. o.).
[19] S. dazu die Begr. z. RegE (vorige Fn.), S. 58 (l. Sp.), 82; zu § 35 II S. 2 s. u. Rn. 31f.

10 Die **Reduzierung des Presserechenfaktors** von 20 auf 8 durch die 8. GWB-Novelle von 2013, die zu einer spürbaren Erhöhung der Aufgreifschwelle (nur) für Pressefusionen geführt hat, soll dagegen jetzt dem Strukturwandel auf den Pressemärkten, gekennzeichnet durch das Vordringen des Internets, im Wege der Erleichterung von Zusammenschlüssen der Verlage Rechnung tragen.[20] Demselben Ziel dient insbesondere noch die Erleichterung von Sanierungsfusionen bei Zusammenschlüssen von Verlagen durch den neuen § 36 Abs. 1 S. 2 Nr. 3 GWB (s. dazu u. § 34 Rn. 51 ff.). Die praktische Relevanz dieser Änderungen wird verbreitet bezweifelt.

11 Unter **Zeitungen** i. S. d. § 38 Abs. 3 GWB versteht man zu den Massenmedien gehörende periodische Druckwerke, die in tagebuchartiger Weise fortlaufend über aktuelle Vorgänge berichten, während sich **Zeitschriften** auf die Erörterung einzelner Fragen und Vorgänge ohne fortlaufende Berichterstattung beschränken.[21] Zu den periodischen Druckwerken in diesem Sinne gehören grundsätzlich auch die **Anzeigenblätter,** jedenfalls, sofern sie periodisch erscheinen und sich durch einen nicht völlig unbeachtlichen redaktionellen Teil der Erörterung einzelner Vorgänge und Fragen widmen.[22] Zu den Unternehmen, die **Rundfunkprogramme vertreiben,** sind schließlich vor allem die Anbieter von Rahmenprogrammen zu zählen, die lokale Hörfunkveranstalter, die sich kein Vollprogramm leisten können, mit Programmteilen versorgen.[23]

III. Verbundklausel

1. Abhängigkeit

12 Nach § 36 Abs. 2 S. 1 GWB sind abhängige und herrschende Unternehmen im Sinne des § 17 AktG sowie Konzernunternehmen im Sinne des § 18 AktG im Rahmen der Fusionskontrolle als ein einheitliches Unternehmen anzusehen. Durch diese Regelung soll sichergestellt werden, dass abhängige und herrschende Unternehmen sowie Konzernunternehmen im GWB als **wirtschaftliche Einheit** behandelt werden Keine Rolle spielt die Rechtsform der beteiligten Unternehmen, so dass herrschendes Unternehmen z. B. auch eine GmbH oder eine Familiengesellschaft sein kann.[24] Der **Anwendungsbereich** der Verbundklausel beschränkt sich nicht, wie man vielleicht aus ihrer Stellung in § 36 Abs. 2 folgern könnte, auf die Fusionskontrolle, sondern umfasst das gesamte Gesetz und damit insbesondere auch die Missbrauchsaufsicht über marktbeherrschende Unternehmen.[25]

---

[20] Begr. z. RegE von 2012, BT-Drs. 17/9852, S. 29; *Klumpp,* WuW 2013, 344; *ders.,* in: Bien (Hrsg.), Das deutsche Kartellrecht nach der 8. GWB-Novelle, 2013, S. 191; *Palzer,* K&R 2014, 24.

[21] *KG* AG 1981, 258 = WuW/E OLG 2457 (2460); *BKartA* AG 1980, 283 – Münchener Wochenblatt; AG 1981, 260 – Springer/AZ; s. auch o. § 25 Rn. 14 f.

[22] BGHZ 102, 180 (190 f.) = NJW 1988, 1850 – Singener Wochenblatt; *BGH* LM § 23 GWB Nr. 8 = AG 1982, 255 = WuW/E BGH 1905 – Münchner Wochenblatt.

[23] S. die Begr. z. RegE, BT-Drs. 13/9720, S. 58, 82.

[24] BGHZ 74, 359 (361 ff.) = NJW 1979, 2401 – WAZ; *BGH* WuW/E BGH 1655 (1656); noch weiter *BKartA* WuW/E DE-V 408 (409 Tz. 8) – Trienekens/Köln.

[25] *BGH* WuW/E DE-R 2734 Tz. 15 = AG 2009, 742 – Entega I; *OLG Frankfurt a. M.* WuW/E DE-R 2860 (2861).

Der Abhängigkeitsbegriff ist in § 36 Abs. 2 S. 1 GWB derselbe wie in § 17 AktG.[26] Die Abhängigkeit muss daher gesellschaftsrechtlich vermittelt sein[27] und setzt voraus, dass ein Unternehmen von einem anderen veranlasst werden kann, sich dessen Willen zu fügen, so dass es in seiner wirtschaftlichen Planung nicht mehr selbständig ist. Wichtigster Ausdruck der Abhängigkeit eines Unternehmens von einem anderen ist die Fähigkeit des letzteren zur Besetzung der Organe des anderen Unternehmens; unmittelbare und mittelbare Abhängigkeit stehen dabei gleich.[28] Im Falle einer Mehrheitsbeteiligung wird die Abhängigkeit vermutet (§ 17 Abs. 2 AktG; s. u. Rn. 14). Im Einzelfall kann aber auch eine **Minderheitsbeteiligung** zur Begründung der Abhängigkeit ausreichen,[29] insbesondere dann, wenn die Minderheitsbeteiligung eine stabile Hauptversammlungsmehrheit verschafft, wofür bei den meisten Publikumsgesellschaften wegen der durchweg niedrigen Präsenz bereits eine Beteiligung von etwa 30 % ausreicht.[30] 13

Unerheblich ist, ob das herrschende Unternehmen von der Beherrschungsmöglichkeit im Augenblick tatsächlich Gebrauch macht, weil § 17 AktG auf die bloße Beherrschungs*möglichkeit* abstellt.[31] Dementsprechend sind an die Widerlegung der **Vermutung** der Abhängigkeit im Falle einer Mehrheitsbeteiligung (§ 17 Abs. 2 AktG) im Rahmen der Fusionskontrolle **strenge Anforderungen** zu stellen.[32] Die Widerlegung der Abhängigkeitsvermutung (§ 17 Abs. 2 AktG) wird daher *nur selten* gelingen, z. B., wenn nach der Satzung eines Unternehmens die Mehrheit nicht mit einer entsprechenden Einflussnahme auf die Leitung des Unternehmens korreliert, weil für sämtliche Beschlüsse zum Schutze der Minderheit eine qualifizierte Mehrheit erforderlich ist.[33] 14

2. Konzern

Eine wettbewerbliche Einheit bilden ferner Unternehmen, die zu einem Konzern im Sinne des § 18 AktG gehören. Zwischen Vertragskonzernen und faktischen Konzernen wird dabei ebensowenig wie zwischen Unterordnungs- und Gleichordnungskonzernen unterschieden (§§ 18 Abs. 2, 291, 311 AktG). Ein faktischer **Gleichordnungskonzern** ist z. B. anzunehmen, wenn sich aus den Umständen die einheitliche Leitung der verbundenen Unternehmen durch eines von ihnen, durch eine im Hintergrund stehende Unternehmerpersönlichkeit oder durch die Mitglieder einer Familie ergibt, die gleichmäßig in sämtlichen Leitungsorganen der verbundenen Unternehmen vertreten sind. Die Folge ist, dass sämtliche in dieser Weise verbundenen Unternehmen in der Fusionskontrolle als (wettbewerbliche) Einheit zu behandeln sind.[34] 15

---

[26] *Säcker,* NJW 1980, 801; *K. Schmidt,* ZGR 1980, 277 (284ff.); str., offengelassen in BGHZ 121, 137 (145f.) = NJW 1993, 2114 = AG 1993, 334 – WAZ/IKZ.

[27] BGHZ 121, 137 (145f.) = NJW 1993, 2114; s. im Übrigen *Emmerich/Habersack,* Konzernrecht, § 3 Rn. 14ff. (S. 43ff.).

[28] BGHZ 121, 137 (145ff.) = NJW 1993, 2114 – WAZ/IKZ; *KG* WuW/E OLG 2862 = AG 1983, 194 (197) – Rewe/Florimex.

[29] Wegen der Einzelheiten s. *Emmerich/Habersack,* Aktien- und GmbH-Konzernrecht, § 17 Rn. 18–21.

[30] *BKartA* WuW/E BKartA 1943 = AG 1982, 228 (229) – Ph. Morris/Rothmans.

[31] *KG* WuW/E OLG 1993f. = AG 1979, 158 – Organische Pigmente.

[32] *KG* WuW/E OLG 1993f. = AG 1979, 158 – Organische Pigmente.

[33] *OLG Düsseldorf* WuW/E DE-R 647 (648f.) – WAZ/OTZ; *BKartA* AG 2000, 520 – WAZ/OTZ.

[34] BGHZ 121, 137 (144ff.) = NJW 1993, 2114 – WAZ/IKZ; *BGH* LM § 24 GWB Nr. 30 = WuW/E DE-R 243 = AG 1999, 181 (182ff.) – Tukan/Deil.

IV. Mehrmütterklausel

Literatur: *Fischer,* Wettbewerbliche Einheit, 1986; *Steindorff,* Wettbewerbliche Einheit und kartellrechtliche Vermutungen, 1982.

1. Bedeutung

16 Nach der Mehrmütterklausel des § 36 Abs. 2 S. 2 GWB gilt in der Fusionskontrolle *jedes* Unternehmen als herrschendes, wenn mehrere Unternehmen derart zusammenwirken, dass sie *gemeinsam* einen beherrschenden Einfluss auf ein anderes Unternehmen ausüben können. Vergleichbare Regelungen speziell für den Zusammenschlussbegriff finden sich in § 37 Abs. 1 Nr. 2 S. 1 und Nr. 4 GWB (s. dazu u. § 33 Rn. 31 ff.). Sind die Voraussetzungen der Mehrmütterklausel erfüllt, so werden dem Gemeinschaftsunternehmen die Ressourcen *aller* gemeinsam herrschenden Mütter zugerechnet, jeder Mutter dagegen nur die Ressourcen des Gemeinschaftsunternehmens, nicht etwa auch die der anderen Mütter.[35]

2. Voraussetzungen

17 Die Anwendung der Mehrmütterklausel setzt nach § 36 Abs. 2 S. 2 GWB voraus, dass mehrere Unternehmen derart zusammenwirken, dass sie gemeinsam einen beherrschenden Einfluss im Sinne des § 17 Abs. 1 AktG auf ein anderes Unternehmen auszuüben vermögen. Das ist anzunehmen, wenn aufgrund der Abreden der Parteien *oder* ihrer identischen Interessen die **regelmäßige einheitliche Ausübung der Einflussnahme** einer Gesellschaftergruppe als gesichert angesehen werden kann.[36] Die Situation ist eindeutig, wenn entsprechende Vereinbarungen der Mütter bestehen, aus denen sich für sie ein ständiger Einigungszwang in den wichtigsten Fragen der Geschäftsführung ergibt, so dass sie schon aus rechtlichen Gründen das Beteiligungsunternehmen gemeinsam beherrschen müssen, solange sie es nicht liquidieren wollen.[37] Im Einzelfall kann es aber auch genügen, wenn die tatsächliche Gemeinsamkeit der Interessen der Gesellschafter so stark und dauerhaft ist, dass sie eine gleichbleibende einheitliche Willensbildung erwarten lässt.[38]

18 Für die Anwendung der Mehrmütterklausel ist dagegen *kein* Raum, sofern konkret die Möglichkeit einer Abstimmung mit wechselnden Mehrheiten besteht, weil dann eben keine Gesellschaftergruppe über eine *auf Dauer* gesicherte Einflussmöglichkeit verfügt.[39] Anders verhält es sich erst, wenn eine Gesellschaftergruppe in der Lage ist, die eigenen Wettbewerbsinteressen abzustimmen und sie gemeinsam gegenüber dem abhängigen Unternehmen durchzusetzen (s. auch Rn. 19). Dabei ist auf die **Sicht des abhängigen Unternehmens** abzustellen, so dass es letztlich darauf ankommt, ob aus seiner Sicht sein wettbewerblicher Entscheidungsspielraum durch die beteiligte Gesellschaftergruppe zusammen ausgeschlossen oder doch spürbar eingeschränkt wird.[40]

35 *BGH* WuW/E BGH 2620 (2623) = AG 1990, 543 – Springer/Kieler Zeitung.

36 BGHZ 81, 56 (60 f.) = NJW 1981, 2699 – Transportbeton Sauerland; BGHZ 99, 1 (4) = NJW 1987, 1639; BGHZ 99, 126 (130 f.) = NJW 1987, 1700 – Hussel/Mara; insbesondere *BGH* AG 2007, 204 Tz. 11 ff. = NJW-RR 2007, 480 – Radio TON.

37 *BGH* AG 2007, 204 Tz. 11 ff. = NJW-RR 2007, 480 – Radio TON; *BKartA* WuW/E BKartA 1876 = AG 1981, 291 – Rewe/Florinex; WuW/E BKartA 1897 = AG 1981, 318 – Hussel/Mara.

38 Z. B. *OLG Düsseldorf* AG 2006, 506 (508) = WuW/E DE-R 1625 – Rethmann/GfA Köthen m. N.

39 *KG* AG 1991, 176 (177 f.) = WuW/E OLG 4547 – Lübecker Nachrichten/Stormarner Tageblatt.

40 *BGH* LM § 24 GWB Nr. 20 = NJW-RR 1988, 484 = AG 1988, 47 (48 f.) – Gruner und Jahr/Zeit; *KG* WuW/E OLG 4075 = AG 1988, 209 – Springer/Kieler Zeitungsverlag; AG 1991, 176 (177 f.) = WuW/E OLG 4547 – Lübecker Nachrichten/Stormaner Tageblatt.

Indizien, die auf die dauernde Interessenidentität der Gesellschafter hinweisen, sind neben Vereinbarungen, die auf einen Einigungszwang der Gesellschafter hinauslaufen, z. B. noch die Entstehung des Gemeinschaftsunternehmens aus einem früheren Kartell, das später nur zur Vermeidung einer Untersagung in einen Zusammenschluss umgewandelt wurde, sowie die auch auf anderen Märkten festzustellende Verfolgung einer gemeinsamen wettbewerbsbeschränkenden Strategie der Gesellschaftergruppe.[41] 19

3. Insbesondere paritätische Gemeinschaftsunternehmen

Einen kritischen Grenzfall bildet das paritätische (50:50) Gemeinschaftsunternehmen. Aus dem faktischen Einigungszwang, dem beide Mütter hier unterliegen, war zunächst vielfach der Schluss gezogen worden, dass das Gemeinschaftsunternehmen in derartigen Fällen ausnahmslos von beiden Müttern gemeinsam beherrscht werde.[42] So wird auch in der Tat in der europäischen Fusionskontrolle die Rechtslage aufgrund des Art. 3 FKVO beurteilt (o. § 17 Rn. 11 und u. § 33 Rn. 35). Anders dagegen die deutsche Rechtsprechung.[43] Sie verlangt vielmehr, dass zu der bloßen paritätischen Beteiligung der Mütter noch weitere Umstände hinzutreten, die aufgrund gleichgerichteter Interessen der beiden Mütter eine *gemeinsame Politik* bei dem Gemeinschaftsunternehmen gewährleisten.[44] 20

Diese Voraussetzungen sind insbesondere erfüllt, wenn sich aus der Satzung des Gemeinschaftsunternehmens oder aus ergänzenden Absprachen der Mütter ein **Einigungszwang** in den wichtigsten Fragen der Geschäftspolitik ergibt.[45] Für die Annahme einer gemeinsamen Beherrschung der beiden Mütter ist dagegen kein Raum, wenn das Gemeinschaftsunternehmen de facto in den Konzern einer der Mütter eingegliedert wird, so dass diese allein – ohne Rücksicht auf die abweichenden Absprachen der Mütter – die Verantwortung für das Gemeinschaftsunternehmen trägt,[46] während es unschädlich ist, wenn einer der Mütter lediglich ein gewisses Übergewicht eingeräumt wird.[47] 21

V. Ausnahmen

1. Anschlussklausel

Nach der sog. Anschlussklausel des § 35 Abs. 2 S. 1 GWB findet die Fusionskontrolle keine Anwendung, wenn sich ein Unternehmen, das nicht im Sinne des § 36 Abs. 2 GWB abhängig ist *und* im letzten Geschäftsjahr weltweit Umsatzerlöse von weniger als 10 Mio. Euro erzielt hat, mit einem anderen Unternehmen zusammenschließt. Seit der 8. GWB-Novelle von 2013 gilt diese Regelung auch für Pressefusionen (anders früher gemäß § 35 Abs. 2 S. 2 GWB a. F.). 22

---

41 *BKartA* WuW/E BKartA 2488 = AG 1991, 183f. – BAM/H + W.

42 *BKartA* WuW 1981, 183; *MK,* 3. HauptGA, Tz. 487ff.

43 Seit BGHZ 74, 359 (367f.) = NJW 1979, 2401 – WAZ; BGHZ 99, 126 (130) = NJW 1987, 1700 – Hussel/Mara.

44 *BGH* AG 2007, 204f. Tz. 11ff. = NJW-RR 2007, 480= WuW/E DE-R 1890 – Radio TON.

45 Ausführlich *BGH* AG 2007, 204f. Tz. 11ff. = NJW-RR 2007, 480= WuW/E DE-R 1890 – Radion TON; BGHZ 99, 1 (4f.) = NJW 1987, 1639; *OLG Düsseldorf* WuW/E DE-R 647 (654) – WAZ/OTZ.

46 BGHZ 99, 126 (130ff.) = NJW 1987, 1700 – Hussel/Mara.

47 *BKartA* AG 1997, 275 (276f.) = NJWE-WettbR 1997, 67 – Springer/PSG.

23 Durch die wiederholt geänderte Anschlussklausel wollten die Gesetzesverfasser seinerzeit gewisse Härten abmildern, die ihrer Meinung nach für kleine und mittlere Unternehmen mit § 36 Abs. 1 GWB verbunden sein können, wenn sie, etwa aus Gründen der Altersversorgung des Inhabers, ihre Selbständigkeit aufgeben wollen. Deshalb sollte solchen Unternehmen mit § 35 Abs. 2 S. 1 GWB ein Weg eröffnet werden, sich ungehindert durch die Fusionskontrolle größeren Unternehmen anzuschließen, wenn sie dies wünschen.[48]

24 Der Anwendungsbereich der Anschlussklausel beschränkt sich folgerichtig auf **selbständige Unternehmen,** so dass Konzernunternehmen, selbst wenn es sich um einen Kleinkonzern mit Umsätzen unter 10 Mio. Euro handelt, die Anschlussklausel nicht in Anspruch nehmen können.[49] Ebensowenig ist Raum für die Anwendung der Anschlussklausel, wenn Unternehmen mit Umsätzen über 25 Mio. Euro (s. § 35 Abs. 1 Nr. 2 GWB) kleinere Töchter oder Teilbetriebe veräußern oder wenn das übernommene Unternehmen von einem Großunternehmen abhängig war.[50]

25 Erfasst wird unter den genannten Voraussetzungen (Rn. 23 f.) **jeder Zusammenschluss** i. S. d. § 37 GWB aus der Sicht des kleinen oder mittleren Unternehmens einschließlich der Fälle der Teilveräußerung oder der Ausgliederung von Unternehmensteilen und deren Einbringung in ein Gemeinschaftsunternehmen; ausgeklammert ist lediglich die Gründung von Gemeinschaftsunternehmen zusammen mit Großunternehmen.[51] Der Zusammenschluss muss außerdem *freiwillig* erfolgen. Die unfreiwillige Übernahme kleiner oder mittlerer Unternehmen, z. B. durch Aufkäufe über die Börse, ist nicht privilegiert.

2. Bagatellmarktklausel[52]

a) Überblick

26 Die Fusionskontrolle findet nach § 36 Abs. 1 S. 2 Nr. 2 GWB ferner keine Anwendung, wenn ein Markt betroffen ist, auf dem seit mindestens fünf Jahren Waren oder gewerbliche Leistungen angeboten werden *und* auf dem im letzten Kalenderjahr weniger als 15 Mio. Euro umgesetzt wurden. Durch diese Regelung sollen (ebenso wie durch die 2. Inlandsschwelle des § 35 Abs. 1 Nr. 2 GWB von 2009, Rn. 9) Bagatellmärkte ohne gesamtwirtschaftliche Relevanz aus dem Anwendungsbereich der Fusionskontrolle ausgeklammert werden, selbst wenn sich auf ihnen Großunternehmen (s. § 35 Abs. 1 GWB) betätigen.[53] Bei der Berechnung des Marktvolumens sind die §§ 36 Abs. 2 und 38 GWB zu beachten.

27 Ursprünglich waren durch die Bagatellmarktklausel generell Zusammenschlüsse freigestellt, die Märkte betrafen, auf denen im letzten Kalenderjahr weniger als zehn Mio. DM umgesetzt worden waren. Diese Regelung schoss jedoch über ihr Ziel hi-

---

[48] Vgl. die Begr. z. RegE, BT-Drs. VI/2520, S. 32.

[49] *KG* AG 1979, 226 = WuW/E OLG 2120 – Mannesmann/Brueninghaus; kritisch dazu *Schulte,* AG 1998, 297 (305 f.).

[50] BGHZ 77, 279 (283) = NJW 1980, 2583; *BGH* LM § 24 GWB Nr. 5 = NJW 1980, 1389 = AG 1980, 221 (223); WuW/E BGH 1763 = AG 1981, 219.

[51] *KG* WuW/E OLG 2507 = AG 1982, 74 – Veba/Stadtwerke Wolfenbüttel; WuW/E OLG 3469 = AG 1985, 307 – Thüga; *BKartA* WuW/E DE-V 677 (679 Tz. 25) – RWE Nord; s. *Rottnauer,* WuW 1993, 369 (370, 376).

[52] S. dazu z. B. *Henschen/Koch,* WuW 2009, 1127; *Zigelski,* WuW 2009, 1261.

[53] *BGH* LM § 22 GWB Nr. 25 = NJW 1996, 1820 – HaGe Kiel/RHG Hannover; WM 2007, 2343 (2345 Tz. 16) – Sulzer/Kelmix.

naus, da sie zur Folge hatte, dass auch Märkte in der *Entwicklungsphase* von der Fusionskontrolle ausgenommen wurden. Deshalb war bereits 1980 in die Bagatellmarktklausel als weitere Voraussetzung eingefügt worden, dass auf dem Markt schon seit mindestens *fünf* Jahren Waren oder gewerbliche Leistungen angeboten werden. Märkte in der Entwicklungsphase unterliegen seitdem der Fusionskontrolle.[54] Durch die 6. GWB-Novelle von 1998 wurde die Umsatzschwelle auf 15 Mio. Euro angehoben, um die Fusionskontrolle weiter zu entlasten.[55] Zugleich wurde jedoch seinerzeit die Bagatellmarktklausel in die *formelle* Fusionskontrolle verschoben, so dass sie damals auch bei der Prüfung der Anmeldepflicht nach § 39 zu berücksichtigen war. Wegen der damit verbundenen Schwierigkeiten ist schließlich durch die 8. GWB-Novelle von 2013 die Klausel wieder in die *materielle* Fusionskontrolle zurückverlagert worden (jetzt § 36 Abs. 1 S. 2 Nr. 2 GWB). Die Folge ist, dass ein Zusammenschluss unter den Voraussetzungen der Bagatellmarktklausel (versteht sich: sofern die übrigen Voraussetzungen vorliegen) fortan wieder angemeldet werden muss, indessen vom Bundeskartellamt nicht untersagt werden kann.[56]

b) Voraussetzungen

Die Anwendung der Bagatellmarktklausel setzt nach § 36 Abs. 1 S. 2 Nr. 2 GWB voraus, dass gerade der durch den Zusammenschluss betroffene Markt durch ein geringes Marktvolumen gekennzeichnet ist. Gemeint ist damit für den Regelfall der Markt, auf dem sich der Zusammenschluss vollzieht und auf dem eines der beteiligten Unternehmen infolgedessen eine marktbeherrschende Stellung begründet oder verstärkt.[57] In Ausnahmefällen können jedoch auch Drittmärkte in diesem Sinne betroffen sein.[58] Für die **sachliche Marktabgrenzung** gelten in diesem Zusammenhang dieselben Regeln wie bei § 18 GWB. Handelt es sich z. B. um den Zusammenschluss eines Gasversorgungsunternehmens mit einem Stromversorgungsunternehmen, so ist der gesamte Strommarkt, der eine Einheit bildet, betroffen und nicht etwa nur der kleine Teilmarkt, auf dem Gas und Strom austauschbar sind.[59] Wenn ein Zusammenschluss gleichzeitig mehrere Märkte betrifft, die wenigstens zum Teil nicht unter die Bagatellmarktklausel fallen, findet diese gleichfalls insgesamt keine Anwendung.[60] 28

Der **räumlich relevante Markt** ist dagegen mit Rücksicht auf den Zweck der Regelung, Fusionen mit marginaler Bedeutung für Deutschland von der Fusionskontrolle auszunehmen (Rn. 26), entgegen § 18 GWB auf das *Bundesgebiet* zu beschränken.[61] Aus demselben Grund kommt es für die Umsatzschwelle des § 36 Abs. 1 S. 2 Nr. 2 GWB nur auf die **Inlandsumsätze** mit den fraglichen Waren oder gewerblichen Leistungen an. Maßgebend dafür ist bei Waren allein, ob der *Ort der Lieferung* im Inland liegt, während es keine Rolle spielt, wo die Parteien ihren Sitz haben und wo gegebenenfalls der Kaufvertrag abgeschlossen wurde.[62] 28a

54 Ein Beispiel in *BKartA* TB 1987/88, S. 11, 73f. – Bertelsmann/IBM.

55 S. die Begr. z. RegE, BT-Drs. 13/9720, S. 56 (l. Sp. o.); dazu *Schulte,* AG 1998, 297 (306f.).

56 S. *Bardong,* in: Bien (Hrsg.), Das deutsche Kartellrecht nach der 8. GWB-Novelle, 2013, S. 11 (62ff.); *ders.*, NZKart 2013, 303 (306f.).

57 *BKartA* AG 2004, 563 = WuW/E DE-V 937 – DBAG/RSW/KVS.

58 *OLG Düsseldorf* WuW/E DE-R 2622 (2616ff.) – Faber/Basalt.

59 *KG* AG 1985, 307 = WuW/E OLG 3469 – Thüga/Stadtwerke Westerland.

60 *BKartA* WuW/E DE-V 860 (861 Tz. 15) – Alba City/RUWE.

61 BGHZ 174, 12 (15ff. Tz. 14ff.) = AG 2008, 122 – Sulzer/Kelmix; früher sehr str.

62 *OLG Düsseldorf* AG 2013, 758 = NZKart 2013, 299 = WuW/E DE-R 3943 – Lenzing/Kelheim II.

c) Bündeltheorie

29 Die Gleichsetzung des betroffenen Marktes im Sinne des § 36 Abs. 1 S. 2 Nr. 2 GWB mit dem Markt, auf dem sich der Zusammenschluss vollzieht (o. Rn. 28), hat häufig die (fatale) Konsequenz, dass infolge der zunehmenden Anerkennung regionaler und lokaler Märkte im Rahmen der §§ 18 und 36 Abs. 1 GWB, etwa im Handel, immer häufiger Märkte mit einem Volumen unter 15 Mio. Euro auftauchen. Um hier gegenzusteuern, entwickelte das BKartA[63] schon früh die sog. Bündeltheorie, nach der im Rahmen der Bagatellmarktklausel unter im Einzelnen noch nicht endgültig geklärten Voraussetzungen die Umsätze räumlich oder sachlich **benachbarter,** im wesentlichen **übereinstimmender Märkte zusammenzurechnen** sind, sofern die Unternehmen auf ihnen eine einheitliche Unternehmenspolitik verfolgen, so dass die Wettbewerbsbedingungen auf diesen Märkten nicht unabhängig voneinander betrachtet werden können.[64]

30 Die Vereinbarkeit dieser Praxis mit dem Wortlaut des § 36 Abs. 1 S. 2 Nr. 2 GWB ist zweifelhaft. *Für* die *Zusammengehörigkeit* der Märkte i. S. der Bündeltheorie spricht insbesondere eine hohe Angebotsumstellungsflexibilität und die Identität der beteiligten Unternehmen sowie die Verfolgung einer einheitlichen Strategie, etwa infolge des Absatzes der Produkte über dieselben Vertriebswege.[65] Die Bündeltheorie wurde dementsprechend in der Praxis bisher **z. B.** angewandt, wenn sich ein Zusammenschluss gleichmäßig auf mehrere benachbarte Märkte auswirkt,[66] wenn ein marktbeherrschendes Großunternehmen im Rahmen einer wettbewerbsbeschränkenden Gesamtstrategie durch künstliche Marktaufspaltung willkürlich abgegrenzte Teilmärkte mit Volumina von weniger als 15 Mio. Euro schafft[67] sowie wenn die beteiligten Unternehmen über zahlreiche Bagatellmärkte hinweg eine einheitliche Unternehmenspolitik verfolgen.[68] Für die Anwendung der Bündeltheorie ist dagegen *kein* Raum, wenn die benachbarten Märkte erhebliche Unterschiede aufweisen.[69]

VI. Ausnahmebereiche

31 Durch die 8. GWB-Novelle von 2013 sind – durchweg auf Druck der wettbewerbsfeindlichen Länder und Kommunen – erstmals verschiedene Märkte ausdrücklich ganz oder partiell der Fusionskontrolle entzogen worden. Der erste Fall dieser Art ergibt sich aus dem neuen § 35 Abs. 2 S. 2 GWB, nach dem die Fusionskontrolle keine Anwendung auf Zusammenschlüsse durch die Zusammenlegung öffentlicher Einrichtungen und Betriebe findet, die mit einer **kommunalen Gebietsreform** einhergehen. Gemeint sind mit dieser unklaren Formulierung insbesondere Zusammenschlüsse von

63 *BKartA* WuW/E DE-V 203 = AG 2000, 378 (379) – Emerson/NUKEM; NJWE-WettbR 1999, 247 (248) – Bayer. Landesanstalt/MGK; WuW/E DE-V 1507 (1508 f. Tz. 16, 22 ff.).

64 Ebenso grundsätzlich BGHZ 168, 295 (298 Tz. 14 f.) = NJW-RR 2006, 1548 = JuS 2007, 291 Nr. 15 – DBAG/KVS Saarlouis; *BGH* LM § 22 GWB Nr. 25 = NJW 1996, 1820 = AG 1996, 266 (268) – HaGe Kiel/RHG Hannover; s. *K. Westermann/Bergmann,* ZWeR 2006, 216 (230 ff.).

65 *BKartA* WuW/E DE-V 527 (528 f. Tz. 30 ff.) – Marzipanrohmasse; 1306 (1307 f. Tz. 23 ff.) – Strabag/Wehrhahn; AG 2007, Tz. 35 ff. = WuW/E DE-V 1340 – Sulzer/Kelmix.

66 BGHZ 168, 295 (298 Tz. 14 f.) = NJW-RR 2006, 1548 = JuS 2007, 291 Nr. 15 – DBAG/KVS Saarlouis; *BGH* LM § 22 GWB Nr. 25 = NJW 1996, 1820 – HaGe Kiel/RHG Hannover.

67 BGHZ 81, 56 (62 f.) = NJW 1981, 2699 – Transportbeton Sauerland; *OLG Düsseldorf* WuW/E DE-R 2622 (2616 ff.) – Faber/Basalt; *BKartA* WuW/E DE-V 1892 (1897 f.) – Pelikan/Herlitz.

68 *BKartA* WuW/E BKartA 2488 = AG 1991, 183 (185) – BAM/H+W; AG 2000, 378 (379) = WuW/E DE-V 203; NJW-E WettbR 1999, 247 (248); *MK,* 9. HauptGA, Tz. 140 ff.

69 BGHZ 174, 12 (15 ff. Tz. 14 ff.) = AG 2008, 122 – Sulzer/Kelmix.

Sparkassen, Verkehrsunternehmen und Krankenhäusern infolge der verschiedenen kommunalen Gebietsreformen.[70] Die Frage war früher umstritten gewesen und ist jetzt durch die 8. GWB-Novelle im Sinne der ausschließlichen Zuständigkeit der Länder für derartige Zusammenschüsse geklärt.

Der zweite hierher gehörige Fall ergibt sich aus der abgelegenen, während der Beratungen der 8. GWB-Novelle aber am meisten umstrittenen Vorschrift des § 172a SGB V.[71] Zum Verständnis dieser eigenartigen Regelung muss man sich Folgendes vergegenwärtigen: Wie schon weiter oben ausgeführt (§ 20 Rn. 20), sind nach einer verbreiteten Meinung die deutschen **Krankenkassen** keine Unternehmen im Sinne des GWB. Daraus hatten verschiedene LSGe den Schluss gezogen, dass das GWB – entgegen der früheren Praxis des BKartA – auch auf freiwillige Zusammenschlüsse von Krankenkassen keine Anwendung mehr finden könne.[72] Deshalb wollte die Bundesregierung ursprünglich durch die 8. GWB-Novelle die weitere Anwendbarkeit des GWB auf solche Zusammenschlüsse klarstellen,[73] stieß damit indessen auf den erbitterten Widerstand der zahllosen Wettbewerbsfeinde in den Ländern und bei den Sozialversicherungsträgern. 32

Durch die Auseinandersetzung über diese Frage wurde das Inkrafttreten der 8. GWB-Novelle buchstäblich um ein halbes Jahr verzögert. Das Ergebnis war ein Musterbeispiel eines faulen politischen Kompromisses: Das Gesetz findet danach zwar wieder gemäß § 172a SGB V auf freiwillige Zusammenschlüsse von Krankenkassen grundsätzlich Anwendung, wobei das Bundeskartellamt an das „Benehmen" (nicht also an die Zustimmung) der zuständigen Aufsichtsbehörde gebunden ist. Im Falle der Untersagung des Zusammenschlusses durch das Amt führt der Rechtsweg indessen nicht, wie es sich gehörte, zu den ordentlichen Gerichten, sondern zu den notorisch wettbewerbsfeindlichen Sozialgerichten (§§ 29 Abs. 3 Nr. 4, 202 S. 3 SGG), – womit sich die Angelegenheit „erledigt" haben dürfte. Eine Fusionskontrolle, die diesen Namen verdiente, ist unter diesen Umständen nicht mehr möglich, – während zugleich die Verlustliste der deutschen Wettbewerbspolitik wieder ein großes Stück länger geworden ist.[74] 33

§ 33. Zusammenschluss

Literatur: S. o. vor § 15 und vor § 31 sowie *Kommission,* Konsolidierte Mitteilung über Zuständigkeitsfragen v. 2008, ABl. Nr. C 95/1; *Albert,* Patente in der Fusionskontrolle, 2011; *M. Karl,* Der Zusammenschlussbegriff in der Europäischen Fusionskontrollverordnung, 1995; *Kerber,* Die Unternehmensentflechtung nach dem GWB, 1987; *Paschke,* Der Zusammenschlussbegriff des Fusionskontrollrechts, 1989; *P. Pohlmann,* Der Unternehmensverbund im europäischen Kartellrecht, 1999; *Staudenmayer,* Der Zusammenschlussbegriff in Art. 3 der EG-Fusionskontrollverordnung, 2002; *Stein,* Der wettbewerblich erhebliche Einfluß in der Fusionskontrolle, 1994; *K.-D. Stephan,* Die Anwendung des Zusammenschlussbegriffs auf Personalgesellschaften, 1989.

[70] *Bechtold,* GWB, § 35 Rn. 44ff.

[71] S. dazu im Einzelnen IM/*Emmerich,* Bd. II, 2014, § 130 Rn. 36ff.; *Bechtold,* NZKart 2013, 263 (268f.); *Burholt,* WuW 2013, 1164; *H. Schweitzer,* in: Bien (Hrsg.), Das deutsche Kartellrecht nach der 8. GWB-Novelle, 2013, S. 157 (174ff.).

[72] S. u. § 37 Rn. 5; insbes. *LSG Hessen-Darmstadt* NZS 2012, 177.

[73] S. die Begr. z. RegE von 2012 (BT-Drs. 17/9852), S. 22, 36ff.

[74] S. im Einzelnen IM/*Emmerich,* Bd. II, 2014, § 130 Rn. 36ff.; *Burholt,* WuW 2013, 1164 (1167, 1173ff.); *H. Schweitzer,* in: Bien (Hrsg.), Das deutsche Kartellrecht nach der 8. GWB-Novelle, 2013, S. 157 (160, 174ff.).

I. Überblick

1 Das Gesetz wendet sich in § 36 Abs. 1 GWB unter bestimmten Voraussetzungen gegen „Zusammenschlüsse" von Unternehmen i. S. d. § 37 GWB. Die Prüfung eines Zusammenschlussvorhabens hat daher mit der Frage zu beginnen, ob überhaupt ein „Zusammenschluss" i. S. d. § 37 GWB vorliegt (der nach § 35 GWB in den Anwendungsbereich des Gesetzes fällt, s. dazu o. § 32). Vorläufer des § 37 GWB war § 23 Abs. 2 bis Abs. 4 GWB i. d. F. von 1973. Während sich jedoch das Gesetz in § 23 Abs. 2 a. F. noch auf die Aufzählung einzelner Zusammenschlusstatbestände beschränkte, enthält § 37 Abs. 1 Nr. 2 GWB heute mit dem Tatbestand des Kontrollerwerbs im Anschluss an Art. 3 FKVO eine **Generalklausel,** mit der im Grunde jedenfalls die große Mehrzahl der einschlägigen Fälle bereits erfasst werden könnte (u. Rn. 8f. und u. Rn. 45ff.).

2 Die Gesetzesverfasser haben gleichwohl, vor allem, um die Entstehung neuer Schutzlücken zu vermeiden, neben der Generalklausel des Kontrollerwerbs (o. Rn. 1) an einer Reihe der **Einzeltatbestände** aus dem alten § 23 Abs. 2 GWB i. d. F. von 1973 festgehalten, obendrein noch ergänzt um einen weiten Umgehungstatbestand: Die Einzeltatbestände finden sich in der Nr. 1 (Vermögenserwerb; u. Rn. 3ff.) und in der Nr. 3 des § 37 Abs. 1 GWB (Anteilserwerb; u. Rn. 20ff.), während die Nr. 4 des § 37 Abs. 1 GWB heute als Umgehungstatbestand fungiert (u. Rn. 45ff.). Ein weiterer Umgehungstatbestand in Gestalt des § 38 Abs. 5 S. 3 GWB ist mit der 8. GWB-Novelle von 2013 hinzugetreten, der sich gegen die so genannte Salamitaktik wendet (u. Rn. 50). Die notwendige Folge dieses **Kombinationsmodells** ist, dass sich jetzt die einzelnen Zusammenschlusstatbestände in vielfältiger und verwirrender Weise überschneiden.

II. Vermögenserwerb

3 Als Zusammenschluss bezeichnet die Nr. 1 des § 37 Abs. 1 GWB zunächst den Erwerb des Vermögens eines anderen Unternehmens ganz *oder* zu einem wesentlichen Teil. Darunter fällt jeder Zusammenschluss durch abgeleiteten Erwerb des Vermögens eines anderen Unternehmens ganz oder zu einem wesentlichen Teil ohne Rücksicht darauf, ob der Erwerb auf Vertrag oder Gesetz beruht.[1] Der Tatbestand deckt sich im Kern mit dem des Kontrollerwerbs infolge der Erlangung von Eigentumsrechten an einer Gesamtheit oder Teilen des Vermögens eines anderen Unternehmens (Nr. 2 S. 2 lit. a des § 37 Abs. 1 GWB; s. u. Rn. 8ff., 14).

4 Unter dem **Vermögen** eines Unternehmens versteht man in diesem Zusammenhang sämtliche geldwerten Güter und Rechte einschließlich der subjektiven Rechte und Chancen eines Unternehmens, sofern sie nur im Verkehr gehandelt werden, d. h. letztlich das gesamte sachliche Substrat der Marktstellung des Unternehmens.[2] **Beispiele** sind neben Sachgütern aller Art wertvolle Schutzrechte wie insbesondere Patente sowie etwa noch die Titel- und Verlagsrechte an einer Zeitung, die Kundenbeziehungen eines Anzeigenblattes, wichtige Lieferverträge oder eine Marke.[3]

---

[1] BGHZ 119, 117 (125f.) = AG 1993, 36 = (gekürzt) NJW 1993, 264 – Melitta/Kraft (Frapan); dagegen *K. u. U. Quack,* FS Geiß, 2000, S. 645 (647ff.).

[2] S. *KG* WuW/E OLG 3591 = AG 1986, 230 – Coop/Supermarkt; WuW/E OLG 4095 = AG 1988, 306 – Weiß-Gruppe/SW-Verlag.

[3] BGHZ 119, 117 (124f.) = AG 1993, 36 – Melitta/Kraft (Frapan); *KG* WuW/E OLG 4637 = AG 1991, 276 (277) – Bote vom Grabfeld/Mainpost; *BKartA* AG 1999, 426 – TLZV/WAZ; WuW/E DE-V 195

Die Art des abgeleiteten Erwerbs spielt keine Rolle. Dem Kauf von Vermögensteilen stehen daher z. B. die Verschmelzung, die übertragende Umwandlung sowie die Vermögensübertragung im Wege der Liquidation oder bei Auflösung eines Gemeinschaftsunternehmens gleich.[4] Erforderlich ist lediglich, dass es infolge des fraglichen Vorgangs zu einer *Vollrechtsübertragung* kommt, weil andernfalls nicht von einem „Erwerb" von Vermögensteilen die Rede sein kann.[5] Die Begründung bloßer *Nutzungsrechte* an dem Vermögen eines Unternehmens reicht daher für die Anwendung der Nr. 1 des § 37 Abs. 1 GWB *nicht* aus, wohl aber gegebenenfalls für die der Nr. 2 S. 2 lit. a des § 37 Abs. 1 GWB.[6] Hinzu kommen muss noch, dass der veräußerte Vermögensteil wesentlich ist (u. Rn. 6f.). 5

Durch das zusätzliche Erfordernis der **Wesentlichkeit** des erworbenen Vermögensteils soll verhindert werden, dass die Fusionskontrolle bereits durch den Erwerb untergeordneter, d. h. unwesentlicher Vermögensteile ausgelöst wird. Zugleich hat das Merkmal der Wesentlichkeit des erworbenen Vermögensteils die Aufgabe, das der Fusionskontrolle unterliegende **externe Wachstum** von Unternehmen von ihrem (zulässigen) internen Wachstum, und zwar auch in Gestalt des Erwerbs weiterer Vermögensrechte, abzugrenzen.[7] Ein erworbener Vermögensteil kann daher nur als wesentlich angesehen werden, wenn er im Verhältnis zum Gesamtvermögen des Veräußerers **quantitativ ausreichend hoch** ist *oder* wenn er unabhängig davon **qualitativ von Bedeutung** ist, insbesondere, weil es sich bei ihm um eine wirtschaftliche Funktionseinheit für ein spezielles Produktions- oder Vertriebsziel handelt, durch das die Stellung des Veräußerers auf dem betreffenden Markt begründet wurde; denn schon dann kann durch den Erwerb dieses Vermögensteils die Position des Erwerbers auf dem Markt verändert werden, so dass eine Kontrolle des Vorgangs nach § 36 Abs. 1 GWB geboten erscheint.[8] Unerheblich ist dagegen die absolute Größe des veräußerten Vermögensteils.[9] Ein **Indiz** für die Wesentlichkeit eines Vermögensteils kann insbesondere die Höhe des Kaufpreises sein, da jedenfalls sehr hohe Kaufpreise nur für die Übertragung des Substrats bereits bestehender Marktstellungen gezahlt zu werden pflegen.[10] 6

Der Erwerb einer größeren selbstständigen Betriebsstätte oder Filiale dürfte danach wohl ausnahmslos einen Zusammenschluss im Sinne der Nr. 1 des § 37 Abs. 1 GWB darstellen. Wesentliche Vermögensteile sind ferner **z. B.** 59 Tankstellen, die eine Mineralölgesellschaft von einer anderen durch einen einheitlichen Vertrag erwirbt,[11] drei 7

(197) = NJWE-WettbR 2000, 126 – Westfälische Ferngas/Westfälische Gasversorgung (VEW); WuW/E DE-V 1754 Tz. 21 – shz/Blickpunkt; *Albert,* Patente in der Fusionskontrolle, 2011, S. 54ff.

4 *KG* WuW/E OLG 2007f.

5 BGHZ 170, 130 (132) = NJW 2007, 1820 Tz. 9 = JuS 2007, 784 Nr. 13 – National Geographic I.

6 BGHZ 170, 130 (132) = NJW 2007, 1820 Tz. 9 – National Geographic I; s. u. Rn. 14.

7 S. BGHZ 170, 130 (132f. Tz. 11) = NJW 2007, 1820 = JuS 2007, 784 Nr. 13 – National Geographic I.

8 BGHZ 65, 269 (271f.) = NJW 1976, 243 – Zementmahlanlage I; BGHZ 119, 117 (121f.) = AG 1993, 36 – Melitta/Kraft (Frapan); BGHZ 170, 130 (132f. Tz. 11) = NJW 2007, 1820 = JuS 2007, 784 Nr. 13 – National Geographic I; *BKartA* WuW/E DE-V 527 – Schwartau/Rösch und Moll; 1135 (1136) – MS V/PVN; 1289 (1291) – Synthes/AO-ASIF.

9 BGHZ 65, 296 (272f.) = NJW 1976, 243 – Zementmahlanlage I; BGHZ 74, 172 (177f.) = NJW 1979, 2105 – Nähmaschinen; BGHZ 119, 117 (121ff.) = AG 1993, 36 – Melitta/Kraft (Frapan); *BGH* LM § 24 GWB Nr. 5 = NJW 1980, 1389 – Zementmahlanlage II; WuW/E BGH 1763 (1771) = AG 1981, 219 – Makadamwerk Schwaben/Teerbau.

10 *BKartA* WuW/E DE-V 1289 (1291) – Synthes/AO-ASIF.

11 *OLG Düsseldorf* WuW/E DE-R 3000 (3001f.) – OMV/Total.

Einzelhandelsgeschäfte in einer Großstadt,[12] bei Anzeigenblättern die Mietverträge, der Auftragsbestand, der Abonnentenstamm sowie die Verlags- und Titelrechte,[13] ferner das Zementwerk eines großen Stahlunternehmens,[14] eine bekannte Marke in Verbindung mit dem zugehörigen Teilgeschäftsbetrieb,[15] sowie etwa noch ein Grundstück, auf dem das Lager eines Landhändlers betrieben wird, sofern alle wesentlichen Geschäftsbeziehungen über dieses Lager laufen.[16]

III. Kontrollerwerb

1. Überblick

8 Nach Nr. 2 S. 1 des § 37 Abs. 1 GWB liegt ein Zusammenschluss ferner in dem Erwerb der unmittelbaren *oder* mittelbaren Kontrolle durch ein *oder* mehrere Unternehmen über die Gesamtheit *oder* Teile eines *oder* mehrerer anderer Unternehmen. S. 2 der Vorschrift fügt hinzu, dass die Kontrolle durch Rechte, Verträge und andere Mittel begründet wird, die einzeln oder zusammen unter Berücksichtigung aller tatsächlichen und rechtlichen Umstände die Möglichkeit gewähren, einen bestimmenden Einfluss auf die Tätigkeit eines Unternehmens auszuüben, insbesondere durch Eigentums- oder Nutzungsrechte an einer Gesamtheit oder an Teilen des Vermögens des Unternehmens (lit. a) oder durch Rechte oder Verträge, die einen bestimmenden Einfluss auf die Zusammensetzung, die Beratungen oder Beschlüsse der Organe des Unternehmens gewähren (lit. b).

9 Vorbild dieses Zusammenschlusstatbestandes sind Abs. 1 lit. b und Abs. 2 des **Art. 3 FKVO.** Abs. 3 der genannten Vorschrift fügt noch hinzu, dass die Kontrolle für Personen oder Unternehmen begründet wird, die aus diesen Rechten oder Verträgen selbst berechtigt sind (lit. a) oder die, obwohl sie aus diesen Rechten oder Verträgen nicht selbst berechtigt sind, die Befugnis haben, die sich daraus ergebenden Rechte auszuüben (lit. b). § 37 Abs. 1 Nr. 2 GWB stimmt im Wesentlichen wörtlich mit Art. 3 Abs. 1 lit. b und Abs. 2 FKVO überein, woraus sich, schon mit Rücksicht auf den Vorrang des Unionsrechts, die Notwendigkeit ergibt, § 37 Abs. 1 Nr. 2 GWB grundsätzlich ebenso wie Art. 3 Abs. 1 lit. b und Abs. 2 FKVO auszulegen.[17] Wegen der Einzelheiten kann daher auf die Ausführungen zu Art. 3 FKVO verwiesen werden (o. § 15 Rn. 4 ff.).

10 Durch die Übernahme der „flexiblen Generalklausel" des **Kontrollerwerbs** (Art. 3 Abs. 1 lit. b und Abs. 2 FKVO) ins deutsche Recht sollen seit 1998 sämtliche rechtlichen Konstruktionen erfasst werden, mit denen ein **steuernder unternehmerischer Einfluss auf ein Zielunternehmen** erreicht wird. Ergänzend sind die Umgehungstatbestände des § 37 Abs. 1 Nr. 4 GWB und des § 38 Abs. 5 S. 3 GWB zu beachten.

[12] *KG* WuW/E OLG 3591 = AG 1986, 230 – Coop SH/Deutscher Supermarkt.

[13] *KG* WuW/E OLG 4095 = AG 1988, 306 – Weiß-Gruppe/SW-Verlag; AG 1991, 276 (277) = WuW/E OLG 4637 – Bote vom Grabfeld/Main-Post; *BKartA* AG 1984, 164 – Panorama; AG 1999, 426 – TLZV/WA; WuW/E DE-V 1754 Tz. 21 – shz/Blickpunkt.

[14] BGHZ 65, 269 (272 f.) = NJW 1976, 243; *BGH* WuW/E BGH 1655.

[15] BGHZ 119, 117 (121, 127 ff.) = AG 1993, 36 – Melitta/Kraft (Frapan).

[16] *BKartA* WuW 2011, 961 – ZG Raiffeisen.

[17] *OLG Düsseldorf* WuW/E DE-R 1504 (1507) – National Geographic.

2. Begriff

11 Was das Gesetz in S. 1 des § 37 Abs. 1 Nr. 2 GWB unter der (unmittelbaren oder mittelbaren) Kontrolle über ein anderes Unternehmen versteht, ergibt sich aus S. 2 der Vorschrift sowie aus Art. 3 Abs. 2 FKVO. „Kontrolle“ ist danach gleichbedeutend mit der Möglichkeit, einen **bestimmenden Einfluss** auf die Tätigkeit eines anderen Unternehmens auszuüben, und zwar insbesondere durch die Begründung eines Einflusses auf die Zusammensetzung, die Beratungen und die Beschlüsse der Organe des Beteiligungsunternehmens (s. § 37 Abs. 1 Nr. 2 S. 2 lit. b GWB). Wenn ein Unternehmen diese Möglichkeiten erlangt, wird das andere Unternehmen, das sog. Beteiligungsunternehmen, im Zweifel von ihm zugleich im Sinne des § 17 AktG abhängig sein, weil der Kern der Abhängigkeit ebenfalls in der so genannten *Personalhoheit* über das andere Unternehmen, das Beteiligungsunternehmen besteht.[18] Der Begriff der Kontrolle in § 37 Abs. 1 Nr. 2 GWB deckt sich deshalb im Kern mit dem der **Abhängigkeit in § 17 AktG** (s. dazu schon o. § 32 Rn. 12ff.).

12 Unter Art. 3 Abs. 1 lit. b und Abs. 2 FKVO werden freilich unter engen Voraussetzungen auch Fälle einer bloßen *wirtschaftlichen* Abhängigkeit subsumiert, etwa aufgrund langfristiger Lieferverträge oder von Lieferantenkrediten, jedenfalls in Verbindung mit strukturellen Verflechtungen (s. o. § 15 Rn. 7). Dagegen wird in Deutschland bisher überwiegend ebenso wie bei § 17 AktG angenommen, dass die Abhängigkeit *gesellschaftsrechtlich vermittelt* sein muss, so dass eine bloße tatsächliche oder wirtschaftliche Abhängigkeit nicht in den Anwendungsbereich der Fusionskontrolle führt.[19] Ebenso wenig werden bloße *vorübergehende,* jederzeit wieder rückgängig zu machende Abhängigkeitsbeziehungen erfasst. Die Beherrschungsmöglichkeit muss vielmehr ebenso wie bei § 17 AktG *auf Dauer* angelegt sein[20]

3. Mittel

13 Als Mittel des Kontrollerwerbs nennt das Gesetz im Anschluss an Art. 3 Abs. 2 FKVO in S. 2 des § 37 Abs. 1 Nr. 2 GWB beispielhaft Rechte, Verträge und andere Mittel, „insbesondere“ Eigentums- oder Nutzungsrechte an einer Gesamtheit oder an Teilen des Vermögens des Unternehmens (§ 37 Abs. 1 Nr. 2 lit. a GWB; u. Rn. 14) sowie Rechte oder Verträge, die einen bestimmenden Einfluss auf die Zusammensetzung, die Beratungen oder die Beschlüsse der Organe des anderen Unternehmens gewähren (§ 37 Abs. 1 Nr. 2 lit. b GWB; u. Rn. 15ff.).

a) Eigentums- oder Nutzungsrechte

14 Der erste Fall, d. h. der Erwerb von Eigentums- oder Nutzungsrechten an dem Vermögen *oder* an Teilen des Vermögens des anderen Unternehmens (lit. a des § 37 Abs. 1 Nr. 2 S. 2 GWB), dürfte sich im Kern mit dem des Vermögenserwerbs im Sinne der Nr. 1 des § 37 Abs. 1 GWB decken (s. o. Rn. 3), geht aber insofern weiter, als er auch den Erwerb von Nutzungsrechten umfasst (s. o. Rn. 5). Aus dieser weitgehenden Deckung der beiden Tatbestände der Nr. 1 und Nr. 2 S. 2 lit. a des § 37 GWB ergibt sich die Notwendigkeit, zwecks Vermeidung von Wertungswidersprüchen den Anwendungsbereich der lit. a des § 37 Abs. 1 Nr. 2 S. 2 GWB ebenso wie den der Nr. 1 des

[18] Ebenso *Bechtold,* GWB, § 37 Rn. 10; *Emmerich/Habersack,* Konzernrecht, § 3 Rn. 18ff. (S. 44f.).
[19] Wiedemann/*Richter,* § 19 Rn. 77, 92.
[20] *BGH* WuW/E DE-R 2579 – G+J/RBA; *Bechtold,* GWB, § 37 Nr. 12.

§ 37 Abs. 1 GWB grundsätzlich auf den Erwerb der Kontrolle über **wesentliche Teile** des Vermögens eines anderen Unternehmens zu beschränken, die dem Erwerber den Eintritt in die bereits bestehende Marktstellung des Veräußerers ermöglichen, weil (nur) dann die Notwendigkeit einer Kontrolle anhand des § 36 GWB besteht.[21]

14a Die lit. a der Nr. 2 S. 2 des § 37 Abs. 1 GWB geht jedoch, wie bereits betont, insofern über die Nr. 1 hinaus, als sie auch den Erwerb bloßer **Nutzungsrechte** an der Gesamtheit oder an (wesentlichen) Teilen des Vermögens eines Unternehmens erfasst. Das wichtigste Beispiel für diesen Fall sind **Lizenzen** an wertvollen Schutzrechten,[22] vorausgesetzt, dass dieser Vermögensteil ein von dem übrigen Vermögen abtrennbares Vermögen eines Unternehmens darstellt, das die tragende Grundlage, d. h. das *Substrat* seiner Marktstellung bildet.[23] Ferner gehören hierher insbesondere noch **Betriebspacht-** und Betriebsüberlassungsverträge im Sinne des § 292 Abs. 1 Nr. 3 AktG, weil ihre Folge gleichfalls das Recht zur Nutzung des fremden Unternehmensvermögens ist.

b) Rechte oder Verträge

15 Als Mittel des Kontrollerwerbs nennt das Gesetz in der lit. b des § 37 Abs. 1 Nr. 2 S. 2 GWB ferner Rechte oder Verträge, die einen bestimmenden Einfluss auf die Zusammensetzung, die Beratungen oder die Beschlüsse der Organe des anderen Unternehmens d. h. des Beteiligungsunternehmens gewähren. Dies ist der wichtigste Zusammenschlussfall überhaupt, weil darunter auch der Anteilserwerb im Sinne der Nr. 3 des § 37 Abs. 1 GWB fällt (u. Rn. 20 ff.).

16 Ein **Mehrheitserwerb** führt daher in jedem Fall in den Anwendungsbereich der Fusionskontrolle.[24] Aber auch eine bloße **Minderheitsbeteiligung** kann für die Annahme eines Kontrollerwerbs ausreichen, sofern die Beteiligung aus rechtlichen oder tatsächlichen Gründen dem Erwerber eine Einflussmöglichkeit i. S. d. § 37 Abs. 1 Nr. 2 GWB auf das Beteiligungsunternehmen eröffnet, wovon bereits auszugehen ist, wenn die Minderheitsbeteiligung wegen der niedrigen Hauptversammlungspräsenz in der Regel eine Hauptversammlungsmehrheit verleiht (s. o. § 15 Rn. 9) oder wenn sie mit zusätzlichen vertraglichen Einflussrechten verbunden ist, sofern sie dem beteiligten Unternehmen die Möglichkeit eröffnen, das Verhalten des Beteiligungsunternehmen in seinem Interesse zu steuern.[25] Ebenso zu behandeln ist schließlich die häufige Aufstockung einer Minderheitsbeteiligung, etwa von 25% auf 40%, vorausgesetzt, dass dadurch *erstmals* ein bestimmender Einfluss auf das Beteiligungsunternehmen begründet wird.[26] In sämtlichen genannten Fällen dürfte außerdem der Umgehungstatbestand der **Nr. 4** des § 37 Abs. 1 GWB erfüllt sein (Rn. 45).

17 Bei den **Verträgen,** die einen bestimmenden Einfluss auf ein anderes Unternehmen gewähren, hat das Gesetz in § 37 Abs. 1 Nr. 2 lit. b GWB in erster Linie die *Beherrschungsverträge* des § 291 Abs. 1 S. 1 Fall 1 AktG im Auge, durch die ein Unterord-

[21] BGHZ 170, 130 (132) = NJW 2007, 1820 – National Geographic I; ein Beispiel in *EuG* Slg. 1994, II-121 (169 Tz. 100) – Air France I.

[22] *Albert,* Patente, 2011, S. 56 ff.

[23] BGHZ 170, 130 (134) = NJW 2007, 1820 – National Geographic I.

[24] S. u. Rn. 24; *Kommission,* Mitteilung, Tz. 56; Begr. z. RegE, BT-Drs. 13/9720, S. 43 (r. Sp.).

[25] *BKartA* WuW/E DE-V 1072 (1073 ff.) – Volksfreund/TW Wochenspiegel.

[26] *Schulte,* AG 1998, 277 (304).

nungskonzern nach § 18 Abs. 1 S. 2 AktG begründet wird. Aber auch Gewinnabführungsverträge (§ 291 Abs. 1 S. 1 Fall 2 AktG) und Betriebspachtverträge (§ 292 Abs. 1 Nr. 3 AktG) kommen je nach den Umständen des Falles als Mittel des Kontrollerwerbs in Betracht.[27] Unerheblich ist die etwaige Unwirksamkeit des Vertrages, z. B. wegen eines Formmangels (s. § 294 AktG), sofern der Vertrag nur tatsächlich durchgeführt wird.[28]

c) Sonstige Mittel

Die Aufzählung der Mittel des Kontrollerwerbs in § 37 Abs. 1 Nr. 2 S. 2 GWB (o. Rn. 14–17) ist nicht abschließend („... insbesondere ...“), so dass auch noch andere Mittel denkbar sind. In Betracht kommen vor allem noch personelle **Verflechtungen**[29] sowie zusätzliche Bestimmungen in der **Satzung** des Beteiligungsunternehmens, die dem Erwerber einen bestimmenden Einfluss auf die Geschäftsführung des Beteiligungsunternehmens verleihen. Das Gesetz hatte diese eigenartigen Fälle früher in erster Linie mit dem Umgehungstatbestand des § 23 Abs. 2 Nr. 2 S. 4 GWB a. F. erfasst, nach dem als Zusammenschluss auch der Erwerb von Anteilen galt, soweit dem Erwerber durch Vertrag, Satzung, Gesellschaftsvertrag oder Beschluss eine Rechtsstellung verschafft wurde, die bei einer AG ein Aktionär mit mehr als 25 % des stimmberechtigten Kapitals innehat.[30] Dieser Umgehungstatbestand wurde als erfüllt angesehen, wenn der betreffende Gesellschafter, sei es aufgrund der Satzung, sei es aufgrund zusätzlicher Abreden, in der Lage war, wichtige Grundlagenentscheidungen bei der Beteiligungsgesellschaft zu verhindern (sog. **Sperrecht**) *oder* wenn er einen rechtlich **abgesicherten Einfluss** auf die Geschäftsführung der Gesellschaft besaß. Heute liegt in den genannten Fällen durchweg ein Kontrollerwerb durch sonstige Mittel im Sinne des § 37 Abs. 1 Nr. 2 GWB oder doch eine sonstige Verbindung von Unternehmen im Sinne der Nr. 4 des § 37 Abs. 1 GWB vor (s. Rn. 47 ff.). 18

Beispiele aus der früheren Praxis sind die Verbindung einer Beteiligung unter 25 % mit einem Vetorecht des Erwerbers bei den meisten Grundlagenentscheidungen oder mit einem Mitwirkungsrecht bei der Besetzung der Geschäftsführung oder bei wichtigen Geschäftsführungsmaßnahmen.[31] Für *Personengesellschaften* ergibt sich daraus, dass für die Annahme eines Zusammenschlusses, solange die Gesellschafter an dem Einstimmigkeitsprinzip festhalten (§ 311 Abs. 1 BGB; § 119 Abs. 1 HGB), bereits jede noch so geringe Beteiligung genügt, weil damit bereits ein Sperrecht bei allen Ent- 19

---

[27] S. *BKartA* TB 2001/2002, S. 17; *J. Hoffmann,* AG 1999, 538 (540 f.); *Jickeli,* GS Sonnenschein, 2003, S. 463 (470 ff.); s. schon o. Rn. 14.

[28] S. *KG* AG 1990, 163 = WuW/E OLG 4379 – Flensburger Zeitungsverlag/SH Landeszeitung.

[29] S. § 23 II Nr. 4 a. F. und dazu *J. Hoffmann,* AG 1999, 538 (541 f.); *Kerber,* Die Unternehmensentflechtung nach dem GWB, 1987, S. 276 ff.; *Paschke,* Der Zusammenschlussbegriff des Fusionskontrollrechts, 1989, S. 23 ff.; *K.-D. Stephan,* Die Anwendung des Zusammenschlussbegriffs auf Personalgesellschaften, 1989, S. 175 ff.; ein Beispiel in *BKartA* WuW 1998, 570 – TÜV Hannover/TÜV Nord.

[30] S. dazu *Kellermann,* FS Pfeiffer, 1988, S. 609; *Kerber,* Die Unternehmensentflechtung nach dem GWB, 1987, S. 201 ff.; *Paschke,* Der Zusammenschlussbegriff des Fusionskontrollrechts, 1989, S. 27 ff.; *K.-D. Stephan,* Die Anwendung des Zusammenschlussbegriffs auf Personalgesellschaften, 1989, S. 122 ff.

[31] BGHZ 119, 346 (350 ff.) = NJW 1993, 1265 = AG 1993, 140 – Springer/Beig (Pinneberger Tageblatt); BGHZ 121, 137 (151 f.) = AG 1993, 334 – WAZ/IKZ; *BGH* LM § 23 GWB Nr. 14 = NJW-RR 1986, 1422 – SZ/Donaukurier; LM § 23 GWB Nr. 20 = NJW 1998, 2444 – Hastra/Stadtwerke Garbsen.

scheidungen verbunden ist.[32] Das gilt sogar für die Beteiligung als Kommanditist unter dem gesetzlichen Regelstatut der KG (§§ 119, 161 Abs. 2, 164 HGB).[33]

IV. Anteilserwerb

1. Überblick

20 Als Zusammenschluss gilt nach der Nr. 3 S. 1 des § 37 Abs. 1 GWB ferner der Erwerb von Anteilen an einem anderen Unternehmen, sofern infolgedessen der Anteilsbesitz des Erwerbers bei Berücksichtigung der ihm schon gehörenden Anteile 25 % oder 50 % des Kapitals *oder* der Stimmrechte des Beteiligungsunternehmens erreicht. Korreliert die Kapitalbeteiligung nicht mit der Zahl der Stimmrechte, z. B. bei Mehrstimmrechtsaktien oder bei stimmrechtslosen Vorzugsaktien (§§ 12, 139 ff. AktG; § 5 EGAktG), so genügt es, wenn die Schwellenwerte bei den Anteilen am Kapital *oder* bei den Stimmrechten erreicht werden. S. 2 der Vorschrift fügt hinzu, dass zu den Anteilen, die einem Unternehmen gehören, auch diejenigen Anteile rechnen, die einem anderen *für Rechnung* dieses Unternehmens gehören (sog. Zurechnungsklausel, s. u. Rn. 26 ff.).

21 Der Anwendungsbereich der Nr. 3 des § 37 Abs. 1 GWB deckt sich weitgehend mit dem der Nr. 2 der Vorschrift. Die Gesetzesverfasser haben gleichwohl an dem Zusammenschlusstatbestand des Anteilserwerbs neben dem des Kontrollerwerbs festgehalten, um generell *Minderheitsbeteiligungen ab 25 %* erfassen zu können, selbst wenn sie unterhalb der Kontrollschwelle i. S. d. § 37 Abs. 1 Nr. 2 GWB bleiben (s. Rn. 25). Der Erwerb von Beteiligungen unter 25 % ist dagegen für sich allein grundsätzlich kein Zusammenschluss, sofern er nicht aufgrund weiterer Umstände zu einem Kontrollerwerb im Sinne der Nr. 2 des § 37 Abs. 1 GWB führt *oder* einen wettbewerblich erheblichen Einfluss im Sinne der Nr. 4 des § 37 Abs. 1 GWB zur Folge hat (s. u. Rn. 45 ff.). Für die **Berechnung** des Anteilsbesitzes im Sinne der Nr. 3 des § 37 Abs. 1 GWB wird die Vorschrift des § 16 Abs. 2 und Abs. 3 AktG entsprechend angewandt.[34]

2. Anwendungsbereich

22 Das Gesetz unterscheidet in § 37 Abs. 1 Nr. 3 S. 1 GWB nicht zwischen dem Erwerb von Beteiligungen an Kapitalgesellschaften und an Personengesellschaften. Voraussetzung ist lediglich, dass bei dem Beteiligungsunternehmen überhaupt unterschiedliche Stimmrechte und Kapitalanteile denkbar sind.[35] Keine Rolle spielt außerdem, ob der Erwerb auf Vertrag oder Gesetz beruht. Ebensowenig wird zwischen dem derivativen und dem originären Erwerb von Anteilen bei Gründung einer Gesellschaft oder im Falle einer Kapitalerhöhung unterschieden.[36] Für die Gründung eines Gemeinschaftsunternehmens sagt dies S. 3 des § 37 Abs. 1 Nr. 3 GWB ausdrücklich (u. Rn. 31 ff.).

---

[32] BGHZ 102, 180 (185 ff.) = NJW 1988, 1850 – Singener Wochenblatt; *KG* AG 1982, 334 = WuW/E OLG 2753 – Springer/Elbe Wochenblatt.

[33] BGHZ 119, 346 (351) = NJW 1993, 1265 – Springer/Beig.

[34] *BKartA* AG 1984, 328 = WuW/E BKartA 2169 – TUI/Air Conti; *Kerber,* Die Unternehmensentflechtung nach dem GWB, 1987, S. 197 ff.

[35] Vgl. für Personengesellschaften *KG* WuW/E OLG 4095 = AG 1988, 306 – Weiß/SW-Verlag; *Paschke,* Der Zusammenschlussbegriff des Fusionskontrollrechts, 1989.

[36] *Bechtold,* GWB, § 37 Rn. 25.

Als Erwerb von Beteiligungen i. S. der Nr. 3 des § 37 Abs. 1 GWB gilt nach dem Gesagten (o. Rn. 22) bei den Personengesellschaften auch die Vermehrung des Einflusses eines Gesellschafters durch *Anwachsung* (§ 738 BGB) oder bei einer GmbH infolge der Kaduzierung oder Einziehung von Geschäftsanteilen (§§ 21, 34 GmbHG). Ein Erwerb von Stimmrechten ist ferner durch *Stimmbindungsverträge* möglich, sofern der Erwerber dadurch die freie Verfügung über die fraglichen Stimmrechte erlangt.[37] Entscheidend ist lediglich, ob die Beteiligung eines Gesellschafters nach dem gesellschaftsrechtlichen Vorgang einen der beiden Schwellenwerte des § 37 Abs. 1 Nr. 3 GWB *erreicht.* Bei mehreren einander folgenden Erwerbsvorgängen ist außerdem die *Zusammenrechnungsklausel* des § 38 Abs. 5 S. 3 GWB n. F. zu beachten (Rn. 50). 23

3. Die einzelnen Schwellenwerte

Das Gesetz kennt heute nur noch **zwei** ganz formal zu verstehende **Schwellenwerte** von 25 % und 50 %, deren Erreichung oder Überschreitung nach § 37 Abs. 1 Nr. 3 GWB in jedem Fall einen selbständigen Zusammenschlusstatbestand darstellt, der anschließend gegebenenfalls nach § 36 Abs. 1 GWB zu prüfen ist. Umstritten ist dagegen die Behandlung des **Mehrheitserwerbs:** Während er nach h. M. heute (anders als früher) nicht mehr als Anteilserwerb nach § 37 Abs. 1 Nr. 3 GWB, sondern nur noch als Grundform des Kontrollerwerbs nach § 37 Abs. 1 Nr. 2 GWB zu erfassen ist (o. Rn. 16), wollen andere auch den immer zugleich erfüllten Tatbestand des § 37 Abs. 1 Nr. 3 lit. b GWB anwenden. Die Frage kann hier offen bleiben, da sie keine praktische Bedeutung besitzt; denn nichts hindert, die einzelnen Zusammenschlusstatbestände des § 37 Abs. 1 GWB nebeneinander anzuwenden, weil das Gesetz sie gleichbehandelt (s. Rn. 50 f.). 24

Probleme wirft ferner der Tatbestand des § 37 Abs. 1 Nr. 3 S. 1 lit. b GWB auf, nach dem ein Zusammenschluss im Sinne des GWB bereits bei dem Erwerb einer **Minderheitsbeteiligung** hinsichtlich des Kapitals *oder* hinsichtlich der Stimmrechte in Höhe von 25 % vorliegt, weil der Gesetzgeber davon ausgegangen ist, dass auch mit solcher Beteiligung typischerweise ein besonderer gesellschaftsrechtlicher Einfluss verbunden ist.[38] Die Bedeutung dieser Regelung ist gleichwohl umstritten, weil eine bloße Minderheitsbeteiligungen noch nicht notwendig eine wirtschaftliche Einheit der verbundenen Unternehmen als Voraussetzung der materiellen Fusionskontrolle begründet. Deshalb wurde zumindest früher vielfach angenommen, dass eine Minderheitsbeteiligung der Fusionskontrolle nach § 36 Abs. 1 GWB nur unterliegt, wenn zusätzliche Umstände, sog. **Plus-Faktoren** es erlauben, die zusammengeschlossenen Unternehmen tatsächlich mit der Folge der Ressourcenzusammenrechnung als **wirtschaftliche Einheit** zu behandeln.[39] In dieselbe Richtung tendiert noch heute offenbar gelegentlich das BKartA, wenn es trotz des Vorliegens einer Minderheitsbeteiligung einen Zusammenschluss verneint, wenn das mit Minderheit beteiligte Unternehmen ausnahmsweise keinerlei Möglichkeiten besitzt, auf die Entscheidungen des Beteiligungsunternehmens Einfluss zu nehmen.[40] Dem ist nicht zu folgen, vielmehr ist – entspre- 25

[37] *Bechtold* (vorherige Fn.).

[38] S. Begr. z. RegE, BT-Drs. 13/9720, S. 43 (r. Sp.); o. Rn. 21.

[39] BGHZ 119, 346 (362 f.) = NJW 1993, 1265 – Springer/Beig; *KG* AG 1982, 308 = WuW/E OLG 2677 – VEW/Gelsenwasser; *MK,* 4. HauptGA, Tz. 570 ff.

[40] *BKartA* WuW/E DE-V 858 (859 Tz. 12 ff.) – Novartis/Rosche; AG 2004, 563 = WuW/E DE-V 937 – Deutsche Bahn/RSW/KVS; s. *Emmerich,* AG 2004, 629 (636 l. Sp.).

chend den Vorstellungen der Gesetzesverfasser – die Nr. 3 lit. b des § 37 Abs. 1 GWB ganz formal zu verstehen. *Jede* Beteiligung von mindestens 25% am Kapital *oder* an den Stimmrechten eines anderen Unternehmens stellt folglich einen Zusammenschluss dar, der zur Anwendung der Vorschriften über die Fusionskontrolle führt.[41] Das GWB geht in diesem Punkt deutlich über die FKVO hinaus, die Minderheitsbeteiligungen als solche nicht erfasst, sondern nur, wenn zugleich ein Kontrollerwerb im Sinne des Art. 3 Abs. 1 lit. b der Verordnung vorliegt.[42]

4. Zurechnungsklausel

26 Bei einem Anteilserwerb werden nicht allein die von dem Erwerber hinzuerworbenen *neuen* Anteile berücksichtigt, sondern nach S. 1 des § 37 Abs. 1 Nr. 3 GWB auch diejenigen, die ihm bereits gehören, sowie aufgrund der Zurechnungsklausel des S. 2 außerdem noch diejenigen, die einem anderen „für Rechnung“ des Erwerbers gehören. Alle genannten Anteile sind folglich im Rahmen der Nr. 3 des § 37 Abs. 1 GWB zu addieren. Ergänzend ist dabei ferner die Verbundklausel des § 36 Abs. 2 S. 1 GWB zu berücksichtigen, so dass es hier insgesamt zu einer Vervielfältigung der Zurechnungen kommen kann (o. § 32 Rn. 12ff.). Handelt es sich bei dem Erwerber um einen Einzelkaufmann, so sind schließlich auch diejenigen Anteile zu berücksichtigen, die sonstiges Vermögen des Inhabers des Geschäfts sind.

27 Die Zurechnungsklausel des § 37 Abs. 1 Nr. 3 S. 2 GWB stellt darauf ab, ob die fraglichen Anteile einem anderen **„für Rechnung“** des Erwerbers gehören. Dies bedeutet, dass maßgebliches Kriterium für die Zurechnung von Anteilen die *Verteilung des wirtschaftlichen Risikos* des Anteilsbesitzes einschließlich insbesondere des Risikos des Kursverlustes ist. Wenn dieses Risiko nach den Abreden der Beteiligten ein anderer als der förmliche Inhaber des Anteilsbesitzes trägt, muss sich der andere die Anteile im Sinne des § 37 Abs. 1 Nr. 3 S. 2 GWB zurechnen lassen. Ein deutliches *Indiz* (nicht mehr) für eine derartige Risikoverteilung ist ein Weisungsrecht des Risikoträgers hinsichtlich der Ausübung der Rechte aus dem Anteilsbesitz.[43] Eine Zurechnung kommt daher insbesondere in Betracht, wenn die Anteile von **Treuhändern** gehalten werden (s. §§ 675 Abs. 1, 662, 665 BGB).[44]

28 Die Zurechnungsklausel des § 37 Abs. 1 Nr. 3 S. 2 GWB erlaubt zusammen mit der Verbundklausel des § 36 Abs. 2 S. 1 GWB auch eine sachgerechte Lösung der schwierigen Fälle des sog. **mittelbaren Anteilserwerbs,** d. h. des Erwerbs von Beteiligungen über Tochtergesellschaften oder Treuhänder.[45] Je nach den Umständen des Falles ist hier auch an die Anwendung der Nr. 2 oder der Nr. 4 des § 37 Abs. 1 GWB zu denken, insbesondere, wenn es sich um einen mittelbaren Kontrollerwerb handelt.[46]

[41] Heute durchaus h. M., z. B. *Bechtold,* GWB, § 37 Rn. 27f.; Langen/Bunte/*Bunte/Ruppelt,* § 37 Rn. 39ff.; LMR/*Riesenkampff/Lehr,* § 37 Rn. 20f.; FK/*Paschke,* § 37 Rn. 59ff.

[42] S. o. § 15 Rn. 9; insbes. *EuG* Slg. 2010, II-3695 (3721 Tz. 63ff.) – Air Lingus.

[43] *BGH* WuW/E DE-R 613 (615) = NJW-RR 2001, 762 – WAZ/IKZ; *OLG Düsseldorf* WuW/E DE-R 1361 (1365ff.) – Tagesspiegel/BZ II; *Kerber,* Unternehmensentflechtung 1987, S. 166ff.; kritisch *Staebe,* FS Bechtold, 2006, S. 529 (533ff.).

[44] *BGH* WuW/E DE-R 613 (615) = NJW-RR 2001, 762 – WAZ/IKZ; *KG* WuW/E DE-R 451 (453f.) = AG 2000, 563 – Herlitz/Landré.

[45] *KG* WuW/E DE-R 336 (337) = AG 2000, 81 – WAZ/IKZ; zum Streitstand s. *MK,* 4. HauptGA, Tz. 556ff.

[46] *KG* AG 1980, 193 = WuW/E OLG 2113 – RWE/GfE.

Davon zu trennen ist die Frage, ob mit der materiellen Fusionskontrolle auch sog. **Drittwirkungen** erfasst werden können. Man versteht darunter die von einem Zusammenschluss auf *dritte,* d. h. am Zusammenschluss materiell *nicht* beteiligte Unternehmen ausgehenden Wirkungen, die dann relevant sind, wenn der Zusammenschluss zwischen zwei Unternehmen aufgrund der besonderen Marktstruktur dazu führt, dass bei anderen, *dritten* Unternehmen die Voraussetzungen des § 36 Abs. 1 GWB erfüllt sind. In der Fusionskontrollpraxis wurden bisher derartige Drittwirkungen nur berücksichtigt, wenn eines der an dem Zusammenschluss beteiligten Unternehmen strukturell mit dem Drittunternehmen derart verbunden ist, dass die Unternehmen eine wirtschaftliche Einheit im Sinne des § 36 Abs. 2 S. 1 GWB bilden.[47] Es ist nicht auszuschließen, dass es sich insoweit um einen der wenigen Fälle handelt, in denen der Übergang zu dem SIEC-Test in § 36 Abs. 1 GWB durch die 8. GWB-Novelle von 2013 zu einer substantiellen Änderung der Praxis führen wird. 29

5. Konzerninterne Vorgänge

Die Verbundklausel des § 36 Abs. 2 S. 1 GWB und die Zurechnungsklausel des § 37 Abs. 1 Nr. 3 S. 2 GWB können bei konzerninternen Umschichtungen des Beteiligungsbesitzes die merkwürdige Folge haben, dass, jedenfalls auf den ersten Blick, kein Zusammenschluss mehr vorliegt, weil aufgrund der Zurechnung der Anteile an dem Beteiligungsunternehmen zu dem *Erwerber,* der Teil desselben Konzerns wie der Veräußerer ist, die fraglichen Anteile dem „Erwerber" ohnehin schon i. S. d § 37 Abs. 1 Nr. 3 S. 2 GWB „gehören". Die Lösung dieser eigenartigen Fälle ergibt sich aus der **Verstärkungsklausel** des § 37 Abs. 2 GWB (s. u. Rn. 52f.). Ein Zusammenschluss, der die Schwellenwerte des § 37 Abs. 1 Nr. 3 GWB bereits ohne die Zurechnung des Anteilsbesitzes verbundener Unternehmen erreicht, bleibt deshalb auch dann ein Zusammenschluss, wenn dem Erwerber diese Anteile aufgrund der Verbund- oder der Zurechnungsklausel schon vorher zugerechnet werden konnten, sofern nur der bereits bestehende Zusammenschluss durch die Übertragung der Anteile auf die andere Konzerngesellschaft *verstärkt,* d. h. verfestigt wird.[48] 30

V. Gemeinschaftsunternehmen

1. Überblick

Die Kooperation von Unternehmen vollzieht sich heute vor allem auf dem Weg über die Gründung oder den Erwerb von Gemeinschaftsunternehmen, sog. Joint Ventures (JV). Diese Entwicklung ist, wie bereits im Einzelnen ausgeführt (o. § 17 Rn. 1ff.), nicht unproblematisch, weil die Mütter, selbst wenn sie formal Wettbewerber bleiben, auf dem vergemeinschafteten Markt ebenso wie auf anderen Märkten auf ihre Zusammenarbeit in dem Gemeinschaftsunternehmen häufig, wenn nicht sogar regelmäßig Rücksicht nehmen werden. Eine Erlahmung des Wettbewerbs zwischen den Müttern ist dann auf die Dauer die nahezu unausweichliche Folge ihrer Zusammenarbeit in dem Gemeinschaftsunternehmen (sog. **Gruppeneffekt**). 31

[47] *OLG Düsseldorf* AG 2005, 440 (441) – Radio TON Reg/LS; WuW/E DE-R 2094 (2106ff. Tz. 105ff.) – E.ON/Stadtwerke Eschwege; *BKartA* WuW/E DE-V 395 (400 Tz. 36) – EnBW/Schwäbisch Gmünd; WuW/E DE-V 511 (519 Tz. 36) – E.ON Ruhrgas I; AG 2002, 628 (Tz. 37) – E.ON/Ruhrgas II; WuW/E DE-V 460 (463 Tz. 31) – Neckarwerke/Fairenergie.

[48] BGHZ 121, 137 (154f.) = NJW 1993, 2114 – WAZ/IKZ; *Sonnenschein,* ZGR 1977, 35.

32 Die **FKVO** versucht seit 1997, den genannten Gruppeneffekt durch die eigenartige Regelung des Art. 2 Abs. 4 und Abs. 5 und des Art. 3 Abs. 1 lit. b und Abs. 4 in den Griff zu bekommen. Grundlage der gesetzlichen Regelung ist die Unterscheidung zwischen Vollfunktionsgemeinschaftsunternehmen im Sinne des Art. 3 Abs. 4 FKVO und sonstigen Gemeinschaftsunternehmen. Während die ersteren, *vorausgesetzt,* dass sie die Schwellenwerte des Art. 1 Abs. 2 und Abs. 3 FKVO überschreiten, im Rahmen des Fusionskontrollverfahrens gleichermaßen auf ihre Vereinbarkeit mit Art. 101 AEUV wie mit Art. 2 Abs. 3 FKVO überprüft werden, unterliegen alle sonstigen Gemeinschaftsunternehmen, also auch die sog. Vollfunktionsgemeinschaftsunternehmen, die unter den genannten Schwellenwerten bleiben, weiterhin allein der Kontrolle aufgrund des Art. 101 AEUV i. V. m. der KartellverfahrensVO Nr. 1/2003 (s. § 17 Rn. 13, 20ff.).

33 Einen anderen Weg geht das **deutsche Recht.** Es erfasst zwar auch – insoweit noch in Übereinstimmung mit Art. 3 Abs. 1 lit. a FKVO – den gemeinsamen Kontrollerwerb durch mehrere Unternehmen in § 37 Abs. 1 Nr. 2 S. 1 GWB (s. dazu u. Rn. 34f.), bestimmt jedoch ergänzend in § 37 Abs. 1 Nr. 3 S. 3 GWB, dass, *wenn* mehrere Unternehmen gleichzeitig oder nacheinander Anteile in Höhe von mindestens 25% oder 50% an einem anderen Unternehmen erwerben, dies hinsichtlich der Märkte, auf denen das Gemeinschaftsunternehmen tätig ist, auch als Zusammenschluss der sich beteiligenden *Mütter* untereinander gilt (sog. **Fiktion der Teilfusion der Mütter,** nämlich nur für den Markt des Gemeinschaftsunternehmens; dazu u. Rn. 37f.). Daneben kann von Fall zu Fall noch der Zusammenschlusstatbestand der Nr. 4 des § 37 Abs. 1 GWB eingreifen (wettbewerblich erheblicher Einfluss *mehrerer* Unternehmen auf ein anderes Unternehmen; dazu u. Rn. 45ff.). Unberührt bleibt schließlich die Anwendung des Kartellverbots des § 1 GWB auf die Zusammenarbeit der Mütter mittels oder infolge des Gemeinschaftsunternehmens (u. Rn. 40f.).

2. Gemeinsamer Kontrollerwerb

34 Nach § 37 Abs. 1 Nr. 2 S. 1 GWB stellt nicht nur der Erwerb der Kontrolle durch *ein* Unternehmen, sondern auch der Erwerb der Kontrolle durch *mehrere* Unternehmen über ein anderes Unternehmen einen Zusammenschluss dar. Gemeint ist damit die Gründung eines Gemeinschaftsunternehmens. Dieser Fall ist gegeben, wenn mehrere Unternehmen *zusammen* die Möglichkeit erwerben, einen *bestimmenden Einfluss* auf die Tätigkeit eines anderen Unternehmens, des Gemeinschaftsunternehmens, auszuüben, z. B., weil die Mütter ihr Vorgehen gegenüber dem Gemeinschaftsunternehmen koordinieren (§ 37 Abs. 1 Nr. 2 S. 2 GWB).

35 Vorbild der Regelung ist **Art. 3 Abs. 1 lit. b FKVO.** Wie bereits im Einzelnen ausgeführt (o. § 17 Rn. 9ff.), nimmt die **Kommission** einen gemeinsamen Kontrollerwerb im Sinne dieser Vorschrift bereits an, wenn mehrere Unternehmen zusammen die Möglichkeit besitzen, Aktionen zu blockieren, die das strategische Verhalten eines Unternehmens bestimmen, so dass die Mütter darauf angewiesen sind, die Geschäftspolitik einvernehmlich festzulegen.[49] Paradigma ist das paritätische (50:50) Gemeinschaftsunternehmen. Ebenso ist heute **§ 37 Abs. 1 Nr. 2 S. 1 GWB** auszulegen. Gemeinsame Kontrolle ist deshalb z. B. anzunehmen, wenn sämtliche Mütter in der Geschäftsführung des Gemeinschaftsunternehmens vertreten sind und dort keine

[49] *Kommission,* Mitteilung von 2008 (ABl. 2008 Nr. C 95/1), Tz. 62ff.; zustimmend *EuG* Slg. 2006 II-331 = WuW/E EU-R 1005 (1006ff. Tz. 42ff.) – Cementbouw.

überstimmt werden kann.[50] Voraussetzung ist mit anderen Worten in jedem Fall, dass die *Gemeinsamkeit des Vorgehens* der herrschenden Unternehmen, gleichgültig wie, *gesichert* ist, und sei es auch durch einen rechtlichen oder faktischen Einigungszwang.[51] Im Kern handelt es sich daher um die Fälle, in denen früher im Sinne des § 23 Abs. 2 Nr. 5 GWB a. F. die **gemeinsame Beherrschung** eines Unternehmens durch mehrere Mütter angenommen wurde. Voraussetzung der gemeinsamen Beherrschung war, dass über die normale Interessenparallelität der Gesellschafter hinaus weitere Umstände vorlagen, die eine gesicherte einheitliche Einflussnahme einer festen Gesellschaftergruppe aufgrund einer auf Dauer angelegten Interessengleichheit erwarten ließen.[52] Dies wurde z. B. angenommen, wenn Stimmbindungsverträge zwischen mehreren Gesellschaftern bestehen, die zusammen die Mehrheit bilden[53] oder wenn die Mehrheitsgruppe in einem Gleichordnungskonzern zusammengefasst ist.[54] In allen genannten Fällen dürfte heute auch ein **gemeinsamer Kontrollerwerb** im Sinne des § 37 Abs. 1 Nr. 2 GWB anzunehmen sein.

Im Falle des gemeinsamen Kontrollerwerbs liegen auf jeden Fall **vertikale Zusammenschlüsse** zwischen jeder der an der gemeinsamen Kontrolle beteiligten Mütter und dem Gemeinschaftsunternehmen vor. Nicht geregelt und deshalb umstritten ist dagegen, ob auch im **Verhältnis zwischen** den verschiedenen **Müttern** ein Zusammenschluss anzunehmen ist. Die Frage ist wichtig insbesondere im Rahmen des **§ 35 GWB** für die Entscheidung, ob die verschiedenen Schwellenwerte überschritten werden. Nimmt man lediglich einen vertikalen Zusammenschluss zwischen jeder Mutter und dem Gemeinschaftsunternehmen an, so sind auch nur die Umsätze der einzelnen Mütter für sich mit denen des Gemeinschaftsunternehmens zu addieren, während bei anderer Auslegung außerdem die Umsätze der übrigen Mütter hinzuzurechnen sind. In dem zuletzt genannten Sinne, d. h. im Sinne der **Beteiligung aller gemeinsam herrschenden Unternehmen** an dem Zusammenschluss, wird insbesondere Art. 3 Abs. 1 lit. b und Abs. 4 FKVO ausgelegt.[55] Im Anschluss daran wird zum deutschen Recht ebenfalls teilweise die Auffassung vertreten, § 37 Abs. 1 Nr. 2 S. 1 GWB sei dahin zu verstehen, dass im Falle des gemeinsamen Kontrollerwerbs **alle** gemeinsam herrschenden Unternehmen an dem Zusammenschluss **beteiligt** sind.[56] Der Sache nach läuft diese Auffassung darauf hinaus, hier § 37 Abs. 1 Nr. 3 S. 3 GWB entsprechend anzuwenden, so dass im Ergebnis bei dem gemeinsamen Kontrollerwerb eine Teilfusion zwischen den Müttern fingiert wird (s. Rn. 37ff.). Im selben Sinne dürfte die neue Vorschrift des § 38 Abs. 5 S. 2 GWB von 2013 zu verstehen sein, nach der offenbar im Falle des gemeinsamen Kontrollerwerbs der Veräußerer (von dem die anderen Mütter ihre Beteiligung erworben haben) an dem Zusammenschluss beteiligt bleiben soll.[57] Es überzeugt deshalb heute nicht mehr, wenn gegen die Analogie zu § 37 Abs. 1 Nr. 3 S. 3 GWB eingewandt wird, dass der Gesetzgeber hier gerade von der Fiktion einer Teilfusion der Mütter abge- 36

[50] *BKartA* WuW/E DE-V 1500 (1501 f. Tz. 22 f.) – trac-x; dazu *Becker/Zache,* ZWeR 2007, 443.
[51] LMR/*Riesenkampff/Lehr,* § 37 Rn. 16.
[52] BGHZ 81, 56 (60 f.) = NJW 1981, 2699 – Transportbeton Sauerland; BGHZ 99, 1 (4 f.) = NJW 1987, 1639; BGHZ 99, 126 (130 ff.) = NJW 1987, 1700 – Hussel/Mara; *BGH* LM § 24 GWB Nr. 20 = NJW-RR 1988, 484 – Gruner + Jahr/Zeit II.
[53] BGHZ 81, 56 (60 f.) = NJW 1981, 2699 – Transportbeton Sauerland.
[54] *BKartA* TB 1983/84, S. 82.
[55] *Kommission,* Mitteilung von 2008 (ABl. Nr. 95/1), Tz. 139 ff.
[56] *Bechtold,* GWB, § 37 Rn. 17; Langen/Bunte/*Ruppelt,* § 37 Rn. 33.
[57] S. *Hempel,* in: Bien (Hrsg.), Das deutsche Kartellrecht nach der 8. GWB-Novelle, 2013, S. 65 (73 ff.).

sehen habe.[58] Zumindest nach der 8. GWB-Novelle von 2013 weist § 38 Abs. 5 S. 2 GWB deutlich in die entgegengesetzte Richtung.[59]

3. Fiktion einer Teilfusion der Mütter

37 Besonderheiten gelten, wenn mehrere Unternehmen gleichzeitig oder nacheinander Anteile von mindestens 25% oder 50% an einem anderen Unternehmen erwerben (Anteilserwerb nach § 37 Abs. 1 Nr. 3 GWB). Für diesen Fall bestimmt das Gesetz ergänzend in § 37 Abs. 1 Nr. 3 S. 3 GWB, dass der Anteilserwerb (auch, zusätzlich) als **Zusammenschluss** dieser Unternehmen, der sog. **Mütter,** freilich nur hinsichtlich des Marktes des Gemeinschaftsunternehmens, gilt (ebenso wohl § 38 Abs. 5 S. 2 GWB von 2013). Die Folge ist, dass bei Gründung eines Gemeinschaftsunternehmens durch Anteilserwerb der Mütter in Höhe von mindestens 25% oder 50% *mehrere* Zusammenschlüsse unterschieden werden müssen: Zunächst liegen nach § 37 Abs. 1 Nr. 3 S. 1 GWB **(vertikale) Zusammenschlüsse** zwischen dem Gemeinschaftsunternehmen und jeder Muttergesellschaft vor, die mit mindestens 25% an dem Gemeinschaftsunternehmen beteiligt ist.[60] Zusätzlich fingiert das Gesetz jedoch hier noch einen **(horizontalen) Zusammenschluss der Mütter** untereinander, dies freilich *nur* für den Markt des *Gemeinschaftsunternehmens,* so dass im Rahmen der Fusionskontrolle nicht nur die Umsatzerlöse jeder Mutter mit denen des Gemeinschaftsunternehmens, sondern auch die der Mütter untereinander, und zwar insgesamt, zusammenzurechnen sind.[61] Hierbei kommt es weder darauf an, welche Rechtsform das Gemeinschaftsunternehmen hat oder welche Zwecke es verfolgt noch ob die Mütter eine wirtschaftliche Einheit bilden. Der Tatbestand des § 37 Abs. 1 Nr. 3 S. 3 GWB wird vielmehr rein formal abgegrenzt. Hintergrund der Regelung ist der mit der Gründung eines Gemeinschaftsunternehmens typischerweise verbundene **Gruppeneffekt.**[62] Für den gemeinsamen Kontrollerwerb im Sinne des § 37 Abs. 1 Nr. 2 S. 1 GWB gilt im Ergebnis, wie gezeigt (Rn. 36), wohl dasselbe (str.).

38 Die Fiktion einer Teilfusion der Mütter unter den genannten Voraussetzungen (o. Rn. 37) ist jedenfalls anwendbar im Rahmen des § 35 GWB für die Ermittlung der Schwellenwerte sowie im Rahmen des § 39 GWB für die Auslösung der Pflicht zur Anmeldung der Gründung des Gemeinschaftsunternehmens. Fraglich ist dagegen, ob dasselbe auch für die **materielle Fusionskontrolle** (§ 36 Abs. 1 GWB) gilt. Überwiegend wird diese Frage bisher *verneint,* so dass eine Anwendung des § 36 Abs. 1 GWB auf den vom Gesetz in § 37 Abs. 1 Nr. 3 S. 3 GWB fingierten Zusammenschluss der Mütter für den Markt des Gemeinschaftsunternehmens nur in Betracht kommt, wenn die Mütter (zusätzlich) untereinander *oder* mit dem Gemeinschaftsunternehmen tatsächlich eine **wettbewerbliche Einheit** (Rn. 39) bilden, da es nur unter dieser Voraussetzung als gerechtfertigt angesehen wird, die Ressourcen der beteiligten Unternehmen zusammenzurechnen.[63]

[58] *KG* WuW/E OLG 2145 (2146) = AG 1980, 253 (254 f.) – Sonntag Aktuell.

[59] Ebenso offenbar die Begr. z. RegE von 2012 (BT-Drs. 17/9852), S. 29 (r. Sp. u.).

[60] Z. B. *BKartA* AG 1985, 337 – Badenwerk/Rhein-Neckar AG.

[61] *Bechtold,* GWB, § 37 Rn. 34; Langen/Bunte/*Ruppelt,* § 37 Rn. 44.

[62] *BKartA* WuW/E DE-V 1607 (1609 f.) – Edeka/Tengelmann; LMR/*Riesenkampff/Lehr,* § 37 Rn. 31.

[63] BGHZ 73, 65 (77 ff.) = NJW 1979, 918 – Erdgas Schwaben; BGHZ 79, 62 (70) = NJW 1981, 1786 – Klöckner/Becorit; *BGH* AG 1981, 219 = WuW/E BGH 1763 – Makadamwerk Schwaben; *Bechtold,* GWB, § 37 Rn. 35 und § 36 Rn. 17; Langen/Bunte/*Ruppelt,* § 37 Rn. 44; weitergehend aber offenbar *BKartA* WuW/E DE-V 1607 (1609 f.) – Edeka/Tengelmann.

Bei der Annahme einer **wettbewerblichen Einheit** der Mütter verfuhr die Praxis früher meistens recht großzügig. Die bloße Minderheitsbeteiligung einer Mutter von 25% an dem Gemeinschaftsunternehmen reichte dafür zwar gewöhnlich nicht aus, wohl aber in der Regel eine Beteiligung von 33% oder gar von 50% neben einer anderen Mutter.[64] Außerdem ist in diesem Rahmen der bereits erwähnte Gruppeneffekt (o. Rn. 31 f., 38) zu berücksichtigen.[65] Für die Anwendung des § 36 Abs. 1 GWB ist dagegen kein Raum, wenn sich die Mütter nach der Gründung des Gemeinschaftsunternehmens genauso wie vorher als Konkurrenten gegenüberstehen, so dass sich an der Marktsituation durch den vom Gesetz fingierten Zusammenschluss der Mütter tatsächlich nichts geändert hat.[66] 39

4. Verhältnis zum Kartellverbot

Gemeinschaftsunternehmen können, insbesondere wegen des bereits mehrfach angesprochenen Gruppeneffekts, auch zu einer Beschränkung des Wettbewerbs zwischen den Müttern führen und stehen dann im Ergebnis Kartellen gleich. Liegen in derartigen Fällen zugleich die Voraussetzungen des § 1 *und* der §§ 35, 37 Abs. 1 Nr. 2 und Nr. 3 S. 3 GWB vor, so muss entschieden werden, ob einer der beiden Regelungen ganz oder partiell der Vorrang zukommt oder ob beide nebeneinander anwendbar sind. 40

Eine gesetzliche Regelung hat dieser Fragenkreis bisher lediglich in Art. 3 Abs. 4 i. V. m. Art. 2 Abs. 4 und Abs. 5 FKVO gefunden. Die Vereinbarkeit von Vollfunktionsgemeinschaftsunternehmen im Sinne des Art. 3 Abs. 4 FKVO mit dem Kartellverbot des Art. 101 AEUV wird danach in dem durch die FKVO geregelten Fusionskontrollverfahren geprüft, *sofern* das fragliche Gemeinschaftsunternehmen die Schwellenwerte des Art. 1 Abs. 2 und Abs. 3 FKVO erreicht (s. o. § 17 Rn. 13, 20ff.). Andernfalls verbleibt es bei der Anwendbarkeit des Art. 101 AEUV i. V. m. der allgemeinen Kartellverfahrensverordnung Nr. 1/2003 (o. § 17 Rn. 23). Eine vergleichbare Regelung fehlt dagegen im GWB, so dass der Fragenkreis hier lange Zeit umstritten war. 41

Zur Lösung dieses Problems waren in Deutschland in erster Linie die sog. Trennungstheorie und die Zweischrankentheorie entwickelt worden.. Durchgesetzt hat sich schließlich im Wesentlichen die **Zweischrankentheorie,** nach der von der parallelen Anwendung der Kartell- *und* der Fusionskontrollvorschriften auf Gemeinschaftsunternehmen auszugehen ist, wann immer jeweils ihre Voraussetzungen erfüllt sind.[67] Die Gründung eines Gemeinschaftsunternehmens fällt folglich (auch) unter das **Kartellverbot des § 1 GWB,** wenn sie zu einer Beschränkung des Wettbewerbs unter den 42

---

[64] BGHZ 73, 65 (77ff.) = NJW 1979, 918 – Erdgas Schwaben; BGHZ 79, 62 (70) = NJW 1981, 1786 – Klöckner/Becorit; *BKartA* WuW/E BKartA 1943 = AG 1982, 228 (229) – Ph. Morris/Rothmans; WuW/E BKartA 2107 = AG 1983, 228 – Stadtwerke Bremen/Gasversorgung Schwanewede.

[65] *BKartA* WuW/E BKartA 2445 = AG 1990, 502 – MAN/ENASA; WuW/E DE-V 1607 (1609f.) – Edeka/Tengelmann; sehr eng dagegen *KG* WuW/E DE-R 439 (441) – Moksel/Südfleisch (Ostfleisch).

[66] *KG* WuW/E OLG 2359 = AG 1982, 190 (192f.) – Braun Melsungen/Almo.

[67] BGHZ 96, 69 (77ff.) = NJW 1986, 1874; BGHZ 147, 325 (331, 333, 335ff.) = NJW 2001, 3782; *BGH* WuW/E DE-R 2361 (2362 Tz. 14) – NordKS/Xella; NJW-RR 2010, 615 = NZG 2010, 76 Tz. 14 = JuS 2010, 547 – Gratiszeitung Hallo; *OLG Düsseldorf* AG 2006, 506 (509f.) = WuW/E DE-R 1625 (1630f.) – Rethmann/GfA Köthen; NZKart 2013, 377 (380) = WuW/E DE-R 3993 – Chemikalienhandel; *Bien,* NZKart 2014, 247.

Müttern führt. Allein entscheidend ist mit anderen Worten, ob im Einzelfall die Voraussetzungen des Kartellverbots (§ 1 GWB) oder der §§ 36 Abs. 1 und 37 Abs. 1 GWB erfüllt sind.

43 Für die Anwendbarkeit des Kartellverbots wird danach vor allem bei der Gründung **kooperativer Gemeinschaftsunternehmen** Raum sein. Ein Beispiel ist ein Gemeinschaftsunternehmen, das mit den Müttern bei der Herausgabe von Zeitungen konkurriert und zu dessen Gunsten die Gesellschafter deshalb weitreichende Wettbewerbsverbote in dem Gesellschaftsvertrag des Gemeinschaftsunternehmens übernommen haben.[68] Aber auch bei der Gründung **konzentrativer** oder Vollfunktionsgemeinschaftsunternehmen scheidet eine Anwendung des Kartellverbots nicht von vornherein aus; § 1 GWB ist vielmehr anwendbar, wenn die Mütter **potentielle Konkurrenten** bleiben, so dass von der Gründung des Gemeinschaftsunternehmens eine Beschränkung des Wettbewerbs zwischen den Müttern zu befürchten ist (s. Art. 2 Abs. 4 FKVO).[69] Eine **Ausnahme** wird allein für Gemeinschaftsunternehmen mit „Vollfunktionen" gemacht, die am Markt als „neue selbstständige Planungseinheiten" auftreten, während sich die Mütter tatsächlich auf die bloße Wahrnehmung ihrer Beteiligungsrechte beschränken.[70]

44 Soweit nach dem Gesagten auf die Gründung eines Gemeinschaftsunternehmens nebeneinander das Kartellverbot (§ 1 GWB) und die Fusionskontrollvorschriften (§ 36 Abs. 1 GWB) anwendbar sind, hat heute grundsätzlich das **Kartellverbot** wegen seiner weiterreichenden Wirkungen (§§ 32, 33, 81 Abs. 2 Nr. 1 GWB; § 134 BGB) den **Vorrang** vor den Fusionskontrollvorschriften. Die wettbewerbsbeschränkenden Klauseln in dem Gesellschaftsvertrag des Gemeinschaftsunternehmens sind daher nichtig, selbst wenn es sich bei dem Gemeinschaftsunternehmen um eine AG oder eine GmbH handeln sollte (§ 1 GWB i. V. m. § 134 BGB).[71]

VI. Wettbewerblich erheblicher Einfluss

45 Ein Zusammenschluss liegt nach der Nr. 4 des § 37 Abs. 1 GWB schließlich noch in jeder sonstigen Verbindung von Unternehmen, aufgrund derer ein *oder* mehrere Unternehmen unmittelbar oder mittelbar einen wettbewerblich erheblichen Einfluss auf ein anderes Unternehmen auszuüben vermögen. Diese Vorschrift geht zurück auf § 23 Abs. 2 Nr. 6 GWB a. F., der 1989 in das Gesetz eingefügt worden war, um verschiedene Lücken in dem umfassenden Wettbewerbsschutz zu schließen. Trotz der mehrfachen Erweiterung des § 37 GWB in den folgenden Jahren hat der Gesetzgeber seitdem an dem Tatbestand festgehalten, weil für ihn ein wettbewerbspolitisches Bedürfnis als notwendiges Korrektiv zu bedenklichen Umgehungskonstruktionen bestehe.[72] Derselbe Zweck wird letztlich mit der erst im Jahre 2013 in das Gesetz

[68] *BGH* NJW-RR 2010, 615 = NZG 2010, 76 Tz. 27 ff. = JuS 2010, 547 – Gratiszeitung Hallo; ein Gegenbeispiel in *OLG Düsseldorf* NZKart 2013, 377 (380) = WuW/E DE-R 3993 – Chemikalienhandel.

[69] *OLG Düsseldorf* WuW/E DE-R 1625 (1630 f.); *BKartA* WuW/E DE-V 1277 (1280 ff. Tz. 72 ff.) – Nord-KS/Xella.

[70] BGHZ 96, 69 (77 ff.) = NJW 1986, 1874 – OAM; BGHZ 147, 325 (337 f.) = NJW 2001, 3782 – Ostfleisch; *OLG Frankfurt a. M.* WuW/E OLG 4323 = AG 1989, 402; *BKartA* WuW/E DE-V 243 (245) – Saft/Tadiran.

[71] *BGH* NJW-RR 2010, 615 = NZG 2010, 76 Tz. 17 = JuS 2010, 547 – Gratiszeitung Hallo.

[72] S. die Begr. z. RegE, BT-Drs. 13/9720, S. 43 (r. Sp. u.).

eingefügten neuen Zusammenrechnungsklausel in § 38 Abs. 5 S. 3 GWB verfolgt (dazu u. Rn. 50f.).

Die Annahme eines Zusammenschlusses setzt nach der Nr. 4 des § 37 Abs. 1 GWB (nur) zweierlei voraus: Erste **Voraussetzung** ist, dass es sich um eine „sonstige" Unternehmensverbindung handelt. Dafür ist lediglich erforderlich, dass die Einflussnahme gerade *gesellschaftsrechtlich vermittelt* und *auf Dauer* angelegt ist.[73] Bloße tatsächliche Verbindungen reichen für die Anwendung der Nr. 4 des § 37 Abs. 1 GWB nicht aus, weil andernfalls der Anwendungsbereich der Fusionskontrolle uferlos würde.[74] Ebensowenig genügen bloße Finanz- oder Kapitalanlagen.[75] Zweite Voraussetzung ist, dass diese „sonstige" Unternehmensverbindung unmittelbar oder mittelbar einen „wettbewerblich erheblichen Einfluss" auf ein anderes Unternehmen vermittelt, womit im Grunde Elemente der materiellen Fusionskontrolle bereits in den Zusammenschlusstatbestand hineingenommen werden, so dass die sonst für die Anwendung des § 36 Abs. 1 GWB zusätzlich erforderliche Prüfung, ob tatsächlich die Voraussetzungen für eine Ressourcenzusammenrechnung vorliegen, hier bereits im Rahmen des Zusammenschlusstatbestandes stattzufinden hat (Rn. 47). 46

Ein **wettbewerblich erheblicher Einfluss** auf ein anderes Unternehmen setzt voraus, dass ein Unternehmen aufgrund rechtlicher oder tatsächlicher Umstände die gesicherte Fähigkeit besitzt, seine *eigenen Interessen* bei der Entscheidung über den Einsatz der Ressourcen des anderen Unternehmens, des Beteiligungsunternehmens, im Wettbewerb *zur Geltung zu bringen,* so dass dieses letztlich keine unabhängige Strategie mehr zu verfolgen vermag und deshalb als selbständiger Wettbewerber ausfällt. Dafür ist nicht erforderlich, dass sich der Erwerber in allen Fragen bei dem Beteiligungsunternehmen durchzusetzen vermag. Es genügt vielmehr schon, dass die anderen Gesellschafter des Beteiligungsunternehmens in wichtigen Fragen auf seine Vorstellungen **Rücksicht nehmen** werden. 47

Bei der Prüfung, ob in diesem Sinne (o. Rn. 47) ein Unternehmen auf ein anderes einen wettbewerblich erheblichen Einfluss auszuüben vermag, ist eine Gesamtwürdigung der häufig verwickelten Abreden der Beteiligten unter wettbewerblichen Gesichtspunkten erforderlich.[76] Paradigma sind die sog. **24,9%-Fälle,** d. h. Minderheitsbeteiligungen an Konkurrenten knapp unter der Schwelle des § 37 Abs. 1 Nr. 3 lit. b GWB in Verbindung mit besonderen Informations-, Mitsprache- und Kontrollrechten des Erwerbers, sog. **Plus-Faktoren,** durch die dieser die Möglichkeit erlangt, das Marktverhalten des Beteiligungsunternehmens in seinem Interesse zu beeinflussen. Unter dieser Voraussetzung können im Einzelfall selbst Beteiligungen an Konkurrenten oder Abnehmern **unter 10%** für die Annahme eines Zusammenschlusses nach der Nr. 4 des § 37 Abs. 1 GWB ausreichen, immer vorausgesetzt, dass nach den Umstän- 48

[73] S. die Begr. z. RegE, BT-Drs. 13/9720, S. 43 (r. Sp. u.).

[74] *BGH* NJW-RR 2001, 757 = WuW/E DE-R 607 – Springer/Stilke; NJW-RR 2005, 474 = AG 2005, 198 – DPAG/tof; *OLG Düsseldorf* WuW/E DE-R 647 (652f.) – WAZ/OTZ; WuW/E DE-R 1390 (1392ff.) – Wochenkurier/Lausitzer Rundschau; AG 2006, 503 Tz. 15ff. = WuW/E DE-V 1639 – Mainova/AVG.

[75] *KG* WuW/E DE-R 270 (271ff.) = AG 1999, 524 – Springer/Stilke; *BKartA* WuW/E BKartA 2829 = AG 1995, 522 – T & N/Kolbenschmidt; *Bechtold,* GWB, § 37 Rn. 37ff.

[76] *OLG Düsseldorf* WuW/E DE-R 647 (652f.) – WAZ/OTZ; WuW/E DE-R 1390 (1392ff.) – Wochenkurier/Lausitzer Rundschau; AG 2006, 503 Tz. 15ff. = WuW/E DE-R 1639 – Mainova/AVG; WuW/E DE-R 2462 (2464ff.) – A-TEC/Norddeutsche Affinerie.

den des Falles diese Beteiligung zur Folge hat, dass das Beteiligungsunternehmen jetzt auf das an ihm beteiligte Unternehmen bei seinen strategischen Entscheidungen *Rücksicht nehmen* wird.[77] Dafür kann z. B. auch die Einflussnahme über den Aufsichtsrat oder andere Beiräte sprechen.[78]

49 **Beispiele:** Die Voraussetzungen der Nr. 4 des § 37 Abs. 1 GWB sind nach dem Gesagten erfüllt, wenn sich ein Lieferant an einem Abnehmer mit 15% oder 20% beteiligt und er zusätzlich das Recht zur Besetzung von Aufsichtsratsposten in Verbindung mit einem Vorkaufsrecht oder mit dem Recht zur Benennung eines mit weitreichenden Vetorechten ausgestatteten Geschäftsführers erwirbt.[79] Es reicht sogar aus, wenn nach den Umständen des Falles anzunehmen ist, dass das Beteiligungsunternehmen passiv sein Wettbewerbsverhalten an den Interessen des Erwerbers ausrichten wird.[80]

VII. Zusammenrechnungsklausel

50 Nach § 38 Abs. 5 S. 3 Halbs. 1 GWB, der erst durch die 8. GWB-Novelle von 2013 in das Gesetz eingefügt wurde, sind zwei oder mehr Erwerbsvorgänge im Sinne des S. 1 der Vorschrift, die innerhalb von zwei Jahren zwischen denselben Personen oder Unternehmen getätigt werden, als *ein einziger* neuer Zusammenschluss zu behandeln, wenn dadurch erstmals die Umsatzschwellen des § 35 GWB erreicht werden. Als Zeitpunkt des Zusammenschlusses gilt dann der letzte Erwerbsvorgang (§ 38 Abs. 5 S. 3 Halbs. 2 GWB). § 38 Abs. 5 S. 1 GWB (auf den das Gesetz in § 38 Abs. 5 S. 3 Bezug nimmt) betrifft Zusammenschlüsse durch den Erwerb von Teilen eines oder mehrerer Unternehmen.

51 Vorbild der Vorschrift ist Art. 5 Abs. 2 Unterabs. 2 der FKVO. Ihr **Zweck** ist die Bekämpfung von Umgehungsstrategien in Gestalt der so genannten *Salamitaktik* durch die Aufteilung eines an sich einheitlichen Zusammenschlusses in mehrere zeitlich gestaffelte Erwerbsvorgänge, deren Kontrolle, für sich betrachtet, an der 2. Inlandsschwelle des § 35 Abs. 1 Nr. 2 GWB in Höhe von 5 Mio. Euro scheitern würde.[81] Das BKartA ist derartigen Umgehungsstrategien bereits früher entgegengetreten, indem es rechtlich und tatsächlich zusammengehörige Vorgänge als *einen* Zusammenschluss im Sinne des § 37 GWB bewertet hatte. **Beispiele** waren die Aufteilung des Beteiligungserwerbs auf mehrere kooperierende Unternehmen, auf sonst verbundene und befreundete Unternehmen oder auf Familienangehörige, so dass die Gruppe insgesamt über eine Mehrheit verfügte.[82] Das Amt hat dabei meistens auf § 37 Abs. 1 Nr. 4 GWB zurückgegriffen. Jetzt kommt daneben auch die Anwendung des § 38 Abs. 5 S. 3 GWB in Betracht.[83] **Voraussetzung** ist lediglich die Aufeinanderfolge mehrerer rechtlich selbständiger Erwerbsvorgänge zwischen denselben Personen oder Un-

77 *OLG Düsseldorf* WuW/E DE-R 2462 (2464ff.) – A-TEC/Norddeutsche Affinerie.

78 *OLG Düsseldorf* WuW/E DE-R 1639ff. = AG 2006, 503 Tz. 15ff. – Mainova/AVG; WuW/E DE-R 2462 (2464ff.) – A-TEC/Norddeutsche Affinerie; *BKartA* WuW/E DE-V 786 (789 Tz. 13f.) – VNG/EMB/Gasmarkt.

79 *BGH* NJW-RR 2001, 757 = WuW/E DE-R 607 – Springer/Stilke; *OLG Düsseldorf* WuW/E DE-R 2462 (2464ff.) – A-TEC/Norddeutsche Affinerie; *BKartA* WuW/E DE-V 325f. – Ruhrgas/Stadtwerke Neuss; TB 1999/2000, S. 137 – Ruhrgas/Stadtwerke Essen.

80 *BKartA* WuW/E DE-V 467 (469 Tz. 15) – easyplus; WuW/E DE-V 599 (601 Tz. 31ff.) – Radio L12.

81 Begr. z. RegE von 2012, BT-Drs. 17/9852, S. 29 (r. Sp. u.); s. schon *Dohrn,* WuW 2011, 17.

82 *BKartA* TB 1991/92, S. 24, 139 – Allianz/Dresdener Bank.

83 S. dazu insbes. *Bechtold,* GWB, § 37 Rn. 16–19; *Hempel,* in: Bien (Hrsg.), Das deutsche Kartellrecht nach der 8. GWB-Novelle, 2013, S. 65 (79ff.).

ternehmen innerhalb einer Frist von zwei Jahren. Unter dieser Voraussetzung werden die verschiedenen Erwerbsvorgänge dann nach § 38 Abs. 5 S. 3 GWB als *ein einziger einheitlicher Zusammenschluss* im Augenblick des letzten Erwerbsvorgangs betrachtet, der jetzt angemeldet werden muss und fortan der Fusionskontrolle unterliegt.

VIII. Ausnahmen

1. Keine wesentliche Verstärkung

Selbst wenn die Voraussetzungen der Nr. 1 bis Nr. 4 des § 37 Abs. 1 GWB an sich erfüllt sind, liegt doch in zwei Fällen kein Zusammenschluss vor. Der erste Fall ergibt sich aus § 37 Abs. 2 GWB, der zweite aus § 37 Abs. 3 GWB (u. Rn. 54). § 37 Abs. 2 GWB regelt den Fall, dass die Unternehmen im Zuge des Aufbaus einer beherrschenden Position *nacheinander mehrmals* einen der Zusammenschlusstatbestände erfüllen. Für diesen Fall bestimmt § 37 Abs. 2 GWB, dass ein Zusammenschluss grundsätzlich auch dann vorliegt, wenn die beteiligten Unternehmen bereits vorher zusammengeschlossen waren; eine Ausnahme soll jedoch gelten, wenn der Zusammenschluss nicht zu einer wesentlichen Verstärkung der bestehenden Unternehmensverbindung führt. 52

Eine wesentliche Verstärkung des Zusammenschlusses i. S. d. § 37 Abs. 2 GWB ist anzunehmen, wenn der Zusammenschluss weiter strukturell verfestigt wird *oder* wenn der Erwerber zusätzliche Rechte erwirbt.[84] Eine **strukturelle Verfestigung** des Zusammenschlusses liegt z. B. vor, wenn der Erwerb einer Mehrheitsbeteiligung durch den Abschluss eines Unternehmensvertrages ergänzt und abgesichert wird,[85] wenn die Beteiligungen zweier Gesellschafter an einem Gemeinschaftsunternehmen aufgrund eines abgestimmten Planes unter Ausscheiden der übrigen auf jeweils 50% erhöht werden[86] oder wenn eine ausschließliche Lizenz durch die Übertragung des Rechts selbst ersetzt wird.[87] Dagegen erlangt der Erwerber **zusätzliche Rechte,** wenn eine Minderheitsbeteiligung auf eine Mehrheitsbeteiligung aufgestockt wird.[88] Ebenso steht es z. B., wenn aus einem kleinen Gesellschafterkreis im Zusammenhang mit der Erhöhung der Beteiligung eines der Gesellschafter ein anderer ausscheidet und ein dritter seine Beteiligung verringert.[89] In allen genannten Fällen greift mithin *erneut* die Fusionskontrolle ein. Anders ist es im Grunde nach § 37 Abs. 2 GWB nur bei bloßen *konzerninternen* Vorgängen wie z. B. der Umschichtung des Beteiligungsbesitzes eines Konzerns.[90] 53

2. Bankenklausel

Der zweite Ausnahmetatbestand (§ 37 Abs. 3 GWB) betrifft Kredit- und Finanzinstitute sowie Versicherungen und soll verhindern, dass jede Übernahme junger Aktien durch eines der genannten Unternehmen bei der Gründung einer AG oder bei einer 54

[84] *BKartA* WuW/E DE-V 1289 (1291 f.) – Synthes/AO-ASIF; *Sonnenschein,* ZGR 1977, 35.
[85] *BKartA* TB 1973, S. 70; 1974, S. 34, 37; *MK,* 1. HauptGA, Tz. 882.
[86] *BKartA* WuW/E DE-V 53 = AG 1999, 285 (286) – Premiere.
[87] *BKartA* WuW/E DE-V 1289 (1291 f.) – Synthes/AO-ASIF.
[88] *BGH* LM § 23 GWB Nr. 14 = NJW-RR 1986, 1422 – SZ/Donaukurier; *KG* AG 1980, 193 = WuW/E OLG 2113 – RWE/GfE; *BKartA* AG 1999, 477 – Pfleiderer/Wayss und Freitag; WuW 1996, 709 (710) – Lufthansa/Start.
[89] *BKartA* WuW/E DE-V 707 (708) – RWE/Stadtwerke Eberswalde.
[90] *BKartA* TB 1974, S. 32, 35; 1987/88, S. 80 f., 111; s. dazu schon Rn. 30.

Kapitalerhöhung die Fusionskontrolle auslöst. Deshalb bestimmt § 37 Abs. 3 GWB in sachlicher Übereinstimmung mit Art. 3 Abs. 5 lit. a FKVO (s. o. § 15 Rn. 10), dass der Anteilserwerb durch die genannten Unternehmen nicht als Zusammenschluss gilt, solange sie das Stimmrecht aus den Anteilen nicht ausüben und sofern die Veräußerung der Anteile innerhalb eines Jahres erfolgt, wobei diese Frist vom BKartA auf Antrag verlängert werden kann. Unterbleibt jedoch die Veräußerung innerhalb der genannten Frist, so ist fortan ein Zusammenschluss anzunehmen, der dann auch der Fusionskontrolle nach § 36 Abs. 1 GWB unterliegt.[91]

§ 34. Eingreifkriterien[1]

I. Einleitung

1 Liegt ein Zusammenschluss i. S. d. § 37 GWB vor (dazu o. § 33), der die Schwellenwerte des § 35 Abs. 1 GWB überschreitet und weder unter die Toleranzklauseln des § 35 Abs. 2 GWB noch unter die Bagatellmarktklausel des § 36 Abs. 1 S. 2 Nr. 2 GWB oder unter die FKVO (§ 35 Abs. 3 GWB) fällt (dazu o. § 32), so ist das BKartA grundsätzlich verpflichtet, den Zusammenschluss zu untersagen, sofern durch den Zusammenschluss wirksamer Wettbewerb erheblich behindert würde, insbesondere von dem Zusammenschluss zu erwarten ist, dass durch ihn eine marktbeherrschende Stellung i. S. d. § 18 GWB entsteht oder verstärkt wird (§ 36 Abs. 1 S. 1 GWB i. d. F. von 2013; s. u. Rn. 11, 14, 25 ff.). Anders verhält es sich nur, wenn den beteiligten Unternehmen der Nachweis gelingt, dass durch den Zusammenschluss Verbesserungen der Wettbewerbsbedingungen eintreten, die die Nachteile der Marktbeherrschung überwiegen (sog. Abwägungsklausel des § 36 Abs. 1 S. 2 Nr. 1 und 3 GWB; dazu u. Rn. 41 ff.). Ein vom BKartA untersagter Zusammenschluss kann außerdem immer noch unter zusätzlichen Voraussetzungen gemäß § 42 GWB vom Bundeswirtschaftsminister erlaubt werden (dazu u. § 35). Die geltende Fassung des § 36 GWB beruht auf der 8. GWB-Novelle von 2013, die im Anschluss an Art. 2 Abs. 3 FKVO insbesondere den Übergang zu dem so genannten **SIEC-Test** gebracht hat. Seitdem stehen wieder die Eingreifkriterien der Fusionskontrolle im Mittelpunkt einer ausgebreiteten Diskussion (u. Rn. 11 ff.).

II. Prognose

2 Die Fusionskontrolle hat die Aufgabe, die Wettbewerbsstruktur von Märkten gegen die von Unternehmenszusammenschlüssen drohenden Gefahren zu schützen (s. o. § 31 Rn. 8 ff.). Sie setzt deshalb möglichst früh, nämlich grundsätzlich bereits *vor Vollzug* des Zusammenschlusses ein (sog. **präventive Fusionskontrolle** gemäß § 39 Abs. 1 GWB; s. dazu u. § 36 Rn. 5 ff.). Bei der anschließenden Prüfung des Zusammenschlusses wird sodann unterstellt, dass das Zusammenschlussvorhaben später tatsächlich so wie angemeldet vollzogen wird. Dies bedeutet der Sache nach, dass die Anwendung des § 36 Abs. 1 GWB nicht anders als auf Unionsebene nach Art. 2 Abs. 2 und Abs. 3 FKVO (s. dazu o. § 16 Rn. 37) im Regelfall eine **Prognose** über die vermutliche zukünftige **Entwicklung der Marktstrukturen** infolge des Zusammenschlusses im

91 *BKartA* TB 1977, S. 71.

1 S. zu allem Folgenden insbes. *BKartA,* Leitfaden zur Marktbeherrschung in der Fusionskontrolle v. 29.3.2012 (abgedruckt bei *Bechtold,* GWB, S. 889); zur Entwicklung der Praxis s. zuletzt *Emmerich,* AG 2013, 23; 2014, 25.

Falle seines Vollzugs voraussetzt, und zwar in den *nächsten drei bis fünf Jahren* (u. Rn. 6). Folgerichtig stellt das Gesetz in § 36 Abs. 1 Halbs. 1 auf die zu *erwartenden* Wirkungen des Zusammenschlusses ab.

Gemeint sind damit in erster Linie die (vermutlich) mit dem Zusammenschluss verbundenen, **längerfristigen, strukturellen Veränderungen** auf den von dem Zusammenschluss betroffenen Märkten im Gegensatz zu bloßen vorübergehenden und kurzfristigen Veränderungen, die i. d. R. außer Betracht bleiben.[2] Abzulesen sind diese Veränderungen an einem Vergleich zwischen dem Zustand ohne Durchführung des Unternehmenszusammenschlusses, d. h. bei fortbestehendem Wettbewerb, und dem vermutlichen zukünftigen Zustand infolge des Zusammenschlusses.[3] Die deutschen Gerichte unterscheiden dabei regelmäßig, bisher jedenfalls, wegen der großen Schwierigkeiten, mit denen derartige Prognosen über die Entwicklung von Märkten naturgemäß verbunden sind, zwischen denjenigen Wirkungen, die der Zusammenschluss mit einiger Sicherheit *sogleich* im Augenblick des Vollzugs des angemeldeten Vorhabens zur Folge haben wird (u. Rn. 4), und den *weiteren* Auswirkungen, die voraussichtlich erst in den nächsten drei bis fünf Jahren eintreten werden (Rn. 6). **Prognosebasis** ist die aktuelle rechtliche und politische Lage; geplante Gesetzesänderungen sind nur zu berücksichtigen, wenn für sie eine hohe Wahrscheinlichkeit besteht *und* wenn außerdem anzunehmen ist, dass es infolge der erwarteten Gesetzesänderungen auch tatsächlich zu einer Änderung der Verhältnisse auf den betroffenen Märkten kommen wird.[4] 3

Im Vordergrund der Betrachtung standen bisher durchweg die voraussichtlich **sogleich** mit dem Vollzug des Zusammenschlusses **eintretenden Wirkungen.** § 36 Abs. 1 GWB ist anwendbar, wenn sich bei dieser Betrachtung eine Veränderung der Marktstruktur infolge des Zusammenschlusses abzeichnet, die eine ernste Gefährdung des Wettbewerbs erwarten lässt, gemessen an dem vermutlichen Zustand ohne den Zusammenschluss, d. h. bei fortbestehendem Wettbewerb, wobei in erster Linie an die Veränderung der die *Marktstruktur* bestimmenden Daten angeknüpft wird.[5] 4

Die Prüfung darf jedoch nicht bei dieser Betrachtung stehen bleiben, sondern muss auch die **absehbare, weitere Entwicklung** der betroffenen Märkte in den nächsten drei bis fünf Jahren einbeziehen.[6] Beispiele sind der mögliche Marktzutritt neuer Unternehmen oder das Ausscheiden von Konkurrenten, der zu erwartende Abbau marktbeherrschender Positionen, etwa infolge der bevorstehenden Öffnung der Märkte im europäischen Binnenmarkt, neue technische Entwicklungen sowie eine Veränderung des Abnehmerverhaltens. Die Berücksichtigung derartiger hypothetischen Entwick- 5

---

[2] *BKartA* WuW/E DE-V 340 (345 f.) – DTAG/dSH.

[3] *BGH* LM Nr. 1 zu § 36 GWB = NJW-RR 2001, 1261 = WuW/E DE-R 668 (670) – Dierichs/Kluthe (WerraRundschau); AG 2012, 835 Tz. 17 ff. = WuW/E DE-R 3695 – Haller Tagblatt; *Schroeder,* FS Säcker, 2011, S. 985.

[4] BGHZ 136, 268 (275 ff.) = NJW 1998, 2440 – RWE/Aggerstrom; *BGH* LM § 23 GWB Nr. 20 = NJW 1998, 2444 – Hastra/Stadtwerke Garbsen; *OLG Düsseldorf* WuW/E DE-R 681 (686 f.) – Trienekens/GMVA.

[5] BGHZ 71, 102 (116 ff.) = NJW 1978, 1320 = JuS 1978, 784 Nr. 7 – Sachs/GKN; BGHZ 76, 55 (73) = NJW 1980, 1381 – Elbe Wochenblatt; BGHZ 79, 62 (67) = NJW 1981, 1786 – Klöckner/Becorit; BGHZ 82, 1 (9) = NJW 1982, 337 – Springer/MZV; BGHZ 136, 268 (275 ff.) = NJW 1998, 2440 – RWE/Aggerstrom.

[6] S. insbesondere *BGH* LM Nr. 1 zu § 36 GWB = NJW-RR 2001, 1261 = WuW/E DE-R 668 (670) – Dierichs/Klutke (WerraRundschau), sowie u. Rn. 6.

lungen, die zur Folge haben kann, dass es in der Fusionskontrolle schließlich zu einem Vergleich zweier hypothetischer Szenarien (mit und ohne Zusammenschluss) kommt (neudeutsch: **counterfacting**), gewinnt in der Fusionskontrollpraxis immer größere Bedeutung. Es ist zudem abzusehen, dass der mit der 8. GWB-Novelle von 2013 bewirkte Übergang zu dem SIEC-Test diese Entwicklung noch weiter verstärken wird.[7]

6 Voraussagen über derartige hypothetischen Szenarien sind selbst für einen begrenzten Zeitraum nur mit *großen Schwierigkeiten und Unsicherheiten* möglich. Deshalb werden solche Entwicklungen nur berücksichtigt, wenn für sie eine hohe Wahrscheinlichkeit aufgrund konkret nachweisbarer Umstände besteht, wobei maßgebender Zeitpunkt der der Entscheidung in der letzten Tatsacheninstanz ist.[8] In aller Regel wird sich deshalb die Prognose auf die normale Entwicklung der Marktstrukturen unter im wesentlichen gleichbleibenden rechtlichen, ökonomischen und politischen Rahmenbedingungen sowie auf das typische unternehmerische Verhalten in solchen Strukturen für die nächsten *drei bis fünf Jahre* beschränken müssen. Noch langfristigere Voraussagen (über fünf Jahre hinaus) verbieten sich in der Regel, wenn man die großen Unsicherheiten berücksichtigt, mit denen bereits kurzfristige ökonomische Prognosen durchweg behaftet sind. Bloße hypothetische Entwicklungen, für deren Eintritt bisher keine greifbaren Anhaltspunkte vorhanden sind, bleiben gleichfalls außer Betracht.[9]

7 Bei Voraussagen der genannten Art (o. Rn. 6) über die (vermutliche) weitere Entwicklung von Märkten in der absehbaren Zukunft hat man sich bisher zumal in Deutschland in aller Regel auf **Erfahrungssätzen** über typische wirtschaftliche Geschehensabläufe gestützt, die um so sicherer sind, je breiter ihre empirische Basis ist.[10] So entspricht es z. B. allgemeiner wirtschaftlicher Erfahrung, dass es bei einem Zusammenschluss von Konkurrenten im Regelfall zu einer *Addition ihrer Marktanteile und Umsätze* kommen wird.[11] Zwingend ist freilich auch diese Annahme nicht; je nach den Umständen des Falles kann es sich auch ganz anders verhalten, insbesondere, wenn nach den Besonderheiten des betreffenden Marktes mit hohen Abschmelzungseffekten zu rechnen ist, etwa, weil die großen Abnehmer nicht von den verbundenen Unternehmen abhängig werden wollen.[12]

8 Auf Erfahrungssätzen der geschilderten Art beruhte bisher letztlich die ganze präventive Fusionskontrolle (s. schon o. § 16 Rn. 36ff.). Das erklärt zugleich die großen Schwierigkeiten, auf die die Fusionskontrolle durchweg dort trifft, wo wie insbesondere bei vertikalen und konglomeraten Zusammenschlüssen für eine Addition von Marktanteilen kein Raum ist (s. u. Rn. 30, 32ff.). Vergleichbare Schwierigkeiten bestehen überall dort, wo es bislang an **Erfahrungen** über die Entwicklung bestimmter Märkte **mangelt,** etwa, weil es sich um neue Produkte handelt.

---

[7] *BKartA,* Leitfaden von 2012, Tz. 7ff.; *Bardong,* in: Bien (Hrsg.), Das deutsche Kartellrecht nach der 8. GWB-Novelle, 2013, S. 11 (18ff.).

[8] BGHZ 82, 1 (9) = NJW 1982, 337 – Springer/MZV; BGHZ 136, 268 (275ff.) = NJW 1998, 2440 – RWE/Aggerstrom.

[9] *EuG* Slg. 1994, II-323 (349 Tz. 70f.) – Air France II; *BKartA* WuW/E BKartA 2820 = AG 1996, 234 (236) – Lafarge Coppée/Limburger Lackfabrik.

[10] S. *Emmerich,* AG 1985, 320.

[11] S. dazu *KG* AG 2000, 563 = WuW/E DE-R 451 (457f.) – Herlitz/Landré; *Bechtold,* GWB, § 36 Rn. 17; Wiedemann/*Richter,* § 20 Rn. 135f. (S. 705).

[12] Vgl. *BKartA* WuW/E DE-V 905 (909f. Tz. 81ff.) – Ontex/Rostam; 1425 (1427ff. Tz. 52ff.) – KLA-Tenecor/Therma-Wave.

Bereits diese wenigen Hinweise (Rn. 7 f.) dürften genügen, um zu verdeutlichen, wie schwierig (und problematisch) Prognosen über die Wirkungen von Zusammenschlüssen sind, die allein auf Erfahrungssätze gestützt werden können. In der europäischen Fusionskontrolle bedient sich deshalb die Kommission, nicht zuletzt wegen der hohen Anforderungen der Unionsgerichte an die Plausibilität von Prognosen, in zunehmendem Maße **ökonometrischer Verfahren** zur Absicherung ihrer Prognosen, ohne jedoch deren Problematik zu verkennen, weil diese Verfahren durchweg auf wenig realistischen Annahmen beruhen und ohnehin (natürlich) nicht in der Lage sind, die Ungewissheit der Zukunft zu eliminieren (s. § 16 Rn. 37). Gleichwohl wächst die Zahl derartiger ökonometrischer Verfahren zur „Berechnung" der vermutlichen Effekte von Zusammenschlüssen kontinuierlich. Neben dem bereits erwähnten **ADS-Modell** hat in jüngster Zeit der **UPP-Test** bei Zusammenschlüssen zwischen engen Wettbewerbern auf Märkten mit differenzierten oder inhomogenen Produkten große Aufmerksamkeit in Theorie und Praxis gefunden.[13] Auch die Kommission hat diesen Test zumindest in zwei Entscheidungen aus jüngster Zeit ihren Erwägungen zu Grunde gelegt.[14] Mittels dieses Tests soll es möglich sein, auf den genannten besonderen Märkten, insbesondere also in engen Oligopolen, zu berechnen, in welchem Ausmaß sich der Preiserhöhungsspielraum der Unternehmen durch einen Zusammenschluss der engsten Wettbewerber erhöht, – wobei freilich auch den Befürwortern derartiger Verfahren sehr wohl bewusst ist und bleibt, wie problematisch ihre Anwendung in einem konkreten Einzelfall ist, schon deshalb, weil meistens sämtliche zur „Berechnung" der Zukunft erforderlichen Daten fehlen. Nach allen bisherigen Erfahrungen ist daher auch auf diesem Weg nur selten weiterzukommen. Das muss man insbesondere bei der folgenden Würdigungen des neuen SIEC-Tests immer sorgfältig im Auge behalten. 9

Die zu erwartenden Wirkungen, gegen die sich § 36 Abs. 1 GWB letztlich wendet, müssen gerade *auf dem Zusammenschluss* beruhen, weil sie nur dann den beteiligten Unternehmen zugerechnet werden können, so dass eine Untersagung ihres Zusammenschlusses in Betracht kommt. **Mitursächlichkeit** des Zusammenschlusses für die Verschlechterung der Wettbewerbsbedingungen im Sinne des § 36 Abs. 1 GWB genügt,[15] während eine Untersagung des Zusammenschlusses ausscheidet, wenn ein Vergleich mit der hypothetischen Entwicklung ohne den Zusammenschluss ergibt, dass es auch *ohne ihn* jetzt zu *derselben* (und nicht etwa zu einer anderen) *Verschlechterung* der Wettbewerbsbedingungen gekommen wäre, eine Frage, die zumal bei Sanierungsfusionen eine zentrale Rolle spielt.[16] 10

III. Der SIEC-Test

Nach § 36 Abs. 1 S. 1 GWB in der Fassung von 2013 ist ein Zusammenschluss vom BKartA zu untersagen, durch den wirksamer Wettbewerb erheblich behindert würde, insbesondere von dem zu erwarten ist, dass er eine marktbeherrschende Stellung begründet oder verstärkt. Bis zur 8. GWB-Novelle von 2013 war dagegen die Begrün- 11

[13] S. insbes. *Bardong,* in: Bien (Hrsg.), Das deutsche Kartellrecht nach der 8. GWB-Novelle, 2013, S. 11 (21 ff.); *Esser/Höft,* NZKart 2013, 447; *M. Johnsen,* WuW 2013, 1177; *Zimmer,* WuW 2013, 928 (934 ff.).

[14] S. o. § 16 Rn. 25; *Emmerich,* AG 2014, 25 (29 f.).

[15] BGHZ 115, 354 (361 f.) = NJW 1992, 1321 – Lübecker Nachrichten/Stormarner Tageblatt.

[16] *KG* WuW/E OLG 4379 = AG 1990, 163 (166) – Flensburger Zeitungsverlag/SH Landeszeitung.

dung oder Verstärkung einer marktbeherrschenden Stellung durch einen Zusammenschluss, der so genannte **Marktstrukturtest,** das alleinige Untersagungskriterium, während es sich dabei heute nur noch um Regelbeispiele für die erhebliche Behinderung wirksamen Wettbewerbs als des maßgebenden Untersagungskriteriums handelt. Dieser so genannte **SIEC-Test**[17] geht auf Art. 2 Abs. 3 FKVO von 2004 zurück[18] und ist von dort durch die 8. GWB-Novelle im Interesse der weiteren Angleichung des deutschen an das europäische Kartellrecht in das GWB übernommen worden. Es handelt sich dabei um die wohl wichtigste Änderung, die die 8. GWB-Novelle von 2013 gebracht hat. Entsprechend umstritten ist ihre Bedeutung.

11a Die Verfasser der 8. GWB-Novelle haben den Übergang zu dem SIEC-Test damit **begründet,** die Übernahme des SIEC-Tests erlaube eine weitgehend gleichlaufende Beurteilung von Fusionsvorhaben auf deutscher und europäischer Ebene. Das Untersagungskriterium der erheblichen Behinderung wirksamen Wettbewerbs ermögliche eine „optimale Erfassung" komplexer Oligopolsachverhalte bzw. nicht koordinierten oder unilateralen Verhaltens einzelner Unternehmen, auch in den wenigen wettbewerblich schädlichen Konstellationen, in denen die Voraussetzungen der Einzelmarktbeherrschung nicht erfüllt sind, und zwar auf der Basis einer Analyse der wettbewerblichen Auswirkungen des Zusammenschlusses.[19]

11b Diese Ausführungen werden in unterschiedlichem Sinne interpretiert. Das **Meinungsspektrum** reicht von der Auffassung, auf der Basis des SIEC-Tests müsse sich im Grunde alles ändern, bis zu der These, allenfalls marginale Änderungen in einigen Grenzfällen seien zu erwarten. Am weitesten geht die Auffassung, das Gesetz verlange jetzt *in jedem Fall* eine sorgfältige Analyse der positiven und negativen Effekte eines Zusammenschlusses auf der Basis des zu erwartenden Verhaltens der zusammengeschlossenen Unternehmen, nach Möglichkeit unter Einsatz ökonometrischer Verfahren, so dass auch die mit einem Zusammenschluss verbundenen Effizienzvorteile in die Abwägung von vornherein mit einzubeziehen seien.[20] Dem steht die Auffassung gegenüber, die Gesetzesänderung werde höchstens einen „stärker wirkungsbasierten Ansatz" in bestimmten Oligopolfällen sowie vielleicht noch bei vertikalen und diagonalen Zusammenschlüssen zur Folge haben.[21] Daraus folge zugleich, dass entsprechend dem Wortlaut des Gesetzes bei Begründung oder Verstärkung einer marktbeherrschenden Stellung durch einen Zusammenschluss *immer,* nicht nur im Regelfall zugleich eine erhebliche Wettbewerbsbehinderung im Sinne des § 36 Abs. 1 S. 1 GWB n. F. anzunehmen sei, eine Auffassung. der sich mittlerweile das OLG Düsseldorf und das BKartA ebenfalls bereits angeschlossen haben.[22] Noch weiter geht schließlich die These, dem SIEC-Test liege kein klares wettbewerbspolitisches Kon-

17 SIEC = Significant impediment to effective competition (englische Fassung des Art. 2 Abs. 3 FKVO).

18 S. dazu im Einzelnen o. § 16, besonders Rn. 19, 54ff.

19 Begr. z. RegE von 2012, BT-Drs. 17/9852, S. 19 (r. Sp. u), 28 (r. Sp.).

20 So insbesondere *Esser,* NZKart 2013, 135 (142); *ders./Höft,* NZKart 2013, 447; *M. Johnsen,* WuW 2013, 1177; wohl auch *Ewald,* WuW 2014, 261; *Körber,* NZKart 2013, 458 (460); *ders.,* WuW 2014, 250; *Weitbrecht/Willems,* ZWeR 2013, 365.

21 Insbes. *Bardong,* in: Bien (Hrsg.), Das deutsche Kartellrecht nach der 8. GWB-Novelle, 2013, S. 12ff.; *ders.,* NZKart 2013, 303 (304).

22 *OLG Düsseldorf* NZKart 2013, 465 (471) – Signalmarkt; *BKartA,* Beschl. v. 22.2.2013 – B7 – 70/12, Tz. 39, 175 – KDH/TC; ebenso *Bardong,* in: Bien (Hrsg.), Das deutsche Kartellrecht nach der 8. GWB-Novelle, 2013,, S. 30; *Lettl,* WRP 2012, 274 (278f.); *Barke/Stransky,* WRP 2014, 674; *Langen/Bunte/Kallfass,* § 36 Rn. 12ff.; dagegen z. B. *Körber,* NZKart 2013, 458 (460).

zept zu Grunde, so dass er, richtig verstanden, nicht über den herkömmlichen Marktstrukturtest hinausführe.[23]

Auf **europäischer Ebene** hat der dort bereits seit 2004 maßgebliche SIEC-Test bisher – bei Lichte besehen – nur geringfügige Auswirkungen gezeitigt, nämlich nur in zwei oder drei so genannten **Gapfällen,** in denen es um die Erfassung unilateraler (nicht koordinierter) Effekte von Zusammenschlüssen in engen Oligopole mit differenzierten oder inhomogenen Produkten ging, wobei sich die Kommission zumindest in einem Fall des UPP-Tests bedient hat, um die unilateralen Effekte des Zusammenschlusses quantitativ erfassen zu können.[24] Jenseits dieser Sonderfälle legt dagegen auch die Kommission nach wie vor den herkömmlichen Marktstrukturtest ihren Entscheidungen zu Grunde.[25] 12

Es ist zu erwarten (und zu hoffen), dass sich die deutsche Praxis in dieselbe Richtung entwickeln wird – ganz entsprechend den Intentionen der Gesetzesverfasser (Rn. 11 a) und entsprechend den ersten Äußerungen des BKartA und der Gerichte (Rn. 11 b). Auf dem herkömmlichen **Marktstrukturtest** wird daher voraussichtlich auch in Zukunft der Schwerpunkt der deutschen Praxis liegen. Soweit abzusehen, dürfte der SIEC-Test daneben nur in wenigen eigenartigen Oligopolfällen eigenständige Bedeutung erlangen. Dies rechtfertigt es, ebenso wie auf europäischer Ebene (s. § 16 Rn. 23 ff.) den bewährten *Marktstrukturtest* zunächst in den Mittelpunkt der Darstellung zu rücken (Rn. 14 ff.). Erst im Anschluss daran soll auf die genannten Fälle eingegangen werden, in denen möglicherweise der *SIEC-Test* zu einer Erweiterung oder doch Veränderung der bisherigen deutschen Praxis führen wird, Es sind folgerichtig auch genau diese Fälle, die im Mittelpunkt der Diskussion über den neuen § 36 Abs. 1 S. 1 GWB stehen (Rn. 34 ff.). 13

IV. Marktstrukturtest

1. Begründung einer marktbeherrschenden Stellung

Ein Unternehmenszusammenschluss i. S. d. §§ 35 und 37 GWB ist nach § 36 Abs. 1 S. 1 GWB insbesondere zu untersagen, wenn die Untersuchung seiner voraussichtlichen Auswirkungen (s. o. Rn. 2 ff.) ergibt, dass durch ihn die zusammengeschlossenen Unternehmen erstmals eine marktbeherrschende Stellung i. S. d. § 18 GWB auf einem deutschen Markt (§ 130 Abs. 2 GWB) erlangen werden. Der Begriff der **Marktbeherrschung** ist in § 36 Abs. 1 S. 1 GWB derselbe wie in § 18 GWB. § 36 Abs. 1 S. 1 GWB stellt folglich die Aufgabe zu untersuchen, ob durch den Zusammenschluss die Marktstruktur auf dem jeweils relevanten Markt vermutlich so nachhaltig verändert wird, dass entweder (1.) die zusammengeschlossenen Unternehmen die komfortable Position eines Monopolisten erwerben (§ 18 Abs. 1 Nr. GWB 1) oder dass (2.) fortan die Voraussetzungen für wesentlichen Wettbewerb entfallen (§ 18 Abs. 1 Nr. 2) oder dass (3.) die zusammengeschlossenen Unternehmen eine überragende Marktstellung erlangen (§ 18 Abs. 1 Nr. 3 GWB). Gleich steht (4.) der Fall, dass infolge des Zusammenschlusses ein marktbeherrschendes Oligopol im Sinne des § 18 Abs. 5 GWB be- 14

[23] *Bechtold,* NZKart 2013, 263 (265 f.); *Emmerich,* FS Köhler, 2014, S. 97; *ders.* AG 2014, 25 (29 f.); ganz ähnlich auch *Bosch/Fritzsche,* NJW 2013, 2013 (2014 f.).

[24] Beschl. v. 12.12.2012 – Hutchinson/Orange Austria; s. dazu o. § 16 Rn. 54 ff.

[25] S. o. § 16 Rn. 19, 23 ff.; ebenso betont *EuG* NZKart 2013, 371 Tz. 50 = WuW/E EU-R 2279 – Billa/Adeg.

gründet wird (s. dazu u. Rn. 34ff.). Zwischen den beiden Fällen des § 18 Abs. 1 Nr. 2 und 3 GWB wird dabei de facto kaum noch unterschieden. An die Stelle ihrer getrennten Prüfung ist vielmehr in der Mehrzahl der Fälle (nicht immer) die umfassende Untersuchung der Marktverhältnisse darauf hin getreten, ob mit dem Zusammenschluss auf dem jeweils relevanten Markt (vermutlich) eine derartige Verschlechterung der Marktstruktur verbunden sein wird, dass für die verbundenen Unternehmen ein **übermäßiger,** vom Wettbewerb nicht mehr hinreichend kontrollierter **Verhaltensspielraum** entsteht.[26]

15 Nicht anders als bei der Missbrauchsaufsicht über marktbeherrschende Unternehmen aufgrund des § 19 GWB steht daher in der Fusionskontrolle die Abgrenzung des jeweils **relevanten Marktes** im Mittelpunkt der Entscheidungen. Dafür sind im Rahmen des § 36 Abs. 1 GWB grundsätzlich dieselben Regeln maßgebend wie bei § 18 GWB (s. daher o. § 27 Rn. 11ff.). Bei der Abgrenzung des sachlich relevanten Marktes ist folglich hier ebenso wie bei der des örtlich relevanten Marktes von dem **modifizierten Bedarfsmarktkonzept** auszugehen.[27] Die skizzierte traditionelle Sichtweise sieht sich freilich zunehmender **Kritik** ausgesetzt, verstärkt seit dem Übergang zu dem SIEC-Test auf deutscher wie europäischer Ebene. Dabei sind zwei Tendenzen festzustellen: Zum Teil wird die Marktabgrenzung generell für *überflüssig,* weil tautologisch gehalten.[28] Nicht ganz so weit geht dagegen die Kritik, die jedenfalls dort, wo der *SIEC-Test* anstelle des Marktstrukturtests zum Einsatz kommt, in vielen Fällen oder generell eine vorherige Marktabgrenzung für entbehrlich hält, wobei man in erster Linie oligopolistische Märkte mit differenzierten oder inhomogenen Produkten im Auge hat, bei denen – auf der Basis des SIEC-Tests – vorrangig zu prüfen sei, ob die an dem Zusammenschluss beteiligten Unternehmen sogenannte *enge Wettbewerber* seien, so dass ihr Zusammenschluss den verbundenen Unternehmen und möglicherweise auch dritten Unternehmen *zusätzliche Preiserhöhungsspielräume* verschaffe, und dies selbst dann, wenn andere Unternehmen deutlich höhere Marktanteile besitzen, wobei außerdem neuerdings vielfach der Einsatz ökonometrischer Verfahren zur Messung der Vergrößerung des Preiserhöhungsspielraums favorisiert wird.[29] Indessen handelt es sich dabei offenkundig um Sonderfälle, die an der Notwendigkeit der Abgrenzung des relevanten Marktes im Rahmen des im Übrigen nach wie vor anwendbaren Marktstrukturtests nichts ändern.

16 Die Prüfung der Entstehung einer marktbeherrschenden Stellung der beteiligten Unternehmen wird durch die **Vermutungen** des § 18 Abs. 4 GWB erleichtert (s. o. § 27 Rn. 54ff.). Wann immer diese Vermutungen nach dem Zusammenschluss „vermutlich" erfüllt sein werden, ist zunächst § 36 Abs. 1 GWB als *gegeben* anzunehmen und

[26] S. insb. BGHZ 79, 62 (67ff.) = NJW 1981, 1786 – Klöckner/Becorit; *KG* WuW/E OLG 3759 = AG 1986, 226 (227f.) – Pilsburry/Sonnen-Bassermann; ebenso im Ergebnis *BKartA,* Leitlinien von 2012, Tz. 22ff.

[27] S. im Einzelnen o. § 4 Rn. 64ff., § 9 Rn. 11ff., § 16 Rn. 7ff. und § 27 Rn. 13, 24ff.; *Kommission,* Bekanntmachung über die Definition des relevanten Marktes von 1997, ABl. Nr. C 372/1; zuletzt z. B. BGHZ 192, 18 (25ff.) = AG 2012, 502 (504) – Total/OMV; *OLG Düsseldorf* NZKart 2013, 465 – Signalmarkt; *Emmerich,* FS Oberender, 2011, S. 61 m. N.

[28] *Wagner-v.Papp,* in: Bien (Hrsg.), Das deutsche Kartellrecht nach der 8. GWB-Novelle, 2013, S. 95 (112ff.) im Anschluss an *Kaplow,* Harvard L. R. 124 (2010), 437.

[29] S. insbes. m. N. *Esser/Höft,* NZKart 2013, 447 (448ff.); *M. Johnsen,* WuW 2013, 1177; *Zimmer,* WuW 2013, 928 (934ff.).

„nur" noch zu prüfen, ob der fragliche Markt strukturelle Besonderheiten aufweist, aufgrund derer die Vermutung der Marktbeherrschung als widerlegt anzusehen ist.[30] § 18 Abs. 4 GWB bedeutet freilich *keine* Einschränkung der Amtsermittlungspflicht des BKartA, so dass das Amt in Fusionskontrollfällen, selbst wenn an sich die Voraussetzungen der Vermutungen nach § 18 Abs. 4 GWB erfüllt sind, weiterhin verpflichtet bleibt, den Sachverhalt in jeder Hinsicht soweit wie möglich aufzuklären. In diesem Rahmen ist es dann aber in erster Linie Sache der betroffenen Unternehmen, solche Umstände vorzutragen, die zur Widerlegung der Vermutungen geeignet sind. Nur wenn also bei dieser umfassenden Prüfung die Frage der Marktbeherrschung weder bejaht noch verneint werden kann, ist aufgrund des § 18 Abs. 4 GWB von der *Begründung* von Marktbeherrschung (und nicht etwa von dem Gegenteil) auszugehen.[31]

Bei der Prüfung der Marktbeherrschung hat man an sich die Wahl zwischen Markt- 17
struktur- und Marktverhaltensansätze, wenn auch heute in der Praxis zu § 18 GWB **Marktstrukturkriterien** gegenüber Marktverhaltensansätzen ein immer größeres Gewicht erlangen (s. o. § 27 Rn. 33ff.). Dieselbe Entwicklung ist bei § 36 Abs. 1 GWB festzustellen, wobei hier noch hinzukommt, dass über das *zukünftige Marktverhalten* von Unternehmen ohnehin verlässliche Voraussagen kaum möglich sind. Bei der Prüfung von Unternehmenszusammenschlüssen nach § 36 Abs. 1 GWB i. V. m. § 18 GWB stehen daher Marktstrukturansätze ganz im Vordergrund, wobei eine langfristige Betrachtungsweise zugrunde zu legen ist, die sämtliche für das Marktgeschehen relevanten Faktoren mit einbezieht.[32]

Der wichtigste Marktstrukturfaktor ist jedenfalls bei horizontalen Zusammenschlüs- 18
sen im Rahmen des § 36 Abs. 1 GWB (natürlich) – ebenso wie auf europäischer Ebene (s. o. § 16 Rn. 37ff.) – der (vermutliche) absolute und relative **Marktanteil** der zusammengeschlossenen Unternehmen, weil in besonderem Maße geeignet, die Marktstellung eines Unternehmens zu kennzeichnen.[33] Berechnet wird der Marktanteil in der Regel anhand der **Umsätze** der zum selben Markt gehörenden Unternehmen, wobei konzerninterne Umsätze ebenso wie Exporte unberücksichtigt bleiben, während Importe in die Berechnung des Marktvolumens einbezogen werden.[34] Die Begründung einer marktbeherrschenden Position ist daher bei horizontalen Zusammenschlüssen um so eher anzunehmen, je höher der Marktanteil der zusammengeschlossenen Unternehmen und je größer ihr Abstand zu den Konkurrenten sein werden.[35] Eindeutig ist die Anwendbarkeit des § 36 Abs. 1 GWB z. B., wenn die zusammengeschlossenen Unternehmen (vermutlich) einen Marktanteil von **über 50** % erreichen werden und

[30] Ein Beispiel in *BGH* LM § 24 GWB Nr. 20 = NJW-RR 1988, 484 – Gruner + Jahr/Zeit II; *BKartA,* Leitfaden von 2012, Tz. 26.

[31] S. *OLG Düsseldorf* AG 2004, 103 (104) = WuW/E DE-R 1159 – BASF/NEPG; AG 2006, 506 = WuW/E DE-R 1625 (1628f.) – Rethmann/GfA Köthen; zur Oligopolvermutung s. auch u. Rn. 34ff.

[32] S. o. Rn. 2ff.; BGHZ 92, 223 (241ff.) = NJW 1985, 1626 – Gruner + Jahr/Zeit; *BGH* LM § 22 GWB Nr. 22 = NJW 1992, 2289 = AG 1992, 358 – Kaufhof/Saturn.

[33] Vgl. z. B. für den ÖPNV BGHZ 166, 165 (181ff. Tz. 42ff.) = NJW-RR 2006, 836 – DP Regio/üstra; für den Zeitungsmarkt *OLG Düsseldorf* WuW/E DE-R 1973 (1977f.) = AG 2007, 556 – SZ/Südost Kurier; *BKartA* WuW/E DE-V 695 (696ff.) – Tagesspiegel/BZ; Leitfaden von 2012, Tz. 31ff.

[34] *BKartA* WuW/E DE-V 1113 (1115, 1122f.) – Railion/RBH.

[35] BGHZ 131, 107 (117ff.) = NJW 1996, 595 – Krupp/Daub; *BGH* LM § 22 GWB Nr. 22 = NJW 1992, 2289 – Kaufhof/Saturn.

der Zusammenschluss für das übernehmende Großunternehmen zu einem erheblichen Zuwachs an Ressourcen führt.[36]

19 Ist der **Abstand** zu den Konkurrenten groß, so steht es der Anwendung des § 36 Abs. 1 GWB auch nicht notwendig entgegen, dass es sich bei diesen gleichfalls um große und bedeutende Unternehmen handelt. Vor allem bei ausgeprägt **asymmetrischer Machtverteilung** auf einem Markt bedeuten selbst erhebliche Ressourcen eines Konkurrenten mit *niedrigem* Marktanteil keinen Faktor, der den Vorsprung der zusammengeschlossenen Unternehmen mit dem bei weitem größten Marktanteil ausgleichen könnte. Anders verhält es sich nur, wenn die Position der verbundenen Unternehmen trotz ihres hohen Marktanteils durch den von anderen Unternehmen ausgehenden Wettbewerbsdruck oder durch sonstige Besonderheiten eines Marktes in einem Ausmaß relativiert wird, dass sich die Annahme eines vom Wettbewerb nicht mehr hinreichend kontrollierten Verhaltensspielraums verbietet. Ein Beispiel sind die zunehmend an Bedeutung gewinnenden **Ausschreibungsmärkte,** insbesondere für Bau- und Verkehrsleistungen, auf denen die Aussagekraft des Marktanteils deshalb häufig zu relativieren ist, weil der Wettbewerb hier weitgehend losgelöst von anderen, bereits durchgeführten Aufträgen (als Grundlage der Marktanteilsberechnung) stattfindet.[37] Jedoch sehen die Dinge schon wieder anders aus, wenn die Mehrzahl der Aufträge weiterhin ohne Ausschreibung vergeben wird und das betreffende Unternehmen davon den größten Teil an sich ziehen kann.[38]

20 Der absolute und der relativen Marktanteil sind nur die wichtigsten, aber keineswegs die einzigen Faktoren, die im Rahmen des Marktstrukturtests Bedeutung erlangen können (s. § 18 Abs. 3 GWB). Hervorzuheben sind als **weitere relevante Faktoren** mit von Fall zu Fall unterschiedlichem Gewicht insbesondere noch die **Finanzkraft** der verbundenen Unternehmen, die Zersplitterung des übrigen Angebots, freie Kapazitäten bei den Konkurrenten sowie das Vorhandensein jederzeit zum Markteintritt fähiger, **potentieller Konkurrenten** am Marktrand.[39] Das BKartA betont gerade in jüngster Zeit immer wieder den „großen Stellenwert", den es dem potentiellen Wettbewerb von Konkurrenten am Marktrand und in diesem Zusammenhang dem Vorhandensein oder Fehlen von **Marktzutrittsschranken** bei der fusionsrechtlichen Beurteilung von Zusammenschlussvorhaben beimisst.[40] Potentielle Konkurrenten am Marktrand sind deshalb in die Betrachtung mit einzubeziehen, *sofern* in dem üblichen Prognosezeitraum von drei bis fünf Jahren ernsthaft mit ihrem Markteintritt zu rechnen ist oder wenn schon jetzt von ihnen ein fühlbarer Wettbewerbsdruck durch die Beschneidung wettbewerblicher Verhaltensspielräume der aktuellen Konkurrenten ausgeht.[41] Ständig wachsende Bedeutung erlangt schließlich auf deutscher wie auf eu-

[36] BGHZ 131, 107 (117ff.) = NJW 1996, 595 – Krupp/Daub; *BKartA* WuW/E DE-V 1442 (1445ff.) – Kalmar/CVS.

[37] S. *BKartA* WuW/E DE-V 677 (682ff. Tz. 111ff.) – RWE Nord; *Emmerich,* AG 2003, 649 (658l. Sp. o.).

[38] BGHZ 166, 165 (181ff. Tz. 42ff.) = NJW-RR 2006, 836 = AG 2006, 369 – DB Regio/üstra.

[39] S. *BGH* WuW/E BGH 2575 = AG 1989, 275 (277) – Kampffmeyer/Plange; *BKartA,* Leitfaden von 2012, Tz. 38ff.

[40] *BKartA* WuW/E DE-V 1325 (1328f. Tz. 136ff.) – Coherent/Excel; WuW/E DE-V 1365 Tz. 259ff. – Phonak Holding/GN Store Nord; Leitfaden von 2012, Tz. 58ff.

[41] S. *KG* WuW/E OLG 4379 = AG 1990, 163 (165) – Flensburger Zeitungsverlag/SH Landeszeitung; *Kantzenbach/Krüger,* WuW 1990, 472 (476).

ropäischer Ebene im Rahmen neuer markttheoretischer Modelle die **wettbewerbliche Nähe** der zusammengeschlossenen Unternehmen. Als besonders kritisch gelten seitdem Zusammenschlüssen zwischen den engsten Wettbewerbern, zumal auf Märkten mit differenzierten oder inhomogenen Produkten, von denen man unter bestimmten Voraussetzungen eine substantielle Vergrößerung des Preiserhöhungsspielraums der zusammengeschlossenen Unternehmen befürchtet, selbst wenn sie *keine* marktbeherrschende Stellung erlangen sollten. Es sind vor allem derartige Fallgestaltungen, die man heute bei dem SIEC- Test im Auge hat (s. deshalb schon o. Rn. 11 ff. sowie im Einzelnen u. Rn. 34 ff.).

In mancher Hinsicht vergleichbar ist das Konzept der zumindest früher für die deut- 21
sche Fusionskontrolle kennzeichnenden **Abschreckungstheorie.** Kern dieser Theorie ist die Annahme einer besonderen Gefährlichkeit der Bildung von Großunternehmen durch Zusammenschlüsse, zumal auf bisher mittelständisch geprägten Märkten, da durch die Entstehung solcher Unternehmen ihre kleineren Konkurrenten vielfach so „abgeschreckt" und entmutigt werden, dass sie fortan auf vorstoßenden Wettbewerb verzichten werden. Dies darf in der Fusionskontrolle nicht unberücksichtigt bleiben, *vorausgesetzt,* dass auf dem betreffenden Markt überhaupt – aus der Sicht der Konkurrenten – mit **Verdrängungsstrategien** der verbundenen Unternehmen zu rechnen ist.[42] Besonders deutlich sind solche Effekte z. B., wenn durch den Zusammenschluss auf einem bislang mittelständisch geprägten Markt ein Unternehmen mit hohem Marktanteil und überlegener Finanzkraft entsteht[43] oder wenn ein Großunternehmen das führende Unternehmen auf einem Markt übernimmt.[44] Die Besonderheit der Abschreckungstheorie besteht darin, dass sie **unabhängig von** einer **Marktanteilsaddition** ist, so dass sie auch ein Instrumentarium zur Beurteilung vertikaler und konglomerater Zusammenschlüsse zur Verfügung stellt (s. u. Rn. 30, 32 ff.).

Weit geringere Bedeutung wird dagegen regelmäßig solchen Faktoren beigemessen, 22
die sich ihrer Art nach *gleichmäßig* auf alle Unternehmen eines Marktes auswirken. Beispiele sind ein **Substitutionswettbewerb** am Marktrand sowie der **Einfluss großer Nachfrager.** Solche Faktoren werden nur berücksichtigt, wenn sie sich ausnahmsweise *unterschiedlich* auf die beteiligten Unternehmen auswirken, etwa, weil einzelne, ganz bedeutende Nachfrager ihre Aufträge gezielt nach marktstrategischen Überlegungen verteilen, *oder* wenn sie so stark sind, dass sie den Verhaltensspielraum der verbundenen Unternehmen in einem für die Verneinung von Marktbeherrschung hinreichenden Maße beschränken.[45]

§ 36 Abs. 1 GWB ist z. B. erfüllt, wenn sich die beiden einzigen Unternehmen auf 23
einem Markt zusammenschließen, so dass ein **Monopol** entsteht (§ 18 Abs. 1 Nr. 1 GWB); Beispiele waren der Zusammenschluss der beiden einzigen Munitionsanbieter oder der beiden einzigen Hersteller von Viskosefasern für Tampons in Deutsch-

42 *KG* WuW/E OLG 3759 = AG 1986, 226 (227 f.) – Pilsburry/Sonnen-Bassermann; *BKartA* WuW/E BKartA 2820 = AG 1992, 406 (407) – Krupp/Daub; WuW/E DE-V 905 (909 f. Tz. 81 ff.) – Ontex/Rostam.

43 *BKartA* WuW/E BKartA 2820 = AG 1992, 406 (407) – Krupp/Daub.

44 *BKartA* WuW/E BKartA 2820 = AG 1996, 234 (236) – Lafarge Coppée/Limburger Lackfabrik.

45 BGHZ 92, 223 (241 ff.) = NJW 1985, 1626 – Gruner + Jahr/Zeit I; *BGH* LM § 24 GWB Nr. 19 = NJW-RR 1988, 227 – Panorama Anzeigenblätter; *OLG Düsseldorf* AG 2005, 847 (850) – DB/RSW/KVS; AG 2006, 503 (505) – Mainova/AVG; *BKartA* WuW/E DE-V 1127 (1129 f. Tz. 144 f.) – CIE/Ish; Leitfaden von 2012, Tz. 77 ff.

land.[46] Ebenso verhält es sich vielfach bei den (erstaunlich) häufigen Zusammenschlüssen der **beiden größten Unternehmen** eines Marktes mit addierten Marktanteilen weit jenseits der Vermutungen des § 18 Abs. 5 Nr. 1 GWB.[47] Dieselbe Wirkung hat es, wenn durch den Zusammenschluss ein marktbeherrschendes **Duopol** bei bestimmten Produkten entsteht.[48] „Leading Case" ist die Aufteilung des deutschen Strommarktes unter den vier führenden Verbundunternehmen durch die gleichzeitigen Zusammenschlüsse von RWE und VEW zu RWEneu sowie von Veba und Viag zur E.ON AG.[49] Ein weiteres Beispiel aus jüngster Zeit war die Verbindung von Edeka und Tengelmann über mehrere Gemeinschaftsunternehmen, insbesondere den Discounter „Plus".[50]

24 **Unanwendbar** ist § 36 Abs. 1 GWB dagegen, wenn trotz hohen Marktanteils der verbundenen Unternehmen die Voraussetzungen für lebhaften Wettbewerb nach den besonderen Umständen des Marktes fortbestehen,[51] insbesondere, wenn mit starken Abschmelzungseffekten zu rechnen ist und die verbleibenden Konkurrenten mithalten können[52] oder wenn ein Zusammenschluss überwiegend **dekonzentrative Aspekte** aufweist. Letzteres kommt vor allem in Betracht, wenn aus einem Gemeinschaftsunternehmen eine der Mütter durch Veräußerung ihres Anteils an eine der anderen Mütter ausscheidet.[53]

2. Verstärkung einer marktbeherrschenden Stellung

25 Ein Zusammenschluss ist nach § 36 Abs. 1 S. 1 GWB ferner zu untersagen, wenn zu erwarten ist, dass durch ihn die schon bestehende marktbeherrschende Stellung eines oder mehrerer beteiligter Unternehmen auf einem deutschen Markt (§ 130 Abs. 2 GWB) i. S. d. § 18 GWB weiter verstärkt wird. **Zweck** dieser Regelung ist es vor allem, den noch vorhandenen Restwettbewerb auf dem bereits gefährdeten Markt zu schützen.

26 Die **Verstärkung** der marktbeherrschenden Stellung eines oder mehrerer beteiligter Unternehmen liegt vor, wenn die die Marktmacht nach § 18 GWB bestimmenden Größen durch den Zusammenschluss derart verändert werden, dass die *machtneutralisierende Wirkung des Wettbewerbs* auf einem Markt im Wege der Änderung von markt- und unternehmensbezogenen Strukturen in noch höherem Maße als vor dem Zusammenschluss *eingeschränkt* wird. Dies ist durch einen Vergleich der voraussichtlichen zukünftigen Wettbewerbslage mit und ohne Zusammenschluss (counterfactual) fest-

[46] *BKartA* WuW/E DE-V 1081 (1086) – RUAG/MEN; Beschl. v. 22.11.2012-B3–64/12 – Lenzing/Kelheim; bestätigt durch *OLG Düsseldorf* NZKart 2013, 299 = AG 2013, 758.

[47] *BKartA* WuW/E BKartA 2405 = AG 1989, 405 – MAN/Sulzer; WuW/E BKartA 2421 = AG 1990, 308 – Unilever/Braun; WuW 1998, 1179 – Krauss-Maffei/Wegmann/EFS; ebenso *BGH* LM § 24 GWB Nr. 20 = NJW-RR 1988, 484 – Gruner + Jahr/Zeit II; *KG* WuW/E OLG 3807 = AG 1986, 294, beide für das Verhältnis zwischen Spiegel, Stern und Zeit.

[48] *BKartA* WuW/E BKartA 2247 = AG 1987, 253 – Hüls/Condea; WuW/E BKartA 2405 = AG 1989, 403 (405) – MAN/Sulzer; AG 1992, 363 (366) – Gillette/Wilkinson; WuW/E DE-V 249 (250 ff.) – Ansell/Johnson & Johnson; 1442 (1445 ff.) – Kalmar/CVS.

[49] Freigegeben unter Auflagen durch *BKartA* WuW/E DE-V 301 – RWE/VEW; *Kommission,* ABl. 2001 Nr. L 188/1 = WuW/E EU-V 509 – Veba/Viag.

[50] *BKartA* WuW/E DE-V 1607 (1612 ff.); zahlreiche weitere Beispiele bei *Emmerich,* AG 2013, 23 (27 f.); 2014, 25 (30 f.).

[51] *BGH* WM 2010, 1091 = WuW/E DE-R 2905 – Phonak/ReSound.

[52] *BKartA* WuW/E DE-V 1423 (1427 ff. Tz. 52 ff.) – KLA-Tenecor/therma-Wave.

[53] Vgl. *BKartA* TB 1974, S. 32; 1975, S. 36; ein Gegenbeispiel im *BKartA* TB 1978, S. 68.

zustellen. Die Verstärkung muss, jedenfalls nach herkömmlichem Verständnis (s. Rn. 29 a) *nicht spürbar,* etwa im Sinne des Kartellverbotes des § 1 GWB sein; vielmehr genügt bereits die bloße Verstärkung der Fähigkeit des beteiligten, bereits marktbeherrschenden Unternehmen zur Abwehr des nachstoßenden Wettbewerbs durch *Minderung des Wettbewerbsdruckes,* der von aktuellen oder potentiellen Konkurrenten ausgeht (heute str. wegen § 36 Abs. 1 S. 1 GWB von 2013; s. Rn. 29 a). Dies setzt nicht notwendig eine Vergrößerung des Marktanteils der beteiligten Unternehmen voraus; entscheidend ist vielmehr die **Vergrößerung ihres Verhaltensspielraums** durch eine Veränderung von Marktstrukturdaten, insbesondere durch die *Erhaltung und Sicherung der* schon errungenen marktbeherrschenden *Position* gegen aktuelle oder potentielle Konkurrenz, wobei das Augenmerk insbesondere auf die **Abschreckung** aktueller oder potentieller Konkurrenten durch die Ressourcenakkumulation infolge des Zusammenschlusses zu richten ist (Rn. 21). Im Ergebnis genügt damit, immer nach bisher g. M., für die Anwendung des § 36 Abs. 1 GWB in den hier interessierenden Fällen bereits jede noch so *geringfügige* **Verbesserung der Wettbewerbssituation** eines der beteiligten, bereits marktbeherrschenden Unternehmen durch eine, wenn auch möglicherweise geringfügige Beeinträchtigung des verbliebenen Restwettbewerbs oder des potentiellen Wettbewerbs von Unternehmen am Marktrand (str., s. o.).[54]

Der Restwettbewerb auf einem Markt ist um so schutzwürdiger, je größer die schon 27
bestehende Macht der beteiligten Unternehmen ist, so dass auf **hochkonzentrierten Märkten** nach dem Gesagten (Rn. 26) bereits eine ganz *geringfügige Verstärkung* der bestehenden Marktmacht der beteiligten Unternehmen für die Anwendung des § 36 Abs. 1 GWB ausreicht (oder doch bislang ausreichte).[55] Für die Anwendung des § 36 Abs. 1 spricht es in derartigen Grenzfällen insbesondere, wenn der Zustand fehlenden wesentlichen Wettbewerbs weiter gesellschaftsrechtlich und damit *strukturell abgesichert* wird. Ein besonders wichtiger Fall ist die Verbindung eines bereits marktbeherrschenden Unternehmens mit einem wichtigen potentiellen Konkurrenten am Marktrand, bei dem eine realistische Chance auf einen baldigen Markteintritt bestand.[56] Umgekehrt reicht es aber auch aus, wenn potentielle Wettbewerber durch den Zusammenschluss *entmutigt* und so von nachstoßendem Wettbewerb abgehalten werden, vorausgesetzt, dass für solche Entwicklung *konkret Anhaltspunkte* vorliegen.[57] Eine „Verstärkung" setzte schon nach dem Wortsinn doch immer eine noch feststellbare *Veränderung* der Marktstrukturdaten voraus. Für die Anwendung des § 36 Abs. 1 GWB ist dagegen kein Raum mehr, wenn die „Veränderung" so geringfügig ausfällt,

[54] Z. B. BGHZ 119, 346 (363 ff.) = NJW 1993, 1265 – Springer/Beig (Pinneberger Tageblatt); BGHZ 136, 268 (277 ff.) = NJW 1998, 2440 – RWE/Aggerstrom; BGHZ 166, 165 (183 ff. Tz. 49 ff.) = NJW-RR 2006, 836 – DB Regio/üstra usw. bis *BGH* AG 2010, 832 (837 Tz. 43 ff.) = WuW/E DE-R 3067 = JuS 2011, 464 – Springer/ProSiebenSat.1 II; AG 2012, 835 Tz. 17 ff. = WuW/E DE-R 3695 – Haller Tagblatt.

[55] BGHZ 166, 165 (183 f. Tz. 49) = NJW-RR 2006, 836 – DB Regio/üstra; *OLG Düsseldorf* AG 2006, 506 = WuW/E DE-R 1625 (1629 f.) – Rethmann/GfA Köthen; WuW/E DE-R 1639 (1642 ff.) = AG 2006, 503 – Mainova/AVG; *BKartA* WuW/E DE-V 1442 (1452 f. Tz. 130 ff.) – Kalmar/CVS.

[56] Vgl. z. B. für einen Zusammenschluss zwischen einem Nahverkehrsunternehmen und der Bahn BGHZ 166, 165 (179, 183 ff.) = NJW-RR 2006, 836 Tz. 37, 48 ff. – DBRegio/üstra; ausführlich *BKartA* WuW/E DE-V 1754 (1757 Tz. 51 ff.) – shz/Blickpunkt; AG 2012, 835 Tz. 17 ff. = WuW/E DE-R 3695 – Haller Tagblatt; *OLG Düsseldorf* NZKart 2013, 465 (469) – Signalmarkt; *BKartA,* Beschl. v. 22. 2. 2013, B7–70/12, Tz. 124, 212 ff. – KDH/TC.

[57] *BGH* AG 2012, 835 Tz. 17 ff., 38 = WuW/E DE-R 3695 – Haller Tagblatt; *OLG Düsseldorf* NZKart 2013, 465 (469) – Signalmarkt.

dass sie nicht mehr ernsthaft ins Gewicht fällt, so dass sie nicht mehr den Schluss auf eine Verschlechterung der Marktstruktur rechtfertigt.[58]

28 Ausschlaggebend ist letztlich die Sicht der *Konkurrenten,* so dass bei der Anwendung des § 36 Abs. 1 GWB hier ebenso wie bei der Begründung einer marktbeherrschenden Stellung (s. o. Rn. 21) in erster Linie die von dem Zusammenschluss auf die Konkurrenten ausgehenden **Abschreckungs- und Entmutigungseffekte** im Vordergrund zu stehen haben.[59] Grundlage ist die mit dem Zusammenschluss verbundene **Ressourcenakkumulation,** vorausgesetzt, dass nach dem Zusammenschluss tatsächlich aus der Sicht der Konkurrenten mit dem Einsatz der Ressourcen des Erwerbers zugunsten des Beteiligungsunternehmens zu rechnen ist. Man spricht insoweit auch von der Marktwirksamkeit der Ressourcen des Erwerbers aus der Sicht der Konkurrenten auf dem Zielmarkt, zumindest in Krisensituationen.[60]

29 Die Verstärkung der bereits marktbeherrschenden Position eines Unternehmens durch einen Zusammenschluss liegt nach dem Gesagten (Rn. 26ff.) **z. B.** vor, wenn das eindeutig marktführende Unternehmen seinen größten Konkurrenten übernimmt und dadurch seinen Vorsprung vor den wenigen verbliebenen Konkurrenten nochmals erheblich vergrößert,[61] ferner wenn der führende Hersteller einer berühmten Marke wie „Persil" jetzt auch noch in den Markt für Handelsmarken eindringt, weil dadurch sein Verhaltensspielraum weiter vergrößert und sein Abschreckungspotential gegenüber Konkurrenten gesteigert wird,[62] oder wenn schließlich durch die Fusion die Substitutionskonkurrenz am Marktrand beseitigt wird, insbesondere, wenn die verbundenen Unternehmen fortan in der Lage sind, ihren Nachfragern anders als ihre Konkurrenten auch sämtliche Alternativen zur Deckung eines bestimmten Bedarfs anzubieten.[63]

29a Neuerdings ist streitig geworden, ob an dem skizzierten herkömmlichen Verständnis des Tatbestandes der Verstärkung einer bereits bestehenden marktbeherrschenden Stellung in § 36 Abs. 1 S. 1 GWB (Rn. 26ff.) unter dem neuen SIEC-Test von 2013 noch festgehalten werden kann, dies deshalb, weil das Gesetz jetzt in § 36 Abs. 1 S. 1 GWB *generell,* also auch in den Verstärkungsfällen, eine *erhebliche* Behinderung wirksamen Wettbewerbs verlangt. Daraus wird im Schrifttum zum Teil der Schluss gezogen, auch in den Verstärkungfällen sei fortan – abweichend von der bisherigen Praxis (Rn. 26f.) – eine **spürbare oder sogar erhebliche Verstärkung** der Marktposition der verbundenen Unternehmen durch den Zusammenschluss erforderlich. Dem ist indessen nicht zu folgen, weil durch den neuen § 36 Abs. 1 S. 1 GWB die Fusionskontrolle nicht etwa gegenüber dem früheren Rechtszustand eingeschränkt, sondern im Gegenteil weiter verstärkt werden sollte.

[58] BGHZ 76, 55 (72ff.) = NJW 1980, 1381 – Elbe-Wochenblatt; *KG* WuW/E OLG 2593 = AG 1981, 190 – Braun/Almo; *BKartA* WuW/E DE-V 1113 (1121f.) – DB/Railion; 1199 (1200f. Tz. 73, 81ff.) – Alva Laval/Tronter.

[59] Grdl. ist der Sachs/GKN-Beschluss von 1978: BGHZ 71, 102 (113ff.) = NJW 1978, 1320 = JuS 1978, 784 Nr. 7; z. B. *OLG Düsseldorf* WuW/E DE-R 1501 (1503f.) – Gruner + Jahr/RWA; 1639 (1642ff.) = AG 2006, 503 – Mainova/AVG; WuW/E DE-R 2094 – E.ON/Eschwege.

[60] *BGH* LM § 23 GWB Nr. 14 = NJW-RR 1986, 1422 = AG 1986, 362 – SZ/Donaukurier; *KG* WuW/E OLG 3759 = AG 1986, 226 (227f.) – Pilsburry/Sonnen-Bassermann; WuW/E OLG 3807 = AG 1986, 294 – Gruner + Jahr/Zeit.

[61] *BKartA* WuW/E BKartA 2894 = AG 1997, 281 (286) = NJWE-WettbR 1997, 115 – Herlitz/Landré; bestätigt durch *KG* WuW/E DE-R 451 = AG 2000, 563.

[62] *BKartA* WuW/E DE-V 177 = AG 2000, 375 (378) – Henkel/Luhns.

[63] *BKartA* WuWE BKartA 2319 = AG 1988, 387 – Messer Griesheim/Buse.

V. Vertikale Zusammenschlüsse[64]

30 Die Mehrzahl der Entscheidungen aufgrund des § 36 Abs. 1 GWB betraf bisher horizontale Zusammenschlüsse oder doch solche, bei denen horizontale Aspekte im Vordergrund standen. Der Grund ist einfach der, dass sich in solchen Fällen die Vergrößerung des Verhaltensspielraums der zusammengeschlossenen Unternehmen immer noch am leichtesten feststellen lässt, vor allem, aber nicht nur im Wege der Marktanteilsaddition. Ganz anders verhält es sich dagegen insoweit mit vertikalen Zusammenschlüssen zwischen Lieferanten und Abnehmern. Unter wettbewerbsrechtlichen Gesichtspunkten beschwören derartige Zusammenschlüsse offenbar in erster Linie die Gefahr herauf, dass durch Maßnahmen der Vorwärts- oder Rückwärtsintegration die Konkurrenten eines marktbeherrschenden Unternehmens von ihren Versorgungsquellen oder Absatzkanälen abgeschnitten werden. Man spricht in diesem Zusammenhang auch von der **Abschottungs- oder Ausschlusswirkung** vertikaler Zusammenschlüsse (neudeutsch: input bzw. customer foreclosure).[65] Beispiele sind die Beteiligung eines bedeutenden Abnehmers an einem marktbeherrschenden Anbieter, weil dadurch die beiderseitigen Geschäftsbeziehungen weiter abgesichert werden, da es einem wirtschaftlichen Erfahrungssatz entspricht, dass ein Gesellschafter seinen Bedarf bevorzugt bei seiner Gesellschaft decken wird, wodurch zugleich die Versorgungssicherheit der anderen Abnehmer beeinträchtigt werden kann,[66] sowie etwa noch die Beteiligung eines Lieferanten in Höhe von knapp unter 25% an einem großen Abnehmer, weil dann der Letztere im Zweifel Rücksicht auf den an ihm beteiligten Lieferanten nehmen wird.[67]

31 Im Mittelpunkt des Interesses stehen hier seit langem die ausgreifenden Zusammenschlussaktivitäten der beiden Oligopolisten **RWE und E.ON,** die über viele Jahre hinweg die Politik verfolgten, sich mit ihren Monopolgewinnen buchstäblich an hunderten von lokalen und regionalen Verteilerunternehmen zu beteiligen, um ihre Absatzwege zu sichern, die Marktaufteilung zu zementieren und Konkurrenten für alle Zeiten den Zugang zu „ihren" Märkten zu versperren.[68] Das BKartA geht heute in diesen Fällen davon aus, dass die marktbeherrschende Stellung der genannten Unternehmen grundsätzlich durch jede weitere Beteiligung an lokalen und regionalen Versorgungsunternehmen verstärkt würde, weil es sich bei den Beteiligungen ausnahmslos um Aspekte einer langfristigen Strategie zur umfassenden Absicherung der Absatzwege von RWE und E.ON handelt.[69] In dem Fall E.ON/Stadtwerke Eschwege hat dies die Billigung des **BGH** gefunden.[70]

---

64 S. schon o. § 16 Rn. 41 ff. sowie *BKartA,* Leitfaden von 2012, Tz. 129–159.

65 *KG* WuW/E DE-R 270 (274 ff.) = AG 1999, 524 – Springer/Stilke; *OLG Düsseldorf* WuW/E DE-R 1639 (1642 ff.) = AG 2006, 503 Tz. 37, 44 ff. – Mainova/AVG; *BKartA* AG 1999, 426 – TLZV/WAZ; WuW/E DE-V 1669 (1676 ff. Tz. 58 ff.) – Stihl/ZAMA.

66 *BKartA* WuW/E DE-V 1507 (1513 ff. Tz. 85, 150 ff.) – Asphaltwerk Langenthal.

67 *OLG Düsseldorf* WuW/E DE-R 1639 (1642 ff.) = AG 2006, 503 Tz. 37, 44 ff. – Mainova/AVG; WuW/E DE-R 2094 – E.ON/Eschwege; *BKartA* AG 1996, 378 (381) – Veba/Stadtwerke Bremen.

68 S. ausführlich *BKartA* TB 2001/2002, S. 163 ff.; 2003/2004, S. 32, 128 ff.; 2005/2006, S. 29 f.

69 Z. B. *BKartA* WuW/E DE-V 823 (826 f., 829) = AG 2004, 514 – E.ON/Stadtwerke Eschwege; WuW/E DE-V 837 (843 f.) = AG 2004, 533 – E.ON/Stadtwerke Lübeck; WuW/E DE-V 831 (835) – RWE/Wuppertaler Stadtwerke; WuW/E DE-V 1357 = AG 2007, 506 – RWE/SFG; WuW/E DE-V1780 (1783 ff. Tz. 103 ff.) – EnBW/EWE.

70 BGHZ 178, 285 (304 ff. Tz. 58 ff.) = NJW-RR 2009, 264 = JuS 2009, 670.

VI. Konglomerate Zusammenschlüsse

Literatur: S. o. § 16 Rn. 44ff. sowie *BKartA,* Leitfaden von 2012, Tz. 160–181; *R. Büscher,* Diagonale Unternehmenszusammenschlüsse im amerikanischen und deutschen Recht, 1983, S. 349ff.; *Dreher,* Konglomerate Zusammenschlüsse, Verbotsvermutungen und Widerlegungsgründe, 1978.

32 Von einem konglomeraten Zusammenschluss spricht man bei einer Verbindung von Unternehmen aus verschiedenen Märkten. Die Wirkungen derartiger Zusammenschlüsse sind ambivalent und hängen insbesondere ganz von der Struktur der betroffenen Märkte ab. Eine besondere Fallgruppe bilden zunächst die so genannten **Produkt- oder Markterweiterungszusammenschlüsse,** worunter man die Übernahme von potentiellen Konkurrenten oder von Anbietern von Substitutionsprodukten am Marktrand versteht. Derartige Zusammenschlüsse stehen auf der Grenze zu horizontalen Zusammenschlüssen, so dass bei ihnen vor allem auf die Minderung des Wettbewerbsdrucks abzustellen ist, der typischerweise von potentieller oder Substitutionskonkurrenz am Marktrand ausgeht, weil durch dessen Abschwächung der Verhaltensspielraum des Erwerbers erweitert wird. Ausschlaggebend ist dafür in erster Linie, ob aus der Sicht der Konkurrenten das *Abwehr- und Abschreckungspotential* der verbundenen Unternehmen *erhöht* wird, wobei davon auszugehen ist, dass bei Übernahme eines Unternehmens im wettbewerblichen Umfeld eines Großunternehmens dem übernommenen Unternehmen grundsätzlich die Ressourcen des Übernehmers zuwachsen.[71]

33 Konglomerate Zusammenschlüsse werfen ferner wettbewerbsrechtliche Probleme auf, wenn sie zu einer **künstlichen Verbindung** an sich **getrennter Märkte** führen (sog. *budling*), die den verbundenen Unternehmen Strategien zur Übertragung ihrer Macht von dem einen auf den anderen Markt ermöglichen (sog. Hebelwirkung oder *leveraging*), wobei vor allem an Bündelungs- oder Koppelungspraktiken zu denken ist. Vielfach spricht man in diesem Zusammenhang auch von den marktübergreifenden Wirkungen eines konglomeraten Zusammenschlusses. Ein Beispiel ist der Zusammenschluss zwischen dem unbestrittenen Weltmarktführer bei einer bestimmten Medizintechnik mit dem ebenfalls führenden Anbieter einer benachbarten Technik, weil es dadurch dem Erwerber möglich wird, die Angebote zu bündeln und bei Ausschreibungen der Krankenhäuser Paketangebote abzugeben, mit denen die Konkurrenten, die nur auf einem Markt tätig sind, nicht mehr konkurrieren können.[72] Ein weiteres Beispiel bildete der (später aufgegebene) Versuch eines Zusammenschlusses zwischen einem marktbeherrschenden Zeitungsverlag (Springer) und einem gleichfalls marktbeherrschenden Fernsehsender (ProSiebenSat1), der zwar auf keinem Markt zu Marktanteilsadditionen geführt hätte, den verbundenen Unternehmen aber unter anderem im Wege der sog. „crossmedialen" Werbung die Möglichkeit eröffnet hätte, gegenseitig ihre bereits marktbeherrschenden Positionen mittels der Werbung über das andere Medium abzusichern.[73] Unerheblich ist in diesem Zusammenhang, dass die geschil-

[71] BGHZ 73, 65 (75ff.) = NJW 1979, 918 – Erdgas Schwaben; *KG* WuW/E OLG 4865 = AG 1992, 404 – WMF/Hutschenreuther; *BKartA* AG 1993, 571 (573f.) – HaGe Kiel/RHG Hannover.

[72] *BKartA* WuW/E DE-V 669 (672ff.) – Getinge/Heraeus.

[73] *BGH* AG 2010, 832 = WuW/E DE-R 3062 = JuS 2011, 464– Springer/ProSiebenSat.1 II; s. dazu *Bohne,* WRP 2006, 540; *Gounalakis/Zagouras,* NJW 2006, 1624; *Kuchinke/Schubert,* WuW 2006, 477; *Lange,* in: Gundel/Heermann/Leible (Hrsg.), Konvergenz der Medien – Konvergenz des Rechts, 2009, S. 135; *Mailänder,* AfP 2007, 297; *Schalast u. a.,* WuW 2005, 741.

derten Koppelungs- oder Bündelungsstrategien marktbeherrschender Unternehmen möglicherweise zugleich gegen das Missbrauchsverbot verstoßen (Art. 102 S. 2 lit. b AEUV, § 19 Abs. 1 und 2 Nr. 1 GWB; s. o. § 10 Rn. 44ff.), und zwar einfach deshalb, weil die Fusionskontrolle die Aufgabe hat, *von vornherein* die Entstehung von Marktstrukturen zu verhindern, die derartige Missbräuche überhaupt erst ermöglichen.[74]

VII. Oligopole

Ein marktbeherrschendes Oligopol, heute meistens gemeinsame Beherrschung genannt, liegt nach § 18 Abs. 5 GWB vor, wenn zwischen mehreren Unternehmen für eine bestimmte Art von Waren oder gewerblichen Leistungen kein wesentlicher Wettbewerb mehr besteht *und* die betreffenden Unternehmen außerdem in ihrer Gesamtheit marktbeherrschend im Sinne des § 18 Abs. 1 sind (s im Einzelnen o. § 16 Rn. 49f. und § 27 Rn. 48ff.). Entscheidend ist mit anderen Worten das Fehlen wesentlichen Binnen- und Außenwettbewerbs. Die wichtigsten *Voraussetzungen* fehlenden Binnenwettbewerbs sind eine hohe Markttransparenz, eine hohe Reaktionsverbundenheit der Oligopolmitglieder zusammen mit dem Vorhandensein glaubwürdiger Sanktionsmechanismen bei einzelnen wettbewerblichen Vorstößen von Oligopolmitgliedern sowie schließlich das Fehlen eines wirksamen Wettbewerbsdrucks von Seiten der Konkurrenten oder der Abnehmer.[75] 34

Derartige oligopolistische Marktstrukturen gelten wettbewerbspolitisch als besonders problematisch, weil es in ihnen unter bestimmten Voraussetzungen zu einer stillschweigenden oder **impliziten Koordinierung des Verhaltens** der Oligopolmitglieder kommen kann, die sich auf diese Weise zum Nachteil der Abnehmer dem Wettbewerb zu entziehen vermögen (s. o. § 16 Rn. 51). Aufgabe der **Fusionskontrolle** ist es daher hier, von vornherein die Entstehung derartiger oligopolistischer Strukturen durch Zusammenschlüsse von Unternehmen zu verhindern, jedenfalls, wenn die Oligopolmitglieder zusammen eine marktbeherrschende Position im Sinne des § 18 Abs. 1 und 5 GWB erlangten (§ 36 Abs. 1 S. 1 GWB). Gleich steht der Fall, dass das bereits marktbeherrschende Oligopol durch einen Zusammenschluss von Oligopolmitgliedern untereinander oder mit dritten Unternehmen weiter verstärkt, verengt oder doch stabilisiert wird oder dass sonst die Koordinierung des Verhaltens der Beteiligten erleichtert wird,[76] wobei es nicht erforderlich ist, dass diese Wirkungen bei sämtlichen Mitgliedern des Oligopols eintreten. Für die Annahme einer Verstärkung der Marktbeherrschung im Sinne des § 36 Abs. 1 S. 1 GWB genügt vielmehr bereits die Verbesserung der Position *nur eines* oder einzelner, nicht aller Mitglieder des Oligopols.[77] Die Fusionskontrolle ist hier umso strikter zu handhaben, je enger das Oligopol bereits ist. Die Anwendung des § 36 Abs. 1 GWB liegt besonders nahe, wenn in einem engen Oligopol einer der Oligopolisten einen wichtigen Außenseiter erwirbt.[78] Grenz- 35

[74] Str., s. schon o. § 16 Rn. 47f. m. N.; *BKartA,* Leitfaden von 2012, Tz. 175; zu weiteren Fallgruppen s. *BKartA,* Leitfaden von 2012, Tz. 176ff.

[75] *BKartA,* Leitfaden von 2012, Tz. 81ff.

[76] BGHZ 192, 18 (31ff.) = AG 2012, 502 – OMV/Total; *KG* WuW/E OLG 3051 = AG 1984, 130 (138); *BKartA* WuW/E BKartA 1571 (1576f.) – Kaiser/VAW; AG 2013, 42 Tz. 274ff. – Tönnies/Tummel; *BKartA,* Leitfaden von 2012, Tz. 120ff.

[77] *BGH* AG 2010, 832 (837) = WuW/E DE-R 3067 – Springer/ProSiebenSat.1 II.

[78] *OLG Düsseldorf* AG 2006, 506 = WuW/E DE-R 1625 (1629f.) – Rethmann/GfA Köthen; *BKartA* WuW/E BKartA 2297 = AG 1988, 352 – Heidelberger Zement/Malik; WuW/E BKartA 2319 = AG 1988, 387 – Messer-Griesheim/Buse; WuW/E BKartA 2669 (2680f.) = AG 1995, 429 – Philips/Lind-

fall ist die Entstehung eines marktbeherrschenden **Duopols,** etwa durch Zusammenschlüsse der führenden Oligopolisten zu zwei großen Unternehmensgruppen, zwischen denen wegen ihrer vielfältigen Verflechtungen und der Struktur des Marktes kein Binnenwettbewerb mehr zu erwarten ist; Paradigma ist die Aufteilung der deutschen Gas- und Strommärkte zwischen den beiden Oligopolisten **RWE und E.ON** infolge der Zusammenschlüsse von RWE und VEW sowie von Veba und Viag.[79] Ein weiteres Beispiel ist die Übernahme des wichtigsten potentiellen Konkurrenten am Marktrand durch den größeren von zwei Duopolisten in einem ohnehin schon wettbewerbslosen Duopol.[80]

36 Als unbedenklich gelten dagegen in der Regel neben dem bloßen Austausch von Marktanteilen zwischen Oligopolisten[81] insbesondere sog. **Aufholfusionen,** d. h. der Zusammenschluss eines kleineren Mitgliedes einer Oligopolgruppe mit einem anderen Unternehmen.[82] Für die Anwendung des § 36 Abs. 1 GWB ist außerdem kein Raum, wenn trotz der Entstehung eines engen Dreier- oder Viereroligopols nach den Umständen der **Fortbestand lebhaften Binnenwettbewerbs** zu erwarten ist.[83] So verhält es sich insbesondere, wenn bei keinem der Oligopolisten infolge des Zusammenschlusses eine Verstärkung seiner Position eintritt.[84] Entscheidend ist letztlich immer die jeweilige **Marktstruktur,** die häufig trotz formaler Erfüllung der Voraussetzungen der Oligopolvermutungen des § 18 Abs. 6 GWB doch auf den Fortbestand ausreichenden Binnenwettbewerbs unter den Oligopolisten hindeutet (§ 18 Abs. 7 GWB; § 27 Rn. 59ff.).

37 Von den koordinierten Effekten eines Oligopols müssen schließlich noch die **unilateralen oder nicht koordinierten Effekte** unterschieden werden, deren Erfassung mit dem herkömmlichen Marktstrukturtest als problematisch galt, weshalb dieser Test auf Unionsebene bereits im Jahre 2004 um den **SIEC-Test** ergänzt wurde, ausgesprochen zu dem Zweck, derartige unilaterale Effekte eines Zusammenschlusses in einem Oligopol mit der FKVO sachlich angemessen erfassen zu können (s. o. § 16 Rn. 54). Derselbe Zweck wurde vorrangig mit dem im Jahre 2013 nachvollzogenen Übergang auch des deutschen Rechts zu dem SIEC-Test verfolgt (s. im Einzelnen o. Rn. 11ff.). Man hat hier vornehmlich Zusammenschlüsse zwischen den engsten Wettbewerbern auf wohl durchweg oligopolistisch strukturierten Märkten mit **differenzierten oder inhomogenen Produkten** im Auge, von denen man eine Erweiterung des Preiserhöhungsspielraums der zusammengeschlossenen Unternehmen befürchtet, selbst wenn es nicht zur Begründung oder Verstärkung einer marktbeherrschenden Stellung dieser Unternehmen kommt. Jedenfalls in derartigen besonderen Fallgestaltungen dürfte dann in der Tat dem SIEC-Test eigenständige Bedeutung neben dem herkömmlichen Marktstrukturtest zukommen, – ganz entsprechend der jüngsten Praxis der Kommission (o. § 16 Rn. 55).

---

ner Licht; WuW/E DE-V 618 – Viterra/Minol; 1221 (1232ff.) – RTL/ntv; Auslegungsgrundsätze unter II. B.

[79] *BKartA* WuW/E DE-V 301 (307ff.) – RWE/VEW; *Kommission* WuW/E EU-V 509 = ABl. 2001 Nr. L 188/1 – Veba/Viag.

[80] *BKartA* WuW/E DE-V 1442 (1448–1452 Tz. 113ff.) – Kalmar/CVS.

[81] *BKartA* WuW 1994, 915 – Philips/AEG Lichttechnik.

[82] *BKartA* WuW 1994, 744 – Kimberley-Clark/Schickedanz.

[83] *BGH* WuW/E DE-R 2905 = WM 2010, 1031 – Phonak/ReSound; *OLG Düsseldorf* WuW/E DE-R 3000 – OMV/Total; dagegen aber *BGH,* Beschl. v. 6.12.2011 – KVR 95/10 – OMV/Total.

[84] *BKartA* WuW/E DE-V 534 (537 Tz. 23f.) – Cart-Garantie.

VIII. Pressefusionen

§ 36 Abs. 1 S. 1 GWB ist im Grunde, zumal nach dem Übergang zu dem SIEC-Test eine *Generalklausel*, die es dem BKartA und den Gerichten erlaubt, umfassend auch die Besonderheiten der einzelnen Märkte bei ihren Entscheidungen zu berücksichtigen. Das soll hier zum Schluss der Betrachtung des § 36 Abs. 1 S. 1 GWB noch am Beispiel der in mancher Hinsicht eine Besonderheit bildenden Pressemärkte verdeutlicht werden, worauf auch der Gesetzgeber in § 38 Abs. 3 GWB Rücksicht nimmt (s. u. Rn. 51 ff.). 38

Der Pressemarkt ist hochkonzentriert; auf vielen Märkten bestehen bereits Quasi-Monopole. Verschärft wird diese Situation noch durch die überragende Position der großen Medienkonzerne Springer, Bertelsmann und Westdeutsche Allgemeine Zeitung (WAZ), deren außergewöhnlichen Ressourcen ihre Konkurrenten nichts Vergleichbares entgegenzusetzen haben, sowie durch die unangreifbare Position vieler Zeitungen und Zeitschriften auf ihren je eigenen Märkten (Stichwort: Einzeitungskreise). Angesichts dieses Befundes hat die Fusionskontrolle hier vor allem die **Aufgabe,** den weiteren Ausbau der beherrschenden Stellung des jeweiligen Marktführers durch Übernahme der letzten Konkurrenten zu verhindern. Die Voraussetzungen des § 36 Abs. 1 GWB sind daher z. B. erfüllt bei einem Zusammenschluss der beiden einzigen Abonnementszeitungen einer Stadt,[85] ebenso bei einem Zusammenschluss von zwei Verlagen mit Marktanteilen von zusammen weit über 50 %,[86] ferner bei Übernahme der Erstzeitung durch die Zweitzeitung in einem Zweizeitungenkreis[87] sowie schließlich bei Verstärkung des schon bestehenden Einflusses eines marktbeherrschenden Zeitungsverlages auf eine führende Zeitung in einem Nachbarkreis.[88] Ebenso ist es z. B. zu beurteilen, wenn ein marktbeherrschender Zeitungsverlag einen bedeutenden Zeitschriftenhändler übernimmt und dadurch seine Position auf dem Einzelhandelsmarkt für Zeitungen festigt[89] oder wenn sich ein Zeitungsverlag, der auf seinem Markt bereits über hohe Marktanteile verfügt, ausgerechnet mit dem größten Konkurrenten, der WAZ, verbindet.[90] 39

Ebenso schutzwürdig wie der Lesermarkt (o. Rn. 39) ist der **Anzeigenmarkt,** weil das Anzeigenaufkommen von zentraler Bedeutung für die Lebensfähigkeit einer freien Presse ist. Darauf beruht die Problematik der Zusammenschlüsse von Zeitungs- und Anzeigenblattverlagen, wenn die Folge ein unaufholbarer Vorsprung der verbundenen Blätter vor den anderen Zeitungen und Anzeigenblättern ist. Die Position eines bereits marktbeherrschenden Zeitungsverlages wird daher z. B. durch die Übernahme eines führenden Anzeigenblattes verstärkt, da der Übernehmer jetzt den Substitutionswettbewerb des Anzeigenblattes steuern kann.[91] Eine wesentlich positivere Beurteilung er- 40

[85] *BKartA* TB 1993/94, S. 120 – Neue Presse/Coburger Tageblatt.

[86] BGHZ 119, 346 (363 ff.) = NJW 1993, 1265 = AG 1993, 140 – Springer/Beig (Pinneberger Tageblatt).

[87] *KG* WuW/E OLG 5907 = AG 1997, 569 – Tukan/Deil; bestätigt durch *BGH* LM § 24 GWB Nr. 30 = WuW/E DE-R 243 = AG 1999, 181.

[88] *BGH* LM Nr. 1 zu § 36 GWB = NJW-RR 2001, 1261 = WuW/E DE-R 668 – Dierichs/Kluthe (Werra Rundschau).

[89] *BGH* LM Nr. 1 zu § 37 GWB = GRUR 2001, 364 – Springer/Stilke.

[90] BGHZ 121, 137 (155 f.) = NJW 1993, 2114 – WAZ/IKZ I.

[91] BGHZ 76, 55 (73 ff.) = NJW 1980, 1381 – Springer/Elbe-Wochenblatt; BGHZ 102, 180 (191 ff.) = NJW 1988, 1850 – Südkurier/Singener Wochenblatt; *BGH* LM § 23 GWB Nr. 8 = AG 1982, 255 –

fahren dagegen meistens Zusammenschlüsse der häufig stark gefährdeten **Zweitzeitungen** mit rentierlichen Anzeigenblättern oder Großverlagen, sofern dadurch die Zweitzeitung als letztes Wettbewerbselement erhalten werden kann.[92]

IX. Abwägungsklausel

1. Überblick

41 Nach § 36 Abs. 1 S. 2 Nr. 1 GWB ist ein Zusammenschluss trotz der mit ihm verbundenen erheblichen Wettbewerbsbehinderung (§ 36 Abs. 1 S. 1 GWB) doch erlaubt, wenn den beteiligten Unternehmen der Nachweis gelingt, dass durch den Zusammenschluss auch Verbesserungen der Wettbewerbsbedingungen eintreten, die die Behinderung des Wettbewerbs überwiegen. Die geltende Fassung der Abwägungsklausel des § 36 Abs. 1 S. 2 Nr. 1 GWB beruht auf der **8. GWB-Novelle von 2013,** durch die die frühere Fassung der Abwägungsklausel, die noch allein an den Marktstrukturtest angeknüpft hatte, der Änderung des § 36 Abs. 1 S. 1 GWB durch den Übergang zu dem SIEC-Test angepasst wurde. Zugleich wurde eine spezielle Regelung für **Sanierungsfusionen auf den Pressemärkten** in das Gesetz eingefügt. § 36 Abs. 1 S. 2 Nr. 3 GWB bestimmt seitdem, dass für die Untersagung eines Zusammenschlusses kein Raum ist, wenn durch den Zusammenschluss die marktbeherrschende Stellung eines Zeitungs- oder Zeitschriftenverlages verstärkt wird, der einen kleinen oder mittleren Zeitungs- oder Zeitschriftenverlages übernimmt, falls nachgewiesen wird, dass der übernommene Verlag in den letzten drei Jahren einen erheblichen Jahresfehlbetrag im Sinne des § 275 Abs. 2 Nr. 20 HGB hatte und er ohne den Zusammenschluss in seiner Existenz gefährdet wäre, sofern außerdem nachgewiesen wird, dass vor dem Zusammenschluss kein anderer Erwerber gefunden wurde, der eine wettbewerbskonformere Lösung sichergestellt hätte. Durch diese Sanierungsklausel, die erst in den Ausschussberatungen in das Gesetz aufgenommen wurde, sollen **Pressesanierungsfusionen** erleichtert werden, wodurch jedoch die Beurteilung von Sanierungsfusionen in anderen Wirtschaftsbereichen nicht berührt werden sollte.[93]

42 Dem BKartA wird durch die beiden Abwägungsklauseln des § 36 Abs. 1 S. 2 Nr. 1 und Nr. 3 GWB die Möglichkeit eröffnet, die positiven und negativen Aspekte eines Zusammenschlusses gegeneinander abzuwägen und bei einem Überwiegen der positiven Aspekte auf ein Verbot des Zusammenschlusses zu verzichten.[94] Die **praktische Bedeutung** der Abwägungsklausel war zuletzt wegen der restriktiven Haltung des BKartA und der Gerichte gering. Ob daran die Einführung einer speziellen Klausel für Pressesanierungsfusionen etwas ändern wird, ist noch nicht abzusehen. Die formelle und materielle **Beweislast** für das Vorliegen aller Voraussetzungen der Abwägungsklausel tragen die beteiligten Unternehmen.[95]

SZ/Stadler und Faber; LM § 23 GWB Nr. 9 = NJW 1983, 818 = AG 1983, 157 – Springer/AZ; LM § 24 GWB Nr. 19 = NJW-RR 1988, 227 = AG 1988, 103 – Panorama Anzeigenblätter.

92 *BGH* LM § 24 GWB Nr. 19 = NJW-RR 1988, 227 = AG 1988, 103 – Panorama-Anzeigenblätter I; NJW 1988, 1850 (1852 f.) = AG 1988, 207 (209) – Südkurier/Singener Wochenblatt (insoweit nicht in BGHZ 102, 180 [193] abgedruckt); *BKartA* TB 1991/92, S. 128 f. – Gruner + Jahr/Sächsische Zeitung; *MK,* 7. HauptGA, Tz. 490 ff.

93 Ausschussbericht von 2012, BT-Drs. 17/11053, S. 25; wegen der Einzelheiten s. u. Rn. 51 ff.

94 Begr. z. RegE, BT-Drs. VI/2520, S. 29; Ausschussbericht, BT-Drs. 7/765, S. 7.

95 BGHZ 73, 65 (81) = NJW 1979, 918 – Erdgas Schwaben; *KG* AG 1990, 163 (167) = WuW/E OLG 4379 – Flensburger Zeitungsverlag/SH Landeszeitung.

Auf Unionsebenen ist der SIEC-Test im Jahre 2004 nicht zuletzt zu dem Zweck eingeführt worden, der Kommission bei der Entscheidung über Unternehmenszusammenschlüsse die Berücksichtigung von **Effizienzvorteilen** zu ermöglichen, die mit einem Zusammenschluss möglicherweise verbunden sind (s. im Einzelnen o. § 16 Rn. 57f.). Dadurch wird die Frage aufgeworfen, ob heute auch bei der Anwendung des § 36 Abs. 1 S. 1 GWB nach dem Übergang zu dem SIEC-Test durch die 8. GWB-Novelle von 2013 das BKartA bei der Entscheidung über Unternehmenszusammenschlüsse – anders als früher[96] – gleichfalls sofort etwaige mit dem Zusammenschluss verbundene Effizienzvorteile berücksichtigen kann oder muss. Die Frage ist umstritten.[97] Auszugehen ist davon, dass der Gesetzgeber 2013 an der Abwägungsklausel festgehalten hat (§ 36 Abs. 1 S. 2 Nr. 1 GWB) und diese noch um eine weitere Klausel speziell für Pressesanierungsfusionen erweitert hat (§ 36 Abs. 1 S. 2 Nr. 3 GWB). Beide Regelungen wären weitgehend, wenn nicht völlig entbehrlich, wenn das BKartA fortan bereits im Rahmen des SIEC-Tests nach § 36 Abs. 1 *S. 1* GWB umfassend mit einem Zusammenschluss verbundene Effizienzvorteile berücksichtigen könnte oder müsste. Anders mag allenfalls in den wenigen Fällen zu entscheiden sein, in denen die Untersagung des Zusammenschlusses allein auf die SIEC-Klausel der erheblichen Wettbewerbsbehinderung gestützt wird, in denen also der Zusammenschluss nicht zugleich zur Begründung oder Verstärkung einer marktbeherrschenden Stellung führt,[98] – obwohl auch dies keineswegs zwingend ist. 43

2. Die allgemeine Abwägungsklausel (§ 36 Abs. 1 S. 2 Nr. 1 GWB)

a) Verbesserungen

Die Anwendung der Abwägungsklausel setzt nach § 36 Abs. 1 S. 2 Nr. 1 GWB als erstes voraus, dass mit dem Zusammenschluss neben den Nachteilen infolge der Wettbewerbsbehinderung auch Verbesserungen der Wettbewerbsbedingungen verbunden sind. Diese Gegenüberstellung von Verschlechterungen und Verbesserungen der Wettbewerbsbedingungen zeigt, dass im Rahmen der Abwägungsklausel – ebenso wie hinsichtlich der Verschlechterung der Wettbewerbsbedingungen – grundsätzlich **allein strukturelle Veränderungen auf deutschen Märkten** berücksichtigt werden dürfen, durch die die Voraussetzungen eines wirksamen Wettbewerbs auf einem *anderen Markt* wesentlich verbessert werden.[99] Etwaige Verbesserungen infolge des Zusammenschlusses auf dem von dem Zusammenschluss selbst *betroffenen Markt* müssen dagegen schon vorweg bei der Prüfung berücksichtigt werden, ob durch den Zusammenschluss überhaupt im Sinne des § 36 Abs. 1 S. 1 GWB wirksamer Wettbewerb erheblich behindert wird.[100] Für die Anwendung der Abwägungsklausel ist nur Raum, wenn die dazu erforderliche Saldierung bereits der Vor- und Nachteile eines Zusammenschlusses auf einem bestimmten relevanten *(betroffenen)* Markt ein Überwiegen der negativen Aspekte ergibt. Erst dann ist mit anderen Worten zu prüfen, ob mit dem Zusammenschluss auch auf einem *anderen* Markt überwiegende Verbesse- 44

[96] *BKartA,* Leitfaden von 2012, Tz. 190.

[97] Dafür *Esser/Höft,* NZKart 2013, 447 (455); dagegen *Bardong,* NZKart 2013, 303 (304); *ders,* in: Bien (Hrsg.), Das deutsche Kartellrecht nach der 8. GWB-Novelle, 2013, S. 11 (29ff.).

[98] So *Bardong,* NZKart 2013, 303 (304).

[99] BGHZ 73, 65 (79ff.) = NJW 1979, 918 – Erdgas Schwaben; *BGH* LM § 24 GWB Nr. 19 = NJW-RR 1988, 227 = AG 1988, 103 – Panorama-Anzeigenblätter I; *BKartA,* Leitfaden von 2012, Tz. 185ff.

[100] *BKartA* WuW/E DE-V 1113 (1124) – Railion/RBH; 1407 (1423 Tz. 274) – LBK Hamburg/Mariahilf; 1754 (1759ff. Tz. 91, 104ff.) – shz/Blickpunkt.

rungen verbunden sind. Die Einzelheiten sind streitig: Während das OLG Düsseldorf die Auffassung vertritt, dass dem Gesetz eine Beschränkung der Abwägungsklausel auf ebenfalls *beherrschte* Drittmärkte *nicht* entnommen werden könne,[101] hält das Bundeskartellamt mit der wohl herrschenden Meinung daran fest, dass nur Verbesserungen auf von den Beteiligten **ebenfalls beherrschten anderen Märkten** relevant sind.[102]

45 Den Gegensatz zu den strukturellen Voraussetzungen des Wettbewerbs bilden auf der einen Seite das aktuelle oder zukünftige **Verhalten der** beteiligten **Unternehmen,** über das ohnehin keine Voraussagen möglich sind,[103] und auf der anderen Seite sonstige **öffentliche Interessen,** für deren Berücksichtigung allein im Rahmen der Ministererlaubnis nach § 42 GWB Raum ist.[104] Ebenso unerheblich sind bloße **betriebswirtschaftliche,** organisatorische oder marktbezogene **Vorteile** des Zusammenschlusses für die verbundenen Unternehmen, z. B. die bloße Verbesserung ihrer Handlungsmöglichkeiten oder ihrer Finanzkraft oder die Aufholung eines auf eigenen Versäumnissen beruhenden, technischen Rückstandes gegenüber den Konkurrenten, sofern damit nicht ausnahmsweise zugleich eine Verbesserung der allgemeinen Wettbewerbsbedingungen auf dem Markt verbunden ist, etwa, weil nach den Umständen die Weitergabe der Rationalisierungsvorteile an die Abnehmer im Wettbewerb gesichert ist.[105]

b) Kausalität, Verhältnismäßigkeit

46 Die (vermutlichen) strukturellen Verbesserungen der Wettbewerbsbedingungen (o. Rn. 44 f.) werden nur berücksichtigt, wenn sie gerade *auf* dem Zusammenschluss beruhen. Zusammenschluss und Verbesserungen müssen folglich kausal verknüpft sein. **Mitursächlichkeit** genügt; diese ist bereits zu bejahen, wenn sich anhand der Umstände des Falles sagen lässt, dass es nach allgemeiner Erfahrung über wirtschaftlich rationales Verhalten von Unternehmen vermutlich zu der fraglichen Verbesserung kommen wird.[106] Dagegen bleiben Vorteile, die auch *ohne* den *Zusammenschluss* eingetreten wären, außer Betracht. Hinzu kommen muss schließlich noch, dass sich dieselben oder vergleichbare Verbesserungen nicht auch auf einem anderen, weniger wettbewerbsbeschränkenden Wege als gerade durch den Zusammenschluss in absehbarer Zeit (zwei bis drei Jahre) erreichen ließen (sog. **Verhältnismäßigkeitsgrundsatz**).[107]

---

101 *OLG Düsseldorf* WuW/E DE-R 1845 (1853 f.) – SES/DPC.

102 *BKartA* WuW/E DE-V 558 (565 f. Tz. 103 ff.) – Viola/Liberty; WuW/E DE-V 1039 (1042 Tz. 158) – SES/DPG; 1567 (1572 f. Tz. 241 ff.) – Kabel Deutschland; Beschl. v. 22.2.2013 – B 7–70/12, Tz. 276 ff., 296, 321 – KDH/TC.

103 Anders für Ausnahmefällen *BKartA* WuW/E DE-V 558 (568 ff. Tz. 205 ff.) – Viola/Liberty; dagegen wie hier wieder *BKartA* WuW/E DE-V 1039 (1044 Tz. 176) – SES/DPG; *BKartA,* Leitfaden von 2012, Tz. 184.

104 *KG* AG 1996, 268 (271) = WuW/E OLG 5549 – Fresenius/Schiwa; *BKartA* AG 1989, 295 = WuW/E BKartA 2370 – Melitta/Kraft (Frapan); *BKartA,* Leitfaden von 2012, Tz. 187.

105 BGHZ 131, 107 (117 ff.) = NJW 1996, 595; *KG* AG 1992, 406 = WuW/E OLG 5271 (5285), beide zu dem Fall Krupp/Daub; *BGH* LM § 24 GWB Nr. 27 = NJW-RR 1994, 1197 = WuW/E BGH 2899 (2902 f.) – Panorama Anzeigenblätter II; *KG* WuW/E OLG 3469 = AG 1985, 307 – Thüga/Stadtwerke Westerland; *BKartA* WuW/E DE-V 1313 (1323 f. Tz. 121 ff.) – telecash; Beschl. v. 22.2.2013 – B 7–70/12, Tz. 276 ff., 296, 321 – KDH/TC; *BKartA,* Leitfaden von 2012, Tz. 190.

106 *OLG Düsseldorf* WuW/E DE-R 1845 (1853 f.) – SES/DPC; *BKartA,* Leitfaden von 2012, Tz. 194.

107 BGHZ 73, 65 (81 ff.) = NJW 1979, 918 – Erdgas Schwaben; *KG* WuW/E OLG 3759 = AG 1986, 226 (229) – Pillsbury/Sonnen-Bassermann; WuW/E OLG 3767 = AG 1986, 365 – Anzeigenblätter.

c) Abwägung

Letzte Voraussetzung der Abwägungsklausel ist nach § 36 Abs. 1 S. 2 Nr. 1 GWB, dass die vermutlichen strukturellen **Vorteile** des Zusammenschlusses (o. Rn. 44 ff.) die Nachteile der Marktbeherrschung **überwiegen,** also nicht nur ausgleichen, sondern übersteigen. Dies beurteilt sich nach einer vergleichenden Gesamtbetrachtung, orientiert an der gesamtwirtschaftlichen Bedeutung der betroffenen Märkte und dem allgemeinen Gesetzeszweck.[108] Die Voraussetzungen der Abwägungsklauseln sind folglich z. B. erfüllt, wenn geringfügigen Verschlechterungen auf kleinen Märkten erhebliche Verbesserungen auf gesamtwirtschaftlich wichtigen Märkten gegenüberstehen.[109] Umgekehrt wiegen selbst erhebliche Verbesserungen der Marktstruktur auf regionalen Märkten eine Verschlechterung der Marktstruktur auf zentralen, das gesamte Bundesgebiet umfassenden Märkten nicht auf.[110] 47

Bei der Abwägung ist das Augenmerk in erster Linie auf die Auswirkungen des Zusammenschlusses auf die Konkurrenten zu richten, da die Fusionskontrolle nicht zuletzt die Aufgabe hat, die Märkte offenzuhalten und Raum für die Entfaltung von Wettbewerbsprozessen zu schaffen.[111] Wichtig ist außerdem, ob mit einem Zusammenschluss zugleich **dekonzentrative Wirkungen** verbunden sind, wie es insbesondere bei dem Ausscheiden einzelner Mütter aus einem Gemeinschaftsunternehmen oder bei einem Verzicht der Beteiligten auf wettbewerbsbeschränkende Vereinbarungen im Zuge ihres Zusammenschlusses denkbar ist.[112] Die Wettbewerbsbedingungen werden ferner z. B. verbessert, wenn in der Nachbarschaft stark vermachteter Märkte eine **Substitutionskonkurrenz** aufgebaut wird[113] oder wenn der Zusammenschluss, insbesondere durch das Auftreten neuer mächtiger Konkurrenten oder durch eine Entflechtung zwischen den führenden Oligopolisten, zur **Auflockerung enger Oligopole** führt.[114] Dagegen stellt es **keine Verbesserung** der Wettbewerbsbedingungen dar, wenn der Zusammenschluss lediglich zur Erhaltung der bisherigen Angebotspalette eines Marktes führt[115] oder wenn er die Verengung oder Stabilisierung eines marktbeherrschenden Oligopols zur Folge hat.[116] 48

108 *OLG Düsseldorf* WuW/E DE-R 1845 (1853 f.) – SEC/DPC; *BKartA,* Leitfaden von 2012, Tz. 189 ff.

109 *KG* AG 1985, 307 = WuW/E OLG 3469 – Thüga/Stadtwerke Westerland; AG 1986, 226 (229) = WuW/E OLG 3759 – Pillsbury/Sonnen-Bassermann.

110 BGHZ 82, 1 (12) = NJW 1982, 337 – Springer/MZV; *BKartA* WuW/E BKartA 2405 = AG 1989, 403 (406) – MAN/Sulzer; AG 1989, 278 (289 f.) = WuW/E BKartA 2335– Daimler Benz/MBB.

111 *KG* AG 1986, 294 (299) = WuW/E OLG 3807 – Gruner + Jahr/Zeit; *Mestmäcker,* Medienkonzentration und Meinungsvielfalt, 1978, S. 97 ff.

112 *BKartA* WuW/E DE-V 1039 (1046 Tz. 204 ff.) – SES/DPC; bestätigt durch *OLG Düsseldorf* WuW/E DE-R 1845 (1853 f.).

113 BGHZ 73, 65 (78 f.) = NJW 1979, 918 – Erdgas Schwaben; *KG* AG 1985, 305 = WuW/E OLG 3443 – EVS-Gas; AG 1985, 307 = WuW/E OLG 3469 – Thüga/Stadtwerke Westerland; *BKartA* AG 1986, 116 – Badenwerk/Rhein-Neckar II.

114 S. *BKartA* WuW/E BKartA 1517 (1520 f.) – Bitumen-Verkaufsgesellschaft; WuW 1978, 428; 1979, 310.

115 *KG* AG 1990, 163 (167) = WuW/E OLG 4379 – Flensburger Tageblatt/SH Landeszeitung.

116 *BKartA* AG 1986, 377 (382) – NUR/ITS; AG 1988, 352 = WuW/E BKartA 2297 – Heidelberger Zement/Malik.

3. Insbesondere Sanierungsfusionen

a) Nach § 36 Abs. 1 S. 2 Nr. 1 GWB

49 Seit der 8. GWB-Novelle von 2013 enthält das Gesetz zwei auf Sanierungsfusionen anwendbare Abwägungsklauseln in den Nr. 1 und 3 des § 36 Abs. 1 S. 2 GWB. Während sich der Anwendungsbereich der Nr. 3 der Vorschrift auf Sanierungsfusionen auf den Pressemärkten beschränkt, gilt die Nr. 1 des § 36 Abs. 1 S. 2 GWB für Sanierungsfusionen auf allen anderen Märkten.[117] Unter einer Sanierungsfusion versteht man die Übernahme eines vom Zusammenbruch bedrohten Unternehmens durch ein gesundes Unternehmen (s. o. § 16 Rn. 57 f.). Solche Zusammenschlüsse sind, auch wenn sie an sich unter § 36 Abs. 1 S. 1 GWB fallen, doch gemäß § 36 Abs. 1 S. 2 Nr. 1 GWB erlaubt, wenn ihre Vorteile (ausnahmsweise) die mit ihnen verbundenen Nachteile überwiegen. **Voraussetzung** für die Anwendung der Abwägungsklausel auf Sanierungsfusionen ist, dass mit hoher Wahrscheinlichkeit das übernommene Unternehmen ohne den Zusammenschluss nicht überlebensfähig wäre, dass es keine weniger wettbewerbsbeschränkende Alternative zu dessen Übernahme gerade durch den betreffenden Erwerber gibt und dass bei einer Insolvenz des übernommenen Unternehmens dessen Marktanteile ebenfalls im Wesentlichen dem Erwerber zuwüchsen, so dass es im Ergebnis dann letztlich zu derselben Verschlechterung der Wettbewerbsbedingungen wie im Falle der Freigabe des Zusammenschlusses käme.[118] Ebenso verhält es sich, wenn im Falle des Zusammenbruchs des gefährdeten Unternehmens eine noch schwerwiegendere Verschlechterung der Wettbewerbsbedingungen als infolge der Sanierungsfusion drohte[119] oder wenn durch den Zusammenschluss eine größere Zahl selbständiger Unternehmen als ohne ihn erhalten werden kann, insbesondere, wenn bei einem Verbot des Zusammenschlusses alle beteiligten Unternehmen aus dem Markt ausscheiden müssten.[120] Die Darlegungs- und **Beweislast** für das Vorliegen dieser Voraussetzungen trägt das übernehmende Unternehmen.[121]

50 *Kein* Raum für die Annahme einer Sanierungsfusion ist dagegen, wenn ohne den fraglichen Zusammenschluss zumindest gleiche oder sogar bessere Chancen für einen wirksamen Wettbewerb beständen. Der Zusammenbruch eines Unternehmens ist daher einer Sanierungsfusion vorzuziehen, wenn sich bei Ausscheiden des kranken Unternehmens dessen Marktanteil voraussichtlich auf *mehrere* oder gar alle Konkurrenten verteilte und nicht nur dem einen übernehmenden Unternehmen zuwüchse. Der Zusammenschluss des Sanierungskandidaten ausgerechnet mit dem *Marktführer* erfüllt schon deshalb in der Regel *nicht* die Voraussetzungen der Abwä-

[117] Ausschussbericht von 2012, BT-Drs. 17/11053, S. 25.

[118] S. *OLG Düsseldorf* AG 2007, 551 Tz. 130 ff. = WuW/E DE-R 1958 – Rhön-Klinikum/Landkreis Rhön-Grabfeld; *BKartA* WuW/E DE-V 777 (784) – Ajimoto/Orsan (MSG); 848 (852 Tz. 54 f.) – Imation/EMTEC; 1087 (1102 f. Tz. 232) – Röhn-Klinikum/Landkreis Rhön-Grabfeld; 1407 (1421 f. Tz. 235 ff.) – LBK Hamburg/Mariahilf; 1517 (1533 Tz. 202) – Lotto Rheinland-Pfalz; AG 2013, 38 Tz. 135 – Kliniken Worms/HDV; WuW 2013, 373 – FAZ/FR; *Körber,* ZWeR 2014, 32.

[119] *KG* AG 1990, 163 (167) = WuW/E OLG 4379 – Flensburger Zeitungsverlag/SH Landeszeitung.

[120] *BKartA* WuW/E BKartA 1571 (1581 f.) – Kaiser/VAW; AG 1977, 165 (168) = WuW/E BKartA 1657 – Thyssen/Hüller Hille.

[121] *BKartA* WuW/E DE-V 1407 (1421 f. Tz. 235 ff.) – LBK Hamburg/Mariahilf; AG 2013, 38 Tz. 135 – Kliniken Worms/HDV.

gungsklausel.[122] Ebenso, wenn das Ziel der Rettung des gefährdeten Unternehmens auch durch **weniger wettbewerbsbeschränkende Mittel** als gerade durch den fraglichen Zusammenschluss erreicht werden könnte (s. o. Rn. 46), wobei insbesondere an eine Kooperation der Beteiligten untereinander oder mit Dritte zu denken ist.[123] Für eine Sanierungsfusion ist ferner kein Raum, wenn es sich um **strukturelle Schwierigkeiten** handelt, die sämtliche Unternehmen eines Marktes gleichmäßig treffen.[124]

b) Nach § 36 Abs. 1 S. 2 Nr. 3 GWB[125]

Seit der 8. GWB-Novelle von 2013 enthält das Gesetz in § 36 Abs. 1 S. 2 Nr. 3 GWB eine Sonderregelung für Sanierungsfusionen auf den Pressemärkten, durch die im Interesse der Pressevielfalt für kleine und mittlere Presseunternehmen Fusionen mit einem stärkeren „Marktpartner" zwecks Abwendung der Insolvenz erleichtert werden sollten, während es in allen anderen Wirtschaftsbereichen auch für Sanierungsfusionen bei dem Grundtatbestand des § 36 Abs. 1 S. 2 Nr. 1 GWB verbleiben sollte (o. Rn. 41, 49 f.). Begünstigt werden aber nur Sanierungsfusionen gerade zwischen kleineren und mittleren Zeitungs- und Zeitschriftenverlagen mit anderen derartigen Verlagen und auch diese nur, wenn es sich um die „Übernahme" durch einen anderen Verlag handelt, durch die die bereits bestehende marktbeherrschende Stellung dieses anderen Verlages noch weiter verstärkt wird. 51

Das Gesetz enthält in § 36 Abs. 1 S. 2 Nr. 3 ebensowenig wie in § 3 Abs. 1 Nr. 2 und in § 20 Abs. 1 S. 1 eine Definition, was unter **kleinen und mittleren Verlagen** zu verstehen sein soll (s. schon o. § 23 Rn. 6 ff.). Den Gegensatz bilden jedenfalls große Verlage, wobei aus der neuen Presserechenklausel des § 38 Abs. 3 GWB der Schluss gezogen werden darf, dass als „groß" alle Verlage mit Umsätzen über 62,5 Millionen Euro zu gelten haben. Kleine und mittlere Verlage sind mithin solche, die unter dieser Umsatzschwelle bleiben.[126] Ebenso unklar ist, was das Gesetz in § 36 Abs. 1 S. 2 Nr. 3 mit der **„Übernahme"** eines anderen Verlages meint, ein Begriff, der sonst dem Gesetz fremd ist. Vermutlich sollen damit sämtliche Zusammenschlüsse im Sinne des § 37 Abs. 1 GWB erfasst werden, die zugleich zu einem Kontrollerwerb gemäß § 37 Abs. 1 Nr. 2 S. 1 GWB führen, insbesondere also nicht eine bloße Minderheitsbeteiligung.[127] Völlig unverständlich ist schließlich, warum das Gesetz in § 36 Abs 1 S. 2 Nr. 3 allein den Fall gerade der **Verstärkung** einer bereits bestehenden marktbeherrschenden Position des Übernehmers ins Auge fasst, nicht also auch die Begründung einer derartigen Position sowie die sonstige erhebliche Wettbewerbsbehinderung im Sinne des § 36 Abs 1 S. 1 GWB. Vermutlich handelt es sich um ein bloßes Redaktionsversehen, so dass der Begriff der „Verstärkung" in § 36 52

[122] *KG* WuW/E OLG 1989 = AG 1979, 17 (19 f.) – Hansa Zement/Klöckner; AG 1979, 161 (162) = WuW/E OLG 2109 – Springer/Elbe Wochenblatt; *BKartA* AG 1994, 518 = WuW/E BKartA 2641 – Sarstedter Kurier/Kreisanzeiger.

[123] *BKartA* AG 1977, 165 (168) = WuW/E BKartA 1657 – Thyssen/Hüller Hille; WuW/E DE-V 1407 (1421 ff. Tz. 235 ff.) – LBK Hamburg/Mariahilf.

[124] *BKartA* AG 1993, 571 (574) – HaGe Kiel/RHG Hannover.

[125] S. dazu insbes. *Bechtold,* GWB, § 36 Rn. 52–59; *ders.,* ZWeR 2013, 387; *Klumpp,* WuW 2013, 344; *ders.,* in: Bien (Hrsg.), Das deutsche Kartellrecht nach der 8. GWB-Novelle, 2013, S. 191 (196 ff.); *Palzer,* K&R 2014, 24 (28 ff.).

[126] S. z. B. *Bechtold,* GWB, § 36 Rn. 55; anders wohl *Klumpp,* WuW 2013, 344 (350).

[127] *Bechtold,* GWB, § 36 Rn. 54; *Klumpp,* WuW 2013, 344 (350).

Abs 1 S. 2 Nr. 3 GWB pars pro toto für sämtliche Fälle des § 36 Abs. 1 S. 1 GWB zu verstehen ist.[128]

53 Weitere Voraussetzung der erleichterten Zulässigkeit von Pressesanierungsfusionen sind ein **erheblicher Jahresfehlbetrag** in der Gewinn- und Verlustrechnung des § 275 Abs. 2 Nr. 20 HGB für die letzten drei Jahre sowie die **Existenzgefährdung** des kleinen oder mittleren Verlags, wobei man wohl annehmen darf, dass sich die Letztere in aller Regel bereits aus den anhaltenden Verlusten ergeben wird.[129] Sind alle diese Voraussetzungen erfüllt, so ist der Zusammenschluss in Gestalt der Übernahme durch einen anderen Verlag zwecks Rettung des kleinen oder mittleren Verlags vor der Insolvenz erlaubt, wenn außerdem noch nachgewiesen wird, dass die Beteiligten zuvor trotz entsprechender ernsthafter Bemühungen keinen anderen Erwerber gefunden haben, der eine **„wettbewerbskonformere Lösung"** sichergestellt hätte. Gemeint ist damit jede andere Lösung, die nicht gerade auch den Tatbestand des § 36 Abs. 1 S. 1 GWB erfüllte, die also den Wettbewerb weniger behinderte als die fragliche Übernahme, während es auf die sonstigen strengen Voraussetzungen für Sanierungsfusionen (Rn. 49f.) hier nicht ankommt. Das zusätzliche Erfordernis des Nachweises keiner anderen wettbewerbskonformeren Lösungen dürfte, bei Lichte besehen, ausgesprochen schwierig zu erfüllen sein, so dass bezweifelt werden darf, ob der mit dem neuen Tatbestand verfolgte Zweck (Rn. 41, 51) überhaupt erreichbar ist.[130]

§ 35. Ministererlaubnis

I. Überblick

1 Nach § 42 Abs. 1 S. 1 GWB kann der Bundesminister für Wirtschaft und Technologie einen vom BKartA bereits untersagten Zusammenschluss auf Antrag erlauben, wenn im Einzelfall die Wettbewerbsbeschränkung infolge des Zusammenschlusses (s. § 36 Abs. 1 S. 1 GWB) von gesamtwirtschaftlichen Vorteilen des Zusammenschlusses aufgewogen wird *oder* der Zusammenschluss durch ein überragendes Interesse der Allgemeinheit gerechtfertigt ist. S. 2 der Vorschrift fügt hinzu, dass hierbei auch die Wettbewerbsfähigkeit der Unternehmen auf ausländischen Märkten zu berücksichtigen ist. Die Erlaubnis darf aber nur erteilt werden, wenn durch das Ausmaß der Wettbewerbsbeschränkung die marktwirtschaftliche Ordnung nicht gefährdet wird (§ 42 Abs. 1 S. 3 GWB). Die Ministererlaubnis kann mit Bedingungen und Auflagen verbunden werden, durch die die beteiligten Unternehmen indessen nicht einer laufenden Verhaltenskontrolle unterstellt werden dürfen (§ 42 Abs. 2 S. 1 und S. 2 i. V. m. § 40 Abs. 3 S. 2 GWB). Die Erlaubnis kann außerdem widerrufen oder geändert werden, wenn sie auf unrichtigen Angaben beruht, arglistig herbeigeführt wurde oder die beteiligten Unternehmen einer mit ihr verbundenen Auflage zuwiderhandeln (§ 42 Abs. 2 S. 2 i. V. m. § 40 Abs. 3a GWB). Die Ministererlaubnis wird nur auf Antrag erteilt; die Einzelheiten regeln die Abs. 3 und 4 des § 42 GWB.

[128] *Bechtold,* GWB, § 36 Rn. 56ff.; anders wohl *Klumpp,* WuW 2013, 344 (349).

[129] Im Einzelnen umstritten, s. den Ausschussbericht, BT-Drs. 17/11053, S. 25; *Bechtold,* GWB, § 36 Rn. 58f.; anders wohl *Klumpp,* WuW 2013, 344 (351).

[130] S. *Bechtold,* NZKart 2013, 263 (267); Langen/Bunte/*Kallfass,* § 36 Rn. 133ff.; ein Beispiel aber in *BKartA* WuW 2013, 373 – FAZ/FR.

Grund der Regelung war die Befürchtung des Gesetzgebers von 1973, die Abwägungsklausel des § 36 Abs. 1 S. 2 Nr. 1 GWB (s. dazu o. § 34 Rn. 41 ff.) werde allein möglicherweise nicht ausreichen, um in sämtlichen Fusionsfällen eine sachlich zutreffende, d. h. auch mit dem Allgemeininteresse übereinstimmende Entscheidung zu ermöglichen.[1] Bisher wurden 22 Anträge auf Ministererlaubnis gestellt. Davon wurden sechs abgelehnt;[2] acht hatten Erfolg;[3] in den restlichen Fällen sind die Anträge mangels Aussicht auf Erfolg zurückgenommen worden. Soweit der Minister den Anträgen stattgegeben hat, geschah dies in der Regel nur unter Beschränkungen und Auflagen. Die geltende Fassung des § 42 GWB beruht auf der 8. GWB-Novelle von 2013.[4] 2

Die **Erfahrungen,** die der Bundesminister für Wirtschaft mit der Erlaubnis von Unternehmenszusammenschlüssen gemacht hat, sind alles andere als ermutigend.[5] Insbesondere das in nahezu jedem Fusionsfall angeführte Arbeitsplatzargument, d. h. die Behauptung, der Zusammenschluss trage zur Erhaltung von Arbeitsplätzen in Deutschland bei, hat sich eigentlich durchweg als falsch erwiesen (Rn. 10). Die Praxis des Ministers ist infolgedessen heute ausgesprochen *restriktiv.* In der aktuellen Fusionskontrollpraxis spielt die Ministererlaubnis offenbar *keine Rolle* mehr; aber das kann sich natürlich jederzeit wieder ändern. 3

II. Voraussetzungen

1. Gemeinwohlerwägungen

Eine Ministererlaubnis kommt nach § 42 Abs. 1 S. 1 GWB nur in Betracht, wenn die Wettbewerbsbeschränkung von gesamtwirtschaftlichen Vorteilen des Zusammenschlusses aufgewogen wird *oder* wenn der Zusammenschluss durch ein überragendes Interesse der Allgemeinheit gerechtfertigt ist. Dabei ist auch die Wettbewerbsfähigkeit der beteiligten Unternehmen auf ausländischen Märkten zu berücksichtigen (§ 42 Abs. 1 S. 2 GWB); jedoch darf durch die Erlaubnis nicht die marktwirtschaftliche Ordnung gefährdet werden (§ 42 Abs. 1 S. 3 GWB). 4

Bei den **gesamtwirtschaftlichen Vorteilen** im Sinne des § 42 Abs. 1 S. 1 GWB hat das Gesetz in erster Linie die mit einem Zusammenschluss möglicherweise verbundenen positiven Wirkungen für die Volkswirtschaft im Auge, während mit dem anderen Tatbestandsmerkmal des überragenden **Interesses der Allgemeinheit** im Grunde die Gemeinwohlerwägungen der politischen Führung gemeint sind, einschließlich der Wettbewerbsfähigkeit deutscher Unternehmen auf ausländischen Märkten (S. 2 des § 42 Abs. 1 GWB). Theoretisch lassen sich zwar die genannten Voraussetzungen für eine Ministererlaubnis durchaus trennen; letztlich gehen sie indessen alle in dem *öffent-* 5

[1] Begr. z. RegE, BT-Drs. VI/2520, S. 31.

[2] WuW/E BWM 149 – VAW/Kaiser (Kapal); WuW/E BWM 185 = AG 1986, 338 – VEW/Sidéchar; WuW/E BWM 207 = AG 1990, 306 – MAN/Sulzer; WuW/E BWM 213 = AG 1993, 238 – BayWa/WLZ; WuW/E BWM 225 = AG 1997, 523 – PCS/Kali+Salz; Verfügung v. 22.5.2006 – I B 2–221 410/2 – Rhön-Klinikum/Landkreis Rhön-Grabfeld; dazu *Emmerich,* AG 2006, 861 (870).

[3] WuW/E BWM 147 – Veba/Gelsenberg; WuW/E BWM 155 = AG 1977, 21 – Babcock/Artos; WuW/E BWM 159 = AG 1977, 288 – Thyssen/Hüller Hille; WuW/E BWM 165 = ZfE 1979, 131 – Veba/BP (Ruhrgas); WuW/E BWM 177 = AG 1982, 45 – IBH/Wibau; WuW/E BWM 191 = AG 1990, 39 – Daimler Benz/MBB; WuW/E DE-V 751; Verfügung v. 18.9.2002 – 1 B1–220 840/129 – E.ON/Ruhrgas I u. II; WuW/E DE-V 1691 – Universitätsklinikum Greifswald/Kreiskrankenhaus Wolgast.

[4] S. die Begr. z. RegE von 2012, BT-Drs. 17/9852, S. 31.

[5] *BMWi* WuW 1986, 788; 1992, 925.

lichen Interesse an dem Zusammenschluss auf, dem hier für Ausnahmefälle der Vorrang vor dem strikten Wettbewerbsschutz gemäß § 36 Abs. 1 GWB zugebilligt wird.[6] Der Minister kann daher einen Zusammenschluss grundsätzlich (nur) erlauben, wenn er durch staats-, wirtschafts- oder gesellschaftspolitische Gründe von großem Gewicht gerechtfertigt wird, die konkret nachgewiesen sind.

6 Bloße **einzelwirtschaftliche Vorteile** des Zusammenschlusses für die beteiligten Unternehmen genügen dagegen in der Regel *nicht.* Anders verhält es sich nur, wenn es sich bei ihnen ausnahmsweise zugleich um „gesamtwirtschaftliche" Vorteile handelt, an deren Erzielung ein öffentliches Interesse besteht.[7] Vor allem für eine Berücksichtigung von **Rationalisierungsvorteilen** ist daher im Rahmen des § 42 Abs. 1 GWB nur selten Raum.[8]

2. Abwägung

7 Zweite Voraussetzung der Ministererlaubnis ist nach § 42 Abs. 1 S. 1 GWB, dass durch die genannten Gemeinwohlerwägungen (s. o. Rn. 4–6) die mit dem Zusammenschluss nach § 36 Abs. 1 S. 1 GWB verbundene Wettbewerbsbeschränkung zumindest *aufgewogen* wird. Aus dieser Regelung wird überwiegend der Schluss gezogen, dass der Minister im Rahmen der Entscheidung über eine Erlaubnis nach § 42 Abs. 1 S. 1 GWB an die **Feststellungen des BKartA** über die mit dem Zusammenschluss verbundene Wettbewerbsbeschränkung gebunden ist (§ 36 Abs. 1 GWB), so dass sich seine Aufgabe darauf „beschränkt", die (bindend festgestellte) Wettbewerbsbeschränkung zu gewichten und gegen die von ihm angenommenen gesamtwirtschaftlichen Vorteile des Zusammenschlusses abzuwägen.[9] Dabei sind umso strengere Anforderungen zu stellen, je höher der Konzentrationsgrad auf einem Markt bereits ist.[10] Erweist sich dagegen die mit dem Zusammenschluss verbundene Wettbewerbsbeschränkung als weniger bedeutsam, so sind auch im Rahmen des § 42 Abs. 1 S. 1 GWB entsprechend niedrigere Anforderungen an die Gemeinwohlgründe zu stellen.[11]

8 Nach § 42 Abs. 1 S. 3 GWB darf die Erlaubnis nur erteilt werden, wenn durch das Ausmaß der Wettbewerbsbeschränkung die **marktwirtschaftliche Ordnung** nicht gefährdet wird. Diese Grenze ist zwar noch nicht überschritten, wenn ein Zusammenschluss auf wichtigen Märkten zur Begründung oder Verstärkung einer marktbeherrschenden Position führt,[12] wohl aber, wenn auf umfassenden Bedarfsmärkten nicht mehr ein Mindestmaß an funktionsfähigem Wettbewerb erhalten bleibt, so dass der Wettbewerb seine elementare Steuerungsfunktion nicht mehr auszuüben vermag,[13]

[6] *KG* WuW/E OLG 1937 = AG 1978, 207 – Thyssen/Hüller Hille.

[7] *BMWi* WuW/E BWM 149 – Kapal; WuW/E BWM 213 = AG 1993, 238 – BayWa/WLZ.

[8] *BMWi* WuW/E BWM 207 (210 f.) = AG 1990, 306 – MAN/Sulzer; Verfügung v. 22.5.2006 – Rhön-Klinikum/Landkreis Rhön-Grabfeld (s. AG 2006, 870).

[9] Anders *Bechtold,* GWB, § 42 Rn. 5.

[10] *KG* WuW/E OLG 1937 = AG 1978, 207; *BMWi* WuW/E BWM 159 = AG 1977, 288 (289) – Thyssen/Hüller Hille; WuW/E BWM 177 = AG 1982, 45 – IBH/Wibau; WuW/E BWM 186 = AG 1986, 338 f. – VEW/Sidéchar; WuW/E BWM 191 = AG 1990, 37 (39 ff., 41) – DB/MBB; WuW/E BWM 207 (208) = AG 1990, 306 – MAN/Sulzer.

[11] *BMWi* AG 1982, 45 (46) = WuW/E BWM 177 – IBH/Wibau; WuW/E DE-V 1691 – Universitätsklinikum Greifswald/Kreiskrankenhaus Wolgast; *MK,* SonderGA 10, Tz. 71 f.

[12] *MK,* SonderGA 2, Tz. 31.

[13] *MK* (vorige Fn.).

oder wenn der Zusammenschluss ohne zwingende Not zur Begründung einer monopolistischen Position der Beteiligten führt.[14]

III. Beispiele

9 Ein Zusammenschluss kann vom Minister nach dem Gesagten z. B. erlaubt werden, wenn er geeignet erscheint, zur Verwirklichung anders nicht erreichbarer, dringender und hochrangiger Ziele der **Energiepolitik** des Bundes beizutragen. Beispiele sind die langfristige Sicherung der Mineralölversorgung Deutschlands, die Überwindung der Strukturprobleme bei den deutschen Raffinerien oder die Erschließung neuer Erdgasbezugsquellen.[15] Tatsächlich hat sich indessen gerade hier gezeigt, wie *problematisch* Prognosen über die möglichen positiven Wirkungen von Zusammenschlüssen sind. Denn in der Mehrzahl der genannten Fälle hatten sich schon kurze Zeit nach dem Zusammenschluss die Verhältnisse auf den internationalen Energiemärkten durchweg so grundlegend verändert, dass z. B. in den Fällen „Veba/Gelsenberg" und „Veba/BP" die mit den Zusammenschlüssen angestrebten gesamtwirtschaftlichen Vorteile irrelevant wurden und stattdessen als greifbares Ergebnis allein die weitere Verstärkung der ohnehin übermächtigen Position der Veba auf zahlreichen Märkten übrig blieb.[16]

10 Die größte Bedeutung hat heute die Schaffung und Erhaltung von **Arbeitsplätzen,** namentlich, wenn es sich um strukturell benachteiligte Gebiete handelt. Eine ministerielle Erlaubnis des Zusammenschlusses kommt daher z. B. in Betracht, wenn der Zusammenschluss in strukturschwachen Gebieten zur Erhaltung von Arbeitsplätzen geeignet ist, die sonst unwiderruflich verloren gingen. In Wirklichkeit sind jedoch gerade Fusionen in der Mehrzahl der Fälle ein denkbar *ungeeignetes Mittel* zur Erhaltung von Arbeitsplätzen.[17] Denn nach allen Erfahrungen führt bei den meisten Zusammenschlüssen die damit angestrebte Rationalisierung über kurz oder lang doch nur zum *Abbau* von Arbeitsplätzen bei dem übernommenen Unternehmen.[18]

IV. Verfahren

11 Die Ministererlaubnis wird nur auf **Antrag** erteilt (§ 42 Abs. 1 S. 1 GWB). Die Einzelheiten der Antragstellung regelt § 42 Abs. 3 GWB i. d. F. von 2013. Der Antrag kann auch *während* eines anhängigen Beschwerdeverfahrens gestellt werden.[19] Maßgebender **Zeitpunkt** für die vom Minister seiner Entscheidung zugrundezulegende Sach- und Rechtslage ist der der Entscheidung.[20] Die Erlaubnis **muss erteilt** werden, wenn die Abwägung ergibt, dass die Vorteile die Nachteile des Zusammenschlusses zumin-

[14] *BMWi* WuW/E BWM 207 (208 ff.) = AG 1990, 306 – MAN/Sulzer; WuW/E BWM 238 = AG 1993, 213 – BayWa/WLZ.

[15] *BMWi* WuW/E BWM 147 – Veba/Gelsenberg; WuW/E BWM 185 – Veba/BP; insbesondere WuW/E DE-V 751 und Verfügung v. 18.9.2002 – 1 B1–220 840/129 – E.ON/Ruhrgas I + II; s. *Emmerich,* AG 2002, 641 (650 f.).

[16] So sehr selbstkritisch *BMWi* WuW 1986, 788.

[17] S. *BMWi* WuW/E BWM 149 (151 f.) – Kapal; 207 (212) = AG 1990, 306 – MAN/Sulzer; WuW/E BWM 155 = AG 1977, 21 – Babcock/Artos; WuW/E BWM 159 = AG 1977, 288 (289) – Thyssen/Hüller Hille; WuW/E BWM 165 = ZfE 1979, 131 – Veba/BP; WuW/E BWM 177 = AG 1982, 45 (46 f.) – IBH/Wibau; WuW/E BWM 225 (228) = AG 1997, 523 – PCS/Kali+Salz.

[18] S. *BMWi* WuW 1986, 788.

[19] *BMWi* Verfügung v. 22.5.2006 – Rhön-Klinikum/Landkreis Rhön-Grabfeld (unveröffentlicht, s. AG 2006, 870); WuW/E DE-V 1691 Tz. 32 ff. – Universitätsklinikum Greifswald/Kreiskrankenhaus Wolgast.

[20] *BMWi* WuW/E BWM 155 = AG 1977, 21 (22) – Babcock/Artos.

dest aufwiegen („… erteilt …"),[21] *vorausgesetzt,* dass keine weniger einschneidenden Alternativen vorhanden sind und dass der Zusammenschluss tatsächlich *konkret geeignet* ist, die angestrebten Gemeinwohlzwecke zu verwirklichen.[22]

12 Die Erlaubnis kann mit **Bedingungen und Auflagen** verbunden werden, durch die die Unternehmen jedoch nicht einer laufenden Verhaltenskontrolle unterstellt werden dürfen (§§ 42 Abs. 2, 40 Abs. 3 und Abs. 3a GWB). Dadurch sollen die volkswirtschaftlich schädlichen Auswirkungen des Zusammenschlusses hintangehalten oder zusätzliche Wettbewerbsbeschränkungen beseitigt werden.[23] Aus der Zulässigkeit von Bedingungen ergibt sich außerdem, dass es dem Minister freisteht, dem Antrag **nur teilweise** stattzugeben und im Übrigen eine Entflechtung des schon vollzogenen Zusammenschlusses anzuordnen.[24]

§ 36. Verfahren

Materialien: *BKartA,* Merkblatt zur deutschen Fusionskontrolle vom Juli 2005 (abgedruckt bei *Bechtold,* GWB, Anhang C 6 [S. 874ff.] = FK Bd. I Texte A V 89); Formular zur Anmeldung eines Zusammenschlusses vom August 2006 (abgedruckt in FK Bd. I Texte A V 155); Mustertexte für Nebenbestimmungen in Fusionskontrollverfahren vom Februar 2008 (abgedruckt bei *Bechtold,* GWB, Anhang C 10 [S. 947ff.] = FK Bd. I Texte A V 193); Begr. zu dem RegE der 8. GWB-Novelle, BT-Drs. 17/9852, S. 29ff.; Literatur s. o. bei § 18.

I. Überblick

1 Das Verfahren in der Fusionskontrolle wird in der Regel durch eine Anmeldung des Zusammenschlusses nach § 39 Abs. 1 GWB eingeleitet (dazu u. Rn. 5ff.), kann aber auch von Amts wegen eingeleitet werden, wenn das BKartA von einem nicht angemeldeten, aber kontrollpflichtigen Zusammenschluss erfährt.[1] Das nachfolgende Verfahren des BKartA ist in den §§ 40 und 41 GWB nur bruchstückhaft geregelt. Ergänzend gelten die sonstigen Verfahrensvorschriften in- und außerhalb des GWB. Kennzeichnend für das Verfahren vor dem BKartA ist vor allem die Zweiteilung des Verfahrens durch seine Aufspaltung in das Vorprüf- und das Hauptprüfverfahren.

2 Das **Vorprüfverfahren** beginnt in der Regel (s. Rn. 1) mit Eingang der vollständigen Anmeldung des Zusammenschlusses nach § 39 GWB beim BKartA und dauert höchstens einen Monat (§ 40 Abs. 1 S. 1 GWB). Binnen dieser Frist muss das BKartA entscheiden, ob der Zusammenschluss unbedenklich ist oder ob das Hauptprüfverfahren eröffnet werden soll (§ 40 Abs. 1 GWB; u. Rn. 14ff.). Erst in dem **Hauptprüfverfahren,** für das dem BKartA im Regelfall nur vier Monate seit Eingang der (vollständigen) Anmeldung zur Verfügung stehen (s. § 40 Abs. 2 S. 2 GWB), entscheidet das Amt sodann über die Freigabe *oder* die Untersagung des Zusammenschlusses (§ 40 Abs. 2 S. 1 GWB; u. Rn. 18ff.).

[21] *BMWi* AG 1990, 39 (43) = WuW/E BWM 191 – DB/MBB.

[22] *BMWi* WuW/E BWM 149 – Kapal; WuW/E BWM 165 = ZfE 1979, 131 – Veba/BP; WuW/E BWM 185 = AG 1986, 338 (339f.) – VEW/Sidéchar; WuW/E BWM 213 = AG 1993, 238 – BayWa/WLZ.

[23] *KG* WuW/E OLG 1937 = AG 1978, 207 (210) – Thyssen/Hüller Hille.

[24] *KG* WuW/E OLG 1937 = AG 1978, 207 (209f.) – Thyssen/Hüller Hille; *BMWi* AG 1977, 288 (290) = WuW/E BWM 159 – Thyssen/Hüller Hille.

[1] Beispiele in *BKartA* WuW/E DE-V 947 – National Geographic I; WuW/E DE-V 1081 – TW Verlag/Wochenspiegel.

Eine **Verlängerung** der Viermonatsfrist für das Hauptprüfverfahren (Rn. 2) ist nur unter den Voraussetzungen des § 40 Abs. 2 S. 4 Nr. 1 bis 3 GWB sowie S. 7 möglich. Seit der 8. GWB-Novelle von 2013 kommt es außerdem bei einer unvollständigen Auskunft nach § 39 zu einer Hemmung der Frist, bis die Auskunft ordnungsgemäß vervollständigt ist (§ 40 Abs. 2 S. 5 GWB). Die Viermonatsfrist beginnt außerdem neu zu laufen, wenn die Freigabeentscheidung des BKartA rechtskräftig aufgehoben worden ist (§ 40 Abs. 6 GWB). 3

Während des Laufs der beiden Fristen des § 40 Abs. 1 S. 1 und Abs. 2 S. 2 GWB besteht ein **Vollzugsverbot** für den Zusammenschluss (§ 41 Abs. 1 GWB), von dem das BKartA nur im Einzelfall auf Antrag Befreiung erteilen kann (§ 41 Abs. 2 GWB; u. Rn. 45 ff.). Kommt es trotz des grundsätzlichen Vollzugsverbots zu dem Zusammenschluss, etwa nach Befreiung gemäß § 41 Abs. 2 GWB, so muss der Zusammenschluss im Falle seiner Untersagung wieder **aufgelöst** werden (§ 41 Abs. 3 und Abs. 4 GWB; u. Rn. 44 ff.). Die Verfügungen des BKartA nach § 40 Abs. 2 und die Auflösung eines Zusammenschlusses nach § 41 Abs. 3 und Abs. 4 GWB werden zwecks Information der Öffentlichkeit im Bundesanzeiger **bekanntgemacht** (§ 43 Abs. 2 Nr. 1 und 4 GWB). Außerdem werden sämtliche Entscheidungen des BKartA in Fusionskontrolleverfahren auf der Internetseite des Amtes veröffentlicht, so dass sie allgemein zugänglich sind. 4

II. Anmeldung

Nach § 39 Abs. 1 GWB muss ein Zusammenschluss im Sinne der §§ 35 und 37 GWB grundsätzlich vor seinem Vollzug beim BKartA angemeldet werden. Die Fusionskontrolle ist mithin seit der sechsten Novelle von 1998 – anders als früher – generell **präventiv.** Einzelheiten der Anmeldung regelt das Gesetz in den Abs. 2 und 3 des § 39 GWB. Eine Ausnahme von der Anmeldepflicht findet sich in § 39 Abs. 4 GWB für den Fall eines Verweisungsbeschlusses der Kommission nach Art. 9 Abs. 3 lit. b FKVO (s. o. § 14 Rn. 14 ff.). Außerdem muss auch der Vollzug eines Zusammenschlusses unverzüglich beim BKartA angezeigt werden (§ 39 Abs. 6 GWB). 5

1. Verpflichtete

Die Anmeldepflicht trifft nach § 39 Abs. 2 Nr. 1 und 2 die an dem Zusammenschluss beteiligten Unternehmen sowie im Falle eines Zusammenschlusses durch Vermögens- oder Anteilserwerb (§ 37 Abs. 1 Nr. 1 und 3 GWB) außerdem den Vermögens- oder Anteilsveräußerer. Gemeint sind damit die am Zusammenschluss **materiell beteiligten Unternehmen,** deren Kreis hier ebenso wie in § 35 Abs. 1 GWB abzugrenzen ist (s. § 32 Rn. 3 ff.).[2] Die Anmeldepflicht obliegt **jedem** der genannten, am Zusammenschluss materiell **beteiligten** Unternehmen gesondert und ohne Rücksicht auf etwaige Anmeldungen oder Angaben Dritter (§ 39 Abs. 1 GWB). Durch die Anmeldung eines Zusammenschlusses seitens eines beteiligten Unternehmens werden die anderen beteiligten Unternehmen nicht etwa automatisch gleichfalls zu anmeldenden Unternehmen.[3] 6

Die Anmeldepflicht des **Vermögens- oder Anteilsveräußerers** (§ 39 Abs. 2 Nr. 2 i. V. m. § 37 Abs. 1 Nr. 1 und 3 GWB) hat denselben Umfang wie die der anderen Beteiligten, so dass sie sich inhaltlich nach § 39 Abs. 3 GWB richtet (§ 39 Abs. 3 S. 3 7

[2] *BKartA* Formular, Tz. 2 ff.; *Bechtold,* GWB, § 39 Rn. 10.
[3] *OLG Düsseldorf* WuW/E DE-R 1881 (1882 f.) – E. I. du Pont/Pedex.

GWB). Lediglich bei der Berechnung der Marktanteile und der Umsatzerlöse ist der Veräußerer nach § 38 Abs. 5 GWB allein mit dem veräußerten Vermögensteil zu berücksichtigen. Anwendbar ist außerdem die **Verbundklausel** des § 36 Abs. 2 GWB, so dass ein herrschendes oder abhängiges Unternehmen sowie Konzernunternehmen ebenfalls als an dem Zusammenschluss beteiligt gelten und deshalb anmeldepflichtig sind (s. § 39 Abs. 3 S. 4 GWB). Bei einem mittelbaren Erwerb über Tochtergesellschaften oder durch Tochtergesellschaften trifft dementsprechend auch die *Muttergesellschaft* die Pflicht zur Anmeldung des Zusammenschlusses.[4]

8 Anzumelden ist, wie es § 24a Abs. 1 S. 1 und 2 GWB a. F. früher präzise formulierte, das **Zusammenschlussvorhaben,** wozu erforderlich ist, dass der *Plan* eines Zusammenschlusses der beteiligten Unternehmen bereits so weit konkretisiert ist, dass er vom BKartA überprüft werden kann. Nach der großzügigen Auslegung des BKartA genügt es dafür bereits, wenn bei verständiger Einschätzung der Lage in absehbarer Zeit die *Chance einer Verwirklichung* des Zusammenschlusses besteht. Lediglich Pläne, deren Realisierung nicht absehbar ist, sind von einer Anmeldung ausgeschlossen. Eine sog. „Vorratsanmeldung" ist dem deutschen Recht fremd.[5]

9 Das Verfahren **erledigt** sich, sobald wenigstens eines der am Zusammenschluss beteiligten Unternehmen das Zusammenschlussvorhaben *endgültig aufgibt* und nicht mehr weiter verfolgt.[6] Gleich stehen so schwerwiegende Veränderungen des Zusammenschlussvorhabens, dass im Grunde ein anderer Zusammenschluss vorliegt, während geringfügige Veränderungen nicht zur Erledigung des Verfahrens führen.[7] Dasselbe gilt, wenn die *Anmeldung* des Zusammenschlusses von den beteiligten Unternehmen *zurückgenommen* wird, wozu sie jederzeit in der Lage sind, ferner wenn die Beteiligten nach Freigabe eines Zusammenschlusses unter Bedingungen sämtliche *Bedingungen erfüllt* haben, sowie schließlich noch, wenn sich eine *Auflage,* gegen die sich die Beteiligten mit der Beschwerde wenden, durch Zeitablauf erledigt hat.[8]

10 Befindet sich das Verfahren im Augenblick der Erledigung in der Beschwerdeinstanz, kommt jetzt nur noch ein **Fortsetzungsfeststellungsantrag** nach § 71 Abs. 2 S. 2 GWB in Betracht, sofern der oder die Beschwerdeführer ein *berechtigtes Interesse* an der Feststellung haben, dass die angefochtene Untersagungsverfügung des BKartAs unzulässig oder unbegründet war. Dafür genügt es in der Fusionskontrolle bereits, dass die angefochtene Verfügung eine **Präjudizwirkung** für andere vergleichbare Zusammenschlüsse mit dem Zielunternehmen haben kann, insbesondere, weil das Zielunternehmen noch am Markt ist und ein gleichartiges Zusammenschlussvorhaben wie das Untersagte weiterhin möglich erscheint.[9] *Anders* dagegen, wenn eine Wiederho-

---

[4] *KG* WuW/E OLG 1993 = AG 1979, 158 (159) – Bayer/HCC; ebenso für Gemeinschaftsunternehmen hinsichtlich der Mütter *BGH* AG 2007, 906 (907 Tz. 10) = WuW/E DE-R 2138.

[5] *BGH* WuW/E BGH 1763 = AG 1981, 219 – Makadamwerk Schwaben; *KG* WuW/E OLG 5495 (5496) – Vorratsanmeldung; *OLG Düsseldorf* AG 2007, 909 – Börse/London Stock Exchange.

[6] *BGH* AG 2010, 832 (833 Tz. 18) –Springer/ProSiebenSat.1 II.

[7] BGHZ 174, 179 (180 Tz. 8) = NJW 2008, 1234 – Springer/ProSiebenSat.1 I; *BGH* NJW-RR 2006, 1340 Tz. 13ff. = WuW/E DE-R 1783 – Atys/Agrana (Call-Option); *OLG Düsseldorf* AG 2007, 909 – Börse/London Stock Exchange; WuW/E DE-R 1654 (1655) – RUAG/MEN.

[8] *BGH* WuW/E DE-R 2905 Tz. 23ff. = WM 2010, 1091 – Phonak/ReSound; *BGH* AG 2010, 131 (132 Tz. 18) – Edeka/Plus.

[9] BGHZ 174, 179 (183ff.) = NJW 2008, 1234 – Springer/ProSiebenSat.1 I; BGHZ 192, 18 (22 Tz. 15) = AG 2012, 502 – Total/OMV; *OLG Düsseldorf* WuW/E DE-R 2462 (2473f.) – A-TEC/Norddeutsche Affinerie; 2593 (2595) – Springer/ProSiebenSat.1.

lung eines derartigen Zusammenschlusses ausgeschlossen erscheint oder wenn sich die Umstände derart verändert haben, dass die frühere Beurteilung des Sachverhaltes durch das BKartA für die Zukunft keine Bedeutung mehr hat.[10] Im Falle des § 71 Abs. 2 S. 2 GWB ist maßgebender Zeitpunkt für die Beurteilung der Rechtmäßigkeit der Untersagungsverfügung des BKartA der der Erledigung.[11]

2. Inhalt

11 Der Inhalt der vorgeschriebenen Anmeldung ergibt sich aus § 39 Abs. 3 GWB.[12] Anzugeben sind danach vor allem die Form des Zusammenschlusses (S. 1 des § 39 Abs. 3 GWB) sowie für sämtliche beteiligten Unternehmen einschließlich der mit ihnen verbundenen Unternehmen (s. § 39 Abs. 3 S. 4) neben der Firma, dem Sitz und der Art des Geschäftsbetriebes (§ 39 Abs. 3 Nr. 1 und 2 GWB) insbesondere die **Marktanteile,** sofern diese im Inland für die beteiligten Unternehmen zusammen mindestens 20% betragen (§ 39 Abs. 3 S. 2 Nr. 4 GWB), ferner die **Umsatzerlöse** in Deutschland, in der Europäischen Union und weltweit (Nr. 3 a. a. O.) und im Falle des Anteilserwerbs noch die Höhe der erworbenen und der insgesamt gehaltenen **Anteile** (§ 39 Abs. 3 S. 2 Nr. 5 GWB). Im Falle der **Vermögens- oder Anteilsveräußerung** (§ 37 Abs. 3 Nr. 1 und 3 GWB) müssen Angaben über die Firma oder eine sonstige Bezeichnung, den Ort der Niederlassung oder des Sitzes oder über einen Zustellungsbevollmächtigten im Inland (Nr. 1 und 6 des § 39 Abs. 3 S. 2 GWB) auch für den Veräußerer gemacht werden (s. schon o. Rn. 7). Bei **verbundenen Unternehmen** i. S. d. § 36 Abs. 2 GWB sind schließlich noch die Abhängigkeits- und Beteiligungsverhältnisse sowie die Konzernbeziehungen zwischen den verbundenen Unternehmen mitzuteilen (S. 4 des § 39 Abs. 3 GWB).

12 Die Erfüllung der Anmeldepflicht liegt im öffentlichen Interesse, so dass Geheimhaltungsinteressen der beteiligten Unternehmen keine Einschränkung dieser Pflicht rechtfertigen können.[13] Erst wenn alle erforderlichen Angaben gemacht sind, ist die Anmeldung *vollständig* mit der Folge, dass die **Fristen** des § 40 GWB zu laufen beginnen (s. u. Rn. 14).

13 Reichen die von den Unternehmen gemachten Angaben zur Beurteilung des Zusammenschlusses nicht aus, so kann das BKartA von jedem beteiligten Unternehmen ergänzende **Auskünfte** über die Marktanteile und die Umsatzerlöse verlangen (§ 39 Abs. 5 GWB). Daneben bleibt § 59 GWB anwendbar. Geht das BKartA nach § 59 GWB vor, so ist bei verspäteter oder unvollständiger Erfüllung der Auskunftspflicht ergänzend § 40 Abs. 2 S. 5 und 6 GWB von 2013 über die Hemmung der Viermonatsfrist des § 40 Abs. 2 S. 2 GWB für das Hauptprüfverfahren zu beachten (so genannter Stop the clock nach dem Vorbild des Art. 10 Abs. 4 FKVO).[14] Die Nichterfüllung der Anmelde- wie der Auskunftspflicht ist eine **Ordnungswidrigkeit** (§ 81 Abs. 2 Nr. 3 und 4 GWB).

---

10 *BGH* WuW/E DE-R 2905 Tz. 16ff. = WM 2010, 1091 – Phonak/ReSound; AG 2011, 131 (132f. Tz. 21ff.) – Edeka/Plus; kritisch dazu *Brück,* WuW 2011, 255.

11 *BGH* WuW/E DE-R 2905 Tz. 31ff. = WM 2010, 1091 – Phonak/ReSound; AG 2010, 832 (833 Tz. 18) – Springer/ProSiebenSat.1 II.

12 Dazu ausführlich *BKartA,* Formular vom August 2006, Tz. 4ff.

13 *BKartA* TB 1974, S. 31; 1978, S. 23.

14 S. die Begr. z. RegE von 2012, S. 30; *Hempel,* in: Bien (Hrsg.), Das deutsche Kartellrecht nach der 8. GWB-Novelle, 2013, S. 65 (82ff.).

III. Vorprüfverfahren

14 Das Vorprüfverfahren von höchstens einem Monat beginnt mit Eingang der Anmeldung des Zusammenschlusses (o. Rn. 5ff.) beim BKartA (§ 40 Abs. 1 S. 1 GWB). Voraussetzung ist, dass die **Anmeldung vollständig** ist (§ 40 Abs. 1 S. 1 GWB), wozu vor allem gehört, dass sie sämtliche in § 39 Abs. 3 bezeichneten Angaben enthält (§ 39 Abs. 3 S. 5 GWB).[15] Fehlt es hieran, so löst die Anmeldung nicht die kurzen **Fristen** des § 40 Abs. 1 S. 1 und Abs. 2 S. 2 GWB aus;[16] außerdem läuft dann das Vollzugsverbot des § 41 Abs. 1 S. 1 GWB auf unbestimmte Zeit. Die genannten **Fristen beginnen** in einem derartigen Fall erst im Augenblick der nachträglichen Vervollständigung der Anmeldung.[17]

15 In dem Vorprüfverfahren untersucht das BKartA, ob der Zusammenschluss offenkundig unbedenklich ist oder ob eine weitere Prüfung erforderlich erscheint; im zweiten Fall soll das Amt das Hauptprüfverfahren einleiten (§ 40 Abs. 1 S. 2 GWB). Dies geschieht durch eine entsprechende Mitteilung an die beteiligten Unternehmen, häufig auch **„Monatsbrief"** genannt (§ 40 Abs. 1 S. 1 GWB). Für die Mitteilung ist keine besondere Form vorgeschrieben;[18] sie bedarf keiner Begründung und ist auch nicht selbstständig anfechtbar, weil es sich bei ihr lediglich um eine das Verfahren betreffende Entscheidung ohne Außenwirkungen handelt.[19]

16 Die Frist für die Mitteilung über die Einleitung des Hauptprüfverfahrens beträgt *höchstens* einen Monat (§ 40 Abs. 1 S. 1 GWB). Bei dieser Frist handelt es sich um eine verfahrensrechtliche **Ausschlussfrist,** deren Dauer nicht zur Disposition der Beteiligten und des BKartAs steht, so dass sie insbesondere nicht verlängert werden kann, auch nicht durch Rücknahme und anschließende sofortige Wiederholung der Anmeldung.[20] Für die Mitteilung über die Einleitung des Hauptprüfverfahrens braucht das BKartA nicht das Ende der Einmonatsfrist abzuwarten; die Mitteilung kann vielmehr auch schon früher, gegebenenfalls sogar unmittelbar nach Eingang der Anmeldung ergehen, wodurch sich das BKartA die volle Dauer der Viermonatsfrist des § 40 Abs. 2 S. 1 GWB für das häufig schwierige Hauptprüfverfahren sichert.

17 Erscheint der Zusammenschluss dem BKartA wie in der großen Mehrzahl der Fälle unbedenklich, so wird das **Verfahren** von Amts wegen wieder **eingestellt.** Das BKartA kann dies den beteiligten Unternehmen mitteilen, ist dazu jedoch nach dem Gesetz nicht verpflichtet. Der *bloße Ablauf der Monatsfrist* des § 40 Abs. 1 S. 1 GWB ohne Reaktion des BKartA steht daher einer formlosen Freigabeentscheidung gleich.[21] Es handelt sich dabei um eine gesetzliche **Fiktion,** so dass eine *Anfechtung* der „Einstellung", etwa seitens der Konkurrenten der beteiligten Unternehmen, ohne Rücksicht auf die Rechtmäßigkeit des Vorgehens des BKartA *nicht* möglich ist.[22] Die etwaige Mitteilung der Verfahrenseinstellung bedarf ebenso wie der sog. Monatsbrief (o.

---

15 S. o. Rn. 11; BGHZ 73, 65 (69f.) = NJW 1979, 918 – Erdgas Schwaben.

16 *OLG Düsseldorf* WuW/E DE-R 1033 (1034) – Sanacorp/Anzag; 3173 (3137) – ZVSH/NPG.

17 *OLG Karlsruhe* AG 1985, 109 (112ff.).

18 *OLG Düsseldorf* WuW/E DE-R 2477 (2480f. Tz. 25) – Phonak/ReSound.

19 Begr. z. RegE, BT-Drs. 13/9720, S. 59 (r. Sp.); *Bechtold,* GWB, § 40 Rn. 6.

20 *OLG Düsseldorf* WuW/E DE-R 2477 (2480f.) – Phonak/ReSound.

21 Begr. z. RegE, BT-Drs. 13/9720, S. 59 (r. Sp.); *Schulte,* AG 1998, 297 (300).

22 *BGH* AG 2006, 159 (160) = WuW/E DE-R 1571 – Ampere (EWE/VNG); *OLG Düsseldorf* WuW/E DE-R 1293 (1294f.) – tv kofler.

Rn. 15) keiner Begründung und kann gleichfalls nicht angefochten werden, da es sich auch bei ihr um eine reine verwaltungsinterne Verfahrensentscheidung handelt.[23] Weicht die spätere Durchführung eines Zusammenschlussvorhabens wesentlich von der Anmeldung ab, so verliert die etwaige Freigabe des Zusammenschlusses, die sich immer nur auf den angemeldeten Zusammenschluss bezieht, ihre Wirkung, so dass insbesondere wieder das Vollzugsverbot des § 41 Abs. 1 GWB in Kraft tritt.[24]

IV. Hauptprüfverfahren

1. Fristen

Zum Hauptprüfverfahren kommt es, wenn das BKartA einen angemeldeten Zusammenschluss nach § 36 Abs. 1 GWB als bedenklich ansieht und dies den anmeldenden Unternehmen durch den sog. Monatsbrief rechtzeitig mitgeteilt hat (§ 40 Abs. 1 GWB; dazu o. Rn. 15). Insgesamt darf das Hauptprüfverfahren **höchstens vier Monate** seit Eingang der Anmeldung dauern: Bei dieser Frist handelt es sich ebenso wie bei der Einmonatsfrist um eine verfahrensrechtliche **Ausschlussfrist,** deren Ablauf die Befugnis des Bundeskartellamts zur Untersagung des Zusammenschlusses erlöschen lässt. Ergeht innerhalb der Frist keine Entscheidung des BKartA über den Zusammenschluss, so gilt er folgerichtig kraft Gesetzes als freigegeben (§ 40 Abs. 2 S. 2 GWB; sog. **Freigabefiktion;** s. Rn. 23). Die (sehr) kurze Frist von lediglich vier Monaten (einschließlich des Vorprüfverfahren!) schließt es von vornherein aus, dass das BKartA im Hauptprüfverfahren allen erdenklichen Aspekten eines Zusammenschlusses nachgehen könnte. Aus naheliegenden Gründen muss sich das Amt vielmehr bei seiner **Prüfung** im Wesentlichen auf die Angaben der beteiligten Unternehmen beschränken und diese anhand der Erkenntnismöglichkeiten, die ihm in der kurzen Frist von maximal vier Monaten zur Verfügung stehen, auf ihre Richtigkeit überprüfen.[25] Dieselbe *Beschränkung* der Aufklärungsmöglichkeiten besteht im **Beschwerdeverfahren,** so dass das OLG Düsseldorf (als Beschwerdegericht) gleichfalls nicht verpflichtet ist, umfängliche Erhebungen durchzuführen, für die von vornherein im Verwaltungsverfahren kein Raum war.[26] Es kann sich daher auch darauf beschränken, ergänzende Ermittlungen dem BKartA zu übertragen und deren Ergebnisse zur Kenntnis zu nehmen.[27] 18

Die **Frist** des § 40 Abs. 2 S. 2 GWB kann in bestimmten Fällen **verlängert** werden, die abschließend in § 40 Abs. 2 S. 4 Nr. 1 bis 3 GWB aufgezählt sind. Der wichtigste Fall ist der der Nr. 1 des § 40 Abs. 2 S. 4 GWB; die Viermonatsfrist findet danach keine Anwendung, wenn die anmeldenden Unternehmen der Fristverlängerung *zugestimmt* haben, etwa, um bestimmte Zusagen erfüllen zu können, die sie gemacht haben, um die sonst drohende Untersagung des Zusammenschlusses doch noch abzuwenden (u. Rn. 34 ff.). Weitere Fälle einer Fristverlängerung sind die Täuschung des BKartAs durch unrichtige Angaben oder durch die nicht rechtzeitige Erteilung einer Auskunft (§ 40 Abs. 2 S. 4 Nr. 2 GWB) sowie die Unterlassung der Bestellung eines Zustellungsbevollmächtigten im Inland entgegen § 39 Abs. 3 S. 2 Nr. 6 GWB 19

[23] *BGH* AG 2006, 159 (160) = WuW/E DE-R 1571 – Ampere (EWE/VNG); *OLG Düsseldorf* WuW/E DE-R 644 (645) – NetCologne; WuW/E DE-R 681 (682 f.) – Trienekens.

[24] *OLG Düsseldorf* WuW/E DE-R 1033 (1034) – Sanacorp/Anzag.

[25] BGHZ 170, 299 (303 f.) = NJW 2007, 1823 = JuS 2007, 784 Nr. 13 – National Geographic II.

[26] S. u. § 41 Rn. 7; BGHZ 170, 299 (303 f.) = NJW 2007, 1823 = JuS 2007, 784 Nr. 13 – National Geographic II.

[27] BGHZ 178, 285 (294 Tz. 32) = AG 2009, 503= JuS 2009, 670 – E.ON/Stadtwerke Eschwege.

(§ 40 Abs. 2 S. 4 Nr. 3 GWB). Bei Verstößen gegen die Auskunftspflicht der Beteiligten aus § 59 GWB wird die Frist außerdem *gehemmt* (§ 40 Abs. 2 S. 5 und 6 GWB; s. schon o. Rn. 3). Die Frist *verlängert* sich dagegen um einen Monat, wenn ein Unternehmen in dem Verfahren vor dem BKartA erstmals Vorschläge für Bedingungen oder Auflagen nach § 40 Abs. 3 GWB unterbreitet (§ 40 Abs. 2 S. 7 GWB von 2013).

2. Anhörung der Beteiligten

20 Wenn sich im Hauptprüfverfahren herausstellt, dass der Zusammenschluss gegen § 36 Abs. 1 GWB verstößt, muss das BKartA zunächst allen formell Beteiligten (§ 54 Abs. 2 GWB; s. u. Rn. 21) Gelegenheit zur Stellungnahme geben (§ 56 GWB). Das geschieht gewöhnlich dadurch, dass das Amt die Beteiligten unter Fristsetzung zur Äußerung auffordert.[28] Ein Verstoß gegen § 56 GWB macht die nachfolgende Untersagungsverfügung rechtswidrig.[29]

21 An dem Fusionskontrollverfahren **formell beteiligt** sind nach § 54 Abs. 2 GWB die Unternehmen, gegen die sich das Verfahren richtet (§ 54 Abs. 2 Nr. 2 GWB), ferner die auf ihren Antrag beigeladenen Unternehmen (§ 54 Abs. 2 Nr. 3 GWB)[30] sowie in den Fällen der Nr. 1 und 3 des § 37 Abs. 1 GWB noch der Vermögens- oder Anteilsveräußerer (§ 54 Abs. 2 Nr. 4 GWB). Die Unternehmen, gegen die sich i. S. d. Nr. 2 des § 54 Abs. 2 GWB das Verfahren richtet, sind nur die *unmittelbar* am Zusammenschluss beteiligten Unternehmen, nicht dagegen die nur mittelbar beteiligten Unternehmen i. S. d. § 36 Abs. 2 GWB, da das Gesetz in § 54 Abs. 2 auf die zuletzt genannte Vorschrift nicht Bezug nimmt. Die Folge ist vor allem, dass bei einem **Zusammenschluss abhängiger Unternehmen** die herrschenden Unternehmen neben den abhängigen Unternehmen nicht ebenfalls an dem Fusionskontrollverfahren formell beteiligt sind, außer im Falle ihrer Beiladung oder ihrer faktischen Hinzuziehung durch das BKartA.[31]

21a Über die **Beiladung Dritter** nach § 54 Abs. 2 Nr. 3 S. 1 GWB entscheidet das BKartA auf Antrag nach freiem Ermessen; das Amt ist nicht etwa verpflichtet, sämtliche Personen, deren Interessen durch die Entscheidung erheblich berührt werden können, auf ihren Antrag hin auch tatsächlich zu dem Verfahren beizuziehen, schon, um den Verfahrensstoff in Grenzen zu halten.[32] Einen **Antrag** auf Beiladung können Dritte nur bis zum Schluss des kartellbehördlichen Verfahrens stellen, nicht mehr danach und deshalb insbesondere auch nicht mehr erst während des *Beschwerdeverfahrens.* Das Beschwerdegericht, immer das OLG Düsseldorf, besitzt gleichfalls nicht mehr die Befugnis zur Beiladung Dritter.[33] Diese Fragen sind wichtig, weil davon nicht zuletzt das Beschwerderecht Dritter abhängt, die vom BKartA nicht beigeladen wurden (Rn. 30 ff.).

---

[28] *BGH* LM § 24 Nr. 16 = NJW-RR 1986, 525 = WuW/E BGH 2150 – Rheinmetall/WMF; *KG* AG 1986, 196 (197) = WuW/E OLG 3577 – Hussel/Mara.

[29] *KG* WuW/E OLG 2411 = AG 1981, 285 (286) – Bayer/Firestone; AG 1982, 74 (75) = WuW/E OLG 2507 – Veba/Stadtwerke Wolfenbüttel.

[30] S. dazu *KG* WuW/E OLG 5849 = AG 1997, 573 (575) – Bayerische Wasserkraftwerke/Bayernwerk.

[31] *BGH* LM § 24 Nr. 16 = AG 1985, 334 = NJW-RR 1986, 525 – Rheinmetall/WMF.

[32] BGHZ 169, 370 = NJW 2007, 607 – pepcom; *BGH* WuW/E DE-R 2029 (2030 f. Tz. 10 ff.) – iesy/Ish; s. dazu u. Rn. 31 sowie u. § 42 Rn. 3; *Bechtold,* NJW 2007, 562; *Bien,* ZWeR 2007, 533; *Schalast/Rößner,* WuW 2007, 589; *K. Westermann,* WuW 2007, 596.

[33] *BGH* WuW/E DE-R 2725 (2726 Tz. 10) – Universitätsklinikum Greifswald; 2728 (2729 Tz. 12) – Versicherergemeinschaft; dagegen *Stancke,* WuW 2010, 642.

3. Entscheidung

22 Geben die Stellungnahmen der Beteiligten nach § 56 GWB (o. Rn. 20) dem BKartA keinen Anlass zur Änderung seines Standpunkts, so wird der Zusammenschluss untersagt; einen **Ermessensspielraum** besitzt das Amt insoweit *nicht* (§ 36 Abs. 1 S. 1 GWB). Auch eine **Teiluntersagung** ist *nicht* möglich; vielmehr *muss* der Zusammenschluss *insgesamt* untersagt werden, selbst wenn er nur auf einem einzigen von möglicherweise zahlreichen betroffenen Märkten die Voraussetzungen des § 36 Abs. 1 S. 1 GWB erfüllt.[34] Wegen dieser häufig misslichen Konsequenzen der gesetzlichen Regelung des § 36 Abs. 1 S. 1 GWB eröffnet das Gesetz in § 40 Abs. 3 S. 1 GWB seit der 6. GWB-Novelle von 1998 dem BKartA zusätzlich die Möglichkeit, den Zusammenschluss **unter Bedingungen oder Auflagen** freizugeben, um sicherzustellen, dass die beteiligten Unternehmen den Verpflichtungen nachkommen, die sie gegenüber dem BKartA eingegangen sind, um eine Untersagung des Zusammenschlusses abzuwenden. Damit wird bezweckt, die Voraussetzungen für eine Untersagung des Zusammenschlusses nach § 36 Abs. 1 S. 1 GWB auszuräumen (s. u. Rn. 34 ff.).

23 Die Untersagung wird vom BKartA durch eine Verfügung i. S. d. § 63 Abs. 1 S. 1 GWB ausgesprochen, gegen die die Beschwerde zum OLG Düsseldorf zulässig ist (Rn. 27 ff.). Diese „Verfügung“ ist schlicht ein **Verwaltungsakt** i. S. des Verwaltungsverfahrensgesetzes (VwVfG), der meistens „Beschluss“ genannt wird, weil er in einem justizförmigen Verfahren ergeht (s. u. § 42 Rn. 1 ff.). Der Beschluss muss begründet und nach den Vorschriften des Verwaltungszustellungsgesetzes (VwZG) von 1952 i. d. F. von 1976[35] (nur) den anmeldenden Unternehmen formgerecht und rechtzeitig, d. h. noch vor Ablauf der Fristen des § 40 Abs. 2 GWB zugestellt werden (§§ 40 Abs. 2 S. 2 und 61 Abs. 1 S. 1 GWB). Wird diese Frist versäumt, so gilt der Zusammenschluss kraft Gesetzes als freigegeben (§ 40 Abs. 2 S. 2 GWB) – womit die Untersagungsbefugnis des Bundeskartellamts endet.[36]

24 Erweist sich der Zusammenschluss als unbedenklich, so wird über die **Freigabe** seit 1998 – anders als früher – ebenfalls förmlich durch „Beschluss“, d. h. durch einen Verwaltungsakt entschieden. Dadurch sollen Transparenz und Kontrolle der Fusionskontrollpraxis des BKartA verbessert werden. Vorbild der Regelung war Art. 8 FKVO. Dieselbe Wirkung wie eine Freigabe durch förmlichen Beschluss des BKartA hat es, wenn binnen der Viermonatsfrist keine Verfügung ergeht (§ 40 Abs. 2 S. 2 GWB); jedoch scheiden in diesem Fall Bedingungen und Auflagen nach § 40 Abs. 3 S. 1 GWB aus.

V. Rechtsmittel

1. Wahlrecht

25 Nach der Untersagung des Zusammenschlusses haben die betroffenen Unternehmen die Wahl zwischen der Beschwerde (§§ 63 ff. GWB) und dem Antrag auf Erteilung einer Ministererlaubnis (§ 42 GWB; dazu o. § 35). Die beiden Verfahren schließen sich nicht etwa gegenseitig aus und können daher auch nebeneinander betrieben werden (s. o. § 35 Rn. 13; str.).

---

[34] Anders *Richter,* Teiluntersagung in der Fusionskontrolle, 1987; zu Auslandszusammenschlüssen s. o. § 3 Rn. 22 f.

[35] BGBl. I 1976, S. 3341.

[36] *OLG Düsseldorf* WuW/E DE-R 3173 (3177) – ZVSH/NPG.

26 Entscheiden sich die Unternehmen zunächst allein für die **Beschwerde,** so beginnt die Frist für den Antrag auf Erteilung der Ministererlaubnis erst mit dem rechtskräftigen Abschluss des Beschwerdeverfahrens (§ 42 Abs. 3 S. 2 GWB). Wenn die Unternehmen dagegen zunächst die Erteilung einer **Ministererlaubnis** beantragen, läuft die Beschwerdefrist erst von der Zustellung der Verfügung des Ministers ab (§ 66 Abs. 1 S. 3 GWB). Die Unternehmen haben dann wieder die Wahl, ob sie nur die Verfügung des Ministers oder nur die Untersagungsverfügung des BKartA oder beide Verfügungen gleichzeitig anfechten wollen.

2. Beschwerde

27 Das regelmäßige Rechtsmittel gegen Entscheidungen des BKartA im Fusionskontrollverfahren ist die Beschwerde zum OLG Düsseldorf, häufig auch Anfechtungsbeschwerde genannt, weil sie an die Stelle der Anfechtungsklage in sonstigen Verwaltungssachen nach § 40 VwGO tritt (§§ 63ff. GWB). Die **Beschwerdebefugnis** steht nach § 63 Abs. 2 GWB allen formell Beteiligten i. S. d. § 54 Abs. 2 GWB zu, zu denen insbesondere auch die Beigeladenen nach § 54 Abs. 2 Nr. 4 GWB gehören.[37] Im Einzelnen muss man danach unterscheiden, ob das BKartA den Zusammenschluss untersagt oder freigegeben hat. Im Falle der **Untersagung** sind in erster Linie die materiell beteiligten Unternehmen beschwerdebefugt, während im Falle einer **Freigabe** des Zusammenschlusses vor allem an eine Beschwerde der beigeladenen Konkurrenten zu denken ist (§ 54 Abs. 2 Nr. 4 GWB; s. u. Rn. 30ff.). Im Falle einer feindlichen Übernahme verfügt außerdem noch das gegen seinen Willen übernommene „Zielunternehmen" über eine Klagemöglichkeit, weil es immer an dem Verfahren beteiligt ist (§§ 54 Abs. 2 Nr. 2, 63 Abs. 2 GWB).[38]

28 Die Beschwerde setzt eine formelle und materielle **Beschwer** voraus.[39] Dafür ist nicht die Verletzung eines subjektiven Rechts des Beschwerdeführers erforderlich; es genügt vielmehr die Verletzung eines wirtschaftlichen Interesses durch die angefochtene Entscheidung;[40] ausreichend ist daher, dass der Beschwerdeführer durch die Freigabe des Zusammenschlusses und die damit verbundene Verschlechterung der Wettbewerbsbedingungen auf dem relevanten Markt in seinem eigenen unternehmerischen und wettbewerblichen Betätigungsfeld und Gestaltungsspielraum auf dem relevanten Markt unmittelbar und individuell nachteilig betroffen wurde.[41] Fehlt es jedoch selbst daran, etwa, weil sich der Zusammenschluss inzwischen erledigt hat, so ist die Beschwerde unzulässig.[42] Dasselbe gilt für die Beschwerde eines an dem Zusammenschluss *beteiligten* Unternehmens, weil es durch die Freigabe des Zusammenschlusses nur begünstigt,

[37] *BGH* LM § 62 Nr. 4 = AG 1984, 323 – Coop/Supermagazin.

[38] *Schulte,* AG 1997, 297 (302).

[39] BGHZ 155, 214 (216ff.) = NJW 2003, 3776 – HABET/Lekkerland; *BGH* WuW/E DE-R 2138 = AG 2007, 906 (907ff. Tz. 14ff.) – Anteilsveräußerung; *OLG Düsseldorf* WuW/E DE-R 1651 (1652f.) – Zementvertrieb; WuW/E DE-R 1654 (1655f.) – RUAG/MEN; WuW/E DE-R 1835 (1836f.) = AG 2007, 909 – Deutsche Börse/London Stock Exchange; WuW/E DE-R 3723 (3725f).

[40] BGHZ 155, 214 (216ff.) = NJW 2003, 3776 – HABET/Lekkerland; BGHZ 166, 165 (169 Tz. 11) = NJW-RR 2006, 836 – DBRegio/üstra; WuW/E DE-R 2138 = AG 2007, 906 Tz. 14ff. – Anteilsveräußerung; *OLG Düsseldorf* WuW/E DE-R 3723 (3725f).

[41] *BGH* WuW/E DE-R 2138 = AG 2007, 906 (907 Tz. 16) = ZIP 2007, 2284 – Anteilsveräußerung; WuW/E DE-R 3284 (3285 Tz. 4) – Pressegrossisten; *OLG Düsseldorf* WuW/E DE-R 1835 (1836f.) = AG 2007, 909 – Deutsche Börse/London Stock Exchange; WuW/E DE-R 3723 (3725f).

[42] *BGH* WuW/E DE-R 2138 = AG 2007, 906 (907 Tz. 16) = ZIP 2007, 2284 – Anteilsveräußerung; WuW/E DE-R 3284 (3285 Tz. 4) – Pressegrossisten; WuW/E DE-R 1651 (1653) – Zementvertrieb; WuW/E DE-R 1654 (1655f.) – RUAG/MEN.

niemals beschwert sein kann; unerheblich ist, ob das Unternehmen jetzt den Zusammenschluss nicht mehr wünscht.[43]

Keine mit der Beschwerde anfechtbare Verfügungen sind bloße Schreiben des BKartA, mit denen es seine Rechtsauffassung zu Fragen kundgibt, die in einem Fusionskontrollverfahren streitig geworden sind; so genannte Negativatteste sind dem deutschen Recht fremd.[44] Das Beschwerdegericht entscheidet über Untersagungsverfügungen des BKartA nach der **Sach- und Rechtslage** im Augenblick der letzten mündlichen Verhandlung (§ 71 GWB), so dass es auch die Entwicklung der wirtschaftlichen Verhältnisse in der Zeit nach der Entscheidung des BKartA berücksichtigen kann.[45] Dagegen soll es bei Beschwerden gegen eine *Freigabeentscheidung* des BKartA auf den Zeitpunkt der Verfügung des Amtes ankommen.[46] 29

Die Beschwerde der an einem Zusammenschluss beteiligten Unternehmen gegen die Untersagung eines Zusammenschlusses durch das BKartA hat grundsätzlich **keine aufschiebende Wirkung** (s. § 64 Abs. 1 GWB). Die beteiligten Unternehmen sind deshalb darauf angewiesen, wenn sie den untersagten Zusammenschluss trotz des Vollzugsverbots alsbald vollziehen wollen, nach § 41 Abs. 2 GWB beim BKartA **Befreiung von** dem **Vollzugsverbot** aus wichtigem Grund zu beantragen und im Falle der Ablehnung dieses Antrags auch insoweit Beschwerde einzulegen.[47] 30

3. Die Beschwerde Dritter

Die Verpflichtung des BKartA, im Hauptprüfverfahren heute gemäß § 40 Abs. 2 S. 1 GWB auch über eine **Freigabe** des Zusammenschlusses grundsätzlich förmlich durch „Beschluss" (Verfügung) zu entscheiden (s. o. Rn. 24), ist 1998 nicht zuletzt zu dem Zweck eingeführt worden, dritten Unternehmen, die durch die Freigabe eines Zusammenschlusses betroffen sind, entsprechend der Praxis zur FKVO (s. o. § 18 Rn. 18 ff.) eine Klagemöglichkeit zu eröffnen (o. Rn. 27). Die **Beschwerdebefugnis Dritter** steht seitdem außer Frage, wenn sie zum Verfahren beigeladen (§§ 63 Abs. 2, 54 Abs. 2 Nr. 3 GWB; s. u. Rn. 31) und durch die angefochtene Freigabeentscheidung (oder: -verfügung) formell und materiell beschwert sind (s. o. Rn. 28). Stellt sich im Beschwerdeverfahren heraus, dass die Freigabeentscheidung des BKartA gegen das Gesetz verstößt, so hat das Gericht die Freigabeentscheidung des BKartA aufzuheben, so dass das BKartA erneut über den Zusammenschluss entscheiden muss. Zu einer eigenen Entscheidung über den Zusammenschluss ist das Beschwerdegericht nicht befugt.[48] 31

Zweifelhaft ist die Beschwerdebefugnis von Konkurrenten, die **nicht** zu dem Verfahren **beigeladen** waren, etwa, weil sie einen entsprechenden Antrag versäumt hatten oder weil ihr Antrag vom BKartA abgelehnt worden war.[49] Mit Rücksicht auf den 32

---

[43] *OLG Düsseldorf* WuW/E DE-R 3723 (3725 f).

[44] *OLG Düsseldorf* WuW/E DE-R 3703 (3706 ff) – Lenzing/Kelheim I.

[45] *BGH* LM § 24 Nr. 20 = NJW-RR 1988, 484 = AG 1988, 47 – Gruner + Jahr/Zeit II; LM Nr. 1 zu § 37 = NJW-RR 2001, 757 = WuW/E DE-R 607 – Springer/Stilke; LM Nr. 1 zu § 36 = WuW/E DE-R 668 (670) = NJW-RR 2001, 1261 – Dierichs/Kluthe (Werra Rundschau).

[46] So jedenfalls *OLG Düsseldorf* NZKart 2013, 465 – Signalmarkt.

[47] BGHZ 178, 203 (210 ff. Tz. 20 ff.) = NJW 2009, 1611 – Faber/Basalt; *OLG Düsseldorf* WuW/E DE-R 2069 (2075 ff.) – Phonak/ReSound; 3000 (3015 f.) – OMV/Total – früher sehr str.

[48] S. BGHZ 155, 214 (219 ff.) = NJW 2003, 3776 – HABET/Lekkerland.

[49] S. *Bien,* Fusionskontrolle und subjektiver Drittschutz, 2007; *ders.*, ZWeR 2007, 533; *Dormann,* Drittklagen im Recht der Zusammenschlusskontrolle, 2000; *Körber,* Die Konkurrentenklage im Fusions-

Wortlaut des § 63 Abs. 2 GWB ist zunächst die Beschwerdebefugnis dieser Personen überwiegend verneint worden. Die Folge war freilich eine bedenkliche Beschneidung der Rechtsschutzmöglichkeiten Dritter. Deshalb hat der **BGH** mittlerweile entschieden, dass die Beschwerdebefugnis auch solchen Personen zusteht, die zwar tatsächlich nicht beigeladen wurden, deren Interessen jedoch durch die Entscheidung **im Sinne des § 54 Abs. 2 Nr. 3 S. 1 GWB erheblich berührt** werden, so dass das BKartA befugt gewesen wäre, sie beizuladen (ohne freilich dazu verpflichtet zu sein, o. Rn. 20), sofern sie noch rechtzeitig einen Antrag auf Beiladung bei dem BKartA gestellt hatten (Rn. 21a).[50] **Voraussetzung** ist, dass die Dritten durch die Freigabe des Zusammenschlusses durch das BKartA in dem schon genannten Sinne (Rn. 28) **materiell beschwert** sind, wofür erforderlich ist, dass sie durch die Freigabe in ihrer *eigenen* unternehmerischen und wettbewerblichen Betätigung auf dem relevanten Markt nachteilig betroffen sind. Die Folge ist z. B., dass Unternehmensverbände in keinem Fall ein Beschwerderecht besitzen, weil sie durch die Freigabe eines Zusammenschlusses nicht *selbst* betroffen sein können.[51]

33 Auch die Beschwerde Dritter gegen eine Freigabeentscheidung des BKartA (o. Rn. 31 ff.) hat grundsätzlich **keine aufschiebende Wirkung** (s. § 64 Abs. 1 GWB sowie o. Rn. 30), so dass der Zusammenschluss aufgrund der *Freigabe* trotz der Beschwerde Dritter vollzogen werden kann – mit der Folge, dass später eine Auflösung praktisch kaum mehr möglich ist. Deshalb eröffnet § 65 Abs. 3 S. 3 GWB i. V. m. S. 1 Nr. 2 und 3 dem Beschwerdegericht, d. h. dem OLG Düsseldorf, die Möglichkeit, auf Antrag die **aufschiebende Wirkung** der Beschwerde **wiederherzustellen,** so dass es bei dem *Vollzugsverbot* des § 41 Abs. 1 GWB bleibt und der Zusammenschluss weiterhin nicht vollzogen werden darf.[52] Weil jedoch von dieser Möglichkeit nach Meinung der Verfasser der 7. GWB-Novelle übermäßig Gebrauch gemacht wurde, ist 2005 die **Antragsbefugnis Dritter** durch S. 4 des § 65 Abs. 3 GWB auf Fälle **beschränkt** worden, in denen der Antragsteller geltend macht, durch die Freigabeentscheidung des BKartA gerade in seinen Rechten verletzt worden zu sein, wovon nur in Ausnahmefällen die Rede sein kann.[53]

VI. Bedingungen und Auflagen[54]

1. Überblick, Voraussetzungen

34 Die Verfügung, durch die das BKartA im Hauptprüfverfahren einen Zusammenschluss freigibt, kann gemäß § 40 Abs. 3 S. 1 GWB i. d. F. von 2013 mit Bedingungen und Auflagen versehen werden, und zwar zu dem Zweck, sicherzustellen, dass die beteiligten Unternehmen den Verpflichtungen nachkommen, die sie gegenüber dem BKartA eingegangen sind, um eine Untersagung ihres Zusammenschlusses abzuwenden. Jedoch dürfen sich die Bedingungen und Auflagen nach S. 2 der Vorschrift nicht

recht der USA, Deutschlands und der Europäischen Union, 1996; *ders.*, BB 2000, 1532; *Schulte,* AG 1998, 297 (303); *Steinberger,* WuW 2000, 345.

[50] BGHZ 169, 370 = NJW 2007, 607 – pepcom; *BGH* WuW/E DE-R 2029 Tz. 18 f. – iesy/Ish; WuW/E DE-R 2138 = AG 2007, 996 – Anteilsveräußerung; s. dazu *Bechtold,* NJW 2007, 572; *Schalast/Rößner,* WuW 2007, 589; *K. Westermann,* WuW 2007, 596; kritisch *Bien,* ZWeR 2007, 533.

[51] *BGH* WuW/E DE-R 3284 f. – Pressegrossisten.

[52] *OLG Düsseldorf* WuW/E DE-R 665 (667); 681 (687).

[53] S. die Begr. z. RegE, BT-Drs. 15/3640, S. 65 (l. Sp. o. „Zu Nr. 41 zu a"); *OLG Düsseldorf* WuW/E DE-R 1644 ff. = AG 2006, 247 – Wehrhahn.

[54] S. dazu insb. *B. Krüger,* NZKart 2013, 130; *Veelken,* WRP 2003, 692.

darauf richten, die beteiligten Unternehmen einer laufenden Verhaltenskontrolle zu unterstellen (vgl. § 42 Abs. 2 GWB). Aufgrund des § 40 Abs. 3a GWB i. d. F. von 2005 kann die Freigabe eines Zusammenschlusses durch das BKartA außerdem widerrufen werden, soweit die Beteiligten einer mit der Freigabe verbundenen Auflage zuwiderhandeln. Aus dem entsprechend anwendbaren § 41 Abs. 4 GWB folgt ferner, dass das BKartA bei Nichterfüllung einer Auflage die Ausübung des Stimmrechts eines beteiligten Unternehmens aus Anteilen an einem anderen beteiligten Unternehmen einschränken oder untersagen kann (Nr. 2 des § 41 Abs. 4 GWB), sowie dass das BKartA befugt ist, einen Treuhänder zu bestellen, der die Auflösung des Zusammenschlusses jetzt herbeiführt (Nr. 3 des § 41 Abs. 4 GWB). Die geltende Fassung des § 41 Abs. 3 GWB beruht auf der 8. GWB-Novelle von 2013. **Zweck** der Änderungen war die Klarstellung, dass auch Verhaltenszusagen zulässig sind, sofern sie zur Beseitigung der fraglichen Wettbewerbsbeschränkung geeignet sind und außerdem ihre Durchführung von dem BKartA effizient kontrolliert werden kann.[55]

Durch die geschilderte Regelung sollte 1998 erstmals die früher umstrittene **Zusagenpraxis** des BKartA (endlich) auf eine verlässliche gesetzliche Grundlage gestellt werden.[56] Damit hatte es folgende Bewandtnis: Da das Gesetz, jedenfalls nach überwiegender Meinung, keine Teiluntersagungen von Zusammenschlüssen zulässt (o. Rn. 22) und da es vor 1998 auch keine Grundlage für Bedingungen und Auflagen enthielt, hatte das BKartA früher im Falle des Verstoßes eines Zusammenschlusses gegen § 24 Abs. 1 GWB a. F. (= § 36 Abs. 1 GWB n. F.) an sich nur die Möglichkeit, den Zusammenschluss *insgesamt* zu untersagen, selbst wenn die Beteiligten durch (mehr oder weniger) geringfügige Korrekturen an ihrem Zusammenschlussvorhaben den Weg zur Erlaubnis des Zusammenschlusses freimachen konnten. Als Ausweg aus diesem Dilemma verfiel das BKartA seinerzeit auf die Idee, im Rahmen der Prüfung eines Zusammenschlusses auch Zusagen der beteiligten Unternehmen über dekonzentrative Maßnahmen zu berücksichtigen, bei deren Einhaltung dann die Voraussetzungen des § 24 Abs. 1 GWB a. F. nicht mehr erfüllt waren, so dass der Zusammenschluss freigegeben werden konnte. 35

Die Zusagen zerfielen in zwei Gruppen, für die sich die Bezeichnungen Vorfrist- und Nachfristzusagen eingebürgert hatten. Als **Vorfristzusagen** bezeichnete man Zusagen der beteiligten Unternehmen über strukturelle Maßnahmen wie die Veräußerung einzelner Beteiligungen oder die Auflösung wettbewerbsbeschränkender Verträge noch *während des Laufs* der Untersagungsfristen (s. § 24a GWB a. F.). Solche Zusagen, deren Erfüllung mithin schon *vor* dem Zeitpunkt der Entscheidung des BKartA über den Zusammenschluss lag, wurden allgemein als zulässig angesehen. Umstritten blieb dagegen bis zuletzt die Zulässigkeit von **Nachfristzusagen,** d. h. von Zusagen der beteiligten Unternehmen über dekonzentrative Maßnahmen erst *nach* Ablauf der verschiedenen Untersagungsfristen, z. B. binnen einer Frist von einem oder zwei Jahren. Für derartige Nachfristzusagen ist heute neben § 40 Abs. 3 S. 1 GWB n. F. *kein* Raum mehr. Durch § 40 Abs. 4 S. 1 GWB sollte gerade ein Ersatz für diese problematische Zusagenpraxis geschaffen werden. **Vorfristzusagen** im Hauptprüfverfahren bleiben dagegen möglich, wie insbesondere die Zulässigkeit der Fristverlängerung nach § 40 Abs. 2 S. 4 Nr. 1 GWB zeigt (s. o. Rn. 19). 36

[55] Begr. z. RegE von 2012, S. 30 (r. Sp. 1. Abs).
[56] Begr. z. RegE, BT-Drs. 13/9720, S. 60.

37 Das BKartA entscheidet nach pflichtgemäßem **Ermessen,** ob es unter den Voraussetzungen des § 36 Abs. 1 S. 1 GWB von der durch § 40 Abs. 3 S. 1 GWB eröffneten Möglichkeit zur Freigabe des Zusammenschlusses unter Nebenbestimmungen Gebrauch machen oder den Zusammenschluss untersagen will.[57] Wenn die an einem Zusammenschluss beteiligten Unternehmen von sich aus Nebenbestimmungen anbieten, die die bis dahin an sich gegebenen Untersagungsvoraussetzungen wieder entfallen lassen, *muss* das Amt aber auf das Angebot eingehen und die angebotenen Nebenbestimmungen auf ihre Eignung zur Beseitigung seiner wettbewerblichen Bedenken gegen den Zusammenschluss prüfen.[58] Zu diesem Zweck ordnet das Gesetz seit 2013 auch eine Verlängerung der Prüffristen im Hauptprüfverfahren um einen Monat an (§ 40 Abs. 2 S. 7 GWB). Kommt eine Freigabe unter Nebenbestimmungen in Betracht, so hat das BKartA ferner grundsätzlich die **Wahl** zwischen einer Freigabe unter Bedingungen oder unter Auflagen; wegen ihrer automatischen Wirkung (Rn. 39 f.) dürften jedoch auflösende Bedingungen, falls geeignet, in der Regel vorzugswürdig sein.[59]

38 Bedingungen und Auflagen, sog. Nebenbestimmungen, sind nicht schrankenlos zulässig. **Zulässigkeitsvoraussetzung** ist einmal, dass die Beteiligten mit der Nebenbestimmung *einverstanden* sind; die Freigabe eines Zusammenschlusses unter einer Nebenbestimmung, die von dem Beteiligten abgelehnt wird, kommt nicht in Betracht.[60] Zweitens dürfen sich die Nebenbestimmungen *nicht* darauf richten, die beteiligten Unternehmen einer **laufenden Verhaltenskontrolle** zu unterstellen (§ 40 Abs. 3 S. 2 GWB). Den Gegensatz bilden *strukturelle Maßnahmen,* durch die die Wettbewerbsbedingungen auf dem relevanten Markt in einer Weise verändert werden, dass die Voraussetzungen für eine Untersagung des Zusammenschlusses entfallen.[61] Die Abgrenzung ist schwierig, weil natürlich auch die Marktstruktur in der Regel nur über das Verhalten der beteiligten Unternehmen beeinflusst werden kann. Entscheidend ist letztlich, worauf nach den Umständen das *Schwergewicht* der Nebenbestimmungen liegt, auf dem Eingriff in die Marktstruktur oder auf der Kontrolle des laufenden Wettbewerbsverhaltens der beteiligten Unternehmen.[62] Aus der gesetzlichen Regelung darf daher nicht etwa der Schluss gezogen werden, **Verhaltenszusagen** seien nunmehr unzulässig; ihre Zulässigkeit sollte im Gegenteil gerade durch die Änderung des § 40 Abs. 3 S. 1 GWB durch die 8. GWB-Novelle von 2013 klargestellt werden (Rn. 34). Auch das BKartA hat bisher schon wiederholt Verhaltenszusagen entgegengenommen, z. B. über die Beendigung wettbewerbsbeschränkender Vereinbarungen, über die Öffnung des Zugangs zu bisher versperrten Märkten oder über die Gewährung des Zu-

---

57 *OLG Düsseldorf* WuW/E DE-R 2462 (2471 f.) – A-TEC/Nordeutsche Affinerie; WuW/E DE-R 2593 (2601 Tz. 202) – Springer/ProSiebenSat.1; *BKartA,* Beschl. v. 22.2.2013 –B 7–70/12, Tz. 333 – KDH/TC.

58 *BGH* WuW/E DE-R 2905 = WM 2010, 1091 (1100) – Phonak/ReSound; *OLG Düsseldorf* WuW/E DE-R 2593 (2601) – Springer/ProSiebenSat.1; viel großzügiger dagegen bei der Prüfung der von der Kommission entgegengenommenen Verpflichtungszusagen offenbar *EuG* NZKart 2013, 371 Tz. 188 = WuW/E EU-R 2770 – Billa/Adeg.

59 So *OLG Düsseldorf* WuW/E DE-R 2798 (2803 f.) – Bau- und Heimwerkermarkt; WuW/E DE-R 2894 Tz. 22 – Bau und Garten.

60 *BKartA* TB 2001/2002, S. 22 ff.

61 *OLG Düsseldorf* NZKart 2013, 130 (131 f) – Signalmarkt.

62 BGHZ 166, 165 (186 ff. Tz. 55 ff.) = NJW-RR 2006, 836 – DB Regio/üstra; *BKartA* WuW/E DE-V 1135 (1140 f.); ausführlich *Veelken,* WRP 2003, 692 ff.

gangs zu Infrastruktureinrichtungen.[63] Es handelt sich dabei indessen um Ausnahmefälle; die Regel bilden durchaus **Veräußerungszusagen.**[64]

2. Bedingungen

Nach § 40 Abs. 3 S. 1 GWB kann die Freigabe eines Zusammenschlusses im Hauptprüfverfahren, ein Verwaltungsakt, zunächst mit Bedingungen verbunden werden. Eine Bedingung ist nach § 36 Abs. 2 Nr. 2 des Verwaltungsverfahrensgesetzes (VwVfG) eine Nebenbestimmung zu einem Verwaltungsakt, aufgrund derer der Eintritt oder der Wegfall einer Vergünstigung, hier der Freigabe des Zusammenschlusses, von dem ungewissen Eintritt eines zukünftigen Ereignisses abhängt.[65] Die Bedingung kann grundsätzlich auflösend oder aufschiebend sein. Das BKartA macht von beiden Möglichkeiten Gebrauch. Ein Beispiel für eine **auflösende Bedingung** ist die Freigabe eines Zusammenschlusses unter der Bedingung der Veräußerung einer Tochtergesellschaft binnen einer bestimmten Frist. Die Folge ist, dass die bedingte Freigabe endet und die Untersagung des Zusammenschlusses wieder in Kraft tritt, wenn in dem genannten Fall die Tochtergesellschaft nicht fristgerecht veräußert wird.[66] Eine nachträgliche **Abänderung** der auflösenden Bedingung zu Gunsten der Unternehmen, etwa im Wege der Fristverlängerung, scheidet grundsätzlich aus.[67] Wird die Bedingung binnen der vorgeschriebenen Frist nicht erfüllt, so muss der Zusammenschluss vielmehr grundsätzlich aufgelöst werden (Rn. 49ff.). 39

Die Freigabe eines Zusammenschlusses unter einer **aufschiebenden Bedingung** bedeutet dagegen, dass die *Wirkung* der Freigabe und damit insbesondere die Aufhebung des Vollzugsverbotes des § 41 Abs. 1 GWB noch von dem ungewissen zukünftigen Eintritt der Bedingung abhängt, z. B. von der fristgerechten Veräußerung bestimmter Beteiligungen seitens der beteiligten Unternehmen, wenn das BKartA die Veräußerung zur Bedingung der Freigabe des Zusammenschlusses gemacht hatte. Dabei darf wohl auch die Frist des § 40 Abs. 2 S. 2 GWB überschritten werden, weil andernfalls die ganze Regelung praktisch bedeutungslos wäre. Verstreicht in einem derartigen Fall die vom BKartA für die Erfüllung der Auflage gesetzte Frist, ohne dass die Beteiligung veräußert wurde, so verwandelt sich die aufschiebend bedingte Freigabe in eine Untersagung des Zusammenschlusses.[68] 40

3. Auflagen

Unter einer Auflage ist im Gegensatz zu einer Bedingung (o. Rn. 39) eine Nebenbestimmung zu verstehen, durch die dem oder den begünstigten Unternehmen ein Tun, Dulden oder Unterlassen aufgegeben wird (§ 36 Abs. 2 Nr. 4 VwVfG, sog. **Verhaltenszusagen,** s. o. Rn. 34). Für Auflagen gelten dieselben **Zulässigkeitsvoraussetzungen** wie für Bedingungen (s. o. Rn. 39f.). Auch eine Auflage muss deshalb von den beteiligten Unternehmen *akzeptiert* werden; Auflagen gegen den Willen der Beteiligten scheiden aus. Außerdem kommen nach § 40 Abs. 3 S. 2 GWB nur Auflagen 41

[63] *B Krüger,* NZKart 2013, 130 (131 f.) mit Beispielen.

[64] *B Krüger,* NZKart 2013, 130 (132 ff.); s. dazu auch die Mustertexte für Nebenbedingungen vom Februar 2008 (vor Rn. 1).

[65] *BKartA* TB 2001/2002, S. 22 ff.

[66] So z. B. *BKartA* WuW/E DE-V 1313 (1324 Tz. 126 ff.) – Telecash; 1349 (1356 f. Tz. 135 ff.) – Atlas Copco/ABAC; 1376 (1378 f.) – Douglas/Hela; TB 2005/06, S. 20.

[67] *OLG Düsseldorf* WuW/E DE-R 2496 (2498 ff.) – Globus/Distributa.

[68] So z. B. in dem Fall Asklepios/Rhön-Klinikum *BKartA* WuW 2013, 147, 501, 971.

mit *struktureller Zielsetzung* in Betracht, während es unzulässig ist, die beteiligten Unternehmen im Wege einer Auflage einer laufenden Verhaltenskontrolle zu unterstellen (Rn. 38). **Beispiele** für den zulässigen Inhalt von Auflagen sind in erster Linie die Veräußerung von Beteiligungen oder von Unternehmensteilen, die Auflösung oder der Austritt aus Kartellen sowie die Veränderung der Organisation oder der Willensbildung der beteiligten Unternehmen. In der Praxis des BKartA spielen neben **Veräußerungsauflagen** vor allem **Marktöffnungsauflagen** eine Rolle,[69] etwa auf den Energiemärkten, auf denen das BKartA über entsprechende Auflagen bei der Freigabe von Zusammenschlüssen zwischen den großen Verbundunternehmen wie RWE oder E.ON und regionalen oder lokalen Versorgern, immer wieder versucht, die verkrusteten Marktstrukturen (ein wenig) aufzulockern, z. B. durch die Begründung von Sonderkündigungsrechten sowie durch Auflagen, durch die die Voraussetzungen für Durchleitungen verbessert werden sollen.[70]

42 Wird die Freigabeentscheidung vom BKartA mit einer Auflage verbunden, so hat dies zur Folge, dass die Wirkung der Freigabe, d. h. die Aufhebung des Vollzugsverbots des § 41 Abs. 1 GWB, anders als im Falle einer aufschiebenden Bedingung (o. Rn. 40), zwar *sofort* eintritt; jedoch trifft die Beteiligten jetzt die **Verpflichtung,** trotz Freigabe des Zusammenschlusses der Auflage nachzukommen.[71] Zur **Durchsetzung** dieser Verpflichtung stehen dem BKartA *mehrere Wege* zur Verfügung.[72] In Betracht kommen in erster Linie der Widerruf der Freigabeentscheidung wegen Nichterfüllung der Auflage (§ 40 Abs. 3a GWB i. d. F. von 2005) sowie die in § 41 Abs. 4 GWB genannten Maßnahmen (§ 40 Abs. 3a S. 2 GWB), nämlich die Untersagung der Ausübung von Stimmrechten sowie die Einsetzung eines Treuhänders zur Auflösung des nunmehr untersagten Zusammenschlusses (Rn. 49 ff.). Anwendbar sind außerdem die §§ 81 Abs. 2 Nr. 5 und 86a GWB.

4. Anfechtung

43 Unter den Voraussetzungen des § 63 GWB können die Nebenbestimmungen, d. h. die Bedingungen und Auflagen, von den beteiligten Unternehmen auch selbständig angefochten werden. Nebenbestimmungen sind vor allem dann rechtswidrig und deshalb auf Beschwerde hin aufzuheben, wenn sie gegen § 40 Abs. 3 S. 2 GWB verstoßen (s. Rn. 40) oder unverhältnismäßig sind (Rn. 36). Die beteiligten Unternehmen haben die Anfechtungsmöglichkeit selbst dann, wenn sie den Nebenbestimmungen in dem Amtsverfahren nur *hilfsweise* zugestimmt, zugleich aber grundsätzlich daran festgehalten hatten, dass ihr Zusammenschluss an sich unbeschränkt freigegeben werden müsse, weil sie dann durch die Nebenbestimmungen immer noch beschwert sind.[73]

---

[69] *BKartA* TB 2001/2002, S. 23; besonders weitgehend *BKartA* WuW/E DE-V 301 (309 ff.) – RWE/VEW.

[70] S. *Immenga,* ZNER 2002, 152 (155 ff.); *B. Krüger,* NZKart 2013, 130 (131 ff.); *Möschel,* DB 2001, 131; *ders.*, GS Sonnenschein, 2003, S. 759 (765 ff.) = FS J. Baur, 2002, S. 527 = ZNER 2002, 2; *D. Schroeder,* FS J. Baur, 2002, S. 567 (569 ff.); *K.-P. Schultz,* FS J. Baur, 2002, S. 577 (581 ff.); zu den Erfolgen derartiger Auflagen s. auch (sehr skeptisch) *P. Linsmeier,* FS Bechtold, 2006, S. 269 (271 ff.).

[71] *BKartA* TB 2001/2002, S. 22 ff.

[72] *OLG Düsseldorf* WuW/E DE-R 953 (954 f.) – Lufthansa/Eurowings.

[73] BGHZ 166, 165 (169 f. Tz. 13 ff.) = NJW-RR 2006, 836 – DBRegio/üstra; *OLG Düsseldorf* WuW/E DE-R 1397 (1398 ff.) – ÖPNV Hannover.

VII. Vollzugsverbot[74]

1. Dauer, Umfang

44 Nach § 41 Abs. 1 S. 1 GWB dürfen die Unternehmen einen Zusammenschluss, der vom BKartA nicht freigegeben wurde, erst nach Ablauf der Fristen des § 40 Abs. 1 S. 1 GWB und Abs. 2 S. 2 vollziehen *oder* an dem Vollzug des Zusammenschlusses mitwirken. Bis zum Ablauf der genannten Fristen besteht ein Vollzugsverbot, und zwar *während des gesamten Fusionskontrollverfahrens,* insbesondere auch noch während des sich anschließenden Beschwerde- und Rechtsbeschwerdeverfahrens. Das Verbot *endet* erst mit der Freigabe des Zusammenschlusses durch das BKartA oder mit Rechtskraft der die Untersagungsverfügung aufhebenden Entscheidung des OLG Düsseldorf oder des BGH.[75] Verstöße gegen das Vollzugsverbot stellen eine Ordnungswidrigkeit dar (s. § 81 Abs. 2 Nr. 1 GWB). Durch diese Regelung sollen nach Möglichkeit die Schwierigkeiten vermieden werden, die erfahrungsgemäß mit der nachträglichen Auflösung einmal vollzogener Zusammenschlüsse verbunden sind (u. Rn. 49 ff.). Die geltende Fassung des § 41 GWB beruht auf der **8. GWB-Novelle** von 2013, durch die erstmals eine Ausnahme von dem Vollzugsverbot für bestimmte Zusammenschlüsse im Wege öffentlicher Übernahmeangebote oder durch den Erwerb von Wertpapieren über die Börse eingeführt wurde (§ 41 Abs. 1 a GWB im Anschluss an Art. 7 Abs. 2 FKVO) und durch die außerdem eine weitere Heilungsmöglichkeit für Rechtsgeschäfte geschaffen wurde, die an sich wegen des Verstoßes gegen das Vollzugsverbot unwirksam sind (§§ 41 Abs. 1 S. 3 Nr. 3 GWB, s. Rn. 47).[76]

45 Das Vollzugsverbot des § 41 Abs. 1 S. 1 GWB richtet sich in erster Linie gegen die **Erfüllungsgeschäfte** im Gegensatz zu den zugrunde liegenden Kausalgeschäften, aus denen sich überhaupt erst das anmeldepflichtige Zusammenschluss*vorhaben* im Sinne des § 39 Abs. 1 GWB ergibt (s. o. Rn. 9). *Zulässig* ist daher zwar der Abschluss von Kaufverträgen über Anteile oder Vermögenswerte sowie der Abschluss von Gesellschaftsverträgen, *verboten* dagegen die *Übertragung* von Anteilen oder Vermögenswerten sowie die tatsächliche *Durchführung* des Gesellschaftsvertrages, z. B. die Erteilung von Weisungen seitens des Erwerbers an das Beteiligungsunternehmen.[77]

2. Rechtsfolgen

46 Gegen das Vollzugsverbot verstoßende Rechtsgeschäfte sind grundsätzlich **unwirksam** (§ 41 Abs. 1 S. 2 GWB). Früher war streitig gewesen, ob es sich dabei um eine endgültige oder eine bloß *schwebende Unwirksamkeit* handelt, die noch nachträglich mit Wirkung ex tunc geheilt werden kann. Die Frage ist durch die 8. GWB-Novelle durch die neue Vorschrift des § 41 Abs. 1 S. 3 Nr. 3 GWB im zweiten Sinne entschieden worden (Rn. 44). Danach wird bei Vollzug eines nicht angemeldeten Zusammenschlusses die daraus an sich folgende Unwirksamkeit von Rechtsgeschäften (§ 41 Abs. 1 S. 2 GWB) ausnahmsweise **geheilt,** wenn der vollzogene Zusammenschluss nach § 39 Abs. 6

[74] S. dazu zuletzt *Bien,* ZWeR 2001, 110; *Kühne/Kizil,* ZWeR 2010, 268; *Röhling,* FS Kühne, 2009, S. 287.

[75] *OLG Düsseldorf* WuW/E DE-R 3000 (3015 f.) – OMV/Total.

[76] S. dazu die Begr. z. RegE von 2012, S. 30 f.; *Bechtold,* NZKart 2013, 263 (266 f.); *ders.*, GWB, § 41 Rn. 10 f., 12 ff.; *Hempel,* in: Bien (Hrsg.), Das deutsche Kartellrecht nach der 8. GWB-Novelle, 2013, S. 65 (85 ff.); *Lettl,* WuW 2013, 706 (713 f.).

[77] *Bechtold,* GWB, § 41 Rn. 4; Wiedemann/*Richter,* § 21 Rn. 38 (S. 722 f.).

GWB nachträglich doch noch beim BKartA freiwillig angezeigt wird, sofern das daraufhin vom BKartA nach § 41 Abs. 3 GWB eingeleitete Entflechtungsverfahren anschließend *eingestellt* wird, entweder weil die Voraussetzungen für eine Untersagung des Zusammenschlusses nicht vorliegen (§ 36 Abs. 1 S. 1 GWB) oder weil die Wettbewerbsbeschränkung aufgrund einer Auflösungsanordnung des BKartA nach § 41 Abs. 3 S. 2 und 3 GWB wieder beseitigt wurde;[78] gleich steht die Erteilung einer Ministererlaubnis nach § 42. Die Einstellung des Entflechtungsverfahrens kann vom Bundeskartellamt durch förmliche Entscheidung oder formlos verfügt werden. Fristen bestehen dafür an sich nicht. Die Gesetzesverfasser sind jedoch davon ausgegangen, dass das Verfahren vom BKartA nach Eingang der Anzeige unverzüglich eingeleitet und sodann zügig durchgeführt wird.[79] Unberührt bleibt die Möglichkeit des Amtes zur Verhängung von Bußgeldern nach § 81 Abs. 2 Nr. 3 und 4 GWB. Durch die genannte Vorschrift des § 41 Abs 1 S. 3 Nr. 3 GWB wird zugleich klargestellt, dass eine nachträgliche Anmeldung von Zusammenschlüssen im Sinne des § 39 GWB nicht möglich ist.

47 **Weitere Ausnahmen** von der Unwirksamkeit von Rechtsgeschäften bei Verstößen gegen das Vollzugsverbot (§ 41 Abs. 1 S. 1 und 2 GWB) finden sich aus Gründen der Rechtssicherheit in den Nrn. 1 und 2 des §§ 41 Abs. 1 S. 3 GWB in der Fassung von 2005. Wirksam sind danach einmal auch bei einem Verstoß gegen das Vollzugsverbot **Grundstücksgeschäfte,** sobald sie durch Eintragung in das Grundbuch rechtswirksam geworden sind, sowie zum anderen verschiedene **gesellschaftsrechtliche Vorgänge,** bei denen eine Unwirksamkeit ex tunc als schwer erträglich angesehen wird. Es sind dies Verträge über die Umwandlung, Eingliederung oder Gründung eines Unternehmens sowie Unternehmensverträge i. S. der §§ 291 und 292 AktG nach ihrer Eintragung ins Handelsregister (§ 294 AktG). In diesen Fällen kommt nach der Untersagung nur noch die Auflösung des Zusammenschlusses nach § 41 Abs. 3 und Abs. 4 GWB in Betracht (s. u. Rn. 49ff.).

3. Befreiung

48 (Nur) das BKartA kann auf Antrag Befreiung von dem Vollzugsverbot des § 41 Abs. 1 S. 1 GWB erteilen, wenn die beteiligten Unternehmen hierfür **wichtige Gründe** geltend machen, insbesondere, um schweren Schaden von einem beteiligten Unternehmen oder von Dritten abzuwenden (§ 41 Abs. 2 S. 1 GWB). Zu denken ist hier in erster Linie an *Sanierungsfusionen,* bei denen häufig die Entscheidung über den Vollzug des Zusammenschlusses keinen Aufschub duldet, um den endgültigen Zusammenbruch des übernommenen Unternehmens zu verhindern.[80] § 41 Abs. 2 GWB enthält eine abschließende Regelung, neben der für einen Rückgriff auf die §§ 60 und 64 Abs. 2 GWB kein Raum ist.[81] Das gilt auch im **Beschwerdeverfahren** (o. Rn. 30).

VIII. Auflösung

Literatur: *Kerber,* Die Unternehmensentflechtung nach dem GWB, 1987; *Möschel,* Entflechtungen im Recht der Wettbewerbsbeschränkungen, 1979; *ders.*, Die Auflösung vollzogener Unternehmenszusammenschlüsse nach dem GWB, 1982; *Oehler,* Entflechtung und Kontrahierungszwang, 1977; *Schulte-Braucks,* Die Auflösung marktbeherrschender Stellungen, 1980; *Ulshöfer,* WuW 2011, 820.

[78] Ebenso der Sache nach schon *BGH* LM § 24 Nr. 4 = NJW 1979, 2563 = WuW/E BGH 1556 – Bayer/Metzeler; WuW/E BGH 1547 = NJW 1980, 183 = AG 1979, 137 (138) – Bayer/Metzeler.

[79] Begr. z. RegE von 2012, S. 30f; *Bechtold,* GWB, § 41 Rn. 11.

[80] S. o. § 34 Rn. 49ff.; *OLG Düsseldorf* WuW/E DE-R 2069 (2075ff.) – Phonak/ReSound.

[81] *OLG Düsseldorf* WuW/E DE-R 2069 (2070ff.) – Phonak/ReSound.

1. Auflösungspflicht

Ein vom BKartA rechtskräftig untersagter und vom Bundesminister für Wirtschaft auch nicht nach § 42 GWB ausnahmsweise erlaubter Zusammenschluss ist aufzulösen, sofern er bereits vollzogen wurde (§ 41 Abs. 3 S. 1 GWB), insbesondere also bei Vollzug eines Zusammenschlusses ohne dessen Anmeldung beim BKartA oder entgegen dem Vollzugsverbot des § 41 Abs. 1 GWB (s. im Einzelnen o. Rn. 46 f.). 49

Die Verpflichtung der beteiligten Unternehmen zur Auflösung eines bereits vollzogenen Zusammenschlusses beruht in den genannten Fällen (o. Rn. 49) unmittelbar auf § 41 Abs. 3 S. 1 GWB.[82] Die Nichterfüllung dieser Verpflichtung ist jedoch *sanktionslos,* so dass das BKartA, wenn die beteiligten Unternehmen der Auflösungspflicht nicht freiwillig nachkommen, die zur Auflösung des Zusammenschlusses erforderlichen Maßnahmen anordnen muss (§ 41 Abs. 3 S. 2 GWB). Diese Anordnung hat gleichfalls noch keine privatrechtsgestaltende Wirkung, sondern konkretisiert ihrerseits lediglich die nunmehr erforderlichen Maßnahmen (u. Rn. 54), so dass das BKartA, wenn die Unternehmen auch darauf hin nicht tätig werden, zur **Durchsetzung** seiner Anordnung jetzt erst die in § 41 Abs. 4 Nr. 2 und Nr. 3 und in § 86a GWB genannten Maßnahmen ergreifen darf. Es sind dies die Festsetzung von Zwangsgeldern (§ 86a GWB), die Untersagung der Ausübung des Stimmrechts aus Anteilen an einem der beteiligten Unternehmen (Nr. 2 des § 41 Abs. 4 GWB) sowie die Bestellung eines Treuhänders, der die Auflösung des Zusammenschlusses herbeiführt (Nr. 3 des § 41 Abs. 4 GWB).[83] 50

Die Auflösungspflicht **endet,** sobald die materiellen oder formellen Voraussetzungen einer Untersagung des Zusammenschlusses nach den §§ 36 und 37 GWB nicht mehr vorliegen. Sowohl eine Reduzierung der Beteiligung des Erwerbers unter die Grenzen des § 37 Abs. 1 Nr. 3 GWB als auch ein nachträglicher Wegfall der durch den Zusammenschluss begründeten oder verstärkten marktbeherrschenden Stellung der zusammengeschlossenen Unternehmen machen deshalb eine Auflösung des Zusammenschlusses für die Zukunft entbehrlich.[84] 51

Eine nachträgliche Auflösung des Zusammenschlusses scheidet ferner aus, wenn der **Zusammenschluss** in der Zwischenzeit seinem Wesen nach so sehr **verändert** wurde, dass er von der ursprünglichen Untersagungsverfügung nicht mehr ergriffen wird.[85] Dafür genügt zwar nicht die bloße Umwandlung einer mittelbaren in eine unmittelbare Beteiligung oder eine konzerninterne Umschichtung der Beteiligungen,[86] wohl aber eine solche Veränderung der Beteiligungsverhältnisse, dass der ursprüngliche Zu- 52

---

[82] Anders die überwiegende Meinung, z. B. *Bechtold,* GWB, § 41 Rn. 13; Wiedemann/*Richter,* § 21 Rn. 129.

[83] Beispiele für Entflechtungsanordnungen in *BKartA* AG 1991, 180 – Kampffmeyer/Plange; WuW/E BKartA 2625 = AG 1994, 521 – Krupp/Hoesch (Brüninghaus); WuW/E DE-V 1340 = AG 2007, 833 – Sulzer/Kelmix – (aufgehoben durch *BGH* WuW/E DE-R 2133 = AG 2008, 122); TB 2005/06, S. 21 f.

[84] BGHZ 88, 273 (277 ff.) = NJW 1984, 2886 – Springer/Elbe Wochenblatt; *Möschel,* ZGR 1984, 655.

[85] *BGH* LM § 23 Nr. 13 = WuW/E BGH 2211 = AG 1986, 223 – Ph. Morris/Rothmans; *OLG Düsseldorf* WuW/E DE-R 1435 (1436 ff.) – Agrana/Atys; WuW/E DE-R 1625 – Rethmann/GfA Köthen; *Kerber,* Die Unternehmensentflechtung nach dem GWB, 1987, S. 42 ff.

[86] *BGH* WuW/E BGH 2425 = AG 1988, 103 (104) (insoweit nicht in LM § 24 Nr. 19 = NJW-RR 1988, 227 abgedruckt) – Panorama-Anzeigenblätter; *OLG Düsseldorf* WuW/E DE-R 1435 (1436 ff.) – Agrana/Atys; WuW/E DE-R 1625 – Rethmann/GfA Köthen.

sammenschlusstatbestand jetzt nicht mehr vorliegt.[87] Das BKartA muss daher, wenn die Beteiligten nachträglich den Zusammenschlusstatbestand durch einen anderen ersetzen, gegebenenfalls eine neue Untersagungsverfügung erlassen.[88]

2. Verpflichteter

53 Das Gesetz regelt nicht ausdrücklich, *wen* die Auflösungspflicht trifft. Richtigerweise sollte der Kreis der Auflösungspflichtigen eigenständig nach Sinn und Zweck der gesetzlichen Regelung abgegrenzt werden. Danach müssen zu den Verpflichteten (außer den materiell Beteiligten) noch der Vermögens- und der Anteilsveräußerer in den Fällen der Nr. 1 und 3 des § 37 Abs. 1 GWB, weiter das herrschende Unternehmen im Falle des § 36 Abs. 2 S. 1 GWB sowie das Beteiligungsunternehmen und dessen Gesellschafter gerechnet werden, weil ohne deren Einbeziehung in den Kreis der auflösungspflichtigen Personen dem BKartA häufig die Auflösung eines Zusammenschlusses gar nicht möglich sein dürfte. An alle Genannten kann mithin eine Auflösungsanordnung nach § 41 Abs. 3 S. 2 GWB gerichtet werden.[89] Andere Personen, insbesondere die Geschäftspartner und die Arbeitnehmer der beteiligten Unternehmen, sind dagegen Dritte, in deren Rechte im Auflösungsverfahren *nicht* eingegriffen werden darf.

3. Erscheinungsformen

54 Aus § 41 Abs. 3 S. 3 GWB folgt, dass das Gesetz *zwei* verschiedene Formen der Auflösung bereits vollzogener Zusammenschlüsse kennt; es sind dies die Wiederherstellung des Zustandes vor dem Zusammenschluss, die so genannte **Restitution,** sowie die **Beseitigung** der Wettbewerbsbeschränkung i. S. d. § 36 Abs. 1 GWB **auf andere Weise.** Das *Wahlrecht* zwischen diesen beiden Formen der Auflösung steht grundsätzlich den beteiligten Unternehmen zu, wobei sich aus dem Zusammenhang der gesetzlichen Regelung ergibt, dass sie verpflichtet sind, die Wahl in angemessener Frist zu treffen und anschließend die gewählten Maßnahmen zügig durchzuführen.[90] Kommen sie der Durchführungspflicht nicht alsbald nach, so hat das BKartA lediglich die Möglichkeit, die von den Beteiligten gewählten Maßnahmen durch seine Auflösungsanordnung nach § 41 Abs. 3 S. 2 GWB zu konkretisieren und zu deren Durchsetzung sodann die in § 41 Abs. 4 GWB genannten Maßnahmen zu ergreifen.

55 Nach überwiegender Meinung folgt aus § 41 Abs. 3 S. 3 GWB **kein Vorrang der Restitution** vor der Beseitigung der Wettbewerbsbeschränkung auf andere Weise.[91] Die Praxis bevorzugt deshalb deutlich die bloße **Teilentflechtung** durch Reduzierung des Anteilsbesitzes unter die Schwellenwerte des § 37 Abs. 1 Nr. 3 GWB.[92] Daneben kommen z. B. in Betracht das Ausscheiden eines Unternehmens aus einem Konzern,[93] die Veräußerung von Unternehmensteilen an Dritte[94] sowie sonstige kompensatori-

[87] *BGH* LM § 23 Nr. 13 = AG 1986, 223 = WuW/E BGH 2211 – Ph. Morris/Rothmans; WuW/E BGH 2207 (2208) – Lufthansa/f. i. r. s. t.; *KG* WuW/E OLG 3767 = AG 1986, 365 – Anzeigenblätter; *OLG Düsseldorf* WuW/E DE-R 1625 (1626) – Rethmann/GfA Köthen.

[88] *BKartA* WuW/E BKartA 2204 = AG 1986, 331 – Ph. Morris/Rothmans II.

[89] Ebenso *Kerber,* Die Unternehmensentflechtung nach dem GWB, 1987, S. 48 ff.; anders BGHZ 88, 273 (277 ff.) = NJW 1984, 2886 – Springer/Elbe Wochenblatt.

[90] *KG* AG 1991, 179 = WuW/E OLG 4558 – Kampffmeyer/Plange.

[91] *Kerber,* Die Unternehmensentflechtung nach dem GWB, 1987, S. 35 ff.

[92] *Kerber,* Die Unternehmensentflechtung nach dem GWB, 1987, S. 38, 109 ff.

[93] S. *KG* WuW/E OLG 2753 = AG 1982, 334 – Springer/Elbe Wochenblatt.

[94] *BKartA* AG 1991, 180 – Kampffmeyer/Plange.

sche Maßnahmen, durch die die Wettbewerbsbedingungen i. S. d. § 36 Abs. 1 GWB verbessert werden sollen, wie z. B. der Austritt aus Kartellen, die Aufnahme von Lieferbeziehungen zu Dritten sowie die Lizenzerteilung an Konkurrenten.[95]

4. Kapitel. Ausnahmebereiche

§ 37. Einleitung

I. Überblick

Als **Ausnahmebereiche** bezeichnet man Branchen oder Wirtschaftszweige, in denen 1 das GWB entweder überhaupt nicht oder doch nur mit Einschränkungen Anwendung findet. Das GWB enthielt ursprünglich in den §§ 99 bis 103a a. F. einen umfangreichen Katalog derartiger Ausnahmebereiche. Außerdem war eine ganze Reihe weiterer Märkte durch Sondergesetze außerhalb des GWB zugunsten einzelner Unternehmen monopolisiert.[1] Geblieben sind davon z. B. immer noch – aus rein fiskalischen Gründen – die Wett- und Glücksspielmonopole der Bundesländer sowie die Wegemonopole der Gemeinden, die diesen eine verhängnisvolle wettbewerbsfeindliche Schlüsselrolle insbesondere in der Energie- und Wasserversorgung sichern (s. u. § 39, besonders Rn. 12ff.).

Obwohl alle diese Privilegien (Rn. 1) (und viele andere) naturgemäß von ihren zahlrei- 2 chen Nutznießern, nicht zuletzt in der Politik und in der Wissenschaft, „mit Zähnen und Klauen" unter Anrufung der höchsten Werte der Nation verteidigt wurden, setzte sich doch ungefähr seit Mitte der achtziger Jahre immer mehr die Erkenntnis durch, dass die Ausnahmebereiche und Monopole heute sachlich durch nichts mehr zu rechtfertigen sind. Seitdem befinden sie sich kontinuierlich auf dem **Rückzug,** wobei vor allem eine Zeitlang der von der Europäischen Union ausgehende Deregulierungdruck hilfreich war. Wegen des wachsenden Widerstandes der vielen Wettbewerbsfeinde im In- und Ausland kommt dieser Prozess heute indessen, wenn überhaupt, nur noch langsam voran. Auf manchen Gebieten sind sogar Rückschläge zu verzeichnen (s. Rn. 4). Dazu gehört im Grunde auch, dass in den Fällen, in denen ein Abbau von Monopolen gelang, häufig an die Stelle der herkömmlichen Ausnahmebereiche eine neue staatliche Aufsicht, meistens **Regulierung** genannt, getreten ist (s. §§ 38, 39 GWB). Von einer vollständigen Liberalisierung dieser Märkte kann daher keine Rede sein.

Die Regelung der wenigen, im GWB verbliebenen Ausnahmebereiche findet sich jetzt 3 in den §§ 28 bis 31b GWB, d. h. mitten im Gesetz, wodurch zum Ausdruck gebracht werden soll, dass es sich bei ihnen nicht mehr wie früher um echte Ausnahmen vom Anwendungsbereich des Gesetzes insgesamt, sondern lediglich um (begrenzte) **Sonderregelungen** für einzelne Fragen handelt, die wegen der Besonderheiten verschiedener Branchen (noch) für notwendig gehalten werden.[2] Es handelt sich dabei um die Landwirtschaft (§ 28 GWB; s. o. § 25 Rn. 2), um die Energiewirtschaft (§ 29 GWB; dazu u. § 39), um das Pressewesen (§ 30 GWB; dazu o. § 25) sowie seit 2013 um die Wasserwirtschaft (§§ 31–31b GWB, dazu unten § 39 Rn. 38ff.). Versteckt an anderen

[95] S. *Albert,* Patente in der Fusionskontrolle, 2011.
[1] Eine (bedrückende) Übersicht zuletzt bei *Hamm,* FS Oberender, 2011, S. 67.
[2] S. die Begr. z. RegE, BT-Drs. 13/9720, S. 38f.

Stellen des Gesetzes finden sich freilich noch weitere Ausnahmebereiche. Hervorzuheben sind: § 130 Abs. 1 S. 3 GWB, nach dem die §§ 1 bis 96 GWB keine Anwendung auf die **Deutsche Bundesbank** und die **Kreditanstalt für Wiederaufbau** finden, sowie Art. 2 der sechsten GWB-Novelle, durch den einzelne der bisherigen Bestimmungen über Ausnahmebereiche in **Spezialgesetze** verwiesen wurden, um so zumindest optisch das GWB von Ausnahmeregelungen zu entlasten.

4 Es wäre ganz falsch, aus dem Gesagten (Rn. 1 ff.) den Schluss zu ziehen, Deutschland sei heute das „gelobte Land" des freien Wettbewerbs. Das Gegenteil ist richtig: Auf zahlreichen Märkten bestehen staatliche Monopole, staatliche Wettbewerbsbeschränkungen zu Gunsten einzelner privilegierter Unternehmen (und zum Nachteil der Verbraucher) sowie überflüssige Regulierungen fort.[3] Das wichtigste Beispiel ist der überregulierte **Energiemarkt,** auf dem infolge der unvorbereiteten überstürzten „Energiewende" die ersten Ansätze für einen echten Wettbewerb der Energieträger bereits wieder erstickt zu werden drohen (s. u. § 39). Ein weiteres (erschreckendes) Beispiel ist der Gesundheitsmarkt – ein deutsches Trauerspiel (Rn. 5 ff.).

II. Gesundheitsmarkt

Literatur: *Burholt,* WuW 2013, 1164; *Emmerich,* FS Raiser, 2005, S. 647; *Immenga/Körber,* Wettbewerb im Gesundheitswesen, 2013; *H. Schweitzer,* in: Bien (Hrsg.), Das deutsche Kartellrecht nach der 8. GWB-Novelle, 2013, S. 157.

5 Unter den vielen Akteuren auf dem Gesundheitsmarkt nehmen die **Krankenkassen,** durchweg Körperschaften des öffentlichen Rechts (§ 4 SGB V), eine besondere Rolle ein, da über 90 % der Bevölkerung bei ihnen versichert sind. Ihre Zahl beläuft sich momentan auf rund 150 – bei starken Konzentrationstendenzen. Wegen der ausufernden Kosten im Gesundheitswesen bemüht sich die Bundesregierung seit einigen Jahren, die **Wettbewerbselemente** auf dem Gesundheitsmarkt zu stärken, – wobei sie freilich die Rechnung ohne die zahlreichen Wettbewerbsfeinde in diesen sozialistischen Umverteilungssystemen auf der Ebene der Länder und bei den Sozialpolitikern und den Sozialgerichten gemacht hat, so dass es trotz wiederholter Anläufe der Bundesregierung, zuletzt mit dem Regierungsentwurf zu der 8. GWB-Novelle von 2013,[4] nur partiell gelungen ist, die Anwendbarkeit des Kartellrechts auf den Gesundheitssektor durchzusetzen. Wegen der verwickelten und nur schwer durchschaubaren Einzelheiten ist auf Darstellungen an anderer Stelle zu verweisen.[5] Hier müssen folgende Hinweise genügen:

5a Auszugehen ist von § 69 Abs. 2 S. 1 SGB V, nach dem das GWB im Wesentlichen auf die **Rechtsbeziehungen der Krankenkassen** und ihrer Verbände **zu den Leistungserbringern** und deren Verbänden Anwendung findet. *Leistungserbringer* in diesem Sinne sind insbesondere Ärzte und Apotheker, so dass wenigstens die Letzterem einen Schutz nach dem Kartellrecht gegen die üblichen Machtmissbräuche der übermächtigen Krankenkassen genießen; *zuständig* für Rechtsstreitigkeiten mit den Krankenkassen sind zudem insoweit auch (wieder) die ordentlichen Gerichte und nicht die wettbewerbsfeindlichen Sozialgerichte (§ 51 Abs. 3 SGG, § 87 GWB). Davon zu trennen sind die **Rechtsbeziehungen zwischen den Krankenkassen** untereinander und zu

[3] Überblick bei *Hamm,* FS Oberender, 2011, S. 67 ff.

[4] Begr. z. RegE von 2012, BT-Drs. 17/9852, S. 36 ff., 53.

[5] IM/*Emmerich,* Bd. II, 2014, § 130 Rn. 28–36 b; außerdem z. B. *Langen/Bunte,* Kartellrecht Bd. 2, 2014, Teil V (S. 1123 ff.).

den **Versicherten,** wobei man wissen muss, dass zwischen den Krankenkassen heftiger Wettbewerb um Versicherte besteht, weshalb die Bundesregierung mit der 8. GWB-Novelle von 2013 auch hier die Anwendbarkeit des Kartellrechts (endlich) durchsetzen wollte (s. § 4 Abs. 3 SGB V i. d. F. des Regierungsentwurfs der 8. GWB-Novelle).[6] Dieses Vorhaben stieß indessen auf den erbitterten Widerstand der Wettbewerbsfeinde in den Ländern und unter den Sozialpolitikern und ließ sich infolgedessen nicht durchsetzen.[7] Der Kompromiss besteht (oder besser: bestand) in der eigenartigen Vorschrift des § 4 Abs. 3 S. 2 SGB V von 2013, nach der die Krankenkassen die Unterlassung unzulässiger (nicht: unlauterer) Werbemaßnahmen anderer Krankenkassen verlangen können, und zwar analog (nur) des § 8 Abs. 1–3 UWG. Diese (völlig verfehlte) Regelung war jedoch schon wenige Monate nach ihrem Inkrafttreten wieder überholt, da der EuGH im Oktober 2013 auf Vorlage des BGH entschied, dass das **UWG** in vollem Umfang auf die gesetzlichen Krankenkassen zum Schutze der Versicherten Anwendung findet – ein Befreiungsschlag.[8] Man darf hoffen, dass dann auf die Dauer dasselbe wohl auch für das Kartellrecht zu gelten haben wird.

Ein weiterer Streitpunkt ist seit langem die Anwendbarkeit des GWB auf die verbreiteten **Fusionen** von Krankenkassen (mehrere hundert in den letzten Jahren). Da Krankenkassen (entgegen allen Behauptungen der Sozialpolitiker) normale Unternehmen wie andere auch sind, wandte das BKartA zu Recht auf derartige Fusionen in den letzten Jahren das GWB an. Das wiederum passte aber natürlich den Sozialgerichten nicht.[9] Der Versuch der Bundesregierung, hier ebenfalls gegenzusteuern, endete nach langen Verhandlungen mit einem faulen Kompromiss, nachzulesen in § 172a SGB V und in § 29 Abs. 3 Nr. 4 SGG (s. im Einzelnen schon o. § 32 Rn. 32): zwar Zuständigkeit des BKartA, jedoch Rechtsweg zu den Sozialgerichten – Kommentar überflüssig. Unberührt davon bleibt freilich die volle Anwendbarkeit des GWB auf die verbreiteten **Zusammenschlüsse von Krankenhausträgern** ohne Rücksicht auf deren Rechtsform. Das ist heute wohl inzwischen unstreitig. 5b

III. Kredit- und Versicherungswirtschaft

1. Frühere Rechtslage

In der Kredit- und Versicherungswirtschaft sind traditionell Wettbewerbsbeschränkungen überaus verbreitet. Bekannte **Beispiele** sind die Empfehlungen der Verbände hinsichtlich der Zinsen, Prämien und Konditionen.[10] In der **Kreditwirtschaft** kamen (und kommen) noch die Zahlungsverkehrsabkommen zwischen den verschiedenen Bankengruppen sowie die Vertragwerke über die Einführung neuer Dienstleistungen und über die Einlagensicherungssysteme hinzu. In der **Versicherungswirtschaft** standen dagegen bisher im Mittelpunkt des Interesses die wichtigen Mitversicherungs- und Rückversicherungsgemeinschaften, die sog. Pools, etwa für die Risiken Atom, Pharma 6

[6] S. die Begr. z. RegE von 2012 (Fn. 4).

[7] Stellungnahme des Bundesrats, BT-Drs. 17/9852, S. 47 f.

[8] S. schon o. § 20 Rn. 20; *EuGH* GRUR 2013, 1157 = GRURInt 2013, 1153 = NJW 2014, 288 – BKK Mobil Oil; *BGH* GRUR 2014, 682 Tz. 17 ff.; anders zuvor wiederholt das BSG (s. *Emmerich,* FS Raiser, 2005, 647 m. N.).

[9] S. schon o. § 32 Rn. 32; *LSG Darmstadt* NZS 2012, 177.

[10] *Deregulierungskommission,* Marktöffnung und Wettbewerb, 1991, S. 14 ff.; *Adolff,* FS Geiß, 2000, S. 519 ff.; *Klaue,* FLF 1987, 39.

und Luft, sowie die klassischen Prämienkartelle. Wettbewerbsbeschränkende Abreden fanden und finden sich außerdem noch in zahlreichen anderen Vertragswerken.

7 Alle diese wettbewerbsbeschränkenden Praktiken (Rn. 6) unterlagen ursprünglich aufgrund des *§ 102 GWB i. d. F. von 1957* lediglich einer belanglosen Missbrauchsaufsicht.[11] Ihre Freistellung war jedoch bereits durch *§ 29 GWB i. d. F.* der 6. GWB-Novelle *von 1998* deutlich eingeschränkt worden. 2005 ist sodann auch § 29 GWB von 1998 gestrichen worden. Auslöser war wiederum der vom Unionsrecht ausgehende Liberalisierungsdruck (Rn. 8 ff.).

2. Europäische Union

8 Die gegenseitige Öffnung der früher streng gegeneinander abgeschotteten nationalen Kredit- und Versicherungsmärkte war von Anfang an eines der wichtigsten Anliegen der Europäischen Union im Rahmen des Binnenmarktprojekts. Diese Entwicklung ist inzwischen weit fortgeschritten, wobei die Union den Weg der **Minimalharmonisierung** in Verbindung mit der Durchsetzung des Herkunftslandprinzips gegangen ist. Minimalharmonisierung bedeutet Vereinheitlichung des Aufsichtsrechts (nur) soweit, wie erforderlich, um den Mitgliedstaaten die *gegenseitige Anerkennung* der *Aufsichtspraxis* der anderen Mitgliedstaaten zu ermöglichen. Diesem Ziel diente eine Vielzahl ständig überarbeiteter Richtlinien, deren Wirkung insgesamt in einer weitgehenden Vereinheitlichung *und* Liberalisierung des Aufsichtsrechts bestand, – womit die Basis für die allseitige Anerkennung des **Herkunftslandprinzips** gelegt war. Gemeint ist damit die Kontrolle der Kredit- und Versicherungsunternehmen *allein* durch die Behörden ihres *Sitzlandes* in Verbindung mit der gegenseitigen Marktöffnung.

9 Einen wichtigen Beitrag zu der skizzierten Entwicklung (Rn. 8) hat auch die Wettbewerbspolitik geleistet, weil der AEUV im Gegensatz zum GWB **keinen Ausnahmebereich** für Banken und Versicherungen kennt, so dass die Anwendbarkeit der Wettbewerbsregeln auf diese Unternehmen von Anfang an außer Frage stand.[12] Die Kommission hat deshalb bereits in einer Vielzahl von Entscheidungen insbesondere Art. 101 AEUV auf die in der Kredit- und Versicherungswirtschaft bisher üblichen wettbewerbsbeschränkenden Abreden angewandt. Die etwaige Billigung solcher Abreden durch das nationale Recht spielte dabei ebensowenig eine Rolle wie eine Genehmigung durch die nationalen Aufsichtsbehörden, da die Wettbewerbsregeln des Vertrags den Vorrang haben.[13]

10 Sonderregelungen existieren nur noch für die Versicherungswirtschaft. Maßgebend ist heute die **GFVO Nr. 267/2010** für den Versicherungssektor.[14] Erlaubt sind danach im Wesentlichen nur noch die gemeinsame Erhebung von Daten als Basis für die Kalkulation der Risiken und Prämien sowie Mitversicherungsgemeinschaften, sog. Pools für bestimmte Großrisiken. Die Einzelheiten ergeben sich aus einer **Mitteilung** der Kommission vom März 2010.[15]

---

[11] Zu § 102 a. F. s. *Emmerich,* ZHR 149 (1985), 672; zu den angeblichen Besonderheiten s. zuletzt *Lettl,* WM 2005, 1585 (1586 f.); 2006, 253.

[12] Grdl. für die Banken *EuGH* Slg. 1981, 2021 (2030 f.) = NJW 1982, 505 = JuS 1982, 208 Nr. 1; für die Versicherungen *EuGH* Slg. 1977, 1091 (1125 ff.); 1987, 447 (451 f.) = NJW 1987, 2150 = JuS 1987, 739 Nr. 1; *Eufinger,* WM 2014, 1113.

[13] *EuGH* Slg. 1987, 447 (452 f.) = NJW 1987, 2150 = JuS 1987, 739 Nr. 1; *EuG* Slg. 2004, II-56 (89 Tz. 93) – JCB.

[14] ABl. Nr. L 83/1.

[15] ABl. Nr. C 82/20.

3. Neue Rechtslage

11 Seit der 7. GWB-Novelle von 2005 gelten für Banken und Versicherungen die Vorschriften des GWB ohne Einschränkung.[16] Zur Begründung haben die Verfasser der 7. Novelle bemerkt, wettbewerbsbeschränkende Vereinbarungen in der Kredit- und Versicherungswirtschaft hätten in aller Regel einen zwischenstaatlichen Bezug, so dass hier für nationale Sonderregelungen neben Art. 101 AEUV kein Raum mehr sei.[17]

IV. Urheberrechtsverwertungsgesellschaften

12 Das GWB enthielt in *§ 30 a. F. bis 2005* eine weitere Sonderregelung für die urheberrechtlichen Verwertungsgesellschaften, also in erster Linie für die bekannte Gema. Nach Abs. 1 dieser Vorschrift galten die §§ 1 und 14 GWB a. F. nicht für die Bildung urheberrechtlicher Verwertungsgesellschaften sowie für Verträge und Beschlüsse solcher Gesellschaften, soweit sie zur wirksamen Wahrnehmung der Urheberrechte und der verwandten Schutzrechte erforderlich und der Aufsichtsbehörde gemeldet waren.

13 Die Problematik dieser Regelung lag darin, dass dem **Unionsrecht** eine vergleichbare Sonderregelung für Verwertungsgesellschaften fremd war und ist. Die Kommission hat deshalb von Anfang an die Wettbewerbsregeln auf solche Gesellschaften angewandt, dabei jedoch immer deren Besonderheiten berücksichtigt, die sich daraus ergeben, dass Verwertungsgesellschaften für die Durchsetzung von Urheberrechten und verwandten Schutzrechten unabdingbar sind.[18] Im Mittelpunkt des wettbewerbsrechtlichen Interesses stehen heute vor allem die vielfältigen Wettbewerbsbeschränkungen, die sich in den **Gegenseitigkeitsvereinbarungen** der nationalen Verwertungsgesellschaften im Rahmen ihres Dachverbandes, der sog. CISAC, finden.[19]

14 Urheberrechtliche Verwertungsgesellschaften erstrecken sich in aller Regel auf das gesamte Gebiet eines Mitgliedstaats. Ihre Vertragswerke haben daher durchweg zwischenstaatlichen Bezug, so dass heute auch insoweit in der Tat für nationale Sonderregelungen neben Art. 101 AEUV kein Raum mehr ist. Folgerichtig ist durch die 7. GWB-Novelle von 2005 der § 30 GWB a. F. gestrichen worden. Nach Meinung der Gesetzesverfasser werden jedoch dadurch die Bildung und die Tätigkeit der Verwertungsgesellschaften ebensowenig wie ihre gegenwärtige Organisationsform infrage gestellt, da nach der Praxis der Unionsorgane die auf der Abtretung der Rechte ihrer Mitglieder beruhende Stellung und die Tätigkeit der Verwertungsgesellschaften, soweit sie zur Wahrnehmung der Urheberrechte ihrer Mitglieder unerlässlich sind, nicht als wettbewerbsbeschränkend anzusehen seien.[20] Dies ändert aber natürlich nichts an der Anwendung z. B. des Diskriminierungsverbotes im Einzelfall.[21]

---

[16] S. ausführlich *Bueren,* WM 2013, 585; *Lettl,* WM 2005, 1585; 2006, 253.

[17] Begr. z. RegE, BT-Drs. 15/3640, S. 48f.; s. dazu *BKartA* TB 2005/2006, S. 160ff.

[18] S. o. § 10 Rn. 22; wegen der Einzelheiten s. *Mestmäcker/Schweitzer,* § 30 (S. 765ff.).

[19] Dazu *EuG* NZKart 2013, 244 = WuW/E EU-R 2703 – GEMA(CISAC); *Kommission,* Entsch. v. 26.7.2008, ABl. Nr. C 323/12 = (ausführlicher) WuW/E EU-V 1357 – CISAG; *LG Mannheim* WuW/E DER 2564 (2568).

[20] Begr. z. RegE, BT-Drs. 15/3640, S. 48f.; *EuGH* Slg. 1989, 2565 (2575 Tz. 31) – Tournier; *BGH* LM Nr. 64 zu § 26 GWB = NJW-RR 1988, 1187 – Gema-Wertungsverfahren; s. dazu auch o. § 4 Rn. 88.

[21] *BGH* GRUR 2012, 1062 Tz. 30ff. = WuW/E DE-R 3657 Tz. 30ff. – Elektronischer Programmführer.

V. Sport

15 Eine weitere eigenartige Sonderregelung enthielt das GWB seit 1998 in *§ 31* für den Sport. Das Kartellverbot des § 1 GWB fand danach unter bestimmten Voraussetzungen keine Anwendung auf die zentrale Vermarktung von Rechten an der Fernsehübertragung satzungsgemäß durchgeführter sportlicher Wettbewerbe durch Sportverbände. Mit dieser Vorschrift hatte der Gesetzgeber der 6. GWB-Novelle von 1998 auf eine Entscheidung des **BGH** vom Dezember 1997 reagiert, nach der der Beschluss des Deutschen Fußballbundes (DFB) über die zentrale Vermarktung der Fernsehübertragungsrechte an Europapokalheimspielen § 1 GWB verstieß, weil es sich bei dem DFB um eine Vereinigung von Unternehmen handele und durch den Beschluss der Sache nach ein Syndikat der Bundesligavereine für die Vergabe von Fernsehübertragungsrechten begründet werde.[22]

16 Die geschilderte Sonderregelung für den Sport (o. Rn. 15) war vor allem deshalb problematisch, weil (natürlich) § 31 GWB i. d. F. von 1998 nichts an der Anwendbarkeit des **Art. 101 AEUV** auf wettbewerbsbeschränkende Beschlüsse von Sportverbänden ändern konnte. Der DFB hatte deshalb – trotz des § 31 GWB von 1998 – bei der Kommission eine **Freistellung** seiner Beschlüsse zur zentralen Vermarktung von Bundesligaspielen nach Art. 101 Abs. 3 AEUV beantragt. Diesen Anträgen hatte die Kommission in den Jahren 2003 und 2005 unter bestimmten Bedingungen stattgegeben (s. schon o. § 8 Rn. 37). Mit Rücksicht darauf hielten die Verfasser der 7. Novelle von 2005 eine weitere Sonderregelung für den Sport für *entbehrlich.*[23] Sie haben dabei die Auffassung vertreten, die zentrale **Vermarktung** der Fernsehübertragungsrechte für Sportveranstaltungen bleibe grundsätzlich **erlaubt,** wenn die Rechte in Pakete aufgeteilt und den Vereinen abgestufte Rechte zur Eigenvermarktung gegeben würden.[24]

17 Berufssportler sind ebenso wie ihre Vereine und deren Verbände grundsätzlich als **Unternehmen** im Sinne der Wettbewerbsregeln des AEUV sowie des GWB anzusehen, so dass Wettbewerbsbeschränkungen in den Verträgen der Berufssportler mit ihren Vereinen sowie mit Dritten, wobei vor allem an Veranstalter und Sponsoren zu denken ist, ebenso wie wettbewerbsbeschränkende Klauseln in den Satzungen der Vereine und Verbände grundsätzlich am **Kartellrecht** gemessen werden können. Eine Ausnahme gilt lediglich, soweit es um die Regelung rein sportlicher Fragen wie z. B. des Doping geht (o. § 3 Rn. 34). Die Konsequenz ist, dass heute auf einmal eine Fülle bisher üblicher vertraglicher Gestaltungen in dem zunehmend ökonomisierten Sport in die Reichweite des Kartellrechts und damit insbesondere in die des Kartellverbots geraten ist.[25]

---

[22] BGHZ 137, 297 = NJW 1998, 756 = JuS 1998, 461 Nr. 10.

[23] Begr. z. RegE, BT-Drs. 15/3640, S. 50.

[24] S. *Heermann,* ZWeR 2009, 472; *ders.*, WRP 2011, 36.

[25] S. im Einzelnen m. N. *Heermann,* WuW 2009, 394; 489; *ders.*, WRP 2009, 285; *ders.*, CaS 2009, 226; *ders.*, in: Arter/Baddeley (Hrsg.), Sport und Recht IV, 2007, S. 263.

§ 38. Verkehrswirtschaft

I. Überblick

Sonderregelungen für die Verkehrswirtschaft enthält das GWB heute nicht mehr. Dagegen fand sich in der ursprünglichen Fassung des Gesetzes in *§ 99 GWB von 1957* noch eine weitgehende Freistellung der Verkehrswirtschaft vom Kartell- und Empfehlungsverbot,[1] die jedoch bereits im Laufe der achtziger Jahre mit Rücksicht auf die fortschreitende Liberalisierung der Verkehrsmärkte auf europäischer und nationaler Ebene (u. Rn. 3 ff.) schrittweise eingeschränkt worden war, so dass es nur folgerichtig war, dass durch die 6. GWB-Novelle von **1998** der **Ausnahmebereich** für die Verkehrswirtschaft schließlich ganz **gestrichen** wurde. Geblieben ist lediglich die Freistellung der sog. *Verkehrsverbünde,* die sich jedoch seit 1998 nicht mehr im GWB findet, sondern aus Gründen des Sachzusammenhangs in § 8 Abs. 3 des Personenbeförderungsgesetzes (PBefG) und in § 12 Abs. 7 des Allgemeinen Eisenbahngesetzes (AEG) eingerückt wurde.[2] Ziel dieser Freistellungen ist es, die Kooperation von Verkehrsunternehmen zwecks Bildung zusammenhängender Liniennetze zu fördern. 1

Die gänzliche Abschaffung des früheren Ausnahmebereichs für die Verkehrswirtschaft 2
ändert nichts daran, dass hier wegen der vielfältigen Regulierungen, denen die Verkehrsmärkte nach wie vor unterliegen (s. u. Rn. 6 ff.), weiterhin verschiedene Besonderheiten zu beachten sind. Die wichtigste ist, dass **öffentlich-rechtliche Regelungen** der Verkehrsleistungen oder Verkehrsnebenleistungen – entsprechend der ursprünglichen Fassung von § 99 Abs. 1 GWB a. F. – den **Vorrang** vor dem GWB haben (sog. state-action-defense).[3] Die Anwendung des GWB wird durch öffentlich-rechtliche Sonderregelungen freilich immer *nur insoweit* ausgeschlossen, wie die hoheitlichen Eingriffe einen Wettbewerb tatsächlich unmöglich machen. Bleiben den Verkehrsunternehmen staatlich nicht geregelte Verhaltensspielräume, z. B. weil nur sog. **Margentarife,** d. h. Mindest- und Höchstpreise, festgesetzt werden, so kann sich in dem freigegebenen Zwischenraum ein Preiswettbewerb entfalten, der dann auch durch das GWB geschützt wird.[4]

II. Europäische Union

Die **gemeinsame Verkehrspolitik** der Art. 90 ff. AEUV beruht im wesentlichen auf 3
zwei Säulen, der Harmonisierung der Wettbewerbsbedingungen und der nachfolgenden Liberalisierung der Märkte durch ihre gegenseitige Öffnung für die Verkehrsunternehmen aus den anderen Mitgliedstaaten. Dieser Prozess hat sich als überaus mühsam erwiesen, so dass die Union auf beiden Gebieten erst in den letzten Jahren nennenswerte Fortschritte erzielt hat. Die Folge ist, dass auch die Wettbewerbsregeln hier zunächst nur geringe Bedeutung hatten. Zwar enthält der Vertrag an keiner Stelle eine Freistellung der Verkehrsunternehmen von den Wettbewerbsregeln. Jedoch hatte die Kommission daraus lange Zeit keine Folgerungen gezogen, weil durch die **Verordnung Nr. 141 von 1962** die Verordnung Nr. 17, die sog. Kartellverordnung, zunächst auf die Verkehrsunternehmen für nicht anwendbar erklärt worden war.[5]

---

[1] S. dazu z. B. *Emmerich,* JuS 1970, 332.
[2] S. dazu ausführlich *BKartA* WuW/E DE-V 603 ff.
[3] Vgl. *Emmerich,* WuW 1989, 363 (367).
[4] *OLG Düsseldorf* WuW/E OLG 2488 (2493); *BKartA* TB 1987/88, S. 101.
[5] ABl. 1962, S. 2751.

4 Eine den Verkehrsunternehmen angepasste Sonderregelung hatte erst 1968 unter Beschränkung auf den Eisenbahn-, Straßen- und Binnenschiffsverkehr die Verordnung Nr. 1017/68 gebracht,[6] an deren Stelle mittlerweile die **Verordnung Nr. 169/2009** getreten ist.[7] Sonderregelungen für die anderen Verkehrsbereiche folgten wiederum erst Jahre später,[8] nachdem der Gerichtshof die grundsätzliche Geltung der **Wettbewerbsregeln** auch für den Verkehr bestätigt hatte.[9] Die Kommission ist seitdem immer wieder gegen Kartelle in der Verkehrswirtschaft eingeschritten. Beispiele sind die Seeschifffahrtskonferenzen, durch die die Reedereien die Linien und Häfen untereinander aufteilen,[10] Tarifabsprachen der Eisenbahnunternehmen[11] sowie Empfehlungen dieser Unternehmen zur Beschränkung des Wettbewerbs um die Reisebüros.[12]

5 Zu den Verkehrsunternehmen gehören nicht zuletzt die **Postunternehmen.** Obwohl sich die Mitgliedstaaten gegen deren Unterstellung unter den Vertrag besonders lange und heftig gewehrt hatten, steht heute doch fest, dass die Postunternehmen normale Unternehmen wie andere auch sind, so dass ihre Bindung an die Wettbewerbsregeln nicht mehr zweifelhaft ist.[13] Die Kommissionspraxis hat sich gerade hier durch ihren Beitrag zur Öffnung der Postmärkte als besonders segensreich erwiesen. Die jetzt näher zu betrachtende Liberalisierung der Verkehrsmärkte wäre in Deutschland ohne das energische Vorgehen der Kommission vor allem gegen die Postmonopole nicht denkbar gewesen.

III. Regulierung

Materialien: *Kommission,* Mitteilung über die Anwendung der Wettbewerbsregeln im Telekommunikationsbereich vom 22. 8. 1998, ABl. Nr. C 265/2; 2002 Nr. C 165/6; 2003 Nr. L 114/45.

1. Überblick

6 Zu einem Abbau von Monopolen unter gleichzeitiger Öffnung der Märkte ist es in Deutschland in den letzten Jahren namentlich auf den Märkten für Fernmeldeleistungen (neudeutsch: Telekommunikations- oder TK-Leistungen) sowie für Post- und Eisenbahnverkehrsleistungen gekommen. Grundlagen waren zunächst das Allgemeine Eisenbahngesetz (AEG) von 1993,[14] das Telekommunikationsgesetz (TKG) von 1996[15] und das Postgesetz (PostG) von 1997,[16] die allesamt in der Folgezeit wiederholt

[6] ABl. Nr. L 175/1; dazu *EuGH* Slg. 1987, 2218; Slg. 1997, I-1312 (1320 ff.) – UIC.

[7] ABl. Nr. L 61/1.

[8] Vgl. wegen der Einzelheiten FK/*Meyer-Lindemann,* 2009, Sonderbereich Verkehr; *Epiney,* Verkehrsrecht, in: Dauses (Hrsg.), Hdb. Teil L, 2011; Langen/Bunte/*Bunte,* Bd. 2, Anhang VI: Verkehr (S. 1450 ff.); KK/*Rother/Graf v. Merveldt,* Bd. IV Anhang I–V (S. 691 ff.).

[9] *EuGH* Slg. 1986, 1457 (1465 ff.) = NJW 1986, 2182 = JuS 1987, 231 Nr. 1 – Asjes; Slg. 1989, 838 (845 ff.) = NJW 1989, 2192 = JuS 1989, 1007 Nr. 1 – Flugtarife, Slg. 1993, I-5841 (5846 Tz. 12) = EuZW 1993, 769 = JuS 1994, 349 f. Nr. 5 – Reiff; Slg. 1994, I-2525 (2529 Tz. 12) – Delta.

[10] Entsch. v. 1. 4. 1992 (ABl. Nr. L 134/1) und v. 23. 12. 1992 (ABl. 1993 Nr. L 34/20); bestätigt durch *EuG* Slg. 1996, II-1201 – Comp. Maritime Belge (CBM); *EuGH* Slg. 2000, I-1442 = WuW/E EU-R 309.

[11] Entsch. v. 24. 2. 1993, ABl. Nr. L 73/38; *EuG* Slg. 1998, II-3141 (3178 ff.) = WuW/E EU-R 237 – Europ. Night Services.

[12] Entsch. v. 25. 11. 1992, ABl. Nr. L 366/47.

[13] Grdl. war das BT-Urteil v. 1985, *EuGH* Slg. 1985, 873 (885 ff.).

[14] BGBl. I S. 2396.

[15] BGBl. I S. 1120.

[16] BGBl. I S. 3294.

geändert wurden. Wichtig ist vor allem die Ersetzung des TKG von 1996 durch das neue TKG von 2004.[17]

Durch die genannten Gesetze (o. Rn. 6) sind nicht einfach die bisherigen Monopole von Bahn und Post beseitigt und die Märkte für den Wettbewerb geöffnet worden, wie es zum Teil im Ausland geschehen ist; vielmehr wurde statt dessen eine neue **asymmetrische Regulierung** durch besondere Aufsichtsbehörden in Konkurrenz zum BKartA ins Leben gerufen, weil man der Meinung war, nur so die erdrückende Übermacht der bisherigen Monopolunternehmen Bahn und Post (einigermaßen) bändigen zu können. Politische Vorbehalte gegen einen „übermäßigen" Wettbewerb Dritter zum Nachteil von Bahn und Post – Hochburgen der Gewerkschaften – kamen hinzu. Das Ergebnis war die Ersetzung der bisherigen Staatsmonopole durch staatlich regulierte Märkte. 7

Mit **Regulierung** meint man im vorliegenden Zusammenhang die Unterstellung einzelner Wirtschaftszweige unter die Aufsicht besonderer Behörden mit der Aufgabe, das Verhalten der betreffenden Unternehmen am Markt nach Maßstäben zu regeln oder zu überprüfen, die in dem jeweiligen Aufsichtsgesetz festgelegt sind. Die zunehmende Ausdehnung solcher Regulierungsbereiche ist keineswegs unproblematisch, sondern begründet im Gegenteil ernste **Gefahren für** die allgemeine Geltung der **Wettbewerbsordnung.** Denn nach aller Erfahrung tendieren staatliche Aufsichtsbehörden, schon im Interesse der Verstetigung ihrer Position, alsbald dahin, ihre Zuständigkeiten immer weiter auszudehnen, sich dabei mit dem beaufsichtigten Wirtschaftszweig zu identifizieren und dessen Interessen zu ihren eigenen zu machen.[18] Problematisch ist ferner die unvermeidliche Konkurrenz zwischen den Regulierungsbehörden und dem BKartA sowie der Kommission, die zunehmenden Einfluss gerade auf die Regulierungspraxis in den hier interessierenden Wirtschaftszweigen nimmt. 8

Aufsichtsbehörden waren zunächst nach dem AEG das Eisenbahnbundesamt und im Übrigen die Regulierungsbehörde für Telekommunikation und Post (RegTP), beides weisungsabhängige Bundesoberbehörden (§§ 66, 71 ff. TKG von 1996; § 44 PostG). An ihre Stelle ist mittlerweile aufgrund zahlreicher Gesetzesänderungen die sog. **Bundesnetzagentur** (BNetzA) für Elektrizität, Gas, TK, Post und Eisenbahn getreten.[19] Die Einzelheiten regelt das Gesetz über die Bundesnetzagentur von 2005.[20] Die Bundesnetzagentur vereinigt infolge ihrer Zuständigkeit für alle regulierten Verkehrsmärkte eine ungewöhnliche und für die Wettbewerbsordnung insgesamt durchaus **gefährliche Macht** in ihren Händen. 9

---

[17] BGBl. I S. 1190 mit Änderungen.

[18] S. zu dieser Problematik der Tätigkeit der Regulierungsbehörden *Badura,* FS Großfeld, 1999, S. 35; *ders.*, FS Immenga, 2004, S. 3; *Körber,* FS Möschel, 2011, S. 1043; *Möschel,* MMR 1999, 3; 2007, 343; *ders.*, WuW 1999, 832; *ders.*, FS Immenga, 2004, S. 277; *Schebstadt,* WuW 2005, 6; *D. Schroeder,* WuW 1999, 14; *J.-P. Schneider,* ZHR 164 (2000), 513 (535 ff.).

[19] S. § 4 Abs. 1 S. 1 des Bundeseisenbahnverkehrsverwaltungsgesetzes; §§ 116 ff. TKG von 2004; § 54 EnWG von 2005.

[20] BGBl. I S. 1970, 2004 mit Änderungen.

2. Telekommunikationsgesetz

a) Marktöffnung durch Regulierung

10 Das TKG von 1996 schaffte den rechtlichen Rahmen für den durch dieses Gesetz erstmals geöffneten Markt für Telekommunikations- (TK-)Leistungen. Kern der gesetzlichen Regelung war die Ersetzung des alten Fernmeldemonopols des Bundes aufgrund des FAG von 1928 durch einen **Wettbewerbsmarkt.** Der letzte Schritt der Liberalisierung bestand 1998 in der Freigabe des Sprachtelefons. An der überragenden Position der Deutschen Telekom AG **(DTAG),** die vor allem auf ihrem faktischen Netzmonopol im Ortsvermittlungsbereich beruht, hat dies freilich bisher nur wenig geändert.

11 Das TKG ist im Jahre 2004 grundlegend geändert und neu verkündet worden **(TKG von 2004).**[21] Durch das neue TKG von 2004 sollte vor allem das sog. Richtlinienpaket der EU von 2002 in deutsches Recht umgesetzt werden, mit dem unter anderem ein modernisiertes Zugangsregime angestrebt wurde. Die Regulierung ist seitdem grundsätzlich präventiv und marktmachtabhängig. Zuständig ist die Bundesnetzagentur (o. Rn. 9), die durch das neue TKG von 2004 erhebliche neue Befugnisse erhalten hat. Gleichzeitig wurde aber auch die Rolle der Kommission in dem Regulierungsprozess deutlich verstärkt, um die Harmonisierung des Regulierungsrahmens in der Union voranzutreiben.[22]

12 **Zweck** des neuen TKG ist es, durch eine „technologieneutrale Regulierung" den Wettbewerb im Bereich der Telekommunikation und leistungsfähige TK-Infrastrukturen zu fördern sowie flächendeckend angemessene und ausreichende Dienstleistungen zu gewährleisten (so § 1 TKG 2004). Kern der gesetzlichen Regelung sind die Vorschriften über die **Zugangs-** (§§ 16 bis 26 TKG) **und** die **Entgeltregulierung** (§§ 27 bis 39 TKG). Durch diese Vorschriften soll nach Möglichkeit allen Interessierten ein diskriminierungsfreier Zugang zu den Netzen eröffnet werden, um den Wettbewerb auf den TK-Märkten (endlich) voranzubringen.

13 In ihrer bisherigen **Praxis** hat sich die Regulierungsbehörde keineswegs immer von dem Ziel einer umfassenden Wettbewerbsförderung leiten lassen, nicht zuletzt wegen des ungewöhnlichen politischen Einflusses der Deutschen Telekom AG. Deshalb ist insgesamt noch keineswegs ausgemacht, ob die Öffnung der TK-Märkte in Deutschland wirklich ein Erfolg werden wird.[23]

b) Verbleibende Zuständigkeit des BKartA

14 Die Kompetenzen der Regulierungsbehörde konkurrieren, soweit sie sich gegen marktbeherrschende TK-Unternehmen, sprich gegen die Deutsche Telekom AG wenden, offenkundig mit den Befugnissen des BKartA aufgrund der §§ 19 und 20 GWB. Deshalb bestimmt **§ 2 Abs. 3 TKG,** dass die Vorschriften des GWB anwendbar blei-

---

[21] BGBl. I S. 1190 mit späteren Änderungen.

[22] Wegen der Einzelheiten s. *F. Haus,* Kommunikationskartellrecht, WuW 2004, 171; *Manßen* (Hrsg.), Telekommunikations- und Multimediarecht, 2. Bd., 2006.

[23] S. die kritische Bestandsaufnahme in *MK,* SonderGA 29, Wettbewerb auf Telekommunikations- und Postmärkten?, 2000; Wettbewerbsentwicklung bei der Telekommunikation: Wendepunkt der Regulierung, SonderGA 2007; 13. HauptGA, Tz. 12ff.; *Möschel,* MMR 2007, 343; *J.-P. Schneider,* ZHR 164 (2000), 513 (518ff.); *D. Schroeder,* WuW 1999, 14, alle m. N.

ben, soweit nicht durch das TKG ausdrücklich abschließende Regelungen getroffen sind. § 2 Abs. 3 S. 2 TKG fügt hinzu, dass die Aufgaben und Zuständigkeiten der Kartellbehörden, insbesondere also des BKartA unberührt bleiben (s. dazu schon o. § 27 Rn. 128).

Die überwiegende Meinung folgert aus dieser Regelung, dass zumindest den zentralen 15
Vorschriften des TKG über die **Zugangs- und** die **Entgeltregulierung** der *Vorrang* vor dem GWB zukomme, soweit sie Aufsichts- und Eingriffsrechte der Aufsichtsbehörde, d. h. der Bundesnetzagentur gegenüber TK-Unternehmen begründen.[24] Auch in der Aufsichtspraxis wird überwiegend nach diesem Muster verfahren, so dass das BKartA aufgrund der §§ 19 und 20 GWB gegenüber TK-Unternehmen nur noch tätig wird, soweit keine Eingriffsbefugnisse der Bundesnetzagentur bestehen.[25]

Dieser Meinung (o. Rn. 15) ist *nicht* zu folgen; vielmehr ist – entsprechend dem Wort- 16
laut des § 2 Abs. 3 TKG (2004) – davon auszugehen, dass das **BKartA** generell neben der Bundesnetzagentur für die TK-Unternehmen **zuständig** ist, da keine der einschlägigen Vorschriften des TKG sich ausdrücklich als abschließend in dem genannten Sinne bezeichnet.[26] Unberührt bleibt auf jeden Fall die Zuständigkeit des BKartA zur Anwendung der übrigen Vorschriften des GWB, in erster Linie also der Fusionskontrollvorschriften, sowie insbesondere auch der Wettbewerbsregeln des AEUV (Art. 101, 102 und 106), soweit nicht im Einzelfall die **state-action-defense** eingreift, weil das fragliche Verhalten dem Telekommunikationsunternehmen von der Regulierungsbehörde geradezu vorgeschrieben worden ist. Davon geht, wie bereits ausgeführt (o. § 27 Rn. 127), im Prinzip auch der **BGH** aus, verlangt freilich bei der Missbrauchsaufsicht über die TK-Unternehmen nach den §§ 19 und 20 GWB die umfassende Berücksichtigung der Entscheidungen der Bundesnetzagentur – wofür tatsächlich jede Begründung fehlt, zumal unter dem Blickwinkel des (immer auch anwendbaren) Art. 102 AEUV, da die Bundesnetzagentur (natürlich) keine Befugnis besitzt, mit ihren Entscheidungen die Beschlüsse der Kommission zu präjudizieren. Es ist nicht erkennbar, warum dann für das Bundeskartellamt etwas anderes gelten sollte.

3. Postgesetz

Die Marktöffnung bei den Postdienstleistungen durch das PostG von 1997 folgt im 17
Prinzip dem Modell des TKG. Tatsächlich beschränkte sich freilich die Marktöffnung zunächst auf gewisse, verhältnismäßig unbedeutende Randbereiche, weil bei der **Briefbeförderung** die frühere Bundespost, die jetzige Deutsche Post AG (DPAG), bis Ende 2007 die Beibehaltung ihres Monopols durchzusetzen vermochte (§ 51 PostG).

Seit 2007 muss sich indessen auch die Post im Prinzip bei der Briefbeförderung dem 18
Wettbewerb Dritter stellen muss. Weit her ist es damit freilich nicht, weil die Post auf-

[24] *Ludewigs,* WuW 2008, 534 (537f.); *Mestmäcker,* FS Fikentscher, 1998, S. 557 (562ff.); *Möschel,* WuW 1999, 832 (839f.); *ders.,* MMR 1999, 3 (4f.); *ders.,* in: Forschungsinstitut für Wirtschaftsverfassung und Wettbewerb e. V. (Hrsg.), Multimedia: Kommunikation ohne Grenzen – Grenzenloser Wettbewerb, 1998, S. 53 (55); *M. Paulweber,* Regulierungszuständigkeiten in der TK, 1999, S. 49ff.; *Schmidt-Volkmar* ZWeR 2012, 230 (236ff); *Schuster,* in: Beck'scher TKG-Kommentar, 2006, § 2 Rn. 32ff.

[25] S. *BKartA* TB 2001/2002, S. 34; 2003/2004, S. 27f.

[26] Ebenso *Basedow,* FS Sandrock, 2000, S. 13 (31ff.); *Bechtold,* GWB, § 19 Rn. 82f., Vor § 28 Rn. 28f.; *Körber,* FS Möschel, 2011, S. 1043 (1048); *D. Schroeder,* WuW 1999, 14 (15ff.); *J. Topel,* ZWeR 2006, 27; s. auch u. Rn. 19 zu § 3 PostG.

grund der Befreiung von der Umsatzsteuer nach wie vor über ungewöhnliche **Wettbewerbsvorteile** verfügt, die bisher wegen des hinhaltenden Widerstandes der Post nur geringfügig abgebaut wurden.[27]

19 Die Entgeltregulierung findet sich in den §§ 19, 20 und 25 PostG, während sich der **Anspruch** anderer Postunternehmen auf Zugang zu den Postfachanlagen und den Informationen über Adressenänderungen aus § 29 PostG ergibt. § 32 PostG begründet ergänzend eine besondere **Missbrauchsaufsicht** über die Deutsche Post AG, vor allem für den Fall, dass sie durch Verträge nach § 29 PostG die Wettbewerbsmöglichkeiten anderer Anbieter grundlos beeinträchtigt. Zuständige **Regulierungsbehörde** ist wie bei der DTAG die Bundesnetzagentur (o. Rn. 11). Durch das PostG und die Befugnisse der Bundesnetzagentur werden jedoch die Anwendbarkeit des GWB und die Zuständigkeiten des BKartA *nicht* berührt (§ 2 Abs. 3 PostG).[28]

20 Die Deutsche Post AG nutzt ihre „monopolähnliche Stellung" auf dem Briefmarkt (o. Rn. 18), wo immer möglich, systematisch dazu aus, die dem Wettbewerb geöffneten Märkte (wieder) zu monopolisieren. Insbesondere auf dem **Paketmarkt** verfolgt sie bereits seit langem die Politik, durch Preise weit unter ihren Kosten, die durch die exzessiven Gewinne aus dem Briefsektor finanziert werden, ihre privaten Konkurrenten zu verdrängen.[29]

4. Allgemeines Eisenbahngesetz

21 Durch das Allgemeine Eisenbahngesetz (AEG) von 1993 ist der Markt für Eisenbahnverkehrsleistungen erstmals dem Wettbewerb geöffnet worden, so dass seitdem andere Unternehmen solche Verkehrsleistungen grundsätzlich in Konkurrenz zur früheren Bundesbahn, die heute Deutsche Bahn AG **(DBAG)** heißt, aufgrund einer Genehmigung nach § 6 AEG erbringen können. Der Anspruch anderer Verkehrsunternehmen auf **Benutzung des Schienennetzes** der Deutschen Bahn AG ergab sich zunächst aus § 14 I AEG a. F. und wurde notfalls durch eine Entscheidung der damaligen Aufsichtsbehörde, des Eisenbahnbundesamtes, durchgesetzt (§ 14 Abs. 5 S. 1 AEG a. F.). Auch hier fügte und fügt das Gesetz hinzu, dass die Aufgaben und Zuständigkeiten der Kartellbehörden nach dem **GWB unberührt** bleiben (jetzt §§ 14ff. AEG n. F.). Die Auslegung dieser Regelung ist hier ebenfalls umstritten, sollte aber, schon im Interesse des umfassenden Wettbewerbsschutzes, nicht anders als bei dem TKG und dem Postgesetz ausfallen.[30]

22 Die **praktischen Auswirkungen** der ganzen Regelung waren zunächst nur marginal, weil die Deutsche Bahn AG alles nur Erdenkliche unternahm (und unternimmt), um das Aufkommen privater Konkurrenz in ihrem Netz zu verhindern.[31] Dabei ist es bis heute im Personenfernverkehr im wesentlichen geblieben, weil die privaten Konkurrenten der Bahn bislang nur wenige Verbindungen in Konkurrenz zur DBAG mit Erfolg betreiben konnten; dagegen nimmt im Personennahverkehr und insbesondere im

[27] S. *BKartA* TB 2009/2010, S. 32f.

[28] S. o. Rn. 16; *OLG Düsseldorf* WuW/E DE-R 1473 (1474ff.) – Konsolidierer; str., anders z. B. *Ludewigs,* WuW 2008, 534 (542ff. m. N.).

[29] S. statt aller *EuG* Slg. 1999, II-2635 = EuR 1999, 649 = WuW/E EU-R 258 – UPS.

[30] S. o. Rn. 16, 19: *Bremer/Höppner,* WuW 2009, 1201; *Körber,* FS Möschel, 2011, S. 1043 (1048f.); – anders z. B. *LG Berlin* WuW/E DE-R 2561; *Ludewigs,* WuW 2008, 534 (545f. m. N.).

[31] S. *BKartA* TB 1997/98, S. 143ff.; *MK,* SonderGA 48, 2007, Tz. 16ff.; WuW/E DE-V 1385 (1387f.); *Basedow,* FS Sandrock, 2000, S. 13 (18ff.).

Güterverkehr die Konkurrenz privater Unternehmen langsam, aber stetig zu.[32] Hinzugekommen ist seit 2013 mit wachsendem Gewicht infolge der Liberalisierung des **Busfernverkehrs** die Konkurrenz von immer neuen Busunternehmen auf einem ständig erweiterten Streckennetz.

Die geschilderte Entwicklung rief schließlich auch den Gesetzgeber auf den Plan. Zunächst verabschiedete die Europäische Union in den Jahren 2001 und 2004 **zwei** sog. **Eisenbahnpakete,** bestehend aus einer Vielzahl von Richtlinien, mit denen durchweg bezweckt wird, den Zugang zu den Bahnnetzen zu verbessern, die Transparenz der Vergabeverfahren zu erhöhen und die Entgeltregulierung auf neue Grundlagen zu stellen. 23

Die Umsetzung der genannten Richtlinien erfolgte im Jahre 2005 durch verschiedene **Änderungsgesetze zum AEG**[33] in Verbindung mit einer neuen Eisenbahninfrastruktur-BenutzungsVO.[34] Auch diese Regelungen haben durchweg den **Zweck,** den Netzzugang und die Netznutzungsentgelte, letztlich im Interesse der Wettbewerbseröffnung, einer weitreichenden staatlichen Regulierung durch die Bundesnetzagentur zu unterwerfen. Unberührt bleiben aber, wie schon betont (o. Rn. 21), die Anwendbarkeit des GWB und damit die Zuständigkeit des BKartA insbesondere für die immer noch in einer nahezu monopolähnlichen Stellung verharrende Deutsche Bahn AG. Denn nach wie vor ungelöst ist das zentrale Problem, dass die DBAG weiterhin die **Eigentümerin des Schienennetzes** ist – und damit über den Zugang ihrer Konkurrenten zu ihrem Markt entscheidet, wobei sie – trotz Regulierung – naturgemäß allein ihre Monopolinteressen verfolgt. Eine Lösung ist hier nur durch die Trennung des Bahnbetriebs von dem Eigentum an den Netzen (sog. **unbundling**) möglich,[35] wogegen sich aber die Gewerkschaften und große Teile der Politik mit Händen und Füßen wehren: keine guten Perspektiven für den Wettbewerb – und für die Verbraucher. 24

§ 39. Versorgungswirtschaft

I. Überblick

Der wettbewerbspolitisch bedeutsamste Ausnahmebereich fand sich früher am Ende des Gesetzes in *§ 103 GWB von 1957* und *§ 103a GWB von 1980,* durch die bis 1998 die Versorgungswirtschaft insbesondere von der Anwendung des Kartellverbots (§ 1 GWB a. F.) und des Preisbindungsverbots (§ 14 GWB a. F.) freigestellt worden war. Diese ebenso ungewöhnliche wie **grundlose Privilegierung** eines ganzen Wirtschaftszweiges erklärte sich allein durch die alles überragende Macht der mit der öffentlichen Hand vielfältig verflochtenen Energiewirtschaft, der es dadurch ermöglicht wurde, über Jahrzehnte hinweg für Außenstehende nahezu unvorstellbare Monopolgewinne zulasten der Energieverbraucher einzufahren. Die (bittere) Konsequenz ist bis heute, dass Deutschland seit vielen Jahren das Land mit den **höchsten Wasser-, Gas- und Strompreisen** in der Welt ist – mit der weiteren Folge der kontinuierlichen Abwanderung energieintensiver Wirtschaftszweige aus Deutschland. 1

Der Erkenntnis von der Unhaltbarkeit dieses Zustandes konnte sich schließlich auch die Bundesregierung nicht mehr verschließen. Deshalb wurden die früheren §§ 103 2

[32] S. *MK,* SonderGA 55, Bahn 2009, WuW/E DE-V 1820.
[33] BGBl. I S. 1138 und 2270.
[34] BGBl. I S. 1566.
[35] Ebenso z. B. *BKartA* TB 2009/2010, S. 36.

und 103a GWB für die Elektrizitäts- und Gaswirtschaft durch das Energiewirtschaftsgesetz (EnWG) vom 24. April **1998 ersatzlos gestrichen.** „Lediglich" für die vom EnWG nicht erfasste **Wasserwirtschaft** wurden die genannten Vorschriften zunächst aufrechterhalten (§ 131 Abs. 6 GWB von 2005), angeblich, weil noch geprüft werden müsse, ob nicht wenigstens in der Wasserwirtschaft mit Rücksicht auf verschiedene Sonderregelungen an geschlossenen Versorgungsgebieten festgehalten werden müsse,[1] tatsächlich indessen allein mit Rücksicht auf die fiskalischen Interessen der Gemeinden und der Länder, in die der Bund nicht eingreifen möchte. Folgerichtig wurde schließlich durch die 8. GWB-Novelle von 2013 die Privilegierung der Wasserwirtschaft in **Dauerrecht** verwandelt und die Wasserversorgung einer besonderen Missbrauchsaufsicht nach dem Vorbild des früheren § 103 GWB unterstellt, weil es sich bei der Wasserversorgung angeblich um ein „natürliches Monopol" handele.[2] Maßgebend sind jetzt die neuen §§ 31–31b GWB, die nahezu wörtlich mit dem früheren § 103 GWB übereinstimmen, so dass zu ihrer Auslegung auf Literatur und Rechtsprechung zu § 103 GWB a. F. zurückgegriffen werden kann (unten Rn. 39ff.).

3 Trotz der formalen Abschaffung der Gebietsmonopole zumindest in der Gas- und Stromwirtschaft im Jahre 1998 (o. Rn. 2) ist es der Versorgungswirtschaft bisher weitgehend gelungen, ihre **Gebietsmonopole „zu retten"**.[3] Es ist zwar zumindest bei Strom zur Entstehung neuer überörtlicher Märkte gekommen (s. schon o. § 27 Rn. 19). Gleichwohl werden die Strom- und Gasmärkte infolge der Zusammenschlüsse von Viag und Veba zu E.ON sowie von RWE und VEW zu RWE neu, verbunden mit der anschließenden Übernahme von Ruhrgas durch E.ON und von Thyssen Gas durch RWE, weiterhin durch ein **wettbewerbsloses Dupol von RWE und E.ON**, beherrscht die sich im wesentlichen darauf beschränken, die Abnehmer auszuplündern, mögliche Konkurrenten aufzukaufen und die Abnehmer nach Möglichkeit an sich zu binden, um ausländischen Anbietern den Zugang zum deutschen Markt zu versperren,[4] so dass insgesamt jedenfalls auf der lokalen und regionalen Ebene bei Strom und Gas nur ganz langsam Verbesserungen festzustellen sind.

4 An diesem komfortablen Zustand würde sich vermutlich auch in den nächsten Jahren und Jahrzehnten nichts ändern, gäbe es nicht den von der Europäischen Union ausgehenden Liberalisierungsdruck. Der **Energiebinnenmarkt** gehört seit langem zu den großen Desiderata der Kommission, die deshalb immer wieder Anläufe unternimmt, um der Verwirklichung dieses (dringenden) Ziels wenigstens einen Schritt näher zu kommen, bisher freilich nur mit mäßigem Erfolg. Denn trotz der großen Bemühungen der Union um die Verwirklichung des Energiebinnenmarktes (Rn. 7ff.) sind die nationalen Märkte immer noch – zum großen Nachteil für die Verbraucher – *weitgehend getrennt,* insbesondere, weil die Mitgliedstaaten die Energiepolitik weithin zum

[1] S. die Begr. z. RegE, BT-Drs. 13/9720, S. 70; die Begr. z. RegE zum EnWG, BT-Drs. 13/7274, S. 24; dazu *Daiber,* WuW 1996, 361.

[2] So die Begr. z. RegE von 2012, BT-Drs. 17/9852, S. 25: Ob das jemand glaubt?

[3] So auch z. B. statt aller *BReg.*, Begr. z. RegE von 2007, BT-Drs. 16/5847, S. 9 = WuW 2007, 295 (303); *MK,* Strom und Gas 2007: Wettbewerbsdefizite und zögerliche Regulierung, SonderGA 2007; BGHZ 178, 285 = NJW-RR 2009, 264 = JuS 2009, 670 – E.ON/Stadtwerke Eschwege; *BKartA* AG 2007, 506 = (auszugsweise) WuW/E DE-V 1357 – RWE/SFG; *BKartA* TB 2005/2006, S. 27ff.; TB 2009/2010, S. 33, 112ff.; *Heitzer,* WuW 2007, 854 (856f.).

[4] *BKartA* AG 2007, 506 = WuW/E DE-V 1357 – RWE/SFG; LTB 2005/2006, S. 27ff.

Kern ihrer nationalen Souveränität zählen und die Bereitschaft zur Integration, und zwar auch in Deutschland (Stichwort: Energiewende), kontinuierlich abnimmt, frei nach dem Motto: Rette sich, wer kann.

II. Geschichte

Das herkömmliche System streng gegeneinander abgeschotteter **Gebietsmonopole** jeweils eines einzigen Energieversorgungsunternehmens (EVU) zumindest auf lokaler und regionaler Ebene hatte sich in Deutschland bereits vor dem Ersten Weltkrieg durchgesetzt. Auch das alte **EnWG von 1935**[5] hatte daran nichts geändert, da es auf einem grundsätzlich negativen Urteil über den Wettbewerb in der Versorgungswirtschaft beruhte.[6] Begründet wurde der Ausschluss des Wettbewerbs in der Versorgungswirtschaft meistens mit dem Hinweis auf die (angeblichen) **Besonderheiten der Gas- und Stromwirtschaft** wie Leitungsgebundenheit und mangelnde Speicherfähigkeit.[7] Der wirkliche Grund war aber natürlich allein das Interesse der Energieversorgungsunternehmen und der mit ihnen bis heute verbündeten Kommunen und Länder an der rücksichtslosen Ausplünderung der Abnehmer. 5

In der Öffentlichkeit nahm daher die **Kritik** an den Gebietsmonopolen der Energieversorgungsunternehmen ständig zu, so dass es 1980 und 1989 zu ersten Korrekturen der bisherigen monopolfreundlichen Gesetzgebung kam (s. die §§ 103 und 103a GWB von 1980 und 1989). Angesichts des massiven Widerstands der Energieversorgungsunternehmen und ihrer Verbündeten, insbesondere in den Kommunen, blieben diese Änderungen indessen *ohne Wirkung,* so dass ein grundlegender Wandel überfällig war.[8] In dieselbe Richtung wirkte der von der Europäischen Union ausgehende Deregulierungsdruck (u. Rn. 7ff.). 6

Der **AEUV** gilt einschließlich seiner Wettbewerbsregeln (Art. 101–106) auch für die Versorgungswirtschaft. Das ist zwar früher vielfach bestritten worden,[9] steht heute aber außer Frage.[10] Die Kommission unternahm deshalb Ende der achtziger Jahre die ersten zaghaften Versuche, um den europäischen Binnenmarkt auch auf diesem Sektor durchzusetzen. Das Ergebnis waren verschiedene **Richtlinien,** insbesondere über Gas- und Stromlieferungen über große Netze, die jedoch noch weitgehend wirkungslos blieben. 7

1992 legte die Kommission deshalb zwei weitere Vorschläge für Richtlinien zur Verwirklichung des Elektrizitäts- und des Gasbinnenmarktes vor, durch die insbesondere die ausschließlichen Gas- und Elektrizitätserzeugungsrechte der staatlichen Monopolunternehmen in verschiedenen Mitgliedstaaten[11] beseitigt, die vertikal integrierten Unternehmen entflochten und umfassende Durchleitungsrechte eingeführt werden 8

---

[5] RGBl. I S. 1451.

[6] Vgl. die wichtige Präambel zum EnWG und dazu *Emmerich,* JZ 1982, 496.

[7] Exemplarisch *Börner,* DB 1977, 481; 1980, 769; *Büdenbender,* ZfE 1980, 286; 1983, 60; wegen der Einzelheiten s. *Emmerich,* Ist der kartellrechtliche Ausnahmebereich für die leitungsgebundene Versorgungswirtschaft wettbewerbspolitisch gerechtfertigt?, 1978, S. 49ff.; *ders.,* JZ 1982, 496.

[8] So selbst die *BReg.,* Begr. z. RegE des EnWG, BT-Drs. 13/7274, S. 9, 24.

[9] S. dazu *Emmerich,* FS v. Gamm, 1990, S. 581 (587ff.); *ders.,* AJP 1992, 206 (211f.).

[10] Grdl. *EuGH* Slg. 1994, I-1508 (1518ff.) = EuZW 1994, 408 = JuS 1994, 882 Nr. 2 – Almelo; Slg. 1997, I-5768 – Niederlande; Slg. 1997, I-5793 – Italien; Slg. 1997, I-5815 = EuZW 1998, 76 – Frankreich; Slg. 1997, I-5853 – Spanien; *Müller-Graff,* FS Tilmann, 2003, S. 721.

[11] In Frankreich EdF und GdF, in Italien ENEL.

sollten (heute sog. **1. Legislativpaket**).[12] Vor allem der letzte Punkt, der sog. „Third Party Access **(TPA)**", stieß indessen auf verbreitete Kritik in den Mitgliedstaaten, so dass die beiden Richtlinien bis zu ihrer Verabschiedung in den Jahren 1996 und 1998 immer weiter verwässert wurden.[13]

9 Im Jahre **2003** schlug die Kommission aus diesem Grund den Erlass eines Bündels weiterer Richtlinien und Verordnungen vor, mit denen erreicht werden sollte, den europäischen Strom- und Gasbinnenmarkt bis zum Jahre 2005 zu verwirklichen.[14] In den Verhandlungen über dieses **2. Legislativpaket,** das sog. Beschleunigungspaket wurde zwar der Endtermin für die Verwirklichung des Energiebinnenmarktes um zwei Jahre auf den 1. Juli 2007 hinausgeschoben; im Übrigen konnte sich jedoch die Kommission mit ihren Vorschlägen zur Entflechtung der Energieversorgung durch die rechtliche und organisatorische Verselbstständigung des Netzbetriebs (sog. **unbundling**) und zur **Regulierung des Netzzugangs** weitgehend durchsetzen.[15]

10 Das Beschleunigungspaket zwang den deutschen Gesetzgeber zum Handeln. Ergebnis ist das neue **EnWG von 2005**[16] in Verbindung mit einer Reihe von Verordnungen vom 25. Juli 2005, durch die der Netzzugang und die dabei zu fordernden Entgelte geregelt werden.[17] Zuständig für die Regulierung ist seitdem ausschließlich die **Bundesnetzagentur** zusammen mit den Landesregulierungsbehörden (§ 54 EnWG; s. o. § 38 Rn. 11). Ende des Jahres 2006 folgten schließlich noch vier weitere Verordnungen, die die Beziehungen zu den Tarifabnehmern regeln.[18]

11 Auch das 2. Legislativpaket (Rn. 9) hatte, wie angesichts des hinhaltenden Widerstandes der EVU und vieler Mitgliedstaaten von vornherein zu befürchten war, *nicht* den erhofften Erfolg, so dass von einem europäischen Energiebinnenmarkt nach wie vor keine Rede sein kann. Die Hauptursache sah und sieht die Kommission in der üblichen konzernmäßigen vertikalen Verbindung von Energieerzeugung und -verteilung, d. h. konkret: in dem Umstand, dass den Energiekonzernen auch die Netze gehören. Die Kommission schlug deshalb im Jahre 2007 ein **3. Legislativpaket** von insgesamt fünf Richtlinien und Verordnungen vor, um den Energiebinnenmarkt endlich voranzubringen.[19] Kern der Vorschläge war die endgültige eigentumsmäßige Trennung **(unbundling)** von Energieerzeugung und -verteilung sowie die Schaffung einer **Europäischen Energieagentur** (ACER). Insbesondere der Vorschlag einer eigentumsmäßigen Trennung von Energieerzeugung und -verteilung stieß jedoch bei mehreren Mitgliedstaaten, allen voran wiederum Deutschland und Frankreich, auf heftigen Widerstand, weshalb die schließlich im Jahre 2009 verabschiedeten fünf Richtlinien und Verordnungen, darunter eine **neue Strom**- und eine **neue Gasricht-**

[12] ABl. 1992 Nr. C 65/4, 14.

[13] Elektrizitätsrichtlinie v. 19. 12. 1996, ABl. 1997 Nr. L 27/20; Erdgasrichtlinie v. 22. 6. 1998, ABl. Nr. L 4/1; s. im Einzelnen u. Rn. 25.

[14] S. dazu *Lecheler/Gundel,* EuZW 2003, 621; *Neveling/Theobald,* EuZW 2002, 106, beide m. N.

[15] S. die sog. Elektrizitätsrichtlinie v. 26. 6. 2003 (ABl. Nr. L 176/37) sowie die Gasrichtlinie v. 26. 6. 2003, ABl. Nr. L 176/57.

[16] BGBl. I S. 1970 mit Änderungen.

[17] BGBl. 2005 I S. 2197, 2210, 2225 und 2243.

[18] BGBl. I S. 2193 und 2477; s. dazu *Fr.-R. Groß,* NJW 2007, 1030; *Scholtka/A. Baumbach,* NJW 2008, 1128 (1129 f.); zur früheren Rechtslage s. *Emmerich,* Energielieferungsvertrag, in: BMJ (Hrsg.), Gutachten und Vorschläge, Bd. III, 1983, S. 123.

[19] S. dazu z. B. *Pießkaller,* EuZW 2008, 199; *Scholtka/A. Baumbach,* NJW 2008, 1128.

linie[20] neben der von der Kommission weiterhin favorisierten und z. B. im Vereinigten Königreich schon lange verwirklichten strikten eigentumsmäßigen Trennung von Erzeugung und Verteilung zwei weitere Modelle (ISO und ITO) vorsehen, mit denen auf andere Weise die weitgehende Trennung beider Bereiche erreicht werden soll. Die Umsetzung der Richtlinie erfolgte im Zuge der sog. **Energiewende** zusammen mit zahlreichen anderen Gesetzesänderungen durch Gesetze vom 3. August 2011.[21] Auch in den folgenden Jahren riss die Kette der Gesetzesänderungen nicht ab. Im Gegenteil: Die Zahl der Änderungen, verbunden mit immer neuen Gesetzen und Verordnungen nimmt kontinuierlich zu, so dass das Energierecht auf dem besten Weg ist, in einen nur noch mit dem Steuerrecht vergleichbaren **Regulierungsdschungel** zu versinken, der den (durchaus beabsichtigten) Effekt hat, dass die Materie nur noch für wenige Spezialisten überschaubar und beherrschbar ist, während die Masse der Energieabnehmer hilflos der Regulierungswut übermächtiger anonymer Apparate ausgeliefert wird.[22]

III. Energiewirtschaftsgesetz

1. EnWG von 1998

Das Energiewirtschaftsgesetz (EnWG) von 1998 versuchte vor allem auf zwei Wegen, einen Wettbewerb um Versorgungsgebiete und Kunden in der Versorgungswirtschaft zu eröffnen.[23] Der eine Weg war die erstmalige Ermöglichung von Direktleitungen zu einzelnen Kunden (Rn. 13), der andere die an bestimmte Voraussetzungen geknüpfte Verpflichtung der Energieversorgungsunternehmen, ihre Netze zur Durchleitung von Strom anderen Anbietern zur Verfügung zu stellen (Rn. 14ff.): 12

Der Bau von **Direktleitungen** (sog. Stichleitungen) zwischen einem Energieversorgungsunternehmen und einem großen Abnehmer in dem Versorgungsgebiet eines anderen Energieversorgungsunternehmen scheiterte früher in der Regel an dem absoluten Gebietsschutz des letzteren, beruhend durchweg auf einem ganzen Netz von Demarkations- und Konzessionsverträgen. Nach der ersatzlosen Aufhebung dieser Verträge und der durch das EnWG erstmals begründeten Verpflichtung der Gemeinden, ihre Wege diskriminierungsfrei auch anderen Energieversorgungsunternehmen zur unmittelbaren Versorgung von Letztverbrauchern im Gemeindegebiet zur Verfügung zu stellen, stehen an sich dem Bau von Direktleitungen keine grundsätzlichen Hindernisse mehr entgegen. Aus vielerlei Gründen wird es sich jedoch dabei immer um Ausnahmefälle handeln. (Weit) größere praktische Bedeutung kommt daher der Ermöglichung von Durchleitungen durch fremde Netze zu (Rn. 14ff.). 13

Die erste Elektrizitätsrichtlinie von 1996 sah zur Lösung der **Durchleitungsproblematik** noch drei verschiedene Modelle vor (s. o. Rn. 9). Es waren dies der Netzzugang auf Vertragsbasis (sog. verhandelter Netzzugang), der geregelte Netzzugang sowie das merkwürdige Alleinabnehmersystem. Deutschland hatte sich 1998 grundsätzlich für das **System des verhandelten Netzzugangs** entschieden, und zwar – weit über die Elektrizitätsrichtlinie hinaus – nicht nur für die sog. zugelassenen oder großen Kunden, 14

[20] Alle ABl. 2009 Nr. L 211.

[21] BGBl. I. S. 1554.

[22] S. z. B. *Gundel/Germelmann,* EuZW 2009, 763; *Scholtka/A. Baumbach,* NJW 2010, 1118; 2012, 2704; 2013, 2714; *Theobalds/Gey-Kern,* EuZW 2011, 896, alle m. N.

[23] S. die Begr. z. RegE, BT-Drs. 13/7274, S. 10ff.

sondern sofort für alle Kunden, ließ daneben aber auf Druck der Gemeinden und der mit ihnen verbündeten, wettbewerbsfeindlichen Länder zum Schutz der fiskalischen Interessen der Gemeinden auf Wunsch kommunaler Energieversorgungsunternehmen auch das Alleinabnehmersystem zu.

15 § 6 EnWG von 1998 bestimmte deshalb, dass die Betreiber von Gas- und Elektrizitätsversorgungsnetzen anderen Unternehmen ihre Netze für Durchleitungen diskriminierungsfrei zur Verfügung stellen mussten, sofern sie nicht nachweisen konnten, dass ihnen die Durchleitung aus betriebsbedingten *oder* „sonstigen" Gründen unter Berücksichtigung der sich aus § 1 EnWG ergebenden Ziele des Gesetzes unmöglich *oder* unzumutbar war, wobei Umweltgesichtspunkte besonders zu berücksichtigen waren.

16 Die Praktikabilität dieser Regelung stand und fiel mit der Höhe der von den Energieversorgungsunternehmen für die Benutzung ihrer Netze geforderten **Durchleitungsentgelte.** Verbindliche Maßstäbe fehlten anfangs, so dass im Ergebnis die ausgehandelten Durchleitungsentgelte eine ungewöhnliche Schwankungsbreite aufwiesen,[24] wobei aber durchweg das Bestreben vor allem vieler kommunaler und regionaler Energieversorgungsunternehmen unverkennbar war, durch die Forderung völlig *überhöhter* Durchleitungsentgelte nach Möglichkeit das Eindringen anderer Energieversorgungsunternehmen in ihre „angestammten" Versorgungsgebiete zu verhindern.[25] In den verschiedenen darauf hin vom BKartA eingeleiteten **Missbrauchsverfahren** setzte sich der **BGH** schließlich für eine strenge Kontrolle ein.[26]

2. EnWG von 2005

17 Weitere Ausführungen zu dem Themenkreis der kartellrechtlichen Kontrolle von Durchleitungsentgelten erübrigen sich, weil das neue EnWG von 2005 i. d. F. von 2011 aufgrund der europäischen Vorgaben[27] der unglücklichen Vielfalt der Netzzugangsmodelle ein Ende bereitet hat. Von wenigen Ausnahmen abgesehen, ist fortan nur noch das Modell des **geregelten Netzzugangs** aufgrund veröffentlichter und im Voraus geprüfter Tarife zulässig (§§ 20 ff. EnWG von 2005 in Verbindung mit den Zugangs- und Netzentgeltverordnungen für Strom und Gas vom 25. Juli 2005).[28] Die Höhe der **Netznutzungsentgelte** richtet sich seit 2009 nach der sog. AnreizregulierungsVO von 2007,[29] auf deren Grundlage die Bundesnetzagentur Erlösobergrenzen festsetzt, um den Energieversorgungsunternehmen einen Anreiz zu Kostensenkungen zu geben.[30] Angesichts der **ausschließlichen Zuständigkeit der Bundesnetzagentur** für diese Regulierung (§ 111 EnWG) ist daneben für eine kartellbehördliche Kontrolle der Preise und Konditionen aufgrund des § 19 GWB kein Raum mehr (s. Rn. 19).

---

[24] *Markert,* BB 2001, 105 (108 f.).

[25] *BKartA* WuW/E DE-V 301 (305 Tz. 78); *Büdenbender,* ZIP 2000, 2225 ff.; *ders.,* ZWeR 2006, 233.

[26] BGHZ 163, 282 (289 ff.) = WuW/E DE-R 1513 – Stadtwerke Mainz; BGHZ 164, 333 (345 ff.) = NJW 2006, 684 (686 f. Tz. 27 ff.) – Stromnetznutzungsentgelt m. Anm. *Büdenbender,* ZWeR 2006, 233 und *Kühne,* NJW 2006, 654.

[27] S. *Lecheler/Gundel,* EuZW 2003, 621 (625 ff.).

[28] BGBl. I S. 2197, 2210, 2225 und 2243.

[29] BGBl. I S. 2529.

[30] S. z. B. *Lotze/Thomale,* WuW 2008, 257 (264 ff.).

IV. Missbrauchsaufsicht

1. §§ 19, 20 GWB

Das GWB kannte ursprünglich als (bescheidenen) Ausgleich für die weitgehende Freistellung der Versorgungswirtschaft von den Verboten des Gesetzes eine besondere Missbrauchsaufsicht der Kartellbehörden über die Energieversorgungsunternehmen. Grundlage war *§ 103 Abs. 5 S. 1 a. F.*, der zugleich in *S. 2 Nr. 1 bis 4 die wichtigsten Missbrauchsfälle* aufzählte. Es waren dies der Reihe nach der Behinderungsmissbrauch, der Preis- und der Konditionenmissbrauch, die unbillige Behinderung der industriellen Eigenversorgung sowie die grundlose Verweigerung von Durchleitungsrechten. Für die öffentliche Versorgung mit Wasser wiederholt seit 2013 § 31 Abs. 3 GWB im Wesentlichen diese Bestimmung (s. dazu im Einzelnen u. Rn. 49ff.). 18

Im Übrigen, also für die Elektrizitäts- und Gasversorgung ist § 103 Abs. 5 GWB a. F. 1998 aufgehoben worden, so dass die Energieversorgungsunternehmen seitdem ebenso wie andere Unternehmen der allgemeinen Missbrauchsaufsicht der Kartellbehörden aufgrund der §§ 19, 20 und 29 GWB unterliegen, freilich nur, soweit nicht in § 111 EnWG eine abweichende Regelung getroffen ist (§ 130 Abs. 3 GWB i. d. F. von 2007). **§ 111 EnWG** von 2005 i. d. F. von 2007 bestimmt in Abs. 1 S. 1, dass die §§ 19, 20 und 29 GWB *nicht* anzuwenden sind, soweit durch das EnWG oder durch aufgrund des EnWG erlassene Rechtsverordnungen ausdrücklich abschließende Regelungen getroffen werden (s. schon o. Rn. 17). *Abschließende Regelungen* in diesem Sinne enthalten nach Abs. 2 des § 111 EnWG die Bestimmungen des dritten Teils des EnWG über die Regulierung des Netzbetriebs, insbesondere also über den Netzzugang und die Netzentgelte (§§ 11–35 EnWG) sowie die zugehörigen Verordnungen über den Netzzugang und die Netzentgelte bei Gas und Strom vom 25. Juli 2005 (s. o. § 27 Rn. 127, u. Rn. 29; vgl. auch § 38 Rn. 14–16). § 111 Abs. 3 EnWG fügt noch hinzu, dass bei der Preismissbrauchsaufsicht über Energieversorgungsunternehmen aufgrund der §§ 19, 20 und 29 GWB Netzzugangsentgelte, die Bestandteile der kontrollierten Preise sind, als rechtmäßig zugrunde zu legen sind, soweit sie nach § 20 Abs. 1 EnWG veröffentlicht sind, dies deshalb, weil insoweit allein die Bundesnetzagentur zuständig ist. 19

Dies bedeutet, dass sich der **Anwendungsbereich der §§ 19, 20 und 29 GWB** auf den nicht regulierten Bereich beschränkt, d. h. auf den gesamten weiten Bereich der Erzeugung, des Handels und des Vertriebs von Energie einschließlich des Verkaufs an Letztverbraucher.[31] Wegen der Einzelheiten ist insoweit auf die Ausführungen zu dem Missbrauchs- und Diskriminierungsverbot der §§ 19 und 20 GWB zu verweisen (s. o. §§ 27 und 28). Soweit es speziell um den Preismissbrauch geht, findet sich heute außerdem daneben eine Sonderregelung in § 29 GWB (dazu unten Rn. 22ff.). Bei der Anwendung der §§ 19 und 20 GWB auf Energieversorgungsunternehmen kann heute auf die umfangreiche Rechtsprechung zu § 103 GWB a. F. nur noch mit Vorsicht zurückgegriffen werden, weil § 103 GWB a. F. auf der grundsätzlichen *Billigung* der heute aufgehobenen Gebietsmonopole der Energieversorgungsunternehmen beruhte. Eine Reihe von Fallgruppen aus der Praxis zu § 103 GWB a. F. hat gleichwohl seine Relevanz behalten, nicht nur natürlich im Rahmen der Missbrauchsaufsicht über die 20

---

[31] S. schon o. § 27 Rn. 127 sowie z. B. *BKartA* TB 2003/2004, S. 31; *Lotze/Thomale,* WuW 2008, 257; *Ludwigs,* WuW 2008, 534 (535ff.).

Wasserwirtschaft aufgrund des § 31 Abs. 3 und 4 GWB (= § 103 GWB a. F., dazu u. Rn. 49ff.), sondern auch im Rahmen der allgemeinen Missbrauchsaufsicht über Energieversorgungsunternehmen nach den §§ 19 und 20 GWB.

21 **Beispiele** für missbräuchliche Verhaltensweisen von Energieversorgungsunternehmen aus der Praxis zu § 103 GWB a. F., die auch heute noch im Rahmen der §§ 19 und 20 GWB Bedeutung haben, sind ein rechtswidriges, weil gegen den AEUV verstoßendes Verhalten,[32] insbesondere durch die Vereinbarung rechtlicher oder faktischer *Ausschließlichkeitsbindungen* zulasten der Abnehmer (Art. 101 AEUV),[33] die Forderung überhöhter, durch das Gesetz nicht mehr gedeckter Baukostenzuschüsse,[34] eine unbillige Lastenverteilung in den Versorgungsbedingungen,[35] ferner die Verweigerung der Einrichtung technisch möglicher Anlagen mit rationalisierendem oder verbilligendem Effekt, etwa durch die drastische Erhöhung des Gaspreises bei Benutzung einer Wärmepumpe,[36] außerdem (obwohl allgemein üblich) die Abwälzung der Verluste aus den Verkehrsbetrieben im Rahmen des sog. *Querverbundes* auf die Strompreise durch kommunale Verbundunternehmen[37] sowie schließlich die Anwendung den Strom unnötig verteuernder Messverfahren.[38] Gleich stehen heute Maßnahmen der Energieversorgungsunternehmen zu dem Zweck, den langsam aufkommenden *Wettbewerb* um die Abnehmer von vornherein zu *verhindern.* Beispiele sind außer den bereits erwähnten rechtlichen oder faktischen Ausschließlichkeitsbindungen insbesondere sog. *Wechselgebühren,* die die Energieversorgungsunternehmen in ihren Tarifen solchen Kunden auferlegen, die es „wagen", zu einem anderen Strom- oder Gasanbieter zu wechseln, durch die mit anderen Worten die Kunden dafür bestraft werden sollen, dass sie von den Vorteilen der Aufhebung der Gebietsmonopole Gebrauch machen wollen.[39]

2. § 29 GWB

Literatur: *MK,* 19. HauptGA 2010/2011, 2012, Tz. 626ff. (S. 265ff.); *Baumgart/Rasbach/Rudolph,* FS Kühne, 2009, S. 25; *Becker/Blau,* Die Preismissbrauchsnovelle in der Praxis, 2010; *Ehricke,* EuZW 2007, 717, *Gussone/Heymann,* in: Bien (Hrsg.), Das deutsche Kartellrecht nach der 8. GWB-Novelle, 2013, S. 233 (259ff.); *Heitzer,* WuW 2007, 854; *Kolpatzik/Berg,* WuW 2011, 712; *Lohse,* FS Kreutz, 2010, S. 715; *Lotze/Thomale,* WuW 2008, 257; *Markert,* ZNER 2007, 365; *Ritter/Lücke,* WuW 2007, 698; *Schneider/Theobald,* Recht der Energiewirtschaft, 3. Aufl., 2011.

a) Geschichte

22 Nach § 29 S. 1 GWB von 2007 ist es Energieversorgungsunternehmen, die allein oder zusammen mit anderen Versorgungsunternehmen marktbeherrschend sind, (vorerst) bis 2017 (s. § 131 Abs. 1 GWB von 2013) verboten, diese Stellung missbräuchlich auszunutzen, indem sie (1.) Entgelte oder sonstige Geschäftsbedingungen fordern, die ungünstiger sind als diejenigen anderer Versorgungsunternehmen oder von Unternehmen auf vergleichbaren Märkten, außer wenn das Versorgungsunternehmen nach-

[32] *BKartA* TB 1987/88, S. 108 (l. Sp. o.).

[33] *OLG Düsseldorf* WuW/E DE-R 854 (860ff.) – Stadtwerke Aachen.

[34] BGHZ 74, 327 (339f.) = MDR 1980, 32; *OLG Celle* ZfE 1979, 139; *BKartA* TB 1978, S. 98f.

[35] Begr. z. RegE, BT-Drs. 8/2136, S. 33; *BKartA* TB 1979/80, S. 110.

[36] *BKartA* TB 1979/80, S. 116.

[37] Begr. z. RegE, BT-Drs. 8/2136, S. 33; *BKartA* TB 1979/80, S. 116; 1983/84, S. 114; *LKartB NRW* WuW/E LKartB 233; sehr str.

[38] *BGH* LM § 104 GWB Nr. 1 = WuW/E BGH 655.

[39] *OLG Naumburg* NJW-RR 2001, 1617 = JuS 2002, 298 Nr. 16; *LKartB Bayern* WuW/E DE-V 347; s. jetzt auch § 20a EnWiG von 2011 und dazu *Theobald/Gey-Kern,* EuZW 2011, 896 (898).

weist, dass die Abweichung sachlich gerechtfertigt ist, wobei jedoch die Umkehr der Beweislast allein für Verfahren vor den Kartellbehörden gilt (Nr. 1 a. a. O.) oder (2.) Entgelte fordert, die die Kosten in unangemessener Weise überschreiten (Nr. 2 a. a. O.), wobei nach S. 2 der Vorschrift Kosten, die sich ihrem Umfang nach im Wettbewerb nicht einstellten, bei der Feststellung eines Missbrauchs nicht berücksichtigt werden dürfen. S. 3 der Vorschrift fügt hinzu, dass die §§ 19 und 20 GWB unberührt bleiben. Zur Begründung hat die **Bundesregierung** 2007 ausgeführt, auf den Energiemärkten habe sich immer noch nicht ein funktionierender Wettbewerb entwickelt, so dass die Energiepreise auf ein volkswirtschaftlich bedenkliches Niveau gestiegen seien, woraus sich die Notwendigkeit einer verschärften Preismissbrauchsaufsicht ergebe. **Maßstab** sollten einmal die Preise anderer Energieversorgungsunternehmen sowie sonstiger Unternehmen auf im Übrigen vergleichbaren Märkten, zum anderen die absolute Überhöhung der Preise eines Energieversorgungsunternehmens sein, womit die Prüfkonzepte der Kostenkontrolle und der Gewinnbeschränkung im Gesetz festgeschrieben würden.[40]

Die **Geltungsdauer** des § 29 GWB war ursprünglich bis 2012 befristet (§ 131 Abs. 7 23
GWB von 2007), weil man (angeblich) die Hoffnung hatte, dass bis Ende des Jahres 2012 der Wettbewerb auf den Energiemärkten funktionieren werde.[41] Davon kann natürlich keine Rede sein, weshalb durch die 8. GWB-Novelle von 2013 die Geltungsdauer der Vorschrift (vorerst) bis Ende 2017 verlängert wurde (§ 131 Abs. 1 GWB von 2013), und zwar mit der Begründung, der Wettbewerb auf den Gas- und Strommärkten habe sich „noch nicht hinreichend entwickelt".[42] Die Bundesregierung zog bei dieser Gelegenheit zwar eine insgesamt positive Bilanz der bisherigen Anwendung des § 29 GWB, meinte aber, eine befristete Verlängerung der Anwendbarkeit des § 29 GWB sei zum Schutze der Verbraucher auf allen Märkten weiterhin nötig, auf denen sich der Wettbewerb noch nicht endgültig entfaltet habe.

§ 29 GWB ist der vorläufige Endpunkt einer langen leidvollen Geschichte der **Preis-** 24
missbrauchsaufsicht der Kartellbehörden über die Energieversorgungsunternehmen, die bis zur Aufhebung des § 103 GWB a. F. im Jahre 1998 ganz im *Mittelpunkt* der Kontrolle der Kartellbehörden über die Energieversorgungsunternehmen gestanden hatte.[43] Grundlage der Preismissbrauchsaufsicht der Kartellbehörden war § 103 Abs. 5 S. 2 Nr. 2 GWB a. F. gewesen, der heute in Gestalt des § 31 Abs. 4 Nr. 2 GWB für die Wasserwirtschaft eine unerwartete Wiedergeburt erlebt hat. Wegen der Einzelheiten ist deshalb auf die Ausführungen zu der zuletzt genannten Vorschrift im Rahmen der Behandlung der Sonderregeln für die Wasserwirtschaft zu verweisen (unten Rn. 52ff.). Hier nur so viel:

§ 103 Abs. 5 S. 2 Nr. 2 GWB a. F forderte einen Vergleich der Preise (oder Geschäfts- 25
bedingungen) eines Versorgungsunternehmens mit denen gleichartiger anderer Versorgungsunternehmen. Mit dieser Regelung hatte der Gesetzgeber 1980 an die vorausgegangene Praxis des BGH zur Preismissbrauchsaufsicht über Versorgungsun-

[40] S. die Begr. z. RegE, BT-Drs. 16/5847, S. 9, 11 = WuW 2008, 295 (303, 305f.); den Ausschussbericht, BT-Drs. 16/7156 = WuW 2008, 314 (323).

[41] *Heitzer,* WuW 2007, 854 (856f.); *Ritter/Lücke,* WuW 2007, 698 (700f.).

[42] Begr. z. RegE von 2012, BT-Drs. 17/9852, S. 335.

[43] S. eingehend *MK,* Die Missbrauchsaufsicht über Gas- und Fernwärmeunternehmen, SonderGA 21, 1991.

ternehmen nach § 104 GWB a. F. angeknüpft.[44] Danach war es zwar grundsätzlich zulässig gewesen, eine missbräuchliche Überhöhung der Preise eines Versorgungsunternehmens durch Vergleich mit den Preisen eines anderen gleichartigen Versorgungsunternehmens und damit durch den **Vergleich** der Preise **zweier Monopolisten** (Gegensatz: der sog. fiktive Wettbewerbspreis) festzustellen. Der Vergleich wurde jedoch dadurch erheblich erschwert, dass dabei zugunsten des betroffenen Versorgungsunternehmens auch die durch die *Struktur* seines Versorgungsgebietes *bedingten Kosten* (im Gegensatz zu den sog. unternehmensindividuellen Kosten) *berücksichtigt* werden mussten. Ein Missbrauch wurde obendrein nur angenommen, wenn die von dem Energieversorgungsunternehmen geforderten Preise die (korrigierten) Vergleichspreise *erheblich* überstiegen (sog. **Erheblichkeitszuschlag**).[45]

26 Um hier zumindest ein wenig gegenzusteuern, hatte der Gesetzgeber bereits 1980 die **Beweislast** für das Vorliegen besonderer struktureller Gegebenheiten **umgekehrt,** wenn sich ein Energieversorgungsunternehmen zur Rechtfertigung von Preisunterschieden auf derartige Gegebenheiten berufen wollte. Ausgangspunkt für die Preismissbrauchsaufsicht nach § 103 Abs. 5 S. 2 Nr. 2 GWB a. F. blieb aber weiterhin der **Monopolpreisvergleich,** d. h. der Vergleich der Preise (oder Konditionen) des fraglichen Energieversorgungsunternehmens mit denen „gleichartiger" anderer, ebenfalls monopolistischer Energieversorgungsunternehmen. Dieses Merkmal wurde und wird ganz *weit* ausgelegt. Zwei Versorgungsunternehmen sind schon dann als *gleichartig* anzusehen, wenn zwischen ihnen hinsichtlich der wirtschaftlichen Rahmenbedingungen aus der Sicht der Abnehmer keine wesentlichen Unterschiede bestehen.[46] Als gleichartig galten daher z. B. kommunale und regionale Energieversorgungsunternehmen,[47] Liefer- und Verteilerunternehmen[48] sowie benachbarte Energieversorgungsunternehmen, *nicht* dagegen die Lieferanten von Erdgas und von Stadtgas.[49] Folglich konnten z. B. die Konditionen benachbarter Gasversorger verglichen werden, ohne dass sich die Kartellbehörden auf einen Vergleich der Preise oder Konditionen des fraglichen Energieversorgungsunternehmens mit denen auf dem allgemeinen Wärmemarkt (sog. fiktiver Wettbewerbspreis) einlassen mussten. Für die Annahme eines Missbrauchs reichte es außerdem bereits aus, wenn *eine* Abnehmergruppe schlechter als bei einem Nachbarunternehmen behandelt wurde, während es keine Rolle spielte, ob das fragliche Energieversorgungsunternehmen bei der gebotenen Preissenkung seine Kosten noch decken konnte.[50]

27 Diese Rechtsprechung beruhte maßgeblich auf der früheren Erlaubnis der Gebietsmonopole der Energieversorgungsunternehmen, so dass mit deren Aufhebung im Jahre 1998, von der öffentlichen Wasserversorgung abgesehen (§ 31; Rn. 38, 49ff.), ihre

---

[44] Begr. z. RegE, BT-Drs. 8/2136, S. 33f.

[45] S. schon o. § 27 Rn. 113ff.; BGHZ 59, 42 (47) = NJW 1972, 1369 = JuS 1972, 603 Nr. 10 – OBAG; BGHZ 68, 23 (33, 36) = NJW 1977, 679 – Valium I; BGHZ 76, 142 (149ff.) = NJW 1980, 1164 – Valium II; ebenso der Sache nach noch *BGH* NJW-RR 2010, 618 = WuW/E DE-R 2739 – Entega I.

[46] BGHZ 184, 168 (175f. Tz. 28ff.) – Wasserversorgung Wetzlar.

[47] BGHZ 129, 37 (46f.) = NJW 1995, 1894 – Weiterverteiler – m. Anm. *Mestmäcker,* JZ 1995, 965.

[48] *BKartA* WuW/E BKartA 2843 (2847) – Spreegas; bestätigt durch *KG* WuW/E OLG 5926 (5929) – Spreegas.

[49] BGHZ 130, 390 (396) = NJW 1996, 193 – Stadtgaspreise.

[50] BGHZ 129, 37 (48ff.) = NJW 1995, 1894; BGHZ 135, 323 = NJW 1997, 3173 – Gaspreis; *KG* WuW/E OLG 5926 (5929ff.) – Spreegas.

Grundlage entfallen war. Maßgebend waren stattdessen fortan dieselben Regeln wie für andere marktbeherrschende Unternehmen (§§ 19 Abs. 2 Nr. 2 und 3, 130 Abs. 3 GWB; s. § 27 Rn. 113ff.). Infolgedessen war zunächst an die Stelle des Monopolpreisvergleichs (o. Rn. 26) der Vergleich mit dem wettbewerbanalogen Preis auf der Grundlage des **Vergleichsmarktkonzepts** getreten, der aber von Fall zu Fall auch an den Preisen konkurrierender Energieversorgungsunternehmen abgelesen werden kann, sobald sich einmal Wettbewerbselemente auf den Märkten für Strom und Gas durchsetzen sollten.[51]

An den unaufhörlich steigenden Strom- und Gaspreisen vermochte freilich diese notwendigerweise immer auf Einzelfälle beschränkte Preismissbrauchsaufsicht der Kartellbehörden auf der Grundlage des § 19 Abs. 2 Nr. 2 und 3 GWB (o. Rn. 27) nichts zu ändern. Infolgedessen sah sich die Bundesregierung wegen der zunehmenden Sensibilisierung der Öffentlichkeit für dieses in der Tat drängende Problem, durch das zunehmend der Wirtschaftsstandort Deutschland bedroht wird, zum Handeln aufgerufen. Ergebnis war der neue § 29 GWB aus dem Jahre 2007.[52] 28

Durch § 29 GWB soll – vorübergehend bis zur Entfaltung kompetitiver Prozesse auf den Gas- und Strommärkten (s. § 131 Abs. 1 GWB) – die allgemeine Missbrauchsaufsicht über marktbeherrschende Energieversorgungsunternehmen aufgrund des § 19 GWB (die nach § 29 S. 3 GWB unberührt bleibt, s. Rn. 37) durch eine besondere verschärfte Preismissbrauchsaufsicht über bestimmte marktbeherrschender Anbieter von Elektrizität oder Gas anhand der beiden Maßstäbe des § 29 S. 1 Nrn. 1 und 2 GWB ergänzt werden. Das BKartA ist dementsprechend aufgrund des § 29 GWB bisher in zahlreichen Verfahren aufgrund einer sehr engen Marktabgrenzung gegen in seinen Augen marktbeherrschende Lieferanten von Gas und Heizstrom vorgegangen, um eine Senkung der Verbraucherpreise durchzusetzen.[53] In keinem dieser Verfahren ist es indessen bisher zu einer gerichtlichen Überprüfung der Vorgehensweise des Amtes gekommen, da sich die betroffenen Unternehmen durchweg unter dem Druck der Verfahren zu Preissenkungen bereit fanden, teilweise im Rahmen von Verpflichtungszusage nach § 32b GWB.[54] Eine Ausnahme bildet bislang, soweit ersichtlich, lediglich das offenbar noch nicht abgeschlossene Entega-Verfahren.[55] 29

b) Anwendungsbereich

Der Anwendungsbereich des § 29 GWB beschränkt sich auf marktbeherrschende **„Versorgungsunternehmen"**, worunter das Gesetz hier alle Anbieter von Elektrizität oder „leitungsgebundenem" Gas (im Gegensatz etwa zu Flüssiggas) versteht. Der Begriff wird ganz *weit* interpretiert; auf die zusätzliche Unterhaltung von Netzen kommt es daher im vorliegenden Zusammenhang nicht an.[56] Fernwärmeunternehmen werden – entgegen der ursprünglichen Absicht der Gesetzesverfasser – jedoch nicht er- 30

[51] S. *Büdenbender,* ZWeR 2006, 233; *Möschel,* WuW 1999, 5 (10ff.); *Markert,* BB 2001, 105 (108f.).

[52] BGBl. I S. 2966.

[53] S. *MK,* 19. HauptGA, 2010/2011, Tz. 626ff.; *BKartA,* TB 2009/2010, S. 35.

[54] Z. B. *BKartA* WuW/E DE-V 1704 – Rhein-Energie; sehr kritisch zu diesen Verfahren aus der Sicht der betroffenen Unternehmen *Baumgart/Rasbach/Rudolph,* FS Kühne, 2009, S. 25–61; *Gussone/Heymann,* in: Bien (Hrsg.), Das deutsche Kartellrecht nach der 8. GWB-Novelle, 2013, S. 233, 267ff.

[55] *BKartA,* Beschl. v. 19.3.2012 – B 10–16/09; *MK,* 19. HauptGA, 2010/2011, Tz. 627.

[56] Z. B. *Bechtold,* GWB, § 29 Rn. 7.

fasst. Hinzu kommen muss noch, dass das fragliche Versorgungsunternehmen allein oder zusammen mit anderen Versorgungsunternehmen (in dem genannten Sinne) **marktbeherrschend** im Sinne des § 18 Abs. 1 oder 5 GWB ist. Es spielt mit anderen Worten keine Rolle, ob es sich um einen Fall der Einzelmarktbeherrschung oder um einen solchen der gemeinsamen Beherrschung handelt, so dass in den Anwendungsbereich des § 29 GWB insbesondere auch das marktbeherrschende Duopol von RWE und E.ON fällt. Das spezielle Missbrauchsverbot des § 29 GWB gilt in diesem Fall für jedes einzelne Oligopolmitglied.

c) Missbrauch

31 **(1)** Den Versorgungsunternehmen (Rn. 30) ist es zunächst nach § 29 S. 1 Nr. 1 GWB grundsätzlich verboten, auf dem beherrschten Markt Entgelte oder sonstige Geschäftsbedingungen zu fordern, die ungünstiger sind als diejenigen (beliebiger) anderer Versorgungsunternehmen *oder* von sonstigen Unternehmen auf vergleichbaren Märkten – außer bei sachlicher Rechtfertigung der Abweichung (dazu Rn. 35). Das Gesetz unterscheidet hier somit **zwei Alternativen.** Die erste besteht aus dem **Vergleich der Entgelte** des fraglichen Versorgungsunternehmen mit denen eines beliebigen anderen **Versorgungsunternehmens** (zur 2. Alternative s. Rn. 33). Das Bundeskartellamt verfährt insoweit nach dem *Konzept des mengengewichteten Nettovergleichs;* gemeint ist damit, dass verglichen werden die *Erlöse* der gegenübergestellten Versorgungsunternehmen aufgrund von Tarifen, in denen sich die Mehrzahl der Kunden befindet, abzüglich der regulierten Netznutzungsentgelte sowie der jeweiligen Konzessionsabgaben, und zwar deshalb, weil die Versorgungsunternehmen auf diese Posten keinen Einfluss hätten.[57] Nicht berücksichtigt werden dagegen unterschiedliche Bezugskosten, eben, weil von den Unternehmen beeinflussbar.[58] Nicht jede Differenz, die sich bei diesem Vergleich ergibt, führt freilich automatisch zur Annahme eines Missbrauchs, weil das Bundeskartellamt den betroffenen Unternehmen außerdem einen **Erheblichkeitszuschlag** zubilligt, dessen Höhe sich nach der Wettbewerbsintensität des Vergleichsmarktes richten soll.[59]

32 Bei der Würdigung diese Regelung muss man beachten, dass angesichts der hochdifferenzierten Versorgungsmärkte von vornherein nur **Versorgungsunternehmen auf demselben Markt,** insbesondere auf derselben Versorgungsstufe miteinander vergleichbar sind. Der Vergleich eines großen Verbundunternehmens mit einem kleinen lokalen Versorger ist ohne Aussagekraft. Nach Meinung der Gesetzesverfasser kann dies freilich erst im Rahmen der Prüfung berücksichtigt werden, ob die Abweichung sachlich gerechtfertigt ist.[60] Für die betroffenen Unternehmen hat das freilich die fatale Folge, dass sie dafür dann in den Verfahren vor den Kartellbehörden (nicht vor den ordentlichen Gerichten) die volle **Beweislast** tragen. Ob das hinnehmbar ist, wird mit guten Gründen bezweifelt weshalb vielfach verlangt wird, dass die Kartellbehörden – im Rahmen der ihnen obliegenden Amtsermittlung (§ 57 GWB) – bei der

---

[57] *BKartA* WuW/E DE-V 1704 Tz. 18ff., 28f. – Rhein-Energie; *Baumgart/Rasbach/Rudolph,* FS Kühne, 2009, S. 25 (27, 32ff.); *Bechtold,* GWB, § 29 Rn. 8–11; sehr kritisch dagegen *MK,* 19. HauptGA, 2010/2011, Tz. 629ff.

[58] Dagegen *Baumgart/Rasbach/Rudolph,* FS Kühne, 2009, S. 25 (35f.).

[59] *BKartA* WuW/E DE-V 1704 Tz. 27; *Ritter/Lücke,* WuW 2007, 698 (706f.); auch dazu sehr kritisch *MK,* 19. HauptGA, 2010/2011, Tz. 641ff.

[60] Begr. z. RegE, BT-Drs. 16/5847, S. 11 = WuW 2008, 295 (306); s. u. Rn. 35.

Missbrauchsaufsicht **nur** in dem genannten Sinne **vergleichbare Unternehmen** als Maßstab heranziehen.[61]

Als 2. Alternative eröffnet § 29 S. 1 Nr. 1 GWB den Kartellbehörden ferner die Möglichkeit eines Vergleichs mit den **Entgelten von** (anderen, sonstigen) **Unternehmen auf vergleichbaren Märkten.** Dabei ist nicht an Versorgungsunternehmen zu denken (für diese gilt nur die 1. Alternative, Rn. 31 f.), sondern an Unternehmen auf dritten Märkten, sofern sie mit Energiemärkten vergleichbar sind, etwa weil sie ebenfalls eine Netzstruktur aufweisen.[62] In der Praxis zu § 29 GWB hat dieser Fall bisher, soweit ersichtlich, keine Rolle gespielt. Und es darf füglich bezweifelt werden, ob er überhaupt praktikabel ist, da nach den bisherigen Erfahrungen zwischen sämtlichen für einen derartigen Vergleich (im Rahmen des Vergleichsmarktkonzepts) allenfalls in Betracht kommenden Märkten bei näherem Zusehen tatsächlich doch so erhebliche Unterschiede bestehen, dass der Vergleich wegen der deshalb erforderlichen vielfältigen Zuschläge und Korrekturen letztlich ohne Aussagekraft ist. Den Wettbewerbspreis kann man eben nicht einfach „errechnen“. 33

§ 29 GWB greift ein, wenn der Vergleich (Rn. 31–33) ergibt, dass die Entgelte oder Geschäftsbedingungen des betreffenden Versorgungsunternehmens *ungünstiger* als die des zum Vergleich herangezogenen anderen Unternehmens sind. Auch was damit gemeint ist, ist noch nicht endgültig geklärt. Soweit es um die **Entgelte** geht, wird meistens darauf abgestellt, ob sie im Schnitt, d. h. wohl gewogen nach der Zahl der Kunden in den einzelnen Tarifen, **höher** als bei dem Vergleichsunternehmen sind. Ganz unklar ist dagegen, worauf bei den **Geschäftsbedingungen** abzustellen ist. Maßstab kann hier im Grunde nur das dispositive Recht sein (und nicht die Geschäftsbedingungen irgendeines anderen Unternehmens). 34

Erweisen sich die Entgelte des Versorgungsunternehmens oder seine Geschäftsbedingungen als ungünstiger als die des zum Vergleich herangezogenen anderen Unternehmens (Rn. 34), so ist zunächst einmal von einem *Missbrauch* auszugehen, außer wenn das Versorgungsunternehmen nachweist, dass die Abweichung **sachlich gerechtfertigt** ist, wobei diese Umkehr der Darlegungs- und Beweislast nur für das Verfahren vor den Kartellbehörden aufgrund des § 32 GWB gilt, nicht dagegen für Verfahren vor den ordentlichen Gerichten. Als Rechtfertigungsgründe kommen vor allem strukturelle Unterschiede zwischen den verglichenen Unternehmen in Betracht, darüber hinaus aber auch sonstige Umstände, die es ausschließen, die von dem Vergleichsunternehmen geforderten Entgelte zu verallgemeinern. Den betroffenen Unternehmen wird von dem Bundeskartellamt außerdem (erstaunlicherweise) der Einwand gestattet, dass sie bei einer Senkung ihrer Entgelte auf das Niveau der Vergleichsunternehmen ihre *Kosten nicht* mehr decken könnten.[63] 35

[61] Ausschussbericht, BT-Drs. 16/7156 = WuW 2008, 314 (323); *Baumgart/Rasbach/Rudolph,* FS Kühne, 2009, S. 25 (37 ff.); *Bechtold,* GWB, § 29 Rn. 11; *Lotze/Thomale,* WuW 2008, 257 (261 f.); *Gussone/Heymann,* in: Bien (Hrsg.), Das deutsche Kartellrecht nach der 8. GWB-Novelle, 2013, S. 233, 277 ff.; *Ritter/Lücke,* WuW 2007, 698 (703).

[62] Begr. z. RegE, BT-Drs. 16/5847, S. 11 = WuW 2008, 295 (308).

[63] *BKartA* WuW/E DE-V 1704 Tz. 30 – Rhein-Energie; zustimmend MK, 19. HauptGA, 2010/2011, Tz. 631 ff.; *Baumgart/Rasbach/Rudolph,* FS Kühne, 2009, S. 25 (37); – dagegen zu Recht *Ritter/Lücke,* WuW 2007, 698 (704).

36 **(2)** Von einem Missbrauch ist ferner nach § 29 S. 1 Nr. 2 GWB – der 2. Fall – grundsätzlich auszugehen, wenn das marktbeherrschende Versorgungsunternehmen Entgelte fordert, die die **Kosten** in unangemessener Weise **überschreiten,** wobei nach S. 2 der Vorschrift Kosten, die bei Wettbewerb vermieden würden, nicht berücksichtigt werden dürfen, um zu verhindern, dass die Versorgungsunternehmen ihre Kosten künstlich inflationieren, um überhöhte Preise mit überhöhten Kosten „rechtfertigen" zu können. Damit wurde das aus der Praxis zu Art. 102 AEUV bekannte Konzept der Gewinn- oder **Gewinnspannenbegrenzung** im Gesetz festgeschrieben. Wegen der Einzelheiten kann daher auf die Ausführungen zu Art. 102 AEUV verwiesen werden (§ 10 Rn. 19). Unklar ist insbesondere, von welchem **Kostenbegriff** das Gesetz hier ausgeht; in den Gesetzesberatungen wurde diese Frage bewusst offen gelassen.[64] Ebenso unklar ist, auf welche **Maßstäbe** die Kartellbehörden im Rahmen der vom Gesetz verlangten Kostenkontrolle nach Nr. 2 des § 29 S. 1 GWB rekurrieren sollen. Zu beachten bleibt schließlich, dass nur eine Überschreitung der Kosten **in unangemessener,** d. h. wohl in erheblicher und sachlich nicht mehr zu rechtfertigender **Weise,** den Missbrauchsvorwurf nach § 29 S. 1 Nr. 2 GWB zu rechtfertigen vermag. Aus alledem folgt jedenfalls, dass mit der Nr. 2 des § 29 S. 1 GWB, wenn überhaupt, so *nur Extremfälle* erfasst werden können.[65] Und es ist bezeichnend, dass die ganze Regelung bisher keinerlei praktische Bedeutung erlangt hat.

d) Rechtsfolgen

37 § 29 GWB ist ebenso wie die §§ 19 und 20 GWB ein unmittelbar anwendbares **gesetzliches Verbot** im Sinne des § 134 BGB, so dass die betroffenen Abnehmer im Falle des Verstoßes eines Versorgungsunternehmens gegen § 29 GWB im Ergebnis **Rückzahlung** der überhöhten Entgelte verlangen können (§§ 134 und 812 Abs. 1 S. 1 Fall 1 BGB).[66] Außerdem kann die zuständige **Kartellbehörde** nach § 32 GWB gegen das Versorgungsunternehmen vorgehen und ihm untersagen, die sich aus § 29 GWB ergebende Obergrenze für die Zulässigkeit von Entgelten zu überschreiten. Die Kartellbehörde kann heute ferner die Rückzahlung der überhöhten Entgelte anordnen, wovon das Bundeskartellamt durchweg Gebrauch macht (§ 32 Abs. 2a S. 1 GWB von 2013). Verstöße gegen § 29 GWB stellen schließlich noch eine Ordnungswidrigkeit dar (§ 81 Abs. 2 Nr. 1 GWB).

38 Nach § 29 S. 3 GWB bleibt das allgemeine Missbrauchs- und Diskriminierungsverbot der **§§ 19 und 20 GWB** unberührt. Das ist wichtig, wenn es sich nicht gerade um einen Preismissbrauch, sondern um einen sonstigen Missbrauch handelt. Unberührt bleiben selbstverständlich ferner die allgemeinen zivilrechtlichen Folgen missbräuchlichen Verhaltens, wobei insbesondere an § 138 BGB, an Schadensersatzansprüche nach § 826 BGB oder § 33 GWB, ebenso aber auch an § 315 BGB zu denken ist, der in der jüngsten Praxis zunehmende Bedeutung erlangt hat.

[64] Begr. z. RegE, BT-Drs. 16/5847, S. 11 = WuW 2008, 295 (308); *Gussone/Heymann,* in: Bien (Hrsg.), Das deutsche Kartellrecht nach der 8. GWB-Novelle, 2013, S. 233, 266 f.; *Ritter/Lücke,* WuW 2007, 698 (707 ff.).

[65] *Heitzer,* WuW 2007, 854 (857).

[66] Z. B. *Bechtold,* GWB, § 29 Rn. 38.

V. Wasserwirtschaft

Literatur: *MK,* 19. Hauptgutachten 2010/2011, Tz. 601ff. (S. 260ff.); *Bardt,* Wettbewerb im Wassermarkt, 2006; *Busse von Colbe,* FS Säcker, 2011, S. 575; *Daiber,* WuW 1996, 361; *ders.*, WUW 2010, 1141; *ders.*, NJW 2013, 1990; *ders.*, FS Becker, 2006, S. 457; *Gussone/Heymann,* in: Bien (Hrsg.), Das deutsche Kartellrecht nach der 8. GWB-Novelle, 2013, S. 233; *Ritzenhoff,* WRP 2010, 727.

1. Überblick

Seit der 8. GWB-Novelle von 2013 enthält das Gesetz heute (wieder) einen regelrechten Ausnahmebereich für einen ganzen Wirtschaftszweig, nämlich für die sogenannte Wasserwirtschaft aufgrund der §§ 31 bis 31b GWB. Gemeint sind damit die Wasserversorgungsunternehmen, unter denen das Gesetz sämtliche Unternehmen der öffentlichen Versorgung mit Wasser, insbesondere also die kommunalen Wasserversorgungsunternehmen versteht (§ 31 Abs. 1 GWB). Für den so umschriebenen Wirtschaftszweig bestimmt das Gesetz in § 31 Abs. 1 zunächst, dass das Kartellverbot des § 1 GWB keine Anwendung auf die hier üblichen wettbewerbsbeschränkenden Verträge findet, die die Grundlage der Gebietsmonopole der Wasserversorgungsunternehmen bilden. Es sind dies der Reihe nach die Demarkations- und Konzessionsverträge sowie die Preisbindungs- und Verbundverträge. Den Ausgleich für die Erlaubnis der Gebietsmonopole aufgrund der genannten Verträge bildet die Missbrauchsaufsicht der Kartellbehörden nach § 31 Abs. 3 und 4 GWB. Die Verträge müssen außerdem schriftlich abgefasst und bei der Kartellbehörde angemeldet werden (§§ 31 Abs. 2 und 31a GWB). Die Befugnisse der Kartellbehörden im Rahmen der Missbrauchsaufsicht ergeben sich im Einzelnen aus § 31b Abs. 3 GWB, der auch dann anwendbar ist, wenn die Kartellbehörden gegen ein marktbeherrschendes Wasserversorgungsunternehmen nach § 19 GWB vorgehen (§ 31b Abs. 5 und 6 GWB). 39

Die geschilderte Regelung ist entgegen dem ersten Eindruck keineswegs neu, sondern im Gegenteil uralt (und längst überholt). Denn die Freistellung der Versorgungswirtschaft von dem Kartell- und Preisbindungsverbot erstreckte sich von Anfang an auch auf die (früher freilich kaum beachtete) Wasserwirtschaft (§ 103 Abs. 1 GWB von 1957). Nach der Aufhebung des § 103 GWB im Jahre 1998 (um endlich die Strom- und Gasmärkte dem Wettbewerb ein wenig zu öffnen) wurde die Freistellung der Wasserwirtschaft aus rein fiskalischen Gründen und zum offenbaren Schaden der Verbraucher beibehalten, und zwar auf Druck der Länder, die um die Finanzen der Kommunen fürchteten (zunächst Art. 2 der 6. GWB-Novelle von 1998 und ab 2005 § 131 Abs. 6 GWB a. F.) und schließlich, weil inzwischen die Kraft zu wettbewerbspolitischen Reformen total abhandengekommen ist, einfach in Dauerrecht verwandelt (s. schon o. Rn. 2). Die unvermeidliche Konsequenz ist, dass Deutschland inzwischen die höchsten Wasserpreise der Welt hat.[67] Man nennt das bei uns „soziale Marktwirtschaft". 40

Momentan gibt es in Deutschland über 6000 Wasserversorgungsunternehmen, meistens in der Rechtsform von Regie- oder Eigenbetrieben der Gemeinden, zum Teil aber auch in Privatrechtsform als Tochtergesellschaften der Gemeinden oder deren Versorgungsunternehmen.[68] Die Benutzungsverhältnisse sind teilweise öffentlich-rechtlich, 41

---

[67] *Busse von Colbe,* FS Säcker, 2011, S. 575.

[68] *Busse von Colbe,* FS Säcker, 2011, S. 575 (577).

teilweise privatrechtlich gestaltet.[69] Dieser an sich belanglosen Frage kommt im vorliegenden Zusammenhang zentrale Bedeutung bei, weil davon heute zum Teil die Anwendbarkeit des Kartellrechts abhängt. Schon immer war umstritten gewesen, ob auf die von den Gemeinden im Rahmen öffentlich-rechtlicher Benutzungsverhältnisse verlangten Gebühren das Kartellrecht angewandt werden kann. Überwiegend wurde die Frage bereits früher verneint. Aber die kritischen Stimmen mehrten sich in letzter Zeit, einfach, um den Gemeinden die immer beliebtere „Flucht ins Gebührenrecht" (nämlich vor der kartellrechtlichen Preismissbrauchskontrolle) zu versperren, so dass insbesondere auch die Gebühren der kommunalen Wasserversorgungsunternehmen der Missbrauchsaufsicht unterworfen wurden.[70]

42 Die skizzierte Entwicklung alarmierte natürlich die wettbewerbsfeindlichen Länder und Kommunen aufs Äußerste, weshalb sie in der 8. GWB-Novelle von 2013 – buchstäblich im letzten Augenblick – auch noch eine **Ausnahme für Gebühren** durchsetzten.[71] § 130 Abs. 1 S. 2 GWB bestimmt seitdem, dass die §§ 19, 20 und 31b Abs. 5 GWB keine Anwendung auf öffentlich-rechtliche Gebühren und Beiträge finden. Dadurch sollte vor allem gerade eine kartellrechtliche Kontrolle der Wassergebühren verhindert werden. Zwar bezieht sich § 130 Abs. 1 S. 2 GWB lediglich auf § 31b *Abs. 5* GWB (und damit auf § 19 GWB), während merkwürdigerweise § 31b *Abs. 3* GWB nicht erwähnt ist; doch handelt es sich dabei wohl um ein Redaktionsversehen, jedenfalls, wenn man den offenkundigen Zweck der Regelung berücksichtigt.[72] Die Folge dieser ebenso unsinnigen wie kontraproduktiven Gesetzgebung ist, dass die Gemeinden jetzt in großem Umfang wieder zu öffentlich-rechtlichen Benutzungsverhältnisse übergehen, um die Anwendung des Kartellrechts zu vermeiden und damit den Schutz der Verbraucher über das Kartellrecht zu konterkarieren. So einfach ist es in Deutschland, sich dem Kartellrecht zu entziehen. Immer möglich bleibt aber natürlich die Anwendbarkeit der Wettbewerbsregeln des AEUV und damit insbesondere des Art. 102, die jedoch hier angesichts der meistens geringen Größe der kommunalen Wasserversorgungsunternehmen und der lediglich lokalen Bedeutung ihrer Gebietsmonopole nur selten anwendbaren sein werden.

2. Freigestellte Verträge

a) Demarkationsverträge

43 Die in der Wasserwirtschaft heute noch ebenso wie früher in der gesamten Versorgungswirtschaft üblichen **Gebietsmonopole** beruhen in erster Linie auf den durch § 31 Abs. 1 Nr. 1 und 2 GWB vom Kartellverbot des § 1 GWB freigestellten Demarkations- und Konzessionsverträgen. § 31 Abs. 1 Nr. 1 und 2 GWB stimmt insoweit nahezu wörtlich mit dem früheren § 103 Abs. 1 Nr. 1 und 2 GWB von 1957 bis 1998 überein. Demarkationsverträge sind nach § 31 Abs. 1 Nr. 1 GWB Verträge zwischen Wasserversorgungsunternehmen oder zwischen diesen und Gebietskörperschaften, insbesondere also Gemeinden oder Landkreisen, soweit sich eine Partei in dem Vertrag verpflichtet, in einem bestimmten Gebiet eine öffentliche Wasserversorgung, d. h. eine Versorgung Dritter, über feste Leitungen zu unterlassen. Darunter fallen ins-

[69] *MK,* 19. HauptGA, 2010/2011, Tz. 601 ff.

[70] S. IM/*Emmerich,* Bd. II, 2014, § 130 Rn. 10; *M. Wolf,* NZKart 2013, 17, beide m. N.

[71] S. die Stellungnahme des BRats, BT-Drs. 17/9852, S. 47.

[72] Ebenso z. B. *Bechtold,* GWB, § 31 Rn. 31, str.

besondere alle Verträge zwischen Versorgungsunternehmen sowie zwischen diesen und Gemeinden oder Landkreisen zur Aufteilung der Versorgungsgebiete zwischen ihnen.

Im Einzelnen hat man horizontale und vertikale Demarkationen zu unterscheiden. 44
Unter **horizontalen Demarkationen** versteht man die Aufteilung der Versorgungsgebiete durch benachbarte Versorgungsunternehmen, die nicht in Lieferbeziehungen stehen, während **vertikale Demarkationen** nichts anderes als Vereinbarungen über die Aufteilung der Versorgungsgebiete in Lieferverträgen zwischen Liefer- und Verteilerunternehmen oder zwischen diesen und Gemeinden sind. Die Freistellung dieser Verträge vom Kartellverbot wurde und wird meistens damit gerechtfertigt, dass die vertragliche Aufteilung der Versorgungsgebiete im Interesse einer sicheren und billigen Versorgung erforderlich sei.[73] § 31 Abs. 1 Nr. 1 GWB enthält damit der Sache nach eine (grundlose) gesetzliche Erlaubnis bestimmter *Rationalisierungskartelle* in der Wasserwirtschaft. Gleich stehen insbesondere **Gesamtbedarfsdeckungsklauseln** in langfristigen Lieferungsverträgen, durch die die Abnehmer möglichst auf Dauer an die Lieferanten gebunden werden sollen. Diese Klauseln verstoßen, da sie den potentiellen Wettbewerb zwischen den Parteien beschränken, gleichfalls an sich gegen das Kartellverbot[74] und sind daher heute nur noch in der Wasserwirtschaft aufgrund des § 31 Abs. 1 Nr. 1 GWB erlaubt.

b) Konzessionsverträge

Nach § 31 Abs. 1 Nr. 2 GWB sind ferner Verträge zwischen Gebietskörperschaften 45
und Versorgungsunternehmen erlaubt, soweit sich damit eine Gebietskörperschaft, wiederum in erster Linie also eine Gemeinde oder ein Landkreis, verpflichtet, die Verlegung und den Betrieb von Leitungen auf oder unter öffentlichen Wegen für eine bestehende oder beabsichtigte unmittelbare öffentliche Wasserversorgung von Letztverbrauchern im Gebiet der Gebietskörperschaft *ausschließlich* einem Versorgungsunternehmen zu gestatten. Diese Erlaubnis der Konzessionsverträge, die sich bis 1998 für die Energieversorgungsunternehmen in § 103 Abs. 1 Nr. 2 GWB a. F. befand, war die eigentliche *Grundlage der Gebietsmonopole* der Energieversorgungsunternehmen und ist noch heute die Grundlage der Gebietsmonopole der Wasserversorgungsunternehmen. Um dies zu erkennen, muss man sich vergegenwärtigen, dass die öffentlichen Wege und Straßen durchweg im Eigentum der Gemeinden stehen (sog. **Wegemonopol** der Gemeinden) und dass eine Leitungsverlegung ohne die Benutzung öffentlicher Wege und Straßen praktisch nicht möglich ist. Konzessionsverträge waren und sind infolgedessen überaus verbreitet. Zivilrechtlich stehen sie Pachtverträgen nahe. Die **Gegenleistung,** die die Versorgungsunternehmen auf der Grundlage dieser Verträge für die Gestattung der Leitungsverlegung an die Gemeinden zahlen, bezeichnet man als **Konzessionsabgaben.** Soweit es um die Energieversorgungsunternehmen geht, ist die Grundlage die KonzessionsabgabenVO (KAV) vom 9. Januar 1992.[75] Wegen der überragenden praktischen Bedeutung der Konzessionsverträge mag hier ein kurze Rückblick auch auf die Energiewirtschaft erlaubt sein:

---

[73] Begr. z. RegE von 2012, BT-Drs. 17/98952, S. 25 (l. Sp. u.); vgl. im selben Sinne früher für Strom BGHZ 59, 42 (45) = NJW 1972, 1369 = JuS 1972, 603 Nr. 10; *BGH* NJW 1975, 2065 = WuW/E BGH 1405 (1407); NJW 1976, 710 (711).

[74] *OLG Düsseldorf* WuW/E DE-R 854 (859 ff.); *LG Düsseldorf* RdE 2000, 83 (84); *LG Köln* RdE 2000, 233 (234 ff.).

[75] BGBl. I S. 12, 407 (mit Änderungen); s. dazu schon *Emmerich,* BB 1973, 1269.

46 Die wettbewerbsrechtliche Besonderheit der Konzessionsverträge bestand früher bei den Energieversorgungsunternehmen und besteht heute noch bei den Wasserversorgungsunternehmen darin, dass es schon in der Zeit vor dem ersten Weltkrieg üblich geworden war, dass die Gemeinden jeweils **nur** mit **einem Versorgungsunternehmen** einen Konzessionsvertrag über die Benutzung ihrer Wege zur Verlegung von Leitungen abschlossen, um diesem Versorgungsunternehmen dergestalt ein **Monopol** zu verschaffen, an dessen Erträgen sie dann über die Konzessionsabgaben – der Sache nach eine Art Verbrauchssteuer – partizipierten. Die wettbewerbsrechtliche Beurteilung dieser Verträge war naturgemäß nach der Aufhebung des § 103 GWB im Jahre 1998 umstritten. Zuletzt hatte sich aber allgemein die Auffassung durchgesetzt, dass es sich bei ihnen ausnahmslos um *Kartelle* zur Regelung des potentiellen Wettbewerbs zwischen den Vertragsparteien handelte und handelt.[76] Die notwendige Folge war, dass mit Außerkrafttreten des § 103 Abs. 1 Nr. 2 GWB a. F. am 25. April 1998 jedenfalls die **Ausschließlichkeitsbindungen** zulasten der Gemeinden in herkömmlichen Konzessionsverträgen, von der öffentlichen Wasserversorgung abgesehen, **unwirksam** wurden (§ 1 GWB i. V. m. § 134 BGB; Art. 101 Abs. 2 AEUV). Weil die Gemeinden infolgedessen hohe Ausfälle bei den für ihre Haushalte (angeblich) unverzichtbaren Konzessionsabgaben befürchteten, bestimmte die Übergangsvorschrift des Art. 4 § 1 des Gesetzes zur Neuregelung des Energiewirtschaftsrechts von 1998, dass laufende Konzessionsverträge, und zwar einschließlich der vereinbarten Konzessionsabgaben, trotz Wegfalls der Ausschließlichkeit im Übrigen unberührt bleiben. Sie bestehen folglich als Verträge mit einfachem Wegerecht fort.

47 Die laufenden Konzessionsverträge wurden damit im Ergebnis dem **§ 46 Abs. 1 S. 1 EnWG von 2005** angepasst, nach dem die Gemeinden ihre öffentlichen Verkehrswege für die Verlegung und den Betrieb von Leitungen zur unmittelbaren Versorgung von Letztverbrauchern im Gemeindegebiet *diskriminierungsfrei* durch Vertrag *zur Verfügung zu stellen* haben. Unberührt bleibt das Recht der Gemeinden, für die Gestattung der Leitungsverlegung eine Gegenleistung in Gestalt der herkömmlichen Konzessionsabgaben zu verlangen. Die Verträge sind jedoch ebenso wie früher schon kraft Gesetzes auf eine Dauer von höchstens zwanzig Jahren befristet (§ 46 Abs. 2 EnWG).

48 § 46 EnWG wird von der Rechtsprechung energisch durchgesetzt,[77] so dass die Gemeinden insbesondere den **Bau konkurrierender Leitungen** einschließlich Stichleitungen zu einzelnen Sonderabnehmern nicht mehr verhindern können, außer wenn sie dafür (ausnahmsweise) sachliche Gründe haben.[78] Andernfalls verstößt die Ablehnung des Abschlusses eines Konzessionsvertrages gegen § 46 EnWG i. V. m. § 19 Abs. 2 Nr. 1 und 4 GWB, so dass das BKartA dagegen mit Abstellungsverfügungen einschreiten kann, da die Gemeinden insoweit infolge ihres Wegemonopols ausnahmslos als marktbeherrschend anzusehen sind. Außerdem machen sich die Gemeinden schadensersatzpflichtig (§ 33 GWB). Als Schadensersatz kann auch die Gestattung der Leitungsverlegung verlangt werden (§ 249 BGB). § 46 EnWG gilt freilich nicht für die *Wasserversorgungsunternehmen.* Indessen ändert dies nichts an der Anwendbarkeit des Diskriminierungsverbotes jedenfalls auf die große Mehrzahl der Was-

[76] BGHZ 119, 101 (105 f.) = NJW 1992, 2888 = JuS 1993, 425 Nr. 10; *BGH* LM § 1 GWB Nr. 34 = NJW-RR 1986, 880 = WuW/E BGH 2247; RdE 1986, 118; LM § 103 GWB Nr. 6 = NJW-RR 1994, 322 = WuW/E BGH 2914 (2916).

[77] S. schon o. § 27 Rn. 107 m. N.

[78] S. die Begr. zum EnWG, BT-Drs. 13/7274, S. 12, 20 f.

serversorgungsunternehmen, da sie gleichfalls durchweg aufgrund ihrer Gebietsmonopole in ihrem Absatzgebiet marktbeherrschend sind (§§ 18 Abs. 1 Nr. 1, 19 Abs. 2 Nr. 1 GWB), so dass das BKartA gegen die grundlose Verweigerung des Abschlusses von Konzessionsverträgen nach § 32 GWB einschreiten kann. Außerdem kommen Schadensersatzansprüche der betroffenen Unternehmen in Betracht (§ 33 GWB; s. o. § 27 Rn. 107).

c) Weitere Verträge

Durch § 31 Abs. 1 GWB sind von der Anwendung des Kartellverbots des § 1 GWB 49
ferner noch freigestellt Preisbindungen in Lieferverträgen zwischen Wasserversorgungsunternehmen (Nr. 3 des § 31 Abs. 1 GWB) sowie so genannte Verbundverträge, worunter man Zusammenschlüsse von Versorgungsunternehmen zur gemeinsamen ausschließlichen Versorgung eines Gebiets versteht (Nr. 4 des § 31 Abs. 1 GWB). Vorbild der Regelung war auch insoweit § 103 Abs. 1 Nr. 3 und 4 GWB a. F. Die praktische Bedeutung der genannten Verträge scheint in der Wasserwirtschaft gering zu sein.

3. Missbrauchsaufsicht

Der Preis für die Erlaubnis der herkömmlichen Gebietsmonopole in der Wasserwirt- 50
schaft durch § 31 Abs. 1 GWB (Rn. 43–49) ist die Unterstellung der Wasserwirtschaft unter eine besondere Missbrauchsaufsicht der Kartellbehörden, die dabei im „Benehmen" (nicht: Einvernehmen, sondern bloße Abstimmung) mit der zuständigen Fachaufsichtsbehörde handeln müssen (§ 31b Abs. 2 GWB). Das Gesetz enthält zunächst in § 31 Abs. 3 GWB (im Anschluss an § 103 Abs. 5 S. 1 Nr. 1 GWB a. F.) eine **Generalklausel,** die sodann in § 31 Abs. 4 GWB durch **drei Beispielstatbestände** präzisiert wird, wobei die Tatbestände der Nrn. 1 und 2 des § 31 Abs. 4 GWB wörtlich aus § 103 Abs. 5 S. 2 Nrn. 1 und 2 GWB a. F. übernommen wurden, während der Fall des § 31 Abs. 4 Nr. 3 GWB neu ist. Die Befugnisse der Kartellbehörden bei einem Missbrauch ergeben sich im Einzelnen aus § 31b Abs. 3 GWB, wobei Abs. 4 der Vorschrift überflüssigerweise noch hinzufügt, dass die Kartellbehörden bei einer Maßnahme aufgrund der genannten Vorschriften Sinn und Zweck der Freistellung berücksichtigen müssen.

Unberührt bleibt das **allgemeine Missbrauchsverbot** für marktbeherrschende Versor- 51
gungsunternehmen aus § 19 GWB, der im Gegensatz zu § 31 Abs. 3 GWB ein unmittelbar anwendbares gesetzliches Verbot ist.[79] Das ist deshalb wichtig, weil Wasserversorgungsunternehmen aufgrund ihrer Gebietsmonopole in aller Regel zugleich **marktbeherrschend** sind (§ 18 Abs. 1 Nr. 1 GWB). Die Kartellbehörden haben in diesem Fall nach § 31b Abs. 5 GWB *immer,* also auch, wenn das Wasserversorgungsunternehmen von der Freistellungsmöglichkeit nach § 31 Abs. 1 GWB keinen Gebrauch gemacht hat, die besonderen Eingriffsrechte nach § 31b Abs. 3 GWB, so dass im Ergebnis die Missbrauchsaufsicht der Kartellbehörden aufgrund des § 31 Abs. 3 GWB gleichermaßen an die Freistellung der Gebietsmonopole aufgrund des § 31 Abs. 1 GWB wie unabhängig davon an die Marktbeherrschung der Versorgungsunternehmen (§ 18 Abs. 1 Nr. 1 GWB) anknüpft.[80]

[79] S. in diesem Sinne für § 103 a. F. BGHZ 184, 168 (188f. Tz. 75f.) = NJW 2010, 2573 = WuW/E DE-R 2841 – Wasserpreis Wetzlar.

[80] *Bechtold,* GWB, § 31b Rn. 8.

52 Von den verschiedenen Missbrauchsfällen des § 31 Abs. 3 und 4 GWB hat praktische Bedeutung lediglich der Fall des **Preismissbrauchs im Sinne des § 31 Abs. 4 Nr. 2.** Ein solcher liegt vor, wenn ein Versorgungsunternehmen von seinen Abnehmern ungünstigere Preise oder Geschäftsbedingungen fordert als gleichartige Wasserversorgungsunternehmen, außer wenn das Versorgungsunternehmen nachweist, dass die Unterschiede auf abweichenden Umständen beruht, die ihm nicht zurechenbar sind. Gestützt auf diesen Missbrauchstatbestand sind die Kartellbehörden tatsächlich in den letzten Jahren in einer ganzen Reihe von Fällen gegen überhöhte Wasserpreise, z. B. in Berlin, Mainz oder Wetzlar, eingeschritten und haben dabei zum Teil erhebliche Preissenkungen unter Hinweis auf die niedrigeren Preise vergleichbarer Versorgungsunternehmen durchgesetzt.[81] Zu beachten bleibt jedoch die „escape clause" des § 130 Abs. 1 S. 2 GWB, die es den Gemeinden erlaubt, sich durch die Flucht ins Gebührenrecht der Missbrauchsaufsicht der Kartellbehörden über ihre Preise wieder zu entziehen.

53 § 31 Abs. 4 Nr. 2 GWB entspricht dem früheren, bereits 1998 für Gas und Strom gestrichenen § 103 Abs. 5 S. 2 Nr. 2 GWB a. F., so dass wegen der Einzelheiten zunächst auf die Ausführungen zu der zuletzt genannten Vorschrift zu verweisen ist (o. Rn. 25 ff.). Gemeinsamkeiten bestehen ferner mit § 29 S. 1 Nr. 1 GWB, der ebenfalls auf § 103 Abs. 5 S. 2 Nr. 2 GWB a. F. zurückgeht, so dass ergänzend die Ausführungen zu § 29 S. 1 Nr. 1 GWB zu beachten sind (o. Rn. 30 ff.). Deshalb genügen hier die folgenden Bemerkungen: § 31 Abs. 4 Nr. 2 GWB stellt als **Maßstab** für einen Preismissbrauch auf den Vergleich zwischen den Preisen „gleichartiger Wasserversorgungsunternehmen" ab (so genannte **Monopolpreisvergleich**), wobei das Merkmal der **Gleichartigkeit** im Interesse einer effektiven Preismissbrauchsaufsicht üblicherweise ganz *weit* ausgelegt wird.[82] Außerdem müssen – über den Wortlaut des Gesetzes hinaus – nicht notwendigerweise immer die Preise *mehrerer* gleichartiger Versorgungsunternehmen als Maßstab herangezogen werden; vielmehr kann auch schon der Vergleich mit den Preisen eines *einzigen* anderen Versorgungsunternehmens ausreichen, sofern er aussagekräftig genug ist, um den Vorwurf des Missbrauchs zu rechtfertigen.[83]

54 Der vom Gesetz verlangte Preisvergleich wird anhand der Tarife vergleichbarer Tarifgruppen durchgeführt.[84] Ergibt der Vergleich, dass die Preise des einen Versorgungsunternehmens (spürbar) höher als die des oder der verglichenen anderen Unternehmen sind, so ist nach § 31 Abs. 4 Nr. 2 GWB zunächst von einem *Missbrauch* auszugehen. Eine andere Beurteilung kommt lediglich in Betracht, wenn das Versorgungsunternehmen mit den höheren Preisen nachweist, dass der Preisunterschied auf ihm **nicht zurechenbaren abweichenden Umständen** beruht. Es ist vor allem die hierin liegende *Umkehr* der Darlegungs- und Beweislast, in der die mit § 31 Abs. 4 GWB bezweckte *Verschärfung* der Missbrauchsaufsicht über Wasserversorgungsunternehmen gegenüber der allgemeinen Missbrauchsaufsicht über marktbeherrschende Unternehmen nach § 19 GWB zum Ausdruck kommt.[85] Das Versorgungsunterneh-

[81] S. m. N. *MK,* 19. HauptGA, 2010/2011, Tz. 601 ff.; *Daiber,* NJW 2013, 1990.

[82] S. schon o. Rn. 26; Begr. z. RegE von 2012, BT-Drs. 17/9852, S. 26; BGHZ 184, 168 (175 f. Tz. 28 ff.) = NJW 2010, 2573 – Wasserpreis Wetzlar; *Bechtold,* GWB, § 31 Rn. 19 ff.; *Daiber* NJW 2013, 1990.

[83] *BGH* NJW 2012, 3243 Tz. 14 = WuW/E DE-R 3632 (3635) – Wasserpreis Calw.

[84] BGHZ 184, 168 (178 Tz. 19) = NJW 2010, 2573 – Wasserpreis Wetzlar.

[85] *Bechtold,* GWB, § 31 Rn. 23; *Daiber,* NJW 2013, 1990 (1991 ff.).

men mit den höheren Preisen muss dazu vortragen und gegebenenfalls beweisen, dass die Preisunterschiede auf Kostenfaktoren beruhen, die auch *jedes andere* Unternehmen in seiner Situation vorfinden würde und die es deshalb selbst nicht beeinflussen kann. Den Gegensatz bilden *individuelle,* auf den unternehmerischen Entscheidungen des Versorgungsunternehmens beruhende Umstände wie Ineffizienzen, überhöhte Kosten oder mangelhafte Rationalisierungsbemühungen. Derartige Kosten bleiben außer Betracht.[86]

Beispiele für danach *berücksichtigungsfähige* Faktoren sind die Versorgungs- und Ab- 55
nahmedichte, die Abgabestruktur und insbesondere die topographischen und geologischen Verhältnisse des Absatzgebietes.[87] Der Bau von Leitungen ist eben im Gebirge notwendigerweise viel teurer als im Flachland. Bei zahlreichen Faktoren ist jedoch ihre Berücksichtigung ebenso wie ihre Quantifizierung umstritten. Die Gerichte tragen dem dadurch Rechnung, dass sie noch zusätzlich einen **Erheblichkeitszuschlag** auf den Vergleichspreis berücksichtigen.[88] Ob außerdem ein weiterer Sicherheitszuschlag erforderlich ist, ist umstritten.[89] Die Einzelheiten sind bisher nicht geklärt. Klar ist indessen, dass durch die Fülle derartiger Zu- und Abschläge der Preisvergleich letztlich jede Aussagekraft eingebüßt.

Es ist dies letztlich zugleich der Grund, warum das Gesetz neuerdings im Anschluss an 56
die Rechtsprechung des BGH[90] auch einen **Kostenkontrolle** zulässt.[91] § 31 Abs. 4 Nr. 3 GWB bestimmt zu diesem Zweck, dass ein Missbrauch ferner anzunehmen ist, sofern ein Wasserversorgungsunternehmen Entgelte fordert, die die Kosten in unangemessener Weise überschreiten wobei nur Kosten anzuerkennen sind, die auch bei einer rationellen Betriebsführung anfallen. Das Gesetz macht sich damit das Konzept der **Gewinnspannenbegrenzung** aufgrund einer Kostenkontrolle zueigen. Man muss sich jedoch darüber im Klaren sein, dass man sich mit jedem Versuch der Kostenkontrolle auf vermintes Gelände begibt, weil nach wie vor unklar ist, welche Kosten überhaupt und in welcher Höhe berücksichtigt werden können und welche nicht.[92] Nach einem Bonmot ist bekanntlich keine Produktion so einfach wie die von Kosten. Die Kostenkontrolle wird daher ebenso wie im Rahmen des § 29 S. 1 Nr. 2 GWB allenfalls in extremen *Ausnahmefällen* praktikabel sein (Rn. 36).

5. Kapitel. Sanktionen, Behörden und Verfahren

§ 40. Zivilrechtliche Ansprüche

Literatur: *Alexander,* Schadensersatz und Abschöpfung im Lauterkeits- und Kartellrecht, 2010; *Augenhofer* (Hrsg.), Die Europäisierung des Kartell- und Lauterkeitsrechts, 2009; *Behrens/Hartmann-Rüppel/Herrlinger,* Schadensersatzklagen gegen Kartellmitglieder, 2010; *Bien* (Hrsg.), Das deutsche Kartellrecht nach der 8. GWB-Novelle, 2013; *Bulst,* Schadensersatzansprüche der Marktgegenseite – Zur Schadensabwälzung nach deutschem, europäischem und US-amerikanischem Recht, 2006; *Görner,* Die Anspruchsbe-

[86] BGHZ 184, 168 (176ff. Tz. 28ff.) = NJW 2010, 2573 – Wasserpreis Wetzlar.
[87] BGHZ 184, 168 (179f. Tz. 32, 37, 42) = NJW 2010, 2573 – Wasserpreis Wetzlar.
[88] So wohl BGH NJW 2012, 3243 Tz. 23 = WuW/E DE-R 3632 (3635) – Wasserpreis Calw; str.
[89] S. *Bechtold,* GWB, § 31 Rn. 24.
[90] BGH NJW 2012, 3243 Tz. 13ff. = WuW/E DE-R 3632 (3635) – Wasserpreis Calw.
[91] S. den Ausschussbericht von 2012, BT-Drs. 17/11053, S. 24.
[92] *Bechtold,* GWB, § 31 Rn. 25ff.; *Daiber,* NJW 2013, 1990 (1993f.).

rechtigung der Marktbeteiligten nach § 33 GWB, 2008; *Dreier,* Kompensation und Prävention, 2003; *Fuchs,* Kartellvertrag und Bereicherung, 1990; *Hempel,* Privater Rechtsschutz im Kartellrecht, 2002; *Jones,* Private Enforcement of Antitrust Law in the EU, UK and USA, 1999; *Kahle,* Die Leistungskondiktion als Alternative zum Schadensersatzanspruch, 2013; *Krüger,* Kartellregress, 2010; *Linder,* Privatklage und Schadensersatz im Kartellrecht, 1980; *Logemann,* Der kartellrechtliche Schadensersatz, 2009; *Möllers/Heinemann* (Hrsg.), The Enforcement of Competition Law in Europe, Cambrige/New York 2007; *Möschel/Bien* (Hrsg.), Kartellrechtsdurchsetzung durch private Schadensersatzklagen?, 2010; *P. Müller,* Punitive Damages und deutsches Schadensersatzrecht, 2000; *Paul,* Gesetzesverstoß und Vertrag im Wettbewerbs- und Regulierungsrecht, 2009; *Zuber,* Die EG-Kommission als amicus curiae, 2001.

I. Überblick

1 Es ist eine alte Erfahrung, dass Kartellbehörden allein mit der Aufgabe überfordert sind, für die Durchsetzung des Wettbewerbsrechts zu sorgen. Die Effektivität des Wettbewerbsschutzes hängt deshalb zu einem guten Teil davon ab, ob es gelingt, das **Interesse der** von wettbewerbsbeschränkenden Maßnahmen **Betroffenen** an einer Durchsetzung der kartellrechtlichen Verbote in den Dienst der Wettbewerbspolitik zu stellen. In besonderem Maße gilt das seit dem Übergang zu dem System der Legalausnahme für das Kartellverbot (Art. 101 AEUV, § 1 GWB), so dass es von Anfang an ein vordringliches Anliegen der Kommission im Rahmen ihrer Reformüberlegungen war, auch die Möglichkeiten Privater zur Durchsetzung der Wettbewerbsregeln zu verbessern, um so wenigstens partiell einen Ausgleich für die Verminderung der behördlichen Kontrolldichte zu schaffen (s. o. § 7 Rn. 8ff.).

2 Folgerichtig sind durch die 7. und die 8. Novelle zum GWB von 2005 und 2013 die **Möglichkeiten Privater** zur Durchsetzung des GWB mittels Unterlassungs- und Schadensersatzansprüchen durch § 33 GWB deutlich gegenüber dem früheren Rechtszustand **verbessert** worden. § 33 Abs. 1 S. 1 GWB bestimmt seitdem ganz allgemein, dass die „Betroffenen" bei einem Verstoß gegen das GWB oder gegen die Wettbewerbsregeln des Vertrages **Beseitigung und Unterlassung** verlangen können. Betroffen ist jeder, der als Mitbewerber oder sonstiger Marktbeteiligter durch den Verstoß beeinträchtigt ist (S. 3 des § 33 Abs. 1 GWB). Abs. 2 der Vorschrift erweitert den Kreis der Anspruchsberechtigten auf bestimmte Verbände einschließlich neuerdings der Verbraucherverbände (vgl. § 8 Abs. 3 UWG). Hat der Täter bei dem Verstoß schuldhaft gehandelt, so ist er außerdem zum **Schadensersatz** verpflichtet (§ 33 Abs. 3 GWB). Die Sätze 2 und 3 des § 33 Abs. 3 GWB regeln ergänzend einzelne Aspekte der Schadensproblematik, während die Sätze 4 und 5 der Vorschrift die Verpflichtung des Täters begründen, Geldschulden ab Eintritt des Schadens mit 5 Prozentpunkten über dem Basiszinssatz zu verzinsen. Zinseszinsen sind dagegen nicht geschuldet (s. § 288 Abs. 1 S. 2 und § 289 S. 1 BGB i. V. m. S. 5 des § 33 Abs. 3 GWB).

3 Mit der Anordnung einer Ersatzpflicht bei Kartellverstößen verfolgt der Gesetzgeber einen **doppelten Zweck.**[1] Im Vordergrund steht der Zweck der **Kompensation** von Schäden, die ihre Ursache in einem Kartellverstoß haben. Durch die möglichst weitgehende Verpflichtung zum Ersatz derartiger Schäden soll zugleich im öffentlichen Interesse die **Durchsetzung** des Kartellrechts **gefördert** werden, weil die betroffenen Dritten immer noch „die besten Kartellwächter sind". Die privatrechtlichen Sanktionen des § 33 GWB und insbesondere der Schadensersatzanspruch ergänzend insofern in sinnvoller Weise die kartellbehördlichen Sanktionen der §§ 30 Abs. 3, 32, 32d

[1] S. statt aller *Alexander,* Schadensersatz, 2010, S. 299ff.

und 81 GWB. Zu beachten bleibt indessen, dass die Kartellbehörden zunehmend von einer übermäßigen Förderung der Durchsetzung insbesondere des Kartellverbots über Schadensersatzklagen der Geschädigten gegen sämtliche Mitglieder eines Kartells letztlich eine *Gefährdung ihrer* erfolgreichen *Kronzeugenprogramme* befürchten, sofern nämlich die Geschädigten Einblick in die Akten der Kartellbehörden und dadurch Kenntnis auch von der Identität der **Kronzeugen** selbst erlangen, da die Kartellbehörden in diesem Fall eine Abschreckung von Kronzeugen erwarten.[2] Der **Gerichtshof** verlangt deshalb in jedem Einzelfall eine sorgfältige Abwägung zwischen einerseits dem legitimen Interesse der Geschädigten an dem Zugang zu den Informationen und Unterlagen der Kartellbehörden, weil häufig nur auf deren Grundlage eine Chance auf erfolgreiche Rechtsverfolgung besteht, und andererseits dem Interesse der Kronzeugen an der Wahrung ihrer Anonymität.[3]

Nicht zuletzt wegen der mit solcher Interessenabwägung (Rn. 3) im Einzelfall notwendigerweise verbundenen Rechtsunsicherheit hat die **Kommission** im Juni 2013 den Vorschlag einer **Richtlinie zur privaten Rechtsdurchsetzung im Kartellrecht** vorgelegt, über die mittlerweile Einigkeit zwischen Ministerrat und Parlament erzielt wurde, so dass mit ihrer Verabschiedung im Sommer 2014 zu rechnen ist.[4] Die Richtlinie betont zunächst das Recht jedes Betroffenen auf vollen Schadensersatz und schreibt zu diesem Zweck insbesondere im Falle einer Beteiligung von Konzernen an Kartellverstößen die Haftung der Muttergesellschaft für Verstöße ihrer Tochtergesellschaften auch im Zivilrecht vor, – womit das herkömmliche konzernrechtliche Trennungsprinzip wohl endgültig aufgegeben sein dürfte. Die Richtlinie enthält außerdem noch (restriktive) Vorschriften über die Offenlegung von Beweismitteln sowie erstaunlicherweise zwei nur schwer verständliche Privilegien für kleine und mittlere Unternehmen (KMU) sowie für Kronzeugen, die beide nach Möglichkeit vor einer zivilrechtlichen Haftung für ihre Kartellverstöße geschützt werden sollen, – wofür tatsächlich jede sachliche Rechtfertigung fehlt; die Regelung ist auch mit der Rechtsprechung des EuGH kaum zu vereinbaren. Weitere Vorschriften betreffen die Passing-on defense und die Verjährung. Insgesamt wird die Richtlinie weitere erhebliche Änderungen des § 33 GWB erforderlich machen. – Die Kommission hat außerdem im Jahre 2013 einen **Leitfaden** zur Ermittlung der Schadenshöhe, genannt **Mitteilung zur Ermittlung des Schadensumfangs bei Zuwiderhandlungen gegen Art. 101 und 102 AEUV** veröffentlicht, in dem sie den Gerichten unverbindliche Hinweise über die mögliche Vorgehensweise bei der allemal schwierigen Schadensermittlung in Wettbewerbsfällen gibt.[5] Die Bemühungen der Kommission um eine Effektivierung der Durchsetzung der Wettbewerbsregeln vor den nationalen Gerichten werden abgerundet durch eine **Empfehlung zum kollektiven Rechtsschutz** gleichfalls aus dem Jahre 2013.[6] 4

[2] S. dazu u. Rn. 10a sowie z. B. *Bien,* NZKart 2013, 481; *Fiedler/Huttenlaub,* NZKart 2013, 350; *C. Krüger,* NZKart 2013, 483; *Palzer,* NZKart 2013, 324, alle m. N.

[3] *EuGH* Slg. 2011, I-5161 Tz. 23 = WuW/E EuR 1975 (1978f.) – Pfleiderer; *EuGH* NZKart 2013, 330 Tz. 30, 42ff. = WuW/E EuR 2746 – Donau Chemie.

[4] COM (2013) 404 endg.; s. dazu z. B. *Bien,* NZKart 2013, 481; *Fiedler/Huttenlaub,* NZKart 2013, 350; *C. Krüger,* NZKart 2013, 483; *Kersting,* WuW 2014, 564; *Mederer,* EuZW 2013, 847; *Weitbrecht/Mühle,* EuZW 2014, 209 (214ff.).

[5] ABl. 2013 Nr. C 169/19; dazu z. B. *Bernhard,* NZKart 2013, 488; *Pohl,* FS Säcker, 2011, S. 911.

[6] ABl. 2013 Nr. L 201/60; dazu z. B. *Hempel,* NZKart 2013, 494.

II. Parteien

1. Betroffener

5 Nach § 33 Abs. 1 S. 1 GWB ist, wer gegen das GWB, gegen die Wettbewerbsregeln des Vertrages oder gegen eine Verfügung der Kartellbehörden verstoßen hat, dem Betroffenen zur Beseitigung und bei Wiederholungsgefahr zur Unterlassung verpflichtet. Wer in diesem Sinne „Betroffener" und damit Anspruchsberechtigter ist, ergibt sich im Einzelnen aus § 33 Abs. 1 S. 3 GWB. Betroffen im Sinne des § 33 Abs 1 S. 1 GWB ist danach, wer als Mitbewerber oder als sonstiger Marktbeteiligter (dazu Rn. 6) durch den fraglichen Verstoß gegen das Kartellrecht beeinträchtigt ist. Der Begriff des **Mitbewerbers** ist definiert in § 2 Abs. 1 Nr. 3 UWG (str.). Gemeint sind damit folglich sämtliche Unternehmen, die mit den an dem Kartellverstoß beteiligten Unternehmen „in einem konkreten Wettbewerbsverhältnis" stehen, wobei es keine Rolle spielt, ob die Unternehmen derselben oder verschiedenen Branchen oder Wirtschaftsstufen angehören.[7]

6 Anspruchsberechtigt sind nach § 33 Abs. 1 S. 3 GWB ferner **„sonstige Marktbeteiligte"**, immer vorausgesetzt, dass sie durch den Kartellverstoß beeinträchtigt sind (s. Rn. 7). Darunter fallen sämtliche anderen Unternehmen im Einflussbereich der an einem Kartellverstoß beteiligten Unternehmen sowie die Verbraucher. Der Begriff deckt sich im Kern wohl mit dem der „Marktteilnehmer" in § 2 Abs. 1 Nr. 2 UWG. Nur diese weite Auslegung des § 33 Abs. 1 S. 3 GWB entspricht auch der Rechtsprechung des EuGH, nach der bei einem Kartellverstoß grundsätzlich „jedermann" schadensersatzberechtigt ist, dessen Marktchancen durch den Kartellverstoß im Verhältnis zu der Situation bei Wettbewerb verschlechtert wurden (s. o. § 7 Rn. 9).

7 Hinzu kommen muss noch in jeden Fall, dass die genannten, durch den Kartellverstoß „betroffenen" Personen dadurch zugleich „beeinträchtigt" sind (§ 33 Abs. 1 S. 3 GWB). Dieser Begriff ist ganz weit zu verstehen. Eine **Beeinträchtigung** in diesem Sinne liegt bereits vor, wenn durch den Kartellverstoß in die Rechtsstellung Dritter in einer gegen das Gesetz verstoßenden Weise eingegriffen wird. Dafür genügt jede Verschlechterung ihrer legitimen Chancen am Markt gegenüber der Situation bei Wettbewerb, z. B. durch die Versperrung des Marktzutritts (s. Rn. 6). Insbesondere bei der Verfolgung von Schadenersatzansprüchen durch die Betroffenen aufgrund des § 33 Abs. 3 GWB muss schließlich ebenso wie sonst im Deliktsrecht noch hinzukommen, dass der geltend gemachte Schaden auch tatsächlich von dem **Schutzzweck** der verletzten kartellrechtlichen Vorschrift umfasst wird.[8]

8 Vor allem bei dem **Kartellverbot** des § 1 GWB war früher umstritten, welche Personen in den Schutzbereich des Verbots einzubeziehen sind. Heute steht dagegen fest, dass die Lieferanten ebenso wie die unmittelbaren und mittelbaren Abnehmer eines Kartells ebenfalls zu den sonstigen Marktbeteiligten im Sinne des § 33 Abs. 1 S. 3 GWB gehören und deshalb gegebenenfalls insbesondere auch Schadensersatz von den Kartellmitgliedern verlangen können.[9] Für die Endverbraucher sollte nichts anderes gelten (str.). Selbst die Mitglieder eines Kartells können gegebenenfalls von den anderen **Mitgliedern** Ersatz fordern, sofern sie keine erhebliche Verantwortung für die

[7] *BGH* NJW 2005, 1788 (1790).
[8] *Alexander,* Schadensersatz, 2010, S. 351 ff.; *Roth,* FS H. P. Westermann, 2008, S. 1367.
[9] BGHZ 190, 145 (149 Tz. 16ff., 151 Tz. 23ff.) = NJW 2012, 928 = JuS 2012, 847 – ORWI.

Wettbewerbsverzerrung tragen;[10] Ersatzansprüche von Kartellmitgliedern kommen daher z. B. in Betracht, wenn ein Mitglied durch wirtschaftlichen Druck zum Abschluss eines für dieses Mitglied letztlich nachteiligen Kartellvertrages veranlasst oder an diesem festgehalten wurde (vgl. § 21 Abs. 2 GWB).[11]

Das **Missbrauchs- und** das **Diskriminierungsverbot** entfalten gleichfalls Schutzwirkungen grundsätzlich zu Gunsten *aller* durch einen Missbrauch oder eine Diskriminierung unmittelbar oder mittelbar *betroffenen Unternehmen* (§§ 19, 20 und 33 GWB). Das sind z. B. bei **§ 19 Abs. 2 Nr. 1 GWB** die behinderten Unternehmen auf dem beherrschten *oder* auf dritten Märkten, bei **§ 19 Abs. 2 Nr. 2 GWB** die ausgeplünderten Abnehmer (bei denen es sich auch um Verbraucher handeln kann) sowie bei **§ 19 Abs. 2 Nr. 4 GWB** diejenigen Unternehmen, denen grundlos der Zugang zu Netzen oder sonstigen Infrastruktureinrichtungen verwehrt wird. 9

2. Verpflichteter

Der Unterlassungs- und Beseitigungsanspruch richtet sich nach § 33 Abs. 1 GWB gegen denjenigen, der gegen eine Vorschrift des GWB, gegen die Wettbewerbsregeln des Vertrages oder gegen eine Verfügung der Kartellbehörde verstoßen hat. Hat der Täter schuldhaft gehandelt, so ist er außerdem schadensersatzpflichtig (§ 33 Abs. 1 S. 1 GWB mit Abs. 3 S. 1). Maßgebend ist mit anderen Worten, *an wen* sich jeweils die fragliche kartellrechtliche Vorschrift wendet. In der großen Mehrzahl der Fälle sind Adressaten der Verbote des Kartellrechts **(nur) Unternehmen,** so dass auch nur diese einen Kartellverstoß in dem genannten Sinne begehen können – mit der weiteren Folge, dass grundsätzlich auch nur Unternehmen für die Ansprüche Betroffener (Rn. 5ff.) aus § 33 Abs. 1 und 3 GWB passivlegitimiert sind. Soweit Unternehmen die Rechtsform einer Handelsgesellschaft oder einer juristischen Person haben, müssen sie sich insoweit das Verhalten ihrer Organe zurechnen lassen (§ 31 BGB). Wenn andere Personen für ein Unternehmen in kartellrechtswidriger Weise tätig werden, ist darauf abzustellen, ob die zuständigen Organe ihre **Organisations- oder Aufsichtspflicht** schuldhaft verletzt haben (§ 31 BGB). 10

Wenn mehrere Personen zusammen handeln, haften sie grundsätzlich als **Gesamtschuldner** (§§ 830 und 840 BGB).[12] Das ist wichtig insbesondere im Falle der Beteiligung mehrerer Unternehmen an einem verbotenen Kartell. Die volle Haftung für den gesamten Schaden jedes einzelnen Geschädigten trifft insbesondere auch so genannte **Kronzeugen,** die durch ihre Anzeige bei den Kartellbehörden überhaupt erst die Aufdeckung des Kartells ermöglicht haben. Haftungsbeschränkungen, wie sie zu Gunsten von Kronzeugen erwogen werden, sind ebenso wie die weithin übliche Beschränkung des Akteneinsichtsrechts der Geschädigten zum Schutze der Anonymität der Kronzeugen mit dem geltenden Recht unvereinbar und auch – entgegen einer verbreiteten Meinung, insbesondere bei den Kartellbehörden – de lege ferenda inakzeptabel.[13] Im Innenverhältnis zwischen den Beteiligten richtet sich der Gesamtschuldnerausgleich, der 10a

---

[10] *EuGH* Slg. 2001, I-6314 (6323f. Tz. 24, 31) – Courage.

[11] *Alexander,* Schadensersatz, 2010, S. 362.

[12] BGHZ 190, 145 (171 Tz. 80) – ORWI.

[13] S. aber o. Rn. 4 u. § 43 Rn. 20 sowie z. B. *Dreher,* FS Möschel, 2011, S. 149 (164ff.); *Schwalbe/Höft,* FS Möschel, 2011, S. 597 (630ff.); *Stockmann,* ZWeR 2012, 20 (29ff.); ganz anders die Praxis der Kartellbehörden und die sog. h. M. zum offenbaren Schaden der Bürger; s. dazu *Kersting,* WuW 2014, 564 (568).

so genannte **Kartellregress,** nach den §§ 840 und 426 BGB. Auch insoweit ist kein Raum für eine Privilegierung von Kronzeugen.[14] Man kann sich nach deutschem Recht nicht durch eine Anzeige bei einer Behörde von einer deliktischen Haftung freikaufen, – wie die Kommission dies jetzt tatsächlich vorschreiben will (s. Rn. 4).

III. Unterlassungs- und Beseitigungsanspruch

1. Verbände

11 Nach § 33 Abs. 1 S. 1 GWB ist der Täter eines Kartellverstoßes dem Betroffenen (o. Rn. 5 ff.) in erster Linie zur Beseitigung und bei Wiederholungsgefahr zur Unterlassung verpflichtet. S. 2 der Vorschrift fügt hinzu, dass der Anspruch auf Unterlassung bereits dann besteht, wenn eine Zuwiderhandlung *erstmals* ernsthaft droht. Nach § 33 Abs. 2 GWB in der Fassung von 2013 können die genannten Abwehransprüche auch von bestimmten rechtsfähigen Verbänden zur Förderung gewerblicher oder selbstständiger beruflicher Interessen, sog Wirtschaftsverbänden, sowie seit 2013 außerdem von Verbraucherverbänden, vom Gesetz Einrichtungen oder qualifizierte Einrichtungen genannt, geltend gemacht werden. Das Klagerecht der **Wirtschaftsverbände** setzt nach der Nr. 1 des § 33 Abs. 2 GWB voraus, dass ihnen eine erhebliche Zahl von betroffenen Unternehmen i. S. d. § 33 Abs. 1 S. 3 GWB angehört und sie insbesondere nach ihrer personellen, sachlichen und finanziellen Ausstattung imstande sind, ihre satzungsmäßigen Aufgaben der Verfolgung gewerblicher oder selbstständiger beruflicher Interessen tatsächlich wahrzunehmen. Voraussetzung des Klagerechts der **Verbraucherverbände** ist dagegen, dass sie entweder in die Liste qualifizierter Einrichtungen nach § 4 UKlaG (§ 33 Abs. 2 Nr. 2 lit. a GWB) oder in das Verzeichnis der Europäischen Kommission nach Art. 4 Abs. 3 der Richtlinie 2009/22/EWG vom 23. April 2009 über Unterlassungsklagen zum Schutze der Verbraucherinteressen[15] eingetragen sind. § 33 Abs. 2 GWB stimmt weitgehend mit § 8 Abs. 3 Nr. 2 und Nr. 3 des UWG von 2004 überein, so dass wegen der Einzelheiten auf die Ausführungen zum UWG verwiesen werden kann.[16] Hervorzuheben ist lediglich, dass seit 2013 das Klagerecht auch (wieder) Verbänden der *Marktgegenseite* zusteht, während ihnen das Klagerecht nach § 33 Abs. 2 GWB in der Fassung von 2007 überwiegend verweigert worden war.[17]

2. Unterlassungsanspruch

12 Der Unterlassungsanspruch des durch einen Kartellverstoß Betroffenen (o. Rn. 5 ff.) hat nach § 33 Abs. 1 S. 1 GWB (nur) folgende **Voraussetzungen:** (1.) eine Handlung, die einen Kartellverstoß darstellt, (2.) Rechtswidrigkeit dieses Eingriffs und (3.) Wiederholungsgefahr. Verschulden ist dagegen nicht erforderlich. Ziel des Unterlassungsanspruchs ist die Verhinderung *zukünftiger* neuer Verstöße des Täters gegen den AEUV oder das GWB, die mit dem bereits begangenen Kartellverstoß im Wesentlichen übereinstimmen (Stichwort: **Wiederholungsgefahr**). § 33 Abs. 1 S. 2 GWB regelt ergänzend den sog. **vorbeugenden Unterlassungsanspruch,** der bereits eingreift,

---

[14] Str, s. *LG München I* WuW/E DE-R 3247 (3253 ff.); *Dreher,* FS Möschel, 2011, S. 149 (164 ff.); *Jüchser,* WuW 2012, 1048; *Kapp,* FS Möschel, 2011, S. 319; *Köhler* WRP 2011, 277; *C. Krüger,* Kartellregreß, 2010; *ders.*, WuW 2012, 6; *Weitbrecht,* NJW 2012, 881.

[15] ABl. 2009 Nr. L 110/30.

[16] S. Unlauterer Wettbewerb, § 22 Rn. 10, 21 ff.

[17] *Bien,* in: ders. (Hrsg.), Das deutsche Kartellrecht nach der 8. GWB-Novelle, 2013, S. 329, 337 ff.; *ders.*, ZWeR 2013, 448.

wenn ein Kartellverstoß lediglich *erstmals* ernsthaft *droht.* Ist dies der Fall, so braucht der durch den drohenden Verstoß Betroffene nicht erst die Begehung der fraglichen Handlung abzuwarten, um sich anschließend dagegen wehren zu können, sondern kann sofort „vorbeugend" Unterlassung der drohenden Handlung verlangen.

3. Beseitigungsanspruch

13 Neben dem Unterlassungsanspruch erwähnt das Gesetz in § 33 Abs. 1 S. 1 GWB außerdem noch den Beseitigungsanspruch des Betroffenen. Der Sache nach handelt es sich bei diesem Anspruch um eine besondere Erscheinungsform des Unterlassungsanspruchs, so dass er gleichfalls kein Verschulden voraussetzt (o. Rn. 12); erforderlich ist vielmehr lediglich, dass sich aus dem objektiv rechtswidrigen Verstoß gegen das GWB oder den AEUV eine fortlaufende Quelle rechtswidriger Störungen ergibt *und* dass dem Täter die Beseitigung dieser Folgen seines Eingriffs möglich und zumutbar ist. Kein Raum für den Beseitigungsanspruch ist dagegen, wenn bereits weniger einschneidende Maßnahmen zur Störungsabwehr ausreichen. Die **Abgrenzung** des Beseitigungsanspruchs von dem Verschulden voraussetzenden Schadensersatzanspruch bereitet häufig Schwierigkeiten.[18] Die Tendenz geht offenbar dahin, den Anwendungsbereich des Beseitigungsanspruchs im Interesse der Erleichterung der Rechtsverfolgung zulasten des Anwendungsbereichs des Schadensersatzanspruchs kontinuierlich auszudehnen.[19]

13a Die größte praktische Bedeutung hat der Beseitigungsanspruch im Falle einer **Liefersperre** unter Verletzung der §§ 19 und 20 GWB oder der Art. 101 und 102 AEUV.[20] Weitere **Beispiele** sind der Anspruch auf Zugang zu wesentlichen Einrichtungen nach § 19 Abs. 2 Nr. 4 GWB, der Anspruch auf Zwangslizenzen bei einer Verletzung der §§ 19 und 20 GWB oder des Art. 102 AEUV durch die Verweigerung einer Lizenz (s. § 27 Rn. 100), der Anspruch auf Aufnahme in erlaubte Kartelle oder Verbände (§ 20 Abs. 1 und Abs. 5 GWB),[21] ferner der Anspruch auf Nachzahlung der Differenz zu dem angemessenen Preis im Falle der Diskriminierung eines Lieferanten seitens eines mächtigen Abnehmers durch Zahlung eines zu niedrigen Preises[22] sowie schließlich der Anspruch auf Unterlassung der weiteren Praktizierung eines gegen § 1 GWB verstoßenden Nachfragekartells von Gemeinden oder Sozialversicherungsträgern.[23] Selbst der Anspruch auf Rückzahlung zu Unrecht unter Verstoß gegen das Missbrauchsverbot des § 19 Abs. 2 Nr. 2 GWB erlangter Beträge wird neuerdings zum Teil als Beseitigungsanspruch qualifiziert.[24]

IV. Schadenersatzanspruch

1. Überblick

14 Nach § 33 Abs. 3 S. 1 GWB ist, wer einen Verstoß nach Abs. 1 der Vorschrift vorsätzlich oder fahrlässig begeht, zum Ersatz des daraus entstehenden Schadens verpflichtet.

---

[18] S. Unlauterer Wettbewerb, § 21 Rn. 21 ff.; *Bien,* in: ders. (Hrsg.), Das deutsche Kartellrecht nach der 8. GWB-Novelle, 2013, S. 329, 337 ff.

[19] *Bien* (vorige Fn.).

[20] Str., s. *Emmerich,* AG 2001, 520 (523); *Liesegang,* NZKart 2013, 233.

[21] S. o. § 30 sowie z. B. BGHZ 29, 344 (351 f.) = NJW 1959, 880; *BGH* WuW/E DE-R 1954 (1955 Tz. 11 f., 1957 Tz. 22) = NVwZ 2007, 1219 – PETCYCLE.

[22] BGHZ 119, 335 (345 f.) = NJW 1993, 396 – Stromeinspeisung; BGHZ 133, 177 (180 ff.) = NJW 1996, 3005 – Kraft-Wärme-Koppelung.

[23] *OLG Koblenz* WuW/E Verg. 184; *OLG Celle* WuW/E Verg. 188 f.; *OLG Düsseldorf* EuZW 1999, 188.

[24] *Bien,* in: ders. (Hrsg.), Das deutsche Kartellrecht nach der 8. GWB-Novelle, 2013, S. 329, 337 f.

Anspruchsberechtigt ist grundsätzlich der Betroffene im Sinne des § 33 Abs. 1 S. 3 GWB (Rn. 5ff.), während die Ersatzpflicht in erster Linie das für den fraglichen Verstoß im Sinne des § 33 Abs. 1 S. 1 GWB verantwortliche Unternehmen trifft (Rn. 10). Es handelt sich dabei um eine gesetzliche, auf einem rechtswidrigen und schuldhaften Eingriff beruhende Haftung, so dass § 33 Abs. 3 GWB der Sache nach einen **Deliktsanspruch** in Ergänzung zu den §§ 823 und 826 BGB begründet. Auf ihn finden daher die **§§ 249ff., 276ff. und 827ff. BGB** Anwendung, soweit nicht das GWB wie in § 33 Abs. 3 S. 2 bis 5 und in Abs. 5 abweichende Regelungen enthält.

15 Die **Rechtswidrigkeit** des Eingriffs ergibt sich aus dem Verstoß gegen das GWB, die Wettbewerbsregeln des Vertrages oder eine Verfügung der Kartellbehörde (§ 33 Abs. 3 S. 1 GWB i.V.m. Abs. 1 S. 1 der Vorschrift), soweit nicht in Ausnahmefällen ein Rechtfertigungsgrund vorliegt. Der Schadensersatzanspruch setzt außerdem **Verschulden** des Täters voraus. Probleme ergeben sich daraus in aller Regel nicht, da die große Mehrzahl der Kartellverstöße **vorsätzlich** begangen werden dürfte. Befindet sich der Täter ausnahmsweise in einem Rechtsirrtum über die Zulässigkeit seines Verhaltens, so dürfte durchweg zumindest Fahrlässigkeit gegeben sein (§ 276 Abs. 2 BGB).

16 Das Vorliegen eines **Schadens** beurteilt sich nach den §§ 249 bis 252 BGB. Ergänzend bestimmt S. 2 des § 33 Abs. 3 GWB, dass der Schaden, wenn eine Ware oder Dienstleistung zu einem „überteuerten" Preis bezogen wird, nicht deshalb ausgeschlossen ist, weil die Ware oder Dienstleistung weiterveräußert wurde. Bezweckt ist damit eine partielle Regelung der Problematik, die sich im Falle der Überwälzung des Schadens von den unmittelbar betroffenen Abnehmern eines Kartells auf weitere Abnehmer auf anderen Marktstufen ergibt (sog. **passing-on-defense** [oder: defence]). S. 3 des § 33 Abs. 3 GWB fügt noch hinzu, dass bei der Entscheidung über den Umfang des Schadens nach § 287 ZPO „insbesondere der anteilige Gewinn" berücksichtigt werden darf, den das Unternehmen durch den Kartellverstoß erlangt hat.

17 **Schadensermittlung und Schadensberechnung** bereiten bei Verstößen gegen das GWB und die Wettbewerbsregeln des Vertrages häufig erhebliche Schwierigkeiten. Der wichtigste Grund ist der, dass nach der **Differenzmethode** (§§ 249 und 252 BGB) als Maßstab in erster Linie auf die hypothetischen Verhältnisse ohne den Kartellverstoß, d. h. *bei Wettbewerb* abzustellen ist, diese Verhältnisse indessen in der Mehrzahl der Fälle eine hoffnungslose Unbekannte darstellen, so dass in aller Regel nur eine **Schadensschätzung** nach § 287 ZPO und § 252 BGB aufgrund zweifelhafter Annahmen in Betracht kommt. Die daraus resultierenden Probleme werden als umso gravierender eingestuft, als in der aktuellen Wettbewerbspolitik gerade auf die private Durchsetzung des Kartellrechts besonderes Gewicht gelegt wird (Rn. 1). Die Folge ist eine **ausgebreitete Diskussion** im In- und Ausland insbesondere über die mit der Verfolgung von Schadensersatzansprüchen Privater verbundenen Probleme, in die sich auch die Kommission in jüngster Zeit mit zum Teil weitreichenden Vorschlägen eingeschaltet hat (Rn. 4). Im Mittelpunkt des Interesses steht dabei die in der Tat besonders verwickelte **Schadensproblematik** in den Kartellfällen.[25] Im Folgenden kann nur ein kurzer Überblick über den Diskussionsstand unter Beschränkung auf die zentralen Fragen gegeben werden.

[25] Übersicht z. B. in: *Kommission,* Mitteilung von 2013 (Rn. 4); IM/*Emmerich,* Bd. II, 2014, § 33 Rn. 47–75 m. N.; zu der geplanten Richtlinie von 2014 s. *Kersting,* WuW 2014, 564.

2. Insbesondere Kartelle

17a Im Falle einer kartellbedingten Überhöhung der Preise bestimmter Anbieter für Waren oder Dienstleistungen besteht der Schaden der Abnehmer natürlich in erster Linie in der **Differenz** zwischen dem hypothetischen niedrigeren Marktpreis und dem höheren Kartellpreis (§ 249 BGB). Hinzu kommen freilich noch – und das macht die Sache nicht einfacher – der *entgangene Gewinn* der Abnehmer infolge der Umsatzeinbußen durch die überhöhten Preise (so genannte **Mengeneffekte**) sowie weitere Schäden, wenn Außenseiter im Windschatten des Kartells gleichfalls ihre Preise erhöhen (so genanntes **Umbrella Pricing**).[26] Die Situation wird vollends undurchschaubar, wenn die Schäden zum Teil auf weitere Abnehmer oder sogar die Verbraucher abgewälzt werden – oder wenn es den Abnehmern gelingt, die Schäden anderen Lieferanten zurückzureichen. Wie man hier weiter kommen soll, ist offen.

17b Die **Kommission** schlägt in ihrer Mitteilung von 2013 vier Methoden zur Schadensberechnung in Kartellfällen vor, nämlich der Reihe nach die Vergleichsmarktmethode in ihrer zeitlichen, räumlichen oder sachlichen Variante, kostenbasierte Ansätze (die mit üblichen Gewinnszuschlägen zu den Kosten operieren) sowie die Regressions- und die Simulationsmethode, beides ökonometrische Verfahren, die eine Berechnung der Wettbewerbspreise ermöglichen sollen, die aber momentan mangels der dafür erforderlichen großen Datenmengen nicht operational sind.[27] Praktikabel erscheint aus heutiger Sicht allein eine Schätzung des den Betroffenen entgangenen Gewinns (§ 252 BGB) nach § 287 ZPO anhand der verschiedenen Varianten der Vergleichsmarktmethode und unter Berücksichtigung der Gewinne der Kartellanten (§ 33 Abs. 3 S. 3 GWB, Rn. 18), wobei davon auszugehen ist, dass nach vorsichtigen Schätzungen Kartelle (von denen ohnehin nur 10 bis 20% aufgedeckt werden) zu einer durchschnittlichen Preiserhöhung von 20 bis 30% führen,[28] so dass notfalls zu erwägen ist, in geeigneten Fällen auch einfach einen entsprechenden Mindestschaden zugrundezulegen (Rn. 19).

3. Missbrauch und Diskriminierung

17c Bei Verstößen gegen Art. 102 AEUV oder gegen die §§ 19 und 20 GWB muss man vor allem zwischen den Fällen des Behinderungs- und Ausbeutungsmissbrauch unterscheiden. Bei dem **Ausbeutungsmissbrauch** (Art. 102 S. 2 lit. a AEUV, § 19 Abs. 2 Nr. 2 und 3 GWB) stehen die verschiedenen Varianten der Vergleichsmarktmethode zur Schadensschätzung im Vordergrund des Interesses, während es in den **Behinderungsfällen** (Art. 102 S. 1 AEUV, §§ 19 Abs. 2 Nrn. 1 und 4 und 20 Abs. 1 GWB) durchweg in erster Linie um die Schätzung des den Betroffenen entgangenen Gewinns geht (§ 252 BGB und § 287 ZPO).[29] In ihrer Mitteilung von 2013 (Rn. 4) schlägt die **Kommission** dazu verschiedene Methoden der Schadensberechnung vor, unter anderem eine Schätzung des Schadens anhand des durchschnittlichen Gewinns bei Wett-

---

[26] *EuGH* NZKart 2014, 263 Tz. 30ff. – Kons; *C. Krüger,* NZKart 2013, 483 (485). Der EuGH hat auf die Vorlage hin im Mai 2014 entschieden, dass auch derartige Schäden grundsätzlich ersetzt werden müssen, – wodurch die Ersatzpflicht bei Kartellverstößen erneut ganz erheblich ausgeweitet wurde.

[27] S. z. B. *Bernhard,* NZKart 2013, 488 (490f.).

[28] S. z. B. *Ellger,* FS Möschel, 2011, S. 191 (194ff.); *Mundt,* FS Möschel, 2011, S. 427 (433ff.); *Pohlmann,* FS Säcker, 2011, S. 911 (921f.).

[29] Z. B. *OLG Düsseldorf* WuW/E D-ER 2763; *OLG Frankfurt a. M.* WuW/E D-ER 3163 (3167ff.).

bewerb oder auf Vergleichsmärkten.[30] Ergänzend ist auch hier der Verletzergewinn zu berücksichtigen (Rn. 18). Von Fall zu Fall kommt noch eine ganze Reihe anderer Ansätze auf der Grundlage des § 249 BGB in Betracht, von Ansprüchen auf Belieferung bis zu Ansprüchen auf die Gewährung von Zwangslizenzen.[31]

4. Berücksichtigung des Gewinns

18 Um die Schadensberechnung zu erleichtern, fügt das Gesetz in § 33 Abs. 3 S. 3 GWB hinzu, dass bei der Entscheidung über den Umfang des Schadens nach § 287 ZPO insbesondere der „anteilige Gewinn, den das Unternehmen durch den Verstoß erlangt hat, berücksichtigt" werden kann. Die Gesetzesverfasser haben hinzugefügt, der **Gewinn** errechne sich aus den Umsatzerlösen abzüglich der Herstellungskosten der erbrachten Leistung sowie abzüglich angefallener Betriebskosten, während Gemeinkosten oder sonstige betriebliche Aufwendungen nicht abzugsfähig seien.[32]

19 Aus dem Verweis auf § 287 ZPO folgt, dass es im pflichtgemäßen *Ermessen* der Gerichte steht, ob sie bei der ihnen nach § 287 ZPO obliegenden Schadensschätzung von der Befugnis zur Berücksichtigung des anteiligen Gewinns Gebrauch machen wollen oder nicht. Einen Anspruch darauf hat der Geschädigte nicht; erst recht kann er *nicht* – anders als im gewerblichen Rechtsschutz – statt des Ersatzes seines Schadens analog § 687 Abs. 2 BGB die Herausgabe des Verletzergewinns verlangen. Wenn jedoch feststeht, dass den von dem Kartellverstoß Betroffenen irgendein Schaden entstanden ist und wenn ferner dieser Schaden nach § 287 ZPO nur bei Berücksichtigung des Verletzergewinns geschätzt werden kann, so *muss* das Gericht auch diesen Weg gehen und kann nicht einfach, ohne von der Möglichkeit des § 33 Abs. 3 S. 3 GWB Gebrauch gemacht zu haben, einen Schadensersatzanspruch ablehnen (s. Rn. 17b).

5. Vorteilsausgleichung

20 Nach **§ 33 Abs. 3 S. 2 GWB** ist der Schaden, wenn eine Ware oder Dienstleistung zu einem „überteuerten" Preis bezogen wird, nicht deshalb ausgeschlossen, weil die Ware oder Dienstleistung „weiterveräußert" wurde. Durch diese Vorschrift von 2005 sollte klargestellt werden, dass es bei der sog. **Passing-on-Problematik** nicht um eine Frage der Schadensermittlung, sondern um eine solche der **Vorteilsausgleichung** geht. Damit ist gesagt, dass nach der Vorstellung der Gesetzesverfasser im Falle einer kartellbedingten Überhöhung der Preise die unmittelbaren Abnehmer zunächst einmal einen *Schaden* in Höhe der Differenz zum niedrigeren hypothetischen Wettbewerbspreis erleiden (§ 249 BGB), so dass es sich anschließend nur noch fragen kann, ob der einmal *entstandene* Schaden wieder *entfällt,* wenn es den unmittelbaren oder direkten Abnehmern gelingt, die überhöhten Kartellpreise ganz oder doch teilweise auf ihre (weiteren) Abnehmer abzuwälzen, so dass als Schaden bei ihnen nur ein etwaiger entgangener Gewinn zurückbleibt, der auf einem Rückgang der Nachfrage infolge der Überhöhung des Kartellpreises beruht.[33]

---

[30] S. *Bernhard,* NZKart 2013, 488 (492 f.); *Thonig,* WRP 2014; 526.

[31] S. IM/*Emmerich,* Bd. II, 2014, § 33 Rn. 54 ff.

[32] So die Begr. z. RegE v. 2005, S. 54 (l. Sp. o.).

[33] Aus dem umfangreichen Schrifttum s. zuletzt z. B. *Alexander,* Schadensersatz, 2010, S. 376, 396 ff.; *Buntscheck,* WuW 2013, 947; *Bulst,* in: Möschel/Bien, Kartellrechtsdurchsetzung, 2010, S. 225; *ders.,* ZWeR 2012, 70; IM/*Emmerich,* Bd. II, 2014, § 33 Rn. 61–67; *Fuchs,* ZWeR 2011, 192; *Hartmann-*

Der Fragenkreis ist im In- und Ausland gleichermaßen umstritten. In den **USA** hat sich z. B. im Anschluss an zwei Leitentscheidungen des Supreme Courts aus den Jahren 1968 und 1977 weithin die Auffassung durchgesetzt, dass nur die direkten (unmittelbaren) Abnehmer eines Kartells Schadensersatz verlangen könnten (sog. **direct-purchaser-Regel**), dass also den Kartellmitgliedern (nur) ihren eigenen Abnehmern gegenüber die passing-on-defence versagt sei,[34] dass aber die mittelbaren Abnehmer auf den nachfolgenden Marktstufen, gleichsam zum Ausgleich, *nicht* ebenfalls von den Kartellmitgliedern Schadensersatz verlangen könnten, schon, um deren mehrfache Inanspruchnahme zu verhindern.[35] Einen ganz anderen Weg ist dagegen der **BGH** in dem ORWI-Urteil von 2011 gegangen.[36] Danach stehen im Falle eines Preiskartells Schadensersatzansprüche grundsätzlich auch den **indirekten oder mittelbaren Abnehmern** eines verbotenen Kartells zu. Um eine mehrfache Belastung der Kartellmitglieder mit Ersatzansprüchen der Abnehmer auf verschiedenen Marktstufen zu vermeiden, lässt der BGH jedoch die **passing-on-defence** im Rahmen der Vorteilsausgleichung im Prinzip zu, zieht dem Einwand aber im Ergebnis zugleich wieder sehr enge Grenzen, indem er den Kartellmitgliedern die volle *Darlegungs- und Beweislast* für die Voraussetzungen der passing-on-defence auferlegt – einschließlich insbesondere der Kausalität des Kartells für die Preiserhöhungen auf den nachfolgenden Marktstufen, wobei Erleichterungen der Darlegungs- und Beweislast nur in Grenzen möglich sein sollen. Weitgehend in dieselbe Richtung zielt offenbar die Regelung, die die Kommission in den Art. 12 und 13 der Richtlinie von 2014 vorschreiben will (Rn. 4). 21

Man darf sich keinen Illusionen hingeben: Mit der geschilderten Verteilung der Darlegungs- und Beweislast (Rn. 21) dürfte sich die Passing-von-Problematik für die Mehrzahl der Fälle bereits erledigt haben.[37] Den Kartellmitgliedern wird es wohl angesichts der hohen Anforderungen des BGH bereits an einen schlüssigen Vortrag sowie gegebenenfalls an den Beweis der Schadensabwälzung der Abnehmer nur in den seltensten Fällen gelingen, darzulegen und gegebenenfalls zu beweisen, dass es ihren Abnehmern gelungen sei, den Schaden *vollständig* auf weitere Abnehmer abzuwälzen *und* dass ihnen auch keine sonstigen Schäden entstanden sind, insbesondere aufgrund der bereits mehrfach angesprochenen Mengen- und Schirmeffekte (Rn. 17 a). Dies macht zugleich deutlich, dass die **praktische Bedeutung** der Problematik meistens wohl übertrieben wird. 22

V. Feststellungswirkung

Zur weiteren Erleichterung der Verfolgung von Schadensersatzansprüchen aufgrund des GWB und der Wettbewerbsregeln des AEUV (Art. 101 und 102) enthält das Gesetz in **§ 33 Abs. 4 GWB** eine eigenartige Regelung über die Feststellungswirkung kar- 23

Rüppel/Ludewig, ZWeR 2012, 90; *Kleinlein/Schubert*, WuW 2012, 345; *Kirchhoff*, WuW 2012, 927; *Morell*, WuW 2013, 954; *Weitbrecht*, NJW 2012, 881; *K. Westermann*, FS H. P. Westermann, 2008, S. 1605.

[34] Hanover Shoe v. United Shoe Machinery Corp. 392 U.S. 481, 492 f. = 88 S. Ct. 2224 = 20 L. Ed. 2d 1231 (1968).

[35] Illinois Brick Corp. v. Illinois, 431 U.S. 720, 723 ff. = 97 S. Ct. 2061 = 52 L. Ed. 2d 707 (1977).

[36] BGHZ 190, 145 = NJW 2012, 928 = WuW/E D-ER 3431 = JuS 2012, 847; ebenso offenbar *öOGH* WuW/E KRInt 421 (431 ff); 437 (443) – Umbrella Pricing; *LG Berlin* NZKart 2014, 37.

[37] Ebenso *Bulst*, ZWeR 2012, 70, 83 ff.; etwas großzügiger wohl *Schiemann*, FS Möschel, 2011, S. 547, 555 f.; zu der in der Richtlinie geplanten Regelung s. *Kersting*, WuW 2014, 564 (569 f.).

tellbehördlicher Entscheidungen und der anschließenden gerichtlichen Entscheidungen sowie solcher gerichtlichen Entscheidungen, die wie in Österreich und Irland an die Stelle kartellbehördlicher Entscheidungen treten.[38] Danach sind die deutschen Gerichte, wenn aufgrund des GWB oder der Wettbewerbsregeln des AEUV Schadensersatz verlangt wird, an bestandskräftige oder rechtskräftige Entscheidungen der genannten Kartellbehörden oder -gerichte gebunden, soweit es um die Feststellung des Verstoßes geht (§ 33 Abs. 4 S. 1 und 2 GWB). Gemeint ist damit eine *Bindung an die tatsächlichen Feststellungen* der Kartellbehörde sowie an deren *rechtliche Beurteilung* als Verstoß im Sinne des § 33 Abs. 1 S. 1 GWB.[39] Eine derartige Wirkung von Verwaltungsakten bezeichnet man im Verwaltungsrecht allgemein als **„Feststellungswirkung"** im Gegensatz zu der bloßen Tatbestandswirkung von Verwaltungsakten, die sich darauf beschränkt, dass die übrigen Staatsorgane einschließlich der Gerichte eine einmal getroffene und nicht mit Erfolg angefochtene Regelung eines Sachverhalts durch einen Verwaltungsakt zu respektieren haben – freilich ohne *inhaltliche* Bindung. S. 3 des § 33 Abs. 4 GWB fügt hinzu, dass diese Verpflichtung oder besser: Bindung der deutschen Gerichte entsprechend Art. 16 Abs. 1 S. 4 der KartellverfahrensVO Nr. 1/2003 unbeschadet der Rechte und Pflichten nach Art. 267 AEUV gilt, der die Vorlagepflicht der nationalen Gerichte zum EuGH regelt. § 33 Abs. 4 GWB ist entsprechend anwendbar auf die Vorteilsabschöpfung durch Verbände und Einrichtungen (§ 34a Abs. 5 GWB).

24 Soweit sich § 33 Abs. 4 GWB auf bestandskräftige Entscheidungen der **Kommission** bezieht, wiederholt er lediglich, was sich bereits aus Art. 16 Abs. 1 S. 1 der KartellverfahrensVO Nr. 1/2003 ergibt. Auch die in § 33 Abs. 4 S. 1 GWB außerdem angeordnete Bindung deutscher Gerichte an die bestandskräftigen Entscheidungen der **deutschen Kartellbehörden** ist nur Ausdruck der Feststellungswirkung solcher Entscheidungen (allein) nach den **§ 32, 32a und 32 d** sowie nach **§ 81 GWB.** *Keine* Bindungswirkung besteht dagegen in den Fällen der §§ 30 Abs. 3, 32b, 32c und 36 Abs. 1 GWB, teils, weil sie keine abschließende Feststellung eines Kartellverstoßes enthalten, teils, weil es bei ihnen keine betroffenen Dritten im Sinne des § 33 Abs. 1 S. 3 GWB gibt. In Bußgeld- und Strafverfahren besteht gleichfalls generell keine Bindung, soweit nicht der Grundsatz „ne bis in idem" eingreift.

25 § 33 Abs. 4 S. 1 GWB erstreckt die Feststellungswirkung – ohne Begründung und ohne Not – außerdem auch auf bestandskräftige Entscheidungen der **Wettbewerbsbehörden** sowie der an ihrer Stelle entscheidenden **Gerichte anderer Mitgliedstaaten.** Diese Regelung ist zu Recht auf nahezu einhellige Kritik gestoßen, weil keine Gewähr dafür besteht, dass kartellbehördliche Entscheidungen in den anderen Mitgliedstaaten in einem rechtsstaatlichen Verfahren ergehen, in dem zumindest das rechtliche Gehör der betroffenen deutschen Staatsangehörigen gewährleistet ist, so dass die ganze Regelung gegen Art. 103 Abs. 1 GG verstoßen dürfte.[40] Mit gutem Grund hat deshalb auch die Kommission darauf verzicht, die Einführung einer entsprechenden Regelung in allen Mitgliedstaaten in ihrer Richtlinie von 2014 vorzuschreiben.

[38] In Österreich nimmt das OLG Wien weitgehend die Funktionen einer Kartellbehörde wahr; ebenso in Irland der High Court in Dublin.

[39] Ein Beispiel in *OLG Düsseldorf* WuW/E DE-R 2763 (2766) – Post-Konsolidierer; NZKart 2014, 280.

[40] *MK,* SonderGA von 2004, Tz. 53 (S. 30f.); *Bechtold,* DB 2004, 235 (239); *Fuchs,* WRP 2005, 1384 (1395); *Hempel,* WuW 2005, 137 (144).

Soweit § 33 Abs. 4 S. 1 GWB eine Bindung deutscher Gerichte an in- und ausländische kartellbehördliche oder kartellgerichtliche Entscheidungen anordnet (o. Rn. 23–25), erstreckt sich die **Bindungswirkung** auf die „Feststellung des Verstoßes" in tatsächlicher und rechtlicher Hinsicht.[41] Jedoch beschränkt sich die Bindung auf die tragenden Gründe der Entscheidung.[42] Die Folge ist, dass, soweit die Bindungswirkung reicht, in einem nachfolgenden Schadensersatzprozess die der Entscheidung der Kartellbehörde zugrunde liegenden und vom Kläger zur Begründung seiner Klage vorgetragenen *tatsächlichen Feststellungen* keines Beweises mehr bedürfen. Das Gericht ist in dem nachfolgenden Verfahren darüber hinaus auch an die *rechtliche Würdigung* der von der Kartellbehörde festgestellten Tatsachen gebunden; es darf daher seiner Entscheidung keine abweichende rechtliche Würdigung der festgestellten Tatsachen zugrundelegen,[43] z. B. einen Missbrauch entgegen der Kartellbehörde verneinen. Hinsichtlich der **weiteren Voraussetzungen** eines Schadensersatzanspruchs Betroffener aufgrund des § 33 GWB i. V. m. §§ 249 bis 252 und 276 BGB sind die Gerichte dagegen im nachfolgenden Rechtsstreit *nicht gebunden,* insbesondere also nicht hinsichtlich der Kausalität des Kartellrechtsverstoßes für den behaupteten Schaden, hinsichtlich der Schadens sowie in Bezug auf das Verschulden.[44] 26

VI. Konkurrenzen

§ 33 GWB ist **lex specialis** (nur) zu § 823 Abs. 2 BGB sowie zu § 823 Abs. 1 BGB, soweit es um Eingriffe in den Gewerbebetrieb des Betroffenen geht. Im Übrigen konkurriert die Vorschrift mit sämtlichen Deliktstatbeständen innerhalb und außerhalb des BGB. Bedeutung hat dies vor allem für § 826 BGB. Entsprechendes wie für § 823 Abs 1 und 2 BGB gilt grundsätzlich für das Verhältnis des § 33 GWB zu den **§§ 8 und 9 UWG.** Anders wird das Konkurrenzverhältnis heute nur noch beurteilt, wenn in dem fraglichen Fall wie etwa bei einem Boykott oder einer gezielten Behinderung von Konkurrenten zugleich ein *eigenständiger* UWG-Tatbestand erfüllt ist.[45] 27

VII. Folge- und Ausführungsverträge

Als **Folgeverträgen** bezeichnet man die von den Mitgliedern eines Kartells auf dessen Grundlage *mit Dritten* abgeschlossenen Verträge, insbesondere also Lieferverträge von Kartellmitgliedern mit Dritten. Derartige Folgeverträge werden aus Gründen der Rechtssicherheit grundsätzlich *nicht* von der Nichtigkeit einer Kartellvereinbarung (§ 1 GWB in Verbindung mit § 134 BGB; Art. 101 Abs. 2 AEUV) erfasst, sofern sie nicht selbst gegen das GWB oder gegen sonstige zwingende Rechtsvorschriften verstoßen.[46] Die Frage ist freilich neuerdings umstritten. Um den Schutz der Vertragspartner von Kartellanten zu verbessern, wird heute vielfach gefordert, auch die Ausführungs- 28

[41] S. dazu auch *Alexander,* Schadensersatz, 2010, S. 427; *Grüneberger,* in: Möschel/Bien, Kartellrechtsdurchsetzung, 2010, S. 151, 173 f.

[42] *Alexander,* Schadensersatz, 2010, S. 427.

[43] *OLG Düsseldorf* WuW/E DE-R 2763 (2766) – Post-Konsolidierer; NZKart 2014, 280; *Grüneberger,* in: Möschel/Bien, Kartellrechtsdurchsetzung, 2010, S. 151, 173 f.

[44] *OLG München* NZKart 2013, 162 (163) = WuW/E DE-R 3913 (3915) – Fernsehvermarktung; *OLG Düsseldorf* NZKart 2014, 280 (283 f.); *LG Berlin* NZKart 2014, 37.

[45] BGHZ 166, 154 (159 ff. Tz. 13 ff.) = NJW 2006, 2627 = JuS 2006, 1030 – Probeabonnement; *OLG Düsseldorf* WuW/E DE-R 3979 (3982) – Konzessionärsverträge; früher str.

[46] S. schon o. § 7 Rn. 7 sowie RGZ 133, 51 (58 ff.); *BGH* LM Nr. 2 zu ADSp.-Allg. = NJW 1956, 1201 = WuW/E BGH 152 – Spediteurbedingungen; BGHSt 32, 389 = NJW 1984, 2372 (2373); *OLG München* NJW-RR 2002, 886 (887 f.); *Emmerich,* ZHR 139 (1975), 476 (516); *D. Fuchs,* Kartellverbot

verträge zumindest als *partiell nichtig* zu behandeln, um auf diese Weise einen Weg zu eröffnen, die Kartellkonditionen und insbesondere den Kartellpreis durch Wettbewerbskonditionen ersetzen zu können (§§ 157, 632 BGB).[47] In dieselbe Richtung weisen Bestrebungen, den über den Bestand eines Kartells getäuschten Vertragspartnern der Kartellanten über Schadensersatzansprüche aus c.i.c (§ 311 Abs. 2 BGB) oder wegen arglistiger Täuschung zu helfen (§§ 123, 823 Abs. 2 und 826 BGB).[48] In der Mehrzahl der Fälle dürften indessen bereits die Beseitigungs- und Schadensersatzansprüche aufgrund des § 33 Abs. 1 und 3 GWB zu dem gewünschten Ergebnis führen (o. Rn. 12 und 14ff.).

29 Unter **Ausführungsverträgen** versteht man im Gegensatz zu den Folgeverträgen (o. Rn. 28) Verträge zwischen den Kartellmitgliedern oder mit Dritten, durch die das verbotene Kartell durchgeführt oder verstärkt werden soll. **Beispiele** sind Verträge über den Beitritt Dritter zu verbotenen Kartellen, über Kollegenlieferungen bei verbotenen Spezialisierungskartellen oder Preisbindungen i. S. d. § 30 GWB, über deren parallele Einführung die Konkurrenten sich zuvor unter Verstoß gegen § 1 GWB oder Art. 101 AEUV verständigt hatten. Derartige Ausführungsgeschäfte werden ohne Weiteres von der **Nichtigkeit** des Kartells erfasst (§ 1 GWB i.V. m. § 134 BGB; Art. 101 Abs. 2 AEUV); § 1 GWB verdrängt insoweit auch den § 30 GWB, soweit nicht seit der 8. GWB-Novelle von 2013 die neue Bereichsausnahme für Branchenvereinbarungen nach § 3 Abs. 2a GWB eingreift.[49] Ebenso zu behandeln sind ferner Verträge über die Gründung von **Gemeinschaftsunternehmen,** sofern die zugrundeliegenden Absprachen der Mütter gegen § 1 GWB oder gegen Art. 101 Abs. 1 AEUV verstoßen,[50] sowie sog. **Vertragssysteme,** d. h. Systeme aus Horizontal- und Vertikalverträgen, auf die die Beteiligten künstlich die eigentlichen Kartellvereinbarungen aufteilen und die deshalb in ihrer Gesamtheit gegen das Kartellverbot verstoßen.[51]

§ 41. Kartellbehörden

I. Überblick

1 Als Kartellbehörden bezeichnet man die staatlichen Stellen, denen die hoheitliche Durchsetzung des Kartellrechts insbesondere mit Verboten, sonstigen Verfügungen oder Bußgeldbescheiden obliegt. Europäische Kartellbehörde ist ausschließlich die Kommission (Art. 105 AEUV; Art. 4, 7ff. Verordnung Nr. 1/2003). Die deutschen Kartellbehörden ergeben sich dagegen im Einzelnen aus § 48 Abs. 1 GWB (Rn. 2). In den §§ 49 bis 50c GWB schafft das Gesetz ferner die nötige Rechtsgrundlage für die Zusammenarbeit der Kartellbehörden im Rahmen des Netzwerks der europäischen Wettbewerbsbehörden (s. Rn. 3). Der Sache nach gehören in den vorliegenden Zu-

und Einzelvertrag, 1963; *Mailänder,* Privatrechtliche Folgen unerlaubter Kartellpraxis, 1965, S. 109, 134, 181ff.; *Mestmäcker,* WuW 2004, 754 (765).

[47] S. *Säcker,* ZWeR 2008, 348 (353ff.); *K. Schmidt,* FS Säcker, 2011, S. 559 (564ff.).

[48] So z. B. *BGH* ZfBR 2010, 368; *OLG München* NJW-RR 2002, 886; *Dück/Schultes,* NZKart 2013, 238; *Mayer,* WuW 2011, 29.

[49] *Emmerich,* ZHR 139 (1975), 476 (516f.); *ders.,* WiB 1996, 1070; *Kl. Fuchs,* Kartellvertrag und Einzelvertrag, 1963, S. 35ff.; *Mailänder,* Privatrechtliche Folgen, 1965, S. 140f.

[50] *BGH* LM Nr. 42 zu § 1 GWB = NJW-RR 1992, 1002; *OLG Hamm* WuW/E OLG 3748 = NJW-RR 1986, 1487; *OLG Frankfurt a. M.* WuW/E OLG 4323 (4324f.) = AG 1989, 402; *Wessels,* ZIP 2014, 101; 2014, 857; sehr str.; anders z. B. *K. Schmidt,* BB 2014, 515 m. N.

[51] BGHZ 65, 30 (40) = NJW 1975, 1837.

sammenhang auch noch die Vorschriften über die beiden neuen Markttransparenzstellen (§§ 47a und 47f ff. GWB von 2013) sowie über die Monopolkommission (§§ 44–47), die nur deshalb nicht in den Zweiten Teil des GWB mit der Überschrift „Kartellbehörden" aufgenommen wurden, weil die beiden Markttransparenzstellen ebenso wie die Monopolkommission – mangels Entscheidungsbefugnissen im Einzelfall – nicht im formellen Sinne zu den Kartellbehörden zählen (u. Rn. 10f., 12f.).

Kartellbehörden sind nach § 48 Abs. 1 GWB (nur) das BKartA, das Bundesministerium für Wirtschaft und Technologie (BMWi) (bzw. nach § 42 GWB der zuständige Bundesminister) sowie die nach Landesrecht zuständigen obersten Landesbehörden, die sog. Landeskartellbehörden. Die Verteilung der **Zuständigkeiten** zwischen den genannten Kartellbehörden richtet sich nach § 48 Abs. 2 GWB. Die Zuständigkeitsverteilung zwischen dem BKartA und den Landeskartellbehörden ist durch die siebte GWB-Novelle von 2005 „flexibilisiert" worden, womit gemeint ist, dass jetzt im Einvernehmen zwischen dem BKartA und den Landeskartellbehörden **Verweisungen** von der einen an die andere Behörde möglich sind (§ 49 Abs. 3 und Abs. 4 GWB n. F.). Seit 2005 besitzen die Landeskartellbehörden außerdem ausdrücklich die Befugnis zur Anwendung der Wettbewerbsregeln des AEUV (Art. 101 und 102) im Rahmen des Netzwerks der europäischen Wettbewerbsbehörden (§ 50 GWB). Bei einem **Verstoß** gegen die Zuständigkeitsverteilung zwischen den Kartellbehörden ist § 55 GWB zu beachten. Wird der Verstoß in dem Verfahren nicht gerügt, so bleibt er grundsätzlich unbeachtlich (§ 55 Abs. 2 GWB). Anders verhält es sich nur bei besonders schweren und offenkundigen Verstößen wie etwa bei einer Fusionskontrollentscheidung einer Landeskartellbehörde unter Verstoß gegen § 36 GWB (§ 44 VwVfG).[1] 2

Die Rechtsgrundlage für die **Zusammenarbeit** der Kartellbehörden untereinander, mit anderen Behörden einschließlich der Bundesnetzagentur sowie mit der Europäischen Kommission und den Wettbewerbsbehörden der anderen Mitgliedstaaten der Europäischen Union im Rahmen des **Netzwerks** der europäischen Wettbewerbsbehörden nach den Art. 11ff. der KartellverfahrensVO Nr. 1/2003 findet sich in den neuen **§§ 50a bis 50 c GWB.** Danach sind die genannten Behörden vor allem zum Informationsaustausch untereinander befugt. Die Einzelheiten richten sich nach einer **Bekanntmachung der Kommission** aus dem Jahre **2004.**[2] § 50b Abs. 1 GWB erstreckt die Befugnis zum Informationsaustausch darüber hinaus auch auf die Zusammenarbeit des BKartA mit außereuropäischen Wettbewerbsbehörden, insbesondere also mit den amerikanischen Antitrust-Behörden. Die Zusammenarbeit der Kartell- und Wettbewerbsbehörden der Europäischen Union im Rahmen des Netzwerks der europäischen Wettbewerbsbehörden hat z. B. zur Folge, dass sich die Behörden gegenseitig **Amtshilfe** leisten können, so dass die Behörden eines Mitgliedstaats auf Bitten der Behörden eines anderen Mitgliedstaates in Verfahren nach den Wettbewerbsregeln des Vertrages sogar **Durchsuchungen** durchführen können und müssen.[3] Außerdem hat die Kommission die Befugnis, sich an jedem Verfahren vor einem nationalen Gericht mit einer Stellungnahme nach Art. 15 der Verordnung Nr. 1/2003 zu beteiligen.[4] 3

---

[1] S. für Bußgeldbescheide BGHSt 27, 196 = NJW 1977, 1748.

[2] Bekanntmachung über die Zusammenarbeit innerhalb des Netzes der Wettbewerbsbehörden von 2004, ABl. Nr. C 101/43.

[3] *OGH* WuW/E KRInt 281.

[4] *EuGH* Slg. 2009, I-4854.

II. Bundeskartellamt

1. Organisation

4 Die größte Bedeutung bei der Durchsetzung des GWB (und des AEUV) kommt dem BKartA mit Sitz in Bonn zu (§§ 51–53 GWB). Das BKartA ist eine **Bundesoberbehörde,** die dem BMWi untersteht, so dass es grundsätzlich von den **Weisungen** des Ministers abhängig ist. Das gilt jedenfalls für allgemeine Weisungen (s. § 52 GWB), während umstritten ist, ob der Minister auch durch Einzelweisungen in schwebende Verfahren eingreifen kann. Dagegen spricht vor allem, dass das BKartA seine Entscheidungen in einem justizförmigen Verfahren durch Beschlussabteilungen trifft, die mit einem Vorsitzenden und mehreren Beisitzern besetzt sind (§ 51 Abs. 2, 3 GWB).[5] Im Augenblick bestehen beim BKartA zwölf derartige Beschlussabteilungen, deren Zuständigkeit sich in erster Linie nach Wirtschaftsbereichen richtet.[6] Hinzu kommen noch drei Vergabekammern und eine Reihe weiterer Referate.

2. Auskunftsrecht

Literatur: *Barth/St. Budde,* WuW 2010, 377; *Herrlinger/Kleine,* WuW 2007, 222; *Herrmanns,* Die Ermittlungsbefugnis der Kartellbehörden, 1972; *K. Schmidt,* Drittschutz, Akteneinsicht und Geheimnisschutz, 1992; *Töllner,* EWS 2011, 21.

5 Die Kartellbehörden (§ 48 Abs. 1 GWB) besitzen nach § 59 GWB ein Auskunfts- und Untersuchungsrecht (u. Rn. 6). **Voraussetzung** ist lediglich, dass die Auskunft zur Erfüllung der den Kartellbehörden durch das Gesetz übertragenen Aufgaben erforderlich ist (§ 59 Abs. 1 S. 1 Halbs. 1 GWB). Dafür genügt es, dass sich gegen das in Anspruch genommene Unternehmen ein *konkreter Anfangsverdacht* richtet, der sich auf sämtliche Tatbestandsmerkmale der betreffenden Norm des Gesetzes erstreckt, gegen die verstoßen worden sein soll. Das wird allgemein im Interesse der Aufdeckung von Kartellverstößen ganz *weit* ausgelegt. Lediglich dann, wenn feststeht, dass einzelne Tatbestandsmerkmale nicht erfüllt sind, ist für die Anwendung des § 59 GWB kein Raum.[7] Das Auskunftsrecht besteht bis zur Bestandskraft der Entscheidung der Kartellbehörde fort (§ 59 Abs. 1 S. 1 Halbs. 1 GWB), also auch noch während des Beschwerde- und des Rechtsbeschwerdeverfahrens. Es dient dem BKartA dann vor allem zur Erfüllung entsprechender Auflagen des Beschwerdegerichts oder zum Nachschieben von Gründen.[8]

6 § 59 Abs. 1 Nr. 1 und 2 GWB verleiht den Kartellbehörden in erster Linie die Befugnis, von Unternehmen und Unternehmensvereinigungen **Auskunft** und die Herausgabe von Unterlagen zu verlangen sowie bei diesen innerhalb der üblichen Geschäftszeiten die geschäftlichen Unterlagen einzusehen und zu prüfen. Das Auskunftsersuchen ergeht durch Verfügung oder Beschluss der Kartellbehörde (§ 59 Abs. 6 und 7 GWB); die Betroffenen können sich dagegen mit der Beschwerde, nicht jedoch mit der Rechtsbeschwerde zum BGH wehren (§§ 63, 74 GWB).[9]

---

[5] S. *Geberth,* AG 1991, 295 (296).

[6] S. *BKartA* TB 2009/2010, S. 171; *Weber,* in: 10 Jahre BKartA, 1968, S. 263.

[7] BGHZ 91, 178 (184 f.) = NJW 1984, 2697; *OLG Düsseldorf* WuW/E DE-R 1179 (1180 ff.) – Stromcontracting; 3799 (3800); *OLG Brandenburg* WuW/E DE-R 4255.

[8] S. o. § 36 Rn. 18; BGHZ 155, 214 (220 f.) = NJW 2003, 3776 – HABET/Lekkerland; kritisch dazu *Jüntgen,* WuW 2011, 340.

[9] *BGH* LM § 73 Nr. 3 = NJW 1983, 1911; WM 2007, 1763 ff. = WuW/E DE-R 2055.

Gegenstand der Auskunft sind die **wirtschaftlichen Verhältnisse** des betroffenen Unternehmens und der mit ihm verbundenen Unternehmen im weitesten Sinne (§ 59 Abs. 1 Nr. 1 und 2 GWB).[10] Reichen die Auskünfte und die vorgelegten Unterlagen nach Meinung des Amtes nicht aus, so kann das Amt außerdem eine **Durchsuchung** anordnen, wovon freilich nur selten Gebrauch gemacht wird; hier ist zusätzliche Voraussetzung eine Anordnung des zuständigen Amtsrichters (§ 59 Abs. 4 GWB). Die Kartellbehörden haben schließlich noch die Möglichkeit zur **Beweiserhebung** nach § 57 GWB in Verbindung mit der **ZPO.** 7

3. Sektoruntersuchungen

Seit der 7. GWB-Novelle von 2005 besitzen die Kartellbehörden ferner nach dem Vorbild des Art. 17 der KartellverfahrensVO Nr. 1/2003 die Befugnis, Sektoruntersuchungen hinsichtlich bestimmter Wirtschaftszweige oder (sektorübergreifend) bestimmter Arten von Vereinbarungen durchzuführen (§ 32e GWB).[11] Voraussetzung ist lediglich, dass starre Preise oder andere Umstände auf eine Wettbewerbsbeschränkung hindeuten, während es nicht erforderlich ist, dass bereits gegen bestimmte Unternehmen ein konkreter Anfangsverdacht besteht. Das Bundeskartellamt hat bisher 10 Sektoruntersuchungen durchgeführt, mittels derer es versucht, die nötigen Informationen zu gewinnen, um anschließend gegebenenfalls gegen einzelne Unternehmen Ermittlungsverfahren wegen konkreter Kartellverstöße einleiten zu können. Deshalb besitzt das Bundeskartellamt auch in diesem Rahmen die genannten Auskunftsrechte (§ 32e Abs. 4 i. V. m. §§ 57 und 59 GWB, o. Rn. 5ff.). Den Abschluss der Sektoruntersuchung bildet regelmäßig ein im Internet veröffentlichter Bericht über die Wettbewerbsverhältnisse in der untersuchten Branche. 8

4. Bußgeldverfahren

Im Bußgeldverfahren findet § 59 GWB keine Anwendung; stattdessen richten sich die Ermittlungsbefugnisse der Kartellbehörden hier nach dem **OWiG,** so dass sie jetzt grundsätzlich dieselben Rechte und Pflichten **wie die Staatsanwaltschaft** bei der Verfolgung von Straftaten haben (§ 46 Abs. 2 OWiG).[12] Hat das Bundeskartellamt einen Bußgeldbescheid erlassen, so können die betroffenen Unternehmen Einspruch zum OLG Düsseldorf einlegen. In diesem Fall geht die Zuständigkeit zur Vertretung der Anklage auf den **Generalstaatsanwalt** über (§ 69 Abs. 4 OWiG). Das Bundeskartellamt ist fortan nicht mehr formell an dem Verfahren beteiligt, sondern hat lediglich die (bescheidene) Stellung eines beratenden Hilfsorgans des Gerichts mit einem (eingeschränkten) eigenen Fragerecht aufgrund des § 82a GWB.[13] 9

III. Monopolkommission

Durch die 2. GWB-Novelle von 1973 ist eine Monopolkommission mit Sitz in Köln aus fünf Mitgliedern geschaffen worden (§ 44 GWB). Ihre Aufgabe besteht vor allem darin, alle zwei Jahre ein sog. Hauptgutachten über die Entwicklung der Unternehmenskonzentration und über die Anwendung der §§ 35 bis 43 GWB zu erstatten (§ 44 Abs. 1 S. 1 GWB). Die Kommission kann außerdem nach ihrem Ermessen zu- 10

[10] S. *BGH* WM 2007, 1763 (1768 Tz. 41 f.) = WuW/E DE-R 2055 (2062); *OLG Düsseldorf* WuW/E DE-R 1861 (1862f.) – Kalksandstein; 3799 (3800); *Töllner,* EWS 2011, 21 f.

[11] S. dazu *OLG Düsseldorf* WuW/E DE-R 1993; *Gildhoff* WuW 2013, 716.

[12] S. *Töllner,* EWS 2011, 21 (23ff.).

[13] *Barth/St. Budde,* WuW 2010, 377.

sätzliche Gutachten anfertigen (§ 44 Abs. 1 S. 4 GWB). Die Bundesregierung kann die Monopolkommission ebenfalls mit der Erstattung von Gutachten beauftragen (§ 44 Abs. 1 S. 3 GWB). Eine Verpflichtung dazu besteht jedoch nur in den Fällen, in denen bei dem BMWi ein Antrag auf Erlaubnis eines Zusammenschlusses gemäß § 42 GWB gestellt wird (§ 42 Abs. 4 S. 2 GWB). Zwischenzeitlich hat die Monopolkommission ferner noch den zusätzlichen Auftrag erhalten, alle zwei Jahre ein Gutachten zur Entwicklung des Wettbewerbs in den Netzindustrien zu erstatten (§ 62 EnWG, § 121 Abs. 2 TKG, § 36 AEG).[14]

11 Die Monopolkommission gehört nicht zu den Kartellbehörden i. S. d. § 48 GWB (o. Rn. 1), so dass sie im Gegensatz zu den letzteren *nicht* über das Auskunfts- und Untersuchungsrecht aus § 59 GWB verfügt. Die Kommission war daher bei ihrer Tätigkeit früher auf die freiwillige Mitarbeit der Unternehmen angewiesen. Da indessen die Unternehmen hierzu vielfach nicht bereit waren, ist bereits durch die 5. GWB-Novelle von 1989 eine Pflicht der statistischen Ämter begründet worden, der Monopolkommission aggregierte Daten über die Konzentration in den einzelnen Wirtschaftszweigen zu übermitteln (§ 47 GWB). Nach § 46 Abs. 2a GWB i. d. F. von 2005 kann die Monopolkommission ferner Einsicht in die von der Kartellbehörde geführten Akten einschließlich Betriebs- und Geschäftsgeheimnisse und personenbezogener Daten nehmen, soweit dies zur ordnungsgemäßen Erfüllung ihrer Aufgaben erforderlich ist.

IV. Marktransparenzstellen[15]

12 Parallel zur Überarbeitung des GWB durch die 8. GWB-Novelle von 2013 sind durch ein weiteres Gesetz vom 5. Dezember 2012[16] zwei so genannte Markttransparenzstellen geschaffen worden, eine zur laufenden Beobachtung des Großhandels für Strom und Erdgas, angesiedelt bei der Bundesnetzagentur (§§ 47a–47j GWB), und eine weitere zu Beobachtung des Handels mit Kraftstoffen, diese eingerichtet bei dem BKartA (§ 47k GWB).[17] Die **Markttransparenzstelle für Strom und Erdgas** hat zwei Aufgaben: Sie erfüllt einmal die Aufgabe als nationale Beobachtungsstelle nach der REMIT-Verordnung von 2011[18] in Zusammenarbeit mit der entsprechenden europäischen Agentur ACER (§ 47b Abs. 2 GWB). Die Markttransparenzstelle hat zum anderen die Aufgabe, laufend den gesamten Großhandel mit Elektrizität und Erdgas zu beobachten, um Missbräuche und Marktmanipulationen identifizieren zu können (§ 47b Abs. 2 GWB), für die der genannte Markt besonders anfällig ist, und zwar insbesondere in Gestalt der künstlichen Verknappung des Angebots durch Zurückhaltung von Produktionskapazitäten mit dem Ziel von Preiserhöhungen. Die Markttransparenzstelle verfügt zu diesem Zweck über umfassende Informationsmöglichkeiten (s. § 47b Abs. 3, §§ 47d und 59 sowie § 47e GWB). Die Einzelheiten soll eine auf § 47f GWB gestützte Verordnung regeln.

13 Die Aufgaben und Befugnisse der bei dem Bundeskartellamt angesiedelten **Markttransparenzstelle für Otto- und Dieselkraftstoffe** ergeben sich aus § 47k GWB. Die Markttransparenzstelle hat danach die Aufgabe, den Handel mit den genannten

---

[14] S. *G. v. Wallenberg,* WuW 2008, 646.

[15] S. dazu *V. u. J. Lüdemann,* WuW 2012, 917; *Nothhelfer* in: Bien (Hrsg.), Das deutsche Kartellrecht nach der 8. GWB-Novelle, 2013, S. 283.

[16] BGBl. I S. 2403; Begr. z. RegE, BT-Drs. 17/10060.

[17] Vgl. die Aufzählung der Verwaltungsbehörden in § 81 Abs. 10 Nrn. 1 und 2.

[18] REMIT = Regulation on Energy Market Integrity and Transparency, ABl. 2011 Nr. L 236/1.

Kraftstoffen zu beobachten, um den Kartellbehörden die Aufdeckung und Sanktionierung von Kartellverstößen zu erleichtern (§ 47k Abs. 1 und 3 GWB). Bei Verdachtsmomenten muss sie die zuständige Kartellbehörde umgehend informieren (§ 47k Abs. 4 GWB). Die Markttransparenzstelle hat ebenso wie die Markttransparenzstelle für Strom und Gas (Rn. 12) umfassende Informationsrechte, um ihren Aufgaben nachkommen zu können (§ 47k Abs. 2 und 7 i. V. m. § 59 GWB). Die Einzelheiten regelt eine auf § 47k Abs. 8 GWB gestützte Verordnung von 22. März 2013.[19]

§ 42. Verfahren

I. Grundzüge des Verwaltungsverfahrens

Die Kartellbehörden des Bundes und der Länder (§ 48 GWB; s. dazu o. § 41) sind 1
Verwaltungsbehörden, so dass sich ihr Verfahren, soweit nicht das GWB wie in den §§ 54 bis 62 besondere Bestimmungen enthält, nach den Verwaltungsverfahrensgesetzen (VwVfG) des Bundes und der Länder richtet. Das Verfahren wird nach § 54 Abs. 1 S. 1 GWB **von Amts wegen oder auf Antrag** eingeleitet. § 54 Abs. 1 S. 2 GWB fügt hinzu, dass die Kartellbehörde zum Schutz des Beschwerdeführers „auf entsprechendes Ersuchen" hin ein Verfahren auch von Amts wegen einleiten kann. Mit dieser Bestimmung hat es folgende Bewandtnis: Nach Aussagen interessierter Kreise werden im Handel Verstöße mächtiger Nachfrager insbesondere gegen das Diskriminierungsverbot (§§ 19 Abs. 2 Nr. 1, § 20 GWB) vielfach nicht den Kartellbehörden angezeigt, weil die betroffenen Lieferanten Sanktionen der Nachfrager befürchten, in erster Linie in Gestalt ihrer „Auslistung", d. h. durch ihre Streichung von der Liste der berücksichtigten Lieferanten (sog. **Ross- und Reiterproblematik**). Um hier Abhilfe zu schaffen, ermöglicht die genannte (durchaus problematische) Bestimmung trotz des „Ersuchens" eines Beschwerdeführers eine Verfahrenseinleitung von Amts wegen, damit der Beschwerdeführer nicht als solcher in den Akten erscheint, sondern „anonym" bleibt.

Die an dem Verfahren **beteiligten Personen** ergeben sich im Einzelnen aus § 54 2
Abs. 2 GWB. Beteiligt sind danach der oder die Antragsteller (Nr. 1 a. a. O.), die Unternehmen, gegen die sich das Verfahren richtet (Nr. 2 a. a. O.), sowie die Personen und Personenverbände, deren Interessen durch die Entscheidung erheblich berührt werden *und* die von der Kartellbehörde auf ihren Antrag hin auch tatsächlich beigeladen wurden (Nr. 3 a. a. O.). Dritte haben häufig ein erhebliches Interesse an solcher Beiladung, weil davon ihre Beschwerdebefugnis abhängt (s. § 63 Abs. 2 GWB). Ein **Antrag** auf Beiladung kann nur bis zum Abschluss des Verfahrens vor der Kartellbehörde gestellt werden, nicht mehr danach.[1] Ein *Anspruch* auf Beiladung besteht indessen nicht; die Beiladung steht vielmehr im Ermessen der Kartellbehörden, die bei der Entscheidung über einen Antrag auf Beiladung auch ihr Interesse berücksichtigen dürfen, den Streitstoff in Grenzen zu halten.

Das formelle Verwaltungsverfahren ist weitgehend justizförmig ausgestaltet.[2] Den Be- 3
teiligten muss in dem Verfahren vor allem Gelegenheit zur Stellungnahme gegeben

[19] BGBl. I S. 595.

[1] *BGH* WuW/E DE-R 2728 (2729ff. Tz. 9ff.) = NJW-RR 2010, 54 – Versicherergemeinschaft.

[2] S. BGHZ 43, 307 (314f.) = NJW 1965, 1379 – Linoleum; *BGH* LM § 73 GWB Nr. 3 = NJW 1983, 1911.

werden (§ 56 Abs. 1 GWB), um ihren Anspruch auf **rechtliches Gehör** zu wahren (Art. 103 Abs. 1 GG). Zu diesem Zweck *kann* die Kartellbehörde auf Antrag oder von Amts wegen eine **mündliche Verhandlung** durchführen; die Anordnung steht jedoch heute – anders als früher – im Ermessen der Kartellbehörde (§ 56 Abs. 3 S. 1 GWB). Die **Beweiserhebung** ist ebenfalls in Anlehnung an das gerichtliche Verfahren geregelt (§ 57 GWB). Die **Entscheidungen** ergehen durch begründete Verfügungen (§ 61), die meistens Beschlüsse genannt werden.[3] Der Sache nach handelt es sich dabei durchweg um Verwaltungsakte (u. Rn. 5).

4 Durch die 7. GWB-Novelle von 2005 haben die **Befugnisse** der deutschen Kartellbehörden, allen voran des BKartA in Bonn, eine tiefgreifende Umgestaltung erfahren (s. im Einzelnen u. § 43 Rn. 1 ff.). Die Einzelheiten ergeben sich aus den §§ 32 bis 32e und 34, die weitgehend mit den entsprechenden Vorschriften der KartellverfahrensVO Nr. 1/2003 (Art. 7 ff.) übereinstimmen (s. deshalb auch o. § 13) Die wichtigsten Befugnisse sind der Erlass von Verbots- oder Abstellungsverfügungen (§ 32 GWB; s. dazu u. § 43 Rn. 3 ff.), der Erlass einstweiliger Anordnungen (§ 60), die Untersagung von Unternehmenszusammenschlüssen (§ 36 Abs. 1 GWB; s. dazu o. § 36) sowie die Anordnung der Vorteilsabschöpfung (§ 34 GWB; dazu u. § 43 Rn. 15 ff.). Alle genannten Entscheidungen ergehen in dem geschilderten **formellen Verwaltungsverfahren.** Von diesem muss man das *informelle Verwaltungsverfahren* unterscheiden, das häufig dem formellen Verfahren vorausgeht und in dem bereits zahlreiche Fälle durch Gespräche zwischen den Kartellbehörden und den Beteiligten geklärt werden.

II. Kartellbeschwerdeverfahren

1. Zuständigkeit

5 Die von den Kartellbehörden in dem Verwaltungsverfahren erlassenen Beschlüsse oder Verfügungen sind **Verwaltungsakte** (o. Rn. 3 f.). Rechtsmittel gegen diese Verwaltungsakte der Kartellbehörden ist jedoch nicht die Anfechtungsklage vor den Verwaltungsgerichten nach § 40 Abs. 1 VwGO, sondern die eigenartige **Kartellbeschwerde** zum zuständigen OLG und zum BGH aufgrund der §§ 63 Abs. 1 und 74 GWB. Bei dem in den §§ 63 bis 80 GWB ausführlich geregelten Kartellbeschwerdeverfahren handelt es sich daher der Sache nach um ein (besonderes) **Verwaltungsstreitverfahren.**[4] Folgerichtig hat man im Einzelnen die Anfechtungs- und die Verpflichtungsbeschwerde zu unterscheiden, während dem Gesetz an sich eine Leistungs- und eine Feststellungsbeschwerde unbekannt sind, jedoch in seltenen Ausnahmefällen in Analogie zur VwGO ebenfalls zugelassen werden, wenn anders ein wirksamer Rechtsschutz nicht möglich erscheint.[5] Aus dieser Ausgestaltung des Rechtsschutzes wird z. B. der Schluss gezogen, dass im GWB grundsätzlich kein Raum für ein *Negativattest* ist, durch das sich die Beteiligten sozusagen vorweg die Unbedenklichkeit ihres Verhaltens bestätigen lassen könnten, wenn das Bundeskartellamt ihnen einen Kartellverstoß vorwirft; die Beteiligten müssen vielmehr den Erlass einer Verfügung durch das Amt abwarten, um sich dann dagegen nach § 63 GWB mit der Beschwerde zu wehren.[6]

[3] Wegen des Verfahrens in der Fusionskontrolle s. schon o. § 36.

[4] S. *OLG Saarbrücken* WuW/E OLG 825; *OVG Münster,* NZKart 2013, 42 (43 f.) = WuW/E DE-R 3787 – Berliner Wasserbetriebe; zum Rechtsschutz in Fusionskontrollverfahren s. schon ausführlich o. § 36 Rn. 25 ff.

[5] *OLG Düsseldorf* WuW/E DE-R 1585 Tz. 19; 2755 (2758 f.) – DFL-Vermarktungsrechte; WuW/E DE-R 3703 (3706 ff.) – Lenzing/Kelheim I.

Auch gegen die Einleitung eines Missbrauchsverfahren durch das Bundeskartellamt gibt es keinen Rechtsschutz, auch nicht vor den Verwaltungsgerichten, weil die Zuständigkeit der ordentlichen Gerichte in Kartellsachen nach den §§ 63ff. GWB eine ausschließliche im Sinne des § 41 Abs. 1 S. 1 VwGO ist.[7]

2. Rechtszug

Erste Instanz sind die Kartellsenate der Oberlandesgerichte. Die Beschwerde kann auf neue Tatsachen und Beweismittel gestützt werden, so dass das OLG Tatsacheninstanz ist (§ 63 Abs. 1 GWB). Das Beschwerdegericht muss – entsprechend der Natur des Verfahrens als Verwaltungsstreitverfahren (o. Rn. 5) – den Sachverhalt von Amts wegen ermitteln (§ 70 Abs. 1 GWB); dadurch werden jedoch die Beteiligten nicht von ihrer Pflicht zur Mitwirkung bei der Aufklärung des Sachverhaltes entbunden. 6

Die Beschwerde hat (nur) in den in § 64 Abs. 1 GWB genannten Fällen **aufschiebende Wirkung.** Zum Ausgleich besitzen die Kartellbehörden die Befugnis, die **sofortige Vollziehung** ihrer Verfügungen anzuordnen, wenn dies im öffentlichen Interesse, z. B. im Interesse an der Durchsetzung der Verbote des GWB, oder im überwiegenden Interesse eines Beteiligten geboten ist (§ 65 GWB). In bestimmten Fällen kann aber das OLG die aufschiebende Wirkung der Beschwerde wiederherstellen, namentlich, wenn ernstliche Zweifel an der Rechtmäßigkeit der angefochtenen Verfügung bestehen (§ 65 Abs. 3 GWB). 7

Gegen die Entscheidung des Beschwerdegerichts (§ 71 GWB; o. Rn. 6f.) ist unter engen Voraussetzungen die **Rechtsbeschwerde** zum BGH zulässig (§ 74 GWB). Hier entscheidet wiederum der Kartellsenat (§ 94 GWB). Der BGH überprüft – als Revisionsgericht – allein die richtige Anwendung des Gesetzes (§ 76 Abs. 2 GWB). 8

III. Bußgeldverfahren

Geldbußen aufgrund des § 81 GWB i. d. F. von 2013 werden nicht im Verwaltungsverfahren der §§ 54ff., sondern in dem vom OWiG geregelten Bußgeldverfahren verhängt. Das GWB ordnet in den §§ 83ff. lediglich die Zuständigkeit und den Instanzenzug abweichend vom OWiG (s. u. § 43 Rn. 20ff.; zur Stellung des BKartA s. schon o. § 41 Rn. 9). 9

IV. Bürgerliche Rechtsstreitigkeiten

Das GWB enthält in den §§ 87 bis 90 ferner einige Sondervorschriften für Zivilprozesse aufgrund des GWB oder der Wettbewerbsregeln des AEUV (Art. 101 und 102) bzw. des EWR (Art. 53 und 54), z. B. für Schadensersatzklagen aus § 33 GWB oder für Klagen aus (zulässigen) Kartellverträgen. Hervorzuheben sind folgende Punkte: 10

Für Zivilklagen aufgrund des GWB sind *ausschließlich* die Kammern für Handelssachen der **Landgerichte** zuständig (§§ 87, 95 GWB). Andere Gerichte waren deshalb früher zur Aussetzung des Rechtsstreits verpflichtet, wenn ihre Entscheidung von einer nach dem GWB zu treffenden Entscheidung abhing (§ 96 Abs. 2 GWB a. F.). Diese *Aussetzungspflicht* war den ordentlichen Gerichten von Anfang an ausgesprochen lästig gewesen, so dass 1998 an ihre Stelle die *umfassende* Zuständigkeit der Kartellge- 11

[6] *OLG Düsseldorf* WuW/E DE-R WuW/E DE-R 3703 (3706ff.) – Lenzing/Kelheim I; *Emmerich,* AG 2014, 25 (31).

[7] *OVG Münster,* NZKart 2013, 42 (43f.) = WuW/E DE-R 3787 – Berliner Wasserbetriebe.

richte für Kartellrechtsfragen *und* damit zusammenhängende andere Fragen getreten ist (§§ 87 und 88 GWB).[8] Über die Berufung und die Revision gegen die Urteile der Landgerichte in Kartellsachen entscheiden die Kartellsenate der Oberlandesgerichte und des BGH (§§ 91 und 94 Abs. 1 Nr. 3 GWB).[9]

12 Die Gerichte müssen von jedem Verfahren das BKartA *benachrichtigen,* damit das Amt für eine ausreichende Berücksichtigung kartellrechtlicher Gesichtspunkte sorgen kann (§ 90 GWB i. d. F. von 2007). Ergänzend regelt seit 2005 § 90a GWB in Vollzug von Art. 15 der KartellverfahrensVO Nr. 1/2003 die *Zusammenarbeit* der deutschen Kartellgerichte mit der Europäischen Kommission im Rahmen des Netzwerks der europäischen Wettbewerbsbehörden und -gerichte (s. dazu schon o. § 41 Rn. 3).

§ 43. Entscheidungen und Sanktionen

Literatur: S. schon o. § 13 und § 36; *BKartA,* Bekanntmachung vom 25.6.2013 über Leitlinien für die Bußgeldbemessung, sog. Bußgeldleitlinien (abgedruckt bei *Bechtold,* GWB, S. 846); Bekanntmachung über den Erlass oder die Reduktion von Geldbußen, sog. Bonusregelung vom 7.3.2006, BAnz 2006 Nr. 52, S. 1663 (= *Bechtold,* GWB, S. 853); *Alexander,* Schadensersatz und Abschöpfung im Lauterkeits- und Kartellrecht, 2010; *St. Sieme,* Der Gewinnabschöpfungsanspruch nach § 10 UWG und die Vorteilsabschöpfung nach §§ 34, 34a GWB, 2009.

I. Überblick

1 Die Befugnisse der deutschen Kartellbehörden bei Verstößen von Unternehmen (und deren Vereinigungen[1]) gegen die Verbote des GWB sowie gegen die Art. 101 und 102 AEUV ergeben sich in erster Linie aus den §§ 32 bis 32e und 34 GWB i. d. F. der 8. Novelle von 2013, mit denen das Gesetz die gebotenen Folgerungen aus Art. 5 S. 1 der KartellverfahrensVO Nr. 1/2003 zieht. Nach dieser Vorschrift sind die Wettbewerbsbehörden der Mitgliedstaaten ebenfalls für die Anwendung der Art. 101 und 102 AEUV zuständig. S. 2 dieser Vorschrift fügt hinzu, dass die Wettbewerbsbehörden der Mitgliedstaaten hierzu von Amts wegen oder aufgrund einer Beschwerde Entscheidungen erlassen können, mit denen die Abstellung von Zuwiderhandlungen oder einstweilige Maßnahmen angeordnet (s. §§ 32, 32a GWB), Verpflichtungszusagen entgegengenommen (s. § 32b GWB) oder Geldbußen, Zwangsgelder oder sonstige im innerstaatlichen Recht vorgesehene Sanktionen verhängt werden (s. §§ 34, 34a, 81 und 86a GWB). Nach Art. 5 S. 3 der VO Nr. 1/2003 können die Wettbewerbsbehörden schließlich, wenn die Voraussetzungen für ein Verbot nach den ihnen vorliegenden Informationen nicht gegeben sind, auch entscheiden, dass für sie kein Anlass besteht, tätig zu werden (s. § 32c GWB).

2 Von den in den §§ 32 bis 32d und 34 GWB geregelten Befugnissen hat die Befugnis der Kartellbehörden zum Erlass von Verbotsentscheidungen oder Abstellungsverfügungen nach § 32 GWB die größte praktische Bedeutung. Die folgenden Ausführungen beschränken sich deshalb im Wesentlichen auf § 32 GWB. Die weiteren Befugnisse der Kartellbehörden nach den §§ 32a bis 32d GWB decken sich zudem weithin mit den

[8] *K. Schmidt,* ZWeR 2007, 394.

[9] Zur Zuständigkeit der Landessozialgerichte sowie des BSG bei Entscheidungen des BKartA über Zusammenschlüsse von Krankenkassen s. schon o. § 32 Rn. 32f.

[1] Darauf wird im Folgenden nicht mehr gesondert eingegangen; zur bisherigen Praxis s. z. B. kritisch *Podszun,* ZWeR 2012, 48.

entsprechenden Befugnissen der Kommission aufgrund der Art. 8 bis 10 und 29 der KartellverfahrensVO Nr. 1/2003, so dass wegen der Einzelheiten auf die Ausführung zu den genannten Vorschriften der VO Nr. 1/2003 verwiesen werden kann (o. § 13 Rn. 1 ff.).

II. Abstellungsverfügungen (§ 32 GWB i. d. F. von 2013)

1. Anwendungsbereich

Die Kartellbehörde kann gemäß § 32 Abs. 1 GWB Unternehmen verpflichten, eine Zuwiderhandlung gegen die Vorschriften des GWB oder des AEUV abzustellen. Abs. 2 S. 1 der Vorschrift fügt im Anschluss an Art. 7 Abs. 1 S. 2 der VO Nr. 1/2003 hinzu, dass die Kartellbehörde hierzu den Unternehmen alle erforderlichen Abhilfemaßnahmen verhaltensorientierter oder struktureller Art vorschreiben kann, die gegenüber der festgestellten Zuwiderhandlung verhältnismäßig und für eine wirksame Abstellung der Zuwiderhandlung erforderlich sind. Jedoch können nach S. 2 der Vorschrift Abhilfemaßnahmen struktureller Art nur in Ermangelung einer verhaltensorientierte Abhilfemaßnahme von gleicher Wirksamkeit festgelegt werden, oder wenn letztere im Vergleich zu Abhilfemaßnahmen struktureller Art mit einer größeren Belastung für die beteiligten Unternehmen verbunden wäre. 3

Der **Anwendungsbereich** des § 32 GWB umfasst seit der sechsten Novelle von 1998 zunächst sämtliche Verbotstatbestände des GWB.[2] Die wichtigsten **Beispiele** sind das Kartellverbot des § 1 GWB, das Missbrauchsverbot des § 19 GWB, die verschiedenen Diskriminierungsverbote des § 20 GWB sowie die Verbote des § 21 GWB. Hinzugetreten waren bereits im Jahre 1998 Verstöße gegen die Art. 101 und 102 AEUV. § 30 Abs. 3 GWB schließt die Anwendbarkeit des § 32 GWB gleichfalls nicht aus, wenn zugleich ein Verstoß gegen die Verbote des GWB oder des AEUV vorliegt. Dasselbe gilt für § 36 GWB, sofern z. B. die Gründung eines Gemeinschaftsunternehmens sowohl gegen § 1 GWB als auch gegen § 36 GWB verstößt. – *Nicht* erforderlich ist, dass es bereits zu einem Verstoß gegen die genannten kartellrechtlichen Verbote gekommen ist; vielmehr genügt es, wenn nur die ernste Besorgnis einer drohenden Gesetzesverletzung besteht (sog. **Erstbegehungsgefahr**).[3] Gleich steht der Fall, dass nach einer Zuwiderhandlung die Wiederholung des Gesetzesverstoßes zu befürchten ist (sog. **Wiederholungsgefahr**). Unanwendbar ist § 32 GWB dagegen auf bloße *Eingriffsermächtigungen* wie § 31 b Abs. 3 GWB.[4] 4

Als **Adressaten** von Verfügungen aufgrund des § 32 Abs. 1 GWB kommen allein *Unternehmen* und Vereinigungen von Unternehmen in Betracht, soweit sie dem GWB oder dem AEUV unterliegen. Unternehmen im Sinne des § 32 GWB sind insbesondere auch die **öffentlichen Unternehmen** im Sinne des § 130 Abs. 1 GWB einschließlich der Gebietskörperschaften, soweit sie sich unternehmerisch betätigen und deshalb gemäß § 130 Abs. 1 dem GWB unterliegen.[5] 5

---

[2] BGHZ 184, 168 (188 Tz. 75) = NJW 2010, 2573.

[3] *OLG Düsseldorf* WuW/E DE-R 2754 (2759) – Akteneinsicht.

[4] BGHZ 184, 168 (188 Tz. 74 ff.) = NJW 2010, 2573.

[5] S. *BGH* WuW/E DE-R 2408, 2419 Tz. 82 f. = WRP 2008, 1456 – Lottoblock m. Anm. *K. Westermann*, ZWeR 2010, 81 (89 ff.).

2. Ermessen

6 Aus der Formulierung des § 32 Abs. 1 GWB („... kann ...") wird allgemein der Schluss gezogen, dass der Erlass einer Verfügung in den in § 32 GWB genannten Fällen (Rn. 4) im Ermessen der Kartellbehörden steht, welches nur in engen Grenzen nach § 71 Abs. 5 GWB von den Gerichten überprüft werden kann.[6] Betroffene Dritte haben grundsätzlich **keinen Anspruch** auf Einschreiten der Kartellbehörden, da § 32 GWB ein Antragsrecht Dritter *nicht* vorsieht.[7] Dahinter steht letztlich die Erwägung, dass sich heute Dritte über § 33 GWB in aller Regel selbst gegen Kartellrechtsverstöße mit Unterlassungs-, Beseitigungs- oder Schadensersatzklagen wehren können (s. o. § 40). Damit ist zugleich gesagt, dass eine abweichende Entscheidung, d. h. die Bejahung eines echten **Antragsrechts** Dritter, zumindest dann in Betracht kommt, wenn dem Antragsteller ein schwerer Schaden droht, der auf andere Weise nicht mit zumutbarem Aufwand abgewendet werden kann.[8]

7 Der **Zeitpunkt,** in dem die Voraussetzungen für den Erlass einer Verfügung nach § 32 vorliegen müssen, ist der ihres *Erlassens.*[9] Lagen die Voraussetzungen einer Abstellungsverfügung ursprünglich, insbesondere bei Einleitung des Verfahrens vor, sind sie indessen während des Verfahrens endgültig *entfallen,* so kommt nur noch eine Feststellungsentscheidung nach § 32 Abs. 3 GWB in Betracht (Rn. 14), nicht mehr dagegen eine Abstellungsverfügung nach § 32 Abs. 1 oder 2 GWB. So verhält es sich insbesondere, wenn das betroffene Unternehmen das fragliche Verhalten endgültig aufgibt und auch definitiv keine Wiederholungsgefahr mehr besteht.

3. Inhalt

8 Die Kartellbehörde kann gemäß § 32 Abs. 1 GWB Unternehmen oder Vereinigungen von Unternehmen verpflichten, eine Zuwiderhandlung gegen die Vorschriften des GWB oder des AEUV abzustellen. Abs. 2 S. 1 der Vorschrift fügt im Anschluss an Art. 7 der VO Nr. 1/2003 hinzu, dass die Kartellbehörde hierzu den betroffenen Unternehmen alle erforderlichen Abhilfemaßnahmen verhaltensorientierte *oder* struktureller Art vorschreiben kann, die gegenüber der festgestellten Zuwiderhandlung verhältnismäßig und für eine wirksame Abstellung der Zuwiderhandlung erforderlich sind. Wie aus S. 2 des § 32 Abs. 2 GWB folgt, sind Abhilfemaßnahmen struktureller Art jedoch nur *subsidiär* gegenüber Maßnahmen verhaltensorientierte Art zulässig (s. Rn. 10f.). Daraus folgt als erstes, dass jede Abstellungsverfügung aus *zwei Bestandteilen* besteht, nämlich aus der Feststellung des Kartellverstoßes sowie aus der Anordnung von Abhilfemaßnahmen. Die **Feststellung eines Kartellverstoßes** ist die Basis für die Anordnung geeigneter und verhältnismäßiger Maßnahmen zur Abstellung des Verstoßes. Es ist üblich geworden, die Feststellung deshalb ebenfalls in den **Tenor** der Verfügung aufzunehmen. Notwendig ist dies indessen nicht; es genügt auch, wenn sich die Feststellung aus der Begründung der Verfügung ergibt.

---

6 BGHZ 142, 239 (252f.) = NJW 2000, 76 – Flugpreisspaltung.

7 *BGH* WuW/E BGH 2058 (2059f.) = NVwZ 1984, 265; WuW/E BGH 3035 (3036) = NJWE-WettbR 1996, 119; WuW/E BGH 3113 (3119); ZIP 2001, 807; str.

8 *KG* WuW/E OLG 1813, 1815; ebenso im Ergebnis wohl *Bechtold,* GWB, § 32 Rn. 5–6; Langen/Bunte/*Bornkamm,* § 32 Rn. 9; FK/*Jaeger,* § 32 Rn. 13.

9 BGHZ 180, 323, 341f. Tz. 50 = NJW-RR 2009, 1635 – Gaslieferungsverträge.

Die Kartellbehörde ist nicht gehindert, eine Untersagungsverfügung gleichzeitig auf § 32 GWB und auf eine andere Vorschrift des GWB, wie z. B. § 36 Abs. 1 GWB, zu stützen, sofern sie für beide Verfahren zuständig ist. Wichtig ist dies etwa bei **Gemeinschaftsunternehmen,** die gleichermaßen dem Kartellverbot (§ 1 GWB) wie den Fusionskontrollvorschriften (§ 36 GWB) unterliegen. Es handelt sich dann zwar um verschiedene Streitgegenstände, aber nur um eine *einzige* Verfügung, die auch nur einheitlich angefochten werden kann.[10] Die Kartellbehörde kann ferner jederzeit nach ihrem Ermessen von einem Untersagungsverfahren aufgrund des § 32 GWB zu einem Bußgeldverfahren nach § 81 GWB übergehen, ebenso wie beide Verfahren auch nebeneinander betrieben werden können. 9

Im Anschluss an Art. 7 Abs. 1 S. 2 der VO Nr. 1/2003 unterscheidet das GWB in § 32 zwischen Abhilfemaßnahmen **verhaltensorientierter und struktureller Art** (s. dazu o. § 13 Rn. 8 ff.). **Voraussetzung** der Zulässigkeit solcher Maßnahmen ist in *beiden* Fällen, dass die fragliche Maßnahme verhältnismäßig und erforderlich ist (S. 1 des § 32 Abs. 2 GWB). Bei Abhilfemaßnahmen *struktureller* Art muss außerdem noch *hinzukommen,* dass verhaltensorientierte Maßnahmen von gleicher Wirksamkeit nicht vorhanden sind; gleich steht der Fall, dass eine verhaltensorientierte Maßnahme im Vergleich mit strukturellen Maßnahmen mit einer größeren Belastung für die beteiligten Unternehmen verbunden wäre (§ 32 Abs. 1 S. 2 Halbs. 2 GWB). Strukturelle Maßnahmen sind mit anderen Worten grundsätzlich **subsidiär** gegenüber verhaltensorientierten Maßnahmen,[11] woraus sich die Notwendigkeit einer sorgfältigen Unterscheidung der beiden Arten von Abhilfemaßnahmen ergibt. Die genaue **Grenzziehung** ist jedoch schwierig, weil (natürlich) auch strukturelle Maßnahmen immer nur über ein entsprechendes Verhalten der betroffenen Unternehmen möglich sind. Im Kern geht es darum, dass **verhaltensorientierte** Maßnahmen in erster Linie bei dem zukünftigen unternehmerischen *Verhalten* ansetzen, während **strukturelle** Maßnahmen mit Eingriffen in die *Unternehmenssubstanz,* insbesondere in das Eigentum oder die Schutzrechte eines Unternehmens verbunden sind. 10

Die **Voraussetzungen struktureller Abhilfemaßnahmen** sind nach Gesagten (Rn. 8–10) eine zumindest konkret drohende Zuwiderhandlung gegen die Verbote des Gesetzes oder gegen die Wettbewerbsregeln des Vertrages, Kausalität zwischen der Struktur der betroffenen Unternehmen und der fraglichen Zuwiderhandlung sowie Verhältnismäßigkeit der ins Auge gefassten strukturellen Abhilfemaßnahmen, die nur gegeben ist, wenn die betreffende Maßnahme zur Beseitigung der Ursachen der Zuwiderhandlung geeignet und erforderlich ist, insbesondere, weil keine weniger belastende verhaltensorientierte Maßnahme zur Verfügung steht.[12] **Beispiele** für strukturelle Abhilfemaßnahmen sind die Veräußerung von Beteiligungen oder von gewerblichen Schutzrechten, der Austritt aus Gesellschaften, das Verbot kartellrechtswidriger Gemeinschaftsunternehmen,[13] die Eröffnung des Zugangs zu Infra- 11

---

[10] BGHZ 147, 325 (331 ff.) = NJW 2001, 3782 – Ostfleisch.

[11] *BGH* WuW/E DER 2361, 2363 Tz. 18 – Nord KS/Xella; *Bechtold,* GWB, § 32 Rn. 17 f.; *Wilhelmi,* in: Bien (Hrsg.), Das deutsche Kartellrecht nach der 8. GWB-Novelle, 2013, S. 347, 357 ff.

[12] *Wilhelmi,* in: Bien (Hrsg.), Das deutsche Kartellrecht nach der 8. GWB-Novelle, 2013, S. 347, 358 ff.

[13] S. BGHZ 147, 325, 335 ff., 341 f. = NJW 2001, 3782 – Ost-Fleisch; *BGH* WuW/E DE-R 2361, 2363 Tz. 18 – Nord KS/Xella; *BKartA* WuW/E DE-V 1277, 1288 Tz. 139 ff.; *Lohse,* FS Säcker, 2011, S. 827; *K. Schmidt,* FS Säcker, 2011, S. 949; *Wilhelmi,* in: Bien (Hrsg.), Das deutsche Kartellrecht nach der 8. GWB-Novelle, 2013, S. 347, 359, 372.

struktureinrichtungen[14] sowie wohl auch die Anordnung der Erteilung von Zwangslizenzen. Für weitergehende Maßnahmen und insbesondere für eine **Entflechtung** marktbeherrschender Unternehmen ist dagegen im deutschen Recht allein aufgrund des § 32 GWB weiterhin kein Raum, da – mangels eines Monopolisierungsverbotes – die bloße Existenz eines marktbeherrschenden Unternehmens noch nicht gegen das GWB verstößt.[15]

11a Bei den **verhaltensorientierten Maßnahmen** zur Abstellung eines rechtswidrigen Zustandes steht das Verbot rechtswidriger Verhaltensweisen deutlich im Vordergrund. Gemeint sind damit die herkömmlichen Unterlassungsverfügungen, die § 32 GWB bereits in seiner ursprünglichen Fassung von 1998 im Auge hatte. Weitere **Beispiele** sind die Anordnung der Belieferung einzelner Unternehmen oder doch der Aufnahme von Verhandlungen über eine Belieferung, die Anordnung der Eröffnung des Zugangs zu Informationen, bei einem Preismissbrauch ferner die Festsetzung einer Höchstgrenze für zukünftige Preisforderungen, die Anordnung der Änderung oder der Kündigung von Verträgen sowie die Anordnung der (zeitlich begrenzten) Information Dritter über die vorgeschriebenen Abhilfemaßnahmen, um zu verhindern, dass das verbotene Verhalten einfach wie bisher fortgesetzt werden kann.[16] Die Anordnungen müssen dem konkreten Verstoß angepasst und zur Wiederherstellung des gesetzmäßigen Zustandes geeignet sein. Sie dürfen nicht weiter als nötig in die Entscheidungsfreiheit der Unternehmen eingreifen.

11b Nach § 32 Abs. 2a S. 1 und 2 GWB i. d. F. von 2013 sind Kartellbehörden außerdem befugt, in der Abstellungsverfügung die **Rückerstattung** der aus dem kartellrechtswidrigen Verhalten erwirtschafteten Vorteile anzuordnen, wobei in den genannten Vorteilen enthaltene Zinsvorteile geschätzt werden können. Vor Inkrafttreten der 8. GWB-Novelle war umstritten gewesen, ob die Kartellbehörden im Falle eines Preismissbrauchs sowie in vergleichbaren Fällen auch die Anordnung der Rückzahlung der von dem missbräuchlich handelnden Unternehmen zu Unrecht eingezogenen Beträge auf § 32 GWB stützen können. Von der Rechtsprechung war die Frage zuletzt bejaht worden.[17] Da dies indessen vom Schrifttum vielfach kritisiert worden war,[18] wurde die Frage durch die 8. GWB-Novelle schließlich im Sinne der Rechtsprechung entschieden, um die Rechtslage klarzustellen.[19]

4. Bestimmtheitsgrundsatz

12 Verfügungen der Kartellbehörden aufgrund des § 32 GWB sind Verwaltungsakte, so dass für sie der Bestimmtheitsgrundsatz des § 37 Abs. 1 VwVfG gilt. Die Verfügung muss folglich eindeutig den Adressaten erkennen lassen und inhaltlich hinreichend bestimmt, d. h. so **vollständig, klar und eindeutig** sein, dass sich die Adressaten ohne Weiteres nach ihr richten können und eine Vollstreckung der Verfügung nach § 86a GWB jederzeit möglich ist (vgl. auch § 81 Abs. 2 Nr. 2 lit. a GWB). Die Entschei-

[14] BGHZ 158, 84 = NJW 2003, 748 – Fährhafen Puttgarden; *BGH* WuW/E DE-R 703 – Puttgarden II; WuW/E DE-R 1520 = WM 2005, 1720 – Mainova/EVO (Arealnetz).

[15] Ebenso die Begr. zu RegE zu § 32, BT-Drs. 15/3640, S. 33 (r. Sp. 3. Abs.).

[16] BGHZ 176, 1, 21 f. Tz. 50 f. = NJW-RR 2008, 996 – Soda Club II.

[17] *BGH* NJW 2009, 1212 = WuW/E DE-R 2538 Tz. 19 – Stadtwerke Uelzen; WuW/E DE-R 3632 Tz. 20 ff. – Wasserpreis Calw.

[18] Z. B. *Fuchs,* ZWeR 2009, 176 (196 ff.); *Podszun,* ZWeR 2012, 48 (66 ff.).

[19] S. dazu *Bien,* ZWeR 2013, 448 (461 ff.).

dung, was von dem Adressaten der Verfügung konkret verlangt wird, darf m. a. W. nicht offen bleiben und in die Vollstreckung verlagert werden, sondern muss in der Verfügung selbst getroffen werden, wobei freilich nichts hindert, zur Präzisierung des Tenors gegebenenfalls die Gründe heranzuziehen.[20]

Daraus haben sich erhebliche Schwierigkeiten vor allem in den Fällen der Nr. 2 (Preismissbrauch) und der Nr. 4 des § 19 Abs. 2 GWB (Verweigerung des Zugangs zu wesentlichen Einrichtungen) sowie des § 20 Abs. 3 GWB (Verkauf unter Einstandspreis) ergeben. In solchen Fällen sind deshalb gewisse **Modifikationen** des Bestimmtheitsgrundsatzes unumgänglich. Weigert sich z. B. ein marktbeherrschendes Unternehmen unter Verstoß gegen § 19 Abs. 2 Nr. 4 GWB oder Art. 102 AEUV generell, anderen Unternehmen Zugang zu seinen Netzen oder zu einem Hafen zu gewähren, so lässt sich der mit den genannten Vorschriften verfolgte Zweck nur erreichen, wenn den Kartellbehörden die Befugnis zugebilligt wird, dem marktbeherrschenden Unternehmen bereits diese *Weigerung* zu *untersagen,* so dass es Verhandlungen mit dem Petenten aufnehmen muss.[21] Wenn diese Verhandlungen scheitern, muss dann gegebenenfalls ein *zweites* Missbrauchsverfahren durchgeführt werden.[22] Anders kann nur verfahren werden, wenn ein Abschluss zwischen dem marktbeherrschenden Betreiber einer Infrastruktureinrichtung und einem Petenten praktisch *nur zu ganz bestimmten Bedingungen* erfolgen kann, weil alle anderen Konditionen missbräuchlich wären, wobei insbesondere an Fälle zu denken ist, in denen sich am Markt Bedingungen durchgesetzt haben, zu denen allgemein abgeschlossen wird. Nur in derartigen Fällen kann daher *sofort* der Zugang zu den genannten Bedingungen aufgrund der §§ 19 Abs. 2 Nr. 4 und 32 GWB angeordnet werden.[23] 13

5. Nachträgliche Feststellung von Zuwiderhandlungen

Nach § 32 Abs. 3 GWB kann die Kartellbehörde auch noch nachträglich eine Zuwiderhandlung feststellen, nachdem diese beendet ist, soweit ein berechtigtes Interesse daran besteht.[24] Vorbild der Regelung ist Art. 7 Abs. 1 S. 4 der VO Nr. 1/2003, der durch § 32 Abs. 3 GWB ins deutsche Recht übernommen werden sollte. Wegen der Einzelheiten ist auf die Ausführungen zu Art. 7 Abs. 1 S. 4 der VO Nr. 1/2003 zu verweisen (§ 13 Rn. 12). Unberührt bleibt außerdem nach § 32 Abs. 2a GWB von 2013 die Möglichkeit der Kartellbehörden, die Rückerstattung der unter Verstoß gegen das Kartellrecht, z. B. durch einen Preismissbrauch erwirtschafteten Vorteile anzuordnen (Rn. 11b). 14

III. Vorteilsabschöpfung

Nach § 34 Abs. 1 GWB i. d. F. von 2013 kann die Kartellbehörde, wenn ein Unternehmen schuldhaft einen Kartellrechtsverstoß begangen und dadurch einen wirtschaftlichen Vorteil erlangt hat, dessen Abschöpfung anordnen und dem Unternehmen die Zahlung eines entsprechenden Geldbetrages auferlegen. Die Vorteilsabschöpfung entfällt indessen nach § 34 Abs. 2 S. 1 Nrn. 1 bis 4 GWB, wenn der Vorteil bereits 15

20 BGHZ 152, 84 (85, 92f.) = NJW-RR 2003, 748 – Fährhafen Puttgarden; *BGH* WuW/E DE-R 703 – Puttgarden II; BGHZ 176, 1 (19f. Tz. 47) – Soda Club II.

21 BGHZ 152, 82 (94ff.) = NJW 2003, 748; *BGH* WuW/E DE-R 703.

22 *BGH* (vorige Fn.).

23 BGHZ 152, 84 (94ff.) = NJW 2003, 748 – Fährhafen Puttgarten.

24 S. die Überschrift zu § 32: „... nachträgliche Feststellung von Zuwiderhandlungen".

durch Schadensersatzleistungen, durch die Verhängung einer Geldbuße, durch die Anordnung des Verfalls oder durch Rückerstattung abgeschöpft ist.[25] Die Anordnung der Vorteilsabschöpfung steht im Ermessen der Kartellbehörde (§ 34 Abs. 1 S. 1 GWB). Unter den Voraussetzungen des § 34 Abs. 3 GWB (unbillige Härte) kann die Vorteilsabschöpfung außerdem beschränkt werden. Wenn der wirtschaftliche Vorteil gering ist, soll ganz auf die Abschöpfung verzichtet werden (§ 34 Abs. 3 S. 2 GWB). Wegen der großen Schwierigkeiten bei der Berechnung des abzuschöpfenden wirtschaftlichen Vorteils gestattet § 34 Abs. 4 S. 1 GWB schließlich die Schätzung der Höhe des Vorteils. Die Verjährungsfrist beträgt grundsätzlich fünf Jahre (§ 34 Abs. 5 S. 1 GWB).

16 § 34 GWB muss vor allem im Zusammenhang mit § 34a GWB gesehen werden. § 34a GWB von 2005 begründet nach dem Vorbild des § 10 UWG von 2004 ein subsidiäres Recht der **Verbände** des § 33 Abs. 2 GWB, d. h. einschließlich der Verbraucherverbände, auf Vorteilsabschöpfung, freilich nur zugunsten des Bundeshaushalts (weshalb natürlich § 34a GWB ohne jede praktische Bedeutung ist). § 34 GWB weist außerdem enge Beziehungen zu § 81 GWB auf, da nach **§ 81 Abs. 5 GWB** i. V. m. § 17 Abs. 4 OWiG fakultativ auch eine **bußgeldrechtliche Vorteilsabschöpfung** möglich ist (u. Rn. 30). Machen die Kartellbehörden von dieser bußgeldrechtlichen Möglichkeit der Mehrerlösabschöpfung Gebrauch, so ist daneben für eine verwaltungsrechtliche Vorteilsabschöpfung nach § 34 GWB kein Raum (§ 34 Abs. 2 S. 1 Nr. 2 GWB).

17 § 34 GWB geht zurück auf verschiedene frühere Vorschriften, die schon seit Inkrafttreten des Gesetzes eine **Mehrerlösabschöpfung** ermöglichten (§ 38 Abs. 4 GWB von 1957, § 37b GWB von 1980). Die **praktische Bedeutung** aller dieser Vorschriften war aber von Anfang an ganz gering. Ihre Anwendung wurde ohnehin von vornherein eigentlich nur bei verbotenen Kartellen erwogen. Und auch bei diesen erwies sich alsbald die Berechnung des kartellbedingten Mehrerlöses oder (so heute) des kartellbedingten wirtschaftlichen Vorteils der Kartellanten als ungewöhnlich schwierig, wenn nicht unmöglich, natürlich deshalb, weil der als Maßstab hier in erster Linie in Betracht kommende hypothetische Wettbewerbspreis eine, wie man sagt, hoffnungslose Unbekannte ist.

18 Auszugehen ist davon, dass Kartelle nach vorsichtigen Schätzungen durchschnittlich zu einer Preiserhöhung zwischen 20 und 30 % führen, so dass der Abschluss eines Kartellvertrages das Vorliegen eines wirtschaftlichen Vorteils der Beteiligten in dieser Höhe zumindest *indiziert.*[26] Die Höhe dieses Vorteils beläuft sich dann, stark vereinfacht, grundsätzlich auf die **Differenz** zwischen dem hypothetischen Wettbewerbspreis und dem Kartellpreis, multipliziert mit den von den Kartellanten abgesetzten Mengen.

19 Des klingt einfacher, als es tatsächlich ist, weil den hypothetischen Wettbewerbspreis eben doch tatsächlich niemand kennt, so dass man hier ebenso wie schon bei § 33 Abs. 3 GWB von Anfang an auf allemal problematischen Hilfsverfahren zur Schät-

---

[25] S. § 32 Abs. 2a, § 33 Abs. 3 und § 81 Abs. 5 GWB, § 29a OWiG und §§ 73 Abs. 3, 73a StGB.

[26] So BGHSt 52, 1 Tz. 21 = NJW 2007, 3792 – Papiergroßhandel; *BGH* WuW/E DE-R 1487; NJW 2006, 163 = WuW/E DE-R 1567, 1569 – Berliner Transportbeton I; *Kühnen,* WuW 2011, 16, 18; *Raum,* FS Hirsch, 2008, S. 301, 303.

zung des hypothetischen Wettbewerbspreis angewiesen ist. Wegen der Einzelheiten kann auf die Ausführungen zu § 33 Abs. 3 GWB verwiesen werden (s. o. § 40 Rn. 17a f.). Ebenso wie dort rekurriert die Praxis daher bei § 34 GWB wo immer möglich auf eine der verschiedenen Varianten der Vergleichsmarktmethode, insbesondere auf einen Vergleich der Preise der Kartellmitglieder vor und nach Abschluss des Kartellvertrages. Wenn sich indessen auch auf diese Weise der hypothetische Markt- oder Wettbewerbspreis nicht ermitteln lässt, verlangt der BGH heute zur Berechnung des wirtschaftlichen Vorteils „eine *gesamtwirtschaftliche Analyse*", die auf der Ermittlung der Kostenstruktur der Kartellmitglieder und einer „empirisch zu ermittelnden allgemeinen Umsatzrendite" beruhen soll, die in vergleichbaren Branchen durchschnittlich erzielt werde[27] – eine wenig plausible und zudem wohl auch gar nicht operationale Verlegenheitslösung. Es bleibt dabei: § 34 GWB ist *nicht praktikabel,* weil den Wettbewerbspreis niemand kennt und man ihn auch nicht berechnen kann.

IV. Geldbußen

1. Überblick

Das Sanktionssystem des GWB beruht – ebenso wie im Unionsrechts nach der Verordnung Nr. 1/2003 – im Wesentlichen auf **drei Säulen:** (1.) auf der verwaltungsrechtlichen Durchsetzung der Verbote des Gesetzes sowie der Wettbewerbsregeln des Vertrages insbesondere mittels Abstellungsverfügungen nach § 32 GWB (dazu o. Rn. 3ff.), (2.) auf der privatrechtlichen Durchsetzung vor allem auf dem Weg über Schadensersatzansprüche der Betroffenen aufgrund des § 33 Abs. 3 GWB (dazu o. § 40) sowie (3.) auf der Sanktionierung von Kartellverstößen durch die Verhängung von Geldbußen im Bußgeldverfahren gemäß § 81 GWB (vgl. entsprechend für das Unionsrecht die Art. 7 und 23 der Verordnung Nr. 1/2003 und dazu o. § 13 Rn. 6, 15ff.). Die Verhängung von **Geldbußen** dient – mit im Grundsatz gleichem Rang – den **Zielen** der Prävention, der Repression und der Gewinnabschöpfung (o. § 13 Rn. 15). Sie gewinnt in der Praxis der Kartellbehörden ein immer größeres Gewicht, und zwar so sehr, dass in den Augen der Kartellbehörden die Verhängung von Geldbußen – zu Unrecht – längst den Vorrang vor der privatrechtlichen Durchsetzung des Kartellrechts auf dem Weg über Schadensersatzansprüche der Betroffenen erlangt hat, wie vor allem an den verbreiteten Versuchen der Kartellbehörden abzulesen ist, die so genannten Kronzeugen nach Möglichkeit gegen eine Inanspruchnahme durch die Geschädigten nach § 33 Abs. 3 GWB zu schützen, um die (angeblich) erfolgreichen Kronzeugenregelungen nicht zu gefährden.[28] Die *Höhe* der Geldbußen nimmt folgerichtig kontinuierlich zu. Momentan belaufen sich die vom BKartA verhängten Geldbußen Jahr für Jahr insgesamt auf mehrere hundert Millionen Euro, bleiben damit aber tatsächlich doch immer noch weit hinter den vermutlichen volkswirtschaftlichen Schäden durch Kartelle zurück, so dass sich offenbar Kartelle nach wie vor durchaus *lohnen.*[29] Strenger als die genannten Fälle werden lediglich *Submissionskartelle* behandelt, deren Praktizierung nach § 298 StGB sogar eine Straftat darstellt (s. dazu auch § 82 GWB). Pläne zu einer weitergehenden **Kriminali-** 20

[27] BGHSt 52, 1 Tz. 19ff. = NJW 2007, 3792 = WuW/E DER 2295 – Papiergroßhandel; s. im Einzelnen IM/*Emmerich,* Bd. II, 2014, § 34 Rn. 12–23 m. N.

[28] S. zu dieser schlichtweg skandalösen Praxis schon o. § 40 Rn. 10a.

[29] S. z. B. *Ackermann,* ZWeR 2012, 3 (10ff); *Stockmann,* ZWeR 2012, 20 (30).

sierung des Kartellrechts haben jedoch momentan keine Realisierungschancen und brauchen deshalb hier nicht weiter verfolgt zu werden.[30]

21 Die Einstufung schuldhafter Verstöße gegen die Wettbewerbsregeln des Vertrages sowie gegen die Verbote des GWB als bloße Ordnungswidrigkeiten durch § 81 Abs. 1 bis 3 GWB hat zur Folge, dass die Verhängung von Geldbußen durch die Kartellbehörden nicht im Verwaltungsverfahren, sondern in dem durch das OWiG geregelten normalen **Bußgeldverfahren** geschieht (s. § 42 Rn. 9), das freilich nach allgemeiner Meinung im Grunde für die aufwändigen Kartellverfahren mit ihren schwerwiegenden „Strafandrohungen" nur wenig geeignet ist, woraus sich erhebliche **Probleme** bei der praktischen Durchsetzung des Gesetzes ergeben haben, die in den letzten Jahren Gegenstand einer ausgebreiteten Diskussion geworden sind, in der durchaus unterschiedliche Tendenzen zu Tage getreten sind.[31] Zusätzliche Probleme ergeben sich daraus, dass sich das deutsche Bußgeldverfahren auf der Grundlage des OWiG in zahlreichen Punkten von dem Verfahren nach der KartellverfahrensVO Nr. 1/2003 auf Unionsebene unterscheidet, so dass außerdem fraglich geworden ist, ob das geltende Verfahrensrecht noch mit den unionsrechtlichen Erfordernissen der Effektivität und der Äquivalenz vereinbar ist, nämlich in Bezug auf die Durchsetzung der Wettbewerbsregeln des Vertrages durch die deutschen Kartellbehörden im Bußgeldverfahren.[32] Die **8. GWB-Novelle** von 2013 hat sich gleichwohl auf wenige Ergänzungen des GWB insbesondere in § 81 a sowie im OWiG in § 30 Abs. 2 a beschränkt, mit denen der Gesetzgeber auf zuvor in der Praxis hervorgetretene besonders drängende Probleme reagiert hat.[33]

2. § 81 GWB

22 § 81 Abs. 1 bis 3 GWB zählt die einzelnen **Tatbestände** auf, in denen Geldbußen von den Kartellbehörden verhängt werden können. Die wichtigsten Fälle sind Verstöße gegen die Wettbewerbsregeln des Vertrages (§ 81 Abs. 1 GWB), Verstöße gegen das Kartellverbot und gegen die Missbrauchs- und Diskriminierungsverbote des Gesetzes (§ 81 Abs. 2 Nr. 1 GWB) sowie Verstöße gegen § 21 Abs. 1 und 2 GWB (§ 81 Abs. 3 GWB). Handelt es sich in den genannten Fällen zugleich um eine Straftat nach den §§ 263 und 298 StGB, für deren Verfolgung an sich allein die Staatsanwaltschaft zuständig ist, so bleibt das Bundeskartellamt doch für die Anwendung des § 30 OWiG auf die beteiligten Unternehmen zuständig (§ 82 GWB).

23 Die Geldbußen werden von der nach § 48 GWB zuständigen Kartellbehörde verhängt. Die Voraussetzungen für die Verhängung von Geldbußen sowie das Verfahren, in dem sie verhängt werden, richten sich nach den Vorschriften des **OWiG,** soweit nicht das GWB abweichende Vorschriften enthält. Ob die Kartellbehörden bei einem

[30] S. z. B. *Biermann,* ZWeR 2007, 1; *Federmann,* Kriminalstrafen im Kartellrecht, 2006; *Wagner-v. Papp,* in: Möschel/Bien (Hrsg.), Kartellrechtsdurchsetzung durch private Schadensersatzklagen, 2010, S. 267 (290ff.); *ders.,* WuW 2009, 1236; 2010, 268.

[31] S. z. B. *Barth/Budde,* NZKart 2013, 311; *Haus,* NZKart 2013, 183; *Herrlinger,* NZKart 2013, 136; *Meinhold-Heerlein/Engelhoven,* NZKart 2013, 104; *Stockmann,* ZWeR 2012, 20.

[32] S. z. B. *Ackermann,* ZWeR 2012, 3m. N.

[33] S. dazu die Begr. z. RegE von 2012, BT-Drs. 17/9852, S. 34f.; den Ausschussbericht von 2012, BT-Drs. 17/11053, S. 26ff.; *BGH* WuW/E DE-R 4178; *G.* und *Chr. Dannecker,* ZWeR 2013, 417; *Löbbe,* ZHR 177 (2013), 518; *Lotze,* NZKart 2014, 162; *Yomere,* WuW 2012, 1177; *Ost,* in: Bien (Hrsg.), Das deutsche Kartellrecht nach der 8. GWB-Novelle, 2013, S. 305.

Verstoß gegen das GWB eine Geldbuße verhängen, steht in ihrem pflichtgemäßen Ermessen (§ 47 OWiG; sog. **Opportunitätsprinzip**). **Rechtsbehelfe** sind der Einspruch (§§ 67ff. OWiG) und die Rechtsbeschwerde (§ 79 OWiG). Abweichend vom OWiG sind für diese Rechtsbehelfe das OLG und der BGH zuständig (§§ 83 und 84 GWB; s. o. § 42 Rn. 9). Die Stellung des Bundeskartellamts in dem sich anschließenden gerichtlichen Verfahren regelt ergänzend § 82a GWB (s. o. § 41 Rn. 9).

Die **Höhe** der zu verhängenden Geldbuße richtet sich nach § 81 Abs. 4 und Abs. 5 24
GWB i. V. m. § 17 Abs. 4 OWiG. Die **Verpflichtung** zur Zahlung der von der Kartellbehörde festgesetzten Geldbuße trifft grundsätzlich den Täter (§ 9 OWiG). Daraus ergeben sich nur dann keine Probleme, wenn der Kartellverstoß von einem von einer natürlichen Person betriebenen Unternehmen begangen wurde. Anders dagegen, weil dem deutschen Recht an sich ein Verbandsstrafrecht grundsätzlich fremd ist, wenn an dem Kartellverstoß wie in aller Regel Unternehmen in der Rechtsform einer **juristischen Person** oder einer rechtsfähigen Personengesellschaft wie insbesondere einer OHG oder KG beteiligt sind, so dass sich dann schwierige Zurechnungsfragen ergeben. Das OWiG trägt dem durch verschiedene **Zurechnungsvorschriften** Rechnung. Zunächst erstreckt § 9 Abs. 2 OWiG die Unternehmenspflichten auf die **Betriebsleiter** – mit der Folge, dass auch diese einen Kartellverstoß, z. B. durch Beteiligung an einem Kartellvertrag, begehen können, so dass sie dann ebenfalls mit einem Bußgeld belegt werden können.[34]

Davon zu trennen ist die **Zurechnung** von Kartellverstößen der Organe, Vertreter 25
oder Mitarbeiter von Gesellschaften wie z. B. einer OHG oder AG, **zu der Gesellschaft** selbst, d. h. zu dem Unternehmen, so dass dann auch oder nur gegen das Unternehmen in der Rechtsform einer juristischen Person oder Personengesellschaft ein Bußgeld festgesetzt werden kann (so genannte Verbands- oder **Unternehmensgeldbuße**).[35] Maßgebend sind insoweit in erster Linie die Vorschriften der §§ 30 und 130 OWiG.[36] **§ 30 Abs. 1 OWiG** bestimmt, dass bei Begehung einer Ordnungswidrigkeit durch einen Vorstand, einen Vertreter oder eine gleichstehende Person die Geldbuße gegen die juristische Person oder gegen die rechtsfähige Personengesellschaft festgesetzt werden kann, sofern durch die Ordnungswidrigkeit Pflichten verletzt wurden, die die Gesellschaft treffen, oder durch die die Gesellschaft bereichert wurde. Diese Voraussetzungen sind bei Kartellverstößen von Unternehmen in der Rechtsform einer juristischen Person oder rechtsfähigen Personengesellschaft immer erfüllt, so dass § 30 Abs. 1 OWiG in der Tat eine Unternehmensgeldbuße bei Kartellverstößen, begangen durch die genannten *leitenden* Personen, insbesondere also Organmitglieder oder Geschäftsführer, ermöglicht (während bei Kartellverstößen *anderer* Mitarbeiter von § 130 OWiG auszugehen ist, s. sogleich Rn. 26).

Die Zurechnung von Ordnungswidrigkeiten zu der Gesellschaft als Unternehmensträ- 26
gerin ist ferner unter den Voraussetzungen des § 130 OWiG im Falle einer Aufsichtspflichtverletzung möglich. Voraussetzung ist, dass in dem fraglichen Betrieb Kartell-

[34] Langen/Bunte/*Raum,* § 81 Rn. 16f.

[35] Die Möglichkeit, allein gegen das Unternehmen vorzugehen, ergibt sich aus dem wichtigen § 30 Abs. 4 OWiG.

[36] S. zum Folgenden insbesondere IM/*Dannecker/Biermann,* Bd. II, Vor § 81 Rn. 105, 110ff.; KK/*Reher,* GWB, Vor § 81 Rn. 34ff.

verstöße begangen wurden, die der Inhaber des Betriebs durch schuldhafte Verletzung von Aufsichtspflichten ermöglicht hat. Wer „Inhaber des Betriebs" im Sinne des § 130 OWiG ist, ergibt sich wiederum aus § 9 OWiG, so dass dazu auch die genannten Vertreter gehören (Rn. 24). Verstöße gegen § 130 OWiG fallen gleichfalls unter § 30 Abs. 1 OWiG und ermöglichen damit ebenfalls eine Zurechnung von Ordnungswidrigkeiten zu der juristischen Person oder der rechtsfähigen Personengesellschaft. Die Höhe der Geldbuße richtet sich in diesen Fällen indessen nicht nach § 81 GWB sondern nur nach § 30 Abs. 3 OWiG.

27 Anders ist die Rechtslage bei Festsetzung einer **Unternehmensgeldbuße** aufgrund des § 30 Abs. 1 OWiG (Rn. 25). Die Höhe der Geldbuße richtet sich dann zwar ebenfalls zunächst nach § 30 Abs. 2 OWiG, wonach die Obergrenze der Geldbuße seit 2013 bei Vorsatz 10 Mio. Euro und sonst 5 Mio. Euro beträgt. Diese Vorschrift wird jedoch überlagert durch die umstrittene Regelung des **§ 81 Abs. 4 S. 2 GWB,** nach der gegen Unternehmen die Geldbuße bis zur Grenze von 10% des im vorausgegangenen Geschäftsjahr erzielten Gesamtumsatzes des Unternehmens erhöht werden kann. Vorbild dieser Regelung ist Art. 23 Abs. 2 S. 2 der Verordnung Nr. 1/2003, der seinerseits allgemein als **Kappungsgrenze** verstanden wird. Ebenso wurde folgerichtig auch bisher § 81 Abs. 4 S. 2 GWB interpretiert.[37] Die Folge wäre indessen ein nahezu gänzlich unbestimmter „Strafrahmen" für Unternehmen, wogegen verbreitet verfassungsrechtliche Bedenken insbesondere unter dem Gesichtspunkt des Art. 103 GG erhoben wurden.[38]

28 Der BGH versteht deshalb jetzt § 81 Abs. 4 S. 2 GWB als **gesetzliche Obergrenze** des Unternehmensbußgeldes, wobei für die Festsetzung der Geldbuße in diesem Rahmen die **Kriterien** des § 81 Abs. 4 S. 6, d. h. insbesondere also die Schwere und die Dauer der Zuwiderhandlung maßgebend sind.[39] Gehört das fragliche Unternehmen zu einem **Konzern,** so ist darüber hinaus für die Berechnung der Obergrenze des Bußgeldes sogar auf die Gesamtumsätze des Konzerns als „wirtschaftlicher Einheit" abzustellen (§ 81 Abs. 4 S. 3 GWB),[40] woraus sich bei Großunternehmen abenteuerliche Obergrenzen für Bußgelder ergeben können, die freilich in Deutschland bisher niemals auch nur andeutungsweise ausgeschöpft wurden. Die danach für die Berechnung der Obergrenze nötige **Kenntnis der Umsätze** von Unternehmen oder Unternehmensgruppen war freilich früher häufig wegen der mangelnden Bereitschaft der Unternehmen zur Auskunftserteilung über ihre Umsätze für die Kartellbehörden nur schwer zu erlangen. Deshalb ist seit 2013 durch die 8. GWB-Novelle insoweit eine zusätzliche, sehr weitgehende **Auskunftspflicht** der Unternehmen durch den § 81a GWB eingeführt worden.[41]

29 Das BKartA hat die gebotenen Folgerungen aus dem neuen Verständnis des § 81 Abs. 4 S. 2 GWB (Rn. 28) im Jahr 2013 durch die Neufassung seiner **Bußgeldleitlinien** gezogen.[42] Danach geht das BKartA bei der Bemessung der Unternehmensgeld-

[37] So zuletzt noch die Begr. z. RegE von 2012, BT-Drs. 17/9852, S. 34 (r. Sp. u.).

[38] S. z. B. *Bechtold,* GWB, § 81 Rn. 28ff. m. N.

[39] BGHSt 58, 158 Tz. 48ff. = NJW 2013, 1972 = NZKart 2013, 195 (197f.) – Grauzement; kritisch dazu z. B. *Barth/Budde,* NZKart 2013, 311; *Bechtold,* GWB, § 81 Rn. 29ff.; *Hau,* NZKart 2013, 183.

[40] BGHSt 58, 158 Tz. 60ff. = NJW 2013, 1972 = NZKart 2013, 195 (197f.) – Grauzement.

[41] S. dazu die Begr. z. RegE von 2012, BT-Drs. 17/9852, S. 34f.; *Ost,* in: Bien (Hrsg.), Das deutsche Kartellrecht nach der 8. GWB-Novelle, 2013, S. 305 (324ff.); *Yomere,* WuW 2012, 1187 (1188f.).

[42] Abgedruckt bei *Bechtold,* GWB, S. 846ff.; dazu z. B. *Barth/Budde,* NZKart 2013, 311 (315f.).

buße grundsätzlich von einem Betrag in Höhe von 10% des *tatbezogenen Umsatzes* aus, der anschließend innerhalb der Obergrenze von 10% des Gesamtumsatzes durch Faktoren in der Größenordnung von 2 bis 6 der Unternehmensgröße angepasst wird. Innerhalb des so ermittelten Rahmens richtet sich dann die Geldbuße nach den *Kriterien* des § 81 Abs. 4 S. 6 GWB.

Das BKartA hat ferner aufgrund des § 81 Abs. 7 GWB am 7. März 2006 eine Be- 30
kanntmachung über den Erlass oder die Reduzierung von Geldbußen in Kartellsachen erlassen.[43] Nach dieser sog. **Bonusregelung II** ist das BKartA bereit, sog. **Kronzeugen,** die maßgebend zur Aufdeckung von Kartellverstößen und insbesondere von Hardcore-Kartellen beitragen, **Geldbußen** ganz oder doch weitgehend zu **erlassen,** um die Bereitschaft zur Anzeige von Kartellverstößen zu fördern.[44] Die Problematik dieser Regelung liegt in der mit ihr verbundenen Erschwerung der Rechtsverfolgung Geschädigter gegen die genannten Kronzeugen aufgrund des § 33 GWB, weil das BKartA diesen zugleich nach Möglichkeit Anonymität garantiert.[45]

Anwendbar ist ferner § 17 Abs. 4 OWiG, der zusätzlich die **Abschöpfung des wirt-** 31
schaftlichen Vorteils aus der Ordnungswidrigkeit erlaubt (s. § 81 Abs. 5 GWB). Die Berechnung des wirtschaftlichen Vorteils bereitet gewöhnlich erhebliche Schwierigkeiten. Wegen der Einzelheiten kann auf die Ausführungen zu § 34 GWB verwiesen werden (Rn. 15ff.). In den Bußgeldleitlinien von 2013 (Rn. 29) behält sich dementsprechend das BKartA ausdrücklich vor, im Rahmen des Bußgeldverfahrens oder in einem gesonderten Verfahren aufgrund der §§ 32 und 34 GWB *zusätzlich* zu dem Bußgeld die wirtschaftlichen Vorteile zu entziehen – wovon das Amt freilich bisher noch kaum Gebrauch gemacht hat.[46]

Nach § 81 Abs. 4 GWB sind Geldbußen gegen juristische Personen und Personenver- 32
einigungen zu **verzinsen,** um die Unternehmen davon abzuhalten, Rechtsmittel allein zu dem Zweck einzulegen, die Fälligkeit der Geldbuße hinauszuschieben. Gegen diese auf juristische Personen und Personenvereinigungen beschränkte Regelung waren in den letzten Jahren aus mehreren Gründen verfassungsrechtliche Bedenken erhoben worden, die jedoch mittlerweile vom BVerfG insgesamt zurückgewiesen wurden.[47]

Die gegen ein Unternehmen in der Rechtsform einer juristischen Person festgesetzte 33
Geldbuße konnte bis ins Jahr 2013 verhältnismäßig leicht durch gesellschaftsrechtliche **Umstrukturierungen,** insbesondere also durch die Umwandlung einer juristischen Person in eine andere Gesellschaft umgangen werden, weil die Rechtsprechung aufgrund der ursprünglichen Fassung des § 30 Abs. 1 Halbs. 2 OWiG die Verhängung von Geldbußen gegen den oder die **Rechtsnachfolger** eines Unternehmens, das an dem Kartellverstoß beteiligt war, lediglich unter ganz engen, leicht zu vermeidenden Voraus-

[43] BAnz 2006 Nr. 52, S. 1667 = *Bechtold,* GWB, S. 853; s. dazu *Eibl/Kübler,* ECLR 2007, 116; *Engelsing,* ZWeR 2006, 179; *Herrlinger,* ZWeR 2012, 137 (149f); *Stockmann,* FS Bechtold, 2006, S. 559 (563ff.); *van Vormizeele,* wistra 2006, 292.

[44] Bonusregelung II (Fn. 43), Tz. 3ff.

[45] Bonusregelung II (Fn. 43), Tz. 2, 21f.; s. dazu schon o. § 40 Rn. 10a.

[46] S. schon o. Rn. 17 und 19; Bußgeldleitlinien (Fn. 32), Tz. 17.

[47] BVerfGE 133, 1 Tz. 49, 65ff. = NJW 2013, 1418 = NZKart 2013, 62 (63ff.); s. dazu *Meinhold-Heerlein/Engelhoven,* NZKart 2013, 104.

setzungen gestattete.[48] Um diesen allgemein als nur schwer erträglich angesehenen Zustand zu beenden, hat sich der Gesetzgeber mit der 8. GWB-Novelle von 2013 wenigstens zu einer partiellen, vielfach aber immer noch als ungenügend angesehenen Regelung der Materie aufgerafft.[49] § 30 Abs. 2a OWiG bestimmt seitdem, dass im Falle einer *Gesamtrechtsnachfolge* oder doch einer partiellen Gesamtrechtsnachfolge durch Aufspaltung nach § 123 Abs. 1 UmwG die Geldbuße unter bestimmten weiteren Voraussetzungen auch gegen den oder die Rechtsnachfolger festgesetzt werden kann. Diese Regelung findet jedoch keine Anwendung, wenn es nicht zu einer Gesamtrechtsnachfolge kommt oder wenn an der fraglichen gesellschaftsrechtlichen Umstrukturierung, gleichgültig auf welcher Seite, natürliche Personen beteiligt sind, – wodurch den an Kartellverstößen beteiligten Unternehmen tatsächlich nach wie vor Spielräume für strategische Verhaltensweisen zur Umgehung der Belastung mit Bußgeldern eröffnet werden.[50]

[48] BGHSt 57, 193 Tz. 12, 16ff. = NJW 2012, 164 = WuW/E DE-R 34355 (3456f.) – Versicherungsfusion; BGHSt 58, 158 Tz. 81f. = NJW 2013, 1972 = NZKart 2013, 195 (201) – Grauzement; *BGH* wistra 2012, 152 – Transportbeton II.

[49] S. den Ausschussbericht von 2012, BT-Drs. 17/11053, S. 26, 28f.; zur Kritik s. *BKartA,* Stellungnahme v. 22.6.2012 bei *Bischke/Brack,* NZG 2012, 1140.

[50] S. im Einzelnen *Görner,* ZWeR 2014, 102; *Ost,* in: Bien (Hrsg.), Das deutsche Kartellrecht nach der 8. GWB-Novelle, 2013, S. 305 (308ff.); *Yomere,* WuW 2012, 1188 (1193f.).

Sachverzeichnis

Die **fett** gesetzten Zahlen verweisen auf die Paragrafen des Buches, die mageren auf deren Randnummern.